全—本—全—译

韩愈

全集

上

〔唐〕韩愈 著

谦德书院 译

团结出版社

图书在版编目（CIP）数据

韩愈全集 / (唐) 韩愈著；谦德书院译. -- 北京 :团结出版社, 2022.10

ISBN 978-7-5126-9398-2

Ⅰ.①韩… Ⅱ.①韩… ②谦… Ⅲ.①韩愈（768-

824）—文集 Ⅳ.①B241.95-53

中国版本图书馆CIP数据核字(2022)第079066号

出版：团结出版社

（北京市东城区东皇城根南街84号 邮编：100006）

电话：（010）65228880　65244790 (传真)

网址：www.tjpress.com

Email：65244790@163.com

经销：全国新华书店

印刷：天宇万达印刷有限公司

开本：145×210　1/32

印张：41.5

字数：880千字

版次：2022年10月 第1版

印次：2022年10月 第1次印刷

书号：978-7-5126-9398-2

定价：198.00元（全三册）

前　言

　　韩愈是唐代古文运动的倡导者，是唐代最杰出的散文大家，被后世尊为"唐宋八大家"之首，有"文章巨公""百代文宗"之称。后人将他和柳宗元、欧阳修、苏轼合称"千古文章四大家"。苏轼则称他，"文起八代之衰，道济天下之溺，忠犯人主之怒，勇夺三军之帅。"

　　韩愈（768—824），字退之，河南河阳（今河南孟州）人，韩姓的望郡是昌黎，所以他自称"昌黎韩愈"，故后世称其"韩昌黎"；晚年任吏部侍郎，故后世又称"韩吏部"；谥号文，所以又称"韩文公"。

　　韩愈出生在一个官宦世家，他的祖辈都曾在朝或在地方为官，父亲韩仲卿官居秘书郎赠尚书左仆射。韩仲卿生有四子，长子韩会，次子韩介，韩愈是第四子。韩愈三岁而孤，受大哥韩会抚育，后随大哥为官，转徙长安、韶州（今广东韶关）等地。后来，韩会在韶州病逝，他又跟随嫂嫂郑氏护丧回河阳，由郑氏抚养成人。韩愈七岁开始读书，十三岁便能写文章，他在给友人的诗文中自言"前古之兴亡，未尝不经于心也；当世之得失，未尝不留于意也"（《与凤翔邢尚书书》）。

唐贞元二年（786），韩愈第一次赴长安应试，因无门第资荫，一连三试均失败。贞元八年（792），韩愈第四次参加进士考试，这一年由古文家陆贽和梁肃知贡举，韩愈曾经多次交游梁肃门下，因为好写古文，得以中进士。在应吏部试时，他又三次不中。贞元十一年（795），韩愈三次上书宰相，希望得到举荐，也没有结果。贞元十二年（796），汴州宣武发生叛乱，韩愈随宣武军节度使董晋赴任，担任"观察推官"。贞元十七年（801），韩愈由李翱引荐给陆惨，获得荐选，授国子监四门博士。贞元十九年（803），任监察御史，因关中发生旱灾，上《御史台上论天旱人饥状》，弹劾国戚京兆尹李实，于是被贬阳山令。史书记载，"（韩愈）出守连州阳山令，政有惠于下，及公去，百姓多以公之姓以名其子。"意思是说，在做阳山令期间，韩愈深受当地百姓爱戴，在他离任后，甚至竞相以"韩"字为他们的儿子取名。同年，侄子韩老成去世，韩愈撰《祭十二郎文》。元和六年（811），任国子博士，作《进学解》，深受裴度赏识，擢升礼部郎中。元和十四年（819）正月，韩愈因作《谏迎佛骨表》被贬为潮州刺史（今广东潮州）。唐穆宗即位后，韩愈奉旨回京，历任国子监祭酒、兵部侍郎、吏部侍郎、京兆尹兼御史大夫等职。长庆四年（824）八月，因疾告假。十二月二日，在长安家中与世长辞，年五十七。赠礼部尚书，谥号文。宝历元年（825）三月，入葬河阳。宋元丰元年（1078），宋神宗追封为"昌黎伯"，并从祀孔庙。

　　韩愈之所以能够彪炳史册，主要是因为他在文学领域所取得的卓越成就。中国古代散文在先秦两汉时期已经发展到了相当高的水平。《左传》和《史记》作为其中的佼佼者，它们推崇的是一种质朴精炼的文风。然而到了魏晋南北朝时期，骈体文逐渐统治文坛，这种文体注重写作技巧而忽视思想内容的表达，创作者往往着意在声律、对偶、辞藻、典故方面的斗奇争巧，最终导致文风的浮靡和形式的僵化。基于此，韩愈和柳宗元一起高举"古文运动"的旗帜，打破了当时浮靡的文风，开创出中国散文的新传统，他也成为继司马迁之后最优秀的散文大家。刘禹锡在《祭韩吏部文》中，称赞他"鸾凤一鸣，蜩螗革音""手持文柄，高视寰海""三十余年，声名塞天"。

　　在散文创作理论上，韩愈提出了"文道合一""气盛言宜""陈言务去""文从字顺"等观点，影响了后世无数的古文家，直到今天，这些理论依然具有很好的借鉴意义。在散文创作实践上，他的作品内容丰富，形式多样，众体兼长，不落俗套，构思奇巧。不管是政论文、应用文，还是叙事文、抒情文，他都创作出了优秀的范本，扩大了散文的实用性质，让人们在进行文学创作时都有所参照。他的散文风格雄奇奔放，气势磅礴，汪洋恣肆，富于变化。苏洵在《上欧阳内翰书》中说："韩子之文，如长江大河，浑浩流转。"这一评论非常形象地概括了韩文的风格特色。同时，韩愈不仅擅长创造性地运用古代词汇，还擅长吸取当时口语创作出来的新的文学语言，再加上他的丰富想象力，使得他的散文词汇丰富，结构灵活，句式多变。韩文中不少精炼的词句脍炙人口流传至今，选入中学语文教材的《马说》和《师说》就是很好的证明。他的散文代表作除了《马说》和《师说》

外，还有《进学解》《杂说》《获麟解》《送李愿归盘谷序》《送孟东野序》《祭十二郎文》等。

在诗歌创作上，韩愈也是不拘常格、勇于创新，从体裁上来看，韩诗中不受格律约束的古体诗占了一半以上。清人赵翼在《瓯北诗话》中说韩愈："才力雄厚，惟古诗足以恣其驰骤。一束于格式声病，即难展其所长，故不肯多作。"古代诗歌在盛唐已经达到顶峰，有人说"盛唐气象"完成了中国诗史的新篇章，之后的诗人想要有所突破非常困难。但是，韩愈以其丰厚的学养和惊人的才力使中唐诗歌为之一震。他追求新颖的形式风格，再加上他独特的语言、奇拗的音节、不寻常的意象以及"以文为诗"的写作手法，打破了当时的诗歌规范，在一定程度上纠正了大历诗风，进而创造出一种"奇崛险怪"的艺术境界。更重要的是，他对诗风所做出的这种变革和探索，引发了古代诗歌"以筋骨诗理见胜"的最后一条道路——宋诗。因此，赵翼在《瓯北诗话》中评价韩诗说："诗家好作奇句警语，必千锤百炼而后能成。如……昌黎之'巨刃磨天扬''乾坤摆雷硠'等句，实足惊心动魄，然全力搏兔之状人皆见之。"韩愈的诗歌代表作有《左迁至蓝关示侄孙湘》《早春呈水部张十八员外》《春雪》《晚春》等。

韩愈的门人李汉在韩愈去世后将其诗文进行了编辑整理，这是韩愈诗文集的雏形。到了宋代，学者洪兴祖、朱熹等都对韩愈诗文集做过校勘整理。南宋咸淳年间，廖莹中又将前人的成果进行整理，刊成《昌黎先生集注》（世綵堂本）。明人徐世泰又对世綵堂本进行完善，形成了《昌黎先生集》（东雅堂本），这是后世最通行的韩集注本。此次整理，原文我们以东雅堂本为底本，同时参考市面流通的其他版本进行整理，译文以直译为主，力求通俗流畅，以便于现代读者阅读学习。囿于水平，整理过程中难免有不当之处，恳请读者不吝指正。

总　目

第一册

第二册

第三册

目 录

卷一 赋 古诗

卷三 古诗

卷四 古诗

卷五 古诗

卷十一 杂著

卷一 赋 古诗

感二鸟赋 并序

贞元十一年，五月戊辰，愈东归。癸酉，自潼关出，息于河之阴。时始去京师，有不遇时之叹。见行有笼白乌、白鸲鹆而西去者，号于道曰："某土之守某官，使使者进于天子！"东西行者皆避路，莫敢正目焉。因窃自悲。幸生天下无事时，承先人之遗业，不识干戈耒耜、攻守耕获之勤。读书著文，自七岁至今，凡二十二年，其行己不敢有愧于道，其闲居思念前古当今之故，亦仅志其一二大者焉。选举于有司，与百千人偕进偕退，曾不得名于荐书，齿下士于朝，以仰望天子之光明。今是鸟也，惟以羽毛之异，非有道德智谋承顾问赞教化者，乃反得蒙采擢荐进，光耀如此，可以人而不如鸟乎？故为赋以自悼，且明夫遭时者，虽小善必达；不遭时者，累善无所容焉。其辞曰：

吾何归乎! 吾将既行而后思。诚不足以自存, 苟有食其从之。出国门而东骛, 触白日之隆景。时返顾以流涕, 念西路之差永。过潼关而坐息, 窥黄流之奔猛。感二鸟之无知, 方蒙恩而入幸。惟进退之殊异, 增余怀之耿耿。彼中心之何嘉? 徒外饰焉是逞。余生命之湮阨, 曾二鸟之不如。汩东西与南北, 亘十年以不居。辱饱食其有数, 况策名于荐书。时所好之为贤, 庸有谓余之非愚!

昔殷之高宗, 得良弼于宵寐, 孰左右者为之先, 信天同而神比。及时运之未来, 或两求而莫致。虽家到而户说, 只以招尤而速累。盖上天之生余, 亦有期于下地。盍求配于古人, 独悒怅于无位! 虽得之而不能, 乃鬼神之所戏。幸年岁之未暮, 庶无羡于斯类。

【译文】贞元十一年(795)五月戊辰那一天, 我东归故乡。癸酉那天我出潼关后, 在黄河南岸稍作休息。此时我刚刚离开京城长安, 心中有难容于世的感叹。恰好看到有使者用鸟笼装着白色的乌鸦、八哥向西而去, 边走边呼喝:"某地之某官, 派遣使者给皇上进贡祥瑞!"东西往来的行人都纷纷避让, 不敢抬头观看。我因此感到悲哀。我有幸生活在天下太平的时期, 继承祖先的遗业, 不用手持兵器和农具, 来经历攻城守土、耕耘收获的辛劳。我读书作文, 从七岁到现在, 已有二十二年, 行为操守不敢有愧于君子之道, 闲居的时候缅怀古往今来的大事, 也只是记住了其中的一部分内容。我参加朝廷的选举考试, 与许多人一起求取功名, 因为没有得到公卿的推荐，只能在朝廷谋个小官，来得到仰望皇上的机会。如今这两只鸟，只因为羽毛特别，而不是因为道德或者智谋出众，能够为皇上排忧解难，或者辅助教化，却得到被进用的机会，获得如此盛大的荣耀，难道说人还不如鸟吗？因此我作赋来抒发自己的感伤，并且阐明与时世相容的人或物，即使只有一丝可取之处，也一定能够显达；难容于时世的人，即使有大善巨德，也难以被接纳。辞赋的内容是：

我将回到什么地方去啊！我在出发之后才思考。我实在无法自食其力，只能去可以谋食的地方。我出了京师的城门而匆匆东去，目睹青天白日之下的壮阔盛景。不时地回顾长安而潸然泪下，遥想西去的道路是多么漫长。我出了潼关而稍作休息，看到黄河的汹涌奔腾。感叹两只鸟虽无才识，却正蒙恩进入宫中。想到进退之间差别如此悬殊，更使我耿耿于怀难以平静。它们具备何种美德？不过徒有其表而已。我一生命运坎坷，竟然不如两只飞鸟。我东南西北到处奔波，整整十年无法安定。屈辱地吃顿饱饭尚且次数可数，更别提受到公卿的举荐而进身仕途了。时世所喜好的人就是所谓贤士，而又有哪个人会说我不愚钝呢！

昔日商朝的高宗武丁，在梦中见到贤臣傅说，何须左右大臣的推荐，武丁确实受上天的眷顾而与神仙一样啊。时运还没有到来的时候，即使君臣互相渴求也无法相见。即使名满天下而家喻户晓，也只会为此招来非议和麻烦。大概上天生了我，也还对我在世间的作为抱有期望。我怎能一方面要求自己德配古人，另一方面又因为得不到官位而惆怅徘徊！我想那些身居高位却无才能的人，大概是鬼神在戏弄他们。所幸我的年纪还不算大，还有如愿的机会,没有必要去羡慕那些人。

复志赋 并序

愈既从陇西公平汴州,其明年七月,有负薪之疾,退休于居,作《复志赋》。其辞曰:

居悒悒之无解兮,独长思而永叹。岂朝食之不饱兮,宁冬裘之不完。

昔余之既有知兮,诚坎轲而艰难。当岁行之未复兮,从伯氏以南迁。凌大江之惊波兮,过洞庭之漫漫。至曲江而乃息兮,逾南纪之连山。嗟日月其几何兮,携孤嫠而北旋。值中原之有事兮,将就食于江之南。始专专于讲习兮,非古训为无所用其心。窥前灵之逸迹兮,超孤举而幽寻。既识路又疾驱兮,孰知余力之不任。

考古人之所佩兮,阅时俗之所服。忽忘身而不肖兮,谓青紫其可拾。自知者为明兮,故吾之所以为惑。择吉日余西征兮,亦既造夫京师。君之门不可迳而入兮,遂从试于有司。惟名利之都府兮,羌众人之所驰。竞乘时而射势兮,纷变化其难推。全纯愚以靖处兮,将与彼而异宜。欲奔走以及事兮,顾初心而自非。朝驰骛乎书林兮,夕翱翔乎艺苑。谅却步以图前兮,不浸近而逾远。

哀白日之不与吾谋兮，至今十年其犹初！岂不登名于一科兮，曾不补其遗余。进既不获其志愿兮，退将遁而穷居。排国门而东出兮，嗟余行之舒舒。时凭高以回顾兮，涕泣下而交如。庚洛师而怅望兮，聊浮游以踌躇。假火龟以视兆兮，求幽贞之所庐。甘潜伏以老死兮，不显著其名誉。非夫子之洵美兮，吾何为乎浚之都。小人之怀惠兮，犹知献其至愚。固余异于牛马兮，宁止乎饮水而求刍？伏门下而默默兮，竟岁年以康娱。时乘闲以获进兮，颜垂欢而愉愉。仰盛德以安穷兮，又何忠之能输。

昔余之约吾心兮，谁无施而有获？嫉贪佞之涔浊兮，曰吾其既劳而后食。惩此志之不修兮，爱此言之不可忘。情怊怅以自失兮，心无归而茫茫。苟不内得其如斯兮，孰与不食而高翔？抱关之阨陋兮，有肆志之扬扬。伊尹之乐于畎亩兮，焉贵富之能当？恐誓言之不固兮，斯自讼以成章。往者不可复兮，冀来今之可望。

【译文】我跟随陇西公董晋平定汴州，第二年七月，我身患疾病，在家中休养，写了这篇《复志赋》。内容是：

幽居不乐而无法排解，独自长思而歌咏感叹。既不是因为食不果腹，也不是因为冬衣破烂。

从我懂事起啊，实在坎坷与艰辛。未满十二岁啊，随兄奔波往南行。渡江遇惊涛啊，过洞庭湖之无垠。至曲江而止啊，越南国重重山岭。岁月无几何啊，兄逝携孤嫂北进。中原战乱起啊，于江南谋生安定。始专心学问啊，古人遗训中用心。窥先圣足迹啊，唯独行而探幽径。既识路急追啊，孰知我力不能行。

考察古人之佩饰啊，阅览当世之衣冠。忘乎己之过失啊，谓官禄于可拾。自知之人明理啊，可叹我却独迷。选良辰我西行啊，入慕名之京师。国君不得觐见啊，遂应试于有司。聚名利之场所啊，众人追逐驱驰。竞相趋炎附势啊，风云变幻莫测。木然静处守己啊，则逆流不合时宜。欲奔走觅进身啊，非初心而自弃。朝读诗书啊，夕游六艺。以退行求前进啊，不能近而弥远。

叹青天不给我机会啊，至今十年仍如初！虽然也一时登科啊，然而于事无助。既然进取不如愿啊，不如退守穷庐。出京都而东去啊，一路嗟叹缓舒。不时登高回顾啊，涕泪交流而出。至洛阳而远望啊，虽遨游而踟蹰。借龟卜观征兆啊，寻我寄托之处。甘愿隐居终老啊，不欲声名显著。若非董公崇德啊，怎会汴州留驻。小人如得恩惠啊，尚知竭尽愚鲁。我既异于牛马啊，岂能只想着水草果腹？随董公而无闻啊，终年游乐自娱。趁闲而被接见啊，董公欢愉呵护。蒙盛德而安身啊，无愚忠报眷顾。

昔日约束自己啊，无付出岂有收获？厌恶小人污浊啊，冀望辛劳得衣食。抱定此志不移啊，守誓言而不能忘。今惆怅若有失啊，仿佛无路而渺茫。若不内省心不坚啊，谁能弃官而翱翔？处在困厄之中啊，我却能意气昂扬。伊尹乐于田亩啊，岂是富贵所能当？恐誓言不久存啊，所以自戒以成章。去者不可追回啊，冀于来日可期望。

闵己赋

余悲不及古之人兮，伊时势而则然。独闵闵其曷已兮，凭文章以自宣。

昔颜氏之庶几兮，在隐约而平宽。固哲人之细事兮，夫子乃嗟叹其贤。恶饮食乎陋巷兮，亦足以颐神而保年。有至圣而为之依归兮，又何不自得于艰难。曰余昏昏其无类兮，望夫人其已远。行舟楫而不识四方兮，涉大水之漫漫。勤祖先之所贻兮，勉汲汲于前修之言。虽举足以蹈道兮，哀与我者为谁。众皆舍己而用兮，忽自惑其是非。下土茫茫其广大兮，余岂不知其可怀。就水草以休息兮，恒未安而既危。久拳拳其何故兮，亦天命之所宜。

惟否泰之相极兮，咸一得而一违。君子有失其所兮，小人有得其时。聊固守以静俟兮，诚不及古之人兮其焉悲！

【译文】我悲叹今人不如古人，乃时势使然。独自忧愁其何时终了，借文章排宣。

昔有颜渊之人啊，处困厄而心宽。这些虽是琐事啊，而孔子叹其贤。居陋巷而瓢饮箪食，亦能养神而保天年。有至圣孔子为依托，自能怡然从中解脱。可叹我没有这样的师友，遥望颜渊其人已远。仗舟桨却不识方向，欲涉渡而大水漫漫。勤勉于祖先的遗业，尽力于前贤的圣言。即使迈步追寻大道，悲哀有谁与我同行。众人皆弃而我独用，忽然迷惑是非对错。天地如此广阔浩大，何处才是安身之畔。依水草之地而歇息，未曾安定就又遇险。辛苦操劳是何原因，也许是天命使然。

否极泰来的道理，总是有得又有失。君子有时会失意，小人有时也得志。且固守以待时机，实在不如古人又何必伤悲！

别知赋

余取友于天下，将岁行之两周。下何深之不即，上何高之不求，纷扰扰而既多，咸喜能而好修。宁安显而独裕，顾陋穷而共愁。惟知心而难得，斯百一而为收。岁癸未而迁逐，侣虫蛇于海陬。遇夫人之来使，辟公馆以罗羞。索微言于乱志，发孤笑于群忧。物何深而不考，理何隐而不抽。始参差以异序，卒澜漫而同流。何此欢之不可恃，遂驾马以回辀。山礚礚其相轧，树蓊蓊其相摎。雨浪浪其不止，云浩浩其常浮。知来者之不可以数，哀去此以无由。倚郭郛而掩涕，空尽日以迟留。

【译文】我交天下名士，悠悠二十余年。无论山野隐士，还是公卿贵胄，朋友数不胜数，皆能好文乐善。世人只愿独安，共苦谁能心甘。知心之人难求，百中得一心安。我在癸未年被放逐，身处偏僻之地，与虫蛇为伴。遇公使之来访，扫公馆陈美味。听微言梳理乱绪，自解嘲忘却忧烦。穷深奥若明镜，探隐微纤毫现。初始性情各异，最终志趣俨然。欢娱不能久留，驾车马而归去。群山重重而聚，树木繁茂纠缠。雨沥沥而不停，云浩浩浮天边。知再会难预期，悲离别无因缘。别城外而泪下，独终日而徘徊。

元和圣德诗 并序

臣愈顿首再拜言：臣伏见皇帝陛下即位以来，诛流奸臣，朝廷清明，无有欺蔽。外斩杨惠琳、刘辟以收夏、蜀，东定青、徐积年之叛，海内怖骇，不敢违越。郊天告庙，神灵欢喜，风雨晦明，无不从顺。太平之期，适当今日。臣蒙被恩泽，日与群臣序立紫宸殿下，亲望穆穆之光。况其职业，又在以经籍教导国子，诚宜率先作歌诗以称道盛德，不可以辞语浅薄，不足以自效为解。辄依古作四言《元和圣德诗》一篇，几千有二十四字，指事实录，具载明天子文武神圣，以警动百姓耳目，传示无极。其诗曰：

皇帝即阼，物无违拒，曰旸而旸，曰雨而雨。维是元年，有盗在夏，欲覆其州，以踵近武。皇帝曰嘻！岂不在我。负鄙为艰，纵则不可。出师征之，其众十旅，军其城下，告以福祸。腹败枝披，不敢保聚，掷首牌外，降幡夜竖。疆外之险，莫过蜀土。韦皋去镇，刘辟守后。血人于牙，不肯吐口。开库啗士，曰随所取。汝张汝弓，汝伐汝鼓，汝为表书，求我帅汝。事始上闻，在列咸怒。皇帝曰然，嗟远士女，苟附而安，则且付与。读命于庭，出节少府，朝发京师，夕至其部。辟喜谓党，汝振而伍，蜀可全有，此不当受。万牛炙，万瓮行酒，以锦缠股，以红帕首。有恮其凶，有饵其诱，其出穰穰，队以万数。遂劫东川，遂据城阻。皇帝曰嗟！其又可许！爰命崇文，分卒禁御，有安其驱，无暴我野。日行三十，徐壁其右。辟党聚谋，鹿头是守。崇文奉诏，进退规矩，战不贪杀，擒不滥数。四方节度，整兵顿马，上章请讨，俟命起坐。皇帝曰嘉，无汝烦苦。荆并洎梁，在国门户，出师三千，各选而丑。四军齐作，殷其如阜，或拔其角，或脱其距，长驱洋洋，无有龃龉。八月壬午，辟弃城走，载妻与姜，包裹稚乳。是日崇文，入处其宇，分散逐捕，搜原剔薮。辟穷见窘，无地自处，俯视大江，不见洲渚，遂自颠倒，若杵投臼。取之江中，枷脰械手。妇女累累，啼哭拜叩。来献阙下，以告庙社。周示城市，咸使观睹。解脱挛索，夹以砧斧。婉婉弱子，赤立伛偻，牵头曳足，先断腰膂。次及其徒，体骸撑挂。末乃取辟，骇汗如雨，挥刀纷纭，争切脔脯。优赏将吏，扶珪缀组，帛堆其家，粟塞其庾。哀怜阵殁，廪给孤寡，赠官封墓，周匝宏溥。经战伐地，宽免租簿。施令酬功，急疾如火。天地中间，莫不顺序。魏幽恒青，东尽海浦，南至徐蔡。区外杂虏，烜威赫德，踧踖蹈舞，掉弃兵革，私习篘篛，来请来觐，十百其耦。皇帝曰吁！伯父叔舅，各安尔位，训厥畎畮。正月元日，初见宗祖，躬执百礼，登降拜俯。荐飨新宫，视瞻梁梠，感见容色，泪落入俎，侍祠之臣，助我恻楚。乃以上辛，于郊用牡。除于国南，鳞笱毛簴。庐幕周施，开揭磊砢，兽盾腾拏，圆坛帖妥。天兵四罗，旗常婀娜。驾龙十二，鱼鱼雅雅。宵升于丘，奠璧献斝。众乐惊作，轰豗融冶。紫焰嘘呵，高灵下堕。群星从坐，错落侈哆。日君月妃，焕赫婐妮。渎鬼蒙鸿，岳祇嶪峨。饫膻燎芗，产祥降嘏。凤凰应奏，舒翼自拊，赤麟黄龙，逶陀结纠。卿士庶人，黄童白叟，踊跃欢呀，失喜噎欧。乾清坤夷，境落褰举。帝车回来，日正当午，幸丹凤门，大赦天下。涤濯刬磢，磨灭瑕垢。续功臣嗣，拔贤任耇。孩养无告，仁滂施厚。

皇帝神圣，通达先古。听聪视明，一似尧禹。生知法式，动得理所。天锡皇帝，为天下主。并包畜养，无异细巨。亿载万年，敢有违者？

皇帝俭勤，盥濯陶瓦。斥遣浮华，好此绨纻。敕戒四方，侈则有咎。天锡皇帝，多麦与黍。无召水旱，耗于雀鼠。亿载万年，有富无窭。

皇帝正直，别白善否。擅命而狂，既翦既去。尽逐群奸，靡有遗侣。天锡皇帝，庞臣硕辅，博问遐观，以置左右。亿载万年，无敢余侮。

皇帝大孝，慈祥悌友。怡怡愉愉，奉太皇后。浃于族亲，濡及九有。天锡皇帝，与天齐寿。登兹太平，无怠永久。亿载万年，为父为母。

博士臣愈，职是训诂。作为歌诗，以配吉甫。

【译文】微臣韩愈叩首再拜：臣看到陛下即位以来，诛杀小人流放奸佞，使朝政一片清明，杜绝欺骗蒙蔽。对外斩杀了杨惠琳、刘辟，收复了夏州和蜀地，东方平定了青州、徐州等地多年的叛乱，使得天下藩镇都惊怖震骇，不敢有非分之想。陛下亲自祭天告庙，使得神灵和祖先都欢欣喜悦，风雨阴晴，无不顺遂人愿。所谓的太平盛世，就是如今的气象。臣蒙受皇上的恩泽，每日与众大臣班列紫宸殿下，亲眼目睹陛下的光明肃穆。而我的职责，又是教导国子监学生学习经书典籍，我诚然应该率先吟诗作赋，来称颂陛下的盛德，而不应以自己文辞不佳，难以效命为由来搪塞。臣依照古诗格式作四言《元和圣德诗》一首，共一千零二十四字，据实而写，完整记述了圣明天子的文德武功，来昭示百姓，流传后世。诗文为：

圣明天子即位践阼，万物调和而无违背，需晴则晴，需雨则雨。元和元年（806），贼臣惠琳据有夏州，阴险图谋颠覆朝政，企图效法之前李希烈、朱泚等人叛逆。皇上说：嘻！错应在朕。据城而守难以持久，置之不理纵虎为患。王师讨伐，十军出征，军至城下，晓以厉害。贼首遭杀，不能负隅，杨惠琳首级被掷，降旗夜挂。边疆险要，莫比蜀地。韦皋离职，刘辟接替。其人嗜血，心狠手毒。打开府库利诱将士，库中财物任意取拿。怂恿将士张弓击鼓，一起具表上奏朝廷，任其为帅镇守西川。圣上初闻，大臣皆怒。陛下宽容，体恤地远，果真归服安定治边，蜀地之任可交刘辟。委任诏令公之于朝，少府使官传之西川。朝出京师，夕到辟部。刘辟欢喜告知其党，召集队伍，蜀地可有，西川之职不值接受。贼众炙牛，贼众行酒，锦缎缠腿，红帕罩头。贼众之中，有人畏惧刘辟凶恶，有人贪图功利诱惑，刘辟队伍人头攒动，上万人马熙熙攘攘。贼侵东川，占据险阻。陛下说：嗟！这种行为岂能允许！授命高崇文，选拔禁军，进剿军队谨守安抚，不得暴虐吾土吾民。行军每日三十里，叛军右侧建营壁。刘辟谋划，据守鹿头。崇文奉诏，进退有据，不滥杀无辜，不乱捕充数。各方节度，整顿兵马，递上奏章请求讨伐，只等令下随时进发。皇帝感慨称赞：大家不必劳烦。荆梁二州，国之门户，各自精选，猛士三千，同仇敌忾，前去增援。四支军队同时进击，如同山阜势压叛军，或断其角，或卸其距，王师队伍长驱直入，叛军难有任何抵抗。八月壬午，刘辟弃城落荒而逃，带领妻妾包裹婴儿。同日高崇文入驻成都，到处搜查元凶党羽。刘辟穷途，无地容身，江边俯视，不见洲渚，于是投江，如杵入臼。擒之水中，枷锁束身。辟之妇女，啼哭叩拜。献俘京师，祭天告庙。游街示众，观其下场。枷锁解开，刀斧相加。纤弱稚子，赤身弯腰，牵头拽脚，首当极刑。纷纷死党，惊惧倒地。最后被斩，乃是刘辟，惊惧万分，冷汗如雨，挥刀之处，刘辟毙命，身首异处，大卸八块。犒赏将士遍及官吏，赏赐众人玉珪丝帛，成匹绢帛堆放其家，成堆粮食充盈其库。阵亡将士予以悼念，孤寡家属予以抚恤，赠官封墓咸得荣誉，皇帝馈赐恩惠遍施。战火之地，减免租税。酬功诏令，星火下达。天地之间，恢复纲常。魏、幽、恒、青，各州各府，东到海边，南到徐、蔡。域外各族，震于声威，修文偃武，抛弃兵戈，学习礼仪，觐见皇帝，敬心诚意。皇帝感叹：吁！诸位伯舅，安心其位，治理子民。正月元日，拜谒祖先，皇帝亲行各种礼仪，登阶降阶拜叩祖先。祭祀顺宗，仰视梁椽，皇上不禁悲从中来，眼泪落入供品当中，从祀大臣悲楚难忍。上辛那天，郊外祭天。都城南郊设立祭坛，钟磬乐器俨然排列。帷幕帐篷四处设置，高低密布重重叠叠，盾牌高举，祭坛妥贴。将士威武四面云集，猎猎旗帜招展飞舞。天子车驾，雍容整肃。夜里升坛开始祭祀，玉璧玉瓒奉献坛上。乐器奏响，交汇融洽。紫色烟雾缭绕直上，昊天上帝开始下降。群星闪烁，错落四周。日月神灵，光耀端正。四渎之神一片鸿濛，五岳之神巍峨高大。神灵享用供品香火，出现祥瑞降福人间。凤凰应节挥动翅膀，红色麒麟黄色神龙，纷纷出现翻转蜿蜒。公卿百姓，儿童老人，欢呼跳跃，喜不自胜，难以言表。乾坤清明，四境平定。皇帝车驾返回都城，太阳高悬中午时分，丹凤门中，大赦天下。扫清污垢，刷除瑕疵。分封功臣荫庇子嗣，选拔贤德委任志士。孤苦无靠，施以仁义。

皇帝圣明，通达今古。耳聪目明，类似尧、禹。生而知礼，举止合规。天赐吾皇，君临天下。兼容并蓄，不漏琐细。亿年万年，岂有违者？

皇帝勤俭，陶盆洗漱。斥逐奢华，衣着粗朴。传令四方，奢靡有罪。天赐吾皇，粮丰食足。无忧旱涝，不召雀鼠。亿年万年，富而不贫。

皇帝正直，善恶分明。擅权之人或贬或去。驱逐奸佞，无有遗漏。天赐吾皇，招揽贤良，咨询政事，安置身旁。亿年万年，谁敢欺侮。

皇帝大孝，慈祥友好。恭敬愉悦，侍奉太后。融洽亲族，恩及九州。天赐吾皇，寿与天齐。太平盛世，永久保留。亿年万年，百姓父母。

国子博士，微臣韩愈，传授典籍，教诲弟子。作此诗歌，类比吉甫。

琴操十首

将归操

孔子之赵闻杀鸣犊作。

狄之水兮，其色幽幽。我将济兮，不得其由。涉其浅兮，石啮我足。乘其深兮，龙入我舟。我济而悔兮，将安归尤？归乎归乎！无与石斗兮，无应龙求。

【译文】孔子去拜访赵简子，听说窦鸣犊被杀，有感而作。

波光粼粼的狄水河啊，河水幽幽而澄清。我欲渡河而行啊，然而找不到路径。涉渡河边浅滩啊，水中碎石割我足。欲乘舟渡深水啊，又有蛟龙入我舟。渡河而心懊悔啊，幽怨不知发何处？归去吧，归去吧！不必与那碎石争斗不休，不必答应蛟龙种种要求。

猗兰操

孔子伤不逢时作。

兰之猗猗，扬扬其香。不采而佩，于兰何伤？今天之旋，其曷为然？我行四方，以日以年。雪霜贸贸，荠麦之茂。子如不伤，我不尔觏。荠麦之茂，荠麦之有。君子之伤，君子之守。

【译文】孔子感伤自己生不逢时而作。

幽谷淡雅的兰草啊，散发出阵阵的清香。即使无人采摘佩戴，对其高洁又有何妨？我今无奈返回鲁国，究竟是何让我惆怅？我不辞辛苦四处奔波，成年累月行进路上。冒严寒酷暑雨雪风霜，兰草凋零而荠麦茂长。高洁的兰草如果不是受到摧残中伤，我又怎么会在这幽僻之地与你相遇。荠麦茂盛，荠麦繁多。君子虽然受到挫伤，君子依旧坚持操守。

龟山操

孔子以季桓子受齐女乐，谏不从，望龟山而作。

龟之气兮，不能云雨。龟之桢兮，不中梁柱。龟之大兮，只以奄鲁。知将隳兮，哀莫余伍。周公有鬼兮，嗟归余辅。

【译文】孔子因鲁国季桓子接受齐国的女乐，屡次进谏而不从，所以望龟山而作歌。

龟山之上有蔼蔼云气啊，却始终不能兴风布雨。龟山之上有森森树木啊，却始终不能用作栋梁。龟山之大啊巍巍高耸，却始终只为鲁国屏障。我深知鲁国的覆灭就在眼前，还是哀叹无人与我共担国难。英明的周公如果在天有灵啊，就让我去辅佐鲁国的国君吧。

越裳操

周公作。

雨之施，物以滋。我何意于彼为。自周之先，其艰其勤，以有疆宇，私我后人。我祖在上，四方在下。厥临孔威，敢戏以侮。孰荒于门，孰治于田。四海既均，越裳是臣。

【译文】周公所作。

绵绵雨露，万物滋润。我之惠民，何求回报。自从周国先祖开始，历代君王艰苦辛劳，终于拥有了辽阔的疆域，来传承给我的子孙后代。我们的先祖称王在上，四方的诸侯称臣在下。先王君临天下威仪赫赫，无人敢轻侮戏弄而怠慢。哪个诸侯荒废朝政，哪个诸侯治国有方，无不分辨得清清楚楚。因而四海均一，越裳来贡。

拘幽操

文王羑里作。

目掩掩兮，其凝其盲。耳肃肃兮，听不闻声。朝不日出兮，夜不见月与星。有知无知兮，为死为生？呜呼！臣罪当诛兮，天王圣明！

【译文】周文王被囚禁在羑里时所作。

双目隐隐，虽凝视而不见。两耳轰轰，虽尽力而无闻。朝不见红日东出，夜不见明月星辰。幽闭之地无知无觉，阶下之囚是死是生？呜呼！臣罪当死，大王英明！

岐山操

周公为大王作。

我家于豳，自我先公。伊我承绪，敢有不同？今狄之人，将土我疆。民为我战，谁使死伤。彼岐有岨，我往独处。人莫余追，无思我悲。

【译文】周公为周大王古公亶父所作。

以豳地为家园，自我古公亶父而始。后辈继承皇统，岂敢背弃祖先？今有戎狄之人，侵占我疆我土。百姓为我而战，必定有死有伤。岐山有险可守，我愿独处避战。众人不用追随，不用思念挂怀。

履霜操

尹吉甫子伯奇无罪为后母谮而见逐，自伤作。

父兮儿寒，母兮儿饥。儿罪当笞，逐儿何为？儿在中野，以宿以处。四无人声，谁与儿语？儿寒何衣？儿饥何食？儿行于野，履霜以足。母生众儿，有母怜之。独无母怜，儿宁不悲？

【译文】尹吉甫之子尹伯奇无罪，因后母中伤而被逐出家门，伯奇自感于无辜而作歌。

尊敬的父亲啊，您的儿子正饱经风霜，慈爱的母亲啊，您的儿子正忍受饥饿。为人之子有错当然应该杖笞，父母何至要将儿子驱出家门？儿子我孤独地徘徊在旷野里，以地为床，以天为被，风餐露宿。四下空阔寂静没有人声，谁来可怜儿子道声安慰？儿子受寒何处找衣服穿？儿子挨饿何处寻食物吃？儿子于野外行走，双足踏着寒霜。母亲您生育了那么多的孩子，他们都有母亲的疼爱。唯独我得不到母爱，做儿子的怎么会不悲伤？

雉朝飞操

牧犊子七十无妻，见雉双飞，感之而作。

雉之飞，于朝日。群雌孤雄，意气横出。当东而西，当啄而飞。随飞随啄，群雌粥粥。嗟我虽人，曾不如彼雉鸡。生身七十年，无一妾与妃。

【译文】牧犊子七十岁仍然没有妻子，见山雉雌雄双飞，有感而作。

林间五彩斑斓的山雉，迎着初升的旭日飞舞。一群雌雉环绕着一只雄雉，骄傲的雄雉意气飞扬。它们忽东忽西上下盘旋，时而啄食时而高飞。一边飞翔一边啄食，一群雌雉嘈嘈杂杂。可叹我堂堂男子，却不如那些山雉。孑然一身到七十，至今没有妻和妾。

别鹄操

商陵穆子娶妻五年无子，父母欲其改娶。其妻闻之，中夜悲啸，穆子感之而作。

雄鹄衔枝来，雌鹄啄泥归。巢成不生子，大义当乖离。江汉水之大，鹄身鸟之微。更无相逢日，且可绕树相随飞。

【译文】商陵穆子娶妻五年还没有孩子，穆子的父母想让他重新娶妻。穆子之妻听到后，夜里悲伤吟啸，穆子深受感动，因而作歌。

雄鹄衔来树枝，雌鹄啄泥而归。筑成鸟巢之后却没有诞生后代，为了延续血脉只能夫妻分离。江汉浩大啊烟波浩渺，鹄鸟纤细啊身形渺小。别后天涯海角难相逢，暂且互相追随绕树飞。

残形操

曾子梦见一狸不见其首作。

有兽维狸兮，我梦得之。其身孔明兮，而头不知。吉凶何为兮，觉坐而思。巫咸上天兮，识者其谁?

【译文】曾子梦见一只狸，有身而无头，因有感而作。

世间有小兽名称为狸，在我昼卧时闯入梦境。它的身形是如此清晰，唯独不见它的头在哪里。这样的梦境不知是吉是凶，梦醒之后我坐着想了良久。高明的巫师术士都已经离世，不知道世间有谁了解其中的奥秘？

南山诗

　　吾闻京城南，兹维群山囿。东西两际海，巨细难悉究。山经及地志，茫昧非受授。团辞试提挈，挂一念万漏。欲休谅不能，粗叙所经觏。尝升崇丘望，戢戢见相凑。晴明出棱角，缕脉碎分绣。蒸岚相澒洞，表里忽通透。无风自飘簸，融液煦柔茂。横云时平凝，点点露数岫。天宇浮修眉，浓绿画新就。孤撑有巉绝，海浴褰鹏噣。

　　春阳潜沮洳，濯濯深吐秀。岩峦虽嵂崒，软弱类含酎。夏炎百木盛，荫郁增埋覆。神灵日歊歔，云气争结构。秋霜喜刻轹，磔卓立癯瘦。参差相叠重，刚耿陵宇宙。冬行虽幽墨，冰雪工琢镂。新曦照危峨，亿丈恒高袤。明昏无停态，顷刻异状候。

　　西南雄太白，突起莫间簉。藩都配德运，分宅占丁戊。逍遥越坤位，诋讦陷乾窦。空虚寒兢兢，风气较搜漱。朱维方晓日，阴霾纵腾糅。昆明大池北，去覩偶晴昼。绵联穷俯视，倒侧困清沤。微澜动水面，踊跃躁猱狖。惊呼惜破碎，仰喜呀不仆。

前寻径杜墅，坌蔽毕原陋。崎岖上轩昂，始得观览富。行行将遂穷，岭陆烦互走。勃然思坼裂，拥掩难恕宥。巨灵与夸蛾，远贾期必售。还疑造物意，固护蓄精祐。力虽能排斡，雷电怯呵诟。攀缘脱手足，蹭蹬抵积甃。茫如试矫首，堛塞生怐愗。威容丧萧爽，近新迷远旧。拘官计日月，欲进不可又。因缘窥其湫，凝湛闭阴兽。鱼虾可俯掇，神物安敢寇？林柯有脱叶，欲堕鸟惊救。争衔弯环飞，投弃急哺彀。旋归道回睇，达枿壮复奏。吁嗟信奇怪，峛崺能化贸。前年遭谴谪，探历得邂逅。初从蓝田入，顾昒劳颈脰。时天晦大雪，泪目苦朦瞀。峻涂拖长冰，直上若悬溜。褰衣步推马，颠蹶退且复。苍黄忘遐睎，所瞩才左右。杉篁咤蒲苏，杲耀攒介胄。专心忆平道，脱险逾避臭。昨来逢清霁，宿愿忻始副。峥嵘跻冢顶，倏闪杂鼯鼬。前低划开阔，澜漫堆众皱。或连若相从；或蹙若相斗；或妥若弭伏；或竦若惊雊；或散若瓦解；或赴若辐凑；或翩若船游；或决若马骤；或背若相恶；或向若相佑；或乱若抽笋；或嵲若炷灸；或错若绘画；或缭若篆籀；或罗若星离；或蓊若云逗；或浮若波涛；或碎若锄耨；或如贲育伦，赌胜勇前购，先强势已出，后钝嗔譳；或如帝王尊，丛集朝贱幼，虽亲不亵狎，虽远不悖谬；或如临食案，肴核纷饤餖；又如游九原，坟墓包椁柩；或累若盆甖；或揭若登豆；或覆若曝鳖；或颓若寝兽；或蜿若藏龙；或翼若搏鹫；或齐若友朋；或差若先后；或迸若流落；或顾若宿留；或戾若仇雠；或密若婚媾；或俨若峨冠；或翻若舞袖；或屹若战阵；或围若蒐狩；或靡然东注；或偃然北首：或如火熺烟；或若气馈馏；或行而不辍；或遗而不收；或斜而不倚；或驰而不觳；或赤若秃髻；或熏若柴樏；或如龟拆兆；或若卦分繇；或前横若剥；或后断若姤；延延离又属；夬夬叛还遘；喁喁鱼闯萍；落落月经宿；阊阊树墙垣；巕巕架库厩；参参削剑戟；焕焕衔莹琇；敷敷花披荂；阗阗屋摧雷；悠悠舒而安；兀兀狂以狃；超超出犹奔；蠢蠢骇不懋。

大哉立天地，经纪肖营腠。厥初孰开张？黾俛谁劝侑？创兹朴而巧，戮力忍劳疚？得非施斧斤，无乃假诅咒？鸿荒竟无传，功大莫酬偻。尝闻于祠官，芬苾降歆馴。斐然作歌诗，惟用赞报酧。

【译文】我听说京师长安的南面，有群山环绕盘亘的地方。群山的东西两端都延伸到大海，群山的范围实在难以查清。即使是翻阅山经和地志的记载，也都叙述模糊而难以明了。我想撰文结辞来描述终南山的大概，又恐怕挂一漏万而说不完全。我想要放弃却又欲罢不能，只能粗略地概述我所亲见。我曾经登上高丘向远处眺望，看到山峰像剑戟般簇拥林立。天气晴朗的时候，远处的山峰棱角分明，连绵的山脉像一缕缕撕碎的锦绣。山中水气蒸腾弥漫，到处连通混沌一片。雾气漫漫没有风吹也到处飘散，凝结的露水滋润草木的生长。浮云横亘天际仿佛已经凝结，点点高山峰尖突出云表之外。远山如长眉悬浮空中，浓荫如绿黛新画才成。孤立的绝壁好像海中飞出的大鹏张嘴以待。

春天的阳光照耀大地，草木焕发生机而萌芽。山峰巨岩虽然高耸险峻，染上浓绿就像酒醉一样绵软无力。夏天的炎热使草木生长旺盛，浓密的树荫遮掩了大地。山中神灵终日飞腾上升，浓烈的云气交织在一起。秋天的严霜凌厉肃杀，群山也显得清癯嶙峋。瘦削的山峰参差重叠，一股刚烈的气势直冲云霄。冬天的景致虽然幽晦，但有洁白的冰雪晶莹剔透。初升的太阳照射着崇山峻岭，仿佛都有亿丈高大。终南山的阴晴没有常态，瞬息之间就会改变。

西南方向上雄踞着太白山，山势拔地而起傲然而立。它是长安的屏障与国家的德运相配，所处的位置正好在京师之南秦岭之中。山势舒展超出了所处的西南位，仿佛要延伸入西北方向。太白山峰高耸入云寒气凛冽，山顶疾风不停地鼓荡呼啸。山的南面正艳阳高照，山的北面却大雪纷飞。长安城外昆明池的北边，我偶然去那里游览恰好是晴天。我俯视水面看到连绵的山脉，群山的倒影正好呈现在清澈的水中。水面上微波荡漾波光闪动，仿佛是喧闹的猿猴在跳跃。我不禁惊呼群山倒影的破碎，抬头观看庆幸群山没有真的倒下来。

我一路探访来到了杜陵，那里的建筑覆满尘土，使得毕原上的诸多陵墓显得简陋矮小。沿着崎岖的小路爬上巍峨的终南山，这时候才眼界开阔，一览锦绣河山。我不停地向前行走，道路似乎要到尽头了，但山岭高地还在交错地向前延伸。有时忽然希望山形能从中开裂而露出坦途，那拥塞在一起的巨石山岩实在让人难以忍受。传说中的巨灵山神和夸蛾，他们的神力是否可以售借。但我怀疑上天的用意，是要精心护佑这山势。即使有力量能够把群山推开，却也怕遭到雷电轰击的惩罚。想要攀缘峭壁，却失足跌落谷底。茫然从谷底抬首而望，四面的闭塞使人难受。我失去了潇洒的仪容，近路陌生而远路迷失。可惜官职在身而游山时间有限，虽想继续前行却也只能抽身返回。中途乘便去游览山中的深潭，潭水深幽好像隐伏着蛟龙。水中的鱼虾俯身可及，作为神灵的部属谁敢去侵犯？山林中不时有树叶从枝头飘落，将要堕地时有鸟儿掠过将之啄起。鸟儿衔着落叶回旋环绕，然后又匆忙丢下落叶去哺食雏鸟。我在归途中回首远望群山，看到繁茂的树木枝杈交叠。我由衷地感叹造化的伟大，那稳固的山形竟能不断地千变万化。前年我遭到贬谪，在贬官的途中路过终南山。我从蓝田进入山中，仰望高山使人脖颈酸痛。当时天气阴晦大雪纷飞，我双目模糊而视物不清。险峻的峭壁结满坚冰，直上直下犹如瀑布一样。我提起衣襟牵着马困难地前行，步履蹒跚不停地跌倒又爬起。行色苍皇顾不上远观近看，眼前所关心的只有脚下的路途。路旁的杉树篁竹好像在矜夸各自的繁茂，上面覆盖的冰雪看起来如同甲胄一般耀眼。我当时只顾着赶快走上坦途，像避开恶臭一样急于脱离险境。昨天恰好遇到晴朗的天气，往日的夙愿才得以实现。我登上了峥嵘的终南山顶，身边不时地倏忽闪过鼯鼬。面临群壑而豁然开朗，群山蜿蜒如褶皱堆积。有的山势相连，如同前后相随；有的聚集簇拥，如同相互搏斗；有的安稳静止，如同俯首贴耳；有的竦立陡峭，如同山雉惊起；有的四散分离，如同崩溃瓦解；有的奔赴汇集，如同车辐辏集；有的翩翩而行，如同荡舟游船；有的迅疾促迫，如同骏马奔腾；有的背对而立，如同彼此相厌；有的相向而揖，如同互相助佑；有的山峰杂乱，如同春笋出土；有的嶙峋高耸，如同艾柱燃烧；有的错落缤纷，如同精美画卷；有的盘曲回绕，如同篆籀字体；有的散布罗列，如同繁星点点；有的蓊郁浓密，如同浮云凝滞；有的起伏浮沉，如同波涛翻滚；有的破碎开裂，如同锄土耨草；有的山峰形如孟贲和夏育那样的猛士，一往无前，奋勇当先。强势的人已经抢先跑出去，迟钝的人尚且落在后面；有的山峰又像帝王那样肃穆端坐，周围环绕的小山就像朝觐的大小官员，近处的不让人觉得过于亲昵，远处的也不让人觉得过于疏离；有的山峰像木桌食案，各种食物堆积纷陈；有的山峰像九原陵墓，内里是逝者的棺椁；有的山峰像盆罐堆累；有的山峰像食器陈列；有的山峰像龟鳖晒背；有的山峰像野兽沉睡；有的山峰像藏龙蜿蜒；有的山峰像猛鸷捕食；有的山峰像宾朋恭立；有的山峰像随从呼拥；有的山峰像瀑布迸落；有的山峰像游子留恋；有的山峰像怒目仇敌；有的山峰像夫妻亲密；有的山峰像危冠庄重；有的山峰像舞女挥袖；有的山峰像战阵屹立；有的山峰像合围狩猎；有的山峰像趋东而走；有的山峰像赴北而行；有的山峰像火焰照天；有的山峰像雾气蒸腾；有的山峰像行人匆匆；有的山峰像隐士悠闲；有的山峰倾斜无倚；有的山峰像弯弓待射；有的山峰像秃顶光光；有的山峰像火燎烟熏；有的山峰像龟甲坼裂；有的山峰像八卦卦爻；有的山峰像剥卦前横；有的山峰像垢卦后断；有的山势长长，离而又连；有的山势刚猛，分而又合；有的山势浮浮，如鱼入萍；有的山势疏疏，如月行天；有的山势高高，如墙如垣；有的山势阔阔，如库如厩；有的山势亭亭，如树剑戟；有的山势煌煌，如藏美玉；有的山势铺陈，如花萼满枝；有的山势下垂，如屋檐滴水；有的山势悠悠，如舒畅状；有的山势突兀，如兽狂乱；有的山势跳跃，如人奔跑；有的山势蠢蠢，欲动又不肯奋力。

壮观啊终南山，立于天地之间，四散分布如同人的经络血脉。

当初不知是谁开创了这些奇观？又是谁首先提出的倡议？创造这样宏大而精巧的奇观，需要忍受多少的艰辛劳苦？开辟者用的是斧斤呢，还是要凭借咒语的力量？鸿荒时代的事迹可惜文字没有流传下来，但那伟大的功绩不能用报酬来计算。我曾从终南山的庙祝那里听说，这里的山神非常灵验。因此我要写下文采斐然的诗歌，用颂赞来酬报终南山的神秀。

谢自然诗

果州南充县，寒女谢自然。童騃无所识，但闻有神仙，轻生学其术，乃在金泉山。繁华荣慕绝，父母慈爱捐。凝心感魑魅，慌惚难具言。一朝坐空室，云雾生其间。如聆笙竽韵，来自冥冥天。白日变幽晦，萧萧风景寒。檐楹气明灭，五色光属联。观者徒倾骇，踯躅讵敢前。须臾自轻举，飘若风中烟。茫茫八纮大，影响无由缘。里胥上其事，郡守惊且叹。驱车领官吏，町俗争相先。入门无所见，冠履同蜕蝉。皆云神仙事，灼灼信可传。余闻古夏后，象物知神奸。山林人可入，魍魉莫逢旃。逶迤不复振，后世恣欺谩。幽明纷杂乱，人鬼更相残。秦皇虽笃好，汉武洪其源。自从二主来，此祸竟连连。木石生怪变，狐狸骋妖患。莫能尽性命，安得更长延？人生处万类，知识最为贤。奈何不自信，反欲从物迁？往者不可悔，孤魂抱深冤。来者犹可诚，余言岂空文。人生有常理，男女各有伦。寒衣及饥食，在纺织耕耘。下以保子孙，上以奉君亲。苟异于此道，皆为弃其身。噫乎彼寒女，永托异物群。感伤遂成咏，昧者宜书绅。

【译文】果州南充县，有一位贫寒女子名叫谢自然。她幼稚木讷没有什么见识，只是听说世上有神仙就决然而信，就起了出世的念头想去学道，于是一个人在金泉山修道。世上的繁华声誉她都抛下，父母养育的慈爱也都舍弃。她专注精力去感应魑魅，惚兮恍兮的状态难以言表。一天她独自坐在空空的房间里，突然间云雾生腾。自冥冥之中好像有笙竽的乐声。太阳也变得幽暗，萧萧的风声让人感到寒冷。屋檐和楹梁也变得忽明忽暗，五色的光芒不停地闪烁。四周观看的人都露出了惊骇的神色，在屋前徘徊不敢靠近。不久之后，谢自然的身体忽然飘起，飘飘然像风中的云烟。天地八极茫茫无边，丝毫没有她的身影和声音。乡里的保甲上报其事，郡中太守既吃惊又感叹。于是带领官吏驱车前往探查，村里的百姓也都纷纷赶去围观。进门之后什么也没看到，只有衣冠鞋袜像蝉蜕一样留在屋里。村民们纷纷传说着她的神迹，言之凿凿而流传不已。我听说在古夏朝，夏禹在鼎上铸万物让人们辨别神怪。于是百姓可以任意出入山林当中，也不会害怕遭逢魑魅鬼怪。但后世年代久远，夏禹之道再也没能振兴，后世任意欺骗的事情越来越多。灵间和人世互相参杂，人与鬼怪也互相残害。秦始皇笃好长生之术，汉武帝更是崇尚修道。自从这两代君主的倡导以来，这种灾祸就延绵不绝。树木山石也产生各种怪异，狐和狸也变幻各种妖患。一个人不能理解性命的意义，又怎么能延长自己的寿命？人类在万物当中，是最有智慧的生物。为什么就没有自信，反而受外物影响而改变思想呢？已经过去的事情无法追悔，那些上当的孤魂也只能委屈抱冤。来日方长却还是可以有所警诫，那么我的话也就不会是一纸空文。人生在世有纲常，男女之间有伦理。寒冷则穿衣，饥饿则吃饭，都要依靠纺织和耕耘来获得衣食。向下要维护子孙，向上要奉养君亲。如果违背了这些原则，都是自暴自弃的错误做法。可叹那个贫寒的女子谢自然啊，将永远与异类为伍。我有感于这件事情而写下这首诗，那些愚昧的人应该把它抄在衣带上时刻提醒自己。

秋怀诗十一首

窗前两好树，众叶光蘶蘶。秋风一拂披，策策鸣不已。微灯照空床，夜半偏入耳。愁忧无端来，感叹成坐起。天明视颜色，与故不相似。羲和驱日月，疾急不可恃。浮生每多塗，趋死惟一轨。胡为浪自苦？得酒且欢喜。

白露下百草，萧兰共憔悴。青青四墙下，已复生满地。寒蝉暂寂寞，蟋蟀鸣自恣。运行无穷期，禀受气苦异。适时各得所，松柏不必贵。

彼时何卒卒？我志何曼曼？犀首空好饮，廉颇尚能饭。学堂日无事，驱马适所愿。茫茫出门路，欲去聊自劝。归还阅书史，文字浩千万。尘迹竟难寻，贱嗜非贵献。丈夫意有在，女子乃多怨。

秋气日恻恻，秋空日凌凌。上无枝上蜩，下无盘中蝇。岂不感时节，耳目去所憎。清晓卷书坐，南山见高棱。其下澄湫水，有蛟寒可罾。惜哉不得往，岂谓吾无能？

离离挂空悲，戚戚抱虚警。露啼秋树高，虫吊寒夜永。敛退就新懦，趋营悼前猛。归愚识夷涂，汲古得修绠。名浮犹有耻，味薄真自幸。庶几遗悔尤，即此是幽屏。

今晨不成起，端坐尽日景。虫鸣室幽幽，月吐窗冏冏。丧怀若迷方，浮念剧含梗。尘埃慵伺候，文字浪驰骋。尚须勉其顽，王事有朝请。

秋夜不可晨，秋日苦易暗。我无汲汲志，何以有此憾？寒鸡空在栖，缺月烦屡瞰。有琴具徽弦，再鼓听愈淡。古声久埋灭，无由见真滥。低心逐时趋，苦勉只能暂。有如乘风船，一纵不可缆。不如觑文字，丹铅事点勘。岂必求赢余，所要石与甔。

卷卷落地叶，随风走前轩。鸣声若有意，颠倒相追奔。空堂黄昏暮，我坐默不言。童子自外至，吹灯当我前。问我我不应，馈我我不餐。退坐西壁下，读诗尽数编。作者非今士，相去时已千。其言有感触，使我复凄酸。顾谓汝童子，置书且安眠。丈夫属有念，事业无穷年。

霜风侵梧桐，众叶著树干。空阶一片下，琤若摧琅玕。谓是夜气灭，望舒裹其团。青冥无依倚，飞辙危难安？惊起出户视，倚楹久汍澜。忧愁费晷景，日月如跳丸。迷复不计远，为君驻尘鞍。

暮暗来客去，群嚣各收声。悠悠偃宵寂，亹亹抱秋明。世累忽迸虑，外忧遂侵诚。强怀张不满，弱念缺已盈。诘屈避语穽，冥茫触心兵。败虞千金弃，得比寸草荣。知耻足为勇，晏然谁汝令。

鲜鲜霜中菊，既晚何用好？扬扬弄芳蝶，尔生还不早。运穷两值遇，婉娈死相保。西风蛰龙蛇，众木日凋槁。由来命分尔，泯灭岂足道。

【译文】我的窗前有两株郁郁葱葱的大树，枝叶繁茂生机勃勃。秋风吹拂树梢的时候，枝叶就会发出簌簌的声响。屋中微弱的烛火映照着我的床榻，风吹叶落的声音在夜半寂静中不时入耳。无尽的愁绪毫无预兆地袭来，我不由地长叹一声起身坐起。天亮之后去查看树木的颜色，与原来的样子已经大不一样。神人羲和乘龙车承载太阳，迅急而不停地行驶。人生在世虽然生活的方式各不相同，但最终都要走向死亡的相同归途。何必自寻烦恼折磨自己呢？只要能把酒言欢快意人生即可。

秋天的霜露使世间的花草纷纷凋落，就是艾草与兰草也都憔悴枯萎。四周的墙角却又呈现出可爱的青绿，绿色的小草已经生长满地。寒蝉已经归于静寂，蟋蟀还在肆意鸣叫。天道运行真是无穷无尽，万物的特性也各自不同。适应时令而各得其所，松柏傲寒也不值得夸耀。

　　时光为什么如此匆匆？实现我的志向为何如此漫漫？犀首只能用饮酒来打发时日，廉颇只能以饭量来显示余勇。我在学堂里终日无所事事，于是驾车随兴出游。长长的道路出现门外，想要出游又自我劝诫。回到学堂里阅读书史，千万文字中消磨时光。我痴迷于故纸堆中尘封的往事，卑下的爱好又岂能奉献给达官。大丈夫心里总有着放不下的志向，小女子在秋天徒增无数的烦恼。

　　秋日的气息每天都是那样令人悲伤，秋日的天空每天都是那样寒冷。枝上没有寒蝉喧噪，盘中没有蚊蝇飞舞。岂能不感激这秋天的时令，把耳目所厌烦的东西全部除去。清晨我手捧书卷而坐，眼前出现南山的高棱。山下有冰冷澄澈的潭水，里面的寒蛟可网捕。虽然我没有机会去实现这一想法，难道就可以说我不具备这种能力？

　　心中怀着悠悠的悲伤，情绪透出阵阵的不安。秋露像泪水一般在高树上悬挂，寒虫像哀悼一样在寒夜里鸣叫。我归隐田园沉浸于研究新学问，后悔以往的趋走钻营过于用心。如今回归朴拙反而得到了坦途，故纸堆里寻觅获得了汲水长绳。浮名在身让我深感羞愧，清淡滋味使人心安自在。从此隐居无怨无悔，心安理得才是屏障。

　　今天清晨起身晚了，端坐屋内直到日落。秋虫鸣唱更显室内幽静，明月初升倍感窗前明亮。丧失志向如同迷失方向，空想联翩只会加重忧闷。不屑于伺候世俗之人，倒是快意于经书文学。人生还得勉强去做自认为愚顽的事情，因为还有国家大事需要尽力去处理。

　　秋夜漫长盼不到晨曦出现，秋日苦短又似乎轻易昏暗。如果不是有急切的追求，又怎么会有这样的遗憾？家鸡缩在窝中躲避寒冷，弯月挂在天空看了又看。我有古琴徽弦俱全，应手而弹却感觉意境变淡。远古的音乐已经湮灭不传，现在也无法分清乐曲的真赝。我只能低眉俯首去迎合世俗，即使自我勉励也是暂时。就像乘风坐船，一旦起航就无法收揽。不如浏览经史，朱墨点误校勘。没有必要求取利禄，只要衣食温饱就行。

满地的落叶铺满庭院，随风飘到我的屋前。树叶瑟瑟似有深意，上下飞舞追逐盘旋。空空荡荡的堂屋中黄昏来临，我独自静坐在暮色中一言不发。童子从屋外进来，拨亮了我面前的烛火。他问我我不回答，给我饭我也不吃。我退到西边墙边坐下，读了几卷诗篇。作者不是今人，距离现在已近千年。他们的诗句使我深受感触，凄苦酸楚之情不禁萦绕心头。于是我回头告诉童子，放好书本你就去安睡吧。我心中又有新的感悟，事业成功不知要花费多少年月。

秋天的寒风吹袭着梧桐树，树叶都纷纷贴伏在树干上。空旷的台阶上忽然落下了一片树叶，声音琤琤仿佛是美玉落地。我还以为是夜气消解，月亮陨落到了人间。青冥的月亮无所依靠，难道是承载月亮的飞车倾覆了吗？我吃惊地走出门外查看，倚靠着栏杆泪水涟涟。忧愁的日子是那样地耗费光阴，日月像跳丸一样飞快地前进。希望迷茫的道路不会太遥远，我真想让君王驻鞍而停下来。

黄昏降临的时候，来客都渐渐散去，各种喧嚣都收敛声息。在中夜的寂静当中悠然而卧，皎洁的月光就抱在自己的怀里。这时世俗之念涌入思绪，外忧也侵入了我的心中。心中强烈的志向已经渐渐消散，屈服的念头却逐渐升起。想要妥协以避开诽谤，冥茫中却又触动了心中的怨悔。虽然失去了官职如同丢失了千金，但是委曲求全也只能得到寸草那样渺小的荣耀。人只要懂得羞耻就可称之为有勇，这样就没有谁能够随便对你下令。

霜中的菊花如此鲜艳，花开那么晚又如何称好呢？逗弄鲜花的蝴蝶飞飞扬扬，你也出生得太晚。花蝶的运气都那么不好而彼此相遇，只有互相眷恋至死相保。凛冽的西风使龙蛇蛰伏起来，各种草木也逐日凋零枯槁。这都是命运注定，凋零灭亡不值得说道。

赴江陵途中寄赠王二十补阙李十一拾遗李二十六员外翰林三学士

孤臣昔放逐，血泣追愆尤。汗漫不省识，恍如乘桴浮。或自疑上疏，上疏岂其由？是年京师旱，田亩少所收。上怜民无食，兵赋半已休。有司恤经费，未免烦征求。富者既云急，贫者固已流。传闻闾里间，赤子弃渠沟。持男易斗粟，掉臂莫肯酬。我时出衢路，饿者何其稠。亲逢道死者，伫立久咿嚘。归舍不能食，有如鱼中钩。适会除御史，诚当得言秋。拜疏移阁门，为忠宁自谋？上陈人疾苦，无令绝其喉。下言畿甸内，根本理宜优。积雪验丰熟，幸宽待蚕耰。天子恻然感，司空叹绸缪。谓言即施设，乃反迁炎州。同官尽才俊，偏善柳与刘。或虑语言泄，传之落冤雠。二子不宜尔，将疑断还不。中使临门遣，顷刻不得留。病妹卧床褥，分知隔明幽。悲啼乞就别，百请不颔头。弱妻抱稚子，出拜忘惭羞。僶俛不回顾，行行诣连州。朝为青云士，暮作白首囚。商山季冬月，冰冻绝行辀。春风洞庭浪，出没惊孤舟。逾岭到所任，低颜奉君侯。酸寒何足道，随事生疮疣。远地触途异，吏民似猨猴。生狞多忿恨，辞舌纷嘲啁。白日屋檐下，双鸣斗鸺鹠。有蛇类两首，有虫群飞游。穷冬或摇扇，盛夏或重裘。飓起最可畏，訇哮簸陵丘。雷霆助光怪，气象难比侔。疠疫忽潜遘，十家无一瘳。猜嫌动置毒，对案辄怀愁。前日遇恩赦，私心喜还忧。果然又羁縻，不得归锄耰。此府雄且大，腾凌尽戈矛。栖栖法曹掾，何处事卑陬？生平企仁义，所学皆孔周。早知大理官，不列三后俦。何况亲犴狱，敲搒发奸偷。悬知失事势，恐自罹置罦。湘水清且急，凉风日修修。胡为首归路，旅泊尚夷犹？昨者京使至，嗣皇传冕旒。赫然下明诏，首罪诛共兜。复闻颠夭辈，峨冠进鸿畴。班行再肃穆，璜珮鸣琅璆。伫继贞观烈，边封脱兜鍪。三贤推侍从，卓荦倾枚邹。高议参造化，清文焕皇猷。同心辅齐圣，致理如毛輶。《小雅》咏鸣鹿，食萍贵呦呦。遗风邈不嗣，岂忆尝同裯？失志早衰换，前期拟蜉蝣。自从齿牙缺，始慕舌为柔。因疾鼻又塞，渐能等薰莸。深思罢官去，毕命依松楸。空怀焉能果，但见岁已遒。商汤闵禽兽，解网祝蛛蝥。雷焕掘宝剑，冤气销斗牛。兹道诚可尚，谁能借前筹？殷勤谢有朋，明月非暗投。

【译文】我这个孤臣此前曾获罪而遭到放逐，我血泪俱下追忆自己被贬的原因。思绪万千，不着边际让我实在想不出缘由，精神恍惚就好像坐在漂浮于海上的木筏一样。我也曾疑心是因为上疏言事而获罪，但上疏言事怎么会成为真正的原因呢？那一年京城一带遭遇大旱，农田里粮食收成大幅减少。皇上同情百姓食不果腹，减免了大半的应缴赋税。但地方官不愿减少日常费用的收入，仍然催促和逼迫百姓缴纳赋税。富有的百姓也觉得太急迫，贫困的人们只好外出流浪。我听说在闾里乡间，婴儿被遗弃在沟渠。有的人想用男孩换一斗粮食，死活也没有人愿意达成交易。我当时从大路上经过，看到饥民是那么多。亲眼见到路边饿死的百姓，让我伫立良久不停叹息。回到家里我也吃不下饭，像鱼儿上钩如鲠在喉。正好这时我被任命为监察御史，这不正是仗义直言的好机会。于是我为民请命上疏朝廷，为国尽忠又岂能考虑自身安危？我向皇上述说百姓的疾苦，请求不要让百姓忍饥挨饿。接着又陈述京畿之内，应该优先治理民生。今年的大雪应该是来年丰收的瑞兆，因此赋税的征收应该放宽到丰收之后。天子看了奏疏感动不已而动了恻隐之心，司空也感叹我能够未雨绸缪而考虑周详。上下都说要按我的奏疏即时处理，没想到却将我贬谪到了炎热的地方。我的御史同僚都是杰出的才俊，我独与柳宗元、刘禹锡交好。我忧虑是他们泄漏了上疏的事情，流传出去招来别人的怨恨和妒忌。但他们二人不可能这样行事，所以我将信将疑不敢断定。宦官登门催促我尽快上路南去，一时一刻也不让我有所停留。我的妹妹正病重卧床不起，知道这一别便是阴阳分离。因此我悲伤地请求去道别，但数次哀求也得不到允许。柔弱的妻子抱着幼儿出门来告别，只顾着伤心也顾不上羞惭。我强忍悲痛不敢回头看，马不停蹄地赶往连州城。早晨还是人人羡慕的朝廷大臣，傍晚却成了白发苍苍的阶下之囚。路过商山时正值隆冬，河道冻冰而无法行船。春风吹拂的时候到达洞庭湖，一叶孤舟出没于惊涛骇浪之中。历尽艰辛翻越五岭终于到达任所，我还要低头俯首参见连州刺史。其中的心酸无法向别人诉说，随时就会因琐事而生出麻烦。地方偏远风俗习惯也大不同，当地吏民如猿猴一样难相处。生性凶恶多怨恨，说起话来嘈杂而细碎。光天化日在屋宇房檐下，猫头鹰成对在那里鸣叫。这里有双头怪蛇，有蛊虫成群飞舞。三冬天里却摇扇驱暑，炎炎夏日却皮衣加身。飓风刮起的时候最为可怕，咆哮的狂风可以颠覆山陵。雷声轰轰伴随着怪异的闪光，气象实在奇特，无处可以比拟。有时这里会忽然间瘟疫蔓延，十户人家可能无一人幸免。当地人彼此一有猜疑就可能下蛊伤人，所以在这里吃饭实在令人惊心发悚。前些日子朝廷大赦天下，我的心里又喜又忧。果然自己又被新的官职羁留，没有机会归隐回家种田锄草。江陵府城雄伟壮大，但是这里民风彪悍异常。我身为江陵法曹参军，也不知何时变得谦卑？我生平就十分仰慕仁义道德，所学内容都是孔子周公之道。我早就知道即使大理这样的官职，也不能与尧、舜、禹三后同列。更何况我还要亲临监狱，笞打犯人来揭发奸邪之事。我知道一旦审案有误，恐怕自己也会银铛入狱。湘江水流清澈湍急，习习凉风终日吹拂。何时才能踏上回家的路途，漂泊在外还是犹豫不决？昨天京城使者到达这里，宣布新帝已经加冕登基。发布诏令昭示天下臣民，首先驱逐了朝中共工、驩兜之类的奸党佞臣。又听说启用了太颠、闳夭一类的贤良忠臣，这些贤臣纷纷受到重用。

朝廷上的群臣班列再次得到整饬，只听见璜珮美玉互相碰击的声音。贞观之治的盛景将会再现，边境安定官兵也可脱下铠甲。你们三位贤士也被推举为文学侍从，卓绝的才华一定能倾倒枚乘、邹阳。你们的高深建议能够参悟造化的玄机，清明的文章也将治国之道阐述明白。你们同心协力辅佐圣明的皇上，天下大治一定易如举鸿毛。《小雅》中有咏鹿鸣的篇章，野鹿食苹尚且招呼同伴，君子与朋友也要风雨同担。这种美德早已无人继承和发扬，不知你们是否还记得我这个朋友？失意以来我过早地衰老，前途渺茫如蜉蝣难知朝暮。自从牙齿脱落缺失之后，才知道舌头柔软的好处。又因为疾病而导致鼻塞，渐渐地连香臭也不能区分。我常常考虑是否罢官而去，回乡归命于青山松柏之下。空怀归念如何能够有结果，眼看时光流逝岁月无几。当年商汤怜悯禽兽，所以设网捕猎的时候，像蜘蛛那样结网，缺三而围一，并祷告当捕者入网。希望有雷焕一样的人能发掘宝物，使宝物的不平之气从斗牛之间消去。这样的做法实在值得推崇，谁能像张良一样为陛下筹划？殷切地感谢我的朋友们啊，希望我这颗明珠不要被暗投。

暮行河堤上

暮行河堤上，四顾不见人。衰草际黄云，感叹愁我神。夜归孤舟卧，展转空及晨。谋计竟何就？嗟嗟世与身。

【译文】日薄西山独行河堤之上，四面环顾空旷难见一人。秋草槁枯接继天边黄云，对景感叹不禁黯然伤神。深夜而归悄然孤舟偃卧，辗转反侧空守直到清晨。平生谋划究竟成功几何？身世沉浮令人感叹嗟伤。

夜 歌

静夜有清光，闲堂仍独息。念身幸无恨，志气方自得。乐哉何所忧？所忧非我力。

【译文】宁静的夜晚洒落一片清光，空闲的厅堂独自一人将息。念此身幸无怨尤悔恨，扬志气因而安心自得。乐哉我有何可忧？忧哉我力所不及。

重云李观疾赠之

天行失其度，阴气来干阳。重云闭白日，炎燠成寒凉。小人但咨怨，君子惟忧伤。饮食为减少，身体岂宁康。此志诚足贵，惧非职所当。藜羹尚如此，肉食安可尝？穷冬百草死，幽桂乃芬芳。且况天地间，大运自有常。劝君善饮食，鸾凤本高翔。

【译文】天道运行猝然失度，阴气上侵故能冲阳。重重彤云遮蔽白日，炎炎暑气顿时寒凉。小人只知嗟叹尤怨，君子却感时而忧伤。因异象而减缩饭食，弃身体哪能够安康。顺应天象志诚可贵，不在其位其职不当。藜菜之羹尚不入口，脍肉之食安可亲尝？寒冬冰封百草枯死，幽香桂树仍吐芬芳。更何况乎天地之间，万物生灭自有造化。劝君惜身善为饮食，鸾凤高飞指日可期。

江汉答孟郊

江汉虽云广，乘舟渡无艰。流沙信难行，马足常往还。凄风结冲波，狐裘能御寒。终宵处幽室，华烛光烂烂。苟能行忠信，可以居夷蛮。嗟余与夫子，此义每所敦。何为复见赠？缱绻在不谖。

【译文】江汉之水虽然广阔，乘船而渡却无艰难。流沙之地确实难行，信马由缰常可往还。凄冷寒风凝浪结冰，狐裘之衣尚可御寒。长夜漫漫安坐幽室，烛火之光驱除幽暗。谦谦君子躬行忠信，蛮夷之邦安居无忧。可叹我与您孟夫子，总将此义相互勉励。为何作诗再次相赠？无非怕您疏忽遗忘。

长安交游者赠孟郊

长安交游者，贫富各有徒。亲朋相遇时，亦各有以娱。陋室有文史，高门有笙竽。何能辨荣悴？且欲分贤愚。

【译文】长安城里交游之人，贫民富者各有所属。亲朋故旧相互拜访，遣兴抒怀各有所娱。贫者尽兴文史之中，贵者沉溺笙竽之间。身世荣枯何足为凭？德行修养贤愚可分。

岐山下二首

谁谓我有耳，不闻凤凰鸣？朅来岐山下，日暮边鸿惊。丹穴五色羽，其名为凤凰。昔周有盛德，此鸟鸣高冈。和声随祥风，窈窕相飘扬。闻者亦何事？但知时俗康。自从姬旦死，千载闭其光。吾君亦勤理，迟尔一来翔。

【译文】谁说我有耳朵，为何会听不到凤凰的鸣叫？我来到岐山下，暮色中忽然听到有飞鸿的惊叫。正是那生于丹穴山，身披五色羽毛被称为凤凰的祥鸟。周朝有盛德，感召凤鸟降落高冈之上振翅鸣叫。那悦耳的声音伴随着祥和的清风，悠然飘去。听到的人不禁发问其中的意义又是什么？难道仅仅是为了让人们知道这是一个太平盛世。自从周公谢世，千年以来凤凰的光彩不再闪耀。我们的君主也是一位勤奋治政的帝王，希望美丽的凤凰也时常前来翱翔。

卷二 古诗

北极赠李观

北极有羁羽，南溟有沉鳞。川源浩浩隔，影响两无因。风云一朝会，变化成一身。谁言道里远，感激疾如神。我年二十五，求友昧其人。哀歌西京市，乃与夫子亲。所尚苟同趋，贤愚岂异伦。方为金石姿，万世无缁磷。无为儿女态，憔悴悲贱贫。

【译文】北方边远之地有一只鹏鸟，南方遥远大海有一条鲲鱼。它们之间隔着广大的原野，互相不能看到对方的影子，不能听到对方的声音。有朝一日风云际会，它们就变成了展翅翱翔的鲲鹏。谁会说它们之间路途遥远呢，互相感应便急速相会如有神助。我二十五岁的时候，四处求友却没有找到知音。在长安城中悲伤歌唱，忽然与您有缘相逢。因为崇尚的东西是如此相同，所以虽然我们有着聪明愚笨的差别，但仍能结交为知己。我们的友谊就像金石一样永存，历经万世也不会有所改变。我们没有必要做那儿女间的忸怩情态，整天因为卑贱贫穷而悲伤憔悴。

此日足可惜赠张籍

　　此日足可惜，此酒不可尝。舍酒去相语，共分一日光。念昔未知子，孟君自南方。自矜有所得，言子有文章。我名属相府，欲往不得骧。思之不可见，百端在中肠。维时月魄死，冬日朝在房。驱驰公事退，闻子适及墙。命车载之至，引坐于中堂。开怀听其说，往往副所望。孔丘殁已远，仁义路久荒。纷纷百家起，诡怪相披猖。长老守所闻，后生习为常。少知诚难得，纯粹古已亡。譬彼植园木，有根易为长。留之不遣去，馆置城西旁。岁时未云几，浩浩观湖湘。众夫指之笑，谓我知不明。儿童畏雷电，鱼鳖惊夜光。州家举进士，选试缪所当。驰辞对我策，章句何炜煌。相公朝服立，工席歌《鹿鸣》。礼终乐亦阕，相拜送于庭。之子去须臾，赫赫流盛名。窃喜复窃叹，谅知有所成。人事安可恒，奄忽令我伤。闻子高第日，正从相公丧。哀情逢吉语，惝恍难为双。暮宿偃师西，展转在空床。夜闻汴州乱，绕壁行傍徨。我时留妻子，仓卒不及将。相见不复期，零落甘所丁。骄女未绝乳，念之不能忘。忽如在我所，耳若闻啼声。中涂安得返，一日不可更。俄有东来说，我家免罹殃。乘船下汴水，东去趋彭城。从丧朝至洛，旋走不及停。假道经盟津，出入行涧冈。日西入军门，羸马颠且僵。主人愿少留，延入陈壶觞。卑贱不敢辞，忽忽心如狂。饮食岂知味，丝竹徒轰轰。平明脱身去，决若惊凫翔。黄昏次氾水，欲过无舟航。号呼久乃至，夜济十里黄。中流上沙滩，沙水不可详。惊波暗合沓，星宿争翻芒。马乏复悲鸣，左右泣仆童。甲午憩时门，临泉窥斗龙。东南出陈许，陂泽平茫茫。道边草木花，红紫相低昂。百里不逢人，角角雉雏鸣。行行二月暮，乃及徐南疆。下马步堤岸，上船拜吾兄。谁云经艰难，百口无夭横。仆射南阳公，宅我睢水阳。箧中有余衣，盎中有余粮。闭门读书史，清风窗户凉。日念子来游，子岂知我情？别离未为久，辛苦多所经。对食每不饱，共言无倦听。连延三十日，晨坐达五更。我友二三子，宦游在西京。东野窥禹穴，李翱观涛江。萧条千万里，会合安可逢？淮之水舒舒，楚山直丛丛。子又舍我去，我怀焉所穷？男儿不再壮，百岁如风狂。高爵尚可求，无为守一乡。

【译文】这天值得珍惜，这酒不值得品尝。让我们放下酒杯来聊天，共同度过这美好的一天。念及往昔不认识你的时候，正值孟郊从南方回来。他夸耀说在南方有很多收获，说起你文采卓越。因为我当时在董公相府门下，想去南方条件不允许。想要与你见面却不能见，真让我愁肠百结。当时正是月初，冬天的太阳已经升起。我做完相府的公事策马飞奔回到家中，正好听说你来到城里。马上就用车将你接到我家，带你到中堂坐下闲谈。听你开怀谈论述说，经常感觉到与我的心思相契合。自从孔子去世已经年代久远，仁义的大道也荒废已久。各种流派的学说纷纷兴起，奇异怪诞而猖獗一时。长老固守听到的学问，后生也就习以为常。稍微知道一些已是难得，纯粹的学者从古时就没有了。就像那些种植在园中的树木，只要有根就很容易生长。我将你留下不让你离去，把你安置在城西旁的馆舍中。没有多少时日，听你谈论学问如同观看浩渺的湖泊。很多人都指着我笑，说我不够聪明，无法识人。他们的见解就像儿童害怕雷电，鱼鳖为明月所惊。州府里面推举进士，让我担任选拔考试的官员。你尽情用文辞回答我的策问，章句是多么辉煌。相公董晋穿上朝服，站在那里，宴请考生，演奏《鹿鸣》。礼节和音乐完毕以后，我们相互拜别在庭院中送你赴京赶考。你离去之后没过多久就声名显赫到处流传。我又高兴又感慨，知道你一定会有所成就。但人世间的事怎么可能永恒不变，突然发生的变化真令我悲伤。你考中科举的日子，我正在为相公董晋送殡。悲哀之余听闻你高中的喜讯，恍惚之中不知是喜是悲。傍晚的时候我在偃师城西休息，独自在床上辗转反侧不能入睡。到了晚上就听说汴州发生叛乱的消息，起床沿着墙根来回走动心神不宁。我当时把妻子和孩子都留在了汴州，仓卒之中也来不及接回他们。相见的日子不能预料，只能自己孤苦伶仃。娇弱的女儿还没有断奶，令人思念不能忘怀。忽然觉得就像在我的身边一样，耳边仿佛传来她啼哭的声音。我在半路怎么才能返回，行程一天也不能更改。过了不久从东边来的人说，我在汴州的家眷免于遭受灾祸。他们已经乘船沿着汴水而下，匆匆忙忙向东去往彭城。我跟着送殡队伍早上到了洛阳后，立刻马不停蹄地往回赶。我从盟津借路经过，出入在洞水和山冈之间。太阳西下的时候我进入河阳军营，瘦弱的马匹摇摇晃晃就快跌倒了。河阳节度使李元希望我能稍作停留，邀请我进屋并摆下酒宴款待。我地位卑贱不敢推辞他的好意，但心中怅然若失好似要发狂一般。哪还有心思品尝饮食的味道，丝竹之声听起来只觉得喧嚷烦扰。第二天早上终于可以脱身离去，我便头也不回地往前赶路就像受惊的野鸭一样。黄昏的时候我到了氾水，想要过河却没有船可以摆渡。大声呼喊了很长时间才有船来，我在夜间渡过十里宽的黄沟。船行到河流中央的时候搁浅在沙滩上，沙滩上的水不知道有多深。惊涛骇浪在这里纷至沓来，星星争相闪烁着点点光芒。驾车的辕马十分疲乏发出阵阵悲鸣，左右的仆童更是吓得不停哭泣。甲午日在郑州的时门下休息，临近水边好像可以看到有龙在争斗。我向东南走过陈州和许州，湖泽水势浩大无边。路边的草木纷纷开花，万紫千红时高时低。百里的路途中没有遇到过行人，只有野鸡在角角地鸣叫。一直走到了二月底，才到达徐州南边。我下马走到堤岸旁，又上船拜见了我的兄长。谁说经历过艰难险阻之后，全家人不会遭遇任何意外。南阳公张建被封为仆射，把我安置在睢水北边。让我的箱子中有了多余的衣服，让我的瓦盆中有了充足的粮食。我关上房门诵读典籍，清风穿过窗户送来凉爽。我每天都期盼着你能过来，你难道真的知晓我的心思？我们离别的时间也没有太久，却经历了很多的辛苦。我们在一起时虽然经常不能吃饱，但共同谈论学问却没有丝毫厌倦。这样的日子延续了三十天，有时会一直坐到早上五更天。我还有一些朋友，但他们都在长安做官。孟东野去参观禹穴，李翱去观看钱塘江潮。相隔千万里之遥，怎么才能够相逢？淮水缓缓流淌，楚山丛丛耸立。你现在又要离我而去，我怎么排遣心中的郁闷？男儿不会再回到年轻的时候，百年的岁月就像风一样飞驰而过。你的才能还可以求得更高的爵位，不应该守在一乡而不外出做官。

幽　怀

　　幽怀不可写，行此春江浔。适与佳节会，士女竞光阴。凝妆耀洲渚，繁吹荡人心。间关林中鸟，亦知和为音。岂无一樽酒，自酌还自吟。但悲时易失，四序迭相侵。我歌《君子行》，视古犹视今。

　　【译文】我郁闷的心情不能宣泄，便独自漫步在春日的江边。正好赶上佳节盛会，男男女女一同度过美好的时光。装扮华丽的女子在洲渚边争奇斗艳，传来的动听音乐激荡人心。树林中鸣叫的鸟儿，也都知道发出和谐的声音。我只想要一樽美酒，独自在一旁斟酌吟诗。只是感伤岁月是多么容易流逝，四季从我身旁匆匆走过。我悠闲地唱着《君子行》，将古代与现代同等看待。

君子法天运

君子法天运，四时可前知。小人惟所遇，寒暑不可期。利害有常势，取舍无定姿。焉能使我心，皎皎远忧疑？

【译文】 君子以天体的运行作为法则，所以能够知道四季的变化。小人却只是关心自己眼前的境遇，所以不能判断寒暑的改变。事物的利害关系总有固定的形势，但人们的取舍却没有特定的常态。怎么才能使我的心思，清楚明白而远离疑虑呢？

落叶送陈羽

落叶不更息，断蓬无复归。飘飘终自异，邂逅暂相依。悄悄深夜语，悠悠寒月辉。谁云少年别？流泪各霑衣。

【译文】 树叶一片片不停地落下，飞扬的蓬草也没有归处。它们随风飘荡终将天各一方，既然邂逅就暂且相依为命吧。深夜时分我们在屋里悄悄低语，清冷的月光悠悠地从窗外照进来。谁说我们只是少年间的离别啊？分开时流下的眼泪沾湿了我们的衣襟。

归彭城

天下兵又动，太平竟何时？吁谋者谁子？无乃失所宜。前年关中旱，闾井多死饥。去岁东郡水，生民为流尸。上天不虚应，祸福各有随。我欲进短策，无由至丹墀。刳肝以为纸，沥血以书辞。上言陈尧舜，下言引龙夔。言词多感激，文字少葳蕤。一读已自怪，再寻良自疑。食芹虽云美，献御固已痴。缄封在骨髓，耿耿空自奇。昨者到京师，屡陪高车驰。周行多俊异，议论无瑕疵。见待颇异礼，未能去毛皮。到口不敢吐，徐徐俟其巇。归来戎马间，惊顾似羁雌。连日或不语，终朝见相欺。乘间辄骑马，茫茫诣空陂。遇酒即酩酊，君知我为谁？

【译文】天下又一次发生战乱，到底什么时候才能有太平的日子？为国家出谋划策的究竟是谁呢？政事上面还是有处理失当的地方。前年关中地区发生大旱，乡里有很多人都死于饥荒。去年东郡遭遇水灾，不少百姓又被淹死。上天不会无缘无故就降下报应，无论灾祸还是幸福都各有原因。我想献上一封治国的短策，却没有办法送到天子的面前。只能剖挖肝脏作纸张，滴出鲜血来写呈辞。上面陈述尧舜安邦的道理，下面引用龙夔治国的谋略。多是感激的言词，文字少了些强盛气势。自己读上一次就觉得奇怪，再三寻思后开始自我怀疑。就像自己觉得芹菜吃起来味道不错，但要把它献给天子就有些愚笨了。只好将它封存在骨髓，耿耿于怀而空自叹奇。前些时候我到了京城，经常陪着高官乘车奔驰。朝廷中有很多杰出的人士，他们的议论也没有什么瑕疵。对待我也十分客气，但终究只是停留在表面而已。因此我的话到了嘴边也不敢吐露，只能慢慢地等待时机。我返回徐州身处战乱之中，不时惊慌地回头张望就像失去了伴侣的雌鸟。连日来都不说话，整天都被别人欺负。只要一有机会我就会骑上马，漫无目的地去往空荡荡的山坡。遇到酒就喝个酩酊大醉，你知道我是谁吗？

醉　后

煌煌东方星，奈此众客醉。初喧或忿争，中静惟嘲戏。淋浪身上衣，颠倒笔下字。人生如此少，酒贱且勤置。

【译文】东方的星星虽然光辉闪耀，但也无奈众人的酩酊大醉。这些醉客最初是喧闹着愤怒相争，中间安静之后又夹杂着调笑戏谑。身上的衣服也都被沾湿，笔下的文字更是颠倒错乱。人生是如此短暂，酒既然这么便宜更应该给这些醉客多倒上一些。

醉赠张秘书

人皆劝我酒，我若耳不闻。今日到君家，呼酒持劝君。为此座上客，及余各能文。君诗多态度，蔼蔼春空云。东野动惊俗，天葩吐奇芬。张籍学古淡，轩昂避鸡群。阿买不识字，颇知书八分。诗成使之写，亦足张吾军。所以欲得酒，为文俟其醺。酒味既冷冽，酒气又氤氲。性情渐浩浩，谐笑方云云。此诚得酒意，余外徒缤纷，长安众富儿，盘馔罗羶荤。不解文字饮，惟能醉红裙。虽得一饷乐，有如聚飞蚊。今我及数子，固无莸与薰。险语破鬼胆，高词媲皇坟。至宝不雕琢，神功谢锄耘。方今向泰平，元凯承华勋。吾徒幸无事，庶以穷朝曛。

【译文】平常人们劝我饮酒，我都当作没听到。今天到你家来做客，却拿着酒劝你同饮。因为今天座上的宾客和我，都善于写文。你的诗千姿百态，就像春日天空的云彩一样变化无穷。孟东野的诗惊世骇俗，就像天上的花散发出奇异的芬芳一样。张籍的诗学习古朴淡雅的格调，气宇轩昂就像鹤立鸡群一样。阿买虽然不识字，但对分隶书法颇知一二。我们的诗歌吟诵完毕就让他书写，也足以体现出其中的韵味。因此我们一定要饮酒，因为写诗必须先进入微醺的状态。酒的味道是那样清凉，酒的香气又是那样浓郁。让我们的性情渐渐开朗，嬉笑喧哗是如此兴高采烈。这样才能领略饮酒的真谛，其他的酒徒只是借酒取闹罢了，就像长安城中的富家子弟，盘中的菜肴总是罗列着大鱼大肉。他们不能理解以诗助酒的雅兴，只能在美女的调笑中醉酒。他们虽然得到了一时的宴饮之乐，好像一群蚊子聚在一起嗡嗡作响。今天我与在座的各位，相互之间没有高下的差别。惊人的诗语可以吓破鬼胆，高妙的诗作可以媲美古籍。稀有的珍宝不需要雕琢，神明的功绩也不用修饰。当今我们正处在太平盛世，像元凯一样的贤臣辅佐着尧舜般的君王。我只是庆幸没有什么事情发生，希望能天天陶醉在朝暮当中。

同冠峡

南方二月半，春物亦已少。维舟山水间，晨坐听百鸟。宿云尚含姿，朝日忽升晓。羁旅感阳和，囚拘念轻矫。潺湲泪久迸，诘曲思增绕。行矣且无然，盖棺事乃了。

【译文】南方到了二月中旬的时候，春季的景物已经变得很少。我把小船系在山水之间，早晨我坐在那里聆听百鸟的鸣叫。夜晚的云气还带着美妙的姿态，早晨的太阳忽然已经发出光亮。寄居他乡便分外感受到春天和暖的气息，束缚在这一方天地就美慕起鸟儿可以自由飞翔。哀愁的泪水不停落下，曲折的情思更增添缠绕。算了吧不要这样，人的一生只有到盖棺的时候才能万事皆了。

送惠师

　　惠师浮屠者，乃是不羁人。十五爱山水，超然谢朋亲。脱冠剪头发，飞步遗踪尘。发迹入四明，梯空上秋旻。遂登天台望，众壑皆嶙峋。夜宿最高顶，举头看星辰。光芒相照烛，南北争罗陈。兹地绝翔走，自然严且神。微风吹木石，澎湃闻韶钧。夜半起下视，溟波衔日轮。鱼龙惊踊跃，叫笑成悲辛。怪气或紫赤，敲磨共轮囷。金鸦既腾翥，六合俄清新。常闻禹穴奇，东去窥瓯闽。越俗不好古，流传失其真。幽踪邈难得，圣路嗟长堙。迴临浙江涛，屹起高峨岷。壮志死不息，千年如隔晨。是非竟何有？弃去非吾伦。凌江诣庐岳，浩荡极游巡。崔崒没云表，陂陀浸湖沦。是时雨初霁，悬瀑垂大绅。前年往罗浮，步戛南海漘。大哉阳德盛，荣茂恒留春。鹏骞堕长翮，鲸戏侧修鳞。自来连州寺，曾未造城闉。日携青云客，探胜穷崖滨。太守邀不去，群官请徒频。囊无一金资，翻谓富者贫。昨日忽不见，我令访其邻。奔波自追及，把手问所因。顾我却兴叹，君宁异于民？离合自古然，辞别安足珍？吾闻九疑好，凤志今欲伸。斑竹啼舜妇，清湘沈楚臣。衡山与洞庭，此固道所循。寻嵩方抵洛，历华遂之秦。浮游靡定处，偶往即通津。吾言子当去，子道非吾遵。江鱼不池活，野鸟难笼驯。吾非西方教，怜子狂且醇。吾嫉惰游者，怜子愚且谆。去矣各异趣，何为浪沾巾？

【译文】惠师和尚，是一个不受约束的高人。十五岁的时候开始喜爱山水之美，超脱世俗远离了亲朋好友。他脱掉帽子剪掉头发，在各地游玩留下自己的踪迹。他首先从四明开始出发，在秋天的时候拾阶而上。然后登上高高的天台山遥望大地，无数的沟壑都嶙峋突兀。晚上住在山顶的最高处，抬头就可以看到天空中的繁星。星星的光芒互相闪耀，纷纷争相陈列在眼前。此地的飞禽走兽都已绝迹，一切都显得庄严而神圣。微风吹拂着树木山石，澎湃的声音如同欣赏优美的乐曲。半夜起身向下看，只见海中的波涛正衔着太阳。水中的鱼龙受惊跳跃而起，叫笑的声音传出悲苦辛酸之感。奇怪的气息或紫或红，环绕着太阳蒸腾不停地翻滚。太阳的金乌已经飞出水面，天地立刻一片清新。他经常听说大禹的墓穴十分奇特，就又向东去游览瓯闽的风景。但越地的风俗不喜爱古代的事物，所以大禹的事迹在流传的过程中也就渐渐与真相不合。禹穴的位置已经渺茫很难找到，圣人南巡的道路也只能感叹已被长久湮灭。他又返回去观赏浙江的海潮，波浪耸起高过了峨眉和岷山。仿佛伍子胥的壮志死而不休，千年以来一直在观潮就像昨天还在这里。这其中哪有什么是非？抛去与我辈不同之事。横渡长江他又到了庐山，浩浩荡荡极尽游历。高峻巍峨的山峰没入云霄，倾斜不平的山脚浸入湖中。当时正好雨过天晴，悬挂的瀑布好像垂下的带子。前年他又去了罗浮山，徘徊在南海边。当地的阳光充足，枝繁叶茂总是将春天留在人间。大鹏飞起垂下长长的翅膀，鲸鱼嬉戏露出长长的鳞甲。自从他来到连州的寺庙，还未曾进入过城门。每天和隐逸之士一起，穷尽了山崖和水滨去探寻名胜。即使是太守相邀也不会前往，众官相请只能是白白奔波。他的囊中没有一文钱，反而说那些富人很贫穷。昨天他忽然不见了踪影，我就派人去拜访他的邻居。四处奔波才将他追到，我握着他的手询问其中的原因。他看着我却发出长叹，你怎么和那些俗人没有不同呢？人间的离合自古以来就是这样，辞行告别有什么值得珍重？我听说九疑山的风景十分美好，探访那里的夙愿在今天终于可以实现。当地的斑竹是舜的二妃哭泣而成，清澈的湘江有楚国的忠臣屈原自投。衡山和洞庭湖，也是我一直以来想要探访的地方。如果要去嵩山就要到洛阳，如果游历华山就要到秦地。浮游人世间我居无定所，偶然一去就能通往津渡。我便说你应当离去，你遵循的道路和我不同。江中的鱼儿不能在池塘里存活，野外的鸟儿很难在笼中驯服。我反对来自西方的佛教，所以怜惜你狂狷又淳朴。我讨厌那些游手好闲的人，所以怜惜你愚笨又诚恳。既然我们志趣不同你就去吧，我又何必为了你流泪而沾湿衣襟？

送灵师

佛法入中国，尔来六百年。齐民逃赋役，高士著幽禅。官吏不之制，纷纭听其然。耕桑日失隶，朝署时遗贤。灵师皇甫姓，胤胄本蝉联。少小涉书史，早能缀文篇。中间不得意，失

迹成延迁。逸志不拘教，轩腾断牵挛。围棋斗白黑，生死随机
权。六博在一掷，枭卢叱迴旋。争战谁与敌？浩汗横戈铤。饮
酒尽百盏，嘲谐思愈鲜。有时醉花月，清唱高且绵。四座咸寂
默，杳如奏湘弦。寻胜不惮险，黔江屡洄沿。瞿塘五六月，惊电
让归船。怒水忽中裂，千寻堕幽泉。环迴势益急，仰见团圆天。
投身岂得计，性命甘徒捐。浪沫蹙翻涌，漂浮再生全。同行三十
人，魂骨俱坑填。灵师不挂怀，冒涉道转延。开忠二州牧，诗
赋世多传。失职不把笔，珠玑为君编。强留费日月，密席罗婵
娟。昨者至林邑，使君数开筵。逐客三四公，盈怀赠兰荃。湘游
泛潇沅，溪宴驻潺湲。别语不许出，行裾动遭牵。邻州竞招请，
书札何翩翩。十月下桂岭，乘寒恣窥缘。落落王员外，争迎获其
先。自从入宾馆，占怛久能专。吾徒颇携被，接宿穷欢妍。听说
两京事，分明皆眼前。纵横杂谣俗，琐屑咸罗穿。材调真可惜，
朱丹在磨研。方将敛之道，且欲冠其颠。韶阳李太守，高步陵
云烟。得客辄忘食，开囊乞缯钱。手持南曹叙，字重青瑶镌。古
气参《彖》《系》，高标摧《太玄》。维舟事干谒，披读头风痊。
还如旧相识，倾壶畅幽悁。以此复留滞，归骖几时鞭？

【译文】佛教传入中国以来，已经有六百年历史。百姓借出家
来逃避赋税和徭役，品行高尚的人都喜欢幽静的禅定。官吏对这
种情况也不进行制止，顺其自然。如此一来就使得农业活动渐渐
失去了劳力，朝廷和官署也经常遗漏了贤能之士。灵师和尚俗姓皇
甫，原本是世代相承的贵族后裔。小时候就涉猎经史典籍，很早就

能写作文章。中间因为郁郁不得志，失去踪迹退居林下。他超逸脱俗的志向不拘泥于礼教，飞黄腾达的理想也与他断绝联系。只能在围棋上进行黑白争斗，生生死死都依据自己的机智权谋。六博的游戏在一掷之间，是枭是卢在呼喊中回旋。比赛的话谁是他的对手？他的手中仿佛握有强大的戈鋋。喝起酒来能饮尽百盏，戏谑之思更加新鲜有趣。他有时沉醉在花好月圆之中，嘹亮的歌声高昂绵长。坐在周围的人都寂静沉默，好像在聆听湘妃弹奏的琴瑟。他探寻名胜不畏艰险，在黔江两岸多次往返。五六月的瞿塘峡，天上的闪电让他的船只返回。湍急江水忽然从中间裂开，船只一下子像堕入万丈深渊。回旋的水流越来越急，抬头只能看见圆圆的天空。哪有什么投身其中的办法，性命也只能心甘情愿地抛弃了。波浪激起泡沫上下翻腾，船只飘浮起来才能再次保全生命。但船上同行的三十个人，魂骨却都被埋葬。灵师对这次的遭遇不放在心上，又冒险在曲折绵延的路上跋涉。开州、忠州的两位刺史，他们所作的诗赋多在世间流传。虽然他们因为失去官职而不再握笔，却为灵师编写优美的诗文。他们执意挽留灵师多待些日子，座位紧靠并为他准备了美人。前些日子灵师又去了林邑，当地的刺史多次设宴款待他。远方来的三四个客人，都赠送了满怀的兰荃香草。游历泛舟在广大的湘水上，潺湲的溪水边摆下宴席。离别的话语不许说出口，出行所穿的衣衫也总是遭到牵绊。邻近的州县争相来邀请，翩翩而来的书信不能胜数。十月的时候他到了桂岭，乘着寒冷的时节到处任意游历。落落大方的王员外，抢在别人前面争着迎接他。自从他入住馆舍以来，占据了很长的时间。我们这些人经常得以沾光，有幸和他一起尽情畅叙欢乐。听他说起长安和洛阳的事情，感觉分明就在眼前。纵横谈笑中夹杂着风俗民情，即使是琐碎的事情也都被他罗列穿插其中。灵师这样的才情真是令人珍惜，就像朱砂制成的墨一样在于研磨。这样的人收敛表情教人道理，并且想把帽子戴在他的头上。韶阳郡的李太守，超群出众而有凌云之气。只要有客人拜访就废寝忘食，打开自己的囊袋送给他们绢帛与钱财。灵师手拿王员外的笔札，每个字都比镌刻在青玉上的还要贵重。古朴的气息可以同《易经》的《象传》与《系辞》相比，高深的造诣也可以把扬雄的《太玄》比下去。他把船系在韶阳干谒，李太守读完笔札感觉头风病也痊愈了。把灵师当作旧相识，饮酒畅叙幽怨之情。因此灵师又停留在南方，归车不知什么时候才能扬鞭出发？

县齐有怀

少小尚奇伟，平生足悲吒。犹嫌子夏儒，肯学樊迟稼。事业窥稷卨，文章蔑曹谢。濯缨起江湖，缀佩杂兰麝。悠悠指长道，去去策高驾。谁为倾国媒？自许连城价。初随计吏贡，屡入泽宫射。虽免十上劳，何能一战霸。人情忌殊异，世路重权诈。蹉跎颜遂低，摧折气愈下。冶长信非罪，侯生或遭骂。怀书出皇都，衔泪渡清灞。身将老寂寞，志欲死闲暇。朝食不盈肠，冬衣才掩骸。军书既频召，戎马乃连跨。大梁从相公，彭城赴仆射。弓箭围狐兔，丝竹罗酒炙。两府变荒凉，三年就休假。求官来东洛，犯雪过西华。尘埃紫陌春，风雨灵台夜。名声荷朋友，援引乏姻娅。虽陪彤庭臣，讵纵青冥靶。寒空耸危阙，晓色曜修架。捐躯辰在丁，铩翮时方褙。投荒诚职分，领邑幸宽赦。湖波翻日车，岭石坼天罅。毒雾恒熏昼，炎风每烧夏。雷威固已加，飓势仍相借。气象杳难测，声音吁可怕。夷言听未惯，越俗循犹乍。指摘两憎嫌，睢盱互猜讶。只缘恩未报，岂谓生足藉。嗣皇新继明，率土日流化。惟思涤瑕垢，长去事桑柘。斸嵩开云扃，压颍抗风榭。禾麦种满地，梨枣栽绕舍。儿童稍长成，雀鼠得驱吓。官租日输纳，村酒时邀迓。闲爱老农愚，归弄小女姹。如今便可尔，何用毕婚嫁。

【译文】从小我就崇尚雄伟不凡，但平生不得志而令人悲叹。我还嫌弃子夏这样能写文章的儒生，更不要说学习樊迟种田了。我钦佩的事业是皋陶和后稷的功绩，推崇的文章是超过曹植和谢灵运的成就。当我走上仕途仍然保持自己高洁的操守，带上玉佩和兰麝表现自己的超凡脱俗。仕途的生活漫长而曲折，我驾着车马尽力奔驰。谁能做我仕途的引荐人呢？虽然我自认为是价值连城的人才。当初跟着计吏到了京城，曾经多次参加考试。虽然没有苏秦那样十次上书之劳，但也不可能一次考试就获得成功。人之常情是忌妒杰出人才，社会风气是看重权变狡诈。蹉跎之中让我低下了头，屡受挫折使我心气更低。像公冶长一样的人确实无罪，像侯嬴一样的人也会遭到谤骂。我怀揣着书籍走出京城，含着泪水渡过清潋的灞水。身体将在寂寞中衰老,志趣要在闲暇中消磨。我从此过上了早上吃不饱饭,冬衣才能掩盖骼骨的贫穷日子。后来节度使频频相邀,于是我接连在汴州、徐州节度使的府中担任幕僚。我在大梁跟随董晋相公,又在彭城跟随张建封仆射。那时我终日无所事事,用弓箭围猎狐兔,在丝竹声中饮酒作乐。后来这两个节度使的幕府变得荒凉,我回到洛阳家里过了三年赋闲的生活。为了求取官职我离开洛阳,冒雪赶路经过西岳华山。我在春季又来到了京城,担任国子监的博士经历了许多风雨。我能够进入朝廷名声显扬是靠朋友们的称赞,并没有姻亲的引荐和提拔。我虽然位列朝臣,但没有实现凌云壮志。高高的宫阙耸立在寒冷的空中,长长的桥梁闪耀在黎明的微光中。我就在这时拼命给天子上书,十二月的时候被贬出京城。贬到荒地确实是我的职责,有幸遇到宽赦还让我担任县令。去贬所的路上洞庭湖的波浪在阳光下翻腾,岭上的石头坼裂出通天的缝隙。阳山县里的白天总是有毒雾熏人,炎热的风常常在夏天吹拂。轰隆的雷声本来已经很可怕了,飓风的席卷更增添了凶恶的情势。这里的天气难以预测,雷声和风声让人长叹可怕。少数民族的语言听起来不习惯,越地的风俗遵循起来还是像初来乍到一样。因为语言风俗不同而产生隔阂互相指责埋怨,互相猜疑无法信任。留在这里只是因为国恩未报,难道说我的一生还有什么指望。现在新皇帝刚刚登基继位,四海之内都将会被他的圣德感化。我现在只想反省改过,长久地进行农桑之事。我在嵩山上修建房屋,在颍水上建造台榭。我在土地上种满禾麦,围绕房屋栽种梨枣。等我的孩子渐渐长大,就能够驱赶麻雀和老鼠。官家的赋税都按时上交,不时邀请客人来饮自酿的美酒。闲暇时光里最爱与淳朴的老农交往，回到家里可以逗弄可爱的小女儿。现在我便可以去隐居了，何必等到年老时儿女婚嫁完成再作打算。

合江亭

江亭枕湘江，蒸水会其左。瞰临眇空阔，绿净不可唾。维昔经营初，邦君实王佐。翦林迁神祠，买地费家货。梁栋宏可爱，结构丽匪过。伊人去轩腾，兹宇遂颓挫。老郎来何暮？高唱久乃和。树兰盈九畹，栽竹逾万个。长绠汲沧浪，幽蹊下坎坷。波涛夜俯听，云树朝对卧。初如遗宦情，终乃最郡课。人生诚无几，事往悲岂那。萧条绵岁时，契阔继庸懦。胜事谁复论，丑声日已播。中丞黜凶邪，天子闵穷饿。君侯至之初，闾里自相贺。淹滞乐闲旷，勤苦劝慵惰。为余扫尘阶，命乐醉众坐。穷秋感平分，新月怜半破。愿书岩上石，勿使尘泥涴。

【译文】红色的合江亭建在湘江旁边，蒸水在亭子的左边与湘江交汇。登高远望是一片宽大辽阔的景象，洁净的绿波让你不忍随意唾弃。昔日修建这座亭子时，当地长官确实是一个辅佐君王的人才。他砍伐了树林迁移了神祠，花费了自己的钱财买下了这块地方。亭子的栋梁宏伟可爱，亭子的结构华丽非常。如今建亭之人已经飞黄腾达离开这里，于是留下这座亭子慢慢坍塌。为什么刑部侍

郎宇文炫很晚才来到这里？齐映当年的高尚做法很久以后才得到
响应。他在九畹周围种满了兰草，栽种了无数的绿竹。长长的绳子
可以汲取山下的沧浪之水，清幽的小路直达坎坷之处。晚上低头
倾听亭下的波涛，白天与亭上的白云相对而卧。最初宇文侍郎的举
动好像忘了公事，最终他的政绩却是最好的。人生确实没有多久，
过往的事情即使悲伤也无可奈何。萧条的日子此后延续了很久，宇
文走后的继任官吏都是平庸懦弱之辈。江亭游乐的胜事没有谁再
过问，丑陋的名声已经到处传播。御史中丞罢免了凶恶的州官，天子
也怜悯穷困饥饿的衡州百姓。你刚被委派到这里任职的时候，乡里
的百姓都纷纷庆贺。你久留在这里乐得悠闲放达，你勤勉于公事也
使官吏懒惰的情况得到改变。当我到来时你为我打扫台阶的尘土，
并命人演奏音乐使在座的宾客酪酊大醉。深秋的季节里让人感到
平分秋色，弯弯的新月使人怜惜它残缺了一半。我希望将这些事情
写成诗歌刻在岩石上，不要让尘土掩盖了它的内容。

陪杜侍御游湘西两寺独宿有题因献杨常侍

长沙千里平，胜地犹在险。况当江阔处，斗起势匪渐。深
林高玲珑，青山上琬琰。路穷台殿辟，佛事焕且俨。剖竹走泉
源，开廊架崖广。是时秋初残，暑气尚未敛。群行忘后先，困
息弃拘检。客堂喜空凉，华榻有清簟。涧蔬煮蒿芹，水果剥菱
芡。伊余夙所慕，陪赏亦云忝。幸逢车马归，独宿门不掩。山

楼黑无月，渔火灿星点。夜风一何喧，杉桧屡磨飐。犹疑在波涛，忷惕梦成魇。静思屈原沉，远忆贾谊贬。椒兰争妒忌，绛灌共谗谄。谁令悲生肠？坐使泪盈脸。翻飞乏羽翼，指摘困瑕玷。珥貂藩维重，政化类分陕。礼贤道何优，奉己事苦俭。大厦栋方隆，巨川楫行剡。经营诚少暇，游宴固已歉。旅程愧淹留，徂岁嗟荏苒。平生每多感，柔翰遇频染。展转岭猿鸣，曙灯青焰焰。

【译文】长沙城是千里平地，而胜地仍在险要之处。岳麓山正处于宽阔的江边，陡然耸立的地势不是慢慢累积而成。茂密的树林如玉石一般，青绿的高山像美玉堆起。山路的尽头开辟有亭台楼阁，这里举行的佛事盛大而庄严。泉水的源头通过剖开的竹筒流走，开设的长廊架在依傍山崖构筑的房屋旁。当时正是初秋的季节，炎热的暑气还没有收敛。我们这群人上山忘记了先后，朋友间休息的时候也抛弃了拘束和检点。殿阁的客堂让人感觉寂静清凉，华丽的床榻上铺有竹编的凉席。我们煮着山涧边的蒿芹，将菱芡等水果剥开来吃。这种生活是我一直以来就向往的，能够陪同玩赏也真是荣幸。恰巧遇上其他人要乘着车马回去，我就独自住在山中的寺庙里，大门敞开。山上的高楼处在一片没有月亮的漆黑天空中，山下的渔火闪烁如点点星光。夜晚的山风是多么的喧嚣，杉树与桧树在风中婆娑起舞。睡在寺庙里就像是身处波涛中一样，惊恐不安从梦中被吓醒。安静地想起自沉在湘江的屈原，思念着贬谪在远方的贾谊。忠诚的屈原受到子椒、子兰的妒忌，博学的贾谊遭到周勃和灌婴的谗言。谁让我从心底里生出悲哀？因此使我泪流满面。我想上下翻飞却没有翅膀，因为身上的缺点而遭受别人的指责。杨常侍是天子身边的近臣地位显贵，就像当年周朝的二伯分别治理陕地一样。礼遇贤者是那样的优厚，而自己行事又是那样的辛苦勤俭。治理当地就像修建大厦而要将栋梁架好，横渡大河而要将舟楫造好。经营政事确实很少有闲暇，交游宴饮本来就缺乏机会。旅程中长久逗留在这里真令人惭愧，光阴流逝深深地让我感叹时光荏苒。平时常常生出很多的感慨，遇到触动的事情就要提笔写下。今天在床上辗转反侧听到山岭的猿声哀鸣，曙光中青灯跳动着明亮的火焰。

岳阳楼别窦司直

洞庭九州间，厥大谁与让？南维群崖水，北注何奔放。潴为七百里，吞纳各殊状。自古澄不清，环混无归向。炎风日搜搅，幽怪多冗长。轩然大波起，宇宙隘而妨。巍峨拔嵩华，腾踔较健壮。声音一何宏，轰磕车万两。犹疑帝轩辕，张乐就空旷。蛟螭露笋簴，缟练吹组帐。鬼神非人世，节奏颇跌踢。阳施见夸丽，阴闭感凄怆。朝过宜春口，极北缺堤障。夜缆巴陵洲，丛芮才可傍。星河尽涵泳，俯仰迷下上。余澜怒不已，喧聒鸣瓮盎。明登岳阳楼，辉焕朝日亮。飞廉戢其威，清晏息纤纩。泓澄湛凝绿，物影巧相况。江豚时出戏，惊波忽荡漾。时当冬之

孟，隙窍缩寒涨。前临指近岸，侧坐眇难望。涤濯神魂醒，幽
怀舒以畅。主人孩童旧，握手乍忻怅。怜我窜逐归，相见得无
恙。开筵交履舄，灿漫倒家酿。杯行无留停，高柱送清唱。中
盘进橙栗，投掷倾脯酱。欢穷悲心生，婉娈不能忘。念昔始读
书，志欲干霸王。屠龙破千金，为艺亦云亢。爱才不择行，触事
得谗谤。前年出官日，此祸最无妄。公卿采虚名，擢拜识天仗。
奸猜畏弹射，斥逐恣欺诳。新恩移府庭，逼侧厕诸将。于嗟苦
弩缓，但惧失宜当。追思南渡时，鱼腹甘所葬。严程迫风帆，
劈箭入高浪。颠沉在须臾，忠鲠谁复谅？生还真可喜，克己自
惩创。庶从今日后，粗识得与丧。事多改前好，趣有获新尚。誓
耕十亩田，不取万乘相。细君知蚕织，雉子已能饷。行当挂其
冠，生死君一访。

【译文】九州之中的洞庭湖，它的浩大谁能与之相比？它汇集
了南边群山的水流，向北流入长江是多么的奔腾汹涌。积聚成方圆
七百里的湖面，吐纳成千变万化的景象。自古以来澄澈不清，环混
而成没有归向。炎热的大风每天在这里搅动，幽怪也大多冗长。大
风引起了轩然大波，宇宙都觉得狭隘而妨碍了风向。巍峨的波涛可
以和嵩山华山相比，跃起的风浪可以一较健壮。波浪的声音是那样
的宏亮，轰轰隆隆就像千万辆车在奔驰。让人怀疑是当年的轩辕
皇帝，在空旷的洞庭湖边演奏音乐。笋簴上面显露出蛟螭的花纹，
白色丝绢扬起了华美的帷帐。这是鬼神的世界而不是人世间，音乐
的节奏十分跌宕起伏。高昂奔放的音乐展现出华丽，阴柔舒缓的音

乐使人感到凄怆。我早上经过宜春口，远处北边好像缺少了堤岸。晚上将船系在巴陵洲，岸边的丛苪刚好可以停泊。天上的银河都倒映在湖上，俯仰之间让人分不清是天上还是地下。湖上的余波汹涌不息，发出喧闹的声音像在瓮盎鸣响。第二天我登上岳阳楼，早晨的太阳灿烂明亮。风神飞廉也收起了它的威势，清平的气象没有一丝云彩。澄澈的水中凝聚起绿浪，万物都倒映其中互相对比。江豚经常跃出江面嬉戏，忽然荡漾起惊险的巨浪。当时正好是初冬的季节，水边的孔穴遇到寒冷也退缩了涨潮。走到前面靠近岸边，侧身而坐感觉遥远得一眼难以望到底。湖上的景象洗涤了神魂让我顿时清醒，内心隐藏的情感因此舒畅起来。窦司直主人是我小时候的朋友，再次相见我们握手真是悲喜交加。他怜惜我遭贬而归，相见后发现幸好平安。他为我摆下宴席而宾客盈门，把家酿的好酒都倒出来尽情畅饮。一杯接一杯没有任何停留，琴柱在一旁伴奏清唱给我们助兴。橙栗一类放进盘中端上来，摆设的菜肴都是肉酱。欢乐穷尽心中就生出悲伤，年少的美好难以忘记。想起过去刚开始读书时，志向远大想要建立霸王般的功业。为了学到屠龙之技而花费千金，获得的技艺也十分高超。交友时因为爱惜他的才能而忽视了他的品行，所以遇到事情就会遭受谗言和诽谤。前年遭贬出外任官时，这个灾祸最是无妄。公卿大臣听闻我的名声推荐给朝廷，我被提拔为京官并得以进见天子。但因为那些奸邪猜忌的小人害怕被我弹劾指控，所以将我驱逐在外而让自己任意欺骗天子。现在我得到了天子新的恩德调任江陵府，十分荣幸能侧立在各位将领旁边。我总是感叹自己的迟钝，只怕自己的言行失当。追思当初贬官南渡的时候，心甘情愿地葬身鱼腹也没有怨恨。那时紧迫的路程催促着南行的风帆,就像一支箭劈入水中而激起层层高浪。船只颠簸沉没在须臾之间,忠诚耿直之人又有谁能理解?现在得以生还真是可喜之事,所以我总是克制自己时刻警戒。只希望从今以后,能够略知得与失。应该多改变一下过去喜好之事,培养新的爱好增添生活乐趣。誓要回去耕种十亩田地,即使有万乘的相位我也不取。我的妻子懂得蚕桑纺织,我的儿子也已经能够做饭。我将要辞官而去过隐居的生活,无论生死希望你有空来拜访一下吧。

送文畅师北游

昔在四门馆,晨有僧来谒。自言本吴人,少小学城阙。已穷佛根源,粗识事辗轓。挛拘屈吾真,戒辖思远发。荐绅秉笔徒,声誉辉前阀。从求送行诗,屡造忍颠蹶。今成十余卷,浩汗罗斧钺。先生阒穷巷,未得窥剞劂。又闻识大道,何路补剥剐。出其囊中文,满听实清越。谓僧当少安,草序颇排讦。上论古之初,所以施赏罚。下开迷惑胸,庨豁嶱株橜。僧时不听莹,若饮水救渴。风尘一出门,时日多如发。三年窜荒岭,守县坐深樾。征租聚异物,诡制恒巾幭。幽穷共谁语?思想甚含哕。昨来得京官,照壁喜见蝎。况逢旧相识,无不比鹣蠯。长安多门户,吊庆少休歇。而能勤来过,重惠安可揭。当今圣政初,恩泽宽蹴狨。胡为不自暇，飘戾逐鹯䲘？仆射领北门，威德压胡羯。相公镇幽都，竹帛烂勋伐。酒场舞闺姝，猎骑围边月。开张箧中宝，自可得津筏。从兹富裘马，宁复茹藜蕨。余期报恩后，谢病老耕垡。庇身指蓬茅，逞志纵狳獦。僧还相访来，山药煮可掘。

【译文】昔日我在四门馆任博士的时候，一天早晨有僧人来拜见。他自称本是吴地人，从小就在城中学习。已经穷尽了佛教的知识，也略识事物的关键。太多的拘束委屈了他的本性，所以坐车想要去往远处。那些做官的文学之士，他们的声誉显扬在世家贵族中。因此向他们请求送行的诗歌，多次打扰也不怕忍受其中的辛苦。现在这些诗歌已经有十多卷，卷帙繁多汇集名家手笔。他说因为先生处在僻巷之中，所以没有能够求得赐诗。又听说我知晓大道理，更希望可以弥补他的缺失。他拿出囊中的诗文，确实满耳都是清超拔俗的韵律。因此我对他说你应当稍微安下心来，我为你写的序可能会对佛教进行抨击。我从古时候开始说起，谈到当时施加赏罚的原因。为你解开心中的疑惑，铲除你信佛的病根。你做僧人的时候就能不迷惑心志，就像通过饮水解渴一样。出门以后从此一路风尘，离别的日子像头发一样多。我来到荒僻的岭南已经三年，坐在浓荫之下当起小小的县令。这里征收赋税都是奇异的东西，巾袜的式样也很特别。幽僻之至的感受能与谁诉说？思来想去令人深感愤懑。前些时候得到回京做官的命令，即使在照壁上看见蝎子心里也非常高兴。何况又遇上了相识已久的朋友，关系亲密可比鹣鲽。长安城里有很多熟人，向我祝贺的人少有间断。而你能勤来拜访，这种恩惠重得怎么承受。当今是天子施政的开始，恩泽正在普降人间。你为什么不腾出空闲的时间，而要飘然去往北方呢？不过仆射严绶正在太原任职，他的威势和品德压倒了胡羯之人。相公刘济也镇守在幽都，史书上记载着他的功绩。闺中的美人在他们的酒会上起舞，边关的月下他们骑马围猎。你如果展现出自己的才能，自然可以获得飞黄腾达的门路。从此以后你就能够变得富贵穿裘乘马，怎么会再吃藜蕨之类的粗茶淡饭。我现在只想报答皇恩以后，就称病辞官务农终老。指望在茅屋之下得以保身，通过放纵猎犬让自己感到快意。如果你还想过来拜访，那么我就可以挖出山药煮熟以后进行招待。

答张彻

辱赠不知报，我歌尔其聆。首叙始识面，次言后分形。道途绵万里，日月垂十龄。浚郊避兵乱，睢岸连门庭。肝胆一古剑，波涛两浮萍。渍墨窜旧史，磨丹注前经。义苑手秘宝，文堂耳惊霆。暄晨蹑露舄，暑夕眠风棂。结友子让抗，请师我惭丁。初味犹啖蔗，遂通斯建瓴。搜奇日有富，嗜善心无宁。石梁平侹侹，沙水光泠泠。乘枯摘野艳，沉细抽潜腥。游寺去陟巘，寻幽返穿汀。缘云竹竦竦，失路麻冥冥。淫潦忽翻野，平芜眇开溟。防泄堑夜塞，惧冲城昼扃。及去事戎辔，相逢宴军伶。觥秋纵兀兀，猎宴驰駉駉。从赋始分手，朝京忽同舲。急时促暗棹，恋月留虚亭。毕事驱传马，安居守窗萤。梅花灞水别，宫烛骊山醒。省选逮投足，乡宾尚擢翎。尘祛又一掺，泪眦还双荧。洛邑得休告，华山穷绝陉。倚岩睨海浪，引袖拂天星。日驾此迴辖，金神所司刑。泉绅拖修白，石剑攒高青。磴藓澾拳跼，梯飙飐伶俜。悔狂已咋指，垂诫仍镌铭。峨豸忝备列，伏蒲愧分泾。微诚慕横草，琐力摧撞莛。叠雪走商岭，飞波航洞庭。下险疑堕井，守官类拘囹。荒餐茹獠蛊，幽梦感湘灵。刺史肃蓍蔡，吏人沸蝗螟。点缀簿上字，趋跄阁前铃。赖其饱山水，得以娱瞻听。紫树杂斐亹，碧流滴珑玲。映波铺远锦，插地列长屏。愁狖酸骨死，怪花醉魂馨。潜苞绛实拆，幽乳翠毛零。赦行五百里，月变三十蓂。渐阶群振鹭，入学诲螟蛉。苹甘谢鸣鹿，罍满惭罄瓶。冋冋抱瑚琏，飞飞联鹡鸰。鱼鬣欲脱背，虬精光照硎。岂独出丑类，方当动朝廷。勤来得晤语，勿惮宿寒厅。

【译文】承蒙你的惠赠我不知道怎么回报，那么我就为你作首诗请你聆听吧。开头叙述最初认识的场景，接着再说后来分别的情形。路途有万里之遥，日月交替已有十年的光景。那时我为了躲避战乱住在汴州城的浚郊，于是来到睢水岸边和你成了邻居。我们肝胆相照就像古剑一样，艰难的日子也让我们如同波涛中的两片浮萍。我们在一起用笔墨修改过去的史书，用朱笔批注从前的经书。在道义的苑囿中我们手拿秘宝，在文学的殿堂里我们倾听惊雷。温暖的早晨我们穿上带露水的鞋子散步，炎热的晚上我们在微风吹拂的窗下共眠。我要与你这个不逊于陆抗、羊祜的人结为朋友，你把我当作老师我也感到惭愧难当。我们刚开始就像吃甘蔗一样，最后达到了高屋建瓴的程度。寻求奇异事物每天都感到满足，喜欢美好善良心里却没有片刻宁静。石头的桥梁又平又直，沙滩上的水清光泠泠。趁枯萎之前去摘山野的鲜花，将缟布浸入水中洗掉暗藏的腥味。登上陡峭的山峰去游历寺庙，寻找幽静的地方返回穿过汀洲。高耸的竹林直达云霄，乱麻让人迷失道路分辨不清。在睢水边的日子里忽然遇到了翻涌的洪水，平坦的荒野一时变成汪洋大海。为了防止洪水壕堑在夜间堵塞起来，担心大水冲城白天也紧锁城门。后来我去节度使府中任职，我们又在军中的酒宴乐舞中相逢。宴会之时我们纵情饮酒，围猎之中我们骑马奔驰。因为你要前往应试我们刚刚分别，我忽然接到了入京朝见的命令而与你同船。我们时而着急赶路在夜里航行，时而眷恋月色留在虚亭。我在京城办完公事便乘坐驿站的马车返回，你就在京城安居下来守着窗前的灯火努力读书。在灞水边的梅花前我们分别，那时宫烛点亮了骊山。后来我又参加吏部的铨选四处栖身，你也在进士考试中落第受挫。风尘仆仆中又穿了一年旧衣服，悲伤的泪水从双目夺眶而出。我在洛阳得以休假，又去华山穿越绝陉。靠着岩石我俯视海浪，举起长袖似乎可以触到满天的繁星。太阳到这里也会因山高而折返，正是金神掌管刑罚的地方。泉水飞泻如长长的白色带子垂挂，山峰形似利剑高耸青冥的天空。石阶上的苔藓很滑让人屈曲不敢迈步，天梯上的狂风大作吹得人摇摆不定。我后悔自己的轻狂只能咬指出血，将自己的悔恨铭刻在石上垂示警戒后人。到达京城后我忝列在朝廷的官吏当中，犯颜直谏愧为御史之职。我用自己的忠诚渴望建立微薄的功劳，但弱小的力量也只能徒劳无功。后来遭遇贬官在茫茫大雪中途经商岭，在飞扬的波浪中渡过洞庭湖。来到险恶的地方如同堕入深井，守着县令官职就像关在牢狱。荒野中就餐只能吃些獠蛊，忧愁的梦里总是伤感湘水之神。刺史严肃而德高望重，小吏喧腾像蝗螟一样。我在这里整天只能批改公事的文簿，在阁前的铃声中奔走侍奉。有幸可以饱览山水，得以娱乐视听。紫色的树林雕琢出绚丽的景致，碧绿的流水滴下玲珑的水珠。波浪倒映像在远处铺设的锦绣，山峰插地像罗列着长长的屏风。悲愁的猿猴叫声令人酸痛刺骨想要死去，怪异的花朵香气扑鼻让人神魂迷乱。暗藏的花苞开出绛色的花朵，幽地生长的绿草在四处飘零。天子的大赦让我北回五百里，岭南的生活经历了三十个月。我逐渐回到操行高洁的学士群中，进入太学负责教导学子。野苹味美却无法让小鹿唤来同伴共享，满罍也惭愧不能将水分到空瓶中。你有治国的才能就一定不会埋没，所以兄弟二人先后考中进士。你的鱼鬣要从背上脱去，所以必须在硎石上磨砺才能闪耀龙光。你的才能不只超出普通人，而且一定会惊动朝廷。如果你有空就勤来和我交谈吧，不用担心住在我的厅中会觉得寒冷。

荐 士

周《诗》三百篇，丽雅理训诰。曾经圣人手，议论安敢到。

五言出汉时，苏李首更号。东都渐弥漫，派别百川导。建安能
者七，卓荦变风操。逶迤抵晋宋，气象日凋耗。中间数鲍谢，
比近最清奥。齐梁及陈隋，众作等蝉噪。搜春摘花卉，沿袭伤
剽盗。国朝盛文章，子昂始高蹈。勃兴得李杜，万类困凌暴。
后来相继生，亦各臻阃隩。有穷者孟郊，受材实雄骜。冥观洞
古今，象外逐幽好。横空盘硬语，妥帖力排奡。敷柔肆纡余，奋
猛卷海潦。荣华肖天秀，捷疾愈响报。行身践规矩，甘辱耻媚
灶。孟轲分邪正，眸子看瞭眊。杳然粹而精，可以镇浮躁。酸寒
溧阳尉，五十几何耄。孜孜营甘旨，辛苦久所冒。俗流知者谁？
指注竞嘲慠。圣皇索遗逸，髦士日登造。庙堂有贤相，爱遇均
覆焘。况承归与张，二公迭嗟悼。青冥送吹嘘，强箭射鲁缟。
胡为久无成？使以归期告。霜风破佳菊，嘉节迫吹帽。念将决
焉去，感物增恋嫪。彼微水中荇，尚烦左右芼。鲁侯国至小，庙
鼎犹纳郜。幸当择珉玉，宁有弃珪瑁？悠悠我之思，扰扰风中
纛。上言愧无路，日夜惟心祷。鹤翎不天生，变化在啄菢。通
波非难图，尺地易可漕。善善不汲汲，后时徒悔懊。救死具八
珍，不如一箪犒。微诗公勿诮，恺悌神所劳。

【译文】周朝的《诗经》有三百篇，华美典雅又事理通达。曾
经经过孔子删定，所以我也不敢随便议论。五言诗在汉朝时出现，
苏武和李陵的诗歌中首先更换名号。到了东汉的时候创作五言诗的
风气在各处弥漫，各种派别林立如百川分流入海。建安时代有七
人擅长创作五言诗，他们卓绝超群的作品改变了东汉以来的风格。

慢慢发展到了东晋和刘宋的时代，建安七子树立的诗风又日渐消亡。中间出现的鲍照和谢灵运，他们与同时代的人相比最为清峻深刻。齐梁和陈隋时代，很多作品如蝉声喧聒，无病呻吟。内容都是关于风花雪月，文字全都剽窃前人。本朝的诗歌非常兴盛，从陈子昂开始超越群伦。蓬勃兴起得益于李白、杜甫，各种诗人都被他们压下去了。后来相继出现的诗人，也都能有所成就。有一位贫穷的诗人叫孟郊，他的才能就像雄健的骏马一样。他的眼光可以洞察古今，在物象之外发现暗藏的美好。他的诗歌天马行空，语言刚劲，稳妥得当力量超过了古代大力士罪。表达优美的感情时曲折婉转，在表达激昂的感情时如海浪般有力。华美的辞藻来自于天然的美丽，敏捷的文思胜过回响的声音。他立身处世践行规矩，甘于贫贱的地位而耻于阿附权贵。孟子曾经说区分一个人品性的邪正，可以通过他眼睛的明净与浑浊来判断。孟郊的品德就像他的眼神一样幽深而纯粹，可以让他人心绪安定，去除浮躁。他做了寒酸低微的溧阳县尉，五十岁的年龄已经垂垂老矣。他孜孜不倦地侍奉母亲，不辞辛苦可以说是极尽孝道。那些庸俗之辈谁能知道他的为人呢？指指点点都争相嘲笑轻视他。如今圣明的天子在寻找隐逸的志士，那些俊秀之士都能得到提拔任用。庙堂之上有贤德的宰相，亲近礼遇人才对他们一视同仁。何况孟郊遇到过归崇敬和张建封，两位大臣对他的坎坷命运也一再哀伤悲叹。如果他们能向朝廷举荐孟郊，就像强力的箭射穿鲁国的薄绸一样吧。但为什么长久以来他都无所成就？最终只是告诉我回家的日期。你将在霜风中看佳菊的凋零，在重阳佳节里登高聚会。想到你从此以后将诀别而去，见物兴感更增添我的恋恋不舍之情。水中微小的荇菜，人们还要经过挑选才将它采摘。鲁侯的国家虽然很小，宗庙仍然要放上部鼎之类的重器。应该将美玉和石头区分开来，哪能丢弃了珪瑁之类珍贵的玉呢？忧思充满了我的心中，纷纷扰扰就像狂风中的大旗一样。我惭愧自己没有向上进言的门路，只能日夜在心中为你祈祷。仙鹤的翅膀并非天生就有，要经过孵化才能展翅高飞。对你来说让水流通不是困难之事，只要有人举荐，就像尺寸之地稍微移动就能到达大海一样。如果不能急切地爱护人才，以后就会徒增懊悔。为了救一个快要饿死的人，与其准备八种珍贵的食品，不如为他送上一箪普通的饭食。请您不要嘲讽我的小诗，还请您和乐平易，为人才的培养费心劳神。

喜侯喜至赠张籍张彻

我昔在南时，数君长在念。摇摇不可止，讽咏日喝嗛。如以膏濯衣，每渍垢逾染。又如心中疾，箴石非所砭。常思得游处，至死无倦厌。地遐物奇怪，水镜涵石剑。荒花穷漫乱，幽兽工腾闪。碍目不忍窥，忽忽坐昏垫。逢神多所祝，岂忘灵即验。依依梦归路，历历想行店。今者诚自幸，所怀无一欠。孟生去虽索，侯氏来还歉。欹眠听新诗，屋角月艳艳。新作承间骋，交惊舌互噞。缤纷指瑕疵，拒捍阻城堑。以余经摧挫，固请发铅椠。居然妄推让，见谓燕天焰。比疏语徒妍，悚息不敢占。

呼奴具盘餐，叮饳鱼菜赡。人生但如此，朱紫安足僭。

【译文】过去我在南方的时候，经常思念你们几位。像旌旗吹动一样没有停止，讽诵吟咏如鱼一般张口翕动。这样做就像用脂油来洗衣服一样，每次洗去污垢后又会被浸染。又像心里的疾病，即使用石针也很难治愈。经常想着能与你们一起游玩，到死也不会厌倦此事。南方地理位置遥远因而万物都很奇特，宝剑一样的石头倒映在明镜一般清澈的水中。荒野的花朵烂漫繁多，奇怪的禽兽到处腾跃闪避。满眼都是这些景物经常让我不忍多看，总是一个人怅然若失地坐在那里沉溺其中。每次遇到神像我都要进行祈祷，怎么敢忘记心诚则灵的道理。梦中经常想着回北方的道路，眼前可以清楚看见馆舍。今天确实非常幸运，心中所想之事没有一件是欠缺的。孟郊虽然独自远去，侯喜的到来还是让人十分高兴。斜躺在床上聆听他的新诗，屋角的月亮鲜艳光洁。诗里的思绪四处驰骋，精彩的构思让人瞠目结舌。缤纷的诗句直指瑕疵，遭到抵抗如同有城池阻挡。因为我曾经历过挫折，所以一定让我校勘诗作。居然妄加推让，说我的作品如同火焰冲天。实际上我的诗只是语言工整华丽，心中惶恐不安不敢妄占第一。呼唤家中的仆人准备酒食，盘中摆满了鱼类菜肴。人生只要能有如此的欢乐，高官厚禄也不能相比。

古 风

今日曷不乐？幸时不用兵。无白既虋矣，乃尚可以生。彼州之赋，去汝不顾。此州之役，去我奚适？一邑之水，可走而违。天下汤汤，曷其而归？好我衣服，甘我饮食。无念百年，聊乐一日。

【译文】今天你为什么不高兴呢？现在天下没有战事是多么幸运。你不要说征收的赋税是如此繁苛，毕竟百姓还可以生存下去。那一州的赋税，我可以不管不顾。但这一州的徭役，我又可以逃向哪里？如果只有一个城市发生水灾，我可以逃走避免受困。如果天下都洪水滔天，我又能躲到哪里？请给我穿好一点的衣服，吃好一点的饮食吧。我也不奢望可以幸福百年，只想能有一天的快乐。

驽骥

驽骀诚龌龊，市者何其稠。力小苦易制，价微良易酬。渴饮一斗水，饥食一束刍。嘶鸣当大路，志气若有余。骐骥生绝域，自矜无匹俦。牵驱入市门，行者不为留。借问价几何，黄金比嵩丘。借问行几何，咫尺视九州。饥食玉山禾，渴饮醴泉流。问谁能为御，旷世不可求。惟昔穆天子，乘之极遐游。王良执其辔，造父夹其辀。因言天外事，茫惚使人愁。驽骀谓骐骥，饿死余尔羞。有能必见用，有德必见收。孰云时与命，通塞皆自由。骐骥不敢言，低徊但垂头。人皆劣骐骥，共以驽骀优。喟余独兴叹，才命不同谋。寄诗同心子，为我商声讴。

【译文】劣马虽然龌龊不堪，但买它的人是那么多。因为它的力量小且容易制服，价格低而容易购买。渴了只要喝上一斗水，饿了吃上一束草就行。对着大路嘶鸣，意气风发像有余力一样。骐骥之类的骏马出生在遥远的地方，自夸没有可以匹敌的对手。牵着它去市集里出售，路过的行人都不愿为它停留。要问这匹马的价格是多少，那是像嵩山一样高的黄金。要问这匹马的脚力怎么样，那是将九州视作咫尺之间。饿了要吃昆仑山的禾粟，渴了要喝流出来的甘泉水。要问谁能够驾驭这匹马，那就是旷世难求的人。只有过去的穆天子，曾经乘着它去远方遨游。王良手持马缰，造父驾车驰骋。说起周穆王游历天外之事，恍恍惚惚让人难以捉摸。劣马还对骐骥说，我真为你被饿死感到羞愧。有能力的人就一定会被任用，有道德的人就一定会被收留。谁说只有机会和命运才能决定成败，其实境遇的顺逆都是可以由自己来选择。骐骥听了劣马的话后不敢再言语，只是低下头来不断徘徊。人们都把骐骥看作劣马，反而认为劣马是好马。面对这样的情况我只能独自喟然长叹，才能与命运总是不能共谋。我把这首诗寄给与我志同道合的朋友，希望你能用悲凉哀怨的商声为我讴歌。

马厌谷

　　马厌谷兮, 士不厌糠籺。土被文绣兮, 士无短褐。彼其得志兮不我虞, 一朝失志兮其何如? 已焉哉, 嗟嗟乎鄙夫!

　　【译文】马都能吃上粮食, 志士却连谷糠都吃不上。房屋外面都装饰华丽, 志士却连粗布短衣都穿不上。他当初得志的时候根本不顾我, 一旦失志的话又该怎么办? 我就不为此忧虑了, 既然我被看作是见识浅薄的人!

出　门

　　长安百万家, 出门无所之。岂敢尚幽独, 与世实参差。古人虽已死, 书上有遗辞。开卷读且想, 千载若相期。出门各有道, 我道方未夷。且于此中息, 天命不吾欺。

　　【译文】长安城中有一百万户人家, 但我出门没有地方可去。

哪里是我喜爱孤独不合群，实在是因为我与世人有着不同的格调。古代的人虽然已经死去，但书上有他们留下了的言论。翻开书本我边读边想，虽然相隔千年仿佛彼此可以相会。出门以后人们都有自己的道路，我的道路只是还未平坦罢了。就让我暂且在古人的书里歇息吧，天命一定不会欺骗我。

嗟哉董生行

　　淮水出桐柏山，东驰遥遥千里不能休。淝水出其侧，不能千里，百里入淮流。寿州属县有安丰，唐贞元时，县人董生召南隐居行义于其中。刺史不能荐，天子不闻名声。爵禄不及门，门外惟有吏，日来征租更索钱。嗟哉董生。朝出耕，夜归读古人书，尽日不得息。或山而樵，或水而渔。入厨供甘旨，上堂问起居。父母不戚戚，妻子不咨咨。嗟哉董生。孝且慈，人不识，惟有天翁知，生祥下瑞无时期。家有狗乳出求食，鸡来哺其儿，啄啄庭中拾虫蚁，哺之不食鸣声悲，傍徨踯躅久不去，以翼来覆待狗归。嗟哉董生，谁将与俦？时之人，夫妻相虐，兄弟为雠，食君之禄，而令父母愁。亦独何心？嗟哉董生，无与俦！

　　【译文】淮水发源于桐柏山，向东奔流千里之遥没有休止。淝水发源于它的旁边，虽然不能流淌千里，却也流淌了百里汇入淮水。寿州城有一个属县名为安丰县，唐代贞元年间，县里有一个叫董召南的书生隐居在这里躬行仁义。当地的刺史没有举荐他，因此天子不曾听闻他的名声。官位和俸禄到不了他的家门，门外只有小吏，经常来征收赋税或者索要钱财。可叹啊董生。白天外出耕种田地，晚上回来还要阅读古人的书籍，整天都不休息。有时候在山上砍柴，有时候在水边打鱼。进入厨房准备美味佳肴，走上厅堂询问父母的饮食起居。他的父母不为贫苦而忧心，他的妻儿也不因穷困而叹息。可叹啊董生。他既孝顺又仁慈，人们都不了解他的为人，只有天公知道他高尚的品格，不停地降下祥瑞。他家里的母狗在哺乳时出门寻找食物，鸡就会过来喂养小狗，从庭园里啄来虫蚁，喂给小狗，小狗却不吃，鸡就大声悲鸣，来回走动很久都不离去，用它的翅膀覆盖着小狗等待外出求食的母狗回来。可叹啊董生，谁会与他是同一类人呢？当今的人，夫妻相互虐待，兄弟互为仇人，虽然吃着国家的俸禄，却令父母为他们担忧。又是为什么会生出这样的心思呢？可叹啊董生，这样的人当今世上没有能与他匹敌的！

烽　火

　　登高望烽火，谁谓塞尘飞？王城富且乐，曷不事光辉？勿言日已暮，相见恐行稀。愿君熟念此，秉烛夜中归。我歌宁自感？乃独泪沾衣。

【译文】登上高处遥望烽火,谁说边塞的烟尘已经开始飞扬?京城里仍然富贵而快乐,为什么不做些光荣的事情呢?不要说太阳就快落山打算离去,我只担心以后相见的机会越来越少。希望你认真思考这些话,拿着蜡烛夜里再回去。我作诗难道只是自己有感而发?所以才独自流泪沾湿衣襟。

汴州乱二首

汴州城门朝不开,天狗堕地声如雷。健儿争诱杀留后,连屋累栋烧成灰。诸侯咫尺不能救,孤士何者自兴哀?

母从子走者为谁?大夫夫人留后儿。昨日乘车骑大马,坐者起趋乘者下。庙堂不肯用干戈,呜呼奈汝母子何?

【译文】汴州城的城门早晨紧闭不开,天狗星轰然落地声音像雷一样。健壮的男儿争相诱杀留后,成片的房屋都烧成了灰烬。附近的节度使都不出手相救,超脱世俗的高士为什么要独自悲伤呢?

母亲带着儿子一起逃走的那两人是谁呢?是被杀死的御史大夫的夫人和留后的儿子。昨天他们还乘着高车骑着大马,看见他们坐着的人要站起来行礼,骑马乘车的人要下来迎接。朝廷不肯派兵来平定叛乱,呜呼,你们母子要怎么办呢?

利　剑

利剑光耿耿，佩之使我无邪心。故人念我寡徒侣，持用赠我比知音。我心如冰剑如雪，不能刺谗夫，使我心腐剑锋折。决云中断开青天。噫！剑与我俱变化归黄泉。

【译文】锋利的宝剑寒光闪耀，佩戴它让我心无邪念。老朋友想到我缺少同伴，就拿它送我当作知音一般。我的心像冰，我的剑像雪，不能用来刺杀进谗言的人，使我的心腐烂，我的剑锋折断。让我用剑斩开浮云露出青天。唉！宝剑与我一起变化下到黄泉。

龊　龊

龊龊当世士，所忧在饥寒。但见贱者悲，不闻贵者叹。大贤事业异，远抱非俗观。报国心皎洁，念时涕汍澜。妖姬坐左右，柔指发哀弹。酒肴虽日陈，感激宁为欢？秋阴欺白日，泥潦不少乾。河堤决东郡，老弱随惊湍。天意固有属，谁能诘其端？愿辱太守荐，得充谏诤官。排云叫阊阖，披腹呈琅玕。致君岂无术，自进诚独难。

【译文】那些谨小慎微的当世之士，他们只是忧虑个人的衣食不足。人们只看见贫贱之人的悲伤，听不见富贵之人的叹息。有道德才能的人想着干一番不同的事业，他的抱负远大不符合世俗的观念。报效国家的心光明磊落，想起来就涕泪交加。美女坐在两旁，纤柔的手指弹出哀怨的琴音。虽然每天都摆满了酒肴，心存感激怎能让我感到快乐？秋天的阴雨遮蔽了白日，泥水聚积的地方总是不干。黄河决堤淹没了东郡，老人和小孩都被急流卷走。上天降下这样的意旨一定有原因，谁能深究其中的缘故？希望我可以获得太守的举荐，能够担任谏诤的官职。让我能够排开云层叫开天门，在天帝面前披露心腹呈上琅玕。难道我没有方法辅佐君王治理天下，只不过自己谋求进身为官的机会确实很难。

卷三　古诗

河之水二首寄子侄老成

河之水，去悠悠，我不如，水东流。我有孤侄在海陬，三年不见兮，使我生忧。日复日，夜复夜，三年不见汝，使我鬓发未老而先化。

河之水，悠悠去，我不如，水东注。我有孤侄在海浦，三年不见兮，使我心苦。采蕨于山，缗鱼于泉；我徂京师，不远而还。

【译文】黄河之水，流向远处，我不如黄河水，可以向东流去。我的侄子独自一人住在海边，时光匆匆三年不见，使我的心中充满忧愁。日复一日，夜复一夜，三年见不到你，使我年纪未老就已两鬓斑白。

黄河之水，流向远处，我不如黄河水，可以东流入海。我的侄子独自一人住在海滨，时光匆匆三年不见，使我的心中充满苦闷。在山林中采摘蕨菜，在泉水边钓取肥鱼；我将去往京师，不久之后一定回家与你相聚。

山　石

山石荦确行径微，黄昏到寺蝙蝠飞。升堂坐阶新雨足，芭蕉叶大支子肥。僧言古壁佛画好，以火来照所见稀。铺床拂席置羹饭，疏粝亦足饱我饥。夜深静卧百虫绝，清月出岭光入扉。天明独去无道路，出入高下穷烟霏。山红涧碧纷烂漫，时见松枥皆十围。当流赤足蹋涧石，水声激激风吹衣。人生如此自可乐，岂必局束为人靰。嗟哉吾党二三子，安得至老不更归。

【译文】突兀不平的山石之间小径狭窄，黄昏我到达佛寺只见蝙蝠成群飞舞。进入殿堂坐在台阶上正巧新雨下了个够，雨后的芭蕉叶子显得很大，栀子花也格外肥美。寺中僧人说古壁上的佛画值得一观，火把映照得画面看起来模糊不清。僧人为我铺好床铺、拂拭席垫、准备饭菜，尽管只是蔬菜糙米也足以让我吃饱。深夜安静地躺在寺中就连昆虫的叫声也无法听到，这时清冷的明月从山岭上升起，将皎洁的光辉射入门扉。天亮之后我独自离开山寺已分辨不清来时的道路，一会儿来到高峰一会儿下到低谷穿过烟雾笼罩的山地。开着红艳花朵的山涧中流水碧绿纷繁烂漫，不时就能看到粗大的松树和枥树。光着脚踏在涧石上让溪水流过，耳边是激激的水声山风拂过我的衣衫。人生如此真是非常快乐，又何必被世俗羁绊而被别人拘束呢。唉，我们这些人，怎么年纪都这么大了还不回归山林。

天星送杨凝郎中贺正

天星牢落鸡喔咿，仆夫起餐车载脂。正当穷冬寒未已，借问君子行安之？会朝元正无不至，受命上宰须及期。侍从近臣有虚位，公今此去何时归。

【译文】天上的星星稀疏零落，公鸡在拂晓之际喔喔鸣叫，仆夫纷纷起床吃过早饭驾车出发。现在正是腊月的深冬之时，寒冷还没有过去，请问先生您打算去哪里呢？正月元日正是入朝觐见的时候，满朝文武大臣没有不到的，我接到宰辅的命令必须按时赶到。听说随侍皇上左右的近臣中有了空位，以您的才干此次前去恐怕不知何时才会归来。

汴泗交流赠张仆射

汴泗交流郡城角，筑场千步平如削。短垣三面缭逶迤，击鼓腾腾树赤旗。新秋朝凉未见日，公早结束来何为？分曹决胜约前定，百马攒蹄近相映。球惊杖奋合且离，红牛缨绂黄金羁。侧身转臂著马腹，霹雳应手神珠驰。超遥散漫两闲暇，挥霍纷纭争变化。发难得巧意气粗，谁声四合壮士呼。此诚习战非为剧，岂若安坐行良图？当今忠臣不可得，公马莫走须杀贼。

【译文】汴河和泗水从徐州的一角交汇流过，在那里修建了一座球场，方圆千步地面平整仿若刀削。球场的三面都围绕着连绵不断的短墙，击打出腾腾的鼓声，竖起了红色的旗帜。初秋，清晨的天气微凉，太阳也未升起，张公您为何穿戴齐整来到球场呢？原来是按照先前的约定要分成两队比赛一决雌雄，百马奔腾前后蹄紧接，在球场上闪现。飞驰的藤球，挥舞的曲棒，分合的队伍，用染红的牛毛做璎珞、用黄金做笼头，装饰华丽的名马飞奔而过。击球手侧转身子，翻身伏于马腹之下，只听霹雳般地打击之声，神珠般的球随手飞去。球一会儿飞向远处，两队人马也跑远散开，出现了供人喘息的间隙，一会儿球疾驰而来，两队人又快速聚集，动作迅捷纷繁，队形变化多端。发球之习钻与得球之机巧真是意壮气豪，球场四周欢声雷动，到处是壮士的呼喊之声。打球若真是为了练兵备战而不只是游戏娱乐，那怎么比得上安坐在军营之中谋划良策呢？当今如张公您这样的忠臣实在难得，莫让马儿为了球戏过于疲劳，应该养精蓄锐去杀那发动叛乱的贼人。

忽　忽

忽忽乎余未知生之为乐也，愿脱去而无因。安得长翮大翼如云生我身，乘风振奋出六合，绝浮尘。死生哀乐两相弃，是非得失付闲人。

【译文】时光匆匆而逝，我不知道活着有什么可快乐的，想要摆脱尘世而去却又没有理由。我的身上如何才能生出像云那么大的翅膀，让我能乘风振翅高飞，离开这四方天地的笼罩，摆脱这滚滚红尘。这样我就可以把死生哀乐全都抛弃，是非得失全都交给那些闲人。

鸣　雁

嗷嗷鸣雁鸣且飞，穷秋南去春北归。去寒就暖识所依，天长地阔栖息稀。风霜酸苦稻粱微，羽毛摧落身不肥。徘徊反顾群侣违，哀鸣欲下洲渚非。江南水阔朝云多，草长沙软无网罗。闲飞静集鸣相和，违忧怀息性匪他。凌风一举君谓何？

【译文】鸿雁发出嗷嗷的哀鸣，边叫边飞，秋天将尽它向南飞去，春天到了它又向北归来。它远离寒冷而靠近温暖，明白自己应该去往何处，这里虽然天高地阔但可供栖息的地方实在太少了。这里霜风猎猎，可吃的稻粱稀少，鸿雁在这里被折磨得羽毛凋落，身体消瘦。它在空中盘旋徘徊，与伴侣和同伴也失散了，它悲鸣着想飞下来，却无法找到过去栖身的沙洲。江南的水面广阔，朝云层叠，水边是茂密的草丛和柔软的沙滩，而且也没有猎捕它的网罗。鸿雁在这里可以悠闲地飞翔，静静地聚集，互相鸣叫相和，想要远离忧患向往安定，这是本性使然没有其他原因。我要乘风高飞您认为怎么样呢？

龙 移

天昏地黑蛟龙移, 雷惊电击雄雌随。清泉百丈化为土, 鱼鳖枯死吁可悲!

【译文】天色昏暗无光蛟龙出动, 雄雌蛟龙施法使得天地之间雷电交加。百丈深的清泉顷刻之间化为泥土, 水中的鱼鳖全都干渴而死, 真是可悲可叹!

雉带箭

原头火烧静兀兀, 野雉畏鹰出复没。将军欲以巧伏人, 盘马弯弓惜不发。地形渐窄观者多, 雉惊弓满劲箭加。冲人决起百余尺, 红翎白镞随倾斜。将军仰笑军吏贺, 五色离披马前堕。

【译文】草原上燃起冲天的大火, 狩猎者全都屏声静气等着猎物, 野鸡被火驱出草丛, 见到盘旋的猎鹰又惊慌失措地躲藏起来。将军想用自己的高超箭法折服众人，所以骑在马上不停盘旋、拉满弓弦，却不肯轻易发出箭矢。野鸡渐渐被驱赶到狭窄的地方，包围它的人也越来越多，受惊的野鸡高高飞起，蓄势待发的弓箭同时射出，野鸡应声中箭。野鸡带着箭矢冲着众人飞出百余尺，染血的翎羽随着雪白的镞矢倾斜向下。将军仰天大笑，随行军吏纷纷欢呼庆贺，马前挂着五色羽毛的野鸡，随着马动而摇晃。

条山苍

条山苍，河水黄。浪波沄沄去，松柏在高冈。

【译文】中条山苍莽千里，黄河之水一片浑黄。汹涌澎湃的波浪向远方流去，青松和翠柏挺立在高高的山冈之上。

赠郑兵曹

樽酒相逢十载前，君为壮夫我少年。樽酒相逢十载后，我为壮夫君白首。我材与世不相当，戢鳞委翅无复望。当今贤俊皆周行，君何为乎亦遑遑？杯行到君莫停手，破除万事无过酒。

【译文】十年前我们在一场酒宴中相遇，您正值壮年，我还是少年。十年后我们在酒宴中再次相逢，我已到壮年，而您已经头发变白。我的才学与当今之时格格不入，所以我退出官场不再有起复的想法。现在的贤俊之士全都身处要职，您为何如此惶惶不安没有去处呢？敬您一杯酒请您不要停杯，消除万千愁绪没有比美酒更好的了。

桃源图

神仙有无何渺茫，桃源之说诚荒唐。流水盘迴山百转，生绡数幅垂中堂。武陵太守好事者，题封远寄南宫下。南宫先生忻得之，波涛入笔驱文辞。文工画妙各臻极，异境恍惚移于斯。架岩凿谷开宫室，接屋连墙千万日。嬴颠刘蹶了不闻，地坼天分非所恤。种桃处处惟开花，川原近远蒸红霞。初来犹自念乡邑，岁久此地还成家。渔舟之子来何所，物色相猜更问语。大蛇中断丧前王，群马南渡开新主。听终辞绝共凄然，自说经今六百年。当时万事皆眼见，不知几许犹流传。争持酒食来相馈，礼数不同罇俎异。月明伴宿玉堂空，骨冷魂清无梦寐。夜半金鸡啁哳鸣，火轮飞出客心惊。人间有累不可住，依然离别难为情。船开棹进一回顾，万里苍苍烟水暮。世俗宁知伪与真，至今传者武陵人。

【译文】世上到底有没有神仙是何等渺茫，桃花源的说法也实在是荒唐。流水围绕着山峦千回百转，在画布上画上几幅这样的图画挂在中堂。武陵太守是个好事者，他把桃源图的题封寄给远方京城礼部。南宫先生得到画卷非常开心，文思泉涌、笔势浩荡挥笔题词。文章精巧工稳，图画妙绝传神，都达到了极致，桃花源的仙境也好似移到了这里。画上的山谷岩壁，开凿建造的房屋，房屋接着房屋、墙连着墙，经过千万个日子，房屋越来越多。秦朝与汉朝的兴亡根本无人知晓，三国两晋的分裂割据他们也毫不关心。远近之地都种满了桃树，红艳艳的桃花遍地盛开仿若在川原上蒸腾的灿烂红霞。初到这里的人还想念着家乡，但时间一长，这里反倒变成了故乡。武陵渔人不知道从什么地方来，根据他的外表人们纷纷猜测最后还向他询问。渔人说起刘邦斩蛇起义建立汉朝覆灭秦朝，西晋灭亡，君臣南渡偏安一隅，建立东晋政权。听完渔人对外界的叙述桃源中人都凄然伤感，说迁到桃源至今已过了六百年的时间。当年的各种事件桃源中人都曾亲眼所见，不知道如今还有多少故事还在流传。大家都争相拿出酒食来招待渔人，他们的风俗礼节与使用的器具都与世人大不相同。渔人在明月的相伴中独自宿在空旷的玉堂之中，只感觉骨冷魂清一夜无梦到天明。夜半时分金鸡的叫声杂乱细碎，太阳升起令渔人不舍得与桃源中人分别。可惜他在人间还有家人牵挂因而不敢在此处久留，最终心怀依恋不舍地离开了桃源。船只启动挥桨前进想要再看一眼仙境之时，只见万里水面在苍茫的夜色中显得空旷迷茫。世俗之人哪能知道桃源到底是真是假，如今传说此事者还是武陵人。

东方半明

东方半明大星没，独有太白配残月。嗟尔残月勿相疑，同光共影须臾期。残月晖晖，太白睒睒。鸡三号，更五点。

【译文】东方刚要明亮天上的大星星就都沉没了，只剩下太白星和一轮残月还挂在空中。唉，残月啊，你和太白星不要再互相猜疑了，你们二者能够同光共影的时间也不会持续太久了。残月的光亮渐渐减弱，太白星的光芒也闪烁不定。等到鸡鸣三遍，更过五下，残月与太白星终将消失于空中。

赠唐衢

虎有爪兮牛有角，虎可搏兮牛可触。奈何君独抱奇材，手把锄犁饿空谷。当今天子急贤良，匦函朝出开明光。胡不上书自荐达，坐令四海如虞唐。

【译文】老虎有爪牛有角，老虎锋利的爪子可以进行搏斗，牛尖锐的犄角可以用来顶撞。奈何您身怀奇才, 却手扶锄犁在空谷之中挨饿。当今天子求贤若渴, 设置了瓯函用来收取百姓的意见, 大开朝廷之门招揽人才。您何不上书自荐进入朝廷, 这样天下就会像唐尧虞舜的时代那样河清海晏。

贞女峡

江盘峡束春湍豪, 雷风战斗鱼龙逃。悬流轰轰射水府, 一泻百里翻云涛。漂船摆石万瓦裂, 咫尺性命轻于毛。

【译文】江水被两边高高的山峡所束逶迤而过, 春天的江水湍急, 水流汹涌, 气势磅礴, 江峡中翻腾的江水声震峡谷, 犹如风雷相击, 鱼龙受惊而逃。江水从陡峭的谷中奔泻直下, 状若悬空, 在轰轰的巨响中冲入深水之中, 一泻百里, 波涛翻滚如云。迅疾的水流载着船只, 冲开巨石, 声音犹如万瓦齐裂, 船上的人性命轻如鸿毛, 咫尺之间就会丧生。

赠侯喜

吾党侯生字叔起, 呼我持竿钓温水。平明鞭马出都门,尽日行行荆棘里。温水微茫绝又流，深如车辙阔容辕。虾蟆跳过雀儿浴，此纵有鱼何足求。我为侯生不能已，盘针擘粒投泥淬。晡时坚坐到黄昏，手倦目劳方一起。暂动还休未可期，虾行蛭渡似皆疑。举竿引线忽有得，一寸才分鳞与鬐。是日侯生与韩子，良久叹息相看悲。我今行事尽如此，此事正好为吾规。半世遑遑就举选，一名始得红颜衰。人间事势岂不见，徒自辛苦终何为？便当提携妻与子，南入箕颍无还时。叔起君今气方锐，我言至切君勿嗤。君欲钓鱼须远去，大鱼岂肯居沮洳。

【译文】我的朋友侯喜，字叔起，唤我拿着鱼竿去温水垂钓。早晨我们骑马从洛阳城门出来，一整天都在遍布荆棘的灌木丛中穿行。温水的水流很小，时断时续，深度如同车辙那么浅，宽度也只容得下一条车辕。河里的虾蟆在水面上腾跃，麻雀在水中沐浴，这里纵然有鱼又有什么值得钓取的。我为了侯喜不想放弃，在钓钩上装上鱼饵投入温水的泥浆之中。从下午一直坚持坐到黄昏，手疲乏了，眼睛看累了，才起来歇一歇。浮标一会儿动一会儿停难以预测，虾和水蛭的移动让人怀疑是鱼上了钩。抬起钓竿，拉起钓线，忽然发现钓上了一条鱼，仔细一看才一寸多长，才刚能分辨出鱼鳞和鱼鳍。这时候的侯喜与我，叹息良久彼此相视更显悲伤。我现在的境遇与在温水钓鱼非常相似，这件事正好可以警戒我。我半辈子惶惶不安只为了科举做官，等到功成名就已经开始衰老。难道看不见这天下的形势吗，白白辛苦一场最终又是为了什么？从此应当携妻带子，向南隐居在箕山和颍水之间再也不回来。叔起你如今正是血气方刚之时，我的这些话至真至切请你不要嗤之以鼻。你如果想钓鱼就应该到远方去，真正的大鱼岂肯屈身于温水这样的小泥塘中。

古　意

太华峰头玉井莲，开花十丈藕如船。冷比雪霜甘比蜜，一片入口沉痾痊。我欲求之不惮远，青壁无路难夤缘。安得长梯上摘实，下种七泽根株连。

【译文】太华山峰顶上的玉井中有一朵莲花，花开十丈宽，花下的莲藕像船那么大。清冷堪比雪霜，甘甜犹如蜜糖，只要吃上一片就可以治愈多年的重病。我欲求之就不怕路远，可是青壁直立山路难寻，没有机缘。如何能得到一架长梯爬上去摘到莲藕，那样就可以将这稀世的莲花种到人间的七大湖泽之中。

八月十五夜赠张功曹

纤云四卷天无河，清风吹空月舒波。沙平水息声影绝，一杯相属君当歌。君歌声酸辞且苦，不能听终泪如雨。洞庭连

天九疑高，蛟龙出没猩鼯号。十生九死到官所，幽居默默如藏
逃。下床畏蛇食畏药，海气湿蛰熏腥臊。昨者州前捶大鼓，嗣
皇继圣登夔皋。赦书一日行万里，罪从大辟皆除死。迁者追
回流者还，涤瑕荡垢清朝班。州家申名使家抑，坎轲只得移荆
蛮。判司卑官不堪说，未免棰楚尘埃间。同时辈流多上道，天
路幽险难追攀。君歌且休听我歌，我歌今与君殊科。一年明月
今宵多，人生由命非由他，有酒不饮奈明何！

【译文】纤云四处飘散见不到银河，清风吹散夜空中的云雾，
明月洒下清波。岸边沙平水静，寂然无声，没有人影，我举起酒杯
请你唱上一支歌。你的歌声酸楚而歌词悲苦，尚未听完我就不禁泪
如泉涌。洞庭湖水天相接，九疑山高耸入云，湖中有蛟龙出没，山
中有猩鼯哀号。九死一生终于来到了贬官之所，独自幽居于此，像
罪犯藏匿一样默默无闻。下床怕被毒蛇噬咬、吃饭又怕误食毒药，
海边的湿气容易滋生虫豸，鱼虾的腥气又熏人难忍。昨日州衙门前
忽然有人敲鼓，新皇继承先皇的伟业，要任用如夔、皋陶那样的贤
臣。大赦天下的诏书一天之内传遍四方，犯有死罪的人一律免除死
刑。贬谪的官员被召回了朝廷，被流放的人也得以回家，革除弊政
剪除奸佞清理朝班。刺史上报赦免我，却被观察使压了下来，命
运坎轲只能迁移到荆蛮之地任官。判司这样的小官简直不值一提，
弄不好还要伏在地上遭受长官的杖打。与我同时被贬的人已经踏
上返京的归途，可这条路于我而言就像上天一样难以攀登。请你
暂停悲歌还是听我唱歌，我的歌与你的完全不同。一年中的月亮
今晚的最亮，人生由命不由他，有酒不饮怎么对得起天上这一轮

的皓月呢!

谒衡岳庙遂宿岳寺题门楼

五岳祭秩皆三公,四方环镇嵩当中。火维地荒足妖怪,天假神柄专其雄。喷云泄雾藏半腹,虽有绝顶谁能穷?我来正逢秋雨节,阴气晦昧无清风。潜心默祷若有应,岂非正直能感通。须臾静扫众峰出,仰见突兀撑青空,紫盖连延接天柱,石廪腾掷堆祝融。森然魄动下马拜,松柏一迳趋灵宫。粉墙丹柱动光彩,鬼物图画填青红。升阶伛偻荐脯酒,欲以菲薄明其衷。庙内老人识神意,睢盱侦伺能鞠躬。手持杯珓导我掷,云此最吉余难同。窜逐蛮荒幸不死,衣食才足甘长终。侯王将相望久绝,神纵欲福难为功。夜投佛寺上高阁,星月掩映云曈昽。猿鸣钟动不知曙,杲杲寒日生于东。

【译文】祭祀五岳都是采用等同于三公的礼制,泰山、衡山、华山、恒山四岳围绕在四方,嵩山位于正中。因为南方火维之地偏僻而多有妖怪,所以上天授予了南岳衡山权柄主管南方。喷云吐雾掩藏了半个山腰,纵使有最高峰但谁能登上?我来到衡山时正好遇上了秋雨连绵的时节,阴气弥漫、晦暗不明,没有清风。我静下心来默默祈祷,仿佛有感应一样,难道不是我的正直感动了神灵。须臾之间云雾消散露出了衡山的群峰，仰头看去高耸突兀好似支撑着苍穹，紫盖峰绵延过去与天柱峰相接，石廪峰飞腾跳跃堆在祝融峰顶。森然庄严使我惊心动魄就要下马叩拜，松柏夹道一直延伸到岳神的灵宫。那里雪白的墙壁和丹红的廊柱光彩浮动，绘有鬼物的壁画填充青红之色。我登上台阶弯下身子献上祭祀的干肉和清酒，想用这点儿微薄的祭品来表明我的衷心。管理神庙的老人仿佛了解神意，仰望着神像鞠躬致敬。他拿来杯珓引导我掷卦占卜，告诉我这一卦最为吉祥，其他的卦不能同日而语。我被贬到蛮荒之地能活着就很幸运，粗衣淡饭我也甘愿了此一生。封王列侯、出将入相我早已绝望，纵使神灵想要赐福于我恐怕也起不了作用。夜里我住在佛寺之中登上高阁，只见星月的光辉掩藏在朦胧的云雾中时隐时现。睡梦中听到猿啼钟鸣，不知不觉中天已大亮，一轮明亮的寒日在东方已经冉冉升起。

岣嵝山

岣嵝山尖神禹碑，字青石赤形摹奇。科斗拳身薤叶披，鸾飘凤泊拏虎螭。事严迹秘鬼莫窥，道人独上偶见之，我来咨嗟涕涟洏。千搜万索何处有？森森绿树猿猱悲。

【译文】岣嵝山顶上有神禹碑，刻在红色石碑上的黑色字体很特别。碑上的字体既如蝌蚪蜷曲，又如薤叶倒垂披散，仿若鸾飞凤舞、龙争虎斗。但这块石碑的来历却很神秘，鬼神都未曾见过，只有一个道人偶然间看到过，我来到这里，不禁涕泪交流。千搜万寻，神禹碑到底在何处？只剩下森森的绿树和猿猴的悲鸣在山谷中回荡。

永贞行

君不见太皇谅阴未出令，小人乘时偷国柄。北军百万虎与貔，天子自将非他师。一朝夺印付私党，懔懔朝士何能为？狐鸣枭噪争署置，睒闪跳踉相妩媚。夜作诏书朝拜官，超资越序曾无难。公然日日受贿赂，火齐磊落堆金盘。元臣故老不敢语，昼卧涕泣何汍澜！董贤三公谁复惜？侯景九锡行可叹。国家功高德且厚，天位未许庸夫干。嗣皇卓荦信英主，文如太宗武高祖。膺图受禅登明堂，共流幽州鲧死羽。四门肃穆贤俊登，数君匪亲岂其朋。郎官清要为世称，荒郡迫野嗟可矜。湖波连天日相腾，蛮俗生梗瘴疠烝。江氛岭祲昏若凝，一蛇两头见未曾？怪鸟鸣唤令人憎，蛊虫群飞夜扑灯，雄虺毒螫堕股肱，食中置药肝心崩。左右使令诈难凭，慎勿浪信常兢兢。吾尝同僚情可胜？具书目见非妄征，嗟尔既往宜为惩。

【译文】君不见太皇居丧无法治理朝政的时候，王伾、王叔文等小人乘机篡权窃国。当时北衙的百万禁军猛如虎、貔，由天子亲自统帅，并非平常队伍。一旦军权被私党控制，朝中的大臣只剩畏惧，不敢有所作为。那些小人犹如狐鸣枭噪争夺着朝中的官位，他们眼光闪动，飞扬跋扈，挤眉弄眼，丑恶至极。夜里写好诏书早晨就可以分封官员，不论资历和次序提拔官员没有一点儿困难。他们每天公然接受贿赂，金盘中的火齐珠堆积如山。那些德高望重的老臣都敢怒不敢言，只能白天躺在家中独自流泪！如董贤这样的小人就算位居三公又有谁会可怜？侯景虽然自加九锡，他的行为也确实令人感叹。国家功高德厚，天子之位岂容庸夫来坐。继位的宪宗才能出众，是英明之主，文治犹如太宗，武功可比高祖。他承天受命，接受禅让，荣登皇位，那些小人如共工被放逐于幽州、鲧被杀于羽山一样纷纷遭到贬谪。国家四境安宁，选拔贤俊之才，刘、柳诸君与那些小人纵然并非亲戚，难道不是他们的朋友吗？郎官为官清简得要被世人称颂，如今要被贬到蛮荒之地实在值得同情。那里的湖波涛汹涌与天相接，每天都翻腾不已，南方蛮族天生桀骜不驯，到处都是瘴气，瘟疫横行。江上预示吉凶的云气与山间阴阳相侵的雾气交织在一起让天空昏暗无光，还有长着两个头颅的怪蛇你们可曾见过？怪鸟的鸣叫声令人憎恶，蛊虫成群飞舞，晚上还会扑灭灯火，有毒的雄虺和毒螫会毒害人的四肢，被人在食物中下毒会伤心惧怕到极点。身边办事的人也非常狡诈难以信任，所以一定要谨言慎行不要随便相信人，要小心谨慎。我们曾经是同僚，感情岂能一般？因此把自己在南方的亲身见闻都详细地写下来，这不是没有根据的瞎说，希望你们到了南方一定要以此为戒。

洞庭湖阻风赠张十一署

十月阴气盛，北风无时休。苍茫洞庭岸，与子维双舟。雾雨晦争泄，波涛怒相投。犬鸡断四听，粮绝谁与谋？相去不容步，险如碍山丘。清谈可以饱，梦想接无由。男女喧左右，饥啼但啾啾。非怀北归兴，何用胜羁愁？云外有白日，寒光自悠悠。能令暂开霁，过是吾无求。

【译文】十月阴气盛行，猛烈的北风无休无止。在空旷辽远的洞庭湖岸边，我的船与您的船都只好停在这里。昏暗的天地之间大雨倾泻而下，水中波涛像发了怒似的向我们争相扑来。雨势之大就连四周的鸡鸣、犬吠之声都听不见了，粮食吃完了不知道可以与谁商量？我与您之间的距离也就不超过一步，但艰险却像被山丘阻隔了一样。如今清谈虽然可以驱散饥饿，可现在想要实现梦想也是不可能了。小儿女在身边吵吵闹闹想要吃的，因为太饿连哭声也十分微弱。如果不是怀着北归的念想，怎会羁留在此地忍受忧愁？看着云层外的太阳，照射出惨淡的光芒。如果能令云开雾散重见晴天，这就是我最大的祈求了。

李花赠张十一署

　　江陵城西二月尾，花不见桃惟见李。风揉雨练雪羞比，波涛翻空杳无涘。君知此处花何似? 白花倒烛天夜明，群鸡惊鸣官吏起。金乌海底初飞来，朱辉散射青霞开。迷魂乱眼看不得，照耀万树繁如堆。念昔少年著游燕，对花岂省曾辞杯。自从流落忧感集，欲去未到先思回。只今四十已如此，后日更老谁论哉。力携一樽独就醉，不忍虚掷委黄埃。

　　【译文】二月底在江陵城的西郊，不见红色的桃花，只见遍地开满白色的李花。经过春天的风雨揉洗，就连白雪也羞于与李花相比，花林好似波涛在空中翻滚，无边无际。您可知这里的花到底像什么呢? 李花的白光从下往上照着天空，使夜空也亮了，以至于群鸡误以为天亮，争相打鸣，官吏听到鸡鸣，都慌张地起床前往官衙。太阳从海底刚刚升起，红光四散，青霞披开。阳光下的李花，光彩照人，使人魂迷眼花，不敢直视，照耀着万树繁盛如堆。想起少年时喜爱游赏宴饮，对着美丽的花儿岂会推辞酒杯。自从远贬他乡百感交集，即使想去赏花，人还未到赏花之处就已先想着回家了。如今我才四十岁就已经如此了，今后年纪大了不知道还能与谁说。我还是尽力带上一樽酒，独自喝得酩酊大醉，实在不忍心虚度光阴让这些美丽的李花零落到黄土里。

杏　花

居邻北郭古寺空，杏花两株能白红。曲江满园不可到，看此宁避雨与风。二年流窜出岭外，所见草木多异同。冬寒不严地常泄，阳气发乱无全功。浮花浪蕊镇长有，才开还落瘴雾中。山榴踯躅少意思，照耀黄紫徒为丛。鹧鸪钩辀猿叫歇，杳蔼深谷攒青枫。岂如此树一来玩，若在京国情何穷。今旦何为忽惆怅，万片飘泊随西东。明年花发应更好，道人莫忘邻家翁。

【译文】邻近城北的院落有一座荒凉的古寺，古寺中有两株红白相间的杏树。看不到长安城中曲江池畔的满园花树，来看这里的这两株杏花又怎能避开风雨。这两年我被放逐到岭外，见到的草木大多与北方不同。这里的冬天寒冷却冻得不严实，地气时常泄出，因此阳气乱发，天地也不能完全收敛。寻常的花草常年都有，只是刚刚开放，又马上在瘴雾中凋谢了。山石榴和山踯躅也都缺少韵味，开着黄黄紫紫的野花徒自结成一丛。鹧鸪钩辀而鸣、猿猴哀啼相应，在幽深缥缈的深谷中青色的枫树攒集成林。这些都不如我前来欣赏的这两株杏花，引起我恍若身在京城无穷的情思。今早我为何忽然惆怅了呢，都因为这千万片杏花到处飘舞、零落东西。等到明年花开的时候一定会更加美好，观中的道人莫要忘了来叫我这邻家老翁。

感春四首

我所思兮在何所，情多地迥兮遍处处。东西南北皆欲往，千江隔兮万山阻。春风吹园杂花开，朝日照屋百鸟语。三杯取醉不复论，一生长恨奈何许！

皇天平分成四时，春气漫诞最可悲。杂花妆林草盖地，白日座上倾天维。蜂喧鸟咽留不得，红荂万片从风吹。岂如秋霜虽凛冽，摧落老物谁惜之。为此径须沽酒饮，自外天地弃不疑。近怜李杜无检束，澜漫长醉多文辞，屈原《离骚》二十五，不肯餔啜糟与醨，惜哉此子巧言语，不到圣处宁非痴？幸逢尧舜明四目，条理品汇皆得宜。平明出门暮归舍，酩酊马上知为谁？

朝骑一马出，暝就一床卧。诗书渐欲抛，节行久矣破。冠敧感发秃，语误悲齿堕。辜负平生心，已矣知何奈！

我恨不如江头人，长网横江遮紫鳞。独宿荒陂射凫雁，卖纳租赋官不嗔，归来欢笑对妻子，衣食自给宁羞贫。今者无端读书史，智慧只是劳精神。画蛇著足无处用，两鬓雪白趋埃尘，乾愁漫解坐自累，与众异趣谁相亲？数杯浇肠虽暂醉，皎皎万虑醒还新。百年未满不得死，且可勤买抛青春。

【译文】我思念的人啊在何方，她情多地远到处都有住所。我想去往东西南北寻找她，但千江万山将我们阻隔。春风吹过花园，各种鲜花都开了，早晨的太阳射入房屋，百鸟在屋檐下宛转啼鸣。喝上三杯酒，求得一宿醉，不再说什么，人的一生就算充满了惆怅，又能如何！

上天把一年平分成四季，春气弥漫的日子最让人悲伤。各种各样的花朵点缀着树林，如茵的绿草覆盖着大地，白天坐在那儿可以看到太阳渐渐从空中落下。蜂蝶喧闹，鸟雀鸣咽，也留不住这消逝的时光，千万片红色的花瓣随风而落。岂如这肃杀的秋霜，它虽凄惨凛冽，却只摧落那些没人怜惜的衰老凋朽之物。为此一定要买酒痛饮，把天地万物都置之度外不去自找烦恼。近代人中我最爱李白、杜甫的无拘无束，他们天性烂漫，长醉不醒，写出了很多美好的诗篇。屈原写有包括《离骚》等二十五篇楚辞，他不愿吃世间的酒糟、薄酒与俗人同醉，可惜屈原虽然为人巧于文辞，但没有达到圣人之境不是太痴了吗？幸好遇上了尧舜那样的明君，能够明察秋毫，把天下都治理得井井有条，任用人才也十分恰当。我天一亮就出门直到黄昏才回家，那个在马上喝得酩酊大醉的人一看就知道是谁了。

早晨我独自一人骑马出门游玩，天一黑就独自躺在床上睡觉。诗书也都渐渐被我抛在脑后，自己的品行修养也懒得去管。戴的帽子斜了就真切地感觉到自己头发变少了，说错话却伤心于牙齿的掉落。孤独惆怅就这样辜负了平生的志愿，往事已经如此还能怎样！

我恨自己不如江边的渔夫，他们可以在江中撒开长长的渔网捕鱼。独自住在荒凉的池边射杀野鸭和大雁，卖了收获用来缴纳租赋，不受官府的管束，回家与妻子儿女欢笑过日子，吃穿用度都是自给自足，不会因贫穷而感到羞耻。我现在无端读了这么多书史，虽然增长了知识也只是徒费精神罢了。好比画蛇添足一无所用，两鬓的须发都白了，还要在尘世中到处奔波。这愁绪难以消解，反而因自己的过错而受牵累，自己的志趣本就与众不同，又有谁会与自己亲近呢？虽然几杯酒后可以得到暂时的醉意，但那万般思虑是如此清晰，一到醒来又真切地出现在面前。既然人生的百年大限还未到那就不会死，姑且多买些抛青春酒来喝吧。

寒食日出游

李花初发君始病，我往看君花转盛。走马城西怊怅归，不忍千株雪相映。迩来又见桃与梨，交开红白如争竞。可怜物色阻携手，空展霜缣吟九咏。纷纷落尽泥与尘，不共新妆比端正。桐华最晚今已繁，君不强起时难更。关山远别固其理，寸步难见始知命。忆昔与君同贬官，夜渡洞庭看斗柄。岂料生还得一处，引袖拭泪悲且庆。各言生死两追随，直置心亲无貌敬。念君又署南荒吏，路指鬼门幽且夐。三公尽是知音人，曷不荐贤陛下圣？囊空甒倒谁救之，我今一食日还并。自然忧气损天和，安得康强保天性。断鹤两翅鸣何哀，絷骥四足气空横。今朝寒食行野外，绿杨匝岸蒲生迸。宋玉庭边不见人，轻浪参差鱼动镜。自嗟孤贱足瑕疵，特见放纵荷宽政。饮酒宁嫌盏底深，题诗尚倚笔锋劲。明宵故欲相就醉，有月莫愁当火令。

【译文】李花刚开的时候听说您病了，我去探望您的时候花已盛开。我曾一人骑马前往城西，但最终还是怅然而归，因为我实在不敢一人去看那千株的李花像雪一样相映成趣。近来我又见到桃花与梨花，红色的桃花和白色的梨花交相辉映争奇斗艳。可惜物色虽好，我们却无法携手，一同赏花，只好独自展开你题在白纸上的九首诗来吟诵。如今花已纷纷落于尘中尽成泥土，再也不比新开的花朵端正。就连最晚开的桐花现在也开得非常繁盛了，您要是再不好起来恐怕这样的春光就再难遇到了。重重关山让我们远离不能一起赏花，倒也合乎情理，但如果我们之间只相隔寸步却难以见面，那就要怪怨命运了。想起昔日我们一起被贬，晚上一起渡过洞庭湖观赏天上的北斗七星。岂料能被赦免还能够与你一起在江陵共事，令人引袖擦泪，既悲伤又庆幸。我们说好虽然生死不定但要在一起，互相推心置腹也不在乎表面上所谓的敬重。又想起您现在被贬到南方的荒凉之地去当官吏，前方的道路幽静孤峭而遥远直指鬼门关。朝廷的三公都是您的知己，为何不将您这么贤明的人推荐给圣明的陛下呢？家中已空的钱囊、倒下的饭甑，又有谁能救助呢，我如今要把一天的饭食当成两天。自然的忧郁之气有损天和，如何能安乐强健保全天性。被折断双翅的仙鹤，它的鸣叫是多么哀伤，被系着四足的千里马也只能在空中横躺。今天是寒食节，我去野外踏青，看到岸边环绕着已经抽出绿芽的杨树，堤岸上巳铺满了蒲草。当年宋玉的旧宅空无人影，微波杂乱涌动，游动的鱼儿搅碎了镜子一样的水面。我知道自己孤僻卑微有许多缺点，但幸好这里施行的是宽松的政策让我能放纵自己。因此我饮酒从不嫌杯底深，题诗也要依仗遒劲的笔锋。明天晚上我要去您那里一醉方休，那么您就不用发愁寒食节的禁火令了，明晚一定会有静静的月光照亮我们的宴席。

忆昨行和张十一

忆昨夹钟之吕初吹灰，社公礼罢元侯回。车载牲牢瓮异酒，并召宾客延邹枚。腰金首翠光照耀，丝竹迥发清以哀。青天白日花草丽，玉斝屡举倾金罍。张君名声座所属，起舞先醉长松摧。宿醒未解旧痁作，深室静卧闻风雷。自期殒命在春序，屈指数日怜婴孩。危辞苦语感我耳，泪落不掩何潸潸。念昔从君渡湘水，大帆夜划穷高桅。阳山鸟路出临武，驿马拒地驱频颓。践蛇茹蛊不择死，忽有飞诏从天来。伾文未揃崖州炽，虽得赦宥恒愁猜。近者三奸悉破碎，羽窟无底幽黄能。眼中了了见乡国，知有归日眉方开。今君纵署天涯吏，投檄北去何难哉？无安之忧勿药喜，一善自足禳千灾。头轻目朗肌骨健，古剑新斸磨尘埃。殃销祸散百福并，从此直至耆与骀。嵩山东头伊洛岸，胜事不假须穿裁。君当先行我待满，沮溺可继穷年推。

【译文】想起昨日正是仲春二月的开始，元侯裴公祭祀完社公回来。车上载着祭祀用的牲畜，瓮中盛满了美酒，并邀请邹阳、枚乘那样的饱学之士大摆宴席。身上的金腰带、头上的珠翠冠闪耀着光芒，演奏的音乐之声飘摇、清越而哀婉。在这天气晴好、花草妍丽的良好日子里，宾客们在金罍里盛满了美酒，大家频频举杯。张君您的名声被在座的宾客们所信服，您翩翩起舞最先醉倒，仿佛长松被折。但听说您宿醉未醒而旧病又发作了，静静地躺在屋室之中似乎耳边还可以听到风雷之声。您以为自己会在这个春天殒命，所以总是掰着指头算着日子，怜惜尚在襁褓中的婴孩。您病危时凄苦的言辞犹在我耳边，我的眼泪簌簌而落，擦也擦不完。记得昔日与您一起横渡湘水，风帆被夜风吹裂只剩下高高的桅杆。从临武县出发经过的阳山路只有鸟儿才能飞过，驿马也因害怕拒绝前进，就算不断驱赶也不敢向前。整日都担忧会踩到毒蛇、误食毒药，连死都无法自己选择，却忽然接到了天子颁发的诏书。但那时由于王伾、王叔文还没有彻底垮台，韦执宜的势力正盛，虽然得到了赦免但还是担心被人猜忌。近期这三个奸臣的党羽终于全被粉碎，羽窟无底囚禁了像鲧那样的罪犯。我们的眼中仿佛十分清晰地看到了自己的故乡，知道归期在即简直让人眉开眼笑。如今您纵然要去天涯担任小吏，但弃官北归又有何难？卦辞上说的无妄之忧是不需要吃药就会变好的，您的仁善一定会帮您消除各种各样的灾病。您一定会恢复成头脑清明、眼睛明亮、身强骨健之人，仿佛一把被擦掉尘埃的古老宝剑。所有的灾殃和苦难都将消失，所有的福气都会集中到您的身上，从此以后您将得到长寿。在嵩山的东麓、伊水和洛水的岸边，您将在那里过着种花除草的悠闲生活。您当先行一步，等我告老还乡之时也将来到这里，我们未来将实现古时隐士长沮、桀溺那样的悠闲岁月。

卷四　古诗

刘生诗

生名师命其姓刘，自少轩轾非常俦。弃家如遗来远游，东走梁宋暨杨州。遂凌大江极东陬，洪涛春天禹穴幽。越女一笑三年留，南逾横岭入炎洲。青鲸高磨波山浮，怪媚炫曜推蛟虬。山獠欢噪猩猩愁，毒气烁体黄膏流。问胡不归良有由，美酒倾水禽肥牛，妖歌慢舞烂不收，倒心回肠为青眸，千金邀顾不可酬，乃独遇之尽绸缪。瞥然一饷成十秋，昔须未生今白头。五管遍历无贤侯，迴望万里还家羞。阳山穷邑惟猿猴，手持钓竿远相投。我为罗列陈前修，芟蒿斩蓬利锄耰。天星回环数才周，文学穰穰困仓稠。车轻御良马力优，咄哉识路行勿休，往取将相酬恩雠。

【译文】书生名叫师命，姓刘，从小就率性坦荡，与众不同。他轻易就弃离家人，外出远游，向东到达梁州、宋州和扬州。后来还跨过长江到达了最东边的海上，他领略过浪花冲天的浙江潮，游历过幽僻的禹穴。只因为越地一位女子的莞尔一笑，他便在那里滞留了三年，后来他向南越过岭南到达传说中最为炎热的南海岛屿。那里的青鲸高大得仿佛可以触及天空，如山般的波涛汹涌澎湃，各种怪物谄媚地迷惑行人，蛟龙成堆。当地的土著人欢呼喧闹，就连猩猩都感到害怕，深山中的瘴气侵蚀人体，致使皮肤溃烂流出黄色的油脂。问他为什么情愿留在这里而不回去，他也确实有留下的理由，因为他喜欢这里可以畅饮的美酒，还有肥嫩的牛肉，这里有妖娆的歌声和曼妙的舞蹈，令人眼花缭乱目不暇接，还有一位明眸善睐的女子令他倾心，荡气回肠，那位美丽的女子，其他人即使是掷以千金也难求得她回眸一顾，唯独遇上刘生，却是百般的情意缠绵。一转眼已经过去了十个春秋，从前刘生连胡须都还没长出来，如今却已然满头白发。他走遍了岭南五府也没有遇到赏识他的贤人，回首遥望万里关山，没有颜面回家。阳山县是个穷困的小县，偏僻荒蛮，只有猿猴出没，而他却手持钓竿远道而来。我给他列举前代的圣贤，告诉他披荆斩棘遭受挫折，只是为了日后更好的耕作。天上的星斗才只旋转了一周，刘生的文学创作就像谷物丰收一般堆满了仓库。如今轻车良马，驾车的人又是如此优秀，看，机会就在眼前，你前路分明，勇往直前不要停留，去取得本该属于你的将相高位，报答恩人吧。

郑群赠簟

蕲州笛竹天下知，郑君所宝尤瑰奇。携来当昼不得卧，一府传看黄琉璃。体坚色润又藏节，满眼凝滑无瑕疵。法曹贫贱众所易，腰腹空大何能为？自从五月困暑湿，如坐深甑遭蒸炊。手磨袖拂心语口，慢肤多汗真相宜。日暮归来独惘怅，有卖直欲倾家资。谁谓故人知我意，卷送八尺含风漪。呼奴扫地铺未了，光彩照耀惊童儿。青蝇侧翅蚤虱避，肃肃疑有清飚吹。倒身甘寝百疾愈，却愿天日恒炎曦。明珠青玉不足报，赠子相好无时衰。

【译文】蕲州有一种可以用来制笛的竹子天下闻名，郑君所宝藏的竹席更是珍奇瑰丽。他带着宝贵的竹席来时正是白天，我也无法在上面试睡，全府上下的人都争相传看这犹如黄琉璃一般的竹席。只见它体质坚挺，色泽莹润，竹节的部分也都被巧妙地处理过，看不出痕迹，一眼看上去，整张席子犹如凝脂般光亮润滑，没有半点儿瑕疵。我身为法曹却官微家贫，被众人轻视，徒有一副腰肥肚满的胖大身材又有什么用呢？自从五月开始，我就一直被暑热和潮湿所困扰，每天都像坐在深深的甑底遭受暑热的蒸煮煎熬。我一边用手摩挲竹席，用衣袖拂拭着它，一边在心里念叨，这席子对于爱出汗的我而言真是太适宜了。黄昏时，我回到住所独自惆怅，如此珍贵的席子，如果要是有卖的话，就算倾家荡产我恐怕也要买一领回来。哪里料到我的老朋友如此了解我的心意，竟然把这么宝贵的，仿佛卷着清冷涟漪的八尺竹席送给了我。我连忙命仆人将地面打扫干净，竹席还未完全铺开，那耀眼的光泽已然使童仆们都惊讶不已。青蝇侧着翅膀离开了，跳蚤和虱子也都纷纷躲避，因为那竹席上散发出肃肃的寒气，仿佛清风拂面。我倒身舒服地躺下去，瞬间感觉百病全消，反而希望天上的太阳永远都是那么灼热了。即使是明月珠、青白玉也不足以报答朋友的情谊，那就让我用矢志不渝的友情作为回报赠送给老朋友吧。

丰陵行

羽卫煌煌一百里，晓出都门葬天子。群臣杂沓驰后先，宫官穰穰来不已。是时新秋七月初，金神按节炎气除，清风飘飘轻雨洒，偃蹇旍旆卷以舒。逾梁下坂箛鼓咽，嶙峋遂走玄宫虚。哭声訇天百鸟噪，幽坎昼闭空灵舆。皇帝孝心深日远，资送礼备无赢余，设官置卫锁嫔妓，供养朝夕象平居。臣闻神道尚清净，三代旧制存诸书。墓藏庙祭不可乱，欲言非职知何如。

【译文】皇家的卫队和仪仗队明晃晃地排列了将近一百多里，拂晓时分，宫车出了京城的城门去埋葬驾崩的天子。纷杂繁多的朝廷官员前后相拥着前行，宦官们也是络绎不绝地涌来。这时正值七月初的新秋季节，秋神已经执掌了节气，因此炎热的暑气正在渐渐消退，清凉的秋风吹拂，风中还夹杂着蒙蒙的细雨，无数的旌旗也卷而复舒，随风飘舞。翻过山梁，下了山坡，一路上箛鼓的乐音幽咽不已，翻越了山的最高处，就到了入葬的陵寝。只听得送葬队伍的哭声震天，百鸟也因这震天的哭声而喧噪起来，幽暗的陵寝白天大门紧闭，皇帝的灵柩从此就安葬在那里。继位新君的孝亲之心深切而绵远，随葬的物品和入葬的礼仪充足而完备，他不仅在陵寝内为先皇设置了官员和卫队，就连从前宫中所设立的嫔妃歌妓也是一应俱全，朝夕的供养就像平时一样。我听说陵墓前的神道崇尚清净，上古三代之时的祖制如今还记载于书中。墓穴中的陪葬和庙中的祭祀都不可乱了章程，我本想提议但又想到自己不在其位，真是不知该如何是好。

游青龙寺赠崔大补阙

秋灰初吹季月管，日出卯南晖景短。友生招我佛寺行，正值万株红叶满。光华闪壁见神鬼，赫赫炎官张火伞。然云烧树大实骈，金乌下啄赪虬卵，魂翻眼晕忘处所，赤气冲融无间断。有如流传上古时，九轮照烛乾坤旱。二三道士席其间，灵液屡进颇黎盌。忽惊颜色变韶稚，却信灵仙非怪诞。桃源迷路竟茫茫，枣下悲歌徒纂纂。前年岭隅乡思发，蹢躅成山开不算。去岁羁帆湘水明，霜枫千里随归伴。猿呼䟽啸鹧鸪啼，恻耳酸肠难濯澣。思君携手安能得？今者相从敢辞懒。由来钝騃寡参寻，况是儒官饱闲散。惟君与我同怀抱，锄去陵谷置平坦。年少得途未要忙，时清谏疏尤宜罕。何人有酒身无事？谁家多竹门可款？须知节候即风寒，幸及亭午犹妍暖。南山逼冬转清瘦，刻画圭角出崖窾。当忧复被冰雪埋，汲汲来窥诚迟缓。

【译文】进入季秋，太阳出现在卯位以南，白天的光影也变得短促。朋友邀请我同游青龙寺，正值柿子成熟的季节，上万株柿子树枝叶茂盛，红彤彤的柿子红遍山野。在太阳光的照耀下，仿佛有神明鬼魅出没一般，又像火神撑起红色的伞盖，威仪赫赫。硕大的柿子累累丛生，整棵树仿佛被云霞点燃了一般，太阳的光芒照耀在红彤彤的柿子上，赤红欲滴的柿果与太阳交相辉映，我被眼前的红色照耀得意乱情迷，炫目的景象令人恍惚，竟然忘记了身处何方，一片赤红充溢弥漫了我的视野，没有片刻间断。这片柿林就好像传说中上古时代的九轮太阳，它们同时照耀着大地，直照得天地间一片干旱。柿子树下有两三个有道之士席地而坐，他们不时地将柿子的汁液盛在玻璃碗中享用。忽然我吃惊地发现，他们的容颜竟变得年轻而稚嫩，这让我相信灵仙之事并非怪诞之说。桃源迷路的事已茫然不清，枣树下的悲歌也徒然攒聚。正元二十年春季，我在岭南偏僻的阳山思念家乡时，就看到漫山遍野的杏花开了无数。去年我乘船在明净的湘水上赏游时，霜打的红枫叶成为我千里归途的旅伴。一路上猿猴啼呼、鼯鼠悲啸、鸲鹆鸣叫，耳边凄恻的叫声令人愁肠酸楚难以忘怀。心中期望能与你携手同游，然而哪里会有这样的机会？今天有了相从同游的机会，我又怎么敢因懒惰而推辞。我这个人向来愚笨、痴钝，很少外出寻访，更何况是做了一介儒官，有大量的闲散时间。只有你和我志趣相投，抛却起起伏伏的生活，使一切归于平淡。你从年少之时就走上了仕途，所以更不必着急，身处清肃的时代，谏函奏疏更应该尽量少投。到底是什么样的人家才能时常有酒喝，却无烦忧事呢？又有多少人家因竹子满园而期望别人来敲门拜访呢？我们只需知道天气马上就要转入寒冷，所以我们要趁着中午的暖阳外出赏游。临近冬季时，南山的景色会显得清瘦，草木凋零后，山的棱角变得分明可见，山崖上的空洞也显露出来。因为担心这美妙的秋景也被冰雪所覆盖，所以我希望你要抓紧欣赏，切莫太迟缓。

赠崔立之评事

崔侯文章苦捷敏，高浪驾天输不尽。曾从关外来上都，随身卷轴车连轸。朝为百赋犹郁怒，暮作千诗转遒紧。摇毫掷简自不供，顷刻青红浮海蜃。才豪气猛易语言，往往蛟螭杂蝼蚓。知音自古称难遇，世俗乍见那妨哂。勿嫌法官未登朝，犹胜赤尉长趋尹。时命虽乖心转壮，技能虚富家逾窘。念昔尘埃两相逢，争名龃龉持矛楯。子时专场夸觜距，予始张军严羁靮。尔来但欲保封疆，莫学庞涓怯孙膑。窜逐新归厌闻闹，齿发早衰嗟可闵。频蒙怨句刺弃遗，岂有闲官敢推引。深藏箧笥时一发，戢戢已多如束笋。可怜无益费精神，有似黄金掷虚牝。当今圣人求侍从，拔擢杞梓收楛箘。东马严徐已奋飞，枚皋即召穷且忍。复闻王师西讨蜀，霜风冽冽摧朝菌。走章驰檄在得贤，燕雀纷拏要鹰隼。窃料二涂必处一，岂比恒人长蠢蠢？劝君韬养待征招，不用雕琢愁肝肾。墙根菊花好沽酒，钱帛纵空衣可准。晖晖檐日暖且鲜，摵摵井梧疏更殒。高士例须怜麴糵，丈夫终莫生畦畛。能来取醉任喧呼，死后贤愚俱泯泯。

【译文】崔侯的文学造诣以敏捷著称，文思犹如大浪滔天般源源不断。当初从关外来京师的时候，随行带来了好几车书籍。清晨刚作了一百篇赋，才思仍然郁怒不竭，到傍晚时就又作了一千首诗，文句还是那样刚健警策。挥毫泼墨之间，纸简都不够用，顷刻之间墨彩跃然纸上犹如漂浮的海市蜃楼。但因为才豪气猛，所以偶尔在行文措辞上难免会有所偏失，往往会出现蛟龙丛中夹杂着蝼蚁、蚯蚓的现象。自古以来知音难遇，对于那些不了解你的世俗之人来说，初次看到你的作品难免会讥笑。你所担任的大理评事之职，你也不必嫌官职小不能登朝觐见皇上而感到遗憾，比起你当初担任京师县尉长趋尹时强多了。你目前的境遇是时运不济但心气反而豪壮，富有才能但是处境窘迫。念及当初我们还是布衣之时的相逢，在名利的追逐中经常各执己见，唇枪舌剑。那时候你正春风得意独擅胜场，我为了壮大自己的实力，靬驾牛具。近来我的观点是只求保持现状，不要学庞涓因害怕孙膑反而戕害了自己的性命。我刚从流贬之地被重新召回朝廷，厌倦了哄闹的事情，头发和牙齿都出现了早衰的现象，实在令人叹息。朝堂上也总会遇到有人抱怨，指责我懈怠、不积极，你不知道，像我这样的闲官哪里敢推引别人。在你的篚笥中深藏着许多的企盼，时不时地作成诗篇送给我，你的诗作在我这里已经多得像束笋一样。只可惜你这样做，不仅浪费精力而且也无济于事，就好像把贵重的黄金抛掷到空谷中一样。当今圣上正在招纳贤士担任侍从之职，如杞梓、楛簵的各类优秀人才都得到了荐拔，比如东方朔、司马相如、严助、徐乐等人都已奋发腾飞，而你就好比枚皋一样，终将随王伴驾成为文学侍从，只是目前正处于被召见前的窘境，仍须忍耐罢了。我又听说皇家的军队正西征讨伐蜀地的叛逆，就像凛冽的秋风摧毁朝生暮死的菌类一样。而此时飞书驰檄尤为频繁，正是最需要贤士之际，就好比擒拿住纷飞的燕雀需要凶猛的鹰隼一样。我琢磨你的前途必定会在这两种途径中选中一条，以你的才华又怎会像常人一样永无翻身之日，而持续处于胶着状态呢？我劝你韬光养晦以等待征召的机会，不必终日为了雕琢词句而愁损了肝肾。当墙根遍开菊花的时候，你正好沽酒作乐，即使钱帛用尽，还有衣服可以典当。天气晴朗时，屋檐下的阳光温暖而且新鲜，井边的梧桐树叶在秋天陨落，树枝变得光秃秃的。作为高雅的文士按理说应该是喜欢饮酒的，大丈夫终生不可故步自封。如果你想一醉方休随时可以来叫我，人死后，一切贤能或愚钝也就都无所谓了。

送区弘南归

　　穆昔南征军不归，虫沙猿鹤伏以飞。江汹洞庭宿莽微，九疑巉天荒是非。野有象犀水贝玑，分散百宝人事稀。我迁于南日周围，来见者众莫依稀，爰有区子荧荧晖。观以彝训或从违。我念前人譬葑菲，落以斧斤引绳徽，虽有不逮驱骓骓。或采于薄渔于矶，服役不辱言不讥。从我荆州来京畿，离其母妻绝因依。嗟我不道能自肥，子虽勤苦终何希？王都观阙双巍巍，腾踔众骏事鞍鞿，佩服上色紫与绯，独子之节可嗟唏。母附书至妻寄衣，开缄发封泪痕晞。虽不敕还情庶几，朝暮盘羞恻庭闱。幽房无人感蜘蛛，人生此难余可祈。子去吴时若发机！蜃沈海底气升霏，彩雉野伏朝扇翚。处子窈窕王所妃，苟有令德隐不腓。况今天子铺德威，蔽能者诛荐受禨。出送抚背我涕挥，行行正直慎脂韦。业成志树来顾顾，我当为子言天扉。

　　【译文】当年，周穆王率兵南征，不幸全军覆没，三军没有生还，传说那些阵亡的将士、君子化为猿与鹤，小人化为虫与沙。洞庭湖水汹涌澎湃，墓前的野草也衰败不堪，就连高耸入云的九疑山也不知道那些事情的是非真假。南方的郊外有大象和犀牛，水里有珍珠贝母，遍地都是奇珍异宝，然而却人烟稀少。我被贬阳山，远迁至南方已经一年，前来探望我的人也不少，其中有位区生仪态大方，光彩照人。通过观察我发现，我对他的日常训诫，有的他听从了，有的也不听从。这让我想起古人关于荇菲所做的比喻，虽然这两种野菜的根茎味苦，但也有可取之处，木材必须经过斧锯的砍削，再通过绳墨来规矩它，才能派上用场，因此区生虽然也有不完善的地方，但我始终不断地勉励他，帮助他。有时他为我到草丛中砍柴，有时为我到水矶边打鱼，从不因为替我服役而感到羞耻，也向来没有一句怨言。他跟随我从荆州到京城，离开了他的母亲和妻子，舍弃了对家庭的依托。只可惜我的仕途尚且无法使我自己富足尊贵，区生虽然勤苦但最终又能得到些什么呢？京城的观阙巍巍并立，众多奔腾的骏马佩戴着马鞍和缰绳，许多的官员身着紫色和红色的官服，只有区生的品节令人叹服。他的母亲捎来家书，妻子也寄来衣服，打开书信，拆开包袱，信笺上还依稀能看到泪痕。虽然她们在信中没有流露出劝他回家的意思，但盼归的感情大致相同，早晚餐食中，母亲难免会为儿子的远离而在家中伤怀。幽静的房间内空无一人，安静得能听到小虫的声音，人生的离别之苦最是煎熬，其余的事反而都可请求。区生南还的心思，仿佛即将从弩机上发出的箭矢一样迫切。海市蜃楼是海底的云气升腾到空中形成的，五彩的野鸡虽然生活在旷野，但羽毛却可以制成宫扇。民间未嫁的小姑娘，凭借窈窕的姿色就有机会成为皇妃，因此只要你有美好的品德，那么眼下的隐没不仕就不算什么坏事。更何况当今的天子正在布局以德行威，那些因妒忌而打压人才的人将会受到惩罚，那些荐引人才的人将得到福祉。出门相送，我抚着区

生的脊背，不由得潸然泪下，希望你此去要保持正直的品行，切莫
圆滑、软弱。等到你事业有成，确定志向后，再意气风发地回来吧，
我一定会向天子推荐你。

三星行

　　我生之辰，月宿南斗。牛奋其角，箕张其口。牛不见服箱，
斗不挹酒浆。箕独有神灵，无时停簸扬。无善名已闻，无恶声
已攘。名声相乘除，得少失有余。三星各在天，什伍东西陈。嗟
汝牛与斗，汝独不能神！

　　【译文】我出生的时候，正值月亮位于南斗星座。牵牛星芒角
耸动，箕星也大张其口。虽然称它是牛星，却不见它拉车，虽然称它
是斗星，却不能用它来盛舀酒浆。倒是箕星名副其实，充满神力，一
刻不停地宣扬。没做什么善事，美好却四处闻名；没做什么恶事，
恶名也被四处传播。好名声与恶名声此消彼长，收获得少而失去
得多。南斗星、牵牛星和箕星三颗都各在天上，东西纵横罗列。
可叹你们这牵牛星与南斗星，为什么就不能向我显示一点儿神
灵感应啊！

剥啄行

剥剥啄啄，有客至门。我不出应，客去而嗔。从者语我：
"子胡为然？"我不厌客，困于语言。我嗟子诚，欲不出纳，以
堙其源。空堂幽幽，有秸有莞。门以两版，丛书于间。宥宥深
堑，其墉甚完，彼宁可隳，此不可干。从者语我："嗟子诚难！
子虽云尔，其益实蕃。我为子谋，有万其全。凡今之人，急名与
官。子不引去，与为波澜。虽不开口，虽不开关，变化咀嚼，有
鬼有神。今去不勇，其如后艰。"我谢再拜，汝无复云，往追不
及，来不有年。

【译文】门外传来剥剥啄啄的敲门声，有客人来访。我在屋里
并没有出去迎接，客人很不满地离开了。侍从问我："您为何这样
呢？"其实我并不讨厌有客来访，只是不愿被流言蜚语所困扰。我
是打心底不想出门迎接客人，想通过闭门谢客的方式从源头上断
绝流言。幽静的空堂之上，有用麦秸和莞草编的席子。两块木板拼
成两扇门，屋内装满了我爱读的书。那幽深的护城河，和完整的城
墙，这些防御都有可能被摧毁，唯独我的小天地不会再有人侵扰。
侍从对我说："恐怕您的这种做法很难达成心愿啊！您不过是想
杜绝流言罢了，恐怕这种方式只会让说闲话的人更加多起来。我替

您想了一个办法，绝对是万全之策。现在的人，大都急功近利，追逐功名与官职。您不必拒绝，就与他们一起周旋、应付。若是您保持沉默，闭门谢客，他们反而会到处张扬胡说，到那时，流言蜚语就会像鬼神一样四处传播。如果您现在不急流勇退，随波逐流，那么今后的局面恐怕就无法控制了。"我再三拜谢侍从的好意，劝他不要再说了，过去的日子我已经追悔莫及，但之后的岁月还长，我会尽我所能纠正自己的不慎。

青青水中蒲三首

青青水中蒲，下有一双鱼。君今上陇去，我在与谁居？
青青水中蒲，长在水中居。寄语浮萍草，相随我不如。
青青水中蒲，叶短不出水。妇人不下堂，行子在万里。

【译文】水中的蒲草青又青，蒲草下面有一对鱼嬉戏。如今君要到陇上去，我将与谁为伴呢？

水中的蒲草青又青，常年生长在水中。我想对水上的浮萍说，你尚且有同伴相随，孤单的我还不如你幸运。

水中的蒲草青又青，短短的叶子不能浮出水面。我是女子不便走出厅堂，可我的丈夫却远行在万里之外。

孟东野失子 并序

东野连产三子，不数日辄失之。几老，念无后以悲。其友人昌黎韩愈，惧其伤也，推天假其命以喻之。

失子将何尤？吾将上尤天：汝实主下人，与夺一何偏？彼于汝何有，乃令蕃且延？此独何罪辜，生死旬日间？上呼无时闻，滴地泪到泉。地祇为之悲，瑟缩久不安。乃呼大灵龟，骑云款天门，问天主下人，薄厚胡不均？天曰天地人，由来不相关。吾悬日与月，吾系星与辰，日月相噬啮，星辰踏而颠，吾不汝之罪，知非汝由缘。且物各有分，孰能使之然？有子与无子，祸福未可原。鱼子满母腹，一一欲谁怜？细腰不自乳，举族长孤悬。鸱枭啄母脑，母死子始蕃。蝮蛇生子时，坼裂肠与肝，好子虽云好，未还恩与勤。恶子不可说，鸱枭蝮蛇然。有子且勿喜，无子固勿叹。上圣不待教，贤闻语而迁，下愚闻语惑，虽教无由悛。大灵顿头受，即日以命还。地祇谓大灵："汝往告其人。"东野夜得梦，有夫玄衣巾，闯然入其户，三称天之言。再拜谢玄夫，收悲以欢忻。

【译文】孟东野连生三子，没几天都夭折了。孟东野年事已高，一想到自己没有子嗣，非常悲伤。他的朋友韩愈怕他悲伤过度损害身体，便将灾祸的责任推卸给上天，并假借上天的旨意来开导他。

　　失去爱子该怪怨谁呢？我要怪怨那失察的上天：你是主宰天下苍生宿命的神，给予和剥夺为何如此偏颇？那些人给了你什么好处，你让他们不断地繁衍子嗣，延续香火？孟东野又有什么罪过，你却让他与爱子十天不到就生死相隔？我呼唤上天，上天听不到，悲伤的泪水滴到地下直落入黄泉。就连地神也为他深感悲痛，瑟缩许久不能安定下来。于是地神叫来了大灵龟，命它驾着云彩去叩响天门，去问问苍天主宰天下苍生宿命时，为何厚此薄彼，如此不公平？天帝说天、地、人三者之间，向来就互不相干。我在天空高悬太阳、月亮以及各种星辰，就连太阳和月亮之间，有时也会互相吞噬，星辰有时也会消亡、坠落，你来质问我，我也并不想怪罪你，因为我知道你与此事无关。而且万物都各有各的造化，谁又有本事能扭转孟东野的命运呢？人命中注定有没有儿子，究竟是祸还是福，也很难判断。鱼的肚子里充满了鱼子，哪能做到一一怜爱？细腰蜂因为不分雌雄，因此无法自主繁殖，整个族群永远都是非寡即鳏。鸱鸮只有不停地啄食母亲的脑袋，直到母亲被啄死后小鸱枭才能繁衍。蝮蛇在生产小蛇时，母蛇经常会遇到肝肠被撕裂的情况，拥有好儿子虽然是好事，但抚育的恩情也未必会偿还。如果拥有恶子那就更不必说了，就像鸱枭和蝮蛇。因此有儿子的父母也不要太过高兴，没有儿子的父母也不必太过悲叹。智慧的圣人用不着开导，贤达的人听了我的话也会转变思想，只有愚蠢的人听了我的话依然执迷不悟，即使再教育，也无法使他悔改。大灵龟听了天帝的话之后，叩头接受了天命，当天就带着天命返回。地下的神

祗就对大灵龟说："你把天帝的命令去告诉那个人。"于是孟东野
当晚就做了一个梦，梦见有个穿戴黑色衣巾的人，贸然闯入他的家
中，反复说明天帝的教令。孟东野再次拜谢黑衣人，脸上的悲戚
表情才得以收敛，转而变成欢欣的笑容。

陆浑山火和皇甫湜用其韵

皇甫补官古陆浑，时当大冬泽乾源。山狂谷很相吐吞，风
怒不休何轩轩，摆磨出火以自燔。有声夜中惊莫原，天跳地踔
颠乾坤。赫赫上照穷崖垠，截然高周烧四垣。神焦鬼烂无逃
门，三光弛隳不暇瞯。虎熊麋猪逮猴猿，水龙鼍龟鱼与鼋，鸦
鸱鵰雁鹰鸧鸧，燖炰煨爊孰飞奔。

祝融告休酌卑尊，错陈齐玫阐华园，芙蓉披猖塞鲜繁。千
钟万鼓咽耳喧，攒杂啾嚌沸篪埙。彤幢绛旃紫纛旛，炎官热属
朱冠裈。髹其肉皮通髓臀，颏胸垤腹车辕掀，缇颜靺股豹两
鞭。霞车红靷日毂辖，丹蕖缥盖绯繙帗。红帷赤幕罗脤膰，卤
池波风肉陵屯，谺呀巨壑颏黎盆，豆登五山瀛四罇。熙熙醹
醅笑语言，雷公擘山海水翻。齿牙嚼啮舌齶反，电光礔礐赬目
暖。顼冥收威避玄根，斥弃舆马背厥孙，缩身潜喘拳肩跟，君
臣相怜加爱恩。命黑螭侦焚其元。

天关悠悠不可援，梦通上帝血面论，侧身欲进叱于阍。帝

赐九河湔泪痕，又诏巫阳反其魂，徐命之前问何冤。火行于冬古所存，我如禁之绝其餐，女丁妇壬传世婚，一朝结雠奈后昆？时行当反慎藏蹲，视桃著花可小騫，月及申酉利复怨，助汝五龙从九鲲，溺厥邑囚之昆仑。皇甫作诗止睡昏，辞夸出真遂上焚。要余和增怪又烦，虽欲悔舌不可扪。

【译文】皇甫湜补授官职到古时的陆浑县任县尉，这时正值隆冬季节，所有的水源都干涸了。险峻的山峰和幽深的峡谷彼此交错，狂风怒吼，呼啸不止，在风势的振荡下自燃，引发了一场山火。呼啸的风声响彻夜空，不知从何而来，火势凶猛，直烧得天翻地覆。声势浩大的火焰照亮了整个山崖边际，四面八方到处都被大火所覆盖。山中的鬼魅神灵也被烧得焦头烂额无路可逃，太阳、月亮、星辰也都被冲天的火焰所吞没，什么也看不见了。虎、熊、麋鹿、野猪和猿猴，以及水龙、扬子鳄、乌龟、大鱼和甲鱼、乌鸦、鸱鸮、雕、鹰、野鸡、水鸟和鹍鸡，天上飞的、地上跑的、水里游的，所有的飞禽走兽，统统被大火烧、炮、烤、煮得不能飞奔。

火神祝融向天帝告假，摆设酒宴款待尊卑不等的宾客们，火齐珠和玫瑰玉交错杂陈，华美的园林里开辟了新的娱乐场所，芙蓉花竞相怒放，花朵鲜艳繁盛。千钟万鼓齐鸣的响声充塞着耳朵，麋埙演奏的曲调既嘈杂又热闹。到处是大红、深红和紫红色的旌旗和幢幡，火神和那些权势显赫的官员都穿着红裤子、戴着红色的官帽。他们从皮肤到骨骼都是火红色，纷纷袒露着胸脯、挺着肚子掀起车辕，驾着车子，他们有橘红色的脸庞、红色的护腿、挂着两个豹皮制的箭袋。车子像紫色的云霞，引绳如赤色的霓虹，车轮如红色的太阳，车上的饰带、车盖以及随风飘舞的旗幡都是红色的。赤红色的帷幕前陈列着祭祀所用的祭肉，血汇聚在池中，仿佛可以借助风力掀起波浪一样，祭祀用的肉多得堆积如山，深山巨谷被当作盛装菜肴的玻璃盆，五岳是他们的盛器，四海是他们的酒杯。酒席上热闹非凡，敬酒声、欢愉声仿佛雷公用巨雷将大山劈开、将大海掀翻一样。酒席上的客人不停地咀嚼，舌头上颚不停翻卷，睁着电光石火般的赤红双眼。冬帝颛顼和水神玄冥也暂时收敛威风，胆怯回避，失其所守，水神丢弃了车马，狼狈逃跑，只为躲避他的孙子火神，他蜷曲着身子，缩头缩脚地屏住呼吸不敢喘气，冬神、水神君臣二人因同病相怜而紧密团结。就连前去侦查火神情况的黑螭也被烧得焦头烂额。

天关因为路途遥远而无法攀登，于是黑螭就托梦与天帝相通，捧着烧伤了的脸诉说自己的不幸，但当他要侧着身子进去时，却又遭到守门人的呵斥。天帝赐予他人间的九条大河来洗濯泪痕，又让巫阳为它招还魂魄，然后从容地命黑螭走到近前，询问他有什么冤屈。天帝告诉黑螭，大火在冬季爆发，这是自古以来就有的，如果我禁止此事就会使火神没了生计，火的女儿与水的儿子结婚，使他们世世代代都是亲家，如果有朝一日结了冤仇，那么他们的后代该怎么办呢？随着时间的推移，终将物极必反，希望水神可以暂时隐忍以等待时机，待到桃花开放，雨水渐足，水神就可以逐渐占上风，等到申酉之月，即七八月份，就是水神复仇的季节了，那时我将派遣五龙、九鲲来协助你，用洪水淹没陆浑这块地方，并将火神囚禁到昆仑山去。皇甫湜所作的陆浑山火诗警策动人，令人精神振奋而困意全无，他的言辞夸张得超出了真实的景象，诗中说大火焚烧得连上天都已知道。当他邀请我和诗时，使我感觉异乎寻常地烦躁，本来不想说出实情，谁知最终还是没忍住，把实话说了出来。

县斋读书

出宰山水县，读书松竹林。萧条捐末事，邂逅得初心。哀猱醒俗耳，清泉洁尘襟。诗成有共赋，酒熟无孤斟。青竹时默钓，白云日幽寻。南方本多毒，北客恒惧侵。谪谴甘自守，滞留愧难任。投章类缟带，仁益逾兼金。

【译文】我由京官被外放到山清水秀的县邑出任县令，在茂盛的松竹林中读书。在这个偏远而又冷清的地方，可以抛开一切琐碎的事务，正与我心中一直向往的情景不期而遇。猿猴的哀鸣声使世俗的耳朵被唤醒，清清的泉水可以洗净沾染在衣襟上的尘污。诗歌写好之后会有朋友们一起唱和，美酒酿好之后也不会孤独一人自斟自饮。我时常以青竹为竿，静默地垂钓，每天也可以到白云深处去探寻幽胜。南方的山林里毒雾瘴气比较多见，北方来的客人总是害怕被侵害。被贬谪到这里，虽然我能甘于淡泊自守，但长久滞留于此就未免令人羞愧难当了。我投赠的诗章好比朴质的缟带，等待朋友的答和，那价值更是超越了平常的好金。

新 竹

笋添南阶竹，日日成清閟。缥节已储霜，黄苞犹撑翠。出栏抽五六，当户罗三四。高标陵秋严，贞色夺春媚。稀生巧补林，迸出疑争地。纵横乍依行，熳澜忽无次。风枝未飘吹，露粉先涵泪。何人可携玩？清景空瞪视。

【译文】新生的竹笋为南阶下增添了丛丛翠竹，因此庭院终日显得清静幽邃。淡青色的竹节上仿佛储藏了霜一样的白色，黄色的笋壳中隐约夹杂着翠绿色。五六支竹子长出栏外，正对着门户也丛生了三四支新竹。清高脱俗的修竹对抗着肃杀的秋气，那坚贞向上的英姿比妩媚的春色还要动人。稀疏生长的竹子巧妙地填补了竹林的空缺，同时迸发生长的竹子真令人怀疑它们是否在争抢地盘。乍看上去竹子纵横排列仿佛按序生长，但仔细端详才发现它们的生长散漫无章且没有次序。迎风的竹枝尚未被吹舞飘动，竹叶上凝结的露粉却早已饱含如泪水般的露珠。何人能与我携手同游呢？这美丽清幽的景色只有我一人在此独自观赏。

晚　菊

少年饮酒时，踊跃见菊花。今来不复饮，每见恒咨嗟。伫立摘满手，行行把归家。此时无与语，弃置奈悲何！

【译文】在我年少饮酒的时候，总是有争先恐后怒放的菊花相伴左右。如今我不再饮酒了，每次看到菊花总是不免伤感叹息。久立于菊花丛中，摘了满捧的菊花，走走停停地捧着它们回家。每当这时，身边总是无人可以说话，被弃置于边缘的命运啊，人与花一样，悲伤又有何用！

落　齿

去年落一牙，今年落一齿。俄然落六七，落势殊未已，余在皆动摇，尽落应始止。忆初落一时，但念豁可耻，及至落二三，始忧衰即死。每一将落时，懔懔恒在已。义牙妨食物，颠倒怯漱水，终焉舍我落，意欲崩山比。今来落既熟，见落空相似。余存二十余，次第知落矣。倘常岁一落，自足支两纪。如其落併空，与渐亦同指。人言齿之落，寿命理难恃。我言生有涯，长短俱死尔。人言齿之豁，左右惊谛视。我言庄周云，木雁各有喜。语讹默固好，嚼废软还美。因歌遂成诗，持用诧妻子。

【译文】去年，我掉了一颗牙齿，今年又掉了一颗。没过多久又掉了六七颗，然而牙齿脱落的趋势似乎并未停止，剩下的牙齿也都松动摇晃起来，恐怕要等牙齿都掉光了才会停止。回想当初掉第一颗牙齿的时候，只是觉得豁着嘴非常难看，等到又掉了两三颗牙齿之后，才开始担心衰老的迹象以及临近死亡的年岁。每颗牙齿即将脱落时，我都心惊胆战，对死亡的畏惧感时刻萦绕着我。参差不齐的牙齿妨碍了我的正常进食，就连漱口时也是颠来倒去害怕碰坏了牙齿，但是它们最终都还是离我而去，脱落的趋势比山体崩塌还要严重。如今我对于牙齿的脱落已习以为常，每次牙齿脱落的情形都差不多。还剩下二十几颗牙齿，恐怕也要一颗接一颗地脱落殆尽。倘若每年脱落一颗牙齿，那还足以支撑二十余年。如果一下子都脱落殆尽，实际上这与渐渐脱落也没什么太大区别。人们都说牙齿开始掉落，则说明人的寿命也失去了凭仗。而我认为人的一生总是有尽头的，生命无论长短终将难逃一死。人们说牙齿脱落后，周围的人都会吃惊地看待你。而我却对他们说，庄周曾经这样说，树木和鸿雁都有各自的喜好。如果一个人因牙齿脱落而说话的声音有讹误，那就索性不要说话好了，如果咀嚼的时候感觉不便，那就吃些柔软的食物，味道反而更美。因此一边唱和，一边成了这首诗，拿去向妻子和儿女夸耀一番。

哭杨兵部凝陆歙州参

人皆期七十，才半岂蹉跎？数出知己泪，自然白发多。晨与为谁恸？还坐久滂沱。论文与晤语，已矣两如何！

【译文】人的生命大都以七十岁为期，为何你们才过了一半就蹉跎而逝了呢？让我两次为知己流下伤感的眼泪，头上的白发自然也越来越多。清晨起来就不知在为谁而悲恸，静坐一会儿竟然眼泪滂沱而下。我还不时回想起与你们探讨文章、相见对话的情景，如今杨兵部的新坟和陆歙州的旧坟上，却已墓草萋萋，一切都已了结，叫人如何是好？

苦　寒

四时各平分，一气不可兼。隆寒夺春序，颛顼固不廉。太昊弛维网，畏避但守谦。遂令黄泉下，萌芽夭勾尖。草木不复抽，百味失苦甜。凶飙搅宇宙，铓刃甚割砭。日月虽云尊，不能活乌蟾。羲和送日出，恇怯烦窥觇。炎帝持祝融，呵嘘不相炎。

而我当此时，恩光何由沾？肌肤生鳞甲，衣被如刀镰。气寒鼻
莫齅，血冻指不拈。浊膠沸入喉，口角如衔箝。将持匕箸食，
触指如排签。侵炉不觉暖，炽炭屡以添。探汤无所益，何况纩
与缣。虎豹僵穴中，蛟螭死幽潜。荧惑丧躔次，六龙冰脱髯。
芒砀大包内，生类恐尽歼。啾啾窗间雀，不知己微纤，举头仰
天鸣，所愿暑刻淹，不如弹射死，却得亲炰燖。鸾皇苟不存，尔
固不在占。其余蠢动俦，俱死谁思嫌。伊我称最灵，不能安寝
苫，悲哀激愤叹，五藏难安恬。中宵倚墙立，淫泪何渐渐。天子
哀无辜！惠我下顾瞻。褰旒去耳纩，调和进梅盐，贤能日登御，
黜彼傲与憸。生风吹死气，豁达如褰帘。悬乳零落堕，晨光入
前檐。雪霜顿销释，土脉膏且黏。岂徒兰蕙荣，施及艾与蒹。日
萼行铄铄，风条坐襜襜。天乎苟其能，吾死意亦厌。

【译文】春夏秋冬四季，将一年的时光平均分配，哪个季节也
不可能兼并更长的时间。然而隆冬的寒冷却抢占了春季的节序，冬
神颛顼的确太不清廉，不注重礼节。春神太昊废弛纲纪，不按约定
行事，害怕并逃避冬神的肆虐，只是一味地谨守退让与谦恭的态
度。于是让黄泉下生长的万物，大多冻死在萌芽状态。所有的草木
无法再次抽芽，各种食物也被冻得丧失了它本来的酸甜苦辣的滋
味。冬季的狂风扰乱了整个宇宙的正常秩序，寒风的锋芒比针扎
刀割还要凛冽。太阳和月亮虽然十分尊贵，但也无法救活金乌和玉
蟾。羲和虽然驾着车送出太阳，但却也只是怯生生地频频探头观
望。即使是炎帝扶助火神祝融不停地吹气取暖，也无法使天气暖

和起来。而我正处于这样的极寒之中,如何才能沐浴到温暖的恩泽呢?我的肌肤皲裂,长满像鳞甲一样的裂痕,穿衣和盖被子时就好像用锋利的刀割一般疼痛。扑鼻的寒气使我失去了嗅觉,血液仿佛也凝结了,手指被冻得想要握拢,却深感困难。想喝一杯滚烫的浊酒入喉暖暖身子,但口角僵硬得好像被铁钳夹住。想要伸手拿起筷子和汤匙进食,手指触摸上去仿佛被尖利的竹签刺到。紧贴着火炉也感觉不到暖和,从而不断地添加烧火的木炭。即使泡在热水中也没什么用处,更何况是御寒的丝绵细绢。虎豹也被冻得僵卧在洞穴当中,蛟螭则早已冻死在幽深的渊潭之中。火星也偏离了它的轨道,驾着日车的六条神龙也冻掉了颔下的须髯。在这广阔无垠的宇宙之内,所有的生物恐怕都已经被冻死了。停在窗前啾啾鸣叫的麻雀,不知道自己的叫声已经微弱纤细,抬起头向着天空哀鸣,希望太阳能放慢西沉的脚步,真不如被弹丸射死,这样反而能获得一些水烫火烤的温暖。如果诸如鸾鸟和凤凰之类都无法存活下来,你们这些渺小的鸟雀就更不用说了。其他的诸如蠢蠢而动的爬虫,统统被冻死就更没有人来怜悯它们了。你我是被称为万物灵长的人,也无法为它们盖上草苫。悲哀在心中激起忧愤和感叹,五脏六腑也难以得到安宁。夜半时分我倚着墙壁站立,泪水在我脸上长流不止。苍天啊!请你可怜可怜我们这些无辜的人吧,请你体察民情,施与我们恩泽和眷顾。请你掀开官冕上的垂旒,摘下耳帽,耳聪目明,就像调和羹汤需要用梅、盐一样,让贤能的人士得到提拔和任用,让巧言令色的奸佞小人都被罢黜。让可以焕发生机的春风吹散郁郁沉沉的死气,让天地之间豁然开朗就像揭开了重重帘幕。让垂挂在屋檐上的冰棱逐渐消融坠落,让清晨的阳光照耀门庭。顷刻间让冰雪消融殆尽，让土壤肥沃而滋润。不仅仅是兰花和蕙草得以欣欣向荣地生长，就连艾草与蒹葭也都被施以恩泽。花朵在阳光的照耀下如火焰般绽放，草木的枝条在春风的吹拂下飘荡舒展。苍天啊，如果你能做到这些，那我就算是死在严寒中也心满意足了。

和虞部卢四汀酬翰林钱七徽赤藤杖歌

赤藤为杖世未窥，台郎始携自滇池。滇王扫宫邀使者，跪进再拜语喔咿。绳桥挂过免倾堕，性命造次蒙扶持。途经百国皆莫识，君臣聚观逐旃麾。共传滇神出水献，赤龙拔须血淋漓；又云羲和操火鞭，暝到西极睡所遗。几重包裹自题署，不以珍怪夸荒夷。归来捧赠同舍子，浮光照手欲把疑。空堂昼眠倚牖户，飞电著壁搜蛟螭。南宫清深禁闱密，唱和有类吹埙篪。妍辞丽句不可继，见寄聊且慰分司。

【译文】用赤藤做的手杖，世间罕见，尚书郎是第一个把这件珍宝从滇南带来的人。滇王肃清宫中所有的人，嘴里念念有词，言语喔咿地跪地连连叩拜，而后呈上这支赤藤手杖。这支手杖的神奇之处在于，即使是走在用绳索编制的桥上，只要挂着它就能防止跌倒或坠落，性命堪忧的紧要关头也要靠它来扶持。沿途经过许多小国，人们都从未见过这件珍宝，许多大臣们都追逐着旌旗前来围观。大家纷纷传说这是滇池中的水神显灵进献的宝物，说它是用赤龙拔出的胡须制成的，淋漓的鲜血造就了它红色的形制；又有人说它是赶着日车的羲和所持的火鞭，因为在太阳西沉的地方贪睡，从而遗失在人间。尚书郎将它反反复复包裹了好几重，并亲自在上面题写获得珍宝的经过，他也并没有用珍奇怪异的说辞来炫耀荒夷之地的情形。他回来后捧着赤藤手杖给同舍的人看，那赤藤手杖上散发出的浮光映照在手上，仿佛要在人的手掌之间凝结一样。在空荡荡的堂屋睡午觉时，偶尔把赤藤手杖倚靠着门户放置，天上的闪电竟然误以为是蛟龙从而聚集在它周围。南宫之中清幽深邃且禁令严格，彼此之间的唱和赞美之作就好像吹的埙篪。诗歌妍辞丽句，令人难以相继，但还是勉强写了一首和诗寄来，以此来表达我分司东都时对你们的感谢之情。

崔十六少府摄伊阳以诗及书见投因酬三十韵

崔君初来时，相识颇未惯，但闻赤县尉，不比博士慢。赁屋住连墙，往来忻莫间。我时亦新居，触事苦难办。蔬飧要同吃，破袄请来绽。谓言安堵后，贷借更何患！不知孤遗多，举族仰薄宦。有时未朝餐，得米日已晏，隔墙闻欢呼，众口极鹅雁。前计顿乖张，居然见真赝。娇儿好眉眼，袴脚冻两骭。捧书随诸兄，累累角尚丱。冬惟茹寒齑，秋始识瓜瓣。问之不言饥，饫

若厌刍豢。才名三十年，久合居给谏。白头趋走里，闭口绝谤
讪。府公旧同袍，拔擢宰山涧。寄诗杂诙俳，有类说鹏鷃，上言
酒味酸，冬裘竟未摌；下言人吏稀，惟足彪与戯；又言致猪鹿，
此语乃善幻。三年国子师，肠肚集藜苋。况住洛之涯，鲂鳟可
罩汕。肯效屠门嚼，久嫌弋者篡。谋拙日焦拳，活计似锄剗。男
寒涩诗书，女瘦剩腰襻。为官不事职，厥罪在欺谩。行当自劾
去，渔钓老葭菼，岁穷寒气骄，冰雪滑磴栈。音问难屡通，何由
觌清昈？

【译文】崔君初来乍到时，虽然彼此相识了，但却并不很了解，
只是听说他任职赤县县尉，不像我国子监博士的官职那样清闲。
我们俩都在城里租房居住，正好做了邻居，于是彼此经常走动，相
处得非常融洽且没有任何隔阂。我当时也是刚刚在城里住下，遇到
很多生活上的事难以解决。经常是菜饭煮在一起囫囵着吃，身上的
破袄也是补丁落补丁。我本以为与崔君为邻，安居下来之后，向他
借一些生活的必需品不会有任何问题！却没想到他家的孤遗之子
那么多，整个家族都要依靠他微薄的官俸来生活。有时他们全家
从早晨开始就没饭吃，等到有米下锅时，已经是黄昏日暮之时了，我
隔着墙可以听到欢呼雀跃的声音，他的家人因为得到粮食而齐声欢
叫，犹如鹅雁的鸣叫一样。每当这时，我之前计划向他借贷的念头
立刻就打消了，只有住在一起，才能了解一户人家的真实底细。他
家的男孩子都长得眉清目秀，穿着不合身的裤子，两个脚踝露在外
面受冻。成天只知道捧着书本跟随着兄长们读书，两只羊角一样的
发辫翘来翘去。冬天也只是吃一些寒凉的酱菜，只有到了秋天才有

机会吃瓜瓣。即使问他，他也不说饿，仿佛肚子刚刚饱食而厌倦了美味佳肴一样。崔君的才气和清名已保持了三十年，早就可以担任给事中、谏议大夫之类的官职了。但他虽然头发花白却还只是个小官吏，而且总是沉默不语，没有任何的不满之辞。河南府尹郑公是他往昔的故交，因此提拔他做了伊阳县县令。他寄给我的诗中夹杂着一些诙谐幽默的话语，类似庄子用鹏鹌之类比喻，上句说官衙中饮的酒味酸难喝，而且冬天的衣服至今还未穿上；下句就又说县里面人吏很少，还大多是作风不正派之人；还在信中说要给我送来猪、鹿，这些话实际上都是玩笑话。我在这里当了三年的国子监博士，肠胃已经习惯了以藜苋之类的野菜充饥。更何况我又住在洛水边上，也可以用罝汕等工具捕到鲂鳟之类的鱼。我宁可效仿屠门大嚼，也不接受捕捉鸟类以充饥。因我生性笨拙而生活日渐窘迫，主要依靠耕种来维持生计。儿子寒冷无衣，我连诗书都买不起，妻子消瘦得连腰带都松松垮垮。为官不能恪尽职守，就是犯了欺瞒上级的罪过。我要自我弹劾，辞职离去，从此就在芦苇荡里垂钓，终老一生，一年将尽时，寒气逼人，道路被冰雪覆盖，山岩上的木栈道很滑。我们之间彼此问候的音讯都很难相通，也不知是否还有见面的机会？

送侯参谋赴河中幕

忆昔初及第，各以少年称。君颐始生须，我齿清如冰。尔时心气壮，百事谓已能。一别讵几何？忽如隔晨兴。我齿豁可鄙，君颜老可憎。相逢风尘中，相视迭嗟矜。幸同学省官，末路再得朋。东司绝教授，游宴以为恒。秋渔荫密树，夜博燃明灯。雪迳抵樵叟，风廊折谈僧。陆浑桃花间，有汤沸如蒸。三月嵩少步，踯躅红千层。沙洲厌晚坐，岭壁穷晨升。沉冥不计日，为乐不可胜。迁满一已异，乖离坐难凭。行行事结束，人马何蹻腾。感激生胆勇，从军岂尝曾。洗洗司徒公，天子股与肱。提师十万余，四海钦风棱。河北兵始进，蔡州帅新薨。曷不请扫除，活彼黎与蒸。鄙夫诚怯弱，受恩愧徒弘。犹思脱儒冠，弃死取先登。又欲面言事，上书求诏征。侵官固非是，妄作谴可惩。惟当待责免，耕耡归沟塍。今君行得所，势若脱鞲鹰。橄笔无与让，幕谋职其膺。收绩开史牒，翰飞逐溟鹏。男儿贵立事，流景不可乘。岁老阴沴作，云颓雪翻崩。别袖拂洛水，征车转崤陵。勤勤酒不进；勉勉恨已仍。送君出门归，愁肠若牵绳。默坐念语笑，痴如遇寒蝇。策马谁可适，晤言谁为应？席尘惜不拂，残罇醋空凝。信知后会时，日月屡环絙。生期理行役，欢绪绝难承。寄书惟在频，无恡简与缯。

【译文】记得当初我刚刚进士及第时，大家都还很年轻。你的面颊上刚刚长出胡须，我的牙齿也皓清如冰。你那时候心高气盛，觉得自己什么事都能做。之后不知阔别了多久？但有时又像只隔了一个清晨一般短暂。如今我的牙齿脱落，令人鄙厌，估计你的面容也因老丑而让人憎厌。我们再次在尘世中相逢，四目相对，不禁唏嘘不已。所幸我们还有机会共同在国子监任职，在穷途末路之际得以再次相伴。在我分司东都的日子里，几乎不需要任教，于是我们便以游玩、饮宴作为日常，来打发时间。秋季，我们在浓荫密布的河上捕鱼，夜晚又伴着明灯一起下棋。在白雪覆盖的小径上我们与砍柴的老翁相遇，在室外的风廊上以高深的话语使善辩的和尚为之折服。在陆浑县的桃花丛中，温泉犹如开水沸腾。三月里的嵩山和少室山的山路上，绚烂的山花红遍了千层万层。沙洲边的浅滩上，我们饱尝黄昏闲坐的乐趣，时常在清晨一起攀上山岭和崖壁。幽居匿迹的生活使我们忘记了时日，其中乐趣也无与伦比。我要迁官、你也官限期满要调动，我们分道扬镳，这样的离别不是我们所能左右的。你要到河中任职，行装已预备停当，随行的人马都威武健壮。令人激动的场面使你勇气倍增，其实你从前也未从过军。威武、果毅的河中节度使王锷司徒，乃是天子的左膀右臂。他率领十几万大军，使四海之内的人都钦慕他的风骨与气势。这时河北的军队才开始挺进，蔡州一带的主帅刚刚去世。王锷司徒趁此时机请求扫除叛逆，使那里的百姓过上太平安定的生活。鄙夫我生来就是一个怯弱之人，能够得到皇帝的恩泽，实在是惭愧自己的大而无当。但仍然想着摘下自己儒生的帽子，舍生忘死地冲锋陷阵。又很想当面向皇帝禀明自己对时政的看法，或是给皇帝上书请求下诏征用自己。但这种侵权、越职之事是不妥当的，轻举妄动必然会遭到谴责与惩罚。那我就只好等着受到责备和免官了，只得回到沟塍中耕田了。如今你获得依附王锷司徒的机会，就好比脱离了羁绊的老鹰，可以展翅飞腾。你拟写军书，才思敏捷、无人能及，军事谋略方面也很称职。你所取得的战绩将掀开新的历史扉页，就像高飞的鸟儿追逐海上的大鹏鸟一样。男子汉应该以建功立业为追求，光阴流逝不等人。岁月已晚，冬季的阴冷之气肆虐，阴云低垂、大雪纷飞。我们在洛水河畔告别，只见征车走向了崤陵。殷勤劝饮离别的酒啊，难以下咽；互相勉励吧，只是离愁别恨积蓄已深。送你启程后归来，我愁肠百转仿佛被绳子牵绊。默默地坐着回忆与你在一起时的谈话和笑声，一个人发呆，仿佛遭遇了寒霜的蝇虫，无精打采。我想要赶着马车出门，不知道该去哪里，想要找人说话，又不知道谁会与我响应？珍视你曾坐过的地方，连席子上的灰尘也不忍心清除，我徒然凝视着咱俩当初喝剩下的酒，久久不能释怀。我深知今后我们再相见，日月肯定要轮转很多圈。有生之年，总得为事业奔波行走，愉悦的心境也就此一去不复返，难以再相继了。希望这一别之后，你我之间能频繁的书信往来，切不要吝惜书简和丝帛。

东都遇春

　　少年气真狂，有意与花竞。行逢二三月，九州花相映。川原晓服鲜，桃李晨妆艳。荒乘不知疲，醉死岂辞病。饮啖惟所便，文章倚豪横。尔来曾几时，白发忽满镜。旧游喜乖张，新辈足嘲评。心肠一变化，羞见时节盛。得闲无所作，贵欲辞视听。深居疑避仇，默卧如当暝。朝曦入牖来，鸟唤昏不醒。为生鄙计算，盐米告屡罄，坐疲都忘起，冠侧懒复正。幸蒙东都官，复离机与穿。乖慵遭傲僻，渐染生弊性。既去焉能追，有来犹莫聘。有船魏王池，往往纵孤泳。水容与天色，此处皆绿净。岸树共纷披，渚牙相纬经。怀归苦不果，即事取幽遁。贪求匪名利，所得亦已併。悠悠度朝昏，落落捐季孟。群公一何贤，上戴天子圣。谋谟收禹迹，四面出雄劲。转输非不勤，稽逋有军令。在庭百执事，奉职各祗敬。我独何为哉？坐与亿兆庆。譬如笼中鸟，仰给活性命。为诗告友生，负愧终究竟。

【译文】我年轻时意气风发，年少轻狂，仿佛有意要与春天的花儿一争高下。正值二三月光景，九州之内处处春花相映。河流与平原一早就穿上鲜艳的春装，桃花李花将清晨装点得分外妖娆、靓丽。我不知疲倦地在荒野驰骋，即使狂醉至死也从不因为害怕生病而不敢饮酒。吃饭、饮酒都随性而为，写文章充满了豪横的气势。从那之后不知过了多久，忽然发现镜子里的自己竟已是满头白发。旧时交往的朋友都性情执拗、怪僻，被现在的年轻人品头论足。因为受人品评而使心境发生了改变，再遇上百花盛开的时节，反而羞于出游了。空闲时无所作为，唯一的爱好就是将所见所闻写成辞赋。避世深居就好像在躲避仇人一样，默默地睡去就好像把白天当作了黑夜。晨曦射入窗户，鸟儿喧闹鸣叫，我却依然昏昏沉沉地睡着没有醒来。在生活方面我也不善于操持计划，家中的盐和米时常吃得空空荡荡，坐得疲倦了却忘记了站起身来，帽子戴歪了，也懒得将它扶正。幸好被授命来东都任职，使我脱离了沉郁生活的牢笼和陷阱。我因闲适慵懒，遭到他人的轻慢与冷落，自己也逐渐沾染上不好的习性。逝去的光阴已经无法挽留，即将到来的时光还没有机会去把握。魏王池里有小舟可乘，我常常独自来这里泛舟游玩。在这里，水天一色，满目清碧。岸边的树木枝叶散布，洲渚边初生的草芽交错纵横。思念故乡却苦于没有机会回去，眼下也只好通过幽禁自己，摒弃一切思绪来打发时日。对于名利我并没有过分的贪求，对于所拥有的一切也很满足。我应该闲适清幽地度过每个清晨与黄昏，豁达开朗地舍弃尊贵与荣耀。诸公贤能和谐，向上拥戴圣明的天子。他们制定的谋略取得了夏禹的功绩，四面派发雄兵，平定了藩镇割据。军队迁徙无法建立功业，并不是不愿效忠于朝廷，只是延误战机也相当于触犯了军令。在朝廷中的上百名执事官，个个忠于职守，而且都非常恭敬。我独自在这里干什么呢？就坐等着与百姓们共同欢庆胜利吧。我就好比一只笼中的鸟儿，依靠着国家的俸禄苟且活着。写下这首诗告诉我的朋友们，我的负疚惭愧之情就是这样的。

感春五首

辛夷花高最先开，青天露坐始此迴。已呼孺人戞鸣瑟，更遣稚子传青杯。选壮军兴不为用，坐狂朝论无由陪。如今到死得闲处，还有诗赋歌康哉！

洛阳东风几时来？川波岸柳春全迴。宫门一锁不复启，虽有九陌无尘埃。策马上桥朝日出，楼阙赤白正崔嵬。孤吟屡阕莫与和，寸恨至短谁能裁？

春田可耕时已催，王师北讨何当迴？放军载草农事济，战马苦饥谁念哉？蔡州纳节旧将死，起居谏议联翩来。朝廷未省有遗策，肯不垂意瓶与罍。

前随杜尹拜表迴，笑言溢口何欢咍。孔丞别我适临汝，风骨峭峭遗尘埃。音容不接只隔夜，凶讣讵可相寻来。天公高居鬼神恶，欲保性命诚难哉！

辛夷花房忽全开，将衰正盛须频来。清晨辉辉烛霞日，薄暮耿耿和烟埃。朝明夕暗已足叹，况乃满地成摧颓。迎繁送谢别有意，谁肯留念少环迴？

【译文】辛夷花高达数丈，是百花里最先开放的，从辛夷花盛开时起即使是露天坐着也不怕着凉。在这样的花季里，我已让妻子奏响琴瑟，再让小儿子为我端来酒杯。平叛的军队选拔壮士，我也没被录用，又因为我的狂妄之举，从而被剥夺了议论朝政的权利。从现在开始直到死去，都可以享受悠闲的福分了，而且我还可以利用这个时候以诗赋来歌颂康宁盛世啊！

洛阳城中的东风是何时吹来的呢？河里的碧波和岸边的翠柳，都让人感受到春天回来的讯息。洛阳离宫的宫门紧锁，再也没有开启的机会，即使有宽广的九陌，却再也看不见车马经过时产生的尘埃。我策马扬鞭踏上洛阳桥，正赶上旭日从东方升起，红红白白的亭台楼阁高大雄伟。我独自吟诵了几首诗，却没有人应和，虽然心中只有一点点的惆怅，可又有谁能为我排解呢？

春季，时节气候已经催促着人们可以开始耕种了，然而朝廷北伐的军队不知何时才能凯旋？如果放弃为军队运输粮草，春耕就能得到保障，但是军中的将士和战马所遭受的饥饿之苦又有谁来惦念呢？蔡州城中辞官的旧将已死去，朝廷相继任命起居郎、谏议大夫。不知道朝廷有没有意识到还有失策的地方，是否可以分享一些参与国政的机会给如瓶如罍的其他人。

此前，我曾经跟随河南府尹杜兼从京城上奏章回来，内心的欢快之情溢于言表。孔戡曾与我分别到临汝去了，那时候的他，神情俊朗、超凡脱俗。谁知，只是隔夜的功夫未见到他们的音容笑貌，他们不幸去世的讣闻便相继传来。天帝高高在上，而地下的鬼魅却无恶不作，想要保全性命实在是太难了啊！

辛夷花已经完全绽放，在它开放得将衰未衰，欲败未败之际，要常来观赏。清晨，它的光彩还与朝霞相互映衬，傍晚，它的花瓣已沉浸在耿耿的云烟之中。辛夷花朝明夕暗的状况已经很让人叹息了，更何况当花瓣凋零，落得满地摧颓时的情景。我在这里迎候繁花盛开，又目送它们凋零，心中别有一番滋味，有谁愿意暂做停留而少徘徊呢？

酬裴十六功曹巡府西驿涂中见寄

相公罢论道，聿至活东人。御史坐言事，作吏府中尘。遂令河南治，今古无俦伦。四海日富庶，道途隘蹄轮。府西三百里，候馆同鱼鳞。相公谓御史："劳子去自巡。"是时山水秋，光景何鲜新。哀鸿鸣清耳，宿雾塞高旻。遣我行旅诗，轩轩有风神，譬如黄金盘，照耀荆璞真。我来亦已幸，事贤友其仁。持竿洛水侧，孤坐屡穷辰，多才自苦劳，无用只因循。辞免期匪远，行行及山春。

【译文】相公郑余庆因为谈论国事而被罢官，左迁为河南府尹，这样反而给东都洛阳的百姓带来了福祉。监察御史裴度也因为言论国事获罪，而到河南府担任了功曹一职。他们的到来让河南全境得以大治，从古至今，前所未有的昌盛。四海之内百姓的生活日益富裕起来，因此路上的车马也逐渐增多，络绎不绝。河南府以西三百里的地方，用来接待客人的候馆鳞次栉比。有一天，郑相公吩咐裴御史说："麻烦你亲自到那里巡视一下情况。"那时正值山水盛美的秋季，景色是何等的艳丽新奇，哀怨的鸿雁鸣声激越，令人耳边清爽，夜晚的残雾散布在秋高气爽的空中。他赠给我的行旅诗篇，气宇轩昂、气势磅礴，就好像黄金盘中装着荆山的璞玉一样，光彩夺目。我很幸运能来到东都，既为贤者效命，又能结交仁者为友。我常常手持鱼竿到洛水边垂钓，总是一个人坐在那儿，一坐就是一整天，才能出众的人注定要多承受劳苦，而像我这样没用的人却可以悠游闲散。估计我辞官的时间也不远了，待到山水再度逢春时，我也该归隐田园了。

燕河南府秀才

　　吾皇绍祖烈，天下再太平。诏下诸郡国，岁贡乡曲英。元和五年冬，房公尹东京。功曹上言公，是日当登名。乃选二十县，试官得鸿生。群儒负己材，相贺简择精。怒起簸羽翮，引吭吐铿轰。此都自周公，文物继名声。自非绝殊尤，难使耳目惊。今者遭震薄，不能出声鸣。鄙夫忝县尹，愧慄难为情。惟求文章写，不敢妒与争。还家救妻儿，具此煎炰烹。柿红蒲萄紫，肴果相扶擎。芳茶出蜀门，好酒浓且清。何能充欢宴？庶以露厥诚。昨闻诏书下，权公作邦桢。丈人得其职，文道当大行。阴风揽短日，冷雨涩不晴。勉哉戒徒驭，家国迟子荣。

　　【译文】吾皇继承祖先功德，再度使天下恢复了太平。朝廷下诏给各地方州郡，命他们每年都要为国家推荐寄居于乡野的英才。元和五年（810）冬季，房公前往河南担任府尹一职。功曹向房公禀报说，这天起应当登记乡贡进士的名录上报。于是房公命令所属的二十个县进行选举，考官因此得到了优秀的生员。那些儒生都才能出众，互相庆贺州府选拔人才的精当。他们像雄鹰般振翅高飞，引吭高歌，遣词造句如雷霆般轰鸣。从周公时期以来，东都向来人才荟萃，悠久的历史文化得以传承。如果自身没有非凡的本领，是很难脱颖而出，令万众耳目一新的。如今的我，仿佛遭受到轰鸣的震撼，不敢发出声音。像我这样的鄙夫担任河南县令，心中感到惭愧惶恐，很难为情。我一心希望诸位儒生能写出美妙的文章来，自己却不敢与之竞争或产生妒忌之心。回家后，我让妻子、儿女煎炒烹炸地预备好宴席。红彤彤的柿子和紫色的葡萄，以及各种佳肴、果品一应俱全。产自蜀地的上好香茗，美酒浓郁且清冽醇香。这些酒食怎能算得上是丰盛、欢庆的宴席？只不过是用它们来表达我的诚挚心意罢了。昨天我听闻皇上下达了诏书，权公升任为国家的宰相。大人得到了与之才华相匹配的官职，那么文道也必定会大行于世了。阴晦的冷风时常叨扰短暂的冬日，凄清的冷雨使天气没有放晴的时候。赶车的车夫必须麻利些，提前做好准备，国家正等着这些后起之秀来使家国昌盛。

送李翱

广州万里途，山重江逶迤。行行何时到，谁能定归期？揖我出门去，颜色异恒时。虽云有追送，足迹绝自兹。人生一世间，不自张与施，譬如浮江木，纵横岂自知。宁怀别时苦，勿作别后思。

【译文】广州距离此地万里之遥，而且被重重的高山与曲折逶迤的江水所阻隔。你这一去不知何时才能抵达，也不知归期是何时？我二人相互作揖告别，目送你出门远去，凄苦的面色不同于平常。虽然说有很多人前来为你送行，但送别的脚步就从这里断绝。人生在世，有时并不能按照自己的意愿把控人生，就好比那浮漂在江上的木头，随波逐流，究竟要到哪里去自己也不知道。宁可怀揣分别时的痛苦，也不要总是为离别后的思念所困扰，因为那样，会更令人难以忍受。

送石处士赴河阳幕

长把种树书，人云避世士。忽骑将军马，自号"报恩子"。风云入壮怀，泉石别幽耳。巨鹿师欲老，常山险犹恃。岂惟彼相忧，固是吾徒耻。去去事方急，酒行可以起。

【译文】他常常手捧与种树相关的书籍，人人都说他是隐匿世事的贤才。忽然有一天，他骑着将军赠送的白马，自称是"报恩子"。风云之气充斥着他开阔的襟怀，他也从此告别了清幽泉石的悠闲生活。平定巨鹿之战旷日持久，迟迟没有战功，常山一带的贼寇，凭借天险的掩护，负隅顽抗。这不仅仅是那些朝廷官员的忧患，也确实是我们每个人的耻辱。你去吧，国家的形势如此紧迫，酒过三巡，你便可以启程出发了。

送湖南李正字归

长沙入楚深，洞庭值秋晚。人随鸿雁少，江共蒹葭远。历历余所经，悠悠子当返。孤游怀耿介，旅宿梦婉娩。风土稍殊音，鱼虾日异饭。亲交俱在此，谁与同息偃?

【译文】长沙深处湖南腹地，洞庭湖现在正值晚秋时节。远行的人随着南飞的鸿雁而去，书信也越来越少，湘江水与两岸的芦苇，一直延伸到遥远的天际。那些地方我都曾去过，至今仍历历在目，岁月悠悠，你要尽早回来。你刚正不阿，心怀操守与气节，只身一人独自南下，在旅途的夜宿中，也许会梦到家中温婉柔顺的娇妻。途中的风土人情，也不同于你昔日所接触的风俗民情，每天的日常饮食也尽是鱼虾之类新异的餐饭。你的亲戚朋友都在这里，你到湖南之后，又会有谁与你相伴呢?

卷五　古诗

辛卯年雪

元和六年春，寒气不肯归。河南二月末，雪花一尺围。崩腾相排拶，龙凤交横飞。波涛何飘扬，天风吹旟旐。白帝盛羽卫，髟髟振裳衣。白霓先启塗，从以万玉妃。翕翕陵厚载，哗哗弄阴机。生平未曾见，何暇议是非。或云丰年祥，饱食可庶几。善祷吾所慕，谁言寸诚微？

【译文】元和六年（811）辛卯仲春，冬寒之气滞留不归。河南二月天降大雪，雪花片片足有尺围。雪拥如奔马半空相挤压，雪舞如龙凤交错上下飞。雪浪如江涛翻滚前后涌，雪飘如旌旛风吹四处扬。仿佛是白帝带着众多的侍卫出行，轻轻抖动衣服而使雪花窸窣振落。白虹前面为先导，万千玉妃后相随。层层积雪压大地，飘飘雪花弄机巧。漫天大雪真是平生未见，所以我也无心评其是非。有人说这是丰年的瑞兆，那么百姓温饱就可以解决。那就让我在心中真诚祈祷吧！有谁会嫌弃我的心意微薄呢？

醉留东野

昔年因读李白杜甫诗，长恨二人不相从。吾与东野生并世，如何复蹑二子踪？东野不得官，白首夸龙钟。韩子稍奸黠，自惭青蒿倚长松。低头拜东野，愿得终始如駏蛩。东野不回头，有如寸莛撞巨钟。吾愿身为云，东野变为龙，四方上下逐东野，虽有离别无由逢？

【译文】以前常诵读李白、杜甫的诗句，总是遗憾他们难以相聚。我和孟东野有幸生在同时代，为何重蹈李、杜的覆辙呢？孟东野生性耿直始终难以为官，满头白发使他看起来更加老态龙钟。韩愈我稍微有些小聪明，但自愧是青草依靠着劲松。我心怀钦佩低头向孟东野下拜，希望彼此如同駏蛩永不分离。孟东野毅然离我南下头也不回，我的挽留就像竹枝撞击巨钟一样没有回响。我希望自己能化身为白云，孟东野变为遨游天际的飞龙，这样我就可以四处追随他，即使暂时离别难道不会再次相逢？

李花二首

平旦入西园，梨花数株若矜夸。旁有一株李，颜色惨惨似含嗟。问之不肯道所以，独绕百市至日斜。忽忆前时经此树，正见芳意初萌芽。奈何趁酒不省录，不见玉枝攒霜葩。泫然为汝下雨泪，无由反斾羲和车。东风来吹不解颜，苍茫夜气生相遮。冰盘夏荐碧实脆，斥去不御惭其花。

当春天地争奢华，洛阳园苑尤纷拏。谁堆平地万堆雪，翦刻作此连天花？日光赤色照未好，明月暂入都交加。夜领张彻投卢仝，乘云共至玉皇家。长姬香御四罗列，缟裙练帨无等差。静濯明妆有所奉，顾我未肯置齿牙。清寒莹骨肝胆醒，一生思虑无由邪。

【译文】清晨进入西园，看到几棵梨树仿佛正在炫耀自己。旁边一株李树，却颜色凄惨好似有莫大的委屈。我询问它原因它却始终不说，我只好独自绕着李树走了一圈又一圈。我忽然想起前些时候经过此处，正是它花朵满枝刚刚萌芽的时候。为什么那时没有趁着酒兴去观赏赞美它，如今却见不到它枝上攒聚的洁白花朵了。如今我只好为你悲伤泪如雨下，却再也没有机会使羲和的日车翻转，让过去的时光再回来了。东风吹来，也不能舒展它的愁颜，苍茫夜色，又趁势把它笼罩遮掩。夏天里用玉盘盛放的李子碧绿清脆，但我觉得辜负它的花开，因而挥手叫人拿开。

当春时分，天地间万物争奇斗艳，洛阳城中，园圃内更是乱花迷眼。是谁将地上的万千堆白雪，裁剪成这漫天的缤纷李花？白天在红色阳光照耀下，显不出李花的美丽，当明月初升的时候，花月交辉，更显出李花的洁白。夜间我领着张彻去找卢仝，一起乘云驾雾来到玉川子卢仝的家中。李树如身形颀长的仙子手捧香炉四周侍立，她们全都是一身素白的衣裙佩巾。她们洗去明妆，好像等待侍奉主人，但回头看到我，却不愿多发一言。清寒入骨使人神志俱醒，从此一生再不会有任何邪念。

招扬之罳一首

柏生两石间，万岁终不大。野马不识人，难以驾车盖。柏移就平地，马羁入厩中。马思自由悲，柏有伤根容。伤根柏不死，千丈日以至。马悲罢还乐，振顿矜鞍辔。之罳南山来，文字得我惊。馆置使读书，日有求归声。我令之罳归，失得柏与马。之罳别我去，计出柏马下。我自之罳归，入门思而悲。之罳别我去，能不思我为？洒扫县中居，引水经竹间。嚣哗所不及，何异山中闲？前陈百家书，食有肉与鱼。先生遗文章，缀缉实在余。《礼》称独学陋，《易》贵不远复。作诗招之罳，晨夕抱饥渴。

【译文】生在两块石头之间的柏树，即使经过万年也难以长大。自然界的野马不被驯化，就难以套辕为人驾车。把柏树移植到平地上，将野马来缚到马厩中。野马因为想念昔日的自由而悲伤，柏树也会因为根部的受损而痛苦。但是虽然根部受损，柏树也不会死去，长到千丈之高也是指日可待。野马悲伤过后也会振作起来，昂首振奋而以披挂鞍辔为傲。之罘从南山到我这里来求学，他的文采出众使我很吃惊。我安排他在客馆住下读书，他却每天都有回家的想法。我如果让之罘回家，那么从柏树与野马的故事就可以知道后果和得失了。之罘告别我而回家，将来的结果实在是连柏树和野马都不如。我自从之罘回家以后，每次进门都会想起他而伤感。之罘告别我回家，难道他不会想念我吗？我将县城的居室打扫干净，并穿过竹丛引来溪水。这样任何喧嚣都不会进来，这与山中闲居有什么区别呢？面前可以摆上各家的典籍，饭食有肉还有鱼。先王留下了许多的文章，缀辑的工作应由我们后人来承担。《礼》上说独学无友而容易孤陋寡闻，《易经》也称赞偏离正路不远就能迷途知返的美德。所以我写诗邀请之罘，早晚都怀着渴望的心情等他回来。

寄卢仝

玉川先生洛城里，破屋数间而已矣。一奴长须不裹头，一婢赤脚老无齿。辛勤奉养十余人，上有慈亲下妻子。先生结发憎俗徒，闭门不出动一纪。至令邻僧乞米送，仆忝县尹能不耻？俸钱供给公私余，时致薄少助祭祀。劝参留守谒大尹，言语才及辄掩耳。水北山人得名声，去年去作幕下士。水南山人又继往，鞍马仆从塞闾里。少室山人索价高，两以谏官征不起。彼皆刺口论世事，有力未免遭驱使。先生事业不可量，惟用法律自绳己。《春秋》三传束高阁，独抱遗经究终始。往年弄笔嘲同异，怪辞惊众谤不已。近来自说寻坦途，犹上虚空跨骒駬。去岁生儿名添丁，要令与国充耘耔。国家丁口连四海，岂无农夫亲末耜？先生抱才终大用，宰相未许终不仕。假如不在陈力列，立言垂范亦足恃。苗裔当蒙十世宥，岂谓贻厥无基址？故知忠孝本天性，洁身乱伦安足拟。昨晚长须来下状，隔墙恶少恶难似，每骑屋山下窥瞰，浑舍惊怕走折趾。凭依婚媾欺官吏，不信令行能禁止。先生受屈未曾语，忽此来告良有以。嗟我身为赤县令，操权不用欲何俟？立召贼曹呼五百，尽取鼠辈尸诸市。先生又遣长须来，如此处置非所喜，况又时当长养节，都邑未可猛政理。先生固是余所畏，度量不敢窥涯涘。放纵是谁之过欤？效尤戮仆愧前史。买羊沽酒谢不敏，偶逢明月耀桃李。先生有意许降临，更遣长须致双鲤。

【译文】玉川先生卢仝住在洛阳城里，只有几间破屋仅能栖身而已。家中老奴长须而且从不裹头，家中婢女赤脚年老牙齿都掉没了。先生辛苦操持养活着家中的十几口人，上有高堂父母，下有妻子儿女。先生从结发的年龄起就憎恶世俗之人，闭门不出已有十二年的光景。甚至现在隔壁的僧人还向他赠米，我忝为一县之长能不为此感到羞愧？或公或私只要有多余的钱物，就经常赠送给他一些来帮助维持生计。我也曾劝他去拜谒一下留守或大尹以谋取一官半职，我刚刚开口他就掩耳躲避。隐居在洛水北岸的石洪，名声传出后，去年已到河阳节度使乌重嗣幕府任职。隐居在洛水南岸的温造又接着前往乌重嗣幕府任职，仆从鞍马挤满了他的门前。隐居少室山的李渤身价更高，朝廷两次以谏官的职位征召，他都没答应。这些人都善于议论时事，既然他们有能力就难免为朝廷所差遣效力。先生的事业是不可限量的，现在只是用圣人的处世原则来约束自己。先生将《春秋》三传束之高阁，只是抱着圣人的经典追究真谛。过去先生曾写诗嘲笑自己和马异，诗句奇特引来众人诽议。近来自己又说找到了平坦的大道，就像跨上了骏马在旷野中驰骋。去年先生生了个儿子名为"添丁"，他想让孩子成人后为国家耕耘。大唐人口众多而遍布四海，难道缺少农夫手持耒耜来耕种吗？先生身负奇才终堪以大用，宰相也不会让先生至死不仕。即使先生不愿在朝为官，也可以著书立说垂范后世。子孙也会得到你的十世荫庇，岂能说后代没有什么安身立命的基础？我知道忠孝是先生的天性，先生洁身自好而不扰乱伦理。昨天晚上长胡子的老仆人前来告状，隔壁的恶少实在刁蛮无理，经常趴在先生的屋脊上往下偷看，让夫人又惊又怕，跑动中折断了脚趾。恶少还仗着姻亲来欺侮官吏，不相信法纪能约束住他们。先生遭受屈辱也不愿意声张，现在忽然来告状一定是有苦衷。可叹我身为洛阳的赤县县令，掌握着权力不用更待何时？我立刻吩咐捕快狱卒，准备将那恶少抓起来在市集上处死。先生又派了长须老仆前来说情，说对恶人的处理并不是他所愿意，更何况现在是春季，是生养万物的时节，治理县邑不能过于严厉。先生一向是我敬畏的朋友，他的度量我实在难以企及。放纵歹徒究竟是谁的过错呢？效法酷吏毕竟有愧历史。我买羊沽酒向先生谢罪，正逢明月皎洁映照桃李。先生如果有意光临，请再派长须老仆人带回信给我。

酬司门卢四兄云夫院长望秋作

　　长安雨洗新秋出，极目寒镜开尘函。终南晓望踏龙尾，倚天更觉青巉巉。自知短浅无所补，从事久此穿朝衫。归来得便即游览，暂似壮马脱重衔。曲江荷花盖十里，江湖生思自莫缄。乐游下瞩无远近，绿槐萍合不可芟。白首寓居谁借问？平地寸步屈云岩。云夫吾兄有狂气，嗜好与俗殊酸咸。日来省我不肯去，论诗说赋相喃喃。《望秋》一章已惊绝，犹言低抑避谤谗。若使乘酣骋雄怪，造化何以当镌劖。嗟我小生值强伴，怯胆变勇神明鉴。驰坑跨谷终未悔，为利而止真贪馋。高揖群公谢名誉，远追甫白感至诚。楼头见月不共宿，其奈就缺行纤纤。

　　【译文】长安城经过雨水的洗礼，展现出新秋的景色，就像打开了尘封的镜匣，露出了里面的明镜一样。清晨站在大明宫的龙尾道上远望终南山，山势倚天更让人觉得终南山陡峭高大。我自知学问浅陋而无补于事，整天穿着朝服从事职役。回到家中马上就出游观览风光，就像骏马暂时摆脱了沉重的衔铁一样。曲江的荷花覆盖了十里的湖面，旖旎的江湖美景让人触景生情。从乐游苑俯瞰城中，远近景色尽收眼底，绿槐的树影就像浮萍一样不可芟除。我白发苍苍寓居他乡，还有谁来问候？虽然只有几步路就可以到达我的家。我的兄长卢云夫有狂放的豪气，他的爱好与世俗的差别，就像酸与咸的区别。近日他来看望我没有离去，我们在一起吟诗作赋。他的《望秋》诗作令人惊叹，但他为了避免诽谤谗言，还是有所隐晦不言。如果让他乘着酒兴发挥自己的才气，恐怕天下到处都是他的石刻了。感叹我有这么好的伙伴，使胆怯的我也变得勇敢了，此话神明可鉴。驰骋在险峻的坑谷之间无怨无悔，如果为了功利而不去出游就真是一个贪婪的人。我向大臣们高高地作揖辞谢名誉，愿真心地追随李白、杜甫的足迹。楼边月圆时我不与它共宿，在月亮亏缺时却后悔了。

谁氏子

非痴非狂谁氏子？去入王屋称道士。白头老母遮门啼，挽断衫袖留不止。翠眉新妇年二十，载送还家哭穿市。或云欲学吹凤笙，所慕灵妃媲萧史。又云时俗轻寻常，力行险怪取贵仕。神仙虽然有传说，知者尽知其妄矣。圣君贤相安可欺，乾死穷山竟何俟？呜呼！余心诚恺悌，愿往教诲究终始。罚一劝百政之经，不从而诛未晚耳。谁其友亲能哀怜，写吾此诗持送似！

【译文】既不愚痴又不发狂，这是谁家的子弟？他一心想去王屋山当道士。白发老母亲拦门而哭，衣袖拽断了仍然留不住他。清秀俊美的媳妇今年才二十岁，也被他强行车载送回娘家，媳妇哭着穿过街市。有人说他是想学仙人吹笙引凤，因仰慕灵妃而想比拟萧史。又说世俗轻视平常之人，所以他刻意特立独行来博取高官。成仙的事情虽然有传说，但明理的人都知道其虚妄不可信。而且圣主与宰相也不容易欺骗，你就算老死山中又能等到什么？呜呼哀哉！我的心中充满了同情之心，想去教诲他并探讨人伦道理。罚一人而告诫百人是治政的要点，如果劝诫不听再诛杀也不为晚。他的哪位朋友和亲人能够同情他，就请抄下我的这首诗送给他！

河南令舍池台

灌池才盈五六丈，筑台不过七八尺。欲将层级压篱落，未许波澜量斗硕。规摹虽巧何足夸，景趣不远真可惜。长令人吏远趋走，已有蛙黾助狼籍。

【译文】灌水池塘也就五、六丈方圆，所筑高台不过七、八尺高低。想要将台阶高过篱落，希望池中波澜不以斗量。池台的设计巧妙但并不值一夸，倒是景趣不能幽远就很可惜。下令仆从小吏绕道远走，这里已有蛙蝇增添乐趣。

送无本师归范阳

无本于为文，身大不及胆。吾尝示之难，勇往无不敢。蛟龙弄角牙，造次欲手揽。众鬼囚大幽，下觑袭玄窞。天阳熙四海，注视首不颔。鲸鹏相摩窣，两举快一噉。夫岂能必然？固已谢黯黮。狂词肆滂葩，低昂见舒惨。奸穷怪变得，往往造平淡。风蝉碎锦缬，绿池垡菡萏，芝英擢荒榛，孤翮起连菼。家住幽都远，未识气先感。来寻吾何能？无殊嗜昌歜。始见洛阳春，桃枝缀红糁。遂来长安里，时卦转习坎。老懒无斗心，久不事铅椠。欲以金帛酬，举室常顑颔。念当委我去，雪霜刻以憯。狞飚摺空衢，天地与顿撼。勉率吐歌诗，尉汝别后览。

【译文】贾岛写文章，文胆大过身。我曾让他撰写难题，他却无所畏惧大胆抒发。他的用词大胆险峻，就像冒险去戏弄蛟龙的角牙，电光火石之间就想要用手抓住它。他的诗境荒凉枯寂，就像众鬼被囚禁在幽暗当中，伺机准备扑向黑暗的深渊。天上的阳光照耀着四海，贾岛文章的选题敢于触及别人不愿触及的领域，就像有人敢于注视强烈的阳光而不低头回避。贾岛的文章气势磅礴，仿佛鲸鱼钻出水面，大鹏搏击长空，就像吃了一顿盛宴那般痛快。贾岛的文章为什么能达到这样惊人的成就呢？是因为他的水平已超越了暗昧不明的境界。狂放的词句气势澎湃，文章的起伏有舒畅也有凄凉。奇伟诡怪中构思诗句，而最终又达到平淡的境界。贾岛的诗句就像风中的鸣蝉被吹碎了锦绣般的薄翼，又像碧绿的池塘中布满红艳的荷花，又像是灵芝草从荒草中突兀而起，孤独的鸟儿从荻苇中倏忽飞出。贾岛的家住在遥远的幽州，还没有见到他就先感受到他的气势。贾岛来拜访求教于我，我又有什么能耐传授他呢？就好比因菖蒲气味好闻就去吃菖蒲腌制的咸菜。元和六年（811）春季我与贾岛在洛阳初识，当时桃树枝头正缀挂着红米粒般的萌芽。后来他又来长安里拜访我，十一月的时候他与我道别。我已经年老懒散失去了斗志，很久都没有动笔写作了。我很想用金帛来酬答他，但自己也常常陷入饥饿之中。想起他就要离我而去，就像霜雪刺入肌骨那样痛心。狂风在空中呼啸，天地也随着摇晃起来。我勉强写下了这首诗，让你能在离别之后可以随时浏览。

石鼓歌

张生手持石鼓文，劝我试作《石鼓歌》。少陵无人谪仙死，才薄将奈石鼓何？周网陵迟四海沸，宣王愤起挥天戈。大开明堂受朝贺，诸侯剑佩鸣相磨。蒐于岐阳骋雄俊，万里禽兽皆遮罗。镌功勒成告万世，凿石作鼓隳嵯峨。从臣才艺咸第一，拣选撰刻留山阿。雨淋日炙野火燎，鬼物守护烦㧑诃。公从何处得纸本？毫发尽备无差讹。辞严义密读难晓，字体不类隶与科。年深岂免有缺画，快剑斫断生蛟鼍。鸾翔凤翥众仙下，珊瑚碧树交枝柯。金绳铁索锁纽壮，古鼎跃水龙腾梭。陋儒编诗不收入，《二雅》褊迫无委蛇。孔子西行不到秦，掎摭星宿遗羲娥。嗟余好古生苦晚，对此涕泪双滂沱。忆昔初蒙博士征，其年始改称元和。故人从军在右辅，为我量度掘臼科。濯冠沐浴告祭酒，如此至宝存岂多？毡苞席裹可立致，十鼓只载数骆驼。荐诸太庙比郜鼎，光价岂止百倍过？圣恩若许留太学，诸生讲解得切磋。观经鸿都尚填咽，坐见举国来奔波。剜苔剔藓露节角，安置妥帖平不颇。大厦深檐与盖覆，经历久远期无他。中朝大官老于事，讵肯感激徒婳婀。牧童敲火牛砺角，谁复著手为摩挲？日销月铄就埋没，六年西顾空吟哦。羲之俗书趁姿媚，数纸尚可博白鹅。继周八代争战罢，无人收拾理则那。方今太平日无事，柄用儒术崇丘轲。安能以此尚论列？愿借辩口如悬河。《石鼓之歌》止于此，呜呼！吾意其蹉跎？

【译文】张生手拿鼓文，劝我试写一篇《石鼓歌》。杜甫和李白这样的诗人，世间再难见到，我才疏学浅又怎么能写好《石鼓歌》？周厉王被废而天下动乱，周宣王奋起干戈而平定天下。他大开明堂接受朝贺，四方的诸侯纷纷来贺，身上的剑佩叮当作响。某年春季周宣王在岐山之阳进行围猎，广阔原野内的禽兽都落入罗网。刻石记功来垂示后世，便开采山石凿成石鼓刻文以记。周宣王的大臣都才华出众，从中拣选出最优秀的诗文刻石留在高山旁。数千年来雨淋日晒野火焚烧，但多亏有鬼神的守护才保留下来。不知你从哪儿得到的石鼓文拓本？字迹清晰而没有一点错误。它的文辞精炼，文义深奥，让人难以读懂，字体独特既不是隶书也不是蝌蚪文。年深日久笔画难免有残缺之处，就像锋利的宝剑斩断了蛟龙。笔势灵动像鸾凤起舞，群仙从天而降，笔画挺拔像珊瑚碧树枝交错。笔锋刚劲像金绳铁索铁纽勾连，笔意飘逸像古鼎出水，织梭化龙。浅陋的儒生编《诗经》时不曾将石鼓诗收入，《二雅》的收录者也缺乏见识，也没有将石鼓诗收入，导致《二雅》残缺不全。当年孔子西行没有到过秦国，所以在编辑《诗经》时摘取了星星但却遗漏了日月。我爱好古文却出生太晚，面对石鼓拓本禁不住涕泪滂沱。我当初被任命为国子监博士的时候，正值那年改元为元和元年。我的朋友任凤翔府从军，他为我度量石鼓大小并筹划挖掘。我沐浴更衣向国子祭酒报告，像石鼓这样的至宝难道不是世所罕见？用毡席包裹它们很快就可以运到京城，十个石鼓最多需要几匹骆驼去运载。保存于太庙和古代的郜鼎相比，光彩和价值岂止超过百倍？如果恩准把石鼓放在太学里，太学生们就可以经常研究切磋。东汉时立石经在鸿都门，前来观看的车马将道路都堵塞了，如果石鼓运到太学，那么全国各地人们会不惜长途跋涉前来观看。剔除苔藓露出石鼓文原来的棱角，把它平稳放置不偏斜。建起高屋深檐为它遮蔽，这样经历的时间再久也不会损坏。只可惜朝中的大臣老于世故，哪里会为此事感动，所以只是在拖沓应付。石鼓留在荒野之中，牧童敲击取火，老牛过来磨角，又有谁会爱惜它而抚摸呢？眼看随着日月销蚀石鼓就要湮没不见，六年来我向西空望而叹息良多。王羲之的书法以柔媚来迎合世俗，几张字纸就可以换来一群白鹅。从周朝以来经历了八个朝代，战乱才终于停止，但是没有人来收藏石鼓也很无奈。现在已是盛世太平而天下无事，朝廷也尊崇儒术而推崇孔子和孟子。怎能把这番道理向执政者陈述呢？我愿意滔滔不绝地讲述道理来向他们进谏。这篇《石鼓之歌》就暂时写到这里，唉！难道我的心愿就这样在岁月中蹉跎吗？

双鸟诗

双鸟海外飞，飞来到中州。一鸟落城市，一鸟集岩幽。不得相伴鸣，尔来三千秋。两鸟各闭口，万象衔口头。春风卷地起，百鸟皆飘浮。两鸟忽相逢，百日鸣不休。有耳聒皆聋，有口反自羞。百舌旧饶声，从此恒低头。得病不呻唤，泯默至死休。雷公告天公，百物须膏油。自从两鸟鸣，聒乱雷声收。鬼神怕嘲咏，造化皆停留。草木有微情，挑抉示九州。虫鼠诚微物，不堪苦诛求。不停两鸟鸣，百物皆生愁；不停两鸟鸣，自此无春秋；不停两鸟鸣，日月难旋辀；不停两鸟鸣，大法失九畴。周公不为公，孔丘不为丘。天公怪两鸟，各捉一处囚。百虫与百鸟，然后鸣啾啾。两鸟既别处，闭声省愆尤。朝食千头龙，暮食千头牛。朝饮河生尘，暮饮海绝流。还当三千秋，更起鸣相酬。

【译文】两只鸟从海外飞来，一直飞到了中原。一只鸟降落在繁华的城市，一只鸟栖息在幽静的山谷。它们不能彼此相伴而鸣，转眼过去三千个春秋。两只鸟各自紧闭嘴，将各自的感受深藏心头。大地上春风吹拂，所有的鸟儿也都飞翔空中。两只鸟儿也在久别之后重逢，互相鸣唱有百日之久。嘈杂的声音让所有生灵的耳朵都被震聋，所有的伶俐口舌也自惭不如。最善鸣叫的百舌鸟，听了二鸟的鸣叫也羞愧得抬不起头来。即使得了病也不敢呻吟，闭口沉默直到死去。雷公向天公申诉，世间的百物需要春雨润泽，但自从两只鸟儿鸣唱以来，搅乱了雷声使雷声不响。鬼怪神祇也怕受到嘲讽，自然的变化都凝滞不动。草木也都有微弱的感情，九州之内也纷纷提出抗议。虫子和老鼠都是渺小的生物，对双鸟的鸣叫也难以忍受。两只鸟儿不停地鸣叫，天下万物都感到很忧愁；两只鸟儿不停地鸣叫，从此没有了四季的区别；两只鸟儿不停地鸣叫，太阳和月亮也难以运行；两只鸟儿不停地鸣叫，治理天下的法则也丧失殆尽。周公也不是周公，孔丘也不是孔丘。天公怪罪于两只鸟儿的鸣叫，把它们分别囚禁在两地。于是各种昆虫和鸟类，又恢复了欢快的鸣唱。两只鸟儿自从各处一方，又闭口不鸣反省自己的罪过。每天早晨要吃掉一千条龙，每天晚上要吃掉一千头牛。每天早晨喝水使黄河见底，每天晚上喝水使沧海断流。再过三千年后，它们还会重逢而相互酬答。

赠刘师服

羡君齿牙牢且洁，大肉硬饼如刀截。我今呀豁落者多，所存十余皆兀臲。匙抄烂饭稳送之，合口软嚼如牛呞。妻儿恐我生怅望，盘中不饤栗与梨。只今年才四十五，后日悬知渐莽卤。朱颜皓颈讶莫亲，此外诸余谁更数？忆昔太公仕进初，口含两齿无赢余。虞翻十三比岂少，遂自惋恨形于书。丈夫命存百无害，谁能检点形骸外？巨缗东钓傥可期，与子共饱鲸鱼脍！

【译文】我羡慕你的牙齿坚固而洁白，吃大肉、嚼硬饼你的牙齿就像刀一样截断食物。我现在是满嘴豁牙，掉落的牙齿越来越多，嘴里剩余的十几颗牙也都活动了。只能用匙子抄起软饭稳稳地送入口中，然后合上嘴慢慢地咀嚼就像老牛嚼草。妻子和儿女也怕我心生惆怅，餐盘中从来不盛放梨、栗一类的硬物。今年我才四十五岁，可以推想以后牙齿会逐渐落光。青春年少的人惊讶我的衰老而不愿接近，除此之外的诸多不便谁能数过来？想起当年姜太公刚刚进入仕途时，口中只剩下两颗牙齿。虞翻四十五岁时口中还有十三颗牙，应该比姜太公多，却还愤愤不平地把它写在书上。大丈夫只要命存当世，其他事情便无妨碍了，何必拘泥于身体外貌呢？如果可以与你相约去东海钓鱼的话，那就让我与你共同享用鲸鱼的脸肉吧！

题炭谷湫祠堂

万生都阳明，幽暗鬼所寰。嗟龙独何智，出入人鬼间。不知谁为助？若执造化关。厌处平地水，巢居插天山。列峰若攒指，石盂仰环环。巨灵高其捧，保此一掬悭。森沈固含蓄，本以储阴奸。鱼鳖蒙拥护，群嬉傲天顽。翾翾栖托禽，飞飞一何闲。祠堂像侔真，擢玉纤烟鬟。群怪俨伺候，恩威在其颜。我来日正中，悚惕思先还。寄立尺寸地，敢言来途艰。吁无吹毛刃，血此牛蹄殷。至今乘水旱，鼓舞寡与鳏。林丛镇冥冥，穷年无由删。妍英杂艳实，星琐黄朱班。石级皆险滑，颠跻莫牵攀。龙区雏众碎，付与宿已颁。弃去可奈何？吾其死茅菅。

【译文】万物都生长在光明之中，阴暗的幽境乃是鬼物的居所。我感叹龙竟然是这样的有智慧，可以在人鬼阴阳之间穿梭往来。不知是谁在帮助它？仿佛掌握了生死的关键。它讨厌在平地的水中居住，因此在高耸入云的山中筑巢而居。群峰像十指攒立，圆圆的炭谷湫就处在群峰中间。河神巨灵将炭谷湫高高捧起，因而使这湫水得以保留。湫中的水深沉而含蓄，本来就是龙栖息的地方。许多的鱼鳖也得到了龙的庇护，在水里嬉戏游动而无所顾忌。湫上有水鸟栖息翱翔，在水面飞翔的姿态是那样悠闲。祠堂中的神像是那样栩栩如生，头上有玉饰，发鬟如烟云。各种神怪都庄严地排列在两边，都是满面威严。我到达的时候正好是中午，看到威严的神像不禁心情紧张竟想着马上回去。那尺寸大的地方四壁垂立，艰险程度远远超过来路的困难。我感叹手中没有吹毛利刃，否则就可以斩杀蛟龙而血染炭谷。如今遇到水涝干旱，还会有鳏寡孤独的百姓到这里来舞蹈祭神。密林里到处是阴暗的景象，多少年来都没有消除。美丽的花朵和鲜艳的果实交错纷杂，黄色与朱红的色彩细碎杂乱。石阶都是那么光滑，又没有可以抓攀的东西，因而一不小心就会跌倒。如果我当时能斩杀蛟龙，那么那些依附于蛟龙的群怪，就可以交给祭祀的老年人来处理。如今不能杀死它们，又有什么办法呢？只好自己老死在杂草当中了。

听颖师弹琴

昵昵儿女语，恩怨相尔汝。划然变轩昂，勇士赴敌场。浮云柳絮无根蒂，天地阔远随飞扬。喧啾百鸟群，忽见孤凤凰。跻攀分寸不可上，失势一落千丈强。嗟余有两耳，未省听丝篁。自闻颖师弹，起坐在一牀。推手遽止之，湿衣泪滂滂。颖乎尔诚能，无以冰炭置我肠。

【译文】琴声好似少男少女的呢喃细语，恩恩怨怨地互诉衷肠。突然间琴声变得高亢激昂，仿佛勇士在战场奋力厮杀。琴声如同没有根蒂的浮云柳絮一样轻盈，在幅远辽阔的天地间悠悠飘荡。琴声一转在百鸟的喧啾声中，传出了凤凰清脆的孤鸣。琴声的调门越来越高，像是登攀的人每前进一寸都那么艰难，忽然失足落下了千丈深渊，但未到底，琴声又陡然拔起。可惜我徒有两只耳朵，却从来不懂得欣赏音乐。听到颖师弹奏的琴曲，自己被无明地触动了，不时站起又坐下，内心的感情喷薄而发，一刻也安静不下来。这种强烈的震撼使我承受不了，我急忙摆手让他停止弹奏，眼泪已经滂沱而下沾湿了衣衫。颖师你的琴技确实高明，就像将冰炭置入我的心腹中。

送陆畅归江南

举举江南子，名以能诗闻。一来取高第，官佐东宫军。迎妇丞相府，夸映秀士群。鸣鸾桂树间，观者何缤纷。人事喜颠倒，旦夕异所云。萧萧青云干，逐逐荆棘焚。岁晚鸿雁过，乡思见新文。践此秦关雪，家彼吴洲云。悲啼上车女，骨肉不可分。感概都门别，丈夫酒方醺。我实门下士，力薄蚋与蚊。受恩即不报，永负湘中坟。

【译文】举止优容的江南才子，以诗才出众而名闻天下。一经科试就高中进士，在东宫任太子的僚属。又娶了丞相府的千金，在士人中的荣耀无与伦比。就像鸾凤在桂树丛中鸣叫，引得众人纷纷驻足观看。人间的事情很容易发生颠倒，旦夕之间就会起了变化。高耸入云的树干，却被当成荆棘焚烧。一年的时序进入深秋，队队大雁从天边飞过，你的诗篇中透露出了浓浓的乡思。你就要踏过秦关的雪，回到云下的吴中。即将上车远行的新妇啊，与家人哭泣告别。在京师的城门依依惜别，饯饮的亲朋都已酒醉微醺。我曾在你岳丈门下供事，可惜却像蚊蚋一样人单力薄。受他的大恩却无法回报，只好永远地辜负埋在湘中高坟里的他了。

送进士刘师服东归

猛虎落槛穽，坐贪茹孤独。丈夫在富贵，岂必守一门？公心有勇气，公口有直言。奈何任埋没，不自求腾轩。仆本亦进士，颇尝究根源。由来骨鲠材，喜被软弱吞，低头受侮笑，隐忍碑兀冤。泥雨城东路，夏槐作云屯。还家虽阙短，指日亲晨飧。携持令名归，自足贻家尊。时节不可玩，亲交可攀援。勉来取金紫，勿久休中园。

【译文】凶猛的老虎掉落在陷阱里，只好像犬豚一样摇尾乞食。大丈夫志在功名富贵，岂能安守家门？您的心中有勇气，您的口中出直言。怎么能任由埋没，而不想办法进取呢？我本来也是进士出身，所以能体会这种无人推荐的心理。自古以来那些刚正之士，容易被小人所埋没，他们低着头承受侮辱与嘲笑，隐忍着不白之冤。城东的道路在大雨中泥泞不堪，槐树高高的树冠像云朵堆集。您还家后虽然家中费用缺乏，但却可以早晚侍奉双亲。您拥有高尚的名声而归家，这就足以慰藉您的父亲了。时光流逝不可浪费，亲朋之间可以多多来往。希望您还是要尽力夺取功名，不要长期地在家中隐居不出。

嘲鲁连子

鲁连细儿黠，有似黄鹂子。田巴兀老苍，怜汝矜爪觜。开端要惊人，雄跨吾厌矣。高拱禅鸿声，苦辍一杯水。独称唐虞贤，顾未知之耳。

【译文】鲁仲连身材短小而狡黠，外貌看起来就像黄鹂子。田巴只是个白发苍苍的老人，他可怜你依仗伶牙俐齿的模样。开口就要出语惊人，高傲雄据的做法，早已被我所厌烦。让我拱手将这虚名让给你吧，对我来说就如同放下一杯水那么容易。你虽然称颂唐尧、虞舜的贤能，实际上你并不真正了解什么是贤能。

赠张籍

吾老嗜读书，余事不挂眼。有儿虽甚怜，教示不免简。君来好呼出，踉蹡越门限。惧其无所知，见则先愧赧。昨因有缘事，上马插手版。留君住厅食，使立侍盘酸。薄暮归见君，迎我笑而莞，指渠相贺言，此是万金产。吾爱其风骨，粹美无可拣。试将诗义授，如以肉贯弗。开祛露毫末，自得高寨嶂。我身蹈丘轲，爵位不早绾。固宜长有人，文章绍编刬。感荷君子德，恍若乘朽栈。召令吐所记，解摘了瑟僴。顾视窗壁间，亲戚竞觇翾。喜气排寒冬，逼耳鸣睍睆。如今更谁恨？便可耕灞浐。

【译文】我年纪大了以后就嗜好读书，其他的事情都不放在心上。虽然我很喜欢自己的儿子，但对他的教导却有些草率。您来拜访的时候我叫他出来相见，他就踉跄着越过门槛跑进来了。我先前担心他无知不懂礼数，现在看到他的行为不禁羞愧脸红。昨天因为有公事要处理，插上手版就骑马而去。我留您在家里吃饭，并让他在一旁侍奉。黄昏的时候我回家看到您，您对着我莞然一笑，指着我的儿子对我道贺说："他是您家中的万金之宝！我特别喜欢他的风骨，纯粹完美而无可挑剔。我试着教给他写诗的方法，他很快就能领悟，就像竹签插肉一样容易。从现在的开端就能看到他将来的征兆，自然是才高志远的非凡人物。我一生实践孔孟之道，没有很早得到官爵。所以应该后继有人，在文学上能有所传承。"我感激您的恩情，又担心儿子并没有您说的那样好。我把他叫来考察所学的内容，他果然对所学内容清晰明白。回头看到窗下和墙壁旁，家人们都在那儿偷看。那种高兴的气氛将严冬的寒气也排解出去了，耳边好像听到了鸟儿的鸣叫。现在我还有什么事情可遗憾呢？不如马上卸下官职去灞水和浐水一带耕田隐居了。

调张籍

李杜文章在，光艳万丈长。不知群儿愚，那用故谤伤？蚍蜉撼大树，可笑不自量。伊我生其后，举颈遥相望。夜梦多见之，昼思反微茫。徒观斧凿痕，不瞩治水航。想当施手时，巨刃磨天扬。垠崖划崩豁，乾坤摆雷硠。惟此两夫子，家居率荒凉。帝欲长吟哦，故遣起且僵。剪翎送笼中，使看百鸟翔。平生千万篇，金薤垂琳琅。仙官敕六丁，雷电下取将。流落人间者，太山一毫芒。我愿生两翅，捕逐出八荒。精神忽交通，百怪入我肠。刺手拔鲸牙，举瓢酌天浆。腾身跨汗漫，不著织女襄。顾语地上友，经营无太忙。乞君飞霞佩，与我高颉颃！

【译文】李白和杜甫的文章在世间长存，放射出万丈光芒照耀古今。不知那些愚蠢无知的浅薄小儿是怎么想的，为什么要去诋毁和中伤他们？这种做法就像蚍蜉想要震撼大树一样，太不自量力和可笑了。我生活在他们之后的时代，但是我无限崇敬地仰望他们。夜里做梦经常能见到他们，白天回想起来却又十分渺茫。李杜文章的辉煌，就像大禹治水一样，只能看到当年留下的斧凿痕迹，而无法看到当时的治水过程了。但可以想象出他们创作诗文的时候，必定像大禹挥动巨斧一样。斩断高崖，劈开巨岩，天地间回荡着山崩地裂般的巨大轰鸣。只是这两位夫子，他们的生活都很潦倒和凄凉。上帝为了让他们能不断地写出好作品，所以让他们受到挫折与锤炼。剪掉他们的飞羽囚禁在笼中，让他们看着群鸟到处飞翔。于是他们抒发自己胸中的愤懑，一生写出千万首诗篇，就像贵重的金薤美玉一样琳琅满目。天上的仙官派遣六丁火神，电闪雷鸣中取走了那些精美的作品。流落在人间的诗篇，就像太山的微末毫芒。我多么想肋生双翅，飞到四极八荒去寻找被拿走的诗篇。忽然我与李杜的精神发生感应，各种奇思妙想涌入我的心中。我仿佛可以潜入大海中拔掉鲸鱼的牙齿，又可以举瓢舀取天上的琼浆。我腾身遨游在广阔无垠的天宇间，连织女所织的华服我也不屑穿上。我回头告诉世间的朋友，不必在尘世中忙碌经营。请您身乘飞霞，与我一起高飞翱翔吧！

卢郎中云夫寄示送盘谷子诗两章歌以和之

昔寻李愿向盘谷，正见高崖巨壁争开张。是时新晴天井溢，谁把长剑倚太行。冲风吹破落天外，飞雨白日洒洛阳。东蹈燕川食旷野，有馈木蕨芽满筐。马头溪深不可厉，借车载过水入箱。平沙绿浪榜方口，雁鸭飞起穿垂杨。穷探极览颇恣横，物外日月本不忙。归来辛苦欲谁为，坐令再往之计堕眇芒。闭门长安三日雪，推书扑笔歌慨慷。旁无壮士遣属和，远忆卢老诗颠狂。开缄忽睹送归作，字向纸上皆轩昂。又知李侯竟不顾，方冬独入崔嵬藏。我今进退几时决？十年蠢蠢随朝行。家请官供不报答，何异雀鼠偷太仓。行抽手版付丞相，不待弹劾还耕桑。

【译文】我曾经去盘谷寻访李愿，看到峻崖峭壁四处耸立。当时刚刚雨过天晴，山顶天井关的溢水飞流直下，就像有人把长剑挂在太行山上。猛烈的大风把溪水吹出天外，化作白日飞雨洒向洛阳城。我们东行走到燕川在旷野中饮宴，有人送来满满一筐蕨菜苗。马头溪的水深而无法徒涉，借车将我们载过溪水，水流都浸入了车厢。我们达到方口，这里平沙绿浪，我们荡舟水上，惊飞雁鸭穿过垂杨。极目四顾颇为纵情快意，这尘世之外的时日真是很悠闲。回来之后终日辛劳也不知为了什么，致使再次出游的希望十分渺茫。长安下了三场大雪，我只好闭门在家，推开书卷，放下毛笔，高声歌咏抒发心中的感慨。但是身边没有文士可以相互酬答，只能回忆以前卢老放浪不羁的好诗。今天收到卢老的来信，信里有他为李愿归隐而写的诗作，令人感觉每个字都气宇轩昂。信中还得知李愿竟然放下一切，在冬天独自进入群山中隐居起来。我是否也应该考虑进退取舍了？十年以来浑浑噩噩地随班上朝。家中的费用从官禄中得来，如果不报答皇恩，就如同麻雀和老鼠偷食太仓中的粮食。我即将拿出手版交还给丞相，不用御史弹劾，我就先卸任回家耕田隐居去了。

寄皇甫湜

敲门惊昼睡，问报睦州史。手把一封书，上有皇甫字。拆书放床头，涕与泪垂泗。昏昏还就枕，惘惘梦相值。悲哉无奇术，安得生两翅？

【译文】阵阵敲门声把我从午睡中惊醒，询问来人说是睦州皇甫湜的差人。他手里拿着一封书信，上面是皇甫湜的手迹。我将信拆开看完放在床头，百感交集不禁涕泪交加。昏昏沉沉地继续倒头午睡，迷迷糊糊中与他在梦里相见。只恨自己没有高明的法术，如何才能生出双翅飞去与他相见呢？

病中赠张十八

中虚得暴下，避冷卧北窗。不蹋晓鼓朝，安眠听逢逢。籍也处闾里，抱能未施邦，文章自娱戏，金石日击撞，龙文百斛鼎，笔力可独扛。谈舌久不掉，非君亮谁双？扶机导之言，曲节初㩦㩦。半涂喜开凿，派别失大江。吾欲盈其气，不令见麾幢，牛羊满田野，解斾束空杠。倾樽与斟酌，四壁堆罂缸。玄帷隔雪风，照炉钉明釭。夜阑纵捭阖，哆口疏眉厖，势侔高阳翁，坐约齐横降。连日挟所有，形躯顿胮肛。归将乃徐谓，子言得无哤？回军与角逐，斫树收穷庞。雌声吐款要，酒壶缀羊腔，君乃昆仑渠，籍乃岭头泷。譬如蚁垤微，讵可陵嵤峃。愿终赐之教，斩拔枿与椿，从此识归处，东流水淙淙。

【译文】我因为中气虚弱而导致腹泻，为了避寒躺卧在北窗下的床上。因此可以不用踏着晨鼓去上朝，我可以悠闲地安卧床上听着砰砰的鼓声。张籍正好也身处闾里，怀才不遇，只能吟诗作文以自娱，他每天都在激扬金石之辞，就算是可装载百斛东西的龙纹鼎，他的笔力也可以轻松扛起。我已经很久没有与人交谈了，如果不是张君，谁又可以与我倾心而谈呢？我靠着几案开始与他谈话，经过短暂的寒暄后，我开始向他发问。我很高兴谈到一半时，他忽然茅塞顿开。但论述一多，他就忘记了根本何在。我想充盈他的气势，故意不说出我的观点，就像打仗时故意把牛羊布满田野，并且解下旗帜来故布疑兵。我倒满酒樽与他对酌，四周都堆放着酒坛。黑色门帘隔开了户外的风雪，火炉明灯照着我们的酒桌。到了夜深人静之际他的论述仍然是纵横捭阖。他侃侃而谈，眉目间充满醉意，气势就像高阳翁郦生一样，坐在那游说田横投降。他一连几日将心中所有的想法都说出来了，把自己的身体也累垮了。等到他要回去的时候，我才慢悠悠地对他说：你的观点是不是有些杂乱呢？于是我杀了个回马枪与他辩论起来，就像当年孙膑斫树打败庞涓一样。于是他的声音也软下来，拎着酒壶低声下气地说道：您是昆仑山上的大河，我只是岭头上的小支流而已。我就好像蚂蚁洞前的蚁垤，哪里能与您这样的巍巍高山相比呢？希望您最终对我有所赐教，斩断了我的杂枝，使我归于大道，可以顺利向东奔流。

杂 诗

古史散左右，诗书置后前。岂殊书蠹虫，生死文字间。古道自愚蠢，古言自包缠。当今固殊古，谁与为欣欢？独携无言子，共升昆仑颠。长风飘襟裾，遂起飞高圆。下视寓九州，一尘集毫端。遨嬉未云几，下已亿万年。向者夸夸子，万坟厌其巅。惜哉抱所见，白黑未及分。慷慨为悲咤，泪如九河翻。指摘相告语,虽还今谁亲?翩然下大荒,被发骑骐驎。

【译文】古代的史籍散乱地放在我的左右,诗书也堆满我的前后。我现在简直就像一只蠹虫,整天生活在文字之间。依照古道直行被人认为愚蠢,依照古训修身使人自受束缚。现在的世道已经与古代大不一样了,又有谁会愿意追寻古道呢?于是我便与无言子一起来到昆仑之顶。长风吹动了我的衣襟,于是我又飞到高高的圆月中。俯瞰大禹划分的九州,就像毫末的一粒微尘。我们在天上遨游嬉戏了没多长时间,地上人间已过去了亿万年。当初那些争名夺利的人,已是万座坟茔叠压在了他们的坟墓上。可惜啊他们一味地固执己见,连黑白都没有分辨清楚。我内心为之悲哀叹息,眼泪直下就像九河翻腾。我想把这些话告诉人们,可是即使回去了,又有谁会认识我呢?于是我翩然飞向大荒,披发骑上麒麟而四海遨游。

寄崔二十六立之

西城员外丞,心迹两偃奇。往岁战词赋,不将势力随。下驴入省门,左右惊纷披。傲兀坐试席,深丛见孤羆。文如翻水成,初不用意为。四座各低面,不敢捩眼窥。升阶揖侍郎,归舍日未欹。佳句喧众口,考官敢瑕疵。连年收科第,若摘颔底髭。回首卿相位,通途无它歧。岂论校书郎,袍笏光参差。童

稚见称说，祝身得如斯。侪辈妒且热，喘如竹筒吹。老妇愿嫁
女，约不论财赀。老翁不量分，累月笞其儿。搅搅争附托，无
人角雄雌。由来人间事，翻覆不可知。安有巢中鷇，插翅飞天
陲？驹麛著爪牙，猛虎借与皮。汝头有缰系，汝脚有索縻。蹈身
泥沟间，谁复禀指挥？不脱吏部选，可见偶与奇。又作朝士贬，
得非命所施？客居京城中，十日营一炊。逼迫走巴蛮，恩爱座
上离。昨来汉水头，始得完孤羁。桁挂新衣裳，盎弃食残糜。
苟无饥寒苦，那用分高卑？怜我还好古，宦途同险巇。每旬遗
我书，竟岁无差池。新篇奚其思，风幡肆逶迤。又论诸毛功，
劈水看蛟螭。雷电生眒眄，角鬣相撑枝。属我感穷景，抱华不
能摘。倡来和相报，愧叹俾我疵。又寄百尺綵，绯红相盛衰。
巧能喻其诚，深浅抽肝脾。开展放我侧，方餐涕垂匙。朋交日
凋谢，存者逐利移。子宁独迷误？绻绻意益弥。举颈庭树豁，
狂飚卷寒曦。迢递山水隔，何由应埙篪？别来就十年，君马记
骊骊。长女当及事，谁助出帨缡？诸男皆秀朗，几能守家规。文
字锐气在，辉辉见旌麾。摧肠与蹙眉，能复持酒卮？我虽未耋
老，发秃骨力羸。所余十九齿，飘飘尽浮危。玄花著两眼，视
物隔褯褵。燕席谢不诣，游鞍悬莫骑。孜孜凭书案，譬彼鸟粘
黐。且吾闻之师，不以物自隳。孤豚眠粪壤，不慕太庙牺。君看
一时人，几辈先腾驰？过半黑头死，阴虫食枯骸，欢华不满眼，
咎责塞两仪。观名计之利，讵足相陪䂊。仁者耻贪冒，受禄量
所宜。无能食国惠，岂异哀瘝罢。久欲辞谢去，休令众睢睢。况
自婴疹疾，宁保躯不赀。不能前死罢，内实惭神祇。旧籍在东

都，茅屋枳棘篱。还归非无指，灞渭扬春澌。生兮耕吾疆，死兮埋吾陂。文书自传道，奚仗史笔垂。夫子固吾党，新恩释衔羁。去来伊洛上，相待安罘罳。我有双饮醆，其银得朱提。黄金塗物象，雕镌妙工倕。乃令千里鲸，么麽微鬛斯。犹能争明月，摆掉出澒濛。野草花叶细，不辨薋菉葹，绵绵相纠结，状似环城陴。四隅芙蓉树，擢艳皆猗猗。鲸以兴君身，失所逢百罹。月以喻夫道，僶俛励莫亏。草木明覆载，妍臭齐荣菱。愿君恒御之，行止新燧觿。异日期对举，当如合分支。

【译文】西城县丞崔立之，他的心意和行为是那样的特立独行。往年他参加科举考试，并不依靠任何权贵。下驴跨入尚书省的大门，众人都被他的堂堂仪态所震惊。他孤傲地坐在试席上，就像是树林深处猛然遭遇一只孤熊。他写文章就像倾倒水杯一样容易，丝毫也感觉不到费力。四周其他的人各自低头不敢抬眼看他。他走上台阶拜别刘太真侍郎，考试完毕回到客舍时太阳还没有偏西。他文章中的佳句已经被众人到处传诵，主考官也挑不出他文章的瑕疵。连续几年他登科及第，如同摘下胡须一样容易。回首看一下通往卿相的道路，一路平坦没有任何歧路。不用说校书郎那样的官职，以后更大的职位还在等着他。那些童稚小儿见了他也都纷纷称赞，暗暗祷告自己以后也能像他那样有出息。同辈之人对他又妒忌又眼热，不平之气喘得像在吹竹筒。那些年老的妇人想把女儿嫁给他，而且不会对聘礼提出要求。那些老翁也不加思量，成天鞭笞自己的儿子催促上进。众人纷纷扰扰要依附于他，没有人敢与他一决高下。但是世间之事反复无常，实在令人难以预知。哪里有尚在巢中的幼鸟翱翔天边的事例？小小的马驹儿长了爪牙之后，也会如猛虎般的威猛。但你的头被缰绳拴住，你的脚被绳索羁绊。如果你陷进了泥沟当中，谁会再听从你的指挥呢？你始终要参加吏部的铨选，来见证你命运的通达与困顿。后来又以朝廷大臣的身份而遭贬官，难道不是命中注定？你寄居在京城之中，十天才能吃上一顿饭。后来被迫到巴中蛮夷之地谋生，使得恩爱之人互相分离。昨天你终于到达汉水源头的西城，才算结束了你孤独的旅程。从此衣架也挂上了新衣服，米缸中也有剩余的米。如果没有这一番饥寒的考验，怎么能够分出高贵和卑贱来？你赏识我热爱古道，又同样在仕途上历经磨难。所以每十天就给我写信，整整坚持了一年。你的新作构思曲折，就像风中的旗幡。你文笔的刚劲，就像劈开水面看到潜伏的蛟龙。雷鸣电闪中，蛟龙的犄角树起，鬣毛张开。近来我正有感于冬季的萧索，花儿也不能尽情绽放。你有诗来我就相和以诗回答，虽然很惭愧但我又有了献丑的机会。你又寄来百尺彩绸，绯红的色泽与你的诗句很相配。你的巧妙言辞很善于表达内心的思想，每一句不论深浅都能牵动人心。我将它展开放在身边，有时正要吃饭的时候，读到诗句就忍不住眼泪掉入汤匙中。我的朋友越来越少，很多都已经离世，即使活着的人也去追名逐利改变了自己的志向。你为什么还是执迷不悟？与我不相分离，反而情意更加深厚。我抬头看到庭院中的大树树叶落光，狂风席卷下就连太阳也显示不出温暖。我们之间相隔重重的山水，怎样才能彼此心心相印呢？我们分别已近十年，我还记得你的那匹黄黑相间的马。你的长女也到了婚嫁的年龄，不知她会成为谁家的媳妇？你的几个儿子都是俊秀之才，都能恪守家规。你的文字仍有锐气存在，就像辉煌的旌旗迎风招展。百般挫折后你愁肠百结，满面愁容，不知是否还能持酒畅饮？我虽然还没有到垂垂老矣的程度，但是头发掉落而筋骨羸弱了。剩下的十九颗牙齿，也都摇摇晃晃随时可能脱落。我两眼昏花，看东西就像隔着毛羽一般。宴会游乐我也都谢绝不去，出游用的马鞍也挂在墙上很久没用了。我整日孜孜不倦地伏在书案上，就像鸟儿被木胶粘住了一样。而且我从先师那儿听说，人不应该为了追求物欲而自甘堕落。猪豚卧在粪土之中，不会羡慕太庙的牺牲。你看这世人，有几个能飞黄腾达呢？半数的人黑发时便去世了，被阴暗处的虫子蛀食着他们的尸骨，欢乐和荣华转眼即逝，而留下的罪祸却充塞天地之间。看他们所得到的虚名与实利，与他们的德行是毫不相称的。仁者以贪婪为可耻，所以接受合理的俸禄。如果没有能力而白白享用国家的恩惠，无疑与身患残疾没有两样。我早就想辞官而去，不再令众人对我虎视眈眈。何况最近又得了病，更想保全自己而健康长寿了。不能早点死去或罢官，内心实在有愧于神灵的庇护。我的户籍在东都洛阳，自家的茅屋用枳棘的篱笆环绕。回到故乡的日子并非没有确定，当春季来到，灞水、渭水的河冰解冻时我就将回去。活着的时候就在自家的田地里耕种，死后也要埋在自家的山坡上。不朽的文章自然能承传大道，没有必要依靠史书来名垂后世。你与我是同道中人，你最近又得到皇帝的隆恩而摆脱了羁绊。希望你能到伊水、洛水来与我相会，我会安放鱼篓等你前来。我有两只饮酒杯，是用上好的朱提白银铸就。用黄金涂布表面的各种图案，酒杯雕镌精巧超过上古时的巧匠工倕。它把那千里巨鲸，缩成了蟊斯那样的微小。还能雕刻出明月来，遥遥地挂在天边。上面的野花、野草都很细小，分不清香花与毒草，彼此缠绵纠结，就像城垛一样环绕四周。四角都刻有芙蓉树，枝上的鲜花都非常美丽。那条鲸鱼可以用来象征你，在各种灾难中颠沛流离。月亮可象征大道，勉励你努力奋进不要懈怠。草木杂处象征天地之间，好坏都是同时存在的。希望你能一直保有它，无论行止都随身携带它。希望有一天我们能举杯共饮，就像将分开的树杈重新合在一起。

月蚀诗效玉川子作

　　元和庚寅斗插子，月十四日三更中。临临万木夜僵立，寒气屭赑顽无风。月形如白盘，完完上天东。忽然有物来啖之，不知是何虫？如何至神物，遭此狼狈凶？星如撒沙出，攒集争强雄。油灯不照席，是夕吐焰如长虹。玉川子涕泗下，中庭独行。念此日月者，为天之眼睛。此犹不自保，吾道何由行？

　　尝闻古老言，疑是虾蟆精。径圆千里纳汝腹，何处养汝百丑形？爬沙脚手钝，谁使汝解缘青冥？黄帝有四目，帝舜重其明。今天只两目，何故许食使偏盲？尧呼大水浸十日，不惜万国赤子鱼头生。汝于此时若食日，虽食八九无馋名。赤龙黑乌烧口热，翎鬣倒侧相搪撑。婪酣大肚遭一饱，饥肠彻死无由鸣。后时食月罪当死，天罗磕帀何处逃女刑！

　　玉川子立于庭而言曰：地行贱臣仝，再拜敢告上天公。臣有一寸刃，可刳凶蟆肠。无梯可上天，天阶无由有臣踪。寄笺东南风，天门西北祈风通。丁宁附耳莫漏泄，薄命正值飞廉傮。东方青色龙，牙角何呀呀，从官百余座，嚼啜烦官家。月蚀汝不知，安用为龙窟天河？赤鸟司南方，尾秃翅鯺沙。月蚀于汝头，汝口开呀呀。虾蟆掠汝两吻过，忍学省事不以汝觜啄虾蟆。于菟蹲于西，旗旄卫銐銐。既从白帝祠，又食于蜡礼有加，忍令月被恶物食，枉于汝口插齿牙。乌龟怯奸怕寒，缩颈以壳自遮。终令夸娥扶汝出，卜师烧锥鑽灼满板如星罗。此外内外官，琐细不足科。臣请悉扫除，慎勿许语令啾哗。并光全耀归我月，盲眼镜净无纤瑕。弊蛙拘送主府官，帝箸下腹尝其蟠。依前使兔操杵臼，玉阶桂树闲婆娑。恒娥还宫室，太阳有室家。天虽高，耳属地。感臣赤心，使知臣意。虽无口言，潜喻厥旨。有气有形，皆吾赤子。虽忿夭伤，忍杀孩稚？还女月明，安行于次。尽释众罪，以蛙磔死。

【译文】元和庚寅年十一月十四日三更时分，北斗星指向子辰。万千树木伫立在冬夜中，寒气凛冽而没有一丝风。月亮如同白色的盘子，饱满地挂在东方的天空。忽然有东西来吞噬它，不知道是什么动物？月亮这样的神灵之物，为何会面临如此窘迫的凶险？天上的星星像散沙一样，罗列在天空中，竞相发出耀眼的光芒。油灯的光亮也照不到床席，那天晚上却吐出像长虹一般的火焰来。玉川子因为月食有感而涕泪交加，在庭院里独自徘徊。想到太阳和月亮，都是上天的眼睛。现在连它们都不能自保，那么我的大道如何前行呢?

我曾经听过古老的传说,怀疑是虾蟆精吞蚀月亮。月亮的大小有千里之广,纳入你的腹中,会使你显露出怎样的丑形呢?你平时在沙土爬行尚且手脚迟钝,是谁让你攀爬到月亮之上呢?黄帝有四只眼睛,虞舜眼睛有重瞳。现在上天只有日月两只眼睛,为什么允许被吃掉一只而使上天变成了偏盲呢?唐尧的时候曾经暴发洪水,也曾经出现过十个太阳,使万国子民被淹,水中鱼鳖往来。如果你在那时吞食太阳,即使吃掉八、九个,也不会背上恶名。炙热的太阳会将你的嘴烫伤,金乌的羽翎和赤龙的鬣毛都竖起来了。你那贪婪的大肚因而大饱,饥饿的肚肠也被塞满,不会再发出饥肠辘辘的声音来。此后你再想要吞吃月亮,就罪该万死了,天上的罗网包围着你,看你如何逃脱惩罚!

玉川子站立在庭院中向上天祷告说:我是行走于地上的微贱之人卢仝,再拜而告于天公。只要我手有寸刃,就可以剖开这凶恶的虾蟆肚肠。但我苦于没有梯子通到天上,所以我也无法出现在天阶上。我让东南风为我寄信笺给上天,希望能将信笺送到天门的西北去。我再三叮嘱风神不要泄露机密,只可惜命运不济,风神飞廉慵懒没有鼓起大风。东方有青龙啊,牙角威风凛凛,身边侍从也有一百多,他们接受天帝的食禄。现在出现了月食你却不知道,何必还要占据天河之中的龙穴?朱雀司职于南方,尾秃而双翅开张。现在你的头顶出现月食,你只知道张口呀呀地鸣叫。虾蟆精从你的嘴两边掠过,你却只图省事而不用嘴去啄虾蟆。白虎蹲伏在西方,四周旌旗护卫而獠毛长扬。你既在白帝祠享用祭祀,又享用蜡祀,怎么会忍心看着月亮被怪物吞噬,真是枉费了你满口的利齿。

北方的乌龟畏惧奸邪也畏惧寒冷，缩着脖子以龟壳保护自己。总有一天会让夸蛾氏将你揪出来，让卜师在你的甲壳上火烧锥钻，伤痕星罗棋布。除此之外的各种官吏，都是琐细不值得考核。我请求把他们都清除干净，不允许他们喧哗吵闹。将所有的光耀都集中到月亮上来，使天上的盲眼如明镜一样清楚，没有一点纤小的瑕疵。把虾蟆精拘押到主管饮食的官员那儿，让天帝下筷品尝他的腹肉。仍然像过去一样让玉兔拿着杵捣白，玉阶前的桂树婆娑多姿。这样嫦娥就可以回到月宫，太阳也有了家室。天虽然很高，但是耳朵也能倾听到地上的声音。希望上天被我的诚心所感动，知晓我的心意。上天虽然不会开口说出来，但是可以暗中宣布旨意。凡是有气有形的都是上天的赤子。月亮虽然遭受巨大伤害，但怎忍心使孩童也遭杀戮？所以上天又将明月还给人间，让月亮继续按照原来的轨道运行。将众人的罪过也都开释，只将虾蟆精处死。

孟生诗

孟生江海士，古貌又古心。尝读古人书，谓言古犹今。作诗三百首，冥默《咸池》音。骑驴到京国，欲和薰风琴。岂识天子居，九重郁沉沉。一门百夫守，无籍不可寻。晶光荡相射，旗戟翻以森。迁延乍却走，惊怪靡自任。举头看白日，泣涕下沾襟。揭来游公卿，莫肯低华簪。谅非轩冕族，应对多差参。萍蓬风波急，桑榆日月侵。奈何从进士？此路转岖嵚。异质忌处群，孤芳难寄林。谁怜松桂性，竞爱桃李阴。朝悲辞树叶，夕感归巢禽。顾我多慷慨，穷檐时见临。清宵静相对，发白聆苦吟。采兰起幽念，眇然望东南。秦吴修且阻，两地无数金。我论徐方牧，好古天下钦。竹实凤所食，德馨神所歆。求观众丘小，必上泰山岑。求观众流细，必泛沧溟深。子其听我言，可以当所箴，既获则思返，无为久滞淫。卞和试三献，期子在秋砧。

【译文】孟生是个四海为家的人，相貌古朴而心怀古道。他曾经饱读古书，认为古今道理是相同的。他的诗作有三百首，都像《咸池》之乐一般深远美好。他骑着驴子来到京城，想要一展才华。但哪里知道天子居住的地方，是在九重城阙之内，深郁如海。每一道宫门都有众多卫兵把守，没有官级就无法入内。刀戟寒光闪闪，旗帜森然罗列。迟疑片刻只能回头走开，受到的惊吓实在难以承受。抬头看看天上的白日，泪水不禁沾湿了衣襟。想凭才干拜谒公卿，却没有人愿意与他折节下交。孟生与这些公卿贵族志趣迥异，所以与他们的应答往往是格格不入。他就像浮萍与飞蓬一样随风飘荡，时光飞逝眼看就要太阳落山了。你为什么要选择考取进士这条路呢？那里面充满了崎岖和坎坷。高贵的品质是很难与众人合群的，孤独的鲜花也难以在树林中生长。世人很少喜爱松桂的品性，都只喜欢桃李的阴凉。早晨的落叶使人悲伤，日暮的归鸟令人感伤。请你要经常来看望我，屈尊到寒舍一叙。清静的深夜中我们静坐相对，与你吟诗作赋直到天亮。采兰之曲引起了你思乡的念头，向东南方向的故乡眺望不已。但秦地、吴地相隔遥远，路途艰难，如果两处奔波的话，费用也难以为继。我向他说起徐州的长官张建封，爱慕古道而天下闻名。竹米是凤凰的食物，高尚的品德连神灵也很尊敬。你要想一览众山小，就必须登上泰山之巅。你要想知道江河的涓涓细流，就一定要泛舟沧海。你可以把我的话当作劝诫，如果有所领悟就请回到这里，不要在南方耽搁太久。当年的卞和三次献玉才获成功，希望与你在秋贡相见。

射训狐

有鸟夜飞名训狐，矜凶挟狡夸自呼。乘时阴黑止我屋，声势慷慨非常粗。安然大喥谁畏忌，造作百怪非无须。聚鬼征妖自朋扇，摆掉栱角颓墼塗。慈母抱儿怕入席，那暇更护鸡窠雏。我念乾坤德泰大，卵此恶物常勤劬。纵之岂即遽有害，斗柄行拄西南隅。谁谓停奸计尤剧，意欲唐突羲和乌。侵更历漏气弥厉，何由侥幸休须臾。咨余往射岂得已，候汝两眼张睢盱。枭惊堕梁蛇走窦，一矢斩颈群雏枯。

【译文】有一种鸟儿名叫训狐，只在黑夜里飞翔，生性凶恶狡猾，还喜欢自夸。它乘着黑夜飞到我屋中，肆意叫嚣非常的粗鲁。它大声叫唤无所顾忌，制造出各种怪异一定是有所图谋。它聚集了许多鬼妖而互相勾结，毁坏房屋的拱桷还有梁上的涂泥。慈母抱着孩子不敢入席休息，根本没有空闲来呵护鸡窝中的雏鸡。我想到乾坤的德行巨大，产生这样的恶物是要激励人们勤劳上进。就算放纵它也不会马上带来危害，斗柄已指向西南角，天将大亮。有人说天将亮它就会停止做坏事，但却没想到它反而变本加厉，好像连太阳也敢唐突。它越来越嚣张，一会儿也不肯停止作恶。我迫不得已用弓箭去射它，趁它双眼朝上的时候我一箭射去。这只恶鸟终于从梁上堕下，蛇也吓得逃进了洞中不敢出来。随后一刀斩断了恶鸟的头颈，那些跟随它的鬼怪也从此失去了依靠。

将归赠孟东野房蜀客

君门不可入，势利互相推。借问读书客，胡为在京师？举头未能对，闭眼聊自思。倏忽十六年，终朝苦寒饥。宦途竟寥落，鬓发坐差池。颍水清且寂，箕山坦而夷，如今便当去，咄咄无自疑。

【译文】君王的宫门实在难入，那里势利之人互相倾轧。请问像你这样的读书人，为什么还在京师逗留？房君抬起头来无法回答，只好闭着眼睛细心思量。倏忽间在京城已经十六年了，每天都为饥寒所困扰。但仕途始终不能通达，而头发也因岁月流逝而黑白相间。听说颍水清幽而寂静，箕山平坦而无险，现在就要去往那里，不再有任何顾虑。

答孟郊

规模背时利，文字觑天巧。人皆余酒肉，子独不得饱。才春思已乱，始秋悲又搅。朝餐动及午，夜讽恒至卯。名声暂膻腥，肠肚镇煎焰。古心虽自鞭，世路终难拗。弱拒喜张臂，猛挐闲缩爪。见倒谁肯扶？从嗔我须咬。

【译文】你的性格总与世俗相背，文章却是窥得天机。但别人的酒肉尚有剩余，你却肚子空空还吃不饱饭。春季你心情烦乱，秋季你又悲愁来扰。早饭经常与午饭合并，夜里却吟诗直到天亮。你的名声逐渐增长，但肠胃仍然饱受饥饿的煎熬。你虽然不断鞭策自己谨守古道，但世风却难以违拗。那些力弱之人总喜欢张开手臂以示抗拒，而真正有力量的人，出击前会先收回手臂。如今你跌倒又有谁肯相扶？对于落井下石的人我实在是愤恨。

从　仕

居闲食不足，从仕力难任。两事皆害性，一生恒苦心。黄昏归私室，惆怅起叹音。弃置人间世，古来非独今。

【译文】闲居在家则饮食不足，进入仕途又力不胜任。这两种处世方式都有害性情，所以人生总是充满愁苦与烦心。黄昏的时候回到家中，心情惆怅而不禁长叹。抛弃人世而归隐山林，从古以来就有这种情况，并不是今天才出现的。

短灯檠歌

长檠八尺空自长，短檠二尺便且光。黄帘绿幕朱户闭，风露气入秋堂凉。裁衣寄远泪眼暗，搔头频挑移近床。太学儒生东鲁客，二十辞家来射策。夜书细字缀言语，两目眵昏头雪白。此时提挈当案前，看书到晓那能眠。一朝富贵还自恣，长檠高张照朱翠。吁嗟世事无不然，墙角君看短檠弃。

【译文】长长的灯架高达八尺，却没什么大用，短灯架虽然只有二尺高，却既方便安置又光焰明亮。黄帘绿幕的公卿家到了夜晚，朱红的大门已经关闭，秋风寒露进入厅堂，让人感到阵阵凉气。少妇缝制新衣，准备寄给远方的丈夫，她泪眼婆娑，不断地用玉簪挑亮灯芯，并靠近床前。她的丈夫是山东人，现为太学的儒生，二十岁就离开家乡，到京城来应试。每天深夜还在用功撰写文章，两眼累得昏花，头上也添了白发。他把二尺的灯架放在案前，一直看书到天亮也不曾安眠。一旦获得功名富贵，他就恣意享乐，家中长灯高架，照亮了满身珠翠的美人。感叹人间的事情一向如此，昔日的短灯架早已被丢弃在墙角。

送刘师服

夏半阴气始，淅然云景秋。蝉声入客耳，惊起不可留。草草具盘馔，不待酒献酬。士生为名累，有似鱼中钩。赍财入市卖，贵者恒难售。岂不久憔悴，为功忌中休。勉哉耘其业，以待岁晚收。

【译文】夏天刚刚过半，阴气就开始生发，沥沥雨声中已是秋天的气象。秋蝉的鸣叫传入游子的耳中，使他惊醒而不敢再停留。随随便便地吃了些饭食，饯别的酒也等不及就上路了。士人总是被名利所累，就像鱼儿贪恋钩上的诱饵一样。拿着货物到集市去售卖，价格昂贵的东西总是很难出售。难道不担心长久憔悴下去么？建功立业最担心的是半途而废。你还是努力耕耘自己的学业吧，到岁末的季节你肯定会有收获的。

卷六　古诗

符读书城南

木之就规矩，在梓匠轮舆。人之能为人，由腹有诗书。诗书勤乃有，不勤腹空虚。欲知学之力，贤愚同一初，由其不能学，所入遂异闾。两家各生子，提孩巧相如。少长聚嬉戏，不殊同队鱼。年至十二三，头角稍相疏。二十渐乖张，清沟映污渠。三十骨骼成，乃一龙一猪，飞黄腾踏去，不能顾蟾蜍。一为马前卒，鞭背生虫蛆。一为公与相，潭潭府中居。问之何因尔，学与不学欤！金壁虽重宝，费用难贮储；学问藏之身，身在则有余。君子与小人，不系父母且。不见公与相，起身自犁锄。不见三公后，寒饥出无驴。文章岂不贵，经训乃菑畲。潢潦无根源、朝满夕已除。人不通古今，马牛而襟裾。行身陷不义，况望多名誉。时秋积雨霁，新凉入郊墟。灯火稍可亲，简编可卷舒。岂不旦夕念？为尔惜居诸。恩义有相夺，作诗劝踟蹰。

　　【译文】能工巧匠的手工艺技巧能让木头变得规矩。饱读诗书
能让人通达事理，为人正直。想要饱读诗书，就必须勤奋，如果不
勤奋，就会腹中空虚、一无所有。想要了解学习的重要性，可以对比
圣贤和愚者，这两种人在学习之初差距并不明显，后来由于愚者不
学习，于是二人差别越来越大，最终分道扬镳。两户人家同时生下
儿子，这两个孩子在孩提时代同样聪明乖巧。稍长大后常聚在一起
玩耍，和同龄的小孩子没什么区别。到了十二、十三岁时，二人的才
智就渐渐有所差距了。到了他们二十岁时，就已经完全变得不同了，
二人的差距就好比是一条清沟与一条污渠的差别。三十岁时，人的
风骨、气质形成，一龙一猪，一个飞黄腾达、平步青云，完全无法顾
及另一个蟾蜍般处于泥沟里的人。一个变成了别人的马前卒，常常
被鞭笞，以至于后背皮肉腐烂生出蛆虫。另一个却成了三公卿相，
居住在深广的府宅中。如果要问是什么让他二人差别如此巨大，
答案就是一个人学习而另一个人不学习！黄金璧玉虽然是贵重的宝
贝，但挥霍便很难将它们储存；如果是学问藏身，那么只要身在，
学问就在，生活永远都会很富裕。君子与小人的区别，并不在于父
母与门第。许多人的出身并非来自于三公卿相，而是出自犁锄的农
户。你不看三公卿相的后代，有许多人饥寒交迫，出门连可骑的驴
子都没有。文章是很贵重的，但必须要以经训作为根本。若学问像
洪水一样泛滥，没有根源，那么早晨贮满到了晚上就会全部泄掉。
一个人如果不通晓古今轶事，就好像牛马穿着人的衣服一样。行为
陷于不义，也就没什么值得期盼的好名声了。现在正值秋季，积雨

初晴，清凉的秋风吹拂着郊外的丘墟。此时的你，可以更多地接触灯火，在灯下舒卷简编，发奋攻读。我怎能不日夜思念你呢？我更珍视你即将流逝的岁月。恩情与义理总有相互冲突的时候，特意写这首诗，旨在勉励你停止踌躇，发奋读书。

示　爽

　　宣城去京国，里数逾三千。念汝欲别我，解装具盘筵。日昏不能散，起坐相引牵。冬夜岂不长，达旦灯烛然。座中悉亲故，谁肯舍汝眠？念汝将一身，西来曾几年？科名掩众俊，州考居吏前。今从府公召，府公又时贤。时辈千百人，孰不谓汝妍？汝来江南近，里闾故依然。昔日同戏儿，看汝立路边。人生但如此，其实亦可怜。吾老世味薄，因循致留连。强颜班行内，何实非罪愆。才短难自立，惧终莫洗湔。临分不汝诳，有路即归田。

　　【译文】宣城距离京城超过了三千里。一想起你将要离我而去，我便卸下行装与你宴饮饯别。到了黄昏时分仍不能离散，坐立行走都手牵着手。冬天的夜晚很漫长，我与你通宵达旦地燃着灯烛。在座的亲戚故友，哪个愿意抛下你独自去休息？一想起你一个人独自来京城已经有好多年了吧？你在科举考试中名列前茅，艺压众俊，在州府的考试中也是成绩优异。如今你又应府公的召见，这位府公也是当今出了名的贤士。和你同届的千百位士人，哪有不夸你为人好的？你要是到宣城去，那就离故乡近得多了，家乡应该还是老样子吧。从前一起玩耍的儿童，会站在路边看你。人生如果真是这样，其实也是挺令人悲哀的。我如今年纪大了，对人情世故看得比较淡薄了，在京城蹉跎了好多年。勉强列于官班之中，自己都觉得有罪恶感。才智不足，难以自立，因此很害怕最终无法证明自己的清白。即将分手，我也不诳骗你，只要有路，我就将归隐田园。

人日城南登高

初正候才兆，涉七气已弄。霭霭野浮阳，晖晖水披冻。圣朝身不废，佳节古所用。亲交既许来，子侄亦可从。盘蔬冬春杂，樽酒清浊共。令征前事为，觞咏新诗送。扶杖陵圯址，刺船犯枯葑。恋池群鸭迴，释峤孤云纵。人生本坦荡，谁使妄倥偬？直指桃李阑，寻幽宁止重？

【译文】正月初一才占卜了征候，正月初七阳气就开始萌动。辽阔的原野上聚集着霭霭的阳气，灼热的日光使结冰的水面逐渐融化。在这圣明的时代，我们始终没有废弃这流传至今的传统佳节。亲戚和朋友都来相聚，就连子侄辈的孩子们也跟从着一起前来。席间餐盘里夹杂着冬、春两季的时蔬菜品，清酒和浊酒也都一起端了上来。以古代的轶事行令饮酒，一觞一咏以新诗相送递。我拄着拐杖登上倒塌的旧殿遗址，又撑船穿行于枯槁的菏草中。群鸥眷恋在池塘里嬉戏盘桓，孤云告别了高山，飘游向远方。人生本该坦坦荡荡，是谁使它变得纷繁急促呢? 让我们在桃李开尽之际仍去游历吧，寻找幽景怎能阻止我们再度前往?

病　鸥

　　屋东恶水沟，有鸥堕鸣悲。青泥淹两翅，拍拍不得离。群童叫相召，瓦砾争先之。计校生平事，杀却理亦宜。夺攘不愧耻，饱满盘天嬉。晴日占光景，高风送追随。拟凌鸾凤群，肯顾鸿鹄卑? 今者运命穷，遭逢巧丸儿，中汝要害处，汝能不得施。于吾乃何有，不忍乘其危。救汝将死命，浴以清水池。朝餐辍鱼肉，暝宿防狐狸。自知无以致，蒙德久犹疑。饱入深竹丛，饥来傍阶基。谅无责报心，固以听所为。昨日有气力，飞跳弄藩篱。今晨忽径去，曾不报我知。侥幸非汝福，天衢汝休窥。京城事弹射，竖子岂易欺。勿讳泥坑辱，泥坑乃良规。

　　【译文】在我屋子的东边有一条臭水沟，有一只鸥鹚坠落在里面，悲哀地鸣叫着。翅膀上沾满了污泥，使劲拍打也不能起飞逃离。成群的儿童彼此招呼，争抢着用瓦砾碎石砸这只鹚鸮。想想你生平的所作所为，即使被砸死也情有可原。你在掠夺食物时从不知羞愧与可耻，吃饱之后就在天空中盘旋嬉戏。在晴好的阳光下抢占光景，强劲的风使你凌驾高空。你打算凌驾于紫凤群上，又怎会因为天鹅的高贵而感到自卑？如今你终于穷途末路，那是因为遇到了善于弹射的人，弹丸击中了你的要害之处，使你无法施展你的技能。我是怎么看待你呢？我只是不忍心乘人之危，落井下石。因此我从孩子们手中救下你垂死的小命，并在清水池中为你洗净身上的污秽。早饭我也不再吃鱼肉，晚上睡觉还要防止狐狸把你叼去。你自知无法报答我，接受了我的恩德便长久徘徊而不愿离开。吃饱后就躲进竹林深处，感觉饿了，就又回到我的台阶前。你知道我并不求什么回报，只是任由你随心所欲罢了。昨天，你终于恢复了些气力，便在栅栏前飞飞跳跳地扑腾。今天清晨忽然径自飞去，也没和我打声招呼。侥幸存活下来也未必就是你的福气，天空再辽阔你也不要有非分之想。京城中善于弹射技艺的年轻人很多，而且也不会轻易被你所欺骗。希望你不要隐藏曾坠入泥坑的那段耻辱，那个泥坑对你而言是最有益的规劝。

华山女

　　街东街西讲佛经，撞钟吹螺闹宫庭。广张罪福资诱胁，听众狎恰排浮萍。黄衣道士亦讲说，座下寥落如明星。华山女儿家奉道，欲驱异教归仙灵。洗妆拭面着冠帔，白咽红颊长眉青。遂来升座演真诀，观门不许人开扃。不知谁人暗相报，訇然振动如雷霆。扫除众寺人迹绝，骅骝塞路连辎軿。观中人满坐观外，后至无地无由听。抽钗脱钏解环佩，堆金叠玉光晶荧。天门贵人传诏召，六宫愿识师颜形。玉皇颔首许归去，乘龙驾鹤来青冥。豪家少年岂知道，来绕百币脚不停。云窗雾阁事恍惚，重重翠幔深金屏。仙梯难攀俗缘重，浪凭青鸟通丁宁。

【译文】街东街西都在宣讲有关佛教的经典，有撞钟的，有吹螺号的，就连宫廷内也为之轰动。用利诱和威胁的手段大肆宣扬祸福的轮回报应，听众密集、万头攒动，仿佛排列在水面的浮萍一般。黄衣道士也在宣讲道家的仙术，但听众却寥寥无几犹如稀落的星辰。华山女子家中世代信奉道教，她想驱除佛教等异端，使百姓都皈依仙灵的道教。于是她洗去脸上的脂粉，头戴道家的冠帔，粉白的脖颈、绯红的脸颊还有青黑的长眉使她看上去妖娆美丽。于是她升坐法坛之上宣讲得道的真诀，还声称道观的大门也不许别人随意打开。不知是谁暗中将她传道的消息散布了出去，一时间如雷霆震动般传播开来。佛寺内的听众霎时间散得干干净净，而通往道观的大道上挤满了达官贵人的车马。道观中坐满了听众，其他人只好坐在道观外，来得晚的人连地方都没有，也无法聆听。迷信的听众纷纷摘下钗钏与环佩布施，堆积在观前的金玉光彩夺目。皇宫中的贵人也传达了召见她的旨意，六宫妃嫔们也都想一睹道姑的容颜。那至高无上的玉皇大帝似乎也点头同意她前往，乘龙驾鹤翩然直入云霄。那些豪门子弟哪里懂得道的真谛，也都纷纷马不停蹄地来到她的居处徘徊。她的居处云窗雾阁，隐秘莫测，重重翠幔深处隔着金色的屏风。只可惜这些人因俗缘太重而难以攀上通天的仙梯，空费了青鸟传信的一片至诚心意。

读皇甫湜公安园池诗书其后

晋人目二子，其犹吹一呋。区区自其下，顾肯挂牙舌。《春秋》书王法，不诛其人身。《尔雅》注虫鱼，定非磊落人。湜也困公安，不自闲其闲。穷年枉智思，掎摭粪壤间。粪壤多污秽，岂有藏不藏？诚不如两忘，但以一概量。

我有一池水，蒲苇生其间。虫鱼沸相嚼，日夜不得闲。我初往观之，其后益不观。观之乱我意，不如不观完。用将济诸人，舍得业孔颜。百年能几时，君子不可闲。

【译文】在战国时期的戴晋人看来，尧、舜二人犹如吹剑时发出的呋然声响而已。从尧、舜往下的历史，自然也就不足挂齿了。《春秋》中记载的都是国之大法，并不涉及个人得失。《尔雅》中有《释虫》《释鱼》篇，但也未必使人感觉内容众多且错杂。皇甫湜困守在公安城内，却不知道利用这段闲居的时光悠闲度日。整年都在枉费智力和心思，就像在粪土中寻找宝物一般。粪土本身就充满了污秽，哪里还有好与不好的区别呢？还不如将好坏得失都两忘于世，一概等量而论。

我家有一个水池，池中长满了蒲草和芦苇。昆虫和鱼虾纷纷咀嚼着蒲苇，日日夜夜没有闲下来的时候。起初，我还常去观看，后来连去都不去了。观看之后，总是扰乱我的心思，所以还不如不去看。朝廷如果任用我，我就造福百姓，如果不任用我，我就从事孔子、颜回的事业著书立说。人生百年稍纵即逝，君子不该将太多的光阴虚度了。

路傍堠

堆堆路旁堠，一双复一只。迎我出秦关，送我入楚泽。千以高山遮，万以远水隔。吾君勤听治，照与日月敌。臣愚幸可哀，臣罪庶可释。何当迎送归，缘路高历历。

【译文】大路旁一堆又一堆的土堠，十里一双、五里一只。它们迎合着我出了秦关，又送我进入了楚地。千只、万只的土堠啊，被高山远水所阻隔。我们的君主勤于国政，他的光芒闪耀可与日、月媲美。微臣愚蠢至极，希望能得到君主的哀怜，希望君主能够宽恕我的罪过。何时能让我沿着去路归来，这些清晰分明的土堠再将我迎接回京师。

食曲河驿

晨及曲河驿，悽然自伤情。群乌巢庭树，乳雀飞檐楹。而我，抱重罪，子子万里程。亲戚顿乖角，图史弃纵横。下负朋义重，上孤朝命荣。杀身谅无补，何用答生成？

【译文】清晨时，我来到曲河驿，忽然感到非常凄惨，因而暗自伤情。这时有一群乌鸦在庭院的大树上筑巢，幼雀在屋檐下欢快地飞翔。只有我，背负着深重的罪过，孤独地开启了万里行程。家中的亲戚也断绝了联系，平日所习的图书和史籍也都横七竖八地散乱在一边。我向下辜负了朋友们厚重的情义，向上辜负了朝廷所任命的荣光。即使舍弃生命也于事无补，我又该拿什么报答生成之义呢？

过南阳

南阳郭门外，桑下麦青青。行子去未已，春鸠鸣不停。秦商邈既远，湖海浩将经。孰忍生以感，吾其寄余龄。

【译文】南阳的城门外，桑树下是绿油油的麦苗。我的行程不止，春鸠不停地鸣叫。秦山和商山遥远而缥缈，江河湖海如此浩瀚，我将经过那里。无法按捺心中的悲哀，这种情愫将伴随我的余生。

泷　吏

南行逾六旬，始下昌乐泷。险恶不可状，船石相舂撞。往问泷头吏，潮州尚几里？行当何时到？土风复何似？泷吏垂手笑："官何问之愚！譬官居京邑，何由知东吴？东吴游宦乡，官知自有由。潮州底处所？有罪乃窜流。侬幸无负犯，何由到而知？官今行自到，那遽妄问为？"不虞卒见困，汗出愧且骇。吏曰聊戏官，侬尝使往罢，岭南大抵同，官去道苦辽。下此三千里，有州始名潮。恶溪瘴毒聚，雷电常汹汹。鳄鱼大于船，牙眼怖杀侬。州南十数里，有海无天地。飓风有时作，掀簸真差事。圣人于天下，于物无不容。比闻此州囚，亦有生还侬。官无嫌此州，固罪人所徙。官当明时来，事不待说委。官不自谨慎，宜即引分往。胡为此水边，神色久悄慌。瓶大瓶罂小，所任自有宜。官何不自量，满溢以取斯？工农虽小人，事业各有守。不知官在朝，有益国家不？得无虱其间，不武亦不文，仁义饰其躬，巧奸败群伦。叩头谢吏言："始惭今更羞。历官二十余，国恩并未酬。凡吏之所诃，嗟实颇有之。不即金木诛，敢不识恩私？潮州虽云远，惟思不可过。于身实已多，敢不持自贺？"

【译文】我南行了将近六十天，才抵达昌乐泷。这里地势险恶，简直无以名状，船只与礁石经常发生碰撞。我向泷头的小吏打听，这里距离潮州还有多少里路？还要走多久才能到达？那里的山川风物又是怎样的？泷头的小吏垂手对我笑笑说："您怎么问出这么愚蠢的问题！就好比您身居京城，您如何能知道东吴的情况呢？之所以把东吴称为游宦之地，您自然是知道缘由的。潮州到底是个什么样的地方呢？只有那些犯了罪的人才会被流放到那里去。很庆幸我没犯过罪，怎么会到过那里并且对那里的情况有所了解呢？如今只要继续前行自然就会到达那里，您又何必急着打听呢？"我没想到竟然被一个小吏所问倒，禁不住惭愧且吃惊汗颜。小吏又说，他是在和我开玩笑的，他曾经遣送罪犯到过潮州。岭南各地的风物大致相同，我要去的地方就是道路实在太远。从此地往下还要行三千里，才能到达那个被称为潮州的地方。那里的恶溪里积聚了大量的瘴毒之气，惊雷闪电声势盛大且凶猛。那里的鳄鱼比船还要大，眼睛和牙齿着实能把人吓得半死。在潮州城以南数十里的地方，就是无边无际的大海。有时刮起飓风来，掀簸的情景令人惊诧不已。真正的圣贤之人，对于天下万物没有不包容的。最近听说那里的囚犯，也有活着回来、途经此地的。您也不要嫌弃潮州这个地方，它本来就是犯人的流放之地。您在如今这个圣明的时代被贬到那里去，所犯的罪不用细说我也明白。一定是您自己不慎犯了错误，自然要接受处罚前往那里。您又何必在这泷水边，神色惊慌、若有所失。虽然瓿大瓶甇小，但它们各有各的作用。您为何自不量力，结果因骄傲自满落得今天的下场呢？那些工匠和农人，虽然是卑微的小人物，但他们都各自从事着自己的事业。不知您在朝廷为官时，究竟对国家做出过有益的贡献没有？是否像虱子一样混在大臣们中间，既不能武又不能文，以仁义道德粉饰外表，暗地里却极尽奸诈的心机败害同辈。我叩拜感谢小吏说："刚开始听你的话，感觉很惭愧，现在听了更感到羞耻。我为官二十多年，确实至今仍未报答过国家的恩德。凡是你所指责的罪过，可叹我确实都犯过。而我并没有遭受刀木之刑被处死，怎能不感谢皇上的恩惠呢？潮州虽然路途遥远，但对于我的过错而言，这样的处罚并不过分。对于我来说这已经是极大的恩惠了，怎能不因此而感到庆幸呢？"

赠别元十八协律六首

知识久去眼，吾行其既远。嘈嘈莫訾省，默默但寝饭。子兮何为者？冠珮立宪宪。何氏之从学？兰蕙已满畹。于何玩其光，以至岁向晚？时治尚和同，无俟于謇謇。或师绝学贤，不以艺自挽。子兮独如何，能自媚婉婉，金石出声音，宫室发关楗。何人识章甫，而知骏蹄踠？惜乎吾无居，不得留息偃。临当背面时，裁诗示缱绻。

英英桂林伯，实维文武特。远劳从事贤，来吊逐臣色。南裔多山海，道里屡纡直。风波无程期，所忧动不测。子往诚艰难，我去未穷极。临别且无言？有泪不可拭。

吾友柳子厚，其人艺且贤。吾未识子时，已览赠子篇。痛癃想风采，于今已三年。不意流窜路，兼旬同食眠。所闻昔已多，所得今过前。如何又须别，使我抱惆悄。

势要情所重，排斥则埃尘。骨肉未免然，况又四海人？巍巍桂林伯，矫矫义勇身。生平所未识，待我踰交亲。遗我数幅书，继以药物珍。药物防瘴疠，书劝养精神。不知四罪地，岂有再起辰？穷途致感激，肝胆还轮囷。

读书患不多，思义患不明，患足以不学，既学患不行。子今四美具，实大华亦荣。王官不可阙，未宜后诸生。嗟我摈南海，无由助飞鸣。

寄书龙城守，君骥何时秣？峡山逢飓风，雷电助撞捽。乘潮簸扶胥，近岸指一发。两岩虽云牢，木石互飞发。屯门虽云高，亦映波浪没。余罪不足惜，子生未宜忽。胡为不忍别？感谢情至骨。

【译文】往日的知交已很久没见面了，我也南行得很远很远。每天浑浑噩噩，也很少省察自己，终日沉默寡言，除了睡觉、吃饭，什么事也不干。您从哪里来呢？穿戴体面地站在我面前，彬彬有礼。您师从何人？谈吐间散发出兰蕙一般的芳香品质。您为何一直韬光养晦直到如今仍未获取高官？当前的时局政治崇尚的是和光同尘,您也不必过于率真、耿直。或许是师从道家的绝学之贤,不以才艺标榜自己。您是如何自我修养的,使自己保持温和随顺的仪容,发出的声音犹如金石般响亮,而且就像打开了宫室的关楗一样,豁达而不闭塞。但又有何人能像识得章甫之冠、骏马之蹄一样,了解您的才学呢?真可惜我眼下没有好的居所,不能留您在此一起居住。在我们即将分别时,写下这首诗表达我对您的难舍难离的留恋之意。

英姿飒爽的桂林伯,是文武双全的杰出人才。他从遥远的地方派来您这位贤明的部属,到这里看望我这个被贬逐的罪臣。南方山海众多,道路蜿蜒曲折。旅途中的风波坎坷无法预知,动辄就会遇到令人忧虑的不测。您的道路也确实非常艰难,我将面临的前路坎坷也是无穷无尽。临当离别时,竟不知说什么才好?只有双眼泪流,擦拭不尽。

我的朋友柳子厚,才学出众且贤明能干。我还没结识您的时候,就已拜读过柳子厚赠您的文章。从此之后日夜都在想着瞻仰您的风采,至今已整整三年了。没想到在我流放的路途中,能与您同吃同住十天。从前听说过很多关于您的事情,如今了解到的更是胜过从前所知。奈何我们又要分别了,真令我感到非常难过。

人在有权有势,地位显要时,就会被世俗人情所重视,而一旦被排斥贬谪时,就会被视如尘埃。这种事即使骨肉之间尚且难以避免,更何况是四海之内并不相干的人呢?形貌壮盛、道德高尚的桂林伯,有着英勇威武的品质。虽然与我素昧平生,但却比亲戚朋友待我还要亲近、真诚。他给我写了长达几页的书信,并随信捎来珍贵的药材。那些药材是用来预防瘴疠之气的,书信是劝勉我修心养性、调理身体的。不知道我被流放到这偏僻之地，将来是否还有再被起用的机会？如今，穷途末路的我谨以此诗表达感激之情，肝胆在胸，百感交集。

读书就怕读得不够多，思考问题就怕考虑得不够透彻，还怕骄傲自满，不爱学习，即使学习了又怕无法付诸行动。如今您这四个方面都做得非常完美，因此在学习方面硕果累累，花也开得繁茂。您是朝廷官员中不可或缺的重要人物，因此在求取官位时，您不应落于众人之后。非常遗憾我被贬谪到南海来，无法在朝中助您一臂之力。

我寄封信给龙城郡的太守柳子厚，您的马儿何时能喂饱上路？在峡山寺遭遇飓风，雷电交加，仿佛是在并力冲触。船只随着潮水一路颠簸到扶胥，对岸仿佛近在咫尺。虽然两岸的岩石都很坚实，但波浪拍打过来时，仍有断木和石块交互迸飞。屯门山虽然高峻，但也时不时被波浪所吞没。我的罪过深重，死生不足惜，但您的生命却不容忽视。为何面对如此险境您还不愿与我告别呢？只因为我们之间的情谊深厚至骨，真让我感谢万分。

初南食贻元十八协律

鲨实如惠文，骨眼相负行。蚝相粘为山，百十各自生。蒲鱼尾如蛇，口眼不相营。蛤即是虾蟆，同实浪异名。章举马夹柱，斗以怪自呈。其余数十种，莫不可叹惊。我来御魑魅，自宜味南烹。调以咸与酸,芼以椒与橙。腥臊始发越,咀吞面汗骍。惟蛇旧所识,实惮口眼狞。开笼听其去,郁屈尚不平。卖尔非我罪,不屠岂非情。不祈灵珠报,幸无嫌怨并。聊歌以记之,又以告同行。

【译文】鲎鱼的形状很像惠文冠,它的眼睛长在背骨之上,总是雌雄背负着前行。牡蛎彼此粘在一起像一座小山,百十个连在一起,共同生长着。蒲鱼的尾巴像蛇尾,口眼并不连在一起。蛤蚧就是虾蟆,同样的物种却徒自有不同的名字。章鱼和马甲柱这两种海鲜也是非常稀奇古怪。另外还有数十种海鲜,无不令人叹惊。我到这里来治理魑魅,自然应该以这些南方的菜肴为主食。我在菜肴中用咸味和酸味来调味,用椒与橙制作菜羹。当这些菜肴的腥臊气味特别浓郁时,我就大口咀嚼、吞咽,直吃得面红耳赤、大汗淋漓。在所有的菜肴当中只有蛇是我曾经就认识的,但也实在害怕它的口眼狰狞。我打开笼子把它放了出去,它还郁屈地带有不平之情。买卖你并非是我的罪过,但不杀你却是我的情谊。我并不奢望得到你的灵珠回报,只希望你不要讨厌和怨恨我就行。我写下这首诗来记录这顿盛宴,并以此告诉我的同行们。

宿曾江口示侄孙湘二首

云昏水奔流,天水漭相围。三江灭无口,其谁识涯圻?暮宿投民村，高处水半扉。犬鸡俱上屋，不复走与飞。篙舟入其家，暝闻屋中唏。问知岁常然，哀此为生微。海风吹寒晴，波扬众星辉。仰视北斗高，不知路所归。

舟行亡故道，屈曲高林间。林间无所有，奔流但潺潺。嗟我亦拙谋，致身落南蛮。茫然失所诣，无路何能还？

【译文】乌云昏沉，江水奔流，天和水连成一片，浩瀚缥缈。三江泛滥，江口已被淹没，有谁能分得清堤岸？黄昏时分，我投宿在农家，即使是位于高地上的房屋也被大水淹没了半截门扉。鸡犬全都躲在屋顶上，不再像平常那样在地上飞走。撑着船可以直接进入居民的家中，黑暗之中可以听到有人在哭泣。经过打听才知道，这里每年都是如此景象，生命如此卑微真令人感到悲哀。强劲的海风吹过，天气寒冷而晴朗，水波中荡漾着众星的光辉。抬头仰望逐渐升起的北斗星，不知道我的归路在何方。

驾着小舟行驶，无意间迷失了来时的道路，曲曲折折地行进在高耸的树林之中。林间什么也看不到，只有奔腾的流水潺潺作响。可叹我也缺乏谋生的能力，以至于身陷南蛮之地。茫然间忘记了自己的方向，迷了路，我该怎么返回呢？

答柳柳州食虾蟆

虾蟆虽水居，水特变形貌。强号为蛙蛤，于实无所校。虽然两股长，其奈背脊皰。跳踯虽云高，意不离汀淖。鸣声相呼和，无理只取闹。周公所不堪，洒灰垂典教。我弃愁海滨，恒愿眠不觉。叵堪朋类多，沸耳作惊爆。端能败笙磬，仍工乱学校。虽蒙句践礼，竟不闻报效。大战元鼎年，孰强孰败挠？居然当鼎味，岂不辱钓罩？余初不下喉，近亦能稍稍。常惧染蛮夷，平生性不乐。而君复何为，甘食比豢豹。猎较务同俗，全身斯为孝。哀哉思虑深，未见许回櫂。

【译文】虾蟆虽然属于水族，但它与水族中的其他物种都不太一样。人们大多称它们为蛙或蛤，实际上这两者并没有什么太大的区别。虽然它的两条腿比较长，但背脊上全是小疙瘩。它跳踯得很高，却总是离不开泥汀的水淖。它们相互呼应鸣唱，无缘无故地喧闹。喧闹声就连周公也不堪忍受，于是教会人们洒灰杀灭它们的办法。我被放逐到令人忧愁的海滨后，唯愿长眠不醒。但实在无法忍受的是那虾蟆的繁多，它们在我耳边叫嚣沸腾犹如惊雷爆炸一样。这种声音搅乱了音律的和谐，也影响了琅琅的读书声。虽然这虾蟆接受了勾践给予的厚重礼遇，但也没听说它们给予一丝的报答。汉武帝元鼎五年（前112），据说青蛙与虾蟆曾经发生群斗，最终也不知谁强谁败？现在竟然将虾蟆当成美味来烹饪，这岂不有辱捕鱼的钓钩和竹笼。起初，我吃这东西时感觉难以下咽，最近也稍稍适应了。我常常害怕自己沾染上蛮夷的民风习俗，丧失了平生坚持的好乐习惯。如果是您又该如何是好，竟然把它们当作美味就像对待豹胎一样珍贵的食品。孔子也曾经随俗打猎，只要能保全身体就算是尽了孝道。深重的思乡之情真令人悲哀啊，可是至今也没得到召返的许可。

别赵子

　　我迁于揭阳，君先揭阳居。揭阳去京华，其里万有余。不谓小郭中，有子可与娱。心平而行高，两通诗与书。婆娑海水南，簸弄明月珠。及我迁宜春，意欲携以俱。摆头笑不可，"我岂不足欤？又奚为于此，往来以纷如。海中诸山中，幽子颇不无。相期风涛观，已久不可渝。又尝疑龙虾，果谁雄牙须。蚌蠃鱼鳖虫，瞿瞿以狙狙。识一以忘十，大同细自殊。欲一穷究之，时岁屡谢除。今子南且北，岂非亦有图？人心未尝同，不可一理驱。各宜从所胜，未用分贤愚。"

　　【译文】我迁官到了揭阳县，您已在我之前来揭阳居住了。揭阳距离京城有一万多里路。真没想到在这个小城郭中，可以结识您这样的朋友并与您为伴。您心气平和、品行高洁，在诗经、书籍方面都非常精通。波光粼粼的南海边，您把玩着手里的夜明珠。等到我北迁宜春任官时，很想带着您一同前往。可是您却摇头笑着拒绝我说："难道我在这里还有什么不满足的吗？又何必到北方去，往来奔波多么麻烦。在南海的诸多大山中，幽居的隐士还有很多。我曾约定与他们一起去观看波涛风浪，承诺了很久，不能不兑现。同时我曾经对龙与虾究竟是哪一个物种有雄性的牙齿和胡须感到疑惑。蚌、蠃、鱼、鳖、虫这些海洋生物，小心翼翼地伺察危机。我才认识了其中一种，就又忘了其余的十种，感觉它们外形大致相同，然而细究起来却发现差别很大。我总是想到海边去仔细地研究一番，但每年总是因各种原因而取消了计划。像您这样或南下或北上的奔波，不也是有所企图吗？人与人的心思、志向不同，不能一概而论。应该遵从各自的选择，而不必通过这些来区分贤明与愚钝。"

除官赴阙至江州寄鄂岳李大夫

盆城去鄂渚，风便一日耳。不枉故人书，无因帆江水。故人辞礼闱，旌节镇江圻。而我窜逐者，龙钟初得归。别来已三岁，望望长迢递。咫尺不相闻，平生那可计？我齿落且尽，君鬓白几何？年皆过半百，来日苦无多。少年乐新知，衰暮思故友，譬如亲骨肉，宁免相可否？我昔实愚蠢，不能降色辞。子犯亦有言，臣犹自知之。公其务贳过，我亦请改事。桑榆倘可收，愿寄相思字。

【译文】盆城与鄂渚之间，如果是顺风天的话，行船一天就可以抵达。我收到老朋友的来信很想当面答谢，只恨没有顺风天气可以鼓帆沿江去拜访。您放弃了在礼闱为官的机会，手持符节毅然来到长江边任职。而我作为一个被流放的人，到了老态龙钟的年纪才得以北归。与您分别回来已三年，我还时常眺望那遥远的地方。近在咫尺的朋友难以相聚，平生那么多朋友哪能都有往来？如今我的牙齿已掉光了，您的鬓发大概也白了许多吧？我们都已年过半百，以后的日子恐怕也不太多了。年少时特别喜欢结交新朋友，到了衰暮之年反而更加思念起老朋友来了，就好像亲骨肉之间，也免不了会有意见不一致的时候吧？过去我实在是太愚蠢了，为人行事总是不够谦让随和。春秋时期晋国的重臣子犯也曾经说过：自己的过错自己最清楚。请您一定要宽恕我曾经的过错，从今往后我也应当尽量改变自己的处世方式。垂老之年倘若我们还有机会相见，请让我向您表达长相思的衷心祝愿吧。

南山有高树行赠李宗闵

南山有高树，花叶何蓑蓑！上有凤凰巢，凤凰乳且栖。四旁多长枝，群鸟所托依。黄鹄据其高，众鸟栖其卑。不知何山鸟，羽毛有光辉。飞飞择所处，正得众所希。上承凤凰恩，自期永不衰。中与黄鹄群，不自隐其私。下视众鸟群，汝徒竟何为。不知挟丸子，心默有所规。弹汝枝叶间，汝翅不觉摧。或言由黄鹄，黄鹄岂有之？慎勿猜众鸟，众鸟不足猜。无人语凤凰，汝

屈安得知? 黄鹄得汝去, 婆娑弄毛衣。前汝下视鸟, 各议汝瑕
疵。汝岂无朋匹? 有口莫肯开。汝落蒿艾间, 几时复能飞? 哀哀
故山友, 中夜思汝悲。路远翅翎短, 不得持汝归。

【译文】南山上有一棵高大的树, 树上的花朵和枝叶纷繁茂
盛! 树顶上有个凤凰的巢窠, 凤凰在那里哺育幼鸟和栖息。大树的
四周有许多长枝杈, 许多鸟儿都依托于此。其中黄鹄居于较高的枝
头, 其他众鸟都居于它的下方。有一天, 不知从哪座山上飞来一只
鸟, 周身上下的羽毛都闪着耀眼的光辉。这只鸟到处飞翔, 寻找栖
息之地, 最终恰好落在一个大家都企望占据的枝头。这个位置向
上承接凤凰的恩惠, 这只鸟自认为这样可以尽享恩宠, 永不衰落。
中间与黄鹄为伍, 也从不隐瞒自己的私情。向下可以俯视众鸟, 看
看它们究竟能做些什么。然而却不知道那带着弹弓的少年, 心中早
已暗自盘算。他穿过枝叶用弹弓将你击中, 你的翅膀不觉被折断。
有人说这是因黄鹄引起的, 难道真是黄鹄所为? 你也不必猜疑是
枝下的群鸟所为, 因为群鸟不值得猜疑。也没有人将此事告诉凤
凰, 你的委屈它又怎会知道? 自从你离开后, 黄鹄一边婆娑起舞一
边修饰羽衣。从前被你轻视的小鸟, 也都纷纷议论你的瑕疵。难
道你就没有自己的知交吗? 还是它们都有口难开。你掉落在艾蒿丛
中, 何时才能重新飞起来呢? 你故乡的老朋友, 半夜因思念你而感
到万分悲伤。只可惜路远翅膀又太短, 无法带你回到故乡。

猛虎行

猛虎虽云恶，亦各有匹俦。群行深谷间，百兽望风低。身食黄熊父，子食赤豹麛。择肉于熊罴，肯视兔与狸？正昼当谷眠，眼有百步威。自矜无当对，气性纵以乖。朝怒杀其子，暮还食其妃。匹俦四散走，猛虎还孤栖。狐鸣门四旁，出逐猴入居，乌鹊从噪之。虎不知所归，谁云猛虎恶？中路正悲啼。豹来衔其尾，熊来攫其颐。猛虎死不辞，但惭前所为。虎兕无助死，况如汝细微？故当结以信，亲当结以私。亲故且不保，人谁信汝为？

【译文】猛虎虽然恶毒，但也有自己的同伴。它们成群穿行在高山深谷之间，各种各样的野兽看到它们都望风披靡。成年老虎可以吃掉黄熊，小老虎可以吃掉赤豹和麋鹿。它们选取黄熊、赤豹、棕熊为射猎对象，怎会把兔子与狐狸之类的小动物放在眼里？白天它们在山谷中睡觉，眼神中蕴含着震慑百步的威风。他自满地认为没有动物可与它匹敌，于是心性变得骄纵而古怪起来。清晨因发怒杀死自己的儿子，傍晚竟然吃掉自己的虎妃。它的同伴见状也都四处逃散，这只猛虎始终孤栖独行。狐狸在门两旁鸣叫，它出去追逐时，猴子趁机钻进它的巢穴，乌鹊也跟着在门前聒噪。老虎无家可归，谁还会说这只猛虎很凶恶呢？它如今只得坐在路上悲啼了。赤豹前来咬它的尾巴，棕熊也跑来抓它的脸颊。这时的猛虎连死都不惧怕、不躲避，只是后悔自己从前的作为。老虎、犀牛尚且因为没有帮助而死去，更何况像你这样卑微渺小的人呢？因此，面对朋友，应当以诚相待，面对亲人，应当顾念私情。如果你连亲戚和朋友都不能保全的话，又有谁会相信你的所作所为呢？

卷七　古诗

雪后寄崔二十六丞公

蓝田十月雪塞关，我兴南望愁群山。攒天嵬嵬冻相映，君乃寄命于其间。秩卑俸薄食口众，岂有酒食开容颜？殿前群公赐食罢，骅骝蹋路骄且闲。称多量少鉴裁密，岂念幽桂遗榛菅？几欲犯严出荐口，气象硉兀未可攀。归来殒涕掩关卧，心之纷乱谁能删？诗翁憔悴躅荒棘，清玉刻佩联玦环。脑脂遮眼卧壮士，大弨挂壁无由弯。乾坤惠施万物遂，独于数子怀偏悭。朝歠暮喑不可解，我心安得如石顽？

【译文】十月的蓝田大雪阻塞边关，我抬头望见南边的群山发愁。高耸入云的山峰与寒冷相映，你就在如此的环境中担任官职。官阶低俸禄少但家中人口多，哪有酒食让你容颜开朗？殿前朝臣享受完天子的赐食后，都骑着骏马骄傲悠闲地返回家中。他们称多量少仔细审察别人的才能，哪能想起有幽香的桂树遗留在丛生的茅草中呢？我几次想触犯威严推荐他，但气象不平令人不敢开口。回到家里关门躺下不停流泪，谁能为我解决心中的纷乱呢？孟郊在荒棘丛中憔悴而死，他的诗作就像青玉刻佩与玦环相连。张籍的白内障遮住眼睛使他卧病在床，就像良弓挂在墙上不能使用。乾坤布施使万物各有所成，却只让你们几个人的命运不公。早晚唏嘘不已无法解脱，我的心怎么才能像顽石一样毫不动摇呢？

送僧澄观

浮屠西来何施为？扰扰四海争奔驰。构楼架阁切星汉，夸雄斗丽止者谁？僧伽后出淮泗上，势到众佛尤恢奇。越商胡贾脱身罪，珪璧满船宁计资。清淮无波平如席，栏柱倾扶半天赤。火烧水转扫地空，突兀便高三百尺。影沉潭底龙惊遁，当昼无云跨虚碧。借问经营本何人？道人澄观名籍籍。愈昔从军大梁下，往来满屋贤豪者。皆言澄观虽僧徒，公才吏用当今无。后从徐州辟书至，纷纷过客何由记。又言澄观乃诗人，一座竞吟诗句新。向风长叹不可见，我欲收敛加冠巾。洛阳穷秋厌穷独，丁丁啄门疑啄木。有僧来访呼使前，伏犀插脑高颊权。惜哉已老无所及，坐睨神骨空潸然。临淮太守初到郡，远遣州民送音问。好奇赏俊直难逢，去去为致思从容。

【译文】佛教从西方传来究竟做了些什么呢？四海之内都变得纷纷扰扰奔波不已。修建的佛寺楼阁直达云霄，不知道谁住在这雄伟华丽的殿堂中？僧伽大师后来在淮水和泗水一带出现，到那时佛寺的建造就更雄伟奇特了。越地与胡地的商人为了摆脱自身的罪过，施舍满船的珪璧无法计算。清澈的淮水没有波浪，平静得像席子一样，栏杆倾倒被扶起后引来半天的红赤。经过了火烧水冲后扫清地面，突然又出现了三百尺高的佛塔。塔影倒映水中使潭底的龙也受惊逃走，白天无云的时候直跨清澈碧蓝的天空之上。如果要问经营这座塔的人是谁？就是那声名显赫的有道之人澄观。我过去曾经在大梁从军，交往的都是贤士豪杰。他们都说澄观虽然是僧人，但他的才能做官的话也是当今没有的。后来我又被文书征召到徐州做官，接二连三的过客数不清。他们又说澄观是个诗人，满座的人都竞相吟诵他清新的诗句。我向着风长叹没有机会见到他，内心希望他可以还俗做官。洛阳深秋的时候我正感到孤独无依，忽然听到有人丁丁地敲门就像啄木鸟一样。原来是有僧人来访，我便让他上前，只见他脑门上的骨骼隆起，颧骨也凸出。可惜他已经年老不能有所作为，坐看他的神韵风骨让人潸然泪下。临淮太守刚刚来到郡中，就派他到我这里进行问候。既好奇又赏俊，这种机会确实难以遇到，希望你回去的时候转告我对太守的思念。

山南郑相公樊员外酬答为诗其末咸有见及语
樊封以示愈依赋十四韵以献

梁维西南屏，山厉水刻屈。禀生肖勤刚，难谐在民物。荥公鼎轴老，烹斡力健倔。帝咨汝予往，牙纛前坌埲。威风挟惠气，盖壤两劙拂。茫漫华黑间，指画变恍欻。诚既富而美，章汇霍炳蔚。日延讲大训，龟判错衮黻。樊子坐宾署，演孔刮老佛。金春撼玉应，厥臭剧蕙郁。遗我一言重，跽受惕斋慄。辞悭义卓阔，呀豁疚掊掘。如新去耵聍，雷霆逼飓飔。缀此岂为训，俚言绍庄屈。

【译文】梁州是长安西南的屏障，当地的山水陡峭屈曲。百姓生性刚健，难以调和。荥阳公是宰相，可以有力协调政事。天子让他前往梁州任职，于是牙旗树立在前引起了尘土飞扬。他的威风中带着惠气，在天地间招展。雄浑的笔墨之间，以指代笔变化如神。他的文辞丰富华丽，文采鲜明显耀。每天坐在那里讲授先王圣哲的教言，龟判与衮黻交相辉映。樊子在荥阳公的幕府中，讲说儒家之道而诋毁道教佛教。两人金玉相合，比蕙兰还要芳香。他们送我的诗歌很有分量，让我长跪着战栗地接受。他们的诗歌语言简洁而意义深远，仿佛从缝隙里搜罗发掘。读到这样的诗就像刚刚洗去了耳中污垢,听到了雷霆与飓风的震动之声。我写作此诗并不为训,只是继承庄周和屈原的精神,用不高雅的文辞表达谢意罢了。

奉和武相公镇蜀时咏使宅韦太尉所养孔雀

穆穆鸾凤友,何年来止兹?飘零失故态,隔绝抱长思。翠角高独耸,金华焕相差。坐蒙恩顾重,毕命守阶墀。

【译文】美丽的孔雀是鸾凤的朋友,你是什么时候来到这里的呢?飘零在异地你失去了本来的形态,被山水隔绝你整天怀抱对故乡的思念。你的羽冠高高耸立,你的羽毛金光闪耀。因为蒙受太尉的恩惠,得到他的顾念重视,所以你始终在台阶上守候不愿离去。

感春三首

偶坐藤树下,暮春下旬间。藤阴已可庇,落蕊还漫漫。矗矗新叶大,珑珑晚花乾。青天高寥寥,两蝶飞翩翩。时节适当尔,怀悲自无端。

　　黄黄芜菁花，桃李事已退。强风簸枯榆，狼藉九衢内。春序一如此，汝颜安足赖？谁能驾飞车？相从观海外。

　　晨游百花林，朱朱兼白白。柳枝弱而细，悬树垂百尺。左右同来人，金紫贵显极。娇童为我歌，哀响夸筝笛。艳姬蹋筵舞，清眸刺剑戟。心怀平生友，莫一在燕席。死者长眇芒，生者困乖隔。少年真可喜，老大百无益。

　　【译文】偶然坐在藤树下面，正是暮春三月下旬的时候。藤叶渐渐变密已成荫凉，藤花的落蕊还在漫天纷飞。新长出的叶子越来越大，迟开的花朵枯萎凋零。青天是多么高旷深邃，两只蝴蝶翩翩飞舞。时节就应当如此，只是自己无端地感到悲伤。

　　黄色的芜菁花开放了，桃李却已经凋零。狂风吹动着干枯的榆荚，大道之上一片狼藉。春天就这样过完了，你的容颜又怎么值得依赖呢？谁能驾驶飞车？我要跟着他去海外游览。

　　早晨我游览百花林，到处是红色白色的花朵。柳枝柔弱而纤细，悬挂在树上长长垂下。和我一起来春游的人，都是腰佩金鱼袋，身穿紫衣的达官贵人。娇美的伶童为我歌唱，悠扬的歌声胜过了筝笛。美丽的女子在筵席间起舞，清澈的眼眸像剑戟一样闪亮。我心中思念平生的好友，可惜他们没有一个在筵席中。死者永远不能再见到，生者陷入长久的分离。少年时代真令人高兴，年老以后没有一点好处。

早赴街西行香赠卢李二中舍人

天街东西异，祇命遂成游。月明御沟晓，蝉吟堤树秋。老僧情不薄，僻寺境还幽。寂寥二三子，归骑得相收。

【译文】京城的街道东西各有不同，奉命行香于是游历。月光映照在流经宫苑的河道，秋蝉在堤岸旁的树上鸣叫。寺中的老僧很有情趣，寺庙偏僻环境清幽。我们这些寂寞的游人，骑马回去的时候相聚在一起。

晚寄张十八助教周郎博士

日薄风景旷，出归偃前檐。晴云如擘絮，新月似磨镰。田野兴偶动，衣冠情久厌。吾生可携手，叹息岁将淹。

【译文】傍晚的时候风景旷远，我从外面回来仰卧在屋檐下休息。晴天的云彩如撕开的棉絮，空中的新月像磨过的镰刀。偶然兴起郊游的念头，对于公事的厌倦之情由来已久。你们都是我可以携手前行的同伴啊，只可惜一年又到了尽头。

题张十八所居

君居泥沟上，沟浊萍青青。蛙欢桥未扫，蝉嘒门长扃。名秩后千品，诗文齐六经。端来问奇字，为我讲声形。

【译文】你的居所附近有一条泥沟，沟中有污泥但浮萍青青。那里小桥未扫而蛙声欢闹，柴门长久紧锁蝉鸣不绝。你的名位官阶太小落在百官之后，但写作的诗文可以与六经媲美。我特地来你这里请教一些生僻的古文字，请你为我讲解一下它的声与形。

奉酬卢给事云夫四兄曲江荷花行见寄并呈上钱七兄阁老张十八助教

曲江千顷秋波净，平铺红云盖明镜。大明宫中给事归，走马来看立不正。遗我明珠九十六，寒光映骨睡骊目。我今官闲得婆娑，问言何处芙蓉多？撑舟昆明度云锦，脚敲两舷叫吴歌。太白山高三十里，负雪嵬嵬插花里。玉山前却不复来，曲江汀莹水平杯。我时相思不觉一迴首, 天门九扇相当开。上界真人足官府, 岂如散仙鞭笞鸾凤终日相追陪。

【译文】千顷曲江池上荡漾着明净的秋波, 荷花像红云一样平铺在明镜般的水面。刚从大明宫中退朝回家的卢给事, 骑马疾行来看荷花, 匆忙得站都站不住。他送给我一首诗就像九十六颗明珠一样, 清冷的光芒映入骨中如同睡着的骊龙眼睛。我如今官职清闲可以从容观赏, 请问哪里的芙蓉花最多? 我们撑着船到昆明池, 穿过云锦般的荷花荡, 用脚敲着两边的船舷唱起吴歌。太白山有三十里高, 覆盖着积雪的山峰倒映在昆明池中仿佛插在花丛中。蓝田玉山就在眼前却后退不再过去, 清澈的曲江池好像盛满了水的杯子一样平静。这时我被牵动了相思之情不觉回头一看, 只见九扇天宫之门正相对而开。上界的真人在官府中辛苦地忙碌, 哪有散仙鞭策鸾凤整天一起结伴嬉戏快乐呢。

奉和钱七兄曹长盆池所植

翻翻江浦荷, 而今生在此。擢擢菰叶长, 芳根复谁徙? 露濡两鲜翠, 风荡相磨倚。但取主人知, 谁言盆盎是?

【译文】随风飘动的江浦荷花, 现在却生在了盆池里。菰叶长而挺拔，不知道是谁把你移到这里？露珠欲滴又新鲜翠绿，在风中摇曳互相摩挲。只要能获得主人的观赏，就算在这小小的盆盎之中又有什么关系呢？

记　梦

夜梦神官与我言，罗缕道妙角与根。挈携陬维口澜翻，百二十刻须臾间。我听其言未云足，舍我去度横山腹。我徒三人共追之，一人前度安不危。我亦平行蹋𦨴𦪒，神完骨蹻脚不掉。侧身上视溪谷盲，杖撞玉版声彭甗。神官见我开颜笑，前对一人壮非少。石坛坡陀可坐卧，我手承颏肘拄座。隆楼杰阁磊嵬高，天风飘飘吹我过。壮非少者哦七言，六字常语一字难。我以指撮白玉丹，行且咀嚼行诘盘。口前截断第二句，绰虐顾我颜不欢。乃知仙人未贤圣，护短凭愚邀我敬。我宁屈曲自世间，安能随汝巢神山。

【译文】夜晚梦见一个神官与我说话，他向我详细讲解星宿辰角与天根的玄妙。滔滔不绝地述说寅申巳亥四隅，一百二十刻在须臾之间被他说得十分清楚。我听完他的话仍然感到不满足，于是他舍我而去飞过山间。我们三个人便一起追他，一个人跑在前面十分平安没有危险。我也踏着崎岖的山路平顺前行，精神完好骨骼强健，腿脚也不哆嗦。我侧着身子向上看，溪谷之间一片模糊的景色，用手杖撞击玉版发出彭韺的声响。神官看见我后喜笑颜开，一个壮年神官上前与我对话。石坛倾斜可以坐卧，我用手撑着下巴用肘支着座位。高大的仙楼神阁地势险要，天风飘飘从我身边吹过。那个壮年神官吟诵着七言诗，前面六个字是常语但最后一个字怎么都吟诵不出来。我用手指撮起白玉丹，一边咀嚼一边辩难那句诗。他听了以后便不再吟诵第二句，露出恼怒的神情不高兴地看着我。我这才知道仙人不是圣贤，他们也护短守愚想要获得我的尊敬。我宁可委屈自己待在人世间，怎么能跟着你们住在神山。

南内朝贺归呈同官

薄云蔽秋曦，清雨不成泥。罢贺南内衙，归凉晓凄凄。绿槐十二街，涣散驰轮蹄。余惟戆书生，孤身无所赍。三黜竟不去，致官九列齐。岂惟一身荣，珮玉冠簪犀。混荡天门高，著籍朝厥妻。文才不如人，行又无町畦。问之朝廷事，略不知东西。况于经籍深，岂究端与倪。君恩太山重，不见酬稗稊。所职事无多，又不自提撕。明庭集孔鸾，曷取于凫鹥？树以松与柏，不宜问蒿藜。婉娈自媚好，几时不见挤？贪食以忘躯，趓不调盐醯。法吏多少年，磨淬出角圭。将举汝愆尤，以为己阶梯。收身归关东，期不到死迷。

【译文】薄云遮蔽了秋天的阳光，清雨沾湿了地上的泥土。南内衙的朝贺完毕，归途乌云密布感觉凉爽。十二条街上的绿槐林中，车马散漫地奔驰着。我只是一个愚蠢的书生，孤身一人没有行李。遭到三次罢黜竟然还没离开朝廷，现在仍然位列于九卿。不只得到一身的荣耀，佩带玉饰头插犀簪。在高高的皇宫之门中，我的妻子也获得朝廷封籍。我的文才不如别人，行为举止也没有规矩。向我询问朝廷里的事情，一片茫然不知东西。况且对于深奥的经书典籍，也从来没有仔细研究其中的端倪。君王的恩德像泰山一样重，我却从未报答过稗草和稊草。我的职事并不太多，自己也不思振作。明庭中聚集了孔雀和鸾凤，为什么还要野鸭和水鸮呢？既然种植了松树与柏树，不应再夹杂蒿和藜。年轻貌美的人互相喜欢，我这样的人什么时候不会被排挤呢？只顾着吃而忘记自身安危，终究会被人不调盐醋地新鲜煮食。那些法吏混迹官场多少年，全都像有棱角的圭玉经过磨砺。他将会检举你的过失，以此作为自己进身的阶梯。还是让我隐退回到关东吧，希望不至于到死仍然执迷不悟。

朝　归

　　峨峨进贤冠，耿耿水苍珮。章服岂不好，不与德相对。顾影听其声，赧颜汗渐背。进乏犬鸡效，又不勇自退。坐食取其肥，无堪等聋瞆。长风吹天墟，秋日万里晒。抵暮但昏眠，不成歌慷慨。

【译文】高高的进贤冠戴上头，晶莹的水苍玉佩腰间。这身服饰哪里不好，是我的才德不能与它相称。看着自己的身影听着玉佩的声音，令人不免脸红逐渐汗流浃背。我对于朝廷没有鸡犬般的功劳，但又没有激流勇退的勇气。坐享俸禄贪图好处，没有可取之处与耳聋眼瞎的人一样。长风在天空中吹拂，秋日照耀着万里大地。傍晚到家后只是昏昏而睡，难以抒发慷慨之情。

杂诗四首

朝蝇不须驱，暮蚊不可拍。蝇蚊满八区，可尽与相格？得时能几时，与汝恣唊咋。凉风九月到，扫不见踪迹。

鹊鸣声揸揸，乌噪声攫攫。争斗庭宇间，特身博弹射。黄鹄忍长饥，两翅久不擘。苍苍云海路，晚岁将无获。

截橑为樽栌，斫楹以为椽。束蒿以代之，小大不相权。虽无风雨灾，得不覆且颠。解辔弃骐骥，搴驴鞭使前。昆仑高万里，岁尽道苦邅。停车卧轮下，绝意于神仙。

雀鸣朝营食，鸠鸣暮觅群。独有知时鹤，虽鸣不缘身。喑蝉终不鸣，有抱不列陈。蛙黾鸣无谓，阁阁只乱人。

【译文】早上的苍蝇不用驱赶，晚上的蚊子也不要拍死。苍蝇和蚊子充满四面八方，怎么能把它们全都杀光呢? 但你们又能猖獗几时，就让你们拼命地叮咬吧。到了九月凉风吹起的时候，将你们一网打尽不留下半点踪迹。

喜鹊的叫声喳喳，乌鸦的叫声攫攫。它们在庭院中互相争斗，只身与弹射相搏。只有黄鹤能忍受长期的饥饿，空有两个翅膀却久久不飞。云海之路漫漫，再不行动晚年就将一无所获。

截断屋椽来作斗拱，砍断楹柱来作椽子，束上一把蒿草来代替屋椽和楹柱，大小之间不相称。虽然不会受到风雨的侵袭，但最终也会造成倒塌的后果。解开缰头舍弃了骐骥，却赶着瘸腿的毛驴前行。昆仑山有万里之高，一年将尽道路还离得很远。只能把车停好躺在车轮底下，断绝登山成仙的念头。

早晨麻雀为了寻找食物而鸣叫，傍晚鸠鸟为了寻找同伴而鸣叫。只有知晓时辰的鹤，虽然鸣叫但不是为了自己。喑蝉终身不鸣，有抱负也不说出来。蛙的鸣叫没有意义，吵闹的声音只会令人心烦。

读东方朔杂事

严严王母宫，下维万仙家。噫欠为飘风，濯手大雨沱。方朔乃竖子，骄不自禁诃。偷入雷电室，輷輘掉狂车。王母闻以笑，卫官助呀呀。不知万万人，生身埋泥沙。籍顿五山踣，流漂八纮蹉。曰吾儿可憎，奈此狡狯何? 方朔闻不喜，褫身络蛟

蛇。瞻相北斗柄，两手自相授。群仙急乃言，百犯庸不科？向观
睥睨处，事在不可赦。欲不布露言，外口实喧哗。王母不得已，
颜嚬口齎嗟。颔头可其奏，送以紫玉珂。方朔不惩创，挟恩更
矜夸。诋欺刘天子，正昼溺殿衙。一旦不辞诀，摄身凌苍霞。

【译文】威严的王母宫，下面环绕着万千的仙家。他们吐一口
气成为旋转的暴风，他们洗一下手就成为滂沱的大雨。东方朔真是
个浑小子，骄傲自满而不呵斥制止。偷偷地闯入了雷电之室，驾着
电车狂奔，不停响着雷霆。王母听到后也只是哈哈大笑，她的卫官
也在一旁帮助东方朔。他不知道有多少万人，身体被埋在泥沙中。
渤海的五山在颠簸中倾倒，八维的方向也在漂流中颠倒。王母说
东方小儿实在令人厌恶，怎么会这么狡诈而不成体统？东方朔听了
后很不高兴，用蛟蛇缠遍全身。两眼观察着北斗星，两手不停互相
搓揉。众多的仙人看见后急切地发话，东方朔做了那么多违法的事
情为什么不追究他的罪过？他窥伺北斗星的事，实在是罪不可赦。
想要不对外公布此事，其实外面已经喧哗开了。王母迫不得已，皱
着眉头叹息。然后点了点头同意了众仙的奏请，送了一块紫玉珂给东
方朔。东方朔没有受到惩罚，仗着王母的恩宠更加骄傲自大。毁谤
和丑化汉家的天子，大白天公然在宫殿上撒尿。有一天忽然又不辞
而别，抽身直入青云之上。

示 儿

　　我始来京师，止携一束书。辛勤三十年，以有此屋庐。此屋岂无华，于我自有余。中堂高且新，四时登牢蔬。前荣馔宾亲，冠婚所依于。庭内无所有，高树八九株。有藤缕络之，春华夏阴敷。东堂坐见山，风云相吹嘘。松果连南亭，外有瓜芋区。西偏屋不多，槐榆翳空虚。山鸟旦夕鸣，有类涧谷居。主妇治北堂，膳服适戚疏。恩封高平君，子孙从朝裾。开门问谁来，无非卿大夫。不知官高卑，玉带悬金鱼。问客之所为，峨冠讲唐虞。酒食罢无为，碁槊以相娱。凡此座中人，十九持钧枢。又问谁与频，莫与张樊如。来过亦无事，考评道精粗。跰跰媚学子，墙屏日有徒。以能问不能，其蔽岂可祛？嗟我不修饰，事与庸人俱。安能坐如此，比肩于朝儒。诗以示儿曹，其无迷厥初。

　　【译文】当初我来京城的时候，只带了一捆书。辛勤奋斗了三十年，才有了这么一座房屋。这座房屋不是特别华丽，但对于我来说已经绰绰有余。房子的中堂又高又新，一年四季都有荤素祭品。堂前是用来设宴款待宾客亲友的，成人与婚嫁之礼都可以在这里举行。中庭里没有其他的东西，只有八九株高大的树木。大树上有藤蔓缠绕着，春天开满了花儿，夏天则有树荫蔽日。在东堂立坐着可以看见远山，清风和白云飘荡在那里。又有松果与南亭相接，亭外是种着瓜芋的园子。西边比较偏僻房屋不是很多，有槐树和榆树遮挡着空虚之处。那里有山鸟早晚都在鸣叫着，让人觉得像居住在涧谷中一样。家中的主妇在北堂操持家务，置办膳食与衣服来招待亲疏不同的来客。她受皇恩被封为高平君，子孙们都跟在她穿着朝服的身后。打开大门迎接客人询问来者是谁？无非是公卿大夫罢了。分不清楚官位的高低，只知道都在玉带上悬挂着金鱼袋。如果要问一下客人们都做些什么，都是些戴着峨冠讲授唐尧虞舜之道的大臣。酒足饭饱以后也不做其他事情，摆出握槊来娱乐一下罢了。座中的客人，十有八九都是掌握国家政权的重臣。如果再要问问谁来往得频繁一些，那么没有人能与张籍和樊宗师相比。来我这里拜访也没有别的事，只是互相评判一下悟道的深浅罢了。那些勤奋好学的学生，在我的门下每天都有。增进他们已懂的知识并且询问他们不懂的知识，他们的毛病怎么不可以改掉呢？如果我不修饰自身增加自己的学问，而与平庸之人一样生活。怎么能像现在这样，与朝中大儒并肩而坐。写下这首诗给你们这些晚辈，一定不要放弃了最初的学习与修养。

谴疟鬼

屑屑水帝魂，谢谢无余辉。如何不肖子，尚奋疟鬼威？乘秋作寒热，翁妪所骂讥。求食呕泄间，不知臭秽非。医师加百毒，薰灌无停机。灸师施艾炷，酷若猎火围。诅师毒口牙，舌作霹雳飞。符师弄刀笔，丹墨交横挥。咨汝之胄出，门户何巍巍。祖轩而父顼，未沫于前徽。不修其操行，贱薄似汝稀。岂不忝厥祖，靦然不知归。湛湛江水清，归居安汝妃。清波为裳衣，白石为门畿。呼吸明月光，手掉芙蓉旂。降集随九歌，饮芳而食菲。赠汝以好辞，咄汝去莫违。

【译文】水帝颛顼微弱的灵魂啊，已经没有残留的光辉。为什么他的不肖之子疟鬼，却还在逞着威风呢？它趁着秋天发作，让人或冷或热，是老翁老妇辱骂诅咒的疾病。疟鬼在吐泻的肮脏东西里寻找食物，一点儿也不嫌弃腥臭难闻。医生对它用尽各种药物，不停地进行熏蒸和灌服。针灸师也用艾炷，像打猎时用火围攻野兽一般残酷。巫师满嘴狠毒的话，舌头像霹雳般飞快念咒。符师舞弄着刀笔，用红黑两色交错画符。考察你这疟鬼的世系，门第是如此高贵。你的祖父是轩辕而父亲是颛顼，前人的美德一直没有消失。你不注重自己的品德修养，像你这样下贱卑劣的人实在是少见。你这样做难道不是辱没了祖宗，厚颜无耻不知道自己的方向。深深的江水清澈见底，你还是回到那里与自己的妻子安居吧。你用清波做自己的衣裳，用白石做自己的门槛，呼吸明月的光芒，手摇荷花的旗帜。可以随着九歌的祭祀，整天饮食芳菲。我赠给你的话语都是为你着想，请你不要违背我的好意赶紧去吧！

庭 楸

庭楸止五株，共生十步间。各有藤绕之，上各相钩联。下叶各垂地，树颠各云连。朝日出其东，我常坐西偏。夕日在其西，我常坐东边。当昼日在上，我在中央间。仰视何青青，上不见纤穿。朝暮无日时，我且八九旋。濯濯晨露香，明珠何联联。夜月来照之，蒨蒨自生烟。我已自顽惰，重遭五楸牵。客来尚不见，肯到权门前。权门众所趋，有客动百千。九牛亡一毛，未在多少间。往既无可顾，不往自可怜。

【译文】我的庭院中有五棵楸树，它们生长在十步之内。每棵树上都有藤蔓缠绕，上面互相钩挂牵连在一起。下面的叶子纷纷垂在地面，树顶像云一样连成一片。当朝阳从树的东边升起时，我经常坐在树的西边。当夕阳落到树的西边时，我经常坐到树的东边。当正午太阳在树上时，我就坐在树的中间。抬头仰望是一片青色，根本看不见一丝天空穿破。到早晚没有太阳的时候，我已经连着挪动了八九个地方。清晨的雨露晶莹清香，像一颗颗明珠连接在一起。当晚上月亮照进来的时候，它们能生出袅袅的青烟来。我本身就已经愚昧怠惰了，现在又受到五棵楸树的牵连。有客人来拜访我尚且不见他们，怎么肯到权贵门前去拜访他们。权贵的大门是众人想去的地方，动不动就有成百上千的客人。少一个客人就像九牛失去一毛一样，其中并没有显出多少来。我去拜访不会得到他们的关心，不去也只能顾影自怜了。

玩月喜张十八员外以王六秘书至

前夕虽十五，月长未满规。君来晤我时，风露眇无涯。浮云散白石，天宇开青池。孤质不自惮，中天为君施。玩玩夜遂久，亭亭曙将披。况当今夕圆，又以嘉客随。惜无酒食乐，但用歌嘲为。

【译文】昨天晚上虽然是八月十五，但月亮有些长显得不是很圆。你那天来看我的时候，满天的风露渺渺无际。浮云像白石一样四散开来，天空当中如同凿开了一个青池。孤独的月亮没有感到一丝害怕，为你在中天照耀人间。赏玩月亮一直到深夜，曙光将要出现在天空。何况今天晚上的月亮很圆，你又带着贵宾一起来到。只可惜没有酒食作乐，那么就让我们用吟诗来助兴吧。

和李相公摄事南郊览物兴怀呈一二知旧

灿灿辰角曙，亭亭寒露朝。川原共澄映，云日还浮飘。上宰严祀事,清途振华镳。圆丘峻且坦,前对南山标。村树黄复绿,中田稼何饶。顾瞻想岩谷,兴叹倦尘嚣。惟彼颠瞑者,去公岂不辽。为仁朝自治,用静兵以销。勿惮吐握勤,可歌风雨调。圣贤相遇少,功德今宣昭。

【译文】清晨的曙光已熠熠生辉,晶莹的寒露弥漫在空中。河流与原野交相辉映,云彩和太阳飘浮相衬。上宰李相公庄严地对待祭祀之事,在清新的路途上骑马前行。祭祀的圆丘高峻而平坦,它的前面与终南山相对。村中的树林黄中带绿,村中的田地庄稼是多么茂盛。回过头去令人想起归隐岩谷的逸兴,发出长叹表示对尘世喧嚣的厌倦。想想那些被仕途迷惑的人,比起你的德行来不知差得有多远。如果施行仁义,朝政就自然得到治理,清静无为,战争必然会转变为和平。不要担心吐哺握发太过勤快,必须为风调雨顺而感到高兴。自古以来圣明的君主与贤能的臣子很少能相逢,但现在二者却可以遇到,这样的功德值得宣扬。

和裴仆射相公假山十一韵

公乎真爱山,看山且连夕。犹嫌山在眼,不得著脚历。往语山中人,与我涧侧石。有来应公须,归必载金帛。当轩乍骈罗,随势忽开坼。有洞若神剜,有岩类天划。终朝岩洞间,歌鼓燕宾戚。孰谓衡霍期,近在王侯宅。傅氏筑已卑,磻溪钓何激。逍遥功德下,不与事相撽。乐我盛明朝,于焉傲今昔。

【译文】裴公是真的喜爱山,可以从早到晚一直游览。而且他还嫌山就在眼前,却不能前往游历。所以他对山中的人说,请给我送些山涧边的石头来。有人应裴公的需要带着山石来,回去的时候一定带着金帛离开。在他的窗户下面罗列着许多石头,随着山势忽然开裂。有洞好像神灵剜开,有崖仿佛天然划出。裴公便整天徘徊在岩洞之间,唱歌敲鼓设宴款待亲朋好友。谁说那衡山与霍山的奇特,竟然就在王侯的宅第之中。传说版筑已显得十分低下,吕尚在磻溪钓鱼未免太过激荡。在功德之下逍遥,与国事互不相关。为我们这个昌明的世道高兴,只有在这里才可以傲视古今。

与张十八同效阮步兵一日复一夕

一日复一日,一朝复一朝。只见有不如,不见有所超。食作前日味,事作前日调。不知人不死,悯悯尚谁要。富贵自萦拘,贫贱亦煎焦。俯仰未得所,一世已解镳。譬如笼中鹤,六翮无所摇。譬如兔得蹄,安用东西跳。还看古人书,复举前日瓢。未知所究竟,且作新诗谣。

【译文】一天又一天,一朝又一朝。只看见有不如前面的,看不见能超过前面的。吃的东西与从前是一个味道，做的事情也与过去是一个调性。不知道人没有死去，还有谁要忧伤。富贵对自己是一种拘束，贫贱也同样让人感到煎熬与焦虑。俯仰之间没有得到什么，但这一世已经解脱了束缚。这就如同关在笼中的鹤，虽有两翼却无法扇动。又好像得到蹄子的兔子，再也不能东西蹦跳。我还是去读古人的书，再拿起从前的瓢勺吧。不知道人生的意义究竟是什么，就写下新的诗作来解嘲吧。

送诸葛觉往随州读书

邺侯家多书，插架三万轴。一一悬牙签，新若手未触。为人强记览，过眼不再读。伟哉群圣文，磊落载其腹。行年余五十，出守数已六。京邑有旧庐，不容久食宿。台阁多官员，无地寄一足。我虽官在朝，气势日局缩。屡为丞相言，虽恳不见录。送行过浐水，东望不转目。今子从之游，学问得所欲。入海观龙鱼，矫翮逐黄鹄。勉为新诗章，月寄三四幅。

【译文】邺侯李繁家中有很多藏书，插在书架上的有三万轴。每一轴上都缀有牙制签牌，崭新得像手没碰过一样。他这个人记性很好，过目不忘不用再读第二遍。那些圣贤的鸿篇巨制，纷纷被他记在心中。他已经五十多岁了，出任太守也已六次。京城当中有他的旧宅，但没有机会长久地在那里吃饭住宿。官府之中有很多官员，也没有他可以插足的地方。我虽然在朝廷为官，但气势也日渐萎缩。我多次在丞相面前为他说话，虽然态度恳切但仍未被录用。我为他送行一直过了浐水，他目不转睛地向东望向京城。现在你要去随州跟他学习，一定会让你的学问获得长进。就像去海中观看龙鲤，在空中展翅翱翔追逐黄鹄。请你努力写出新的诗作，每个月寄来三四篇让我欣赏吧。

南溪始泛三首

榜舟南溪上，上上不得返。幽寻事随去，孰能量近远。阴沉过连树，藏昂抵横坂。石粗肆磨砺，波恶厌牵挽。或倚偏岸渔，竟就平洲饭。点点暮雨飘，稍稍新月偃。余年懔无几，休日怆已晚。自是病使然，非由取高蹇。

南溪亦清驶，而无楫与舟。山农惊见之，随我观不休。不惟儿童辈，或有杖白头。馈我笼中瓜，劝我此淹留。或云以病归，此已颇自由。幸有用余俸，置居在西畴。囷仓米谷满，未有旦夕忧。上去无得得，下来亦悠悠。但恐烦里闾，时有缓急投。愿为同社人，鸡豚燕春秋。

足弱不能步，自宜收朝迹。羸形可舆致，佳观安事掷？即此南坂下，久闻有水石。拖舟入其间，溪流正清激。随波吾未能，峻濑乍可刺。鹭起若导吾，前飞数十尺。亭亭柳带沙，团团松冠壁。归时还尽夜，谁谓非事役？

【译文】在南溪上面行船，越往上越不想返回。清幽的景色随着前行变多，谁能衡量路程的远近。经过浓荫密布的树林，低头弯腰才能到达横坡。粗糙的溪石摩擦着船底，湍急的水流要人在岸上牵着船前行。有时我们靠着岸边捕鱼，然后去平坦的沙洲上做饭。傍晚的时候天上飘下点点细雨，弯弯的新月挂在天空。担心余年所剩无几，悲伤退休的时间已经太晚。我是因为生病才过上了这样的生活，并不是想借此显示自己的洁身自好。

南溪的水清澈湍急，但溪上没有船只前行。山里的农夫看见我的小船十分惊讶，一直追着我不停地观察。来看我的人不只有儿童，也有拄着拐杖的老人。他们将竹笼中的瓜送给我，劝我留在这里。我说因病回来，已经颇为自由。幸亏还有剩下的俸禄，可以买下房屋在西畴居住。粮仓里装满了稻米和谷物，早晚都不用担忧。我做官的时候一无所获，现在归隐于此也悠闲自在。只怕劳烦各位乡邻，有时会遇到需要相助的事情。我愿意做同乡之人，春秋两季用鸡和猪一起饮宴作乐。

我双腿软弱无力不能走路，自己决定不应在朝做官。瘦弱的身体可以乘车而行，美丽的景色怎么能随便舍弃呢？在这南坡的下面，早就听说有好山水。把船驶入其中，溪流清澈湍急。我不能做到顺着水流而行，宁可迎着急流撑船而上。白鹭飞起仿佛在引导着我，在前面飞了几十尺。高耸的柳树像衣带一样在沙岸边排成行，团团的松冠像帽子似的露在墙头上。回来的时候已经快到深夜了，谁说这不是一件公事呢？

卷八　联句

城南联句

竹影金锁碎（郊），泉声玉淙琤。琉璃翦木叶（愈），翡翠开园英。流滑随仄步（郊），搜寻得深行。遥岑出寸碧（愈），远目增双明。乾穟纷挂地（郊），化虫枯揭茎。木腐或垂耳（愈），草珠竞骈睛。浮虚有新嶱（郊），摧扤饶孤撑。囚飞粘网动（愈），盗啅接弹惊。脱实自开坼（郊），牵柔谁绕萦。礼鼠拱而立（愈），骇牛躅且鸣。蔬甲喜临社（郊），田毛乐宽征。露萤不自煖（愈），冻蝶尚思轻。宿羽有先晓（郊），食鳞时半横。菱翻紫角利（愈），荷折碧圆倾。楚腻鳢鲔乱（郊），獠羞螺蜅并。桑蟥见虚指（愈），穴狸闻斗狞。逗翳翅相筑（郊），摆幽尾交撑。蔓涎角出缩（愈），树啄头敲铿。修箭褭金饵（郊），群鲜沸池羹。岸壳圻玄兆（愈），野蕚渐丰萌。瑶烟幂疏岛（郊），沙篆印迴平。瘁肌遭蚝刺（愈），啾耳闻鸡生。奇虑恣迴转（郊），遐睎纵逢迎。巅林戢远睫（愈），缥气夷空情。归迹归不得（郊），舍心舍还争。灵麻撮狗虱（愈），村稚啼禽猩。红皱晒檐瓦（郊），黄团击门衡。得隽蝇虎健（愈），相残雀豹趟。束枯樵指秃（郊），刈熟担肩赪。涩旋皮卷脔（愈），苦开腹彭亨。机舂潺湲力（郊），吹簸飘飖精。赛馔木盘簇（愈），靸妖藤索絣。荒学五六卷（郊），古藏四三茔。里儒拳足拜（愈），土怪闪眸侦。蹄道补复破（郊），丝窠扫还成。暮堂蝙蝠沸（愈），破灶伊威盈。追此讯前主（郊），答云皆冢卿。败壁剥寒月（愈），折篁啸遗笙。桂熏霏霏在（郊），綦迹微微呈。剑石犹竦槛（愈），兽材尚挈楹。宝唾拾未尽（郊），玉啼堕犹枪。窗绡疑閟艳（愈），妆烛已销檠。绿发抽珉甃（郊），青肤耸瑶桢。白蛾飞舞地（愈），幽蠹落书棚。惟昔集嘉咏（郊），吐芳类鸣嘤。窥奇摘海异（愈），恣韵激天鲸。肠胃绕万象（郊），精神驱五兵。蜀雄李杜拔（愈），岳力雷车轰。大句斡元造（郊），高言轧霄峥。芒端转寒燠（愈），神助溢杯觥。巨细各乘运（郊），湍渟亦腾声。凌花咀粉蘂（郊），削缕穿珠樱。绮语洗晴雪（愈），娇辞哢雏莺。酣歌新弁珥（郊），繁价流金琼。菡萏写江调（郊），萎蕤缀蓝瑛。庖霜脍玄鲫（愈），淅玉炊香粳。朝馔已百态（郊），春醪又千名。哀匏缺蹙景（愈），冽唱凝余晶。解魄不自主（郊），痹肌坐空瞠。扳援贱蹊绝（愈），炫耀仙选更。丛巧竞采笑（郊），骈鲜互探婴。桑变忽芜蔓（愈），樟裁浪登丁。霞斗讵能极（郊），风期谁复赓？皋区扶帝壤（愈），瑰蕴郁天京。祥色被文彦（郊），良

材插杉桎。隐伏饶气象（愈），兴潜示堆坑。擘华露神物（郊），
拥终储地祯。訏谟壮缔始（愈），辅弼登阶清。坌秀恣填塞
（郊），呀灵滀淳澄。益大联汉魏（愈），肇初迈周嬴。积照涵德
镜（郊），传经俪金籯。食家行鼎鼐（愈），宠族饫弓旌。弈制尽
从赐（郊），殊私得逾程。飞桥上架汉（愈），缭岸俯窥瀛。潇碧
远输委（郊），湖嵌费携擎。荫首从大汉（愈），枫槠至南荆。嘉
植鲜危朽（郊），膏埋易滋荣。悬长巧纽翠（愈），象曲善攒珩。
鱼口星浮没（郊），马毛锦斑驳。五方乱风土（愈），百种分锄
耕。葩蘗相炉出（郊），菲茸共舒晴。类招臻倜诡（愈），翼萃伏
衿缨。危望跨飞动（郊），冥升蹑登闳。春游轹霆靡（愈），彩伴
飒娈媖。遗灿飘的皪（郊），淑颜洞精诚。娇应如在寤（愈），頍
意若含酲。鸦毳翔衣带（郊），鹅肪截珮璜。文昇相照灼（愈），
武胜屠搀抢。割锦不酬价（郊），构云有高营。通波牣鳞介
（愈），疏畹富萧蘅。买养驯孔翠（郊），远苞树蕉枅。鸿头排
刺芡（愈），鹘鷇攒瑰橙。骜广杂良牧（郊），蒙休赖先盟。罴旌
奉环卫（愈），守封践忠贞。战服脱明介（郊），朝冠飘彩纮。爵
勋逮僮隶（愈），簪笏自怀缿。乳下笑嶷嶷（郊），椒蕃泣喤喤。
貌鉴清溢匣（愈），眸光寒发硎。馆儒养经史（郊），缀戚筋孙
甥。考钟馈肴核（愈），戞鼓侑牢牲。飞膳自北下（郊），函珍极
东烹。如瓜煮大卵（愈），比线茹芳菁。海岳错口腹（郊），燕赵
锡媌娙。一笑释仇恨（愈），百金交弟兄。货至貆戎市（郊），呼
传鹳鹆令。顺居无鬼瞰（愈），抑横免官评。杀候肆陵篰（郊），
笼原匝置纮。羽空颠雉鷃（愈），血路迸狐麖。折足去踕踵

（郊），蹙砮怒髭鬟。跃犬疾翳鸟（愈），呀鹰甚饥虻。算蹄记功赏（郊），裂眦相搪揝。猛毙牛马乐（愈），妖残枭鸩悍。窟穷尚嗔视（郊），箭出方惊抨。连箱载已实（愈），碍辙弃仍羸。喘觑锋刃点（郊），困衝株枳盲。扫净豁旷旷（愈），骋遥略苹苹。馋扠饱活脔（郊），恶嚼咠腥鲭。岁律及郊至（愈），古音命韶韺。旗旆流日月（郊），帐庐扶栋甍。磊落奠鸿璧（愈），参差席香蓂。玄祇祉兆姓（郊），黑秬馨丰盛。庆流蠲瘯疠（愈），威畅捐疒㾕。灵燔望高冏（郊），龙驾闻敲飀。是惟礼之盛（愈），永用表其宏。德孕厚生植（郊），恩熙完刖剠。宅土尽华族（愈），运田间强甿。荫庚森岭桧（郊），啄场翻祥鸼。畦肥剪韭薤（愈），陶固收盆罂。利养积余健（郊），孝思事严祊。掘云破嶙峋（愈），采月漉坳泓。寺砌上明镜（郊），僧盂敲晓钲。泥像对骍怪（愈），铁钟孤春锽。瘿颈闹鸠鸽（郊），蜿垣乱蛛蛑。葚黑老蚕蠋（愈），麦黄韵鹂鹒。韶曙迟胜赏（郊），贤明戒先庚。驰门填偪仄（愈），竞墅辗砅砰。醉结红满杏（郊），稠凝碧浮饧。蹴绳觋娥婺（愈），斗草撷玑珵。粉汗泽广额（郊），金星堕连璎。鼻偷困淑郁（愈），眼剽强盯睛。是节饱颜色（郊），兹疆称都城。书饶罄鱼茧（愈），纪盛播琴筝。奚必事远觌（郊），无端逐羁伧。将身亲魍魅（愈），浮迹侣鸥鹭。腥味空奠屈（郊），夭年徒羡彭。惊魂见蛇蚓（愈），触嗅值虾蟛。幸得履中气（郊），忝从拂天枨。归私暂休暇（愈），驱明出庠黉。鲜意竦轻畅（郊），连辉照琼莹。陶喧逐风乙（愈），跃视舞晴蜻。足胜自多诣（郊），心贪敌无勍。始知乐名教（愈），何用苦拘佇。毕景任诗趣（郊），焉能守硜硜（愈）？

【译文】竹子的倒影像细碎的金子铺在地面之上（孟郊），泉水的声音像玉石碰击淙琤作响。树上的叶子仿佛剪出来的琉璃（韩愈），园中的花朵如同翡翠一般。我们摇摇摆摆地走在湿滑的道路上（郊），为了欣赏美景越走越深。远处的山峰看起来就像一寸多的碧玉（愈），纵目远望让人双目明亮。干了的稻穗纷纷落在地面之上（郊），蜕化的枯虫仍然粘在草茎之上。木头已经腐烂，有的地方长出了木耳（愈），草珠子像眼睛一样并列丛生。浮在表面的虚土是新挖的（郊），树枝全被砍掉只剩下光秃秃的树干。昆虫被蛛网困住想飞却带动着蛛网跟着颤动（愈），偷吃食物的鸟儿被弹丸惊吓而飞起。脱离了果树的果子自然裂开（郊），柔弱的蔓草相互纠缠牵绕在一起。老鼠有礼见人拱手而立（愈），老牛受惊吓得边走边叫。社日当天蔬菜的外壳欣喜地裂开（郊），田里的庄稼也开心于缓征赋税。露水中的萤火虫不能自己暖和起来（愈），受冻的蝴蝶还想要轻盈地起舞。夜晚栖息的鸟儿天还未亮就开始飞翔（郊），正在吃食的鱼儿不时横在水中。菱角翻转过来，紫色的双角十分尖利（愈），荷叶弯折下来，又圆又绿的叶子倾斜向一边。水中活蹦乱跳的鳣鲔是楚人的食物（郊），河中整齐排列的螺蟹是夷獠的佳肴。桑树上的尺蠖像人的手指或屈或伸（愈），洞穴中的狸猫传出了互相争斗的凶猛之声。鸟儿栖息在树荫之下，羽翅相触（郊），蛇蝎潜藏在幽僻的山沟，尾巴相击。蜗牛在蔓藤上爬行双角不停伸缩（愈），啄木鸟用头敲击树木发出铿锵之声。修竹低垂好似鱼竿上挂着金色的鱼饵（郊），池中成群的鱼儿不停地游动如沸腾的羹汤。岸边裂开的虫壳如吉祥的兆象（愈），野外的麦子渐渐地开始丰收。白烟笼罩着稀疏的小岛如被布巾覆盖（郊），沙滩上的鸟迹如篆书印在沙地平滩上。憔悴的肌肤上被蚍虫的刺蜇了（愈），鸡雏发出了啾啾的啼叫声。奇思妙想在脑中盘旋不已（郊），纵目远望放任思绪相逢迎。山顶的树林阻挡了远望的目光（愈），缥缈的云气清空了自己的情怀。想要回去却又回不去（郊），想要舍弃却还是心有不甘。灵麻聚集在一起状如狗虱（愈），村中稚童的哭泣如猩猩的啼叫。红皱的干枣晒在檐前的瓦上（郊），黄色的匏瓜敲打着门上的横木。蝇虎豪俊显得更加雄健（愈），雀豹相残动作越发急促。为了收集枯柴，樵夫捆柴的指头都秃了（郊），为了收割庄稼，农夫担粮的肩膀也肿了。高入低出，露出的皮肉向外翻卷（愈），生活困苦，满肚子都是苦水。利用水力舂米的工具全靠潺潺的溪水（郊），上下簸动，糠秕随风飘走，留下精米。村中祭神的食品都堆在木盘之中（愈），农人穿着用草藤编织的草鞋。荒村的学舍只教五六卷书（郊），古代的坟茔只有三四座分布在郊外。乡里的儒生屈膝弯腰叩拜儒圣（愈），土中的怪物闪动着灵活的眼眸四处侦查。蹄子经过的道路修补好了又被踏破（郊），蜘蛛结成的网被扫除了又被补好。傍晚的堂屋之中蝙蝠争飞沸沸扬扬（愈），破旧的灶台里面到处都是爬行的虫子。追问他们这里以前的主人是谁（郊），他们回答说都是上卿之家。破败的墙壁上剥落的图案就像一轮寒月（愈），风吹折了篁竹发出的啸声犹如吹笙。香味浓郁的桂花如雨雪霏霏（郊），留下的足迹隐约可见。剑一样的石头耸立在栏杆之上（愈），雕刻成兽形的木材连接在堂屋前的柱子上。珠宝掉在地上，就像是美人咳唾没完没了（郊），玉佩坠落下来，就像美人涕泪不断碰撞。窗口的丝巾让人疑是屋内藏有佳人（愈），但妆台上的蜡烛已经烧完了。绿色的细草从珉石砌的井的缝隙中生长出来（郊），青色的苔藓立在美丽的树干之上。白色的蛾子在歌舞之地盘旋飞舞（愈），卑陋的书虫落在书架之上。昔日大家聚集在这里互相酬唱（郊），吟诵的佳句就像鸟声相和不断。暗中思考奇句犹如摘取海中瑰宝（愈），放声高歌铿锵如同激起天上鲸鲵。胸中包罗万象（郊），才智出众能够驱使五兵。蜀中的雄杰就属李白与杜甫夸赞城南的诗最为拔尖（愈），诗句似有山岳之力、响起雷车的轰鸣之声。诗句之磅礴可与自然造化相比（郊），言辞之高亢直与天上云霄相逼。笔端有神，能够改变寒暑（愈），有神相助，杯觥充满溢出。万事万物都乘运而奋起（郊），不论是有急才的还是没有急才的也都吟咏出声。好似凌花咀嚼粉蕊（愈），削缕穿过樱桃般的宝珠。绮丽的诗句足以洗净晴雪（郊），娇柔的辞章如雏莺鸣唱。酒酣耳热的欢宴之上夹杂着弁冕和耳饰（愈），杂乱的场地之上散布着黄金和琼玉。荷花的花苞，似是江南的小调（郊），茂盛的草木，点缀着蓝田玉的光华。烹调黑色的鲫鱼为脍，鱼肉如霜般雪白（愈），淘净的粳米，蒸成香喷喷的米饭。早餐已是各种各样（郊），春酒也有个名称。悲凉的乐声，让人因这流逝的岁月而蹙眉（愈），清冽的歌唱，令太阳的余晖也为之凝结。美妙的乐曲使人情不自禁丧魂失魄（郊），身体僵直只能目瞪口呆地坐着。能够来到这里的人没有低贱之人（愈），选客如仙都是人中豪杰。众多的语句都选取好笑的（郊），聚集的新词如婴儿一样挨挨挤挤。桑树变化，忽然生长出杂乱的枝蔓（愈），砍伐樟木做棺，发出登丁的伐木声。云霞相合岂能超越（郊），风度品格谁能再续？这是神明所聚之地护持着帝王居处（愈），这里蕴藏着瑰宝使京都繁荣兴盛。吉祥的色彩笼罩着德才兼备之人（郊），到处都是杉、柽那般的良才。天地气运中充满祥瑞的征兆（愈），或发动或收敛都各自彰显吉祥。河神巨灵劈开了华山（郊），簇拥的终南山积蓄着地下的祥瑞。宏伟的谋略使国家从缔造之初便很雄伟（愈），辅弼之臣身居高位仍旧清明显贵。尘土聚集成秀山填满了边塞（郊），湍急的水流积聚，水静而清，蕴含了无数灵异。城南的大族，越发壮大与汉、魏相连（愈），开始超过周、秦。累世的德行可以成为人生的镜子（郊），留给后代经书远超留给后人黄金。家中的食物都以鼎鼐烹煮（愈），全族深受恩宠都挂满了弓旌。累世之制都来自朝廷的赏赐（郊），天子的特别恩宠，超过了律法的规定。宅中的飞桥可以连接霄汉（愈），围绕着岸边可以俯窥瀛池。潇潇的碧竹从远方运送到这里（郊），湖边的假山从远方费尽力气运来。园中种的葡萄和苜蓿都来自大漠（愈），枫树和楮树则是来自荆州南部。这些美好的树木很少有受损、腐朽的（郊），肥沃的土壤之中草木都长得非常茂盛。又高又长的柳丝结成一片翠绿（愈），又圆又弯的果实如一颗颗珠玉拼凑在一起。鱼儿吐出的泡沫如星星闪烁不定（郊），骏马的毛色如赤红的锦斑。天下的植物都汇聚于此乱了当地的风土（愈），各种各样的植物都按照不同的方式耕种。花朵与枝芽互相妒忌而生长（郊），浓郁的花朵和初生的小草一起在晴空下开放。以物类相招达到倜傥、诡谲之境（愈），翡翠胁翼而系以衿缨。登高而远望，跨过两边好像将要飞动（郊），不断向上攀登如踏入高空之中。春天出游踏青，草木茂盛（愈），盛装的游伴个个如娇羞的新妇。灿烂的笑容仿若光亮的明珠（郊），淑丽的容颜可以洞彻人的诚心。娇柔地回答仿佛正在酣睡之中（愈），疲倦的感觉好似酒醉不醒。飘飞的衣带好像鸳、鹭的羽毛（郊），白润的玉佩犹如切开的鹅肪。才华横溢、风度潇洒可以照耀四方（愈），武功赫赫像可以平定一切叛乱。奢侈不已，随便割锦也不问价格（郊），建筑高大，可以直上云霄。大湖之中豢养着各种各样的水禽（愈），广袤的园囿中种的都是萧艾与杜蘅。园子里养着温驯的翡翠色的孔雀（郊），种植着从远方移来的芭蕉和栟榈。一排排的刺艻浮在水面上就像鸿雁的头（愈），聚在一起的香橙大如鹄卵。园中奔驰的人中夹杂着许多的贤能的郡官（郊），承受的恩宠全赖先世的盟约。外出征战，胜利后成为宫廷的宿卫（愈），守土封疆，以忠贞回报天子的恩德。脱掉身上明亮的战甲（郊），穿上系着飘带的彩冠。分封的爵位和勋官连仆从也沾恩（愈），在褓褓之中就被赐予官职。孩子还在吃奶之时就相貌秀丽可喜（郊），子孙多如花椒一样繁茂，到处都是孩子的哭泣声。容貌光彩可鉴，使镜子也变得清晰了（愈），目光中的寒气就像从磨刀石上磨出来的。以馆阁中的经史子集来供养儒生（郊），款待亲戚邀请孙甥一起饮宴。敲着钟给宾客馈赠佳肴（愈），击着鼓伴着牢牲进行祭祀。飞禽做的膳食来自北方（郊），盘中的珍馐是用极东之地的原料烹调而成。煮熟的鸟蛋像瓜那么大（愈），可吃的芳菁比线还细长。海里的物产与山中的珍馐满足了人们的口腹之欲（郊），燕地的美人与赵地的娇娥在这里随处可见。仅仅一个笑容就可以放下以往的仇恨（愈），拿出一百金就可以结交无数的弟兄。这里有从貊戎之地运来进行买卖的货物（郊），还有已经调教好可以说话的鹦鹉和鸲鸲。安居无事就连鬼神也不敢窥视

（愈），谦逊低调以免受到责难和非议。秋天带来肃杀之气，正是可以大肆捕猎的季节（郊），原野之中布满了用来捕捉野兔和山鸡的陷阱。雉鹩被箭射中，漫天的羽毛掉落在地上（愈），狐狸和马鹿被箭射中，鲜血洒满路径。鸟兽折足只能蹦跳而行（郊），马颈上的鬃毛因愤怒而散乱。猎犬跳跃而起比飞鸟还要迅疾（愈），捕食的猎鹰比饥饿的蚩虫还要凶狠。以猎取的野兽蹄数来作为每人功赏的依据（郊），射中眼睛用来擒获猛兽。猛兽被杀，牛马都为之欢欣起舞（愈），妖鸟残灭，枭鸱也担忧愁苦。就连野兽的窟穴都找到，还到处寻找（郊），弓箭已经射出又惊起弹出。一辆接着一辆的车上都载满了动物（愈），即使因阻碍了车行丢弃了不少也还是很满。人们呼吸粗重地盯着刀锋上仍然滴着的鲜血（郊），感到困倦的人们偶遇株槭而目光迷蒙。打扫干净的猎场显得开阔宽敞（愈），驰骋的原野之上到处绿草如茵。嘴馋肚饿就取来新鲜的兽肉烤熟用以饱腹（郊），大口咀嚼着那微微焦黄的腥鯖。节令来到了十一月（愈），音律当属韶箾之音。旌旗之上描绘着的日月若在流动（郊），住在野外被栋薨架起的帐篷之中。用巨大的玉璧来祭天（愈），铺上参差不齐的香茅席。玄祇给予亿兆百姓以福祉（郊），黑色的黍谷获得丰收用来酿酒。大赦天下可以摆脱徭役之苦（愈），武力威慑天下抛弃了撞车和楼车。燔柴祭天直达高空（郊），龙驾并驱可以听到相撞之声。典祀之礼是如此繁复（愈），可以永远表现出宏伟的德行。德行可以孕育滋养一切动植物（郊），广施恩惠让人可以免受刖黥之刑。住在这里的都是高门贵族（愈），田地之间耕作的都是强壮的农户。粮仓上仓顶用的都是山岭上的桧树（郊），在稻场中飞翔的都是祥瑞的凤凰。田亩肥沃可以长出一茬接一茬的韭薤（愈），陶土结实可以制作成能够使用的盆瓮。长期把钱财和东西积攒起来便可使生活越来越好（郊），对祖宗要有孝心须得进行严格的祭祀。登上险峻的高山拨开山顶的云雾（愈），蹚过凹地中的碧水采摘那一轮明月。寺院的台阶就像镜子那么明亮（郊），僧侣的钵盂被敲打出犹如晓钲的声音。寺中的佛像相对，展现出各种奇异的样子（愈），撞击铁钟发出的声音孤独而悠扬。鸠、鹘鸣叫之时脖子鼓起好似生了颈瘤（郊），蛛、蝶一类的虫子乱糟糟地爬行于墙垣之间。桑葚变黑之时春蚕也慢慢老去（愈），麦苗渐黄之时黄鹂和鸧鹒百啭千声啼声悦耳。美丽的春光正等着人们欣赏（郊），三日前便已邀请贤明的好友。路过门口的车辆密密麻麻填满了整条路（愈），争相从别墅前碾过的车声砯砯不断。结了满树的红杏如一片碎锦（郊），稠浊的碧池如同浮漂着糖稀。荡起秋千可以窥见远处的佳人（愈），挑选斗草的时候如同挑选圆润的美玉。佳人的额头之上粉汗盈盈（郊），金星花靥掉落在项饰璎珞之上。鼻端充溢着浓郁的香气（愈），眸光斜瞥，落在了美丽的容颜之上。这里到处是娇美的女子（郊），城南土疆都属于京城的范围。就是把所有的鱼茧纸都用了也写不尽这里的富饶（愈），就是用乐府来演奏也记录不完今日的盛事。何必要往遥远之地去谋官（郊），如楚人那样被无缘无故地放逐。将亲自与魑魅魍魉相处（愈），与鸥鸟、交鹢相伴而游。身无长物只能用微薄的祭品来祭奠屈原（郊），已是盛年只能徒然羡慕彭祖。总是被蛇和蚯蚓吓得魂飞魄散（愈），能接触到的和闻到的也都是蛤蟆与蝘蜓。幸而可以接触中和之气（郊），从而能与大家一起朝拜于天门。因为回到家中可以得到短暂的休息（愈），所以天一亮就驾车离开了太学。新鲜的空气让人心旷神怡（郊），结伴同游如琼莹相辉映。燕子追逐着微醺的暖风翩翩起舞（愈），蜻蜓在晴天的日空下款款舞动。身强体健自然能够走得很远（郊），留恋风光便不会有可以相伴之人。由此而知名教内自有乐地（愈），为什么要苦苦地被拘束起来。尽兴而归以诗歌记叙城南的游赏之乐（郊），哪里能迂腐固执的独守故纸呢（愈）？

会合联句

离别言无期，会合意弥重（籍）。病添儿女恋，老丧丈夫勇（愈）。剑心知未死，诗思犹孤筇（郊）。愁去剧箭飞，欢来若泉涌（彻）。析言多新贯，摅抱无昔壅（籍）。念难须勤追，悔易勿轻踵（愈）。吟巴山荦嶪，说楚波堆垄（郊）。马辞虎豹怒，舟出蛟鼍恐（彻）。狂鲸时孤轩，幽狄杂百种（愈）。瘴衣常腥腻，蛮器多疏冗（籍）。剥苔吊班林，角饭饵沉冢（愈）。忽尔衔远命，归欤舞新宠（郊）。鬼窟脱幽妖，天居觐清梾（愈）。京游步方振，谪梦意犹恟（籍）。诗书夸旧知，酒食接新奉（愈）。嘉言写清越，愈病失肱肿（郊）。夏阴偶高庇，宵魄接虚拥（愈）。雪弦寂寂听，茗盌纤纤捧（郊）。驰辉烛浮萤，幽响泄潜蜇（愈）。诗老独何心？江疾有余燧（郊）。我家本瀍谷，有地介皋巩。休迹忆沉冥，峨冠惭阃梇（愈）。升朝高綮逸，振物群听悚。徒言濯幽泌，谁与薙荒茸（籍）？朝绅郁青绿，马饰曜珪琪。国仇未销铄，我志荡邛陇（郊）。君才诚倜傥，时论方汹溶。格言多彪蔚，悬解无桍葁。张生得渊源，寒色拔山冢。坚如撞群金，眇若抽独蛹（愈）。伊余何所拟？跛鳖诅能踊。块然堕岳石，飘尔冒巢鷃（郊）。龙旂垂天卫，云韶凝禁甬。君胡眠安然？朝鼓声汹汹（愈）。

【译文】离别的时候总觉得再次相聚的日子似乎遥遥无期，偶尔相聚一次越发显得彼此之间情重意长（张籍）。身上的病痛更添了几许儿女间的依恋之情，年纪渐渐大了，年轻时的勇武也消失殆尽（韩愈）。但心怀壮志如剑心一般依然未死，诗情文思如水依然不同流俗（孟郊）。忧愁像箭一般飞快地离我而去，欢乐又如汩汩的清泉一样来到我的身边（张彻）。大家的诗句大多都是新近所感，抒发的情怀再也没有往日的苦恼（籍）。念及处境艰难就必须勤奋努力，后悔十分容易所以切勿轻易犯错（愈）。吟诵巴山就想起险峻的高山，说到楚地就感到汹涌的波涛（郊）。奔驰的骏马令虎豹震怒，漂浮的轻舟使蛟鼍也恐惧（彻）。凶猛的鲸鱼不时从水中高高浮起，身处幽暗的猿狖超过百种之多（愈）。瘴气弥漫，身上的衣服常有腥腻之味，蛮族之地的器具也都是粗陋无用（籍）。剥掉青苔用来凭吊斑竹，包好角饭用来祭奠沉在水中的屈原（愈）。突然就接到了从远方来的任命，回到朝廷又成了天子的新宠（郊）。终于从鬼窟出来摆脱了幽妖的纠缠，回到天上的宫阙能够看到那高大的殿棋（愈）。从此可以在京城之中昂首阔步的游览，但还会梦到被谪的经历让人恐惧不已（籍）。可以通过作诗写书与旧友互相交流，同样也可以用珍馐美酒来招待新认识的学生（愈）。文辞美妙发出了清越之声，大病痊愈使所有的臃肿全部消失（郊）。夏天的荫凉能够很好地庇护着我们，皎洁的明月高挂在晴朗的夜空之中（愈）。弹琴奏出阳春白雪般的空谷之音，纤纤玉手为我们捧来清新的茗茶（郊）。飞动的萤火虫好似流动的烛火，潜蛰的蟋蟀发出幽幽的叫声（愈）。您这位诗老心中正在想什么呢？湿冷的江水让您的脚微微浮肿（郊）。我家本就位于瀍水和谷水之间，家中的田产位于成皋与巩县之中。生活悠闲让人想起那些安静隐居的日子，在朝为官就对当时的闲适非常惭愧（愈）。上朝的日子大家就骑着高头大马直奔宫中，国家大事群臣都竦然听命。可以濯足的清泉也都是空话，谁能与我一起去除掉田间的杂草（籍）？束朝服的大带上挂着系官印的青色丝带，骏马上的装饰也都是耀眼的珪琪。如今国家的危难尚未过去，我们仍应以平定邛笼作为自己的志向（郊）。您的才能实在是非比寻常，如今的大家都对您赞颂不已。您的言辞不仅合情合理而且文采斐然，一切疑难问题您都能迎刃而解。张生与您一脉相承，文风凛冽好似可拔山兮。言辞犀利如同群钟撞击，语言微而不绝好像抽茧一直不断（愈）。我这样的人又好像什么呢？就像一只再也无法跳跃的跛足老鳖。又如一块从高山上掉下来的石头，又或是一只被网捕住的鸟身上的羽毛。绘有龙纹的旌旗已飘扬在羽卫的头上，韶乐已在禁宫的甬道之中响起，您怎么还能安然的入睡呢？上朝的鼓声已然汹汹作响了。

斗鸡联句

大鸡昂然来，小鸡竦而待（愈）。峥嵘颠盛气，洗刷凝鲜彩（郊）。高行若矜豪，侧睨如伺殆（愈）。精光目相射，剑戟心独在（郊）。既取冠为胄，复以距为镦。天时得清寒，地利挟爽塏（愈）。磔毛各噤痒，怒瘿争碨磊。俄膺忽尔低，植立腭而改（郊）。腷膊战声喧，缤翻落羽翽。中休事未决，小挫势益倍（愈）。妒肠务生敌，贼性专相醢。裂血失鸣声，啄殷甚饥馁（郊）。对起何急惊，随旋试巧绐。毒手饱李阳，神槌困朱亥（愈）。恻心我以仁，碎首尔何罪？独胜事有然，旁惊汗流浼（郊）。知雄欣动颜，怯负愁看贿。争观云填道，助叫波翻海（愈）。争爪深难解，嗔睛时未怠。一喷一醒然，再接再砺乃（郊）。头垂碎丹砂，翼搨拖锦綵。连轩尚贾余，清厉比归凯（愈）。选俊感收毛，受恩惭始隗。英心甘斗死，义肉耻庖宰。君看斗鸡篇，短韵亦可采（郊）。

【译文】个头大的鸡昂首向前，个头小的鸡严阵以待（韩愈）。两只斗鸡都充满高昂的斗志，准备出战，全身的羽毛艳丽得好像洗刷过（孟郊）。大鸡昂然阔步好像在夸耀自己的豪壮，小鸡斜视大鸡似乎在等待着机会（愈）。彼此以炯炯的眼光盯着对方，一心想要战斗满是剑戟相斗的杀气(郊)。头上的鸡冠就如甲胄那样高高扬起，爪后的脚趾如镱一般稳稳而立。正值气候清寒的秋季，地势高而干燥，环境很适合斗鸡(愈)。两只斗鸡怒气勃发，像打寒噤似地将羽毛抖开，由于紧张，呼吸急促，脖子起伏不平像是生了瘤子。一只斗鸡将本来挺得高高的胸忽然贴地低下，另一只本来站着的斗鸡，瞥了对手一眼也立刻改变了姿势(郊)。两鸡鼓翼有声，互相咬啄，上下扑打，落下了许多白色的羽毛。中间略作休息，但胜负未分，小败的一方气势愈加高昂(愈)。双方都具有嫉妒的心肠，总是怀有仇敌之意，贼心不死一心要置对方于死地。一方被啄，破裂出血，难以出声，另一方继续进攻，啄它流血的地方，仿佛饥饿至极(郊)。双方相对，跳起互啄，是多么急促惊险，随之一方旋转，一方跟随，又非常狡诈，用假动作欺骗对方。受到对方的攻击，有如饱受石勒毒手的李阳，又如受困于朱亥的神槌(愈)。看到它们这样不禁心怀恻隐，头都打破了，究竟犯了何罪？两鸡相斗，强胜弱败这是理所应当的，但激烈的战况真的让旁观者也为之惊心动魄，汗流浃背(郊)。那些知道自己要赢的人自然喜形于色，那些害怕自己输的人只能忧愁地望着下的赌注。旁观者将道路都堵住了，好像密云布满天空，叫阵者大声呼叫的声音，犹如波涛在海中翻来滚去(愈)。鸡爪立在地上，实在是难解难分，互相怒目而视，始终也没有倦容。两鸡被水喷醒以后，再接再厉继续打斗(郊)。失败的一方，鸡头低垂，鸡冠被啄得鲜血淋漓，犹如碎了的丹砂，双翅贴着身体，仿佛拖着的锦彩。得胜的斗鸡，洋洋得意，鼓动双翼好似有余勇可贾，清厉长啼好像在唱凯歌(愈)。主人从众多斗鸡中选中这只斗鸡，就像得到了毛遂一样深感庆幸，斗鸡也像郭隗一般深深感动于主人的知遇之恩。怀有英勇之心，甘愿为主人在场上拼命，身具义烈之肉，就算死亡，也耻于被庖丁宰杀。请您欣赏这篇斗鸡联句吧，诗虽短小但其中应当也有值得一观的内容（郊）。

纳凉联句

递啸取遥风，微微近秋朔（郊）。金柔气尚低，火老候愈浊（愈）。熙熙炎光流，竦竦高云擢（愈）。闪红惊蚴虬，凝赤耸山岳。目林恐焚烧，耳井忆瀺灂。仰惧失交泰，非时结冰雹。化邓渴且多，奔河诚已悫。暍道者谁子？叩商者何乐？浩矣得滂沱，感然鸣鸑鷟。嘉愿苟未从，前心空缅邈。清砌千迴坐，冷环再三握。烦怀却星星，高意还卓卓（郊）。龙沉极煮鳞，牛喘甚焚角。蝉烦鸣转喝，乌躁饥不啄。昼蝇食案繁，宵蚋肌血渥。单絺厌已褫，长箑倦还捉。幸兹得佳朋，于此荫华桷。清荧文簟施，淡澉甘瓜濯。大壁旷凝净，古画奇驳荦。凄如羾寒门，皓若攒玉璞。扫宽延鲜飚，汲冷渍香穱。篚实摘林珍，盘肴馈禽鷇。空堂喜淹留，贫馔羞龌龊（愈）。殷勤相劝勉，左右皆砻斲。贾勇发霜硎，争前曜冰槊。微然草根响，先被诗情觉。感衰悲旧改，工异逞新貌。谁言摈朋老？犹自将心学。危檐不敢凭，朽机惧倾扑。青云路难近，黄鹤足仍鋜。未能饮渊泉，立滞叫芳药（郊）。与子昔暌离，嗟余苦屯剥。直道败邪径，拙谋伤巧诼。炎湖度氛氲，热石行荦确。痟饥夏尤甚，疟渴秋更数。君颜不可觌，君手无由搦。今来沐新恩，庶见返鸿朴。儒庠恣游息，圣籍饱商搉。危行无低回，正言免咿喔。车马获同驱，酒醪欣共歠。惟忧弃营蒯，敢望侍帷幄。此志且何如？希君为追琢（愈）。

【译文】长声吟啸希望能够带来远处的凉风，微微的凉风也使得秋天离得更近了（孟郊）。初秋的金柔之气尚且微小，季夏的火气已老也越发显得浑浊（韩愈）。太阳的火光从高处流泻而下，高空中的云也越聚越多（郊）。云彩在日光下闪烁的红光好似受惊的蝴蚅，堆积的赤云又似高耸的山岳（愈）。望着眼前的森林，唯恐因炎热而燃起了大火，听到的井水之声似乎也成了遥远的记忆。抬头仰望生怕天地间的阴阳平衡被打破，否则不到时候就会落下冰雹。人们比逐日的夸父还渴，因此遵循自己的本性，纷纷奔向黄河去喝水。路旁中暑倒地的人不知是谁？弹奏商弦招来秋风又有何乐？如果这时候真的可以下一场滂沱大雨，那么连凤凰这类的吉祥鸟也会出现鸣唱。倘若这种美好的愿望无法实现，那么往昔的想法也只能成为遥远的幻想。我已在清凉的台阶之上坐了千百次，冰冷的玉环握了一次又一次。心中的烦闷因此越来越少，脱俗的意趣仍然高超出众（郊）。蛟龙沉入海底好像被烹煮的鱼一般躲避不及，吴牛望月则喘似乎比火烧牛角还要炎热。蝉感到烦闷，连鸣声也变得嘶哑，鸟雀也烦躁不已，就算饥饿也不想啄食。白昼之时，食案上盘旋着密密麻麻的苍蝇，夜晚之时，身上被沙蚊叮咬得满是鲜血。身着单薄的葛衣仍旧嫌热，只能脱去，已经非常疲倦了，但还是拿着扇子扇风。幸好此时还有好友陪在身边，一起在这荫凉的大屋之中避暑。地上铺着干净的文簟，身边放着已经洗净切好的甜瓜。大屋中的墙壁宽旷而白净，墙壁上的古画色彩混杂。凄冷的景致如到达极北之地，洁白的山峰就像聚集在一起的璞玉。打扫干净宽敞的屋子引来清风，汲取冷水用来浸泡早熟的香麦。竹筐中装满了摘自果林的珍果，木盘中盛放着禽鸟蛋之类的佳肴。欣喜于可以在这空旷的堂屋里停留，只是简单的饮食让我深感龌龊（龉）。仆人殷勤相劝，随从努力砻斫。卖力地磨着白霜一样的刀刃，争相炫耀着手中的冰桨。微风吹过草根发出沙沙的响声，首先就被我们敏锐的诗情洞察。深感衰老，悲伤于改变往日的诗歌，手法精巧、独具创新展现出新的诗貌。谁说已被朋友抛弃，心境已经老迈？如今仍在用心求学。不敢置身于危险的屋檐之下，担心腐朽的部件也会随时倾倒。通往青云之路实在难以接近，想要高飞的黄鹤仍被束缚着双足。不能去畅饮深渊之泉，只能在花圃中低鸣徘徊（郊）。过去与你离别的日子实在太久，都是因为我的仕途坎坷被贬远方。正直之人被奸邪小人打败，拙于谋略也被谗言佞语中伤。于是只能在南方炎热的湖边过着烦心的日子，在酷热的石山之上艰难跋涉。消渴之症在夏天的时候尤其严重，暑疟壮热烦渴到了秋季也更加频繁。无法与你相见，也无缘与你携手同游。如今我又可以沐浴皇恩，见到朝廷又重返古时朴拙的时候。在儒学的庠序既可以纵情优游也可以劳逸结合，可以互相商榷讨论圣贤的经典。君子直道而行不要沉滞不进，刚正直言不要喔咿嚅唲。我们的车马得以同进同出，还可以共同畅饮芳香的美酒。

只担心会像茅草那样被轻易抛弃，哪敢奢望能够得到侍奉在帝王身侧的机会呢？我的这个志向怎么样？希望你能多加琢磨而写出更好的诗篇（愈）。

秋雨联句

万木声号呼，百川气交会（郊）。庭翻树离合，牖变景明霭（愈）。潦泻殊未终，飞浮亦云泰（郊）。牵怀到空山，属听迩惊濑（愈）。檐垂白练直，渠涨清湘大（郊）。甘津泽祥禾，伏润肥荒艾（愈）。主人吟有欢，客子歌无奈（郊）。侵阳日沉玄，剥节风搜兑（愈）。块圠游峡喧，飕飀卧江汰（郊）。微飘来枕前，高洒自天外（愈）。蚉穴何迫窄，蝉枝扫鸣哕（郊）。园菊茂新芳，径兰销晚馤（愈）。地镜时昏晓，池星竞漂沛（郊）。讙呶寻一声，灌注咽群籁（愈）。儒宫烟火湿，市舍煎熬忕（郊）。卧冷空避门，衣寒屡循带（愈）。水怒已倒流，阴繁恐凝害（郊）。忧鱼思舟楫，感禹勤畎浍（愈）。怀襄信可畏，疏决须有赖（郊）。筮命或冯著，卜情将问蔡（愈）。庭商忽惊舞，墉禜亦亲酹（郊）。氛醣稍疏映，霁乱还拥荟。阴旌时摎流，帝鼓镇訇磕。枣圃落青玑，瓜畦烂文贝。贫薪不烛灶，富粟空填庯（愈）。秦俗动言利，鲁儒欲何丐？深路倒赢骖，弱途拥行轪。毛羽皆遭冻，离箙不能翻。翻浪洗虚空，倾涛败藏盖（郊）。吾人犹在陈，僮仆诚自邰。因思征蜀士，未免湿戎斾，安得发商飚？廓然吹宿霭，白日悬大野，幽泥化轻壒，战场暂一干，贼肉行可脍（愈）。搜心思有效，抽策期称最。岂惟虑收获，亦已救颠沛（郊）。禽情初啸俦，磴色微收霈。庶几谐我愿，遂止无已太（愈）。

【译文】万树发出的声音好似大声叫唤，百川汇合出秋季的杀气（孟郊）。庭院中的风吹得树木分分合合，窗外的景色也开始忽明忽暗（韩愈）。汇入大河的水流无休无止，雨势也越来越大（郊）。磅礴的雨声让我如入空山，恰好可以听到近处石上的急湍（愈）。屋檐上的流水像白练一样垂直而下，渠水忽涨犹如清澈的湘水那么宽阔（郊）。久旱的甘霖滋润着长势良好的禾苗，雨水下流使荒草都能够苗壮成长（愈）。主人的吟咏声中充满了欢乐，客人的诗歌之中满是无奈的叹息（郊）。阳气受到损害，日光也变得暗沉，节气已经改变，秋风也聚集在沼泽之中（愈）。无边的风声如峡谷中溪流的喧闹之声，飕飗的雨声好似江中汹涌的波涛之声（郊）。濛濛的细雨飘落在枕头边上，洒落的雨点好似从天外飞落（愈）。蟋蟀在洞穴之中焦急地进来又出去，秋蝉停在枝头之上已经停止了鸣叫（郊）。园中的菊花开出了美丽的花朵，路边的兰草失去了往日的芬芳（愈）。地上的积水像镜子一般反射出傍晚天空的色彩，池中的浮萍星星点点四处漂流（郊）。喧嚣的欢乐声交杂在一起，水流的灌注声使万物都归于寂静（愈）。国子监中的饮食和烟火都显得分外湿冷，而市中客舍中的熬煮却又奢侈到了极点（郊）。就连躺下睡觉都觉得很冷需要避开门窗，单薄的衣服需要屡次束紧腰带来驱走寒冷（愈）。水流好似发怒一样已经倒流而去，阴气聚积唯恐要生出有害的东西（郊）。担心发生水患因而想到制作舟楫，用来渡河，希望大禹可以前来疏浚这田间的沟渠（愈）。洪水冲击着高山决裂成丘陵，真是让人害怕，疏浚河道之事必须有所依仗（郊）。只能凭借著草来占卜命运，火灼龟甲来预测晴雨（愈）。商羊起舞正是天将下雨的征兆，祈求天晴的祭祀一定要亲自把酒洒在地上（郊）。空中的云气渐渐稀薄稍透出稀疏的光线，地上的浓雾聚集在一起昏暗不明。阴云好似旌旗不时随风飘动翻转，雷声轰隆，訇磕之声震耳欲聋。枣圃中未熟的枣粒如青玉般落了满地，瓜畦中的瓜都裂开了，青黄的颜色犹如文贝。贫家的柴薪无法点着灶台，富家的粟米只能填饱自己的肚子（愈）。秦国的风俗常常就是重视利益，而鲁国的儒士会向人有所索取吗？泥泞的道路使羸弱的马儿纷纷倒下，满是泥土的路上挤满了赶路的马帮驮队。鸟翅膀上的羽毛都被冻住了，小小的薄翼让它们无法飞行。翻起的大浪好似在清洗虚空，倾塌的浪涛摧毁掩盖了所有的屋宇（郊）。我们这些人就像被困在陈国的孔子一样没有粮食，那些僮仆确如邻地的音乐一样不值一提。想到那些征伐蜀地的将士，军中的旌旆在秋雨的冲刷中一定湿透了吧，怎样才能迎来秋风，将往日的雨雾全都一扫而清，这样太阳就能再次高悬在茫茫的旷野之中，使泥泞的道路全都化为轻尘的坦途，使战场上暂得一时干燥，把叛贼全身的肉都切成薄片（愈）。心中的想法都有真正的效果，卜卦策问期望都能得到最好的结果。难道只是考虑庄稼的收获，还想使颠沛中的百姓能够得到救助（郊）。禽兽开始长啸呼唤自己的伴侣，柱下的石磉也慢慢开始变干。希望所有的事情都能如我所愿，秋雨就这样停了不要下得太大（愈）。

征蜀联句

日王忿违慠，有命事诛拔。蜀险豁关防，秦师纵横猾（愈）。风旗市地扬，雷鼓轰天杀。竹兵彼皴脆，铁刃我鎗䶪（郊）。刑神咤犛旄，阴焰飐犀札。翻霓纷偃蹇，塞野倾坱圠（愈）。生狞竞掣跌，痴突争填轧。渴斗信豗呶，啖奸何噢嗗（郊）。更呼相簸荡，交斫双缺齾。火发激铓腥，血漂腾足滑（愈）。飞猱无整阵，翩鹘有邪戛。江倒沸鲸鲲，山摇溃貙猰（郊）。中离分二三，外变迷七八。逆颈尽徽索，仇头恣髡鬝。怒须犹鬇鬡，断臂仍䵹黠（愈）。石潜设奇伏，穴觑骋精察。中矢类妖獑，跳锋状惊豽。踢翻聚林岭，斗起成埃圿（郊）。旆亡多空杠，轴折鲜联辖。剟肤浃疮痍，败面碎剠刮。浑奔肆狂勷，健窜脱趫黠。岩钩踔狙猿，水漉杂鳣螖。投奅闹碚礔，填湟傶傗偺（愈）。强睛死不闭，犷眼困逾聉。爇堞熇歊熺，抉门呀拗閼，天刀封未坼，酋胆慑前揠。跧梁排郁缩，闯窦揳窋窡。迫胁闻杂驱，咿呦叫冤魆（郊）。穷区指清夷，凶部坐雕铩。邛文裁斐亹，巴艳收婠妠。椎肥牛呼牟，载实驼鸣圔。圣灵闵顽嚚，焘养均草蔡。下书遏雄虓，解罪吊挛瞎（愈）。战血时销洗，剑霜夜清刮。汉栈罢嚣阗，獠江息澎汃。戍寒绝朝乘，刁暗歇宵詧。始去杏飞蜂，及归柳嘶蚻。庙献繁馘级，乐声洞椌楬

（郊）。台图焕丹玄，郊告俨匏稭。念齿慰徽鑘，视伤悼瘢疣。休输任讹寝，报力厚麸耕。公欢钟晨撞，室晏丝晓抃。杯盂酬酒醁，箱箧馈巾帨。小臣昧戎经，维用赞勋劼（愈）。

【译文】从前君主怨恨那些违抗命令的人，于是下诏，诏书的内容就是诛伐叛军。蜀地叛军的险恶让他们失去了对关隘的控制，所以秦地的王师得以纵横捭阖，所向披靡（韩愈）。遍及战场的旌旗被风吹扬而起，雷鼓震天杀伐之声直冲天际。叛军的竹制兵器一触即碎，我军的铁制兵刃却坚固锋利（孟郊）。刑神大声叱咤带起的风吹过旌旗，犀牛做的盔甲下闪耀的黑色焰火也是风带来的。翻飞的旌旗纷纷如虹霓般起伏不定，塞外原野之上招展的旗帜连绵不绝（愈）。凶狠的士兵全都跌落在地，癫狂的军士都变成了车轮下的亡魂。他们渴望战斗像野兽一样疯狂地杀戮，仿佛要大口咀嚼才能感到痛快（郊）。战场上到处都飘荡着喊杀之声，兵器交错而过使双方都被撞掉了牙齿。鲜血如火喷发，激起腥风，流出的血洒满土地令人站立不稳（愈）。我军的战阵就像飞腾的猿猱那么灵活多变，从旁边侧击之时，就像猎鹰扑向猎物那么迅疾精准。奔腾向前的叛军如大江倒回，我军就像鲸鱼出现其中，敌军如山摇地动一般到处溃逃，我军如猢狲一般凶猛追击（郊）。叛军开始被分割成二三部分，接着溃散为七八个更小的部分。战俘的脖颈上都套着绳索，接着他们的头发也被剃去。但他们被剃去的头发仍然桀骜不驯，断掉的胳膊也仍刚劲有力，在潜伏于石间的叛军中设下埋伏，在穴洞缝隙间仔细地搜查。中箭的叛军就像妖獠一般惨嚎，被刀砍伤的余孽也像受惊的豽一样跳起。他们聚在山林之中踩踏翻滚，斗起来就像尘埃污垢一般（郊）。叛军的旌旗破碎只剩下一支空杆，车轴也都断裂无法连在一起。全身的肌肤被刺破留下了伤痕，脸上被划破碎裂如遭受黥剥。残余的叛军如发了狂一样逃亡，逃走了的都是狡猾之人。叛军如被阻的山猿一样被山岩钩住，掉在水中的叛军夹杂在鳝蝑之中被捉获。投山崖而死的叛军绝望呼喊，跳入山崖的叛军不惧死亡，看起来就像一场雪崩（愈）。倔强的叛军至死也不闭眼，怨毒的眼中仍残留着凶恶的神采。城墙被大火焚烧升起浓浓的烟雾，撞开的城门发出吱呀的响声。天子的刀剑尚未拔出，叛军首领的贼胆已被吓得魂飞魄散。藏在房梁上的叛军被抓出来时害怕得缩成一团，躲在山洞里的余孽也都被搜查出来。被胁迫地跟随都被驱赶到一起，口中咿咿呀呀地喊着冤枉（郊）。被叛军占领的地方从此得到了太平，就连凶残的叛军也全部都被杀了。邛地的锦绣又被献入朝廷，巴地的美女也都被纳入宫中。宰杀肥牛犒赏将士，只听到处都是牟牟的牛叫声，载着缴获品的骆驼也发出鸣叫声。圣上也怜悯这些叛乱地区的百姓，就连一株微不足道的蔡草都能获得滋养。下诏命令将帅停止滥杀无辜，赦免叛军的罪过并吊慰那些被牵连的百姓（愈）。战场上的鲜血已被清洗干净，剑刃洁白如霜显出清冽的寒光。往昔汉中栈道上用兵时的喧嚣如今已经消失，獠地澎湃的江水也都寂静无声。天气寒冷军中白天也不再用刁斗来烧饭，夜晚也不需要敲击刁斗来巡更了。出征之时正是杏花开遍，蜜蜂飞舞的季节，等到凯旋之时已是柳树枯萎，蛰虫嘶鸣的秋季。献于太庙郊社的敌人首级非常多，由椌、楬等乐器演奏的乐曲之声洞彻天地（郊）。台阁上悬挂着功臣的画像，画像由黑红之色绘成，准备好郊祭时告天时要用的铇、秸。念及年纪大了的老人脸色变黑，就宽慰他们，看到受伤的人，就关心他们身上的伤痕。停止运转粮草就放归牛马，让他们在草地上自由地走动、寝卧，犒劳他们在战争中的出力，多多给予它们一些口粮。公宴之欢一直持续到晨钟敲响，室内的欢饮直到天亮，仍有丝竹之乐传出。大大小小的酒杯中都斟满了美酒佳酿，翻箱倒箧送出了无数的巾袜。身为人臣，我对战争兵略一窍不通，只好用联句来赞颂这不朽的功勋（愈）。

同宿联句

自从别君来，远出遭巧谮（愈）。斑斑落春泪，浩浩浮秋浸（郊）。毛奇睹象犀，羽怪见鹏鸩（愈）。朝行多危栈，夜卧饶惊枕（郊）。生荣今分逾，死弃昔情任（愈）。鸿行参绮陌，鸡唱闻清禁（郊）。山晴指高标，槐密弩长荫（愈）。直辞一以荐，巧舌千皆舷（郊）。匡鼎惟说诗，桓谭不读谶（愈）。逸韵何嘈嗷，高名俟沽赁（郊）。纷葩欢屡填，旷亮忧早渗（愈）。为君开酒肠，颠倒舞相饮（郊）。曦光霁曙物，景曜铄宵祲。儒门虽大启，奸首不敢闯。义泉虽至近，盗索不敢沁。清琴试一挥，白鹤叫相喑。欲知心同乐，双茧抽作紝（郊）。

【译文】自从与君分别以后，我被人以谗言诬陷而被贬到偏远之地（韩愈）。感春伤怀泪水不禁潸然而落，漂浮在广阔的秋水之上也不会下沉（孟郊）。在那里可以见到大象、犀牛这些奇怪的兽类，还可以看到鹏鸟、鸩鸟这些怪异的鸟类（愈）。白天的时候多从危险的阁道上走过，晚上睡觉的时候也常从枕榻上惊醒（郊）。能够活下来已经荣幸之至，对如今的我而言已是不敢想象，过去因死罪而被抛弃，在感情上也不曾不安（愈）。如鹓鸟般百官上朝的行列整齐如相互交错的大道，鸡人之唱又重在禁宫之中听到（郊）。晴朗的天空之下青山显得越发高大，繁茂的槐树形成了长长的阴凉（愈）。一旦言辞正直的人被推荐，那些巧舌如簧的人就算再多也都会被罢黜（郊）。匡衡不随世俗，解说《诗经》使人欢笑，桓谭不迎合光武帝，不读谶言用来决事（愈）。高逸的风韵是多么响亮，显赫的声名正待时而行（郊）。众人纷纭而至充满了欢声笑语，胸怀开阔忧愁早已消散（愈）。为君开怀痛饮，颠倒而舞以助酒兴（郊）。黎明的曙光使万物都开始渐渐清晰，所有的阴暗都在日光中消散（愈）。儒学的大门虽然大开，但奸猾的小人却不敢闯入。义泉虽然就在身边，但盗贼的绳索也不敢前去汲水。清雅的琴声只要一响起，白鹤都会为之应和。想要知道我们二人心中共同的欢乐，就看那双茧是如何共同抽丝作纴的吧（郊）。

莎栅联句

冰溪时咽绝，风栅方轩举（愈）。此处不断肠，定知无断处

（郊）。

【译文】溪水被冰冻住的时候流水的鸣咽声已经断绝，枥树在寒风之中显得更加轩昂挺拔（韩愈）。倘若此情此景还不能令人断肠的话，那一定就没有能令人肠断之地了（孟郊）。

雨中寄孟刑部几道联句

秋潦淹辙迹，高居限参拜（愈）。耿耿蓄良思，遥遥仰嘉话（郊）。一晨长隔岁，百步还殊界（愈）。商听饶清耸，闷怀空抑噎（郊）。美君知道腴，逸步谢天械（愈）。吟馨铄纷杂，抱照莹疑怪（郊）。撞宏声不掉，输邈澜逾杀（愈）。檐泻碎江喧，街流浅溪迈（郊）。念初相遭逢，幸免因媒介。祛烦类决痈，惬兴剧爬疥。研文较幽玄，呼博骋雄快。今君韬方驰，伊我羽已铩。温存感深惠，琢切奉明戒（愈）。迨兹更凝情，暂阻若婴瘵。欲知相从尽，灵珀拾纤芥。欲知相益多，神药销宿瘵。德符仙山岸，永立难欹坏。气涵秋天河，有朗无惊湃（郊）。祥凤遗蒿鹀，云韶掩夷鞁。争名求鹄徒，腾口甚蝉喝。未来声已赫，始鼓敌前败。斗场再鸣先，遐路一飞届。东野继奇躅，修纶悬众犗。穿空细丘垤，照日陋菅蒯（愈）。小生何足道，积慎如触虿。惴惴抱所诺，翼翼自伸诫。圣书空勘读，盗食敢求喈。惟当骑欸段，岂望觌珪玠。弱操愧筠杉，微芳比萧薤。何以验高明？柔中有刚夬（郊）。

【译文】秋雨淹没了车马来往的痕迹，到高处避水因此无法前去拜访您（韩愈）。对您的思念常常挂在心中，总是想着能与遥远的您进行有益的交谈（孟郊）。相隔一个早晨就仿佛已经隔了一年，相距百步就好像处在了不同的地界（愈）。秋季万物都发出清越嘹亮的声音，心中的愁闷只好暗自抑郁长叹（郊）。羡慕您对道的体悟是那么精深，清高脱俗远离了人世间的羁绊（愈）。吟味馨香消除了世间的纷杂，抱负高洁令人诧异于是如此洁白（郊）。敲钟的声音宏大而不奋发，迅疾的秋雨使河川暴涨（愈）。屋檐间倾泻而下的雨水如众多溪流的喧闹声，街上的流水也像浅浅的溪流缓缓而行（郊）。记得当初与您相识之时，多亏有您的推荐让我免除了不幸的贬谪。除去烦恼就好像去除痈疮一样，心中的快意比用手搔痒还要舒服。共同讨论文章，探究其内涵的底蕴，博览群书增长学识，恣意挥洒心中的雄快。如今您的轺车正在纵横驰骋，而我的羽翼却已被剪掉。深深地感激您的真心安慰，也感谢您与我一起切磋时明白的告诫（愈）。到了如今就越发让人怀念，暂时遇到的阻碍就像得病一样难过。想知道与您在一起有什么好处，就像是捡到了包裹着纤小东西的琥珀一样。想知道从您那里受到了什么教益，就像是服食了神药一般使往日的疾病全都消除。您的德行如同仙山的崖壁，永远屹立在那里不会崩塌。您的气节就像秋日的天河，明朗无垠没有一点儿汹涌的波涛（郊）。祥和的凤凰抛弃了蓬蒿中的鷃鸟，黄帝的韶乐也遮掩了四夷的平庸之音。那些追逐名利的小人，张口放言就像聒噪的蝉鸣。您还未到来之时，已是声名赫赫，一旦登科，之前的对手纷纷落败。在你争我夺的科场中您再次领先，您一路上一骑绝尘，最终一飞冲天。孟东野紧跟着您的步伐，长长的钓纶之上悬挂着众多的诱饵。我觉得自己就是见到了泰山的小小丘蛭，照到了太阳才发现菅蒯的简陋一样（愈）。我这个人没有什么值得称道的地方，只不过是处处小心唯恐遇到毒虿一般。心中惴惴不安却信守着诺言，小心翼翼地默记着告诫，圣人的书籍只能算是白白地校勘阅读，偷食公家的粮食还不敢尽情索取。只希望能平平安安地活到老就行了，岂敢觊觎能够得到珪瑜的福气呢。操行不足深愧这高大的筠竹与杉树，名声不响也只能与艾蒿和韭薤相比。用什么办法可以验证一个人的品行是否高洁呢？柔中带刚正是这种高不可及的品质（郊）。

远游联句

别肠车轮转，一日一万周（郊）。离思春冰泮，澜漫不可收（愈）。驰光忽以迫，飞辔谁能留（郊）？前之讵灼灼，此去信悠悠（李翱）。楚客宿江上，夜魂栖浪头。晓日生远岸，水芳缀孤舟。村馆泊好木，野蔬拾新柔。独含恓恓别，中结郁郁愁。人忆旧行乐，鸟吟新得俦（郊）。

灵瑟时宿宿，露猿夜啾啾。愤涛气尚盛，恨竹泪空幽。长

怀绝无已，多感良自尤。即路涉献岁，归期眇凉秋。两欢日牢
落，孤悲坐绸缪（愈）。观怪忽荡漾，叩奇独冥搜。海鲸吞明
月，浪岛没大沤。我有一寸钩，欲钓千丈流。良知忽然远，壮
志郁无抽（郊）。魍魅暂出没，蛟螭互蟠蟉。昌言拜舜禹，举骦
凌斗牛。怀糈馈贤屈，乘桴追圣丘。飘然天外步，岂肯区中囚
（愈）。楚些待谁吊？贾辞缄恨投。翳明不可晓，秘魂安所求？
气毒放逐域，蓊杂芳菲畴。当春忽凄凉，不枯亦飕飀。貊谣众
猥获，巴语相咿嚘。默誓去外俗，嘉愿还中州。江生行既乐，
躬辇自相勠。饮醇趣明代，味腥谢荒陬（郊）。驰深鼓利械，趋
险惊飞輈。系石沉靳尚，开弓射鹏吺。路暗执屏翳，波惊戮阳
侯。广泛信缥眇，高行恣浮游。外患萧萧去，中恼稍稍瘳。振衣
造云阙，跪坐陈清猷。德风变谗巧，仁气销戈矛。名声照四海，
淑问无时休。归哉孟夫子，君去无夷犹（愈）。

【译文】离别的愁肠就像转动的车轮一样，一天就能旋转
一万圈。离别的愁绪就像春天消融的冰雪，无边无际而不可收回
（韩愈）。时间飞逝忽然已到了黄昏，飞驰的车辔又有谁能挽留得
住（孟郊）？向前的道路未必都能畅通而行，此去远游只要慢慢而
行，随遇而安即可（李翱）。楚地的旅客可以住在江中的船上，夜
晚孤寂愁苦的情思随着波浪起伏不定。清晨的太阳从远远的岸边
升起，水中的芳草点缀在孤舟的旁边。把船停在一株大树之下到
村中饮酒，野地中可以捡到初生柔软的蔬菜。独自一人凄凉而别，
心中郁结愁绪难解。人们都喜欢回忆旧日行旅中的快乐，只有鸟儿

却在遇到新的伴侣之时愉快的鸣叫（郊）。湘灵的鼓瑟之声一直在幽深的地方回响，云间的猿猴也常在夜里发出啾啾的叫声。波涛愤怒激岸至今还是如此的气势汹汹，斑竹心中怅恨仍然流着幽幽的眼泪。悠远长怀永远没有尽头，多愁善感确是只能庸人自扰。启程之时正值新年刚刚开始，归来之时该是凉快的秋天了吧。我俩在一起的欢乐时光一去不返，孤独和悲伤开始在心头缠绕（愈）。游览怪异，就去水波荡漾的山水之间，寻找奇特，就独自到远方搜寻。想去看看海中鲸鱼的眼睛是什么样，还想去看看被浪涛冲击的岛屿淹没在波涛之中的场景。我有一寸的钓钩，想去那千丈深的水流中垂钓。明明知道我还要走很远很远的路，但心中的壮志无法伸展也确实痛苦不已（郊）。魑魅魍魉在山中时隐时现，蛟龙在水中也互相纠缠。在远游中应当去拜谒舜、禹的遗迹，挂帆前行之地正是吴、楚的分界处。怀藏着精米用来祭祀贤明的屈原之灵，乘坐竹木小筏出海去追寻圣人孔丘的遗迹。飘然行走于天地之外，岂肯再做回人间的囚徒（愈）。楚地的神灵谁会来祭祀呢？贾谊作赋，缄封其恨，投赠给屈原。清晰的事实被遮蔽而变得无法知晓，隐秘的屈原之魂到哪里可以见到？有毒的瘴气散播在放逐者的地方，开放的花朵之中夹杂着蓼草。春季来临之际，那里的气候也变得凄凉，虽然草木没有枯萎，但也有寒风飔飔吹过。貊地的歌谣是很难懂的，巴人的语言也是无法明白。暗中发誓要离开这偏远荒僻之地，最大的愿望是能再回到中原之地。能够在微涨的江水中行船是非常快乐的，亲自推车北归自当努力向前。受到宽厚对待而心悦诚服只因赶上了盛世，楚越之地的食物味腥，终当辞谢这偏远的边地（郊）。在深渊中跋涉必须鼓起锋利的桨，在险境中奔驰也只能加快飞辀。一定要给可恶的靳尚系上石头沉入深渊，还要拉开弓弦将残暴的鹏一箭射死。如果大雨遮蔽道路，就将屏翳处死，如果波涛汹涌不止，就将阳侯也杀掉。在水上泛舟确实飘忽不定，向着高山跋涉可以恣意漫游。外面的忧患大部分都已经去除了，心中的忧郁也开始渐渐减少。整理身上的衣衫进宫朝拜，跪坐于地陈述心中的谋划。于是君子之德风改变了原本的谗邪巧佞，仁爱的风尚化解了战争和冲突。显赫的声名远播四海，美好的声誉也万古流芳。回来吧，孟夫子，您不要再犹豫了，回来吧（愈）。

晚秋郾城夜会联句

从军古云乐，谈笑青油幕。灯明夜观碁，月暗秋城柝（正封上中丞）。羁客方寂历，惊乌时落泊。语阑壮气衰，酒醒寒砧作（愈奉院长）。遇主贵陈力，夷凶匪兼弱。百牢犒舆师，千户购首恶（正封）。平生耻论兵，末暮不轻诺。徒然感恩义，谁复论勋爵（愈）。多士被沾污，小夷施毒蘁。何当铸剑戟，相与归台阁（正封）？室妇叹鸣鹳，家人祝喜鹊。终朝考蓍龟，何日亲烝袀（愈）。间使断津梁，潜军索林薄。红尘羽书靖，大水沙囊涸（正封）。铭山子所工，插羽余何怍。未足烦刀俎，只应输管钥（愈）。雨矢逐天狼，电矛驱海若。灵诛固无纵，力战谁敢却？峨峨云梯翔，赫赫火箭著。连空骦雉堞，照夜焚城郭（愈）。军

门宣一令，庙筭建三略。雷鼓揭千枪，浮桥交万筏（正封）。蹂
野马云腾，映原旗火铄。疲氓坠将拯，残肤狂可缚（愈）。摧
锋若麾兒，超乘如猱獲。逢掖服翻惭，漫胡缨可愕（正封）。
星殒闻雒雉，师兴随唳鹤。虎豹贪犬羊，鹰鹯鸷鸟雀（愈）。
烧陂除积聚，灌垒失依讬。凭轼谕昏迷，执殳征暴虐（正封）。
仓空战卒饥，月黑探兵错。凶徒更蹈藉，逆族相啗嚼（愈）。舳
舻亘淮泗，旆旌连夏鄂。大野纵氏羌，长河浴骝骆（正封）。
东西竞角逐，远近施罾缴。人怨童聚谣，天殃鬼行疟（愈）。
汉刑支郡黜，周制闲田削。侯社退无功，鬼薪惩不恪（正封）。
余虽司斧锧，情本尚丘壑。且待献俘囚，终当返耕穑（愈）。藁
街陈鈇钺，桃塞兴钱镈。地理画封疆，天文扫寥廓（正封）。
天子悯疮痍，将军禁卤掠。策勋封龙额，归骑猎麟脚（愈）。诘
诛敬王怒，给复哀人瘼。泽发解兜鍪，酡颜倾凿落（正封）。
存安惟恐晚，洗雪不论昨。暮鸟已安巢，春蚕看满箔（愈）。声
明动朝阙，光宠耀京洛。旁午降丝纶，中坚拥鼓铎（正封）。密
坐列珠翠，高门涂粉腪。跋朝贺书飞，塞路归鞍跃（愈）。魏
阙横云汉，秦关束岩崿。拜迎罗囊鞬，问遗结囊橐（正封）。江
淮永清宴，宇宙重开拓。是日号升平，此年名作噩（愈）。洪赦
方下究，武飚亦旁魄。南据定蛮陬，北摄空朔漠（正封）。儒
生怯教化，武士猛刺斫，吾相两优游，他人双落莫（愈）。印从
负鼎佩，门为登坛凿。再入更深严，九迁弥謇谔（正封）。宾延
尽狐赵，导骑多卫霍。国史擅芬芳，宫娃分绰约（愈）。丹掖列
鸳鹭，洪鑪衣狐狢。摛文挥月毫，讲剑淬霜锷（正封）。命衣备

藻火，赐乐兼拊搏。两厢铺瑝璖，五鼎调勺药（愈）。带垂苍玉佩，鞶蹙黄金络。诱接谓登龙，趋驰状倾藿（正封）。青娥翳长袖，红颊吹鸣籥。傥不忍辛勤，何由恣欢谑（愈）？惟当早贵富，岂得惭寂寞。但掷雇笑金，仍祈却老药（正封）。殁庙配罇斝，生堂合馨鑰。安行庇松篁，高卧枕莞蒻（愈）。洗沐恣兰芷，割烹厌脾膗。喜颜非忸怩，达志无陨穫（正封）。诙谐酒席展，慷慨戎装著。斩马祭旌纛，包羔礼芒屩（愈）。山多离隐豹，野有求伸蠖。推选阅群材，荐延搜一鹗（正封）。左右供谄誉，亲交献谀嘿。名声载揄扬，权势实熏灼（愈）。道旧生感激，当歌发酬酢。群孙轻绮纨，下客丰醴酪（正封）。穷天贡瞇异，帀海赐醹醵。作乐鼓还搥，从禽弓始彉（愈）。取欢移日饮，求胜通宵博。五白气争呼，六奇心运度（正封）。恩泽诚布濩，嚚顽已箫勺。告成上云亭，考古垂矩矱（愈）。前堂清夜吹，东第良晨酌。池莲折秋房，院竹翻夏箨（正封）。五狩朝恒岱，三畋宿杨柞。农书乍讨论，马法长废格（愈）。雪下收新息，阳生过京索。尔牛时寝讹，我仆或歌咢（正封）。帝载弥天地，臣辞劣萤爝。为诗安能详，庶用存糟粕（愈）。

【译文】从古到今人们都说从军充满了欢乐，大家除了在青油幕中谈笑之外就别无他事。就着明亮的油灯在晚上可以下棋娱乐，在暗淡的月光下秋日的城头飘荡着从军之乐（李正封上御史中丞韩愈）。旅客正处于寂寞冷清之中，受惊的乌鸦也正在四处飘落。谈话已尽，壮气也随之衰落，宿醉方醒，听到一阵阵寒秋的捣衣声响起（韩愈奉李正封院长）。遇上明主就应该贡献自己的才力，平定凶残的匪徒、兼并弱小的敌人。用成百的牛羊来犒赏军队，千户侯以重金来封赏捉住首恶的将士（正封）。我平生以谈论军事为耻，就算到了晚年也不会轻易许诺。偶然间受到节度使裴度的召辟来到幕中，而柱国之类的勋爵并不是我想要的（愈）。叛军中的许多人才都受到牵连使名誉受到污损，吴元济对天下的残害就连平民百姓都被影响。我们何时才能铸剑造戟，相偕回到朝廷中一起参加平叛（正封）？家中的妻子忧叹阴雨将至只因天上的鹳鸟在轻声叫唤，喜鹊在欢快地啼叫，家中的亲人都盼望着征人将要归来。终日里都在家中占卜着归期，计算着征人何时归来，这样就可以亲自参加冬烝和夏礿了（愈）。派出的斥候切断了敌军进出的桥梁，潜伏的军士在山林中探查敌情。边境的羽书稀少，大路上不起红尘，以沙袋截断河水上游，河流也因此断流（正封）。登山刻石记功是你最擅长的事情，书写檄文插羽我又有什么值得惭愧的。战胜敌军并不值得劳烦刀组，只要将地方权力的管钥送回朝廷便可取得胜利（愈）。如雨的箭矢追逐着残暴的敌军，矛戟如电直驱可恶的海神。上天的诛杀本来就是无影无踪的，只能努力奋战谁也不敢退却（正封）。攻城的云梯挂上了城头，照明的火箭射中了城楼。与天相接的城上的女墙全都塌了，城墙燃起熊熊大火照亮了黑暗的夜空（愈）。军中的将士只听那一人的命令，朝廷在战前已经制定了上中下三种作战方略。在雷霆般的鼓声中千枪高举，用去了万千条竹索架起了浮桥（正封）。在旷野中奔腾的骏马如云飞翔，荒原上飘扬的旌旗如火光闪烁。疲敝的百姓在摇摇欲坠之时得到了拯救，残余的狂徒全都被绑了起来（愈）。摧折敌人的锋芒就像凶猛的貙、虎，攻城拔寨灵活如攀缘的猿猴。此时穿着儒者的衣袍只觉得惭愧。系上武士的冠缨又令人万分惊愕（正封）。听到山鸡的鸣叫正是星辰陨落之时，随着风传来的鹤唳正是军队到来之时。斩杀敌人如虎豹贪食犬羊，又如鹰鹯恐吓鸟雀（愈）。火烧山岭将敌人的军备全都销毁，水灌堡垒使敌军失去了可靠的依托。驾车出征去告诫那些愚昧不明的人，手持武器去讨伐那些暴虐的叛军（正封）。仓库已空，战士肚中饥饿不已，月黑夜沉负责侦察的兵卒交错而过。凶残的敌人在败退中互相践踏，反叛的贼将因兵败而互相攻击（愈）。淮水和泗水上舟船前后相连，夏口和鄂渚两地到处旌旗飘扬。广大的原野上到处都是氐羌的骑兵，长长的河水中骏马在那里嬉戏（正封）。东西两地的军队还在互相攻击，远处和近处的军队也在互相射箭。百姓心中的怨恨被搜集在一起编成童谣，上天降下灾殃，鬼神到处施虐（愈）。对于平叛不力的主将，按照汉刑削夺了他们的支郡，按照周制剥夺了他们的闲田。封侯为自己所立的祭祀社神之所也因无功而退还，强制男性罪犯服劳役用来惩罚他们的不敬之罪（正封）。我虽在军中主掌刑法，但我的本性却是向往隐居山林的生活。等到将俘虏的敌军都献于朝廷之后，我最终还是要回归到躬耕不辍的日子（愈）。在薰街之上对战俘执行砍头之刑用以警示民众，把征用的牛马全都退还百姓用来恢复农业生产。划分山川土地交给官员管理，观察天文使天下都能安定（正封）。天子怜悯百姓在战乱中受到的苦难，将军也禁止军队掳掠百姓。按照军功赐封为龙额侯，凯旋的军队得到了吉祥的麒麟（愈）。诛杀首恶以平息君王的愤怒，免除赋税徭役只因怜悯百姓的疾苦。解下战士的头盔让他们的头发再现光泽，举起镌镂金银的酒盏为庆祝平定了叛乱而喝得脸色泛红（正封）。和平安定的日子生怕为时已晚，洗刷冤屈与耻辱不论往昔的过错，晚归的鸟儿已在巢中安眠，春天的蚕已在竹箔上作茧（愈）。庄严的声音惊动了宫阙，恩宠与荣耀照耀着京洛。四面八方都下达了诏令，大将居中以坚锐自辅，敲响了鼓铎（正封）。靠近的地方坐着无数珠光宝气的佳人，高门大户里也都是涂脂抹粉的美人。整个朝廷中庆贺的文书纷至沓来，边塞的道路上归来的马队腾飞跳跃（愈）。高高的魏阙直入天际，关中之地岩石和山峰聚在一起。拜迎的道路上都罗列着藏箭和弓等器具，慰劳馈赠的地方聚满了各种行李财物（正封）。江淮之地得到了永远的清平安宁，天下也重新开拓了疆域。那一天被称为天下太平的开始，那一年被称为丁酉作噩之年（愈）。大赦天下的政令正在下达，勇武之风也遍及四方。向南平定了蛮夷之地，向北也取得了北方沙漠之地（正封）。儒生胆小可以教化百姓，武士勇猛可以冲锋陷阵，我们的宰相裴度与崔群文武双全，委心任运，另外两人则落寞而寂寥的远走他方（愈）。就像伊尹负鼎俎见汤那样为相辅国，受到征召登坛拜将，凿凶门而出。再次入相更加深沉庄严，多次升迁越发正直敢言（正封）。他的幕僚都是狐偃、赵衰这样的忠臣，他的导骑也都是卫青、霍去病这样的猛将。国史之上记载着他们的美名，美丽的宫女也都赏赐到家中（愈）。红色的掖门之中侍从如鸳鹭一般排列而行，大大的洪炉边身穿狐皮衣御寒。铺陈文采好似挥动着月中的兔毫，讲论剑术，淬炼过的刀刃锋利雪白如寒霜（正封）。天子赏赐的朝服之上绣着水藻与火焰，不仅赐下了钟磬等乐器还有演奏的乐工。东厢房和西厢房中铺着毛毯，列五鼎而食，以芍药调和五味（愈）。腰带之上佩戴着水苍玉，马辔之上装饰着黄金络。能够得到你的接待就好似登上了龙门，能在你们下奔走效劳就如同向着太阳的葵藿（正封）。美丽的少女长袖舒展，脸颊红红地吹奏着鸣簧。如果不是因为你的辛苦勤劳，又怎能这样恣意地享受欢谑（愈）？只想要能够早日得享富贵，岂肯忍受这暂时的寂寞。只是抛出了买笑的千金，却希望能够得到不老的神药（正封）。准备了酒器让亡灵在庙堂之中共享祭品，生者会饮之堂演奏着钟磬之乐。在有松篁庇护的道路之上安步当车，在莞箦编制的草席之上高枕而卧（愈）。尽情在兰芷的芳香之中沐浴，宰割烹调，就连美味的佳肴都已厌倦。欢喜的脸色毫无忸怩做作之态，愿望已经实现毫无潦倒失意之感（正封）。酒席之上言谈风趣、幽默，身着戎装展现出慷慨激昂。斩杀马匹以马血来祭旗，烹煮羔羊用来庆祝远征的胜利（愈）。南山之中隐居的玄豹都将要离山，旷野之中弯曲起身体的尺蠖是为了伸展前行。亲自考察这些推举上来的人才，希望从中能够得到如鹗一般有才能的人（正封）。亲近之人以恭谨的态度逢迎吹嘘，亲朋好友表现出来的都是谄媚的笑容。名声在外而远扬四方，权势煊赫实在是气势极盛（愈）。叙谈往事之时总是生出感激之心，对酒当歌彼此互相敬酒。子孙后代身穿轻盈的绮纨所制之衣，以丰厚的甜酒和奶酪来款待客人（正封）。穷尽天下把奇异的珍宝进献给朝廷，赐予四海之内都可以聚众饮酒。寻欢作乐时的鼓槌还在敲击，田猎中的弓弩也已经拉满（愈）。饮酒作乐的日子连续不断，为了夺取胜利总是通宵相搏。玩儿五白博戏之时气势盛大争着大叫，心中不停计算好似陈平六出奇计（正封）。皇恩浩荡已经遍布四方，愚昧顽钝的人也开始接受箫勺之音。在云、亭二山封禅以宣告完成，考古代的规矩法度用以垂范后世（愈）。清冷的月夜在前面的正房中进行吹奏，美好的日子在东边的宅邸中可以对酌。池中的莲花凋落露出了秋日的莲房，院中的修竹翻开了夏日的竹皮（正封）。天子前往北岳恒山和东岳泰山进行五年一度的巡狩，皇上住在长杨宫和五柞宫每年进行三次田猎。有关种植的书籍成为大家经常讨论的内容，善于相马的办法从此却被废弃在阁中（愈）。下雪的时候收到了新息将被收复的消息，冬至之时将会通过京县和大小索亭。你的牛儿有的睡着了有的还醒着，我的仆人有的在歌唱有的在击鼓（正封）。帝王的功德遍布天下，我拙劣的言辞则如萤火与烛光那么微弱。写下这首诗怎能把帝功全都详细地记载下来，只愿可以留下这些粗劣之语而已（愈）。

卷九 律诗

题楚昭王庙

　　丘园满目衣冠尽，城阙连云草树荒。犹有国人怀旧德，一间茅屋祭昭王。

　　【译文】放眼望去到处是高耸的丘坟，昔日的名门缙绅早已不复存在，高高的城阙接天连云，野草与杂树形成一片荒凉之景。至今仍有楚人思念着旧时的恩德，在坟前盖一间茅屋，前来祭奠昭王。

宿龙宫滩

浩浩复汤汤，滩声抑更扬。奔流疑激电，惊浪似浮霜。梦觉灯生晕，宵残雨送凉。如何连晓语，只是说家乡？

【译文】浩浩荡荡的水流，冲击滩边的声音时抑时扬。奔腾的水流让人怀疑是电闪雷鸣，浪头的泡沫仿佛洁白的浮霜。梦醒时分仿佛油灯晕染出一轮光圈，黑夜将尽，窗外的风雨送来了清凉。为什么直到天亮都在沉吟自语，说来说去说的都是在思念家乡？

叉鱼招张功曹

叉鱼春岸阔，此兴在中宵。大炬然如昼，长船缚似桥。深窥沙可数，静搒水无摇。刀下那能脱，波间或自跳。中鳞怜锦碎，当目讶珠销。迷火逃翻近，惊人去暂遥。竞多心转细，得隽语时嚣。潭馨知存寡，舷平觉获饶。交头疑凑饵，骈首类同条。濡沫情虽密，登门志已辽。盈车欺故事，饲犬验今朝。血浪凝犹沸，腥风远更飘。盖江烟羃羃，迥棹影寥寥。獭去愁无食，龙移惧见烧。如棠名既误，钓渭日徒消。文客惊先赋，篙工喜尽谣。脍成思我友，观乐忆吾僚。自可捐忧累，何须强问鹏。

【译文】春江上涨河岸变宽之际，正是叉鱼的好时候，尤其在半夜特别有意思。巨大的火把把夜空照得像白天那么亮，船系在岸边长长的像桥一般稳固。水底的深处细沙历历可数，船行在河水中一点都不晃动。鱼叉之下哪有能逃走的鱼，它们只能在水波间徒自跳跃。被叉中的鱼鳞就像被撕裂的锦绣令人惋惜，叉中的鱼眼就像被毁掉的明珠让人惊讶。鱼儿被火把迷惑而逃跑反而离船更近了，被船上的人惊吓后游向了远处。争相叉鱼的人反而心思更细，叉中了鱼的人一时又言语喧哗。看看空空的潭水就能知道水中的鱼儿已所剩无几，船舷与水齐平就知道今天的收获很大。舱中鱼儿的两头相交，让人疑心它们是在一起吃食，两鱼齐头并进又像一条鱼。相濡以沫之情虽然亲密，但能登上龙门的志向却已渺茫。可以装满鱼的车只不过是骗人的故事罢了，但用鱼喂狗这件事却在今天得到了证实。掺杂着血的浪涛凝结如水沸，带着血腥的风远远地飘散了。浓浓的烟雾笼罩在江面之上，船往回走只剩下寥寥几尾游鱼在归途中露出身影。水獭因为没有了食物而惆怅离去，蛟龙也因惧怕火烧而离开了这里。来到棠地观鱼实在是名不副实，在渭水边垂钓也只是消遣而已。文人墨客大吃一惊禁不住赋诗吟诵，船夫也开开心心地唱起了歌谣。新鲜的鱼脍引起我与友人同享的思念，观鱼之乐也引起我与同僚共乐的记忆。这样的生活自然而然地让人抛弃了俗世的忧累，何需学贾谊那样向鹏鸟打听未来何去何从。

李员外寄纸笔

题是临池后，分从起草余。兔尖针莫并，茧净雪难如。莫怪殷勤谢，虞卿正著书。

【译文】临池写诗感谢您的馈赠，您送给我纸和笔应当是从起草文书之后。精良的兔毫笔又尖又细，连针也无法与之相比，洁白的蚕茧纸连雪也难以与之相比。莫怪我对您的感激太过，只因我像穷困的虞卿一样正在写书，急需纸笔。

次同冠峡

今日是何朝？天晴物色饶。落英千尺堕，游丝百丈飘。泄乳交岩脉，悬流揭浪摽。无心思岭北，猿鸟莫相撩。

【译文】今天是个怎样的日子？天气晴朗，万物的颜色都很鲜艳。花儿从很高的地方落下来，飘荡在空中的蛛丝飘散在高空之中。岩洞中的钟乳石向下滴水，瀑布从高处落下激起大大的浪花。

此时也无心去思念岭北的故乡，猿鸟此刻不要哀鸣以免引起我的愁思。

答张十一功曹

山净江空水见沙，哀猿啼处两三家。筼筜竞长纤纤笋，踯躅闲开艳艳花。未报恩波知死所，莫令炎瘴送生涯。吟君诗罢看双鬓，斗觉霜毛一半加。

【译文】春天山净江空，清澈的水底可以看见沙石，猿猴的哀啼之处稀稀落落地住着两三户人家。生长在水边的筼筜争相长出小小的竹笋，没有人烟的地方羊踯躅开出鲜艳的花朵。圣上的恩情未报也不知道将死于何地，只希望不要在这炎热的瘴气之地断送余生。看完了您的诗突然在镜中看到自己的双鬓，顿时发现白发似乎又增加了一半还多。

郴州祈雨

乞雨女郎魂，焄羞洁且繁。庙开鼯鼠叫，神降越巫言。旱气期销荡，阴官想骏奔。行看五马入，萧飒已随轩。

【译文】向女神祈雨，精美的祭品干净又丰富。打开庙门鼯鼠在庙中吱吱乱叫，女神降下的神谕通过越巫传达。希望这干旱的天气尽早过去，水神骑马前来施雨。且看太守亲自入庙祭祀，那打在草木之上的萧瑟雨声已随着风吹入了门窗之中。

湘中酬张十一功曹

休垂绝徼千行泪，共泛清湘一叶舟。今日岭猿兼越鸟，可怜同听不知愁。

【译文】不要因为被贬到绝地就流下千行悲伤的眼泪，我们在清澈的湘江水上共泛一叶小舟。今天五岭的猿猴哀啼、百越的鸟儿悲鸣，令人开心的是我们听惯了哀声竟没有生出愁绪。

郴口又赠二首

山作剑攒江泻镜，扁舟斗转疾于飞。回头笑向张公子，终日思归此日归。

雪飑霜翻看不分，雷惊电激语难闻。沿涯宛转到深处，何限青天无片云。

【译文】山峰似剑簇拥在一起，江面如镜缓缓地流去，一叶扁舟突然转了方向像飞一样在水中行进。回头向着张公子一笑，每日都想归去今日终于可以归去。

被风吹拂的水波如雪一样翻飞，让人分不清是真是假，波涛的声音像电闪雷鸣，连一点儿说话的声音都听不清。沿着曲曲折折的江岸进入深幽的峡谷之中，只见那无边无际的晴空之上没有一片云彩。

题木居士二首

火透波穿不计春，根如头面干如身。偶然题作木居士，便有无穷求福人。

为神讵比沟中断，遇赏还同爨下余。朽蠹不胜刀锯力，匠人虽巧欲何如？

【译文】这棵树被火烧、被水淹后不知道过了多少年，树根就像人的头面，树干就像人的身子。一个偶然的机会被人题作木居士，从此以后便有很多人来参拜祈祷向它祈福。

这棵树被人们当作神来敬拜比在沟中让它自然腐烂要强得多，受到人们的欣赏就像蔡邕的焦尾琴也是来自灶下还未烧尽的余材。其实它已经腐烂、蛀蚀承受不了刀锯之力，就算匠人的技艺再高超又能把它怎么样呢？

晚泊江口

郡城朝解缆，江岸暮依村。二女竹上泪，孤臣水底魂。双双归蛰燕，一一叫群猿。回首那闻语，空看别袖翻。

【译文】清早从郡城出发开船远行，傍晚把船停泊在乡村的江边。斑竹之上仍然留着娥皇、女英二妃的眼泪，屈原的忠魂仍然逗留在水底。燕子双双蛰居在深山或州岸之中，群猿发出的声声啼叫凄怨至极。回首眺望已经无法听到你的送别之声，只能看到你挥手告别时的衣袖在空中翻飞。

湘　中

猿愁鱼踊水翻波，自古流传是汨罗。苹藻满盘无处奠，空闻渔父叩舷歌。

【译文】山中的猿猴哀啼，江中的游鱼跳跃，水中的波涛翻腾，这里就是从古至今流传的屈原自沉的汨罗江。我采摘了满满一盘萍藻，却不知应该去哪里祭奠屈原，只能听到江上的渔父叩击船舷唱着不知名的渔歌。

别盈上人

山僧爱山出无期，俗士牵俗来何时？祝融峰下一回首，即是此生长别离。

【译文】山上的僧人只爱住在山中，出山之日遥遥无期，俗世中人被俗事缠身，再到山中也不知道是什么时候？祝融峰下我们的那次回首，恐怕就是我们今生永远的离别。

喜雪献裴尚书

宿云寒不卷，春雪堕如筵。骋巧先投隙，潜光半入池。喜深将策试，惊密仰檐窥。自下何曾污，增高未觉危。比心明可烛，拂面爱还吹。妒舞时飘袖，欺梅併压枝。地空迷界限，砌满接高卑。浩荡乾坤合，霏微物象移。为祥矜大熟，布泽荷平施。已分年华晚，犹怜曙色随。气严当酒换，洒急听窗知。照耀临初日，玲珑滴晚澌。聚庭看岳耸，扫路见云披。阵势鱼丽远，书文鸟篆奇。纵欢罗艳黠，列贺拥熊螭。履弊行偏冷，门扃卧更羸。悲嘶闻病马，浪走信娇儿。灶静悉烟绝，丝繁念鬓衰。拟盐吟旧句，授简慕前规。捧赠同燕石，多惭失所宜。

【译文】夜晚的云气微寒在空中不曾卷起，春天的雪花像被筛下来似的飘飘而落。它们先是很轻巧地飘入缝隙之中，或许是为了隐藏光泽所以一半掉入水池之中。欣喜于这场大雪，将策马扬鞭去试试这场雪的深度，惊喜于这场雪的密集，抬头窥视屋檐。从空中慢慢落下不曾受到一点儿脏污，雪堆得越来越高却没有倾倒的危险。洁白的颜色比人心还明亮可以当灯烛，雪花飘在面前让人忍不住用嘴来吹。因妒忌舞姿所以经常飘入舞者的袖口，为了压迫梅花所以压在了开着梅花的枝头。空旷的地面被落雪迷惑了界限，堆满了台阶混淆了台阶的高低。浩浩荡荡的雪花使天地都连成了一片，小小的雪花使万物都换了颜色。瑞雪兆丰年，明年的小麦一定会丰收，带给世间的恩泽都是一样的。从这场雪中已经感受到时光流逝，天色伴着纷纷扬扬的雪花渐渐明亮。在这冷酷的天气来时应当喝上一杯酒水，雪花的急促只听窗纸的响声便可知道。初升的阳光照耀着雪花，晚上的冻冰开始滴落下来发出清越的声音。庭中的雪堆犹如耸立的小山，清扫道路仿佛劈开云雾现出蓝天。地上的雪迹既像鱼儿相连而出，又像写在地上的鸟篆那么神奇。堆成的雪景有的像多位尽情欢笑的美丽佳人,有的像列队朝贺的健壮勇士。穿着破旧的鞋子走在雪地中更觉寒冷,躺在关闭了门户的室内越发觉得身体羸弱。听到远方的病马在悲嘶,跟着娇儿在雪地中四处走动。寂静的火灶上袅袅的炊烟已经断绝,繁密的发丝上两侧的鬓发开始衰白。口中诵着"撒盐空中差可拟"的诗句,模仿古人赏雪吟诗作赋的雅事。把这首燕石一般的诗送给您,诗中的失当之处真是让我深感惭愧。

春 雪

观雪乘清旦,无人坐独谣。拂花轻尚起,落地暖初销。已讶陵歌扇,还来伴舞腰。洒篁留半节,著柳送长条。入镜鸾窥沼,行天马度桥。遍阶怜可掬,满树戏成摇。江浪迎涛日,风毛纵猎朝。弄闲时细转,争急忽惊飘。城险疑悬布,砧寒未捣绡。莫愁阴景促,夜色自相饶。

【译文】赏雪一定要在清晨时分,那时周围寂静无人可以独自一人歌谣。雪花拂过花丛又轻轻地飞起,落在温暖的地上又马上消融殆尽。雪花浸湿了歌伎的衣衫和舞扇已令人惊讶,没想到它还会伴着舞女的腰肢在空中飞旋。雪花飘洒在竹林中仍有半截未被掩盖,附着在柳枝上随着长长的柳条飘走。落地的雪花犹如鸾鸟窥沼入镜中,又似骏马度桥行空中。雪花铺满台阶十分可爱,令人想要伸手去捧，雪花落满树顶，令人想去摇落前去嬉戏。飞雪犹如汹涌的江浪迎着波涛中的太阳，又如被风吹动的马毛在清晨中纵猎。闲暇之时雪花打着小小的圆圈飘落，突然又受惊急速飞起仿佛在竞争一样。险要的城池犹如铺了一层白布，又像在寒冷的砧板上铺上一块没有捣过的薄纱。不要因为阴影的到来而发愁，要知道夜色中的雪景足以弥补这些缺点。

闻梨花发赠刘师命

桃蹊惆怅不能过，红艳纷纷落地多。闻道郭西千树雪，欲将君去醉如何？

【译文】惆怅于没有去到开满桃花的小径上游览，如今那里满树的桃花已经纷纷凋零铺满地了。听说城西的千株梨树已经开花，花朵犹如白雪，想要邀你一起前去树下饮酒赏花，只是不知你是否同意？

春雪间早梅

梅将雪共春，彩艳不相因。逐吹能争密，排枝巧妒新。谁令香满座，独使净无尘。芳意饶呈瑞，寒光助照人。玲珑开已遍，点缀坐来频。那是俱疑似，须知两逼真。荧煌初乱眼，浩荡忽迷神。未许琼华比，从将玉树亲。先期迎献岁，更伴占兹辰。愿得长辉映，轻微敢自珍。

【译文】梅花与雪花一起在春天出现，一个洁白，一个艳丽，好似毫不相关。雪花随风落下，与梅花争夺着空隙，枝头的梅花排斥着雪花，妒忌这新的雪花。梅花的香味飘满园，雪花使世间清净无尘。幽香的梅花再加上白雪呈现出祥瑞之兆，寒冷的雪花反射出的光线照人。玲珑的梅花已全部绽放，晶莹的雪花点缀着梅枝。远远望去这二者好似一体，须知他们本就十分相似。闪闪的雪花开始时让人眼花缭乱，最终却浩浩荡荡更加令人心神迷惑。纵然是美玉也无法与之相比，倒是玉石雕成的树木与之非常接近。这雪花之前已经迎接过新的一年，如今又在此地与梅花相伴度过这个早晨。但愿它们能够长久地相互辉映，轻微的雪花也要自珍自重。

早春雪中闻莺

朝莺雪里新，雪树眼前春。带涩先迎气，侵寒已报人。共矜初听早，谁贵后闻频。暂啭那成曲，孤鸣岂及辰。风霜徒自保，桃李讵相亲。寄谢幽栖友，辛勤不为身。

【译文】清晨的黄莺在白雪的映照下显得越发新奇，一株株雪树在眼前的早春中展现身姿。黄莺晦涩的叫声是最先感受到了初春的寒气，寒凉的冷气已将消息传递给人。互相炫耀的是最先听到的黄莺啼叫，又有谁会对后来听到的频频叫声觉得稀奇。黄莺的鸣唱虽自然却不成调，独自鸣叫也不到一个时辰。风霜之中只能自保，桃树、李树拒绝与之亲近。只为告诉那些隐居在深处的好友，我辛勤的啼叫并不是为了自己。

梨花下赠刘师命

洛阳城外清明节，百花寥落梨花发。今日相逢瘴海头，共惊烂熳开正月。

【译文】当初我们在洛阳城外清明节的时候初见，那时正是百花凋落，梨花初开的季节。如今与你在湿气蒸腾的海边重逢，都对这正月里烂漫开放的梨花深感惊讶。

和归工部送僧约

早知皆是自拘囚，不学因循到白头。汝既出家还扰扰，何人更得死前休?

【译文】倘若早就知道人生都是自我囚禁,我就不该头发都白了仍在学习那些因循守旧的东西。如今你既然已经出家为僧倘若还是忙碌不已,那么又有谁能在临死前可以没有烦恼呢?

入关咏马

岁老岂能充上驷,力微当自慎前程。不知何故翻骧首,牵过关门妄一鸣。

【译文】既然年华已老岂能仍旧归为上好的良马,力气不足就该谨慎地对待自己的路程。不知是什么原因马首一直回顾,牵过潼关之门还想妄自鸣叫一声。

木芙蓉

新开寒露丛,远比水间红。艳色宁相妒,嘉名偶自同。采江官渡晚,搴木古祠空。愿得勤来看,无令便逐风。

【译文】在寒冷的天气中露出了一丛新开的花，颜色红艳远胜水中的芙蓉花。它并不是想与水中的芙蓉争艳，它们的芳名只是偶然相同而已。傍晚时分到江边的官渡口采摘水中的芙蓉，去空旷的古祠之中摘木芙蓉。只愿人们可以经常前去观赏，不要让它白白地随着春风飘落而去。

题张十一旅舍三咏

榴 花

五月榴花照眼明，枝间时见子初成。可怜此地无车马，颠倒青苔落绛英。

【译文】五月的榴花红艳似火，让人眼前一亮，经常可以看到在枝叶间刚刚结果的石榴。可惜此地没有车马经过，只好任那鲜红的花朵掉落在青苔之上。

井

贾谊宅中今始见，葛洪山下昔曾窥。寒泉百尺空看影，正是行人喝死时。

【译文】贾谊宅中的老井，我今天才初见，葛洪山下炼丹的那口古井，我昔日就曾经见过。水井深达百尺只能看见水影却无法汲取，这正是路上的行人因中暑而渴死的时节。

蒲 萄

新茎未遍半犹枯，高架支离到复扶。若欲满盘堆马乳，莫辞添竹引龙须。

【译文】葡萄新抽的嫩芽还未长全，枝干还有一半是干枯的，高高的架子支离破碎，倒下又被扶起。如果想要架子上都能堆满甜蜜的马乳葡萄，那就莫要耽误，增加绑扎葡萄架的竹子，将葡萄的藤蔓越引越多。

峡石西泉

居然鳞介不能容，石眼环环水一钟。闻说旱时求得雨，只疑科斗是蛟龙。

【译文】这峡石西泉竟然连一条小鱼也无法容纳，这石罅中就只存在着这么一泓清浅的泉水。听说遭逢大旱当地人会在这里求得雨水，不由得让人怀疑这些小小的蝌蚪都是蛟龙变的。

梁国惠康公主挽歌二首

定谥芳声远，移封大国新。巽宫尊长女，台室属良人。河汉重泉夜，梧桐半树春。龙辂非厌翟，还辗禁城尘。

秦地吹箫女，湘波鼓瑟妃。佩兰初应梦，奔月竟沦辉。夫族迎魂去，宫官会葬归。从今沁园草，无复更芳菲。

【译文】您的谥号已经定了，美好的声誉会传播到远方，新封的地方也是个大国。您身为长公主是最受尊敬的长女，您的丈夫也是王公重臣。如今您已逝去，去了河汉重泉，与您的丈夫生死相隔，犹如半生半死的梧桐树。载着您的丧车已经不是当年的厌翟了，但仍辗压着宫城的尘土送您远去。

您是当年在秦地吹箫的弄玉，您是在湘水边鼓瑟的帝妃。佩兰初结的果实应和了您的梦，奔月的嫦娥竟失去了光辉。您的夫家已经前去迎接着您的魂魄，宫中的官员埋葬了您之后就都回城了。从此以后您住所的沁园中的花草，就再也不会如往日那般盛开。

和崔舍人咏月二十韵

　　三秋端正月，今夜出东溟。对日犹分势，腾天渐吐灵。未高蒸远气，半上霁孤形。赫奕当躔次，虚徐度杳冥。长河晴散雾，列宿曙分萤。浩荡英华溢，萧疏物象泠。池边临倒照，檐际送横经。花树参差见，皋禽断续聆。牖光窥寂寞，砧影伴娉婷。幽坐看侵户，闲吟爱满庭。辉斜通壁练，彩碎射沙星。清洁云间路，空凉水上亭。净堪分顾兔，细得数飘萍。山翠相凝绿，林烟共幂青。过隅惊桂侧，当午觉轮停。属思摛霞锦，追欢罄缥瓶。郡楼何处望？陇笛此时听。右掖连台座，重门限禁扃。风台观滉瀁，冰砌步青荧。独有虞庠客，无由拾落蓂。

　　【译文】秋季的三个月中，中秋的月亮最圆，今夜月亮从东方的海面上升起。就算对着太阳也想与之争个高低，月亮升到了天上渐渐地吐露出灵气。还不是很高的时候就与远方的空气蒸腾上行，升到半空中形成了一个孤单的圆形的球体。明晃晃地出现在它运行的轨道，慢悠悠地在高高的空中飘浮。天上的星河天晴雾散，星宿闪烁着如萤火虫般明亮的光芒。它光华外溢，浩浩荡荡，月下的景物都泛着清冷之色，稀稀落落。站在池边可以看到月光的倒影，站在檐下可以见到月亮经过。可以见到参差错落的花树在月光下隐隐约约，可以听到仙鹤断断续续的叫声。月光从窗户中透过的光芒让人感到寂寞，捣衣石上的月影伴着娉娉婷婷的明月。幽幽地坐着看那月光射入门窗，悠闲地吟诗爱怜这满庭的月光。月光斜斜照在墙壁之上白净如绢，射在细碎的沙子上璀璨如星。在月光的照耀下，云间的道路看上去是那么干净，水上的亭子显得如此空凉。明月是那么明净甚至可以清晰地分辨出月中的玉兔，就连清水里的浮萍也可以仔细地数清楚。山间的翠树上凝结着绿色，林中的烟幕下笼罩了一片青色。月亮经过墙隅，令人惊讶于桂树的倾斜，过了午夜时分，只觉得月亮停止了移动。构思出美妙的文章仿若展开的霞锦，心中的欢乐好似喝了一瓶美酒。什么地方可以看到郡楼呢？此时正好可以听见《关山月》这首陇上笛曲。皇宫的边门与三公的办公场所相连，重重的宫门分开了宫内宫外。在敞开的台榭之上可以看到水深广无边际，好似冰雕的台阶之上滚动着晶莹的水珠。只剩下我这个寄居于国子监的客人，没有机会去捡那落在地上的蔓荚。

咏雪赠张籍

只见纵横落，宁知远近来。飘飘还自弄，历乱竟谁催？座暖销那怪，池清失可猜。坳中初盖底，坌处遂成堆。慢有先居后，轻多去却回。度前铺瓦陇，奔发积墙隈。穿细时双透，乘危忽半摧。舞深逢坎井，集早值层台。砧练终宜捣，阶纨未暇裁。城寒装睥睨，树冻裹莓苔。片片匀如翦，纷纷碎若挼。定非煏鹄鹭，真是屑琼瑰。纬繣观朝蕣，冥茫瞩晚埃。当窗恒凛凛，出户即皑皑。压野荣芝菌，倾都委货财。娥嬉华荡瀁，胥怒浪崔嵬。碛迥疑浮地，云平想辗雷。随车翻缟带，逐马散银杯。万屋漫汗合，千株照曜开。松篁遭挫抑，粪壤获饶培。隔绝门庭遽，挤排陛级才。岂堪裨岳镇，强欲效盐梅。隐匿瑕疵尽，包罗委琐该。误鸡宵呃喔，惊雀暗徘徊。浩浩过三暮，悠悠匝九垓。鲸鲵陆死骨，玉石火炎灰。厚虑填溟壑，高愁撅斗魁。日轮埋欲侧，坤轴压将颓。岸类长蛇搅，陵犹巨象豗。水官夸杰黠，木气怯胚胎。著地无由卷，连天不易推。龙鱼冷蛰苦，虎豹饿号哀。巧借豪奢便，专绳困约灾。威贪陵布被，光肯离金罍。赏玩捐他事，歌谣放我才。狂教诗碑砑，兴与酒陪鳃。惟子能谙耳，诸人得语哉？助留风作党，劝坐火为媒。雕刻文刀利，搜求智网恢。莫烦相属和，传示及提孩。

【译文】抬头只见雪花漫天飞舞，哪里知道它从远还是从近而来。飘落而下还在不断变化，这纷乱的景象到底是谁在催促？座位上暖和，雪花容易消融，哪里值得奇怪，池中水清澈，雪花消失不见，是可以猜到的。山坳之中的雪刚刚覆盖底部，山顶之上的雪已然堆成小山。雪花慢慢飘落，有的后降而先至，有的先降却后到，轻薄的雪花随风起舞，盘旋往复。飘落在屋顶之上铺满了瓦垄，急落在高墙之下堆满了墙角。雪花飞过窄窄的细缝贯通两边，雪花越堆越高到一半时又忽然倒塌。雪花飞舞到井口落入深深的井中, 雪花早早地落在高台之上堆积起来。台阶上铺了一层雪花如同铺在捣衣石上的白绢一捣就破, 又如铺在台子上的细绢等人裁剪。寒冷的城墙上堆积起来的雪花变成了矮墙, 受冻的树木上落满了雪花好似裹满了青苔。每一片雪花都像人工裁剪出的一模一样, 那杂乱细碎的纹路就像经过人的刻意揉搓。若非是把天鹅或者白鹭用开水烫后留下的羽毛, 那就一定是敲碎白色的琼玉而留下的碎屑。这纷纷扬扬的大雪好似在欣赏清晨的花萼, 又像在眺望傍晚空中迷茫的尘埃。站在窗前只觉得寒气凛凛直逼人身, 走到户外就见到白雪皑皑的景象。雪花飘落到原野之上, 好像原野之上到处都长着白色的芝菌, 雪花落在都城之中, 犹如都城之中到处都散落着白色的银子。雪地上的反光, 好像嫦娥在月中游戏荡漾出的月光, 又像是愤怒的伍子胥驱赶着崔嵬引起了汹涌的浪涛。雪花落在浅水中的砂石上远远望去好像一片平地, 空中大片白云可以想象其中滚动着的惊雷。随着车轮碾过的雪地留下的车辙, 犹如白色的绸带, 骑马走过的雪地之上留下的一个个蹄印, 犹如银色的酒杯。千家万户都在大雪之中连成了一片, 千树万树在日光下仿佛开出晶莹的小花。青松与篁竹都被大雪压得弯下身躯, 那些拌着肥料的灰土因雪而得到滋润。大雪隔绝了门庭和道路, 又堆满了整个台阶。它们岂能增加山岳的高度, 还想强与盐、梅相比, 看看哪个更有味道。它隐藏起了一切丑恶不留一点痕迹, 它包裹住了所有龌龊不漏一丝迹象。公鸡被白雪的反光迷惑, 半夜起来便啼叫起来, 麻雀也被白雪所惊, 在黑暗中徘徊寻找吃的。大雪浩浩荡荡一直下了三天三夜, 厚厚的积雪覆盖了整个九州。仿佛是鲸鲵死后留在陆地上的骨架, 又像是玉石被大火焚烧后留下的灰烬。这厚厚的积雪让人担心会填平大海和深沟, 这高高的积雪使人发愁似乎可以摘到天上的星斗。似乎日车的车轮都会陷入雪中使车身倾倒, 转动的地轴也将因积雪过多而被压断。积雪的河岸像被长蛇搅动而成, 积雪的高山像被大象撞击而成。水神赞赏这场雪下得真好, 但花草树木却因雪太寒冷而不敢抽出新芽。厚厚的雪层附着在大地上无法被风卷走, 高高的雪堆与青天相连无法被人移走。龙鱼蛰伏在寒冷的水中受尽苦痛, 虎豹困在雪山之上因饥饿不断哀号。这场大雪是上天送给豪富之家的一场欢愉, 又是带给贫困之家的一场灾难。雪花好耍威风而专门欺负那些以布为被的贫寒人家, 雪还趋炎附势而不肯离开富贵人家的金杯。我抛开了一切烦恼去欣赏雪景, 只用自己的诗歌来展现自身才能。我的纵情豪放使诗歌不同凡响, 我的兴致随着酒意也越发高涨。只有你能读懂我诗中的深意, 其他人岂能领会我们诗中的含义? 不仅以风为借口留住客人, 还要生火取暖让他不愿离去。你才气纵横, 作诗犹如雕刻, 写文比刀还利, 你文思敏捷, 虽然思维广阔跳跃却从无疏漏。我的这首诗就不麻烦你来应和了, 但请你一定要拿给那些天真的孩子看一看。

酬王二十舍人雪中见寄

三日柴门拥不开, 阶平庭满白皑皑。今朝蹋作琼瑶迹, 为有诗从凤沼来。

【译文】大雪下了三天，积雪堵住了柴门已经无法打开，台阶之上，庭院之中，到处是厚厚的积雪。今早我开门而出在雪地上留下了两排白玉般的足迹，只因我知道你的诗已从凤凰池中飞来。

送侯喜

已作龙钟后时者，懒于街里踏尘埃。如今便别长官去，直到新年衙日来。

【译文】你已是个老态龙钟、落后于时代之人，恐怕也懒得在街上走动到处奔波。如今你可以与长官告别回家休养，直到新年正月拜官的衙日再回来。

学诸进士作精卫衔石填海

鸟有偿冤者，终年抱寸诚。口衔山石细，心望海波平。渺渺功难见，区区命已轻。人皆讥造次，我独赏专精。岂计休无日，惟应尽此生。何惭刺客传，不著报雠名。

【译文】鸟中有一种报仇的精卫鸟,常年都怀着它小小的赤诚之心。它口中衔着的山石虽然很小,但它心中的愿望却大,希望有朝一日可以填平那波涛汹涌的大海。成功的希望是如此的渺茫,而它那小小的生命却轻若鸿毛。世人都在讥笑它的不知分寸,我却非常欣赏它的专一和赤诚。不去计较什么时候才能实现愿望,只要竭尽心力直到生命的终结。它那为了报仇雪恨而不留名的气节,完全不比《刺客传》中的英雄逊色半分。

奉酬振武胡十二丈大夫

倾朝共羡宠光频,半岁迁腾作虎臣。戎旃暂停辞社树,里门先下敬乡人。横飞玉盏家山晓,远蹀金珂塞草春。自笑平生夸胆气,不离文字鬓毛新。

【译文】朝中的所有官员都羡慕你能够多次受到恩宠,半年之中就升为可以治国安邦的重臣。你的军队暂驻河中,来向家乡的社树告别,你走到里门先从马上下来,以此表示对父老乡亲的敬重。清晨你在家乡与乡中百姓推杯共饮,改日你在遥远的边塞骑着佩戴着金珂的骏马在春天中驰骋。想到你金戈铁马的英姿,我嘲笑自己只能在平时夸耀的胆气,至今也没有离开文字但头上的鬓发已渐渐地斑白。

奉和库部卢四兄曹长元日朝回

天仗宵严建羽旄，春云送色晓鸡号。金炉香动螭头暗，玉佩声来雉尾高。戎服上趋承北极，儒冠列侍映东曹。太平时节身难遇，郎署何须叹二毛。

【译文】夜半时分天子的仪仗羽旄已经准备妥当，春天的彩云带来了曙光，破晓的清晨公鸡开始鸣叫。金炉之中香气浮动，在殿前的螭头上缭绕，天子的玉佩叮咚作响，两边的雉尾已高高竖起。将军身着戎装趋前奏报平安，恭身立于北极之下，文臣冠带整齐列班侍候，在东曹朝拜天子。太平盛世一生亲自遇到是很难的，身为郎中又何须感叹自己头发已白。

寒食直归遇雨

寒食时看度，春游事已违。风光连日直，阴雨半朝归。不见红球上，那论綵索飞。惟将新赐火，向曙著朝衣。

【译文】寒食节的时候，忖度天气情况，明白今年的春游又将事与愿违。旖旎的风光中我却连续几日都在宫中值宿，直到阴雨连绵的日子我才能在半中午回到了家中。因为是个阴天，所以朝中也没有在红毯上进行蹴鞠比赛，更不要说那在空中飘荡飞舞的秋千了。只好在天亮以后，点起新赐的火炬，在火光的照耀下穿上朝服。

送李六协律归荆南

早日羁游所，春风送客归。柳花还漠漠，江燕正飞飞。歌舞知谁在，宾僚逐使非。宋亭池水绿，莫忘蹋芳菲。

【译文】那是早年我的羁游之地，在这个春风吹拂的日子我又送你回到那里。那里的柳花此时还是稀稀疏疏，江中的燕子刚刚到来。如今的歌舞不知道还有谁在欣赏，当日的宾客和幕僚已随节度使而去，物是人非。宋玉故宅中亭子周围的池水青绿之时，你可千万别忘去那里踏青、游览。

题百叶桃花

百叶桃花晚更红，窥窗映竹见玲珑。应知侍史归天上，故伴仙郎宿禁中。

【译文】百叶桃的一枝桃花傍晚时分开得越发红艳，在绿竹的掩映之下，在窗外显得更加玲珑可爱。它应该知道侍史已进入了内庭，所以在这里陪着我这郎官在宫禁之中过夜。

春　雪

新年都未有芳华，二月初惊见草芽。白雪却嫌春色晚，故穿庭树作飞花。

【译文】都已到了新年，却还是没有看到芬芳的花朵，二月初时，才惊讶地发现有小小的草儿冒出了新芽。白雪大概是在嫌弃春色来得太晚，所以绕着庭中的树木，化作飞花盘旋在二月的早春。

戏题牡丹

幸自同开俱隐约，何须相倚斗轻盈。陵晨并作新妆面，对客偏含不语情。双燕无机还拂掠，游蜂多思正经营。长年是事皆抛尽，今日栏边暂眼明。

【译文】非常庆幸牡丹花开放之时，枝叶已盛，所以花朵隐隐约约，花枝互相依倚争奇斗艳，轻柔秀丽。清晨来时花朵就像女子刚刚修饰好的妆容一样，对着赏花之人面含羞怯默默不语。无情的双燕不时从花朵之上掠过，多情的游蜂正在花间往来采摘花蜜。这些年我已经万事皆空，懒得过问世事，今天在栏边欣赏牡丹，也不禁眼前一亮。

盆池五首

老翁真个似童儿，汲水埋盆作小池。一夜青蛙鸣到晓，恰如方口钓鱼时。

莫道盆池作不成，藕梢初种已齐生。从今有雨君须记，来听萧萧打叶声。

瓦沼晨朝水自清，小虫无数不知名。忽然分散无踪影，惟有鱼儿作队行。

泥盆浅小讵成池，夜半青蛙圣得知。一听暗来将伴侣，不烦鸣唤斗雄雌。

池光天影共青青，拍岸才添水数瓶。且待夜深乘月去，试看涵泳几多星。

【译文】这个老翁简直就是个稚童，打来清水，埋下盆子做了一个小小的池子。青蛙呱呱的叫声直至天明，恰如当年我在方口钓鱼时的情景。

不要以为这个盆池什么用也没有，我在水中种下的莲藕如今已经一起长了出来。从今天以后，倘若下雨你就一定要记得，来这里听一听雨点打在荷叶上的萧萧声。

清晨小而浅的盆池中的水非常清澈，许多不知名的小虫漂浮在水面上。人来之后便忽然分散开，毫无影迹，只见鱼儿好像排成了一队在水中游来游去。

泥盆又浅又小怎能算个池子，半夜时分青蛙好似有神通那样知道了这个地方。我也任由它们趁着黑暗带着伴侣前来，对它们争雄斗雌地的鸣叫丝毫不觉得厌烦。

小池中天空的倒影和水光都是青色的，只需再添加几瓶水就出现了惊涛拍岸的景象。暂且等到夜深人静，明月高挂的时候再去，看看那个小小的池中倒映着多少颗星星。

芍　药

浩态狂香昔未逢，红灯烁烁绿盘龙。觉来独对忽惊恐，身在仙宫第几重。

【译文】这样仪态大方、香味浓烈的芍药我过去从未见过，艳丽的花朵如闪闪的红灯，青翠的绿叶如盘绕的绿龙。一觉醒来，独自面对，真是让人惊恐，都不知道自己身处仙宫的第几重。

奉和虢州刘给事使君三堂新题二十一咏 并序

虢州刺史宅连水池、竹林，往往为亭台岛渚，目其处为三堂。刘兄自给事中出刺此州，在任逾岁，职修人治，州中称无事。颇复增饰，从子弟而游其间；又作二十一诗以咏其事，流行京师，文士争和之。余与刘善，故亦同作。

【译文】虢州刺史的住宅连着水池和竹林，到处都是亭、台、岛、渚，目之所及并称为三堂。刘兄由给事中调到虢州担任刺史，上任一年以后，政事修明、百姓安居，州中也太平无事。因此对三堂进行了扩建和装饰，带着门生后辈去游览那些亭、台、岛、渚；同时又写了二十一首诗来记述这件事，这些诗在京中广为流传，文人、士子都争相和之。我一向与刘兄交好，所以也写了几首和诗。

新 亭

湖上新亭好，公来日出初。水纹浮枕簟，瓦影荫龟鱼。

【译文】湖上新建的亭榭十分精致，刘公来的时候正值旭日初升之际。水中的纹路在日光的照射下犹如浮在水中的枕席，亭榭上瓦的影子倒映在水中正好遮住了乌龟和游鱼。

流 水

汩汩几时休？从春复到秋。只言池未满，池满强交流。

【译文】 汩汩的流水不知道几时停止？水流从春到秋不断。只说池水未满，所以水流不断，但真的到了水池涨满之时，水流纵横，恐怕更加流个没完了。

竹 洞

竹洞何年有？公初斫竹开。洞门无锁钥，俗客不曾来。

【译文】 这个竹洞是什么时候出现的呢？最初是刘公来了以后砍伐竹林建成的。竹洞上的门也没有锁钥，但世俗中的人也不会来这里。

月 台

南馆城阴阔，东湖水气多。直须台上看，始奈月明何。

【译文】城墙阴影下的南馆十分宽阔,东湖中蒸腾的水汽不断上升。必须登上月台去观赏明月,才能与那一轮皎洁的明月相配。

渚 亭

自有人知处,那无步往踪?莫教安四壁,面面看芙蓉。

【译文】自从有人知道了渚亭这个地方,岂能没有行人的踪迹呢?莫在亭子的四周安上墙壁,这样四面就都能欣赏那美丽的芙蓉花了。

竹 溪

蔼蔼溪流慢,梢梢岸篠长。穿沙碧篲净,落水紫苞香。

【译文】众多的溪流潺潺流动,两岸的绿竹垂下长长的枝条。从沙中新生的嫩竹,竹竿洁净,落在水中的紫色花苞,散发出阵阵的幽香。

北 湖

闻说游湖棹,寻常到此回。应留醒心处,准拟醉时来。

【译文】听说游湖的小船，一般到了这里就得返回。我们应该把游船留在一个醒目的地方，就算喝醉了也还能找到返回的路。

花 岛

蜂蝶去纷纷，香风隔岸闻。欲知花岛处，水上觅红云。

【译文】蜜蜂和蝴蝶都接连不断地飞向那里，浓浓的花香就算隔着水岸都能闻到。想要知道花岛位于何处，只需在水面上找到那片红云，就是岛上一丛丛鲜花的倒影。

柳 溪

柳树谁人种？行行夹岸高。莫将条系缆，著处有蝉号。

【译文】这成排的柳树究竟是什么人种的呢？一排排的垂柳位于两岸，显得越发高大。不要用那柳条来做停船的缆绳，因为系缆的地方可能有蝉儿在鸣叫。

西 山

新月迎宵挂，晴云到晚留。为遮西望眼，终是懒回头。

【译文】一轮新月为了迎接黑夜高挂于天空之中，晴云直到夜晚依旧留在天空之中。西山为你挡住了西望京城的眼光，正好回应了你不想回头的心愿。

竹 径

无尘从不扫，有鸟莫令弹。若要添风月，应除数百竿。

【译文】竹林中的小径从来不曾清扫也没有一丝尘土，弯曲的竹竿因为有鸟儿停留而无法弹起来。若要为这竹径再增添一丝风月，就应该再砍掉几百根竹子。

荷 池

风雨秋池上，高荷盖水繁。未谙鸣撼撼，那似卷翻翻。

【译文】风雨吹打在秋天的池水之上，高高的荷叶覆盖住水面，是那么繁密。还没有听够荷叶落在水面上的撼撼声，可惜荷叶已全都翻卷过来。

稻 畦

罫布畦堪数，枝分水莫寻。鱼肥知已秀，鹤没觉初深。

【译文】稻畦像围棋上的格子一样整齐可数，分散的水流无法寻到它的源头。鱼儿肥美之时便知水稻已经吐穗，鹤进入稻畦之时便知稻穗已经长高。

柳 巷

柳巷还飞絮，春余几许时？吏人休报事，公作送春诗。

【译文】柳巷之中到处都有柳絮在飘飞，今年的春季还剩下多少日子呢？吏员莫要前去上报那些琐碎的小事了，刘公正伏案写着送春的诗篇。

花 源

源上花初发，公应日日来。丁宁红与紫，慎勿一时开。

【译文】花源之中百花刚刚开放，刘公应当日日都来这里欣赏。反复地嘱咐那万紫千红的花儿，千万不要同时开放。

北 楼

郡楼乘晓上，尽日不能回。晚色将秋至，长风送月来。

【译文】趁着拂晓时分登上郡城的北楼，整整一日都不舍得回去。傍晚的暮色带来了微凉的秋意，长风也送来了一轮明月。

镜 潭

非铸复非镕，泓澄忽此逢。鱼虾不用避，只是照蛟龙。

【译文】这面镜子既不是人为铸造，也不是熔炼而成，又深又清的潭水忽然与这面镜子相逢。潭水中的鱼虾也不用躲避，这面潭镜仅是用来照蛟龙的。

孤 屿

朝游孤屿南，暮戏孤屿北。所以孤屿鸟，与公尽相识。

【译文】早晨还在孤屿的南边游玩，傍晚就来到孤屿的北边嬉戏。因此孤屿周围飞翔的那些鸟，与刘公您都已认识了。

方 桥

非阁复非船，可居兼可过。君欲问方桥，方桥如此作。

【译文】既不是楼阁，也不是船舶，既能够在此居住，又能够从此经过。您如果想问什么是方桥，方桥的作用就是这样的。

梯 桥

乍似上青冥，初疑蹑菡萏。自无飞仙骨，欲度何由敢？

【译文】突然踏上梯桥就好似上了青天，又怀疑是踩到了柔软的荷花之上。本来就不是仙人没有仙骨，想要过桥又怎么敢从上面走过？

月 池

寒池月下明，新月池边曲。若不妒清妍，却成相映烛。

【译文】寒冷的池水在月光的照耀之下更加明亮，弯弯的新月挂在池水的边上。明月与水池不仅不妒忌彼此的清妍，反而相互映衬，相映成趣。

游城南十六首

赛 神

白布长衫紫领巾，差科未动是闲人。麦苗含穟桑生葚，共向田头乐社神。

【译文】身着白布做的长衫，系着紫色的领巾，差役和赋税还没有开始，大家都清闲无事。麦苗已经抽穗，桑树也结出桑葚，大家都在田埂之上开心地祭祀社神。

题于宾客庄

榆荚车前盖地皮，蔷薇蘸水笋穿篱。马蹄无入朱门迹，纵使春归可得知。

【译文】榆荚和车前草薄薄一层覆在大地之上，蔷薇倒映在水中，竹笋穿过了篱笆。没有马蹄踏入这道朱门的痕迹，纵然这里的春天已经离开，又有谁能知道。

晚 春

草树知春不久归，百般红紫斗芳菲。杨花榆荚无才思，惟解漫天作雪飞。

【译文】花草、树木仿若知道春天不久之后就要离开，所以百花都开出红紫之色用来争奇斗艳。只有杨花和榆荚丝毫没有这种想法，开出的花朵像雪花一样漫天飞舞。

落 花

已分将身著地飞，那羞践蹋损光辉。无端又被春风误，吹落西家不得归。

【译文】已经粉身碎骨将要落到地上，就算被践踏成泥，失去了光华也毫不羞愧。不知因为什么又被春风所误，被吹到西家的宅院之中无法随春而去。

楸树二首

几岁生成为大树，一朝缠绕困长藤。谁人与脱青罗帔，看吐高花万万层。

幸自枝条能树立，何烦萝蔓作交加。傍人不解寻根本，却道新花胜旧花。

【译文】不知用了多少年才长成这样壮实的大树，没想到有一天竟被长藤缠绕，困在其中。谁能为它脱掉这层青色的罗帔，看它在高处开出重重叠叠的花。

楸树的枝条本来就能够独立成材，哪里需要这些藤萝和蔓草交相缠绕。这些藤萝和蔓草靠着别人却不知道饮水思源，还认为自己的新花远胜楸树本身的花朵。

风折花枝

浮艳侵天难就看，清香扑地可遥闻。春风也是多情思，故拣繁枝折赠君。

【译文】艳丽的花枝被吹到空中难以看清，花枝落在地上的清香远远就可以闻到。春风也是非常善解人意，故意在这个时候挑选了一枝繁花折下来就为了赠送给您。

赠同游

唤起窗全曙，催归日未西。无心花里鸟，更与尽情啼。

【译文】早晨,被叫醒起床的时候,天色已经完全大亮,下午,又急忙催促着返回,夕阳却还没有落下。我已经无心于花丛间的鸟儿,更何况它们那深情地啼叫。

赠张十八助教

喜君眸子重清朗,携手城南历旧游。忽见孟生题竹处,相看泪落不能收。

【译文】非常高兴您的眼睛又能重新看清东西,所以我们携手同去城南的故地重游。忽然就见到了当日孟郊为竹子题诗的地方,我们默默相视,眼泪不停流下。

题韦氏庄

昔者谁能比? 今来事不同。寂寥青草曲,散漫白榆风。架倒藤全落,篱崩竹半空。宁须惆怅立? 翻覆本无穷。

【译文】往日的繁华谁能与之相比? 现在却与过去的情况完全不同。空旷的草地上青草蜷缩在一起无人看顾,稀稀疏疏的白榆树在风中摇摆。架子倒在地上,上面的藤蔓也都落到了地上,篱笆崩裂,园中的竹子有一半已经空了。何必要独自惆怅徘徊呢? 人生本来就是如此翻覆、捉摸不定。

晚 雨

廉纤晚雨不能晴，池岸草间蚯蚓鸣。投竿跨马蹋归路，才到城门打鼓声。

【译文】傍晚时分蒙蒙的细雨一直不停，池岸边的草丛间可以听到蚯蚓的叫声。弃掉了行路的竹竿，跨上马走在回家的路上，刚刚来到城门，正好敲响了入夜的更鼓之声。

出 城

暂出城门蹋青草，远于林下见春山。应须韦杜家家到，只有今朝一日闲。

【译文】暂时从城门出来去远方踏青，走出了很远在树林下望见了春天的青山。之前答应一定要去拜访韦家和杜家，因为只有今天这一日有闲暇。

把 酒

扰扰驰名者，谁能一日闲？我来无伴侣，把酒对南山。

【译文】那些不断追寻功名利禄的人，谁能有一天的闲暇呢？我没有可以一起前去踏青的伴侣，只好独自一人举杯对着南山而饮。

嘲少年

直把春偿酒，都将命乞花。只知闲信马，不觉误随车。

【译文】直接把这个春日当成下酒的佳肴，用自己的整个生命去乞求百花。只知道在春天里信马由缰，却在不知不觉中误随着马车越走越远。

楸 树

青幢紫盖立童童，细雨浮烟作綵笼。不得画师来貌取，定知难见一生中。

【译文】楸树的树干就像青幢，树冠就像紫色的华盖，重重叠叠地立在那里，蒙蒙的细雨与袅袅的浮烟围绕在周围化作彩色的新笼。倘若没有画师把这幅景色画下来，恐怕这一生都难以见到这么美丽的楸树。

遣 兴

　　断送一生惟有酒，寻思百计不如闲。莫忧世事兼身事，须著人间比梦间。

　　【译文】能够伴随我度过一生时光的只有美酒，天天想着各种计谋还不如悠闲度日。俗事与家事全都抛到脑后，不去烦恼，只需把人间之事看作一场大梦就行了。

卷十　律诗

送李尚书赴襄阳八韵

帝忧南国切，改命付忠良。壤画星摇动，旗分兽旆扬。五营兵转肃，千里地还方。控带荆门远，飘浮汉水长。赐书宽属郡，战马隔邻疆。纵猎雷霆迅，观棋玉石忙。风流岘首客，花艳大堤倡。富贵由身致，谁教不自强。

【译文】皇帝非常忧心南方局势，下诏将其托付给忠良之士。朝廷重新划分了山南东道，对应的分野也产生变化，两节度使被分赐旌旗，画着猛兽的旗帜随风飘扬。军队调动严整肃穆，即便是相距千里也可以从容到达。荆门、汉水距此路途遥远，难以控制。特地赐下文书，希望您治理地方能够宽和，附近不远处就有军队驻扎。纵情田猎迅如雷霆，观棋闲看落子纷纷。岘山名士风流您当居首，美人如花足以艳照大堤。富贵是凭借自身才能所得，见到您后还有谁会不自强呢。

和席八十二韵

绛阙银河曙，东风右掖春。官随名共美，花与思俱新。绮陌朝游间，绫衾夜直频。横门开日月，高阁切星辰。庭变寒前草，天销霁后尘。沟声通苑急，柳色压城匀。纶綍谋猷盛，丹青步武亲。芳菲含斧藻，光景畅形神。傍砌看红药，巡池咏白苹。多情怀酒伴，余事作诗人。倚玉难藏拙，吹竽久混真。坐惭空自老，江海未还身。

【译文】银河照耀着宫阙，东风为中书带来春色。席君与古贤同名，又同为近臣，被世人称美，文思更是像花儿一般日新月异。有时早间出城四野漫游，更多时候深夜宫内拥衾当值。大明门包揽日月，宫阁几乎与星辰同齐。院中长起了新草，天空也同刚刚放晴一般没有尘埃。御沟直通宫苑，柳树新芽也为城中增添了一抹新绿。您的多谋善虑都体现在诏书之中，更是皇帝的贴身近臣。梁楣上刻画的文饰图案在花丛中若隐若现，阳光下的景色也足以使人心神畅快。可以在阶前共赏芍药，可以在绕水而行时歌咏白苹。心中喷发的情感更加怀念共饮之人，其他时候便做一个诗人吧。和贤者在一起时难以掩盖自己的拙劣，滥竽充数时间长了，也就变成真的了。对坐时羞愧自己一无所为，就已经老去，从此回归江海，再也不必回来。

和武相公早春闻莺

早晚飞来入锦城，谁人教解百般鸣？春风红树惊眠处，似妒歌童作艳声。

【译文】黄莺早上和晚上都会飞到成都，谁能教我该如何理解它叫声的含义呢？春风吹过红树，惊扰了它们的睡眠，似乎是因为嫉妒孩童们的歌声，所以才发出如此美妙的声音。

游太平公主山庄

公主当年欲占春，故将台榭押城闉。欲知前面花多少，直到南山不属人。

【译文】太平公主当年想占尽春色，所以将自己的亭台和楼阁建得比城内的重门还高。想知道前面的花草到底还有多少，直到终南山也不属于别人。

晚　春

谁收春色将归去，慢绿妖红半不存。榆荚只能随柳絮，等闲撩乱走空园。

【译文】谁把这春色收回将要离去，花红柳绿已经凋零了一半。榆荚只能伴着柳絮，在空旷的园中随风飘荡。

大行皇太后挽歌词三首

一纪尊名正，三时孝养荣。高居朝圣主，厚德载群生。武帐虚中禁，玄堂掩太平。秋天笳鼓歇，松柏遍山鸣。

威仪备吉凶，文物杂军容。配地行新祭，因山讬故封。凤飞终不反，剑化会相从。无复临长乐，空闻报晓钟。

追攀万国来，警卫百神陪。画翣登秋殿，容衣入夜台。云随仙驭远，风助圣情哀。只有朝陵日，妆奁一暂开。

【译文】十二年来声望崇高，皇帝每日向您请安三次也极为荣耀。高居太后之位接受皇帝的参拜，道德高尚，如大地一般可以承载众生。一朝逝去使皇宫武帐从此空虚，太平之世安眠玄堂陵墓也可安心。尽管已入八月笳鼓不再鸣奏，但漫山的松柏却因您的离去而哭泣。

整肃的仪仗设有吉凶卤簿，礼乐仪仗和护送卫队蜿蜒漫长。太后故去所以要进行新的配地之祭，依照山势将太后灵柩与顺宗合葬于丰陵。凤凰飞走之后终究难以返回，托剑化形而去随顺宗于地下。再也不会回到长乐宫，只能听到报晓的钟声。

万国的使臣都前来悼念，诸多神灵也在身旁警戒陪伴。带有彩绘的棺饰升入了清冷的宫殿，身穿寿衣进入陵寝。白云伴随着仙驾越走越远，萧瑟的秋风让皇帝更添愁绪。只有再次前来陵寝祭拜的时候，可以见到您暂时打开的妆奁。

广宣上人频见过

三百六旬长扰扰，不冲风雨即尘埃。久惭朝士无裨补，空愧高僧数往来。学道穷年何所得，吟诗竟日未能回。天寒古寺游人少，红叶窗前有几堆。

【译文】广宣上人三百六十天不停地来拜访我，即使冒着风雨也要风尘仆仆地赶来。一直都很惭愧对朝中官员没有什么帮助，也辜负了高僧多次来访的心意。一年到头学习圣人之道又有什么收获，整天吟诗也顾不上回家。天寒地冻寺中游人很少，不知窗前到底有几堆红叶。

闲游二首

雨后来更好，绕池遍青青。柳花闲度竹，菱叶故穿萍。独坐殊未厌，孤斟讵能醒？持竿至日暮，幽咏欲谁听？

兹游苦不数，再到遂经旬。萍盖污池净，藤笼老树新。林鸟鸣讶客，岸竹长遮邻。子云只自守，奚事九衢尘？

【译文】雨后这里的景色更加美丽，池水的周围青草遍地。柳絮无意中从竹林间飘过，菱叶似乎故意在浮萍之间穿梭。就算一个人坐在这儿也不会觉得厌烦，独醉又岂会醒来？持着鱼竿一直到了傍晚，心中的曼声长吟又能给谁听呢？

外出做官漂泊的苦楚难以细数，再次回到这里已经是多年之后。浮萍开满了池塘，使得污浊的池子都干净不少，依附在树上的藤条使老树焕发出新貌。林间的鸟儿用欢快的叫声来迎接客人，岸边茂密的修竹遮挡了邻居的庭院。扬雄身居天禄阁一心完成自己的《太玄经》，怎会去管世间的俗事呢？

酬马侍郎寄酒

一壶情所寄，四句意能多。秋到无诗酒，其如月色何。

【译文】一壶清酒寄托了多少心中的情意，这短短的四句诗也难以将其表述完全。在这秋日之中无诗也无酒，就连那月光也都显得黯然失色。

和侯协律咏笋

竹亭人不到，新笋满前轩。乍出真堪赏，初多未觉烦。成行齐婢仆，环立比儿孙。验长常携尺，愁干屡侧盆。对吟忘膳饮，偶坐变朝昏。滞雨膏腴湿，骄阳气候温。得时方张王，挟势欲胜骞。见角牛羊没，看皮虎豹存。攒生犹有隙，散布忽无垠。讵可持筹算，谁能以理言？纵横公占地，罗列暗连根。狂剧时穿壁，群强几触藩。深潜如避逐，远去若追奔。始讶妨人路，还惊入药园。萌芽防浸大，覆载莫偏恩。已复侵危砌，非徒出短垣。身宁虞瓦砾，计拟掩兰荪。且叹高无数，庸知上几番。短长终不校，先后竟谁论。外恨苞藏密，中仍节目繁。暂须回步履，要取助盘餐。穰穰疑翻地，森森竞塞门。戈矛头戢戢，蛇虺首掀掀。妇懦咨聊拣，儿痴谒尽髡。侯生来慰我，诗句读惊魂。属和才将竭，呻吟至欲髃。

【译文】这个竹亭已经很久无人前来，前面的栏杆之外已经长满了新生的竹笋。新笋刚长出来时确实值得观赏，初叶繁茂也不至于令人厌烦。排成一行就像恭敬站立的仆人，围成一圈就像是环绕在身侧的儿孙。为了测量它们的高度随身带着尺子，令人犯愁的是它们经常会向花盆旁边歪斜。相互吟诗经常忘记饮食，相对而坐也是从朝到暮。连续不断的雨浸透了肥沃的土地，炎热的太阳又使天气变得温暖。顺应天时便生长得极为茂盛，得势之后便令人难以阻挡。刚刚冒头的笋尖就像牛羊的角，斑驳的笋皮如同虎豹的皮毛。长在一起尚且会留有一丝缝隙，散开生长则会显得无边无际。岂能拿着算筹去算，又有谁能将杂乱的笋丛理得清晰？相互交错之间占用了许多土地，地下的根系也连接在一起。长势迅猛的时候足以穿透墙壁，长势旺盛的几株已经碰到篱笆。深藏时犹如避世，远离时又像被追逐。刚开始惊讶它妨碍行人走路的时候，就惊奇地发现它已经进入了芍药园。萌芽的时候就要防止它继续长大，要剪除的时候也不要有丝毫的偏差。已经影响到了高墙的安危，并不是只长在矮墙之上。宁愿自己身处危险的地方，也要想办法保护兰荪这样的香草。叹息这些高耸的竹子难以数清，如果能知道它们到底可以长多少节就好了。最终也无法比较谁长谁短，谁先谁后也没有人说得清楚。在外只恨竹笋藏得过于隐秘，长成之后竹节数目就过于繁多。暂时先走回去，将它们做成佐餐的食物。竹笋生长繁盛的地方就像是把地犁了一遍，众多竹子竞相生长连门都堵上了。有如戈矛聚集，又似蛇头高举。妇人心中害怕挑选着砍掉一些，小儿无知直说要将它们尽数铲除。侯生前来宽慰我，他的诗句令我十分震撼。我作的应和诗即将完成，正在吟咏之时天色已经渐明。

过鸿沟

龙疲虎困割川原，亿万苍生性命存。谁劝君王回马首？真成一掷赌乾坤。

【译文】刘邦和项羽相约以鸿沟为界，中分天下，亿万苍生因此而存活下来。谁能使君王停止战争？避免像这样以天下为注的豪赌。

送张侍郎

司徒东镇驰书谒，丞相西来走马迎。两府元臣今转密，一方逋寇不难平。

【译文】司徒东镇写信请求拜访，丞相西来众人走马相迎。两府重臣现在变得亲密，一方流寇作乱不难平定。

赠刑部马侍郎

红旗照海压南荒，徵入中台作侍郎。暂从相公平小寇，便归天阙致时康。

【译文】您就像红旗映照着大海那样管理着岭南蛮荒之地，之后被征召入朝任刑部侍郎。暂且追随晋国公裴度平定了淮西之乱，到时就可以回京向天子奏报天下已经太平了。

奉和裴相公东征途经女几山下作

旗穿晓日云霞杂，山倚秋空剑戟明。敢请相公平贼后，暂携诸吏上峥嵘。

【译文】旌旗穿破了朝日映照下的云霞，女几山在秋日的衬托下更显空幽，就连剑戟也因此显得更加锋利。请裴相平定了乱贼之后,能够带着诸位同僚再上一次女几山。

郾城晚饮奉赠副使马侍郎及冯李二员外

城上赤云呈胜气,眉间黄色见归期。幕中无事惟须饮,即是连镳向阙时。

【译文】城头的红云呈现出战争胜利的吉兆,眉间的黄气也预示着喜事即将到来。幕中无事只管饮酒,很快就到了班师还朝的时候。

酬别留后侍郎

为文无出相如右,谋帅难居郤縠先。归去雪销溱洧动,西来旌旆拂晴天。

【译文】马公文章可媲美司马相如,统军为帅也不比郤縠差。归去淮西正值溱水、洧水冰消河开,大军凯旋定能将阴云拂去,使阴霾的天空放晴。

同李二十八夜次襄城

周楚仍连接，川原乍屈盘。云垂天不暖，尘涨雪犹干。印绶归台室，旌旗别将坛。欲知迎候盛，骑火万星攒。

【译文】地处周楚交界之地，大河曲折盘绕襄城。天上云层厚重，天气也不暖和，尘土飞扬，积雪未消。裴相将被朝廷委以重任，携着大胜之势告别了军队。想要知道迎接您的盛况，只见夜骑时的灯火有如万星攒动。

同李二十八员外从裴相公野宿西界

四面星辰著地明，散烧烟火宿天兵。不关破贼须归奏，自趁新年贺太平。

【译文】四周的星辰将大地照得更加明亮，零散的篝火旁是将要在此过夜的将士。过年之前击败贼人回朝述职，自是趁着新年之机庆贺天下太平。

过襄城

郾城辞罢过襄城，颍水嵩山刮眼明。已去蔡州三百里，家人不用远来迎。

【译文】告别郾城，路过襄城，颍水、嵩山令人眼前一亮。这里离蔡州已经三百多里，家人无须远道而来迎接。

宿神龟招李二十八冯十七

荒山野水照斜晖，啄雪寒鸦趁始飞。夜宿驿亭愁不睡，幸来相就盖征衣。

【译文】夕阳照着这里的荒山野水，啄雪的寒鸦也趁着这时刚刚起飞。夜里在驿站愁得难以入睡，我披着军服希望你们前来相见。

次硖石

数日方离雪，今朝又出山。试凭高处望，隐约见潼关。

【译文】几天前才离开大雪纷飞之地，今天又来到这座山上。登高远望，隐约能够看到潼关。

和李司勋过连昌宫

夹道疏槐出老根，高甍巨桷压山原。宫前遗老来相问，今是开元几叶孙？

【译文】道路两旁稀疏的槐树露出了老根，高高的屋脊大大的椽子压过了山陵与原野。皇宫前有先帝的旧臣来询问，当今天子是开元皇帝的几代儿孙？

次潼关先寄张十二阁老使君

荆山已去华山来，日出潼关四扇开。刺史莫辞迎候远，相公亲破蔡州回。

【译文】刚刚翻越荆山就看到华山迎面而来，太阳从潼关升起四扇大门打开。刺史大人不辞辛苦远道而来亲自迎接，宰相裴度刚刚攻破蔡州获胜归来。

次潼关上都统相公

暂辞堂印执兵权，尽管诸军破贼年。冠盖相望催入相，待将功德格皇天。

【译文】裴公暂时卸任了政事堂的官职被任命为淮西统帅，统管各路军队击破敌军。百官盼望着您可以尽快入朝为相，到时候您的功德就如伊尹一般可以感通上天。

桃林夜贺晋公

西来骑火照山红，夜宿桃林腊月中。手把命珪兼相印，一时重叠赏元功。

【译文】朝廷的特使快马加鞭从西边赶来，夜骑时的灯火照得满山通红，寒冬腊月中与夜宿在桃林塞的大军会合。特使手中拿着命珪和相印，同时赏赐众多有功之人。

送李员外院长分司东都

去年秋露下，羁旅逐东征。今岁春光动，驱驰别上京。饮中相顾色，送后独归情。两地无千里，因风数寄声。

【译文】去年秋天，随军东征。今年春天，别离上京。对饮依依不舍，别后独归叹息。两地相距不到千里，凭借风儿寄托思念之情。

晋公破贼回重拜台司以诗示幕中宾客愈奉和

南伐旋师太华东，天书夜到册元功。将军旧压三司贵，相国新兼五等崇。鸳鹭欲归仙仗里，熊罴还入禁营中。长惭典午非材职，得就闲官即至公。

【译文】率兵在南方打了胜仗，现在已经到了太华山以东，圣旨夜里就到了，上面写明了您才是首功。作为淮西宣慰使您曾经位重于三司，作为宰相您的爵位也已封国公。文官要回归朝堂之上，武官还是要回归禁军之中。经常自惭自己没有什么才能和见识，只要踏实做好事情就是公允之极了。

独钓四首

侯家林馆胜，偶入得垂竿。曲树行藤角，平池散荇盘。羽沉知食驶，缗细觉牵难。聊取夸儿女，榆条击从鞍。

一径向池斜，池塘野草花。雨多添柳耳，水长减蒲芽。坐厌亲刑柄，偷来傍钓车。太平公事少，吏隐讵相赊？

独往南塘上，秋晨景气醒。露排四岸草，风约半池萍。鸟下见人寂，鱼来闻饵馨。所嗟无可召，不得倒吾瓶。

秋半百物变，溪鱼去不来。风能坼芡觜，露亦染梨腮。远岫重叠出，寒花散乱开。所期终莫至，日暮与谁回？

【译文】公侯之家的园林非常漂亮，偶然进去后拿到了一个鱼竿。弯曲的树上缠绕着藤蔓，平静的池子上面散落着如盘的芡叶。钓丝上的羽毛下沉，知道是鱼儿吃掉了饵食，可是鱼竿上的线太细了，这才发现难以收杆。闲谈中提到的小儿女，正用榆条抽打着随从的鞍马。

一条小路斜斜地通向池塘，池塘边长满了野草野花。阴雨绵绵使柳树上新添了很多木耳，水面上涨使香蒲的新芽都减少了。在刑部侍郎的位置上待得厌烦了，就偷偷地来这里靠在车上垂钓，以求得闲暇。天下太平公事不多，大隐隐于市岂不更加闲逸？

独自前往南塘之上，秋日的清晨景象也渐渐苏醒。岸边的野草上沾满了露水，半池的浮萍也被风吹散。鸟儿见到人少纷纷落下，鱼儿闻到饵香也急急赶来。令我叹息的是依然没有接到任命的诏书，令我不能尽情施展才华。

秋天已经过了一半，万物都发生了变化，小溪里的鱼儿离开后再也没有回来。秋风将芡实的尖嘴儿吹开，露水也使梨腮染上了颜色。远处的山峦重重叠叠地显露出来，寒花也零零散散的到处开放。期待之人终究未至，日暮时分与谁同归？

枯　树

老树无枝叶，风霜不复侵。腹穿人可过，皮剥蚁还寻。寄托惟朝菌，依投绝暮禽。犹堪持改火，未肯但空心。

【译文】这株老树已经枯死，没了枝叶，风霜再也不能伤害它。树干上的大洞可以容一个人穿过，树皮早已剥落，就连虫蚁都能乘隙而入。依靠它的只剩下朝生暮死的菌类和晚上在树上栖息的鸟儿。但它依然可以当作柴火来烧，虽然不是出于自愿，但它早已没了心。

元日酬蔡州马十二尚书去年蔡州元日见寄之什

元日新诗已去年，蔡州遥寄荷相怜。今朝纵有谁人领，自是三峰不敢眠。

【译文】去年正月初一收到您的诗距今已过了一年，您远在蔡州还要给我寄来诗句以示爱怜。如今又有谁能了解，从此身在三峰也不敢安眠。

咏灯花同侯十一

今夕知何夕，花然锦帐中。自能当雪暖，那肯待春红。黄里排金粟，钗头缀玉虫。更烦将喜事，来报主人翁。

【译文】良辰美景之下，灯花燃亮了锦帐。既然能在雪中发热，又怎肯待春暖时再放光彩。黄色的灯光如同金粟，上面的青焰就像钗头上的玉虫。更是要劳烦你，将喜报带给主人。

祖席 前字

祖席洛桥边，亲交共黯然。野晴山簇簇，霜晓菊鲜鲜。书寄相思处，杯衔欲别前。淮阳知不薄，终愿早回船。

【译文】饯行的宴席设在洛桥边，亲朋故交都黯然神伤。晴朗的天空下群山排列成行，晨霜也令菊花显得更加鲜艳明亮。书信寄往思念的地方，临别前饮下杯中之酒。淮阳虽好，但是依然希望你能早日归来。

秋 字

淮南悲木落，而我亦伤秋。况与故人别，那堪羁宦愁。荣华今异路，风雨苦同忧。莫以宜春远，江山多胜游。

【译文】秋天，淮南地区的树叶已落，我的心里对于秋日的到来也极为感伤。更何况还要与故人告别，哪里能承受得住在他乡为官的愁苦呢。如今的我们永远难以得到荣华富贵，但是未来路上的风雨我们可以一起承担。不要犯愁宜春路远，江山美好，足够我们去游览了。

送郑尚书赴南海

番禺军府盛，欲说暂停杯。盖海旗幢出，连天观阁开。衙时龙户集，上日马人来。风静鵁鶄去，官廉蚌蛤回。货通师子国，乐奏武王台。事事皆殊异，无嫌屈大才。

【译文】对于番禺军府的盛况，想要详细去说就只能暂停饮酒了。战船上旌旗可以覆盖整个海面，楼阁大开仿佛与天相接。到了定期拜谒之时，龙户云集府衙，每月初一，马人又纷纷而至。风停后鹓鸥就会飞走，官吏廉洁蚌蛤就会回来。货物卖到了师子国，乐曲可以在武王台演奏。番禺事事不同寻常，不要怀疑在这里施展不了才华。

答道士寄树鸡

软湿青黄状可猜，欲烹还唤木盘回。烦君自入华阳洞，直割乖龙左耳来。

【译文】手感湿软，色泽青黄，只看形状就可以猜得到是什么，正要准备烹煮又把端木盘的人叫了回来。劳烦您亲自去一趟华阳洞，把恶龙的左耳也割下来。

左迁至蓝关示侄孙湘

一封朝奏九重天，夕贬潮州路八千。欲为圣明除弊事，肯将衰朽惜残年? 云横秦岭家何在? 雪拥蓝关马不前。知汝远来应有意，好收吾骨瘴江边。

【译文】早上我把一封奏书呈给朝廷，晚上便被贬到离京八千里的潮州。想要为天子除去那些有害的事，哪里考虑过已经年迈无用不肯顾惜自己已经暮年？阴云笼罩着秦岭，我的家在哪里？大雪阻隔蓝关，马儿也停止不前。我知道你定是有意远道而来，正好在瘴江边把我的尸骨收殓。

武关西逢配流吐蕃

嗟尔戎人莫惨然，湖南地近保生全。我今罪重无归望，直去长安路八千。

【译文】将士们不要在心中有什么不满，湖南路途不远，定能把生命保全。我如今身负重罪无望回来，流放之地又远离长安八千里。

次邓州界

潮阳南去倍长沙，恋阙那堪又忆家。心讶愁来惟贮火，眼知别后自添花。商颜暮雪逢人少, 邓鄙春泥见驿赊。早晚王师收海岳, 普将雷雨发萌芽。

【译文】从长安向南到潮阳的路途是去长沙的数倍, 眷恋天子的同时也在思念着自己的家乡。心中的愁苦也只是积火而已, 同样知道离别之后这里自会有新的花儿生长。在日暮商山的白雪中很少能遇到过路之人, 在邓州边境的春泥中就算想见到一座驿站也是奢望。等到朝廷平定战乱之后, 这里定如久旱逢甘霖的嫩芽一样恢复过来。

题临泷寺

不觉离家已五千, 仍将衰病入泷船。潮阳未到先闻说, 海气昏昏浪拍天。

【译文】不知不觉离家已经五千里, 仍要抱病登上渡过泷水的船只。潮阳虽然未到但事先就曾听闻, 那里雾气弥漫浪涛冲天。

晚次宣溪辱韶州张端公使君惠书叙别酬以绝句二章

韶州南去接宣溪，云水苍茫日向西。客泪数行元自落，鹧鸪休傍耳边啼。

兼金那足比清文，白首相随愧使君。俱是岭南巡管内，莫欺荒僻断知闻。

【译文】韶州往南与宣溪接壤，云水茫茫，太阳渐渐西沉。客人的眼泪不停地落下，鹧鸪啊，不要在我的耳边鸣叫了。

最好的金子也比不上清新俊雅的诗文，头发都白了还追随着使君真是令我惭愧。现如今你我都在岭南节度使的管辖之下，不要因为地处荒僻就骗我说收不到消息。

题秀禅师房

桥夹水松行百步，竹床莞席到僧家。暂拳一手支头卧，还把渔竿下钓沙。

【译文】小桥两边长满了水松，走上百来步，就来到了摆着竹床铺着莞席的秀禅师家。暂且曲起一只手支着头躺上一会儿，回头拿着鱼竿去岸边快乐垂钓。

将至韶州先寄张端公使君借图经

曲江山水闻来久，恐不知名访倍难。愿借图经将入界，亦逢佳处便开看。

【译文】曲江的山水闻名已久，只是担心不知其名难以寻访。到韶州前希望借您的地图一用，遇到好的地方便打开来看看。

过始兴江口感怀

忆作儿童随伯氏，南来今只一身存。目前百口还相逐，旧事无人可共论。

【译文】回忆当初追随伯父时还是孩童，如今从南而来却只剩自己。尽管眼前还有百人相随，但是以前的事情却没人可以与我一起谈论了。

韶州留别张端公使君

来往再逢梅柳新,别离一醉绮罗春。久钦江总文才妙,自叹虞翻骨相屯。鸣笛急吹争落日,清歌缓送感行人。已知奏课当徵拜,那复淹留咏白𬞟。

【译文】每次来往于韶州都是梅、柳刚刚抽芽之时,离别时共同醉倒在精美的暖帐中。对于江总的文采已经钦慕很久了,感叹自己要像虞翻那样埋骨袁州。急促的笛声仿佛在与落日争先,送别时的清歌好似连行人都大受感动。已经知晓您的政绩已上报朝廷,应当会被征召,我哪里还用留在这里吟咏白𬞟之诗呢。

量移袁州张韶州端公以诗相贺因酬之

明时远逐事何如?遇赦移官罪未除。北望诋令随塞雁,南迁才免葬江鱼。将经贵郡烦留客,先惠高文谢起予。暂欲系船韶石下,上宾虞舜整冠裾。

【译文】政治清明的时代被流放远方会如何呢？遇到大赦天下之时得以调任，但我的罪责却没有被赦免。向北望去却不能随鸿雁飞回北方，流放南方才免于葬身江中鱼腹。将要经过贵地麻烦您能留下我，让我能看到高明的文章来使自己受到启发。我还想临时把船停在韶石之下，整理好仪容去参拜虞舜的陵墓。

次石头驿寄江西王十中丞阁老

凭高试回首，一望豫章城。人由恋德泣，马亦别群鸣。寒日夕始照，风江远渐平。默然都不语，应识此时情。

【译文】登高回头望豫章。百姓因为对您的爱戴而哭泣，马儿也因为离开族群而悲鸣。天气寒冷，太阳刚从乌云中出来，江上寒风也渐渐地平息下来。默默相对，没有一个人说话，但是这时的感情本来也不必过多言说。

游西林寺题萧二兄郎中旧堂

中郎有女能传业，伯道无儿可保家。偶到匡山曾住处，几行衰泪落烟霞。

【译文】蔡邕有女传承家业，邓攸无子可保家道。偶然来到匡山曾经的居所，几行老泪伴随着烟霞潸然而落。

自袁州还京行次安陆先寄随州周员外

行行指汉东，暂喜笑言同。雨雪离江上，蒹葭出梦中。面犹含瘴色，眼已见华风。岁暮难相值，酣歌未可终。

【译文】目标直指汉东不停前行，令人开心的是我们的想法非常相似。雨雪天气共同离开长江，蒹葭甚至都进入了梦乡。脸上依然带着因瘴毒患病的气色，眼前已能看到中原的风景。我们都年纪大了未来难以再遇，那就尽情高歌不要停止。

题广昌馆

白水龙飞已几春，偶逢遗迹问耕人。丘坟发掘当官路，何处南阳有近亲？

【译文】白水龙飞的故事已经过去了很多年，偶然看到当年的遗迹就询问耕田的农人。官道上的坟墓已遭发掘，南阳什么地方还有刘秀的近亲呢？

寄随州周员外

陆孟丘杨久作尘，同时存者更谁人？金丹别后知传得，乞取刀圭救病身。

【译文】陆长源、孟叔度、丘颖、杨凝四人早已化作尘土，从那时到现在还活着的人又有谁呢？分别之后得知你开始修道，但是生病的话还是得吃药才能痊愈啊。

酒中留上襄阳李相公

浊水污泥清路尘，还曾同制掌丝纶。眼穿长讶双鱼断，耳热何辞数爵频。银烛未销窗送曙，金钗半醉座添春。知公不久归钧轴，应许闲官寄病身。

【译文】我就是这浊水污泥，您就如那清路之尘，我们曾经又同为中书舍人，知制诰。令我望眼欲穿、非常难过的是我们之间的书信来往已经断绝，酒酣耳热之际怎会因这区区数杯清酒而推却。银质烛台上的蜡烛还未熄灭，窗外已经现出拂晓的曙光，座位上劝酒歌妓半醉的娇艳之态，为酒宴增添了几抹春色。知道李公您不久之后就会重新执掌朝政，希望您到时可以封我一个闲官，用以寄托我这疾病之身。

去岁自刑部侍郎以罪贬潮州刺史乘驿赴任其后家亦谴逐小女道死殡之层峰驿旁山下蒙恩还朝过其墓留题驿梁

数条藤束木皮棺，草殡荒山白骨寒。惊恐入心身已病，扶舁沿路众知难。绕坟不暇号三匝，设祭惟闻饭一盘。致汝无辜由我罪，百年惭痛泪阑干。

【译文】以寥寥几条藤蔓封束着女儿你的木皮棺，棺柩临时停放在荒山之中，你的白骨都能感到寒冷。你由于心中害怕恐惧，所以病倒于路上，扶你上车的这一路，众人都深感艰难。你下葬之后，迫于行程的期限，既没有绕着你的坟头转够三圈，也来不及为你哭丧，陈设的祭品也只有一盘饭而已。你是那么无辜却遭受此罪，这都是因为我的罪过，心中的惭愧与痛苦百年不减，眼中的泪水将永不停止。

贺张十八秘书得裴司空马

司空远寄养初成，毛色桃花眼镜明。落日已曾交辔语，春风还拟并鞍行。长令奴仆知饥渴，须著贤良待性情。旦夕公归伸拜谢，免劳去骑逐双旌。

【译文】裴司空的马刚刚养成，就从远方给您送来，马的毛色如同桃花，眼睛比镜子更明亮。落日时您的手里已牵着马的缰绳，您本打算春天的时候骑着它出行。想让仆役好好照顾它，要先以贤良之性对待它。裴司空很快就会从河东回朝，到时您就可以前去拜谢了，免得还得骑着它去辛苦追逐裴司空的仪仗。

杏园送张彻侍御归使

东风花树下，送尔出京城。久抱伤春意，新添惜别情。归来身已病，相见眼还明。更遣将诗酒，谁家逐后生？

【译文】杏花树下，东风吹拂，送你出京城。由于春日的到来早已感伤许久，现在又多了惜别的愁绪。潮州归来后已满身是病，相见时眼睛还很明亮。今后我还能去哪里找到一个你这样的后生可以陪我饮酒赋诗呢？

雨中寄张博士籍侯主簿喜

放朝还不报，半路蹋泥归。雨惯曾无节，雷频自失威。见墙生菌遍，忧麦作蛾飞。岁晚偏萧索，谁当救晋饥？

【译文】不知道什么时候天空才能放晴，途中只能踩着泥浆回去。雨下多了就难以节制，雷声频繁了也就没了当初的威风。看见墙角布满了菌子，心里就担忧小麦的收成。年末了，气候偏偏不好，谁来解救百姓的饥荒呢？

奉和兵部张侍郎酬郓州马尚书祗召途中见寄开缄之日马帅已再领郓州之作

来朝当路日，承诏改辕时。再领须句国，仍迁少昊司。暖风抽宿麦，清雨卷归旗。赖寄新珠玉，长吟慰我思。

【译文】还在奉命回朝的路上，就接到了任命诏书，于是车马改变方向。再次回到郓州，依然担任兵部尚书一职。暖风使去年种下的麦子抽出新芽，清雨将归来的旗帜卷起。将思念之情寄托在新诗之上，只能长吟此诗来自我慰藉。

早春与张十八博士籍游杨尚书林亭寄第三阁老兼呈白冯二阁老

墙下春渠入禁沟，渠冰初破满渠浮。凤池近日长先暖，流到池时更不流。

【译文】墙下的水渠直入皇宫，冰雪消融的时节水渠中布满浮冰。凤池靠近天子总会先一步回暖，水流到凤池之中就不再流动。

奉使常山早次太原呈副使吴郎中

朗朗闻街鼓，晨起似朝时。翻翻走驿马，春尽是归期。地失《嘉禾》处，风存《蟋蟀》辞。暮齿良多感，无事涕垂颐。

【译文】早晨起来，街上鼓声朗朗好似上朝的时辰。翻身上马，春天过去后就是我的归期。这里是周公作《嘉禾》诗的地方，《诗经·国风·唐风》中犹存《蟋蟀》一诗。晚年感慨良多，无事之时总会泪流满面。

夕次寿阳驿题吴郎中诗后

风光欲动别长安，春半边城特地寒。不见园花兼巷柳，马头惟有月团团。

【译文】景色即将变化时告别长安，春天已经过了一半，边疆的城池依然十分寒冷。看不见花园里的花儿和街巷中的柳色，马头之上只有圆月照耀。

镇州初归

别来杨柳街头树，摆弄春风只欲飞。还有小园桃李在，留花不发待郎归。

【译文】再次见到街头杨柳,它们摆动着,在春风中似乎想要飞起来。小园中桃李尚在,留着花儿等我归来才愿开放。

同水部张员外曲江春游寄白二十二舍人

漠漠轻阴晚自开,青天白日映楼台。曲江水满花千树,有底忙时不肯来?

【译文】淡淡的薄云夜晚自行散开,晴空万里白天太阳映照着楼台。曲江上春水荡漾岸边繁花千树,你到底有什么可忙,一直不肯来?

和水部张员外宣政衙赐百官樱桃诗

汉家旧种明光殿,炎帝还书《本草经》。岂似满朝承雨露,共看传赐出青冥。香随翠笼擎初到,色照银盘泻未停。食罢自知无所报,空然惭汗仰皇扃。

【译文】汉朝时被种在光明殿,炎帝也曾在《神农本草经》中对其有过记载。满朝大臣承受皇帝的恩泽，看着樱桃被送到自己面前。果香随着被举起的青色竹笼飘到身前，颜色在银盘的映照下更加鲜艳。吃后自知难以报答皇帝恩德，只能满怀惭愧地仰望宫阙。

早春呈水部张十八员外二首

天街小雨润如酥，草色遥看近却无。最是一年春好处，绝胜烟柳满皇都。

莫道官忙身老大，即无年少逐春心。凭君先到江头看，柳色如今深未深？

【译文】京城的街道下起小雨，如同酥油一般细腻而滋润，小草从地面长出，远望一片青青，近看却显得稀疏。一年之中最好的时节就是早春，远远超过烟雾笼罩柳林的京城晚春景色。

不要说公事繁忙年纪老大，已经失去年少时追逐春天的心情。请您先去江边游览春天的景色吧，看看如今柳叶的翠色有没有变深？

送桂州严大夫

苍苍森八桂，兹地在湘南。江作青罗带，山如碧玉簪。户多输翠羽，家自种黄甘。远胜登仙去，飞鸾不假骖。

【译文】郁郁苍苍繁密茂盛的八桂之地，这个地方就在湘水以南。那里的江好似一条青色的纱罗衣带，那里的山如同一枚碧玉发簪。家家户户多以翠鸟的羽毛来缴纳赋税，都会自己种植黄柑。这样的生活远胜登仙而去，根本无须借助飞鸾为坐骑。

奉酬天平马十二仆射暇日言怀见寄之作

天平篇什外，政事亦无双。威令加徐土，儒风被鲁邦。清为公论重，宽得士心降。岁晏偏相忆，长谣坐北窗。

【译文】文章水平难以衡量，政务处理也是举世无双。政令在徐州得以执行，儒风更在鲁地全面推广。为官清廉所以被百姓推崇，为人宽厚使得士人真心归附。年末之时心中思念不已，只能独坐北窗放声高歌。

奉使镇州行次承天行营奉酬裴司空

窜逐三年海上归，逢公复此著征衣。旋吟佳句还鞭马，恨不身先去鸟飞。

【译文】被流放三年后终于从海上归来，遇到裴公再次穿上了这身战袍。一边吟诵佳句一边策马而奔，恨不能让奔马的速度比鸟儿飞的都要快。

镇州路上谨酬裴司空相公重见寄

衔命山东抚乱师，日驰三百自嫌迟。风霜满面无人识，何处如今更有诗？

【译文】受命前往山东镇抚叛军，即便是每天能够走三百里路，我依然觉得速度有些慢。风霜满面，让人难以识别，还有什么地方能比现在更有诗情呢？

奉和仆射裴相公感恩言志

文武成功后，居为百辟师。林园穷胜事，钟鼓乐清时。摆落遗高论，雕镌出小诗。自然无不可，范蠡尔其谁？

【译文】文武兼济之后，成为百官之师。园林极尽世间美好，钟鼓之乐更是清雅悦耳。摆脱了之前的高论，雕琢出精巧的小诗。凡事自然而行，不持无可无不可之心，与裴公相比范蠡又是谁？

和仆射相公朝回见寄

尽瘁年将久，公今始暂闲。事随忧共减，诗与酒俱还。放意机衡外，收身矢石间。秋台风日迥，正好看前山。

【译文】为国操劳了许多年，如今终于可以暂时得闲。公务和忧虑都减少了，就可以继续饮酒赋诗。不再挂心政事，从战事中脱身。秋日的高台风景每天都有变化，正是观赏前山的好时节。

奉和李相公题萧家林亭

山公自是林园主，叹惜前贤造作时。岩洞幽深门尽锁，不因丞相几人知？

【译文】山简自认为是这座园林的主人，每次前来都会叹息当初营造这座园林的贤者。园林内岩洞幽深院门尽锁，若不是因为萧氏一族出了多位丞相又有几人知道它呢？

奉和杜相公太清宫纪事陈诚上李相公十六韵

耒耜兴姬国，辐轳建夏家。在功诚可尚，于道讵为华？象帝威容大，仙宗宝历赊。卫门罗戟槊，图壁杂龙蛇。礼乐追尊盛，乾坤降福遐。四真皆齿列，二圣亦肩差。阳月时之首，阴泉气未牙。殿筵铺水碧，庭炬坼金葩。紫极观忘倦，青词奏不哗。噌吰宫夜辟，嘈囋鼓晨挝。褒昧陈奚取？名香荐孔嘉。垂祥纷可录，俾寿浩无涯。贵相山瞻峻，清文玉绝瑕。代工声问远，摄事敬恭加。皎洁当天月，葳蕤捧日霞。唱妍酬亦丽，俯仰但称嗟。

【译文】后稷以耒耜教民稼穑使西周兴旺，大禹乘轑橴治水而建立夏朝。夏、周之祖在功绩方面确实值得称颂，但他们于道而言岂有什么值得盛赞之处？道祖玄元皇帝仪容庄重，大唐以老君为圣祖而国祚绵长。罗列门庭的护卫神将拿着戟槊，墙上的壁画夹杂着龙蛇。礼乐远追尊盛，天地降下福祉。四真、二圣都有序排列。十月是冬季开始的日子，阴泉之气还未萌发。大殿的地面上铺着水玉，庭院照明的火把上雕刻着金色的花纹。这样如同天阙一样的地方只是看着就足以令人忘记疲倦，祭祀天地神明的青词永不停歇。洪亮的钟声打破宫中的静夜，嘈杂的鼓声在早晨敲响。世俗的珍馐美味神灵难道会接受？只有名贵的馨香才能供奉德行美好的神灵。天赐的祥瑞许多都可以记录，从此寿命浩瀚无涯。杜相的气度如同山岳一样峻雅，清新的诗文如同美玉一样无瑕。代天行事，声名远播，就连主事的人都对客人恭敬有加。这里皎洁的如同天上的明月，这里的植物枝繁叶茂好似可以捧起太阳的霞光。诵经的声音非常美好，俯仰之间不禁令人赞叹。

卷十一　杂著

原　道

博爱之谓仁，行而宜之之谓义，由是而之焉之谓道，足乎己无待于外之谓德。仁与义为定名，道与德为虚位，故道有君子小人，而德有凶有吉。老子之小仁义，非毁之也，其见者小也。坐井而观天，曰"天小"者，非天罪也。彼以煦煦为仁，孑孑为义，其小之也，则宜。其所谓道，道其所道，非吾所谓道也；其所谓德，德其所德，非吾所谓德也。凡吾所谓道德云者，合仁与义言之也，天下之公言也；老子之所谓道德云者，去仁与义言之也，一人之私言也。周道衰，孔子没，火于秦，黄、老于汉，佛于晋、宋、齐、梁、魏、隋之间，其言道德仁义者，不入于杨则入于墨，不入于墨则入于老，不入于老则入于佛。入于彼，必出于此。入者主之，出者奴之；入者附之，出者污之。

噫! 后之人其欲闻仁义道德之说, 孰从而听之? 老者曰: "孔子, 吾师之弟子也。" 佛者曰: "孔子, 吾师之弟子也。" 为孔子者, 习闻其说, 乐其诞而自小也, 亦曰: "吾师亦尝师之云尔。" 不惟举之于其口, 而又笔之于其书。噫! 后之人虽欲闻仁义道德之说, 其孰从而求之? 甚矣! 人之好怪也, 不求其端, 不讯其末, 惟怪之欲闻。

【译文】博爱称为仁, 行为得当称为义, 以仁义为出发点, 直行处世称为道, 本身就具备而不用向外去寻找的东西就是德了。仁与义是实名, 而道与德则是虚名, 因此道可以分为君子之道和小人之道, 德可以分为凶德与吉德。老子轻视仁与义, 并非有意诋毁, 而是因为他自己的见识太肤浅了。就好像坐井观天, 而说"天很小", 其实并不是天小啊。老子认为待人温和就是仁, 小恩小惠就是义, 基于这种想法, 他轻视仁与义也是可以理解的。老子所说的道, 只是在阐明他自己信奉的道理, 并不是我所指的道; 老子所说的德, 也是他自己认为的德, 并不是我所讲的德。凡是我阐述的道与德, 都是结合仁义而论述的, 是天下所公认的道理; 老子所说的道与德, 是不包括仁义而言的, 这只是他个人的说法。周道衰落, 孔子去世, 秦朝焚书坑儒, 汉代黄老之说盛行, 佛教又在晋、宋、齐、梁、魏及隋朝兴起, 各家对道德仁义的解释, 不是采用杨朱的学说就是采用墨家学说, 不采用墨家的学说就采用道家的学说, 不采用道家的学说就尊奉佛教的经义。信奉一家的学说, 必然背离另一家的学说。所信奉的学说成为主宰, 所背离的学说则变为陪衬; 对于所信奉的学说必然会去大力弘扬, 而对于所背离的学说必然会极力贬低。唉！后人要想了解仁义道德，应该跟谁去学习呢？道家说："孔子，是我们祖师老子的学生。"佛家说："孔子，是我们祖师的弟子。"而孔子的弟子们，习惯了他们的言论，就接受了他们的荒诞之言而轻视自己，也说："我们的老师曾经以老子、以佛祖为师。"这类的话不仅口头传说，而且还记载在书里。唉！后人要想了解仁义道德的学说，应该去哪里探求呢？人们如此喜好怪诞的言论！既不研究各种学说的本源，也不追寻它的结果，单单被那些怪诞的言论本身所吸引。

古之为民者四，今之为民者六；古之教者处其一，今之教者处其三。农之家一，而食粟之家六；工之家一，而用器之家六；贾之家一，而资焉之家六。奈之何民不穷且盗也！古之时，人之害多矣，有圣人者立，然后教之以相生养之道。为之君，为之师。驱其虫蛇禽兽而处之中土。寒，然后为之衣；饥，然后为之食。木处而颠，土处而病也，然后为之宫室。为之工以赡其器用，为之贾以通其有无，为之医药以济其夭死，为之葬埋祭祀以长其恩爱，为之礼以次其先后，为之乐以宣其湮郁，为之政以率其怠倦，为之刑以锄其强梗。相欺也，为之符玺、斗斛、权衡以信之；相夺也，为之城郭、甲兵以守之。害至而为之备，患生而为之防。今其言曰："圣人不死，大盗不止；掊斗折衡，而民不争。"呜呼！其亦不思而已矣。如古之无圣人，人之类灭久矣。何也？无羽毛鳞介以居寒热也，无爪牙以争食也。是故君者，出令者也；臣者，行君之令而致之民者也；民者，出粟米、麻丝，作器皿，通货财，以事其上者也。君不出令，则失其所以为君；臣不能行君之令而致之民，民不出粟米、麻丝，作器皿，通货财，以事其上，则诛。今其法曰："必弃而君臣，去而父子，禁而相生相养之道，以求其所谓清净寂灭者。"呜呼！其亦幸而出于三代之后，不见黜于禹、汤、文、武、周公、孔子也；其亦不幸而不出于三代之前，不见正于禹、汤、文、武、周公、孔子也。

【译文】古时候百姓分为士、农、工、商四类，现在又加上僧、道成了六类；古时候负责教化天下的只有儒家一家，而现在却有儒、释、道三家。农夫只占其中一家，而食粮的却有六家；工匠只占其中一家，而使用器皿的却有六家；商人只占其中一家，而花钱的却有六家。百姓怎么可能不贫困而沦为盗贼呢！古时候，人们遇到的灾害很多，于是有圣人出现，教给百姓生存谋生的本领。圣人既做百姓的君主，也做百姓的师长。带领百姓驱赶虫蛇禽兽而在中原定居下来。天气寒冷，教给百姓制作衣服；腹中饥饿，教给百姓获取食物。住在树上容易摔伤，居于土穴容易生病，便教给百姓搭建房屋。圣人教百姓做工，来获得便于使用的器皿，教百姓经商，使天下财物能互通有无，教给百姓医术和药物，来治疗他们的疾病，教给百姓埋葬祭祀，使他们培养出恩爱之情，教给百姓礼仪，使他们懂得贵贱老幼的次序，教给百姓音乐，来舒缓他们心中的抑郁，教给百姓政事，以督促他们的懒惰松散，教给百姓刑法，以铲锄凶顽之徒。由于发生了相互欺骗的行为，圣人就用符玺、斗斛、权衡等东西来建立信任；由于出现了相互争夺的情况，圣人就设置城郭、军队来进行守卫。灾害来了圣人就教给人们如何防备，祸患发生了圣人就教给人们如何预防。现在有人却说："圣人不死，盗贼便不会消灭；劈开斗，折断秤，百姓就不会相争了。"唉！这是不动脑子思考罢了。假如古代没有圣人出现，人类早就灭绝了。为什么呢？因为人类没有羽毛、鳞片、甲壳来抵御寒冷和炎热，没有尖牙利爪来获取食物。所以君主发布命令；臣子，执行君主的命令并且传达给百姓；而百姓，则负责生产粮食、麻布、丝绸，制造器皿，流通财物，以此来侍奉自己的君主。君主如果不发布命令，就丧失了君主的地位；臣子如果不执行君主的命令并且传达给百姓，百姓如果不生产粮食、麻布、丝绸，制造器皿，流通财货，来侍奉自己的君主，则都要受到责罚。而有人却说："必须抛弃君臣的名分，断绝父子的恩情，禁绝生存谋生的本领，以追求所谓的清静寂灭的境界。"唉！佛教、道教有幸出现在夏、商、周三朝之后，才免遭禹、汤、文王、武王、周公、孔子的斥责；但他们又不幸没有出现在三代之前，使他们不能得到禹、汤、文王、武王、周公、孔子的指正。

·

帝之与王，其号名殊，其所以为圣，一也。夏葛而冬裘，渴饮而饥食，其事殊，其所以为智，一也。今其言曰："曷不为太古之无事？"是亦责冬之裘者曰："曷不为葛之之易也？"责饥之食者曰："曷不为饮之之易也？"传曰："古之欲明明德于天下者，先治其国；欲治其国者，先齐其家；欲齐其家者，先修其身；欲修其身者，先正其心；欲正其心者，先诚其意。"然则古之所谓正心而诚意者，将以有为也。今也欲治其心而外天下国家者，灭其天常，子焉而不父其父，臣焉而不君其君，民焉而不事其事。孔子之作《春秋》也，诸侯用夷礼则夷之，夷而进于中国则中国之。经曰："夷狄之有君，不如诸夏之亡。"诗曰："戎狄是膺，荆舒是惩。"今也，举夷狄之法而加之先王之教之上，几何其不胥而为夷也？

【译文】五帝与三王，名称虽然不一样，但是他们称圣的原因，却是一样的。夏天穿葛衣，冬天穿皮裘，渴了要饮水，饿了就吃饭，面临的事情虽然不同，但是处理事情的智慧，却是相同的。现在有人却说："为什么不效法上古时期的清静无为呢？"这就好比责备冬天穿皮裘的人说："你为什么不穿轻便的葛衣呢？"指责因饥饿吃饭的人说："你为什么不饮水，那样多容易？"《礼记》中说："古人想要有盛德彰显于天下，就要先治理好国家；要想治理好国家，就要先治理好家族；要想治理好家族，就要先修养好自身；要想修养好自身，就要先归正自己的思想；要想归正自己的思想，就要先确立诚意。"这就说明古人所说的归正思想而后确立诚意，是要有所作为。而如今的人修身养性却置国家于不顾，背弃伦常，为人子却不孝顺其父，为人臣却不忠于其君，为百姓却不从事于自己的本业。孔子编写《春秋》时，凡是诸侯国采用蛮夷之礼就把他们当作蛮夷来对待，蛮夷能够效法中原之国的礼仪就将他们当作中原的诸侯。《论语》说："蛮夷虽有君主，也比不上中原诸侯国没有君主。"《诗经》中说："西戎、北狄要讨伐，楚国、舒国要惩处。"而现在却把异族的礼法，置于古代圣王的教导之上，这不是让大家都变成蛮夷吗？

　　夫所谓先王之教者，何也？博爱之谓仁，行而宜之之谓义，由是而之焉之谓道。足乎己无待于外之谓德。其文：《诗》《书》《易》《春秋》；其法：礼、乐、刑、政；其民：士、农、工、贾；其位：君臣、父子、师友、宾主、昆弟、夫妇；其服：丝、麻；其居：宫室；其食：粟米、蔬果、鱼肉。其为道易明，而其为教易行也。是故以之为己，则顺而祥；以之为人，则爱而公；以之为心，则和而平；以之为天下国家，无所处而不当。是故生则得其情，死则尽其常，效焉而天神假，庙焉而人鬼飨。曰："斯道也，何道也？"曰："斯吾所谓道也，非向所谓老与佛之道也。"尧以是传之舜，舜以是传之禹，禹以是传之汤，汤以是传之文、武、周公，文、武、周公传之孔子，孔子传之孟轲，轲之死，不得其传焉。荀与扬也，择焉而不精，语焉而不详。由周公而上，上而为君，故其事行；由周公而下，下而为臣，故其说长。然则如之何而可也？曰："不塞不流，不止不行。人其人，火其书，庐其居。明先王之道以道之，鳏寡孤独废疾者有养也，其亦庶乎其可也。"

　　【译文】所谓先王的教化，具体内容到底是什么呢？博爱称为仁，行为得当称为义，以仁义为出发点，直行处世称为道。本身就具备而不需要向外去寻找的东西就是德了。圣人的文献有：《诗》《书》《易》《春秋》；法则有：礼、乐、刑、政；百姓分为：士、农、工、商；伦常有：君臣、父子、师友、宾主、弟兄、夫妇；服饰有：丝绸、麻布。居所有：宫室、房舍；食物有：粟米、蔬果、鱼肉。圣人的道义易于理解，圣人的教化易于实施。所以先王的教化用于自身，则会顺利而吉祥；用以对待他人，则会博爱而无私；用以陶冶心灵，则会和穆而端正；用以治理天下，则无处不妥当。因此活着能够符合人情，死时能够尽到伦常，祭祀天神而天神降临，祭奠祖庙而祖先享用供品。若问："你所言的道，是何种道呢？"回答说："这就是我所说的道，并非前面道家和佛家所崇尚的道。"尧将此道传给了舜，舜传给了禹，禹传给了汤，汤传给了文王、武王、周公，文王、武王、周公又传给了孔子，孔子传给了孟子，孟子死后，就没有继续流传下去了。荀况和扬雄，对于圣人之道有所选取但并不精通，有所论述但不周详。自周公往前，尧、舜、禹、汤、文、武身居上位而为君主，所以他们以仁义治国来弘扬大道；自周公以后，孔子、孟轲身处下位而为臣民，所以他们著书立说来传播先王之道。那么现在应该怎样对待佛道呢？我说："不堵塞佛道之说，圣人的学说便很难流传，不禁止佛道之说，先王之教化便很难推行。让佛道的信徒还俗为民，将他们的经书全部焚毁，把道观寺院没收给百姓居住。以先王之道来教导他们，使鳏寡孤独残废的人得到照料，这样做就差不多可以了。"

原　性

性也者，与生俱生也；情也者，接于物而生也。性之品有三，而其所以为性者五；情之品有三，而其所以为情者七。曰：

何也？曰：性之品有上中下三。上焉者，善焉而已矣；中焉者，可导而上下也；下焉者，恶焉而已矣。其所以为性者五：曰仁，曰义，曰礼，曰信，曰智。上焉者之于五也，主于一而行于四；中焉者之于五也，一不少有焉，则少反焉，其于四也混；下焉者之于五也，反于一而悖于四。性之于情视其品。情之品有上中下三，其所以为情者七：曰喜，曰怒，曰哀，曰惧，曰爱，曰恶，曰欲。上焉者之于七也，动而处其中；中焉者之于七也，有所甚，有所亡，然而求合其中者也；下焉者之于七也，亡与甚，直情而行者也。情之于性，视其品。

孟子之言性曰：人之性，善。荀子之言性曰：人之性，恶。扬子之言性曰：人之性，善恶混。夫始善而进恶欤，始恶而进善欤，始也混而今也善恶欤，皆举其中而遗其上下者也，得其一而失其二者也。叔鱼之生也，其母视之，知其必以贿死；杨食我之生也，叔向之母闻其号也，知必灭其宗；越椒之生也，子文以为大戚，知若敖氏之鬼不食也。人之性果善乎？后稷之生也，其母无灾，其始匍匐也，则岐岐然、嶷嶷然。文王之在母也，母不忧；既生也，傅不勤；既学也，师不烦。人之性果恶乎？尧之朱，舜之均，文王之管、蔡，习非不善也，而卒为奸；瞽瞍之舜，鲧之禹，习非不恶也，而卒为圣人。人之性善恶果混乎？故曰：三子之言性也，举其中而遗其上下者也，得其一而失其二者也。

曰：然则性之上下者，其终不可移乎？曰：上之性，就学而愈明；下之性，畏威而寡罪。是故上者可学，而下者可制也。其品则孔子谓不移也。曰：今之言性者异于此，何也？曰：今之言者，杂佛、老而言也，杂佛、老而言也者，奚言而不异？

【译文】人的本性，是与生俱来的；人的情感，是与外物接触后产生的。本性的品级分为三种，而本性的内涵包括五方面内容；情感的品级也分为三种，而情感的内涵包括七个方面。有人会问：具体都是什么呢？回答说：本性的品级分上、中、下三种。上品，就是纯善；中品，就是可善可不善；下品，就是恶。本性内涵的五个方面分别是仁，义，礼，信，智。上品之本性对于这五个方面的内容，只要专注修养其中之一，其余四项也会具备；中品之本性对于这五者，其中一项一旦偏少，就会稍微背离正道，其余四项也会混杂不纯；下品之本性对于这五项，若与其中之一项相悖逆，其余四项也会发生悖逆。本性对于情感的影响，视其品级而定。情感的品级分上、中、下三种，情感的内涵包括七方面内容：分别是喜，怒，哀，惧，爱，恶，欲。上品之情感对于这七个方面，都会有所触动而且能够适度表达；中品之情感对于这七个方面，有的方面会稍微过度，有的方面会稍微不够，但还是大体能够做到适度；下品之情感对于这七个方面，要么没有，要么过度，为人处世完全凭感情用事。情感对于本性的影响，视其品级而定。

孟子评论本性认为：人的本性，是为善的。荀子评论本性认为：人的本性，是为恶的。扬雄评论本性认为：人的本性有善有恶。有的人开始时是为善的后来变成为恶的，有的人开始时是为恶的后来变成为善的，也有的人开始时就是善恶混杂的，所以现在有善也有恶，这些评论都只看到了本性的中品而遗漏了上品和下品，只知其一而忽略了另外两种情况。叔鱼出生后，他母亲观察他，就知道他将来必定因受贿而死；杨食我出生后，祖母听到他的哭声，就知道他将来必有灭族之祸；越椒出生后，斗子文就知道他是本族人的大患，将来若敖氏一族会因他而被灭族。由此来看人的本性果真是良善的吗？后稷出生后，其母平安无事，他生下来就会爬行，自小聪慧、强壮。周文王尚在母腹中时，其母就没有忧虑；周文王出生之后，也不用很劳烦傅父傅姆；他上学之后，也不用老师很操心。由此看来人的本性果真是凶恶的吗？尧的儿子丹朱，舜的儿子商均，周文王的儿子管叔鲜、蔡叔度，他们身处的环境并非不善，而他们最终却成为奸诈邪恶之人；舜是瞽叟的儿子，禹是鲧的儿子，他们身处的环境并非不恶，而他们最终却成为圣人。由此看来人的本性真的是善恶混杂吗？所以说：孟子、荀子和扬雄三位谈论人的本性，都是论述了中品而遗漏了上、下二品，了解了其中的一种而忽略了其他两种。

有人问：那么本性属于上品和下品之人，始终都无法改变吗？回答说：上品的本性，通过学习而更加明朗；下品的本性，因为畏惧刑罚的威严而不敢犯罪。所以上品之人可以教育，下品之人应该管制。而上品和下品之人孔子认为是难以改变本性的。有人问：如今对于本性的认识与此不同，为什么呢？回答说：如今谈论本性的人，都是杂糅了佛、老的思想而言，如何能不相异呢？

原 毁

　　古之君子，其责己也重以周，其待人也轻以约。重以周，故不怠；轻以约，故人乐为善。闻古之人有舜者，其为人也，仁义人也。求其所以为舜者责于己，曰："彼，人也，余，人也。彼能是，而我乃不能是？"早夜以思，去其不如舜者，就其如舜者。闻古之人有周公者，其为人也，多才与艺人也。求其所以为周公者责于己，曰："彼，人也，余，人也。彼能是，而我乃不能是？"早夜以思，去其不如周公者，就其如周公者。舜，大圣人也，后世无及焉。周公，大圣人也，后世无及焉。是人也，乃曰："不如舜，不如周公，吾之病也。"是不亦责于己者重以周乎？其于人也，曰："彼人也，能有是，是足为良人矣；能善是，是足为艺人矣。"取其一，不责其二；即其新，不究其旧，恐恐然惟惧其人之不得为善之利。一善易修也，一艺易能也。其于人也，乃曰："能有是，是亦足矣。"曰："能善是，是亦足矣。"是不亦待于人者轻以约乎？

　　今之君子则不然，其责人也详，其待己也廉。详，故人难于为善；廉，故自取也少。己未有善，曰："我善是，是亦足矣。"己未有能，曰："我能是，是亦足矣。"外以欺于人，内以欺于心，未少有得而止矣，不亦待其身者已廉乎？其于人也，曰:"彼虽能是,其人不足称也;彼虽善是,其用不足称也。"
举其一,不计其十;究其旧,不图其新,恐恐然惟惧其人之有
闻也,是不亦责于人者已详乎? 夫是谓不以众人待其身,而以
圣人望于人,吾未见其尊己也。

虽然,为是者有本有原:怠与忌之谓也。怠者不能修,
而忌者畏人修。吾常试之矣。尝试语于众曰:"某良士,某良
士。"其应者,必其人之与也;不然,则其所疏远不与同其利者
也;不然,则其畏也。不若是,强者必怒于言,懦者必怒于色
矣。又尝语于众曰:"某非良士,某非良士。"其不应者,必其
人之与也;不然,则其所疏远不与同其利者也;不然,则其畏
也。不若是,强者必说于言,懦者必说于色矣。是故,事修而谤
兴,德高而毁来。呜呼! 士之处此世,而望名誉之光、道德之
行,难矣!

将有仕于上者,得吾说而存之,其国家可几而理也。

【译文】古代的君子,要求自己严苛而细致,对待别人宽厚而
简约。因为对自己要求严苛而细致,所以持身不会懈怠;因为对别
人宽厚而简约,所以其人愿意一心向善。听说古代有一个人名为
舜,他的为人,乃是仁义之人。了解了舜之所以为舜的原因之后,责
问自己,说:"舜是人,我也是人。他能做到的,我为什么就做不到
呢?"于是我日夜反思,去掉自己不如舜的那些缺点,扩充与舜相
类似的优点。又听说古代有一个人叫周公,他的为人,乃是多才多
艺。知道了周公之所以为周公的缘由之后,责问自己,说:"周公是

人，我也是人。他能做到的，我为什么就做不到呢？"于是日夜反思，去掉自己不如周公的那些缺点，而扩充与周公相类似的优点。舜，是一位大圣人，后世无人能及。周公，也是一位大圣人，后世也无人能及。有人说："我就是不如舜，不如周公，这就是我的毛病。"这不就是不能严苛而细致地要求自己的表现吗？可是对待别人却不是这样，他会说："那个人，如果某个方面也能做好的话，就算得上是个良善之人了；如果某个方面也擅长的话，就称得上是个有才艺的人了。"肯定别人的一个方面，而不苛求其他的方面；看到别人的进步，而不追究他的过去，小心翼翼地唯恐别人为善而不能受益。修养一种善行，是容易做到的，精熟一种技能，也是容易做到的。对待别人，如果能体谅地说："能有这种善行，也就足够了。"又说："能有这种长处，也就足够了。"这不就是对待别人宽厚而简约的表现吗？

如今的君子却不是这样，要求别人很严苛，对待自己却很宽松。要求严苛，所以别人很难为善；要求宽松，所以自己得到的收获也小。自己并没有什么善行，却说："我已经为善了，也就足够了。"自己并没有什么才能，却说："我有这点才能，也就足够了。"对外欺骗别人，对内欺骗自己，还没有获得多少进步就停滞不前了，这不是对自己要求宽松的表现吗？可是对待别人，却这样说："那个人虽然擅长这种技能，但为人不值得称道；那个人虽然有很好的善行，但是本身的能力不值得称道。"抓住别人一个方面的问题，而根本不考虑其他方面的多项长处；一味追究别人过去的缺点，完全不管他现在的进步，唯恐人家名声大显，这不就是对待别人严苛的表现吗？这就叫作不用对待别人的方式来对待自己，而用圣人的标准去要求别人，我看不出来这是尊重自己的表现。

然而，这样做事的人是有原因的：那就是怠惰和妒忌。怠惰就自身难以修养，妒忌就害怕别人提高修养。我常常经历这种事。我曾经试着对众人说："某某是位贤良之士，某某是位贤良之士。"表示赞同的人，必定与这个人关系很好；否则，便是与这个人关系疏远而没有利害冲突的人；再不然，就是畏惧他的人。不赞同我观点的人，如果是强硬的人必定会生气地出言反驳，懦弱的人必定会面露不屑的神色。我曾经又试着对众人说："某某并非贤良之士，某某并非贤良之士。"那些不赞同我的人，必定与这个人关系很好；否则，便是与这个人关系疏远而没有利害冲突的人；再不然，就是畏惧他的人。赞同我观点的人，如果是强硬的人必定会高兴地随声附和，懦弱的人也必定会面带高兴的神色。因为这个原因，随着事情成功，诽谤也随之产生，随着德行提高，诋毁也随之而来。唉！士人生活在这种世道，而希望能名誉昭著、道德畅行，实在太难了！

想要进入仕途的人，请牢记我的话，那么差不多就可以把国家治理好了。

原　人

形于上者谓之天，形于下者谓之地，命于其两间者谓之人。形于上，日月星辰皆天也；形于下，草木山川皆地也；命于其两间，夷狄禽兽皆人也。

曰："然则吾谓禽兽曰人，可乎？"曰："非也。指山而问焉，曰：'山乎？'曰山，可也。山有草木禽兽，皆举之矣。指山之一草而问焉，曰：'山乎？'曰山，则不可。"故天道乱，而日月星辰不得其行；地道乱，而草木山川不得其平；人道乱，而夷狄禽兽不得其情。天者，日月星辰之主也；地者，草木山川之主也；人者，夷狄禽兽之主也。主而暴之，不得其为主之道矣。是故圣人一视而同仁，笃近而举远。

【译文】有形在上的称为天，有形在下的称为地，生存于天地之间的就是人。有形于上的事物，日月星辰都属于天；有形于下的事物，草木山川都属于地；生存在天地之间的蛮夷禽兽都属于人。

有人说："然而把禽兽也称为人，合适吗？"回答说："不是这个意思。就像指着高山问道：'这是山吗？'回答高山是合适的。山中的草木禽兽，也都包括在其中了。如果指着山中的一棵草，问道：'这是高山吗？'如果回答是高山，则是不合适的。"所以如果天道紊乱，那么日月星辰就不能正常运行；如果地道混乱，那么草木山川就不能维持平稳；如果人道大乱，那么蛮夷禽兽就不能保持正常的性情。天，是日月星辰的主宰；地，是草木山川的主宰；人，是蛮夷禽兽的主宰。处于主宰的地位而暴虐，就不符合主宰之道。所以圣人对待万物一视同仁，不分远近。

原 鬼

有啸于梁，从而烛之，无见也，斯鬼乎？曰："非也，鬼无声。"有立于堂，从而视之，无见也，斯鬼乎？曰："非也，鬼无形。"有触吾躬，从而执之，无得也，斯鬼乎？曰："非也，鬼无声与形，安有气？"曰："鬼无声也，无形也，无气也，果无鬼乎？"曰："有形而无声者，物有之矣，土石是也；有声而无形者，物有之矣，风霆是也；有声与形者，物有之矣，人兽是也；无声与形者，物有之矣，鬼神是也。"曰："然则有怪而与民物接者，何也？"曰："是有二说。漠然无形与声者，鬼之常也。人有忤于天，有违于民，有爽于物，逆于伦而感于气，于是乎鬼有托于形，有凭于声以应之，而下殃祸焉，皆民之为之也。其既也，又反乎其常。"曰："何谓物？"曰："成于形与声者，土、石、风、霆、人、兽是也；反其无声与形者，鬼神是也；不能有形与声，不能无形与声者，物怪是也。"故其作而接于民也无恒，故有动于民而为福，亦有动于民而为祸，亦有动于民而莫之为祸福。适丁民之有是时也，作原鬼。

【译文】我听到房梁上有呼啸之声，上去用烛火一照，什么也没看见，这是鬼在作祟吗？回答说："不是，鬼是不会发出声音的。"我感到有东西站在堂上，过去一看，什么也没有，这是鬼在那里吗？回答说："不是，鬼是没有形体的。"我觉得有东西触碰我的身体，用手去抓，什么也没有抓到，这是碰到鬼了吗？回答说："不是，鬼没有声音，没有形体，又怎么会有气呢？"有人说："鬼没有声音，没有形体，没有气，果真没有鬼吗？"我说："有的事物有形体却没有声音，土、石就是这样的例子；有的事物有声音却没有形体，风、雷就是这样的例子；有的事物既有声音又有形体，人、兽就是这样的例子；既没有声音又没有形体，鬼神就是这样的例子。"有人说："那么，鬼怪与人或物彼此发生联系又是什么原因呢？"我说："这有两种原因，有鬼怪也有物怪。既没有形体又没有声音是鬼的常态。百姓中如果有人逆天而行，背离民意，违反物性，有悖人伦则会感应于气，于是就有鬼依附于有形的东西，依附于有声的东西来呼应这种事，从而降下灾祸，都是由于人的活动而导致的。事情结束之后，就又返回常态。"有人问："什么叫物怪？"我说："有形体或声音的事物，例如土、石、风、雷、人和兽；没有声音和形体的事物，就是鬼、神；不能有形体和声音，也不能没有形体和声音的，就是物怪。"因此，鬼怪对人的影响不是恒定的，有时作用于人而降下灾祸，也有时作用于人而降下福祉，也有时作用于人却无所谓祸福。恰逢有百姓遇鬼，就作了这篇《原鬼》来说明原因。

行　难

　　或问："行孰难？"曰："舍我之矜，从尔之称，孰能之？"曰："陆先生参何如？"曰："先生之贤，闻于天下，是是而非非。贞元中，自越州徵拜祠部员外郎，京师之人日造焉，闭门而拒之满街。愈常往间客席，坐定，先生矜语其客曰：'某，胥也；某，商也。其生某任之，其死某诔之。某与某何人也，任与诔也，非罪欤？'皆曰：'然。'愈曰：'某之胥，某之商，其得任与诔也，有由乎？抑有罪不足诔而任之耶？'先生曰：'否，吾恶其初，不然，任与诔也何尤？'愈曰：'苟如是，先生之言过矣！昔者管敬子取盗二人为大夫于公，赵文子举管库之士七十有余家，夫恶求其初？'先生曰：'不然，彼之取者贤也。'愈曰：'先生之所谓贤者，大贤欤？抑贤于人之贤者欤？齐也、晋也，且有二与七十焉，而可谓今之天下无其人耶？先生之选人也已详。'先生曰：'然。'愈曰：'圣人之不世出，贤人之不时出，千百岁之间傥有焉，不幸而有出于胥商之族者，先生之说传，吾不忍赤子之不得乳于其母也。'先生曰：'然。'"

　　他日，又往焉。先生曰："今之用人也不详，位乎朝者，吾取某与某而已，在下者多于朝，凡吾与者若干人。"愈曰："先生之与者尽于此乎？其皆贤乎？抑犹有举其多而没其少者

乎？"先生曰："固然，吾敢求其全。"愈曰："由宰相至百执事
凡几位？由一方至一州凡几位？先生之得者，无乃不足充其位
耶？不早图之，一朝而举焉，今虽详且微，其后用也必粗。"先
生曰："然。子之言，孟轲不如。"

【译文】有人问："为何行难？"回答说："放下我的矜
持，成全你的心意，谁能做到呢？"问道："陆参先生可否算一
个？"回答说："陆先生的贤能，天下闻名，他能肯定正确的，否
定错误的。贞元年间，陆先生被任命为祠部员外郎，从越州返
京，京师众人每天都去造访，陆先生闭门谢绝满街的访客。我曾
前去做客，众人坐下后，陆先生郑重地向我介绍在座的客人，
说：'这位是某小吏；这位是某商人。他们在世时我就任用他
们，他们死了我便撰写诔文悼念他们。某与某为人如何，任用与
悼念他们有没有罪过呢？'众人都说：'应当这样做。'韩愈说：
'某小吏，某商人，得到任用与悼念，其中有什么原因吗？又或
者说他们有过失不应该被任用与悼念呢？'陆先生说：'不是这个
原因，我厌恶他们的出身，不然的话任用与悼念他们又怎么值得
埋怨呢？'韩愈说：'如果是这样，先生的说法过于严苛了！从前
管仲从盗寇中选拔两人为大夫推荐给齐桓公，赵武曾经推荐管库
之士七十余人在朝廷任职，难道他们计较过这些人以前的出身
吗？'陆先生说：'没有计较，是因为他们选拔的都是贤人。'韩
愈说：'先生所说的贤人，是属于大贤人呢？还是比一般人贤能
呢？齐国和晋国尚且能找出两个和七十个贤人，怎么能说现在天
下无贤人呢？先生选拔人才的标准过于求全了吧。'陆先生说：
'是这样的。'韩愈说：'圣人不会在每个时代都

出现，贤人则会不时地出现，千百年来一直是这样，如果有贤人不幸出身于小吏和商人之家，按照先生的说法，我不忍心看到贤人被埋没，犹如婴儿因为出身而得不到母亲的哺育一般。'陆先生回答说：'确实如此。'"

另一天，我又前往陆先生那里。先生说："现在任用人才也不严格，在朝堂任职的人，我只认同某人与某人罢了，贤能的下属小吏反而多于位列朝堂的人，我认同的人有若干位。"韩愈说："先生认同的人都包括其中了吗？这些人都贤能吗？还是说只举荐了优点多的人而忽略了优点少的人呢？"先生说："当然了，我岂敢过于严苛。"韩愈说："从宰相到各级官员，从一地到一州，能有几位贤人？先生推荐的人，恐怕远远不够吧？不如及早谋划，尽快举荐贤人，现在虽然严格选拔，但是将来任用贤人却很粗糙。"陆先生说："确实如此。您的话即使是孟子也比不上啊。"

对禹问

或问曰："尧、舜传诸贤，禹传诸子，信乎？"曰："然。""然则禹之贤不及於尧与舜也欤？"曰："不然。尧、舜之传贤也，欲天下之得其所也；禹之传子也，忧后世争之之乱也。尧、舜之利民也大，禹之虑民也深。"曰："然则尧、舜何以不忧后世？"曰："舜如尧，尧传之；禹如舜，舜传之。得其人而传之，尧、舜也；无其人而不传，虑其患而不得如己者，禹也。舜不能以传禹, 尧为不知人; 禹不能以传子, 舜为不知人。尧以传舜为忧后世, 禹以传子为虑后世。"

曰: "禹之虑民也则深矣! 传之子而当不淑, 则奈何? "曰: "时益以难理, 传之人则争, 未前定也; 传之子则不争, 前定也。前定虽不当贤, 犹可以守法; 不前定而不遇贤, 则争且乱。天之生大圣也不数, 其生大恶也亦不数。传诸人, 得大圣, 然后人莫敢争; 传诸子, 得大恶, 然后人受其乱。禹之后四百年, 然后得桀; 亦四百年, 然后得汤与伊尹。汤与伊尹不可待而传也。与其传不得圣人而争且乱, 孰若传之子, 虽不得贤, 犹可守法。"

曰: "孟子之所谓 '天与贤则与贤, 天与子则与子' 者, 何也? "曰: "孟子之心, 以为圣人不苟私於其子以害天下。求其说而不得, 从而为之辞。"

【译文】有人问我说: "尧、舜传位于贤人, 禹传位于自己的儿子, 这是真的吗? "我说: "确实如此。"他又问: "那么说来, 禹的贤明不如尧和舜了吧? "我说: "不是这么回事。尧、舜之所以传位于贤人, 是为了天下安定着想; 禹之所以传位于儿子, 是担忧后世为了争位而发生动乱。尧、舜带给天下百姓的恩惠是巨大的, 禹为天下百姓的考虑是深远的。"他又问: "那么尧、舜为什么不为后世担忧呢? "我说: "舜的贤明如同尧, 所以尧传位给舜; 禹的贤明如同舜, 所以舜传位给禹。有合适的贤人就传位给他, 这就是尧和舜的做法; 没有合适的贤人, 就不随便传位于人, 这是顾虑到后人不如自己贤明的原因，这就是禹的做法。如果舜不能传位于禹，那是尧不了解舜；禹要是不传位给儿子，那是舜不了解禹。尧传位给舜是为后世担忧，禹传位给儿子是为后世考虑。"

他又问："禹的考虑确实很深远了！但传位给儿子总不是值得称道的做法，那么这又如何解释呢？"我说："世道越来越难以治理，传位给他人就会引起纷争，这是因为没有事先确定继位人选的原因；传位给儿子就不会引起纷争，这是因为事先确定了继位人选的原因。事先确定继位人选，即使继位之人不够贤明，尚且可以守住社稷；事先不确定继位人选，要是再遇到不够贤明的人，就必然要引起纷争，那么就会天下大乱。上天不会经常降生大圣人到世间，也不会经常降生大恶人。传位给他人，若遇到大圣人，那么后人必定不敢相争；传位给儿子，若遇到大恶人，那么后人必会遭受他的祸乱。禹之后四百年出现了桀；同样是四百年后出现了汤和伊尹。汤和伊尹并没有获得被传位的机会。这样看来，与其不得圣人传位，引起纷争而使天下大乱，还不如传位给自己的儿子，即使不是贤德之人，尚且可以保有社稷。"

他又问："孟子所说的'上天把天下赐予贤人，那么就让贤人来治理世间，上天把天下赐予子孙，那么就让子孙来治理世间'这句话，该怎么解释呢？"我说："孟子的意思是说圣人不会偏袒他的子孙来祸害天下。孟子是想寻求自己满意的说法而找不到，所以才这样说的。"

杂说四首

龙之嘘气成云，云固弗灵于龙也。然龙乘是气，茫洋穷乎玄间。薄日月，伏光景，感震电，神变化，水下土，汩陵谷，云亦灵怪矣哉！云，龙之所能使为灵也。若龙之灵，则非云之所能使为灵也。然龙不得云，无以神其灵矣。失其所凭依，信不可欤！异哉！其所凭依，乃其所自为也。《易》曰："云从龙。"既曰龙，云从之矣。

善医者，不视人之瘠肥，察其脉之病否而已矣。善计天下者，不视天下之安危，察其纪纲之理乱而已矣。天下者，人也；安危者，肥瘠也；纪纲者，脉也。脉不病，虽瘠不害；脉病而肥者，死矣。通于此说者，其知所以为天下乎！夏、殷、周之衰也，诸侯作而战伐日行矣。传数十王而天下不倾者，纪纲存焉耳。秦之王天下也，无分势于诸侯，聚兵而焚之，传二世而天下倾者，纪纲亡焉耳。是故四支虽无故，不足恃也，脉而已矣；天下虽无事，不足矜也，纪纲而已矣。忧其所可恃，惧其所可矜，善医善计者，谓之天扶与之。《易》曰："视履考祥。"善医善计者为之。

谈生之为《崔山君传》，称鹤言者，岂不怪哉！然吾观于人，其能尽其性而不类于禽兽异物者希矣。将愤世嫉邪、长往而不来者之所为乎? 昔之圣者, 其首有若牛者, 其形有若蛇者, 其喙有若鸟者, 其貌有若蒙供者。彼皆貌似而心不同焉, 可谓之非人耶? 即有平胁曼肤, 颜如渥丹, 美而很者, 其貌则人, 其心则禽兽, 又恶可谓之人也! 然则观貌之是非, 不若论其心与其行事之可否为不失也。怪神之事, 孔子之徒不言, 余将特取其愤世嫉邪而作之, 故题之云尔。

世有伯乐, 然后有千里马, 千里马常有, 而伯乐不常有。故虽有名马, 秪辱于奴隶人之手, 骈死于槽枥之间, 不以千里称也。马之千里者, 一食或尽粟一石。今食马者, 不知其能千里而食也, 是马虽有千里之能, 食不饱, 力不足, 才美不外见, 且欲与常马等不可得, 安求其能千里也? 策之不以其道, 食之不能尽其材, 鸣之而不能通其意。执策而临之曰:"天下无良马! "呜呼! 其真无马耶? 其真不识马耶!

【译文】龙能吹气化成云, 所以云不会比龙更神灵。然而龙可以乘云, 遍游浩瀚宇宙。云可以接近日月, 遮挡光辉, 感应雷电, 变化无穷, 降下雨水滋润大地, 涌动山谷, 云也真是灵怪啊! 云, 是因为有龙的缘故才使它灵异。而龙的灵异, 并不是云所带来的。然而龙如果不借助云, 也难以彰显它的灵异。如果龙失去了它所依靠的东西, 显然是不行的! 太奇怪了! 它所依靠的东西, 其实就是它自己产生出来的。《易经》上说:"云伴随着龙。"既然叫作龙, 云自然会跟从它了。

精通医术的人, 不看病人是胖是瘦, 而是根据脉搏来判断他是否患病。善于谋划天下的人，不看天下是否动荡，而是查看纲纪是否混乱。天下，就等同于病人；安危，就等同于人的胖瘦；纲纪，就等同于人的脉搏。脉象平稳，即使人瘦弱也没有什么大碍；脉象有问题，即使人表面强壮，也会死去。精通这种学说的人，也可以把这个道理应用于治理天下啊！夏、殷、周衰败后，虽然诸侯兴起，彼此之间却经常攻伐不休。但这三个朝代能传位数十代而保有天下不被倾覆，是因为纲纪存在的原因。秦国统一天下，没有分封诸侯，收缴天下兵器而焚毁，结果传位二世就被天下人所倾覆，是因为失去了纲纪。所以四肢即使强壮，也不足为依恃，脉象正常才是关键；国家即使没有动乱，也不足以矜夸，纲纪正常才是关键。忧虑他所依恃的东西，担心他所矜夸的东西，精通医术与善于谋划天下的人，会认为所依恃和矜夸的东西是上天赐予的。《易经》说："回视走过的路，予以详细地考察和反省，是吉祥的。"精通医术与善于谋划天下的人就是这样做的。

谈生在他的《崔山君传》里提到，有些人自称像仙鹤一样长寿，博古通今，这岂不是太荒谬了！然而通过我对世人的观察发现，能极尽人的本性而与禽兽有所差异的人实在是太少了。而且此类人往往愤世嫉邪、隐居避世，这又是什么原因呢？先古圣贤，有的貌似牛，有的形如蛇，有的好像长了一张鸟嘴，还有的面目如凶神恶煞一般丑陋。但他们只是外表与禽兽相似，本性并不同于禽兽，这样的人能说他们不是人吗？又有一些人，平胁曼肤，面容润泽光艳，貌美如花，超凡脱俗，他们具有人的外表，可是本性却如禽兽一般，这样的人又怎能称其为人！既然如此，单纯地以貌取人就不如通过他的言行来判断他的品行更为准确。作为孔子的弟子，从不迷信鬼神之说，因此我特意选择愤世嫉邪之人为例，来阐明我的观点罢了。

世上因为先有了伯乐这样慧眼识珠的人，才会有千里马，千里马常有，而伯乐却不常有。因此世间即使有宝马良驹存在，也往往是辱没于奴隶之手，骈死于马厩之中，无法以千里马著称。日行千里的宝马良驹，每顿可以吃一石粮食。如今养马之人，不知道它能日行千里，以普通的方式饲养它，如此一来，即使它具有日行千里的本领，由于吃不饱，气力不够，也无法显现它的千里之能，甚至得不到与普通马一样的待遇，又怎能要求它具有千里马的特质呢？不能以正确的方式驾驭它，饲养的过程中也没有使它尽显其材，又无法理解它嘶鸣的含义。只能是手持马鞭说："天下无良马啊！"呜呼！世上真的没有宝马良驹吗？是真的不识千里马啊！

读荀子

始吾读孟轲书，然后知孔子之道尊。圣人之道易行，王易王，霸易霸也。以为孔子之徒没，尊圣人者，孟氏而已。晚得扬雄书，益尊信孟氏。因雄书而孟氏益尊，则雄者，亦圣人之徒欤！

圣人之道不传于世。周之衰，好事者各以其说干时君，纷纷藉藉相乱，六经与百家之说错杂，然老师大儒犹在。火于秦，黄老于汉，其存而醇者，孟轲氏而止耳。及得荀氏书，于是又知有荀氏者也。考其辞，时若不醇粹；要其归，与孔子异者鲜矣，抑犹在轲、雄之间乎？

孔子删《诗》《书》笔削《春秋》，合于道者著之，离于道者黜之，故《诗》《书》《春秋》无疵。余欲削荀氏之不合者，附于圣人之籍，亦孔子之志欤！

孟氏，醇乎醇者也；荀与扬，大醇而小疵。

【译文】自从我读了孟子的著作，才了解孔子之道的尊贵。圣人之道容易施行，应用于世间，称王称霸都非常容易。我认为孔子的弟子都已经湮没了，尊崇圣人的，只有孟子了。后来看到扬雄的文章，知道他也非常尊崇孟子。因为扬雄文章的宣扬，孟子也得到了更多的尊崇，那么扬雄，也应该是圣人的弟子了！

圣人之道渐渐不能在世上流传。周室衰落后，好事之人纷纷以各自的学说进谏君主，因此各种学说杂乱纷呈，儒家六经与百家学说混杂在一起，幸好世间还有名师大儒来拨乱反正。秦朝焚书坑儒，汉朝黄老盛行，能够保留下来而且醇正的儒家学说，只有孟子了。我看到荀况的著作后，于是又知道了世上有荀况这样一个人。考察他的文辞，还不够纯粹；考察他的思想，与孔子的差异很小，荀况的思想也许介于孟子与扬雄之间吧？

孔子删减《诗经》《尚书》，简写《春秋》等典籍，对符合大道的思想则予以保留，不符合的内容则删去，所以说《诗经》《尚书》和《春秋》没有瑕疵。因此我想删去荀况著作中与圣人言论不符合的地方，然后把它附在圣人典籍中，也算是用来弘扬孔子之志了！

孟子的思想，非常精纯；荀子和扬雄的思想，总体上比较纯粹而局部有小瑕疵。

读鹖冠子

《鹖冠子》十有六篇，其词杂黄老、刑名。其《博选》篇，"四稽""五至"之说当矣。使其人遇其时，援其道而施于国家，功德岂少哉？《学问》篇称："贱生于无所用，中流失船，一壶千金者"，余三读其词而悲之。文字脱谬，为之正三十有五字，乙者三，灭者二十有二，注者二十有二字云。

【译文】《鹖冠子》一书共有十六篇文章，其内容涉及黄老和刑罚等方面。其中《博选》篇提出的"四稽""五至"观点是很恰当的。如果鹖冠子生逢其时的话，把他的学说应用于治理国家，岂不能获得丰功伟绩吗？《学问》篇提到："低贱的东西生而无所用，但是遇到在河中沉船的情况，即使是一只水壶也价值千金"，我再三吟读这几句话，不禁悲从中来。《鹖冠子》一书有多处地方的文字出现缺失或错误，我订正了三十五字，订正倒误三字，涂去错字二十二个，加注解二十二字。

读仪礼

余尝苦《仪礼》难读，又且行于今者盖寡，沿袭不同，复之无由。考于今，诚无所用云。然文王、周公之法制，粗在于是。孔子曰："吾从周。"谓其文章之盛也。

古书之存者希矣！百氏杂家，尚有可取，况圣人之制度邪？于是掇其大要，奇辞奥旨著于篇，学者可观焉。惜乎吾不及其时，进退揖让于其间。呜呼！盛哉！

【译文】我曾经苦恼《仪礼》这本书难学，而且很多礼仪现在已经很少用了，现在的礼仪承袭不同的朝代，无法考证最初的来源。考察当今，书里的内容大多都用不上。然而周文王、周公制定的礼制，还能在这本书中看到大概。孔子说："对于礼制，我选择周礼。"是说周礼的繁杂盛大。

现存的古书已经很稀少了！诸子百家的学说，尚有可取之处，何况是圣人的礼制呢？于是选择大概，撰写成文辞深奥的著作，使学习的人有可参考的东西。可惜我不能生在孔子、周公的时代，没能学到进退揖让的礼仪。啊！周礼真是宏大啊！

读墨子

儒讥墨以尚同、兼爱、尚贤、明鬼，而孔子畏大人，居是邦不非其大夫。《春秋》讥专臣，不"尚同"哉？孔子泛爱亲仁，以博施济众为圣，不"兼爱"哉？孔子贤贤，以四科进褒弟子，疾殁世而名不称，不"尚贤"哉？孔子祭如在，讥祭如不祭者，曰："我祭则受福"，不"明鬼"哉？

儒、墨同是尧、舜，同非桀、纣，同修身正心以治天下国家，奚不相悦如是哉？余以为辩生于末学，各务售其师之说，非二师之道本然也。孔子必用墨子，墨子必用孔子。不相用，不足为孔、墨。

【译文】儒家讥评墨家尚同、兼爱、尚贤、明鬼等观点，然而孔子很敬畏王公贵族，他身处哪个国家便不非议该国的王公贵族。孔子在《春秋》里讥评擅权之臣，这难道不是"尚同"吗？孔子博爱万物，亲近仁德之人，他认为能够普济众生的行为便是圣贤之举，这难道不是"兼爱"吗？孔子器重贤才，经常从德行、言语、政事、文学四个方面考量弟子并对他们进行褒奖，以身死而名声不显扬为耻，这难道不是"尚贤"吗？孔子主张祭祀时要恭谨，就仿佛祖先站在面前一样，讥讽那些不真心实意祭祀的人，说："我通过祭祀，便能领受祖先赐予的福祉"，这难道不是"明鬼"吗？

　　儒家和墨家都认同尧舜之治，而反对桀纣暴政，都注重端正自身的修为从而实现治理家国天下的目的，但是为何彼此之间如此抵触呢？我认为分歧来源于后世学子，他们都极力推崇自家学说，但这并非是两位先贤的本意啊。孔子必然会借鉴墨子的学说，墨子也必然会借鉴孔子的思想。若两种学说互不相用，则无法形成孔、墨之说。

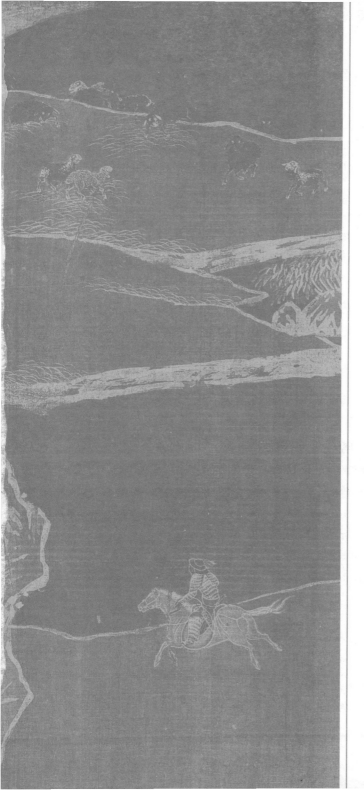

全—本—全—译

韩愈

全集 中

〔唐〕韩愈 著

谦德书院 译

团结出版社

图书在版编目（CIP）数据

韩愈全集 / (唐) 韩愈著 ; 谦德书院译. -- 北京 :团结出版社, 2022.10
ISBN 978-7-5126-9398-2

Ⅰ. ①韩… Ⅱ. ①韩… ②谦… Ⅲ. ①韩愈（768-
824）—文集 Ⅳ. ①B241.95-53

中国版本图书馆CIP数据核字(2022)第079066号

出版：团结出版社
（北京市东城区东皇城根南街84号 邮编：100006）
电话：（010）65228880 65244790 (传真）
网址：www.tjpress.com
Email：65244790@163.com
经销：全国新华书店
印刷：天宇万达印刷有限公司
开本：145×210 1/32
印张：41.5
字数：880千字
版次：2022年10月 第1版
印次：2022年10月 第1次印刷
书号：978-7-5126-9398-2
定价：198.00元（全三册）

目　录

卷十五 书启

卷二十 序

卷二十一 序

卷二十二 哀辞 祭文

卷二十三　祭文

卷十二　杂著

获麟解

麟之为灵昭昭也。咏于《诗经》，书于《春秋》，杂出于传记百家之书，虽妇人小子，皆知其为祥也。然麟之为物也，不畜于家，不恒有于天下。其为形也不类，非若马牛犬豕豺狼麋鹿然。然则，虽有麟，不可知其为麟也。

角者，吾知其为牛；鬣者，吾知其为马；犬豕豺狼麋鹿，吾知其为犬豕豺狼麋鹿。惟麟也，不可知；不可知，则其谓之不祥也亦宜。

虽然，麟之出，必有圣人在乎位，麟为圣人出也。圣人者，必知麟，麟之果不为不祥也？

又曰：麟之所以为麟者，以德不以形。若麟之出不待圣人，则其谓之不祥也，亦宜哉！

【译文】众所周知麒麟是充满灵性的动物。不仅在《诗经》中有吟咏,《春秋》里也有记载,在各家传记和诸子百家的书籍中也时有记载,就连妇女和小孩也都知道麒麟是吉祥的象征。然而麒麟这种动物,不是家养的,世间也并不常见。它的外形不伦不类,不像马牛狗猪豺狼麋鹿那样。既然这样,那么即使麒麟出现,大家也不知道它就是麒麟。

头上长角的,我知道它是牛;颈上长鬃毛的,我知道它是马;狗猪豺狼麋鹿,我知道它们是狗猪豺狼麋鹿。只有麒麟,没人能辨认出来;既然没有人认识它,那么视它为不祥之物也在情理之中。

即使这样,只要麒麟出现,就说明一定有圣人执掌大权,麒麟是为圣人而出现的。真正的圣人,肯定认识麒麟,难道麒麟果真不是不祥之物吗?

又有人说:麒麟之所以是麒麟,是因为它的德行,而不是因为它的外形。如果麒麟的出现没有等待圣人执掌大权,那么说它是不祥之物,也是可以的!

师 说

古之学者必有师。师者,所以传道、受业、解惑也。人非生而知之者,孰能无惑?惑而不从师,其为惑也,终不解矣。生乎吾前,其闻道也固先乎吾,吾从而师之;生乎吾后,其闻道也亦先乎吾，吾从而师之。吾师道也，夫庸知其年之先后生于吾乎？是故无贵无贱、无长无少，道之所存，师之所存也。嗟乎！师道之不传也久矣，欲人之无惑也难矣。古之圣人，其出人也远矣，犹且从师而问焉；今之众人，其去圣人也亦远矣，而耻学于师。是故圣益圣，愚益愚。圣人之所以为圣，愚人之所以为愚，其皆出于此乎。

爱其子，择师而教之，于其身，则耻师焉，惑矣！彼童子之师，授之书而习其句读者也，非吾所谓传其道、解其惑者也。句读之不知，惑之不解，或师焉，或不焉，小学而大遗，吾未见其明也。

巫、医、乐师、百工之人，不耻相师。士大夫之族，曰师、曰弟子云者，则群聚而笑之。问之，则曰：彼与彼年相若也，道相似也。位卑则足羞，官盛则近谀。呜呼，师道之不复可知矣！巫、医、乐师、百工之人，君子鄙之，今其智乃反不能及，其可怪也欤！

圣人无常师，孔子师苌弘、师襄、老聃、郯子之徒。其贤不及孔子。孔子曰："三人行，则必有我师。"是故弟子不必不如师，师不必贤于弟子，闻道有先后，术业有专攻，如是而已。

李氏子蟠，年十七，好古文，六艺经传皆通习之，不拘于时，请学于余。余嘉其能行古道，作《师说》以贻之。

【译文】 自古以来学习必须要跟从老师。所谓老师，就是传授道理、教授知识、答疑解惑的人。人并非生来就知晓一切学问，谁能没有疑惑呢？有疑惑却不向老师求教，那么问题始终得不到解决。比我出生早的人，他学习知识自然比我早，我向他学习并尊他为师；比我出生晚的人，如果学习知识比我早，我也会向他学习并尊他为师。我是为了学习知识，又何必在意他的年纪是大是小呢？所以无论贵贱、老幼，什么地方有学问，什么地方就有我的老师。嗟乎！从师问学之道已经失传很久了，所以要想使人们没有疑惑也很难。古代圣贤，他们的学识远超于一般人，仍然虚心向老师求教；然而现代人的学识远不及古代圣贤，却耻于向老师学习。因此，圣贤之人越来越圣明，愚钝之人也越来越无知。圣人之所以称为圣人，愚人之所以称为愚人，就是出于这个原因啊。

人们关爱自己的孩子，便会挑选老师来教导他们，可是自己却耻于向老师求教，真是糊涂啊！那些教孩子们读书、识字的老师，并非我所说的传授道理、教授知识、答疑解惑的人。在学习过程中，不知文章如何断句，向老师求教，遇到疑难问题，却不向老师请教，小的方面学习了，大的方面反而放弃了，我没看出这种人的明智之处。

巫、医、乐师和各种手工匠人，他们彼此之间相互学习却并不感到羞耻。而士大夫之类的人，一旦有以老师、弟子相称的，就会被群聚取笑。问他取笑的原因，他们则会说：他俩年纪相仿，学识也不相上下。尊奉地位卑微的人为师，就会令人感到羞耻，尊奉官职高的人为师，就会被认为是谄媚。呜呼，从师问学之道无法恢复的原因也就可想而知了！巫、医、乐师、各种手工匠人，本是士大夫们所鄙夷的，如今士大夫的智慧反而不及他们，这难道不是怪事吗！

圣人没有固定的老师，孔子曾向苌弘、师襄、老聃、郯子等人求教。这些人的学问道德都不及孔子。孔子说："三人行，则必有我师。"因此学生不一定样样都不如老师，老师也不一定样样都比学生贤明，学习知识有先有后，掌握技能也各有所长，如此而已。

李氏有个名叫蟠的孩子，十七岁，喜好古文，对于六艺经传都很精通，他不受当时耻于从师的不良风气影响，跟随我学习。我很赞赏他遵循师道的做法，撰写这篇《师说》送给他。

进学解

国子先生晨入太学，招诸生立馆下，诲之曰："业精于勤，荒于嬉；行成于思，毁于随。方今圣贤相逢，治具毕张，拔去凶邪，登崇俊良。占小善者率以录，名一艺者无不庸。爬罗剔抉，刮垢磨光。盖有幸而获选，孰云多而不扬？诸生业患不能精，无患有司之不明；行患不能成，无患有司之不公。"

言未既，有笑于列者曰："先生欺余哉！弟子事先生于兹有时矣。先生口不绝吟于六艺之文，手不停披于百家之编；记事者必提其要，纂言者必钩其玄；贪多务得，细大不捐，焚膏油以继晷，恒兀兀以穷年，先生之业可谓勤矣。抵排异端，攘斥佛、老；补苴罅漏，张皇幽眇。寻坠绪之茫茫，独旁搜而远绍。障百川而东之，迴狂澜于既倒。先生之于儒，可谓劳矣。沉浸醲郁，含英咀华，作为文章、其书满家。上规姚、姒，浑浑无涯;《周诰》《殷盘》,佶屈聱牙;《春秋》谨严;《左氏》浮夸;《易》奇而法,《诗》正而葩;下逮《庄》《骚》,太史所录,子云、相如,同工异曲。先生之于文,可谓闳其中而肆其外矣。少始知学,勇于敢为;长通于方,左右具宜;先生之于人,可谓成矣。然而公不见信于人,私不见助于友,跋前踬后,动辄得咎。暂为御史,遂窜南夷;三年博士,冗不见治;命与仇谋,取败几时;冬暖而儿号寒,年丰而妻啼饥;头童齿豁,竟死何裨?不知虑此,而反以教人为?"

先生曰:"吁,子来前!夫大木为杗,细木为桷,欂栌侏儒,椳闑扂楔,各得其宜,以成室屋者,匠氏之功也。玉札丹砂,赤箭青芝,牛溲马勃,败鼓之皮,俱收并蓄,待用无遗者,医师之良也。登明选公,杂进巧拙,纡余为妍,卓荦为杰,校短量长,惟器是适者,宰相之方也。昔者孟轲好辩,孔道以明,辙环天下,卒老于行。荀卿守正,大论是弘,逃谗于楚,废死兰陵。是二儒者,吐辞为经,举足为法,绝类离伦,优入圣域,其遇于世何如也?今先生学虽勤而不繇其统,言虽多而不要其中,文虽奇而不济于用,行虽修而不显于众,犹且月费俸钱,岁靡廪粟;子不知耕,妇不知织,乘马从徒,安坐而食;踵常途之促促,窥陈编以盗窃。然而圣主不加诛,宰臣不见斥,兹非幸欤?动而得谤,名亦随之,投闲置散,乃分之宜。若夫商财贿之有亡,计班资之崇庳,忘己量之所称,指前人之瑕疵,是所谓诘匠氏之不以杙为楹,而訾医师以昌阳引年,欲进其豨苓也。"

【译文】清晨，国子先生走进太学，他让诸生在学馆前集合并教导他们说："业精于勤，荒于嬉；行成于思，毁于随。如今圣主与贤臣相遇，法律政令完善而且能全部执行，铲除奸邪小人，提拔俊良之士。只要具备一点善行的人就会被录用，具有一技之长的人无不得到任用。搜罗挑选人才，磨炼去除他们的缺点，使他们的德才显现光辉。只有才学不够侥幸得选的，哪有学有所长却不被进用的先例？诸生只需担心自己的学业能否精进，而不必顾虑主管官员是否英明；只考虑自己的德行是否能有所成就，不必担心主管官员是否公正。"

话音未落，就有人在队伍中笑着说："先生是在欺骗弟子吧！弟子们跟随先生学习也有一段时间了。先生不停吟诵六经文章，不停翻阅诸子百家著作；记述事情必定提纲挈领，发表言论必定究其根本；您对待学习总是不厌其多并希望有所收获，事无巨细全都兼容并蓄，夜以继日，刻苦钻研，一年到头都是这样，先生治学可谓勤奋。您抨击异端邪说，驳斥佛家、道家学说；补正儒学缺漏，阐发精深微妙的奥秘。探寻那漫无头绪的失传正道，亲自去广泛搜寻并且继承古人的遗教。拦截百川使之东流入海，力挽狂澜使之复归故道。先生对于发扬儒家的道统，真可谓功不可没。先生沉浸在典籍浓郁的书香当中，含英咀华，创作的文章、书稿摆满了屋子。以上取法《虞书》《夏书》的典章，博大精深，无边无涯；《周诰》《盘庚》，简古艰涩；《春秋》谨严精当；《左传》夸饰铺排；《易经》既变化莫测又万法可宗；《诗经》内容端正而辞藻华丽；下面直到《庄子》《离骚》，司马迁所撰著的《史记》，还有扬雄、司马相如所撰的辞赋也有异曲同工的效果。先生的文章，可谓是有宏大内容和雄奇奔放的笔触。少年时期就开始读书，并大胆尝试实践；成年后精通儒学，为人处世周到妥帖；先生的为人，可算是品德完备了。然而于公不被他人信任，于私得不到朋友的帮助，进退两难，动辄便会受到责罚。当担任监察御史一职，便因罪被贬到荒蛮的南夷；做了三年的国子博士，闲散的官职显现不出您的治国才能；命运与仇怨似乎早已注定，使您不时遭受挫败摧残；冬天还不是很冷的时候，儿女就因为衣衫单薄而哭号，即使是盛产的丰年，妻子也会因为饥饿而啼哭；您最终落得头秃齿落，这样直到老死又会有什么益处呢？您不知为自己的境遇忧虑，反而教导别人，这是何苦呢？"

先生说："吁，请你上前来！粗木可制成房屋的大梁，细木可制成椽子，柱子上承托大梁的短木，梁上的短柱，门臼门橛，门闩门枢，各有各的用处，用它们建造房屋，便是土木工匠高超的技艺所在。地榆、朱砂、天麻、青芝、车前草、马勃菌，还有那破鼓的鼓皮，无论贵贱全都收藏起来，等到需要用时就不会缺漏，这便是医者精良的医术所在。提拔任用人才，要公正贤明，机巧和愚笨的人都要选用，含蓄婉约的人被誉为君子，卓越突出的人被称作俊才，比较他们的长短高下，都能各尽其用，这就是宰相的治国方略。从前孟轲能言善辩，孔子的学说因他而发扬光大，他的足迹遍布天下，毕生奔波于列国之间。荀况坚守儒学正道，使孔子庞博的理论得以弘扬，他为逃避谗言逃到楚国，最后被免职，死于兰陵。这两位儒学宗师，言论成为经典，行动即成准则，远超一般人，已到达圣贤的境界，然而他们在世时遭遇又怎样呢？如今先生我学习虽然勤奋，但却没有完全遵循儒学正统，言论著述虽然很多，但却不得要领，文章虽清奇，却并不实用，虽然具有一定的品德修养，却并非超凡脱俗，况且每月还要耗费朝廷的俸禄，每年还要耗费官仓的粟米；儿子不懂耕种，妻子不会纺织，所乘坐的车马有侍从跟随，安坐于家中就能获得食物；因循拘谨，步人后尘，剽窃他人旧著毫无创新。然而圣明的君主不加惩罚，贤能的宰相不予斥逐，难道这还不幸运吗？动辄便受到诽谤，名声随之败坏，安置到闲散的职务上，这是理所当然的。算计财物利禄的多少，计较官职的高低，却忘记自己的能力能否胜任职务，一味指责前人的失误，这就好比所谓的责怪工匠不用短木制作屋柱，指责医师用菖蒲使人延年益寿，反而想推荐他的狶苓。"

本 政

周之政文。既弊也，后世不知其承，大敷古先，遂一时之术以明示民。民始惑教，百氏之说以兴。其言曰：天下可为也。彼之政仁矣，反于义；此之政敬矣，戾于忠。我其周从乎！曰：周不及殷，其殷从乎？曰夏，曰虞，曰陶唐，曰三皇氏，曰遂古之初。暴孽情，饰淫志，枝辞琢正，纷紊纠射，以僻民和，以导民乱。呜呼！道之去世，其终不复矣乎！

长民者发一号、施一令，民莫不怫然非矣。谓不可守，遽变而从之。譬将适千里，及门而复，虽矻矻，决不可暨。原其

始，固有以启之者也。闻于师曰：古之君天下者，化之不示其
所以化之之道；及其弊也，易之不示其所以易之之道。政以是
得，民以是淳。其有作者，知其教化之所縠废，抑诡怪而畅皇
极，伏文貌而尚忠质，茫乎天运，窅尔神化，道之行也，其庶已
乎！

【译文】周朝的政令颇具文采。等到它显露出弊端之后，后世
之人还不知道它原本承袭于商朝，一边极力宣扬上古善政，一边
却用一时之策来昭示天下百姓。这样一来，使百姓对现行的教化方
式开始产生疑惑，百家杂说因此兴起。其言：天下大可有所作为。那
时的政令虽然提倡以仁政治国，但却有悖常理；如今的政令讲求
敬奉天意，却又与忠义相悖。我还是遵循周朝的政令吧！又说：周
朝的政令不如殷商时期的政令完备，那遵循殷商的政令吗？还是追
溯至夏朝、虞舜、陶唐、三皇氏、遂古之初的政令。用残暴罪恶的
本质，粉饰放逸的心志，以虚浮不实的言辞匡扶正义，强行制止纷
乱，使百姓远离和谐，这种强压手段反而是在诱导百姓制造混乱。
唉！道统脱离现世，始终没有恢复啊！

地方官吏发号施令，百姓有苦难言，没有不抵触的。官员们
说权力守不住了，便立即更改政令以使百姓顺服。这样做就好比
将行千里之路，已到了门口却又返回原点一样，之后再怎样勤勉不
息，也无法快速抵达。追根溯源，一定有始作俑者。我曾听闻恩师
教诲：古代君王治理天下，潜移默化地教化百姓，并不明示给他们
有关教化的道统；当政令出现弊端时，及时更改政令却不告诉他
们更改的原因。政令因此得以施行，民风因此变得淳厚。若是有人

想制订政令，必须知晓教化动摇、废止的原因，抑制鬼怪之论，推崇帝王统治天下的教化方式，制止文采华而不实，推崇忠正质朴，即使天运茫茫，神化深远，要实现真正的道统教化，做到这些，应该就可以了吧！

守 戒

《诗》曰："大邦维翰。"《书》曰："以蕃王室。"诸侯之于天子，不惟守土地、奉职贡而已，固将有以翰蕃之也。今人有宅于山者，知猛兽之为害，则必高其柴援，而外施窖穽以待之；宅于都者，知穿窬之为盗，则必峻其垣墙，而内固扃钥以防之。此野人鄙夫之所及，非有过人之智而后能也。今之通都大邑，介于屈强之间，而不知为之备，噫，亦惑矣！

野人鄙夫能之，而王公大人反不能焉，岂材力为之有不足欤？盖以谓不足为而不为耳！天下之祸，莫大于不足为，材力不足者次之。不足为者，敌至而不知；材力不足者，先事而思，则其于祸也有间矣。彼之屈强者，带甲荷戈，不知其多少，其绵地则千里，而与我壤地相错，无有丘陵、江河、洞庭、孟门之关，其间又自知其不得与天下齿，朝夕举踵引颈，冀天下之有事，以乘吾之便。此其暴于猛兽穿窬也甚矣！呜呼，胡知而不为之备乎哉！

贲、育之不戒，童子之不抗；鲁鸡之不期，蜀鸡之不支。今夫鹿之于豹，非不巍然大矣，然而卒为之禽者，爪牙之材不同，猛怯之资殊也。曰："然则如之何而备之？"曰："在得人。"

【译文】据《诗经》记载："大邦维翰。"《尚书》有载："以蕃王室。"对于天子而言，诸侯的责任不只是守卫土地，奉行进贡财物这么简单，还要全力以赴地捍卫周王室的安定。就好像现代人在山里建房子，知道猛兽会形成危害，则必定会筑起高高的栅栏，并在栅栏外围布置陷阱等待野兽落网；又好像现代人在都城建宅第，知道有穿墙越户的盗贼，则必定会筑起高高的围墙，并在宅院内上闩落锁防止盗贼行窃。这些事就连山野村夫都能想到，无须过人的才智才能知晓。如今，四通八达的大都城位于强藩之间，却不知道加以防范，噫，令人费解啊！

山野村夫能做到的事，王公大臣们反而做不到，难道是他们能力不足吗？大概是认为不值得做而不去做吧！天下最大的祸患，莫过于认为事情不值得去做，能力不足尚在其次。认为不值得去做，即使敌人兵临城下却浑然不知；能力不足，反而会预先进行思考，则也可以防患于未然了。那些强大的藩镇，披甲操戈的兵士不计其数，他们地域辽阔，绵延千里与我国领土接壤，其间又没有丘陵、江河、洞庭、孟门等关隘作为天然屏障，而那些强藩又自知不可能与我朝同列天下，只得朝夕翘首以盼，期冀天下大乱，使他们有可乘之机。强藩是比猛兽、盗贼更加凶残的敌人啊！呜呼，为何明知危险却不加以防范呢！

即使是像孟贲、夏育这样的勇士，如果疏于戒备，会连小孩子的偷袭也抵挡不住；如果鲁鸡不期而至地偷袭，即使是强大的蜀鸡也会无力抵抗。对于豹子而言，鹿也算是比较雄壮的，但最终却成为豹子的猎物，因为豹子与鹿的爪牙锋利程度不同，凶猛、胆怯的天性不同。试问："既然如此，该如何加以防备呢？"答："关键在于用人得当。"

圬者王承福传

圬之为伎，贱且劳者也。有业之其色若自得者，听其言，约而尽。问之，王其姓，承福其名，世为京兆长安农夫。天宝之乱，发人为兵，持弓矢十三年，有官勋，弃之来归。丧其土田，手镘衣食，余三十年。舍于市之主人，而归其屋食之当焉，视时屋食之贵贱，而上下其圬之，佣以偿之。有余，则以与道路之废疾饿者焉。

又曰：粟，稼而生者也。若布与帛，必蚕绩而后成者也。其他所以养生之具，皆待人力而后完者也。吾皆赖之。然人不可遍为，宜乎各致其能以相生也。故君者，理我所以出令者也；而百官者，承君之化者也。任有小大，惟其所能，若器皿焉。食焉而怠其事，必有天殃，故吾不敢一日舍镘以嬉。夫镘，易能可力焉，又诚有功，取其直，虽劳无愧，吾心安焉。夫力，易强而有功也；心，难强而有智也。用力者使于人，用心者使人，亦其宜也。吾特择其易为而无愧者取焉。嘻！吾操镘以入于贵富之家有年矣。有一至者焉，又往过之，则为墟矣；有再至、三至者焉，而往过之，则为墟矣。问其邻，或曰：噫！刑戮也。或曰：身既死，而其子孙不能有也。或则曰：死而归之官也。吾以是观之，非所谓食焉怠其事，而得天殃者邪！非强心以智而不足，不择其材之称否而冒之者邪！非多行可愧，知己之不可，强而为之者邪！将贵富难守，薄功而厚飨之者邪！抑丰悴有时，一去一来而不可常者邪！吾之心悯焉，是故择其力之可能者行焉。乐富贵而悲贫贱，我岂异于人哉？

又曰：功大者，其所以自奉也博，妻与子，皆养于我者也；吾能薄而功小，不有之可也。又，吾所谓力劳者也，若立吾家而力不足，则心又劳也。一身而二任焉，虽圣者不可能也。

愈始闻而惑之，又从而思之，盖贤者也，盖所谓独善其身者也。然吾有讥焉：谓其自为也过多，其为人也过少，其学杨朱之道者邪？杨之道，不肯拔我一毛而利天下，而夫人以有家为劳心，不肯一动其心以蓄其妻子，其肯劳心以为人乎哉？虽然，其贤于世之患不得之而患失之者，以济其生之欲、贪邪而忘道以丧其身者，其亦远矣！又其言有可以警余者，故余为之传，而自鉴焉。

【译文】抹墙是一项技艺，既卑浅又辛苦。有位以此为业的匠人神色安然，怡然自得，听他讲话，言辞简约透彻。经过询问得知，他姓王，名承福，世代在京城长安务农。天宝年间发生了安史之乱，朝廷征调百姓为兵，他应征入伍，过了十三年手持弓箭的生活，朝廷赏赐他官爵，但他却弃官还乡。回乡后，因为没有了田地，他只得以手持镘，以抹墙维持生计，一干就是三十多年。他借住在雇主家里，支付相应的房租与饭钱，并根据房租、饭钱的贵贱增减自己的工价折抵给雇主。若有盈余，便去接济路上那些病残饥饿的人。

他又说：谷粟要通过种植才能生长。像布匹和丝绸，必须要经过养蚕纺织才能制成。还有其他维持生计的物品，也都是人们通过劳动获取的。这些物品我都需要。然而人不可能每件事情都亲力亲为，最好是大家各尽所能，相互协作，共同求得生存。因此一国之君的责任是发号施令，治理天下；而百官的职责是遵照君王旨意秉承教化。责任有大有小，只要各尽所能就好，好比不同的器皿，用途也各不相同。如果只吃饭不做事，必会天降灾祸，因此我一日也不敢丢下手中的活计懈怠嬉戏。抹墙这个活计，容易掌握，只要肯出力就能做好，又能看到实效，取得相应的报酬，虽然辛苦却也问心无愧，所以我很坦然。力气很容易使出来并取得实效；但心智却很难使它充满智慧。劳力者受人役使，劳心者则可役使他人，也是应该的。我特意选择从事简单易行并有所成效的事，就是为了问心无愧地获取报酬。嘻！我手持镘子到富贵人家干活也有很多年了。有的人家我只去过一次，再次经过时，那里已经变成废墟；有的人家我曾去过两三次，再次经过时，那里也变成了废墟。询问他的邻居，有人说：噫！这家的主人被判刑处死了。有人说：主人死后，他的子孙没能守住家业。也有人说：主人死后财产被充公了。由此看来，这不正是只吃饭不做事，而遭受天谴吗！这不正是心智不足而勉强为之，不选择与自己才能相当的事做，不知满足一味追求的结果吗！这不正是亏心事做得太多，明知不可为而勉强为之的结果吗！且富贵难守，功德浅薄的人承载不了丰厚的享受！又或者是富贵贫贱都有定数，一来一去不可长久保有！我心中怜悯他们，因此选择力所能及的事情去干。如果嫌贫爱富，那我又和其他人有什么不同呢？

他还说：功德显著的人，他供养自己的财物自然也多，妻子儿女，都能靠他供养；我能力有限、功德浅薄，可以没有妻子儿女。再者，我是个干体力活的人，如果成家后能力不足，无法供养妻子儿女，那就又要劳心了。一个人既劳心又劳力，即使是圣人也做不到。

刚听他讲话时，我还心存疑惑，仔细揣度，才发现他是位贤者，他正是所谓的独善其身的人。但是我还是要批评他：他为自己考虑得太多，为别人考虑得太少，难道他是学了杨朱之道吗？所谓的杨朱之道，是不肯拔自己一根毫毛去做益于天下的事，王承福把有家室看作是劳心费力的事，不肯花费心思来养活妻子儿女，难道会为了其他人劳心费力吗？尽管如此，王承福比起那些患得患失的人，比起那些为满足欲念、贪婪奸邪以致丧命的人要好得多！而且他的话也警醒了我，因此我替他立传，引以为戒。

五箴五首 并序

人患不知其过，既知之，不能改，是无勇也。余生三十有八年，发之短者日益白，齿之摇者日益脱。聪明不及于前时，道德日负于初心，其不至于君子而卒为小人也，昭昭矣！作《五箴》以讼其恶云。

【译文】人最怕不知道自己的过错，知道自己的过错却不能改正的，就是勇气不足的表现。我今年三十八岁，稀疏的头发日益斑白，松动的牙齿日益脱落。听力和视力都大不如前，道德也日益偏离初心。我达不到君子的标准，最终只能成为小人，这一点显而易见了！撰写这篇《五箴》来自我反省。

游 箴

余少之时，将求多能，蚤夜以孜孜；余今之时，既饱而嬉，蚤夜以无为。呜呼余乎！其无知乎？君子之弃，而小人之归乎？

【译文】我年轻的时候，决心要学习多方面的才能，夜以继日孜孜不倦；而现在的我，吃饱了就嬉游，从早到晚碌碌无为。唉，我啊！还不自知吗？我已被君子所唾弃，而与小人为伍了吗？

言 箴

不知言之人，乌可与言？知言之人，默然而其意已传。幕中之辩，人反以汝为叛；台中之评，人反以汝为倾。汝不惩邪，而呶呶以害其生邪！

【译文】不明白言外之意的人，怎么同他人讲话？能够领会言外之意的人，无须开口就能知道你想要表达的意思。在幕府中说得太多，人们反而会认为你有叛离之意；在御史台中发表评论，人们反而以为你是倾陷别人。你还不戒慎于后，难道非得因为唠叨断送了性命吗！

行 箴

行与义乖，言与法违。后虽无害，汝可以悔。行也无邪，言也无颇。死而不死，汝悔而何？宜悔而休，汝恶曷瘳？宜休而悔，汝善安在？悔不可追，悔不可为。思而斯得，汝则弗思。

【译文】行为与背离礼义相悖，言论与法令相违。即使没造成什么严重的后果，你也应当悔恨你的言谈举止。举止端正无邪，言论没有偏颇。即使身死而信念永存，还有什么可悔恨的？该悔恨的不悔恨，你的恶行怎么改正？不该悔恨的却要悔恨，你的善心到哪里去了？有的东西追悔莫及，有的东西则不必悔恨。只要想想就会明白这个道理，你却不肯好好思索。

好恶箴

无悖而好，不观其道；无悖而恶，不详其故。前之所好，今见其尤。从也为比，舍也为仇。前之所恶，今见其臧。从也为愧，舍也为狂。维仇维比，维狂维愧。于身不祥，于德不义。不义不祥，维恶之大。几如是为，而不颠沛？齿之尚少，庸有不思。今其老矣，不慎胡为！

【译文】一个没有优点的人而你却偏偏喜欢，因为你没有考察他的立身之道；一个没有错误的人而你却不喜欢他，因为你没搞清楚其中的缘故。从前所喜欢的，现在发现了他的缺点。追随他无异于依附，抛弃他便会结成仇家。从前所憎恶的，如今发现他的美善。追随他则感到惭愧，抛弃他就变得癫狂。结仇、依附、癫狂、惭愧，这些对于自身而言则是身处不祥，就德行而言则是不合道义。不合道义、身处不祥，罪过就特别大。考察这种行为，哪个不遭受挫折？年少时没有顾虑这些。如今上了年纪，却不再谨慎了！

知名箴

内不足者,急于人知;需然有余,厥闻四驰。今日告汝,知名之法。勿病无闻,病其晔晔。昔者子路,惟恐有闻,赫然千载,德誉愈尊。矜汝文章,负汝言语。乘人不能,撽以自取。汝非其父,汝非其师。不请而教,谁云不欺?欺以贾憎,撽以媒怨。汝曾不悟,以及于难。小人在辱,亦克知悔,及其既宁,终莫能戒。既出汝心,又铭汝前。汝如不顾,祸亦宜然。

【译文】本身缺乏学问内涵的人,迫切地想得到他人的欣赏;本身学问内涵很充实的人,名声自然会四处传扬。如今我告诉你,声名远扬的办法。不必担心自己默默无闻,怕的是声名太过显赫。从前,孔子的弟子子路,他生怕自己名声显赫,结果声名却流传千年,更加受人尊崇。你自以为文章了不起,又言辞很自负。趁别人还不具备这些本事,就统统抢占声名。你不是别人的父亲,也不是别人的老师。没请教你却主动教导他人,谁说这不是侮辱他人?侮辱他人招致憎恶,抢占声名惹人怨恨。你竟然还不醒悟,灾难必会降临。小人受辱时,也知道后悔,事过境迁之后,始终无法引以为戒。这番话既发自肺腑,又铭刻于你面前。你若仍熟视无睹,灾殃也就无法避免。

后汉三贤赞三首

　　王充者何？会稽上虞。本自元城，爰来徙居。师事班彪，家贫无书。阅书于肆，市肆是游。一见诵忆，遂通众流。闭门潜思，《论衡》以修。为州治中，自免归欤。同郡友人，谢姓夷吾，上书荐之，待诏公车，以病不行。年七十余，乃作《养性》，一十六篇。肃宗之时，终于永元。

　　王符节信，安定临泾。好学有志，乡人所轻。愤世著论，《潜夫》是名。《述赦》之篇，以赦为贼，良民之患，其旨甚明。皇甫度辽，闻至乃惊，衣不及带，屣履出迎。岂若雁门，问雁呼卿。不仕终家，嗟吁先生！

　　长统公理，山阳高平。自谓高干有雄志而无雄才，其后果败，以此有声。倜傥敢言，语默无常，人以为狂生。州郡会召，称疾不就，著论见情。初举高第尚书郎，后参丞相军事，卒不至于荣。论说古今，发愤著书，《昌言》是名。友人缪袭，称其文章，足继《西京》。四十一终，何其短邪！呜呼先生！

　　【译文】王充是何许人？他出生于会稽上虞。他的祖先本来是魏郡元城人，后来从元城迁居到上虞。他师从班彪，由于家境贫寒，家中没有藏书，只能到市肆上去读书，因此市肆成为他经常去的地方。他读书能过目不忘，对于众多流派学说都很精通。他常常闭门深思，从而著成《论衡》一书。他曾担任州郡治中，后来自请免职回家。同郡好友谢夷吾上书举荐他的才学，汉章帝特诏公车征之，然而他因病无法应征。在他七十多岁时，著成《养性》一书，全书共十六篇。肃宗之时，于永元年间去世。

王符，字节信，安定临泾人。他自幼好学，志向远大，因是庶出之子，母亲出身不明，因此受到乡邻的歧视。他发愤著述，编撰了著名的《潜夫论》一书。其中的《述赦》篇认为，大赦罪犯是最大的伤害，对于良民百姓而言存在着极大的祸患，文中所论述的观点十分明确、清晰。度辽将军皇甫规听说王符到访，非常惊喜，更衣时甚至来不及系带子，穿上鞋子就出门迎接。哪像雁门守来访时，皇甫规对他的怠慢样子。王符终身没有入仕为官，终老于家中，这位先生令人叹服啊！

仲长统，字公理，山阳郡高平人。仲长统评价并州刺史高干，说他虽有雄心大志却没有雄才伟略，之后不久，高干果然兵败叛敌，仲长统因此名声大噪。仲长统生性洒脱不拘，敢于直言，语默无常，时人都称他为狂生。但凡州郡召他为官时，他都称病不去，著论见情。起初他因科举考试名列前茅而被任命为尚书郎，后参与丞相曹操的军事活动，但始终没有得到曹操的重用。他论说古今，发愤著书，编撰了著名的《昌言》一书。他的好友缪袭称赞他的文章足以承继《西京赋》的文学造诣。他四十一岁时离世，先生的一生啊，实在是太短暂了！呜呼先生！

讳　辩

愈与进士李贺书，劝贺举进士。贺举进士有名，与贺争名者，毁之曰："贺父名晋肃，贺不举进士为是，劝之举者为非。"听者不察也，和而唱之，同然一辞。皇甫湜曰："若不明白，子与贺且得罪。"愈曰："然。"

《律》曰："二名不偏讳。"释之者曰："谓若言'徵'不称'在'，言'在'不称'徵'是也。"《律》曰："不讳嫌名。"释之者曰："谓若'禹'与'雨'、'丘'与'蓲'之类是也。"今贺父名晋肃，举进士，为犯"二名律"乎？为犯"嫌名律"乎？父名晋肃，子不得举进士；若父名"仁"，子不得为人乎？

夫讳始于何时？作法制以教天下者，非周公、孔子欤？周公作诗不讳，孔子不偏讳二名；《春秋》不讥不讳嫌名；康王钊之孙实为昭王；曾参之父名晳，曾子不讳"昔"。周之时有骐期，汉之时有杜度，此其子宜如何讳？将讳其嫌，遂讳其姓乎？将不讳其嫌者乎？汉讳武帝名彻为"通"，不闻又讳"车辙"之"辙"为某字也；讳吕后名雉为"野鸡"，不闻又讳"治天下"之"治"为某字也。今上章及诏不闻讳"浒""势""秉""饥"也，惟宦官、宫妾乃不敢言"谕"及"机"，以为触犯。士君子立言行事，宜何所法守也？今考之于经，质之于律，稽之以国家之典，贺举进士，为可耶，为不可耶？

凡事父母得如曾参，可以无讥矣；作人得如周公、孔子，亦可以止矣。今世之士，不务行曾参、周公、孔子之行，而讳亲之名则务胜于曾参、周公、孔子，亦见其惑也。夫周公、孔子、曾参卒不可胜，胜周公、孔子、曾参，乃比于宦官、宫妾，则是宦官、宫妾之孝于其亲，贤于周公、孔子、曾参者邪？

【译文】我给李贺写了一封信，劝他举进士。他已有了名气，应该可以应举了，这时候有和李贺争名的人，谤毁他说道："李贺的父亲名叫李晋肃，晋和进同音，举进士触犯了他父亲的名讳了，李贺不应当举进士，劝他举进士是错的。"不料听的人也没有调查，一唱百和，众口一词。皇甫湜说："这件事如果不说清楚，你将会与李贺同罪。"我答道："好。"

《律》上说："名字有两个字的，不需要全都避讳。"有人解释说："比如从前孔子的母亲，名叫徵在，但孔子若是说'徵'就不会再说'在'，若说'在'就不会再说'徵'。"《律》上说："不用避讳与名字字音相近的字。"有人解释说："比如'禹'和'雨''丘'和'蓲'之类的字。"现在李贺的父亲名为李晋肃，李贺举进士，他难道犯了"二名律"吗？还是犯了"嫌名律"吗？若父亲名为晋肃，儿子就不得举进士；若父亲名为"仁"，难道儿子就不得为人吗？

避讳是什么时候开始的？从前以制定法令来教化天下，不是周公、孔子吗？周公作诗但没有避讳文王与武王的名讳，孔子也不会避讳母亲名字中的某个字；《春秋》中不会指责没有避讳与名字字音相近的字的行为；康王钊的孙子名号为昭王，也没有避讳周康王的名讳；曾参的父亲名为晳，曾子不避讳"昔"字。周朝时有骐期，汉朝时有杜度，他们的子嗣应当如何避讳呢？要避讳字音相近的字，这样就会连姓也一同避讳？还是统统不避讳呢？汉武帝名彻，不过将彻改为"通"，并没有将"车辙"的"辙"字改为其他字；吕后名雉，不过将雉改为"野鸡"，并没有将"治天下"的"治"字改为其他字。现在的奏章和诏书也没有避讳"浒""势""秉""饥"等字，只有宦官、宫妾不敢提及"谕"和"机"，认为会有所触犯。士人君子立言行事，应当如何遵守法令？现在考察经传，查验律令，核查历代国家的典章，这样深究李贺举进士，是可以，还是不可以呢？

凡是事奉双亲能够如曾参一样，就不会遭到指责；为人能够如周公、孔子一样，也算可以了。现在的士大夫，行事不力求和曾参、周公、孔子一样，反而避讳亲人的名字却力求远胜于曾参、周公、孔子，也可见众人迷惑。周公、孔子、曾参最终无法超越，在避讳这一方面能胜过周公、孔子、曾参的，则能和宦官、宫妾比肩，照这样说来难道宦官、宫妾的孝亲，比周公、孔子、曾参还要孝顺吗？

讼风伯

维兹之旱兮，其谁之由？我知其端兮，风伯是尤。山升云兮泽上气，雷鞭车兮电摇帜，雨寝寝兮将欲坠，风伯怒兮云不得止。旸乌之仁兮，念此下民；閟其光兮，不斗其神。

嗟风伯兮，其将谓何？我于尔兮，岂有其他？求其时兮修祀事，羊甚肥兮酒甚旨，食足饱兮饮足醉，风伯之怒兮谁使？云屏屏兮吹使醨之，气将交兮吹使离之；铄之使气不得化，寒之使云不得施。嗟尔风伯，欲逃其罪又何辞？

上天孔明兮，有纪有纲。今我上讼兮，其罪谁当？天诛加兮不可悔，风伯虽死兮人谁尔伤！

【译文】当今天下干旱已久，这是谁造成的呢？我深知其中的端倪，这是风伯的过错。山中云气袅袅，水泽之上水气蒸腾，同时伴有轰鸣的雷声，闪电不停摇曳，降雨迫在眉睫，此时风伯却怒吼着将乌云吹散，使它们无法停留。慈悲的太阳，因体恤百姓疾苦而收敛起万丈光芒，并没有炫耀它的神威。

可是风伯啊，为什么唯独你要这样做？对于你而言，难道我哪里有不周之处？我总是正当其时恭敬地祭祀你，我所供奉的羊儿肥美，美酒醇香，祭品足够你饱食享用，美酒足够你迷醉痛饮，风伯啊，又是谁让你如此怒号不止呢？层叠的乌云被你缕缕吹散，将要交合的雾气也被你吹离；你将水气消损，使它们无法凝结，你吹得云层寒冷从而无法形成雨。唉，风伯啊，你打算用什么样的借口来为自己脱罪呢？

上天是圣明的，有纲纪可循。如今我要向上天控诉，这罪过该由谁来承担？即使上天诛罚你，也无法避免灾祸的发生，风伯啊，即使你死去，也不会有谁因你而伤悲！

伯夷颂

　　士之特立独行，适于义而已，不顾人之是非，皆豪杰之士，信道笃而自知明者也。一家非之，力行而不惑者，寡矣；至于一国一州非之，力行而不惑者，盖天下一人而已矣；至若举世非之，力行而不惑者，则千百年乃一人而已耳。若伯夷者，穷天地亘万世而不顾者也。昭乎日月，不足为明；崒乎泰山，不足为高；巍乎天地，不足为容也！

　　当殷之亡、周之兴，微子贤也，抱祭器而去之；武王、周公，圣人也，率天下之贤士与天下之诸侯而往攻之，未尝闻有非之者也。彼伯夷、叔齐者，乃独以为不可。殷既灭矣，天下宗周，彼二子者独耻食其粟，饿死而不顾。繇是而言，夫岂有求而为哉？信道笃而自知明也。

　　今世之所谓士者，凡一人誉之，则自以为有余；凡一人沮之，则自以为不足。彼独非圣人，而自是如此。夫圣人，乃万世之标准也。余故曰：若伯夷者，特立独行，穷天地亘万世而不顾者也。虽然，微二子，乱臣贼子接迹于后世矣。

　　【译文】士人的特立独行，只求合乎道义，他们并不在意世人的评价与非议，这才是真正的豪杰之士，他们笃定地坚持道义而且很有自知之明。即使整个家族的人都反对，他仍然身体力行、毫不怀疑自己的所作所为，这样的人为数不多；即使一国一州的人都反对，他仍然身体力行、毫不怀疑自己的所作所为，这样的人大概普天之下只有一人；即使全天下的人都反对，但他仍然身体力行、毫不怀疑自己的所作所为，这样的人，千百年来也就只有一人。伯夷就是这样的人，就是这样一个穷尽天地、亘古不变地坚持原则的人。与他的光芒相比，即使是日月的光辉也不及他闪耀；与他的高峻相比，即使是高耸的泰山也不及他巍峨；与他的伟大相比，即使是广阔的天地也不及他包容！

当殷朝灭亡、周朝兴起之际，贤孝的微子抱着殷商时期祭祀用的器具离开国都隐居起来；武王、周公是大家公认的圣人，他们率领天下的贤士和诸侯一起进攻商都，不曾听说有人非议此事。然而唯独伯夷、叔齐却认为他们的所作所为不对。殷朝既然已经灭亡，天下改朝换代以周朝为宗主，唯独他二人却以食周粟为耻，宁死不屈。由此而言，难道他们是有什么企图才这样做的吗？事实是因为他们笃定地坚持道义而且又很有自知之明。

如今那些所谓的士人，但凡有一人赞扬他们，就自以为德行有余；但凡有一人毁誉他们，就自以为德行不足。这些人都不是真正的圣人，必然会有如此反应。真正的圣人，是值得万世子孙学习的榜样。因此我认为："像伯夷这样的人，才能特立独行，穷尽天地、亘古不变地坚持原则。如果没有他和叔齐二人的感召，后世的乱臣贼子便会接连不断地出现了。"

卷十三 杂著

子产不毁乡校颂

我思古人，伊郑之侨。以礼相国，人未安其教，游于乡校，众口嚣嚣。或谓子产："毁乡校则止。"曰："何患焉，可以成美。夫岂多言，亦各其志。善也吾行，不善吾避。维善维否，我于此视。川不可防，言不可弭。下塞上聋，邦其倾矣！"既乡校不毁，而郑国以理。

在周之兴，养老乞言。及其已衰，谤者使监。成败之迹，昭哉可观。维是子产，执政之式。维其不遇，化止一国。诚率是道，相天下君，交畅旁达，施及无垠。於乎！四海所以不理者，有君无臣。谁其嗣之，我思古人。

【译文】我很怀念一位古人，他就是郑国的公孙侨。他遵循以礼制治理国家，起初人们还不习惯他的治国方略，便在国人谈论政治的乡校，众口谤毁，议论纷纷。有人建议子产说："废除乡校就可以制止这些不利言论。"子产说："这有什么值得忧虑的，舆论反而可以成就好事。人们谈论政事岂是多嘴多舌，他们只不过是说出各自的观点。他们认为的善行我就实施，他们认为不好的我就避免。政令究竟合理不合理，我从乡校就可以看出来。河流不可堵塞，舆论不可压制。堵塞了百姓的言路，就相当于闭塞了执政者的耳目，他就听不到意见，国家就会有灭亡的可能！"子产始终没有废除乡校，不久之后，郑国就被子产治理得太平安定了。

在周朝兴盛之际，朝廷特意供养老人，请求他们为国家政治提出自己的观点。等到周朝即将衰落之时，朝廷专门派人监视批评国政的人。从周朝兴衰成败的发展轨迹，我们可以清晰地看到它的不同之处。子产啊，应当成为执政者的榜样。只因他没有遇到圣明的君主，他的教化手段也只能在一个小国内推行。从乡校的舆论评价中分析政令的取舍，如果凭借这种治国方略，辅佐一统天下的明君，那么必定会被广泛地贯彻推行，就可以扩展到无限广阔的地方。於乎！天下之所以得不到有效的治理，是因为虽然有圣明的君主，但却缺乏贤能的大臣。有谁能沿袭子产的作风，我很怀念这位古人。

释　言

元和元年六月，愈自江陵法曹诏拜国子博士，始进见今相国郑公。公赐之坐，且曰："吾见子某诗。吾时在翰林，职亲而地禁，不敢相闻。今为我尽写子诗书来。"愈再拜谢，退录诗书若干篇，择日时以献之。

于后之数月，有来谓愈者曰："子献相国诗书乎？"曰："然。"曰："有谗于相国之座者曰：'韩愈曰：相国征余文，余不敢匿，相国岂知我哉！'子其慎之。"愈应之曰："愈为御史，得罪德宗朝，同迁于南者凡三人，独愈为先收用，相国之赐大矣！百官之进见相国者，或立语以退，而愈辱赐坐语，相国之礼过矣！四海九州之人，自百官已下，欲以其业彻相国左右者多矣，皆惮而莫之敢，独愈辱先索，相国之知至矣！赐之大，礼之过，知之至，是三者，于敌已下受之，宜以何报？况在天子之宰相乎！人莫不自知，凡适于用之谓才，堪其事之谓力，愈于二者，虽日勉焉而不近，束带执笏，立士大夫之行，不见斥以不肖，幸矣！其何敢傲于言乎？夫傲虽凶德，必有恃而敢行。愈之族亲鲜少，无扳联之势于今；不善交人，无相先相死之友于朝。无宿货蓄资以钓声势，弱于才而腐于力，不能奔走乘机抵巇，以要权利，夫何恃而傲？若夫狂惑丧心之人，蹈河而入火，妄言而骂詈者，则有之矣。而愈人知其无是疾也，虽有谗者百人，宰相将不信之矣，愈何惧而慎？"

既累月，又有来谓愈曰："有谗子于翰林舍人李公与裴公者，子其慎欤！"愈曰："二公者，吾君朝夕访焉，以为政于天下而阶太平之治。居则与天子为心膂，出则与天子为股肱。四海九州之人，自百官以下，其孰不愿忠而望赐？愈也不狂不愚，不蹈河而入火，病风而妄骂，不当有如谗者之说也。虽有谗者百人，二公将不信之矣，愈何惧而慎？"既以语应客，夜归，私自尤曰："咄！市有虎，曾参杀人，谗者之效也！"诗曰："取彼谗人，投畀豺虎。豺虎不食，投畀有北。有北不受，投畀有昊。"伤于谗，疾而甚之之辞也。又曰："乱之初生，僭始既涵。乱之又生，君子信谗。"始疑而终信之之谓也。孔子曰："远佞人。"夫佞人不能远，则有时而信之矣。今我恃直而不戒，祸其至哉！徐又自解之曰："市有虎，听者庸也；曾参杀人，以爱惑听也；《巷伯》之伤，乱世是逢也。今三贤方与天子谋，所以施政于天下而阶太平之治，听聪而视明，公正而敦大。夫聪明则听视不惑，公正则不迩谗邪，敦大则有以容而思；彼谗人者，孰能进而为谗哉？虽进而为之，亦莫之听矣！我何惧而慎？"

既累月，上命李公相。客谓愈曰："子前被言于一相，今李公又相，子其危哉！"愈曰："前之谤我于宰相者，翰林不知也；后之谤我于翰林者，相国不知也。今二公合处而会言，若及愈，必曰：'韩愈亦人耳，彼傲相国，又傲翰林，其将何求？必不然。'吾今乃知免。"既而谗言果不行。

【译文】元和元年（806）六月，我由江陵法曹升任国子博士，才初次得以拜见当今的宰相郑公。郑公赐给我座位，并且说："我看过你的某一首诗。我当时还在翰林院任职，因身处宫禁以及职务的原因，不便结识你。如今你替我抄一份你所作的全部诗文，下次带来。"我拜了再拜，表示感谢，回来后将从前的诗文抄录了若干篇，择日进献给郑公。

之后又过了几个月，有人来对我说："你进献诗文集给宰相了吗？"我说："献了。"客人对我说："有人在宰相家作客时进谗言说：'韩愈说过：宰相要看我的诗文，我不敢不献，但是宰相哪里是我的知音啊！'你要多加小心。"我回答："我曾担任御史一职，因触犯了德宗皇帝而获罪，当时和我一同被发配南方的总共有三个人，唯独我一人最先被征召还朝，这其中，宰相功不可没啊！文武百官拜见宰相，大多是站着讲话，而后告退，而我却承蒙宰相赐座，宰相对我的礼遇可谓丰厚至极！四海九州之人，上至文武百官，下至平民百姓，大家都想把自己的成就进献给宰相，在他的周围，这样的人简直太多了，但大家都因为害怕而没敢这样做，唯独我的诗文承蒙宰相主动向我索要，宰相对我的知遇之恩可谓深切至极！天大的恩赐，丰厚的礼遇，深切的知遇之恩，这三种情形，对于除了敌人以外的任何人而言，该以什么作为回报呢？更何况这份恩赐是来自于皇帝的首辅宰相啊！人没有不了解自己的，但凡能胜任所用的称为才，能将事情处理好的称为得力，对于这两方面，我虽终日不懈地发奋却终究做不到，穿着官服、手执笏板，跻身于百官之列，不被斥为无能之辈，我已感到万分荣幸！哪里敢傲慢地大放厥词？傲慢虽然是种恶行，但也必定是有所仰仗才敢那么做的。我的族人亲眷很少，当今朝中也没有可攀附的势力；我又不善与人交往，朝野之中也没有生死相交的朋友。我也没有丰厚的钱财积蓄来换取声名，才智有限而气力不足，即不能奔走于豪门权贵之间，投机取巧伺机获取权利，我有什么值得傲慢的资本呢？像那种丧心病狂之人，蹈河入火，夸夸其谈而骂不绝口的人，世上是有的。然而大家都知道我韩愈不是那样的人，没有那样的毛病，即使有一百个人谗言陷害于我，宰相都不会相信的，我有什么可担心、谨慎的呢？"

又过了几个月，又有人来对我说："有人在翰林舍人李公和裴公面前说你的坏话，你可要多加小心啊！"我回答："李公和裴公是皇上身边朝夕相伴的谋议要臣，他们勤政为民，只为实现太平盛世的景象。他们居常是皇上的心腹之人，出仕则是皇上的左膀右臂。四海九州之内的人，上至文武百官，下至平民百姓，有谁不希望忠于皇上得到恩赐？韩愈我既不狂妄也不愚笨，也不会丧心病狂、蹈海入火，精神失常的胡乱骂人，不应该有人诬陷我这种说法。即使有一百个人都诬陷我，二公也绝不会相信的，我又何惧之有，而且还要多加小心呢？"我用这样的话回应客人后，晚上回到家中，暗自怨詈道："咄！市井中之所以会有三人从虎，曾参杀人的典故，这些都是谗言者的功劳啊！"《诗经·小雅·巷伯》有载："取彼谮人，投畀豺虎。豺虎不食，投畀有北。有北不受，投畀有昊。"这是被谗言诬陷受害、对谗言痛心疾首、深恶痛绝之人内心的真实写照。又，《诗经·小雅·巧言》有载："乱之初生，僭始既涵。乱之又生，君子信谗。"这首诗的意思是说，起初只不过是怀疑，而最终便会信以为真地听信了谗言。孔子说："要远离巧舌如簧的小人。"如果不能远离巧舌如簧的奸佞小人，时间久了，必定会听信他的谗言。如今我凭借耿直的个性，而不加以防备，灾难快要降临了吧！随后我又自我安慰道："相信三人从虎的谣言，那只能说明听到谣言之人的愚庸；相信曾参杀人的谣言，那只能说明听到谣言之人因爱惜而迷惑了心智；《巷伯》一诗中所哀伤的事，发生在乱世。如今三位贤士正在与皇上商议讨论治国良策，通过行之有效的施政手段来使天下达到太平盛世的景象，他们分析问题耳聪目明，处理事情公正宽容。耳聪目明的人不易被混淆视听，公正的人则不会接近邪恶的谗言，宽容的大则会有容人之心且善于思考；那些打算进谗言的人，哪个敢在他们面前巧舌如簧地诬陷他人呢？即使是说了诬陷他人的坏话，他们也是不会相信的！我又何惧之有，还要多加小心呢？"

又过了几个月，皇上任命李公为宰相。某人对我说："从前有人在郑宰相面前诬陷于你，如今李公又做了宰相，你现在的处境危险啊！"我回答："从前有人在宰相面前诬陷于我，翰林并不知情；之后又有人在翰林面前诬陷于我，宰相并不知情。如今郑公、李公二人合在一处，一对质，若是提及我，必定会说：'韩愈也是人，他以傲慢的语言辱骂宰相，又以傲慢的语言辱骂翰林，他到底想干什么？他必定不会这样做的！'我现在明确地知道，我已经免于危险了。"从此之后，那些关于我的谗言果然不再盛行。

爱直赠李君房别

左右前后皆正人也，欲其身之不正，乌可得邪？吾观李生在南阳公之侧，有所不知，知之未尝不为之思；有所不疑，疑之未尝不为之言，勇不动于气，义不陈于色。南阳公之举措施为不失其宜，天下之所窥观称道洋洋者，抑亦左右前后有其人乎！凡在此趋公之庭，议公之事者，吾既从而游矣。言而公信之者，谋而公从之者，四方之人则既闻而知之矣。李生，南阳公之甥也。人之不知者将曰："李生之托婚于贵富之家，将以充其所求而止耳。"故吾乐为天下道其为人焉。今之从事于彼也，吾为南阳公爱之；且未知人之举李生于彼者何辞，彼之所以待李生者何道。举不失辞，待不失道，虽失之此足爱惜，而得之彼为欢欣，于李生道犹若也；举之不以吾所称，待之不以吾所期，李生之言不可出诸其口矣，吾重为天下爱之。

【译文】一个人的身边，前后左右都是正直的人，那么即使他想变坏，又怎么可能呢？我观察李君您在南阳公的身边，除非您不知情，但凡您知道的事，没有不替南阳公思虑的；遇到的事情除非毫无疑问，但凡有不解之处，您没有不向南阳公问清楚的，您有勇气但却不会逞一时之气，注重道义却不表现在脸上。南阳公所施行的政策、措施，没有不适宜的，天下人都暗中观察，纷纷称赞于他，究其原因，也许就在于南阳公身边有您这样的人吧！但凡是来到南阳公的庭院，谈议南阳公政策的人，我都会接纳他的观点并同他交往。言谈举止能被南阳公信任的人，谋略能让南阳公信服的人，天下人都有所耳闻并知道他。这个人就是李君您，南阳公的甥婿。不知情的人会说："姓李的同富贵之家结成姻缘，不过是以此来满足他个人的欲求罢了。"因此我非常乐意向天下人介绍您的为人。如今您要到另一位府帅身边去做事，我替南阳公舍不得您；又不知道那位招用您的府帅是怎样的行事风格，也不知道他待您又会是怎样的方式。如果举用您不失其辞，对待您不失其道，虽然失去您的南阳公非常爱惜您，但得到您的府帅却十分高兴，这对于您个人而言都是一样的幸运；如果举用您却不像我所说的那样，对待您也不像我所期望的那样，那么李君您的言论可千万不要轻易出于众人之口，否则我更加要替天下人惋惜您了。

张中丞传后叙

　　元和二年四月十三日夜，愈与吴郡张籍阅家中旧书，得李翰所为《张巡传》。翰以文章自名，为此传颇详密，然尚恨有阙者：不为许远立传，又不载雷万春事首尾。

　　远虽材若不及巡者，开门纳巡，位本在巡上，授之柄而处其下，无所疑忌，竟与巡俱守死，成功名，城陷而虏，与巡死先后异耳。两家子弟材智下，不能通知二父志，以为巡死而远就虏，疑畏死而辞服于贼。远诚畏死，何苦守尺寸之地，食其所爱之肉，以与贼抗而不降乎？当其围守时，外无蚍蜉蚁子之援，所欲忠者，国与主耳，而贼语以国亡主灭悟之。远见救援不至，而贼来益众，必以其言为信。外无待而犹死守，人相食且尽，虽愚人亦能数日而知死处矣。远之不畏死，亦明矣！乌有城坏而其徒俱死，独蒙愧耻求活？虽至愚者不忍为！呜呼！而谓远之贤而为之邪？说者又谓远与巡分城而守，城之陷自远所分始，以此诟远。此又与儿童之见无异。人之将死，其脏腑必有先受其病者,引绳而绝之,其绝必有处。观者见其然,从而尤之,其亦不达于理矣。小人之好议论,不乐成人之美如是哉! 如巡、远之所成就如此卓卓,犹不得免,其他则又何说! 当二公之初守也,宁能知人之卒不救? 弃城而逆遁,苟此不能守,独避之他处何益? 及其无救而且穷也,将其创残饿羸之余,虽欲去,必不达。二公之贤,其讲之精矣。守一城,捍天下,以千百就尽之卒,战百万日滋之师,蔽遮江淮,沮遏其势。天下之不亡,其谁之功也? 当是时,弃城而图存者,不可一二数,擅强兵坐而观者相环也。不追议此,而责二公以死守,亦见其自比于逆乱,设淫辞而助之攻也!

　　愈尝从事于汴、徐二府,屡道于两府间,亲祭于其所谓双庙者。其老人往往说巡、远时事,云: 南霁云之乞救于贺兰也,贺兰嫉巡、远之声威功绩出己上,不肯出师救。爱霁云之勇且壮,不听其语,强留之,具食与乐,延霁云坐。霁云慷慨语曰:"云来时,睢阳之人不食月余日矣! 云虽欲独食,义不忍;虽食,且不下咽。"因拔所佩刀断一指,血淋漓,以示贺兰。一座大惊,皆感激为云泣下。云知贺兰终无为云出师意,即驰去,将出城,抽矢射佛寺浮图,矢著其上砖半笱,曰:"吾归破贼,必灭贺兰,此矢所以志也。"愈贞元中过泗州,船上人犹指以相语。城陷,贼以刃胁降巡,巡不屈,即牵去,将斩之;又降云,云未应。巡呼云曰:"南八,男儿死耳,不可为不义屈!"云笑曰:"欲将以有为也,公有言,云敢不死?"即不屈。

　　张籍曰: 有于嵩者,少依于巡,及其起事,嵩常在围中。

籍大历中于和州乌江县见嵩，时年六十余矣。以巡初得临涣县尉，好学，无所不读。籍时尚小，粗问巡、远事，不能细也。云：巡长七尺余，须髯若神。尝见嵩读《汉书》，谓嵩曰："何为久读此？"嵩曰："未熟也。"巡曰："吾于书读不过三遍，终身不忘也。"因诵嵩所读书，尽卷不错一字。嵩惊，以为巡偶熟此卷，因乱抽他帙以试，无不尽然。嵩又取架上诸书，试以问巡，巡应口诵无疑。嵩从巡久，亦不见巡常读书也。为文章，操纸笔立书，未尝起草。初守睢阳时，士卒仅万人，城中居人亦且数万，巡因一见，问其姓名，其后无不识者。巡怒，须髯辄张。及城陷，贼缚巡等数十人坐，且将戮。巡起旋，其众见巡起，或起或泣。巡曰："汝勿怖！死，命也！"众泣不能仰视。巡就戮时，颜色不乱，阳阳如平常。远宽厚长者，貌如其心，与巡同年生，月日后于巡，呼之为兄，死时年四十九。嵩，贞元初死于亳、宋间，或传嵩有田在亳、宋间，武人夺而有之，嵩将诣州讼理，为其所杀。嵩无子，张籍云。

【译文】元和二年（807）四月十三日夜里，我和吴郡的张籍翻阅家中旧书，找到了李翰所著的《张巡传》。李翰因文章有所成就而负有盛名，写的这篇传记十分详细周密，然而尚且遗憾有所缺漏：没有为许远立传，又没有记载雷万春的生平始末。

许远虽然才能好像比不上张巡，他打开城门接纳张巡，地位本在张巡之上，把权力授予张巡而情愿居于张巡之下，丝毫不怀疑猜忌，最终和张巡一同守城而死，成就了功绩名位，城池攻陷而被俘，只不过和张巡去世的时间有先后不同罢了。张、许两家的后辈子弟才智低下，不能通晓两家父辈的志向，认为张巡战死而许远被俘，怀疑许远是怕死而屈服于叛军。如果许远真的怕死，何苦坚守这方寸之地，用他所爱之人的肉充饥，来和叛军抵抗而不投降呢？当他在包围中防守时，外界没有一点蚍蜉蚂蚁那样微弱的援助，所要效忠的对象，只有国家和皇上罢了，而叛军用国家覆灭和皇上驾崩来告知他。许远见援兵不来，而叛军却越来越多，一定会相信叛军的话。外界毫无依靠却仍然死守，人民相食殆尽，即使是愚昧的人也能计算出日期从而知道自己死亡的地方了。许远不怕死的决心，也可以昭明了！哪有城池毁坏而且自己的部下全都战死，他却独自蒙受耻辱苟且偷生的人呢？即使是最愚昧的人也不能忍受这样啊！唉！难道说像许远如此贤明的人会这样做吗？议论的人们又认为许远和张巡分别把守城门，城池陷落是从许远把守的西南方开始的，用这个理由来诋毁许远。这又和孩童的见识没有不同。人将要死的时候，他的脏腑必定有一处先遭受病害，拉紧绳子把它扯断，绳断必定有一处先裂的地方。观看的人见到这种情况，因此归咎于先遭受病害和先裂的地方，那他也太不通达事理了。小人喜好议论，不愿成人之美就像这样！像张巡、许远所造就如此杰出的功业，尚且不能免除小人的诋毁，其他人还有什么可说的呢！当张巡、许远二位最初负责守城之时，哪能知道最终无人前来相救？从而事先弃城逃遁呢，如果睢阳城守不住，即使单独逃到其他地方又有什么用处呢？等到没有救兵而且山穷水尽的时候，率领着那些受伤残废、饥饿衰弱的残兵，即使想要逃走，也必定无法到达要去的地方。张巡、许远二位的贤德，前人的评价已经十分精确恰当了。把守孤城，捍卫天下，仅凭千百名濒临死亡的士兵，来抵抗与日俱增的百万敌军，掩护着江淮地区，遏止了叛军的攻势。天下能够不灭亡，这是谁的功劳呢？在那时，放弃城池而只想谋求生存的人，不在少数，拥有强兵却坐视旁观的人到处都是。不在事后追究评议这些人，而去责备死守睢阳的张巡、许远二位，也可见这些人把自己比作谋反作乱的人，捏造浮夸不实的言辞来帮叛军一起攻击有功之人啊！

我曾经在汴州、徐州任职，多次来往于两州之间，亲自在名为双庙的地方祭奠张巡和许远。那里的老人时常说起张巡、许远当时的事情，说道：南霁云向贺兰进明乞求援救的时候，贺兰进明妒忌张巡、许远的名声威望和功劳业绩超过自己，不肯出兵相救。但贺兰进明看中了南霁云的勇猛和强壮，没有采纳他的话，却执意挽留他，还准备了酒食和音乐，延请南霁云入座。南霁云慷慨陈词说："我来求援的时候，睢阳军民已经断粮一个多月了！我即使想一个人享受饭食，道义也不能允许；即使我吃下，也难以下咽。"于是拔出自己的佩刀砍断了一根手指，鲜血淋漓，拿给贺兰进明看。在座的人大吃一惊，都被南霁云感动得低声哭泣。南霁云知道贺兰进明终归没有为自己出兵的意思，立即骑马离去，将要出城时，他抽出箭射向寺庙的佛塔，那支箭射进佛塔砖墙有半箭之深，说："等我回去打败叛军之后，一定会消灭贺兰进明，就用这支箭来铭记我的志向。"我在贞元年间经过泗州，船上的人还指着说给我听。城池被攻陷后，叛军拿刀胁迫张巡投降，张巡坚贞不屈，马上被绑着拉走，准备杀掉；叛军又让南霁云投降，南霁云没有回应。张巡高声对南霁云道："南八，男子汉一死而已，不能够向不义之徒屈服!"南霁云笑道:"我本想有所作为,您既然这样说,我哪敢不赴死?"于是誓不投降。

张籍说:有一个人叫于嵩,年轻时跟随着张巡,等到张巡起兵抗击叛军时,于嵩曾在包围之中。大历年间我在和州乌江县见过于嵩,那时他已经六十多岁了。因为张巡的缘故起初曾得到临涣县尉一职,专心求学,无所不读。我那时年纪尚小,粗略地询问有关张巡、许远的事迹,不太详细。他说:张巡身高七尺有余,胡须长得很美就像神仙。张巡曾经看见于嵩在读《汉书》,就对于嵩说:"你为什么老是读这本书?"于嵩说:"因为我还没有熟读呀。"张巡说:"我读书不超过三遍,一辈子都不会忘记。"就背诵于嵩所读的那本书,一卷背完一字不错。于嵩很惊讶,以为张巡是恰好熟悉这一卷,就胡乱抽出其他卷册来试他,他都像刚才那样完全正确的背诵出来。于嵩又取下书架上的其他书,来提问张巡,张巡应声出口都背得一字不错。于嵩跟张巡时间很久,也不见张巡经常读书。张巡写起文章来,拿起纸笔一挥而就,从来不用拟定草稿。刚来把守睢阳时,士兵将近有万人,城里居住的人家也将近有几万,张巡只要见过一次,问过姓名,之后没有不认识的人。张巡发起怒来,胡须全都竖起。等到城池沦陷后,叛军捆绑了张巡等几十人让他们坐着,马上就要处死。张巡起身小便,他的部下们见他起身,有的跟着站起、有的小声哭泣。张巡说:"你们不要害怕!人死,是命中注定的事!"大家都哭得不能抬头看他。张巡被杀时,神色从容镇定,镇静自如就像平常一样。许远是位宽厚的长者,他的容貌和内心一样,和张巡同年出生,但日子比张巡稍晚,称张巡为哥哥,死时四十九岁。于嵩在贞元初年死在亳、宋一带,有传闻说他在亳、宋一带有块田地，武人把土地强夺霸占了，于嵩打算到州里提起诉讼，却被武人杀死。于嵩没有子孙后代，这些都是张籍告诉我的。

河中府连理木颂

司空咸宁王尹蒲之七年，木连理生于河之东邑。野夫来告，且曰："吾不知古，殆气之交畅也。"维吾王之德，交畅者有五，是其应乎：训戎奋威，荡戮凶回；举正宣和，人则宁嘉；入践台阶，庶尹克司；来帅熊罴，四方作仪；闵仁鳏寡，不宁燕息。人乐王德，祝年万亿。府有群吏，王有从事，异体同心，归民于理。天子是嘉，俾锡劳王，王拜稽首："天子之光，庶德昭融，神斯降祥。"殊本连理之柯，同荣异垄之禾，吾徯之产兹土也久矣。今欲明于大君，纪于策书，王抑余也。冶金伐石，垂耀无极，余抑王也。奋肆姁媮，不知所如，愿托颂词，长言之于康衢。颂曰：木何为兮此祥？询厥美兮在吾王。愿封植兮永固，俾斯人兮不忘。

【译文】司空、咸宁郡王浑瑊在河中府任府尹七年，河中府以东长出了连理树。村民来报告这件事，并且说："远古的事我也不懂，这大概是地气交互畅达所导致的吧。"考虑到我们郡王的仁德，地气交互畅达的情形大概有这五个方面，从而应验在连理树上：威震戎狄，荡平凶狠的蛮族；推行德政、宣扬教化，百姓生活安定祥和；加官晋爵的官吏，服从百官之长的管理；吸纳、统帅雄师劲旅，与四方睦邻礼尚往来；体恤鳏夫寡妇，平复不安定因素。百姓都很拥戴郡王的仁德，祝愿国祚永昌。府衙内有众多官员属下，郡王拥有得力的办事人员，他们个个都与郡王同心同德，百姓最终得到有效的治理。天子诏令嘉奖，派人赏赐、慰劳郡王，郡王跪拜叩首谢恩道："是天子的光辉，使众多功德得以彰显，于是神灵降下福祉与祥瑞。"根系不同却枝叶相连的连理树木，犹如不同垄的嘉禾同样生长旺盛，我归向这样的乐土已经很久了。如今我准备向天子奏明，将此事记载在策书上，然而郡王却阻止我这样做。陶冶金属，开采山石，将功德载入策书，从而流芳千古，郡王又阻止了我。但我无法掩饰内心的欢愉，不知所往，想借这首颂词，长时间在四通八达的大道上加以宣扬。颂词中提到：为何会呈现出连理枝这样的吉祥？实在是要归功于我们郡王的仁德啊。希望加封这株连理树为祥瑞之物并永久地保留它，使人们永远不会忘记此人。

汴州东西水门记

　　贞元十四年正月戊子，陇西公命作东西水门，越三月辛巳朔，水门成。三日癸未，大合乐，设水嬉，会监军、军司马、宾佐僚属、将校熊罴之士，肃四方之宾客以落之。士女和会，阗郭溢郛。既卒事，其从事昌黎韩愈请纪成绩。其词曰：

维汴州河水自中注，厥初距河为城，其弗合者，诞寘联锁于河，宵浮昼湛，舟不潜通。然其襟袍亏疏，风气宣洩，邑居弗宁，讹言屡腾。历载以来，孰究孰思。皇帝御天下十八载，此邦之人遭逢疾威，嚣童嗷嘑，劫众阻兵，凛凛栗栗，若坠若覆。时维陇西公，受命作藩，爰自京洛，单车来临。遂拯其危，遂去其疵。弗肃弗厉，薰为太和；神应祥福，五谷穰熟。既庶而丰，人力有余，监军是咨，司马是谋。乃作水门，为邦之郛，以固风气，以扞寇偷。黄流浑浑，飞阁渠渠，因而饰之，匪为观游。天子之武，维陇西公是布；天子之泽，维陇西公是宣。河之沄沄，源于昆仑，天子万祀，公多受祉。乃伐山石，刻之日月，尚俾来者，知作之所始。

【译文】贞元十四年（798）正月戊子日，陇西公下令修建东、西水门，直到三月初一辛巳日这天水门修建完成。初三癸未日，诸乐齐鸣，人们特意设置了一些水上娱乐项目，召集监军、司马、宾佐、僚属、将校和勇士，恭请四方宾客来参加水门落成典礼。未婚的男女愉悦地云集在一起，城里城外人山人海。典礼结束之后，陇西公的从事昌黎人韩愈请求记述这件盛事。记述如下：

黄河水流经汴州城内，当初沿着黄河的河岸筑城，其中有不合围的地方，就在黄河之中设置了联锁，到了晚上浮出水面，白天又沉入水底，使敌船无法悄悄潜入城中。这样一来，黄河水便存在难于疏导的隐患，每当风气袭来，河水宣泄不已，城内百姓无法安定地生活，同时民间谣言四起，屡禁不止。历代帝王，也一直在探寻解决方案。皇帝即位十八年，亲历了城中百姓所遭受的疾病和威胁，再加上狂悖作乱的奴才凭借武力、胁迫百姓，城中居民战战兢兢，生活在水深火热之中。当时，陇西公受命担任宣武节度使，从京城洛阳单车来到这里赴任。终于拯救汴州于危难之中，并最终革除了城中的积习弊端。没有严苛的厉政，陶冶出和谐的太平盛世；神明显灵，降下福祉，五谷丰登。百姓生活富足、丰盈，便会出现剩余劳动力，于是监军提出建造方案，司马深思熟虑，全篇布局。修建水门，作为城邦的外城，一则稳固水势风气，二则防御外敌入侵。黄河水浩浩荡荡，空中飞阁雄伟壮观，水门同时还能装点环境，成为一处可供观赏游玩的好去处。天子的威仪，通过陇西公得以传布；天子的德泽，通过陇西公得以宣扬。黄河水汹涌绵长，发源于巍巍昆仑山，天子社稷万世长存，陇西公将领受丰厚的福祉。于是采伐山石，镌刻年月日，使后世之人了解修建水门的起始。

燕喜亭记

　　太原王弘中在连州，与学佛之人景常、元慧者游。异日，从二人者行于其居之后，丘荒之间，上高而望，得异处焉。斩茅而嘉树列，发石而清泉激，辇粪壤，焚榛翳，却立而视之：出者突然成丘，陷者呀然成谷，洼者为池而缺者为洞，若有鬼神异物阴来相之。自是弘中与二人者，晨往而夕忘归焉，乃立屋以避风雨、御寒暑。

既成，愈请名之。其丘曰"俟德之丘"，蔽于古而显于今，有俟德之道也；其石谷曰"谦受之谷"，瀑曰"振鹭之瀑"，谷言德，瀑言容也；其土谷曰"黄金之谷"，瀑曰"秩秩之瀑"，谷言容，瀑言德也。洞曰"寒居之洞"，志其入之时也。池曰"君子之池"，虚以钟其美，盈以出其恶也。泉之源曰"天泽之泉"，出高而施下也。合而言之，以屋曰"燕喜之亭"，取诗所谓"鲁侯燕喜"颂者也。

于是州民之闻者，相与观焉，曰："吾州之山水名于天下，然而无与燕喜者比。经营于其侧者相接也，而莫宜其地。凡天作而地藏之，以遗其人乎？"弘中自吏部外郎贬秩而来，次其道涂所经，自蓝田山，入商洛，涉浙湍，临汉水，升岘首以望方城，出荆门，下岷江，过洞庭，上湘水，行衡山之下，縣郴逾岭，猿狖所家，鱼龙所宫，极幽遐瑰诡之观，宜乎于山水，饫闻而厌见也。今其意乃若不足。《传》曰："智者乐水，仁者乐山。"弘中之德，与其所好，可谓协矣。智以谋之，仁以居之，吾知其去是而羽仪于天朝也不远矣。遂刻石以记。

【译文】太原人王弘中在连州时，与学佛之人景常、元慧一同出去游玩。一天，他跟随二人来到他们居所的后面，在荒沟土丘之间，登高而望，发现了一个奇异的去处。他们斩除茅草，则可见佳树排列，拨开碎石则可见泉水清澈，运走粪土，焚烧枯枝败叶；再环顾四周：地势突起形成天然的小丘，地势凹陷形成天然的石谷，低洼的湿地形成天然池塘，石头不够的地方形成天然洞穴，这里仿佛是鬼怪神灵等异物暗中相会的地方。从此之后，王弘中与景常、元慧二人经常早晨去游玩，直到傍晚甚至都忘记了回家，于是他们便在那里建造了一间小屋子来抵御风雨寒暑。

房子建成之后，我强烈要求为它取名。小丘称为"俟德丘"，小丘从前被遮蔽，如今得以显露，寓意期待德泽降临；石谷称为"谦受谷"，瀑布称为"振鹭瀑"，石谷寓意德行，瀑布寓意于外形；土谷称为"黄金谷"，瀑布称为"秩秩瀑"，土谷寓意于外形，瀑布寓意于德行；石洞称为"寒居洞"，寓意他们志趣相投，合于时宜。池塘称为"君子池"，虚怀若谷时才能尽显它的美丽，盈溢充满时，则会暴露出它的丑陋。泉水的源头称为"天泽泉"，从高处飞流直下。总而言之，把屋子称为"燕喜亭"，取自《诗经》中所说的："鲁侯燕喜"的颂词。

于是听闻此事的当地人，都相约前往观赏，并且说："我们这里的山水名甲天下，然而却没有能和'燕喜亭'相媲美的。即使是在燕喜亭两侧修建的亭阁接连相属，也没有能与它相匹配的。燕喜亭纯粹是上天作美，并收藏于此地，专门为了送给他的吗？"王弘中从吏部员外郎被贬出京，依次取道途经之地，从蓝田县进入商洛，渡过浙水、湍水，经临汉水，攀登岘首山，回望方城县，出荆门，沿岷江顺流而下，渡过洞庭湖，溯源湘水，行经衡山脚下，过郴州，逾南岭，穿越荒无人烟的猿狄居住之地，鱼龙出没之宫，非常深幽、瑰丽、诡异的景观，和眼前这些山水相比，他应该是见怪不怪了。如今他建燕喜亭的用意貌似不完全在此。据《左传》记载："智者乐水，仁者乐山。"以王弘中的德行以及喜好而言，可谓是十分贴切。运用智慧去谋划，心存仁爱地居住，我预知他离开这里，作为表率再度被天朝启用的时机不远了。因此刻石来记载这件事情。

徐泗豪三州节度掌书记厅石记

书记之任亦难矣! 元戎总齐三军之士，统理所部之甿，以镇定邦国，赞天子施教化，而又外与宾客四邻交；其朝觐聘问，慰荐祭祀祈祝之文，与所部之政、三军之号令升黜，凡文辞之事，皆出书记。非闳辩通敏兼人之才，莫宜居之。然皆元戎自辟，然后命于天子。苟其帅之不文，则其所辟或不当，亦其理宜也。

南阳公自御史大夫、豪、寿、庐三州观察使，授节移镇徐州，历十一年，而掌书记者凡三人：其一人曰高阳许孟容，入仕于王朝，今为尚书礼部郎中；其一人曰京兆杜兼，今为尚书礼部员外郎、观察判官；其一人曰陇西李博，自前乡贡进士授祕书省校书郎，方为之。南阳公文章称天下，其所辟，实所谓宏辩通敏兼人之才者也。后之人苟未知南阳公之文章，吾请观于三君子；苟未知三君子之文章，吾请观于南阳公可知矣。蔚乎其相扶，炳乎其相辉，志同而气合，鱼川泳而乌云飞也!

愈乐是宾主之相得也，故请刻石以记之，而陷置于壁间，来者得以览观焉。

【译文】负责书籍记录工作的书记官，他们的责任也是很艰巨的啊！元帅统领三军将士，要统理手下的官兵，镇守国家，辅助天子施行教化，而且对外还要与宾客、四方睦邻建立友好往来；而其中，所有与朝觐、聘问、吊慰、举荐、祭祀、祈祝相关的文书工作，以及部署政令、三军号令、官员职位的升迁与罢免，凡是和文书相关的事宜，都出自于书记官之手。如果不是善辩、通练、敏捷兼具的人，是无法胜任这个职务的。而且书记官一般都是由元帅自行选拔任用的，之后由天子任命。假如元帅的文学修养有限，那么他所选拔任用的书记官或许并不称职，这也是情理之中的事情。

南阳公由御史大夫，豪、寿、庐三州观察使被调任为徐州节度使，镇守徐州，任职共十一年，而当时他手下负责掌管书记工作的有三人：一位是高阳人许孟容，入朝为官，如今是尚书省礼部郎中；一位是京兆人杜兼，如今是尚书省礼部员外郎、观察判官；另一位是陇西人李博，此前以乡贡进士的身份授职于秘书省校书郎，刚刚到任不久。南阳公的文章向来为天下人所称道，他所聘用的书记官也的的确确是所谓善辩、通练、敏捷兼具的人才。后世之人如果对南阳公的文章知之甚少，我建议大家可以读一下三君子的文章；如果对三君子的文章了解不是很多，我建议大家可以看看南阳公的文章。他们的文章文采华美，相互显扬，炳明显著，彼此辉映，志趣相同，神气相合，就像鱼儿在河里畅游，又像鸟儿在云中自由翱翔一样！

看到他们宾主之间融洽相得，我感到很欣慰，因此请求刻石把它记下来，并嵌置于墙壁之间，以便后世之人可以浏览观看。

画　记

杂古今人物小画共一卷。

骑而立者五人，骑而被甲载兵立者十人，一人骑而执大旗前立，骑而被甲载兵行且下牵者十人，骑且负者二人，骑执器者二人，骑拥田犬者一人，骑而牵者二人，骑而驱者三人，执羁靮立者二人，骑而下倚马臂隼而立者一人，骑而驱涉者二人，徒而驱牧者二人，坐而指使者一人，甲胄手弓矢斧钺植者七人，甲胄执帜植者十人，负者七人，偃寝休者二人，甲胄坐睡者一人，方涉者一人，坐而脱足者一人，寒附火者一人，杂执器物役者八人，奉壶矢者一人，舍而具食者二十有一人，挹且注者四人，牛牵者三人，驴驱者四人，一人杖而负者，妇人以孺子载而可见者六人，载而上下者三人，孺子戏者九人。凡人之主事三十有二焉，人大小百二十有三而莫有同者焉。

马大者九匹，于马之中又有上者、下者、行者、牵者、涉者、陆者、翘者、顾者、鸣者、寝者、讹者、立者、龁者、饮者、溲者、陟者、降者、痒磨树者、嘘者、嗅者、喜而相戏者，怒相踶啮者、秣者、骑者、骤者、走者、载服物者、载狐兔者。凡马之事二十有七焉，马大小八十有三而莫有同者焉。牛大小十有一头，橐驼三头，驴如橐驼之数而加其一焉，隼一，犬羊狐兔麋鹿共三十。旃车三两，杂兵器弓矢、旌旗、刀剑、矛楯、弓服、矢房、甲胄之属，瓶盂、簦笠、筐筥、锜釜、饮食服用之器，壶矢博奕之具，二百五十有一，皆曲极其妙。

贞元甲戌年，余在京师，甚无事，同居有独孤生申叔者，始得此画，而与余弹棋，余幸胜而获焉。意甚惜之，以为非一工人之所能运思，盖丛集众工人之所长耳，虽百金不愿易也。明年，出京师，至河阳，与二三客论画品格，因出而观之。座有赵侍御者，君子人也，见之戚然，若有所感，少而进曰："噫！余手之所摹也，亡之且二十年矣！余少时尝有志乎兹事，得国本，绝人事而摹得之，游闽中而丧焉。居闲处独，时往日来余怀也，以其始为之劳而夙好之笃也。今虽遇之，力不能为已，且命工人存其大都焉。"

余既甚爱之，又感赵君之事，因以赠之。而记其人物之形状与数，而时观之，以自释焉。

【译文】集合古今的人与物画在一个画卷上。

骑在马上立定的五人，穿着铠甲背着兵器骑在马上立定的十人，一个人骑在马上手执大旗立定在队列前面，穿着铠甲背着兵器牵着马走的十人，背着器物骑在马上的二人，拿着器物骑在马上的二人，骑在马上带着猎犬的一人，牵马而行的二人，策马前进的三人，手执马缰绳站立的二人，手臂上架着隼靠着马站立的一人，骑在马上指挥渡河的二人，徒步放牧畜群的二人，坐着指挥的一人，着盔甲持弓箭或执斧钺将柄立在地面的七人，着盔甲持旗帜立于地上的十人，身上背着东西的七人，躺着休息的二人，着盔甲坐在那里睡觉的一人，正在渡河的一人，坐在水边脱去鞋袜的一人，烤火取暖的一人，各执不同器物干活儿的八人，手捧壶矢的一人，在屋子里做饭的二十一人，倒水斟酒的四人，牵牛的三人，赶驴的四人，一个人扶杖背着东西，妇女带着孩子坐在车上可以看见的六人，上车和下车的三人，嬉戏的孩子九人。一共展现了人的活动三十二种，画了大小一百二十三个人而且没有相同的。

画中有大马九匹，在马里边又有人正上马的、下马的、有走的、有被人牵着的、有正在过河的、有正在上岸的、有举足的、有回头的、有嘶叫的、有躺卧的、有抖动身子的、有立着不动的、有吃草的、有饮水的、有便溺的、有上坡的、有下坡的、有在树上蹭痒的、有吐气的、有闻味的、有的高兴地在一起撒欢嬉戏，有的发怒地彼此间足踢口咬、有的正在吃食、有的人骑在马上行走、有奔驰的、有小跑的、有驮了服装器物的、有驮了狐兔的。一共展现了马的活动二十七种，画了大小八十三匹马而且没有相同的。画中有大小十一头牛，三头骆驼，驴的头数比骆驼多一头，一只隼，犬羊狐兔麋鹿一共三十只。三辆插着旗子的车，画中有兵器弓箭、旌旗、刀剑、矛盾、弓袋、箭筒、盔甲之类的东西，瓶子罐子、雨伞雨帽、方筐圆筐、有足无足的锅、饮食穿用的器物，壶矢博采行棋的玩具，一共二百五十一件，都画出了它们各自的妙处。

贞元甲戌年，我在京师，闲来无事，同住的有一位独孤申叔，他先得到了这幅画，后来他与我一起弹棋，我侥幸赢了他得到这画。心里很爱惜它，因为我认为这画不是一个画工所能构思的，该是集合许多画工各施所长画成的，即使有人拿百金来也不愿交换。第二年，我离开京师，回到河阳，一天同几位客人谈论画作，品评其优劣，于是把它拿出来给大家看。在座的有位赵侍御，是位正直诚实的人，看了之后显出悲伤的样子，好像是有心事，少停靠近我说："唉！这是我亲手临摹的，丢失将近二十年了！我年轻时对临摹名画很有兴趣，这幅画是我借得国手绘制的画本，谢绝一切往来应酬临摹而成的，游历闽中时丢失。在闲居独处之时，时时在我心中出现，这是因为临摹时花了大量心血而且过去的爱好十分诚挚。现在虽然又看到了它，可是已经无力临摹了，姑且找画工去临摹保留个大概吧。"

一方面我很爱这幅画，另一方面又被赵侍御的经历与心情所感动，于是就把画送给了他。但是记下了画中人与物的形状与数目，想起来就看一看，使自己内心宽解。

蓝田县丞厅壁记

丞之职，所以贰令，于一邑无所不当问。其下主簿、尉，主簿、尉乃有分职。丞位高而逼，例以嫌不可否事。文书行，吏抱成案诣丞，卷其前，钳以左手，右手摘纸尾，雁鹜行以进，平立睨丞曰："当署。"丞涉笔占位署惟谨。目吏问："可不可？"吏曰："得。"则退，不敢略省，漫不知何事。官虽尊，力势反出主簿、尉下。劾数慢，必曰丞，至以相訾謷。丞之设，岂端使然哉！

博陵崔斯立，种学绩文，以蓄其有，泓涵演迤，日大以肆。贞元初，挟其能，战艺于京师，再进再屈于人。元和初，以前大理评事言得失黜官，再转而为丞兹邑。始至，喟然曰："官无卑，顾材不足塞职。"既噤不得施用，又喟曰："丞哉，丞哉！余不负丞而丞负余。"则尽枿去牙角，一蹑故迹，破崖岸而为文。丞厅故有记，坏漏污不可读，斯立易桷与瓦，墁治壁，悉书前任人名氏。庭有老槐四行，南墙巨竹千挺，俨立若相持。水㶁㶁循除鸣，斯立痛扫溉，对树二松，日吟哦其间。有问者，辄对曰："余方有公事，子姑去！"

考功郎中知制诰韩愈记。

【译文】县丞的职责所在，即为辅佐县令，对于一县事务没有不可以过问的。县丞的直接下属有主簿和县尉，主簿、县尉也是各司其职。因为县丞职位高，所以不经意就会侵犯到县令的权力，因此县丞向来为了避免擅权嫌疑而对于公事不置可否。发公文时，县吏拿着已成文的公文请县丞过目，左手将公文的前半部分卷着，右手抓住公文的纸尾，鸭步鹅行地走到县丞面前，直挺挺地站立着，斜着眼睛看着县丞说："这份公文需要签名。"县丞便拿起笔，确定好需签名的位置，然后恭顺小心地签上自己的名字。然后看着县吏问道："可不可以？"县吏答："可以了。"于是就拿着公文退了出去，县丞既不敢稍微察看一眼公文的内容，对于公文所提及的事情也是全然不知。县丞的职位虽然尊贵，权势反而居于主簿、县尉之下。当大家谈起闲散官职的时候，必定会提到县丞一职，甚至以县丞作为互相讥讽的话题。朝廷设立县丞这一官职，难道最初的目的就是为了这样吗？

博陵人崔斯立，他在致学研究方面所下的辛苦就像农民耕种田地一样，经过日积月累的不断努力，他的学识绵长渊博，眼界开阔，日趋博大宏放。贞元初年，崔斯立凭借过人的才学，凭借出众的文章在京城与应试的士人较量，两次考试都技压群芳。元和初期，崔斯立最初担任大理一职，在评事时，因上疏议论朝政得失从而官职被贬，之后经过辗转，最终到蓝田县担任县丞一职。刚到任时，崔斯立喟然叹息道："官职无论大小都各司其职，只是自己的才能有限而不称职罢了。"逐渐的，他在缄默不语、无所作为之后，再次喟然叹息道："县丞啊，县丞！我不辜负县丞这个职位，但是县丞这个职位却辜负了我啊！"于是彻底地去掉锋芒与棱角，一切遵循县丞的本分行事，随和敷衍，平平庸庸地做县丞。县丞办公的厅堂中曾刻有一篇壁记，后因破损严重，看不清楚了。崔斯立命人更换了房椽和屋瓦，并修缮粉刷好墙壁，把前任县丞的姓名都写在上面。庭院中有四行老槐树，南墙边千株的大竹，老槐树与大竹俨然对立，不相上下。潺潺的流水沿着庭阶发出汩汩的声音，崔斯立把庭院彻底洒扫一番，并在院中栽种了两棵相对的松树，每天在那里吟诗。若有来问事的人，他就说："我正有公事，请您暂时先回避一下吧！"

考功郎中、知制诰韩愈谨记。

新修滕王阁记

　　愈少时则闻江南多登临之美，而滕王阁独为第一，有瑰伟绝特之称。及得三王所为序、赋、记等，壮其文词，益欲往一观而读之，以忘吾忧。系官于朝，愿莫之遂。十四年，以言事斥守潮阳，便道取疾，以至海上，又不得过南昌而观所谓滕王阁者。其冬，以天子进大号，加恩区内，移刺袁州。袁于南昌为属邑，私喜幸自语，以为当得躬诣大府，受约束于下执事，及其无事且还，倪得一至其处，窃寄目偿所愿焉。至州之七月，诏以中书舍人太原王公为御史中丞，观察江南西道，洪、江、饶、虔、吉、信、抚、袁悉属治所。八州之人，前所不便及所愿欲而不得者，公至之日，皆罢行之。大者驿闻，小者立变，春生秋杀，阳开阴闭，令修于庭户数日之间，而人自得于湖山千里之外。吾虽欲出意见，论利害，听命于幕下。而吾州乃无一事可假而行者，又安得舍己所事以勤馆人？则滕王阁又无因而至焉。其岁九月，人吏浃和，公与监军使燕于此阁，文武宾士皆与在席。酒半，合辞言曰："此屋不修，且坏。前公为从事此邦，适治新之，公所为文，实书在壁。今三十年而公来为邦伯，适及期月，公又来燕于此，公胡得无情哉？"公应曰："诺。"于是栋楹梁桷板槛之腐黑挠折者，盖瓦级砖之破缺者，赤白之漫漶不鲜者，治之则已。无忝前人，无废后观。工既讫功，公以众饮而赏焉，以书命愈曰："子其为我记之。"愈既以未得造观为叹，窃喜载名其上，词列三王之次，有荣耀焉，乃不辞而承公命。其江山之好，登望之乐，虽老矣，如获从公游，尚能为公赋之。

元和十五年十月某日，袁州刺史韩愈记。

【译文】在我年少时，就听说江南有很多值得登临观赏的美景，而其中尤以滕王阁美景堪称第一，它素来享有瑰丽伟岸、绝伦独特的美誉。等到王勃、王绪、今中丞王公为滕王阁著有序、赋、记这些文章之后，我深深地被他们壮美的文辞所震撼，于是愈发地想要前往观赏，并能完整地拜读奇文，以此来平复我的忧念。可惜我在朝为官，无法脱身，所以这个愿望一直未能实现。元和十四年（819），因上疏言事遭到贬斥，我奉命镇守揭阳县，为了缩短行程，我选择走便道直达海上，因此又错过了途经南昌，从而去观赏传说中的滕王阁的机会。那年冬天，因为天子更封年号，施恩于揭阳县区域之内，命我移任袁州刺史。袁州是南昌的属邑，我暗自高兴得自言自语，以为可以有机会亲自拜访大府，并在他的带领下执事，等到处理完公事回去的时间，便能到滕王阁一游，得偿所愿了。到达袁州后的七月里，天子命中书舍人，太原人王公任御史中丞，巡察江南西道，洪州、江州、饶州、虔州、吉州、信州、抚州、袁州等都属于江南西道的治理范围。这八个州郡的百姓，之前不便于做的，以及想做却未能实现的诸多事宜，从王公到达之日起一律停止施行。大事由驿馆的使者负责传达告知，小事就地解决，春季生发而秋季收敛，阳气萌动而阴气闭合，随着春去秋来的时间更迭，政令在驿馆里只需几天时间就制定好了，然后王公本人便在千里之外的湖光山色之中流连自得。我虽然想向他提出一些见解，当面阐述其中的利弊，能够在王公身边汇报工作、请求指示。然而我所在的州郡没有一件事情可以借口前往的，又怎么能抛开自己的职责而有劳驿馆的从事呢？如此一来，我又错过了一次游览滕王阁的机会。同年九月，百姓和地方官吏之间，关系非常融洽，王公和监军使在滕王阁设宴款待宾客，文臣武将、宾客士人全都在座。酒喝到一半的时候，大家齐声说道："这座滕王阁再不修缮的话，恐怕要损毁了。从前王公您在这里从事的时候，当时这座楼阁刚被修缮过，您的文章，如今还题写在墙壁上。如今三十年过去了，您来这里担任州牧，恰逢周年整月，您又在这里宴请宾客，怎能说您对这座楼阁没有感情呢？"王公答应道："好。"于是，所有腐朽、发黑、弯曲、折断的栋梁、柱子、屋梁、椽子、板材、门槛，以及破损残缺的砖头瓦盖，红白渗透，颜色不鲜明的，全都整修一新。既没有超越前人所建奢靡，也保留了可供后世观赏的艺术价值。滕王阁修缮工作竣工之后，王公召集众人饮酒庆贺，并把记录此事的任务交给我说："你替我记录下这件事情。"一直以来，我都为没有机会游览观赏滕王阁而感到遗憾，如今暗自窃喜，我竟然可以把名字写在上面，文章就排列在三王之后，这真是极大荣耀的事情啊，于是我没有推辞便欣然应命。壮美的江山，登临眺望的乐趣，即使我老了，如果能跟随王公一起游览，我也依然能为王公描绘记录下来。

元和十五年（820）十月某日，袁州刺史韩愈谨记。

科斗书后记

　　愈叔父当大历世，文辞独行中朝，天下之欲铭述其先人功行、取信来世者，咸归韩氏。于时李监阳冰独能篆书而配，叔父择木善八分，不问可知其人。不如是者不称三服，故三家传子弟往来。贞元中，愈事董丞相幕府于汴州，识开封令服之者，阳冰子。授余以其家科斗《孝经》、汉卫宏《官书》，两部合一卷，愈宝蓄之而不暇学。后来京师为四门博士，识归公。归公好古书，能通之，愈曰："古书得其依据，盖可讲。"因进其所有书属归氏。元和来，愈亟不获让，嗣为铭文，荐道功德。思凡为文词，宜略识字，因从归公乞观二部书，得之，留月余。张籍令进士贺拔恕写以留愈，盖得其十四五，而归其书归氏。十一年六月四日右庶子韩愈记。

　　【译文】我的叔父云卿，任职礼部侍郎，大历年间，他的文辞独霸朝中，天下人有想用铭文追述先考功绩美德、取信于后世子孙的，都要请我叔父代笔。当时，唯独少监李阳冰所写的篆书，以及我的同姓叔父韩择木最擅长写的八分书可与之相配，在当时他们都是家喻户晓的人物。因为这个原因，即使他们不是三服近亲，但三家的子弟也彼此保持着往来。贞元中期，我在汴州董丞相幕府里从事，结识了开封县令李服之，他是李阳冰的儿子。他把家传的古文经籍《孝经》、汉代卫宏的《官书》送给我，两部书合为一卷，我如获至宝地珍藏起来，然而却始终没有时间研习。后来我被调任京师担任四门博士一职，结识了归公。归公爱好古书，而且很精通，我认为："古书有所依据，才可以进行讲学。"于是我把之前的两本古书转赠给归公。自从元和时期以来，很多次我也没有推辞，继承了叔父之志为他人撰写铭文，歌功颂德。一想到撰写铭文需要大量的文辞储备，而且也为了尽可能多的认识一些字，于是我向归公借阅了那两部古书，借到之后，我阅读了一个多月。张籍命进士贺拔恕抄写一份留下来给我，总共抄了十分之四五的内容，我便把书还给了归氏。元和十一年（816）六月四日右庶子韩愈题记。

卷十四　杂著　书

郓州溪堂诗 并序

宪宗之十四年，始定东平，三分其地，以华州刺史、礼部尚书兼御史大夫扶风马公为郓、曹、濮节度、观察等使镇其地。既一年，褒其军号曰"天平军"。上即位之二年，召公入，且将用之，以其人之安公也，复归之镇。上之三年，公为政于郓、曹、濮也，适四年矣，治成制定，众志大固，恶绝于心，仁形于色，抟心一力，以供国家之职。于时沂、密始分而残其帅，其后幽、镇、魏不悦于政，相扇继变，复归于旧。徐亦乘势逐帅自置，同于三方，惟郓也截然中居，四邻望之，若防之制水，恃以无恐。然而皆曰："郓为虏巢，且六十年，将强卒武。曹、濮于郓，州大而近，军所根柢，皆骄以易怨。"而公承死亡之后，掇拾之余，剥肤椎髓，公私扫地赤立，新旧不相保持，万目睒睒。公于此时能安以治之，其功为大；若幽、镇、魏、徐之乱不扇而变，此功反小，何也？公之始至，众未孰化，以武则怨以憾，以恩则横而肆，一以为赤子，一以为龙蛇，愈心罢精，磨以岁月，然后致之，难也；及教之行，众皆戴公为亲父母，夫叛父母从仇雠，非人之情，故曰易。于是天子以公为尚书右仆射，封扶风县开国伯以褒嘉之。公亦乐众之和，知人之悦，而侈上之赐也。于是为堂于其居之西北隅，号曰"溪堂"，以飨士大夫，通上下之志。既飨，其从事陈曾谓其众言："公之畜此邦，其勤不亦至乎？此邦之人，累公之化，惟所令之，不亦顺乎？上勤下顺，遂济登兹，不亦休乎？昔者人谓斯何，今者人谓斯何！虽然，斯堂之作，意其有谓，而喑无诗歌，是不考引公德，而接邦人于道也。"乃使来请，其诗曰：

帝奠九壖，有叶有年，有荒不条，河岱之间。及我宪考，一收正之，视邦选侯，以公来尸。公来尸之，人始未信。公不饮食，以训以徇：孰饥无食？孰呻孰叹？孰冤不问，不得分愿？孰为邦蟊，节根之螟？羊狠狼贪，以口覆城？吹之煦之，摩手拊之；箴之石之，膊而磔之。凡公四封，既富以强，谓公吾父，孰违公令？可以师征，不宁守邦。公作溪堂，播播流水，浅有蒲莲，深有兼苇，公以宾燕，其鼓骇骇。公燕溪堂，宾校醉饱，流有跳鱼，岸有集鸟，既歌以舞，其鼓考考。公在溪堂，公御琴瑟，公暨宾赞，稽经诹律，施用不差，人用不屈。溪有蘋苊，有龟有鱼，公在中流，右《诗》左《书》，无我斁遗，此邦是庥。

【译文】宪宗十四年（819），刚刚平定东平，将此地一分为三，任命华州刺史、礼部尚书兼御史大夫扶风马公为郓州、曹州、濮州节度使、观察使镇守这些地方。一年后，褒奖他的军队称为"天平军"。穆宗即位两年后，将马公召入京城，打算重用他，因为当地人希望马公留任，又让他回去镇守。穆宗即位三年后，马公在郓州、曹州、濮州为官正好四年了，治理卓有成效，制度已经确立，民心非常稳固，恶念断绝于心，仁慈流露脸上，尽心竭力，来担任国家的官职。当时沂州、密州开始分裂，主帅被杀，此后幽州、镇州、魏博等地百姓不满当地官吏的所作所为，相继煽动叛乱，又回到从前混乱的局面。徐州也乘机驱逐主帅自设番号，与幽州、镇州、魏博相同，只有郓州界限分明，处于当中，四邻望之，防守稳固，滴水不漏，百姓有恃无恐。但是都说："郓州成为叛贼的巢穴，将近六十年，将领强悍士兵勇武。曹州、濮州对于郓州来说，是大州而且离它很近，是军队的根基，都很骄横而易生怨念。"而马公受命战乱之后，拾掇之余，剥人皮肤敲人骨髓，官家与个人纷纷抢占土地，新旧势力无法相容，众人的眼睛都注视着局势发展。马公在此时可以安定下来进行治理，功劳很大；如果幽州、镇州、魏博、徐州的叛乱没有发生，他的功劳反而显得没那么大了，为什么呢？马公刚到郓州之时，众人都未顺服开化，使用武力就会心生怨恨，施与恩惠就会专横放肆，所以他一方面安抚平民百姓，一方面镇压地方叛乱势力，劳心劳力，历经岁月，然后使该地区得到有效治理，这是很难的；等到教化推行，众人都爱戴马公，视他为亲生父母，背叛父母追随仇人，不是人之常情，所以说这又是容易的。于是天子任命马公为尚书右仆射，作为褒奖封他为扶风县开国伯。马公和大家一样，都很开心，皇上的知遇之恩令他心生喜悦，因而决定大肆彰显皇上的赏赐。于是在住处的西北角修建厅堂，称为"溪堂"，摆下酒宴犒赏士大夫，沟通上下的心意。酒宴结束后，马公的从事陈曾对大家说：“马公在郓州做官，不也是很勤劳吗？这里的人，受马公的教化，只听命于马公，不也是很顺从吗？长官勤劳，百姓顺从，就达到现在的和乐融融，不也是很美好吗？过去人们把这称作什么，现在人们就把这称作什么！尽管如此，厅堂的修建，想来还是应该有个名称，而且没有诗歌唱和，就无法称赞马公的功德，从而也就无法将百姓引入正道了。”于是派人来请我作诗。诗歌是：

太宗平定九州，传位二百多年，有不奉诏命的荒蛮之地，位于黄河与泰山之间。等到宪宗皇帝时，将这些地方收复，视察州邦选派官吏，让马公来主持政务。马公刚上任时，人们都不信任他。马公顾不得吃饭，一边教诲民众，一边询问民情：谁家饥饿没饭吃？谁在呻吟谁在叹息？谁有冤屈不被查问，不能伸张？谁是州邦里的蠹虫，谁是咬节根的螟虫？谁是倔强如羊、贪婪如狼的人，谁是以口覆城的人？马公嘘寒问暖爱抚百姓；用石针治疗他们，用磔刑惩罚他们。马公的四境之内，变得富裕强大，大家称他为父母，谁敢违抗他的命令？可以率军出征，不仅守卫州邦。马公修建溪堂，流水潺潺，浅处有蒲莲，深处有芦苇，在这里宴请宾客，鼓声骇骇。马公在溪堂设宴，宾客将士酒足饭饱，流水中有鱼跳跃，岸边有鸟聚集，唱歌跳舞，鼓声考考。马公在溪堂，弹奏琴瑟，和幕僚一起查考经律，以确保施政没有差错，人才不被埋没。溪中有蘋苤，还有龟和鱼，马公在人群当中，右手《诗经》左手《尚书》，没有厌弃我们，州邦得以庇荫。

猫相乳

司徒北平王家猫有生子同日者，其一母死焉。有二子饮于死母，母且死，其鸣咿咿。其一方乳其子，若闻之，起而若听之，走而若救之，衔其一置于其栖，又往如之，反而乳之若其子然。噫，亦异之大者也！

夫猫，人畜也，非性于仁义者也，其感于所畜者乎哉？北平王牧人以康，伐罪以平，理阴阳以得其宜；国事既毕，家道乃行，父父子子，兄兄弟弟，雍雍如也，愉愉如也，视外犹视中，一家犹一人。夫如是，其所感应召致，其亦可知矣。《易》曰"信及豚鱼"，非此类也夫？

愈时获幸于北平王，客有问王之德者，愈以是对。客曰："夫禄位，贵富人之所大欲也。得之之难，未若持之之难也。得之于功，或失于德；得之于身，或失于子孙。今夫以功德如是，祥祉如是，其善持之也可知已。"因叙之为《猫相乳》说云。

【译文】司徒北平王家中有两只猫在同一天生小猫，其中一只母猫死了。有两只小猫吸着那只死掉母猫的奶，察觉到母猫快死了，两只小猫叫声悲哀。另一只母猫正在喂自己的小猫吃奶，好似听到了叫声，站了起来好似在仔细倾听，然后跑去好似要拯救，用嘴叼起一只小猫放到自己的窝里，又跑过去将另一只也叼了回来，然后喂它们吃奶就像自己的小猫一样。唉，这也是非常奇异的事情！

猫，是人喂养的，本性并不仁义，难道是受喂养人影响吗？北平王治理百姓使其康乐，讨伐罪人平定乱局，协调阴阳适宜得当；国事已经完成，家道就会风行，父亲像父亲的样子，儿子像儿子的样子，兄长是兄长的样子，弟弟是弟弟的样子，如此和谐，如此快乐，透过外表洞察内心，一家人如同一个人。像这样，母猫受到感应做出善行，也可想而知了。《易经》说"信及豚鱼"，说的不就是这种情形吗？

当时我有幸受到北平王的赏识，有客人问起北平王的德行，我用这件事情来回答。客人说："禄位，是富贵之人非常想要的东西。禄位虽然很难得到，更难的是一直持有。因功劳而得到禄位，也会因无德而失去禄位；自己得到禄位，子孙也会失去禄位。现在北平王的功德就像这样，福祉也像这样，他善于持有禄位也就可想而知了。"然后，我就把此事记载下来写成《猫相乳》一文。

进士策问十三首

其一

问：《书》称"汝则有大疑，谋及乃心，谋及卿士，以至于

庶人龟筮，考其从违，以审吉凶"，则是圣人之举事兴为，无不
与人共之者也。于《易》则又曰："君不密则失臣，臣不密则失
身，机事不密则害成。"而《春秋》亦有讥"漏言"之词。如是，
则又似不与人共之而独运者也，《书》与《易》《春秋》，经也。
圣人于是乎尽其心焉耳矣。今其文相戾悖如此，欲人之无疑，
不可得已。是二说者，其信有是非乎？抑所指各殊，而学者不
之能察？谅非深考古训，读圣人之书者，其何能辨之？此固
吾子之所宜无让也，愿承教焉！

【译文】问：《尚书》说"你如果有大的疑惑，就在心中谋划，
与你的官吏商议，以至于征求百姓意见，进行占卜，根据卦象的依
从或违逆来判定吉凶"，这是说圣人行事，没有不与他人商量的。
《易经》又说："君主不谨慎细密就会失去臣子，臣子不谨慎细密就
会失去生命，机要大事不谨慎细密就会造成危害。"但《春秋》中
也有讥讽"漏言"的语句。如此看来，似乎又是在推崇不与他人商
量而独自谋划的作风，《尚书》与《易经》《春秋》，都是经书。圣
人在这上面尽心竭力。现在书里的话如此互相违背，想让人没有
疑惑，是不可能的。这两种说法，确实有对错吗？抑或所说各有
不同，而学习的人不能明察呢？想来不细加研习古训，不读圣贤之
书，谁能将它弄清楚呢？这本来是我不该推辞的责任，希望接受
教诲！

其二

问：古之人有云：夏之政尚忠，殷之政尚敬。而周之政尚文，是三者相循环终始，若五行之与四时焉。原其所以为心，皆非故立殊而求异也，各适于时，救其弊而已矣。夏殷之书存者可见矣，至周之典籍咸在。考其文章，其所尚若不相远，焉所谓三者之异云乎？抑其道深微不可究欤？将其词隐而难知也？不然，则是说为谬矣。周之后秦、汉、蜀、吴、魏、晋之霸，亦有尚乎无也？观其所为，其亦有意云尔。循环之说安在？吾子其无所隐焉！

【译文】问：古人说：夏朝的政治崇尚忠义，商朝的政治崇尚恭敬。而周朝的政治崇尚法令，这三者相互循环周而复始，如同五行与四季的关系。推究其中的本心，都不是故意树立特殊，寻求不同，而是各自顺应时代，纠正弊端罢了。可以看见夏商保存下来的书籍，周朝的典籍也都在。考证它们的文章，各自崇尚的相差不大，怎么能说三者是不同的呢？抑或说其中的道理精深微妙不可探究呢？怎么能说其中的文辞隐晦难以明白呢？否则，这种说法就是错误的。周朝以后的秦、汉、蜀、吴、魏、晋的兴起与称霸，也有不崇尚这三者的吧？考察它们的作为，也很有意思。循环的说法体现在哪里？您回答时不要隐瞒！

其三

问：夫子之序帝王之书，而系以秦、鲁；及次列国之风，而宋、鲁独称颂焉。秦穆之德，不逾于二霸；宋、鲁之君，不贤于齐、晋；其位等，其德同。升黜取舍，如是之相远，亦将有由乎？愿闻所以辨之之说。

【译文】问：孔子给帝王之书编排次序，将秦国、鲁国关联起来；等到编排诸侯国风的次序时，只有宋国、鲁国称"颂"。秦穆公的德行，没有超过齐桓公、晋文公；宋国、鲁国的国君，也没有齐国、晋国的国君贤明；他们的地位相等，德行相同。升降取舍，相差如此之大，也是有什么理由吧？希望能听到为此辩解的话。

其四

问：夫子既没，圣人之道不明，盖有杨、墨者，始侵而乱之，其时天下咸化而从焉；孟子辞而辟之，则既廓如也。今其书尚有存者，其道可推而知不可乎？其所守者何事？其不合于道者几何？孟子之所以辞而辟之者何说？今之学者有学彼者乎？有近于彼者乎？其已无传乎？其无乃化而不自知乎？其无传也，则善矣；如其尚在，将何以救之乎？诸生学圣人之道，必有能言是者，其无所为让。

【译文】问：孔子死后，圣人之道不昌明，因为有杨朱、墨子等人，开始侵犯扰乱圣道，当时天下都被教化而遵从他们的学说；孟子拒绝并清除他们的学说，扩大了圣人之道。现在杨朱、墨子的书籍还有保留的，书中的学说可有明知不可为而经得起推究的吗？他们坚守的是什么事情呢？他们的学说中不符合圣人之道的有多少？孟子拒绝并清除的原因是什么？现在的学者有学习他们的学说的吗？有接近他们的学说的吗？他们的学说没有流传下来吗？莫非已被融合而自己不知道？他们的学说失传，那是件好事；如果还存在，将用什么去纠正它呢？诸生学习圣人之道，一定有可以解释这些问题的人，希望不要推让。

其五

问：所贵乎道者，不以其便于人而得于己乎？当周之衰，管夷吾以其君霸，九合诸侯，一匡天下，戎狄以微，京师以尊，四海之内无不受其赐者。天下诸侯奔走其政令之不暇，而谁与为敌！此岂非便于人而得于己乎？秦用商君之法，人以富，国以强，诸侯不敢抗，及七君而天下为秦。使天下为秦者，商君也。而后代之称道者，咸羞言管、商氏，何哉？庸非求其名而不责其实欤？愿与诸生论之，无惑于旧说。

【译文】问：道看重的，不是方便他人而自己得到吗？当周朝衰落之时，管仲辅佐他的国君称霸，多次会盟诸侯，一统天下，戎狄卑贱，京师尊贵，四海之内没有不接受齐国恩赐的。天下诸侯在齐国的政令下不停奔走，谁敢与它为敌！这难道不是方便他人而自己得到吗？秦国采用商鞅之法，人民因此富裕，国家因此强大，诸侯不敢违抗，拥有七个国君的天下最终为秦国所有。让天下为秦国所有的人，是商鞅。然而后代称赞时，都羞于谈及管仲、商鞅，什么原因呢？莫非是追求声名而不讲求实际情况？希望与诸生讨论这个问题，不再被过去的说法困惑。

其六

问：夫子之言"盍各言尔志"，又曰"居则曰：不吾知也。如或知尔，则何以哉？"今之举者，不本于乡，不序于庠，一朝而群至乎有司，有司之不知也宜矣。今将自州县始，请各诵所怀，聊以观诸生之志。死者可作，其谁与归？事其大夫之贤者？友其士之仁者？敢问诸生之所事而友者为谁乎？所谓贤而仁者，其事如何哉？言及之而不言，亦君子之所不为也。

【译文】问：孔子说"何不说说你们各自的志向"，又说"你们平时说：无人了解我。假如有人了解你们，那么你们会做些什么呢？"现在推举的，不是同乡，不是同学，一旦都到了主管部门，主管部门不了解他们也是应该的。现在将从州县官员开始，请各自说出尊崇的人，姑且观察诸生的志向。死去的人可以活过来的话，你同谁一道呢？侍奉大夫中的贤者吗？结交士人中的仁者吗？敢问诸生侍奉结交的人是谁呢? 所谓的贤者仁者, 他们行事怎么样? 谈到他们却不说出来, 也不是君子做的事。

其七

问: 春秋之时, 百有余国, 皆有大夫士, 详于传者, 无国无贤人焉, 其余皆足以充其位, 不闻有无其人而阙其官者; 春秋之后, 其书尤详, 以至于吴、蜀、魏, 下及晋氏之乱, 国分如锱铢, 读其书, 亦皆有人焉。今天下九州四海, 其为土地大矣; 国家之举士, 内有明经、进士, 外有方维大臣之荐, 其余以门地勋力进者又有倍于是, 其为门户多矣; 而自御史台、尚书省以至于中书、门下省咸不足其官, 岂今之不及于古之人邪? 何求而不得也? 夫子之言曰: "十室之邑, 必有忠信如丘者焉。" 诚得忠信如圣人者, 而委之以大臣宰相之事, 有不可乎? 况于百执事之微者哉? 古之十室必有任宰相大臣者, 今之天下而不足士大夫于朝, 其亦有说乎?

【译文】问: 春秋之时, 有一百多个国家, 都有士大夫, 史书上详细记载, 没有哪个国家是没有贤人的, 其余的人也都能够胜任其位, 没听说有找不到人而让职位空缺的情况; 春秋之后, 史书记载更加详细, 直到吴、蜀、魏三国时期, 往下到晋朝之乱, 国家分裂如锱铢, 读它们的史书, 也都有贤人。现在天下有九州四海, 土地广大; 国家举荐士人, 内有明经科、进士科, 外有地方大臣的推举,其余依靠门第功劳得以进荐的人又比这多几倍，门路有很多；但是从御史台、尚书省以至于中书省、门下省的职位都不足，难道是现在的人比不上古代的人吗？为何得不到贤人呢？孔子说过："十户人家的地方，也一定有像我这样忠诚信实的人。"如果得到忠诚信实如孔子的人，然后委以他宰相的重任，有什么不可以呢？何况百官这样低微的职位呢？古代十户人家的地方一定有可以担任宰相的人，现在天下却没有足够的士大夫在朝廷任职，这也有解释吧？

其八

问：夫子曰："洁净精微，《易》教也。"今习其书，不识四者之所谓，盍举其义而陈其数焉？

【译文】问：孔子说："干净整洁、精深微妙，是《易经》教化的。"现在学习他的书，不知道这四者说的意思，何不解释它们的意思并举例说明呢？

其九

问：《周易》之说曰："乾，健也。"今考《乾》之爻，在初者曰"潜龙勿用"，在三者曰"夕惕若厉，无咎"，在四者亦曰"无咎"，在上曰"有悔"。卦六位：一"勿用"，一"苟得无咎",一"有悔",安在其为健乎?又曰:"乾以易知,坤以简能。"《乾》之四位既不为易矣,《坤》之爻又曰"龙战于野"。战之于事,其足为简乎?《易》六经也,学者之所宜用心,愿施其词陈其义焉。

【译文】问:《周易》说:"乾,就是健。"现在考证《乾》卦的爻辞,在初九是"潜龙勿用",在九三是"夕惕若厉,无咎",在九四是"无咎",在上九是"有悔"。卦六位:一是"勿用",一是"苟得无咎",一是"有悔",乾就是健,体现在哪里呢?又说:"乾以易知,坤以简能。"《乾》卦的四位已经不容易了,《坤》卦的爻辞又说:"龙战于野"。对于作战之事,怎么能说简单呢?《易经》是六经,学习的人应该用心,希望大家能运用词语陈述其中的含义。

其十

问:人之仰而生者在谷帛,谷帛既丰,无饥寒之患,然后可以行之于仁义之途,措之于安平之地,此愚智所同识也。今天下谷愈多而帛愈贱人愈困者,何也?耕者不多而谷有余,茧者不多而帛有余,有余宜足,而反不足,此其故又何也?将以救之,其说如何?

【译文】问:人们赖以生存的东西是谷物与布帛,谷物与布帛丰收,就没有饥饿寒冷的忧患,然后就可以走向仁义之途,将他们安置在平安的地方，这是愚者和智者共同的看法。现在天下谷物越多布帛越便宜而百姓越贫穷，为什么呢？种田的人不多而谷物有剩余，养蚕的人不多而布帛有剩余，有剩余就应该足够，现在反而不足，这其中的原因又是什么？纠正这种情况，要怎么去做？

其十一

问：夫子言"尧舜垂衣裳而天下理"，又曰"无为而理者，其舜也欤"。《书》之说尧曰"亲九族"，又曰"平章百姓"，又曰"协和万邦"，又曰"历象日月星辰，敬授人时"，又曰洪水"怀山襄陵，下民其咨"。夫亲九族，平章百姓，和万邦，则天道。授人时，愁水祸，非无事也。而其言曰"垂衣裳而天下理"者，何也？于舜则曰"慎五典"，又曰"叙百揆"，又曰"宾四门"，又曰"齐七政"，又曰"类上帝，禋六宗，望山川，遍群神"，又曰"协时月正日，同律度量衡，五载一巡狩"，又曰"分十二州，随山濬川，恤五刑，典三礼，彰施五色，出纳五言"。呜呼，何其勤且烦如是！而其言曰"无为而理"者，何也？将亦有深词隐义不可晓邪？抑其年代已远失其传邪？二三子其辨焉。

【译文】问：孔子说"尧舜无为而治，使天下得到治理"，又说"无为而治，就是舜吧"。《尚书》说尧"亲近九族"，又说他"辨明百官的职守"，又说他"协调万邦"，又说他"推算观测日月星辰运行的天象，敬授人时"，又说洪水"汹涌奔腾漫过山陵，百姓都在叹息"。亲近九族，辨明百官，协调万邦，都是天道。授予时令节气，担忧洪水祸患，并非无事可做。却说他"无为而治使天下得到治理"，为什么呢？对舜则说他"慎用五典"，又说他"叙次百事"，又说他"在四门接待宾客"，又说他"观察日月五星运行法则"，又说他"祭祀上天，祭祀六神，遥望山川，遍及群神"，又说他"协调四时月份日期，统一律法和度量衡，五年进行一次巡狩"，又说他"分十二州，封闭山道，疏通河道，慎用五刑，典以三礼，明施五色，出纳五言"。唉，舜是多么勤勉且事情如此繁多！却说他"无为而治"，为什么呢？也有深刻的言辞和暗藏的旨意不能知晓吗？或是年代久远而已经失传？诸位自行明辨。

其十二

问：古之学者必有师，所以通其业，成就其道德者也。由汉氏已来，师道日微，然犹时有授经传业者。及于今，则无闻矣。德行若颜回，言语若子贡，政事若子路，文学若子游，犹且有师；非独如此，孔子亦有师，问礼于老聃，问乐于苌弘是也。今之人不及孔子颜回远矣，而且无师。然其不闻有业不通而道德不成者，何也？

【译文】问：古代求学的人必定有老师，老师是开导自己学业，造就自己道德的人。从汉朝以来，尊师之道日渐衰落，但仍然

时有讲授经书和传授学业的人。到了现在，却没听说过老师了。像
颜回这样德行高尚的人，像子贡这样善于言辞的人，像子路这样了
解政事的人，像子游这样通晓文学的人，尚且有自己的老师；不仅
如此，即使是孔子也有自己的老师，他向老子询问礼法，向苌弘学
习音乐。现在的人远远比不上孔子颜回，然而却没有老师。但没听
说有学业不精通和道德不成就的人，为什么呢？

其十三

　　问：食粟、衣帛、服仁行义以俟死者，二帝三王之所守，圣
人未尝有改焉者也。今之说者，有神仙不死之道，不食粟，不
衣帛，薄仁义以为不足为，是诚何道邪？圣人之于人，犹父母之
于子。有其道而不以教之，不仁；其道虽有而未之知，不智；仁
与智且不能，又焉足以为圣人乎？不然，则说神仙者妄矣！

　　【译文】问：吃饭、穿衣、施行仁义而等死，这是二帝三王坚
守的事情，圣人也不曾改变它。现在有人说，有成为神仙不死的
方法，不吃饭，不穿衣，看轻仁义认为不值得做，确实是什么道理
呢？圣人对于普通人，就像父母对于子女。有方法却不去教他们，
这是不仁义的做法；虽然有方法却不知道它，这是不聪明的做法；
仁义与聪明尚且不能做到，又怎么能成为圣人呢？否则，说有神仙
就是妄言！

争臣论

或问谏议大夫阳城于愈："可以为有道之士乎哉？学广而闻多，不求闻于人也。行古人之道，居于晋之鄙；晋之鄙人薰其德而善良者几千人，大臣闻而荐之，天子以为谏议大夫，人皆以为华，阳子不色喜，居于位五年，视其德如在草野，彼岂以富贵移易其心哉？"愈应之曰："是《易》所谓'恒其德贞'而'夫子凶'者也，恶得为有道之士哉！在《易》《蛊》之上九云'不事王侯，高尚其事'；《蹇》之六二则曰'王臣蹇蹇，匪躬之故'。夫不以所居之时不一，而所蹈之德不同也。若《蛊》之上九，居无用之地而致匪躬之节；《蹇》之六二，在王臣之位，而高不事之心，则冒进之患生，旷官之刺兴，志不可则，尤之，不如无也。今阳子实一匹夫，在位不为不久矣，闻天下之得失不为不熟矣，天子待之不为不加矣，而未尝一言及于政。视政之得失，若越人视秦之肥瘠，忽焉不加喜戚于其心。问其官，则曰谏议也；问其禄，则曰下大夫之秩也；问其政，则曰我不知也。有道之士，固如是乎哉？且吾闻之：有官守者，不得其职则去；有言责者，不得其言则去。今阳子以为得其言乎哉？得其言而不言，与不得其言而不去，无一可者也。阳子将为禄仕乎？古之人有云：仕不为贫，而有时乎为贫。谓禄仕者也。宜乎辞尊而居卑，辞富而居贫，若抱关击柝者可也。盖孔子尝为委吏矣，尝为乘田矣，亦不敢旷其职，必曰'会计当而已矣'，必曰'牛羊遂而已矣'。若阳子之秩禄，不为卑且贫，章章明矣，而如此，其可乎哉？"

或曰："否，非若此也。夫阳子恶讪上者，恶为人臣招其君之过而以为名者。故虽谏且议，使人不得而知焉。《书》曰'尔有嘉谋嘉猷，则入告尔后于内，尔乃顺之于外'。曰'斯谟斯猷，惟我后之德'。夫阳子之用心，亦若此者。"愈应之曰："若阳子之用心如此，兹所谓惑者矣。入则谏其君，出不使人知之者，大臣、宰相者之事，非阳子之所宜行也。夫阳子本以布衣隐于蓬蒿之下，主上嘉其行谊，擢在此位，官以谏为名，诚宜有以奉其职，使四方后代知朝有直言骨鲠之臣，天子有不僭赏、从谏如流之美。庶岩穴之士闻而慕之，束带结发，愿进于阙下，而伸其辞说，致吾君于尧、舜，熙鸿号于无穷也，若《书》所谓，则大臣、宰相之事，非阳子之所宜行也！且阳子之心，将使君人者恶闻其过乎？是启之也！"

或曰："阳子之不求闻而人闻之，不求用而君用之，不得已而起，守其道而不变，何子过之深也？"愈曰："自古圣人贤士，皆非有心求于闻用也，闵其时之不平，人之不乂，得其道，不敢独善其身，而必以兼济天下也，孜孜矻矻，死而后已。故禹过家门不入，孔席不暇暖，而墨突不得黔，二圣一贤者，岂不知自安佚之为乐哉？诚畏天命而悲人穷也。夫天授人以贤圣才能，岂使自有余而已？诚欲以补其不足者也。耳目之于身也，耳司闻而目司见，听其是非，察其险易，然后身得安焉。圣贤者，时人之耳目也；时人者，圣贤之身也。且阳子之不贤，则将役于身以奉其上矣。若果贤，则固畏天命而闵人穷也，恶得以自暇逸乎哉？"

或曰："吾闻君子不欲加诸人，而恶讦以为直者。若吾子之论，直则直矣，无乃伤于德而费于辞乎？好尽言以招人过，国武子之所以见杀于齐也，吾子其亦闻乎？"愈曰："君子居其位，则思死其官；未得其位，则思修其辞以明其道。我将以明道也，非以为直而加人也。且国武子不能得善人，而好尽言于乱国，是以见杀。《传》曰：'惟善人能受尽言。'谓其闻而能改之也。子告我曰：'阳子可以为有道之士也。'今虽不能及己，阳子将不得为善人乎？"

【译文】有人问我："谏议大夫阳城可算是德高望重的人吗？他博学多闻，不贪图功名。他遵循古人之道，隐居在晋的乡野；当地人因受到他品德的感化而变得纯真温厚的有几千人，朝中大臣们听闻此事而推举他做官，天子任命他为谏议大夫，大家都认为这个职位很体面，阳城的脸上却没现出喜色，他在这个职位上做了五年，看他的品行就同在乡野的时候一样，难道他会因为富贵而改变本性吗？"我回答说："这正是《周易》所说的'恒其德贞'对'男子所造成的伤害'，怎能算是有道的人呢！在《周易》的《蛊卦》中上九爻辞说'不侍奉王侯，使自己的节操高尚'；而《蹇卦》中六二爻辞则说'君王有难，臣子应该奋不顾身地去救助'。这是因为所处的时间不同，而所实行的原则也不一样。如果像《蛊卦》中上九爻辞所说，处在闲散之位时却履行尽忠职守的原则；而处在《蹇卦》中六二爻辞所说的，在职时，却以不侍奉王侯为荣耀，那么前者就会产生贪求仕禄的忧患，后者就会招来玩忽职守的责难，这种志向不宜效仿，而过失，则不可避免。现在阳城实在是一名有勇无谋的人，身居官职的时间不算短了，听到的天下的得失不能算不熟悉了，天子对待他不能算不厚待了，但是他没说一句涉及朝政的话题。他看待政务的得失，就像越国人看秦国人的肥瘦，十分淡漠无动于衷。问他的官职，说是谏议大夫；问他的俸禄，说是下大夫的品级；问他朝政，却说我不知道。有道德修养的人，就是这个样子？我又听说：有官职的人，没有尽责就应辞职；有进言责任的人，不能向君王进言也要辞职。如今阳子是有进言责任的人吧？应该进言而不进言、不能进言而又不辞职，二者都是不对的。阳子难道是为了俸禄而做官的吗？古人说：做官不是因为贫穷，但有时是因为贫穷才做官的。这里说的就是为俸禄而做官的人。这种人应该辞掉高位而身居卑职，弃富贵而居贫寒，就像守门打更之类的差使就可以了。据说孔子曾经做过管理粮仓的委吏，还曾经做过牧场小吏，他也不敢玩忽职守，一定会说'要使账目清楚'，一定会说'要使牛羊肥硕'。像阳子那样的官级俸禄，不算低下卑贱，这十分明了，而他这样做，不太合适吧？"

有人却说："不，不是这样的。阳子厌恶说上司坏话的人，不喜欢那些以揭露君主的过失而为自己博取名声的臣子。所以即便进谏议论，也不让人知道。《尚书》说'假如你有好的谋略，进去告诉你的君主，在公开场合应该附和'。说'这些好的谋略，建议是出于我们君主的圣明'。阳城的用心，也是如此吧。"我回答说："如果阳城的用心是这样的，那就更令人怀疑了。进宫奉劝君主，回来不让别人知道，这是大臣、宰相应该做的事情，不是阳城所应该做的。阳城本是一个平民隐居草莽，皇上赞赏他的品行道德，提拔到这个官位上，官名为谏议大夫，就确实应该履行自己的职责，使世人和子孙后代知道朝廷有刚正敢于直言进谏的臣子，天子有不滥赏、从谏如流的美德。使那些隐居的贤士会心生羡慕，于是整理衣冠束好头发，心甘情愿来到朝堂之上，从而阐述自己的见解，使我们的君主成为尧、舜那样的圣主，留名千秋万代，像《尚书》所说的，那是大臣、宰相的事，不是阳城所应该做的！况且阳城的用心，是要使君主讨厌听到自己的过失吧？这是诱导君主文过饰非啊！"

有人说："阳城不想出名而出了名，不求任用而被任用，是不得已才出仕的，所以才坚持不变的作风，为什么你对他如此苛刻？"我说："自古以来的圣贤，都不是为了追求名利而被任用的，只由于忧虑世道，百姓的疾苦，懂得了圣明的道德学说，不敢仅仅修养自身，而一定要为大众谋福利，孜孜不倦，死而后已。所以大禹三过家门而不入，孔子周游列国席垫都不曾坐热过，墨子的烟囱也没有烧黑过，这两位圣人一位贤人，难道不知道享受安逸快乐吗？他们的确是畏惧天命而又理解百姓的疾苦。上天授给人的圣贤才智，难道只是使自己有余就算了吗？实际上是用来弥补他人的不足。耳朵、眼睛对身体来说，耳朵负责听而眼睛负责看，听辨是非，看出安危，这样身体才能够得到安全。圣贤，是世人的耳目；世人，是圣贤的身体。假使阳城不贤明，那么他就应该被人奴役去侍奉君主。假使阳城果真是贤人，那么本来就应该畏惧天命而同情百姓的疾苦,岂能贪图自己的闲适生活呢?"

　　还有人说:"我听说君子不会有凌驾于他人之上的念头,而且厌恶以揭露别人的短处来表现直率。像您这样的议论,直率倒还直率,但是未免有损于道德并且是空费口舌吧?总是言无不尽,从而招致人为的灾祸,国武子在齐国被杀的缘由,您大概也听说过吧?"我说:"君子在他的权位上,就要做好以身殉职的准备;君子不在其位,就应著书阐明自己的理论。我就是要阐明道理,不是要以直率的言论强加于人。国武子没有遇到好人,却在纷乱腐败的国家直言不讳,所以被杀。《左传》说:'只有好人才能够采纳直言。'意思是说他听到批评后能够改正。您告诉我说:'阳城算得上是有道之士。'虽然阳城现在还够不上有道之士的标准,难道阳城先生还算不得一位勇于更正的善人吗?"

改葬服议

　　经曰:"改葬缌。"《春秋谷梁传》亦曰:"改葬之礼缌,举下缅也。"此皆谓子之于父母,其他皆无服。何以识其必然?经次五等之服,小功之下然后著改葬之制,更无轻重之差,以此知惟记其最亲者,其他无服则不记也。若主人当服斩衰,其余亲各服其服,则经亦言之,不当惟言"缌"也。《传》称"举下缅"者,"缅"犹"远"也;"下"谓服之最轻者也;以其远,故其服轻也。江熙曰："礼，天子诸侯易服而葬，以为交于神明者不可纯凶，况其缅者乎？是故改葬之礼，其服惟轻。"以此而言，则亦明矣。卫司徒文子改葬其叔父，问服于子思，子思曰："礼，父母改葬缌，既葬而除之，不忍无服送至亲也。非父母无服，无服则吊服而加麻。"此又其著者也。文子又曰："丧服既除，然后乃葬者，则其服何服？"子思曰：

"三年之丧未葬，服不变，除何有焉？"然则改葬与未葬者有异矣。古者诸侯五月而葬，大夫三月而葬，士逾月。无故，未有过时而不葬者也。过时而不葬，谓之不能葬，《春秋》讥之。若有故而未葬，虽出三年，子之服不变。此孝子之所以著其情，先王之所以必其时之道也。虽有其文，未有著其人者，以是知其至少也。改葬者，为山崩水涌毁其墓，及葬而礼不备者。若文王之葬王季，以水啮其墓；鲁隐公之葬惠公，以有宋师，太子少，葬故有阙之类是也。丧事有进而无退。有易以轻服，无加以重服，殡于堂，则谓之殡；瘗于野，则谓之葬。近代已来，事与古异，或游或仕在千百里之外，或子幼妻稚不能自还；甚者拘以阴阳畏忌，遂葬于其土。及其反葬也，远者或至数十年，近者亦出三年，其吉服而从于事也久矣，又安可取未葬不变服之例而反为之重服欤？在丧当葬，犹宜易以轻服，况既远而反纯凶以葬乎？未果重服，是所谓未可而除之，不当重而更重也。

或曰：丧与其易也宁戚，虽重服不亦可乎？曰：不然。易之与戚，则易固不如戚矣。虽然，未若合礼之为懿也。俭之与奢，则俭固愈于奢矣。虽然，未若合礼之为懿也。过犹不及，其此类之谓乎？

或曰：经称"改葬缌"而不著其月数，则似三月而后除也。子思之对文子则曰"既葬而除之"，今宜如何？曰：自启殡至于既葬而三月，则除之；未三月，则服以终三月也。曰：妻为夫何如？曰：如子。无吊服而加麻则何如？曰：今之吊服，犹古之吊服也。

【译文】经书说："改葬穿缌麻。"《春秋谷梁传》也说："改葬的礼制穿缌麻，是因为关系疏远才穿最轻的丧服。"这都是说儿子对于父母，其他人都不用穿。怎么知道一定如此呢？经书列举了五等丧服，小功丧服以下的然后记载改葬的礼制，改变了没有轻重之分，因此知道只记载死者最亲近的人，其他不用穿的就不记载。如果丧主应当穿斩衰之服，其余的亲人各自穿他们的丧服，那么经书也该说到，不应当只说"缌麻"。《春秋谷梁传》称"举下缅"，"缅"就是"远"；"下"是说丧服中最轻的；因为关系疏远，所以穿最轻的丧服。江熙说："按照礼制，天子诸侯改变丧服然后下葬，因为与神明结交不可以穿丝质丧服，何况关系疏远的人呢？因此改葬的礼制，穿丧服应该最轻。"据此而言，意思就很明白了。卫国司徒文子改葬他的叔父，问子思该穿什么丧服，子思说："按照礼制，父母改葬穿缌麻，下葬后再脱掉它，不忍心不穿丧服而去给至亲送葬。不是父母不用穿丧服，不穿丧服就穿吊服加麻衣。"这又是一种穿法。文子又说："丧服脱掉后，然后才下葬，那么该穿什么丧服呢？"子思说："三年的丧期没有下葬，丧服就不改变，还有什么可脱的呢？"既然如此，那么改葬与未葬是有不同的。古代诸侯去世后五个月下葬，大夫去世后三个月下葬，士人去世后过一个月下葬。没有原因，不会超过时间而不下葬。超过时间而不下葬的，称为不能下葬，《春秋》讽刺这种情况。如果有原因而没有下葬，即使超过三年，儿子的丧服也不改变。这是孝子用来表达自己的哀情，先王用来肯定时俗的方法。即使有文章，也没有记载人名，因此知道的非常少。

改葬，是因为山崩水涌毁坏墓室，以及下葬后礼制不完备。像文王改葬王季，因为水侵蚀墓室；鲁隐公改葬惠公，因为当时有宋国军队，太子年少，所以下葬的礼制有缺失。丧事有进而无退。有用轻服改换的，不用加以重服，停枢于厅堂，就称为殡；埋葬到荒野，就称为葬。

近代以来，丧事与古代不同，有的在千百里之外游历或做官，有的儿子年幼、妻子年轻而不能送回家乡；甚至受制于阴阳，畏惧顾忌，于是埋葬在去世的地方。等到将死者送回家乡安葬的时候，远的相隔几十年，近的也超过三年，改葬者穿着吉服处理事务已经很久了，又怎么能按照未葬不改变丧服的旧例而重新为他穿上重服呢？在丧期应当下葬，尚且应该改换轻服，何况时间久远却要重新穿丝质丧服来下葬呢？如果是重服，就是所谓的不可以脱掉而脱掉，不应当加重而更重了。

有人说：对丧事来说，与其追求完备的礼仪，不如内心感到悲哀，即使穿上重服不也可以吗？我说：不对。丧仪完备与心中悲哀两者，丧仪完备本来就不如心中悲哀。即使这样，不如符合礼法为好。节俭与奢侈两者，节俭本来就超过奢侈。即使这样，不如符合礼法为好。事情做过头，就如同做得不够，说的就是这种情况吧？

有人说：经书称"改葬穿缌麻"而不记载月数，那么似乎三个月后就可以脱掉了。子思回答文子时说"下葬后就脱掉丧服"，现在该怎么办呢？我说：从开启墓室到重新下葬后三个月，就可以脱掉丧服；不到三个月，就穿够三个月。问：妻子对丈夫该怎么做？我说：就像儿子对父母一样。问：没有吊服而加上麻衣怎么样？我说：现在的吊服，就是古代的吊服。

省试学生代斋郎议

斋郎职奉宗庙社稷之小事，盖士之贱者也。执笾豆，骏奔走，以役于其官之长。不以德进，不以言扬，盖取其人力以备其事而已矣。奉宗庙社稷之小事，执笾豆，骏奔走，亦不可以不敬也。于是选士大夫之子弟未爵命者，以塞员填阙，而教之行事。其勤虽小，其使之不可以不报也，必书其岁。岁既久矣，于是乎命之以官，而授之以事，其亦微矣哉。学生或以通经举，或以能文称，其微者，至于习法律、知字书，皆有以赞于教化，可以使令于上者也。

自非天姿茂异，旷日经久，所所进业，发闻于乡间，称道于朋友，荐于州府，而升之司业，则不可得而齿于国学矣。然则奉宗庙社稷之小事，任力之小者也。赞于教化，可以使令于上者，德艺之大者也。其亦不可移易明矣。今议者谓学生之无所事，谓斋郎之幸而进，不本其意，因谓可以代任其事而罢之，盖亦不得其理矣。今夫斋郎之所事者，力也；学生之所事者，德与艺也。以德艺举之，而以力役之，是使君子而服小人之事，且非国家崇儒劝学，诱人为善之道也。此一说不可者也。抑又有大不可者焉：宗庙社稷之事虽小，不可以不专，敬之至也，古之道也。今若以学生兼其事，及其岁时日月，然后授其宗彝罍洗，其周旋必不合度，其进退必不得宜，其思虑必不固，其容貌必不庄。此无其他，其事不习，而其志不专故也，此非近于不敬者欤？又有大不可者，其是之谓欤！若知此不可，将令学生恒掌其事，而隳坏其本业，则是学生之数加少，学生之道益贬，而斋郎之实犹在，斋郎之名苟无也。大凡制度之改，政令之变，利于其旧不什，则不可为已，又况不如其旧哉？考之于古则非训，稽之于今则非利，寻其名而求其实，则失其宜。故曰：议罢斋郎而以学生荐享，亦不得其理矣。

【译文】斋郎的职责是掌管宗庙社稷之类的小事，是士人中地位低下的。手拿笾豆，快速奔走，被他的官长差遣。不凭借德行任用，不依靠言辞称颂，只是用人力来完成事情罢了。掌管宗庙社稷之类的小事，手拿笾豆，快速奔走，也不可以怠慢。于是挑选没有封爵受职的士大夫子弟，来补充人员填满空缺，教他们处理事情。工作虽小，但差遣了他不能没有回报，一定要记下他的年数。时间长了，于是授予他官职并委托事务，也是卑微的官职。有的学生因为通晓经学而获得举荐，有的因为善于写文而得到称颂，最低的，也能熟习法律、懂得字书，都可以助于教化，可以被上位者差遣。如果自己不是天资出众，经过长久努力，使学业有所进益，而闻名家乡，被朋友称道，经过州府推荐，然后升为司业，就不能位列国子监。既然如此，那么掌管宗庙社稷之类的小事，是使用体力的小行。有助于教化，可以被上位者差遣，是需要德行才能的大为。他们不可以调换也是很明显的。现在有人提议说学生无事可做，说斋郎侥幸得到任用，不依据实情，就说可以让学生来代任斋郎之事而罢免其职，也是不明白道理的。现在斋郎凭借的，是力气，学生凭借的，是德行与才能。因为德行才能而推举他们，却差遣他们以人力做事，是让君子去做小人的事情，并且不符合国家崇尚儒道劝勉学习，教人为善的宗旨。这种说法不可行。但是还有更加不可行的地方：宗庙社稷的事情虽然很小，不可以不专心，恭敬之至，是古时候的传统。现在如果用学生来兼任斋郎之事，等到祭祀的时候，然后交给他们宗彝罍洗等祭器，他们揖让的动作一定不合礼法，他们的进退一定不得当，他们的思虑一定不专一，他们的容貌一定不端庄。这没有其他原因，是他们不熟悉这些事，心志不专一的缘故，这不就接近于不恭敬了吗？还有更加不可行的地方，说的就是这点！如果知道这种做法不可取，还要让学生长期掌管斋郎之事，从而荒废了他们的学业，那么学生之数就会更加减少，学生之道就会更加贬低，而斋郎的工作仍然存在，斋郎的名称已经没有了。通常制度的更改，政令的变革，所获利益没有超过原来的十倍，就不可以做，更何况还不如原来的呢？考察了在古代就不符合法则，考察了在如今就没有获益，探究名称而讲求实际，就不合时宜。所

以说：提议罢免斋郎而让学生进行祭祀，也是不明白其中的道理。

禘祫议

右今月十六日敕旨：宜令百僚议，限五日内闻奏者。将仕郎守国子监四门博士臣韩愈谨献议曰：

伏以陛下追孝祖宗，肃敬祀事，凡在拟议，不敢自专，聿求厥中，延访群下；然而礼文繁漫，所执各殊，自建中之初，迄至今岁，屡经禘祫，未合适从。臣生遭圣明，涵泳恩泽，虽贱不及议，而志切效忠。今辄先举众议之非，然后申明其说。

一曰"献懿庙主，宜永藏之夹室。"臣以为不可。夫祫者，合也。毁庙之主，皆当合食于太祖，献懿二祖，即毁庙主也。今虽藏于夹室，至禘祫之时，岂得不食于太庙乎？名曰"合祭"。而二祖不得祭焉，不可谓之合矣。

二曰"献懿庙主，宜毁之瘗之。"臣又以为不可。谨按《礼记》，天子立七庙，一坛一墠，其毁庙之主，皆藏于祧庙，虽百代不毁，祫则陈于太庙而飨焉。自魏晋已降，始有毁瘗之议，事非经据，竟不可施行。今国家德厚流光，创立九庙，以周制推之，献懿二祖犹在坛墠之位，况于毁瘗而不禘祫乎？

三曰"献懿庙主，宜各迁于其陵所。"臣又以为不可。二祖之祭于京师，列于太庙也，二百年矣。今一朝迁之，岂惟人听疑惑，抑恐二祖之灵眷顾依迟，不即飨于下国也。

四曰"献懿庙主，宜附于兴圣庙而不禘祫。"臣又以为不可。《传》曰："祭如在。"景皇帝虽为太祖，其于属，乃献懿之子孙也。今欲正其子东向之位，废其父之大祭，固不可为典矣。

五曰"献懿二祖，宜别立庙于京师。"臣又以为不可。夫礼有所降，情有所杀，是故去庙为祧，去祧为坛，去坛为墠，去墠为鬼，渐而之远，其祭益稀。昔者鲁立炀宫，《春秋》非之，以为不当取已毁之庙，既藏之主，而复筑宫以祭。今之所议，与此正同。又虽违礼立庙，至于禘祫也，合食则禘无其所，废祭则于经不通。

此五说者皆所不可，故臣博采前闻，求其折衷。以为殷祖玄王，周祖后稷，太祖之上，皆自为帝；又其代数已远，不复祭之，故太祖得正东向之位，子孙从昭穆之列。《礼》所称者盖自纪一时之宜，非传后代之法也。《传》曰："子虽齐圣，不先父食。"盖言子为父屈也。景皇帝虽太祖也，其于献懿则子孙也。当禘祫之时，献祖宜居东向之位，景皇帝宜从昭穆之列；祖以孙尊，孙以祖屈，求之神道，岂远人情？又常祭甚频，合祭甚寡，则是太祖所屈之祭至少，所伸之祭至多；比于伸孙之尊，废祖之祭，不亦顺乎？事异殷周，礼从而变，非所失礼也。

臣伏以制礼作乐者，天子之职也。陛下以臣议有可采，粗合天心，断而行之，是则为礼；如以为犹或可疑，乞召臣对面陈得失，庶有发明。谨议。

【译文】右边是本月十六日的敕旨：下令百官商议，限定五日内奏闻朝廷。将仕郎守国子监四门博士韩愈谨献奏议如下：

臣听说陛下追孝祖宗，严肃恭敬地对待祭祀之事，凡是拟定商议的事情，不敢自作主张，在心中认真谋划，遍访群臣意见；但是礼乐仪制繁杂，所说的各有不同，从建中初年，直到今年，多次举行禘祫之祭，不符合适当的礼法。臣生逢圣明之君，沐浴皇恩，虽然地位低贱不够商议此事，但效忠陛下之心十分迫切。现在就先列举众人意见的错处，然后再申明臣的看法。

第一种意见认为"献祖与懿祖两位庙主，应该永远供奉在夹室。"臣认为不可以这么做。祫祭，就是合祭。毁庙的神主，都应当和太祖合祭，献祖和懿祖，就是毁庙的神主。现在虽然供奉在夹室，到禘祫之祭的时候，难道不该在太庙祭祀吗？称为"合祭"。但献祖和懿祖不受祭祀，不能称为合。

第二种意见认为"献祖与懿祖两位庙主，应该毁弃埋葬。"臣又认为不可以这么做。按照《礼记》，天子设立七庙，一坛一墠，毁庙的神主，都供奉在祧庙，即使历经百代也不毁掉，祫祭之时就陈列在太庙，一起享受祭品。从魏晋以来，开始有毁弃埋葬的提议，但事情没有载于经书的依据，终究没有施行。现在国家德泽广厚，光耀后世，创立九庙，按照周朝礼制推论，献祖和懿祖还在坛墠之位，何况要毁弃埋葬而不受禘祫之祭呢？

第三种意见认为"献祖与懿祖两位庙主，应该各自迁到陵墓所在之地。"臣又认为不可以这么做。献祖和懿祖在京师享受祭祀，陈列在太庙，已经两百年了。现在一旦迁走，难道只是人们听说后会感到疑惑，恐怕二祖的英灵眷顾不舍，不能享受到下界的祭祀了。

第四种意见认为"献祖与懿祖两位庙主，应该依附在兴圣庙而不用进行禘祫。"臣又认为不可以这么做。《论语》说："祭祀祖先时就像祖先真的在面前。"景皇帝虽然是太祖，但按照亲属关系排列，是献祖与懿祖的儿子和孙子。现在要将儿子的神位放在正向东的位置上，废止父亲的禘祫之祭，本来就不能作为准则。

第五种意见认为"献祖与懿祖，应该分别在京师设立宗庙。"臣又认为不可以这么做。礼仪有所降低，感情有所减少，所以去庙为祧，去祧为坛，去坛为墠，去墠为鬼，渐渐远离，祭祀也日益稀少。过去鲁国设立炀宫，《春秋》进行批评，认为不应该选择已经毁掉的宗庙，已经供奉的神主，重新筑宫来祭祀。现在商议的事情，正与此相同。另外虽然违背礼法，分别设立宗庙，到禘祫之祭的时候，合祭的话则禘祭没有地方举行，废止祭祀的话则在义理上说不通。

这五种意见都不可取，所以臣广泛采纳众人的意见，寻求折中的办法。认为商朝的祖先玄王，周朝的祖先后稷，太祖以上，都自称为帝；又因为他们相隔数代已经久远，不再进行祭祀，所以太祖能够放在正向东的位置上，子孙都按照辈次排列。《礼记》所称的大概是自己当时的权宜之策，不是传给后代的方法。《左传》说："儿子虽然聪明睿智，也不能在父亲之前享受祭品。"这是说儿子要礼让父亲。景皇帝虽然是太祖，他对于献祖与懿祖来说则是儿子和孙子。当举行禘祫之祭的时候，献祖应该居于向东的位置，景皇帝应该按照辈次排列；祖父因孙子而尊重，孙子为祖父而礼让，这是对神道的追求，怎么是疏远人情呢？另外平常祭祀有很多，但合祭很少，那么太祖受礼让的祭祀尤其少，受尊敬的祭祀尤其多；这比起彰显孙子的尊贵，废止祖父的祭祀，不也合情合理吗？事情不同于商朝和周朝，礼制也应随之改变，这不是失礼。

臣认为制定礼乐是天子的职责。如果陛下认为臣的建议有可取之处，大致上符合您的心意，果断而行，这就是礼；如果认为还有疑惑的地方，乞求您召见臣当面奏陈得失，希望能阐述其中的道理。谨议。

省试颜子不贰过论

论曰：登孔氏之门者众矣，三千之徒，四科之目，孰非由圣人之道，为君子之儒者乎？其于过行过言，亦云鲜矣，而夫子举不贰过，惟颜氏之子，其何故哉？请试论之。夫圣人抱神明之正性，根中庸之至德，苟发诸中形诸外者，不由思虑，莫匪规矩；不善之心，无自入焉；可择之行，无自加焉。故惟圣人无过。故所谓过者，非谓发于行，彰于言，人皆谓之过而后为过也，生于其心则为过矣。故颜子之过此类也。不贰者，盖能止之于始萌，绝之于未形，不贰之于言行也。《中庸》曰："自诚明谓之性，自明诚谓之教。"自诚明者，不勉而中，不思而得，从容中道，圣人也，无过者也。自明诚者，择善而固执之者也。不勉则不中，不思则不得，不贰过者也。故夫子之言曰："回之为人

也，择乎中庸，得一善，则拳拳服膺，而不失之矣。"又曰："颜
氏之子，其殆庶几乎！"言犹未至也。而孟子亦云："颜子具圣
人之体而微者。"皆谓不能无生于其心，而不暴之于外。考之
于圣人之道，差为过耳。

颜子自惟其若是也，于是居陋巷以致其诚，饮一瓢以求其
志，不以富贵妨其道，不以隐约易其心。确乎不拔，浩然自守。
知坚高之可尚，忘钻仰之为劳。任重道远，竟莫之致。是以夫
子叹其"不幸短命""今也则亡"，谓其不能与己并立于至圣之
域，观教化之大行也。不然，夫行发于身加于人，言发乎迩见乎
远，苟不慎也，败辱随之。而后思欲不贰过，其于圣人之道，不
亦远乎！而夫子尚肯谓之"其殆庶几"，孟子尚复谓之"具体而
微"者哉！则颜子之不贰过者，尽在是矣。

【译文】论题说：登孔子之门的人有很多，三千门徒，四种科
目，谁不遵循圣人之道，是儒雅的君子呢？他们的错误行为和错
误言论，也很少了，但孔子只说颜回不犯同一过错，是什么原因呢？
请试着论述这个问题。圣人有神明般纯正的禀性，以中庸的大德
为根本，如果由内心萌生而表现在行为，不经过思虑，没有不符合
规矩的；不善良的念头，不会进入心中；可选择的行为，不会自行
加入。所以只有圣人没有过错。所谓过错，不是说表现在行动上，
彰显在言辞中，人们公认的过错而后成为过错；由内心产生就成为
过错。所以颜回的过错就是此类。不贰，是说能在过错刚萌芽的
时候制止，在尚未形成的时候断绝，在言行中不犯同一过错。《中

庸》说："内心真诚而明白道理称为天性，明白道理而内心真诚称为教育。"自诚明，就是不努力而能符合正道，不思考而能有所收获，从容之间符合正道，这是圣人，是没有过错的人。自明诚，就是选择正确的事而坚定去做。不努力就不能符合正道，不思考就不能有所收获，是不犯同一过错的人。因此孔子说："颜回做人，选择中庸之道，得到一件正确的事，就诚恳信奉，而不失去它。"又说："颜回这人，差不多能成为圣人吧！"说他还没有达到圣人的标准。孟子也说："颜回是大体上接近孔子，却不如他那样博大精深的人。"都说他不能不在内心生出念头，而又不暴露在行为上。依据圣人之道进行考证，颜回大致上还是有过错。

颜回自知像这样的情况，于是住在陋巷来达到他的诚明，饮一瓢水来追求他的志向，不因富贵而妨碍他的正道，不因俭约而改变他的心思。刚强坚决，浩然自守。知道高尚坚贞的可求，忘记深入研求的辛苦。任重道远，竟然没能达到。因此孔子叹息他"不幸短命""现在没有这样的人了"，说他不能与自己一起站在至圣的境界，看到教化广泛推行的情形。否则，行为出自于自身而影响他人，言论从自己口里发出而能显现在远方，如果不小心谨慎，失败耻辱会随之而来。然后想要不犯同一过错，他离圣人之道，也就不远了！但孔子赞扬颜回说"差不多能成为圣人"，孟子又说他"大体上接近孔子，只不过是不如孔子那样博大精深"罢了！那么颜回的不犯同一过错，都体现在这两句话上。

与李秘书论小功不税书

曾子称"小功不税",则是远兄弟终无服也,而可乎? 郑玄注云:"是以情责情。"今之士人,遂引此而不追服小功。小功之服最多,亲则叔父之下殇,与适孙之下殇,与昆弟之下殇,尊则外祖父母,恒服则从祖祖父母,礼沿人情,其不可不服也明矣。古之人,行役不逾时,各相与处一国,其不追服,虽不可,犹至少;今之人,男出仕,女出嫁,或千里之外,家贫讣告不及时,则是不服小功者恒多,而服小功者恒鲜矣。君子之于骨肉,死则悲哀而为之服者,岂有牵于外哉? 闻其死,则悲哀,岂有间于新故死哉? 今特以讣告不及时,闻死出其月数,则不服,其可乎? 愈常怪此。近出吊人,见其颜色戚戚,类有丧者,而其服则吉,问之则云"小功不税也。"《礼》文残缺,师道不传,不识《礼》之所谓"不税",果不追服乎? 无乃别有所指,而传注者失其宗乎? 伏惟兄道德纯明,躬行古道,如此之类,必经于心,而有所决定,不惜示及。幸甚! 幸甚! 泥水马弱不敢出,不果鞠躬亲问而以书,悚息尤深。愈再拜。

【译文】曾子说"小功之服在丧期已过才听到消息就不用追服",那么离得很远的兄弟得不到消息始终不能追服,难道这样也可以吗?"郑玄注释说:"根据人情关系的实际情况来处理此事。"现在的士人,就依据这句话不追服小功。小功之服最多的情况,亲人中有叔父的下殇,嫡孙的下殇,兄弟的下殇,长辈中有外祖父母,一般的穿服有从祖祖父母,礼节依据人情而定,不能不穿小功的情况也就很明白了。古代的人,出行在外不超过规定的时间,彼此生活在同一个国家,他们不追服,也是不可以,但这样的情况是非常少的;现在的人,男的外出做官,女的嫁到别家,有的远在千里之外,家中贫穷讣告没有办法及时通知,这样不穿小功的情况有很多,穿小功的就很少了。君子对于自己的骨肉,听到他的死讯就感到悲哀并为他穿丧服,难道会因身在外地就受到牵制吗?听到他的死讯,就感到悲哀,难道会有新死和旧死的分别吗?现在只是因为讣告没有及时通知,听到死讯时已经超出服丧的月数,就不穿丧服,可以吗?我经常对这种事感到奇怪。近来出门吊唁,看到丧主神色悲哀,像有丧事的样子,而他却穿着吉服,问他就回答说"小功不税。"《礼记》文字残缺,师道也不流传,不知道《礼记》所说的"不税",是真的不追服吗?莫非另有所指,而为其作传注的人丢失了原本的意思?我认为李兄道德纯朴贤明,亲自践行古道,像这样的情况,一定留心思考过,如果有什么看法,希望不吝赐教。非常荣幸!非常荣幸!泥水马弱不敢出门,不能亲自登门拜访而写信询问,心中十分惶恐。韩愈再拜。

太学生何蕃传

太学生何蕃入太学者二十余年矣，岁举进士，学成行尊。自太学诸生推颂，不敢与蕃齿，相与言于助教、博士；助教、博士以状升于司业、祭酒，撰次蕃之群行焯焯者数十余事，以升之于礼部，而以闻于天子。京师诸生以荐蕃名为文说者，不可选纪，公卿大夫知蕃者比肩立，为礼部者率蕃所不合者，以是无成功。

蕃，淮南人，父母俱全。初入太学，岁率一归，父母止之，其后间一二岁乃一归，又止之，不归者五岁矣。蕃，纯孝人也，闵亲之老，不自克，一日，揖诸生，归养于和州，诸生不能止，乃闭蕃空舍中。于是太学六馆之士百余人，又以蕃之义行言于司业阳先生城，请留蕃。于是太学阙祭酒，会阳先生出道州，不果留。

欧阳生詹言曰："蕃，仁勇人也。"或者曰："蕃居太学，诸生不为非义，葬死者之无归，哀其孤而字焉，惠之大小，必以力复，斯其所谓仁欤！蕃之力不任其体，其貌不任其心，吾不知其勇也。"欧阳生詹曰："朱泚之乱，太学诸生举将从之，来请起蕃，蕃正色叱之，六馆之士不从乱，兹非其勇欤？"

惜乎蕃之居下，其可以施于人者不流也。譬之水，其为泽，不为川乎？川者高，泽者卑；高者流，卑者止。是故蕃之仁义充诸心，行诸太学，积者多，施者不遐也。天将雨，水气上，无择于川泽、溪涧之高下，然则泽之道其亦有施乎？抑有待于彼者欤？故凡贫贱之士，有待然后能有所立，独何蕃欤？吾是以言之，无使其无传焉。

【译文】太学生何蕃进入太学已有二十多年了，他出身进士，学业有成，行为庄重。在太学生中受到推赞颂扬，没人敢与何蕃并列，大家一起在助教、博士面前称赞他；助教、博士把情况上报给司业、祭酒，他们依次撰写何蕃数十件光辉事迹，上报给礼部，而让天子能够知晓。京师太学生中为推荐何蕃文章而游说的人，不可胜数，公卿士大夫中知道何蕃的人多得不得了，礼部官吏指出何蕃不合格的地方，因此没有成功。

何蕃，是淮南人，父母双全。他刚进入太学时，通常每年回家一次，父母阻止他这样做，后来每隔一二年回家一次，父母又阻止他，他不回家已有五年了。何蕃，是十分孝顺的人，他担忧父母年老，生活不能自理，一天，他向诸生作揖告别，要回和州老家，奉养父母，诸生不能阻止他，就把他关在一间空房子里。于是太学六馆的一百多名学生，又把何蕃的义行告诉国子司业阳城先生，请求留住何蕃。当时太学没有国子祭酒，恰逢阳城先生出任道州刺史，最终没有留住何蕃。

太学生欧阳詹说："何蕃，是个仁慈勇敢之人。"有人说："何蕃在太学，诸生不做不义之事，埋葬回不去的死者，同情孤儿并抚养他，不管恩惠大小，必定尽力去做，这就是所谓的仁义吧！何蕃的力气与体格不相符，外貌与内心不相称，我不知道他的勇敢。"
欧阳詹说："朱泚叛乱的时候，太学生想归顺他，来叫何蕃，何蕃神
色严肃呵斥他们，六馆的学生没有参与叛乱，这不体现了何蕃的勇
敢吗？"

　　可惜何蕃地位低下，他施恩于人的事迹不能流传。把他比作
水的话，算是沼泽，不算是河流吧？河流高，沼泽低；高就流动，低
就停止。因此何蕃的仁义充满他的内心，在太学践行，善行累积得
多，但施加的范围不够广。天快下雨时，水汽会上升，无论高低的河
流沼泽、山涧溪流，既然如此，那么沼泽的水也有它的用处吗？或
者有待于特定的条件呢？所以凡是贫贱之士，一定要等待时机然
后才能有所建树，只有何蕃是这样吗？我因此说了这些话，是不想
让他的事迹不能流传。

答张籍书

　　愈始者望见吾子于人众人之中，固有异焉，及聆其音声，
接其辞气，则有愿交之志。因缘幸会，遂得所图，岂惟吾子之
不遗，抑仆之所遇有时焉耳？近者尝有意吾子之阙焉无言，仆
所以交之之道不至也。今乃大得所图，脱然若沉疴去体，洒然
若执热者之濯清风也。然吾子所论"排释老不若著书，嚣嚣多
言，徒相为訾"。若仆之见者，则有异乎此也。夫所谓著书者，

义止于辞耳。宣之于口，书之于简，何择焉？孟轲之书，非轲自著，轲既没，其徒万章、公孙丑相与记轲所言焉耳。仆自得圣人之道而诵之，排前二家有年矣。不知者以仆为好辩也，然从而化者亦有矣，闻而疑者又有倍焉。顽然不入者，亲以言谕之不入，则其观吾书也，固将无所得矣。为此而止，吾岂有爱于力乎哉？然有一说：化当世莫若口，传来世莫若书。又惧吾力之未至，至之不能也。三十而立，四十而不惑，吾于圣人，既过之犹惧不及，矧今未至，固有所未至耳。请待五六十，然后为之，冀其少过也。吾子又讥吾与人之为无实驳杂之说，此吾所以为戏耳。比之酒色，不有间乎？吾子讥之，似同浴而讥裸裎也。若商论不能下气，或似有之，当更思而悔之耳。博塞之讥，敢不承教，其他俟相见。薄晚须到公府，言不能尽。愈再拜。

【译文】我当初在众人之中望见您，心中就有异样之情，等到聆听您的声音，接触您的言辞，就有想结交的意愿。有幸得到机会遇见先生，于是实现愿望，难道是您不嫌弃我，而我遇见的又是时候吗？近来曾想起您对我缺少指教，于是思考与您结交之后无法受教的原因。现在得到这么多指教，如久病离体般痊愈，像苦热的人沐浴清风般洒脱。但是您说的"排斥佛教道教不如著书，喧哗多话，只是互相诋毁"。按照我的愚见，却对此不敢苟同。所谓著书，就是用文辞表达意思罢了。从嘴说出来，写在书简上，有什么分别呢？孟子的书，不是他自己写的，孟子死后，他的弟子万章、公孙丑一起记下孟子所说的话。我自得圣人之道而颂扬它，排斥佛教道教已经有些年了。不了解的人认为我喜欢辩论，但是也有听从教化的人，听完我的话而产生怀疑的人又有很多。冥顽不灵的人，我亲自向他讲道理，如果还听不进去，那么他读我的书，也不会有任何收获。为此而停止著书，我难道是爱惜自己的精力吗？但是有一种说法：教化当代不如用口，流传后世不如著书。又怕我的精力达不到，达到了也不能成功。三十而立，四十而不惑，我和圣人相比，之间的差距生怕赶不上，何况现在没有达到，本来就是我达不到的。请等到五六十岁，然后再著书，希望可以减少些过错。您又批评我向众人宣扬不实混杂的说法，这是我的戏言罢了。和酒色相比，又有什么分别吗？您批评我，就像一起沐浴却讥讽同伴赤身露体。如果商讨不能平心静气，或者貌似平心静气，那么就应当重新思考悔过。关于博戏的批评，我不敢不接受教诲，其他的等相见后再说。傍晚一定到您府上，言不能尽。韩愈再拜。

重答张籍书

　　吾子不以愈无似，意欲推而纳诸圣贤之域，拂其邪心，增其所未高，谓愈之质有可以至于道者，浚其源，导其所归，溉其根，将食其实。此盛德者之所辞让，况于愈者哉？抑其中有宜复者，故不可遂已。

　　昔者圣人之作《春秋》也，既深其文辞矣，然犹不敢公传道之，口授弟子，至于后世，然后其书出焉。其所以虑患之道微也。今夫二氏之所宗而事之者，下及公卿辅相，吾岂敢昌言排之哉？择其可语者诲之，犹时与吾悖，其声哓哓，若遂成其书，则见而怒之者必多矣，必且以我为狂为惑。其身之不能恤，书于吾何有？夫子，圣人也，且曰："吾自得子路而恶声不入于耳。"其余辅而相者周天下，犹且绝粮于陈，畏于匡，毁于叔孙，奔走于齐、鲁、宋、卫、之郊，其道虽尊，其穷也亦甚矣！赖其徒相与守之，卒有立于天下。向使独言之而独书之，其存也可冀乎？今夫二氏行乎中土也，盖六百年有余矣，其植根固，其流波漫，非所以朝令而夕禁也。自文王没，武王、周公、成、康相与守之，礼乐皆在，及至乎夫子，未久也；自夫子而至乎孟子，未久也；自孟子而至乎扬雄，亦未久也，然犹其勤若此，其困若此，而后能有所立。吾其可易而为之哉？其为也易，则其传也不远，故余所以不敢也。然观古人，得其时而行其道，则无所为书。为书者，皆所为不行乎今而行乎后者也。今吾之得吾志失吾志未可知，则俟五六十为之未失也。天不欲使兹人有知乎，则吾之命不可期；如使兹人有知乎，非我其谁哉？其行道，其为书，其化今，其传后，必有在矣。吾子其何遽戚戚于吾所为哉？

前书谓吾与人商论，不能下气，若好己胜者然。虽诚有之，抑非好己胜也，好己之道胜也。已之道，乃夫子、孟轲、扬雄之所传之道也。若不胜，则无所为道，吾岂敢避是名哉？夫子之言曰："吾与回言终日，不违如愚。"则其与众人辩也有矣。驳杂之讥，前书尽之，吾子其复之。昔者夫子犹有所戏，

《诗》不云乎："善戏谑兮，不为虐兮。"《记》曰："张而不弛，文武不为也。"岂害于为道哉？吾子其未之思乎！孟君将有所适，思与吾子别，庶几一来。愈再拜。

【译文】您不认为我不成材，想把我归入圣贤的范围里，消除我不正确的想法，弥补我的不足之处，认为我有可以达到圣人之道的本性，疏通它的源头，引导它的去向，灌溉它的根本，将会吃到它的果实。这是连具有崇高品德的人都不敢当的，何况是我呢？但因为信中有应该回复的，所以不可以置之不理。

过去孔子写《春秋》，已经让它的文辞深奥，但还是不敢公开传播它，口授给弟子，到了后世，他的书才出现。这就是忧虑儒家之道衰微的原因啊。现在信仰与尊奉佛教道教的人，上到天子，下到公卿大臣，我哪敢明目张胆地排斥他们呢？选择其中可以说的话进行教诲，还时常与我的意见不一致，争辩之声不绝于耳，如果写成书，那么看见就恼怒的人一定会更多，一定把我当作疯狂之人，昏庸之人。不能保全自身，著书对我来说有什么用呢？孔子，是圣人，尚且说："自从我得到子路，再也听不到骂声了。"其余辅佐他的弟子遍布天下，孔子尚且在陈国断粮，在匡地被围困，被叔孙氏诽谤，在齐、鲁、宋、卫等国的郊野间奔走，他的儒家之道虽然尊贵，但也非常穷困啊！仰赖他的弟子们一起保护他，最终在天下有所建树。假使孔子独自立说，独自著书，有希望保存下来吗？现在佛教道教在中原流行，已有六百多年了，根深蒂固，影响广大，不是早上下令而晚上就能禁止的。自从文王去世，武王、周公、成王、康王一起保护文王之道，礼乐都在，到了孔子，距离古时不久；从孔子到孟子，距离古时不久；从孟子到扬雄，距离古时也不久，但是他们仍然如此辛劳，如此困苦，然后才能有所建树。我难道能很容易地去传播儒家之道吗？做起来容易，那么传播也不会很远，所以我不敢著书。但我考察古人，获得时机推行他的主张，就没有著书。著书的，都是主张在当时行不通而在后世行得通的人。现在我能不能实现我的志向还不知道，等到我五六十岁再著书也不算晚。上天不想让这些人明白事理，那么我的命运就不可预测；如果上天想让这些人明白事理，除了我还能是谁呢？我推行主张，著书立说，教化今人，传于后世，一定有这样的成就。您为什么对我著书这件事如此忧虑急迫呢？

上封信说我和别人商讨，不能平心静气，好像喜欢自己获胜的样子。即使确实有这种情况，也不是喜欢自己获胜，而是喜欢自己的主张获胜。我的主张，就是孔子、孟子、扬雄流传下来的主张。如果不能获胜，那么就没有什么可以作为主张了，我哪敢逃避这样的名声呢？孔子说："我整天和颜回讲学，他从来不提出反对意见，像个蠢人。"但是颜回与众人争辩时却能发挥孔子讲授的内容。您批评我的主张交杂混乱，上封信里我已经解释清楚了，您又再次提到。过去孔子还会开玩笑，《诗经》不是说："喜欢开玩笑的人，不做暴虐的事。"《礼记》说："只拉紧弓弦而不放松，即使是文王和武王也不能做到。"哪里对主张有损害呢？您大概没有想过这点吧！孟郊将要去其他地方，想与您道别，希望您能来一趟。韩愈再拜。

卷十五　书启

与孟东野书

与足下别久矣，以余心之思足下，知足下悬悬于余也。各以事牵，不可合并，其于人，非足下之为见，而日与之处，足下知余心乐否也？余言之而听者谁欤？余唱之而和者谁欤？言之而无听也，唱之而无和也，独行而无徒也，是非无所与同也，足下知余心乐否也？足下才高气清，行古道，处今世，无田而衣食事亲，左右无违。足下之用心勤矣！足下之处身劳且苦矣！混混与世相浊，独其心追古人而从之。足下之道，其使余悲也！去年春，脱汴州之乱，幸不死，无所于归，遂来于此。主人与余有故，哀其穷，居余于符离睢上，及秋将辞去，因被留以职事，默默在此，行一年矣。到今年秋，聊复辞去。江湖，余乐也，与足下终幸矣！

　　李习之娶余亡兄之女，期在后月，朝夕当来此。张籍在和州居丧，家甚贫，恐足下不知，故具此白，冀足下一来相视也。自彼至此虽远，要皆舟行可至。速图之，余之望也！春且尽，时气日热，惟侍奉吉庆。愈眼疾比剧，甚无聊，不复一一。愈再拜。

　　【译文】我同您分别很久了，以我心中对您的思念，就知道您也非常挂念我。我们各自因为事务缠身，不能见面，我在这里见到的人，都不是像您这样的人，而我每日与他们相处，您知道我心里能快乐吗？我的话有谁来倾听呢？我的歌有谁来相和呢？说话没人听，唱歌没人和，独行而没有同伴，是非也无法向人诉说啊，您知道我心里能快乐吗？您才华过人，气节高尚，心怀古道，处于当世，没有田产而能以衣食侍奉母亲，对待周围人也没有失礼之处。您用心真是良苦啊！您处世真是辛苦啊！您浑浑与世俗相混杂，但是内心却追寻古人。您的处世境遇，使我感到悲伤！去年春季，我逃离汴州之乱，侥幸不死，没有地方可去，于是来到这里。这里的主人与我有故交，可怜我的窘迫，让我在符离县睢水一带居住，到了秋季我准备辞谢离开时，又被聘为幕职而留了下来，默默无闻地待在这里，快满一年了。到今年秋季，我打算再次辞去。快意江湖是我的乐趣，能与您最终相会，那就太幸运了！

　　李习之将娶我亡兄的女儿，日期定在后月，这几天就应该来这里了。张籍在和州守丧，家中非常贫穷，恐怕您不知道，所以在信中告诉您，希望您能来看望他。从您那里到这儿虽然路途遥远，但是可以一路乘船直达。请您尽快作打算，这是我所期盼的！

春季快要过去了，天气一天天炎热起来，惟祝您的母亲安康。我的眼病一天天加剧，很是无聊，不再一一赘述。韩愈再拜。

答窦秀才书

愈白：

愈少驽怯，于他艺能，自度无可努力，又不通时事，而与世多龃龉，念终无以树立，遂发愤笃专于文学。文学不得其术，凡所辛苦而仅有之者，皆符于空言而不适于实用，又重以自废。是以学成而道益穷，年老而身愈困。今又以罪黜于朝廷，远宰蛮县，愁忧无聊，瘴疠侵加，喘喘焉无以冀朝夕。足下年少才俊，辞雅而气锐。当朝廷求贤如不及之时，当道者又皆良有司，操数寸之管，书盈尺之纸，高可以钓爵位，若循次而进，亦不失万一于甲科。今乃乘不测之舟，入无人之地，以相从问文章为事。身勤而事左，辞重而请约，非计之得也。虽使古之君子积道藏德，遁其光而不耀，胶其口而不传者，遇足下之请恳恳，犹将倒廪倾囷，罗列而进也。若愈不肖，又安敢有爱于左右哉？顾足下之能，足以自奋，愈之所有，如前所陈，是以临事愧耻而不敢答也。钱财不足以贿左右之匮急，文章不足以发足下之事业，稛载而往，垂橐而归，足下亮之而已。

【译文】韩愈说：

我年少之时愚笨怯弱，对于其他方面的技能，自己思量后觉得即使再怎么努力，也会无所建树，我又不通达人情世故，与世俗多有不合，想到自己没有可以用来立身的资本，于是发愤专攻学问。但是没有找到要领，辛苦学习所获得的东西，仅仅是些空洞言辞而不切合实际，又白白耽误工夫。结果是学有所成而思想日益阻滞，年老体衰而处境更加困顿。现在我又因为犯过错而遭朝廷贬黜，发配到荒蛮偏远的地方做县令，我心中忧愁，身受瘴疠之气侵袭，惴惴不安，感觉朝夕不保。您是少年才俊，言辞文雅而朝气勃发。在朝廷求贤若渴的时候，当政的又都是正直官员，请您拿起寸许的笔管，写满尺长的纸张，投书干谒权贵，情况理想的话您可以获得官位，即使按照常规去参加科举，也一定会名列前茅的。而您现在却打算乘船冒着风险，进入不毛之地，来跟随我学习写文章的方法。您不辞辛苦而做事欠妥，言辞恳切而请求贸然，因此这不是一个好计划。即使是古代的道德君子，韬光养晦而不显耀，三缄其口而不流传，遇到您这样诚心求教的人，尚且要倾其所有，逐一传授。像我这样愚顽不肖的人，又哪里敢对您有所吝啬呢？以您的才能，足以自发图强，我所拥有的东西，如前面所述，因此事到临头，我心中惭愧而不敢答应您的请求。我的资财不足以给您救急之用，我的文章不足以启发您的事业，就怕您会满怀希望而来，失望灰心归去，请您原谅我吧。

上李尚书书

月日，将仕郎前守四门博士韩愈谨再拜奉书大尹阁下：

愈来京师，于今十五年，所见公卿大臣不可胜数，皆能守官奉职，无过失而已，未见有赤心事上，忧国如家如阁下者。今年已来，不雨者百有余日，种不入土，野无青草，而盗贼不敢起，谷价不敢贵，百坊、百二十司、六军、二十四县之人，皆若阁下亲临其家，老奸宿赃，销缩摧沮，魂亡魄丧，影灭迹绝。非阁下条理镇服，布宣天子威德，其何能及此！愈也少从事于文学，见有忠于君、孝于亲者，虽在千百年之前，犹敬而慕之，况亲逢阁下，得不候于左右，以求效其恳恳？谨献所为文两卷，凡十五篇，非敢自以为文也，以为谒见之资也。进退惟命。愈恐惧再拜。

【译文】某月某日，将仕郎前任四门博士韩愈谨再拜奉书尚书京兆尹阁下：

我来到京师，到现在已经十五年了，所遇到的公卿大臣不可计数，他们都能够奉公守法，没有过失，但我没有见过像您这样忠心侍奉皇上、忧国如家的人。今年以来，已有一百多天没有下雨了，种子不能入土，田野没有青草，但是盗贼不敢兴起，谷价不敢抬高，百坊、百二十司、六军、二十四县的官员，都像您一样亲自去探访百姓，老奸惯偷，龟缩沮丧，魂飞魄散，踪迹全无。若不是您细心整治、恩威并施，宣示天子的威严德行，怎么会获得现在的成果呢！我年少时攻读诗书，见到忠君仁孝的人，即使是千百年之前的古人，我也尊敬并仰慕他，何况亲自遇到您，能不侍奉在您的左右，以求尽绵薄之力吗？谨献上我所写的两卷文章，共十五篇，不敢当做是文章，只是把它作为谒见您的赞礼。进退惟听阁下之命。韩愈惶恐再拜。

贺徐州张仆射白兔书

伏闻今月十五日，营田巡官陈从政献瑞兔，毛质全白，天驯其心，其始实得之符离安阜。屯之役夫，朝行遇之，迫之不逸，人立而拱。窃惟休咎之兆，天所以启觉于下，依类托喻，事之纤悉，不可图验，非睿智博通，孰克究明？愈虽不敏，请试辨之。

兔，阴类也，又窟居，狡而伏，逆象也。今白其色，绝其群也；驯其心，化我德也；人立而拱，非禽兽之事，革而从人，且服罪也。得之符离，实戎国名，又附离也。不在农夫之田，而在军田，武德行也，不战而来之之道也。有安阜之嘉名焉。

伏惟阁下股肱帝室，藩垣天下，四方其有逆乱之臣未血斧锧，其属畏威崩析，归我乎哉，其事兆矣！是宜具迹表闻，以承答天意。小子不惠，猥以文句微识蒙念，睹兹盛美，焉敢避不让之责而默默邪？愈再拜。

【译文】我听说本月五日，营田巡官陈从政进献瑞兔，毛色全白，温顺异常，实际上最初是在符离县安阜屯得到它的。安阜屯的役夫早上出行碰到它，追它也不逃跑，像人一样站立拱手。我私下里认为这是福祸的征兆，是上天用来启迪世人的，借此提出警示，事情的细微难以检验，不是睿智之人，谁能探究清楚其中的意思？我虽然不聪敏，仍请求试着分辨它。

兔子，属于阴性事物，又生活在洞窟之中，狡猾而又隐伏，原本是忤逆之人的象征。但是现在它的毛色纯白，表明它与同类决然不一样；又温顺异常，是我们教化道德的结果；像人一样站立拱手，表明其不愿再为禽兽，将要洗心革面而为人，并且表示要服罪。在符离县得到它，符离实际上是古戎国名，又叫附离。不在农夫的田地里，而在军队的屯田之中出现，是表明武德将要施行，不打仗就能够使敌人来降的先兆。这确实是安定富足的前兆啊。

我想到您是皇上的股肱之臣，守卫天下，但是四方尚有犯上作乱之臣还没有归顺朝廷，乱臣将会畏惧您的威严而分崩瓦解，归顺于您，这就是先兆啊！现在应该具表上奏皇上，来答谢上天的美意。我虽不聪慧，用这些浅薄之见来打扰您，但是我看到瑞兆，哪敢躲避辞让而不作声呢？韩愈再拜。

上兵部李侍郎书

十二月九日，将仕郎守江陵府法曹参军韩愈谨上书侍郎阁下：

愈少鄙钝，于时事都不通晓，家贫不足以自活，应举觅官，凡二十年矣。薄命不幸，动遭谗谤，进寸退尺，卒无所成。性本好文学，因困厄悲愁，无所告语，遂得穷究于经传史记百家之说，沉潜乎训义，反复乎句读，砻磨乎事业，而奋发乎文章。凡自唐虞以来编简所存，大之为河海，高之为山岳，明之为日月，幽之为鬼神，纤之为珠玑华实，变之为雷霆风雨，奇辞奥旨，靡不通达。惟是鄙钝，不通晓于时事，学成而道益穷，年老而身益困，私自怜悼，悔其初心，发秃齿豁，不见知己。夫牛角之歌，辞鄙而义拙，堂下之言，不书于传记。齐桓举以相国，叔向携手以上，然则非言之难为，听而识之者难遇也。伏以阁下内仁外义，行高而德巨，尚贤而与能，哀穷而悼屈，自江而西，既化而行矣。今者入守内职，为朝廷大臣，当天子新即位，汲汲于理化之日，出言举事，宜必施设。既有听之之明，又有振之之力，宁戚之歌，鬷明之言，不发于左右，则后而失其时矣。谨献旧文一卷，扶树教道，有所明白。南行诗一卷，舒忧娱悲。杂以环怪之言，时俗之好，所以讽于口而听于耳也。如赐观览，亦有可采。

干黩尊严，伏增惶恐。愈再拜。

【译文】十二月九日，将仕郎守江陵府法曹参军韩愈恭敬地上书给侍郎阁下：

我年少之时鄙陋愚钝，对于世俗时事毫不知晓，家中贫穷不足以养活自己，参加科举考试来寻求官职，总共二十年了。我命薄不幸，经常遭到诋毁诽谤，稍有进步就又贬官后退，最终无所成就。我天性爱好文学，因为处境困顿悲苦而无处诉说，所以能够尽心探究经史和百家之学说，沉醉于训诂释义，逡巡于句读章法，磨砺我的事业，奋然著成文章。凡是自唐尧、虞舜以来，所保存下来的书籍，浩大如河海，高耸如山岳，明亮如日月，幽冥如鬼神，纤细如珠玑华实，变幻如雷霆风雨，新奇的词句、深奥的旨意，我没有不通晓熟悉的。只是我鄙陋愚笨不通晓世俗时事，学业有成而处世日益阻滞，年老体衰而境遇更加困顿，私下里自哀自怜，后悔当初喜爱治学，现在发秃齿脱，也找不到知己。宁戚叩牛角而歌，言词粗放但内容朴拙，龂龂堂下之言，传记中没有记载。齐桓公任用宁戚为宰相，叔向携龂龂之手而上堂，由此可知，并不是说话困难，而是很难碰到能听懂的人啊。我认为您内心仁厚而对外高义，行为高尚而道德深厚，崇尚贤良而称赞能人，哀怜失意之人而为之深感不平，从大江往西，教化已经得而施行。现在您将入职京师，为朝廷大臣，当此天子刚刚即位，努力于治政教化之时，您进言举荐，一定会被朝廷采纳。您既有纳谏的圣明，又有振兴国事的力量，如同宁戚之歌，龂龂之良言，如果还不向圣上说出，那以后就失去机会了。我谨献上旧文一卷，希望对教化道德有所帮助，有所阐明。南行诗歌一卷，抒发忧愁，感叹悲伤。夹杂以奇言怪论和世俗所好，用来讽谏。如蒙您浏览，或许有可采纳之处。

冒犯您的尊严，我更添惶恐。韩愈再拜。

答尉迟生书

尉迟生足下：

夫所谓文者必有诸其中，是故君子慎其实。实之美恶，其发也不掩。本深而末茂，形大而声宏，行峻而言厉，心醇而气和。昭晰者无疑，优游者有余。体不备，不可以为成人；辞不足，不可以为成文。愈之所闻也如是，有问于愈者，亦以是对。

今吾子所为皆善矣，谦谦然若不足，而以征于愈，愈又敢有爱于言乎？抑所能言者皆古之道，古之道不足以取于今，吾子其何爱之异也？

贤公卿大夫在上比肩，始进之贤士在下比肩，彼其得之，必有以取之也。子欲仕乎？其往问焉，皆可学也。若独有爱于是而非仕之谓，则愈也尝学之矣。请继今以言。

【译文】尉迟生足下：

所谓文章一定要有内在的思想，因此君子十分慎重地对待自己的个人修养。个人修养的好坏，一定会在文章中表现出来而不会被掩盖。根深则枝叶繁茂，形体高大、声音洪亮，品行刚直、则言语严厉，内心醇正则气色温和。个人修养好的人文章思路清晰而没有疑问，文笔运用自如而尚有余地。形体四肢不完整，就不能成为健全的人；言辞思想不完整，就不能称为完备的文章。我所听说的文章写法就是这样，有人询问我，我也是这样回答的。

现在您的品行都很出众，却依然非常谦虚好像自己还有很多不足之处，您向我询问写文章的方法，我怎敢吝啬不说呢？但是我所说的方法都是古人的主张，古人的主张难以在当今之世获得认可，您又何必偏爱这种异于世俗的东西呢？

贤能的公卿大夫比比皆是，刚刚进用的贤士也比比皆是，这些人能获得进用，必定有可取之处。您想要跻身仕途吗？向那些人求教吧，那些人都是值得学习的人。如果说只是喜爱古道而不想入仕做官，那我也曾学过。就请接着今天这个话题来谈论吧。

答杨子书

辱书并示表、记、述、书、辞等五篇，比于东都，略见颜色，未得接言语，心固已相奇，但不敢果以貌定。知人尧、舜所难，又尝服宰予之戒，故未敢决然挹，亦不敢忽然忘也。到城以来，不多与人往还。友朋之中所敬信者，平昌孟东野。东野矻矻说足下不离口。崔大敦诗不多见,每每说人物,亦以足下为处子之秀。近又得李七翱书,亦云足下之文远其兄甚矣。夫以平昌之贤,其言一人,固足信矣,况又崔与李继至而交说邪?故不待相见,相信已熟;既相见,不要约,已相亲,审知足下之才充其容也。今辱书乃云云,是所谓以黄金注,重外而内惑也。然恐足下少年,与仆老者不相类,尚须验以言,故具白所以。而今而后,不置疑于其间可也。若曰长育人才,则有天子之大臣在。若仆者,守一官且不足以修理,况如是重任邪?学问有暇,幸时见临。愈白。

【译文】承蒙您来信并给我寄来表、记、述、书、辞等五篇文章,我到了东都洛阳,与您匆匆一面,没能够深入交谈,心中就认为您很出众了,但是不敢贸然以貌取人。了解人是尧、舜都觉得困难的事情,我又曾信服于宰予的例子,所以不敢马上就对您下断言,也不敢对您稍有忘怀。到洛阳以来,我不大与人往来。朋友中我所敬佩的人,就是平昌人孟郊。孟郊一直不停地提到您。我很少与崔群相见,但每次评说当世贤俊,他也认为您是年轻人中的俊杰。最近我又收到李翱的来信,他也说您的文章水平远高出他的兄长。以孟郊的贤明,他对一个人的评价,本来就足以使人信服,何况又有崔群与李翱相继对您称道呢?所以不等到我们见面,我就非常相信您了;现在既然我们已经见面,即使没有相互邀约,我们彼此的关系也很亲近了,审视而知您的才能与外表是相称的。现在承蒙您写信告诉我您的观点,这是所谓的以黄金作注,重视外表而内心迷惑。但是我担心您是年轻人，与我这个老年人不是同类人，还需要用话语来说明，所以写信说清原因。从今往后，我们之间再没有什么隔阂了。如果说培养人才，那么有天子的大臣负责此事。像我这样的人，为官尚且不能尽职尽责，何况是这样的重任呢？您做学问的闲暇之余，希望能来寒舍做客。韩愈告白。

上襄阳于相公书

伏蒙示《顺圣文武乐词》《天宝乐诗》《读蔡琰胡笳词诗》《移族徙》并《与京兆书》，自幕府至邓之北境，凡五百余里，自庚子至甲辰，凡五日，手披目视，口咏其言，心惟其义，且恐且惧，忽若有亡，不知鞍马之勤，道途之远也。夫涧谷之水，深不过咫尺；丘垤之山，高不能逾寻丈，人则狎而玩之。及至临泰山之悬崖，窥巨海之惊澜，莫不战掉悸栗，眩惑而自失。所观变于前，所守易于内，亦其理宜也。阁下负超卓之奇才，蓄雄刚之俊德，浑然天成，无有畔岸。而又贵穷乎公相，威动乎区极，天子之毗，诸侯之师，故其文章言语，与事相伴。变化若雷霆，浩汗若河汉，正声谐《韶》《濩》，劲气沮金石，丰而不余一言，约而不失一辞，其事信，其理切。孔子曰："有德者必有言。"信乎其有德而且有言也。扬子云言曰："商书灏灏尔，周书噩噩尔。"信乎其能灏灏而且噩噩也。昔者齐君行而失道, 管子请释老马随之; 樊迟请学稼, 孔子使问之老农。夫马之智不贤于夷吾, 农之能不圣于尼父, 然且云尔者, 圣贤之能多, 农、马之知专故也。今愈虽愚且贱, 其从事于文实专且久, 则其赞王公之能而称大君子之美, 不为僭越也。伏惟详察。愈恐惧再拜。

【译文】承蒙您给我寄来《顺圣文武乐词》《天宝乐诗》《读蔡琰胡笳词诗》《移族徙》和《与京兆书》, 从您的幕府到邓州北境总共五百多里, 从庚子日到甲辰日总共五天, 我每天手翻眼看, 口里吟读您寄来的文章, 心里想着其中的含意, 忧虑不安, 生怕不能理解您的意思, 以至忘记鞍马之上的劳顿和旅途的遥远。河流溪水, 深不过几尺; 土丘小山, 高不过几丈, 人们就以轻慢嬉戏的态度对待它们。等到见识了泰山的万仞悬崖, 观赏到大海的惊涛巨浪, 没有人不感到心惊胆战, 目眩而失色。眼前所看到的东西发生变化, 内心所感受的情绪也随之改换, 这在情理上也是说得通的。您身负绝世奇才, 心怀崇高美德, 浑然天成, 广阔无边。而且您贵为公相, 权倾宇内, 是天子的辅臣, 诸侯的老师, 您的文章与您的功业相匹配。声势如雷霆, 浩瀚如星汉, 正声与《韶》《濩》相和, 刚劲足以摧毁金石, 论述完备而不遗漏一字, 文章简约而不错失一词, 叙事可信, 说理切实。孔子说: "有德行的人一定会有传世之言。"的确是这样啊, 您既有德行, 又有文章。扬雄说: "商代的书籍浩然高远, 周朝的书籍严正端庄。"的确是这样啊, 您的文章浩然而又严正。从前齐桓公行军迷路, 管仲请求让老马辨识路途而众人跟随; 樊迟请求学习稼穑, 孔子让他去请教老农。老马的智慧不如管仲，老农的才能不如孔子，之所以依靠他们，是因为圣贤的才能广泛，而老农、老马所知道的专一。现在我虽然愚顽鄙陋，但我对于文章确实钻研很久了，那么我称赞您的才能和您的君子之德，也就不算冒犯之举了。请您详细审察。韩愈惶恐再拜。

上郑尚书相公启

愈启：

伏蒙仁恩，猥赐示问，感戴战栗，若无所容措。然尚有厥诚须尽露于左右者，敢避其烦黩，怀不满之意于受恩之地哉！愈幸甚，三得为属吏，朝夕不离门下，出入五年。窃自计较，受与报不宜在门下诸从事后，故事有当言，未尝敢不言，有不便于己，辄吐私情，阁下所宜怜也。分司郎官职事惟祠部为烦且重，愈独判二年，日与宦者为敌，相伺候罪过，恶言詈词，狼藉公牒，不敢为耻，实虑陷祸。故前者怀状，乞与诸郎官更判。意虽甚专，事似率尔，言语精神不能自明，不蒙察允，遽以惭归，僵偃日日，遂逾累旬，私图其宜，敢以病告。鸤鸠平均，歌于《国风》；从事独贤，《雅》以怨刺。伏惟俯加怜察。幸甚，幸甚！愈再拜。

【译文】韩愈说：

　　承蒙您的恩惠，赐信问候，我心中十分感激惶恐，手足不知所措。但是我的确有事情必须坦诚地告诉您，我岂能因为怕繁杂而在受您恩惠之地，心怀不满呢！我非常幸运，能够三次成为您的属下，从早到晚在您的门下做事，总共有五年的时间。我暗自思量，我报答您的恩惠不应该在众人之后，所以凡是该说的事情，我没有不说的，对于不方便讲的，就私下告诉您我的想法，这是您对我的体恤。分司郎官的职事在祠部最为繁重，我在这个位置上任职二年，每天同宦官相斗，彼此搜寻对方的过失，恶语恶言写满公文，虽然不认为这是耻辱，但确实陷入忧患之中。所以我前段时间递上行状，请求与其他郎官调换位置。我的心意虽然很坚定，但是行事好像很草率，我现在说话、神志都不十分清楚，难以被您明察，因此就羞愧而告归，时光匆匆，一晃几十天过去了，我私下里考虑应该怎样做才合适，于是想以身体有病为由向您辞别。像鸤鸠那样专心做事，《国风》中有过歌咏；独自辛苦办事，在《小雅》中也表达过怨愤。我希望您能体谅。那就太幸运了，太幸运了！韩愈再拜。

上留守郑相公启

愈启：

　　愈为相公官属五年，辱知辱爱。伏念曾无丝毫事为报答效，日夜思虑谋画，以为事大君子当以道，不宜苟且求容悦。故于事未尝敢疑惑，宜行则行，宜止则止，受容受察，不复进谢，自以为如此真得事大君子之道。今虽蒙沙汰为县，固犹在相公治下，未同去离门墙为故吏，为形迹嫌疑，改前所为以自疏外于大君子，固当不待烦说于左右而后察也。人有告人辱骂其妹与妻，为其长者得不追而问之乎？追而不至，为其长者得不怒而杖之乎？坐军营操兵守御，为留守出入前后驱从者，此真为军人矣。坐坊市卖饼，又称军人，则谁非军人也？愚以为此必奸人以钱财赂将吏，盗相公文牒，窃注名姓于军籍中，以陵驾府县，此固相公所欲去，奉法吏所当嫉矣，虽捕系杖之未至过也。昨闻相公追捕所告受辱骂者，愚以为大君子之为政，当有权变，始似小异，要归于正耳。军吏纷纷入见告屈，为其长者，安得不少致为之之意乎？未敢以此仰疑大君子。及见诸从事说，则与小人所望信者，少似乖戾。虽然，岂敢生疑万一？必诸从事与诸将吏未能去朋党心，盖覆黯黮，不以真情状白露左右。小人私受恩良久，安敢闭蓄以为私恨，不一二陈道？伏惟相公怜察。幸甚，幸甚！愈无适时才用，渐不喜为吏，得一事为可自罢乃罢去，不啻如弃涕唾，无一分顾藉心。故失大君子纤芥意如丘山重，守官去官，惟今日指挥。愈惶惧再拜。

【译文】韩愈说：

我做您的属下已经五年了，承蒙您了解并爱护我。我考虑到对您不曾有过丝毫的回报，因此一天到晚思考，我认为对待君子应当执以大道，不应该只图愉悦对方。所以我对于做事情不曾有疑惑，该做则做，该停则停，被接受还是被考察，都不会表示谢意，自以为这就是真正对待君子的方式。现在我虽然被贬做了县令，可还是在您的管辖之下，不同于离开了您的门墙而只是您的旧吏，我为了避免嫌疑而改变以前的做法，主动疏远您，我本来就应该在您厌烦我之前，就觉察到这一点。有人向我申诉说有人辱骂他的妹妹、妻子，我作为长官能不追查这件事情吗？追查后却发现与事实不符，我作为长官能不发怒而对他杖刑处置吗？在军营之中，手持兵器，操演兵阵，替留守您前后奔波效力的人，才是真正的军人。坐在市井作坊之中卖大饼却敢自称军人，那么谁不是军人呢？我认为这一定是奸邪之人用钱财贿赂军中官吏，盗取您的文牒，偷偷在军籍之中注册姓名，以凌驾于地方府县之上，这也是您所要革除的弊病，奉公守法的官吏所应当憎恶的，即使是抓起来并施以杖刑也不过分。昨天听说您在追捕辱骂的人，我认为君子处理政事应该有所权变，开始时即使是小的偏离，但也要归于正道。士卒军官纷纷进见向您诉说委屈，您作为他们的长官，怎能不稍微安慰一下他们呢？我不敢因为您的做法而贸然怀疑您。后来听到您的手下人的言语，却与我所希望的结果稍有出入。即使这样，我哪里敢有丝毫的怀疑之心？一定是您的手下与各位将官不能够摒弃结党之心，暗中相互遮掩，不把真实情况告诉给您。我受到您的恩惠已经很久了，遇到不法之事，我怎敢只在心里嫉恨而不告诉给您？我恳请您明鉴。荣幸之至，荣幸之至！我没有适应时势的才能，渐渐地不喜欢为官，如果可以找一件事情作为辞官的理由，我会即刻离去，如同抛弃鼻涕唾沫一样，没有丝毫的顾虑之心。但是如果对您有丝毫的影响，对我来说就如山丘般沉重，我是留还是去，现在我听您的安排。韩愈惶恐再拜。

卷十六 书

上宰相书

正月二十七日，前乡贡进士韩愈，谨伏光范门下，再拜献书相公阁下：

《诗》之序曰："菁菁者莪，乐育材也。君子能长育人材，则天下喜乐之矣。"其诗曰："菁菁者莪，在彼中阿。既见君子，乐且有仪。"说者曰："'菁菁'者，盛也；'莪'，微草也；'阿'，大陵也。言君子之长育人材，若大陵之长育微草，能使之菁菁然盛也。'既见君子，乐且有仪'云者，天下美之之辞也。"其三章曰："既见君子，锡我百朋。"说者曰："'百朋'，多之之辞也。言君子既长育人材，又当爵命之，赐之厚禄，以宠贵之云尔。"其卒章曰："泛泛杨舟，载沉载浮。既见君子，我心则休。"说者曰："'载'，载也；'沉、浮'者，物也。言君子之于人才，无所不取；若舟之于物，浮沉皆载之云尔。'既见君子，我心则休'云者，言若此，则天下之心美之也。"君子之于人也，既长育之，又当爵命宠贵之，而于其才无所遗焉。《孟子》曰："君子有三乐，王天下不与存焉。"其一曰："乐得天下之英才而教育之。"此皆圣人贤士之所极言至论，古今之所宜法者也。然则孰能长育天下之人材，将非吾君与吾相乎？孰能教育天下之英材，将非吾君与吾相乎？幸今天下无事，小大之官，各守其所，钱谷甲兵之问，不至于庙堂。论道经邦之暇，舍此宜无大者焉。

今有人生二十八年矣，名不著于农、工、商贾之版。其业则读书著文，歌颂尧、舜之道，鸡鸣而起，孜孜焉亦不为利。其所读皆圣人之书，杨、墨、释、老之学，无所入于其心；其所著皆约六经之旨而成文，抑邪与正，辨时俗之所惑。居穷守约，亦时有感激怨怼奇怪之辞，以求知于天下，亦不悖于教化。妖淫谀佞，诪张之说，无所出于其中。四举于礼部乃一得，三选于吏部卒无成，九品之位其可望，一亩之宫其可怀。遑遑乎四海无所归，恤恤乎饥不得食，寒不得衣，滨于死而益固。得其所者争笑之，忽将弃其旧而新是图，求老农老圃而为师。悼本志之变化，中夜涕泗交颐。虽不足当诗人、孟子之所谓，抑长育之使成材，其亦可矣；教育之使成才，其亦可矣。抑又闻古之君子相其君也，一夫不获其所，若己推而内之沟中；今有人生七年而学圣人之道，以修其身，积二十年，不得已一朝而毁之，是亦不获其所矣。伏念今有仁人在上位，若不往告之而遂行，是果于自弃，而不以古之君子之道待吾相也，其可乎？宁往告焉，若不得志，则命也，其亦行矣。《洪范》曰："凡厥庶民，有猷有为有守，汝则念之。不协于极，不罹于咎，皇则受之。而康而色，曰：'予攸好德。'汝则锡之福。"是皆与善之辞也。抑又闻古之人有自进者，而君子不逆之矣，曰："予攸好德，汝则锡之福"之谓也。抑又闻上之设官制禄，必求其人而授之者，非苟慕其才而富贵其身也，盖将用其能理不能，用其明理不明者耳。下之修己立诚，必求其位而居之者，非苟役于利而荣于名也，盖将推己之所余，以济其不足者耳。然则上之于求人，下之于求位，交相求而一其致焉耳。苟以是而为心，则上之道不必难其下，下之道不必难其上。可举而举焉，不必让于其自举也；可进而进焉，不必廉于其自进也。抑又闻上之化下，得其道，则劝赏不必偏加乎天下，而天下从焉，因人之所欲为而遂推之之谓矣。今天下不由吏部而仕进者几希矣，主上感伤山林之士有逸遗者，屡诏内外之臣，旁求儒雅于四海，而其至者盖阙焉。岂无其人乎哉？亦见国家不以非常之道礼之，而不来耳。彼之处隐就闲者亦人耳，其耳目鼻口之所欲，其心之所乐，其体之所安，岂有异于人乎哉？今所以恶衣食，穷体肤，麋鹿之与处，猿狄之所居，固自以其身不能与时从顺俯仰，故甘心自绝而不悔焉。而方闻国家之仕进者，必举于州县，然后升于礼部、吏部，试之以绣绘雕琢之文，考之以声势之逆顺、章句之短长，中其程式者，然后得从下士之列。虽有化俗之方、安边之画，不繇是而稍进者，万不有一得焉。彼惟恐入山之不深，入林之不密，其影响昧昧,惟恐闻于人也。今若闻有以书上宰相而求仕者,宰相不辱焉,而荐之天子,天子爵命之,而布其书于四方,枯槁沉溺魁闳宽通之士,必且洋洋焉动其心,峨峨焉缨其冠,于于焉而来矣。此所以谓"劝赏不必遍加乎天下,而天下从焉"者也,"因人之所欲为而遂推之"之谓者也。

伏惟览《诗》《书》《孟子》之所指,念育才锡福之所以,考古之君子相其君之道,而忘自进自举之罪。思设官制禄之故,以诱致山林逸遗之士。庶天下之行道者,知所归焉。

小子不敢自幸,其尝所著文,辄采其可者若干首,录在异卷,辱赐观焉。干黩尊严,伏地待罪。愈再拜。

【译文】正月二十七日,前乡贡进士韩愈,恭谨地跪伏于您的门下,再次叩拜,郑重地向宰相阁下进献文章:

《毛诗》序中说道:"菁菁者莪的意思是乐于培育人才。君子能够注重培育人才,那么天下都会为之高兴。"诗文是:"菁菁者莪,在彼中阿。既见君子,乐且有仪。"注疏者说:"'菁菁',即茂盛的样子;'莪',是一种小草;'阿',指大丘陵。说的是君子注重培育人才就如同大丘陵养育小草一样,能够让草木长得茂盛。'既见君子,乐且有仪'的意思是天下人对它的赞美之词。"诗的第三章说:"既见君子,赐我百朋。"注疏者说:"'百朋',是给予它很多的意思。这句话是说君子既然注重培育人才,就应该封他官职爵位,赏赐他丰厚的俸禄,尊重和看重他等等。"诗的最后一章说:"泛泛杨舟,载沉载浮。既见君子,我心则休。"注疏者说:

"'载'，就是装载的意思；'沉、浮'，是指货物的轻重。这句诗说的是君子对于人才，没有不用的；就像船对于它上面的货物一样，不管货物是轻还是重都会装载等等。'既见君子，我心则休'的意思是说如果这么做，那么天下人都会心中喜悦。"上位者对于人才，既要对他进行培养，又该通过赐予他高官厚禄，来表示对他的重视，这样就不会浪费他的才能。《孟子》上说："君子有三乐，王天下不与存焉。"三乐中的一乐是："很高兴能够得到并教化培育天下的英才。"这都是圣人贤士的至理名言，是从古到今都应该遵循的法则。然而，谁能善于培养天下的人才呢，难道不是我们的天子和宰相吗？谁能教化培育天下的英才呢，难道不是我们的天子和宰相吗？幸运的是如今天下无事，大大小小的官员，各自履行自己的职责，关于钱粮税赋、武器军备等问题，不需要拿到朝堂上讨论。谈经论道、治国理政之余，除了培育人才以外，应该没有比这件事更重要的了。

现在有个人已经二十八岁了，他的名字不载于农、工、商贾的名册。他从事的职业是读书写文，歌颂尧、舜的仁政，每天鸡鸣就起床，勤勉刻苦，不为名利。他读的都是圣贤之书，杨朱、墨子、佛教、老庄的学说，并没有影响他的思想；他撰写的文章都是根据六经的主旨写成的，抵制邪说，遵循正论，明辨当前风俗中迷惑人的东西。身处贫穷之中仍能坚守礼节，偶尔也会有一些感激、怨怼、奇怪的言辞，希望天下人能知道他，但是也不违背教化。妖邪谄媚，张狂放肆的言辞，从不会出现在他的口中。他参加了四次礼部主持的考试才考中，参加了三次吏部的遴选考试也没有成功，九品之位可望而不可即，一亩大的宅院也只能想想。整个人惊慌不安，觉得四海之大却没有自己的归处，成日里忧虑愁苦，肚中饥饿没有食物可吃，天气寒冷没有衣服可穿，濒死之时意志却更加坚定。那些已经得封官职的人都争相讥笑他，一时间都想抛弃过去所学圣贤之书而另谋新路，求拜年老的农夫和年老的园丁为师。为自己志向的转变而悲叹，半夜里涕泪满面。虽然他还不足以称得上诗人、孟子所谓的"人才"，但如果对他进行培养，而使他成为有用之人，也还是可以的；教育他使他成才，也是可以的啊。我又听说古代的君子辅助国君治理国家，只要有一个人没有得到他应得的待遇，就好像是自己被推入水沟里一样；如今有个人七岁开始学圣人之道，用以涵养德行，积累了二十年，迫不得已要一朝之间放弃所学，这也是因为他没有得到应有的待遇呀。想到如今是行仁义之人处于相位，如果不向他禀告就直接离开，那就是甘于自暴自弃，而不以古时候君子的行为来对待我们的宰相，可以这么做吗？宁可去向他禀告，如果不得志，那就是命中注定，也该直接离开了。《尚书·洪范》说："凡是有谋略、有作为、有操守的臣民，您就记住他们。就算他们的行为不合法纪，只要没有构成犯罪，作为上位者就该宽恕他们。如果有人和颜悦色地对您说：'我爱好的就是美德。'您就应该赐给他们一些好处。"这说的都是给别人好处。我又听说古时候有人自谋士进，而君子不抵触的话，说："我爱好的就是美德，您就赐给我爵禄吧"之类的事情。我又听说朝廷之所以设置官位俸禄，一定要选择合适的人然后才会授予官职，不仅仅只是仰慕他的才华因而使他可以享受富贵，而是要用他的才能去治理那些无能之人，用他的明理来管理那些愚昧之人。下位者修养品德、行事正直，一心想要求得官职的原因，并不只是想沉浸于功名利禄之中，而是想用自己多出来的东西去帮助那些缺少这些东西的人们。既然这样，那么居上位者渴求人才，居下位者渴求地位，虽然彼此都有渴求但他们的目标却是一致的。假如心中都存着这样的想法，那么上位者不必埋怨没有人才可用，下位者也不必埋怨上位者不识人。可以举荐的就都会得到举荐，不必让他自荐；可以提拔任用的就提拔，不必回避自荐。我又听说上位者教化民众，如果方法得当，那么劝勉奖赏不必遍及天下，而天下人都会跟从，顺应人之所想而去推行教化，说的就是这种情况。如今普天之下不经过吏部的选拔就可为官之人很少了，皇上感怀于隐居山林中的士人有很多杰出人才被遗漏了，屡次下诏要朝廷内外的臣子，去四海之内访求博学之士，但是来的人还是很少。难道是没有人才吗？那是因为看到国家不以特殊的方式礼遇他们，所以没人来罢了。那些隐居赋闲之人也是人，他们耳朵想听的、眼睛想看的、鼻子想闻的、口中想说的，他们心中喜欢的东西，他们习惯居住的地方，难道和一般人有什么区别吗？如今他们之所以厌恶华衣美食，身处困苦之境，与麋鹿共处，和猿狄同居，本就是因为他们自己不能顺应形势，所以才甘愿与外界断绝来往而毫不后悔。而正好听闻朝廷为官之人，一定要先由州县举荐，然后上报给礼部、吏部，考查他们写作骈文的水平，查看文章声势的逆顺、章句的短长，文章符合规定格式的人，然后才能列于下等官员之列。即使身怀教化万民的方法、安边镇邦的谋略，不通过这个考试就想得到官职的人，一万人中也没有一个。那些隐士唯恐隐居之地不在大山的深处，不在森林最密集的地方，他们的行踪模糊不定，唯恐被别人知道。如今听说有人上书给宰相以求官，而宰相不以为辱，把他推荐给天子，天子赐予他官职，把他的书信广布于天下，那些形容枯槁、陷于困厄、器宇不凡、渊博通达的隐士，一定会怦然心动，庄重地整理好冠带，络绎不绝地来到朝廷。这就是"劝勉奖赏不必遍及天下，而天下人都会跟从"所说的情况，这就是"顺从人之所想而去推行教化"所说的情况。

心中想着自己阅读的《诗经》《尚书》《孟子》上讲的道理，思考培养人才、赐予爵禄的原因，考察古时君子辅佐君王的方法，而忘记了自荐自举之罪。想着国家制定官爵俸禄的原因，是为了吸引居住在山林中隐居避世的高士。那么普天之下奉行仁义之道的人，就都知道该何去何从了吧。

我不敢抱有侥幸心理，从我以前写的文章中，摘录了几篇自认为不错的，抄录在另外的卷册上，希望您能屈尊一览。冒犯了您的尊严，我伏地待罪。韩愈再拜。

后十九日复上书

二月十六日，前乡贡进士韩愈谨再拜言相公阁下：

向上书及所著文后，待命凡十有九日，不得命，恐惧不敢遁逃，不知所为。乃复敢自纳于不测之诛，以求毕其说而请命于左右。愈闻之：蹈水火者之求免于人也，不惟其父兄子弟之慈爱，然后呼而望之也。将有介于其侧者，虽其所憎怨，苟不至乎欲其死者，则将大其声疾呼，而望其人之救也。彼介于其侧者,闻其声而见其事,不惟其父兄子弟之慈爱,然后往而全之也。虽有所憎怨,苟不至乎欲其死者,则将往奔尽气,濡手足、焦毛发,救之而不辞也。若是者何哉?其势诚急,而其情诚可悲也。愈之强学力行有年矣,愚甚,不惟道之险夷,行且不息,以蹈于穷饿之水火。其既危且亟矣,大其声而疾呼矣,阁下其亦闻而见之矣。其将往而全之欤?抑将安而不救之欤?有来言于阁下者曰:"有观溺于水而爇于火者,有可救之道而终莫之救也。"阁下且以为仁人乎哉?不然,若愈者,亦君子之所宜动心者也。或谓愈曰:"子言则然矣,宰相则知子矣,如时不可何?"愈窃谓之不知言者,诚其才能不足当吾相之举耳。若所谓时者,固在上位者为之耳,非天之所为也。前五六年时,宰相荐闻,尚有自布衣蒙抽擢者,与今岂异时哉?且今节度、观察、防御、营田及诸小使等,尚得自举判官,无间于已仕未仕者,况在宰相,吾君所尊敬者,而曰不可乎?古之进人者,或取于盗,或举于管库,今布衣虽贱,犹足以方于此。情隘辞蹙,不知所裁,亦惟少垂怜焉。愈再拜。

【译文】二月十六日,前乡贡进士韩愈恭谨地再次拜谒上书宰相:

前些日子呈上书信以及所著的文章后,已经等待您的命令共十九天了,一直没有得到您的回复,我感到畏惧而又不敢逃避,不知道该如何是好。只得斗胆再次甘冒那不可预料的责罚,以求把自己想说的话全都说完并且能在您的身边任职。我听说:遭到水火之灾的人向别人呼救，不只是因为他们之间有父母、兄弟、子女的慈爱之情，才呼唤而盼望他们来拯救。如果有他人在旁，虽然曾经讨厌和怨恨他，如果还不至于是盼着他死的人，便要放开喉咙，急切呼唤，期待他们能怜惜救助自己。那些站在旁边的人，听到他的喊叫看到他危险的处境，不只是因为他们之间有父母、兄弟、子女的慈爱之情，而上前去救他。即使是对他有所厌恶和怨恨，如果还不至于盼他死的人，都会一口气飞奔过去，就算弄湿了身体、烧焦了头发胡须，也要拯救他而不会拒绝。为什么会这样呢？正是因为他的处境确实危急，而他的情境确实令人可怜啊。我勤学苦读勉力实践已经多年了，我生性愚鲁，不知考虑道路的艰险或平易，不停地往前走，以至于坠入穷愁饥饿的水火中。处境既危困又紧急，放开喉咙而急切呼喊，阁下大概也听到并看到了。您走过来帮助我呢？还是安坐在一旁不予救援呢？有人禀告阁下说："有的人看见别人掉到水里或为火焚烧，有援救的办法而最终没去救。"阁下认为他是仁德的人吗？如果不这样认为，像我这种情况，也是君子应该为之动心的。有人对我说："你讲得是对的，宰相也是了解你的，只是当前的时机不允许这样做又能怎么办呢？"我认为那些不了解实情就发表言论的人，他们的才能确实不配我们贤明的宰相的举荐。如果说到合适时机，这本身就是身居高位的人所造就的，并非是由上天造就的。五六年前，由于宰相推荐，尚且有从平民百姓中得到提拔的人，当时和现在难道世道有什么变化吗？况且现在的节度使、观察使、防御使、营田使以及许多小官等，尚且可以自己任用判官，对曾做过官和未做过官的同样看待，何况对于宰相，我们的君主所尊敬的人，怎么说做不到呢？古时候荐举人才，有的从盗贼中选取，有的从管理仓库的人中录用，现今我这个平民虽然身份低微，还是能和那些人相比的。情况窘迫言辞急迫，不知道写了些什么，还希望阁下稍加怜惜。韩愈再拜。

后廿九日复上书

三月十六日，羁旅前乡贡进士韩愈再拜言相公阁下：

愈闻周公之为辅相也，其急于见贤也，方一食三吐其哺，一沐三握其发。当是时，天下之贤才皆已举用；奸邪谗佞欺负之徒皆已除去；四海皆已无虞；九夷八蛮在荒服之外者，皆已宾贡；天灾时变、昆虫草木之妖，皆已销息；天下之所谓礼乐、刑政、教化之具，皆已修理；风俗皆已敦厚；动植之物、风雨霜露之所沾被者，皆已得宜；休徵、嘉瑞、麟凤、龟龙之属，皆已备至。而周公以圣人之才，凭叔父之亲，其所辅理承化之功，又尽章章如是，其所求进见之士，岂复有贤于周公者哉？不惟不贤于周公而已，岂复有贤于时百执事者哉？岂复有所计议能补于周公之化者哉？然而周公求之如此其急，惟恐耳目有所不闻见，思虑有所未及，以负成王讬周公之意，不得于天下之心。如周公之心，设使其时辅理承化之功，未尽章章如是，而非圣人之才，而无叔父之亲，将不暇食与沐矣，岂特吐哺握发为勤而止哉！惟其如是，故于今颂成王之德而称周公之功不衰。今阁下为辅相亦近耳,天下之贤才岂尽举用?奸邪谗佞欺负之徒岂尽除去?四海岂尽无虞?九夷八蛮之在荒服之外者,岂尽宾贡?天灾时变、昆虫草木之妖岂尽销息?天下之所谓礼乐、刑政、教化之具,岂尽修理?风俗岂尽敦厚?动植之物、风雨霜露之所沾被者,岂尽得宜?休徵、嘉瑞、麟凤、龟龙之属,岂尽备至?其所求进见之士,虽不足以希望盛德,如比于百执事,岂尽出其下哉?其所称说,岂尽无所补哉?今虽不能如周公吐哺握发,亦宜引而进之,察其所以而去就之,不宜默默而已也。愈之待命四十余日矣,书再上而志不得通,足三及门而阍人辞焉,惟其昏愚不知逃遁,故复有周公之说焉。古之士三月不仕,则相吊,故出疆必载质。然所以重于自进者,以其于周不可,则去之于鲁;于鲁不可,则去之于齐;于齐不可,则去之宋,之郑,之秦,之楚也。今天下一君,四海一国,舍乎此,则夷狄矣,去父母之邦矣。故士之行道者,不得于朝,则山林而已矣。山林者,士之所独善自养而不忧天下者之所能安也,如有忧天下之心则不能矣,故愈每自进而不知愧焉。书亟上,足数及门,而不知止焉。宁独如此而已?惴惴焉,惟恐不得出大贤之门下是惧,亦惟少垂察焉。渎冒尊威,惶恐无已。愈再拜。

【译文】三月十六日,寄居他乡的前乡贡进士韩愈恭谨地再次拜谒上书宰相:

我听说周公担任宰相时,他殷切地想要会见贤士啊,以至于吃一顿饭要三次吐出嘴里的食物来接见贤才，洗一次头要三次握住尚未梳理的头发来接见宾客。当时，天下的贤才都已经被选举出来了；奸邪谗佞、忘恩负义之徒都已经铲除了；四海之内已经太平无事；那些偏远地区的少数民族，都已经归顺、纳贡了；天灾人祸时世的变化、昆虫草木的妖异现象，都已经不见了；天下的所谓礼仪音乐、刑法政令、教育感化人的工具，都已经完备了；民风习俗都已朴实淳厚；凡动植物、蒙受风雨霜露的滋润养育的万物，都已经得到了合适的生存环境；吉兆、祥瑞、麒麟凤凰、灵龟神龙之类，都已经出现。而周公以他圣人的才智，凭着他是君王叔叔的亲近关系，他那辅佐君王、治理国家、让百姓接受教化的功绩，又都如此显著，那些求见的人中，难道还有比周公更贤明的吗？非但不可能比周公更贤明，难道还有比当时执掌各部门政务的官员更贤明的吗？难道他们还有什么策略、议论能够弥补周公教化之不足吗？然而周公求贤之心是如此急迫，唯恐有自己耳朵眼睛所没有听到看到的，头脑所没有考虑到的，从而辜负了周成王委托他治国的一番心意，不能得到天下百姓的一致拥戴。像周公这样的心思，假设他当时辅佐治理、实行教化的功绩，没有能够如此昭彰卓著，而他本人也并没有圣人的才智，没有作为君王叔叔的亲近关系，那么恐怕连吃饭、洗头的功夫都没有了，哪里还只是以吃饭时吐食、洗头时握发为勤劳就算了呢！正因为如此，所以直到今天大家还在不停地赞扬成王的德行并且称赞周公的功劳。如今阁下当宰相的时间并没有多久，天下的贤才难道都已提拔重用了？奸邪谗佞、欺君负恩之徒难道都已清除干净了？四海之内难道都已安定无事了？各方荒远地区的异族，难道都已归顺、纳贡了？天灾人祸、昆虫草木的妖异难道都已绝迹了？天下的所谓礼仪音乐、刑法政令、教化人的工具，难道都已完善了？社会风气习俗难道都已朴实淳厚了？动植物、受风雨霜露滋养的万物，难道都已得到了适宜的生存环境？吉兆、祥瑞、麒麟凤凰、灵龟神龙之类，难道都已出现了？那些请求进见的人，虽然不足以得到有崇高道德的阁下的青睐，至于和朝廷的官员比较，难道他们的才能全都在百官之下吗？他们所提出的见解、所发的言论，难道对朝廷都是无稽之谈吗？现在即使不能像周公那样为求贤而吐食握发，也应该召见他们并加以推荐，考察他们的实际德才而决定辞退或任用，不应该不予理睬就算了的。我等待您的命令已经四十多天，一再地承上书信而我心中的意向却未能向您表达，三次来到您的府门前却都被守门人推却，只是我生性糊涂愚蠢不知逃避，所以才又有了这些关于周公的言论。古时候的读书人三个月没有做官，便要相互慰问，所以一出国界一定要带着进见的礼物。但他们重视自荐的原因，是因为如果周朝不用他们，他们就去往鲁国；鲁国不用他们，就去往齐国；齐国不用他们，就去往宋国，去往郑国，去往秦国，去往楚国。如今天下只有一个君主，四海之内只有一个国家，除此以外，就是异族的土地了，也就是离开父母之邦了。所以读书人想要实现自己的理想，不能被朝廷任用，就只有去山林隐居一条路了。山林，是读书人中那些只求独善其身、保养自我而对天下大事都不再忧虑的人才能够安心居住的，如果还有忧虑天下之心就不能隐居了，所以我才多次自荐而不知羞愧。信一再地奉上，不停地登门，而不知休止了。哪里仅仅如此而已？我心中还惴惴不安，唯恐不能出自大贤的门下，也希望您能对我稍稍有所了解。冒犯了阁下的威望尊严，惶恐不已。韩愈再拜。

答侯继书

裴子自城来，得足下一书，明日，又于崔大处，得足下陕州所留书，玩而复之，不能自休。寻知足下不得留，仆又为考官所辱，欲致一书开足下，并自舒其所怀，含意连辞，将发复已，卒不能成就其说。及得足下二书，凡仆之所欲进于左右者，足下皆以自得之，仆虽欲重累其辞，谅无居足下之意外者，故绝意不为。行亦自念方将远去，潜深伏隩，与时世不相闻，虽足下之思我，无所窥寻其声光，故不得不有书为别，非复有所感发也。仆少好学问，自六经之外，百氏之书，未有闻而不求，求得而不观者也。然其所志，惟在其意义所归。至于礼乐之名数，阴阳、土地、星辰、方药之书，未尝一得其门户。虽今之仕进者不要此道，然古之人未有不通此而为大贤君子者也。仆虽庸愚，每读书，辄用自愧。今幸不为时所用，无朝夕役役之劳，将试学焉。力不足而后止，犹将愈于汲汲于时俗之所争，既不得而怨天尤人者，此吾今之志也。惧足下以吾退归，因谓我不复能自强不息，故因书奉晓，冀足下知吾之退，未始为不进；而众人进，未始为不退也。既货马，即求船东下，二事皆不过后月十日。有相问者，为我谢焉。愈再拜。

【译文】裴先生从京城来，给我带来一封您的书信，第二天，又从崔大那里得到一封您在陕州时留给我的信，反复拜读，不能自已。从而得知您不能留任，我又被考官羞辱，想要写一封信开导您，借以抒发自己心中的愤懑，但言辞不能完全表达我内心的想法，诸多感慨汇聚于心，一时竟无法说清，提起笔来最终又停下，信最后也没有写成。等到看到您的这两封信，凡是我想说的，您自己都已经做到了，我虽然想再重复一次这些话，想必也没有超出您意料的，所以就打消主意不准备说了。但我又想到自己将要离开，隐世闭居，不再与世人往来，即使是您想见我，也无法找到我的行踪，所以我不得不写下这封信与您告别，并不是什么有感而发。我从小就喜好学习，从六经之外，到百家著作，没有听说了而不去寻找的，只要找到了就一定会看。但这些书的内容，我还记得的也只有书的大义和主旨。至于礼制、音乐的名号、礼数，阴阳、土地、星辰、方药之类的书籍，没有一门入得门径。虽然如今为官之人不需要学习这些知识，但古人中没有不通晓这些知识就能成为大贤君子的。我虽然平庸愚鲁，每次读书，都因此自愧不已。如今侥幸不为世俗所用，没有了早晚奔波劳顿之苦，打算学习这些知识。精力不足就会停止学习，还是远远超过那些为功名利禄你争我夺、得不到就怨天尤人之人的，这就是我如今的志向。害怕您因为我退隐闭居，就说我不再能自强不息，所以借这封信让您知晓，希望您能明白我退隐的目的，未尝不是为了能更进一步；而众人的进步，未尝不是一种倒退。既然马已经卖掉了，我就要立即找船东下，这两件事情做完都不会超过下个月十日。如果有人向您询问我的状况，请您代我向他致谢。韩愈再拜。

答崔立之书

斯立足下：

仆见险不能止，动不得时，颠顿狼狈，失其所操持，困不知变，以至辱于再三，君子小人之所悯笑，天下之所背而驰者也。足下犹复以为可教，贬损道德，乃至手笔以问之，扳援古昔，词义高远，且进且劝，足下之于故旧之道，得之矣。虽仆亦固望于吾子，不敢望于他人者耳。然尚有似不相晓者，非故欲发余乎？不然，何子之不以丈夫期我也！不能默默，聊复自明。仆始年十六七时，未知人事，读圣人之书，以为人之仕者皆为人耳，非有利乎己也。及年二十时，苦家贫，衣食不足，谋于所亲，然后知仕之不唯为人耳。及来京师，见有举进士者，人多贵之，仆诚乐之，就求其术，或出礼部所试诗赋策等以相示，仆以为可无学而能，因诣州县求举。有司好恶出于其心，四举而后有成，亦未即得仕。闻吏部有以博学宏词选者，人尤谓之才，且得美仕，就求其术，或出所试文，亦礼部之类也，私怪其故，然犹乐其名，因又诣州府求举。凡二试于吏部，一既得之，而又黜于中书，虽不得仕，人或谓之能焉。退因自取所试读之，乃类乎俳优之辞，颜忸怩而心不宁者数月。既已为之，则欲有所成就，《书》所谓"耻过作非"者也。因复求举，亦无幸焉，乃复自疑，以为所试与得之者不同其程度，及得观之，余亦无甚愧焉。夫所谓博学者，岂今之所谓者乎？夫所谓宏辞者，岂今之所谓者乎？诚使古之豪杰之士，若屈原、孟轲、司马迁、相如、扬雄之徒进于是选，仆必知其怀惭，乃不自进而已耳。设使与夫今之善进取者，竞于蒙昧之中，仆必知其辱焉。然彼五子者，且使生于今之世，其道虽不显于天下，其自负何如哉！肯与夫斗筲者，决得失于一夫之目而为之忧乐哉！故凡仆之汲汲于进者，其小得，盖欲以具裘葛养孤穷；其大得，盖欲以同吾之所乐于人耳。其他可否，自计已熟，诚不待人而后知。今足下乃复比之献玉者，以为必俟良工之剖，然后见知于天下，虽刖两足而不为病，且无使刖者再克，诚足下相勉之意厚也。然仕进者岂舍此而无门哉？足下谓我必待是而后振者，尤非相悉之辞也。仆之玉固未尝献，而足固未尝刖，足下无为我戚戚也。方今天下风俗尚有未及于古者，边境尚有被甲执兵者，主上不得怡，而宰相以为忧。仆虽不贤，亦且潜究其得失，致之乎吾相，荐之乎吾君，上希卿大夫之位，下犹取一障而乘之。若都不可得，犹将耕于宽闲之野，钓于寂寞之滨，求国家之遗事，考贤人哲士之所终始，作唐之一经，垂之于无穷，诛奸谀于既死，发潜德之幽光。二者将必有一可。足下以为仆之玉凡几献，而足凡几刖也。又所谓刖者，果谁哉？再克之刑，信如何也？士固伸于知己，微足下，无以发吾之狂言。愈再拜。

【译文】斯立先生：

　　我见到险路而不能止步，行动不得其时，颠沛困顿处境艰难窘迫，失去一向之操守，处境困厄而不知道改变方法，以至于三次考博学宏词科均失败受辱，致使不分君子小人都怜悯我又嘲笑我，我算是与天下人背道而驰了。您还认为我可以教诲，降低自己的身份道德，甚至亲自写信询问，援引古代事例，辞义高深，一边鼓励我上进一边加以劝慰，您对于老朋友的帮助，真是尽心竭力了。可是我也只能寄希望于您，而不敢寄希望于他人了。然而我还有一些不太明白之处，莫非您是有意想激发我上进吗？不然的话，您为什么不以大丈夫的标准期望于我！我不能默默不语，姑且自明己意。当初我十六七岁时，不知人世间之事，读圣人之书，认为那些做官的人都是为了别人而已，不是为了利于自己。到我二十岁时，苦于家境贫寒，衣食不足，到亲友处去想办法，这以后我才知道当官不止是为了他人。直到我来京城之后，看到有考中进士的，世人多看重他们，我也真心乐于考进士，于是就去向他们请教考进士的方法，有人拿出礼部考进士的诗、赋和策等给我看，我认为那些东西我不学习就可以达到那样的水平，于是就到州县去请求举荐我参加进士考试。主考官们全凭一己之好恶来决定考生的成败，我参加了四次进士考试才获得成功，也未能得到官位。听说吏部有以博学宏词选拔人才的考试，人们尤其称道这些人有才，并且他们可以得到好的官职，于是我又去向他们求教考博学宏词科的方法，有人拿出参加考试的文章给我看，大概也是礼部考试一类的文章，我自己奇怪这其中的缘故，但还是乐于得其名声，于是又到州府去请求推荐我参加考试。前后共两次参加吏部的考试，有一次已经考中了，而又被中书抹去了名字，虽然未能得官，但有人还说我有能力。回家之后自己拿出自己所写的应试文章阅读，类似于古代以乐舞谐戏为职业的艺人们的言辞，有好几个月我都面色羞愧、心中不安。既然已经这样做了，就想有所成就，这大概就是《尚书》中所说"不喜欢别人谈自己的过失而文过饰非遂酿成大错"的意思吧。于是我又去参加考试，也没有成功，于是就又自我怀疑，认为是自己写的文章与考中者的文章水平有所不同，等拿到他们的文章一看，我也就没有什么可惭愧的了。所谓博学，难道就是今天所说的那样吗？所谓宏词，难道就是今天所说的那样吗？真的让古代的豪杰之士，如屈原、孟轲、司马迁、司马相如、扬雄等人来参加这种考试，我知道他们必定心怀惭愧，而自己不去参加考试。假如让他们和今天那些善于进取的人，在朦胧不清的状态中竞争，我知道他们必定会落榜的。然而五位豪杰之士，如果再让他们生于今世，他们的思想、主张即使不能显扬于天下，但他们的自信会怎么样呢！他们肯和那些卑微的好进之士，决胜负于考官的眼前而为之忧伤或快乐吗！所以我之所以心情急切地求进为官，是因为我如果做小官，大概是想解决自己的衣食之需并且有盈余可以赡养那些困厄孤苦之人；我如果做大官，大概是想让别人和我享受同样的欢乐。其他路子可行与否，我自己已经考虑得非常成熟了，实在不必等别人指点才能明白。如今您又把我比作敬献和氏璧的卞和，认为必须等待技艺高超的工人剖开璞玉，然后才能被天下人知道是宝玉，即使是卞和两次被楚王砍了脚也不算耻辱，只是不要让当权者再行砍截，您对我的勉励之意实在是非常深切的。然而求官的人难道舍此就再也没有门路了吗？您说我必待考博学宏辞而后才可进入仕途，这更不是相熟之人说的话。我的"玉"虽未呈献给皇帝，但我的脚也不曾被人砍去，您不必为我忧伤。如今的社会风尚还没有古时候淳厚，边境尚不安定，皇帝还未能心安，而宰相也以此为忧。我虽然不算贤达，也将深入探究社会的利弊，呈送给我们的宰相，献给皇帝，在上希望得到卿大夫之位，在下犹可获得一个小官。如果这些都无法实现，我还将到广阔的野外去种地，到寂静的水边去钓鱼，在民间搜求国家的遗事，考察贤人哲士的生平，写一部唐代的经书，传之后世，就算那些奸诈谄媚之人死去也要进行批判，那些鲜为人知而品德美好的隐逸之士也要进行宣扬。这二者之间必将有一种是可行的。您认为我的"玉"已敬献过了几次，而脚也已被砍了几次。您所说的强有力的当权者，又是谁呢？再砍我脚的这种刑罚，真的是什么样呢？读书人固然相信自己的知己，倘若没有您，也没有让我说这些狂话的机会。韩愈再拜。

答李翊书

六月二十六日，愈白：

李生足下：生之书，辞甚高，而其问何下而恭也！能如是，谁不欲告生以其道？道德之归也有日矣，况其外之文乎？抑愈所谓望孔子之门墙而不入于其室者也，乌足以知是且非邪？虽然，不可不为生言之。生所谓立言者是也。生所为者，与所期者，甚似而几矣。抑不知生之志，蕲胜于人而取于人邪？将蕲至于古之立言者邪？蕲胜于人而取于人，则固胜于人而可取于人矣；将蕲至于古之立言者，则无望其速成，无诱于势利，养其根而俟其实，加其膏而希其光。根之茂者其实遂，膏之沃者其光晔，仁义之人，其言蔼如也。抑又有难者，愈之所为，不自知其至犹未也，虽然，学之二十余年矣。始者非三代两汉之书不敢观，非圣人之志不敢存，处若忘，行若遗，俨乎其若思，茫乎其若迷。当其取于心而注于手也，惟陈言之务去，戛戛乎其难哉！其观于人也，不知其非笑之为非笑也。如是者亦有年，犹不改，然后识古书之正伪，与虽正而不至焉者，昭昭然白黑分矣，而务去之，乃徐有得也。当其取于心而注于手也，汩汩然来矣，其观于人也，笑之则心以为喜，誉之则心以为忧，以其犹有人之说者存也。如是者亦有年，然后浩乎其沛然矣。吾又惧其杂也，迎而距之，平心而察之，其皆醇也，然后肆焉。虽然，不可以不养也，行之乎仁义之途，游之乎《诗》《书》之源，无迷其途，无绝其源，终吾身而已矣。气，水也；言，浮物也，水大而物之浮者小大毕浮。气之与言犹是也，气盛则言之短长与声之高下者皆宜。虽如是，其敢自谓几于成乎？虽几于成，其用于人也奚取焉？虽然，得用于人者，其肖于器，则时用焉，用与舍属诸人。君子则不然，处心有道，行己有方，用则施诸人，舍则传诸其徒，垂诸文而为后世法。如是者，其亦足乐乎？其无足乐也？有志乎古者希矣！志乎古必遗乎今，吾诚乐而悲之。亟称其人，所以劝之，非敢褒其可褒而贬其可贬也。问于愈者多矣，念生之言不志乎利，聊相为言之。愈白。

【译文】六月二十六日，韩愈说：

李翊足下：您的来信，文辞优美，而且请教问题的态度是那么谦虚恭敬！能像这样保持下去，谁不愿意把道理告诉您呢？道德归属于您的日子也不会太远了，何况外在表现的文章呢？不过我只是所谓的望见孔子高高的宫墙但尚未得其门进入室内的人，怎么能够知道是对还是错呢？虽然如此，还是不可以不和您谈谈这方面的道理。您所说的树立精要可传的言论是对的。您写的文章，与您期望达成的目的，非常相似甚至是所差无几。也不知道您的志向，是祈求自己的文章超过别人而从众人中脱颖而出呢？还是祈求达到古之立言者的境界呢？祈求自己的文章超过别人而从众人中脱颖而出，那您本来就超过了别人那很快就可以从众人中脱颖而出了；如果祈求达到古之立言者的境界，那么就不能指望它短时间内成功，不能被世俗的权势和财利所诱惑，应该培养树木的根茎而等待果树结果，多添灯油而盼望灯光明亮。根系发达的果树结出的果实才会令人满意，灯油滋润的油灯散发火光而灿烂，宽厚正直的人，他的言语也是和蔼可亲的。不过又有感到困难的地方，我写的文章，自己没察觉到它是否达到古之立言者的境界，虽然，我学习古之立言者已经二十多年了。起初，不是夏、商、周三代和两汉的书我不敢看，不是圣人的志向我不敢铭记于心，静处时就像忘记了什么，行走时就像丢失了什么，严肃正经时就像有所思考，茫然无知时就像有所迷惑。当自己把心中的思想表达出来倾注于文章的时候，只是力求去掉那些陈词滥调，这是十分困难的啊！文章拿给别人看，不把别人的为难嘲笑放在心上。就像这样也经过了很多年，还是不改变自己，然后才能辨别古书中道理的真伪，以及那些虽然道理正确但尚未达到最高境界的内容，都十分清楚、黑白分明了，并且务必摒弃那些错误的和还不完善的，才能慢慢地有所收获。当自己把心中的思想表达出来倾注于文章的时候，文思泉涌，这时文章再拿给别人看，面对别人讥笑时我的心中是高兴的，当面对别人的称誉时我的心中反而担忧，这是因为自己的文章中还存有世人的见解。就像这样又经过了很多年，然后文思才浩浩荡荡如同汹涌的波涛那样。我又怕文章中有不纯正的地方，便像阻挡洪水一样从反面对文章进行论证，心平气和地反复观察，觉得它全都纯粹了，然后再放手去写。即使这样，还是不可不去修养己身，行事按照仁义的道路，漫游在《诗经》《尚书》等儒家经典的源头之中，不迷失方向，不断绝源头，这样度过我的一生就可以了。人的精神思想，就好比是水；文章，就好比是浮在水面上的东西，水大的话大大小小的东西全都能浮起。精神思想和文章的关系也是如此，精神思想充沛的话文章中长短错落的语句与抑扬顿挫的韵律都能运用自如。即使如此，哪里敢自认为与成功所差无几了呢？即使与成功所差无几，那被人采用时又有什么可取之处呢？即使这样，被别人采用，不就像器物一样了吗，即使采用，使用与不使用都取决于别人。人格高尚的君子就不是这样，他们心中存有道德，立身行事采用正确的方法，使用时就把自己的言论施行于他人，不使用时就把自己的言论传授给自己的弟子，文章传留后世让后代子孙效法。像这样做，到底值得快乐？还是不值得快乐呢？现在有志于效仿古圣先贤仁义之道的人很少了！有志于古圣先贤仁义之道的人一定会被今人遗弃，我真心为有志于古圣先贤的人感到高兴，同时也为他们被今人遗弃而感到悲愤。我屡次称赞那些有志于古圣先贤仁义之道的人，只是为了勉励他们，我并不敢轻易褒奖那些该褒奖的人和批评那些该批评的人。向我请教的人有很多，考虑到您说自己并非有志于名位利益，聊且对您讲了这些话。韩愈谨复。

重答翊书

愈白：

李生：生之自道其志可也，其所疑于我者非也。人之来者，虽其心异于生，其于我也，皆有意焉。君子之于人，无不欲其入于善，宁有不可告而告之，孰有可进而不进也？言辞之不酬，礼貌之不答，虽孔子不得行于互乡，宜乎余之不为也。苟来者，吾斯进之而已矣，乌待其礼逾而情过乎？虽然，生之志求知于我邪，求益于我邪。其思广圣人之道邪，其欲善其身而使人不可及邪？其何汲汲于知而求待之殊也？贤不肖固有分矣，生其急乎其所自立，而无患乎人不己知；未尝闻有响大而声微者也，况愈之于生恳恳邪！属有腹疾无聊，不果自书。愈白。

【译文】韩愈说：

李生足下：您自述自己的志向是对的，但您怀疑我这是不对的。那些来向我请教的人，虽然他们的志向与您不同，但于我而言,都是很有意义的。君子对待别人,没有不想让人行善向善的,岂能把不该告诉他的告诉他,而明明可以指点的却不指点呢?人有来言而我没有去语,人施以礼而我不应答,如果这样,就是孔子也不去互乡这个地方传道,当然我是不会这么做的。如果有人前来请教,我就给他指点罢了,哪能等到他们施非常之礼、表非常之情才指点呢?虽然,您的意愿是向我学习,从我这里增长学识。难道您是想推行圣人之道吗,还是想加强自身修养而让他人都比不上您呢?您为什么这么急切地想让我了解您而希望得到特殊的待遇呢?有才能还是没有才能本来就是有区别的,您应该着急的是让自己能够立身于世,而不是担忧别人不理解自己;我从未听说过一件事情影响很大但知道的人却很少的,何况我对您是如此真挚恳切呢!正好赶上我身患腹疾,不能继续,无法亲自把信写完。韩愈谨复。

代张籍与李浙东书

月日,前某官某谨东向再拜寓书浙东观察使中丞李公阁下:

籍闻议论者皆云:方今居古方伯连帅之职,坐一方得专制于其境内者,惟阁下心事荦荦,与俗辈不同。籍固以藏之胸中矣!近者,阁下从事李协律翱到京师,籍于李君,朋友也,不见六七年,闻其至,驰往省之,问无恙外,不暇出一言,且先贺其得贤主人。李君曰："子岂尽知之乎？吾将尽言之。"数日，籍益闻所不闻。籍私独喜，常以为自今以后，不复有如古人者，于今忽有之。退而自悲，不幸两目不见物，无用于天下，胸中虽有知识，家无钱财，寸步不能自致。今去李中丞五千里，何由致其身于其人之侧，开口一吐出胸中之奇乎？因饮泣不能语。既数日，复自奋曰：无所能人，乃宜以盲废；有所能人，虽盲，当废弃于俗辈，不当废于行古人之道者。浙水东七州，户不下数百万，不盲者何限。李中丞取人固当问其贤与不贤，不当计其盲与不盲也。当今盲于心者皆是也，若籍自谓独盲于目尔，其心则能别是非，若赐之坐而问之，其口固能言也。幸未死，实欲一吐出平生所知，阁下能信而置之于门耶？籍又善为古诗，使其心不以忧衣食乱。阁下无事时，一致之座侧，使跪进其所有，阁下凭几而听之，未必不如听吹竹弹丝敲金击石也。夫盲者业于艺必专，故乐工皆盲，籍傥可与此辈比并乎！使籍诚不以蓄妻子、忧饥寒乱心，有钱财以济医药，其盲未甚，庶几复见天地日月，因得不废，则自今至死之年，皆阁下之赐也。阁下济之以已绝之年，赐之以既盲之视，其恩轻重大小，籍宜如何报也！阁下裁之。籍惭腼再拜。

【译文】某月某日，前任某官某恭敬地面向东方拜了再拜传书给浙东观察使中丞李公阁下：

我听闻他们都议论说：现在担任地方长官的人，坐镇的地方全都受其管辖，只有阁下心中事理分明，和平庸鄙俗的人不同。我本来对您的钦佩之情都隐藏在胸中啊！最近几天，阁下的从事李协律来到京师，我和李君，向来是好朋友，彼此之间约有六七年没有相见，我听闻他来了，连忙前往探望，除了问候他身体有恙无恙之外，没有工夫谈论别的，就先祝贺他遇到一位贤明的主人。李君说："你难道知晓李公全部的事吗？我把有关李公的事全都说给你听。"交谈了数天，都是我从前没有听过的内容。我心里暗自欢喜，我常以为从今往后，不再和古人一样的人了，到了今天忽然听说有这样一个人。离开后我心里又有点悲伤，我不幸双目失明看不见东西，对于天下来说已经是个没用的人了，我胸中虽然有知识，但是家里没有钱财，独自寸步难行。现今我这个地方距离李中丞约有五千里远，怎能来到中丞的面前，开口一吐胸中所有奇异的见解呢？因此极其悲哀泪流满面连话都说不出了。过了数日，又自我奋发道：没才能的人，才会因为双目失明而自甘堕落；有才能的人，虽然双目失明，也应当拒绝成为平庸鄙俗的人，不应当自我放弃而成为施行古人之道的人。浙水以东七州，住户不下数百万，双目不盲的人有多少。我知晓中丞选用人才本来要问他贤不贤，而不应该问他盲不盲啊。当今心盲的人比比皆是，若我只是双目失明，则心还是能够辨别是非的，若您赐我座位询问天下的事，我的嘴尚且能够谈论。我侥幸没有死，实在想要一吐平生所知的事，阁下能够信任我并把我收入门下吗？我又擅长做古诗，这样我的心就不用因担忧衣食而被扰乱。阁下没事的时候，如果肯叫我前来座位一侧，让我跪着进献所做的古诗，阁下只需靠在几案上听着就好，未必不如听那些吹竹弹丝敲钟击磬的音乐啊。况且双目失明的人精神专一技艺必定精通，所以乐工都是双目失明的人，我尚且能够和这些人相比的吧！倘若我的心因不用养活妻子儿女、担忧饥寒而乱，又有钱财可以求医问药，只怕我的双目还不会盲到这个地步，或许能够重见天地日月，再加上您不摒弃我，那我从今日起直到去世，全都是阁下的恩赐啊。阁下在我走投无路的时候接济了我，又赐我已经失明的双目重见天日，如此恩情实在难以衡量，我该怎样报答才好！请阁下裁夺。张籍羞愧地拜了再拜。

答李秀才书

愈白：

故友李观，元宾，十年之前示愈《别吴中故人诗》六章，其首章则吾子也，盛有所称引。元宾行峻洁清，其中狭隘不能包容，于寻常人不肯苟有论说，因究其所以，于是知吾子非庸庸众人。时吾子在吴中，其后愈出在外，无因缘相见。元宾既没，其文益可贵重。思元宾而不见，见元宾之所与者则如元宾焉。今者辱惠书及文章，观其姓名，元宾之声容怳若相接，读其文辞，见元宾之知人，交道之不污。甚矣，子之心有似乎吾元宾也！子之言以愈所为不违孔子，不以琢雕为工，将相从于此；愈敢自爱其道，而以辞让为事乎？然愈之所志于古者，不惟其辞之好，好其道焉尔。读吾子之辞，而得其所用心，将复有深于是者欤，吾子乐之，况其外之文乎？愈顿首。

【译文】韩愈说:

我的故友李观,字元宾,在十年前给我看了他写的六首《别关中故人诗》,其中第一首讲的就是您,他在诗中对您大加赞赏。元宾品行峻介清正廉洁,不能容忍不合理、不公平的人和事,对平常人不肯轻易评论,通过研究这首诗,于是知道先生您不是一般人。当时先生在吴中,后来我调出京城在外任职,没有机会与您见面。元宾去世后,他的诗文更显珍贵。想念元宾却见不到他,见到元宾称赞的人就如同见到了他本人一样。如今有幸收到您寄来的书信和文章,看到信封上的姓名,元宾的音容笑貌恍惚间又出现在眼前,读您的文章,可见元宾有知人之明,与人交往不尚虚华。您的想法同我的好友元宾真是太像了!您在信中说因为我的所作所为不违背儒家的道义,作文不追求雕琢辞藻,想要到这里来跟我学习;我哪里会因为爱惜自己的学问,就推辞拒绝您呢?然而我致力于学习古文,不仅只是喜好古文的辞句,更是向往古文中体现出的道理。读了您的文章,从而了解了您的想法,将来会有更多跟您深入探讨的东西,您所喜欢的,又何止这外显的文章呢?韩愈顿首。

答陈生书

愈白:

陈生足下:今之负名誉享显荣者,在上位几人。足下求速化之术,不于其人,乃以访愈,是所谓借听于聋,求道于盲,虽其请之勤勤，教之云云，未有见其得者也。愈之志在古道，又甚好其言词，观足下之书及十四篇之诗，亦云有志于是矣。而其所问则名，所慕则科，故愈疑于其对焉。虽然，厚意不可虚辱，聊为足下诵其所闻。盖君子病乎在己而顺乎在天，待己以信而事亲以诚。所谓病乎在己者，仁义存乎内，彼圣贤者能推而广之，而我蠢然为众人。所谓顺乎在天者，贵贱穷通之来，平吾心而随顺之，不以累于其初。所谓待己以信者，己果能之，人曰不能，勿信也；己果不能，人曰能之，勿信也。孰信哉？信乎己而已矣。所谓事亲以诚者，尽其心不夸于外，先乎其质而后乎其文者也。尽其心不夸于外者，不以己之得于外者为父母荣也，名与位之谓也。先乎其质者，文行也；后乎其文者，饮食旨甘以其外物供养之道者也。诚者，不欺之名也。待于外而后为养，薄其质而厚于文，斯其不类于欺欤！果若是，子之汲汲于科名，以不得进为亲之羞者，惑也！速化之术，如是而已。古之学者，惟义之问，诚将学于太学，愈犹守是说而俟见知焉。愈白。

【译文】韩愈说：

陈生足下：如今既能身负盛名而又身居高位的人，就是在朝廷中当政的几位大人。您寻求快速入仕做官的方法，不去找那几位大人，却来问我，这真是所谓的向聋人打问听到了什么，向盲人问路，就算您诚恳殷勤地求教，我又认真详细地教您，您也不见得会有什么收获。我志在孔孟之道，又非常喜欢古文，阅读您的来信及您的十四首诗，其中也提到您有志于此。但您所关切的是成名之道，向往的是如何中举，所以我对您的问题不知道该怎么回答。尽管如此，您的深情厚谊我不能白白接受，那我就老调重弹把我所知道的都告诉您。大凡君子都要加强自我修养，不论是顺境还是逆境都要随遇而安，对待自己要诚信，侍奉亲朋要诚心。所谓的"病乎在己"，指的是仁义发自内心，那些圣贤之人能将自己的仁义之心推而广之，而我却因愚昧变得和普通人一样。所谓的"顺乎在天"，指的是不论富贵显达，还是贫贱困顿，我的内心都是平静的，随遇而安，我的本性和仁义之心不会被干扰。所谓的"待己以信"，指的是自己能做到的事，别人说不能，也不要相信；自己做不到的事，别人说能，也不要相信。该相信谁呢？相信自己就可以了。所谓的"事亲以诚"，指的是尽心做事不对外夸耀，先加强自身的修养再去追求功名显达。所谓的"尽其心不夸于外"，指的是不以自己的富贵显达而作为父母的荣耀，就是所谓的名与位。所谓的"先乎其质"，指的是文章与德行；"后乎其文"，指的是用通过功名利禄而获得的美好食物等外在之物来赡养双亲的方式。诚，就是不欺骗。富贵显达以后才奉养双亲，不加深自身的修养却重视文章，这难道不近于欺骗吗！若是这样，您孜孜不倦地求取功名利禄，因为不能中举而觉得让亲人蒙羞的做法，真是糊涂啊！能够快速入仕做官的方法，就是这些而已。古代的学者只会求问仁义，您马上就要进入太学学习了，我还是坚持这种说法等您前来问询。韩愈谨复。

与李翱书

　　使至，辱足下书，欢愧来并，不容于心。嗟乎，子之言意皆是也！仆虽巧说，何能逃其责耶？然皆子之爱我多，重我厚，不酌时人待我之情，而以子之待我之意，使我望于时人也。仆之家本穷空，重遇攻劫，衣服无所得，养生之具无所有，家累仅三十口，携此将安所归讬乎？舍之入京，不可也；挈之而行，不可也，足下将安以为我谋哉？此一事耳，足下诚谓我入京城有所益乎？仆之所有，子犹有不知者，时人能知我哉？持仆所守，驱而使奔走伺候公卿间，开口论议，其安能有所合乎？仆在京城八九年，无所取资，日求于人以度时月，当时行之不觉也，今而思之，如痛定之人思当痛之时，不知何能自处也。今年加长矣，复驱之使就其故地，是亦难矣！

　　所贵乎京师者，得不以明天子在上，贤公卿在下，布衣韦带之士谈道义者多乎？以仆遑遑于其中，能上闻而下达乎？其知我者固少，知而相爱不相忌者又加少。内无所资，外无所从，终安所为乎？嗟乎！子之责我诚是也，爱我诚多也，今天下之人，有如子者乎？自尧、舜以来，士有不遇者乎？无也，子独安能使我洁清不洿，而处其所乐哉？非不愿为子所云者，力不足，势不便故也。仆于此岂以为大相知乎？累累随行，役役逐

队, 饥而食, 饱而嬉者也。其所以止而不去者, 以其心诚有爱于
仆也。然所爱于我者尤少, 不知我者尤多, 吾岂乐于此乎哉?
将亦有所病而求息于此也。嗟乎! 子诚爱我矣, 子之所以责于
我者诚是矣, 然恐子有时不暇责我而悲我, 不暇悲我而自责且
自悲也。及之而后知, 履之而后难耳。昔者孔子称颜回 "一箪
食, 一瓢饮, 在陋巷, 人不堪其忧, 回也不改其乐"。彼人者, 有
圣者而为之依归, 而又有箪食瓢饮足以不死, 其不忧而乐也,
岂不易哉? 若仆无所依归, 无箪食, 无瓢饮, 无所取资, 则饿而
死, 其不亦难乎? 子之闻我言亦悲矣。嗟乎, 子亦慎其所之哉!
离违久, 乍还侍左右, 当日欢喜, 故专使驰此, 候足下意, 并以
自解。愈再拜。

　　【译文】信使送来了您的信, 胸中涌起的高兴与惭愧之情, 几
乎难以承受。唉, 您的话语和意思都是对的啊! 我虽善辩, 又怎能
逃避您的责备呢? 这都是您对我的重视爱护, 对我寄予厚望, 不在
乎世人对我的冷漠和轻视, 正是因为您对我的深情厚谊, 使我对
世人还保留一点儿希望。我家本就贫困, 又遇上汴州军叛乱, 四处
抢掠, 弄得一家人都没有衣服可穿, 日常生活用品也一无所有, 妻
子与仆从仅剩下三十人, 带着这些人我能去哪里安家呢? 抛开他们
我独自一人入京, 这是不可能的; 带上他们一起入京, 也是不可能
的, 您说我该怎么做呢? 这是一件事, 再说您真的认为我前往京城
有什么好处吗? 我有您这样的知己, 尚且还有不能理解我的地方,
世人又怎么能理解我呢? 我坚持自己所信守的, 被人差遣, 到处奔

走，去伺候那些公侯卿相，再去阐述自己的观点，难道就能符合人家的心意吗？我在京城待了八九年，无所依托，靠着每天求人来度日，当时做的时候不觉得，现在想来，如同事后追忆当时所遭受的痛苦，更甚于当时，不知道哪里能够安置自己。我今年岁数更大了，又接到命令要前往故地，这也是一难啊！

京城之所以重要的原因，不就是因为上有圣明的天子，下有贤能的公卿百官，而善于谈义论道的普通读书人又很多吗？而我心神不定置身其中，这样能向朝廷呈报、向下级传达吗？理解我的人本来就少，理解我又爱护我、不忌恨我的人就更少了。在内无所依托，在外无所依从，最终又能怎么样呢？唉！您对我的责备的确是对的，您确实也很爱护我，如今天下之人，像您这样的还有吗？自尧、舜以来，有怀才不遇的士人吗？没有吧，您怎能只要求我保持节操，却以身处这种处境为乐呢？不是我不愿意像您所说的那样去做，而是因为我力有不逮，现实不允许我这么做啊。我在这里难道就倍受赏识并得到重用了吗？不过是随波逐流、委屈周旋，饿了就吃，饱了就嬉戏玩乐而已。我之所以待在这儿而不离开，就是因为他以诚待我、尊重我。然而爱护我的时候很少，不理解我的时候更多，我难道愿意待在这儿吗？不过是因为有所忧虑而栖身于此而已。唉！您确实爱护我，您责备我的话确实很对，但恐怕您有时也无暇责备我而只能怜悯我，来不及怜悯我而只能责备自己让自己伤心了。到了那个时候才会真的了解，亲自做了才知道多么不容易了。从前孔子称赞颜回"一箪食，一瓢饮，在陋巷，人不堪其忧，回也不改其乐"。颜回能做到那种程度，是因为有圣人替他指明归路，又有饭食和饮水足以使他不被饿死，他没有需要忧虑的事情，所以感到快乐，这难道不是很容易就能做到的吗？像我这样无处可归，没有饭吃，没有水喝，没有人帮助，很快就会被饿死，要做到颜回那样不也是很难的事吗？您听了我的话一定会很难过。唉，您自己也要谨慎行事啊！分别很久了，突然相聚，当日的相聚是那么欢乐，所以特意派人将此信送给您，静候您的回音，并以此自我排遣。韩愈再拜。

卷十七　书

上张仆射书

九月一日，愈再拜：

受牒之明日，在使院中，有小吏持院中故事节目十余事来示愈，其中不可者，有"自九月至明年二月之终，皆晨入夜归，非有疾病事故辄不许出"。当时以初受命不敢言。古人有言曰：人各有能有不能。若此者，非愈之所能也。抑而行之，必发狂疾，上无以承事于公，望其将所以报德者，下无以自立，丧失其所以为心。夫如是，则安得而不言？凡执事之择于愈者，非为其能晨入夜归也，必将有以取之；苟有以取之，虽不晨入而夜归，其所取者犹在也。下之事上，不一其事；上之使下，不一其事。量力而任之，度才而处之，其所不能，不强使为，是故为下者不获罪于上，为上者不得怨于下矣。《孟子》有云：今之诸侯无大相过者，以其皆"好臣其所教，而不好臣其所以受教"。今之时与孟子之时又加远矣，皆好其闻命而奔走者，不好其直己而行道者。闻命而奔走者，好利者也；直己而行道者，好义者也。未有好利而爱其君者，未有好义而忘其君者。今之王公大人，惟执事可以闻此言，惟愈于执事也，可以言此事。愈之蒙幸于执事，其所从旧矣。若宽假之，使不失其性，加待之，使足以为名。寅而入，尽辰而退，申而入，终酉而退，率以为常，亦不废事。天下之人闻执事之于愈如是也，必皆曰：执事之好士也如此；执事之待士以礼也如此；执事之使人不枉其性，而能有容也如此；执事之欲成人之名也如此；执事之厚于故旧也如此。又将曰：韩愈之识其所依归也如此；韩愈之不诏屈于富贵之人也如此；韩愈之贤能使其主待之以礼也如此。苟如此，则死于执事之门无悔也！若使随行而入，逐队而趋，言不敢尽其诚，道有所屈于己，天下之人闻执事之于愈如此，皆曰：执事之用韩愈，哀其穷、收之而已耳；韩愈之事执事，不以道，利之而已耳。苟如是，虽日受千金之赐，一岁九迁其官，感恩则有之矣，将以称于天下曰：知己则未也。伏惟哀其所不足，矜其愚，不录其罪，察其辞而垂仁采纳焉。愈恐惧再拜。

【译文】九月一日，韩愈再拜：

我接受任命的第二日，在节度使府衙中，有一个小吏拿来府中旧日的十余条规章给我看，其中有一条我认为不妥，即"自九月至明年二月末，所有属官都要早出晚归，除非有疾病或者其他变故，其余情况一概不许外出。"当时我刚刚接受任命不敢随便妄议。古人有句话：人各有所长，也各有所短。类似这样的规定，不是我所能做得到的。如果勉强去做，我必定会心情郁闷而致狂病发作，上不能尽职完成公事，对您以怨报德，下不能自立，丧失了我为人做事的原则。正因为这个缘故，我怎么能够隐瞒不说呢？而且您选用我的原因，并不是在于我能够早出晚归，必定是我有可取的地方；如果我有可取的地方，即使不早出晚归，那可取之处仍旧不会失去。况且下级事奉上级，不可能每一件事情都能做好；上级指使下级，也不可能要求每一件事情都能做好。而是应该考量他的能力，审度他的才能而任用他，超出他能力所及的事情，断不能勉强他去做，这样一来下级不会获罪于上级，上级也不会遭到下级的埋怨。《孟子》中说：如今的诸侯不能在德行上互相超越的原因，是因为他们都"喜欢任用听话的臣子，而不喜欢任用能教导他们的臣子"。现在的掌权者和孟子的时代相比，又大不相同了，掌权者都喜欢那些听命而行的人，而不喜欢那些正直守道的人。听命而行的人，都是好利之人；正直守道的人，都是好义之人。好利之人不可能忠君，好义之人不可能忘君。现在的王公大臣之中，只有您可以接受这些进言，我也只有对您能提出这些建议。我承蒙您的宠幸，由来已久了。如果您能宽容我一些，让我不至于违背本性，若再优待我一点，那就可以成就我的美名了。我通常在寅时入府办公，辰时出府休息，然后申时入府办公，到酉时出府休息，我的作息一向如此，也不会耽误公事。天下的人听闻您这样优待我，他们一定都会说：原来您喜欢士人能到这种程度；您礼遇士人也能到这种程度；您任用士人能够不失其本性，而且能宽容士人到这种程度；您想成就士人的名声也到这种程度；您厚待故旧也能到这种程度。天下的人又会说：韩愈真是善于寻找自己可以依托的地方；韩愈真是能够不谄媚于富贵之人；韩愈真是具备让主人以礼相待的贤能。如果能达到这样的效果，我在您的门下做事虽死无憾！如果要我随波而行，逐流而走，说话不敢竭尽自己的忠诚，道义上违背自己的原则，那么天下的人听闻您对待韩愈这样的严苛，都会说：您任用韩愈，实在是可怜他的困顿，暂时收留他罢了；韩愈侍奉您，不能依从道义，只是依从利益罢了。照这样说来，即使天天领受千金的重赏，一年之内九次升迁我的官职，我对您不过感恩而已，我会对天下人说：您不能算是我的知己。我希望您能哀怜我的不足之处，原谅我的愚笨，不计较我的罪过，考察我的建议，出于仁爱而予以采纳。韩愈诚恐再拜。

答胡生书

愈顿首，胡生秀才足下：

雨不止，薪刍价益高，生远客，怀道守义，非其人不交，得无病乎？斯须不展，思想无已。愈不善自谋，口多而食寡，然犹月有所入。以愈之不足，知生之穷也。至于是而不悔，非信道笃者，其谁能之？所示千百言，略不及此，而以不屡相见为忧，谢相知为急，谋道不谋食，乐以忘忧者，生之谓矣！顾无以当之，如何？

夫别是非，分贤与不肖，公卿贵位者之任也，愈不敢有意于是。如生之徒于我厚者，知其贤，时或道之，于生未有所益也。不知者，乃用是为谤。不敢自爱，惧生之无益而有伤也，如之何？若曰彼有所合，吾不利其求，则庶可矣。生又离乡邑，去亲爱，甘辛苦而不厌者，本非为是也，如之何？愈之于生既不变矣，戒生无以示愈者语于人，用息不知者之谤，生慎从之！

《讲礼》《释友》二篇，比旧尤嘉，志深而喻切，因事以陈辞，古之作者正如是尔。愈顿首。

【译文】韩愈致敬，胡秀才阁下：

现在大雨不停地下，薪柴价格也不断上涨，您远道而来，胸怀道义，不是自己的同道之人就不与其交往，这种做法是不是有问题呢？您现在时刻忧愁，焦虑不已。我不善于谋划生计，家中人口众多而饮食缺乏，幸好每个月还有一些收入。因此根据我入不敷出的情况，就知道您目前很困顿。到了这种境地还能不退缩，如果不是坚信道义的人，又有谁能做到？您给我的书信文章中，从不提及这些，反而因为多次拜访，没有见到我而忧愁不已，把不能与人相知当作急事，谋求道义而不谋求食禄，乐道而忘忧的人，就是胡生您啊！但我对您的诚挚却无以回报，该怎么办呢？

朝堂中区别事情的是非和对错，分辨人才的贤良与不肖，是公卿和高官们的责任，我不敢对这些事情妄议。像胡生这样的人，如果与我交情深厚，我又了解他们的贤能，有时候我会向朝廷推荐，但是对于胡生，这样做就不合适。不了解一个人，轻易推荐他，就会生出毁谤。我虽然不敢吝惜自己的名声，只是担心这样的推荐，对您没有好处而有损害，该怎么办呢？如果说您只是单纯来拜访我，又不涉及功名利益，那么我还可以考虑推荐您。但是您远离故土，辞别父母亲人，甘愿承受艰辛而不厌烦，本来就不是为了单纯拜访我，那该怎么办呢？我对您的心意不会改变，请您不要把我写的东西让别人看到，以平息不了解情况人的诽谤，请您一定要谨慎！

您的《讲礼》《释友》两篇文章，比以前的文章更出色，用意深刻而比喻贴切，根据具体事情而抒发议论，古人正是这样写文章的。韩愈再拜。

与于襄阳书

七月三日，将仕郎守国子四门博士韩愈谨奉书尚书阁下：

夫士之能享大名显当世者，莫不有先进之士、负天下之望者为之前焉；士之能垂休光照后世者，亦莫不有后进之士、负天下之望者为之后焉。莫为之前，虽美而不彰；莫为之后，虽盛而不传。是二人者，未始不相须也，然而千百载乃一相遇焉。岂上之人无可援，下之人无可推欤？何其相须之殷而相遇之疏也？其故在下之人，负其能不肯谄其上；上之人，负其位不肯顾其下。故高材多戚戚之穷，盛位无赫赫之光。是二人者之所为皆过也。未尝干之，不可谓上无其人；未尝求之，不可谓下无其人。愈之诵此言久矣，而未尝敢以闻于人侧。闻阁下抱不世之材，特立而独行，道方而事实，卷舒不随乎时，文武惟其所用，岂愈所谓其人哉？抑未闻后进之士有遇知于左右，获礼于门下者，岂求之而未得邪？其志存乎立功，而事专乎报主，虽遇其人，而未暇礼邪？何其宜闻而久不闻也？愈虽不才，其自处不敢后于恒人，阁下将求之而未得欤？古人有言曰："请自隗始。"愈今者惟朝夕刍米仆赁之资是急，不过费阁下一朝之享而足也。如曰：吾志存乎立功，而事专乎报主，虽遇其人，未暇礼焉。则非愈之所敢知也。世之龊龊者，既不足以语之，磊落奇伟之人，又不能听焉，则信乎命之穷也！谨献旧所为文一十八首，如赐观览，亦足以知其志之所存。愈恐惧再拜。

【译文】七月三日，将仕郎守国子四门博士韩愈，恭敬地致信给尚书阁下：

士人能享有盛名而显达于当世，都需要仰仗前辈的提携和有名望长者的推荐；士人能留下美名并能光耀于后世，也需要有后起之秀将他们的功业发扬光大。如果没有人引荐，即使德才兼备也无法扬名；如果没有人发扬他的功业，即使德行与功业隆盛也不会流传。这两种人，未尝不是相辅相成的，但是，要千百年才能相遇一次啊。难道是身居高位的人不能依靠，身居低位的人不值得推荐吗? 为何他们相互殷切地期待对方, 而相遇的机会又那样稀少呢? 原因是居于低位的人依仗自己的才能, 不肯请求上司推荐; 居于高位的人凭借自己的权位, 不肯照顾下面的人。因此, 博学者多都郁郁而不得志, 位尊之人也没有显赫的声誉。这两种人的做法都有问题。没有去请求, 就不能说上面没有可依靠的人; 没有去找寻, 就不能说下面没有值得推荐的人。我思考这些话已经很久了, 但从来不敢把它讲给别人听。我听闻阁下才能出众, 道德高尚且不随波逐流, 品行端正而实事求是, 进退自如不落俗套, 文武官员能因材而用, 难道我所说的前辈长者就是您吗? 但是, 我还没听说有后辈被您赏识而受到礼遇的, 难道是求而不得吗? 还是您怀抱立功之志, 一心只想报答君主, 虽遇到后辈, 却没有时间以礼相待呢? 否则, 为什么本应该听到您推举人才的消息却长久没有听到呢? 我虽才疏学浅, 但要求自己不能落在人后, 难道是阁下希望寻得人才却没有找到合适的人选吗? 古语有言: "请从我郭隗开始吧。" 如今的我每天因为柴米和雇用仆役的费用着急, 而这些费用只不过是您一时的享用而已。如果您说: 我怀抱立功之志, 做事只想专心报答君主, 哪怕遇到可用之才, 我也没有时间以礼相待啊。那我简直是不敢想象。世上那些平庸而缺乏远见的人, 不值得同他们说这样的话, 而那些心胸坦荡、光明正大的人, 又没机会听我说话, 我就只能相信现在的穷困是命中注定的了! 谨献上以前写的十八篇文章, 如蒙您阅览, 也足以理解我的志向所在。韩愈诚惶诚恐, 再拜。

与崔群书

自足下离东都，凡两度枉问，寻承已达宣州。主人仁贤，同列皆君子，虽抱羁旅之念，亦且可以度日，无入而不自得。乐天知命者，固前修之所以御外物者也。况足下度越此等百千辈，岂以出处近远累其灵台邪？宣州虽称清凉高爽，然皆大江之南，风土不并以北，将息之道，当先理其心。心闲无事，然后外患不入，风气所宜，可以审备，小小者亦当自不至矣。足下之贤，虽在穷约，犹能不改其乐，况地至近，官荣禄厚，亲爱尽在左右者邪？所以如此云云者，以为足下贤者，宜在上位，托于幕府，则不为得其所，是以及之，乃相亲重之道耳，非所以待足下者也。

仆自少至今，从事于往还朋友间一十七年矣。日月不为不久，所与交往相识者千百人，非不多，其相与如骨肉兄弟者，亦且不少。或以事同；或以艺取；或慕其一善；或以其久故；或初不甚知而与之已密，其后无大恶，因不复决舍；或其人虽不皆入于善，而于己已厚，虽欲悔之，亦不可。凡诸浅者，固不足道；深者，止如此。至于心所仰服，考之言行而无暇尤，窥之阃奥而不见畛域，明白淳粹，辉光日新者，惟吾崔君一人。仆愚陋无所知晓，然圣人之书无所不读，其精粗巨细，出入明晦，虽不尽识，抑不可谓不涉其流者也。以此而推之，以此而度之，诚知足下出群拔萃，无谓仆何从而得之也。与足下情义，宁须言而后自明耶？所以言者，惧足下以为吾所与深者多，不置白黑于胸中耳。既谓能粗知足下，而复惧足下之不我知，亦过也。

比有人说足下诚尽善尽美，抑犹有可疑者。仆谓之曰："何疑？"疑者曰："君子当有所好恶，好恶不可不明。如清河者，人无贤愚，无不说其善，服其为人，以是而疑之耳。"仆应之曰："凤皇芝草，贤愚皆以为美瑞；青天白日，奴隶亦知其清明。譬之于食物，至于遐方异味，则有嗜者有不嗜者；至于稻也、粱也、脍也、炙也，岂闻有不嗜者哉？"疑者乃解。解不解，于吾崔君无所损益也。

自古贤者少，不肖者多。自省事已来，又见贤者恒不遇，不贤者比肩青紫；贤者恒无以自存，不贤者志满气得；贤者虽得卑位则旋而死，不贤者或至眉寿。不知造物者意竟如何？无乃所好恶与人异心哉？又不知无乃都不省记，任其死生寿夭邪？未可知也，人固有薄卿相之官、千乘之位，而甘陋巷菜羹者。同是人也，犹有好恶如此之异者，况天之与人当必异其所好恶无疑也。合于天而乖于人，何害？况又时有兼得者邪？崔君，无怠，崔君，无怠！

仆无以自全活者，从一官于此，转困穷甚，思自放于伊、颍之上，当亦终得之。近者尤衰惫：左车第二牙无故动摇脱去；目视昏花，寻常间便不分人颜色；两鬓半白，头发五分亦白其一，须亦有一茎两茎白者。仆家不幸，诸父诸兄皆康强早世，如仆者，又可以图于久长哉？以此忽忽，思与足下相见，一道其怀。小儿女满前，能不顾念！足下何由得归北来？仆不乐江南，官满便终老嵩下，足下可相就，仆不可去矣。珍重自爱，慎饮食，少思虑！惟此之望。愈再拜。

【译文】自从阁下离开东都洛阳以后，劳烦您两次给我写信，不久前从您的信中得知，您已经到达宣州。您的长官仁义贤达，同事又都是君子，您虽然抱着寄居他乡的想法，但也应该可以在此安然度日了，无论身在何地您都要自得其乐。乐天知命的态度，本来就是前代贤人用来对待外物的方法。更何况您能超越前人千百倍，岂能因为有无官职以及任职的远近而搅扰自己的心灵呢？宣州虽然被称为清凉高爽的地方，但地处长江以南，风土气候不同于长江以北，颐养身体的办法，应当首先调整自己的心态。做到心平静而少思虑，那么外邪就难以侵入，根据当地的水土，安排合适的饮食起居，小灾小病也自然不会有。您是个贤德的人，即使处于困顿艰苦之中，也不能改变您乐观的天性，更何况宣州距离您的家乡很近，您的职位荣耀，俸禄优厚，而且亲人都在身边呢？我之所以讲这些话，是因为我认为您是个贤人，本应该居于上位，在幕府任职，并不是您的合适位置，所以在此表达一下自己的意见，是因为我们关系亲近的原因，并不是希望您去做什么。

我从年少时到现在，在朋友之间往来交际，已经十七年了。时间不可谓不长，我所结识交往的人成百上千，人数不可谓不多，其中感情如同骨肉兄弟的人也并不少。有的人是因为共事而结识；有的人是因为才艺而结识；有的人是因为他某方面的美德而结识；有的人是因为相处时间长而成为朋友；有的人起初并不太了解，后来和他慢慢熟悉，而且这个人也没有什么大的过错，因而不再放弃这个朋友；有的是人虽然不是良善之辈，但对我十分厚待，我虽然想反悔放弃，却难以做到。那些交情浅的朋友，当然不必说了；交情深的也仅此几人而已。至于我心中真正仰慕佩服的人，考察他的言行而没有一丝瑕疵，观看他的内心，发现是宽广无边，为人光明坦荡，德行有如日月光辉，能够不断努力进步的人，就只有崔君了。我愚昧鄙陋，学问浅薄，然而圣人的书我都拜读过，其中的道理精微或者粗略，显露或者隐晦，我虽然不能完全了解，但也可以说出一些来。仅以我的经验来推断和揣测，就可以断定您是真正出类拔萃的人，而不必追问我从何处得出这种结论。我与您的情义，难道必须说出来才能表明吗？之所以讲这些话，是怕您认为我深交的人很多，因此心里不分是非好坏罢了。我既然说我能了解您，而又担心您不了解我，这也是不对的。

最近也有人说您虽然各方面都很完美，但是也有存在疑问的地方。我问他："什么地方有疑问呢？"怀疑您的人说："君子应当有所喜爱也有所憎恶，爱憎不可不分明。像清河先生（崔群，清河人）这样的人，不论贤者还是愚人，无不赞扬他，佩服他的为人，我因此而有所怀疑。"我回答他说："凤凰和灵芝草，无论贤者还是愚人，都认为是美好吉祥的事物；碧空高照，即使是奴隶也喜爱这样清新明亮的天气。譬如食物，对于远方特殊风味的食物，有人爱吃，有人不爱吃；但是对于稻、粱、细肉、烤肉这些食物，哪里听说过有人不爱吃呢？"怀疑的人于是消除了疑惑。不论他的疑惑消除还是不消除，对于崔君都没有什么影响。

自古以来贤人少，不贤的人多。我从明白事理以来，又看到贤人常常不被重用，而不贤的人却个个身居高位；贤人常常无法谋取立足之地，而不贤的人却志满意得；贤人好不容易得到低微的官职，却不久便去世，不贤的人却长命百岁。不知道造物主是什么样的想法？难道造物主的好恶与世人不一样吗？又难道造物主对人们善恶完全没有记录，放任人们的生死，忽略寿命的短长吗？这些都没法知道啊，本来就有世人鄙视高官显位而甘心居陋室，食菜羹。同样是人，尚且好恶如此不同，那么上天与世人有不同的好恶也是毫无疑问的。为人处世能符合天意，即使不被人理解，又有什么关系呢？况且有时候能同时符合天意与人情呢？崔君，不要懈怠，崔君，不要懈怠啊！

我没有什么保全自己的办法，在这里当个小官，处于困顿贫穷之中，我想辞去官职，隐居在伊水、颍水一带，最终应该能实现这个愿望吧。我近来身体尤其衰弱：左边第二颗牙齿，无缘无故地活动，然后脱落了；眼睛也昏花，平时分不清人的面目；两鬓花白，头发也白了五分之一，胡须也有一两簇变白。我的父亲、叔伯和诸位兄弟大都在年轻力壮的时候，就过早地去世了，像我这样衰弱的人，还能活得长久吗？因此精神恍惚，想和您见面，诉说心事。我现在是儿女绕膝，怎能不顾念他们！您什么时候才有机会回到北方来呢？我不喜欢南方，任期满了便打算在嵩山下终了此生，您可来这里与我相会，我不会离开这里了。请崔君保重自己，注意饮食，减少思虑，这是我对您唯一的期望。韩愈再拜。

与陈给事书

愈再拜：

愈之获见于阁下有年矣，始者亦尝辱一言之誉。贫贱也，衣食于奔走，不得朝夕继见，其后阁下位益尊，伺候于门墙者日益进。夫位益尊，则贱者日隔；伺候于门墙者日益进，则爱博而情不专。愈也，道不加修，而文日益有名。夫道不加修，则贤者不与；文日益有名，则同进者忌。始之以日隔之疏，加之以不专之望，以不与者之心，而听忌者之说，由是阁下之庭无愈之迹矣。去年春，亦尝一进谒于左右矣。温乎其容，若加其新也；属乎其言，若悯其穷也。退而喜也，以告于人。其后如东京取妻子，又不得朝夕继见，及其还也，亦尝一进谒于左右矣。邈乎其容，其若不察其愚也；悄乎其言，其若不接其情也，退而惧也，不敢复进。今则释然悟，翻然悔曰：其邈也，乃所以怒其来之不继也；其悄也，乃所以示其意也。不敏之诛，无所逃避，不敢遂进，辄自疏其所以，并献近所为文，《复志赋》已下十首为一卷，卷有标轴；《送孟郊序》一首，生纸写，不加装饰，皆有揩注字处。急于自解而谢，不能俟更写，阁下取其意而略其礼可也。愈恐惧再拜。

【译文】韩愈再拜：

我结识阁下已经有些年了，起初也曾承蒙您的赞誉。但因我出身贫贱，终日为衣食奔波，无法时常前去拜见，后来随着您的地位日益尊贵，侍奉于门墙之内的人也越来越多。地位越尊贵，与卑贱之人的往来就会日渐疏远；得门墙而入者与日俱增，您便需要具有更为广博的关爱而无法将感情专注于某一人。而我在进德修业方面没有精进，在做文章方面却渐渐被大家所知晓。进德修业不得精进，贤者便会与我日渐疏远；所做的文章被越来越多的人知晓，便会招致同进之人的嫉妒。起初，我们因不经常见面，关系渐渐疏远了，再加上您对我没有格外专注的期望，我怀揣着不愿主动与人交往的心态，又听信了那些嫉妒之人的谗言，因此，从那时起阁下的府上便很少有我的踪影了。去年春季，我也曾再次登门拜谒。您谈吐温和，像款待新朋友一样客气；言辞殷切热情，很体恤我的穷困失意。回家后我欣喜万分，便对其他人谈及此事。后来，我去东京接妻子儿女，又无法时常前去拜见您了，从东京回来，我也曾再次前往拜见您。您表情冷淡，似乎并没有察觉我的愚懦；您沉默寡言，似乎并没有领会我的情意，回家后我惶恐难安，不敢再去拜见您了。直到今日，我才如释重负，幡然醒悟：您表情冷淡，是谴责我没能持续去拜见您呀；您沉默寡语，正是向我表达您的心意。您对于我愚钝行为的谴责，我是无法逃避的，但是我也不敢就此冒昧地前往拜见，因此以书信的方式向您陈述事情的缘由，并献上近日作的《复志赋》等十篇为一卷，卷轴处做有标记；一篇《送孟郊序》是我用生纸抄写而成的，不加装饰，各篇都有涂改、加注文字的地方。因为我急于为自己剖白并向您认错道歉，所以来不及重抄一遍，恳请阁下接受我的诚意，并且不要计较我的失礼之处。韩愈诚恐再拜。

答冯宿书

垂示仆所阙，非情之至，仆安得闻此言？朋友道缺绝久矣，无有相箴规磨切之道，仆何幸乃复得吾子！仆常闵时俗人有耳，不自闻其过，懔懔然惟恐己之不自闻也。而今而后，有望于吾子矣。

然足下与仆交久，仆之所守，足下之所熟知。在京城时，嚣嚣之徒，相訾百倍，足下时与仆并居，朝夕同出入起居，亦见仆有不善乎？然仆退而思之，虽无以获罪于人，亦有以获罪于人者。仆在京城一年，不一至贵人之门，人之所趋，仆之所傲；与己合者则从之游，不合者，虽造吾庐，未尝与之坐。此岂徒足致谤而已，不戮于人则幸也！追思之可为战栗寒心。故至此以来，克己自下，虽不肖人至，未尝敢以貌慢之，况时所尚者邪？以此自谓庶几无时患，不知犹复云云也。闻流言不信其行，呜呼，不复有斯人也！君子不为小人之恟恟而易其行，仆何能尔？委曲从顺，向风承意，汲汲恐不得合，犹且不免云云。命也，如何？然子路闻其过则喜，禹闻昌言则下车拜。古人有言曰："告我以吾过者，吾之师也。"愿足下不惮烦，苟有所闻，必以相告，吾亦有以报子，不敢虚也，不敢忘也。愈再拜。

【译文】承蒙您指出我的过失，如果不是至厚的交情，我哪能听到这些告诫呢？朋友之间能互相指出缺点的情形，已经很久没有出现了，现在朋友之间已经没有规劝和指正了，我能有先生这样的朋友简直是太幸运了！我常常怜悯世俗之人虽然有耳朵，却不愿意听到自己的过错，我时常谨慎自省，唯恐不能听到自己的过失。从今往后，希望先生能多加指点。

先生同我交往已经很久了，我所信守的原则，先生也都是熟悉的。在京城的时候，好事之徒对我百般诋毁，先生当时同我住在一起，早晚的出入起居都在一起，您见过我有不善的举动吗？但是我回来反思，虽然我没有得罪过人，但也有容易得罪人的地方。我在京城居住的一年时间里，一次也没有拜访过达官贵人的府邸，人们所争相攀附的人，正是我所傲然蔑视的人；与自己意气相投的人，就愿意与他来往，与自己性格不合的人，即使来家里拜访，我也不曾接待他。这岂是只招来毁谤而已，我不被诛杀就很幸运了！现在回想起来心中战栗后怕。所以从此以后，我将严格约束自己，放下身架，即使遇到不贤的人，也不会在表面上有所怠慢，何况是被世人所推崇的人呢？凭着这样的做法，自以为差不多没有忧患了，谁知还是有人说三道四的。听到流言而不相信它，唉，这种人不会再有了啊！君子不因为小人的喧哗毁谤而改变自己的行为，我哪里能做到呢？我只能委曲顺从，随声附和，唯恐不能迎合众人，但还是不能免去人家的议论。这是命数，又能如何呢？然而子路听到自己的过失就高兴，大禹听到批评的话语就下车拜谢。古人说过："能把我的过失告诉给我的人，就是我的老师。"希望先生不要怕麻烦，如果听到我的什么过失，就一定要告诉我，我也会以同样的方式回报先生，我绝不敢说假话，也绝不敢忘记自己的承诺。韩愈再拜。

与卫中行书

大受足下：

辱书，为赐甚大。然所称道过盛，岂所谓诱之而欲其至于是欤？不敢当，不敢当。其中择其一二近似者而窃取之，则于交友忠而不反于背面者少似近焉，亦其心之所好耳。行之不倦，则未敢自谓能尔也。

至于汲汲于富贵以救世为事者，皆圣贤之事业，知其智能谋力能任者也。如愈者，又焉能之？始相识时，方甚贫，衣食于人，其后相见于汴、徐二州，仆皆为之从事，日月有所入，比之前时，丰约百倍，足下视吾饮食衣服，亦有异乎？然则仆之心或不为此汲汲也，其所不忘于仕进者，亦将小行乎其志耳，此未易遽言也。

凡祸福吉凶之来，似不在我。惟君子得祸为不幸，而小人得祸为恒。君子得福为恒，而小人得福为幸。以其所为似有以取之也。必曰"君子则吉，小人则凶"者，不可也。贤不肖存乎己，贵与贱、祸与福存乎天，名声之善恶存乎人。存乎己者，吾将勉之；存乎天、存乎人者，吾将任彼而不用吾力焉。其所守者，岂不约而易行哉？足下曰："命之穷通，自我为之。"吾恐未合于道。足下征前世而言之，则知矣。若曰"以道德为己任，穷通之来，不接吾心"，则可也。

穷居荒凉，草树茂密，出无驴马，因与人绝。一室之内，有以自娱，足下喜吾复脱祸乱，不当安安而居、迟迟而来也。愈再拜。

【译文】大受足下：

承蒙您给我写信，给我莫大的慰藉。然而您对我称赞实在是过誉了，难道这就是所谓通过引导而让他达到所希望的境界吗？我实在不敢当，不敢当。从您的评价中，我暗自认为自己只有几件事能近似符合，对朋友讲忠信、不在背后说别人的坏话，这些评价，我稍微能做到一些，这也是我内心所喜好的事情罢了。但还需继续努力，我不敢说自己已经能做到了。

既能谋取荣华富贵，又以济世救人为责任，那是圣人贤士才能做到的事情，他们知道自己的智慧、能力可以胜任这样的事情。而像我这样的人，又怎能做到呢？刚认识您的时候，我正穷困潦倒，依靠别人来谋生，之后又与您在汴州、徐州相见，我都是在别人门下做幕僚，每月会有一些收入，比以前宽裕百倍，先生观察我的饮食服饰，不是和以前不同了吗？虽然如此，但我的心思并不只是追求这些东西，我所念念不忘的事情是仕途上的进取，是为了能稍微施展我的抱负，这些话我不是随便说说的。

凡是祸福、吉凶的到来，好像都不取决于我。如果君子遭遇祸患那是不幸的事情，而小人遭遇祸患就是正常的事情。君子得到福佑是正常的，而小人得到福佑那就是侥幸。他们的所作所为决定了他们将要得到的结果。如果一定要说"君子吉祥，小人遭殃"，也不可以。贤能与不肖取决于自己，而富贵与贫贱、福佑与祸患则取决于上天，名声的好坏则取决于世人。取决于自己的事情，我将努力去做；取决于上天，取决于世人的事情，我将顺其自然，不去劳心费力地谋取。我所信守的原则，不也很简单而且容易实现吗？足下说："命运的困顿与通达，是自己造成的。"我认为这种说法恐怕于理不合。足下引用前代的事例来证明自己的观点，是很明智的。但是如果说"以道德为己任，命运的困顿与通达，都不会影响我的本心"，这样说是可以的。

我居住在偏僻荒凉的地方，这里草木茂盛，我出入也没有驴马可供骑乘，因而很少与人来往。虽然蜗居陋室，但也可以自娱自乐，足下既然为我脱离祸乱而感到高兴，那就不应该安闲地待在家里，迟迟不来看望我啊。韩愈再拜。

上张仆射第二书

愈再拜：

以击球事谏执事者多矣，谏者不休，执事不止，此非为其乐不可舍,其谏不足听故哉?谏不足听者,辞不足感人心也;乐不可舍者,患不能切身也。今之言球之害者,必曰有危堕之忧,有激射之虞,小者伤面目,大者残形躯。执事闻之若不闻者,其意必曰进若习熟,则无危堕之忧;避能便捷,则免激射之虞。小何伤于面目,大何累于形躯者哉?愈今所言皆不在此,其指要也,非以他事外物牵引相比也,特以击球之间之事明之耳。

马之与人,情性殊异,至于筋骸之相束,血气之相持,安佚则适,劳顿则疲者,同也。乘之有道,步骤折中,少必无疾,老必后衰。及以之驰球于场,荡摇其心腑,振挠其骨筋,气不及出入,走不及回旋,远者三四年,近者一二年,无全马矣。然则球之害于人也,决矣。凡五藏之系络甚微,坐立必悬垂于胸臆之间,而以之颠顿驰骋,呜呼,其危哉!

《春秋传》曰:"夫有尤物,足以移人,苟非德义,则必有祸。"虽恺弟君子,神明所扶持,然广虑之,深思之,亦养寿命之一端也。愈恐惧再拜。

【译文】韩愈再次致敬:

有很多人向执事您进谏击球这件事,进谏的人不断上书,执事您则不停地击球,这难道是因为您舍不得放弃其中的乐趣,进谏的话语不足以打动您的缘故吗?进谏的言语不足以打动您,是因为言辞不足以感动人心;乐趣难以舍弃,是因为祸患还没有危及自身。现在讲述击球害处的人一定会说击球有跌落马背的风险,有被马球击中的隐患，轻者伤及面部和眼睛，重者使身体伤残。执事您对这些劝告充耳不闻，您心里一定说只要将骑术练习纯熟，就不会有跌落马背的风险；只要学会灵巧躲避，就能避免被马球击中的隐患。即使有小伤，又怎么会伤到面部和眼睛，即使伤害巨大又怎么会使身体伤残呢？我现在不谈论这些方面的事情，我的主旨，也不引用其他事物来比喻，就以击球本身的利弊来阐明我的观点。

马同人相比，性情脾气差异很大，但是马匹身体内筋骨的结构，血气的运行，以及安逸就感到舒适，劳累就感到疲乏，这些方面与人是相同的。按照合适的方法骑乘马匹，马匹的步伐适中，这样马匹在幼小的时候一定不会有病，年老后也一定衰弱得很缓慢。现在驱赶马匹在球场上驰骋，使它的脏腑受到振荡，筋骨受到劳损，气喘吁吁，来回奔走，多则三四年时间，少则一两年时间，马匹就伤病累累了。既然对马匹有这样的影响，那么击球对人的伤害也就可以知道了。人体内五脏之间的连接非常脆弱，坐立一定要将五脏悬垂于胸臆之间，才安稳妥当，现在却让它在马背上颠簸驰骋，唉，十分危险啊！

《春秋左氏传》中说："如果有特别吸引人的东西，能足以改变人的性情，假如不以道义对待，那么一定会有祸患。"即使是谦谦君子，有神明的扶持，也应该对击球这件事情深思熟虑，这也是颐养天年的一种方法。韩愈惶恐再拜。

与冯宿论文书

　　辱示《初筮赋》，实有意思，但力为之，古人不难到，但不知直似古人，亦何有得于今人也？仆为文久，每自称意中以为好，则人必以为恶矣。小称意，即人亦小怪之；大称意，即人亦大怪之也。时时应事作俗下文字者，下笔令人惭，及示人，人必以为好矣。小惭者，亦蒙谓之小好；大惭者，即必以为大好矣。不知古文真何用于今世也，然以俟知者知耳。昔扬子云著《太玄》，人皆笑之，子云之言曰："世不我知，无害也，后世复有扬子云，必好之矣。"子云死近千载，竟未有扬子云，可叹也。其时桓谭亦以雄书胜老子，老子未足道也，子云岂止与老子争强而已哉？此不为知雄者。其弟子侯芭颇知之，以为其师之书胜《周易》，然侯之他文，不见于世，不知其人果如何耳。以此而言，作者不祈人之知也，明矣。直百世以俟圣人而不惑，质诸鬼神而不疑耳。足下岂不谓然乎？近李翱从仆学文，颇有所得，然其人家贫多事，未能卒其业。有张籍者，年长于翱，而亦学于仆，其文与翱相上下，一二年业之，庶几至乎至也。然闵其弃俗尚而从于寂寞之道，以之争名于时也。久而不谈，聊感足下能自进于此，故复发愤一道。愈再拜。

【译文】承蒙你给我看你写的《初筮赋》，文章真的很有意思，但凡能够尽力去写，就连古人的风尚也不难学到，只是不知道文笔与古人相似，对现在的人有什么好处？我写文章已经很久了，每每自己认为写得很好的文章，那么别人一定认为不好。自己有小小的满意，别人也会感到小小的怪异；自己觉得非常满意，别人也会觉得非常怪异。不时地为了应付人事写一些平庸的应酬文章，下笔的时候也很惭愧，等到展示给别人的时候，别人却一定觉得写得很好。自己觉得有小小惭愧的文章，也会得到别人小小的夸奖；自己觉得非常惭愧的文章，也必定得到别人大大的夸奖。不知道古文对今世真的能起到什么作用，那还是等有智慧的人赏识你的文章吧。过去扬雄编著《太玄》，人们都笑话他，扬雄说："世人不赏识我，对我来说没有任何妨害，后代再有扬子云一样的人出现，必定会赞许我的《太玄》。"扬雄去世将近一千年了，竟然还没有像扬雄那样的人出现，实在是让人感慨啊。当时桓谭也认为扬雄写得比老子好，老子不值得称道，扬雄岂止是力求胜过老子？这只能说桓谭不了解扬雄啊。扬雄的弟子侯芭就很了解自己的老师，他认为老师扬雄的书好过《周易》，然而侯芭的其他文章，在世上根本就看不见，不知道他是怎么样一个人。根据这些情况来说，作者并不希望别人了解自己，这是再明白不过的事了。你的文章，要历时久远的年代等待圣人出现后，才能明辨不疑，要问明众多鬼神才不会有疑惑。难道你不是这样认为吗？最近李翱跟着我学习写文章，颇有收获，可是他家里贫困潦倒，俗事比较多，没能完成自己的学业。有个叫张籍的人，年龄比李翱大，也跟着我学习，他的文章与李翱不相上下，他花了一二年的时间学习写文章，差不多达到极致了。可是我很可惜他抛弃了世俗的风尚，不求出仕，甘于寂寞，一心只想着做学问，只能以此赢得一些名望，我觉得很伤心啊。我们很长时间没有谈心了，感到你能这样自求上进，才又抒发了一番内心的慨叹。韩愈再拜。

与祠部陆员外书

执事好贤乐善，孜孜以荐进良士，明白是非为己任，方今天下，一人而已。愈之获幸于左右，其足迹接于门墙之间，升乎堂而望乎室者，亦将一年于今矣。念虑所及，辄欲不自疑，外竭其愚而道其志，况在执事之所孜孜为己任者，得不少助而张之乎？诚不自识其言之可采与否，其事则小人之事君子尽心之道也。天下之事，不可遽数，又执事之志，或有待而为，未敢一二言也。今但言其最近而切者尔。

执事之与司贡士者，相知识深矣。彼之所望于执事，执事之所以待乎彼者，可谓至而无间疑矣。彼之职在乎得人，执事之志在乎进贤，如得其人而授之，所谓两得其求，顺乎其必从也。执事之知人，其亦博矣，夫子之言曰："举尔所知。"然则愈之知者亦可言也。

文章之尤者，有侯喜者、侯云长者。喜之家，在开元中衣冠而朝者兄弟五六人，及喜之父仕不达，弃官而归。喜率兄弟操耒耝而耕，地薄而赋多，不足以养其亲，则以其耕之暇，读书而为文，以干于有位者而取足焉。喜之文章，学西汉而为也，举进士十五六年矣。云长之文，执事所自知，其为人淳重方实，可任以事，其文与喜相上下。有刘述古者，其文长于为诗，文丽而思深，当今举于礼部者，其诗无与为比，而又工于应主司之试，其为人温良诚信，无邪佞诈妄之心，强志而婉容，和平而有立。其趋事静以敏，著美名而负屈称者，其日已久矣。有韦群玉者，京兆之从子，其文有可取者，其进而未止者也，其为人贤而有材，志刚而气和，乐于荐贤为善。其在家，无子弟之过，居京兆之侧，遇事辄争，不从其令而从其义，求子弟之贤而能业其家者，群玉是也。凡此四子皆可以当执事首荐而极论者。主司疑焉，则以辨之；问焉，则以告之；未知焉，则殷勤而语之，期乎有成而后止可也。有沈杞者、张弦者、尉迟汾者、李绅者、张后余者、李翊者，或文或行，皆出群之才也。凡此数子，与之足以收人望、得才实，主司疑焉，则以解之；问焉，则以对之；广求焉，则以告之可也。

往者陆相公司贡士，考文章甚详，愈时亦幸在得中，而未知陆之得人也。其后一二年，所与及第者皆赫然有声，原其所以，亦由梁补阙肃、王郎中础佐之。梁举八人无有失者，其余则王皆与谋焉。陆相之考文章甚详也，待梁与王如此不疑也，梁与王举人如此之当也，至今以为美谈。自后主司不能信人，人亦无足信者，故蔑然无闻。今执事之与司贡士者，有相信之资、谋行之道，惜乎其不可失也。

方今在朝廷者，多以游宴娱乐为事，独执事眇然高举，有深思长虑，为国家树根本之道，宜乎小子之以此言闻于左右也。愈惶惧再拜。

【译文】执事您喜好贤人、乐于施善，勤勉不懈地推荐和任用贤良之士，把明辨是非黑白当作自己的责任，放眼当今天下，只有您一个人能做到而已。我有幸在您身边做事，跻身于您的门墙之内，升堂入室为您所任用，到现在将近一年了。我现在一心所想的事情，就是排除自己的顾虑，竭尽我的能力来向您提出建议，何况执事您这样勤勉不懈，以国事为己任，难道众人不应该来辅佐您，为您助力吗？我诚然不知道自己的建议能否被您接受，但我以卑微之人侍奉君子的心态，尽心竭力的贡献自己的才智。天下的事情，不是仓促间就可以说清楚的，又何况执事您的心意或许还另有考虑，我不敢过多陈述自己的想法。现在只对目前最迫切的事情阐述一下自己的观点。

执事您与主管贡士选拔的官员相识深厚。他对待您的方式，与您对待他的方式，可以说是亲密无间了。他的职责在于选拔人才，您的心愿在于推荐贤人，如果您能找到贤人并向主管官员推荐，这可以说是符合了双方的要求，顺应了大家的愿望。执事您识人无数，孔子说过："推举你所了解的贤人。"既然这样，那么我也可以推荐我所知道的贤人吧。

文章写得出类拔萃的人，有侯喜和侯云长。侯喜家族中，曾有五六人在开元年间为官，到侯喜父亲这一辈时，就弃官归隐。侯喜带领家中兄弟手持耒耜在田间耕作，但是土地贫瘠而赋税繁多，光靠种田不足以养活家人，侯喜就在耕作的闲暇之余，研读诗书，靠撰写文章，来向有地位的人投书进谒而谋取生计。侯喜的文章，学习西汉文学大家的风格而做，他参加进士选拔已经有十五六年了。侯云长的文章，执事您是了解的，他的为人淳朴敦厚、正直诚实，可以委以职事，他文章的水平与侯喜不相上下。还有一位名叫刘述古的人，擅长作诗，他的诗句文采华丽，意旨深远，在当今推举到礼部的士子当中，在作诗方面，没有人可以同他相比，而且他还很擅长应对主考官员的考试，他为人温和善良、忠诚守信，没有奸邪欺诈的心思，意向远大而容貌和婉，性格平和而有操守。他做事稳妥而迅捷，享有美好的声誉而没有得到相应的地位，这样的情况已经持续很久了。还有一位韦群玉，是京兆尹韦夏卿的侄子，他的文章也有值得称道的地方，他力求上进从不懈怠，他为人贤良而有才干，志刚而气和，乐于做举荐贤士的善事。他在家里没有违反子弟应有的规范，在京兆尹的身边，遇到事情就据理力争，不是随意服从京兆尹的命令，而是依据道义来判断是非，如果要寻找子弟中贤良而能继承家风的人，那就是韦群玉了。这四个人都可以作为执事您首选推荐的人物而极力评价他们。主管官员如有疑问，您就替他们辩解；如果询问他们的情况，就告之以他们的实情；如果不了解他们的为人，您就详细地予以介绍，期待推荐他们的事情有所成功，然后才可以停止。此外还有沈杞、张苰、尉迟汾、李绅、张后余、李翱等人，他们的文章或者德行都超出同辈之人。所列举的这些人，选拔他们足以收取天下士子之心、获得真正的人才，主管官员如有疑问您就多加解释；如有询问您就多加介绍；如果广求人才的话您就把这些人举荐给他。

先前陆赘陆相公主管贡士选拔的时候，考查文章非常详细，我也有幸被陆相公选中，但还不知道陆相公善于选拔人才。过了一两年后，与我一同进士及第的人都成为赫赫有名的人物，探究其中的原因，也是因为有梁补阙梁肃、王郎中王础辅佐的缘故。梁肃举荐的八个人都考中进士，其余考中的人也都有王础参与推荐。陆相公考查文章如此详细，对待梁肃与王础又是如此信任，梁肃与王础举荐人才又是如此恰当，至今人们还把这件事当作美谈。自此之后主管官员不能信任其人，其人也不足以获得信任，因此多年来没有听闻有出类拔萃的人物出现。现在执事您与主管贡举的官员有彼此信任的基础，有共同谋事的可能，要珍惜这样的机会啊。

现在在朝中为官的人，大多沉醉于饮宴享乐，唯独执事您能高瞻远瞩，能深谋远虑，为国家奠定根本的治国之道，我把这些建议告诉您也是合乎时宜的了。韩愈惶恐再拜。

卷十八　书

与凤翔邢尚书书

愈再拜：

布衣之士身居穷约，不借势于王公大人则无以成其志；王公大人功业显著，不借誉于布衣之士则无以广其名。是故布衣之士虽甚贱而不谄，王公大人虽甚贵而不骄，其事势相须，其先后相资也。今阁下为王爪牙，为国藩垣，威行如秋，仁行如春，戎狄弃甲而远遁，朝廷高枕而不虞，是岂负大丈夫平生之志愿哉？是岂负明天子非常之顾遇哉？赫赫乎，洸洸乎，功业逐日以新，声名随风而流。宜乎欢呼海隅高谈之士，奔走天下慕义之人，使或愿驰一传，或愿操一戈，纳君于唐虞，收地于河隍。然而未至于是者，亦盖有其说云。岂非待士之道未甚厚，遇士之礼未甚优？请粗言其事，阁下试详而听之。夫士之来也，必有求于阁下。夫以贫贱而求于富贵，正其宜也。阁下之财不可遍施于天下，在择其人之贤愚而厚薄等级之可也。假如贤者至，阁下乃一见之；愚者至，不得见焉，则贤者莫不至而愚者日远矣。假如愚者至，阁下以千金与之；贤者至，亦以千金与之，则愚者莫不至而贤者日远矣。欲求待士之道，尽于此而已矣，欲求士之贤愚，在于精鉴博采之而已矣。精鉴于己，固已得其十七八矣；又博采于人，百无一二遗者焉。若果行是道，愈见天下之竹帛不足以书阁下之功德矣；天下之金石不足以颂阁下之形容矣！愈也布衣之士也，生七岁而读书，十三而能文，二十五而擢第于春官，以文名于四方。前古之兴亡未尝不经于心也，当世之得失未尝不留于意也。常以天下之安危在边，故六月于迈，来观其师，及至此都，徘徊而不能去者，诚悦阁下之义，愿少立于阶墀之下，望见君子之威仪也。居十日而不敢进谒者，诚以左右无先为容也，惧阁下以众人视之，则杀身不足以灭耻，徒悔恨于无穷。故先陈此书序其所以来之意，阁下其无以为狂而以礼进退之，幸甚，幸甚！愈再拜。

【译文】韩愈再拜：

布衣之士处于困顿清贫之中，不借助王公大人的威势就难以实现自己的抱负；王公大人的功绩卓著，不借助布衣之士的声誉就不能传扬他的美名。因此布衣之士虽然地位很卑微但不应该阿谀谄媚，王公大人虽然地位高贵但不应该骄横无礼，双方互相依赖，互相帮助。现在阁下是皇上的股肱之臣，为国家镇守边疆，捍卫威严如同秋天一般肃穆，施行仁义如同春天般温暖，戎狄丢兵弃甲而逃向远方，朝廷高枕无忧而消除外患，这难道不是实现了大丈夫平生的志愿吗？难道不是报答了天子非同一般的赏识吗？显赫啊，荣耀啊，您的丰功伟绩与日俱增，您的美好名声随风传扬。现在您应该招揽隐居的高明之士，奔走寻找天下的慕义之人，使他们或者递上写满真知灼见的书信，或者拿起武器为国从戎，让您成为像唐尧、虞舜那样的圣贤，收复黄河、湟水一带的失地。但是现在没能达到这个目标，也应该是有什么原因吧。难道是对待士人的待遇还不够丰厚，对待士人的礼数还不够恭敬吗？请让我粗略地谈论一下这件事，阁下试着听一听吧。到阁下这儿来的士人，一定有求于阁下。以卑微穷困的身份有求于富贵在上的人，这是合乎时宜的。阁下的财富不可能施舍于天下的每一个人，而是根据对方的贤良与愚钝，选择不同的厚薄方式是可以的。假如贤良之人来拜见，阁下就接见他；假如愚钝之人来拜见，阁下就不予接见，那么贤良之士就都聚集到您这里，而愚钝之人就会一天天地远离您。假如愚钝之人来拜见，阁下赏赐给他千金；贤良之士到了，您也赐给他千金，那么愚钝之人都会聚集到您这里，而贤良之士就会一天天地远离您。寻找贤良的方法，都在刚才的论述里了，想要区分士人的贤良与愚钝，在于细心地鉴别和广泛地搜寻。自己细心地鉴别就能得到十分之七八的贤良之士了；又能够广泛地搜寻人才，那么即使一百个人当中也不会遗漏一两个人的。如果真能做到，我会看到用尽天下的竹帛也不足记载阁下的功德；用尽天下的金石也不足以颂扬阁下的丰功啊！我韩愈也是平民出身，七岁时开始读书，十三岁时能够写文章，二十五岁的时候进士及第，凭借文章而闻名四方。古代的兴衰之事我也曾了解，当代的得失之事我也曾留意。我认为国家的安危在于边境的安定，所以我六月远行，来观摩边军的情况，到了这里，流连而不肯离去的原因，实在是倾慕阁下的大义，希望我能立于您门墙之内，仰望您的威仪。我在此十天而没有敢拜见您，实在是因为您的左右没有人引荐我，唯恐阁下把我看作普通人，那样的话即使一死也不足以洗刷我的耻辱，只能悔恨终身了。因此先呈上这封信来说明我的来意，阁下能够不认为我狂妄而以礼相待，那么我就荣幸之至，荣幸之至！韩愈再拜。

为人求荐书

某闻：

木在山，马在肆，过之而不顾者虽日累千万人，未为不材与下乘也。及至匠石过之而不睨，伯乐遇之而不顾，然后知其非栋梁之材、超逸之足也。以某在公之宇下非一日，而又辱居姻娅之后，是生于匠石之园，长于伯乐之厩者也。于是而不得知，假有见知者千万人，亦何足云尔？今幸赖天子每岁诏公卿大夫贡士，若某等比咸得以荐闻，是以冒进其说以累于执事，亦不自量已。然执事其知某何如哉？昔人有鬻马不售于市者，知伯乐之善相也，从而求之，伯乐一顾，价增三倍。某与其事颇相类，是故始终言之尔。某再拜。

【译文】我听说：

树木生长在山中，马匹喂养在厩中，虽然每天有成千上万的人经过，但很少有人注意它们，然而却不能因此而断定树木不是良材，马匹不是好马。如果匠石经过时也不留心，伯乐看到时也不在意，这才知道树木确实不是栋梁之材，马匹确实不是千里好马。我在您的门下已不止一两天了，而且与您又有姻亲关系，我应该是生长在匠石园圃中的好材，饲养在伯乐马厩中的好马。如果在您这里我都不被了解，即使看见我的人有千万个，又有什么用呢？现在幸好天子每年诏命公卿大夫举荐贤士，像我这样的人很多都被推荐，因此鲁莽地献上我的主张来有劳执事您过目，也是不自量力啊。但是执事您了解我到什么程度呢？古代有个人去卖马，但是没有卖出去，他知道伯乐善于相马，就恳求伯乐帮忙，伯乐看了那匹马一次，那匹马的价格增加了三倍。我的情况同这件事情很类似，因此最终还是告诉您了。我再拜于上。

应科目时与人书

月日愈再拜：

天池之滨，大江之濆，曰有怪物焉，盖非常鳞凡介之品汇匹俦也。其得水，变化风雨，上下于天地不难也。其不及水，盖寻常尺寸之间尔。无高山大陵旷途绝险为之关隔也，然其穷涸不能自致乎水，为猿獭之笑者，盖八九年矣。如有力者哀其穷而运转之，盖一举手一投足之劳也。然是物也，负其异于众也，且曰："烂死于沙泥，吾宁乐之，若俛首贴耳，摇尾而乞怜者，非我之志也。"是以有力者遇之，熟视之若无睹也。其死其生，固不可知也。今又有有力者当其前矣，聊试仰首一鸣号焉，庸讵知有力者不哀其穷，而忘一举手一投足之劳而转致之清波乎？其哀之，命也；其不哀之，命也。知其在命而鸣且号之者，亦命也。愈今者实有类于是，是以忘其疏愚之罪而有是说焉。阁下其亦怜察之！

【译文】某月某日，韩愈再拜：

天池的岸边，大江的水旁，据说有一种怪物，它不是普通的鱼虾龟鳖之类的动物。它遇到水，就能呼风唤雨，上天入地都轻而易举。如果没有水，就只能蜗居在尺寸之地。即使没有高山、丘陵的阻隔，也没有道路遥远、险阻重重的障碍，它也只能在干涸的泥沼里挣扎，不能自己到达有水的地方，还会被水獭所嘲笑，大概八九年了。这时候假如遇到一位有力气的人，因为可怜它的困境而愿意帮它迁徙，也许只是举手之劳就可以做到的事情。但此物的报复却与众不同，并说："即使我烂死在泥沙之中，也心甘情愿，若是想让我俯首帖耳，摇尾乞怜，那绝非我的本意。"因此即使是有力气的人看见它，也是熟视无睹。这怪物到底是死是活，真是无从知晓。现在又有一位有力气的人来到它面前，它试着抬头呼喊一次，说不定这位有力气的人哀怜它的困境，而不在乎付出举手之劳，把它转移到水中去呢？有人哀怜它，是命中注定；不哀怜它，也是命中注定。明知一切都有命数，但还是想奋力呼喊，这也是命运的安排吧。我目前的处境，实在与它很像，因此也就不顾自己疏忽与愚笨的罪过而表达以上的观点。希望阁下同情体察！

答刘正夫书

愈白进士刘君足下：辱笺教以所不及，既荷厚赐，且愧其诚然。幸甚，幸甚！

举进士于先进之门，何所不往，先进之于后辈，苟见其至，宁可以不答其意邪？来者则接之，举城士大夫莫不皆然。而愈不幸，独有接后辈之名，名之所存，谤之所归也。有来问者，不敢不以诚答。或问："为文宜何师？"必谨对曰："宜师古圣贤人。"曰："古圣贤人所为书具存，辞皆不同，宜何师？"必谨对曰："师其意，不师其辞。"又问曰："文宜易，宜难？"必谨对曰："无难易，惟其是而已矣。"非固开其为此，而禁其为彼也。夫百物朝夕所见者，人皆不注视也，及睹其异者，则共观而言之。夫文岂异于是乎？汉朝人莫不能为文，独司马相如、太史公、刘向、扬雄为之最。然则用功深者，其收名也远。若皆与世浮沉，不自树立，虽不为当时所怪，亦必无后世之传也。足下家中百物皆赖而用也，然其所珍爱者，必非常物。夫君子之于文，岂异于是乎？今后进之为文，能深探而力取之，以古圣贤人为法者，虽未必皆是，要若有司马相如、太史公、刘向、扬雄之徒出，必自于此，不自于循常之徒也。若圣人之道，不用文则已，用则必尚其能者。能者非他，能自树立，不因循者是也。有文字来，谁不为文，然其存于今者，必其能者也。顾常以此为说耳。愈于足下忝同道而先进者，又尝从游于贤尊给事，既辱厚赐，又安得不进其所有以为答也？足下以为何如？愈白。

【译文】韩愈回复进士刘君足下：承蒙你在信中指出我的不足之处，使我受益匪浅。幸甚，幸甚！

凡是参加科考之人，都可以向那些已经及第的前辈求教，先及第的前辈看到后辈前来请教，怎会将其拒之门外呢？有人登门拜访就热情接待，全城的士大夫们都会这么做。可是很遗憾，唯独我韩愈，虽然也有提携后进的名声，名气散播出去，换来的却是各种诽谤。只要有人前来求教，我向来都是坦诚相见。有人问："想做出好文章，应该以谁为榜样呢？"每当这时，我都必然谨慎地回答："应该以古圣先贤为榜样。"有人问："现存的古圣先贤的文章有很多，但是他们的文辞手法都各不相同，应该如何效仿呢？"我必然谨慎地回答："应该效仿他们的立意，而不是单纯效仿文辞。"又有人问："文章是浅显易懂好呢，还是高深隐晦好呢？"我必然谨慎地回答："评价一篇文章的好坏，不在于它是浅显还是高深，只要行文自然合理就行。"并没有规定一定要这样写，而不能那样写。稀松平常的东西，大家都很少关注，碰到与众不同的东西，大家都会关注谈论。写文章不也是这样吗？汉朝人大多都擅长写作，但只有司马相如、太史公、刘向、扬雄的文章最为出众。在文章上用功越深，名声也就传得越远。如果只是随波逐流，没有独到见解，虽然在当时不会遭受非议，但也必然难以流传于后世。比如你家里的各类物品，都是日常要用到的，其中你特别珍爱的，必定不是寻常的东西。君子之于文章，不也是这样吗？如今的后辈，真正想做学问的，如果能够深入探求写文章的方式方法，努力提高自己的写作水平，并且能够效仿古圣先贤的为文之道，这样做，未必一定会成功，但是像司马相如、太史公、刘向、扬雄那样的人，必定是出自这一类人，而绝非出自寻常之辈。至于提及圣人的为文之道，要么不做，要做就必定会充分发挥其优势。这种优势不是别的，正是具有独到的见解，不因循守旧。自从文字出现以来，写文章的人不计其数，但是留存至今的，必定是那些有独到见解、不因循守旧的好文章。这也是我一直坚持的观点。我和你都是同道中人，只是我愧为前辈，又曾与令尊给事中大人有来往，感谢你送此厚礼，怎能不尽我所能地回答你呢？不知你的想法如何呢？韩愈书。

答殷侍御书

某月日，愈顿首：

辱赐书，周览累日，竦然增敬，蹙然汗出以惭。愈于进士中，粗为知读经书者，一来应举，事随日生，虽欲加功，竟无其暇。游从之类，相熟相同，不教不学，闷然不见己缺。日失月亡，以至于老，所谓无以自别于常人者。每逢学士真儒，叹息踧踏，愧生于中，颜变于外，不复自比于前人者。蒙示新注《公羊春秋》，又闻口授指略，私心喜幸，恨遭逢之晚，愿尽传其学。职事羁缠，未得继请，怠惰因循，不能自强，此宜在摈而不教者。今反谓少知根本，其辞章近古，可令叙所注书，惠出非望，承命反侧，善诱不倦，斯为多方，敢不喻所指？八月益凉，时得休假，傃矜其拘缀不得走请，务道之传而赐辱临，执经座下，获卒所闻，是为大幸！况近世公羊学几绝，何氏注外，不见他书。圣经贤传，屏而不省，要妙之义，无自而寻，非先生好之乐之，味于众人之所不味，务张而明之，其孰能勤勤拳拳若此之至？固鄙心之所最急者，如遂蒙开释，章分句断，其心晓然，直使序所注，挂名经端，自托不腐，其又奚辞？将惟先生所以命。愈再拜。

【译文】某月某日，韩愈顿首：

承蒙您给我写信，几天来细细地拜读，我心中不禁对您肃然起敬，敬意倍增，我心中惭愧得不停冒汗。我在进士之中，算是能粗略了解经书的人，一旦打算参加吏部的考试，事情就一天比一天多，虽然想用功读书，竟然腾不出时间来。平日交往游玩的朋友，由于彼此相互熟悉、相互认同，所以难以互相教诲，也难以互相学习，因此对自己的缺陷漠然不知。随着日月流逝，过失与日俱增，这样一直持续到年老，就是所谓的混同于世俗之人。每当碰到饱学之士、真正的儒者，自己都叹息惶恐，心有愧疚，面有惭色，不敢同前人相比了。先前承蒙您给我看您新作注的《公羊春秋》，又亲耳听到您的指教，心中暗自欢喜，很遗憾遇到您的时间太晚了，希望您能把您的全部学问传授给我。因为公事缠身，我没能持之以恒向您请教学问，这是懒惰成性，不能自发图强的表现，这应该属于遭到您的摒弃而不被教诲的人之列。现在您反而说我略为懂得文章的根本，词句用法接近古人的风格，可以让我为您注解的书作序，您给予我的恩惠实在太多了，我接到您的要求后辗转反侧，想到您对我循循善诱，多方面地对我进行指教，我哪里能不答应您的要求呢？八月的天气，一天比一天凉，经常可以有休息的时间，如果我为职事所羁绊不能去向您请教，希望您为了传授道义而能屈尊到我这里来，使我能够当面向您讨教，最终能有所收获，那就是我最大的幸事了！何况近代《公羊春秋》的研究几乎断绝，除了何休的注疏之外，看不到其他的相关书籍。现在圣贤的经传，被遗失而内容不明，里面奥妙的含义，无处查寻来源，不是先生喜欢《公羊》，以作注为乐，想尝试大家所不愿尝试的事情，而是先生力求弘扬和阐明圣贤的道理，有谁能勤勉到这种地步呢？我心中所最忧急的事情，就是如果我得到您的开导，能够分章断句，明白书中的大义，那么让我为您的注解作序，将我的名字写在经书的前页，让我的名声不朽于世，我又哪里会推辞呢？我会惟先生之命是从。韩愈再拜。

答陈商书

愈白：

辱惠书，语高而旨深，三四读尚不能通晓，茫然增愧赧，又不以其浅弊，无过人智识，且喻以所守，幸甚！愈敢不吐情实？然自识其不足补吾子之所须也。齐王好竽，有求仕于齐者，操瑟而往，立王之门，三年不得入。叱曰："吾瑟鼓之，能使鬼神上下，吾鼓瑟合轩辕氏之律吕。"客骂之曰："王好竽而子鼓瑟，瑟虽工，其如王不好何？"是所谓工于瑟而不工于求齐也。今举进士于此世，求禄利行道于此世，而为文必使一世人不好，得无与操瑟立齐门者比欤？文诚工，不利于求，求不得则怒且怨，不知君子必尔为不也。故区区之心，每有来访者，皆有意于不肖者也，略不辞让，遂尽言，惟吾子谅察。愈顿首。

【译文】韩愈回复说：

承蒙您给我写信，您的用词高雅、主旨深刻，我读了三四次还不能明白其中的意思，我茫然中羞愧万分，您不以我浅陋，也不以我没有过人的智慧与见识，而把您的事情告诉我，我深感荣幸！我怎敢不吐露实情呢？然而我自知没有什么学问，恐怕不能给予您满意的答复。从前齐王很喜欢听竽，有一个人想去齐国求官，他带着瑟前往，站在齐王的宫门前，一直等了三年，也没有见到齐王。他便大声呵斥道："我鼓瑟的技艺超群，能够感动鬼神，而且符合轩辕氏的音律呢。"有个客人便骂他道："齐王喜欢听竽而你却只会鼓瑟，你鼓瑟虽然技艺高超，但是齐王不喜欢该怎么办呢？"这就是所谓的精于鼓瑟却不精通到齐国做官的方法。现在要想在这个世道考取进士，要想在这个世道谋求官禄，那文章如果不能投其所好，那不是和拿着瑟站在齐王宫门的人一样吗？您的文章确实很好，只可惜不利于求官，求官不得那就会恼怒并且心生怨恨了，君子必定是不会像您这样行事的。所以我的用心是，每当有人来访，我都会留意于文辞不佳的人，我也不推让，我会尽力指出他的缺点，希望您能体谅我，细细的审察一番。韩愈顿首。

与孟尚书书

愈白：行官自南回，过吉州，获吾兄二十四日手书数番，忻悚兼至，未审入秋来眠食何似？伏惟万福！来示云，有人传愈近少信奉释氏者，此传者之妄也。潮州时，有一老僧号大颠，颇聪明，识道理，远地无可与语者，故自山召至州郭，留十数日。实能外形骸，以理自胜，不为事物侵乱。与之语，虽不尽解，要且自胸中无滞碍，以为难得，因与来往。及祭神至海上，遂造其庐。及来袁州，留衣服为别，乃人之情，非崇信其法，求福田利益也。孔子曰："丘之祷久矣。"凡君子行己立身,自有法度,圣贤事业,具在方册,可效可师。仰不愧天,俯不愧人,内不愧心,积善积恶,殃庆自各以其类至。何有去圣人之道,舍先王之法,而从夷狄之教,以求福利也?《诗》不云乎:"岂弟君子,求福不回。"《传》又曰:"不为威惕,不为利疚。"假如释氏能与人为祸福,非守道君子之所惧也,况万万无此理。且彼佛者果何人哉?其行事类君子邪,小人邪?若君子也,必不妄加祸于守道之人;如小人也,其身已死,其鬼不灵。天地神祇,昭布森列,非可诬也?又肯令其鬼行胸臆、作威福于其间哉?进退无所据而信奉之,亦且惑矣!

且愈不助释氏而排之者,其亦有说。孟子有云:"今天下不之杨则之墨。"杨墨交乱,而圣贤之道不明;圣贤之道不明,则三纲沦而九法斁,礼乐崩而夷狄横,几何其不为禽兽也!故曰:"能言距杨墨者,皆圣人之徒也。"扬子云曰:"古者杨、墨塞路,孟子辞而辟之,廓如也。"夫杨、墨行,正道废,且将数百年。以至于秦,卒灭先王之法,烧除经书,坑杀学士,天下遂大乱。及秦灭,汉兴且百年,尚未知修明先王之道,其后始除挟书之律,稍求亡书,招学士。经虽少得,尚皆残缺,十亡二三。故学士多老死,新者不见全经,不能尽知先王之事,各以所见为守,分离乖隔,不合不公,二帝三王群圣人之道于是大坏。后之学者无所寻逐,以至于今泯泯也。其祸出于杨、墨肆行而莫之禁故也。孟子虽贤圣,不得位,空言无施,虽切何补?然赖其言,而今学者尚知宗孔氏、崇仁义、贵王贱霸而已。其大经大法，皆亡灭而不救，坏烂而不收，所谓存十一于千百，安在其能廓如也？然向无孟氏，则皆服左衽而言侏离矣。故愈尝推尊孟氏，以为功不在禹下，为此也。

汉氏已来，群儒区区修补，百孔千疮，随乱随失，其危如一发引千钧，绵绵延延，浸以微灭。于是时也，而唱释、老于其间，鼓天下之众而从之，呜呼，其不仁甚矣！释、老之害过于杨、墨，韩愈之贤不及孟子，孟子不能救之于未亡之前，而韩愈乃欲全之于已坏之后，呜呼，其亦不量其力且见其身之危，莫之救以死也！虽然，使其道由愈而粗传，虽灭死，万万无恨！天地鬼神临之在上，质之在傍，又安得因一摧折自毁其道，以从于邪也？籍、湜辈虽屡指教，不知果能不叛去否？辱吾兄眷厚而不获承命，惟增惭惧，死罪，死罪！愈再拜。

【译文】韩愈回复说：我从潮州被调往袁州就任，途经吉州时，有幸收到您二十四日写的亲笔信，反复翻阅，喜忧参半，自从入秋以来，不知您的饮食起居是否一切安好？伏惟万福！来信中说，最近有人传言我迷信佛教了，这样的传言简直是荒诞无稽。在潮州时，有位法号叫大颠的老僧，聪明过人，通晓道理，因身处偏远之地没有可以交谈的人，于是我便把他从山上请到州府，暂住了十几天。此人确实能放下一切外在形式，以佛理为信念，不被事物扰乱内心。同他交谈，我虽然不能完全理解他说的话，但因他内心坦荡，没有芥蒂阻碍，所以我认为这样的人也很难得，因此与他有些往来。后来因为要到海上祭神，正好路过他的寺庙，就顺便去拜访过一次。来袁州就任之前，我留了一袭袈裟作为纪念，这也是人之常情，并非是我崇信其法，为自己求取福报利益啊。孔子说："丘之祷久矣。"作为君子，行己立身、为人处世必然遵循一定的原则，古圣先贤的丰功伟业都被载入史册，后人可以效法并将其视为楷模。仰不愧天，俯不愧人，内不愧心，积善或者作恶，上天自然会降下相应的福报。我怎么会舍弃古圣先贤之道以及先王之法，而去信奉来自于外邦的蛮夷之教，以此来求取福佑呢？《诗经》不是说："岂弟君子，求福不回。"《左传》也说："不为威惕，不为利疚。"倘若那佛祖真能给人降下祸福，那也不是谨遵道义的君子所应该惧怕的，更何况万万也不会有这样的道理。而且那所谓的佛祖究竟是个怎样的人呢？他的行为是类似君子呢，还是类似小人？如果他的行为类似君子，便绝不会贸然降下灾祸给遵循道义之人；如果他的行为类似小人，既然他身体已死，那么灵魂也就不会显灵了。天地间的神明，早已昭然天下，又岂会被随意冒充？又怎能允许鬼魂肆意妄为、在天地间作威作福呢？前后依据都没有搞清楚就去信奉它，这也太糊涂了！

　　而且我不尊崇佛教并且对其有所排斥是有原因的。孟子说："如今天下的政治言论，不是杨朱派就是墨翟派。"杨、墨两派交替迷惑世人，致使孔孟之道无法被发扬光大；孔孟之道不能发扬光大，导致三纲沦丧而九法废除，礼乐败坏而外教横行，人性堕落得禽兽不如！因此孟子又说："能够驳斥杨墨学说的人，都是圣人的门徒。"扬子云说："从前杨墨学说充斥世间，孟子慷慨陈词，予以驳斥，终于澄清了世间言论的混乱。"此后，杨墨学说盛行，孔孟之道被废弃的情况持续了几百年。到了秦朝，废除圣贤的学说，焚书坑儒，于是天下大乱。后来秦朝灭亡，汉朝建立了将近百年后，也不懂得弘扬和发展先王之道，然后过了很久才删除了那条禁止藏书的法令，开始搜寻逸失的经书，招揽饱学之士。虽然找到一些经书，但大多残缺不全，圣贤经典遗失了十之二三。饱学之士或老或死，年青的儒生没有见过经典的全貌，不能详细了解先王的学说，各自都坚持己见，互不沟通，相互排斥，尧、舜以及夏禹、商汤、周文各代先圣们的大道从此被毁坏了。后来的学者文人无处寻找，直到今天先王之道依然泯灭无存。这种祸患的根源就是杨墨之道盛行而没有被及时禁止。孟子虽然是位圣贤，但因为不当政，使他空有一腔抱负没有办法实现，孟子的言论虽能说中要害，但又有何用呢？但也多亏了他的著述，才使现在的学者还知道要尊崇孔子、崇尚仁义，推尚仁政，反对称霸。但是先王之道的精华部分都散失而难以补救，败坏而难以收拾了，圣贤的典籍只有百分之一留存下来，何谈能澄清世间思想的混乱呢？但是如果没有孟子，我们只能像蛮夷那样，左衽穿衣，讲蛮夷话了。正是这个原因，我非常推崇孟子，认为孟子的功劳不在夏禹之下。

　　汉朝建立以来，儒士们虽然对圣贤经典进行了一些修补，但依然是百孔千疮，随着战乱，不断佚失，先王之道危如千钧一发，依靠断断续续的延续，逐渐趋于微灭。在这紧要关头，却还提倡佛、老之道，鼓动天下众人追随，哎呀，这是多么不仁的事情啊！佛老的危害要超过杨墨，而我韩愈不如孟子贤能，孟子尚且不能在先王之道还未灭亡之前进行补救，而我韩愈却想在先王之道被毁之后恢复原貌，哎呀，这也太自不量力了，况且我这个人如果不是别人相救，早已命丧黄泉了！虽然这么说，但如果先王之道能够借由我的微薄之力而得以承传下去，我万死不辞！天地鬼神在上明察，在旁监督，又怎么可能因为遭受一点挫折就放弃正道，而相信奸邪之说呢？我经常提醒张籍、皇甫湜等人，不知道他们会不会不背叛儒道？承蒙吾兄厚爱，不敢苟同，惭愧不已，死罪，死罪！韩愈再拜。

答吕䃉山人书

愈白：惠书责以不能如信陵执辔者。

夫信陵，战国公子，欲以取士声势倾天下而然耳。如仆者，自度若世无孔子，不当在弟子之列。以吾子始自山出，有朴茂之美意，恐未磨礲以世事。又自周后文弊，百子为书，各自为家，乱圣人之宗，后生习传，杂而不贯，故设问以观吾子。其已成熟邪，将以为友也；其未成熟邪，将以讲去其非而趋其是耳。不如六国公子有市于道者也。方今天下入仕，惟以进士、明经及卿大夫之世耳。其人率皆习熟时俗，工于语言，识形势，善候人主意，故天下靡靡，日入于衰坏，恐不复振起。务欲进足下趋死不顾利害去就之人于朝，以争救之耳，非谓当今公卿间无足下辈文学知识也。不得以信陵比。然足下衣破衣，系麻鞋，率然叩吾门，吾待足下虽未尽宾主之道，不可谓无意者也。足下行天下，得此于人盖寡，乃遂能责不足于我，此真仆所汲汲求者。议虽未中节，其不肯阿曲以事人者灼灼明矣。方将坐足下三浴而三熏之，听仆之所为，少安无躁。愈顿首。

【译文】韩愈回复：承蒙您给我写信，您责备我不能像信陵君为侯嬴驾车那样恭敬地对待您。

信陵君是战国时的魏国公子，他那样做是想以善用贤士的名声来使天下人对他倾服归心。我自己思量，像我这样的人，如果世上不曾有孔子，我是不会成为任何人的弟子的。您刚刚出山，怀着朴实厚道的美好愿望，但是还缺乏世事的磨炼。从周朝起礼乐遭到破坏，诸子著书立说，各自成为一家，扰乱了圣人的本意，所以后代学习圣人的道理，杂乱而难以贯通，所以我有问题与您交流。如果您的思想学问已经成熟了，您就是我的朋友；如果还不够成熟，我将告诉您其中不对的地方而使您归于正确。我不会像战国时的诸位公子，把道义用来买卖。当今天下人如果想要进入仕途，就只有通过进士、明经的考试以及公卿大夫的世家荫庇。这些人都熟知现在的风气习惯，擅长辞令，能审时度势，善于迎合主上的心思，所以天下风气日益败坏，恐怕难以振作起来。所以我非常想推荐您这样不顾自身安危和利害得失的人到朝廷里，来匡扶社稷，而不是说现在公卿大夫中没有像您这样学问高深的人。您不能以信陵君来和我相比。但是，您身着破衣，脚穿麻鞋，突然来拜访我，我招待您虽然没有尽到宾主之谊，但也不能说我对您不在意。您在世间行走，大概甚少受到这样的接待，因此您就责备我的礼数不周，但是不沽名钓誉正是我所追求的东西。您的意见虽然并不恰当，但您不肯阿谀奉承来侍奉他人的品格却非常明显。我将

像齐桓公对待管仲那样，三浴三熏来接待您，请您听从我的劝诫，
耐心等待，不要急躁。韩愈顿首。

答渝州李使君书

乖隔年多，不获数附书状，慕仰风味，未尝敢忘。使至，
连辱两书，告以恩情迫切，不自聊赖。重序河南事迹本末，文
字绸密，典实可寻，而推究之明，万万无一可疑者。钦想所为，
益深勤企，岂以愈为粗有知识，可语以心而告之急哉？是比数
愈于古人而收之，何幸之大也！愈虽无节概，知感激。若使在
形势，亲狎于要路，有言可伸之，虽百悔吝，不敢默默。今既无
由缘进言，言之恐益累高明，是以负所期待，窃窃转语于人，不
见成效，此愈之罪也。然不敢忘去其心，期之无已，以报见待，
惟且迟之，勿遽止罢，幸甚！《庄子》云："知其无可奈何而安
之若命者，圣也。"《传》曰："君子俟命。"然无所补益，进其
厌饫者，只增愧耳。良务宽大。愈再拜。

【译文】时运不济，与您分别多年，很久没有收到您的来信，
但您那令人仰慕的风采，我不敢有丝毫忘记。您遣使前来，有劳您
给我连写两封信，告诉我您心中的迫切感情和百无聊赖的心境。
您在信中再次述说在河南时种种事情的始末，文字严密详细，事

情有迹可循，推理非常清楚，绝对没有值得商榷的地方。钦慕一个人的所为，必定加深对他的企盼，难道是因为我稍微有点学识，您就这么急切地把心思告诉我吗？这是把我比作古代贤人而以我为知己，我是何等荣幸啊！我虽然缺少气节，但还知道感恩的。假如我正被重用，与位高权重者亲近要好，说话可以被重视，哪怕日后后悔不已，我现在也不敢默默无言。现在既然没有可以进言的途径，贸然进言恐怕会连累您，因此辜负您的期待，我偷偷将此事转告给他人，却不见有效果，这是我的过错。但是我不敢懈怠，仍不停地周旋处理，来报答您对我的厚望，宁可迟缓一些，也不要立刻就放弃，那样做就太好了！《庄子》说："知道事情已无回转余地而仍能安然地接受命运的安排，这是圣人的行为。"《左传》说："君子等待时机。"如果徒劳行事，对于事情无所补益，只会增加心中的愧意罢了。请您务必要耐心等待。韩愈再拜。

答元侍御书

九月五日，愈顿首：

微之足下，前岁辱书，论甄逢父济，识安禄山必反，即诈为瘖弃去。禄山反，有名号，又逼致之，济死执不起，卒不污禄山父子事。又论逢知读书，刻身立行，勤己取足，不干州县，斥其余以救人之急。足下繇是与之交，欲令逢父子名迹存诸史氏。

足下以抗直喜立事，斥不得立朝，失所不自悔，喜事益坚。微之乎，真安而乐之者！谨详足下所论载，校之史法，若济者固当得附书。今逢又能行身，幸于方州大臣，以标白其先人事，载之天下耳目，彻之天子，追爵其父第四品，赫然惊人。逢与其父俱当得书矣。济逢父子自吾人发。《春秋》美君子乐道人之善，夫苟能乐道人之善，则天下皆去恶为善，善人得其所，其功实大，足下与济父子俱宜牵联得书。足下勉逢，令终始其躬，而足下年尚强，嗣德有继，将大书特书，屡书不一书而已也。愈既承命，又执笔以俟。愈再拜。

【译文】九月五日，韩愈顿首：

元稹阁下，前年承蒙您写信给我，谈论甄逢的父亲甄济，在觉察出安禄山有反意后，便假装失声而离去。安禄山谋反以后，因为甄济的名望，又逼迫他归顺，甄济死也不肯答应，最终因没有参与安禄山父子造反之事而不使自己的节行受损。又谈论甄逢，他喜爱读书，持身谨慎，勤奋知足，不干谒州县，还能散出自己多余的资财来援救他人的急困。足下因此同他交好，想让甄逢父子的事迹载入史籍。

足下因为抗颜直谏而遭到贬斥，不能在朝廷为官，但您并不因此而后悔，反而更加喜欢揽事上身。元微之啊，您是真的安于此道、乐于此道啊！请让我详细论述足下提到的事情，把它同史籍的记载相比较，像甄济这样的人本来就应当载于史书。现在甄逢行事良善，有幸于州郡大臣能为其父宣扬事迹，使天下人都能了解，并且传到天子那儿，追封他的父亲为四品官，声名显赫。甄逢和他的父亲都应当载入史书。就让甄济、甄逢父子两人的事迹从我开始记载吧。《春秋》称赞君子乐于称道他人的善行,假如能乐于称道他人的善行,那么天下人都会去掉恶行而行善事,行善之人得到应有的褒奖,这功劳实在是大,足下与甄济父子都应该一起载入史册。足下勉励甄逢要始终躬行善道,而足下正当壮年,能够继承道统,也应该大书特书,多处记载您的事迹而不是只记载于一处而已。我已经接受您的请求,正拿着笔等待书写。韩愈再拜。

卷十九　书　序

与郑相公书

　　再奉示问，皆缘孟家事，辞旨恻恻，忧虑深远，窃有以见大人君子笃于仁爱，终始不倦。伏读感歊，不知所喻。旧与孟往还数人，昨已共致百千已来，寻已至东都，计供葬事外尚有余资。今裴押衙所送二百七十千，足以益业，为遗孀永久之赖。孟氏兄弟在江东未至，先与相识，亦甚循善，所虑才干不足任事。郑氏兄弟惟最小者在东都，固如所示，不可依仗。孟之深友太子舍人樊宗师，比持服在东都，今已外除，经营孟家事，不啻如己。前后人所与及裴押衙所送钱物，并委樊舍人主之，营致生业，必能不失利宜。候孟氏兄弟到，分付成事，庶可静守，无大阙败。伏望不至远忧，续具一一咨报，不宣。愈再拜。

【译文】再次承蒙您来信询问，都是关于孟郊的身后事，言辞中饱含恻隐之意，为孟郊的事考虑长远，由此可见大人您是位君子，笃于仁爱，自始至终也不懈怠。我拜读后，心中感慨不已，不知如何来表达自己的心情。先前与孟郊有交往的几个人，昨天已经送来了总共几百千钱，不久就到达洛阳，估计办完丧事后还有剩余。现在裴押衙送来二百七十千钱，足够用来安顿孟郊家人的生计，作为孟氏遗孀的日后生活来源。孟家的兄弟都在江东还没到，我以前就同他们认识，也都是温和善良的人，只可惜才干不足，难以担任职事。郑氏兄弟中只有年纪最小的一位在洛阳，就如您信中所告知的，没有依靠他。孟郊的至交，太子舍人樊宗师，他正在洛阳家中服丧，现在服丧已毕，代为负责孟郊的后事，他尽心尽力，如同对待自己的家事一样。前前后后人们的馈赠加上裴押衙所赠送的钱物，一并委托给樊宗师管理，用来经营生计，一定不会亏损。等孟家兄弟到了，再把管理妥当的各种事情转交给他们，现在只需静心等候，应该不会有什么大的纰漏了。希望您不要担忧，其余的详情会逐一上报给您，不多说。韩愈再拜。

与袁相公书

伏闻宾位尚有阙员，幸蒙不以常辈知遇，恒不自知愚且贱，思有论荐。窃见朝议郎前太子舍人樊宗师孝友聪明，家故饶财，身居长嫡，悉推与诸弟。诸弟皆优赡有余，而宗师妻子常寒露饥馁，宗师怡然处之，无有难色。穷究经史，章通句解，至于阴阳、军法、声律，悉皆研极原本。又善为文章，词句刻深，独追古作者为徒，不顾世俗轻重，通微晓事，可与晤语。又习于吏职，识时知变，非如儒生文士止有偏长。退勇守专，未为宰物者所识，年近五十，遑遑勉勉，思有所试。阁下傥引而致之，密加识察，有少不如所言，愈为欺罔大君子，便宜得弃绝之罪于门下。诚不忍奇宝横弃道侧，而阁下箧椟尚有阙少不满之处，犹足更容，辄冒言之，退增汗愧。谨状。

【译文】我听说您的幕僚中还有空缺的职位，承蒙您不以普通人来对待我，我总是不顾自己的愚笨和浅陋，想着能推荐贤人。我看到朝议郎、前太子舍人樊宗师，仁孝友爱，聪慧贤明，家中本来有丰厚的资财，他作为嫡长子，却把资财全部让给了两个弟弟。使他的弟弟们生活优裕，樊宗师的妻子儿女却常常忍饥受冻，但樊宗师却安然处之，面无忧色。他通晓经史，理解章句，对于阴阳、兵法、声律全都有深入探究。樊宗师又善于写文章，语意深刻，文章效法古人，不理会世俗的偏见，精通事理，您可以同他面谈进一步了解。樊宗师还熟习吏职事务，了解当下时事，懂得权变，不像一般的儒生只擅长读书。他弃武从文，专心学问，但还没有被主管官员所注意到，他年纪快五十岁了，惶惶不安，想要有所建树。阁下如果能引荐他，并严格地加以考察，如果稍微有与我所说不合的地方，那么我就是在欺骗您，就甘愿被您弃绝。我实在不忍心看到贤人被弃之不用，而阁下的身边还有空缺的职位，正好可以容纳贤人，所以我就冒昧地进言，心中惭愧不已。敬谨陈述。

与鄂州柳中丞书

淮右残孽，尚守巢穴，环寇之师，殆且十万，瞋目语难。自以为武人不肯循法度，颉颃作气势，窃爵位自尊大者，肩相摩地相属也。不闻有一人援枹鼓誓众而前者，但日令走马来求赏给，助寇为声势而已。阁下书生也，《诗》《书》《礼》《乐》是习，仁义是修，法度是束。一旦去文就武，鼓三军而进之，陈师鞠旅，亲与为辛苦，慷慨感激，同食下卒，将二州之牧以壮士气，斩所乘马以祭踶死之士，虽古名将，何以加兹！此由天资忠孝，郁于中而大作于外，动皆中于机会，以取胜于当世。而为戎臣师，岂常习于威暴之事，而乐其斗战之危也哉？愈诚怯弱不适于用，听于下风，窃自增气，夸于中朝稠人广众会集之中，所以羞武夫之颜，令议者知将国兵而为人之司命者，不在彼而在此也。临敌重慎，诚轻出入，良用自爱，以副见慕之徒之心，而果为国立大功也。幸甚，幸甚！不宣。愈再拜。

【译文】淮右吴元济的叛军，还固守在匪巢之中，包围叛军的王师，已经将近十万人，都瞪大眼睛，义愤填膺。他们自认为是武夫就不肯循守法度，故作气势，空有爵位而妄自尊大，这样的人，摩肩接踵，不胜其多。却不曾听说有哪个人能击鼓激励士卒奋勇向前，只知道每天派人骑马前来讨要赏赐，反而助长了贼寇的嚣张气焰。阁下是一介书生，平日研读的是《诗》《书》《礼》《乐》等书籍，修养的是仁义道德，以法令来约束众人。一旦弃文从武，击鼓号令三军奋勇前进，亲自巡视军队，慰劳士卒，慷慨陈词激励士卒，和士卒同吃同住，统领两个州的事务来壮大士气，杀掉坐骑来祭奠被它踢死的士卒，即使是古代的名将，也不会超过柳公了！这是因为您天生忠诚孝道，这些品质汇聚在心中而后充分发挥出来，行动都能把握时机，因此能在诸多将领中胜出。而您能统帅军队，又哪里是由于经常操演武力、兵法，以战场搏杀为乐的原因呢？我确实怯弱不中用，但听到您的传闻，心中也暗自勇气倍增，在朝中大庭广众的场合夸奖您，是为了羞辱那些武夫，让议论国事的人知道率领国家的军队并主宰国家命运的人，不在那些武夫而是柳公。您面对叛贼一定要慎重，告诫手下不要掉以轻心，注意饮食，保重自己，使仰慕您的人得到安慰，最终也为国家立下大功。荣幸之至，荣幸之至！不细说。韩愈再拜。

又一首

　　愈愚不能量事势可否。比常念淮右以靡弊困顿三州之地，蚊蚋蚁虫之聚，感凶竖煦濡饮食之惠，提童子之手坐之堂上，奉以为帅，出死力以抗逆明诏，战天下之兵，乘机逐利，四出侵暴，屠烧县邑，贼杀不辜，环其地数千里莫不被其毒，洛、汝、襄、荆、许、颖、淮、江为之骚然。丞相公卿大夫劳于图议，握兵之将、熊罴貙虎之士畏懦蹙蹐，莫肯杖戈为士卒前行者，独阁下能奋然率先，扬兵界上，将二州之守，亲出入行阵，与士卒均辛苦，生其气势。见将军之锋颖凛然，有向敌之意。用儒雅文字章句之业，取先天下武夫，关其口而夺之气。愚初闻时方食，不觉弃匕箸起立。岂以为阁下真能引孤军单进，与死寇角逐，争一旦侥幸之利哉？就令如是，亦不足贵。其所以服人心，在行事适机宜，而风采可畏爱故也。是以前状辄述鄙诚，眷惠手翰还答，益增欣悚。夫一众人心力耳目，使所至如时雨，三代用师，不出是道。阁下果能充其言，继之以无倦，得形便之地，甲兵足用，虽国家故所失地，旬岁可坐而得，况此小寇，安足置齿牙间？勉而卒之，以俟其至，幸甚！幸甚！夫远征军士，行者有羁旅离别之思，居者有怨旷骚动之忧，本军有馈饷烦费之难，地主多姑息形迹之患。急之则怨，缓之则不用命。浮寄孤悬，形势销弱，又与贼不相谙委，临敌恐骇，难以有功。若召募土人，必得豪勇，与贼相熟，知其气力所极，无望风之惊，爱护乡里，勇于自战。征兵满万，不如召募数千。阁下以为如何？侥可上闻行之否？计已与裴中丞相见，行营事宜，不惜时赐示及。幸甚！不宣。愈再拜。

【译文】我韩愈愚笨，不能估量出形势发展的好坏。我近来常常想，淮右地区凭借困顿凋弊的三个州，蚊蚋蚁虫之众，当地军民因为感激贼首吴元济的小恩小惠，就拉着这小子的手让他坐在大堂之上，尊奉他为统帅，拼死效命来违抗皇上的旨意，同天下的军队作战，乘机到处掠夺，四处出动，烧杀抢夺，屠戮州县，残杀无辜，淮右周围数千里的地方无不遭到他们踩蹒，洛州、汝州、襄州、荆州、许州、颍州以及江淮等地因此而骚动。丞相、公卿、大夫们忙于图谋策划，而手握兵权的将领，熊黑虎狼般的猛士却畏惧怯懦，不肯操戈而进，身先士卒，唯独阁下您奋然率先，统兵到达敌界之上，率领两州的官员，亲自出入于士卒之间，同士卒同甘共苦，提升他们的士气。将军的气势凌厉，有一往无前的杀敌决心。以温文尔雅的书生身份，建立超越天下武夫的功业，使武夫们无话可说，气焰顿失。我刚刚听到这个消息的时候正在吃饭，不由地放下手中的筷子站了起来，拍手称快。我拍手称快的原因，难道是因为阁下能率领孤军前进，与敌人拼死角逐，争夺一时的侥幸胜利吗？就算获得这样的功绩，也不足以为贵。您之所以让人佩服，在于处理事情适合机宜，风采气度令人敬畏。因此上一封信只叙述我的敬意，承蒙您亲自答复，我心中更是平添欣喜。统一众人的心力耳目，使士卒们的进退就像暴雨一般迅疾，三代的用兵之道，都超不出这个范围。阁下如果能听取以下的建议，并且毫不懈怠地去执行，再加上便利的形势，武器兵马充足的条件，即使国家先前丧失的土地，很快也可以收复，何况是这小小的叛贼，何足挂齿呢？请您尽力而为，等待时机的到来，幸甚！幸甚！出征远方的军士，行军时多有离别的思念，在家的眷属会有埋怨的忧虑，军队有筹集粮草军饷的困难，地方则有放纵士兵为患的顾虑。对于士卒，要求太严就会生出怨恨，过于宽松就会不听命令。孤军深入，力量薄弱，又不熟悉叛匪情况，临阵对敌时恐生慌乱，难以取胜。如果招募当地人入伍，一定会得到勇猛之人，而且对叛贼的情况熟悉，了解叛贼的实力，不会望风而胆怯，能够爱护乡里，奋勇作战。征用一万士卒，不如招募几千当地人。不知阁下意下如何？这个策略如果可行，是否可一试呢？这个计策已同裴中丞商议过，军事上的事情，请您及时告诉我。非常荣幸！不多说。韩愈再拜。

答魏博田仆射书

季冬极寒，伏惟仆射尊体动止万福。即日愈蒙恩改职事，不任感惧。使至，奉十一月十二日示问，欣慰殊深，赞善十一郎行，已曾附状，伏计寻上达。愈虽未获拜识，尝承仆射眷私，猥辱荐闻，待之上介，事虽不允，受赐实多。顷者，又蒙不以文字鄙薄，令撰《庙碑》，见遇殊常，荷德尤切。安有书问稍简，遂敢自疏？比所与杨书记书，盖缘久阙附状，因问粗述下情。忽奉累纸示问、辞意重叠，捧读再三，但增惭悚。仆射公忠贤德，为内外所宗，位望益尊，谦巽滋甚。谬承知遇，欣荷实深，伏望照察。恨以官守，拜奉未由，无任驰恋。谨因使回奉状，不宣。谨状。

【译文】深冬极寒时节，敬祝田仆射身体健康。前日我蒙皇上隆恩改任官职，不胜感动。信使到来，送来您十一月十二日的信，我心中深感欣慰，您的儿子，赞善大夫十一郎已经离开，我让他带上一封信，估计不久就会送到您手边。我虽然不曾拜见您，但曾经承蒙您的眷顾，向朝廷推荐我，您对待我如同上宾一样，推荐的事情虽然未被通过，但是我受到的恩赐实在太多。不久，又承蒙您不以我的文章粗鄙浅薄，让我撰写《庙碑》，非常厚待于我，我受到您的恩德更加深切。我哪会因为您写信稍显简略，就敢疏远您呢？在写给杨书记的信中附上一纸问候您，是因为很久没有写信问候您，便拜求他向我大致地诉说您的情况。忽然接到您的来信，反复问候我，我捧读再三，徒增羞惭和惶恐。仆射公的忠诚贤良为朝廷内外所尊崇，您德高望重，谦逊不已。承蒙您的知遇之恩，我十分感激，希望您对我继续督察。限于官职所在，难以前去拜访您，不能当面表达我的思念之情。恭敬地派信使带回此信，不多说了。敬谨陈述。

与华州李尚书书

日来不审尊体动止何似？乍离阙庭，伏计倍增恋慕。愈于久故游从之中，伏蒙恩奖知待，最深最厚，无有比者。懦弱昏塞，不能奋励出奇，少答所遇。拜辞之后，窃念旬朔不即获侍言笑，东望陨涕，有儿女之感。独宿直舍，无可告语，展转欷歔，不能自禁。华州虽实百郡之首，重于藩维，然阁下居之，则为失所。愚以为苟虑有所及，宜密以上闻，不宜以疏外自待。接过客俗子，绝口不挂时事，务为深崇，以拒止嫉妒之口。亲近药物方书，动作步趋，以致和宣滞。为国自爱，副鄙陋拳拳之心。幸甚幸甚！谨奉状，不宣。愈再拜。

【译文】近来不知您的身体怎么样？您突然离开朝廷，使我倍加思念您。在我的故旧朋友当中，您对我的恩惠以及知遇之恩，最为深厚，没有谁能比得上。但我懦弱闭塞，不能够勤奋努力，对您的知遇之恩很少有所报答。与您辞别之后，我因为不能够再与您交谈言笑，向东遥望不禁潸然泪下，颇有儿女情长的感慨。我独自在官舍中值班，没有人可以倾谈，辗转叹息，难以自已。华州虽然是百郡之首，是国家的重要州郡，但对于阁下，却不是发挥您才能的恰当之处。我认为如果慎重考虑的话，您应该私下上奏陛下，调换职位，而不应该长期坐等。您接待过往宾客、世俗之人的时候，绝对不要提及时事，一定要牢牢记住这一点，以此来堵塞那些非议。多看一些药物医术方面的书籍，动作举止，应以和谐散滞为目的。请您为国家保重自己，让我的殷切牵挂之心能放下。荣幸之至，荣幸之至！谨奉此状，不多说。韩愈再拜。

京尹不台参答友人书

所示情眷之至，不胜悚荷。台参实奏云：容桂观察使带中丞尚不台参，京尹郡国之首，所管神州赤县，官带大夫，岂得却不如, 事须台参? 圣恩以为然, 便令宣与李绅不用。台参亦是何典故? 赤令尚与中丞分道而行, 何况京尹? 夫人见近事, 习耳目所熟, 稍殊异即怪之, 其于道理有何所伤? 圣君使行, 即是故事。自古岂有定制也? 停推巡缘府中褊迫是实, 若别差人, 即是妄说, 岂有此事? 小人言不可信, 类如此, 亦在大贤斟酌而断之。流言止于智者, 正谓此耳。客多, 不及自修报, 伏惟照察。

【译文】您在信中对我的殷殷关切非同一般, 我心中不胜惶恐。台参实奏中说: 容州、桂州观察使兼御史中丞尚且不行台参之礼, 京兆尹是郡国的首长, 管辖神州赤县, 官兼御史大夫, 哪会反而比不上先例, 需要台参呢? 皇上也认为这样, 于是宣诏我不必向李绅行台参之礼。台参又有什么典故呢? 洛阳令尚且与御史中丞分道而行, 何况是京兆尹呢? 人们只看到眼下的事情, 习惯于日常惯例, 稍微有点不同就认为奇怪, 这对于道理又有什么妨害呢? 圣明皇上的命令, 就是定例。自古以来难道有固定不变的制度吗? 我被停免京兆尹之职是因为宰相府的压力, 这是事实, 但如果说是被人陷害, 那是胡说, 哪里有这种事情呢? 小人的话不可信, 像这种事情, 都是位高权重之人仔细考虑后做出的决断。流言止于智者, 正是这个道理。访客众多, 我不能亲自向您一一通报, 请您明察。

送陆歙州诗序

　　贞元十八年二月十八日，祠部员外郎陆君出刺歙州，朝廷夙夜之贤，都邑游从之良，赍咨涕洟，咸以为不当去。歙，大州也，刺史，尊官也，由郎官而往者，前后相望也。当今赋出于天下，江南居十九，宣使之所察，歙为富州。宰臣之所荐闻，天子之所选用，其不轻而重也较然矣。如是而赍咨涕洟以为不当去者，陆君之道行乎朝廷，则天下望其赐，刺一州，则专而不能，或谓先一州而后天下，岂吾君与吾相之心哉？于是昌黎韩愈道愿留者之心而泄其思，作诗曰：

　　我衣之华兮，我佩之光，陆君之去兮，谁与翱翔？敛此大惠兮，施于一州，今其去矣，胡不为留？我作此诗，歌于逵道，无疾其驱，天子有诏。

　　【译文】贞元十八年（802）二月二十八日，祠部员外郎陆君出任歙州刺史，朝廷中早晚共事的贤臣，京城里交往游历的好友，都感慨叹息，认为他不应该出京任职。歙州，是一个大州，刺史，是地位尊贵的官职，由郎官接任刺史职位，是大家都盼望的事情。现在国家的赋税，十分之九出自江南地区，宣歙观察使考察的结果，歙州为最富裕的州。您受宰相的推荐，被皇上任用，对您的重视程度不言而喻。像这样感慨叹息认为陆君不该离去的人，是认为陆君如果在朝廷得到重用，那么天下都能受益于他，出任一刺史，就只能使一地受益而不能使天下受益，有人说先让他使一州受益，然后再使天下受益，难道皇上和宰相是这么打算的吗？因此，韩愈我说出希望他留下来的心思，抒发对他的思念，作诗道：

我的衣服华丽啊，我佩带的饰物闪光，陆君这一去啊，谁同我游往？这么一位贤人啊，专注于一州，现在他要离去了，谁会不挽留？我写下这首诗，在大道上歌唱，不要遗憾他的离去，因为有诏书下达。

送孟东野序

大凡物不得其平则鸣。草木之无声，风挠之鸣；水之无声，风荡之鸣。其跃也，或激之；其趋也，或梗之；其沸也，或炙之。金石之无声，或击之鸣。人之为言也，亦然有不得已者而后言，其歌也有思，其哭也有怀，凡出乎口而为声者，其皆有弗平者乎！乐也者，郁于中而泄于外者也，择其善鸣者而假之鸣，金、石、丝、竹、匏、土、革、木八者，物之善鸣者也。维天之于时也亦然，择其善鸣者而假之鸣，是故以鸟鸣春，以雷鸣夏，以虫鸣秋，以风鸣冬，四时之相推敚，其必有不得其平者乎！

其于人也亦然。人声之精者为言，文辞之于言，又其精也，尤择其善鸣者而假之鸣。其在于唐、虞，咎陶、禹其善鸣者也，而假之以鸣。夔弗能以文辞鸣，又自假于《韶》以鸣。夏之时，五子以其歌鸣，伊尹鸣殷，周公鸣周，凡载于《诗》《书》六艺，皆鸣之善者也。周之衰，孔子之徒鸣之，其声大而远。《传》曰："天将以夫子为木铎。"其弗信矣乎？其末也，庄周以其荒唐之辞鸣于楚。楚，大国也，其亡也，以屈原鸣。臧孙辰、孟轲、荀卿，以道鸣者也。杨朱、墨翟、管夷吾、晏婴、老聃、申不害、韩非、慎到、田骈、邹衍、尸佼、孙武、张仪、苏秦之属，皆以其术鸣。秦之兴，李斯鸣之。汉之时，司马迁、相如、扬雄，最其善鸣者也。其下魏、晋氏，鸣者不及于古，然未尝绝也。就其善鸣者，其声清以淳，其节数以急，其辞淫以哀，其志驰以肆，其为言也，乱杂而无章。将天丑其德，莫之顾邪？何为乎不鸣其善鸣者也？唐之有天下，陈子昂、苏源明、元结、李白、杜甫、李观，皆以其所能鸣。其存而在下者，孟郊东野。东野始以其诗鸣，其高出魏、晋，不懈而及于古，其他浸淫乎汉氏矣。从吾游者，李翱、张籍其尤也。三子者之鸣，信善鸣矣，抑不知天将和其声，而使鸣国家之盛邪，将穷饥其身，思愁其心肠，而使自鸣其不幸邪？三子者之命，则悬乎天矣！其在上也，奚以喜？其在下也，奚以悲？东野之役于江南也，有若不怿者然，故吾道其命于天者以解之。

【译文】天下事物如果得不到公正对待时，就会发出不平之声。草木本无声，风鼓吹而发出声音；水流亦无声，风摇荡而发出声音。水流奔涌，或许是有东西在激荡它；水流前进，或许是有东西在推动它；水流沸腾，或许是有东西在炙烤它。金石之器本来无声，有人敲击才会发出声响。人发表言论也是如此，往往到了不得已的时候才会发声，他的歌唱是有所思虑，他的哭泣是有所感怀，凡是从口中说出来的声音，也许都有其委屈不平的原因吧！音乐，是感情郁结于心中而抒发出来的声音，选择那些适合发音的器物来发出声音，金、石、丝、竹、匏、土、革、木这八类乐器，是各种事物中最善于发音的。上天也按照时节安排不同的发声，选择最善于发声的事物让它来发声，所以春季百鸟啼叫，夏季雷霆轰鸣，秋季虫声盈耳，冬季寒风呼啸，一年四季互相推移变化，其中必定有其不能平静的原因吧！

　　对于人来说也是如此。人声音的精华是语言，文辞对于语言来说，又是其中的精华，因此尤其要选择善于发声的人来表达天下人的心声。在唐尧、虞舜时期，咎陶、夏禹是最善于发声的人，因而借助他们来表达天下人的心声。夔不能用文辞来表达心声，就借助演奏《韶》乐来表达。夏朝的时候，太康的五个兄弟借助歌声来表达心声，殷商有伊尹发声，周朝有周公进言，凡是被载入《诗》《书》等六艺经典中的内容，全都是善于表达心声的文辞。周礼衰落，孔子的门人弟子就大声疾呼，发出的声音洪大而遥远。《论语》上说："上天将使孔子成为警醒世人的木铎。"难道不相信这句话吗？在战国末年，庄周以不着边际的文辞在楚国发表言论。楚国，是个大国啊，在它灭亡的时候，也有屈原发出振聋发聩的声音。臧孙辰、孟轲、荀卿，是为道义而大声疾呼。杨朱、墨翟、管夷吾、晏婴、老聃、申不害、韩非、眘到、田骈、邹衍、尸佼、孙武、张仪、苏秦他们这些人，是为各自的学说而大肆张扬。秦朝的建立，有李斯为其发声赞扬。在汉朝，司马迁、司马相如、扬雄，是当时最善于以文辞鸣于天下的人。此后的魏朝、晋朝，能以文辞鸣于天下的人远不及古代，但是也没有绝迹。就其善于表达的人来说，他们的作品声音清越而醇厚，节奏快速而急迫，辞藻华丽而哀婉，志趣松弛而放纵，他们的文章，杂乱而无章法。也许这是上天厌恶他们，不愿顾及他们吧？为何不让那些善于发声的人出来表达呢？唐朝拥有天下以后，陈子昂、苏源明、元结、李白、杜甫、李观，他们都凭借自己的才华鸣于当时。其后还有孟郊孟东野。孟东野最初以诗歌闻名天下，他的诗歌水平超过了魏、晋时期的作品，有些甚至可媲美上古时代的作品，其他作品也接近汉朝时期的水平。同我来往的人当中，李翱、张籍是其中非常突出的代表人物。他们三位的文辞表达，确实是非常出众的，但是却不知道上天让他们发声，是为了国家的兴盛呢，还是上天将使他们穷困潦倒，愁肠百结，让他们为自己的不幸遭遇而发声呢？他们三个人的命运，就取决于上天了！即使他们身居高位，又有什么可欢喜的？即使他们身居卑微，又有什么可悲伤的？孟东野这次到江南去任职，好像心里颇有不快，所以我讲天命的道理来开解他。

送许郢州序

愈尝以书自通于于公頔，累数百言。其大要也，言先达之士，得人而托之，则道德彰而名闻流；后进之士，得人而托之，则事业显而爵位通。下有矜乎能，上有矜乎位，虽恒相求而不相遇。于公不以其言为不可，复书曰："足下之言是也。"于公身居方伯之尊，蓄不世出之材，而能与卑鄙庸陋相应答如影响，是非忠乎君而乐乎善，以国家之务为己任者乎？愈虽不敢私其大恩，抑不可不谓之知己，恒矜而诵之。情已至而事不从，小人之所不为也，故于使君之行，道刺史之事，以为于公赠。凡天下之事成于自同而败于自异。为刺史者恒私于其民，不以实应乎府；为观察使者恒急于其赋，而不以情信乎州，是刺史不安其官，观察使不得其政，财已竭而敛不休，人已穷而赋愈急，其不去为盗也亦幸矣。诚使刺史不私于其民，观察使不急于其赋，刺史曰："吾州之民天下之民也，惠不可以独厚。"观察使亦曰："某州之民天下之民也，敛不可以独急。"如是而政不均、令不行者，未之有也。其前之言者，于公既已信而行之矣，今之言者，其有不信乎？县之于州，犹州之于府也。有以事乎上，有以临乎下，同则成，异则败者皆然也。非使君之贤，其谁能信之？愈于使君非燕游一朝之好也，故其赠行不以颂而以规。

【译文】我曾写信和于公沟通过，大概有几百字。大意是说，贤达之人，会找到合适的人，然后托付重事，那么就会道行昭彰而声名流传；后进之士，找到合适的人，然后托付重事，那么就会事业成功而仕途亨通。如果下面的人夸耀自己的才能，上面的人在乎自己的地位，虽然彼此相互需要但却难以相知。于公认同我的观点，回信说："您的话非常正确。"于公官居高位，才华无双，却能够对我这个低微浅陋的人做出及时的应答，这难道不是忠君乐善，把国家的大事当作自己要务的表现吗？我虽然不敢以私心来对待他的大恩，但不能不说于公是我的知己，常常以此为荣耀而到处传扬。彼此情义深厚而行事上却互不赞同，这样的事情即使是小人也不会做的，因此，在您临行之时，谈谈我对刺史的职事的看法，就算是写给于公的赠言了。天下事成功于上下一心而失败于上下异心。刺史总是爱护自己的百姓，不能及时征收赋税来充实府库；观察使总是急于征收赋税，不能考虑民情来取信于州里百姓，因此刺史不能尽到他的职责，观察使不能处理好他的政务，鄞州财源早已枯竭而征敛却不停休，百姓已经非常贫穷而征敛却更加急迫，百姓没有逃亡而沦为盗贼已经是很幸运的事了。假如刺史不偏袒他的百姓，观察使不急于收取赋税，刺史说："此地的百姓也是国家的百姓，不应该独自享受恩惠。"观察使也说："此地的百姓也是国家的百姓，不应该单独着急收取他们的赋税。"如果按照这种方式处理政事，绝不会出现政策不平等，命令不执行的情况。我先前说的话，于公已经照行不误了，我现在说的话，难道有不可信的地方吗? 县对于州来说, 就好像州之于府。有时要侍奉上级, 有时要管理下级, 上下一心就能成功, 上下异心就会失败, 都是同样的道理。不是您这样的贤人, 有谁能相信我说的话呢? 我同您不是一般的游乐朋友, 所以我给您送行, 不以歌颂之辞而用规劝之语。

送窦从事序

逾瓯闽而南, 皆百越之地, 于天文, 其次星纪, 其星牵牛。连山隔其阴, 巨海敌其阳, 是皆岛居卉服之民, 风气之殊, 著自古昔。唐之有天下, 号令之所加, 无异于远近。民俗既迁, 风气亦随, 雪霜时降, 疠疫不兴, 濒海之饶, 固加于初。是以人之于南海者, 如东西州焉。皇帝临御天下二十有二年, 诏工部侍郎赵植为广州刺史, 尽牧南海之民, 署从事扶风窦平。平以文辞进, 于是行也, 其族人殿中侍御史牟, 合东都交游之能文者二十有八人, 赋诗以赠之。于是昌黎韩愈嘉赵南海之能得人, 壮从事之答于知己, 不惮行于远也, 又乐贻周之爱其族叔父, 能合文辞以宠荣之, 作《送窦从事少府平序》。

【译文】越过浙江、福建再往南走, 就是百越的地域了, 在天文上, 十二星次中属于星纪的分野, 星宿是牵牛星。百越的北面是连绵的群山, 南面是无边的大海, 岛上居住的百姓编草为衣, 风俗习惯与中原不同，从古代开始就这样了。唐朝建立以来，普天之下，不分远近都要听从朝廷的号令。因此这里的民俗也发生改变，风气也相应变化，雪霜按时节降落，疠瘴瘟疫不再兴起，滨海地区的丰饶，更胜于从前。因此前往南海的人，就像去东部、西部的州府一样。德宗皇帝李适即位二十二年了，下诏书任命工部侍郎赵植为广州刺史，管理整个南海地区的百姓，副手是扶风人窦平。窦平因为文章而被进用，在他将要出发的时候，他的族人、殿中侍御史窦牟召集洛阳二十八位有交往、能写文章的人，作诗为他送行。我韩愈很高兴赵植能够得到好帮手，也为了嘉奖窦平能够报答知己，不畏难于行程的遥远，又很高兴窦牟能够敬重他的族叔，召集这么多文士作诗来给他送行，因此写下这篇《送窦从事小府平序》。

上巳日燕太学听弹琴诗序

与众乐之之谓乐，乐而不失其节，又乐之尤也。四方无斗争金革之声，京师之人既庶且丰，天子念致理之艰难，乐居安之闲暇，肇置三令节，诏公卿群有司，至于其日，率厥官属饮酒以乐，所以同其休、宣其和、感其心、成其文者也。

三月初吉，实惟其时，司业武公少仪于是总太学儒官三十有六人，列燕于祭酒之堂。罇俎既陈，肴羞惟时，醆斝序行，献酬有容,歌《风》《雅》之古辞,斥夷狄之新声,褒衣巍冠,愉愉如也。有一儒生,魁然其形,抱琴而来,历阶而升,坐于罇俎之南,鼓有虞氏之《南风》,赓之以文王、宣父之《操》,优游夷愉,广厚高明,追三代之遗音。想舞雩之咏叹,及暮而退,皆充然若有所得也。武公于是作歌诗以美之,命属官咸作之,命四门博士昌黎韩愈序之。

【译文】与众人一起快乐才是快乐,快乐而不失节制,是最好的快乐。现在四方没有战争的金戈之声,京师百姓的生活富庶,天子考虑天下达到大治的来之不易,很乐意在安居的闲暇之余,开始设置三个时令节日,诏命公卿大夫及各部官员,到了节日那天,率领各自属下人员,设宴、饮酒为乐,以此同享闲暇,宣示祥和,感化民心,成就太平。

三月的第一个吉日,正好来到,国子监司业武少仪于是率领太学儒官三十六人,列坐于祭酒之堂。堂上杯盘都已经摆好,盛满应时的美味佳肴,酒器按序传递,彼此祝酒彬彬有礼,歌唱《风》《雅》中的古辞,演奏夷狄的新曲,众人衣服宽大,帽子高耸,大家欢畅高兴。有一个儒士,身材魁梧高大,抱着古琴而来,沿台阶而上,坐在酒器的南面,弹奏有虞氏的《南风》,又继续演奏周文王、宣父的《操》曲,闲适和乐,宽厚高明,直追三代的遗音。令人想到孔子舞雩的咏叹,到了傍晚众人就散席离去,大家都是充实满足的样子。武公因此写诗歌来赞美这件事情,命令属下官员都作诗相和,让四门博士昌黎人韩愈为诗作序。

送齐暤下第序

古之所谓公无私者，其取舍进退无择于亲疏远迩，惟其宜可焉。其下之视上也，亦惟视其举黜之当否，不以亲疏远迩疑乎其上之人也。故上之人行志择谊，坦乎其无忧于下也；下之人衴己慎行，确乎其无惑于上也。是故为君不劳，而为臣甚易。见一善焉，可得详而举也；见一不善焉，可得明而去也。及道之衰，上下交疑，于是乎举仇、举子之事，载之传中而称美之，谓之忠。见一善焉，若亲与迩不敢举也；见一不善焉，若疏与远不敢去也。众人之所同好焉，矫而黜之乃公也；众人之所同恶焉，激而举之乃忠也。于是乎有违心之行，有怫志之言，有内愧之心。若是者，俗所谓良有司也。肤受之诉不行于君，巧言之诬不起于人矣。呜呼！今之君天下者，不亦劳乎？为有司者，不亦难乎？为人向道者，不亦勤乎？是故端居而念焉，非君人者之过也；则曰有司焉？则非有司之过也；则曰今举天下人焉？则非今举天下人之过也。盖其渐有因，其本有根，生于私其亲，成于私其身。以己之不直，而谓人皆然。其植之也固久，其除之也实难，非百年必世不可得而化也，非知命不惑不可得而改也。已矣乎，其终能复古乎？若高阳齐生者，其起予者乎。齐生之兄为时名相，出藩于镇，南朝之硕臣皆其旧交。齐生举进士，有司用是连枉齐生，齐生不以云，乃曰："我之未至也，有司岂枉我哉？我将利吾器而俟其时耳。"抱负其业，东归于家。吾观于人，有不得志则非其上者众矣，亦莫计其身之短长也。若齐生者既不得志矣，而曰："我未至也。"不以闵于有司，其不亦鲜乎哉？吾用是知齐生后日诚良有司也，能复古者也，公无私者也，知命不惑者也。

【译文】古代所说的大公无私，就是指任用人才的时候，不以关系的亲疏远近来决定，只看他的才能是否适合。属下看待上级，也应该看上级对人才的举荐罢免是否适当，而不应该以关系的亲疏来质疑他。所以上级行事交友，要坦荡，不要使下级产生忧虑；下级要约束自己，谨慎行事，不要让上级产生疑惑。这样做事，君主也不劳累，而臣子也很安闲。看到一个贤良之人，可以详细考察，然后举荐他；看到一个不贤良的人，可以分辨清楚，然后斥退他。等到大道衰败以后，上下彼此猜疑，于是乎举荐自己的仇人、举荐自己子弟的事情，被记载于史册当中而当作美谈，还称之为忠诚。看到一位贤良之人，如果是自己的亲人或者是关系近的人就不敢举荐；看见一个不贤良的人，如果是关系疏远的人就不敢斥退。对于大家都喜欢的人，就矫正且罢免他，这就被认为是出于公正；对于大家都厌恶的人，就鼓励且举荐他，这也被认为是出于忠诚。于是乎就产生了违背心愿的行为，有了背弃志向的言语，有了内心愧疚的不安。像这样的人，就是世俗所说的好官吧。不以道义推荐人才，使自己受到不必要的责难和诽谤，这些麻烦不是来自于君主或者他人而是自己。唉！现在治理天下的君主，不是很劳累吗？当政的官员，不也很为难吗？举荐的人，不也很辛苦吗？因此，静心思考，这不是君主的过错；那么是当政官员的过错吗？也不是当政官员的过错；那么是举荐者的过错吗？也不是举荐者的过错。大概这种情况的慢慢形成是有原因的，它本质上是有根源的，产生于偏爱自己的亲人，形成于偏爱自己本身。因为自己不正直，就说别人也这样。这种状况由来已久了，想根除它确实困难，没有百年教化不可能达到改变，没有知天命而不困惑的人也不可能达到改变。唉，最终能够恢复到古代的情形吗？譬如高阳人齐生，就是他启发的我。齐生的哥哥是时下有名的宰相，曾出任地方节度使，朝廷的重臣都是他的故交好友。齐生参加进士考试，主管官员因此连续让齐生落第，齐生对此不以为然，却说："我还没有达到应有的水平，主管官员难道会委屈我吗？我将磨炼自己来等待时机。"怀抱他的理想，向东归家。我观察世人，发现很多人不能实现抱负，就非议他的上司，并没有去考虑自身的缺点。像齐生这样的人不得志，却说："我还没有达到应有的水平。"而不去向当政的官员求情，这样的人不也很少了吗？由此我知道齐生日后一定会成为一个好官，能够恢复古人的美德，是一个大公无私的人，是一个知天命而不困惑的人。

送陈密序

太学生陈密请于余曰："密承训于先生，今将归观其亲，不得朝夕见，愿先生赐之言，密将以为戒。密来太学，举明经者，累年不获其选，是弗利于是科也。今将易其业而《三礼》是习，愿先生之张之也。密将以为乡荣。"余愧乎其言，遗之言曰："子之业信习矣，其仪容信合于礼矣，抑吾所见者外也？夫外不足以信内，子诵其文则思其义，习其仪则行其道，则将谓子君子也。爵禄之来也不可辞矣，科宁有利不利邪？"

【译文】太学生陈密向我请求说："我承蒙先生的教诲，现在我就要回家省亲了，不能够早晚来拜见您，希望先生赐教，我将把它作为训诫。我来到太学，参加明经科考试，很多年了也没有考中，大概是我不适合明经科吧。现在我打算改换科目而学习《三礼》，希望先生为我指点迷津。我将把它当作回乡的荣耀。"我为他说的话而感到惭愧，告诉他说："你的学业确实有成，你的举止确实合乎礼法，难道我所看见的只是外表？表象不足以验证内心，你背诵经书就应该思考它的大义，学习礼仪就应该按照它的要求去做，那么就符合君子的规范。官职俸禄不是说来就来，科举考试哪里有擅长或者不擅长的说法呢？"

送李愿归盘谷序

太行之阳有盘谷，盘谷之间，泉甘而土肥，草木丛茂，居民鲜少。或曰谓其环两山之间，故曰盘。或曰是谷也，宅幽而势阻，隐者之所盘旋。友人李愿居之。愿之言曰："人之称大丈夫者，我知之矣。利泽施于人，名声昭于时，坐于庙朝，进退百官而佐天子出令。其在外，则树旗旄，罗弓矢，武夫前呵，从者塞途，供给之人，各执其物，夹道而疾驰。喜有赏，怒有刑，才畯满前，道古今而誉盛德，入耳而不烦。曲眉丰颊、清声而便体、秀外而惠中，飘轻裾，翳长袖。粉白黛绿者，列屋而闲居，妒宠而负恃，争妍而取怜。大丈夫之遇知于天子，用力于当世者之为也。吾非恶此而逃之，是有命焉，不可幸而致也。穷居而野处，升高而远望，坐茂树以终日，濯清泉以自洁。采于山，美可茹；钓于水，鲜可食。起居无时，惟适所安。与其誉于前，孰若无毁于其后；与其乐于身，孰若无忧于其心。车服不维，刀锯不加，理乱不知，黜陟不闻，大丈夫不遇于时者之所为也，我则行之。伺候于公卿之门，奔走于形势之途，足将进而趑趄，口将言而嗫嚅，处污秽而不羞，触刑辟而诛戮，侥幸于万一，老死而后止者，其于为人，贤不肖何如也！"昌黎韩愈闻其言而壮之，与之酒而为之歌曰：

盘之中，维子之宫。盘之土，维子之稼。盘之泉，可濯可湘。盘之阻，谁争子所？窈而深，廓其有容。缭而曲，如往而复。嗟！盘之乐兮，乐且无央。虎豹远迹兮，蛟龙遁藏。鬼神守护兮，呵禁不祥。饮且食兮，寿而康。无不足兮，奚所望？膏吾车兮秣吾马，从子于盘兮，终吾生以徜徉。

【译文】太行山南麓有个叫盘谷的地方，盘谷之间有甘甜的泉水和肥沃的土壤，那里草木茂盛，居民稀少。有人说因其环绕于两山之间故得名为盘。也有人说这里地处山谷，环境深幽、地势险要，是隐居者徘徊逗留的绝佳之地。我的好友李愿就住在这里。李愿说："被称为大丈夫的人，我知道他是什么样子的。他们施行恩惠给别人，名声显赫于一时，朝堂之上，他们进用或罢黜百官，辅佐天子发号施令。外出时，他们高树旗帜，拈弓搭箭，武夫在前面呵斥开道，随行的侍卫塞满道路，负责供给的奴仆，各执其物，在道路两边飞快传递。他们高兴时会赐下奖赏，发怒时便降罪处罚，他们身边聚集了大批才俊，那些人谈古论今，大加赞扬他们的盛德，溢美之词入耳而不感到厌烦。那些曲眉丰颊、歌声清脆、舞姿轻盈、秀外慧中的伎女，舞动轻薄的衣襟，以长袖轻掩面容。那些涂脂抹粉的粉黛佳人闲居于宫室内环，她们凭借美貌忌妒邀宠，竞相逞美获取怜爱。这就是被皇上宠信的当权大丈夫的真实写照啊。我并非厌恶这些才选择逃避，而是一切都有命数，不可通过侥幸而取得。而隐士们清居于山野之中，登高望远，终日悠闲地坐在繁茂的树下，以清澈的泉水自洁。山中采摘回的新鲜果实，味道甜美；水中钓取的游鱼，口感鲜嫩。日常起居没有定时，只要感到舒适即可。与其被人当面赞誉，不如背后无人诋毁；与其身体享乐，不如心中无忧。没有官职加身，也不受刑罚所累，既不用操劳政事的治乱，也不必担心官职的任免，这就是失势大丈夫的真实写照，我就是这样做的。像那些侍奉于达官贵人门下，奔走于权势之途的人，想要抬脚向前却又不敢，想要开口说话却又无言，身处污秽之中却不以为耻，触犯刑法还要面临被诛杀的命运，即使侥幸获得渺茫的希望，直到老死也无法停止追逐的脚步，这样的人，贤良与否岂不是一目了然！"昌黎人韩愈听了李愿的话，称赞他讲得很有道理，给他斟满酒并为他作诗一首：

盘谷之中是你的居所。盘谷的土地，是你的田园。盘谷的泉水，可以用来洗涤，也可以用来烹煮。盘谷地势险要，谁会来抢夺你的居所？山谷幽远深邃，广阔足以容身。山谷回环曲折，盘旋环绕。啊！盘谷中的快乐啊，无穷无尽。虎豹远离这里啊，蛟龙躲避隐藏。鬼神守卫保护啊，排斥禁绝不祥。饮食无忧啊，长寿而健康。没有什么不满足的事情啊，还奢望什么？用油膏来润滑我的车轴啊，用粮草喂饱我的马，随着你到盘谷啊，终生在那里畅游。

送牛堪序

以明经举者，诵数十万言，又约通大义，征辞引类，旁出入他经者，又诵数十万言，其为业也勤矣。登第于有司者，去民亩而就美禄，由是进而累为卿相者，常常有之，其为获也亦大矣。然吾未尝闻有登第于有司而进谢于其门者，岂有司之待之也，以公不以情？举者之望于有司也，亦将然乎？其进而谢于门也，则为私乎？抑无乃人事之未思，或有不能举其礼乎？若牛堪者，思虑足以及之，材质足以行之，而又不闻其往者，其将有以哉！违众而求识，立奇而取名，非堪心之所存也。由是而观之，若堪之用心，其至于大官也不为幸矣！堪，太学生也。

余,博士也。博士师属也,于其登第而归,将荣于其乡也,能无说乎?

【译文】参加明经科考试的人,记诵了数十万字的经书内容,又为了了解经书大义,旁征博引其他经书,又记诵了数十万字,这些人致力于学业也算非常勤奋了。一旦被主管官员录用登科,就离开田野而享有官俸,由此逐渐升迁而位列公卿,这样的情况常常会有,这样的收获可谓巨大了。但我不曾听说有人被主管官员录用后而前往他家中拜谢的情况,难道是主管官员录取他,只是出于公事而不涉及恩情吗?被举用的人对于主管官员的期望,不也是这样吗?他前往主管官员的家里拜谢,就是出于私情吗?莫非是没有考虑到人情关系,就不能根据礼法来选用他吗?像牛堪这样的人,智慧足够达到标准,才干资质足以符合要求,但又没听说他前去拜谢谁,大概一定是有原因的吧!与众人的行为相违背来求得赏识,特立独行来获取名声,这不是牛堪心中的想法。由此来看,像牛堪这样的用心,他能做到高官不算是侥幸了!牛堪,是太学生。我韩愈,是国子四门博士。我与他是师生,在他登第回乡,荣耀乡里的时候,我能不高兴吗?

卷二十 序

送董邵南序

燕、赵古称多感慨悲歌之士。董生举进士, 连不得志于有司, 怀抱利器, 郁郁适兹土, 吾知其必有合也。董生勉乎哉! 夫以子之不遇时, 苟慕义强仁者, 皆爱惜焉, 矧燕、赵之士, 出乎其性者哉? 然吾尝闻, 风俗与化移易, 吾恶知其今不异于古所云? 聊以吾子之行卜之也。董生勉乎哉! 吾因子有所感矣, 为我吊望诸君之墓, 而观于其市, 复有昔时屠狗者乎? 为我谢曰: 明天子在上, 可以出而仕矣!

【译文】燕、赵地区自古以来涌现中许多慷慨悲歌之士。董生多次参加进士科举考试都不得志, 没有被录取, 你怀抱着杰出的才能, 想凭借着兴盛的文采去燕、赵之地谋求发展, 我预知你此行必定会得到投合的机会。董生尽力而为啊！像你这样时运不济的人，但凡是倾慕仁义、勉力行仁的人，都会爱惜你，更何况是燕、赵之地的豪侠之士，更会出于本性地赏识你呢？然而我曾经听闻，风俗会随着教化的施行而发生变化，我怎么能预料到如今当地的风俗与古代相比有没有差异呢？姑且通过你此次燕、赵之行验证一下吧。董生尽力而为啊！我因你的燕、赵之行而有所感触，请代我吊祭一下望诸君乐毅之墓，并到当地的集市上去看看，还有像从前的屠狗者高渐离一类被埋没的志士吗？请替我向他们致意：当今圣明的天子执政，可以出仕为官，效力于国家了！

赠崔复州序

有地数百里，趋走之吏自长史司马已下数十人；其禄足以仁其三族及其朋友故旧；乐乎心，则一境之人喜；不乐乎心，则一境之人惧，大丈夫官至刺史亦荣矣。虽然，幽远之小民，其足迹未尝至城邑，苟有不得其所，能自直于乡里之吏者鲜矣，况能自辩于县吏乎？能自辩于县吏者鲜矣，况能自辩于刺史之庭乎？由是，刺史有所不闻，小民有所不宣。赋有恒而民产无恒，水旱疠疫之不期，民之丰约悬于前。县令不以言，连帅不以信，民就穷而敛愈急，吾见刺史之难为也！崔君为复州，其连帅则于公。愈以为崔君之仁足以苏复人，于公之贤足以庸崔君。有刺史之荣而无其难为者，将在于此乎？愈尝辱于公之知，而旧游于崔君，庆复人之将蒙其休泽也，于是乎言。

【译文】管理着数百里的地方，供人差遣的官吏从州长史、州司马以下有数十人；俸禄足以惠及三族和朋友故旧；他心里高兴，那么一州的百姓都高兴；他心里不高兴，那么一州的百姓都感到害怕，大丈夫能做到刺史这个官也算荣耀了。虽然这样，但偏远地方的小民，他们的足迹都不曾到过城里，如果有了冤屈，能够自己去乡官里胥那里申辩的人都很少，何况是自己到县官那里去自辩清白呢？能自己到县官那里去自辩清白的人都很少，更何况是自己到刺史的衙门去自辩清白呢？正因如此，刺史听不到民间之事，乡间小民有苦也说不出来。赋税的数额是固定的而百姓的收成却不是稳定的，水涝旱灾和瘟疫都是不可预料的，百姓的生活是富足还是贫困就取决于一州的刺史了。县令不向上报告民间的实际情况，节度使不相信刺史反映的情况，百姓的日子就越发贫困而催收赋税就更加急迫，我看刺史这个官是真不好当！我认为您出任复州刺史，正好在山南东道节度使于公的直接管辖之下。崔君凭您的仁德，完全可以使复州百姓恢复生机，凭于公的贤明，又完全能够任用崔君您。拥有身为刺史的荣耀而没有身为刺史的烦恼，大概说的就是您将出任复州刺史这件事吧？我曾受过于公的知遇之恩，而您又是我的好友，我很庆幸复州的百姓将蒙受您两位的恩泽，于是写下这段话。

赠张童子序

天下之以明二经举于礼部者，岁至三千人。始自县考试定其可举者，然后升于州若府，其不能中科者，不与是数焉。州若府总其属之所升，又考试之如县，加察详焉，定其可举者，然后贡于天子而升之有司，其不能中科者，不与是数焉，谓之乡贡。有司者总州府之所升而考试之，加察详焉，第其可进者，以名上于天子而藏之属之吏部，岁不及二百人，谓之出身。能在是选者，厥惟艰哉！二经章句，仅数十万言，其传注在外皆诵之，又约知其大说，繇是举者，或远至十余年然后与乎三千之数，而升于礼部矣；又或远至十余年然后与乎二百之数，而进于吏部矣。斑白之老半焉。昏塞不能及者，皆不在是限，有终身不得与者焉。张童子生九年，自州县达礼部，一举而进立于二百人之列。又二年，益通二经。有司复上其事，繇是拜卫兵曹之命。人皆谓童子耳目明达，神气以灵；余亦伟童子之独出乎等夷也。童子请于其官之长，随父而宁母。岁八月，自京师道陕，南至虢，东及洛师，北过大河之阳，九月始来及郑。自朝之文人以及五都之伯长群吏，皆厚其饩赂，或作歌诗以嘉童子，童子亦荣矣！虽然，愈将进童子于道，使人谓童子求益者，非欲速成者。夫少之与长也异观：少之时，人惟童子之异；

及其长也，将责成人之礼焉。成人之礼，非尽于童子所能而已也，然则童子宜暂息乎其已学者，而勤乎其未学者可也。愈与童子俱陆公之门人也。慕回、路二子之相请赠行与处也，故有以赠童子。

【译文】全国被推举到礼部参加明二经考试的人，每年多达三千人。最初在县里考试确定可以推举的人选，然后上报到州里或府里，其中不及格的，就不会列入名单之中。州里或府里把推举上来的人集合起来，又像县里那样对他们进行考试，并进行细致地考察，确定可以推举的人选，然后呈报给天子并升报给礼部，其中没考中的人，就不会列入名单之中，这被称为乡贡。礼部把各个州府举荐的人集合起来，对他们进行考试，并进行细致地考察，按照等级排列可以录取的人，把名单呈报给天子，收藏在吏部，每年不到二百人，这被称为明经出身。能够被选入这个名单的，确实很难啊！二经的章句，仅有数十万字，还不包括二经的传注全都要背诵下来，又要大概懂得其中的意思，因此能被推举来参加考试的，有的人要历经多达十几年的时间才能列入三千人之中，从而被举荐到礼部；然后又要用十几年的时间才能列入二百人之中，被举荐到吏部。这时候有一半人都已是头发花白的老人了。那些昏愦闭塞、不能及格的，都不在这个范围之内，还有的人终身都考不中。张童子刚满九岁，从州县举荐到礼部，一下就进入二百人的行列之中。两年之后，更是精通二经。主考官又上报他的情况，于是朝廷封他为卫部兵曹参军。人们都说张童子耳聪目明，思维灵敏；我也认为张童子鹤立鸡群，远超他的同辈，很了不起。张童子向他的长官请求，跟随父亲回乡探视母亲。这年八月，从京师取道陕州，向南部来到虢州，向东到达东都洛阳，向北渡过黄河北岸，九月初抵达郑州。从朝廷中的达官显贵到经过的五都的伯长和诸县官员，都赠给他丰厚的财货食物，有的人还写歌作诗来赞扬他，他也是真够荣耀的了！虽然这样，我还是想勉励张童子继续增长学识，让人知道张童子是力求上进的人，不是急于求成之人。张童子小的时候与成年之后人们对他的看法是不一样的：小的时候，人们只看到张童子的不同寻常；等他长大了，人们就会用成年人的标准来要求他。成年人的标准，不是张童子拿出自己所有的学识就能做到的，既然如此，张童子就该暂时放下自己已经学过的东西，努力地去学习自己没有学过的东西才行。我和张童子都是陆公的门生。仰慕颜回与子路两位贤者临别之际互相请求赠言的故事，所以写了这篇文章赠送张童子。

送浮屠文畅师序

人固有儒名而墨行者，问其名则是，校其行则非，可以与之游乎？如有墨名而儒行者，问之名则非，校其行而是，可以与之游乎？扬子云称："在门墙则挥之，在夷狄则进之。"吾取以为法焉。文畅喜为文章，其周游天下，凡有行，必请于缙绅先生以求咏歌其所志。贞元十九年春，将行东南，柳君宗元为之请。解其装，得所叙诗累百余篇；非至笃好，其何能致多如是邪？惜其无以圣人之道告之者，而徒举浮屠之说赠焉。夫文畅，浮屠也。如欲闻浮屠之说，当自就其师而问之，何故谒吾徒而来请也？彼见吾君臣父子之懿，文物礼乐之盛，其心必有慕焉；拘其法而未能入，故乐闻其说而请之。如吾徒者，宜当告之以二帝三王之道，日月星辰之所以行，天地之所以著，鬼神之所以幽，人物之所以蕃，江河之所以流而语之，不当又为浮屠之说而渎告之也。民之初生，固若禽兽夷狄然；圣人者立，然后知宫居而粒食，亲亲而尊尊，生者养而死者藏。是故道莫大乎仁义，教莫正乎礼乐刑政。施之于天下，万物得其宜；措之于其躬，体安而气平。尧以是传之舜，舜以是传之禹，禹以是传之汤，汤以是传之文、武，文、武以是传之周公、孔子，书之于册，中国之人世守之。今浮屠者，孰为而传之邪？夫鸟俛而啄，仰而四顾；夫兽深居而简出，惧物之为己害也，犹且不脱焉。弱之肉，强之食。今吾与文畅安居而暇食，优游以生死，与禽兽异者，宁可不知其所自邪？夫不知者，非其人之罪也；知而不为者，惑也；悦乎故不能即乎新者，弱也；知而不以告之者，不仁也；告而不以实者，不信也。余既重柳请，又嘉浮屠能喜文辞，于是乎言。

【译文】本来就有名义上是儒者却行墨家主张的人，问其名则说是儒者，考校其行却又不是儒者，这样的人可以与他们交往吗？如果有名义上是墨者而实际上行儒家主张的人，问其名则不是儒家，考察其行却是儒家的，这样的人可以与他们交往吗？扬子云说过:"对那些有儒名而墨行之人,即使他已身在儒门,也要把他赶走;对那些有墨名而儒行之人,就算他身处夷狄,也要把他吸纳进来。"我赞同扬子云的意见把它作为我的处世之法。文畅禅师喜好文章,他周游天下,凡是经过的地方,一定要请求当地的缙绅大夫来为他作诗写文歌颂他的志向。贞元十九年(803)春季,他将去往东南地区,柳宗元先生为他请我写序。打开他的行装,见到他所求得的叙事诗总共有一百多首;如果不是非常喜欢,又怎么能得到这么多叙事诗呢?可惜其中没有一人告诉他圣人之道,只是拿些毫无意义的佛教学说来赠送他。文畅,本就是个僧人。如果他想听佛教学说,就该去向自己的师父请教,为什么要来拜谒我们这些儒者请求赠言呢?他见到我们君臣父子之间关系融洽,文章典籍礼乐都很兴盛,内心一定非常仰慕;可是又局限于佛法教规不能深入了解,所以才喜欢听我们儒家的学说而请我们以言相赠。像我们这些儒者,应该告诉他二帝三王之道,日月星辰的运行之理,天地形成的原因,鬼神为什么这么神秘,人与物是怎么繁衍的,江河为什么会流动不息,而不应再把一些佛教的学说轻率相告。人类诞生之初,就像禽兽夷狄那样;圣人出现以后,人们才知道要住在房子里、要以谷物为食,知道了要亲近父母、要尊敬长者,知道要供养生者、埋葬死人。因此没有比仁义更重要的大道了,也没有比礼乐刑法政令更正统的教化。将仁义和礼乐刑法政令施于天下,万物都会各得其所;将之施于自身,就会身安体康、心气平和。尧将之传给舜,舜将之传给禹,禹将之传给汤,汤将之传给文王、武王,文王、武王将之传给周公、孔子,并把它记载在书册之上,中原地区的人世代都遵守着。如今的僧人们,谁能这么做并把这些知识传授下去呢？鸟儿低头啄食，仰头四顾；野兽藏身于深山密林而很少外出，是害怕其他动物会伤害自己，他们都逃脱不了伤害。弱者的肉，就是强者的食物。如今我同文畅禅师可以住在安全的地方，悠闲地吃东西，生活闲适，生死从容，与飞禽走兽大不相同，怎么可以不知道这一切是怎么来的呢？不知道这些道理的人，不是他们自己的过错；知道这些道理而不去做的人，是糊涂；喜欢旧理而不接受新道理的人，是懦弱；知道这些道理而不告诉别人的人，是不讲仁义；告诉了别人道理却不据实以告的人，是不诚实。我既重视柳宗元的请求，又赞许文畅禅师能够爱好诗文，因此写了这篇序。

送杨支使序

愈在京师时，尝闻当今藩翰之宾客惟宣州为多贤。与之游者二人焉：陇西李博、清河崔群。群与博之为人吾知之，道不行于主人，与之处者非其类，虽有享之以季氏之富，不一日留也。以群、博论之，凡在宣州之幕下者，虽不尽与之游，皆可信而得其为人矣。愈未尝至宣州，而乐颂其主人之贤者，以其取人信之也。

今中丞之在朝，愈日侍言于门下，其来而镇兹土也，有问湖南宾客者，愈曰："知其客可以信其主者，宣州也；知其主可以信其客者，湖南也。"去年冬，奉诏为邑于阳山，然后得谒湖南之宾客于幕下，于是知前之信之也不失。及仪之之来也，闻其言而见其行，则向所谓群与博者，于吾何先后焉？仪之智足以造谋，材足以立事，忠足以勤上，惠足以存下；而又佽之以《诗》《书》六艺之学，先圣贤之德音以成其文、以辅其质，宜乎从事于是府而流声实于天朝也。夫乐道人之善以勤其归者，乃吾之心也；谓我为邑长于斯而媚夫人云者，不知言者也。工乎诗者，歌以系之。

【译文】我在京城的时候，曾听说当今藩镇幕府的宾客只有宣州多贤能之人。与他们交往的有两个人：陇西人李博、清河人崔群。崔群和李博的为人我是很清楚的，如果建议不被主人采纳，与他们相处的人不是同一类人，即使给予他们季氏那样富贵的享受，他们也不会多留一天。以崔群和李博来推断，凡是在宣州幕府中的人，即使不能与每个人都有来往，都是值得信任而了解他们的为人的。我没有去过宣州，却很乐意称颂宣州之主的贤能，因为我根据崔群和李博就能判断他值得信任。

您在朝中为中丞，我每天都可以于您的门下适时进言，如今您来湖南镇守一方，有人向我打听湖南幕府里宾客的情况，我说："了解幕府的宾客就可以信任其主人的，这是宣州幕府；了解了幕府的主人就可以信任其宾客的，是湖南幕府。"去年冬季，我奉诏出任阳山县令，之后得以拜见湖南幕府的宾客，由此知道我之前信任的没有错。等到仪之来到这里，听他说话看他行事，那么我之前说的崔群与李博，于我而言又有什么先后呢？仪之的见识足以出谋划策，才能足以建功立业，忠诚足以辅助上级，仁爱足以惠及下属；而又很擅长《诗经》《尚书》等六艺之学，先贤圣人的仁德善言养成了他的文采，辅助了他的质朴，因此他虽在湖南幕府中任职但名声却已经传播到朝廷之中。乐于称赞他人的优点以勉励他人归于正道，这就是我的本心；那些认为我在这里做县令所以谄媚于我的人，并不是我的知己。擅长作诗的人，以诗词相和。

送何坚序

何与韩同姓为近；坚以进士举，于吾为同业；其在太学也，吾为博士，坚为生，生与博士为同道；其识坚也十年，为故人。同姓而近也，同业也，同道也，故人也，于其志不得愿而归，其可以无言邪？坚，道州人，道之守阳公贤也，道于湖南为属州，湖南杨公又贤也；坚为民，坚又贤也。湖南得道为属，道得坚为民，坚归唱其州之父老子弟服阳公之令，道亦唱其县与其比州服杨公之令。吾闻鸟有凤者，常出于有道之国。当汉时，黄霸为颍川守，是鸟也实集而鸣焉。若史可信，坚归，吾将贺其见凤而闻其鸣也。

【译文】何姓与韩姓因是同姓所以关系亲近；何坚考中进士，

跟我同为官员；他在太学的时候，我是四门博士，何坚是太学生，太学生与四门博士是同道中人；我认识何坚也十年了，算是故交。本就是同姓所以关系亲近，又同为官员，又是同道中人，还是故交，在他志愿不得实现而回家的时候，我怎能不对他说一些话呢？何坚，是道州人，道州刺史阳公十分贤明，道州是湖南幕府的属州，湖南观察使杨公也很贤明；何坚身为臣民，也很贤明。湖南幕府得到道州为属州，道州得到何坚为其臣民，何坚回乡后称颂道州的父老子弟都听从阳公的命令，道州刺史也称颂他的属县与他的同州都听从杨公的命令。我听说百鸟中有种鸟叫凤凰，总是出现于政治清明的国家。在汉代的时候，黄霸任颍川令，凤凰这种鸟就出现鸣叫。如果史书上的记载可以相信，那么何坚回乡，我要祝贺他会见到凤凰的降临，听到凤凰的鸣叫之声。

送廖道士序

五岳于中州，衡山最远。南方之山巍然高而大者以百数，独衡为宗。最远而独为宗，其神必灵。衡之南八九百里，地益高，山益峻，水清而益驶；其最高而横绝南北者岭。郴为州，在岭之上，侧南其高下得三之二焉，中州清淑之气，于是焉穷。气之穷盛而不过，必蜿蟺扶舆磅礴郁积。衡山之神既灵，而郴之为州，又当中州清淑之气蜿蟺扶舆磅礴而郁积，其水土之所

生，神气之所感，白金、水银、丹砂、石英、钟乳、橘柚之包，竹
箭之美，千寻之名材，不能独当奇也；意必有魁奇、忠信、才德
之民生其间，而吾又未见也。其无乃迷惑没溺于佛老之学而不
出邪？廖师郴民，而学于衡山，气专而容寂，多艺而善游，岂吾
所谓魁奇而迷溺者邪？廖师善知人，若不在其身，必在其所与
游；访之而不吾告，何也？于其别，申以问之。

【译文】五岳对中州而言，南岳衡山是最远的。南方的山脉中
巍峨高大的数以百计，唯独衡山最受人尊崇。距离中州最远而又最
受尊崇，衡山之神一定很灵验。衡山往南八九百里的地方，地势更
加高耸，山势更加峻峭，水流愈加清澈而湍急；其中最高的山岭横
绝南北。郴州作为一个州，就在岭上，估计它的位置可能在岭高的
三分之二处，从中州地区来的那些清和之气，到这里算到尽头了。
清和之气被挡住了，不能越岭而过，必定会盘旋上升、磅礴积蓄起
来。衡山之神既然如此灵光，而郴州又处于中州清和之气盘旋上
升、磅礴凝聚的地方，这里的水土所生长出来的，神灵之气所感化
生发的，如白金、水银、丹砂、石英、钟乳、橘柚等物，无所不包，
还有可做美丽竹箭的修竹，以及高达千寻的名贵木材，仅有富饶的
物产还是名不副实的；我猜一定有出类拔萃、忠诚守信、才德兼备
的人才出现在这里，但我又没有见到。莫非是这里的人沉迷于佛
老之学而不肯出仕吗？廖道士是郴州人，学道于衡山，精神专注而
面容娴静，多才多艺而善于交往，难道他就是我所说的出类拔萃、
忠诚守信、才德兼备却沉迷于佛老之学的人吗？廖道士善于识人，
如果不在他自己的住所，就一定在和他交游的那些朋友中；我去拜

访他，他却不告诉我，这是为什么呢？在和他快要分别的时候，我又再次提出来问他。

送王秀才序

吾少时读《醉乡记》，私怪隐居者无所累于世而犹有是言，岂诚旨于味邪？及读阮籍、陶潜诗，然后乃知彼虽偃塞不欲与世接，然犹未能平其心，或为事物是非相感发，于是有讬而逃焉者也。若颜氏之操，瓢与箪。曾参歌声，若出金石。彼得圣人而师之，汲汲每若不可及，其于外也固不暇，尚何麴蘖之讬而昏冥之逃邪？吾又以为悲醉乡之徒不遇也。建中初，天子嗣位，有意贞观、开元之丕绩，在朝廷之臣争言事。当此时，醉乡之后世又以直废。吾既悲《醉乡》之文辞，而又嘉良臣之烈，思识其子孙。今子之来见我也，无所挟，吾犹将张之；况文与行不失其世守，浑然端且厚。惜乎吾力不能振之，而其言不见信于世也！于其行，姑与之饮酒。

【译文】我年少的时候读王绩的《醉乡记》，心中奇怪隐世的人既然不被世俗牵绊怎么还说这种话，难道确实是贪图酒味吗？等到读了阮籍、陶潜的诗，才知道他们虽然不受约束、不愿与世人来往，然而他们的内心终究不能平静，有时候被事情的是非曲直所触动，于是就以酒作为托词逃避现实。像颜回那样一箪食，一瓢饮，居于陋巷之中。曾参歌唱《商颂》，声满天地，若出金石。他们能够寻到圣人做老师，每天努力学习都怕来不及，对于自身之外的事情都没时间去计较，哪里会以酒作为托词而借酒醉逃避现实呢？因此我又替那些醉乡之人悲伤，哀怜他们生不逢时。建中初年，天子刚刚即位，很想像贞观之治、开元盛世那样，建立一番功绩，朝中的官员争相进谏或议论政事。那个时候，醉乡的后人又因为直言进谏而被废黜。我既因王绩《醉乡记》的文辞而悲愤，又很赞许良臣的忠烈，很想认识他的后人。如今你来见我，就算没有什么才华，我都要夸奖你；更何况你的文章与品行不失世代相传的家风，端方与敦厚二者兼具。可惜我能力有限不能提拔你，而我的话也不为世人相信！只能在你临行之前，姑且与你共饮一杯吧。

送孟秀才序

今年秋，见孟氏子琯于郴，年甚少，礼甚度，手其文一编甚巨。退披其编以读之，尽其书，无有不能，吾固心存而目识之矣。其十月，吾道于衡、潭以之荆，累累见孟氏子焉，其所与偕尽善人长者，余益以奇之。今将去是而随举于京师，虽有不请，犹将强而授之以就其志，况其请之烦邪？

京师之进士以千数，其人靡所不有，吾常折肱焉，其要在详择而固交之。善虽不吾与, 吾将强而附; 不善虽不吾恶, 吾将强而拒。苟如是, 其于高爵犹阶而升堂, 又况其细者邪?

【译文】今年秋季, 我在荆州见到了孟氏的子孙孟琯, 他年纪轻轻, 但言行礼节却很有分寸, 拿着自己撰写的一大卷诗文来见我。我回家后打开他的书卷仔细阅读, 看完他的书卷, 发现他的文章没有不合适的, 从此我的心里对他就有了深刻的印象。今年十月份, 我取道衡阳、湘潭去往荆州, 在那里与孟琯多次见面, 与他往来的都是心地善良、言行仁厚之人, 我对他更加好奇了。如今他就要离开这里随同举子们去京城应试, 这种情况下就算他不请我, 我也要强行传授他一些学识以实现他求取功名的志向, 更何况他还多次来向我请求呢?

京城中的进士数以千计, 这中间什么样的人都有, 我经常与人折节下交, 关键在于谨慎地选择那些值得相交的人, 然后结成稳定的关系。是好人即使他不主动与我交往, 我也要竭力与他认识; 是坏人就算他不讨厌我, 我也要强行拒绝与他相交。如果能够这么做的话, 高官厚禄于你而言不过像抬脚就能进入厅堂一样容易, 何况是这小小的功名呢?

送陈秀才彤序

读书以为学, 缵言以为文, 非夸多而斗靡也; 盖学所以为道, 文所以为理耳。苟行事得其宜, 出言适其要, 虽不吾面, 吾将信其富于文学也。颍川陈彤始吾见于杨湖南门下, 顾然其长, 薰然其和。吾目其貌, 耳其言, 因以得其为人; 及其久也, 果若不可及。夫湖南之于人, 不轻以事接; 争名者之于艺, 不可以虚屈。吾见湖南之礼有加, 而同进之士交誉也, 又以信吾信之不失也。如是而又问焉以质其学, 策焉以考其文, 则何不信之有? 故吾不征于陈, 而陈亦不出于我, 此岂非古人所谓 "可为智者道, 难与俗人言" 者类邪? 凡吾从事于斯也久, 未见举进士有如陈生而不如志者, 于其行, 姑以是赠之。

【译文】读书是为了增长学识, 掌握词汇是为了写文章, 增长学识的目的不是为了自我炫耀, 而掌握词汇的目的也不是为了以华丽的辞藻竞胜; 增长学识是为了行正道, 写文章是为了明事理。如果一个人做事合乎时宜, 说话恰到好处, 就算我们不相识, 我也确信他在学识和文章上造诣很深。颍川人陈彤我最初是在湖南节度使杨公的门下见到的, 他身材颀长, 容貌温和。我只看他的外表, 听他说话, 就能了解他的为人; 等认识的时间长了, 确实好像没人能比得上他。湖南节度使杨公待人接物很慎重, 不轻易地把事情委托给他人; 想争名夺利的人一定要增长自己的学识, 不可能虚有其表就让人接受。我看见湖南节度使杨公对他礼遇有加, 而他的同科对他也都是交口称赞, 因此我坚信之前自己没有看走眼。像这样还要询问他以考察他的学识, 出题来考察他写文章的水平, 那对他还有什么信任可言呢? 所以尽管我没有认陈彤作门生, 而陈彤也不是出自我的门下, 这难道不就是古人所说的 "可为智者道,难与俗人言"吗? 我在这里担任考官已经很久了, 我从未见过有像陈生这样身怀才学参加进士考试却不得志的人, 正好赶上他将要参加进士考试, 姑且写了这篇文章赠送给他。

送王秀才序

吾常以为孔子之道大而能博, 门弟子不能遍观而尽识也, 故学焉而皆得其性之所近, 其后离散分处诸侯之国, 又各以所能授弟子, 原远而末益分。

盖子夏之学, 其后有田子方, 子方之后, 流而为庄周, 故周之书, 喜称子方之为人。荀卿之书, 语圣人必曰孔子、子弓, 子弓之事业不传, 惟太史公书《弟子传》有姓名字, 曰馯臂子弓, 子弓受《易》于商瞿。孟轲师子思, 子思之学盖出曾子, 自孔子没, 群弟子莫不有书, 独孟轲氏之传得其宗, 故余少而乐观焉。太原王埙示予所为文, 好举孟子之所道者, 与之言, 信悦孟子而屡赞其文词。夫沿河而下, 苟不止, 虽有迟疾, 必至于海; 如不得其道也, 虽疾不止, 终莫幸而至焉。故学者必慎其所道, 道于杨墨老庄佛之学, 而欲之圣人之道, 犹航断港绝潢以望至于海也; 故求观圣人之道者, 必自孟子始。今埙之所由, 既几于知道, 如又得其船与楫, 知沿而不知止, 呜呼, 其可量哉!

【译文】我常常认为孔子的学说博大精深，他的门人弟子也不能全部观览而完全了解，所以他的学生都必须到很接近他本意的地方，孔子死后这些人又离散分别住在各诸侯国，又把他们自己理解到的知识传授给弟子，与孔子的本意就相差很远了到最后差别就更加大了。

子夏的学说，在他之后由田子方继承，田子方之后，就演变为庄周的学说，所以庄周的书中喜欢称道田子方的为人。荀卿的书中，说圣人一定是指孔子、子弓，子弓的事迹没有流传下来，只有太史公的《史记》中《弟子传》记载了他的姓、名、字，叫馯臂子弓，子弓追随商瞿学习《周易》。孟轲师从子思，子思的学说出自曾子，在孔子去世以后，诸弟子中没有一人不著述写书，只有孟轲的学说得到孔子的正传，所以我年轻的时候很喜欢看孟子的著述。太原人王埙把他写的文章拿给我看，他喜欢引用孟子的学说，同他交谈，他发自内心喜欢并坚信孟子的学说，多次赞叹他的文辞。沿着黄河而下，假如不在中途停止，虽然有快有慢，但一定会到达大海；如果没有选择正确的道路，就算中间一直疾驰不停止，最终也不会有幸到达大海。因此学者一定要谨慎地选择自己的道路，选择学习杨朱、墨子、老子、庄子、佛家等人的学说，却想到达圣人之道，就好像在水流不通、与海隔绝的水路中航行永远无法到达大海；所以想要观览圣人之道的学者，一定要从孟子开始。如今王埙的经历，已经近于懂得此道了，倘若他又能得到船与桨的帮助，知道沿着这条路走下去而永不停止，啊，他的前程真是不可估量啊！

荆潭唱和诗序

从事有示愈以《荆潭酬唱诗》者，愈既受以卒集，因仰而言曰：

夫和平之音淡薄，而愁思之声要妙；欢愉之辞难工，而穷苦之言易好也。是故文章之作，恒发于羁旅草野；至若王公贵人气得志满，非性能而好之，则不暇以为。今公开镇蛮荆，统郡惟九；常侍杨公领湖南之壤地二千里。德刑之政并勤，爵禄之报两崇。乃能存志乎《诗》《书》，寓辞乎咏歌，往复循环，有唱斯和，搜奇抉怪，雕镂文字，与韦布里闾憔悴专一之士较其毫厘分寸，铿铿发金石，幽眇感鬼神，信所谓材全而能巨者也。两府之从事与部属之吏属而和之，苟在编者咸可观也，宜乎施之乐章，纪诸册书。从事曰，子之言是也。告于公，书以为《荆潭唱和诗》序。

【译文】从事中有个人拿来《荆潭酬唱诗》让我看，我拿过来通读一遍，便抬起头来对他说：

温和平淡的曲调浅薄易忘，而忧愁伤感的歌声精妙深刻；欢快愉悦的文辞难以写好，而穷困苦闷的话语容易成功。所以文学创作，常常都是四处漂泊、归隐山林的人有感而发；至于像王侯公卿、地位显赫之人，他们志得意满，如果不是天生就擅长写作又爱好写作，那么就没有闲暇去创作。如今裴公出任荆南节度使，开辟镇守荆州地区，统辖九个州郡；常侍杨公统领湖南之地面积方圆二千里。他们两位都努力地推行恩德与执行刑罚，所以官位与俸禄都很高。他们却能用心于《诗》《书》，把才华用在咏诗作赋之上，往来不绝，互相唱和，搜罗奇字怪词，精心雕琢文字，与韦带布衣、贫居陋巷、形容憔悴、专心写作的读书人想比个高低，他们的诗篇语句铿锵如击发金石之声，精深微妙可以感动鬼神，真是所谓的才能全面而能力巨大的人。两府的从事和部属的吏属也都写诗相和，只要是能编入诗集的诗都是值得欣赏的，应该给它们谱上曲调，配上乐章，做成书册。那个从事说，您说得对。他把我的话转告给裴公，让我写下来作为《荆潭唱和诗》的序。

送幽州李端公序

元年，今相国李公为吏部员外郎，愈尝与偕朝，道语幽州司徒公之贤，曰："某前年被诏告礼幽州，入其地，迓劳之使累至，每进益恭。及郊，司徒公红帕首、鞬裤、握刀，左右杂佩，弓韣服，矢插房，俯立迎道左。某礼辞曰：'公天子之宰，礼不可如是。'及府又以其服即事，某又曰：'公三公，不可以将服承命。'及馆，又如是，卒不得辞。上堂即客阶，坐必东向。"

愈曰："国家失太平于今六十年矣。夫十日十二子相配，数穷六十，其将复乎；必自幽州始，乱之所出也。今天子大圣，司徒公勤于礼，庶几帅先河南北之将来觐奉职，如开元时乎？"李公曰："然。"今李公既朝夕左右，必数数为上言，元年之言殆合矣。端公岁时来寿其亲东都，东都之士大夫士莫不拜于门。其为人佐甚忠，意欲司徒公功名流乎千万岁，请以愈言为使归之献。

【译文】元和元年（806），当今相国李藩公任吏部员外郎，我曾同他一起上朝，路上他向我谈起幽州司徒公的贤明，李公说："去年我受皇上的诏命前往幽州告礼，进入了幽州地界，司徒公派来迎接我的使者一拨接着一拨，一个比一个恭敬。到了幽州城郊，司徒公头戴红巾、身上穿着靴裤、手握刀柄，身体左右都有佩饰，弓藏在弓袋之中，箭插在箭囊之中，俯身站在道路的左侧迎接我。我依礼辞谢，对他说：'您是天子任命的宰相，这么做于礼不合。'到了幽州府，他又穿上那身衣服做事，我又说：'您位列三公，不可以将服领受诏命。'等到了馆中，他还是坚持身穿将服领命，最终不得推辞。到了厅堂就坐在客位，坐着一定面向东方。"我说："国家不太平至今已经六十年了。天干地支相配，六十年一个轮回，看来现在将要恢复太平了；天下太平一定是从幽州开始，因为这里也是天下大乱开始的地方。当今天子非常圣明，司徒公又勤修礼义，或许能率领河南、河北的将领来觐见天子、归附朝廷，就像开元盛世那样吧？"李公说："是的。"如今李藩公身为宰相，和天子朝夕相处，一定经常向天子进言，正是应验了元和元年的那番话。李端公今年来东都为他的父亲祝寿，东都的士大夫都前去李府拜见。他做司徒公的僚佐时忠于职事，一心一意想让司徒公的功绩流芳百世，请我为他写了这篇序，回去后可以献给司徒公。

卷二十一　序

送区册序

　　阳山，天下之穷处也。陆有丘陵之险，虎豹之虞；水有江流悍急，横波之石廉利侔剑戟，舟上下失势，破碎沦溺者往往有之。县郭无居民，官无丞尉，夹江荒茅篁竹之间，小吏十余家，皆鸟言夷面。始至言说不相通，画地为字，然后可告以出租赋、奉期约。是以宾客游从之士无所为而至。愈待罪于斯且半岁矣。有区生者，誓言相好，自南海挐舟而来，升自宾阶，仪冠甚伟，坐与之语，文义卓然。庄周云："逃空虚者，闻人足音跫然而喜矣。"况如斯人者，岂易得哉！入吾室，闻《诗》《书》仁义之说，欣然喜，若有志于其间也。与之翳嘉林，坐石矶，投竿而渔，陶然以乐，若能遗外声利而不厌乎贫贱也。

　　岁之初吉，归觐其亲，酒壶既倾，序以识别。

【译文】阳山，是天下较为穷困荒僻的地方。陆地上有丘陵险阻，虎豹为患；江中水流汹涌湍急，横卧的巨石，锋利得如同剑戟一般，经常有来往的船只，因失控而被撞碎、沉没。县城里几乎没有百姓居住，县衙里没有县丞和县尉，江两岸的荒草竹林中，住着十多家在县衙里当差的小吏，这些人说起话来像鸟叫一样，五官长相像蛮夷之人。我刚来的时候，语言不通，就在地上划字，这样才能把朝廷要求他们按期缴纳赋税、遵守期约的诏命告知他们。由于这里山野荒僻，宾客、朋友们没有来这里的理由。我被贬官至此地，将近半年之久了。有位姓区的书生，是和我相约交好的朋友，他从南海郡乘船来到这里，从西阶而上，仪容魁伟，坐下来和他交谈，发现他谈吐和思想都不一般。庄周说过："在荒坟古墓之间巡行的人，满目疮痍，当听到他人的脚步声时，认为有了同伴，就觉得欢喜。"更何况是像区生这样的人，真是可遇而不可求啊！他进入我的屋舍内，听我读《诗经》《尚书》，高谈仁义道德之类的学说，非常高兴，好像对这些非常感兴趣。和他在繁茂美好的树荫下避暑，坐在水边的岩石上投竿垂钓，他以此为乐，怡然自得，仿佛抛却了名利而不厌恶贫困卑微的生活。

新年伊始，区生要回家探望他的父母，饮过离别的酒，我写下这篇序来记录离别之情。

送张道士序

张道士，嵩高之隐者，通古今学，有文武长材，寄迹老子法中，为道士以养其亲。九年，闻朝廷将治东方诸侯贡赋之不如法者，三献书，不报，长揖而去。京师士大夫多为诗以赠，而属愈为序，诗曰：

大匠无弃材，寻尺各有施。况当营都邑，杞梓用不疑。张侯嵩高来，面有熊豹姿。开口论利害，剑锋白差差。恨无一尺棰，为国答羌夷。诣阙三上书。臣非黄冠师。臣有胆与气，不忍死茅茨。又不媚笑语，不能伴儿嬉。乃着道士服，众人莫臣知。臣有平贼策，狂童不难治。其言简且要，陛下幸听之。天空日月高，下照理不遗。或是章奏繁，裁择未及斯。宁当不俟报，归袖风披披。答我事不尔，吾亲属吾思。昨宵梦倚门，手取连环持。今日有书至，又言归何时。霜天熟柿栗，收拾不可迟。岭北梁可构，寒鱼下清漪。既非公家用，且复还其私。从容进退间，无一不合宜。时有利不利，虽贤欲奚为？但当励前操，富贵非公谁。

【译文】张道士，是嵩山上的隐士，他博古通今，文武双全，天赋异禀，投身于老子的道法学说当中，做道士来赡养他的双亲。

元和九年(814),听说朝廷将要惩治东部地区不按照期约缴纳贡赋的诸侯,他曾多次献投书状,都没有回音,便长揖而去。京城里的士大夫大多作诗相赠为他送别,然而他却嘱咐我为他写一篇序,诗说:

对于高明的木匠而言,没有扔弃的木材,他们会根据它的不同长短各有各的用处。况且在营建都城的时候,杞木梓木都会被使用,无需有丝毫怀疑。我来自嵩山,外表具有熊豹一般的姿态。开口辩说天下利害攸关的事情时,话锋犀利寒光闪闪。可惜没有一尺捶鞭,为国效力,鞭笞惩罚羌党蛮夷。赶赴京城多次献投书状无果。我不仅仅只是头戴黄冠的道士。我有胆有识,不愿平庸地死在茅舍之中。我平素是个不苟言笑的人,不能在家里陪伴小儿嬉戏。于是我穿上道士的服装,众人之中没有人真正了解我。我心怀平定叛贼的计策,那嚣张的叛贼首领是个狂妄无知的孩童,要平定他并非难事。我言简意赅,希望陛下能听一听。天空中日月高悬,照耀着世间万物,治理不会有所遗漏。也许是奏章奏疏太过频繁,陛下来不及拣选、裁决。难道不再等回音,归去的衣袖已经在风中飘舞。答复的事情无果,我的亲人占据了我的思绪。昨夜梦见亲人倚门翘望,手里拿着连环持。今天又有家书到来,又问我何时归家。霜降的日子里,柿子、板栗都已成熟,我也该收拾行囊不再拖延。岭北的山梁彼此相连,鱼儿顺着清冽寒冷的伊水游向下游。既然不能被国家任用,我还是回家吧。在进用与退守之间,我从容以待,没有什么不适宜的。时机分有利与不利,即使有贤能又能做什么呢?只有振奋精神,保持操行,得享富贵之人非公莫属。

送高闲上人序

　　苟可以寓其巧智，使机应于心，不挫于气，则神完而守固，虽外物至，不胶于心。尧舜禹汤治天下；养叔治射；庖丁治牛。师旷治音声，扁鹊治病，僚之于丸，秋之于弈，伯伦之于酒，乐之终身不厌，奚暇外慕？夫外慕徙业者，皆不造其堂，不哜其胾者也。往时张旭善草书，不治他技，喜怒窘穷，忧悲愉佚，怨恨思慕，酣醉无聊不平，有动于心，必于草书发之。观于物，见山水崖谷，鸟兽虫鱼，草木之花实，日月列星，风雨水火，雷霆霹雳，歌舞战斗，天地事物之变，可喜可愕，一寓于书。故旭之书，变动犹鬼神，不可端倪。以此终其身，而名后世。今闲之于草书，有旭之心哉？不得其心，而逐其迹，未见其能旭也。为旭有道：利害必明，无遗锱铢，情炎于中，利欲斗进，有得有丧，勃然不释，然后一决于书，而后旭可几也。今闲师浮屠氏，一死生，解外胶，是其为心，必泊然无所起。其于世，必淡然无所嗜，泊与淡相遭，颓堕委靡，溃败不可收拾，则其于书得无象之然乎？然吾闻浮屠人善幻多伎能，闲如通其术，则吾不能知矣。

　　【译文】如果能把巧思和智慧运用到某件事情上，做到得心应手，意志不受外界影响，则可精神饱满，笃定执着，即使面对外界的诱惑，心志也不会被干扰。如唐尧、虞舜、大禹、商汤治理天下；养叔专注于射箭，最终百步穿杨；庖丁解牛，游刃有余。师旷辨音，扁鹊治病，宜僚弄丸，弈秋博弈，刘伶饮酒，他们都是因为喜爱而乐此不疲，哪还有空闲去思慕其他？那些因思慕其他事物而不专心本业、见异思迁的人，都无法取得精深的造诣，也品尝不到其中至味。从前张旭擅长写草书，他潜心钻研，对其他技艺不感兴趣，当他心中产生喜怒、困窘、忧伤、愉悦、怨恨、思慕、酣醉、无聊、不平等情绪时，他就宣泄在草书上。观察事物，看待山水、崖谷、鸟兽、鱼虫、草木的花朵、果实、日月、星辰、风雨、水火、雷霆、霹雳、歌舞、战争等等，天地间万物的变化，于他而言或喜或惊，统统都可寄情于草书之中。因此张旭的草书，如鬼神一般变幻多样，高深莫测。他以书写草书终其一生，并扬名于后世。如今，高闲对于草书，有张旭那样的心境吗？高闲并未领悟张旭的心境，只是一味模仿张旭草书的形迹，因此从他的草书中看不到张旭作品的精髓。要成为张旭那样的书法家，是要讲究方法的：对于事物的利害关系必须是非分明，锱铢必较，心中充满激情，各种欲念相互斗争，有得有失，不懈地激发自我，然后将饱满的热情完全投入书法当中，这样写出来的字才能和张旭相差无几。如今，高闲信奉佛教，视死生如一，排除外界的干扰，如此平静、淡泊的心境必然激不起感情的波澜。他对外界必然是冷漠且无欲无求的，淡泊无为，消极颓靡，精神涣散，不可收拾，那么他的书法作品，能达到无形于常道的境界吗？然而我听说，信奉佛教的僧徒，善于幻化，且技艺多变，高闲能否通晓其中的诀窍，我就无从知晓了。

送殷员外序

唐受天命为天子，凡四方万国，不问海内外，无大小，咸臣顺于朝。时节贡水土百物，大者特来，小者附集。元和睿圣文武皇帝既嗣位，悉治方内就法度。十二年诏曰："四方万国，惟回鹘于唐最亲，奉职尤谨，丞相其选宗室四品一人，持节往赐君长，告之朕意。又选学有经术通知时事者一人，与之为贰。"由是殷侯侑自太常博士迁尚书虞部员外郎兼侍御史，朱衣象笏，承命以行，朝之大夫莫不出饯。酒半，右庶子韩愈执盏言曰："殷侯，今人适数百里，出门惘惘有离别可怜之色。持被入直三省，丁宁顾婢子语，刺刺不能休。今子使万里外国，独无几微出于言面，岂不真知轻重大丈夫哉？丞相以子应诏，真诚知人矣。士不通经，果不足用。于是相属为诗以道其行云。"

【译文】唐朝的皇室，奉承天命，成为天子，凡是四面八方的各个国家，无论是海内外的，也无论大国小国，都臣服于唐朝皇室。每逢重要的时节，他们都会专程进贡水产、土特产以及各种珍稀物品，较大的国家会专门派使者前来觐见，较小的国家也附和而来。元和睿圣文武皇帝继承帝位之后，将整个国家治理得井井有条，恪守法度。元和十二年（817），天子诏曰："四方万国，只有回鹘国与唐朝交往最为密切，进贡和遵奉职事恭谨、尽心，特命丞相挑选一名官居四品的皇族宗亲，手持符节前往回鹘国，赏赐他们的国君，并宣告朕的心意。再挑选一名研习经史法律、通晓时事的学者，作为他的助手同行。"因此殷侯殷侑由太常博士升迁至尚书虞部员外郎兼侍御史，身着朱红色官服，手持象牙质地的手板，奉命前往，朝中大臣无不出城为他饯行。饯行酒喝到一半，右庶子韩愈端着酒杯说："殷侯，如今人们去往几百里之外，出门之际，脸上都是充满惆怅迷惘的离别伤感之情。就算是带着行李去三省衙署值班，出门之际，也会对家人奴仆再三叮咛，喋喋不休。如今您将出使到万里之外的国度，口中却没有半句怨言，脸上也没有一丝怨色，难道您是真的不懂得权衡轻重的人吗？丞相委任您来奉承天子的诏命，的确是知人善任啊。那些不通晓经史的读书人，确实是不值得任用。于是大家相继作诗来为您送行。"

送杨少尹序

昔疏广受二子以年老一朝辞位而去，于时公卿设供帐，祖道都门外，车数百两，道路观者多叹息泣下，共言其贤。《汉史》既传其事，而后世工画者又图其迹，至今照人耳目，赫赫若前日事。国子司业杨君巨源方以能诗训后进，一旦以年满七十，亦白丞相去归其乡。世常说古今人不相及，今杨与二疏其意岂异也？予忝在公卿后，遇病不能出，不知杨侯去时，城门外送者几人？车几两？马几驷？道边观者亦有叹息知其为贤以否？而太史氏又能张大其事为传继二疏踪迹否？不落莫否？见今世无工画者，而画与不画固不论也。然吾闻杨侯之去，丞相有爱而惜之者，署以为其都少尹，不绝其禄，又为歌诗以劝之，京师之长于诗者亦属而和之；又不知当时二疏之去有是事否？古今人同不同，未可知也。中世士大夫以官为家，罢则无所归。杨侯始冠举于其乡，歌《鹿鸣》而来也；今之归，指其树曰："某树吾先人之所种也，某水某丘吾童子时所钓游也。"乡人莫不加敬，诫子孙以杨侯不去其乡为法。古之所谓"乡先生没而可祭于社"者，其在斯人欤，其在斯人欤！

【译文】从前疏广、疏受两位先生因为年纪大了，有一天辞去官职，离开了朝廷，当时朝中的公卿大臣在都门外设宴为他们饯行，送行的车子多达数百辆，在路边观看的人多是叹息落泪，都在称道他们的贤良。《汉史》已经记下了这件事，而且后世的画师又将这个场面描绘下来，到现在历历在目，清清楚楚仿佛是前几天发生的事情。国子监司业杨巨源正以擅长诗歌来教导晚辈，一旦年满七十岁，也向丞相禀告辞职回乡。世人常说现在的人和古代的人不能相比，现在杨君和二疏，他们的心志有什么差异吗？我惭愧地列于公卿后面，恰逢生病不能前去送行，不知道杨君离京的时候，到城门外送行的有多少人？车有几辆？马有几匹？路旁观看的人，是不是也有为之叹息，知道他是贤人的？史官是不是也能为他立传，大力宣扬继二疏之后杨君的事迹呢？不让他感到冷落寂寞呢？现在世上没有善于绘画的人，而且画与不画姑且不去管它。但我听说杨君离开的时候，丞相器重他并为他感到惋惜，奏明皇帝让他担任家乡河中府的少尹，不停止他的俸禄，还写了诗歌来劝勉他，京城中擅长作诗的人也接连应和为其作诗；不知道当时二疏离去的时候是否有这样的事？古人和今人归宿之处是否相同，就不得而知了。中古时期的士大夫以官府为家，一旦离职就无所归处。但是杨君刚成年时就通过乡试中举，在《鹿鸣》的歌乐声中前来京城为官；现在告老还乡，指着家乡的树说："那棵树是我的祖先种的，那条河那座山，是我小时候钓鱼游乐的地方。"家乡的人无一不是加倍尊敬他，告诫子孙要把杨君不离开故乡的行为作为榜样。古时候所说的"乡先生在死后可以在社庙享受祭祀"的，大概就是杨君这样的人吧，大概就是这样的人吧！

送权秀才序

伯乐之厩多良马，卞和之匮多美玉，卓荦环怪之士，宜乎游于大人君子之门也！相国陇西董公既平汴州，天子命御史大夫吴县男为军司马，门下之士权生实从之来。权生之貌，固若常人耳。其文辞引物连类，穷情尽变，宫商相宣，金石谐和，寂寥乎短章，春容乎大篇，如是者，阅之累日而无穷焉。愈常观于皇都，每年贡士至千余人，或与之游，或得其文，若权生者，百无一二焉。如是而将进于明有司，重之以吴县之知，其果有成哉！于是咸赋诗以赠之。

【译文】伯乐的马厩里良马众多，卞和氏的木匣里美玉众多，卓尔不群、天赋异禀的士人，应该周旋于达官显贵的门下！相国陇西公董晋平定了汴州叛乱之后，天子任命御史大夫吴县男为节度行军司马使，他门下的士人权生跟随他一起来到军中。权生的相貌，和粗鄙的常人一样。然而他的文章词句，却是触类旁通，感情饱满、变幻无穷，犹如宫商音律宣情和谐，又如钟磬乐器彼此相和，短章言简意赅，长篇从容悠扬，像这样的文章，就算连续读上几天，仍然感觉韵味无穷。我时常观察京城的读书人，每年贡举的士人有一千多人，他们有的和我有一些往来，有的我阅读过他们的文章，但是像权生这样的人，一百人当中也没有一两个。如果将这样的人推荐给贤明的主考官任用，再加上吴县男对他的知遇，他必定会有所成就的！因此我写诗作赋赠予他。

送湖南李正字序

贞元中，愈从太傅陇西公平汴州，李生之尊父以侍御史管汴之盐铁。日为酒杀羊享宾客，李生则尚与其弟学读书，习文辞，以举进士为业。愈于太傅府年最少，故得交李生父子间。

公薨军乱，军司马从事皆死，侍御亦被谗为民日南。其后五年，愈又贬阳山令，今愈以都官郎守东都省，侍御自衡州刺史为亲王府长史，亦留此掌其府事。李生自湖南从事请告来觐。于时，太傅府之士惟愈与河南司录周君独存，其外则李氏父子，相与为四人。离十三年，幸而集处，得燕而举一觞相属，此天也，非人力也！侍御与周君于今为先辈盛德，若李生温然为君子，有诗八百篇，传咏于时。惟愈也业不益进，行不加修，顾惟未死耳。往拜侍御，谒周君，抵李生，退未尝不发愧也。往时侍御有无尽费于朋友，及今则又不忍其三族之饥寒，聚而馆之，疏远毕至。禄不足以为养，李生虽欲不从事于外，其势不可得止也。重李生之还者皆为诗，愈最故，故又为序云。

【译文】贞元中期，我跟随太傅陇西公平定汴州的叛乱，李生的父亲时任侍御史，负责掌管汴州的盐铁业。他家每天都杀羊摆酒款待宾朋，李生那时还同他弟第一起读书、习文，就是为了参加科举考试。我在太傅府中年纪最小，因此和李生父子都有交往。陇西公战死，军中一片哗然，行军司马和诸位从事也都全部阵亡，侍御史也遭到谗言陷害，被贬为庶人，流放至日南州。五年之后，我又被贬为阳山令，如今我以都官郎的身份任职东都省，侍御史也从衡州刺史一职调任至东都做亲王长史，也留在东都，负责掌管亲王府中的事情。李生时任湖南节度使从事，他请假归来探望他的父亲。当时，太傅府中的旧士中，只有我和河南府司录周君活了下来，除此之外就是李氏父子，总共四个人。分别了十三年，有幸再度重聚，于是大家一起宴饮，举杯庆贺，这是天命啊，并非人力所能控制的！侍御史与周君作为前辈，富有盛德，李生温文尔雅，俨然是一位君子，他共作有诗作八百篇，在当时被传诵歌咏。唯独我学业没有精进，德行不再修养，苟且偷生罢了。我前去拜访侍御史，谒见周君，见到李生，回来之后未尝不是心生愧疚。从前侍御史花费在朋友身上的钱，开销巨大，现如今又不忍心看到他的三族亲眷挨饿受冻，于是我便把他们召集起来养活，就连关系较为疏远的亲戚也来了。他的俸禄不足以养活这么多人，李生虽然不想外出做事，但由于家庭形势所迫，不能继续留在家中。珍重李生回还的人都写诗为他送别，我和他是最要好的故交，因此又写下这篇序文。

送石处士序

河阳军节度御史大夫乌公为节度之三月，求士于从事之贤者，有荐石先生者。公曰："先生何如？"曰："先生居嵩邙瀍谷之间，冬一裘，夏一葛，朝夕饭一盂、蔬一盘。人与之钱则辞，请与出游，未尝以事免，劝之仕，则不应。坐一室，左右图书。与之语道理，辨古今事当否，论人高下，事后当成败，若河决下流而东注，若驷马驾轻车就熟路，而王良造父为之先后也，若烛照数计而龟卜也。"大夫曰："先生有以自老，无求于人，其肯为某来耶？"从事曰："大夫文武忠孝，求士为国，不私于家。方今寇聚于恒，师环其疆，农不耕收，财粟殚亡，吾所处地，归输之途，治法征谋，宜有所出。先生仁且勇，若以义请而强委重焉，其何说之辞！”于是撰书词，具马币，卜日以授使者，求先生之庐而请焉。先生不告于妻子，不谋于朋友，冠带出见客，拜受书礼于门内，宵则沐浴戒行李，载书册，问道所由，告行于常所来往；晨则毕至，张筵于上东门外。酒三行，且起，有执爵而言者曰：“大夫真能以义取人，先生真能以道自任，决去就，为先生别。”又酌而祝曰：“凡去就出处何常，惟义之归。遂以为先生寿。”又酌而祝曰：“使大夫常无变其初，无务富其家而饥其师，无甘受佞人而外敬正士，无味于谄言，惟先生听，以能有成功，保天子之宠命。”又祝曰：“使先生无图利于大夫而私便其身。”先生起拜祝辞曰：“敢不敬蚤夜以求从祝规。”于是东都之人士咸知大夫与先生果能相与以有成也。遂各为歌诗六韵，遣愈为之序云。

【译文】河阳军节度使御史大夫乌公，担任节度使的第三个月，就在属吏中访求贤才，有人推荐了石先生。乌公问道：“石先生是怎样的人？”推荐的属吏说：“石先生在嵩邙三山和瀍谷二水之间居住，冬天穿一件皮衣，夏天穿一件粗布衣，早晚饭一碗、菜一盘。人家送他钱，他辞谢不受，请他外出游玩，他也借故有事推辞，劝他做官，他不答应。他独居一室，左右都是图书。同他谈论道理，分辨古今之事是否处理得当，评论人物优劣，预卜日后成败，如大江大河滔滔不绝，奔流而下，又如识途骏马飞驰奔腾，由王良、造父这样的高手驾驭，似烛光照射那样明察，像占卜那样准确。"大夫说："石先生有意颐养天年，没有什么期求，他肯为我出山吗？"推荐的属吏说："乌大夫文武双全，忠孝具备，为国家求人才，不是为私利。如今叛贼集结在恒州，军队将那里包围，农民不能耕田收获，财物粮食消耗殆尽，我们所处的地方，是转运军需的要冲，治理的办法，征讨的谋略，应该有高人出谋划策。石先生仁义而且勇敢，以治国安邦为由请他出山并委以重任，他有什么理由推辞！"于是写了书信，准备马匹礼物，选择吉日交给使者，到石先生住所去请他。石先生没有将这件事告诉妻子，没有同朋友商议，便穿戴整齐出去接见客人，在屋里恭敬地接受了书信和礼物，当夜就沐浴、准备行李，装载书籍，打听好前往的道路，向平常有往来的朋友告别；第二天清晨，朋友们都到了东门外为他饯行。酒过三巡，就要动身，有人拿着酒杯说："乌大夫能以义寻求人才，石先生以道为己任，决定了去留，为先生送别。"又斟了酒祝贺说："出仕、隐退无一定之规，只要合于道义。在此祝贺先生。"又斟了酒祝贺说："希望乌大夫初心不变，不要只为了富贵而让士兵挨饿，不要甘受奸佞之人的蒙骗而仅在表面上尊敬正直之士，不要听信谗言，只有听取先生的意见，便能确保成功，完成天子赋予的使命。"又祝贺说："希望先生不要从乌大夫那里图谋利益来为了方便自身。"石先生起身拜谢致祝酒词说："我怎敢不恭敬按诸位的规劝行事。"于是东都的人士都知道乌大夫与石先生一定能相互协作而有所成就。于是每人作一首六韵诗，并让我为其作序。

送温处士赴河阳军序

伯乐一过冀北之野，而马群遂空。夫冀北马多于天下，伯乐虽善知马，安能遂空其群邪？解之者曰：吾所谓空，非无马也；无良马也。伯乐知马，遇其良，辄取之，群无留良焉。苟无留其良，虽谓无马，不为虚语矣。

东都固士大夫之冀北也。怀才能，深藏而不市者，洛之北涯曰石生，其南涯曰温生。大夫乌公以鈇钺镇河阳之三月，以石生为才，以礼为罗，罗而致之幕下。未数月也，以温生为才，于是以石生为媒，以礼为罗，又罗而致之幕下。东都虽信多才士，朝取一人焉，拔其尤；暮取一人焉，拔其尤；自居守、河南尹以及百司之执事，与吾辈二县之大夫，政有所不通，事有所可疑，奚所咨而取焉？士大夫之去位而巷处者，谁与嬉游？小子后生于何考德而问业焉？搢绅之东西行过是都者，无所礼于其庐。若是而称曰：大夫乌公一镇河阳，而东都处士之庐无人焉，岂不可也？夫南面而听天下，其所托重而恃力者唯将与相耳。相为天子得人于朝廷，将为天子得文武士于幕下，求内外无治，不可得也。愈縻于兹不能引去，资二生以待老；今皆为有力者夺之，其何能无介然于怀邪？生既至，拜公于军门，其为吾以前所称为天下贺，以后所称为吾致私怨于尽取也。留守相公首为四韵诗歌其事，愈因推其意而序焉。

【译文】伯乐只要到了冀州北部，那里的马群就会变空。冀州北部是天下盛产马匹的地方，伯乐善于相马，又怎能使马群变空呢？解释的人说：我所说的空，不是指没有马了；而是指没有良马了。伯乐善于相马，遇到宝马良驹，立即就选中它，因此马群中就没剩下什么良马了。如果马群中没有好马了，就算说成是没有马了，也不算是虚言妄语。

东都洛阳本是士大夫的冀北之地。胸怀大志，却不愿出仕为官，在洛水北岸有个名叫石洪的人，在南岸有个名叫温生的人。御史大夫乌公以节度使的身份镇守河阳的第三个月，认为石生有才，便以礼网罗，将石生罗致于幕府。没过几个月，又认为温生有才能，于是就让石生从中为媒，以礼网罗，又将温生罗致在幕府。东都洛阳虽然的确有很多才智之士，早晨录用一人，而且从中选拔优秀的；晚上录用一人，而且从中选拔优秀的；这样的话从东都留守、河南尹直到各部门的官员，以及像我们洛阳、河南二县的官员，施政遇到不畅通之处，事情若有疑难不解之处，那么应当向谁去询问处理呢？士大夫之中有辞去官位归居里巷的，谁和他们嬉戏交游呢？后生晚辈到哪里去研讨德行、求教学业呢？达官显贵由四方经过都城，也不能到他们的居处拜访。人们称赞说：乌公镇守河阳，而东都的处士住宅无人居住，难道不可以吗？天子治理天下，可以委以重任依靠的只有宰相和将军罢了。宰相为天子选拔人才到朝廷为官，将军为天子选拔文韬武略之士到幕府供职，这样就算是想使国家得不到治理，也是不可能的。我韩愈羁留在这里无法离去，全仗与石、温二人的交游来度过余年；现在都被有力量的人夺走了，我怎能不会介怀呢？温生到河阳之后，在军门之前拜见了乌公，那正像我前面所说的为天下祝贺，像我后面所说的乌公将人才搜罗净尽而招致了我个人的私怨。洛阳留守郑余庆首先写了四韵诗来赞颂这件事，我便按他的意思作了一篇序。

送郑尚书序

岭之南其州七十，其二十二隶岭南节度府，其四十余分四府，府各置帅，然岭南节度为大府。大府始至，四府必使其佐启问起居，谢守地不得即贺以为礼。岁时必遣贺问，致水土物。大府帅或道过其府，府帅必戎服，左握刀，右属弓矢，帕首裤靴迎于郊。及既至，大府帅入据馆，帅守屏，若将趋入拜庭之为者；大府与之为让至一至再，乃敢改服，以宾主见；适位执爵皆兴拜，不许乃止，虔若小侯之事大国。有大事咨而后行，隶府之州离府远者至三千里，悬隔山海，使必数月而后能至。蛮夷悍轻，易怨以变，其南州皆岸大海，多洲岛，飘风一日踔数千里，漫澜不见踪迹。控御失所，依险阻，结仇党，机毒矢以待将吏，撞搪呼号以相和应，蜂屯蚁杂不可爬梳，好则人，怒则兽，故常薄其征入，简节而疏目，时有所遗漏，不究切之，长养以儿子；至纷不可治，乃草薙而禽狝之，尽根株痛断乃止。

其海外杂国若耽浮罗、流求、毛人、夷亶之州，林邑、扶南、真腊、于陀利之属，东南际天地以万数，或时候风潮朝贡，蛮胡贾人舶交海中。若岭南帅得其人，则一边尽治，不相寇盗贼杀，无风鱼之灾，水旱疠毒之患，外国之货日至，珠香象犀玳瑁奇物溢于中国，不可胜用，故选帅常重于他镇。非有文武威风，知大体，可畏信者，则不幸往往有事。长庆三年四月，以工部尚书郑公为刑部尚书兼御史大夫往践其任。郑公尝以节镇襄阳，又帅沧景德棣，历河南尹，华州刺史，皆有功德可称道。入朝为金吾将军、散骑常侍、工部侍郎、尚书。家属百人，无数亩之宅，僦屋以居，可谓贵而能贫，为仁者不富之效也。及是命，朝廷莫不悦，将行，公卿大夫士苟能诗者咸相率为诗以美朝政，以慰公南行之思，韵必以来字者，所以祝公成政而来归疾也。

【译文】南岭的南部共有七十个州郡，其中二十二个隶属于岭南节度府，其余的四十多个州郡分别隶属于四个节度府，每个节度府各自设置府帅，唯独岭南节度府是一个大府。大府节度使刚到任时，四府府帅必定会派遣他的僚佐前来问候岭南节度使的生活起居情况，当派兵驻守、护卫大府的心意被辞谢后，四府府帅就只好以进贺作为礼节。逢年过节必定会派人前往祝贺问候，并奉送水产、土特产品等。大府节度使有时取道经过该府，该府府帅必定会穿上将服，左手握着刀鞘，右手放在弓矢之上，穿戴头帕、靴裤，恭谨地在郊外迎接。进城后，大府帅先进入驿馆，小府帅守在屏墙之前，好像要小跑着进入庭院参拜的样子；大府帅同他们推让再三，他们才敢更换了将服，以宾主之礼相见；宴席就座时，小府帅都要端起酒杯，起身参拜，不到大府帅应许是不能停止的，虔诚恭敬得就像小诸侯国侍奉大国一样。遇到重大事件时，必定要先征询大府帅的意见，然后才能执行，隶属于府城的州郡，距离最远的有三千多里，隔山阻海，使者必定要跋涉好几个月才能到达。蛮夷人彪悍轻慢，性情暴躁易怒，容易发生叛乱之事，它的南边州郡都濒临大海，沙洲岛屿众多，帆行海上，借助风力一天行船超过数千里，天际之间看不到踪影。如果府帅不能对这里进行有效控制、防御，那么蛮夷之人就会仰仗山海险阻，勾结朋党，张开毒箭来对付戍守边境的将吏，他们以冲击呼号的方式彼此回响，像蜜蜂一样囤积，像蚂蚁一样杂聚，很难将他们治理得井然有序，他们高兴时就是人，愤怒时就是禽兽，因此府城通常会减少他们的赋税征缴，简化他们的礼节从而放松对他们的要求，偶尔出现什么纰漏，也并不深究他们，长期以来，把他们当儿子一样养着；到发生纷乱难以治理时，就像斩草一样铲除他们，就像对待禽兽一样捕猎他们，只有将他们斩草除根，祸乱才能停止。那些海外的杂居之国，如軃浮罗、流求、毛人、夷亶、林邑、扶南、真腊、于陀利等，在东南部的天地间多以万数，有时候他们会随着季风、海潮前来朝贡，蛮胡商人的船只交相停泊于海上。如果岭南节度使这个职位被任用得当，那么国家的一方边陲便可全部得到治理，不会再有盗贼、敌寇侵扰残杀，也没有狂风暴雨的灾难，没有水旱灾害，也没有疠瘴毒气的困扰，外国的货物每天都会到达，那些珠宝、香料、象牙、犀角、玳瑁、奇物将会充溢于中原地区，不可胜用，所以岭南节度使的人选问题往往比其他藩镇节度使的选用要谨慎、重要得多。没有文韬武略，威武雄风，无法掌控大局，缺乏令人畏信气质的人难当此重任，否则就会遭遇不幸，辖界内会频繁爆发乱事。长庆三年（823）四月，朝廷任命工部尚书郑公为刑部尚书兼御史大夫前往岭南担任节度使之职。郑公曾经以节度使的职务镇守襄阳，又做过沧州、景州、德州、棣州四州节度使，曾历河南府尹，做过华州刺史，功德政绩备受世人称道。郑公入朝为官，担任金吾将军、散骑常侍、工部侍郎、工部尚书等职务。他家中亲属将近百人，却没有占地数亩的大宅第，靠租赁他人的房屋居住，真可谓，身份尊贵而在生活上恪守清贫，讲求仁德而不疯狂聚敛财富的榜样。接到这个诏命时，朝廷上下无人不悦，临行之际，公卿士大夫中凡是能写诗的，都相继写诗来赞美朝政，并以诗文来慰藉郑公的南行之思，诗韵一定都用"来"字的原因，是预祝郑公治理有效，尽快还朝的意思。

送水陆运使韩侍御归所治序

六年冬，振武军吏走驿马诣阙告饥，公卿庭议以转运使不得其人，宜选才干之士往换之，吾族子重华适当其任。至则出赃罪吏九百余人，脱其桎梏，给耒耜与牛，使耕其傍便近地，以偿所负，释其粟之在吏者四十万斛不征。吏得去罪死，假种粮，齿平人有以自效，莫不涕泣感奋，相率尽力以奉其令；

而又为之奔走经营，相原隰之宜，指授方法，故连二岁大熟。吏得尽偿其所亡失四十万斛者而私其有赢余，得以苏息，军不复饥。君曰："此未足为天子言。请益募人为十五屯，屯置百三十人而种百顷，令各就高为堡；东起振武，转而西，过云州界，极于中受降城，出入河山之际，六百余里，屯堡相望，寇来不能为暴，人得肆耕其中，少可以罢漕挽之费。"朝廷从其议，秋果倍收，岁省度支钱千三百万。八年，诏拜殿中侍御史，锡服朱银。其冬来朝，奏曰："得益开田四千顷，则尽可以给塞下五城矣；田五千顷，法当用人七千，臣令吏于无事时督习弓矢为战守备，因可以制虏，庶几所谓兵农兼事，务一而两得者也。"大臣方持其议。吾以为边军皆不知耕作，开口望哺，有司常僦人以车船自他郡往输，乘沙逆河，远者数千里，人畜死，蹄踵交道，费不可胜计。中国坐见耗虚，而边吏恒苦食不继。今君所请田，皆故秦汉时郡县地，其课绩又已验白；若从其言，其利未可遽以一二数也。今天子方举群策以收太平之功，宁使士有不尽用之叹，怀奇见而不得设施也？君又何忧？而中台士大夫亦同言侍御韩君前领三县，纪纲二州，奏课常为天下第一。行其计于边，其功烈又赫赫如此。使尽用其策，西北边故所没地，可指期而有也。闻其归，皆相勉为诗以推大之，而属予为序。

【译文】元和六年（811）冬季，振武军的信使快马加鞭到京城来报告军中缺粮，公卿大夫廷议认为，这是因为转运使办事不力造成的，应该挑选有才能又精明强干的人前去代替现任，我的同族子侄韩重华恰好担任了这个职务。韩重华到任之后就把犯有贪污罪的低级官员大约九百多人从牢里释放出来，并摘去他们的桎梏镣铐，发给他们耒耜和耕牛，命他们在营地附近可耕种的地方劳作，以此来偿还他们所贪污的钱款，同时减免掉他们为官时所贪污的四十万斛粟米的债务不再追征。这些贪污的低级官员被免去死罪，政府又借粮种给他们，使他们可以像普通人一样自食其力，大家无不感激涕零，昂扬奋发，全都竭尽全力来执行他的命令；而且政府又替他们奔走经营，挑选更加适宜耕种的土地，还传授他们耕种的技法，因此连续两年，当地都大获丰收。那些贪污的低级官员不仅全部还清了亏欠的四十万斛粟米的债务，而且私下里还有盈余，调养生息，将士们也不再挨饿。韩重华说："这不足以向天子禀报。我请求增加招募人数到十五屯，每屯设置一百三十人，种田一百顷，并让他们各自在高处筑堡；堡子东起振武，转而向西，经过云州地界，最终到达中受降城，这些堡子穿梭于河山之间，全长六百余里，军屯与堡子彼此相望，相互关照，这样一来，贼寇便不敢轻易入侵施暴，人们可以放心地在堡子内耕种，用不了多久，便可以免去朝廷漕运粮食的费用了。"朝廷采纳了他的建议，秋季时，果然收获倍增，每年为朝廷节省开支一千三百万两。元和八年（813），天子诏拜他为殿中侍御史，并赐朱金银绯的五品官服。当年冬季，他入朝上奏说："如果能再开垦田地四千顷，则完全可以满足塞下五城的粮食供给；增加开垦田地五千顷，按规定应当使用七千人，微臣派属下官员在农闲时督促他们练习弓箭、射击，为战略防守做准备，顺便还可以抵制北虏入侵，几乎可以说是集军事、农事为一体，一举两得。"大臣们便开始讨论他的建议。我认为边境守军大都不懂耕作技法，只知道张嘴等粮食吃，主管官员时常雇人用车马、船只从其他的州郡输送粮食过去，乘沙逆河，路途遥远，要跋涉几千里，途中人和牲畜死伤无数，车辙蹄迹交相往来，损耗巨大无法计算。中原地区眼睁睁看着粮食被消耗，而边境的守将却总是因为粮食供应不上而苦恼。如今你所奏请的屯田，都是从前秦朝、汉朝时候郡县的地界，所取得的业绩也已经得到检验；如果朝廷采纳你的建议，所获取的利益何止是当下的一二。如今，天子正号召大家群策群力，来获取天下太平的功绩，怎会使有识之士空发怀才不遇的叹息，又怎么会使旷世奇才的见解无法得以施展呢？你又何必忧虑呢？而且御史台的官员们异口同声称赞你侍御史韩君前领三县，统理二州，上奏的课税总是天下第一。在边陲试行你的方略，又取得了如此显赫的功绩。如果完全采用你的策略的话，那么收复西北边境从前所沦陷的疆土也是指日可待了。听说你要回边境去，大家都相继写诗勉励你，为了宣扬你的功绩，大家又嘱托我写下这篇序文。

送郑十校理序

秘书，御府也。天子犹以为外且远，不得朝夕视，始更聚书集贤殿，别置校雠官，曰"学士"、曰"校理"，常以宠丞相为大学士，其他学士皆达官也。校理则用天下之名而能文学者，苟在选，不计其秩次，惟所用之。由是集贤之书盛积，尽秘书所有不能处其半。书日益多，官日益重。四年，郑生涵始以长安尉选授校理，人皆曰："是宰相子，能恭俭守教训，好古义施于文词者，如是而选，在公卿大夫家选之子弟其劝耳矣。"愈为博士也，始事相公于祭酒；分教东都生也，事相公于东太学；今为郎于都官也，又事相公居守，三为属吏，经时五年，观道德于前后，听教诲于左右，可谓亲薰而炙之矣。其高大远密者，不敢隐度论也；其勤己而务博施，以己之有，欲人之能，不知古君子何如耳。今生始进仕，获重语于天下，而慊慊若不足，真能守其家法矣。其在门下者可进贺也。求告来宁，朝夕侍侧，东都士大夫不得见其面。于其行日，分司郎史与留守之从事，窃载酒肴席定鼎门外，盛宾客以饯之。既醉，各为诗五韵，且属愈为序。

【译文】秘书省，设置于御府之内。天子还以为它在皇宫外很远的地方，不能早晚视察，才重新把书籍集中在集贤殿，另设校雠官，称为"学士""校理"，常以宠信的丞相担任大学士，其他的学士也都是地位显赫的官员。校理则是由天下有名的擅长文学的人充任，一旦被选中，不论官阶品级多少，一律任用。因此集贤殿堆积的书越来越多，秘书省全部的藏书也没有它的一半多。书籍日益增多，任职的官员也日益增加。元和四年（809），郑涵刚以长安尉的身份被推选为集贤校理，人们都说："这人是宰相的儿子，能够恭谦俭朴，恪守教导训诫，爱好古人高义并能诉诸笔端、著成文章，像他这样能够入选，公卿士大夫家中的子弟们便可以用他来勉励自己了。"当时我任四门博士，侍奉相公于国子监祭酒之职；在我分教东都洛阳的太学生时，侍奉相公于东都太学；如今我为都官员外郎，侍奉相公于东都留守之职，三次做相公的属吏，历时五年，在相公的身边观察道德、聆听教诲，可以说是耳濡目染，被熏陶已久。相公高大远密的方面，我不敢暗自猜度判断；但他勤勉自律且务求博施，自己拥有的，就想与人分享，不知道古代的君子是否也是这样。如今郑生初入仕途，为天下人所赞誉，却仍虚怀若谷，谦逊不已，言行确实是奉守家法。相公的门生可以进前向您祝贺啊。因为您请求告假来拜望父亲，朝夕侍立一旁，可东都洛阳的士大夫们却不能够与您见面了。在您即将启程的时候，分司的官员们与留守的从事们，私下里载着美酒佳肴在定鼎门外为您饯行。微醉时，每个人各作十句诗，并嘱咐我写下这篇序文。

诗洛字

　　相公倦台鼎，分正新邑洛。才子富文华，校雠天禄阁。寿觞佳节过，归骑春衫薄。鸟咮正交加，杨花共纷泊。交亲谁不羡，去去翔寥廓。

　　【译文】相公厌倦了三公生涯，分任新城洛阳东都留守一职。他的儿子才华横溢，富有文采，在天禄阁担任校理官。佳节之际回来为父亲摆酒祝寿，如今他已更换了薄薄的春衫，要骑马回到任地了。春天到了，鸟儿竞相鸣唱，杨花在春风中飞舞，纷纷坠落。谁不羡慕这对情深意浓的父子啊，他渐远的身影，要去辽阔的天空中展翅翱翔了。

韦侍讲盛山十二诗序

韦侯昔以考功副郎守盛山。人谓韦侯美士，考功显曹，盛山僻郡，夺所宜处，纳之恶地以枉其材，韦侯将怨且不释矣。或曰："不然。夫得利则跃跃以喜；不得利则戚戚以泣，若不可生者，岂韦侯之谓哉？韦侯读六艺之文，以探周公孔子之意，又妙能为词章，可谓儒者也。夫儒者之于患难，苟非其自取之，其拒而不受于怀也，若筑河堤以障屋雷。其容而消之也，若水之于海，冰之于夏日；其玩而忘之以文辞也，若奏金石以破蟋蟀之鸣，虫飞之声；况一不快于考功，盛山一出入息之间哉！"

未几，果有以韦侯所为十二诗遗余者，其意方且以入溪谷，上岩石，追逐云月不足日为事。读而咏歌之，令人欲弃百事往而与之游，不知其出于巴东以属胸朋也。于时应而和者凡十人。及此年，韦侯为中书舍人，侍讲六经禁中。名处厚和者通州元司马名稹为宰相；洋州许使君名康佐为京兆；忠州白使君居易为中书舍人；李使君景俭为谏议大夫；黔府严中丞武为秘书监；温司马造为起居舍人，皆集阙下。于是《盛山十二诗》与其和者，大行于时，联为大卷，家有之焉，慕而为者将日益多，则分为别卷。韦侯俾余题其首。

【译文】韦侯从前考功副郎之职镇守盛山。人们说韦侯是位优秀的士人，比他的同僚们政绩显著，盛山是个偏僻的州郡，没有把他安排在最适宜的地方，而是把他放在险恶偏僻的地方，委屈了他的才华，韦侯该心生埋怨、无法释怀了。有人说："不对。得到好处就欢呼雀跃，高兴不已；得不到好处就垂头丧气，悲伤哭泣，一副生无可恋的样子，难道是在说韦侯吗？韦侯熟读六艺文章，潜心钻研周公、孔子的思想精髓，又能够妙笔生花写作文章，可以称得上是位儒生。儒生对于祸患危难，如果不是他自己选的，他会拒不接受，就好像为了确保房屋安全而筑上堤坝。他既然接受并将它消化掉，就好像水滴之于大海，寒冰之于盛夏；他研习并且忘情于文辞，就好像奏响金石来打破蟋蟀的低鸣和飞虫的声音；况且只是考功政绩上一时的不顺遂，盛山不过是朝廷内外的分别罢了！"

很快，果然有人把韦侯所作的十二首诗送给我，他的诗意大概是说，打算深入溪谷之间，攀岩逐月，不失为每日的乐事。诵读他的诗文，让人有种想要抛下日常百事而前去与他同游的欲念，却不知道他已经出巴东到朐朎了。当时一起唱和的人共有十位。到今年，韦侯做了中书舍人，在宫中为天子侍讲六经。韦侯，名处厚，以诗相和的人有通州元司马，时任宰相；洋州许使君，时任京兆尹；忠州白使君，时任中书舍人；李使君，时任谏议大夫；黔府严中丞，时任秘书监；温司马，时任中书舍人，这些人都集中在京城里。于是，《盛山十二诗》以及它的和诗，在当时非常流行，后来被联成大卷，家家都有，仰慕韦侯文采而学写的人日益增多，就分开另作别卷，韦侯让我在卷首题序。

石鼎联句诗序

元和七年十二月四日，衡山道士轩辕弥明自衡山来，旧与刘师服进士衡湘中相识，将过太白，知师服在京，夜抵其居宿。有校书郎侯喜，新有能诗声，夜与刘说诗，弥明在其侧，貌极丑，白发黑面，长颈而高结喉中又作楚语，喜视之若无人。弥明忽轩衣张眉指炉中石鼎谓喜曰："子云能诗，与我共赋此乎？"刘往见衡湘间人说云年九十余矣，解捕逐鬼物，拘囚蛟螭虎豹，不知实能否也。见其老，颇貌敬之，不知其有文也。闻此说大喜，即援笔题其首两句，次传于喜，喜踊跃即缀其下云云。道士哑然笑曰："子诗如是而已乎！"即袖手竦肩傍北墙坐，谓刘曰："吾不解世俗书，弟子为我书吾句！"因高吟曰："龙头缩菌蠢，豕腹涨彭亨。"初不似经意，诗旨有似讥喜，二子相顾惭骇。欲以多穷之，即又为而传之喜，喜思益苦，务欲压道士，每营度欲出口吻，声鸣益悲，操笔欲书，将下复止，竟不能奇也。毕，即传道士，道士高踞大唱曰："刘把笔，吾诗云云。"其不用意益切奇出，不可附说，语皆侵刘侯。喜益忌之。刘与侯皆已赋十余韵，弥明应之如响，皆颖脱含讥讽。二子思竭不能续，因起谢曰："尊师非人也，某等伏矣，愿为弟子，不敢更论诗。"道士奋然曰："不然，章不可以不成也。"又谓刘曰："把笔来，吾与汝就之！"即又唱出四十字为八句。书既止，即读，读毕，谓二子曰："章不已就乎？"二子齐应曰："就矣。"道士曰："子皆不足与语，此宁为文邪？吾就子所能而作耳，非吾之所学于师而能也。吾所闻者子皆不足以闻也，独文乎哉？吾语亦不当闻也，吾闭口矣。"二子大惧，皆起立床下，拜曰："不敢他有问也，愿闻一言而已。先生称吾不解人间书，敢问解何书？请问此而已。"道士寂然若无闻也，累问不应，二子不自得，即退就座，道士倚墙睡，鼻息如雷鸣，二子怛然失色不敢喘。斯须，曙鼓鼞鼞二子亦困，遂坐睡。及觉，日已上，顾觅道士不见。即问童奴，奴曰："天且明，道士起，出门，若将便旋然，奴怪久不返，即出到门觅之，无有也。"二子惊惋自责，若有失者。间遂诣余言，余不能识其何道士也。尝闻有隐君子弥明，岂其人耶？韩愈序。

【译文】元和七年（812）十二月四日，衡山道士轩辕弥明从衡山上来，从前与进士刘师服在游历衡山湘水时相识，此次，他准备去拜访太白，知道刘师服在京城，终于在夜晚抵达他的住所。最近，有位名叫侯喜的校书郎，拥有工于写诗的名声，这天夜晚与刘师服谈论写诗，轩辕弥明坐在一旁，他的相貌奇丑无比，白色胡须，黝黑的面庞，长长的脖颈，喉结很高，谈话时说的一口楚地方言，侯喜对他视而不见。轩辕弥明忽然掀起衣服伸展双眉，指着炉中的石鼎对侯喜说："先生善于写诗，能同我以此为题赋诗吗？"刘师服曾经听衡山，湘水一带的人说，轩辕弥明有九十多岁了，深谙捕捉鬼怪之物，拘禁蛟螭虎豹的方法，但并不确定他是不是真的会。只是看他年纪大了，表现得非常敬重他，却不知他还有文学之才。刘师服听他这么一说，非常高兴，立刻提笔写了头两句诗，按次序传给侯喜，侯喜踊跃响应，在诗句的下面续写。轩辕弥明哑然失笑道："你的诗不过如此罢了。"随即袖手耸肩倚着北墙而坐，对刘师服说："我不会写人世间的字，你替我写！"于是高声吟唱道："鼎上的龙头蜷缩得犹如丛生的菌类；鼎的形状犹如肥猪的肚子向外伸张，一副骄傲自满的样子。"这诗乍一听貌似不经意而为之，实际上，诗文是在暗中讥讽侯喜，刘师服与侯喜二人四目相对，自惭形秽。想通过多联的办法来打败轩辕弥明，随即联诗再次传给侯喜，侯喜冥思苦想，一心想压倒道士，每当心中所想将要吟诵出口时，声音就变得更加悲哀，想要拿起笔来书写，正要下笔时却又打住，竟然也作不出什么清奇的诗句来。写完了，传给轩辕弥明，轩辕弥明高高地盘腿打坐，大声唱喝道："刘师服你来执笔，我来吟诗。"他不费吹灰之力而诗句却愈发令人惊奇，不用多说，每句诗都是讥讽刘师服、侯喜二人的。侯喜心中更加忌恨他。刘师服与侯喜两人都已经赋了十多个韵，轩辕弥明依然应对如流，犹如回声响应，脱口而出，诗句饱含讥讽之意。终于刘师服、侯喜二人的才思枯竭无法继续，于是起身辞谢说："尊师非世间俗人，我们甘拜下风俯伏认输，希望成为您的弟子，不敢再谈论作诗之道。"轩辕弥明精神振作地说："不可，作诗不能不完整。"于是他对刘师服说："提笔，我与你把它做完。"随即又吟唱出四十个字八句诗。书写完毕，就唱读起来，读完后，他对刘师服，侯喜二人说："诗不是已经写完整了吗？"两人齐声应答道："是的。"轩辕弥明说："这些都不值得对你们讲，难道这也算诗文吗？这些不过是我将就着你们所会的，作出的诗句罢了，这些并不是我从我的老师那里学来的，也并非我最擅长的部分。我的所见所闻都是你们没有听闻过的，又岂止诗文呢？就连我说的这些，其实也不该告诉你们，我还是闭口不说了。"二人非常恐惧，都起身站立于床下，行礼说："我们不敢再问别的事情了，只是有一事想向您请教。先生自称不懂世间的字书，敢问您懂什么样的字书呢？请您说说这个就行了。"轩辕弥明寂然无声，二人接连问了好几次也没有回应，二人不自在地退回到座位上，没想到轩辕弥明竟然靠着墙睡着了，鼻息之声如雷轰鸣，二人怛然失色，不敢大声喘气。不久，报晓的更鼓咚咚作响，两个人也困倦了，就坐着睡着了。等醒来之后，已是日上三竿，惊顾四周，发现轩辕弥明不见了。马上询问童仆，童仆说："天快亮的时候，轩辕弥明起来了，出门去，好像很快就会回来的样子，我还在奇怪他去了这么久还不回来，就出去到门口看寻，没找到。"二人惊叹、惋惜，自责不已，若有所失。闲暇之余就到我这儿来告诉我，我也不知道这个轩辕弥明是谁。曾经听说有一位隐士名为弥明，难道就是这个人吗？韩愈写作这篇序文。

石鼎联句诗

巧匠斲山骨, 刳中事煎烹(师服)。直柄未当权, 塞口且吞声(喜)。龙头缩菌蠢, 豕腹涨彭亨(弥明)。外苞乾藓文, 中有暗浪惊(师服)。在冷足自安, 遭焚意弥贞(喜)。谬当鼎鼐间, 妄使水火争(弥明)。大似烈士胆, 圆如战马缨(师服)。上比香炉尖, 下与镜面平(喜)。秋瓜未落蒂, 冻芋强抽萌(弥明)。一块元气闭, 细泉幽窦倾(师服)。不值输写处, 焉知怀抱情(喜)。方当洪炉然, 益见小器盈(弥明)。皖皖无刃迹, 团团类天成(师服)。遥疑龟负图, 出曝晓正晴(喜)。旁有双耳穿, 上为孤髻撑(弥明)。或讶短尾铫, 又似无足铛(师服)。可惜寒食球, 掷此旁路坑(喜)。何当出灰地, 无计离瓶罂(弥明)。陋质荷斟酌, 狭中愧提擎(师服)。岂能煮仙药, 但未污羊羹(喜)。形模妇女笑, 度量儿童轻(弥明)。徒尔坚重性, 不合升合成(师服)。傍似废毂仰, 侧见折轴横(喜)。时于蚯蚓窍, 微作苍蝇鸣(弥明)。以兹翻溢愆, 实负任使诚(师服)。当居顾盼地, 敢有漏泄情(喜)。宁依暖热弊, 不与寒凉并(弥明)。区区徒自效, 琐琐不足呈(喜)。迴旋但兀兀, 开阖惟铿铿(师服)。全服瑚琏贵, 空有口传名。岂比俎豆古, 不为手所撜。磨砻去圭角, 浸润著光精。愿君莫嘲诮, 此物方施行。

【译文】能工巧匠在石鼎上雕刻山石，并把石鼎中间挖空，用来烹煮（刘师服作）。笔直的柄端没有丝毫弯曲，细塞的小口削减了水沸的声音（侯喜作）。鼎上的龙头蜷缩得犹如丛生的菌类，鼎的形状犹如肥猪的肚子向外伸张，一副骄傲自满的样子（轩辕弥明作）。石鼎的外面还嵌着干裂的苔藓纹路，石鼎中却悄悄地有沸水在焚烧（刘师服作）。水在清冷时，状态稳定、安安静静，遭到烈火的焚煮，意志仍然坚定（侯喜作）。错把小鼎放置在大鼎之间，妄图使水火相争（轩辕弥明作）。外形大得犹如烈士的肝胆，浑圆得好似战马披挂的头缨（刘师服作）。石鼎的上方比香炉顶还要尖，下方却像铜镜一样平坦（侯喜作）。鼎盖像秋天的瓜果，虽然已成熟，然而瓜蒂尚未脱落，鼎耳像冻山芋一样勉强抽芽（轩辕弥明作）。一次只能为一人倾倒，仿佛泉水一般幽幽倾倒（刘师服作）。若不知道它要倾泻到何处，怎知鼎中沸腾的是怎样的情愫（侯喜作）。刚才还是鼎中滚烫的沸汤，转眼就看到杯盏中注满了香茗（轩辕弥明作）。浑圆看不出刀刻的痕迹，盈润饱满宛若天成（刘师服作）。远看好似灵龟负图，又如太阳初生，天气晴朗（侯喜作）。石鼎的两边有双耳穿过，石鼎上方仿佛高高挽起孤立的发髻（轩辕弥明作）。有人以为它是短尾的铫子，又猜测它是无足的平底锅（刘师服作）。可惜寒食节里人们都去关注球戏，把它丢在路旁无人问津（侯喜作）。何时才能从灰烬中脱颖而出啊，也无计将它与那些瓶瓶罐罐相区分（轩辕弥明作）。粗鄙的资质哪里经得起斟酌细品，狭隘的内在愧于被提举（刘师服作）。怎能奢望用它来烧煮仙药，只愿别玷污了羊羹的美味（侯喜作）。它的形状和模样就连妇女看了都会讥笑，它的重量就连儿童也觉得轻便（轩辕弥明作）。白白地展示出它坚重的特性，装东西也不过合升而已（刘师服作）。近看就像废置的车毂向上翘着，从侧面看又好像折断的车轴横躺着（侯喜作）。有时像从蚯蚓孔穴中发出的声音，轻微得犹如苍蝇的嗡鸣声（轩辕弥明作）。偶尔会有沸水翻滚着溢出石鼎，其实是因为盛的水太多导致的（刘师服作）。应当被置于显著的位置，哪敢轻易泄漏心思（侯喜作）。宁可承受高温煎熬的弊病，也不愿与寒凉为伍（轩辕弥明作）。甘愿付出自己微薄的力量，卑微的功绩不足以彰显（侯喜作）。沸水在鼎中回旋往复，鼎盖开合，只听到铿铿之声（刘师服作）。全然胜过瑚琏的宝贵，却空有口头上的声名。哪里比得上俎豆礼器的古老，不可随意用手触摸。打磨掉锋利的棱角，经过时间的浸润，变得光滑圆润。希望你们不要嘲笑、讥讽，像现在这样对待这座石鼎。以上八句是轩辕弥明所作。

卷二十二　哀辞　祭文

祭田横墓文

贞元十一年九月十一日，愈如东京，道出田横墓下，感横义高能得士心，因取酒以祭，为文而吊之，其辞曰：

事有旷百世而相感者，余不自知其何心；非今世之所稀，孰为使余歔欷而不可禁？余既博观乎天下，曷有庶几乎夫子之所为？死者不复生，嗟余去此而从谁？当秦氏之败乱，得一士而可王；何五百人之扰扰，而不能脱夫子于剑铓？抑所宝之非贤，亦天命之有常。昔阙里之多士，孔圣亦云其遑遑。苟余行之不迷，虽颠沛其何伤？自古死者非一，夫子至今有耿光。跽陈辞而荐酒，魂髣髴而来享。

【译文】贞元十一年（795）九月十一日，我到洛阳去，途经田横的墓地，停下祭拜，感慨于田横的高义能够得到士人的拥护，于是拿酒来祭奠他，并做了一篇祭文吊唁他，文中写道：

世间之事有过了百世还会有人与其相互感应，我也不晓得我是什么样的心情；您不是当世所推崇的，那又是什么使我哀叹抽泣停不下来？我遍观天下，能有几人做事可以与您一样？可惜人死不能复生，我不去感怀您，还有哪个可以追随呢？当年秦朝败亡之时，得到一位贤士便可称王；而追随您的贤士有五百人之多，却不能使您避开刀剑的锋芒？难道上天注重的不是贤士，又或者是天命有常的缘故。从前阙里人才济济，孔子依旧是奔走劳累、四处游说。倘若我的行为没有迷乱出错，即便是颠沛苦难又有什么要紧？而且自古以来死的人，不止一个，但您至今依旧享有光辉。我长跪恭读这篇祭文并敬奉一杯酒，您的灵魂仿佛前来享用了。

欧阳生哀辞

欧阳詹世居闽越。自詹已上皆为闽越官，至州佐、县令者累累有焉。闽越地肥衍，有山泉禽鱼之乐；虽有长材秀民通文书吏事与上国齿者，未尝肯出仕。今上初，故宰相常衮为福建诸州观察使，治其地。衮以文辞进，有名于时，又作大官，临莅其民，乡县小民有能诵书作文辞者，衮亲与之为客主之礼，观游讌飨，必召预之。时未几，皆化翕然。詹于时独秀出，衮加敬爱，诸生皆推服，闽越之人举进士繇詹始。

　　建中、贞元间，余就食江南，未接人事，往往闻詹名闾巷间，詹之称于江南也久矣。贞元三年，余年十九始至京师举进士，闻詹名尤甚。八年春，遂与詹文词同考试登第，始相识。自后詹归闽中，余或在京师他处，不见詹久者惟詹归闽中时为然，其他时与詹离率不历岁，移时则必合，合必两忘其所趋，久然后去。故余与詹相知为深。詹事父母尽孝道，仁于妻子，于朋友义以诚。气醇以方，容貌巍巍然。其燕私善谑以和，其文章切深喜往复，善自道。读其书，知其于慈孝最隆也。十五年冬，余以徐州从事朝正于京师，詹为国子监四门助教，将率其徒伏阙下举余为博士，会监有狱，不果上。观其心，有益于余，将忘其身之贱而为之也。呜呼，詹今其死矣！詹，闽越人也。父母老矣，舍朝夕之养以来京师，其心将以有得而归为父母荣也，虽其父母之心亦皆然。詹之在侧，虽无离忧，其志不乐也；詹在京师，虽有离忧，其志乐也。若詹者，所谓以志养志者欤！詹虽未得位，其名声流于人人，其德行信于朋友，虽詹与其父母皆可无憾也。詹之事业文章，李翱既为之传，余故作哀辞，以舒余哀，以传于后，以遗其父母而解其悲哀，以卒詹志云。

　　求仕与友兮，远违其乡；父母之命兮，子奉以行。友则既获兮，禄实不丰；以志为养兮，何有牛羊。事实既修兮，名誉又光；父母忻忻兮，常若在旁。命虽云短兮，其存者长；终要必死兮，愿不永伤。友朋视疾兮，药物甚良；饮食既时兮，所欲无妨。寿命不齐兮，人道之常；在侧之与远兮，非有不同。山川阻深兮, 魂魄流行; 祭祀之及兮, 勿谓不通。哭泣无益兮, 抑哀自强; 推生知死兮, 以慰孝诚。呜呼哀哉兮, 是亦难忘!

【译文】欧阳詹世居闽越之地。欧阳詹的祖先都在闽越之地做过官, 其中做过州佐、县令的人也有很多。闽越一带土壤肥沃、物产丰饶, 有名山、清泉、飞禽、游鱼之乐; 虽然百姓中有很多杰出的人才, 他们精通文书吏事, 可以与京城中名士相比, 但他们却不愿意出来做官。当今天子即位之初, 前宰相常衮为福建诸州观察使, 管理闽越之地。常衮因擅长作文而拔擢任用, 当时名气很大, 又做了大官, 他去体察民情倾听民声, 乡县间能够读书、写文、作诗的百姓, 他都亲自与之相交, 以接待上宾之礼待之, 观赏游览, 设宴飨客之时, 一定要邀请他参加。时间不久, 就形成了一种好的风气。欧阳詹那时一枝独秀, 常衮倍加敬佩、爱护他, 诸位生员也都对他很是推崇信服, 闽越之地的人考取进士就是从欧阳詹开始的。

建中、贞元年间, 我在江南一带谋生, 很少与人交往, 常常能在民间听到欧阳詹的大名, 欧阳詹享誉江南一带已经很久了。贞元三年(787), 我十九岁那年才到京城参加进士考试, 那时听到的欧阳詹的名声更大了。贞元八年(792)春季, 我与欧阳詹以文辞同榜进士登第, 这才彼此相识。从那以后欧阳詹回到闽中, 我有时在京城, 有时在别处, 与欧阳詹不得见面的时候只有在他回到闽中的这段日子, 其他的时候我与欧阳詹分开的时间一般不超过一年, 过一段时间就一定会聚一聚, 聚在一起就会忘记各自要去的地方, 很久之后才会分开。因此我与欧阳詹的交情很深。欧阳詹侍奉父母极尽孝道, 对妻子儿女宽容以待, 对朋友仁义而真诚。气质醇厚、为人方正，容貌伟岸不凡。他平日喜欢和人谈笑用来调节心情，他的文章含义深刻、回环往复，擅长抒发自己的观点。读他的诗文，就知道他这个人最推崇慈孝。贞元十五年（799）冬季，我以徐州节度使从事的身份入京觐天子，欧阳詹当时是国子监四门博士助教，准备带着他的学生到宫门跪请天子推举我为四门博士，恰好赶上国子监有了官司，最终没能去宫门上书。看他的一片真心，只要是对我好的事情，他就会不顾自己位卑言轻而去做。唉，欧阳詹如今已经不在人世了啊！欧阳詹，是闽越人。他的父母亲年纪大了，但他放弃对双亲的奉养来到京城，他本想在京城能有所建树然后衣锦还乡光耀父母，尽管父母很希望他能在身边侍奉。欧阳詹在父母身边，虽然没有离别的忧愁，但他们的心中却不快乐；欧阳詹在京城，虽然有离别父母的忧愁，但他们的心中却是快乐的。像欧阳詹这样，就是人们所说的以达成父母的厚望来孝敬父母吧！欧阳詹虽然没有做到很高的官位，但他的名声在京中广为流传，他的德行被朋友所尊崇，不论是欧阳詹还是他的父母都没有什么可遗憾的了。欧阳詹的事迹、文章，李翱已为他写了传记，所以我写了这篇哀辞，来寄托我的哀思，传于后世，寄给他的双亲以宽解他们心中的悲哀，以完成欧阳詹的遗志。

　　追寻仕途的上进和意气相投的朋友啊，你远离故土；父母的殷切厚望啊，你恭敬地去执行。已经找到了意气相投的朋友啊，可得到的官俸实在不丰，把实现父母的心愿作为对双亲的奉养啊，哪会还要牛羊。事情已经完成了啊，你的名誉传扬四方；父母心中欢喜高兴啊，就如你常伴于身侧。你的寿命虽然短暂啊，可你的名声却会永存；人终会死去啊，只愿不会永远哀伤。亲朋好友来探望你啊，带的药物都是良药；饮食物品准备齐全啊，想要什么但说无妨。人的寿命长短不一啊，这本就是人生常理；奉养父母或远游他乡啊，并无不同之处。山川险阻幽深啊，你的魂魄缓缓南行；祭祀之礼即刻可达啊，不要再说阻隔不通。流泪哭泣没有好处啊，抑制悲伤自我勉励；推崇生者了解死者啊，以慰你的忠孝诚信。呜呼哀哉，真是难以忘怀啊！

题哀辞后

愈性不喜书，自为此文，惟自书两通。其一通遗清河崔群，群与余皆欧阳生之友也，哀生之不得位而死，哭之过时而悲；其一通今书以遗彭城刘君伉。伉喜古文，以吾所为合于古，诣吾庐而来请者八九至，而其色不怨，志益坚。凡愈之为此文，盖痛欧阳生之不显荣于前，又惧其泯灭于后也。今刘君之请，未必知欧阳生之志，其志在古文耳。虽然，苟爱吾文，必求其义，则进知于欧阳生矣，必时观。愈之为古文，岂独取其句读不类于今者耶？思古人而不得见，学古道则欲兼通其辞；通其辞者，本志于古道者也。古之道，不苟誉毁于人；然则吾之所为文皆有实也。刘君好其辞，则其知欧阳生也无惑焉。

【译文】我生性不喜欢抄写，但写完这篇哀辞，又抄写了两份。一份送给清河崔群，崔群与我都是欧阳詹的好友，可怜他壮志未酬就先去世了，为他哭过又悲从中来；另一份送给彭城刘伉。刘伉喜好古文，认为我的文章合乎古人之道，到我家中来向我请教了八九次，而脸上从无怨色，学古文的意志更加坚定。我写这篇哀辞的目的，是哀叹欧阳詹生前不能显名荣耀，又担心他死后被人遗忘。现在刘伉向我请教，他不一定了解欧阳詹的志向，他也乐于古文之道。不过，他如果喜欢我的文章，就一定会寻求文章的意义，进而就了解欧阳詹了，一定会花时间阅读。我推崇古文，难道只是文章的文辞句法不同于今天的文章吗？思慕古人却不得亲见，学习古人之道就要兼通古文的文辞句法；通晓古文的文辞句法，本来就是学习古人的学说。古人之道，不随便称赞或诋毁他人；然而我所写的文章都是真实的。刘伉喜好古人的文辞，那么他也就能了解欧阳詹了。

独孤申叔哀辞

众万之生，谁非天邪？明昭昏蒙，谁使然耶？行何为而怨邪，居何故而怜邪？胡喜厚其所可薄，而恒不足于贤邪？将下民之好恶与彼悬邪，抑苍茫无端而暂寓于其间邪？死者无知，吾为子恸而已矣！如有知也，子其自知之矣！

濯濯其英，晔晔其光。如闻其声，如见其容。呜呼远矣，何日而忘！

【译文】万物的生命，谁不是上天赐予的呢？聪慧明理与愚昧昏聩，是谁使他变得如此的呢？人死去有什么可怨恨的，而活着又有什么可欢喜的呢？上天为什么总是厚待那些不肖之徒，让他富贵又长寿，而总是使贤能之士穷困且短命？将百姓的好恶系于上天，或许是因为天地广阔无边而人不过短暂地寄寓于其间？死去的人不知道，我为你悲恸不已！如果人死后有知，你大概自己知道吧！

你的英姿光彩照人，你的名声照耀四方。好像听到了你的声音，又像看见你的笑容。唉，你离开了，我什么时候才会忘掉你！

祭穆员外文

於乎！建中之初，予居于嵩，携扶北奔，避盗来攻。晨及洛师，相遇一时；顾我如故，眷然顾之。子有令闻，我来自山；子之俊明，我钝而顽。道既云异，谁从知我？我思其厚，不知其可。于后八年，君从杜侯。我时在洛，亦应其招。留守无事，多君子寮；罔有疑忌，维其嬉游。草生之春，鸟鸣之朝；我觷在手，君扬其镳。君居于室，我既来即；或以啸歌，或以偃侧。诲余以义，复我以诚，终日与语，无非德声。主人信谗，有惑其下；杀人无罪，诬以成过；入救不从，反以为祸。赫赫有闻，王命三司；察我于狱，相从系缧。直生可乐，曲死可悲！上怀王人，内悯其私；进退之难，君处之宜！

既释于囚，我来徐州，道之悠悠，思君为忧。我如京师，君居父丧；哭泣而拜，言词不通。我归自西，君反吉服；晤言无他，往复其昔。不日而违，重我心恻。自后闻君，母丧是丁；痛毒之怀，六年以并。孰云孝子，而殒厥灵！今我之至，入门哭声。酒肉在前，君胡不餐；升君之堂，不与我言。於乎，死矣，何日来还？

【译文】於乎！建中初年，我住在嵩山脚下，我带着家眷向北奔逃，以便躲避盗匪的袭击。早晨来到东都洛阳，与你不期而相遇；你对我一见如故，细心周到地照顾我。你有美好的声誉，我来自深山；你优秀明达，我愚笨顽劣。道路已经不同，谁能听从了解我呢？我想起你对我的厚遇，不知道应该说什么。在这之后八年，你追随杜侯担任从事。我当时在东都洛阳，也答应了杜侯的招揽。杜侯没有什么政事，下属都是谦谦君子；彼此很少怀疑猜忌，大家只是嬉戏游乐。草木萌发的春天，鸟儿欢唱的清晨；我手中握着马辔，你手中扬起了马镳。你住在屋中，我过来寻你；我们或长啸或吟咏，或仰躺或侧卧。言传我以道义，身教我以诚信，每日与我谈论的，无不是合乎仁德的言论。主上听信谗言，就会怀疑下属；杀人本来无罪，被人诬陷而成罪过；前去救人抗命不从，不冤朋友引祸上身。天子听说此事，命三司重新审察；对我立案侦查，因此牵连入狱。曲意求全地活着有什么快乐，正直不屈的死去又有什么悲哀！对上心怀天子，对内关心朋友；虽然进退两难，你却可以处置得当！

被释放出来之后，我来到了徐州，我们之间相距遥远，由于思念为你担忧。我去了京城,你在家为父服丧;哭泣而拜,心中悲伤无语凝噎。我从西方归来,你也服完父丧,换上了吉服;见面之后不说别的,说的都是往昔的情景。不久之后我们再次分手,使我心中更加悲伤。从此以后再次听闻你的消息,是你母亲去世在家丁忧;刻骨铭心的痛苦日子,你过了六年。大家都说你是个孝子,可你却英年早逝!如今我来了,刚一进门就痛哭失声。祭肉和祭酒摆在面前,你为何不去享用;来到你家的厅堂,你却不与我说话。於乎,你已去世了啊,何日才会回来?

祭郴州李使君文

维年月日,将仕郎、守江陵法曹参军韩愈谨以清酌庶羞之奠,敬祭于故郴州李使君三兄之灵。

古语有之:"白头如新,倾盖若旧。"顾意气之何如,曷日时之足究!

当贞元之癸未,惕皇威而左授;伏荒炎之下邑,嗟名颓而位仆。历贵部而西迈,迓清光于暂觌;言若交而情无由,既不贾而奚售!哀穷荒之无图,挐百忧而自副;辱问讯之绸缪,恒饱饥而愈疢。接雄词于章句,窥逸迹于篆籀;苞黄甘而致辞,获纸笔之双贶;投《叉鱼》之短韵,愧韬瑕而举秀。俟新命于衡阳,费薪刍于馆候;空大亭以见处,憩水木之幽茂。逞英心于纵博，沃烦肠于清酌；航北湖之空明，觑鳞介之惊透。宴州楼之豁达，众管啾而并奏；得恩惠于新知，脱穷愁于往陋。辍行谋于俄顷，见秋月之三觳；逮天书之下降，犹低回以宿留。念睽离之在期，谓此会之难又；授缟紵以讬心，示兹诚之不谬。傥后日之北迁，约穷欢于一昼；虽掾俸之酸寒，要拔贫而为富。

何人生之难信，捐斯言而莫就；始讶信于暂疏，遂成凶于不救。见铭旌之低昂，尚迟疑于别袂；忆交酬而迭舞，奠单杯而哭枢。美夫君之为政，不挠志于谗构；遭唇舌之纷罗，独凌晨而孤雏。彼憸人之浮言，虽百车其何诟；洞古往而高观，固邪正之相寇。幸窃睹其始终，敢不明白而蔽覆。

神乎来哉，辞以为侑。尚飨！

【译文】某年某月某日，将仕郎、守江陵府法曹参军韩愈心怀恭谨以清冽的美酒和多种美味佳肴为祭品，恭敬地祭奠已故郴州李使君的英灵。

古语有云："白头如新，倾盖若旧。"只管意气是否相投，何必去管时间的长短！

贞元十九年（803），我因触怒天子由监察御史贬为阳山县令；身处荒凉炎热的偏远小县，叹息名声败坏而地位卑微。经过你的辖地向西而去，暂时可以沐浴你清曜的光辉；当初并不相识因此也就没有交流，就如没有商人也就没有东西售卖！哀叹我在边荒之地生计无法着落，只能与千愁百忧相伴相随；承蒙你情真意切地殷勤问候，常常满足我精神上的饥渴而使我越发愧疲。从你的来信中可以看出你的词风雄悍，从你的字迹中可以看出你的书法飘逸；我送给你一包黄柑作为回赠，你赠送给我纸张和毛笔；我寄给你《叉鱼》这首短诗，愧疲自己遮掩瑕疵而展示长处。我在衡阳等待新的任命，在驿馆之中虚耗薪柴和牧草；你腾出大亭来与我相见，在水木幽茂的地方休息。驰骋雄心尽情博弈，以美酒来扫除我的愁肠；在空旷澄澈的北湖上泛舟，窥探水中受惊跳跃的鱼群。在通畅明亮的州楼上设宴，伴随着丝竹管弦奏出美妙的乐曲；我从新结识的知己那里获得恩惠，从原来生活穷困的忧愁中解脱出来。片刻之间我就不需进行谋划，见到了三次秋日空中的圆月；等到天子的诏书下来，我仍徘徊不走逗留在这里。念及即将到来的分离，明白下次相会又将遥遥无期；我们互赠缟带与纻衣寄托心意，来表明心中永远不变的诚挚情谊。倘若日后我向北调动，一定要与你相约一日尽享欢娱；虽然法曹参军的俸禄微薄寒酸，我也要倾我所有阔绰一回。

奈何人生总是这么让人难以捉摸，约定就这样被破坏了无法实现；我刚从暂别的痛苦中解脱出来，就听到了你不幸逝世的噩耗。看见写着你名字的长幡，竖于灵柩之前，迎风起伏，恍惚间好像看到了你在挥袖向我告别；想起往日里觥筹交错欢歌起舞，如今只剩下我一人举杯祭奠，在你的灵前悲哭。赞美你执政期间政绩卓著，不因为小人的谗构而改变自己的志向；受到奸佞小人的纷纷责难，你仍然在这尘世中不随流俗。那些奸邪小人的谗言，就算可以装满百车又有什么值得耻辱的；通晓古今往事进而居高而观，历史本来就是正邪之间相互较量。侥幸得以参与你的一生，不敢不大白于天下而有所掩蔽。

灵魂归来吧，这些话就作为报答。请来享用这些祭品吧！

祭薛助教文

维元和四年岁次己丑后三月二十一日景寅，朝散郎守国子博士韩愈、太学助教侯继，谨以清酌之奠，祭于亡友国子助教薛君之灵。

呜呼，吾徒学而不见施设，禄又不足以活身；天于此时，夺其友人。同官太学，日得相因；奈何永违，只隔数晨；笑语为别，恸哭东门。藏棺蔽帷，欲见无缘；皎皎眉目，在人目前。酌以告诚，庶几有神。呜呼哀哉，尚飨！

【译文】元和四年（809）为己丑年，三月二十一日为景寅日，朝散郎守国子博士韩愈、太学助教侯继，心怀恭谨以清冽的美酒为祭品，来祭奠我死去的好友，国子助教薛君的英灵。

唉，我白白地学习而没有实际行动，俸禄又不足以养活自己；上天偏偏又在此时，夺走了我好友的性命。大家同在太学为官，日日都可以相见；怎么只隔了数个清晨，你就这样永远地离开了我们；记得我们离别之时你还笑语盈盈，现在我们却在东门之前放声痛哭。你躺在棺中被帷幄遮掩，我们想要再见你一面也不可能；但你的眉目还是那么清晰,浮现在我们的眼前。倒上一杯清酒来表明我们的真心,你应该可以感受得到吧。呜呼哀哉,请来享用这些祭品吧!

祭虞部张员外文

维年月日,愈等谨以清酌庶羞之奠,敬祭于亡友张十三员外之灵。

呜呼,往在贞元,俱从宾荐,司我明试,时维邦彦。各以文售,幸皆少年;群游旅宿,其欢甚焉。出言无尤,有获同喜;他年诸人,莫有能比。倏忽逮今,二十余岁;存皆衰白,半亦辞世。外缠公事,内迫家私;中宵兴叹,无复昔时。如何今者,又失夫子!懿德柔声,永绝心耳。庐亲之墓,终丧乃归;阳瘠避职,妻子不知。分司宪台,风纪由振;遂迁司虞,以播华问。不能老寿,孰究其因;嗣讬于宗,天维不仁。酒食备设,灵其降止;论德叙情,以视诸诔。尚飨!

【译文】某年某月某日,韩愈等人心怀恭谨以清冽的美酒和多种美味佳肴为祭品,恭敬地祭奠死去的好友,张十三员外的英灵。

唉,当时在贞元年间,我们大家都通过举荐,来到京城参加明经考试，当时大家都是国之俊彦。各凭自己的文章考中科举，幸而大家都是年少之人；我们一起游玩相伴旅途夜宿，快乐真是无法描述。大家言谈之间没有顾忌，有了收获一起庆祝；同榜考中的其他人，没有谁能同我们相比。倏忽之间到了今天，已是二十多年过去了；还活着的人都已年迈两鬓斑白了，大部分人已经辞世而去。在外有公事缠身，在家被家中之事所迫；半夜忆起往昔不禁感慨万千，可惜再也没有往昔美好的时光了。为什么在今天，我们又失去了你！你美好的德行和柔和的声音，将永远留在我们心中。你在你父亲的墓旁筑庐居丧，服满三年之丧才归去；你遇事避官闭口不提，家中的妻子儿女都不知道。在御史台任职，风纪从此为之一振；于是升迁主管虞部，以此传播美名。为什么无法寿终正寝，谁能探究其中原因；过继兄长之子为嗣，上天真是不仁。清酒庶食已经准备妥当，你的灵魂可以降临享用；谈论德行记叙旧情，请来看看这篇诔文。请来享用这些祭品吧！

祭河南张员外文

维年月日，彰义军行军司马、守太子右庶子兼御史中丞韩愈，谨遣某乙以庶羞清酌之奠，祭于亡友故河南县令张十二员外之灵。

贞元十九，君为御史，余以无能，同诏并峙。君德浑刚，标高揭己；有不吾如，唾犹泥滓。余戆而狂，年未三纪；乘气加人，无挟自恃。彼婉娈者，实惮吾曹；侧肩帖耳，有舌如刀。
我落阳山，以尹鼺猱；君飘临武，山林之牢。岁弊寒凶，雪虐
风饕；颠于马下，我泗君咷。夜息南山，同卧一席；守隶防夫，
触顶交跖。洞庭漫汗，粘天无壁；风涛相豗，中作霹雳；追程
盲进，帆船箭激。南上湘水，屈氏所沉；二妃行迷，泪踪染林；
山哀浦思，鸟兽叫音。余唱君和，百篇在吟。君止于县，我又南
逾；把醆相饮，后期有无。期宿界上，一夕相语；自别几时，遽
变寒暑。枕臂欹眠，加余以股，仆来告言，虎入厩处，无敢惊
逐，以我骖去。君云是物，不骏于乘；虎取而往，来寅其征。我
预在此，与君俱膺；猛兽果信，恶祷而凭。余出岭中，君俟州
下；偕掾江陵，非余望者。郴山奇变，其水清写；泊砂倚石，有
遵无舍。衡阳放酒，熊咆虎嗥；不存令章，罚筹蝟毛。委舟湘
流，往观南岳；云壁潭潭，穷林攸擢。避风大湖，七日鹿角，钩
登大鲇，怒颊豭狗；脔盘炙酒，群奴余啄。走官阶下，首下尻
高；下马伏涂，从事是遭。予征博士，君以使已，相见京师，过
愿之始。分教东生，君掾雍首，两都相望，于别何有。解手背
面，遂十一年；君出我入，如相避然；生阔死休，吞不复宣。刑
官属郎，引章讦夺；权臣不爱，南昌是斡。明条谨狱，氓獠户
歌；用迁澧浦，为人受瘥。还家东都，起令河南；屈拜后生，愤
所不堪。屡以正免，身伸事蹇；竟死不升，孰劝为善！丞相南
讨，余辱司马；议兵大梁，走出洛下。哭不凭棺，奠不亲罍；不
抚其子，葬不送野；望君伤怀，有陨如泻。铭君之绩，纳石壙
下；爰及祖考，纪德事功；外著后世，鬼神与通；君其奚憾，不

余鉴衷! 呜呼哀哉, 尚飨!

【译文】某年某月某日, 彰义军行军司马、守太子右庶子兼御史中丞韩愈, 心怀恭谨派遣某人以多种美味佳肴和清冽的美酒为祭品, 去祭奠我死去的好友, 已故河南县令张十二员外的英灵。

贞元十九年(803), 你为御史, 我本来没有什么才能, 与你忝位并列于同一道诏书中。你的德行浑厚刚直, 气节高尚; 如果遇到不如自己的人, 就唾弃他如同丢弃烂泥一样毫不犹豫。而我戆直而又狂妄, 年纪还不到三十六岁; 爱逞一时之气压倒别人, 没有依恃却又自负。那些姿态柔媚的小人, 确实非常忌惮我们; 他们表面上俯首帖耳, 舌头却像刀子一样锋利。我被贬为阳山令, 去管理荒僻之地的蛮人; 你被贬到临武县, 被困在荒山野林之中。那年收成不好寒冷交加, 大雪肆虐、狂风怒号; 我们从马背上掉下来, 哭得涕泗横流。晚上在南山歇息, 一起睡在一张席上; 守夜的隶员和差役摸头踩脚, 走动取暖。洞庭湖浩渺无边, 水天相接不见界限; 风涛相互撞击, 发出霹雳般的轰响; 为了追赶行程盲目地前行, 帆船像箭一样向前疾驶。向南溯着湘水而上, 那是屈原投水自沉的地方; 娥皇, 女英两位妃子迷路经过那里, 哭泣的泪痕染遍了斑斑竹林; 山水都为她们哀伤, 飞鸟走兽都发出凄厉的叫声。我唱你和, 吟出了上百首诗。你在临武止步, 我继续向南赶路; 你我举杯对饮, 不知道还有没有再会之日。我们约定在两县的交界之地同住一宿, 促膝长谈; 自从分别之后又过了很久, 突然就从冬季进入夏季。我们以臂为枕侧卧而眠, 睡梦中你的大腿压到了我的身上, 夜里仆从前来报信, 老虎闯入马厩, 不敢惊动驱赶它, 叼着我的驴子走了。你曾说过驴子这个东西，既不高大骑起来脚程也不快；老虎来了一定会把驴子叼走，来年正月就会应验。我们都相信这个预言，提前在马厩里放了一头驴子；老虎果然守信而来，不用祈祷预言就应验了。我从岭中出来，你在州里等待；我们一起去江陵担任掾吏，这是我万万没有想到的。郴州的山奇特多变，郴江的水清澈奔泻；我们把船停泊在沙滩上的巨石边，凡是遇到好的景色都不放过。我们在衡阳开怀畅饮，酒醉后像熊一样咆哮像虎一样长啸；违背了酒令，记录受罚的酒筹就像刺猬的毛那么多。我们坐上小船沿着湘江前行，去游览南岳衡山；绝壁高耸入云深邃宽广，幽深的树林高耸挺拔。我们在洞庭湖中躲避大风，在鹿角山下逗留了七日，钓到了一条肥大的鲇鱼，鲇鱼鼓着双颊发出猪一样的怒叫声；切块放在盘中就着温酒对饮，众仆役也可以分享我们剩下的美味。我们去江陵府上任伏于阶堂之下，头埋得很低屁股撅得很高；路上遇到上官就从马上下来伏于道路之旁，做的是迎来送往的从事之职。我被征为四门博士，你被任命为殿中侍御史，我们能在京城相见，这已经大大超出了我的期望。我被分到东都洛阳教授太学生，你在京兆府担任司录，我们分在两都遥相对望，与分别不见没有什么不同。我们分别之后，已经过去了十一年；你出外任职，我入朝为官，就好像刻意回避对方一样；我们生前分离死后相见无期，想说的话只能咽在肚中没有机会再说。你在刑部担任员外郎时，引经据典定罪赏罚；主管官员不喜欢你的刚直，于是你被调往虔州为刺史。你在虔州宣明政令、谨慎审案，当地百姓家家户户都歌颂你；因此又调任澧州为刺史，你为百姓奔波因此受罪。免职回到东都洛阳家中，又被任命为河南县令；你委屈自己去拜见后进之士，你愤怒于这些难以忍受的屈辱。一生中多次因为正直而遭罢免，虽然为人正直可仕途乖蹇，到死也不得升迁，谁还会劝勉人与人为善！丞相裴度率军到南方讨伐淮、蔡二州，我有幸被任命为行军司马；我要到大梁去商议兵务，于是离开了洛阳。因此我痛哭时不能抚着你的棺椁，奠祭时不能亲自为你斟酒；不能够亲自安慰你的子女，也不能亲自去野外为你送葬；想到你的去世就黯然伤怀，泪如雨下。我把你的功绩铭刻在石碑上，把石碑埋在地下；碑文上还有你的祖父和父亲，记下了他们的德行、功绩；你的英名足以传给后世，与鬼神相通；你还有什么遗憾，不能直接告诉我的！呜呼哀哉，请来享用这些祭品吧！

祭左司李员外太夫人文

维年月日，某官某等谨以清酌庶羞之奠，敬祭于某县太君郑氏尊夫人之灵。

胄于茂族，配此德门，克成厥家，享有全福。为妇为母，再朝中宫，搢绅推荣，宗党是则。某等幸随令子，同服官僚；庶展哀诚，式陈牢醴。尚飨！

【译文】某年某月某日，我们这些官员心怀恭谨以清洌的美酒和多种美味佳肴为祭品，敬祭于某县太君郑夫人的灵前。

您出身于豪门大族，又嫁到郑氏有德之家，使这个家族更加兴盛，享有全福。您身为人妻，身为人母，到中宫去朝拜，这是官宦家族推崇的荣耀，是宗族乡党的楷模。我们有幸能与您的儿子一起，同朝为官；幸得一展心中诚挚的哀思，请让我摆上三牲和美酒等祭品。请来享用这些祭品吧！

祭薛中丞文

维年月日，某官某乙等谨以清酌庶羞之奠，祭于亡友故御史中丞赠刑部侍郎薛公之灵。

公之懿德茂行，可以励俗。清文敏识，足以发身。宗族称其孝慈，友朋归其信义。累升科第，亟践班行。左掖南台，共传故事。诗人墨客，争讽新篇。羽仪朝廷，辉映中外。长途方骋，大限俄穷。圣上轸不憖之悲，具寮兴云亡之叹；况某等忘言斯久，知我俱深。青春之游，白首相失，来陈薄奠，讵尽哀诚！呜呼哀哉，尚飨！

【译文】元和九年（814）某月某日，吏部侍郎张惟素、张贾，给事中李逢吉、孟简，比部郎中、史馆修撰韩愈，心怀恭谨以清冽的美酒和各种美味佳肴为祭品，祭奠死去的好友、已故御史中丞、追赠刑部侍郎薛公的英灵。

您高尚的品德和美好的行为,可以激励世人。您清越的文章和聪敏的才识,可以荣耀自身。宗族之人称赞您忠孝仁爱,好友故交认为您守信重义。在科举考试中连中多次,很快就跻身朝臣之列。门下省和御史台中,都流传着您刚正不阿的事迹。文人墨客,争相吟诵您写的新诗。您是朝廷的表率,您的人品辉映朝廷内外。您远大的前程才刚刚开始,不料生命突然就到了尽头。圣上为您悲痛不愿接受这个事实,同僚都为您突然离世而悲叹;更何况我们这些好友不需要语言表达哀情,彼此之间知之甚深。我们是从年轻时候就有交情的好友,到两鬓斑白的时候失去了您,请让我摆上微薄的祭品,来表达我诚挚的哀思!呜呼哀哉,请来享用这些祭品吧!

祭裴太常文

维年月日,愈等谨以庶羞清酌之奠,敬祭于太常裴二十一兄之灵。朝廷之重,莫过乎礼,虽经策具存,而精通盖寡。自郊丘故事,宗庙时宜,大君之所旁求,丞相之所卒问,群儒拱手,宗祝醉心;兄皆指陈根源,斟酌通变,莫不允符天旨,克协神休。至于公卿冠昏,士庶丧祭,疑皆响答,问必实归。从我者足为轨仪,异我者无逃指笑;动为时法,言比古经。独立一朝,高视千古,而又驱驰朋执,傴俛宗亲。瓶石之储,常空于私室;

方丈之食，每盛于宾筵；赠必固辞，求无不应。孰云具美而不永年？某等早接游从，实钦道义，致诚薄奠，以诀终天。呜呼哀哉，尚飨！

【译文】元和九年（814）某月某日，韩愈等人心怀恭谨以清冽的美酒和各种美味佳肴为祭品，祭奠太常裴二十一兄的英灵。朝廷所重视的，没有什么能超过礼制的，虽然擅长明经、策问的人有很多，但精通的人却很少。自从有了郊丘的先例，宗庙就根据时间开放，皇上向你征求意见，丞相向你询问祭祀的事宜，群儒拱手肃立，祭祀官真心钦佩；裴兄你对祭祀礼数的来龙去脉都了然于胸，根据实际情况反复斟酌、不拘常规、适时变动，做的每一件事都符合上天的意旨，能够谐和，使神明赐予福祥。至于公卿大官之家有行冠礼和婚嫁的，士人百姓有举办丧事、进行祭祀的，若有疑难你都能快速作答，有来询问的一定会指明解决方法。听从你的都足以作为可以效仿的模范，与你不同的都逃脱不了世人的嘲笑；你的行为就是当时的模范，你说的话可比古时的经典。你独立于一朝之上，高视千古，而又为朋友同僚尽力奔走效劳，对同宗的亲属十分上心。家中没有多余的粮食，室内常常没有一颗粮食；满满的一桌饭菜，常常比宴请宾客的筵席还要丰盛；他人的馈赠一定会坚决拒绝，他人的请求没有不答应的。为什么你具备这些美德却不能长寿呢？我们这些早早就与你相识来往的人，实在是钦佩你的道德和正义，略备这些微薄的祭品来表达我诚挚的哀思，与你诀别就如天之久远无穷。呜呼哀哉，请来享用这些祭品吧！

潮州祭神文五首

一

维年月日，潮州刺史韩愈谨差摄潮阳县尉史虚己以特羊庶羞之奠，告于大湖神之灵。

愈承朝命为此州长，今月二十五日至治下。凡大神降依庇贶斯人者，皆愈所当率徒属奔走致诚，亲执祀事于庙廷下。今以始至，方上奏天子，思虑不能专一，冠衣不净洁，与人吏未相识知，牲糈酒食器皿损弊，不能严清，又未卜日时，不敢自荐见。使摄潮阳县尉史虚己以告，神其降鉴，尚飨！

【译文】元和十四年（819）某月某日，潮州刺史韩愈心怀恭谨派遣潮阳县尉史虚己带着牛羊等多种美味佳肴作为祭品，祭祀大湖神之灵。

我被朝廷任命为朝州刺史，本月二十五日到达治所。凡是庇护降福于这方百姓的神灵，都是我需要带领下属亲自去拜祭的，在庙宇的前殿亲自主持祭祀之事。如今我刚刚到任，才向天子上奏，思想不能够专一，衣冠不整洁，与当地的官员、百姓还不熟悉，祭神用的牲畜、精米、美酒、佳肴和器皿用具都粗糙低劣，无法清理干净，又没有占卜祭神的日子，不敢自我决断。于是派遣潮阳县尉史虚己来祭告，请大湖神俯察，请来享用这些祭品吧！

二

维元和十四年岁次己亥六月丁未朔六日壬子，持节潮州诸军事、守潮州刺史韩愈谨以清酌腶脩之奠，祈于大湖神之灵曰：

稻既穟矣，而雨不得熟以获也；蚕起且眠矣，而雨不得老以蔟也。岁且尽矣，稻不可以复种，而蚕不可以复育也，农夫桑妇将无以应赋税继衣食也。非神之不爱此人，刺史失所职也。百姓何罪，使至极也！神聪明而端一，听不可滥以惑也。刺史不仁，可坐以罪；惟彼无辜，惠以福也。划劙云阴，卷月日也。幸身有衣，而口得食，给神役也，充上之须，脱刑辟也。选牲为酒，以报灵德也；吹击管鼓，侑香洁也；拜庭跪坐，如法式也；不信当治，疾殃殛也。神其尚飨！

【译文】元和十四年（819）六月六日，持节潮州诸军事、潮州刺史韩愈心怀恭谨准备清冽的美酒和多种美味佳肴作为祭品，祈祷于大湖神之灵说：

水稻的禾穗已经成熟了，但一直不下雨，水稻无法成熟收割，蚕已经长大将要进入睡眠，但一直不下雨，蚕不能成熟老化而吐丝结茧。一年即将结束，水稻不可以重新播种，蚕也不可以重新培育，农夫与桑妇就没有收成以纳赋税、添加衣服、填饱肚子。这并非神灵不爱百姓，这是刺史的失职。百姓有什么罪过，却让他们遭受这样的灾难！神灵耳聪目明且正直不阿，不可以用随意的话语去迷惑。刺史为官不仁，可以判他的罪；但这些百姓却是无辜的，请赐予他们雨水吧。割裂阴云，遮蔽日月。使百姓身上能够有衣可穿，口中可以有粮可吃，可以为神灵祭祀，可以交纳赋税，逃脱刑罚。挑选祭祀的牲畜、备上祭神的美酒，以报答神灵的恩德；演奏祭祀的乐曲，配享芳香洁净的粢盛；在庭院之中跪拜，按照法式行事；若言而无信就应接受神的惩罚，因病患灾殃而死。请神灵来享用这些祭品！

三

维年月日，潮州刺史韩愈谨以柔毛刚鬣清酌庶羞之奠，祭于城隍之神。

间者以淫雨将为人灾，无以应贡赋供给神明，上下获罪罚之故，乃以六月壬子，奔走分告乞晴于尔明神。明神闵人之不辜，若飨若答。粪除天地山川，清风时兴，白日显行，蚕谷以登，人不咨嗟。惟神之恩，夙夜不敢忘怠。谨卜良日，躬率将吏，荐兹血毛清酌嘉肴，侑以音声，以谢神贶。神其飨之！

【译文】某年某月某日，潮州刺史韩愈心怀恭谨以羊、猪、清冽的美酒和各种美味佳肴作为祭品，祭祀城隍神。

　　近日由于连续不断地降雨，即将成为人们的灾患，没有收获交纳赋税、祭祀神明，官吏百姓都获罪被罚的原因，就在六月壬子这天，为祈求天晴而奔走祭告于圣明的神灵。圣明的神灵悲悯百姓没有犯错，就享用了这些祭品答应百姓的祈求吧。清除天地山川，清风兴起，太阳出现在空中，蚕丝、谷物得以丰收，百姓不再哀叹。只有神灵的恩德，一刻也不敢有忘却、一刻也不敢懈怠。恭谨地占卜良辰吉日，亲自率领文武官员，准备这些牺牲、清酒、佳肴，配享乐曲伴奏，亲自答谢神灵的赐予。请神灵来享用这些祭品！

四

　　维年月日，潮州刺史韩愈谨遣耆寿成寓以清酌少牢之奠，告于界石神之灵曰：

　　惟封部之内，山川之神，克庥于人，官则置立室宇，备具服器，奠飨以时。今淫雨既霁，蚕谷以成，织妇耕男，忻忻衎衎，是神之庥庇于人也，敢不明受其赐！谨选良月吉日，斋洁以祀，神其鉴兹。尚飨！

　　【译文】某年某月某日，潮州刺史韩愈心怀恭谨派遣年高德劭的老者携带清冽的美酒、羊、猪作为祭品，祭祀界石神之灵说：

　　我管辖的州界之内，山川之神庇佑州中的黎民百姓，我作为州官身处州内，齐备祭祀礼服与器皿，遵照时节献上祭品。如今连绵的阴雨已经结束，蚕桑、谷物都因此获得丰收，织妇农夫，个个欢欣起舞, 这是因为神灵庇护此方百姓, 我怎敢不明白、不接受神灵的恩赐! 恭谨地挑选良辰吉日, 斋戒沐浴以祭祀界石神, 请界石神明鉴。请神灵享用这些祭品!

五

维年月日, 潮州刺史韩愈谨以清酌庶羞之奠, 祭于大湖之神。

惟神降依兹土, 以庇其人。今兹无有水旱雷雨风火疾疫为灾, 各宁厥宇, 以供上役; 长吏免被其谴, 赖神之德, 夙夜不敢忘。谨具食饮, 躬斋洗, 奏音声, 以献以乐, 以谢厥赐, 不敢有所祈。尚飨!

【译文】某年某月某日, 潮州刺史韩愈心怀恭谨以清冽的美酒和各种美味佳肴为祭品, 祭祀大湖之神。

大湖神降临于这方土地之上, 庇护了这里的百姓。如今这里的百姓没有水涝干旱、雷火风雨、疾病瘟疫等灾害, 百姓安居乐业, 以祭祀大湖之神; 州官免于被百姓谴责, 都是仰仗大湖神的恩德, 一刻也不敢忘记。恭谨地齐备佳肴和美酒, 亲自斋戒沐浴, 演奏和谐的乐曲, 高高兴兴地前来祭祀, 以答谢您的惠赐, 不敢再有什么祈求。请神灵享用这些祭品!

卷二十三　祭文

袁州祭神文三首

一

维年月日，袁州刺史韩愈谨告于城隍神之灵：

刺史无治行，以媚于神祇，天降之罚，以久不雨，苗且尽死，刺史虽得罪，百姓何辜？宜降疾咎于其身，无令鳏寡蒙兹滥罚。谨告。

【译文】某年某月某日，袁州刺史韩愈恭谨祭告于城隍神灵前：

我没有治理的政绩，也没有什么可以取悦于神明的，上天降下惩罚，久旱不雨，禾苗都将枯死，我虽然对您多有得罪，但老百姓又有什么过错呢？上天应该降下疾病只责罚到我一人身上，不要让鳏寡孤独之人再蒙受这种滥罚。谨告。

二

维年月日，袁州刺史韩愈谨以少牢之奠祭于仰山之神曰：

神之所依者惟人，人之所事者惟神。今既大旱，嘉谷将尽，人将无以为命，神亦将无所降依，不敢不以告。若守土有罪，宜被疾殃于其身；百姓可哀，宜蒙恩闵。以时赐雨，使获承祭不怠，神亦永有饮食。谨告。

【译文】某年某月某日，袁州刺史韩愈恭谨地预备了少牢祭礼，以此来祭告仰山神明：

神灵所依附的是人，人所敬奉的是神明。如今天下大旱，本来长势良好的作物即将要绝收了，人们便会失去赖以生存的粮食，人无法存活，则神明也将失去可以依附的载体，因此我不敢不如实向神明禀告。如果是我治理州郡出现过错，上天应该把疾病、灾殃降临在我一人身上；可怜的百姓，应该蒙受您的恩赐与怜悯。请您按时赐降大雨，使百姓获得丰收，从而使他们可以不间断、不懈怠地献祭于您，您也将永远有美酒佳肴可以享用。谨告。

三

维年月日，袁州刺史韩愈谨以少牢之奠，祭于仰山之神曰：

田谷将死，而神膏泽之；百姓无所告，而神恤之；刺史有罪，而神释之，敢不有荐也。尚飨！

【译文】某年某月某日，袁州刺史韩愈恭谨的以少牢祭礼，献祭于仰山神明：

田里的庄稼即将枯竭而死，请求神明您降下大雨滋润作物；百姓也别无他求，只求神明可以体恤他们的疾苦；如果是我的罪过，也请求神明可以宽恕我，我岂敢不有所升荐。请您享用这些祭品吧！

祭柳子厚文

维年月日，韩愈谨以清酌庶羞之奠，祭于亡友柳子厚之灵。

嗟嗟子厚，而至然耶！自古莫不然，我又何嗟？人之生世，如梦一觉；其间利害，竟亦何校？当其梦时，有乐有悲；及其既觉，岂足追惟！

凡物之生，不愿为材。牺樽青黄，乃木之灾。子之中弃，天脱絷羁；玉佩琼琚，大放厥辞。富贵无能，磨灭谁纪；子之自著，表表愈伟。不善为斫，血指汗颜；巧匠旁观，缩手袖间。子之文章，而不用世；乃令吾徒，掌帝之制。子之视人，自以无前；一斥不复，群飞刺天。

嗟嗟子厚，今也则亡。临绝之音，一何琅琅。遍告诸友，以寄厥子；不鄙谓余，亦托以死。凡今之交，观势厚薄；余岂可保，能承子托。非我知子，子实命我；犹有鬼神，宁敢遗堕！

念子永归，无复来期，设祭棺前，矢心以辞。呜呼哀哉，尚飨！

【译文】元和十四年（819）某月某日，韩愈敬奉上许多清酒和佳肴作为祭品，来祭奠亡友柳子厚。

子厚啊，你怎么身故了！自古以来无人不是如此，我又为何要悲叹呢？人生在世，如同一场梦；其中利害，又为何要计较呢？当人在梦中时，有喜有悲；等到人醒来之后，又有什么地方值得追忆呢！

凡是万物的产生，不愿意成材。百年之木不管是制成酒器加上彩色的装饰，还是丢在山涧中任其腐烂，这些同样都是树木的灾祸。你在为官期间遭到贬斥，摆脱了束缚牵制，你的诗文辞藻优美，写作时极力铺陈。而那些富贵之人却没有才能，声名磨灭又有谁会记得；你的名声才华，却越来越卓越显著。那些文才平平的人对你指指点点，将会手指流血，头上冒汗，窘迫不堪；而那些文才超群的人则会袖手旁观，不会贸然指点评判。你的文章，不为当世所认同；反而让我们这些无能之辈，掌握大权。你看待别人的眼光，自认为远超前人；但没有想到你一朝遭到贬斥，就再也没有得到重用，而那些庸碌之人充斥朝廷。

子厚啊，如今你已经去世。临终前的声音，是多么清晰。四处告知诸位朋友，希望可以将遗孤幼子托付给他们；你也看得起我，将身后之事托付于我。凡是如今交友，都是看对方势利的厚薄；我怎么可以保证，能不负你的所托。并非我了解你，而是你诚心托付于我；犹如上有鬼神，我怎敢忘记你的嘱托呢！

感念你已永归，不会再有相见之日，在棺前进行祭奠，述说着心里话。呜呼哀哉，请享用这些祭品吧！

祭湘君夫人文

维元和十五年岁次庚子十月某日，朝散大夫守国子祭酒韩愈，谨令前袁州军事判官张得一，以清酌之奠，敢昭告于湘君夫人二妃之神：

前岁之春，愈以罪犯黜守潮州。惧以谴死，且虞海山之波雾瘴毒为灾以殒其命，舟次祠下，是用有祷于神。神享其衷，赐以吉卜，曰："如汝志。"蒙神之福，启帝之心；去潮即袁，今又获位于朝，复其章绶。退思往昔，实发梦寐，凡累年，于今乃合。夙夜悚惕，敢忘神之大庇！伏以祠宇毁顿，凭附之质、丹青之饰，暗昧不斸，不称灵明；外无四垣，堂陛颓落，牛羊入室，居民行商不来祭享，辄敢以私钱十万祈于邦伯修而作之。旧碑断折，其半仆地，文字缺灭，几不可读，谨修而树之。庙成之后，将求玉石，仍刻旧文，因铭其阴，以大振显君夫人之威神，以报灵德；俾民承事，万世不怠，惟神其鉴之。尚飨！

始将既修树旧碑，仍刻其文于新石，因铭其阴。旧碑石既多破落，文不可尽识，移之于新，或失其真，遂不复刻。

【译文】元和十五年（820），庚子年十月某日，朝散大夫守国子祭酒、护军赐紫金鱼袋韩愈，谨差遣前袁州军事判官张得一，携清酒作为祭品，敢昭告于湘君湘夫人二妃子的神灵前：

前年春季，我因罪被贬谪，黜守潮州。因害怕死于天谴，而且担心被大海的波涛浓雾，以及山中的瘴毒之气害了性命，于是我乘船经过祠下，因此特来向神明祷告。希望神明得享我的衷心，赐予我吉祥的卜卦，卦象表明："心想事成。"承蒙神明赐福，启智了皇上的心思；我即将离开潮州前往袁州任职，如今我又重新在朝廷中获得官职，恢复了官位。追忆往事，犹如梦境一般，三年了，直到今天才有所应合。我将早晚悚然警惕，不敢忘却神明的大庇佑！微臣暗中思忖，因为庙宇毁损严重，起支撑作用的梁柱以及雕饰的花纹、绘画等，都破败不堪，失去光泽且不整洁，这与神灵的圣明极不相称；庙宇之外没有四面围墙，庭院中的阶石皆颓废破落，牛羊随意进入祠内，附近的居民和过往的商贾都不来祭拜献享，于是我将自费十万钱来修缮、振兴它。过去的旧庙碑已经被折断，有一半倒在地上，上面的碑文已残缺不全，几乎无法辨认，请允许我进行整修并重新树立一块新碑。等到祠庙修缮好之后，我将四处访求玉石，仍旧镌刻上从前的碑文，顺便在石碑的背面刻上铭文，大大彰显湘君夫人的神威，以此来报答神明赐予我的恩德；然后差遣百姓承接祭祀之事，万世不得懈怠，请神明明鉴。请来享用这些祭品吧！

起初打算将旧碑修缮好后重新树立起来，仍然在新碑上镌刻上旧时的碑文，顺便在新碑的背面刻上铭文。然而旧碑已是大半破损，残缺不全，文字也无法全部辨识，若把剩余的文字移刻到新碑上，恐怕会失去真文，因此不再重刻。

祭窦司业文

维年月日，兵部侍郎韩愈谨以清酌庶羞之奠，祭于故国子司业窦君二兄之灵。

惟君文行夙成，有声江东，魁然厚重，长者之风。一举于乡，遂收厥功。屡佐大侯，以调兵戎。诏曰予虞，汝为郎中；乃令洛阳，岁且四终。惟刑之慎，掌正隶僮。命守高平，命副儒宫。朱衣银鱼，象服以崇；锡荣考妣，孝道上穷。官不满能，亦云达通；逾七八年孰非望公，在君无憾，我意不充。君之昆弟，三以辞雄；刺史郎中，四继三同；于士大夫，可谓显融。我之获见，实自童蒙。既爱既劝，在麻之蓬。自视雏鷇，望君飞鸿。四十年余，事如梦中。分宰河洛，愧立并躬；俱官于学，以纤临洪。惠诗不酬，报德以空。死生莫接，孰明我衷？于祭告情，文以自攻。呜呼哀哉，尚飨！

【译文】某年某月某日，兵部侍郎韩愈以清酒和各种珍馐美味作为祭品，祭祀于前国子司业窦君二兄之神灵前：

您的文章德行早有所成，在江东一带享有盛誉，雄浑厚重，有长者的风范。刚被乡里举荐，就取得了巨大的成功。您还多次辅佐公侯卿相，调兵遣将。皇上诏命我任职虞部，并由您担任郎中；您做洛阳县令，将近四年时间。在任期间，您慎用刑罚，掌正隶僮。还被任命助守高平郡，负责辅佐管理官立学校事务。朝廷赐予您朱衣紫鱼袋，赐予您的夫人象服以彰显尊贵；赐予您已逝的父母以荣耀，皇上使您尽了最圆满的孝道。如今您所担任的官位还没有与您的实力相匹配，但如您所说，您的官路也还算通达顺畅；年逾七八十岁，就年龄而言，谁不说您是德高望重，对于您个人而言已再无遗憾了，然而在我心中却仍替您感到不满足。您的手足兄弟当中，有三个都因文采出众而取得功名；刺史、郎中之职，四人相继为之，三人同时担任；对于士大夫而言，这真可谓是尊贵盛明。我与您相识，实则是从孩童时代就开始的。您既关爱我，还对我劝勉有加，我就好比蓬草生于麻田之中，在您的扶植之下不断上进。我把自己视为幼稚的雏鸟，望着您在天空中翱翔。四十多年了，追忆往事，恍如梦境一般。我们分别于河南、洛阳任职县令期间，很惭愧与您并列为官；又一起在太学做官，我无异于是以纤小来靠近洪大。承蒙您的赞许，不求回报，而我对于您的恩德也是无以为报。逝者与生者之间无法接通交流，谁能真正明白我的心意呢？在祭告您的时候倾诉衷情，写下此祭文以表达我内心深深地自责。呜呼哀哉，请您来享用这些祭品吧！

祭侯主簿文

维年月日，吏部侍郎韩愈谨遣男殿中省进马偲，致祭于亡友故国子主簿侯君之灵：

呜呼！惟子文学，今谁过之？子于道义，罔不拾遗。我狎我爱，人莫与夷。自始及今，二纪于兹。我或为文，笔俾子持；唱我和我，问我以疑。我钓我游，莫不我随；我寝我休，莫尔之私。朋友昆弟，情敬异施。惟我与子，无适不宜。弃我而死，嗟我之衰；相好满目，少年之时。人之云亡，今其有谁！谁不富贵，而子为羁；我无利权，虽怨曷为！子之云葬，我方斋祠，哭送不可，谁知我悲！呜呼哀哉，尚飨！

【译文】某年某月某日，吏部侍郎韩愈恭谨地差遣子男，殿中省进马偲，致祭于亡友、前国子主簿侯君的灵前：

呜呼！您出众的文采，如今有谁能超越呢？您对于道义的追求，毫不舍弃。我的嗜好与偏爱，除了您之外再无人能与我同享欢乐。我们的交情从最初直到现在，已经有二十四年。有时我写文章，请您执笔；我们唱诗相和，您遇到疑问就会来问我。我去钓鱼、郊游，您无不跟随而行；我睡觉休息，也不必刻意避开您。朋友昆弟之间，都是相敬如宾，只是行止各有不同。唯独我对待您，没有什么行为是不合时宜的。如今您抛下我而去，徒留下我空叹衰老；我眼前浮现的都是您的影子，都是关于往昔年少时的事情。您的逝去，今后还有谁与我相伴！谁不想得享荣华富贵，而您独受拘束；因为我没有权势，所以即使怨愤不满也毫无作用！您安葬的时候，我正在祠部设斋公干，因此不能哭着为您送别，有谁知道我心中的悲伤呢！呜呼哀哉，请您来享用这些祭品吧！

祭竹林神文

维年月日，京兆尹兼御史大夫韩愈，谨以酒脯之奠，再拜稽首告于竹林之神曰：

天子不以愈为愚不能，使尹兹大众二十三县之人。今农既勤于稼，有苗盈野，而天不雨，将尽槁以死，农将无所食，鬼神将无以为飨。国家之礼天地百祀神祇，不失其常；惠天下之人，不失其和。人又无罪，何为造兹旱虐以罚也？将俾尹者不仁不明，不能承帝之敕以化正其下？闻无香惟腥，神于惠罚无差，施罪瘠于尹愈身，是甘是宜。雨则时降，神无爽其聪明，永飨于人无愧。尚飨！

【译文】某年某月某日，京兆尹兼御史大夫韩愈，谨以清酒肉脯作为祭品，再拜稽首祭告于竹林神的灵前：

天子并没有因为我的愚钝无能而嫌弃我，反而任命我做了管辖二十三个郡县的京兆府的府尹。如今农民已经勤于耕作，田野里禾苗遍布，只是老天却总是不肯降雨，禾苗眼看就要全部干涸而死，农民们将要没有粮食吃，鬼魅神明也将会失去可以享用的祭品。朝廷对于天地百祀神祇执礼之事，向来是不失其常规礼数的；天帝赐福给天下百姓，也不该失去应有的和谐。百姓是无辜的，为什么要制造如此旱情来肆虐地惩罚他们呢？上天是为了责罚我这个做府尹的，不仁爱不英明，不能够领受朝廷的敕命来教化、端正、管辖百姓吗？如果上天听闻到的消息没有清香美好，而只有腥臊恶臭的话，那么无论神明是赐福还是惩罚都是没有错的，即使加罪于我一人身上，我也是心甘情愿接受，认为这样的处罚是应该的。那么就请按时普降大雨吧，神明也不失聪慧，这样便可以永远心中无愧地接受百姓的祭祀。请来享用这些祭品吧！

曲江祭龙文

维年月日，京兆尹兼御史大夫韩愈，谨以香果之奠，敢昭告于东方青龙之神：

　　天作旱灾，嘉谷将槁；乃于甲乙之日，依准古法，作神之象，斋戒祀祷。神其享祐之，将降甘雨，以惠兹人。

　　【译文】某年某月某日，京兆尹兼御史大夫韩愈，恭谨地以香烛果品作为祭品，敢昭告于东方青龙之神灵前：

　　上天制造了大旱之灾，长势正好的农作物即将枯槁而死；于是在甲乙之日，遵循古法，作神之像，斋戒沐浴，进行祭祀祷告。神灵啊，请您享用祭品，保佑我们吧，按时降下甘霖雨露，以此来赐福百姓。快点下雨吧，如律令上所说。

祭马仆射文

　　维年月日，吏部侍郎韩愈，谨以清酌庶羞之奠，敬祭于故仆射马公十二兄之灵：

　　惟公弘大温恭，全然德备；天故生之，其必有意；将明将昌，实艰初试。佐戎滑台，斥由尹寺；适彼瓯闽，虺虺跛踬；颠而不踬，乃得其地。于泉于虔，始执郡符；遂殿交州，抗节番禺，去其螟蠚，蛮越大苏。擢亚秋官，朝得硕士；人谓其崇，我势始起。东征淮蔡，相臣是使，公兼邦宪，以副经纪。歼彼大魁，厥动孰似。丞相归治，留长蔡师。茫茫黍稷，昔实棘茨，鸠鸣雀乳，不见枭鸥。惟蔡及许，旧为血仇；命公并侯，耕借之牛；束其弓矢，礼让优优。始诛郓戎，厥墟腥臊；公往涤之，兹惟乐郊。惟东有狮，惟西有䶂，颠覆朋邻，我余有几。崒嵂中居，斩其脊尾；岱定河安，惟公之貔。帝念厥功，还公于朝；陟于地官，且长百僚。度彼四方，孰乐可据；顾瞻钧衡，将举以付。惟公积勤，以疾以忧；及其归时，当谢之秋。贺问未归，吊庐已萃；未燕于堂，已哭于次。昔我及公，实同危事；且死且生，誓莫捐弃。归来握手，曾不三四，曾不濡翰，酬酢文字；曾不醉饱，以劝酒戢。奠以叙哀，其何能致！呜呼哀哉，尚飨！

【译文】某年某月某日，吏部侍郎韩愈，谨以清酒和各种美味佳肴作为祭品，敬祭于前仆射马公十二兄的灵前：

马公您为人宽宏、温和恭谨，德才兼备；上天之所以成就您，必定有其用意；但是在显荣与昌明之前，也确实经历了很多的艰难困苦。您在滑台幕府做从事时，因为宦官诬告而遭贬斥；被放逐到偏远的浙江、福建一带，颠沛流离，动荡不安；即使是一路颠簸也没有倒下，终于到达任地。在泉州、虔州，您开始执掌州郡事务；随后又做了交州都护，在番禺抗击贼寇，铲除地方恶势力，至此，蛮越之地才得以治理，经济大大复苏。您被提升为刑部侍郎，朝廷也因此获得了杰出的人才；人们都称赞您的崇大，国家的实力也从此强大起来。东征淮州、蔡州叛贼时，宰相亲自挂帅，您兼任御史大夫，以宣慰副使之职助力讨贼。歼灭了贼寇首领，莫大的功劳有谁能比得上。战后，宰相还朝辅佐皇上处理国家政务，您继续留任蔡州统领军队。茫茫的黍稷粮田，从前曾是荆棘茅茨丛生，如今这里斑鸠鸣唱，鸟雀新乳，不见凶恶的鸱鸮肆意横行。只有蔡州和许州，从前两州之间具有血海深仇，不相融洽；朝廷诏命您统管两州，从此两州的百姓借牛以耕，和睦友好；他们收起各自的弓矢箭弩，礼貌谦让，和乐宽裕。在诛杀郓州叛军之初，该地腥臊破败，满目废墟；您前往郓州，进行清除整治，从此后那里成了人人向往的乐土。东边有猲犬，西边有毒蛇，附近的邻邦企图颠覆，长此以往，国家的领土将所剩无几。您巍然居于中心位置，斩断了叛贼的脊尾；使山河得以安定，这些都是您的功劳。皇上念及您的丰功伟绩，于是诏命您还朝；晋升您地官之职，位列百官之长。但是您考虑到当时国家所面临的严峻形势，没有值得高兴的理由；您担负国家政务重任，经过慎重、周密地考虑，打算毛遂自荐，以身报国。唯有您勤勤恳恳，为国家兴亡忧心焦虑，等到您凯旋而归时，应该是草木凋零的秋季。谁知前去贺喜的信使还没回来，您去世的吊庐周围已经杂草丛生；还没来得及登堂为您庆功，我已经在驻地因您的死讯而痛哭不已。从前我结识您，是在战事之中；当时我们曾发誓，生死与共、不相捐弃。回到京城，我们见面相合的机会还不到三四次，还不曾一起舞文弄墨，唱和诗文；还不曾酒醉饭饱，劝您多进酒食。祭奠您，抒发我的哀思，怎样才能传递给您啊！呜呼哀哉，请您来享用这些祭品吧！

吊武侍御所画佛文

御史武君当年丧其配，敛其遗服栉珥繁帨于箧，月旦十五日则一出而陈之，抱婴儿以泣。

有为浮屠之法者，造武氏而谕之曰："是岂有益耶？吾师云：'人死则为鬼，鬼且复为人，随其所积善恶受报，环复不穷也。'极西方有佛焉，其土大乐，亲戚姑能相为图是佛而礼之，愿其往生，莫不如意。"武君怃然辞曰："吾儒者，其可以为是！"既又逢月旦十五日，复出其箧实而陈之，抱婴儿以泣，殆而悔且曰："是真何益也！吾不能了释氏之信不，又安知其不果然？"于是悉出其遗服栉珮合若干种，就浮屠师请图前所谓佛者。浮屠师受而图之。韩愈闻而吊之曰：

哲哲兮目存，丁宁兮耳言。忽不见兮不闻，莽谁穷兮本源？图西佛兮道予懃，以妄塞悲兮慰新魂。呜呼！奈何兮，吊以兹文。

【译文】御史武君还在壮年之时，原配妻子就过世了，他把亡妻的遗服、梳栉、耳饰、绣囊和佩巾等物品收于箧箱之中，每逢初一、十五都要将这些物品一一陈列出来，然后怀抱着婴儿哭泣。

有位和尚前来拜访武君时对他说："难道这样做有什么益

处吗？我师父曾说：'人死后就成为鬼，鬼经过轮回再重新做人，一切因果报应都取决于她生前所积累的善、恶，如此循环往复，无穷无尽。'西方有佛祖，那是极乐的圣地，如果您的亲戚朋友能为您把佛祖的图像画下来，您每天恭敬地礼拜佛祖，愿她往复生还，没有不如愿以偿的。"武君失望地辞谢说："我是儒生，怎么可以做这种事情！"之后仍然是每逢初一、十五，他又拿出那个箱箧——陈列妻子的遗物，怀抱婴儿哭泣，并且有些后悔地说："确实，这么做又有什么益处啊！我不确定和尚的话是否可信，又怎么知道和尚说的话一定不对呢？"于是他将亡妻的遗服、梳栉、绣囊和佩巾等若干件遗物全部拿出来，去和尚的师父那里求一幅从前提到过的佛祖画像。和尚的师父接受了他的请求，为他画了一幅佛祖像。我听说此事，前去慰问他说：

亡妻的音容笑貌还历历在目，她的声声叮咛还在耳边回响。忽然之间看不见也听不到了，如此猝不及防的意外打击，如何探究事情的本源？求得佛祖的画像，以此来诉说心中的愁苦，试图通过妄想来填补内心的苦痛，告慰亡妻的灵魂。呜呼！有什么办法呢，就用这篇文章安慰您吧。

祭故陕府李司马文

维年月日，守国子祭酒赐紫金鱼袋韩愈，谨以清酌之奠，祭于故陕府左司马李公之灵曰：

公学以为耕，文以为获。发愤孤身，复续厥家。选于吏部，亟以科进。历临大邑，惟政有声。遂丞宗正，日朝帝庭。出辅陕都，吏畏僚慕，子父诸孙，盈于室堂。公姑悦喜，五福具有。大夫士家，孰不荣羡？如何不常，以至大故。呜呼哀哉！愈以守官，不获吊送，婚姻之好，以哀以悲。敬致微礼，公其歆之。尚飨！

【译文】某年某月某日，守国子祭酒、赐紫金鱼袋韩愈，谨以清酒作为祭品，献祭于前陕府左司马李公的灵前说：

您把学习当成事业来耕耘，把文章当成收获来珍惜对待。凭借自己的努力发奋图强，延续香火使家族兴旺。被吏部甄选，很快又经科举考试得以进用。担任大县的长官，政绩斐然，极富声誉。于是被调任宗正寺丞，每天都能在朝堂之上朝拜皇上。后调出朝廷，担任陕都辅丞左司马，受到小吏的敬畏，同僚的仰慕。父子以及本家孙辈，盈满室堂，家中老人也都欢欢喜喜，五福俱全。如此兴旺的士大夫之家，有谁不羡慕您呢？命运为何如此变化无常，您竟然辞世而去。呜呼哀哉！我因职事在身，无法前去吊唁您、为您送葬，作为姻亲至交，我心中无比悲哀。恭敬地献上微薄的祭礼，您一定要歆享。请您来享用这些祭品吧！

祭十二兄文

月日，从父弟某官某乙，谨以清酌庶羞之奠，敢昭告于十二兄虢州司户府君之灵。

呜呼！维我皇祖，有孙八人，惟兄与我，后死孤存。奈何今日，又弃而先！生不偕居，疾药不亲；敛不摩棺，瘗不绕坟；趋奔束制，生死亏恩。归女教男，反骨本原；其不有年，以补我愆。长号送哀，以荐此文。尚飨！

【译文】某月某日，我跟随父弟等众多官员，谨以清酒及美味佳肴作为祭品，敢昭告于十二兄，前虢州司户府君之灵前：

呜呼！我的祖父，有八个孙子，后来只有兄长和我仍然健在。怎奈今天，就连兄长也弃我而去！您在世时，我不能与您住在一起，不能亲自为您熬汤送药，探视病体；入殓的时候不能抚棺，入葬时，又不能亲手为您添土绕坟；只因我官事缠身，徒劳奔命，如今生死两隔，我愧对于兄长的恩德。请您放心，我定会代替您把您的女儿嫁出去、教育好您的儿子，返本溯源，皆因亲情使然；眼下还有一些时间，请让我来弥补我的罪过。长长的哭号带去我的哀思，我用这篇哀文来升荐给您。请您来享用这些祭品吧！

祭郑夫人文

维年月日，愈谨于逆旅备时羞之奠，再拜顿首，敢昭告于六嫂荥阳郑氏夫人之灵：

呜呼！天祸我家，降集百殃。我生不辰，三岁而孤；蒙幼未知，鞠我者兄；在死而生，实维嫂恩。未龀一年，兄宦王官，提携负任，去洛居秦。念寒而衣，念饥而飧；疾疹水火，无灾及身。劬劳闵闵，保此愚庸。年方及纪，荐及凶屯。兄罹谗口，承命南迁；穷荒海隅，夭阏百年。万里故乡，孤幼在前，相顾不归，泣血号天。微嫂之力，化为夷蛮。水浮陆走，丹旐翻然；至诚感神，返葬中原。既克反葬，遭时艰难；百口偕行，避地江濆。春秋霜露，荐敬苹蘩，以享韩氏之祖考，曰此韩氏之门。视余犹子，诲化谆谆。爰来京师，年在成人；屡贡于王，名迺有闻。念兹钝顽，非训曷因；感伤怀归，殒涕熏心。苟容躁进，不顾其躬；禄仕而还，以为家荣。奔走乞假，东西北南；孰云此来，迺睹灵车！有志弗及，长负殷勤。呜呼哀哉！昔在韶州之行，受命于元兄，曰："尔幼养于嫂，丧服必以期！"今其敢忘？天实临之！呜呼哀哉，日月有时，归合茔封，终天永辞。绝而复苏，伏惟尚飨！

【译文】某年某月某日，韩愈谨在旅馆准备了一些应季的美味作为祭品，再拜顿首，敢昭祀于六嫂、荥阳郑氏夫人之灵前：

呜呼！上天将灾祸降临到我的家族，百祸齐至。我生不逢时，三岁时父亲就去世了；年幼无知的我是靠兄长抚养成人的；我这个本该死去的人得以活了下来，这完全是六嫂您的恩德。七岁那年，兄长领受皇恩，被提携升任，外出做官离开洛阳前往关中地区。您想到天气寒冷便为我添置棉衣，怕我忍饥挨饿便做饭给我吃；虽然我偶尔会出现伤风感冒的小毛病，但从来没有灾难降临到我身上。您含辛茹苦，保全了我这个愚顽之人的性命。我刚十一岁时，灾祸再次降临到家中。兄长遭到了奸佞小人的谗言诬陷，奉命被贬谪至遥远的韶州；韶州穷荒僻地，濒临大海，不幸兄长死在了那个地方。那里，与故乡相隔万里，您眼前又尽是婴幼、孤儿，彼此相顾却无法返回故乡，哭天抢地，凄惨至极。如果没有嫂子的养育，我们恐怕早已化作蛮夷之人了。水路、陆路并行，治丧的铭旌一路飘扬；终于您的至诚感动了神灵，使兄长的尸骨安然返回，最终安葬在中原的土地上。一切安排停当之后，又赶上时事艰难；全家人又抛家舍业，集体出行，到江南避难。春秋霜露，您一年到头，还不忘祭祀韩家的前人祖先，您说那些得享祭祀的韩氏祖先都是韩氏家族的宗亲。您待我就像对待自己的儿子一样，谆谆教诲。我刚来京师时，刚好成人；多次被贡举给皇上，名声有所闻达。一想到我这个愚顽迟钝的人，如果没有您的教诲，我怎能取得今天的成就？我心中无比感伤，想回家来看望您，眼泪止不住往下流。为了能在京城有立足之地，我急躁冒进，不顾自己的身体；一心想着做了官再回家，想以此作为家族的荣耀。我四处奔走求告，希望能够求得假期回家省亲；谁知道这次回来，看见的竟是您的灵车！我的志向还没有达成啊，我有负于您殷切的期望。呜呼哀哉！当初跟随兄长去韶州时，曾接受过兄长的训命，他说："你自幼由你嫂子抚养，等她去世的时候，你必须要替她服满一个月的丧期！"如今我哪敢忘记兄长的训命？上天啊，请您监督我吧！呜呼哀哉，日月有时，我把您和兄长合葬于一处，盖上封土，您从此便永远地辞别了人世。您就这样去了，神灵复生，我唯一的心愿就是请您来享用这些祭品吧！

祭十二郎文

年月，季父愈闻汝丧之七日，乃能衔哀致诚，使建中远具时羞之奠，告汝十二郎之灵：

呜呼！吾少孤，及长不省所怙，惟兄嫂是依。中年兄殁南方，吾与汝俱幼，从嫂归葬河阳，既又与汝就食江南，零丁孤苦，未尝一日相离也。吾上有三兄，皆不幸早世，承先人后者，在孙惟汝，在子惟吾；两世一身，形单影只。嫂尝抚汝指吾而言曰："韩氏两世，惟此而已！"汝时尤小，当不复记忆；吾时虽能记忆，亦未知其言之悲也！吾年十九，始来京城；其后四年，而归视汝。又四年，吾往河阳省坟墓，遇汝从嫂丧来葬。又二年，吾佐董丞相幕于汴州，汝来省吾，止一岁，请归取其孥；明年丞相薨，吾去汴州，汝不果来。是年，吾又佐戎徐州，使取汝者始行，吾又罢去，汝又不果来。吾念汝从于东，东亦客也，不可以久图；图久者，莫如西归，将成家而致汝。呜呼，孰谓汝遽去吾而没乎吾与汝俱少年，以为虽暂相别，终当久相与处；故舍汝而旅食京师，以求斗斛之禄；诚知其如此，虽万乘之公相，吾不以一日辍汝而就也！去年孟东野往，吾书与汝曰："吾年未四十，而视茫茫，而发苍苍，而齿牙动摇。念诸父与诸兄，皆康强而早世，如吾之衰者，其能久存乎！吾不可去，汝不肯来，恐旦暮死，而汝抱无涯之戚也！"孰谓少者殁而长者存，强者夭而病者全乎！呜呼，其信然耶？其梦耶？其传之者非其真耶？信也，吾兄之盛德而夭其嗣乎？汝之纯明而不克蒙其泽乎？少者强者而夭没，长者衰者而存全乎？未可以为信也，梦也，传之非其真也，东野之书，耿兰之报，何为而在吾侧也？呜呼！其信然矣，信吾兄之盛德而夭其嗣矣！汝之纯明宜业其家者不克蒙其泽矣！所谓夭者诚难测，而神者诚难明矣！所谓理者不可推，而寿者不可知矣！虽然，吾自今年来，苍苍者或化而为白矣，动摇者或脱而落矣，毛血日益衰，志气日益微，几何不从汝而死也！死而有知，其几何离；其无知，悲不几时，而不悲者无穷期矣！汝之子始一岁，吾之子始五岁，少而强者不可保，如此孩提者又可冀其成立耶？呜呼哀哉，呜呼哀哉！

汝去年书云：比得软脚病，往往而剧。吾曰：是疾也，江南之人常常有之。未始以为忧也。呜呼！其竟以此而殒其生乎？抑别有疾而至斯极乎？汝之书六月十七日也；东野云：汝殁以六月二日，耿兰之报无月日。盖东野之使者不知问家人以月日，如耿兰之报不知当言月日，盖东野与吾书乃问使者，使者妄称以应之耳。其然乎？其不然乎？今吾使建中祭汝，吊汝之孤与汝之乳母。彼有食可守以待终丧，则待终丧而取以来；如不能守以终丧，则遂取以来。其余奴婢，并令守汝丧。吾力能改葬，终葬汝于先人之兆，然后惟其所愿焉。呜呼！汝病吾不知时，汝殁吾不知日；生不能相养以共居，殁不得抚汝以尽哀，敛不得凭其棺，窆不得临其穴；吾行负神明而使汝夭，不孝不慈，而不得与汝相养以生，相守以死；一在天之涯，一在地之角，生而影不与吾形相依，死而魂不与吾梦相接；吾实为之，其又何尤？彼苍者天，曷其有极！自今已往，吾其无意于人世矣。当求数顷之田于伊颍之上，以待余年，教吾子与汝子幸其成，长吾女与汝女待其嫁。如此而已。呜呼！言有穷而情不可终，汝其知也耶？其不知也耶？呜呼哀哉，尚飨！

【译文】某年某月某日，叔父韩愈在听闻你去世消息的第七天，才得以强忍哀痛，倾诉衷肠，派遣建中从远方准备了应时的佳肴作为祭品，祭告于十二郎的灵前：

唉！我从小丧父成了孤儿，等到长大连父亲的样子都记不清了，全依仗兄长和嫂嫂抚养。兄长才到中年便客死南方，当时我和你都年幼，跟随嫂嫂将兄长的灵柩运回河阳安葬，后来又和你前往江南谋求生计，孤苦伶仃，没有一天和你分离过。我上面有三位兄长，都不幸早亡，继承先人后嗣的，孙子辈中只有你，儿子辈中只有我；子孙两代都只有一人，形单影只，子嗣微薄。嫂嫂曾经轻抚着你又指着我说："韩氏两代人，就只有你们了！"你当时比我还小，没有留下什么印象；我当时虽然能记住，但也体会不到话中的悲痛啊！我十九岁，初次来到京城；四年之后，我回来看你。又过了四年，我前往河阳扫墓，遇到你送嫂嫂的灵柩前来安葬。又过了两年，我在汴州担任董丞相的幕僚辅佐董丞相，你来看我，在我这里住了一年，你想回去将妻儿接来；第二年董丞相去世，我离开汴州，你想将家眷接来的愿望化为泡影。这一年，我又在徐州协理军务，派去接你的人刚动身，我又要离开徐州，你又没有来成。我想就算你跟我来到东边的徐州，那也还是客居异乡，不是长久之计；若是长远打算，不如回到西边的故乡，等我先安好家，然后接你来。唉，谁能想到你就突然离我而去了呢？我和你都还年轻，总以为即便是暂时分离，终究会长久相聚的；所以才离开你客居京城，以求得微薄的俸禄。如果早知道会是这样的境况，就算是有万乘之国的公侯宰相等着我，我也不会离开你一天而去就任！去年孟东野到你那边去，我写信给你说："我虽然还不到四十岁，但视力已经模糊，头发已经斑白，牙齿也已开始松动。想到我的叔伯父兄，都是身体强健但早早死去，像我这样身体羸弱的人，怎么能活得长久！我离不开这里，你又不肯来，生怕我早晚会死去，使得你陷入无边无际的悲痛之中啊！"谁料年轻的先死了反而年长的还活着，强壮的先离世反而病弱的还在世！唉，这是真的呢，还是做梦呢？还是传信的弄错了真实情况呢？如果是真的，我兄长品德美好深厚反而会使得他的后嗣早早死去吗？你这样纯朴聪明难道不应该得到先人的恩泽吗？年轻强壮的反而会早亡，年长衰弱的反而会保全吗？这万万不是真的，这是梦，这是传错了消息，可是东野报丧的信件，耿兰述哀的讣文，为何会放在我身边呢？唉！这是真的啊，我兄长品德美好深厚反而使得自己的后嗣早早死去！你纯朴聪明最适合继承家业却得不到先人的恩泽！所谓死亡实在难以预测，天意实在难以明了！所谓天理无法推究，寿命不可知晓！尽管如此，我从今年以来，花白的头发有的已经全白了，松动的牙齿有的已经脱落了，体质日渐衰弱，精神也日渐衰退，用不了多久也会随你而去！死后如果有知觉，那我们的分离又能有多久；如果没有知觉，那我哀伤的时间也不会太长了，而不哀伤的日子倒是无穷无尽啊！你的儿子才一岁，我的儿子才五岁，年轻强壮的尚且都无法保全，这样的孩童又怎能期望他们长大成人呢？呜呼哀哉，呜呼哀哉！

你去年信中说：近来得了软脚病，时常犯得很厉害。我回信说：这种病，江南人大多会有。并不曾为此而担忧。唉！没想到这种病竟然会夺去你的生命？还是另患重病而无法挽救呢？你的信是六月十七日写的；东野来信说：你死于六月二日，耿兰报丧的信没有说明你死于哪月哪日。或许东野的使者不知道要向家人问明死期，耿兰报丧的信不懂得应当说明死期，又或许是东野给我写信时向使者询问死期，使者不过信口胡答罢了。是这样呢？或者不是这样呢？现在我派遣建中祭奠你，慰问你的儿子和你的乳母。他们如果有粮食可以维持到三年丧期结束，就等到丧期结束以后接他们来；如果生活困难无法守满丧期，就立刻将他们接来。其余的奴婢，都让他们为你守丧。等到我有能力为你迁坟时，一定会将你的灵枢迁回安葬于祖坟之中，这样才算了却我的心愿。唉！你生病我不知道时间，你去世我不知道日期；你活着我们不能互相照顾住在一处，你死后我又不能抚摸你的遗体尽情痛哭，入殓之时不能在你的棺材前守灵，下葬之时不曾亲临你的墓穴；我的德行有负于神灵因而使你早亡，我不孝不慈，因而不能和你互相照顾一同生活，又不能和你互相依傍一同死去；一个在天涯，一个在地角，你活着时无法与我形影相依；去世以后无法与我魂梦相接；这都是我自己造成的，还能怨谁呢？苍天啊，我的悲哀何时才有尽头！从今以后，我对人世没有什么可留恋的了。应当在伊水、颍水旁边置办几顷田地，安度我的余生。教育我的儿子和你的儿子期望他们长大成才，抚养我的女儿和你的女儿等待她们受聘出嫁。如此而已。唉！话有说尽的时候，而悲痛的心情却是无尽的，你是能够理解呢，还是什么都不知道了呢？呜呼哀哉，请来享用这些祭品吧！

祭滂文

维年月日，十八翁及十八婆卢氏，以清酌庶羞之奠，祭于二十三郎滂之灵曰：汝聪明和顺，出于辈流；强记好文，又少与比。将谓成长，以兴吾家，如何不祥，未冠而夭！吾与卢氏，痛伤何言！思母之恩，连呼以绝。执兄之手，勉以无悲。情一何长，命一何短。权葬远地，孤魂无依。沥酒告情，哀何有极。尚飨！

【译文】某年某月某日，十八公和十八婆卢氏，具备清酒及美味佳肴作为祭品，告祭于二十三郎韩滂的灵前：你聪明和顺，在同辈人当中与众不同；你记忆力超强，喜爱文学，很少有人能与你相比。刚说你长大成人后，可以振兴韩氏家族，却为何遭遇这样的不祥，还不到二十岁就夭折而死！我和卢氏的悲痛，哀伤之情，无法用语言来形容！一想到你母亲对你的养育之恩，你的离世令她哭天喊地，几近绝命。握着你哥哥的手，劝勉他不要太过悲伤。情深无限，只可惜你的寿命如此短暂。权且把你安葬在远离故乡的地方，你孤单的魂灵无所依靠。我们洒下祭酒，诉说哀情，无限的哀思哪有尽头。请你来享用这些祭品吧！

祭李氏二十九娘子文

维年月日，十八叔翁及十八叔婆卢氏遣昶以庶羞之奠，祭于李氏二十九娘之灵曰：

汝之警敏和静，人莫及之；姿相丰端，木见阙亏；幼而孤露，其然何为？出从于人，既相谐熙；又暴以夭，神何所疵！生杀减益，竟谁主尸？我哀汝母，孰慰穷嫠？我怜汝儿，谁与抱持？念此伤心，不能去离；奠以送汝，知乎不知？尚飨！

【译文】某年某月某日，十八叔公和十八叔婆卢氏命韩昶携带美味佳肴作为祭品，祭献于李氏二十九娘子的灵前：

你的机警聪敏，温和娴静，无人能及；你的体态容貌丰润端庄，看不出任何不得体的地方；你年幼丧父，成了孤儿，怎么是这样呢？等你长大后嫁入李氏，与丈夫和谐恩爱；谁知又突患重疾而亡，神明为何会有如此过失！生与死、人的寿命长短，究竟是谁在掌控着生杀大权？我们哀怜你的母亲，但遭遇这种事，谁能安慰得了这位困顿中的寡妇？我们悲悯你的儿子，今后还有谁能抱持呵护他？一想到这些不免伤悲，令我们不忍心就此离去；特献祭供品来送你一程，你知道吗？请你来享用这些祭品吧！

祭周氏侄女文

维年月日，十八叔、叔母具时羞清酌之奠，祭于周氏二十娘之灵：

嫁而有子，女子之庆；缠疾中年，又命不永。今当长归，与一世违；凡汝亲戚，孰能不哀。撰此酒食，以与汝诀；汝曾知乎，我念曷阕。尚飨！

【译文】某年某月某日，十八叔、十八叔母准备了应季佳肴和清酒作为祭品，献祭于周氏二十娘子的灵前：

你嫁到周家，生有一子，这是女子的福庆；然而没想到你中年时却因疾病缠身性命不保。如今你永远地归去了，与世长辞；凡是你的亲戚族人，谁能不哀伤。特备下这些清酒佳肴，来与你告别；你知道吗，我们对你的哀思将永无止境。请你来享用这些祭品吧！

祭张给事文

维年月日，兵部侍郎韩愈谨以清酌之奠，祭于故殿中侍御史赠给事中张君之灵：

惟君之先，以儒名家；逮君皇考，再振厥华。乡贡进秀，有司第之；从事元戎，谨职以治。遂拜郎官，以职王宪；不长其年，飞不尽翰。乃生给事，松贞玉刚；干父之业，纂文有光。屡辟侯府，亦佐梁师；前人是似，蠹吏嗟咨。御史阙人，夺之于朝；大厦之构，斧斤未操。府迁幽都，顽悖未孚；繄君之赖，乃奏乞留。乃迁殿中，朱衣象板；惟义之趋，岂利之践。虺豺发衅，阖府屠剥，觊其恨犯，君独高脱。露刃成林，弓矢穰穰，千万为徒，噪欢为狂。君独叱之："上不负汝，为此不祥，将死无所！"虽愚无知，惭屈变色；君义不辱，杀身就德。天子嘉之，赠官近侍；归于一死，万古是记。

我之从女，为君之配；君于其家，行实高世。无所掩葬，舆魂东归；诔以赠之，莫知我哀。呜呼哀哉，尚飨！

【译文】某年某月某日，兵部侍郎韩愈谨以清酒作为祭品，献祭于前殿中侍御史、赠给事中张君的灵前：

　　您的祖先，凭借渊博的儒学底蕴使整个家族享有盛名；到了您父亲这一辈，家族再次得以振兴，绽放光华。他在乡试当中凭借优异的成绩被主考官录用；在幕府中做节度使的从事，尽职尽责地料理军务。后来诏拜为郎官，负责掌管国家的御史台；只可惜上天不假其年寿，不能使他施展才华，尽情翱翔。他生了您，并将您培养得如美玉般贞洁，如青松般刚健；您继承父亲的遗志，在编纂文辞方面，颇有造诣。您多次被侯府征辟任用，也在梁州幕府中任过职；年长的官员属吏们都感叹不已，说您很像您的父亲。适逢御史台减员，您刚进入朝廷担任监察御史，就被免职；怀揣着大展宏图的伟大梦想，您还未来得及尽情施展才华。幕府迁至幽州，幽州民风愚顽，不顺服朝廷治理；节度使张弘靖希望您能辅佐他，于是请奏皇上，希望能挽留您继续在朝为官。当时您已在赴任幽州的途中，于是又改迁殿中侍御史，赏赐红色官服、手持象牙手板；您只是趋从大义正道，哪里是追名逐利。毒蛇豺狼滋事作乱，整个幕府被包围屠戮，叛军屠杀他们所愤恨的人，唯独您幸免于难、脱离劫数，没有被杀。叛军手持如林密布的利刃、弓箭，千万名士卒狂呼噪嚷，气势汹汹。您独自呵斥他们说："皇上并没有亏待你们，你们竟做出这种大逆不道之事，将来必定会死无葬身之地！"叛军虽然愚昧无知，但也理屈词穷从而心生愧意，面带羞涩；您坚持正义，不受屈辱，最终英勇就义。皇上嘉奖您，追赠您为近侍官职，您舍生取义的壮举，被载入史书，流传千古。

　　我的侄女，是您的妻子，您对于您的家族而言，行为确实是高于世俗常人。无所安葬，于是用车载着您的灵魂向东归来；并写下这篇祭文赠送给您，无人能体会我心中的哀痛。呜呼哀哉，请您来享用这些祭品吧！

祭女挐女文

维年月日，阿爷阿八使汝妳以清酒时果庶羞之奠，祭于第四小娘子挐之灵：

呜呼！昔汝疾革，值吾南逐。苍黄分散，使汝惊忧。我视汝颜，心知死隔。汝视我面，悲不能啼。我既南行，家亦随谴。扶汝上舆，走朝至暮。大雪冰寒，伤女羸肌。撼顿险阻，不得少息，不能食饮，又使渴饥。死于穷山，实非其命。不免水火，父母之罪。使女至此，岂不缘我？草葬路隔棺非其棺；既瘗遂行，谁守谁瞻？魂单骨寒，无所托依，人谁不死，于汝即冤。我归自南，乃临哭汝：汝目汝面，在吾眼旁；汝心汝意，冤冤可忘！逢岁之吉，致以先墓；无惊无恐，安以即路。饮食柔甘，棺舆华好，归于其丘，万古是保。尚飨！

【译文】某年某月某日，阿爹阿妈让乳母带着清酒和应季的水果佳肴作为祭品，告祭于第四个女儿挐子的灵前：

呜呼！之前你病重的时候，正赶上我被贬谪到南方任职。猝不及防的分离，让你惊惧而忧虑。我看着你的脸，心知你我父女将要永别了。你看着我的脸,悲哀得哭不出声来。我已经动身去往南方,家眷也都跟随前往。扶你上车,从早到晚,日夜兼程地赶路。漫天大雪,滴水成冰,寒冷侵蚀着你羸弱的身体。一路上舟车劳顿,道路险阻,还不能稍作停留,你无法进食,又饥渴难耐。病死在穷山恶水之间,这本不该是你的宿命。让你难免遭受水深火热的煎熬,这是父母的罪过。使你落得如此地步,难道不都是因为我吗?因条件所限,我们只得草草地把你葬在路边,棺材也不像个棺材;埋葬之后,我们还得继续南行,谁来守护你、照看你呢?魂魄孤单,尸骨浸寒,无所依托,人,谁都有一死,只是这样的离去对你而言实在是太冤枉了。如今我从南方归来,于是到你的墓前哭祭你:你的眼睛,你的面庞,还历历在目;你的心思,你的心意,犹在我心中,怎能忘怀!等到年份好的时候,我一定挑选吉日,把你移葬到祖坟中去;到那时,你不必惊慌也不必害怕,安然地上路吧。祭奠的供品芳香甜美,棺材与灵车都华丽美好,把你移葬到祖坟中,你就可以万古平安了。请你来享用这些祭品吧!

卷二十四　碑志

李元宾墓铭

　　李观字元宾，其先陇西人。始来自江之东，食太学之禄，年二十四举进士，三年登上第，又举博学宏辞，得太子校书又一年，年二十九，客死于京师。既敛三日，其友人博陵崔弘礼卖马葬之于国东门之外七里，乡曰某乡，原曰某原。友人昌黎韩愈书石以志之，其辞曰：

　　已乎元宾！寿也者吾不知其所慕，夭也者吾不知其所恶。生而不淑，孰为之寿？死而不朽，孰为之夭？已乎元宾！文高乎当世，行过乎古人。竟何为哉，竟何为哉！

　　【译文】李观，字元宾，他的祖先是陇西人。他最初来自江东地区，在太学进行学习，二十四岁时被推举参加进士科举，第三年考中进士，又考中博学宏辞科，当了一年的太子校书，二十九岁时，客死在京城。入殓了三天以后，他的朋友博陵人崔弘礼卖掉自己的马将他葬在京城东门之外七里的地方，乡为某乡，原为某原。他的朋友韩愈在石碑上刻下铭文来记载他的事迹，铭文是：

你已经去世了啊元宾！我不知道你是不是羡慕长寿，我也不知道你是不是厌恶短命。如果人活着却不贤德，谁能说他是长寿呢？如果人死了但能永不磨灭，谁能说他是短命呢？你已经去世了啊元宾！你的文才高于当代，而操行也超过古人。怎么会是这样，怎么会是这样！

崔评事墓铭

君讳翰，字叔清，博陵安平人。曾大父知道，仕至大理司直；大父玄同，为刑部侍郎，出刺徐、相州；父倚，举进士，天宝之乱，隐居而终。君既丧厥父，携扶孤老，托于大江之南。卒丧，通儒书，作五字句诗。敦行孝弟，诙谐纵谑，不羁。又善饮酒，江南人士多从之游。贞元八年，君生四十七年矣，自江南应节度使王栖曜命于鄜州。既至，表授右卫胄曹参军，实参幕府事。直道正言，补益尤多。既去职，遂家于汝州，刺史吴郡陆长源引为防御判官，表授试大理评事。十二年，相国陇西公作藩汴州，而吴郡为军司马，陇西公以为吴郡之从则贤也，署为观察巡官。实掌军田，凿浍沟，斩茭莉，为陆田千二百顷，水田二千顷，连岁大穰，军食以饶。幕府以其功状闻，使者未复命。以十五年正月五日寝疾终于家，年五十有六矣。陇西公赙赠有加。自始有疾，吴郡率幕府僚属日一至其庐问焉；其既甚也，日再往问焉；其终也，往哭焉；比小敛大敛三哭焉。于敛之二十日，其妻与其子以君之丧旋葬于汝州，其二月某日，遂葬于某县某乡某原。君内仁九族，外尽宾客，于其所止，其来如归。苟亲矣，虽不肖收之如贤；苟贤矣，虽贫贱待之如贵人。是故其殁也，其吊者与其哭者，其声也必哀尽焉。妻，郑氏也，有子二人，女一人。吾闻位不称德者有后。呜呼！君其终有后乎！铭曰：

朝之言嘻嘻，夕之言怡怡，偕入而出乘马而驰，一日不见而死。吁其可悲！

【译文】崔君，名翰，字叔清，是博陵安平人。你的曾祖父崔知道，官至大理寺司直；祖父崔玄同，是刑部侍郎，后来出任徐州、相州刺史；父亲崔倚，考中进士，因为遇到天宝之乱，所以回家隐居而终。你在父亲去世以后，扶老携幼，托身于大江之南。服丧完毕以后，通习儒家经典，写作五字句诗。笃行孝悌，诙谐纵谑，放荡不羁。又擅长饮酒，江南人士大多与你交往。贞元八年（792），你四十七岁的时候，应节度使王栖曜的邀请从江南到郧州接受任命。到了之后，上表授予右卫胄曹参军，实际上参与幕府事务。你敢于直言己见，对处理政事有很大的帮助。辞去参军之职以后，就定居在汝州，汝州刺史吴郡人陆长源推荐你为防御判官，上表授予试大理评事。贞元十二年（796），相国陇西公担任汴州节度使，而陆长源担任行军司马，陇西公认为陆长源的随从都很有才能，就任命你为观察巡官。实际上负责军田事务，你带人开凿沟渠，开垦荌茆丛生的荒地，获得旱田一千二百顷，水田二千顷，连年大获丰收，军队的粮食因此很多。幕府将你的功劳上奏天子，使者还没有回来复命。贞元十五年（799）正月五日，你在睡梦中病死家中，享年五十六岁。陇西公赠送了很多财物给你的家人。从你开始有病的时候，陆长源就带领幕府的僚属每天都去一次你的家中探望你；你病情加重的时候，大家每天探望你两次；你去世的时候，大家前往你的家中为你痛哭；加上小殓大殓，总共为你痛哭了三次。在入殓的二十天后，你的妻子和儿子因为你的去世马上把你安葬在汝州，在二月的某日，就把你安葬在某县某乡某原。你对内仁爱九族，对外善待宾客，让他们体会到宾至如归的温暖。如果是亲族，即使是不肖之徒也收留他让他努力向善；如果是贤良之人，即使贫穷卑贱也像贵客一般对待他。因此你去世以后，来吊唁你的，来为你痛哭的，他们的声音一定十分哀切。你的妻子，是郑氏，你有两个儿子，一个女儿。我听说地位赶不上德行的人有后代。唉！你终究有后代啊！铭文是：

　　早晨谈话高高兴兴，晚上谈话欢欢喜喜，一起出入，一起乘马奔驰，谁知一天没见你便去世了。唉我是多么悲伤！

施先生墓铭

贞元十八年十月十一日，太学博士施先生士丐卒，其僚太原郭伉买石志其墓，昌黎韩愈为之辞，曰：

先生明《毛郑诗》，通《春秋左氏传》，善讲说。朝之贤士大夫从而执经考疑者继往于门，太学生习《毛郑诗》《春秋左氏传》者皆其弟子。贵游之子弟时先生之说二经，来太学怡怡然坐诸生下，恐不卒得闻。先生死，二经生丧其师，仕于学者亡其朋，故自贤士大夫老师宿儒新进小生闻先生之死，哭泣相吊，归衣服货财。先生年六十九，在太学者十九年。由四门助教为太学助教，由助教为太学博士，秩满当去，诸生辄拜疏乞留，或留或迁，凡十九年不离太学。祖曰旭，袁州宜春尉；父曰婿，濠州定远丞；妻曰太原王氏，先先生卒；子曰友直，明州鄮县主簿；曰友谅，太庙斋郎。系曰：

先生之祖，氏自施父。其后施常，事孔子以彰。雠为博士，延为太尉。太尉之孙，始为吴人。曰然曰绩，亦载其迹。先生之兴，公车是召；纂序前闻，于光有曜。古圣人言，其旨密微；笺注分罗，颠倒是非；闻先生讲论，如客得归。卑让盹盹，出言孔扬；今其死矣，谁嗣其宗！县曰万年，原曰神禾；高四尺者，先生墓耶！

【译文】贞元十八年（802）十月十日，太学博士施士丐先生去世，他的同僚太原人郭优买了石碑立在他的墓前，昌黎人韩愈为他写墓志铭，铭文是：

先生了解《毛诗郑笺》，通晓《春秋左氏传》，善于讲解释义。朝廷里跟随先生而拿着经书向您请教疑问的贤明士大夫络绎不绝，太学生中学习《毛诗郑笺》《春秋左氏传》的都是先生的弟子。王公贵族的子弟在先生解说二经的时候，也来到太学怡然自得地坐在太学生中间，只怕不能听完。先生去世了，学二经的太学生失去了他们的老师，在太学任教的学官失去了他们的朋友，所以从贤明的士大夫、太学的老师、有声望的博学之士到新入学的太学生听到先生去世的消息，无不哭泣哀悼，到先生家中赠送衣服财物。先生享年六十九岁，在太学任教的时间是十九年。从四门助教做了太学助教，从太学助教做了太学博士，太学的任职期满应当离去，太学生就上奏请求挽留先生，或挽留或升职，总共有十九年的时间没有离开太学。先生的祖父叫施旭，担任袁州宜春县尉；先生的父亲叫施婼，担任濠州定远县丞；先生的妻子是太原人王氏，早于先生去世；先生的儿子叫施友直，担任明州鄮县主簿；另一个儿子叫施友谅，担任太庙斋郎。结尾说：

先生的祖先，是鲁国的大夫施父。他的后代是施常，因为师从孔子而有名。施雠是汉宣帝的博士，施延是汉顺帝的太尉。太尉的孙子，开始迁居吴地。施然与施绩，史书也记载了他们的事迹。先生的选拔，是朝廷用公车征召的；编纂前人的事迹，因此得到荣耀光辉。古代圣人的言论，含义邃密微妙；笺注纷繁复杂，颠倒是非；听先生的讲解，就像客人回到家中一样。先生谦逊礼让，十分诚恳，但说出的话却意义深远；现在先生去世了，谁能继承您的事业！县为万年县，原名神禾原；四尺之高的，就是先生的坟墓！

考功员外卢君墓铭

愈之宗兄故起居舍人君，以道德文学伏一世。其友四人，其一范阳卢君东美。少未出仕，皆在江淮间，天下大夫士谓之"四夔"。其义以为道可与古之皋夔者侔，故云尔；或曰夔尝为相，世谓"相夔"，四人虽处而未仕，天下许以为相，故云。大历初，御史大夫李栖筠由工部侍郎为浙西观察使，当是时，中国新去乱，仕多避处江淮间，尝为显官得名声，以老故自任者以千百数，大夫莫之取，独晨衣朝服，从骑吏，入下里舍请卢君。君时始任戴冠，通《诗》《书》，与其群日讲说周公孔子以相磨砻浸灌，婆娑嬉游，未有舍所为为人意。既起从大夫，天下未知君者，惟奇大夫之取人也不常，必得人。其知君者，谓君之从人也非其常守，必得其从。其后为太常博士、监察御史、河南府司录、考功员外郎。年五十四而终，在官举其职。

夫人李姓，陇西人。作配君子无违德；君殁，训子女甚得母道。后君二十年，年六十六而终。将合葬，其子畅命其孙立曰；"乃祖德烈靡不闻，然其详而信者，宜莫若吾先人之友。先人之友无在者，起居又有季曰愈，能为古文，业其家，是必能道吾父之事业。汝其往请铭焉。"立于是奉其父命奔走来告。愈谓立曰:"子来宜也,行不可一二举,且吾之生也后,不与而祖接,不得其详也。其大者莫若众所与,观所与众寡,兹可以审其德矣。乃祖未出而处也,天下之士以为与古之皋夔者侔,且可以为相,其德不既大矣乎? 讲说周公孔子,乐其道,不乐从事于俗;得所从,不择外内奋而起,其进退不既合于义乎? 铭如是,可以示于今与后也钦!"立拜手曰:"唯唯。"君祖子舆,濮州濮阳令;父同,舒州望江令。夫人之祖延宗,郓州司马;父进成,鄜州洛交令。男三人,畅、申、易;女三人,皆嫁为士人妻。墓在河南某县某原。元和二年二月十日云。

【译文】我的族兄、原起居舍人韩会,凭借道德和学问而令世人敬服。韩会有四个好朋友,其中一个是范阳人卢东美。年轻的时候还没出来做官,都在江淮地区,天下的士大夫就称他们为"四夔"。意思是说他们的道义可以与古代的贤者皋、夔两人相比,所以这样称呼他们;或者说夔曾经担任宰相,世人称他为"相夔",这四个人虽然还没有做官,天下人已经把他们视为宰相,所以这样称呼他们。大历初期,御史大夫李栖筠由工部侍郎担任浙西观察使,当时,中原地区刚刚平定叛乱,做官的人大多避居在江淮地区,曾经做过大官,获得名声,以元老自居的人数以千百,但御史大夫没有选择他们,只在早晨穿上朝服,骑上马,带上随从,去乡野里邀请卢君。卢君当时刚满二十岁,通晓《诗经》《尚书》,每天都与他的同伴谈论周公、孔子,互相切磋浸染,四处嬉戏游乐,没有放弃自己所做的事而被人役使的意思。开始跟随御史大夫以后，天下不了解卢君的人，都对御史大夫选人不同寻常感到奇怪，觉得他一定会得到人才。了解卢君的人，说卢君跟随他人不是他平常的行为，觉得他一定找到了值得跟随的人。此后卢君担任太常博士、监察御史、河南府司录、考功员外郎。在五十四岁的时候去世，他在任上尽职尽责。

卢君的夫人姓李，是陇西人。卢君在世的时候，与他相伴，不违背妇德；卢君去世以后，训导子女，非常有为母之道。卢君去世二十年以后，她在六十六岁的时候去世。两人将要合葬的时候，卢君的儿子卢畅对他的儿子卢立说："你的祖父德行刚烈，无人不晓，但知道得详尽而且值得信任的，应该莫若我父亲的朋友。父亲的朋友没有在世的了，起居舍人韩会有个弟弟叫韩愈，能写古文，管理他的家业，他一定能知道我父亲的成就。你去他那里请他写一篇铭文。"卢立于是奉他父亲的命令奔走来告。我对卢立说："你来得正好，事迹不可以简单列举一二，况且我生得晚，没有与你祖父交往过，不知道详细的情况。你祖父的伟大德行就像众人称道的那样，看称道之人的多少，就可以知道你祖父的德行了。你祖父还没出来做官而隐居乡野的时候，天下之士认为他可以与古代的贤者皋、夔两人相比，并且可以做宰相，你祖父的德行不是很伟大吗？讲说周公和孔子，以守道为乐，不乐意做世俗之事；得到了可以跟随的人，不区分内外奋发而起，你祖父的进退之道不是符合大义吗？你祖父的铭文就是这样，可以将它展示给现在和以后的人看！"卢立恭敬地跪拜说："好，好。"卢君的祖父卢子舆，担任濮州濮阳县令；父亲卢同，担任舒州望江县令。卢君夫人的祖父李延宗，担任郓州司马；父亲李进成，担任鄜州洛交县令。卢君有三个儿子，分别叫卢畅、卢申、卢易；有三个女儿，都嫁给士人为妻。卢君的坟墓在河南某县某原。元和二年（807）二月十日记。

施州房使君郑夫人殡表

夫人之先出于周，以郑为氏因初侯。曾祖讳随祖讳玠，厥考讳绛咸垂休。归于房宗生九子，左右黍稷祠春秋。道顺德严显且裕，宜寿而贵今何谬！永贞冬至前四日，寓殡坟此非其丘。

【译文】夫人的祖先出自周朝，因为当初在郑地封侯，所以就把郑作为自己的姓氏。夫人的曾祖父叫郑随，祖父叫郑玠，父亲叫郑绛，都留下美好的名声。夫人嫁到房家，生了九个儿子，每年都有身边人拿着黍稷去进行春祭和秋祭。夫人道义恭顺，德行严谨，因此彰显妇德，名声远扬，应该长寿而且富贵，怎么如此荒谬现在竟然去世了！永贞元年（805）冬至的前四天，夫人暂且被安葬在他乡的土地上，此处不是夫人真正的葬身之地。

清边郡王杨燕奇碑文

公讳燕，字燕奇，弘农华阴人也。大父知古，祁州司仓；烈考文海，天宝中实为平卢军衙前兵马使，位至特进检校太子宾客，封弘农郡开国伯，世掌诸蕃互市，恩信著明，夷人慕之。禄山之乱，公年几二十，进言于其父曰："大人守官，宜不得去，王室在难，某其行矣！"其父为之请于戎帅，遂率诸将校之子弟各一人间道趋阙，变服诡行，日倍百里。天子嘉之，特拜左金吾卫大将军员外置，赐勋上柱国。宝应二年春，诏从仆射田公平刘展，又从下河北。大历八年，帅师纳戎帅勉于滑州。九年，从朝于京师。建中二年，城汴州，功劳居多。三年，从攻李希烈，先登。贞元二年，从司徒刘公复汴州。十二年，与诸将执以城叛者归之于京师。事平，授御史大夫，食实封百户，赐缯彩有加。十四年，年六十一，五月某日终于家。自始命左金吾大将军，凡十五迁为御史大夫，职为节度押衙、左厢兵马使，兼马军先锋兵马使，阶为特进，勋为上柱国，爵为清边郡王，食虚邑三百户至三千户，真食百户终焉。公结发从军四十余年，敌攻无坚，城守必完，临危陷难，歔欷感发，乘机应会，捷出神怪，不畏义死，不荣幸生，故其事君无疑行，其事上无间言。初，仆射田公其母隔于冀州，公独请往迎之，经营贼城，出入死地，卒致其母。田公德之，约为父子，故公始姓田氏，田公终而后复其族焉。嗣子通王属良祯，以其年十月庚寅葬公于开封县鲁陵冈，陇西郡夫人李氏祔焉。夫人清夷郡太守祐之孙，渔阳郡长史献之女。柔嘉淑明，先公而殂。有男四人，女三人。后夫人河南郡夫人雍氏，某官之孙，某官之女。有男二人，有女一人，咸有至性纯行。夫人同仁均养，亲族不知异焉。君子于是知杨公之德又行于家也。铭曰：

烈烈大夫，逢时之虞，感泣辞亲，从难于秦。维兹爱始，遂勤其事。四十余年，或裨或专。攻牢保危，爵位已隮，既明且慎，终老无隳。鲁陵之冈，蔡河之侧，蒸蒸孝子，思显勋绩，斫石于此，式垂后嗣。

【译文】杨公名燕，字燕奇，是弘农郡华阴县人。祖父杨知古，担任祁州司仓；父亲杨文诲，天宝年间实际上担任平卢军衙前兵马使，官至特进检校太子宾客，封为弘农郡开国伯，世代掌管各少数民族的贸易往来，恩德信义显明，当地人都很敬慕他。安禄山起兵造反的时候，杨公将近二十岁，向他的父亲进言说："您奉守官职，不可以离开，现在王室处于危难之中，我前往援救吧！"他的父亲为他向军队统帅请求，于是他带领诸位将校的子弟各一人沿着小路奔赴京城，改变衣服，隐蔽赶路，日行两百里。天子嘉奖他，特别任命他为左金吾卫大将军员外置，赐勋上柱国。宝应二年（763）春季，天子下令让他跟着仆射田公平定刘展之乱，又跟随到河北。大历八年（773），他带领军队在滑州迎接节度使李勉。大历九年（774），他跟随节度使入京朝见天子。建中二年（781），修建汴州城，他的功劳居多。建中三年（782），他跟着攻打李希烈，首先登上城墙。贞元二年（786），他跟着司徒刘元佐收复汴州。贞元十年（794），他与诸位将领押解坐拥城池造反作乱的人到京城。事情平定以后，天子任命他为御史大夫，食邑实际上赏了一百户，又赏赐彩色缯帛若干。贞元十四年（798），杨公六十一岁的时候，在五月的某日死在家中。杨公从开始被任命为左金吾大将军，总共经历十五次升迁直到御史大夫，官职为节度押衙、左厢兵马使，兼马军先锋兵马使，官阶为特进，授勋为上柱国，封爵为清边郡王，食虚邑从三百户到三千户，到去世时真正食邑五百户。杨公结发从军有四十多年，攻无不克，战无不胜，面临危难，哀叹抽泣，有感而发，趁此机会，神出鬼没，不畏义死，不因侥幸偷生而感到光荣，所以他侍奉君王没有疑行和非议。当初，仆射田公的母亲被阻隔在冀州，杨公自请前往迎接，经过叛贼的城池，出入必死之地，终于将田公的母亲接回。田公非常感激他，认他为义子，所以杨公开始姓田，田公去世以后又有了后代。杨公的嗣子通王嘱咐良祯，在当年十月庚寅日将杨公安葬在开封县鲁陵冈，陇西郡夫人李氏与他合葬。李氏夫人是清夷郡太守李佑的孙女，渔阳郡长史李献的女儿。她温和善良，贤淑明理，比杨公先去世。与杨公生有四个儿子，三个女儿。继室夫人是河南郡夫人雍氏，是某官的孙女，某官的女儿。与杨公生有两个儿子，一个女儿，都有诚挚的性情，纯正的品德。雍氏夫人对于子女，一视同仁，亲族都不知道其中的不同。君子于是知道杨公的品德也在家中施行。铭文是：

　　刚烈的丈夫，遇到国家有难之时，心中感慨悲泣，辞别亲人，奔赴京城。从这时开始，就勤于职事。四十多年，或任副职，或做正职。攻打坚固的城池，保卫危险的城池，爵位不断上升，既聪明又谨慎，一直到老都没有倒下。鲁陵之冈，在蔡河之侧，淳厚孝子，想彰显他的功绩，在这里树立石碑，昭示给后代子孙。

河南少尹裴君墓志铭

公讳复，字茂绍，河东人。曾大父元简，大理正。大父旷，御史中丞、京畿采访使。父虬，以气略敢谏诤为谏议大夫，引正大疑，有宠代宗朝，屡辞官不肯拜，卒赠工部尚书。公举贤良，拜同官尉。仆射南阳公开府徐州，召公主书记，三迁至侍御史，入朝历殿中侍御史，累迁至刑部郎中，疾病，改河南少尹，舆至官，若干日卒，实元和三年四月二十三日，享年五十。夫人博陵崔氏，少府监颋之女。男三人，璟质皆既冠，其季始六岁，曰彦郎。卜葬，得公卒之四月壬寅，遂以其日葬东都芒山之阴杜翟村。公幼有文，年十四上《时雨诗》，代宗以为能，将召入为翰林学士，尚书公请免曰："愿使卒学。"丁后母丧，上使临吊，又诏尚书公曰："父忠而子果孝，吾加赐以励天下。"终丧，必且以为翰林学士。其在徐州府，能勤以有劳；在朝，以恭俭守其职；居丧必有闻；待诸弟友以善；教馆嫠妹，畜孤甥；能别而有恩；历十一官而无宅于都，无田于野，无遗资以为葬，斯

其可铭也已! 铭曰:

裴为显姓, 入唐尤盛。支分族离, 各为大家。惟公之系, 德隆位细。曰子曰孙, 厥声世继。晋阳之色, 愉愉翼翼。无外无私, 幼壮若一。何寿之遒, 而禄之不多! 谓必有后, 其又信然耶!

【译文】裴公名复, 字茂绍, 是河东人。裴公的曾祖父裴元简, 担任大理正。祖父裴旷, 担任御史中丞、京畿采访使。父亲裴虬, 因为有气魄有谋略、敢于直言劝谏而被任命为谏议大夫, 引用事例作为大的疑难问题的根据, 在代宗一朝受到宠信, 他多次辞去官职不肯接受任命, 死后追赠工部尚书。裴公因为才德兼备而被举荐, 授予同官县尉。仆射南阳公在徐州担任节度使, 征召裴公负责书记一职, 经过三次升迁官至侍御史, 进入朝廷做了殿中侍御史, 多次升迁官至刑部郎中, 因为生病, 改任河南府少尹, 他乘车到河南府上任, 没有多久就去世了, 确切时间是元和三年(808)四月二十三日, 享年五十岁。裴公夫人博陵人崔氏, 是少府监崔颋的女儿。他们生了三个儿子, 裴璟、裴质都已成年, 小儿子才六岁, 叫裴彦郎。请人占卜安葬日期, 定在裴公去世的四月壬寅日, 于是在这天将裴公埋葬在东都洛阳芒山北面的杜翟村。裴公年少时就很有文才, 十四岁的时候就献上《时雨诗》, 代宗认为他有才能, 想将他召入朝廷做翰林学士, 他的父亲请求免去征召说: "希望让他完成学业。"裴公为后母服丧, 皇上派人前往吊唁, 又对他的父亲说: "父亲忠义儿子果然也孝顺, 我要加以赏赐来激励天下人。"服丧完毕以后, 他果然被任命为翰林学士。裴公在徐州府的时候, 工作

勤奋而有功劳；在朝廷任职，恭谨谦逊尽职尽责；在家中服丧一定
有好名声；对待弟弟们友爱和善；收留守寡的妹妹，抚养失去父亲
的外甥；才能出众且恩惠有加；做了十一年官却在城里没有自己的
住宅，在郊外没有自己的田地，没有留下钱财作为安葬的费用，这
都可以铭刻在碑上啊！铭文是：

　　裴姓是望族，进入唐朝以后更加兴盛。家族支系分开，各自
成为世家。裴公的这一支，德行高尚，地位显赫。子孙后代，世代
继承好的声望。住在晋阳县的家族，和乐喜悦、恭敬谨慎。没有区
别没有私心，大人小孩团结得像一个人。为什么他的寿命不长，享
受的俸禄也不多！这样的人一定有后代，事实证明确实如此啊！

国子助教河东薛君墓志铭

　　君讳公达，字某，薛姓。曾祖曰希庄，抚州刺史，赠大理
卿；祖曰元晖，果州流溪县丞，赠左散骑常侍；父曰播，尚书礼
部侍郎。侍郎命君后兄授，据为尚书水部郎中，赠给事中。君少
气高，为文有气力，务出于奇，以不同俗为主。始举进士，不与
先辈揖，作《胡马》及《圜丘》诗，京师人未见其书，皆口相传
以熟。补家令主簿，佐凤翔军。军帅武人，君为作书奏，读不识
句，传一幕以为笑，君不为变。后九月九日大会，命射，设标的，
高出百数十尺，令曰：中，酬锦与金若干。一军尽射，莫能中者。

君执弓，腰二矢，挟一矢以兴，揖其帅曰："请以为公欢。"遂适射所，一座起，随之。三发，连三中，的坏不可复射。中辄一军大呼以笑，连三大呼笑，帅益不喜，即自免去。后佐河阳军，任事去害兴利，功为多。拜协律郎，益弃奇，与人为同。今天子修太学官，有公卿言，诏拜国子助教，分教东都生。元和四年，年四十七，二月十四日疾暴卒。君再娶，凡四男五女。男生辄死。自给事至君，后再绝。皆有名。遗言曰："以公仪之子为己后。"其年闰三月二十二日，弟某官公仪、殿中侍御史公干，以君之丧，葬京兆某县。铭曰：

宦不遂，归讥于时。身不得年，又将尤谁？世再绝而绍，祭以不隳。

【译文】薛君名公达，字大顺，薛姓。曾祖父叫薛希庄，担任抚州刺史，追赠大理寺卿；祖父叫薛元晖，担任果州流溪县丞，追赠左散骑常侍；父亲叫薛播，担任尚书礼部侍郎。他让薛君做他哥哥薛据的继子，薛据担任尚书省水部郎中，追赠给事中。薛君年少时有骨气，写文章很有才气，务求不同寻常，以不遵从世俗为持守。开始被推荐参加进士科举考试的时候，他没有向前辈学习，写了《胡马》与《圜丘》两首诗，京城的人没有见过他的书，都以口相传这两首诗而且十分熟悉。考中进士以后，在他父亲做县令的县里补授主簿，担任凤翔军节度使的辅佐官员。军队统帅是个武人，薛君为他写奏书，故意语句不通，在整个幕府传为笑谈，薛君却不为所动。后来九月九日军中大会，统帅下令举行射箭比赛，在军营中设置箭靶，有一百几十尺高，号令说：谁射中了，赏赐锦缎与黄金若干。全军将士都来试射，没有能射中的。薛君手上拿弓，从腰中抽出两支箭，将一支箭搭在弓上，对统帅作揖说："请让我为您取乐。"于是将箭射向箭靶，坐着的人全都站起，目光随箭望去。射了三箭，连中三次，箭靶被射坏不能再射。每次射中全军将士就大声欢呼，连着三次大声欢呼，统帅更加不高兴了，于是他自行请求离开。后来薛君担任河阳军节度使的辅佐官员，在任时除害兴利，立下很多功劳。后来他被任命为协律郎，逐渐摒弃了那些新奇的主张，与众人相同。现在天子设立太学官，有公卿大臣进言推举，下诏任命他为国子助教，另外教导东都洛阳的太学生。元和四年（809）他四十七岁的时候，在二月十四日突然因病去世。薛君娶过两个妻子，总共生有四个儿子，五个女儿。儿子生下来就都夭折了。从给事中薛据到薛君，后代两次断绝。儿子都有名字。薛君留下遗言说："把公仪的儿子作为我的继子。"当年闰三月二十日，薛君的弟弟某官薛公仪、殿中侍御史薛公干，将薛君的灵柩，安葬在京兆府某县。铭文是：

　　您仕途不顺，经常被时人讥讽。您自身不能安享天年，又能埋怨谁呢？后代再次断绝而又有人继承，往后香火不断可以祭祀了。

监察御史元君妻京兆韦氏夫人墓志铭

夫人讳丛，字茂之，姓韦氏。其上七世祖父封龙门公。龙门之后，世率相继为显官。夫人曾祖父讳伯阳，自万年令为太原少尹、副留守，卒赠秘书监。其大王父迢，以都官郎为岭南军司马，卒赠同州刺史。王考夏卿以太子少保赠左仆射。仆射娶裴氏皋女。皋为给事中，皋父宰相耀卿。夫人于仆射为季女，爱之，选其婿得今御史河南元稹。稹时始以选授校书秘书省中，其后遂以能直言策第一，拜左拾遗，果直言失官。又起为御史，举职无所顾。夫人因前授教于贤父母，及得其良夫，又授教于先姑氏，率所事所言皆从仪法。年二十七，以元和四年七月九日卒。卒三月，得其年之十月十三日葬咸阳，从先舅姑兆。铭曰：

《诗》歌《硕人》，爰叙宗亲；女子之事，有以荣身。夫人之先，累公累卿；于赫外祖，相我唐明。归逢其良，夫夫妇妇；独不与年，而卒以夭。实生五子，一女之存。铭于埋辞，以永于闻。

【译文】夫人名丛，字茂之，姓韦。她的七世祖父被封为龙门公。龙门公的后人，世代相继担任权势显赫的官员。夫人的曾祖父叫韦伯阳，从万年县令升任太原府少尹、北都副留守，死后追赠秘书监。祖父叫韦迢，以都官郎的身份担任岭南军行军司马，死后追赠同州刺史。父亲叫韦夏卿，担任太子少保，死后追赠左仆射。她的父亲娶了裴皋的女儿为妻。裴皋担任给事中，裴皋的父亲是宰相裴耀卿。夫人是其父亲的小女儿，深受其父喜爱，为她挑选的丈夫是当朝御史河南人元稹。元稹当初经过选定被授予秘书省校书郎，后来就因为能够直言进谏，策试第一，被任命为左拾遗，果然因为直言而失去官职。后来又被起用为御史，尽职尽责，无所顾忌。夫人因先前就得到贤明父母的教导，又嫁了一位好丈夫，过门后又在已故婆婆遗风的影响下，所做的每件事，所说的每句话都遵循礼仪法度。夫人二十七岁的时候，在元和四年（809）七月九日去世。去世三个月以后，在当年十月十三日安葬在咸阳，与死去的公婆合葬。铭文是：

《诗经》的《硕人》篇，歌颂了宗亲妇德；女子所做的事情，也可以让自身荣耀。夫人的祖先，多为公卿大臣；有名声显赫的外祖父，做过圣明大唐的宰相。嫁到一户好人家，丈夫和妻子都安守本分；唯独不能安享天年，早早就去世了。夫人实际上还生了五个儿子，但最终只有一个女儿活了下来。将她的事迹用美好的言辞铭刻在这里，永久地流传下去。

卷二十五　碑志

登封县尉卢殷墓志

元和五年十月日，范阳卢殷以故登封县尉卒登封，年六十五。君能为诗，自少至老，诗可录传者，在纸凡千余篇。无书不读，然止用以自资为诗。与谏议大夫孟简、协律孟郊、监察御史冯宿好，期相推挽，卒以病，不能为官。在登封，尽写所为诗投故宰相、东都留守郑余庆。留守数以帛米周其家，书荐宰相，宰相不能用，竟饥寒死登封。将死，自为书告留守与河南尹，乞葬己。又为诗与常所来往河南令韩愈，曰："为我具棺。"留守尹为具凡葬事，韩愈与买棺，又为作铭。十一月某日，葬嵩山下郑夫人墓中。君始娶荥阳郑氏，后娶陇西李氏，生男辄死，卒无子。女一人，学浮屠法，不嫁，为比丘尼云。

【译文】元和五年（810）十月的一天，范阳人卢殷以原任登封县县尉身份在登封去世，享年六十五岁。先生善作诗，从少年起一直到老年，写在纸上被记录下来，广为流传的诗歌，共有一千多篇。先生什么书都读，但是只将所读之书作为写诗的基础。先生和谏议大夫孟简、协律孟郊、监察御史冯宿交情甚好，约好彼此间要相互帮扶，但最终却因病不能为官。在登封县时，他将自己所写的诗都誊抄下来，呈给曾做过宰相的东都留守郑余庆先生。留守多次以布帛、粮米周济先生家，还写信向宰相举荐他，但是宰相却没有任用他，先生终因贫寒而死于登封。先生临去世时，亲自写信告知留守与河南尹，请求他们埋葬自己。先生又写诗给经常与自己来往的河南令韩愈，说："为我准备棺材吧。"留守和河南尹为他准备葬礼之事，韩愈给他买来棺材，又为他作了碑铭。十一月的某一天，先生被葬在嵩山下的郑夫人墓中。先生起初娶了荥阳郑姓女子，后来又娶了陇西李姓女子，生下的男孩儿都死了，因此先生最终也没有儿子。他只有一个女儿，学习佛法，没有嫁人，做了比丘尼。

兴元少尹房君墓志

房故为官族，称世有人。自太尉琯以德行为相，相玄宗、肃宗，名声益彰彻大行，世号其门为"太尉家"。宗族子弟，皆法象其贤公。曾祖讳玄静，尚书膳部郎中，历资、简、泾、隰四州刺史,太尉之叔父也。祖讳肱,为虢州司马。父讳峦,都水使者。皆名能守家法。公讳武,字某,以明经历官至兴元少尹。谨饰畏慎,年七十三,以其官终。幼壮为良子弟,老为贤父兄,历十二官,处事无纤毫过差。尝以殿中侍御史副丹阳军使,其后为鰲屋令、施州刺史。丹阳、鰲屋、施州吏民至今思之。娶荥阳郑氏女,生男六人,其长曰次卿。次卿有大才,不能俯仰顺时,年四十余,尚守京兆兴平尉,然其友皆曰:"房氏有子也。"次曰次公、次膺、次回、次衡、次元,始学而未仕。女三人,皆嫁为士人妻。初,公之在施州,夫人卒焉,殡于江陵。元和五年,次卿与其群弟奉公之丧自兴元至,堂殡于伊水之南;六年正月,次公奉夫人之丧自江陵至,遂以其月十四日合葬河南缑氏之高龙原。公母弟式自给事中为河南尹,孝友慈良,尽费其财以奉公葬。未葬之一月,诏以河南为御史中丞,领宣州观察使。将行,召河南令韩愈,泣谓曰:"吾兄之葬于是,而吾为尹于是,吾以为得尽其道于吾兄也。今压于上命,不得视吾兄之棺入此土也,岂非天耶?子与吾兄儿次卿游,我重知子,凡吾兄之终事,将子是托焉。"愈既不获辞,既助其凡役事,退又为铭云:

有位有名,有弟有子,从先人葬,是谓受祉。

【译文】房氏家族在过去为官宦世家,历代都有名人出现。从太尉房琯先生开始,因其德行高尚而身居相位,曾是玄宗、肃宗两朝宰相,名声日益彰显,又曾立下显赫之功,世人都称其家为"太尉家"。房氏宗族的子弟们，都效法他的贤良。先生的曾祖父名玄静，为尚书膳部郎中，历任资、简、泾、隰四州刺史，是太尉的叔父。先生的祖父叫房肱，为虢州司马。父亲叫房峦，为都水使者。他们都谨守家法。先生叫房武，字不详，以明经的身份为官，官至兴元少尹。先生严谨自饬，戒惕审慎，七十三岁那年，在任上去世。先生年轻时是贤良的子弟，年长时是慈爱的父兄，先后为官十二任，处事未出过丝毫差错。先生曾是殿中侍御史副丹阳军使，后来又任蓥厔令、施州刺史。丹阳、蓥厔和施州三地的官吏、百姓，至今对他思念不已。先生娶了荥阳郑姓女子，生了六个儿子，长子名次卿。次卿有非凡之才，却不愿四处逢迎、随顺世俗，到四十多岁时，还做着京兆兴平尉这样的小官，然而他的朋友们都说："房氏真有好儿子啊！"先生其他几个儿子分别叫次公，次膺、次回、次衡和次元，他们都在学习，还未入仕。先生还有三个女儿，都嫁与士人为妻。起初，先生还在施州时，夫人便去世了，葬在江陵。元和五年（810），次卿和他的几个弟弟将先生的灵柩从兴元府运送回家，葬在伊水南面；元和六年（811）正月，次公将老夫人的灵柩从江陵运回，于是在正月十四日，将二人合葬在河南缑氏的高龙原上。先生的弟弟房式，从给事中升任河南尹，为人孝顺父母、友爱兄弟、慈爱善良，倾尽所有资财，为先生准备葬礼。下葬的前一个月，皇上下诏将他从河南尹调任御史中丞，领宣州观察使之职。他在临行前，找来河南令韩愈，哭着对韩愈说："我的兄长葬在这里，而我也在此为官，本以为可为哥哥尽一尽兄弟之道了。但现在却因皇上之命，不能亲眼看着兄长的棺木入土，这难道不是天意吗？您和我兄长的儿子次卿交情甚好，我对您也很了解，兄长的丧事，就托付给您了。"韩愈无法再推辞，助其完成了先生的丧事后，回来又写下了这篇碑铭：

有位有名，有弟有子，从先人葬，是谓受祉。

河南少尹李公墓志铭

元和七年二月一日，河南少尹陇西李公卒，年五十八。敛之，三月某甲子，葬河南伊阙鸣皋山下。前事之月，其子道敏哭再拜，授使者公行状，以币走京师，乞铭于博士韩愈曰："少尹将以某月日葬，宜有铭。其不肖嗣道敏杖而执事，不敢违次，不得跣以请。"愈曰："公行应铭法，子又礼葬，敢不诺而铭诸？"公讳素，字某，生七岁，丧其父，贫不能家，母夫人提以归，畜于其外氏。以明经选，主虢之弘农簿，又尉陕之芮城。李丞相泌观察陕虢，以材署运使从事，以课迁尉京兆鄠。考满，以书判出其伦，选主万年簿，而母夫人固在，食其禄。母夫人卒三年，改尉长安，迁监察御史，奏贬九卿一人，改詹事丞，迁殿中侍御史，由度支员外郎迁万年令。公主簿夺驿田，京兆尹符县割畀之，公不与，改度支郎中。使侍郎介特，不礼其属大夫士，擅喜怒赏罚，公独入让，不受。刘辟平，以蜀赏高崇文。尚书省与崇文幕府争盐井因革便不便，命公使崇文。崇文命幕府唯公命从，即其日事。以疏奏，侍郎外称其能，竟坐前敢抗己。衢州饥，择刺史，侍郎曰："莫如郎中李某。"遂刺衢州。至一月，迁苏州。李锜前反，将之戍诸州者，刺史至，敛手无与敌。公至十二日，锜反，公将左右与贼战州门，不胜，贼呼入，公端立，责以义，皆敛兵立，不逼。锜命械致公军，将斩以徇。及境，锜败缚，公脱械还走州。贼急卒不暇走死，民抱扶迎尽出。天子使贵人持紫衣金鱼以赐。居三年，州称治。拜河南少尹，行大尹事。吕氏子旻，弃其妻，著道士衣冠，谢母曰："当学仙王屋山。"去数月，复出，间诣公。公立之府门外，使吏卒脱道士冠，给冠带，送付其母。黜属令二人以贼，减民赋钱岁五十万，请缓民输期一月，诏天下输皆缓一月。公一断治不收声，事常出名上。曾祖弘泰，简州刺史。祖乾秀，伊阙令。父燮，宣州长史，赠绛州刺史。母夫人敦煌张氏。其舅参，有大名。君之配曰彭城刘氏夫人，夫人先卒，其葬以夫人祔。夫人曾祖曰子玄，祖曰𬇕，皆有大名。公之子男四人：长曰道敏，举进士；其次曰道枢；其次曰道本、道易，皆好学而文。女一人，嫁苏之海盐尉韦某。自简州而下皆葬鸣皋山下。铭曰：

高其上而坎其中，以为公之宫，奈何乎公？

【译文】元和七年（812）二月一日，河南少尹陇西李公去世，享年五十八岁。李公在三月的某个甲子日入殓，安葬在河南伊阙鸣皋山下。就在前一个月，他的儿子道敏哭着再拜，将李公的行状拿给使者，带着钱来到京城，请求博士韩愈为其父撰写铭文，说："少尹将于某月某日下葬，应当有碑铭才好。他的不肖子道敏，扶杖主办丧事，不敢有违常理，不得已才赤脚跑来向您请求。"韩愈说："先生的品行与铭法相应，儿子又依礼筹备丧葬事宜，我怎敢不答应为他作碑铭呢？"先生名叫李素，字不详，七岁时父亲就去世了，家里穷困潦倒无以维生，母亲只好带着他回了娘家，在娘家将其养育成人。先生后来以明经身份被选为虢地的弘农主簿，又任陕西芮城尉。丞相李泌视察陕西虢地，先生以其才干暂代运使从事，经过考核后又迁任京兆鄠尉。考核期满后，先生因在同僚中出类拔萃，以书判身份被选为万年主簿，此时他的母亲还健在，依靠他的俸禄为生。母亲去世后的第三年，先生改任长安尉，迁任监察御史，曾因奏贬一位九卿，改任詹事丞，又迁任殿中侍御史，以度支员外郎的身份迁任万年令。先生主管削夺驿田，京兆尹符县却主张将这些驿田分割、赏赐出去，先生没有同意，改任度支郎中。奉命而来的侍郎孤高特立，对下属的士大夫们从不礼遇，只根据自己的喜怒进行赏罚，先生径自入内责备他，侍郎不肯听从。平定刘辟后，皇上将蜀地赏赐给高崇文。尚书省与崇文幕府争夺盐井，因不方便协调，便命先生前往崇文幕府处理此事。崇文命令幕府上下一定要听从先生的命令，先生当日便将事情处理完毕。先生将此事上疏奏禀，侍郎表面上称赞先生的才能，心里却记恨先生之前竟敢违抗自己。衢州发生饥荒，要选派刺史前往，侍郎说："没有比郎中李某更合适的人选了。"先生于是出任衢州刺史。到任刚一个月，又迁任苏州。李锜属下镇守各州的将领这时还没有起来造反，刺史来上任，他们都有所顾忌而不敢恣意妄为，没人敢与先生为敌。先生到任十二天，李锜就反叛了，先生率领左右兵士与贼军在州门展开鏖战，却因战败被擒，贼将唤他进去，先生正身端立，以家国大义责骂他们，贼兵全都收起兵刃肃立在那里，没人再威逼先生。李锜命人将先生押至军中，准备在先生部属面前将他斩首示众。刚到那里，李锜便因兵败被擒，先生挣脱枷锁后，逃回苏州。仓促之中，贼兵来不及逃跑，纷纷受死，百姓都互相搀扶着出来迎接先生。天子派贵人持紫衣、金鱼袋来赏赐先生。这样过了三年，州县都被先生治理得很好。先生又任河南少尹，实际上主持的是大尹政事。有位叫吕子炅的人，抛弃妻子，穿戴上道士的衣冠，向母亲辞别说："我要到王屋山去学仙。"去了几个月后，便从山里出来了，去拜见先生。先生站在府门外，叫吏卒脱掉他的道士服，给他穿上平日里的衣服，将其送回到母亲身边。先生又罢免了两个贪赃枉法的属吏，为百姓减免了每年五十万的赋税钱，上书为百姓请求延缓捐输期一个月，并请求诏令天下皆延缓一个月。先生平日处理政事从不为自己赚取名声，事实上他的政绩远在名声之上。先生的曾祖父弘泰，曾任简州刺史。祖父乾秀，是伊阙令。父亲李燮，是宣州长史，赠号绛州刺史。他的母亲本是敦煌张姓人家的女儿。他的舅舅张参声望很高。先生的配偶是彭城刘夫人，夫人先他去世，他与夫人合葬一处。夫人的曾祖父名子玄，祖父名铼，都有很高的名望。先生共有四个儿子：长子叫道敏，中了进士；次子叫道枢；其他两个儿子叫道本、道易，他们都勤奋好学，颇具文才。先生还有一个女儿，嫁给了苏州海盐尉韦某。二人的灵柩自简州运来，都葬在鸣皋山下。铭文写道：

上方有山高耸，坎穴居于其中，以此作为您的宫室，先生觉得如何？

集贤院校理石君墓志铭

　　君讳洪，字濬川。其先姓乌石兰，九代祖猛，始从拓拔氏入夏，居河南，遂去"乌兰"，独姓石氏，而官号大司空。后七世至行褒，官至易州刺史，于君为曾祖。易州生婺州金华令，讳怀一，卒葬洛阳北山。金华生君之考讳平，为太子家令，葬金华墓东，而尚书水部郎刘复为之铭。君生七年丧其母，九年而丧其父。能力学行，去黄州录事参军，则不仕而退处东都洛上十余年；行益修，学益进，交游益附，声号闻四海。故相国郑公余庆留守东都，上言洪可付史笔。李建拜御史，崔周祯为补阙，皆举以让。宣、歙、池之使与浙东使，交牒署君从事。河阳节度乌大夫重胤间以币先走君庐下，故为河阳得。佐河阳军，吏治民宽，考功奏从事考，君独于天下为第一。元和六年诏下河南，征拜京兆昭应尉、校理集贤御书。明年六月甲午疾卒，年四十二。娶彭城刘氏女，故相国晏之兄孙。生男二人：八岁曰壬，四岁曰申。女子二人。顾言曰："葬死所。"七月甲申，葬万年白鹿原。既病，谓其游韩愈曰："子以吾铭。"铭曰：

　　生之艰，成之又艰。若有以为，而止于斯。

　　【译文】先生名洪，字濬川。他的祖先姓乌石兰，直到名为猛的第九代祖先，才开始跟随拓跋氏进入华夏，居住在河南，于是便去掉"乌兰"，独留"石"姓，他的官职为大司空。后来又经过七世，到石行褒时，官至易州刺史，他是先生的曾祖父。易州刺史生了婺州金华令，名怀一，去世后葬在洛阳北山。金华令生了先生的父亲，名平，为太子家令，去世后葬在金华墓东，尚书水部郎刘复为他作了碑铭。先生七岁丧母，九岁时父亲也去世了。即使这样，先生依然勤奋学习、身体力行，他辞去黄州录事参军一职，退居东都洛阳十多年；此间先生更加注重品行修养，学问日益精进，交游也更加广泛，名闻四海。因此当时正留守东都曾任宰相的郑余庆公，上书说石洪可做史官。李建官拜御史，崔周祯为补阙时，都曾上书举荐让石洪代理自己的职务。宣歙池观察使卢坦及浙东观察使薛平，交相呈递公文请先生出任从事。河阳节度使乌重胤大夫，携带聘金率先来到先生家中，所以先生被河阳节度使收到麾下。先生辅佐河阳军后，官吏清正廉洁，百姓安居乐业，等到评定从事官功绩时，先生位居天下第一。元和六年（811），皇上下诏河南，征拜先生为京兆昭应尉、校理集贤御书。第二年（812）六月甲午日，先生因病去世，年仅四十二岁。先生娶的是彭城刘姓女子，原相国刘晏兄长家的孙女。先生家生了两个儿子：八岁的叫石壬，四岁的叫石申。还有两个女儿。先生留下遗言说："将我葬在死的地方。"七月甲申日，先生被葬在万年白鹿原。在他生病期间对朋友韩愈说："您为我写碑铭吧。"铭文写道：

　　生时艰难，成就一番功业更是难上加难。先生一生多有所为，最终安息于此。

唐故江西观察使韦公墓志铭

公讳丹，字某，姓韦氏。六世祖孝宽仕周有功，以公开号于郿。郿公之子孙世为大官，唯公之父政，卒雒县丞，赠虢州刺史。

公既孤，以甥孙从太师鲁公真卿学。举明经第，选授硖州远安令，以让其庶兄，入紫阁山，事从父熊。通五经登科，历校书郎、咸阳尉，佐邠宁军。自监察御史为殿中侍御史，征拜太子舍人，益有名，迁起居郎。吴少诚袭许州，拜河阳行军司马，未行，少诚死，改驾部员外郎。新罗国君死，公以司封郎中兼御史中丞紫衣金鱼往吊，立其嗣。故事：使外国者，常赐州县官十员，使以名上，以便其私，号"私觌官"。公将行，曰："吾天子吏，使海外国，不足于资，宜上请，安有卖官以受钱耶？"即具疏所以。上以命有司，与其费。至郓州，会新罗告所当立君死，还，拜容州刺史、容管经略招讨使。始城容州，周十三里，置屯田二十四所，化大行，诏加太中大夫。顺宗嗣位，拜河南少尹，行未至，拜郑滑行军司马。始至襄阳，诏拜谏议大夫。既至，日言事，不阿权臣，謇然有直名，遂号为"才臣"。

刘辟反，围梓州，诏以公为东川节度使、御史大夫。公行至汉中，上疏言："梓州在围间，守方尽力，不可易将。"征还，入议蜀事。刘辟去梓州，因以梓州让高崇文，拜晋、慈、隰等州观察防御使，自扶风县男进封武阳郡开国公，食邑二千户。将行上言："臣所治三州非要害地，不足张职，为国家费，不如属之河东便。"一岁，拜洪州刺史、江南西道观察使，以晋、慈、隰属河东。公既至，则计口受俸钱，委其余于官。罢八州无事之食者，以聚其财。始教人为瓦屋，取材于山，召陶工教人陶，聚材瓦于场，度其费以为估，不取赢利。凡取材瓦于官，业定而受其偿，从令者免其赋之半，逃未复者官与为之，贫不能者禆之财，载食与浆亲往劝之。为瓦屋万三千七百，为重屋四千七百，民无火忧，暑湿则乘其高。别命置南北市营诸军。岁旱，种不入土，募人就功，厚与之直而给其食。业成，人不病饥。为长衢，南北夹两营，东西七里，人去溁污，气益苏。复作南昌县，徙厩于高地，因其废仓大屋，马以不连死。明年，筑堤扞江，长十二里，疏为斗门，以走潦水。公去位之明年，江水平堤，老幼泣而思曰："无此堤，吾尸其流入海矣！"灌陂塘五百九十八，得田万二千顷。凡为民去害兴利若嗜欲。居三年，于江西八州无遗便。其大如是，其细可略也。卒有违令当死者，公不果于诛，杖而遣之去。上书告公所为不法若干条，朝廷方勇于治，且以为公名才能臣，治功闻天下，不辨则受垢，诏罢官留江西待辨。使未至，月余，公以疾薨。使至，辨凡卒所告事若干条，皆无丝毫实。诏答卒百，流岭南，公能益明。春秋五十八，薨于元和五年八月六日。

公好施与，家无剩财。自校书郎至为观察使，拥吏卒，前走七州刺史，与宾客处，自持卑不易。娶清河崔氏，故支江令讽之女，某官某之孙。有子曰寔，年十五，明经及第，嗣其家业。后夫人兰陵萧氏，中书令华之孙，殿中侍御恒之女，皆先公终。有女一人，凡公男若干人。明年七月壬寅，从葬万年县少陵原。将葬，其从事东平吕宗礼与其子寔谋曰："我公宜得铭，得铭不朽矣。"寔来请铭，铭曰：

武阳受业，始于太师。以官让兄，自待不疑。勤于紫阁，取益以卑，可谓有源，卒用无疵。慊慊为人，矫矫为官。爰及江西，功德具完。名声之下，独处为难。辨而益明，仇者所叹。碑于墓前，维昭美故。纳铭墓中，以识公墓。

【译文】先生名丹，字某，姓韦。他的六世祖名孝宽，因辅佐周朝有功，被封为郧公。郧公的子孙世代均为大官，只有先生的父亲韦政，在雒县县丞任上去世，赠号虢州刺史。

先生成为孤儿后，便以甥孙的身份跟随太师鲁公颜真卿学习。他以明经中第后，被选授为硖州远安县令，但他却将此官职让给了堂兄，自己进入紫阁山侍奉叔父韦熊。后来，先生以通晓五经登科，历任校书郎、咸阳尉，辅佐邠宁军。之后又从监察御史升任殿中侍御史，征拜太子舍人，从此声望更大，后来迁任起居郎。吴少诚攻打许州，任命先生为河阳行军司马，尚未起程，吴少诚便去世了，先生又改任驾部员外郎。新罗国国君去世时，先生以司封郎中兼御史中丞身份，着紫衣，配金鱼袋，前去吊孝，册立其子嗣。依照惯例：出使外国的官员，常会赐配十名州县官员，可让上面知晓他们的名字，这样便可使私人有利可图，称为"私觌官"。先生要启程时，说："我是天子的官吏，出使海外国家，来往资费不足，应向上面请求拨付，怎可卖官来求财呢？"于是立即上疏陈述自己的想法。皇上命令有司，拨给先生所需费用。到了郓州，恰巧遇上新罗国前来告知，本应立为国君之人死了，先生便动身回国，拜容州刺史、容管经略招讨使。先生开始在容州建城，城池方圆十三里，又设置二十四处屯田，教化之风盛行，皇上又下诏加封先生为太中大夫。顺宗皇帝继位后，先生拜河南少尹，行至中途还未到达，又拜郑滑行军司马。先生刚到襄阳，皇上又下诏拜先生为谏议大夫。到任后，先生每天说话、办事从不屈从权臣，以廉洁、正直而闻名，因此被称为"才臣"。

刘辟反叛后，包围了梓州，皇上下诏任命先生为东川节度使、御史大夫。先生行至汉中，上疏说："梓州处在被围之中，守卫的官员都在竭尽全力，此时不宜更换将领。"皇上要召他回朝，商议蜀地之事。刘辟这时离开了梓州，于是便把梓州让给高崇文，先生任晋、慈、隰等州的观察防御使，从扶风县男进封为武阳郡开国公，食邑两千户。临行前先生进言说："我所治理的三州，并不是要害之地，不必施张职事，浪费国家钱财，不如将其划属河东更为便宜。"过了一年，先生任洪州刺史、江南西道观察使，将晋、慈、隰三州划属河东。先生到任后，只按人口接受俸禄，将剩余的钱送给官府。先生罢免了八个州中那些无所事事的食禄者，将他们的财产收聚起来。接下来先生开始教百姓建造瓦屋，从山中取材后，又找来陶工教百姓制造陶器，将木材、砖瓦都堆积在场中，估算它们的大致费用进行定价，并不从中谋利。凡是从官府取走木材、砖瓦的百姓，可以在谋生之业安定后再付钱，听从这项命令的免除一半赋税；那些逃亡在外尚未还乡的，官府替他们建造房屋；贫困不能自给的，由官府接济，先生亲自带着饮食，前去劝说。这样一共建造了一万三千七百间瓦屋，四千七百幢楼房，从此百姓再也不受大火的困扰，在暑湿天气则可登上高屋免受病灾。先生又另外下令分设南、北街市，让军队驻扎在那里。天气干旱，土地无法播种，先生便下令招募人来将两处街市建完，付给他们丰厚的报酬，还提供饮食。等到两处街市建成后，没有一个百姓忍受饥饿、病痛之苦。先生命人建造的两条长街，一南一北夹着营房，东西长七里，人们自此不再受浊气熏蒸，精神更加奋发。先生又命人建造南昌县，将马厩迁徙到高地，将废弃的仓库、大屋当作马厩，马便不再接连死掉了。第二年，先生又命人沿长江修筑长达十二里的江堤，疏通斗门来疏导积水。先生卸职第二年，江水泛滥，高度竟与堤岸相平，当地百姓无论男女老幼，无不落泪思忖："若是没有这堤岸，我的尸体早就被洪水冲入大海了！"先生还整灌了五百九十八个水塘，获得一万两千顷田地。凡是为百姓除害兴利之事，先生都嗜欲成瘾一般乐此不疲。这样过了三年，先生对江西八州可谓是不遗余力。大体便是如此，那些细枝末节的小事就不详说了。有位违令当死的士兵，先生不忍处死他，便将其杖责后遣往外地。这个士兵却上书控告先生曾做过若干不法之事，朝廷此时正勤于吏治，且认为先生是名才兼备之臣，治绩闻名天下，若是没有辨明就会蒙污受垢，于是下诏罢免了先生的官职，将其留在江西等待辨明结果。诏书下达月余，使者还未到时，先生就因病去世了。使者到达后，将士兵所告之事一一辨明，原来都是虚构。皇上下诏将士兵杖责一百，流放到岭南，先生的才能愈加昭著了。先生于元和五年（810）八月六日去世，享年五十八岁。

先生一生乐善好施，家中没有余财。先生从校书郎到观察使，统率吏卒，历任七州刺史，与宾客相处，一直保持谦恭有礼的态度，丝毫没有改变。先生娶的是清河崔姓女子，曾任支江令的崔讽的女儿，某官崔某的孙女。先生的儿子叫韦寊，十五岁，以明经身份及第，继承家业。后来的夫人兰陵萧氏，是中书令萧华的孙女，殿中侍御史萧恒的女儿，她们都先于先生去世。先生有一个女儿，几个儿子。第二年七月壬寅这天，先生葬在万年县少陵原。将要下葬时，先生的从事官东平吕宗礼与先生的儿子韦寊商量说："先生应该有碑铭，这样就可以永垂不朽了。"韦寊便来请我写碑铭，铭文写道：

先生在武阳跟随老师学习，是从太师颜真卿开始的。先生将官职让给兄长，却没有想到自己。在紫阁山中勤奋读书，因谦卑待人而受益颇多，可说是有源可溯，正因如此，先生一生才会没什么瑕疵。先生为人诚敬谦逊，做官也是卓尔不群。等到先生来到江西，功德已是圆满无缺。但在盛名之下，却很难超然独处。然而经过辨明后，先生的美德更加昭著，就连他的仇人都赞叹佩服。在墓前树碑，是为了昭显他的美德。将铭文置于墓中，是为了标志先生的墓穴。

唐故河南府王屋县尉毕君墓志铭

毕氏出东平,历汉、魏、晋、宋、齐、梁、陈,士大夫不绝。入国朝有为司卫少卿,贝、邢、庐、许州刺史者曰憬。憬之子构,累官至吏部尚书,卒赠黄门监,是为景公。景公生抗,为广平太守,抗安禄山,城陷,覆其宗,赠户部尚书。尚书生坰。家破时,坰始生四岁,与其弟增以俱小,漏名籍,得不诛,为赏口贼中。宝应二年,河北平,宗人宏以家财赎出之,求增不得。增长为河北从事,兼官至御史中丞。坰既至长安,宏养于家,教读书,明经第。宏死,坰益壮,始自别为毕氏,历尉临涣、安邑、王屋。年六十一,以元和六年二月二日卒于官。

初罢临涣,徐州节度张建封慕广平之节死,闻君笃行能官,请相见,署诸从事,摄符离令四年。及尉王屋,徐之从事有为河南尹者,闻君当来,喜谓人曰:"河南库岁入钱,以千计者五六十万,须谨廉吏。今毕侯来,吾济矣!"继数尹,诸署于府者无不变,而毕侯固如初,竟以其职死。君睦亲,善事过客,未尝问有无。既卒,家无一钱,凡棺与葬事,皆同官与相识者事之。娶清河张氏女,生男四人:曰镐、钰、錄、锐。女子三人:其长学浮屠法,为比丘尼;其季二人未嫁。以其月二十五日从葬偃师之土娄。铭曰:

上古爱民，为官求人；苟可以任，位加其身。其后喜权，人自求官。退而缓者，身后人先。故广平死节，而子不荷其泽。王屋谨廉，而神不福其谦。呜呼！天与人，苟无伤其穴与坟！

【译文】毕氏家族原本出自东平郡，历经汉、魏、晋、宋、齐、梁、陈几个朝代，士大夫不断。在朝中做过司卫少卿，贝、邢、庐、许等州刺史的，名叫毕憬。毕憬的儿子叫毕构，因功勋卓著官至吏部尚书，死后追赠黄门监，他就是景公。景公生了毕抗，为广平太守，曾率军抵抗叛贼安禄山，城池陷落后，毕姓宗族不幸覆亡，追赠户部尚书。尚书生了毕垌。城破家亡时，毕垌才四岁，与弟弟毕增因为年幼，得以从名籍中漏掉，从而没被诛杀，成为赏给贼人的奴仆。宝应二年（763），河北平定，族人毕宏花了很多家财将毕垌赎出，却没找到毕增。毕增成年后任河北从事，后来又兼任御史中丞。毕垌到长安后，毕宏便将他收养在家中，教他读书，以明经身份登第。毕宏去世后，毕垌年纪也大了，这时才开始另立毕姓，历任临涣、安邑、王屋等地尉官。毕垌于元和六年（811）二月二日死在任上，享年六十一岁。

先生刚从临涣卸任时，徐州节度使张建封因仰慕广平太守毕抗守节而死，又听说先生品行纯厚，善于为官，便请先生前来相见，让他任从事，做了四年符离令。等到任王屋尉时，有位徐州的从事，后来官至河南少尹，听说先生前来，高兴地对人说："河南每年入库的钱财，按千计算的有五、六十万，必须有谨慎、廉洁的官吏来管理才行。如今毕先生来了，我的心愿也达成了。"河南已接连换了数位少尹，府中的官员没有不变更的，而先生却始终如初，最终死于任上。先生对宗族和睦，对外亲友好，善待前来拜访的宾客，从未问过家中是否还有结余。等他去世时，家中竟然空无一钱，棺木及安葬等一应事宜，都是平素与他相熟的官员操办的。先生娶了清河张姓女子，一共生了四个儿子：分别为毕镐、毕钰、毕錶、毕锐。又生了三个女儿：大女儿修习佛法，做了比丘尼；两个小女儿尚未嫁人。二月二十五日，先生被安葬在河南偃师县土娄。铭文写道：

上古帝王爱惜百姓，遍寻人才前来为官；若是此人可以胜任，便将官位加于其身。后世之人喜欢权势，人人都来自求官位。那些行动迟缓、不愿居前的君子，就落在了他人后面。所以广平太守虽守节而死，儿子却不能承受其荫泽。先生任王屋尉时谨慎、廉洁，神灵却不肯因他的谦逊而降下福祉。唉！若是苍天保佑在世之人，就请不要让先生的坟墓有丝毫伤损！

试大理评事胡君墓铭

胡之氏，别于陈，明允先，河东人。世勤固，载厥身。籍文谱，进连伦。惟明允，加武资，力牛虎，柔不持。吏夏阳，有施为；去平阳，民思悲。河东土，河陆原，宜兹人，肖后昆。五十七，不足年，孤儿啼，死下官。母弟证，秩大夫。摭君遗，哭泣书。友韩愈，司马徒，作后铭，系序初。

【译文】胡氏家族原本发源于陈地，胡明允的祖先，是河东人。胡姓子孙世代都很勤勉，先生也继承了家族的优良品质。家族里的子弟凭借文章才华，历代官职不断。只有明允先生，任的是武职，他的勇力可以抵得上牛、虎，丝毫没有显出柔弱之势。先生在夏阳为官时，政绩显著；等他离开平阳郡后，那里的百姓都因思念他而悲伤不已。河东的土地、河陆的平原，正适合安葬先生，让他可以福佑后人。先生去世时只有五十七岁，尚未到天年，留下可怜的孤儿啼哭不已，先生就这样死于任上。先生的弟弟胡证，任大夫之职。韩愈我拿着先生的遗物，一边哭泣一边书写。先生是韩愈的好友，又是行军司马，我作了后面这篇碑铭，放在初序之后。

襄阳卢丞墓志铭

范阳卢君行简将葬其父母，乞铭于职方员外郎韩愈，曰："吾先世，世载族姓书。吾胄于拓拔氏之弘农守，守后四代吾祖也，为沂州录事参军，五世而吾父也，为襄阳丞。始吾父自曹之南华尉，历万年县尉，至襄阳丞，以材任烦，能持廉名。去襄阳则署盐铁府职，出入十五年，常最其列。贞元十三年终其家，年六十七，殡河南河阴县。吾母敦煌张氏也，王父瓘为兖之金乡令。先君殁十三年而夫人终，年七十三，从殡河阴。生子男三人：居简，金吾兵曹；行简则吾，其次也，大理主簿，佐江西军；其幼可久。女子嫁浮梁尉崔叔宝。将以今年十月自河阴启葬于汝之临汝县临汝原。"

吾曰："阴阳星历，近世儒莫学，独行简以其力余学，能名一世。舍而从事于人，以材称；葬其父母，乞铭以图长存，是真能子矣！可铭也！"遂以铭。

弘农讳怀仁，沂州讳璬，襄阳讳某。今年实元和六年。

【译文】范阳卢行简先生将为父母举行葬礼，请求职方员外郎韩愈为他们写墓志铭，说："我的祖先，世代记载在族谱中。我是拓跋氏的弘农太守的后人，太守之后第四代是我的祖父，曾任沂州录事参军，第五代是我的父亲，曾任襄阳丞。我的父亲从曹州南华尉开始任职，后来又任万年县尉，官至襄阳丞，他充分发挥自己的才能处理各项事务，一直享有廉洁之名。离开襄阳后，父亲又在盐铁府任职，前后共十五年，曾是同僚中的佼佼者。父亲于贞元十三年（797）终老家中，享年六十七岁，葬在河南河阴县。我的母亲本是敦煌张姓人家的女儿，她的父亲张瓘曾任兖州金乡县令。我父亲去世的第十三年，母亲也去世了，享年七十三岁，跟随父亲葬在河阴。母亲共生了三个儿子：长子叫居简，任金吾兵曹；次子行简就是我，任大理主簿，辅佐江西军；最小的儿子叫可久。还有一个女儿，嫁给了浮梁尉崔叔宝。我打算在今年十月，将父母的遗骨从河阴启葬到汝州临汝县的临汝原。"

我说："对于阴阳星历，近代儒者已没有愿意钻研的了，只有行简不遗余力地下苦功去学习，在世间享有盛名。后来又放弃这种学问转而在他人门下做事，以才能著称；现在要安葬他的父母，请求铭文以期令他们长存于世，这是真正尽到了为人子的礼数啊！值得写铭文！"于是便写下这篇墓志铭。

弘农太守名叫卢怀仁，沂州参军名叫卢璥，襄阳丞名叫卢某。今年实为元和六年（811）。

唐河中府法曹张君墓碣铭

有女奴抱婴儿来，致其主夫人之语曰："妾张圆之妻刘氏也。妾夫常语妾云：'吾常获私于夫子。'且曰：'夫子，天下之名能文辞者，凡所言必传世行后。'今妾不幸，夫遇盗，死途中，将以日月葬。妾重哀其生志不就，恐死遂沉泯，敢以其稚子汴儿见先生，赐之铭，是其死不为辱，而名永长存，所以覆盖其遗胤若子若孙。且死万一能有知，将不悼其不幸于土中矣。"又曰："妾夫在岭南时尝疾病，泣语曰：'吾志非不如古人，吾才岂不如今人，而至于是，而死于是耶！若尔吾哀，必求夫子铭，是尔与吾不朽也！'"愈既哭吊即辞，遂叙次其族世名字事终始而铭曰：

君字直之，祖欢，父孝新，皆为官汴、宋间。君尝读书，为文词有气，有吏才，尝感激，欲自奋拔，树功名以见世。初举进士，再不第，因去，事宣武军节度使，得官至监察御史。坐事贬岭南，再迁至河中府法曹参军，摄虞乡令。有能名，进摄河东令。又有名，遂署河东从事。绛州阙刺史，摄绛州事，能闻朝廷。元和四年秋，有事适东方，既还，八月壬辰，死于汴城西双丘，年四十有七。明年二月庚午，葬于河南偃师。妻彭城人，世衣冠，祖好顺，泗州刺史；父泳，卒蕲州别驾。女四人，男一人，婴儿汴也。是为铭。

【译文】有位女仆抱着一个婴儿前来，转述她家女主人的话说："我是张圆的妻子刘氏。丈夫常对我说：'我在韩愈先生那里受益良多。'还说：'先生的文采闻名天下，他所写的东西定会流传后世。'现在我遭遇不幸，丈夫遇到强盗死在半路上，将于某月某日下葬。我因丈夫生前的志向尚未实现而感到无比哀伤，恐怕他就这样泯灭无闻了，所以才冒昧地让女仆带着幼子汴儿来见先生，请求先生为我的丈夫赐写墓志铭，这样他就算死了也没被辱没，而他的名字也将永存不朽，您的恩德定会延续到他所留下的子孙身上。况且，万一死者有知，也不会在土中悲悼他的不幸了。"她又说："我的丈夫在岭南时，曾身患疾病，他哭着说：'我的志向并非不如古人高远，我的才华难道比不上今人？如今到了这种地步，莫非要死于此处？你若真为我感到悲哀，就一定要去求先生，请他为我写墓志铭，这样你和我就可以不朽了！'"韩愈哭奠先生后便立即告辞，回去后便将其家族成员的名字及功绩依次整理，然后写成铭文说：

先生字直之，祖父张欢，父亲张孝新，都曾在汴、宋之间为官。先生曾发奋读书，为文颇有气势，又有为官之能，经常自我激励，希望通过自己的不懈努力，建功于世。先生起初参加进士考试，考了两次都没有登第，于是放弃考试，去辅佐宣武军节度使，官至监察御史。先生后来因事被贬到岭南，又迁任河中府法曹参军，任虞乡令。因先生才能卓著，进而又任河东令。又因先生声名远播，于是又调任河东从事。因为绛州缺刺史，先生就代理绛州政事，他的才能闻名朝廷。元和四年（809）秋季，先生因事前往东方，返家途中，于八月壬辰这一天，在汴城西双丘去世，享年四十七岁。第二年（810）二月庚午日，葬在河南偃师县。先生的夫人是彭城人，家里世代为名门世族，她的祖父刘好顺，曾任泗州刺史；父亲刘泳，死在蕲州别驾任上。先生和夫人共生有四个女儿，一个儿子，这个婴儿就是其子刘汴。此为铭文。

太原府参军苗君墓志铭

君讳蕃，字陈师。其先楚之族大夫，亡晋而邑于苗，世遂以"苗"命氏。其后有守上党者，惠于民，卒，遂家壶关。曾大父延嗣，中书舍人；大父含液，举进士第，官卒河南法曹；父颖，杨州录事参军。君少丧父，受业母夫人，举进士第，佐江西使，有劳。三年使卒，后辟，不肯留，独护其丧葬河南。选补太原参军，假使职，狱平，货滋息，吏敛手不敢为非。年四十有二，元和二年六月辛巳暴病卒。其妻清河张氏，以其年十二月丙寅，葬君于洛阳平阴之原。男三人：执规、执矩、必复。其季，生君卒之三月。君同生昆弟姊凡三人，皆先死。四室之孤男女凡二十人，皆幼。遗资无十金，无田无家以为归，无族亲朋友以为依也。天将以是安施耶？铭曰：

有行以为本，有文以为华。恭以事其职，而勤以嗣其家。位卑而无年，吁其奈何！

【译文】先生名蕃，字陈师。他的祖先是楚国的族大夫，后来投奔晋国，以苗地作为封邑，后世便使用"苗"作为其姓氏。此后，先生有位在上党做太守的祖先，对百姓很是仁爱，死于任上，于是家人便定居在壶关。先生的曾祖父苗延嗣，是中书舍人；祖父苗含液，进士及第，在河南法曹任上去世；父亲苗颖，任扬州录事参军。先生幼年丧父，跟随母亲学习，后来中进士第，辅佐江西使，尽职尽责。三年后，江西使去世，继任的官员想要征辟先生，先生不肯留下，独自护送江西使的灵柩到河南安葬。先生后来被选补为太原参军，代替节度使行使职权，他裁断案件，平息事端，使当地财货有很大增长，官吏们也都开始收敛不敢再胡作非为。元和二年（807）六月辛巳日，先生暴病身亡，享年四十二岁。他的夫人是清河县张氏，在那年十二月丙寅日，将先生葬在洛阳平阴县的平原上。先生共有三个儿子，分别是：执规、执矩、必复。最小的儿子，是在先生死后三个月生下的。先生有三个同胞兄弟姊妹，都先死了。他们四人一共留下二十个男女孤儿，年纪都很小。先生留下的钱财不足十金，没有田地和房屋可以作为归宿，也没有亲戚朋友可以依靠。老天将如何安顿这些人呢？铭文写道：

先生有品行可以作为立身处事的根本，有文章可以表现自己的卓越才华。先生恭敬地做好自己职责范围内的事情，又勤于治家。可惜先生地位卑下又没能高寿，这种无可奈何不禁令人心生感叹！

全—本—全—译

韩愈全集 下

〔唐〕韩愈 著

谦德书院 译

团结出版社

UNITY PRESS

图书在版编目（CIP）数据

韩愈全集 / (唐) 韩愈著 ; 谦德书院译. -- 北京 : 团结出版社, 2022.10

ISBN 978-7-5126-9398-2

Ⅰ.①韩… Ⅱ.①韩… ②谦… Ⅲ.①韩愈（768-824）—文集 Ⅳ.①B241.95-53

中国版本图书馆CIP数据核字(2022)第079066号

出版：团结出版社

（北京市东城区东皇城根南街84号 邮编：100006）

电话：（010）65228880 65244790 (传真)

网址：www.tjpress.com

Email：65244790@163.com

经销：全国新华书店

印刷：天宇万达印刷有限公司

开本：145×210 1/32

印张：41.5

字数：880千字

版次：2022年10月 第1版

印次：2022年10月 第1次印刷

书号：978-7-5126-9398-2

定价：198.00元（全三册）

目　录

卷三十七 行状 状

卷三十八 表状

外集 卷三

外集 卷四

外集 卷五

外集 卷六

卷二十六　碑志

唐朝散大夫赠司勋员外郎孔君墓志铭

　　昭义节度卢从史有贤佐曰孔君，讳戡，字君胜。从史为不法，君阴争，不从，则于会肆言以折之。从史羞，面颈发赤，抑首吐气，不敢出一语以对。立为君更令改章辞者前后累数十。坐则与从史说古今君臣父子道，顺则受成福，逆辄危辱诛死，且曰："公当为彼，不得为此。"从史常耸听喘汗。居五六岁，益骄，有悖语，君争，无改悔色，则悉引从事空一府往争之。从史虽羞，退益甚。君泣语其徒曰："吾所为止于是，不能以有加矣。"遂以疾辞去，卧东都之城东，酒食伎乐之燕不与。当是时，天下以为贤，论士之宜在天子左右者，唯皆曰"孔君"云云。会左相李公镇杨州，首奏起君，君独高卧不应。从史读诏，曰："是故舍我而从人耶！"即诬奏君前在军有某事。上曰：

"吾知之矣。"奏三上,乃除君卫尉丞,分司东都。诏始下,门下给事中吕元膺封还诏书。上使谓吕君曰:"吾岂不知戡也,行用之矣。"明年,元和五年正月,将浴临汝之汤泉,壬子,至其县食,遂卒,年五十七。公卿大夫士相吊于朝,处士相吊于家。君卒之九十六日,诏缚从史送阙下,数以违命,流于日南。遂诏赠君尚书司勋员外郎,盖用尝欲以命君者信其志。其年八月甲申,从葬河南府河阴县之广武原。君于为义若嗜欲,勇不顾前后;于利与禄,则畏避退处如怯夫然。始举进士第,自金吾卫录事为大理评事,佐昭义军军帅。帅死,从史军诸将代为帅,请君曰:"从史起此军行伍中,凡在幕府,唯公无分寸私。公苟留,唯公之所欲为。"君不得已留一岁,再奏自监察御史至殿中侍御史。从史初听用其言,得不败;后不听信,恶益闻,君弃去,遂败。祖如圭,皇海州司户,赠工部员外郎。父岑,皇著作郎,赠驾部员外郎。君始娶弘农杨氏女,卒,又娶其舅宋州刺史京兆韦屺女,皆有妇道。凡生一男四女,皆幼。前夫人从葬舅姑兆次,卜人曰:"今兹岁未可以袝。"从卜人言,不袝。君母兄戣,尚书兵部员外郎;母弟戢,殿中侍御史,以文行称朝廷。将葬,以韦夫人之弟前进士楚材之状授愈曰:"请为铭。"铭曰:

允义孔君,兹维其藏,更千万年,无敢坏伤。

【译文】昭义节度使卢从史有个贤能的辅佐官员姓孔,名戡,字君胜。一次,卢从史做了违法的事情,孔先生便因为此事与他私下发生了争执，见卢从史不听劝告，于是孔先生就在街市中继续规劝，试图使卢从史折服。卢从史羞愧难当，顿时面红耳赤，低头不语，不敢多说一句来狡辩。孔先生还替卢从史更改法令、章程，前后累计多达数十次。孔先生一坐下来便会和卢从史谈论古今君臣、父子之道，他始终坚信顺应这些道理就会福佑绵长，违逆这些道理便有可能招致危险、羞辱甚至死亡，他对卢从史说："您应该这么做，不应该那么做。"卢从史一听到他的声音，便总是喘不过气来，汗流浃背。这样过了五六年，卢从史变得愈发骄横，有时还口出违抗之词，孔先生和他争论，若卢从史毫无悔改之意，孔先生便会带领全部从事官员，倾府而出，前去和卢从史争论。卢从史虽然当时感觉羞愧，但事情过去之后却变本加厉。孔先生哭着对他的同僚们说："我已经尽力而为，不可能再做别的了。"于是称病辞去官职，搬到东都洛阳的城东居住，诸如酒食、歌伎、音乐等宴会一律不参加。在当时，孔先生堪称是天下人公认的贤士，每当大家谈论起辅佐天子的贤士人选时，都说"非孔先生莫属"。当时正值宰相李公镇守扬州，他率先奏明皇上，请求启用孔先生，先生闲居在家，不肯答应。卢从史读完诏书说："这岂不是舍弃我而跟从别人啊！"就上书诬告孔先生曾经在军队中的一些事情。皇上看完之后说："我知道了。"卢从史连奏三本，皇上就只好免去孔先生卫尉丞的职务，分派他到东都从事。诏书刚刚下达，门下给事中吕元膺将诏书封好、送还。皇上派使臣对吕君说："我岂会不了解孔戡，你尽管放心任用他吧。"第二年，即元和五年（810）正月，孔先生打算到临汝的汤泉去沐浴，壬子日抵达临汝县，吃完饭之后竟然就去世了，享年五十七岁。公卿、士大夫们都在朝堂之上为他吊孝，处士们都在家中为他吊孝。孔先生去世后的第九十六天，皇上下诏将卢从史捆绑进京，因为他多次违抗圣命，从而被流放到日南。最终皇上下诏追赠孔先生尚书司勋员外郎的官号，大概这是在他生前就打算任命给他的官职，如今追赠给他是为了嘉奖他的品质。同年八月甲申日，孔先生被安葬在河南省河阴县的广武原。先生一生对于美德的追求，就像贪恋嗜欲一样，奋勇不顾前后；而对于利禄，却总是畏惧、退让，就像胆小怕事的懦夫一样。在他刚刚中了进士时，官职从金吾卫录事升为大理评事，辅佐昭义军军帅。军帅去世后，将领卢从史成为代理军帅，他邀请先生说："从史这支军队中的人，凡是在幕府从事的，只有先生一人没有半点私心。如果先生肯留下来辅佐我，一切事宜都听凭先生安排。"先生无奈，留下来过了一年，两次上奏，先生从监察御史升任为殿中侍御史。最初，卢从史还能听取先生的建议，因此没什么失误；到后来，卢从史不再听取先生的建议，恶名日益传布，先生离他而去，卢从史就此失败。先生的祖父孔如圭，曾担任皇海州司户，后被追赠工部员外郎的官号。先生的父亲孔岑，曾担任过皇家著作郎，后被追赠驾部员外郎。孔先生先是娶了弘农县的一位杨氏女子为妻，妻子去世后，又娶了他舅舅宋州刺史、京兆韦屺的女儿，两任夫人都是恪守妇道之人。孔先生共有一个儿子，四个女儿，尚且年幼。第一任夫人从葬于公婆前，进行占卜，占卜师说："今年不适宜合葬。"于是便听从占卜师的话，没有合葬。先生的同母兄长孔戣，担任尚书兵部员外郎一职；同母兄弟孔戢，担任殿中侍御史一职，以文章、德行出众而在朝廷中著称。下葬之前，收到孔先生现任夫人的兄弟，前进士楚材的书信，信中委托我说："想请您代写铭文。"铭文说：

凛然正气的孔君，美德深藏不露，即使历经千万年之久，也无人敢污蔑、诋毁。

故中散大夫河南尹杜君墓志铭

杜氏自戴侯畿始分。戴侯之子恕为幽州刺史，今居京兆诸杜其后也。其季宽，孝廉郎中。宽后三世曼，为河东太守，葬其父洹水，其后世皆从葬洹水之阳。及正伦为太宗宰相，犹封襄阳公，太宗始诏葬京兆。襄阳公无子，以兄正藏子志静后，遂嗣襄阳公。生侨，为怀州长史，弃官老沁水上，为富家，卒葬怀州武陟。长史生损，为左司郎中，卒赠大理少卿。大理生廙，为郑州录事参军，死思明乱，赠吏部郎中。公讳兼，字某，郎中第三子，举进士第。司徒北平王燧战河北，掌书记，累官至监察御史，其后佐徐泗州军，遂至濠州刺史。徐、泗州军乱，以兵甲三千人，防淮道不绝，有功，加御史中丞，赐紫衣金鱼，入为刑部郎中，以能官拜苏州刺史。既辞行，上书曰："李锜且反，必且奏族臣。"上固爱其才，书奏，即除吏部郎，遂为给事中，出为商州刺史、金商防御使，改河南少尹，行大尹事，半岁，拜大尹。元和四年十一月二十二日无疾暴薨，年六十。明年二月甲午从葬怀州。夫人常山郡君张氏，彭州刺史赠礼部侍郎荐之女。生子男三人：柔立为天长主簿，词立为寿州参军，谊立为顺宗挽郎。女一人。将葬，公之母兄太学博士冀与公之夫人及子男女谋曰："葬宜有铭，凡与我弟游而有文章者谁乎？"遂来请铭，铭曰：

杜氏大家，世有显人，承继绵绵，以及公身。始为进士，乃笃朋友；及作大官，克施克守。篆辞奋笔，涣若不思；公牒盈前，笑语指麾。禄以给求，食以会同，不畜不收，库厩虚空。事在于人，日远日忘。何以传之，刻此铭章。

【译文】杜氏家族是从戴侯杜畿开始分化的。戴侯的儿子杜恕，担任幽州刺史，如今居住在京师的杜姓人，都是他的后裔。戴侯最小的儿子杜宽，担任孝廉郎中。杜宽的三世孙杜曼，担任河东太守，他将父亲埋葬在洹水河畔，因此他的后世子孙死后都葬于洹水之阳。到了杜正伦担任太宗朝宰相时，还被封为襄阳公，从那时起，太宗下诏让他们葬在京师。襄阳公没有儿子，便将哥哥杜正藏的儿子杜志静过继为子，以此来为襄阳公绵延后嗣。杜志静生子杜乔，任怀州长史，后杜乔弃官还乡在沁水河畔养老，他家境富足，死后葬在怀州武陟县。杜乔生子杜损，任左司郎中，死后追赠大理少卿。杜损生子杜廙，任郑州录事参军，不幸死在史思明叛乱之中，后追赠吏部郎中。先生名叫杜兼，字不详，是杜廙的第三子，中进士第。司徒北平王㻞在河北打仗，先生担任书记官，官职及至监察御史，后来又辅佐徐州、泗州军将，于是官职最终及至濠州刺史。徐州、泗州军队发生混乱时，先生亲率三千甲兵，防守淮道，以确保交通没有断绝，此举立下战功，先生也被加封御史中丞，赐紫衣、金鱼袋，入朝为官，任刑部郎中一职，又因其才华出众官拜苏州刺史。向皇上辞行之后，先生上书说："李锜造反之前，必定会上书请求诛灭我的族人。"皇上本来就爱惜他的才华，看了奏书后，便免去他吏部郎中的职务，做了给事中，同时出任商州刺史、金商防御史，后又改任河南少尹，实际上却主持大尹的政事，半年之后升任大尹。元和四年（809）十一月二十二日，先生无疾而终，享年六十岁。第二年二月甲午日，尸骨运往怀州安葬。先生的夫人是常山郡君张藐的女儿，张藐曾任彭州刺史、后追赠为礼部侍郎。共有三个儿子：长子柔立任天长主簿一职，次子词立任寿州参军一职，季子谊立任顺宗挽郎一职。他只有一个女儿。下葬之前，先生的同母兄长，太学博士杜冀，和先生的夫人、子女们商议说："埋葬时应该有一篇墓志铭，凡是和我兄弟有交往且善于写文章的，有谁呢？"于是他们请我代写铭文。铭文说：

　　杜氏是大家族，世世代代名人辈出，祖辈的事业一脉相承，直到先生这一代。先生进士及第，对朋友非常真诚；即使身居高位，也是谨慎清廉。奋笔写作，流畅得像是未经思索一般；即使桌案上堆满公文，先生也能轻松自如、笑语不断地处理。先生虽然享受国家发给的俸禄，但饮食也和普通人一样，从不过度积蓄、暴敛财物，仓库和马厩里什么也没有。事情因人的存在才有意义，随着时间流逝，会渐渐被人们所遗忘。如何才能将它传承下去，特意刻下这篇铭文。

唐银青光禄大夫守左散骑常侍致仕上柱国襄
阳郡王平阳路公神道碑铭

惟路氏远有世序。自隋尚书兵部侍郎讳衮，四世而至冀公。冀公讳嗣恭，以小邑萧关令发闻。开元受赐更名，书于太史，治行灵州，终功南邦，享有丕祉，绍开厥家。官至兵部尚书，封冀国公，薨赠尚书右仆射司空。

公讳应，字从众，冀公之嫡子。用大臣子谨饬擢至侍御史、著作郎。迁刺虔州，割隶雩都，作县安远，以利民属。凿败滩石，以平赣梗。陶甓而城，罢民屡筑。诏嗣冀封，又加尚书屯田郎中，进服色。遂临于温，筑堤岳城横阳界中，二邑得上田，除水害。拜尚书兵部郎中兼御史中丞、淮南军司马；改刺庐州，又甓其城，民不岁苦。入为尚书职方郎中，兼御史中丞，佐盐铁使。使江东有功，用半岁历常州迁至宣歙池观察使，进封襄阳郡王。至则出仓米，下其估半，以廪饿人。闻刘闢诛，行军千五百人于蜀。李锜将反，以闻，置乡兵万二千人。锜反，命将期以卒救湖常，坐牢江东心。锜以无助败缚。作响山亭，营军于左右，权丞相善之，镵其说响山石。居宣五年，以疾去位，校其仓得石者五十万余，府得钱千者八十万。公之为州，逢水旱，喜贱出与民；岁熟，以其得收，常有赢利。故在所民不病饥，而官府畜积。元和六年，天子悯公疾，不可烦以职，即其处拜左散骑常侍，以其禄居。岁九月望，薨于东都正平里第，年六十七。明年，葬京兆万年少陵原。夫人荥阳郑氏祔。既而其子临汉县男贯与其弟赏、贞谋曰："宜有刻也。"告于叔父御史大夫鄜坊丹延观察使恕，因其族弟进士群以来请铭，遂以其事铭曰：

冀公之封，维艰就功；襄阳继大，启庆自躬。于虔洎温，厥绪既作，以及职方，遂都邦伯。朝夕民事，下完上实；师于其乡，邻寇逼屈。营军响山，墙屋修施；褒功刻表，丞相之辞。受代而家，叙疏及迩。病不能廷，食禄卒齿。凡世大家，维艰其保，既显既硕，戒于终咎。伊我襄阳，克慎以有，延界后丞，莫不率守。有墓于原，维树有经，以告无期，博士是铭。

【译文】路氏家族历史悠久，源远流长。自从隋朝尚书兵部侍郎路衮以来，再往下延续四代便是冀公。冀公名叫路嗣恭，从担任小县邑萧关令开始渐渐扬名。开元年间，受到皇上赏赐更名，担任太史一职，负责掌管灵州的治理工作，最终在南国建立功业，享有大福，他的家族也因此而名声大振。他官至兵部尚书，被封为冀国公，去世后追赠为尚书右仆射司空。

先生名叫路应，字从众，是冀公的嫡子。作为大臣的儿子，先生行为严谨、审慎，官至侍御史、著作郎。后来在他担任虔州刺史时，将雩都县进行了合理分割，又设置了安元县，以便于管理百姓。他在任期间，下令凿平河中的大石头，为的是疏通江西一带的交通。他还下令用砖瓦筑城以求坚固，不再采用传统的土夯筑城。

皇上下诏书，命他承袭冀国公的封号，又加封他尚书屯田郎中的官号，官服等级也由此提升。后来先生到达温州，在岳城、横阳两个县邑的地界修筑堤岸，这两个县邑由此增加了许多良田，并且困扰多年的水患也得以治理。先生在朝中官拜尚书兵部郎中兼御史中丞、淮南军司马；后改任为庐州刺史，继续推广他的用砖瓦筑城的方法，百姓从此每年再不用受苦了。先生入朝为官，担任尚书职方郎中兼任御史中丞，辅佐盐铁史。因为出使江东有功，只过了半年时间，便从常州升调为宣州、歙州、池州观察使，晋封为襄阳郡王。先生刚到任时，就将府库中的粮米，以原来价格的一半出售，以此来救济当地的饥民。四川的叛贼刘闢被诛杀后，先生又亲率军兵一千五百人抵达四川。李锜心怀谋反之意，还未行动，先生很早就有所察觉，于是便提前招募了一万两千名乡兵。等到李锜叛乱后，先生命令手下的将士出兵救援湖州、常州，以此来稳定江东百姓的民心。李锜因孤立无援，以失败告终，最后被活捉。先生又建造了响山亭，并在左右两侧派驻军队，权丞相对先生大加赞扬，便将自己嘉奖先生的话刻在响山的石头上。先生在宣州居住了五年，之后因身患疾病不得不辞去官职，在清理他的府库时，人们发现库中存放着五十多万石粮食，官府中存放的银钱有八十多万贯。先生治理州县，每逢水旱灾害，就以低价将粮食卖给百姓；到了粮食收获季节，再将粮食回收回来，一般都会有所赢利。因此在他任职的地方，百姓都没有遭遇过饥荒、疾病的灾害影响，官府也因而拥有大量积蓄。元和六年（811），皇上怜悯先生有病，不可再被官职公务所累，便命他在居住地官拜左散骑常侍，享受朝廷俸禄，颐养天年。同年九月十五日，先生在东都正平里的府邸中去世，享年六十七岁。第二年（812），在京师万年县少陵原入土为安。他的夫人荥阳郑氏也同他一起合葬。入葬之后，先生的儿子、临汉县男路贯和他的兄弟路赏、路贞商议说："最好是刻块墓碑。"于是就请求叔父御史大夫廊坊、丹延观察使路恕帮忙引荐，路恕和他的族弟、进士路群前来请我代写铭文，于是我便将先生的事迹写成铭文，铭文说：

冀国公的封号，是历经艰难困苦才取得的荣誉；襄阳郡王传承祖业并将其发扬光大，他勤奋谨慎、以身作则。从虔州到温州，他已是功业有成，后来又担任职方官，最终官至一方诸侯之长的州牧。先生从早到晚为政事操劳，政绩完满、实在；他在本乡驻扎军队，给附近的贼寇造成压力，不敢轻易进犯。他在响山驻扎军队，并将城墙屋舍修缮一新；丞相嘉奖他的功绩，将嘉奖词刻在响山石上。路氏家族传到先生这一代，已是远近闻名、家喻户晓。后来由于疾病原因不能继续在朝为官，但仍然享受朝廷俸禄，直到去世。凡是世上的大家族，都很难长盛不衰，往往在盛极一时之后，不免遭遇凶险或走向衰落。但襄阳郡王却始终谦虚谨慎，克己慎独，这种优良的家风一直延续至后世，后世子孙没有不遵守的。先生的坟墓位于少陵原上，他的大名也被记载于经史之中，但是为了让更多后世之人知晓，特此将先生的事迹记录在这篇铭文中。

乌氏庙碑铭

元和五年，天子曰："卢从史始立议用师于恒，乃阴与寇连，夸谩凶骄，出不逊言，其执以来！"其四月，中贵人承璀即诱而缚之。其下皆甲以出，操兵趋哗。牙门都将乌公重胤当军门叱曰："天子有命，从者有赏，敢违者斩！"于是士皆敛兵还营，卒致从史京师。壬辰，诏用乌公为银青光禄大夫、河阳军节度使，兼御史大夫，封张掖郡开国公。居三年，河阳称治，诏赠其父工部尚书，且曰："其以庙享。"即以其年营庙于京师崇化里。军佐窃议曰："先公既位常伯，而先夫人无加命，号名差卑，于配不宜。"语闻，诏赠先夫人刘氏沛国太夫人。八年八月，庙成，三室同宇，祀自左领府君而下，作主于第。乙巳，升于庙。乌氏著于《春秋》，谱于《世本》，列于《姓苑》，在莒者存，在齐者有余有枝鸣，皆为大夫。秦有获，为大官。其后世之江南者，家鄱阳；处北者、家张掖，或入夷狄为君长。唐初，察为左武卫大将军，实张掖人。其子曰令望，为左领军卫大将军。孙曰蒙，为中郎将；是生赠尚书，讳承洽，字某。乌氏自莒齐秦大夫以来，皆以材力显；及武德已来，始以武功为名将家。开元中，尚书管平卢先锋军，属破奚契丹；从战捷禄，走可突于。渤海上至马都山，吏民逃徙失业，尚书领所部兵塞其道，堑原累石，绵四百里，深高皆三丈，寇不得进，民还其居，岁罢运钱三千余万。黑水室韦以骑五千来属麾下，边威益张。其后与耿仁智谋说史思明降。思明复叛，尚书与兄承恩谋杀之。事发，族夷，尚书独走免。李光弼以闻，诏拜"冠军将军"，守右威卫将军，检校殿中监，封昌化郡王、右岭军使。积粟厉兵，出入耕战。以疾去职。贞元十一年二月丁巳薨于华阴告平里，年若干，即葬于其地。二子：大夫为长，季曰重元，为某官。铭曰：

乌氏在唐，有家于初，左武左领，二祖绍居。中郎少卑，属于尚书，不偿其劳，乃相大夫，授我戎节，制有疆墟。备礼登坛，以有宗庙。作庙天都，以致其孝；右祖左孙，爰享其报。云谁无子，孰其无孙？克对无羞，乃惟有人。念昔平卢，为艰为瘁；大夫承之，危不弃义。四方其平，士有迨息；来觐来斋，以馈黍稷。

【译文】元和五年（810），天子说："卢从史从始至终坚持进军恒州，他暗中勾结贼寇，而且还夸夸其谈、凶残骄横，出言不逊，去将他缉拿归案！"同年四月，中贵人承璀便用计谋将卢从史诱捕了。卢从史的部下全部身披战甲冲将出来，他们手持利刃嘈杂喧闹。这时，牙门都将乌重胤先生站在军门之中大声呵斥道："这是天子的命令，顺服的人有赏，若有胆敢忤逆者，斩！"于是士兵们纷纷收起兵器返回营中，最后卢从史被押送至京师。壬辰日，皇上下诏封赏乌先生为银青光禄大夫、河阳军节度使，同时兼任御史大夫一职，又封他为张掖郡开国公。过了三年，河阳得到治理，太平、安定，皇上下诏追赠乌先生的父亲为工部尚书，还说："为他修建一座宗庙，世代享受祭祀。"就在那年在京师崇化里修建了一座宗庙。军佐们私下里议论说："先公曾经做过工部尚书，但先夫人却没有追加封号，这样在名号上便与先公存在尊卑差别，这样不太相配。"皇上听到这些议论之后，又下诏追赠先夫人刘氏为沛国太夫人。元和八年（813）八月，宗庙建成了，共有三间殿室，祭祀自左领府君及以下的祖先，在府第中设立祭主。乙巳日，享受祭祀的祖先牌位都升列于宗庙之中。乌氏被载入《春秋》，在《世本》里也有他的系谱，还位列于《姓苑》之中，在莒国有乌存，在齐国有乌余、乌枝鸣，都是士大夫。秦朝时则有乌获，担任高官要职。后世江南乌姓之人，都居住在鄱阳县；江北的乌姓之人，则都居住在张掖县，有的也进入蛮夷国家担任首领。唐朝初年，乌察担任左武卫大将军，他实际上是张掖人。他的儿子名叫乌令望，担任左领军卫大将军。他的孙子名叫乌蒙，担任中郎将；他的儿子被追赠尚书官号，名承洽，字不详。乌氏自从莒国、齐国、秦朝时期的士大夫以来，便以才能、财力出众而著称；直到崇尚武德以来，才开始因为武功盖世而成为名将世家。开元年间，尚书统帅平卢先锋军，屡次战胜奚人、契丹人的军队；在捺禄山战役中，打得契丹部落首领可突于仓皇而逃。渤海王经常在海上扰乱，追至马都山，屠陷城邑，地方官员和百姓都纷纷逃走，失去家业，尚书亲率手下军士阻击敌军的通路，在平原上挖掘壕沟、高筑石墙，绵延四百里长，沟深三丈，墙高也有三丈，敌军根本无法进攻，百姓这才返回各自的家乡，年底结算的运费大约需要三千多万。黑水国和室韦国带领着他的五千骑兵前来归附，朝廷的威名更加显赫、强大。之后，先生和耿仁智试图说服史思明归降朝廷。史思明却再次反叛，尚书就和他的兄长乌承恩谋划，想要设计诛杀他。事情泄密后，他的族人全部被夷灭了，只有尚书一人逃了出来，这才幸免于难。李光弼听说后将此事上报朝廷，朝廷便下诏书拜他为"冠军将军"，守右威卫将军，检校殿中监，同时被封为昌化郡王，右岭军使。他在任期间，积极囤积粮食、加强军队训练，利用屯兵期进行农田耕种。后来他因身患疾病辞去官职。贞元十一年（795）二月丁巳日，先生在华阴县告平里去世，享年不详，就葬在当地。他有两个儿子：长子是银青光禄大夫乌承，二儿子名叫乌重元，所担任的官职不详。铭文说：

乌氏家族自唐朝初年开始昌盛，两位祖先分别担任左武卫、左领军大将军。中郎年轻时官位不高，担任尚书官职，他的功绩并未得到应有的报偿，只是个士大夫，后来被授予军权，戍守边陲。礼仪规制齐备，要举行隆重的拜将仪式，于是便建立了宗庙。宗庙之所以建在京都，是为了表达他的一片孝心；右边是祖先，左边是子孙，他们的功绩终于得到了应有的报偿。谁说乌氏没有儿子，谁说乌氏没有孙子呢？之所以能毫无愧疚地面对祖先，完全是因为乌氏人才辈出啊。追忆昔日的乌平卢，历尽艰辛，鞠躬尽瘁；大夫承袭家风，即使是在最为危急的时刻也没有抛却气节与道义。直到四方战乱平息，先生才得以安息；他的后人来到宗庙朝拜、斋祭，将黍稷献祭给祖先。

唐故河东节度观察使荥阳郑公神道碑文

河东节度使赠尚书右仆射郑公葬在荥阳索上。元和八年六月庚子,太史尚书比部郎中护军韩愈刻其墓碑曰:

司马氏迁江南,有郑豁者,仕慕容垂国,为其太子少保。其孙简,当拓拔魏为荥阳太守。后简者号其族为南祖之郑。入唐有为利之景谷令者曰嘉范,于公为曾祖。是生抚俗,为泗之徐城令。徐城生公之父曰洪,卒官凉之户曹参军。公讳儋,少依母家陇西李氏,举止异凡儿,其舅吏部侍郎李卿曰必其能再立郑氏。稍长,能自谋学,明《左氏春秋》,以进士选为太原参军事。对直言策,拜京兆高陵尉。考府之进士,能第上下以实不奸。樊仆射泽以襄阳兵战淮西,公以参谋留府,能任后事。户曹殡于凉,凉地入西戎,自景谷、徐城三世皆未还荥阳葬。公解官,举五丧为三墓,葬索东。徐城墓无表,公能使幼长感,心求不置,以得旧人指告其处。其后为大理丞太常博士,迁起居郎、尚书司封吏部二郎中,能官举其名。德宗晚节储将于其军,以公为河东军司马,能以无心处嫌间,卒用有就。贞元十六年,将说死,即诏授司马节、节度河东军,除其官为工部尚书、太原尹,兼御史大夫、北都留守。公之为司马,用宽廉平正得吏士心;及升大帅,持是道不变。部将有因贵人求要职者，公不用；用老而有功无势而远者。削四邻之交贿，省夸嬉之大燕，讲校民事，施罢不俟日。用能以十月成政，氓征就宽，军给以饶。十七年，疾废朝夕，八月庚戌薨，享年六十一。天子为之不临朝者三日，赠尚书右仆射。即以其年十月辛卯葬索上。疾比薨，医问交道；比葬，吊赠赐使者相及。凡河东之军士与太原之吏民，及旁九郡百邑之鳏寡，外夷狄之统于府者，闻公之薨，皆哭曰："吾其如何！"公与宾客朋游饮酒，必极醉；投壶博弈，穷日夜，若乐而不厌者。平居帘阁，据几终日，不知有人，别自号"白云翁"。名人魁士鲜不与善。好乐后进，及门接引，皆有恩意。始娶范阳卢氏女，生仁本、仁约、仁载，皆有文行。二季举进士，皆早死；仁本为后子独存，不乐举选，年三十余始佐河阳军。后娶赵郡李氏，生三女。二夫人凡三男五女。长女嫁辽东李繁，繁亦名臣子，有才学。遗命二夫人各别为墓，不合葬。系曰：

　　士常患势卑，不能推功德及人；常患势贫，无以奉所欲得。若郑公者勤一生以得其位，而曾不得须臾有焉。虽然，观其所既立，其可知已。呜呼哀哉！

　　【译文】曾任河东节度使的郑公，去世后被追赠为尚书右仆射，埋葬在荥阳县索上。元和八年（813）六月庚子日，太史尚书比部郎中护军韩愈为他刻写墓志铭说：

　　司马氏迁至江南一带，有位名叫郑豁的，在慕容垂国中做官，担任太子少保一职。他的孙子郑简，在拓跋氏魏朝时担任荥阳太守。后来，郑简自称他的家族为南祖。号称南祖的郑氏，自入唐以来，有担任利州景谷县令的郑嘉范，正是先生的曾祖父。郑嘉范生了郑抚俗，郑抚俗曾担任泗洲的徐城县令。郑抚俗又生了先生的父亲郑洪，最终官拜凉州户曹参军。先生名叫郑儋，少年时住在母家陇西李氏家中，自幼行为举止就和一般的小孩不一样，他的舅舅、吏部侍郎李卿说他将来必定能重振郑氏一族的威望。先生稍年长一些后，就能够主动自学功课，通晓《左氏春秋》，并以进士的身份入选为太原参军事。因为他善于出谋划策，后官拜京兆高陵县尉。先生在负责考核府县的进士时，能够秉公执法，根据考生们的真才实学来排名，从来不做违反法纪的事情。仆射樊泽亲自率领襄阳军队进攻淮西时，先生便以参谋的身份留在府内，并能独立圆满地处理好府中大小事务。先生的父亲、凉州户曹参军郑洪当年葬于凉州，凉州位于遥远的西戎境内，从郑嘉范、郑抚俗直到郑洪，三代人都没能将尸骨运回荥阳安葬。于是先生辞官卸任，举五丧建了三座坟墓，将郑氏三代祖先安葬于荥阳县索东。徐城的墓没有墓表，先生自幼年到成年，一直都心怀悲痛地寻找徐城墓地，从未曾动摇过，同时也希望有故人能告诉他墓地所在的位置。此后，他官拜大理丞太常博士，后又迁任至居郎、尚书司封吏部二郎中，在任期间始终名声很好。德宗皇帝晚年时，为了在军队中储备将士，便任命先生担任河东军司马一职，先生能够豁达地周旋于各种矛盾冲突之间，并将问题有效地处理解决，从而立下了不小的功劳。贞元十六年（800），将领李说去世，皇上就下诏授予他司马、河东军节度使的官号，除了担任工部尚书、太原尹之外，还同时兼任御史大夫、北都留守的职务。先生在担任司马一职期间，因为宽厚、廉洁、公正深得官员和士兵的拥护；等到升任统帅之后，先生也仍然保持这种优良作风不变。部将中有人想通过权贵引荐，求得一官半职，先生都是拒绝不肯任用他们；反而是任用那些年纪较大，又有战功，却没什么权势可以依靠的将领。先生极力杜绝身边人的贿赂行为，取消那些奢侈无聊的宴请，集中精力处理百姓事务，处理一宗事务的时间一般都不会超过当天。所以他在十个月内便能做到政绩非凡，百姓的赋税征收宽松，军队给养充足。贞元十七年（801），先生突然身患疾病，并于八月庚戌日去世，享年六十一岁。皇帝因为先生的去世而三日不朝，并追赠他尚书右仆射的官号。先生于同年十月辛卯日安葬在荥阳县索上。在先生患病弥留之际，总有医者前来关切地询问；先生去世安葬之后，前来吊孝、追悼、赠送财物的使者络绎不绝。凡是河东军的将士和太原的百姓、官吏们，以及其他九个郡、一百多个县邑的鳏寡孤独之人，府县统治下的外族夷狄之人，听说先生的死讯后，都痛哭着说："我们这些人可怎么办啊！"先生素日和宾客好友饮酒时，必定一醉方休；进行投壶、博弈等游戏时也总是通宵达旦，似乎很热衷于这些事，乐此不疲。先生平时居于帘阁之中，终日坐在几案之前，旁若无人，他给自己取了个别号叫"白云翁"。那些名人学者没有不和他交往的，而且交情都很深。先生很喜欢和年轻人交往，把他们接引在自己门下提携、照顾，对他们都是充满恩情。先生最初娶了范阳卢姓的女子为妻，生有仁本、仁约、仁载三子，他们都是德才兼备的人才。两个小儿子中了进士之后，却都英年早逝；只有仁本这个儿子活了下来，但他却不喜欢功名科举之事，年过三十才官任辅佐河阳军。先生后来又娶了赵郡的李氏之女为妻，婚后生有三个女儿。两位夫人

共生了三个儿子、五个女儿。大女儿嫁给辽东的李繁，李繁也是名
臣之后，颇具才华、学识。先生在遗言中嘱咐，让两位夫人各自葬
于一座坟墓，不要和他合葬。系曰：

　　士人们常常因地位卑微而担忧，从而不肯将功德推及他人；
士人们常常因家境贫穷而担忧，从而无法将自己的欲求奉献出来。
像郑公这样勤勉一生、身居高位的官员，却始终没有多少财产。尽
管如此，仅从他一生所建立的功勋来看，足可见他这个人了。呜呼
哀哉！

魏博节度观察使沂国公先庙碑铭

　　元和八年十月壬子，上命丞相元衡、丞相吉甫、丞相绛，
召太史尚书比部郎中韩愈至政事堂，传诏曰："田弘正始有庙
京师，朕惟弘正先祖父，厥心靡不向帝室，讫不得施，乃以教
付厥子。惟弘正衔训嗣事，乃朝夕不怠，以能迎天之休，显有丕
功。维父子继忠孝，予维宠嘉之。是以命汝愈铭。钦哉！"惟时
臣愈承命悸恐。明日，诣东上阁门拜疏辞谢，不报。退，伏念昔
者鲁僖公能遵其祖伯禽之烈，周天子实命其史臣克作为《駉》
《駜》《泮》《閟》之诗，使声于其庙，以假鲁灵。今天子嘉田侯
能服父训不违，用康靖我国家，盖宠铭之，所以休宁田氏之祖
考，而臣适执笔隶太史，奉明命，其可以辞？

谨按：魏博节度使、银青光禄大夫、检校工部尚书，兼魏博大都督府长史、御史大夫、沂国公田弘正，北平卢龙人。故为魏博诸将，忠孝畏慎。田季安卒，其子幼弱，用故事代父，人吏不附，迎弘正于其家，使领军事。弘正籍其军之众与六州之人，还之朝廷，悉除河北故事，比诸州，故得用为帅。已而复赠其父故沧州刺史兵部尚书，母夫人郑氏梁国太夫人，得立庙祭三代：曾祖都水使者府君祭初室，祖安东司马赠襄州刺史府君祭二室，兵部府君祭东室。其铭曰：

唐继古帝，海外受制。洎于太宁，燕盗以惊。群党相维，河北失平。号登元和，大圣载营。风挥日舒，咸顺指令。巢巢魏士，婴儿戏兵；吏戎愁毒，莫保腰颈。人曰田侯，其德可倚叫謤奔趋，乘门请起。田侯摄事，奉我天明，束缚弓戈，考校度程；提壝籍户，来复邦经。帝钦良臣，曰维锡予；嗟我六州，始复故初；告庆于宗，降以命书。旌节有韬，豹尾神旗；橐兜戟纛，以长魏师。田侯稽首：“臣愚不肖，迨兹有成，祖考之教。”帝曰：“俞哉，维汝忠孝，予思乃父，追秩夏卿，媲德娠贤，梁国是荣。”田侯作庙，相方视址；见于著龟，祖考咸喜。暨暨田侯，两有文武；讫其外庸，可作丞辅。咨汝田侯，忽亟忽迟；觐飨式时，尔祖之思。

【译文】元和八年（813）十一月壬子日，皇上命丞相武元衡、丞相李吉甫、丞相李绛，将太史尚书比部郎中韩愈召到政事堂，传下诏书说：“最初，田弘正在京城建有宗庙，朕深知田弘正已故的祖辈全心全意，一心捍卫皇家社稷的心意，然而祖辈没来得及建立什么丰功伟绩，于是就以此来教育他的后辈子孙。田弘正谨遵祖训、传承家族事业，朝夕不敢懈怠，因此才能奉承上天的美意，丰功卓著。他们子承父志尽忠尽孝，朕对他们宠信有加，还要予以嘉奖。因此才命韩愈你为其题写墓志铭。钦哉！"那时我接受了诏命，诚惶诚恐。第二天，我到东上阁门去上疏辞谢，皇上并未回应。回来之后，想起从前鲁僖公能谨遵祖先伯禽的功勋业绩，于是周天子便命史官克撰写了《駉》《駜》《泮》《閟》等诗歌，使鲁僖公的名声能通过宗庙得以流传下来，也是为了表彰鲁僖公的一世英名。如今，皇上为了嘉奖田侯能够谨遵父辈的训导而且从不违抗，使我们的国家安定、和平，才下令为他题写铭文，通过对已故的田氏祖先的表彰，彰显皇上对安定的田氏家族的宠信，而我正好担任太史一职，尊奉圣明的皇命，又怎么可以推辞呢？

　　谨按：魏博节度使、银青光禄大夫、检校工部尚书，兼魏州大都督府长史、御史大夫、沂国公田弘正，是北平卢龙人。他之前是魏博的一名将领，忠义孝悌而又戒惕谨慎。藩镇军阀田季安去世后，他的儿子尚且年幼弱小，依照惯例继承了他父亲的官职，然而手下的官吏却并不顺服这个小孩，士兵们将田弘正从家中迎请出来，让他来统领军事。田弘正把军队的人数和六州的人口总数登记造册，回禀至朝廷，将河北旧有的人事全部废除，重新划分各个州郡，因此被任命为统帅。不久之后，皇上下诏追赠他的父亲为沧州刺史兵部尚书，母亲郑氏为梁国太夫人，得以建立宗庙祭祀三代：曾祖父都水使者府君祭在初室内，祖父安东司马，后追赠为襄州刺史府君祭在二室内，父亲兵部府君祭在东室内。铭文说：

　　唐朝承袭了古代帝王的风范，海外各国无不归顺、依附。值此太平盛世，燕地一带却出现贼寇作乱，惊扰朝廷。贼寇结为朋党，彼此勾结，河北地区失去太平。自年号更改为元和以来，大圣载营。国家风调雨顺，万民遵照圣命。然而辽阔的魏州土地上，竟然由一个婴儿掌握兵权；将士们都心怀忧愁，恐怕性命难以保全。有位名叫田弘正的人，他的品德高尚使人信赖，官兵们大声呼喊着，跑到他的家中请他出来统领军事。田弘正统领军队，谨奉圣明的皇上的法令，他先将兵器都捆扎起来，考核校验官吏们的作战能力；他还加固边疆的防御工事，登记州县人口户籍，恢复治国安邦的大道。皇上钦佩他是个忠臣，表示要赏赐于他；我不禁为这六个州郡感慨，因为田侯的努力才没有分裂，恢复如初；在宗庙中告祭祖先，承接皇上颁发的诏书。旌旗、仪仗威武显赫，豹尾神旗排列有序；另外还有铁甲、战盔、戈戟、大旗，处处彰显着魏州军队的威武庄严。田侯磕头跪拜，说："微臣才能低劣，能够取得今日之成就，完全是得益于祖先的训诲。"皇上说："好啊，你为人忠义孝顺，朕认为你的父亲，可以位列夏卿之中，婚配于有德之人还生了你这样贤良的儿子，乃梁国配兵部之德。"田侯建立宗庙之前，曾细心考察那里的方位、地势；占卜结果显示那里风水非常好，田氏的祖先们都很欢喜。坚毅果断的田侯，两旁排列着文臣武将；此时，他已功德圆满，可以辅助天子。感叹您田侯啊，不要提前也不要延误，觐见飨宴要适时，这也是您的祖先所挂念的。

卷二十七　碑志

刘统军碑

　　唐故陈许节度使、金紫光禄大夫、检校尚书左仆射兼御史大夫、右龙武统军、彭城郡开国公，食邑二千户、赠潞州大都督刘公讳昌裔，字光后，薨既葬，将反机于京师，舍于墓次。故吏文武士门人送客讫事，会哭将退，咸顾恋牵连，一口言曰："自我公薨至葬，凡所以较德焯勤者，莫不粗完。隐卒崇终，有都督之诏。日事时功以著，不可以诬，有太史之状，有太常之状，有谥，有诔，有幽堂之铭。又如即外碑刻文以显诗之，其于传无已，岂不益可保？"于是相许诺，以告其孤纵。纵哭，舍杖拜曰："纵不敢违。"则相与刻铭。文曰：

　　刘处彭城，本自楚元。阳曲之别，由公祖迁。公曾祖考，为朔州守。祖令太原，仍世北边。乐其高寒，弃楚不还。逮于公身，三世晋人。公生而异，魁颜巨鼻。幼如舒退，少长好事。西戎乘势，盗有河外，公虽家居，为国喑噫，来告边帅，可破之计。杨琳为横，巴蜀靡彫。公由游寄，单船谕招，折其尾毒，不得动摇。琳后来降，公不有功，终琳之已，还卧民里。盖古有云："人职其忧。"无事于职，而与国谋。

德宗之始，为曲环起。奋笔为檄，强寇气死。决败算成，效于屈指。环有许师，公遂佐之。苏民战敌，多出公画。累拜郎中，进兼中丞，虽在陪贰，天子所凭。蔡卒幸丧，围我新郛。新师不牢，勍勍将逋。公为陈力，应变为械，与之上下，寇无所赖，遂至遁败。以功迁陈，实许之半。声驾元侯，以势自惮。复入居许，为军司马。脱权下威，士心益归。卒嗣环职，弃恶从德。乃与蔡通，涂其榛棘。稚耊嬉遨，连手歌讴。上无可怨，外无与雠。既长事官，骏之大夫。其偿未塞，仆射以都。及癸巳岁，秋涌水出，流过其部，破民庐室。公即疏言，此皆臣愆，防断不补，溃民于泉。臣耄且疾，宜即大罚。上曰灾害，大臣其来，允余之思，其可止哉？驿隶走呼，有中使来，公迎于驿，遂行不回。六月隆热，上下歊艳。公鞭公驱，去马以舆。公病日恶，不能造阙，仆卧在宅，闵有加锡，命为统军，龙武之右，兼官左相，百僚长首。冬十一月，日将南至，公遂薨徂，年六十二。奏闻怛悼，俾官临吊，悲不听朝，赠督潞州。存殁赍之，于数为优。明年九月，东葬金谷。公往有命，匪后人卜。

【译文】大唐故陈许节度使、金紫光禄大夫、检校尚书左仆射兼御史大夫、右龙武统军、彭城郡开国公，食邑二千户、赠潞州大都督刘昌裔，字光后，不幸去世并安葬后，将要返回京城举行祭奠，在墓地设立几筵进行舍奠。他的故吏、文武官员以及门人送走客人，丧事结束之后，聚集在一起痛哭准备互相告别的时候，都留恋徘徊，不忍离去，他们异口同声地说："从刘公去世到安葬完毕，各种表彰主人德行和功劳的册封与褒奖大都已经完备了。刘公归隐后去世，死后殊荣备至，皇上下诏追赠他为潞州大都督。他的日常事迹和盖世功劳，已经记载下来，不会被抹杀，有太史记录的行状，有太常记录的行状，有谥号，有诔文，有幽堂的铭文。还应该有外碑，上面刻写铭文来记述刘公的生平事迹，而且刘公还没有传记，不是正好可以刻写上去吗？"于是众人都非常赞同，并告诉刘公的儿子刘纵。刘纵痛哭失声，扔掉丧杖拜谢众人，说："我不敢违背大家的好意。"于是就刻了墓志铭。铭文如下：

刘氏定居彭城，始于楚元王刘交。后来移居到太原阳曲，始于刘公的曾祖那一辈。刘公的曾祖父，曾任朔州刺史。祖父曾任太原府晋阳县令，从此刘公一族就世代定居在北方了。他们喜欢北方的高寒，就不再回归楚地了。到了刘公这一辈时，已经是第三代晋人了。刘公刚出生就与众不同，额头宽大，鼻子高耸。年幼的时候从容柔和，年长以后喜欢思考世事。那时候吐蕃乘势扩张，占有了河西地区，刘公虽然居于家中，却为国事忧心不已，于是去拜会边境的主帅，陈述自己的破敌策略。后来泸州刺史杨子琳谋反，巴蜀地区生灵涂炭。当时刘公正在蜀地游历，一叶扁舟前去晓以大义，最终打消了杨子琳的谋反念头，使他不再反复无常。杨子琳最后归降朝廷，刘公却没有得到应有的封赏，杨子琳去世以后，刘公又回乡闲居。古人说过:"在其位,谋其职。"刘公并没有什么职位,却不遗余力地为国事操劳。

唐德宗初年,晋昌郡王曲环举荐刘公在自己麾下任职。他奋笔写下讨伐敌寇的檄文,强敌的气焰也顿时消灭。决定胜败的策略,刘公很容易就制定出来。曲环统率陈、许等州的军队,刘公跟随在他的身边辅佐。纾解民忧,讨伐敌寇,大多出自刘公的谋划。后来累官至郎中,进而又兼任御史中丞,虽然只是副职,皇上却很信赖刘公。蔡州吴少诚的军队乘许州节度使曲环去世的机会,突然发兵包围了许州。许州的新军战斗力不强,城内官员惶恐不安,想弃城逃走。只有刘公极力主张抵御敌寇,并且造木栅为城,与敌周旋,敌人无法攻下许州,只好撤退逃走了。刘公因为守城有功被派到陈州,担任陈州刺史。刘公鼓舞韩全义军队,声势宏大,使韩全义心中惊服。刘公又调到许州,担任陈许行军司马。他能礼贤下士,获得士卒的拥戴。刘公后来继承了曲环的职位,使吴少诚弃恶归善。使蔡州和许州恢复了来往,消除了彼此之间的隔阂。两个州的老少嬉戏游乐,一起作歌谣称颂刘公。对于刘公的政绩,上司不会有所指摘,对外没有什么仇家。刘公长期担任公职,政绩超过其他官员。但他的功劳还未得到封赐,因此朝廷又加封他为检校右仆射。癸巳那一年,秋季洪水暴发,流过他管辖的地区,冲毁了百姓的房屋居舍。刘公上疏说:"秋雨成灾,是我失职导致的,由于我的防洪措施不当,才使老百姓陷于洪水之中。我已经年老多病,应该受到惩罚才是。"皇上说:"天降灾害,如果是大臣导致的,就算你反省自责,就可以平息洪水了吗?"驿站上的官吏跑来禀报说朝廷派来的使者已经到达了,刘公到驿站前去迎接,于是便不再回来，与使者一同回朝觐见。六月的天气酷热难当，上蒸下烤令人难耐。刘公在道路上不停地驰骋，因为身体不适，改骑马为坐轿。刘公的病情逐渐加重，难以回朝拜见皇上，只好请求回家休养，皇上怜悯刘公，加以赏赐，任命他为右龙武统军，并拜他为检校尚书左仆射，成为文武百官的领袖。这年冬天十一月，快到冬至的时候，刘公去世了，享年六十二岁。皇上听闻消息后十分悲伤，派使臣到刘公家中吊唁，也因此而辍朝一日，追赠刘公为潞州大都督。皇上还给予刘公家人丰厚的赏赐，用以办理刘公的身前身后事。第二年九月，刘公被安葬在洛阳金谷。刘公这一生的命运，不是后人所能想到的啊。

衢州徐偃王庙碑

徐与秦俱出柏翳为嬴姓，国于夏、殷、周世，咸有大功。秦处西偏，专用武胜，遭世衰，无明天子，遂虎吞诸国为雄。诸国既皆入秦为臣属，秦无所取利，上下相贼害，卒偾其国而沈其宗。徐处得地中，文德为治，及偃王诞当国，益除去刑争末事，凡所以君国子民待四方，一出于仁义。当此之时，周天子穆王无道，意不在天下，好道士说，得八龙，骑之西游，同王母宴于瑶池之上，歌讴忘归。四方诸侯之争辩者无所质正，咸宾祭于徐，赘玉帛死生之物于徐之庭者，三十六国，得朱弓赤矢之瑞。

穆王闻之恐，遂称受命，命造父御，长驱而归，与楚连谋伐徐。徐不忍斗其民，北走彭城武原山下，百姓随而从之万有余家。偃王死，民号其山为徐山，凿石为室，以祠偃王。偃王虽走失国，民戴其嗣为君如初。驹王章禹，祖孙相望，自秦至今，名公巨人继迹史书。徐氏十望，其九皆本于偃王，而秦后迄兹无闻家。天于伯翳之绪，非偏有厚薄，施仁与暴之报，自然异也。衢州，故会稽太末也。民多姓徐氏，支县龙丘有偃王遗庙，或曰：偃王之逃战，不之彭城，之越城之隅，弃玉几研于会稽之水。或曰：徐子章禹既执于吴，徐之宗族弟子散之徐、扬二州间，即其居立先王庙云。开元初，徐姓二人相属为刺史，帅其部之同姓，改作庙屋，载事于碑。后九十年当元和九年，而徐氏放复为刺史。放字达夫，前碑所谓今户部侍郎，其大父也。春行视农至于龙丘，有事于庙，思惟本原，曰："故制粗朴下窄，不足以揭虔妥灵。而又梁粗赤白，陊剥不治，图像之威，儳昧就灭，藩拔级夷，庭木秃缺。祈町日慢，祥庆弗下，州之群支，不获荫庥。余惟遗绍，而尸其土，不即不图，以有资聚，罚其可辞！"乃命因故为新，众工齐事，惟月若日，工告讫功，大祠于庙，宗御咸序应。是岁，州无怪风剧雨，民不夭厉，谷果完实，民皆曰："耿耿祉哉，其不可诬！"乃相与请辞京师，归而鑱之于石，辞曰：

　　秦杰以颠，徐由逊绵。秦鬼久饥，徐有庙存。婉婉偃王，惟道之耽。以国易仁，为笑于顽。自初擅命，其实几姓。历短言长，有不偿亡？课其利害，孰与王当？姑蔑之墟，太末之里，谁思王恩，立庙以祀。王之闻孙，世世多有。唯临兹邦，庙土实守。坚峤之后，达夫廓之。王殁万年，如始衬时。王孙多孝，世奉王庙。达夫之来，先慎诏教。尽惠庙民，不主于神。维是达夫，知孝之元。太末之里，姑蔑之城，庙事时修，仁孝振声。宜宠其人，以及后生。嗟嗟维王，虽死谁芄。王死于仁，彼以常丧。文追作诔，刻示茫茫。

【译文】徐国和秦国的祖先都是柏翳，以嬴为姓，在夏、商、周三朝都建立了国家，立下大功。秦国位于西部偏远之地，以武力制胜天下，当时世道衰落，没有圣明天子管理天下，秦国就趁机吞并了各诸侯国称雄天下。各诸侯国都成为秦国的附庸之后，秦国就失去征伐目标而无法获取利益了，于是朝廷上下相互构陷，最终导致了国破族灭的结果。徐国正好处在中原地区，崇尚以礼乐教化治国，到徐偃王嬴诞为国君的时候，更是摒弃刑罚和杀戮等手段治理国家，安抚百姓以及对待其他国家，都遵循"仁义"的原则。那时，周天子周穆王不讲道义，不专心治理天下，却喜欢修道访仙，周穆王得到八匹骏马，就驾车到西方昆仑山游历，和西王母在瑶池相会，周穆王沉醉于歌舞，忘记了回国。四方的诸侯发生争执、矛盾的时候找不到人来主持公道，于是都到徐国来朝见，带着玉帛和祭物来朝见的诸侯国，总共有三十六个，徐偃王还得到了朱弓、赤矢等祥瑞之物。周穆王听说后心里非常担心，便说自己是受命于天的真命天子，命令造父驾车，长途疾驰返回国中，和楚国联合起来准备讨伐徐国。徐偃王不忍心让百姓们遭受战火，便逃到北方的彭城武原山下，跟随他的百姓有一万多户。徐偃王去世后，老百姓就把那座山称为徐山，在山中的大石上凿出一间石室，用来祭祀徐偃王。徐偃王虽然出走并失去了国家，但是百姓们还像以前那样拥戴他的后嗣为国君。驹王章禹，与先祖徐偃王是一脉相承的祖孙，从秦朝到现在，徐姓的名人层出不穷。徐氏家族十个有九个都是徐偃王的后代，而秦朝的后嗣直到今天也没听说有什么名人。上天对于柏翳的后嗣，并没有厚薄的分别，是因为施行仁义与暴力的不同回报，结果自然就会不同啊。衢州，就是以前会稽郡的太末县。当地的百姓大多数姓徐，下辖的龙丘县有徐偃王庙的遗迹，有人说：徐偃王出走避战，并没有去往彭城，而是来到了越城的某个僻静之处，他还把玉几、玉砚丢弃在了会稽的河中。也有的人说：徐国君主章禹被吴国捕获以后，徐氏的族人就分散到徐州、扬州各地了，他们在自己的居住地修建了祭祀先王的宗庙。开元初年，两个徐姓的后人，徐坚和徐峤相继担任刺史，他们带领同姓的族人，将宗庙重新修葺一新，将修庙经过刻在石碑上。此后九十年，也就是元和九年（814），徐氏后人徐放又担任刺史。徐放字达夫，先前那块碑上所提到的户部侍郎，就是他的祖父。徐放在春季出巡劝农，到了龙丘县，来到庙中拜谒，想起徐氏先祖，说："这座过去建造的宗庙，这么的简陋、狭窄，不足以表达后代的虔诚与慰藉先王的英灵。而且房梁木柱颜色斑驳，漆皮剥落，残破不堪，先王的图像也变得晦暗模糊了，庙内的栏杆台阶也是倾倒坍塌，庭中的树木枯死缺失。前来祈祷的百姓日益怠慢，祥兆和福报当然不会降临，州中的徐氏各族，也得不到荫庇。我是徐氏的后人，应该重塑先王雕像，加以祭祀，我无所企图，只是想征集一些修庙的钱财，请先祖惩罚那些推辞的人吧！"于是他命人将旧庙翻新，众多工匠齐心协力，没过多久，就大功告成，在宗庙中举行了盛大的庆典，宗族之人都群起响应。这一年，州中没有发生暴风和大雨，百姓也没有遭受灾难，庄稼的收成也非常好，百姓都说："这真是明显的福祉啊，不可以否认它！"于是他们来到京师请我撰写了一篇碑文，回来后刻在石碑上，碑文说：

秦国称雄却亡国无存，徐国仁义而子孙不绝。秦国先祖的鬼魂一直饥肠辘辘，而徐氏先王却一直保有宗庙。从容委婉的徐偃王，专心寻求道义。他宁愿失去国家也要谨守仁义，却被那些愚顽的人们所嘲笑。自古有几家能承天命而拥有封国。纵观历史，说长道短，又有几家能长久延续而不灭国呢？分析其中的利害得失，谁又能和徐偃王相比呢？姑蔑的土地上，太末的县境里，是谁在怀念先王的恩德，修建宗庙来祭祀先王。先王的子孙，历代都名人辈出。只有在这个建有宗庙的地方，先王可以在其中享受祭祀。在徐坚、徐峤之后，有徐达夫来修葺宗庙。徐偃王虽然去世千年，但是依然像当初那样，受到后世子孙的尊敬。徐偃王的后世子孙都遵守孝道，世代都供奉先王的宗庙。徐达夫来到以后，首先对百姓们进行教化。这都是真正为了宗庙所在地的百姓受惠，而不仅仅为了祭祀先王的神主。这位徐达夫，确实了解孝道的本质啊。太末的县境里，姑蔑的城墙内，从此就时常举行祭祀祖先的活动，因此仁义和孝道得到提倡。这样做不但会福佑现在的百姓，而且还会降福给后世子孙。我不由感叹这位徐偃王，虽然早已去世，但又有谁能够和他一样影响深远。徐偃王因为仁义而死，秦朝却由于暴虐而导致灭亡。我写下这篇诔文来追忆徐偃王，刻在石碑上来启示芸芸众生。

袁氏先庙碑

袁公滋既成庙，明岁二月，自荆南以旌节朝京师，留六日，得壬子春分，率宗亲子属用少牢于三室。既事退言曰："呜呼远哉！维世传德，袭训集余，乃今有济。今祭既不荐金石音声，使工歌诗，载烈象容，其奚以饬稚昧于长久？唯敬系羊豕幸有石，如具著先人名迹，因为诗系之语下，于义其可。虽然，余不敢，必属笃古而达于辞者。"遂以命愈，愈谢非其人，不获命，则谨条袁氏本所以出，与其世系里居。起周历汉、魏、晋、拓拔魏、周、隋入国家以来，高、曾、祖、考所以劬躬焘后，委祉于公，公之所以逢将承应者，有概有详，而缀以诗曰：周封舜后为陈，陈公子有为大夫食国之地袁乡者，其子孙世守不失，因自别为袁氏。春秋世陈常压于楚，与中国相加尤疏，袁氏犹班班可见于谱。尝居阳夏，阳夏至晋属陈郡，故号陈郡袁氏。博士固，申儒遏黄，唱业于前。至司徒安，怀德于身，袁氏遂大显，连世有人。终汉连魏晋，分仕南北。始居华阴，为拓拔魏鸿胪。鸿胪讳恭，生周梁州刺史新县孝侯讳颖。孝侯生隋左卫大将军讳温，去官居华阴，武德九年以大耋薨，始葬华州。左卫生南州刺史讳士政。南州生当阳令讳伦，于公为曾祖。当阳生朝散大夫石州司马讳知玄。司马生赠工部尚书咸宁令讳晔，是为皇考。袁氏旧族，而当阳以通经为儒，位止县令。石州用《春秋》持身治事，为州司马以终。咸宁备学而贯以一，文武随用，谋行功从，出入有立，不爵于朝。比三世宜达而室，归成后人，数当于公。公唯曾大父、皇考比三世存不大夫食，殁祭在子孙。唯将相能致备物，世祢远，礼则益不及。在慎德行业治，图功载名，以待上可。无细大，无敢不敬畏；无早夜，无敢不思。成于家，进于外，以立于朝。自侍御史历工部员外郎、祠部郎中、谏议大夫、尚书右丞、华州刺史、金吾大将军，由卑而巨，莫不官称，遂为宰相，以赞辩章。仍持节将蜀、滑、襄、荆，略苞河山，秩登禄富，以有庙祀，具如其志，又垂显刻，以教无忘，可谓大孝。诗曰：

袁自陈分，初尚褰连。越秦造汉，博士发论。司徒任德，忍不锢人。收功厥后，五公重尊。晋氏于南，来处华下。鸿胪教侯，用适操舍。南州勤治，取最不懈。当阳耽经，唯义之畏。石州烈烈，学专《春秋》。懿哉咸宁，不名一休，趋难避成，与时泛浮。是生孝子，天子之宰。出把将符，群州承楷。数以立庙，禄以备器。由曾及考，同堂异置。柏版松楹，其筵肆肆。维袁之庙，孝孙之为。顺势即宜，以诹以龟。以平其巇，屋墙持持。孝孙来享，来拜庭庭。陟堂进室，亲登箹铏。肩臑胉骼，其樽玄清。降登受胙，于庆尔成。维曾维祖，维考之施。于汝孝嗣，以报以祇。凡我有今，非本曷思。刻诗系牲，维以告之。

【译文】袁公袁滋将宗庙建成之后，于第二年二月，奉命从荆南回京师朝见天子，在京师停留了六天，在壬子日春分那一天，率领族人携带羊、猪在祖宗三庙举行祭祀。祭祀完毕，袁公出来说："呜呼远哉！我们的宗族世代相传，历代留下来的祖训，都传授给了我，因此才获得今天的功业。现在的祭祀不能演奏金石丝竹等乐器，因此不能让乐人以歌舞来称颂祖先的功业，那么如何才能让后人们永久缅怀祖先们的功业与训诫呢？幸好庙内有丽牲之碑，如果在碑上详细记录祖先的名字与事迹，写成诗歌和文章，这也是符合道义的。虽然有此想法，但我却不敢自己撰写碑文，一定要请崇尚古道而又擅长写文章的人来做这件事。"于是袁公便让我来撰写这篇碑文，我向袁公辞谢，觉得我并不是合适的人选，但袁公没有同意，我只好撰文恭敬地列出袁氏宗族的本宗，和他们世代的谱系以及各宗支的分布地。时间从周代开始，历经汉、魏、晋、拓跋魏、北周、隋等朝代，直到大唐建立以来，将那些袁氏高祖、曾祖、祖父、父辈等辛苦创业，荫庇后人，降福于袁公的事迹，以及袁公承应祖业，开创功业的事迹，有概述也有详论，并在文末作诗来记述，碑文说：周朝把舜的后人分封在陈国，陈国公子中有一位担任大夫并在袁乡享有封地，他的子孙世代都保有这块土地，因此他们另立为袁氏宗族。春秋时期陈国经常受到楚国的欺压，和中原国家的关系非常疏远，但是袁氏家族的谱系还是有迹可循。袁氏一族曾在阳夏定居，阳夏县在晋朝时属于陈郡，因此称他们为陈郡袁氏。西汉博士辕固，宣扬儒家学说而贬低黄老之说，首先为袁氏建立了功业。东汉时有司徒袁安，德行卓著，袁氏宗族因此成为天下望族，世代都有名人出现。汉代以后一直到魏晋南北朝时期，袁氏都有族人分别在南北为官。有一位华阴的袁氏族人，曾担任拓跋魏的鸿胪。这位鸿胪名叫袁恭，他的后代有北周梁州刺史、新县孝侯袁颖。孝侯袁颖的后代有隋朝左卫大将军袁温，袁温辞官隐居在华阴县，唐朝武德九年（626），他以高寿去世，安葬在华州。左卫大将军袁温的后代有南州刺史袁士政。南州刺史袁士政后代有当阳县令袁伦，袁伦就是袁公的曾祖父。当阳县令袁伦的儿子是散朝大夫、石州司马袁知玄。司马袁知玄的儿子是后被追封为工部尚书的咸宁县令袁晔，他就是袁公的父亲。袁氏是一个世家，当阳县令袁伦先生是一个精通学问的儒士，官职只做到了县令。石州司马袁知玄以《春秋》作为修身处事的准则，官职做到了州司马。咸宁县令袁晔先生博学而且修身不怠，文韬武略了然于胸，而且擅于谋划，勇于行动，内外都可独当一面，可惜却不能获赐官职。袁氏应该三代显达，却半途中止，这份福祉应该归于后人身上，现在看来应该是降临在袁公身上了。袁公认为曾祖父、祖父、父亲三代都没能位列士大夫的行列，只能由后世子孙完成祭祀，不能获得朝廷祭祀的荣誉。只有出将入相才能完成祖先的愿望，世事越久远，礼数就越难以周到。应该谨慎地修养德行、处理家事，至于建功立业的事情，只需等待上天降下福祉。无论事情大小，不敢不谨慎对待；不论白天黑夜，不敢不自省反思。在家修养德行，在外谋求进取，期待能在朝中成就功业。袁公从侍御史做起，历任工部员外郎、祠部郎中、谏议大夫、尚书右丞、华州刺史、金吾大将军，从卑微而到显赫，都尽心称职，直至担任了宰相，被任命为中书侍郎平章事。他又在西川、滑州以及荆南等地担任节度使等要职，守卫着江山社稷，职位高贵显达，建立了家族的宗庙，实现了自己的志向，并把这些情况都刻在石碑上，以提醒后代子孙们不要忘记，这可

以说是大孝啊。诗说:

袁氏一族从陈国发源,初期虽然经历坎坷,却延续不绝。秦朝以后来到汉代,博士辕固阐发尊儒之论。司徒袁安品德高尚,治理楚狱案件,不忍心囚禁无辜。后来袁氏成为望族,总共出了五位公卿。当东晋南渡后,袁氏迁居到华阴县。鸿胪袁恭和孝侯袁颖,都擅于修养德行。南州袁士政勤于治理政事,从不肯松懈。当阳县令袁伦耽于读书,讲求道义。石州司马袁知玄刚正威武,专心研究《春秋》。咸宁令袁晔实在高尚啊,他不追求名声的显赫,勇于承担困难而谦让功绩,与时世相为浮沉。因而有袁公这样的孝子,担任天子的宰相。即使离开京师担任要职,各个州郡也都以他为榜样。袁氏的命数理应建立宗庙,袁氏的福禄也足以享有各种祭器。从曾祖父直到父亲,在同一座宗庙中的不同神位享受祭祀。柏木为椙,松木为柱,气势堂皇。袁氏的这座宗庙,由孝孙建造。宗庙的建造顺应时宜,并且预先商议、占卜以定吉凶。修葺有裂隙的地方,终于将庙堂焕然一新。孝子贤孙们都来祭祀,在庙堂叩拜祖先。他们穿过厅堂,亲自献上满盛祭品的祭器。献上猪牛羊祭品,供奉着装满清水的酒樽。祖先们的英灵降临,享受丰美的祭品,来庆祝宗庙的建成。曾祖父和祖父,还有父亲,都会对孝子降福的。子孙后嗣能够延续到今天,不思量祖先的恩德是不可取的。将诗文刻在石碑上,把牺牲拴在石碑上,以此来敬告祖先。

清河郡公房公墓碣铭

公讳启，字某，河南人。其大王父融，王父琯，仍父子为宰相。融相天后，事远不大传。琯相玄宗、肃宗，处艰难中，与道进退，薨赠太尉，流声于兹。父乘，仕至秘书少监，赠太子詹事。公胚胎前光，生长食息，不离典训之内，目濡耳染，不学以能。始为凤翔府参军，尚少，人吏迎望见，咸曰："真房太尉家子孙也。"不敢弄以事。转同州澄城丞，益自饰理，同官惮伏。卫晏使岭南黜陟，求佐得公，擢摘良奸，南土大喜。还迁昭应主簿。裴胄领湖南，表公为佐，拜监察御史，部无遗事。胄迁江西，又以节镇江陵，公一随迁，佐胄，累功进至刑部员外郎，赐五品服，副胄使事为上介。上闻其名，征拜虞部员外，在省籍籍，迁万年令，果辨憿绝。贞元末，王叔文用事，材公之为，举以为容州经略使，拜御史中丞，服佩视三品，管有岭外十三州之地。林蛮洞蜒，守条死要，不相渔劫，税节赋时，公私有余。削衣贬食，不立资遗，以班亲旧朋友为义。在容九年，迁领桂州，封清河郡公，食邑三千户。中人使授命书，应待失礼，客主违言，征贰太仆。未至，贬虔州长史，而坐使者。以疾卒官，年五十九。其子越，能辑父事无失，谨谨致孝。既葬，碣墓请铭，铭曰：

房氏二相，厥家以闻。条叶被泽，况公其孙。公初为吏，亦以门庇。佐使于南，乃始已致。既办万年，命屏容服。功绪卓殊，氓獠循业。维不顺随，失署亡资。非君之怨，铭以著之。

【译文】房公名叫房启，字不详，河南人。他的曾祖父是房融，祖父是房琯，他们父子两人都担任过宰相。房融是武则天时候的宰相，因为年代久远，事迹没有流传下来。房琯在唐玄宗、唐肃宗两朝担任宰相，他在艰难坎坷中，仍能保持道义，死后被追赠为太尉，名声显于当时。房公的父亲房乘，官职做到秘书少监，追赠太子詹事。房公一出生就谨遵祖训，日后无论是少年还是成人，无论饮食起居，都严格按照典籍和祖训行事，长期的耳濡目染，即使不经过学习，也具备了卓越的才能。房公最初担任凤翔府参军，年纪还不大，但见到他的官吏，都感叹说："不愧是房太尉家的子孙啊。"都不敢敷衍糊弄他。后来房公调任同州澄城县丞，更加注重自己的行为，同僚们都很敬畏他。卫晏担任岭南黜陟使的时候，请房公一起南下辅佐他，房公在卫晏身边赏善惩恶，无不正确，南方的人都欢喜雀跃。后来房公升任昭应主簿。裴胄任湖南观察使，上表请求任命房公辅佐他，房公担任监察御史，部门内没有久拖未办的政事。裴胄调到江西，又去镇守江陵，房公都跟随一同调任，辅佐裴胄，累功升任刑部员外郎，赐五品官服，房公是裴胄佐官中的佼佼者。皇帝也听说了他的名声，任命他为虞部员外，在部门里名声赫赫，后来又调任万年县令，因果敢和明辨而享有名声。贞元末年，王叔文执掌朝政，很赏识房公的才干，举荐他为容州经略使，拜为御史中丞，穿戴三品的服饰，管辖岭外十三个州郡。房公和那些居住在森林、洞穴中的蛮夷之人相互盟誓定约,明确彼此互不侵犯,并按时节向当地人征收税赋,使得公私两方面都有盈余。房公生活简朴,饮食衣着都很简单,没有多余的财产,与同僚、亲戚和朋友之间来往都能遵从道义。房公在容州九年,又调到桂州担任桂管观察使,被封为清河郡公,食邑三千户。中使前来宣读皇帝的诏书,房公应对失礼,导致中使和房公产生矛盾,房公被贬为太仆少卿。房公还没有到达京城,又被贬为虔州长史,中使也因此获罪被杀。房公因为疾病在任上去世,享年五十九岁。他的儿子房越,能继承父亲的品德,没有什么过失,谨守孝道。房公安葬以后,家人请求为他撰写墓志铭,铭文说:

房氏宗族中出了两位宰相,使整个家族名闻天下。枝叶尚且能获得树木的恩泽,何况房公又是他们的子孙呢。房公刚开始做官时,也因为是房氏宗族而受到荫庇。在岭南辅佐卫晏,开始显露他的才能。担任万年县令后,又调任容州经略使。他的政绩十分卓越,百姓和官吏都安守本业。只是因为不逢迎中使,才失去了官职。这并不是先生的责任啊,所以才记载在这篇铭文中。

唐故银青光禄大夫检校左散骑常侍兼右金吾卫大将军赠工部尚书太原郡公神道碑文

公讳用,字师柔,太原人,庄宪皇太后之弟,今天子之舅,太师之子,太尉之孙,司徒之曾孙。元和元年,上朝太后南宫,大褒外氏，自外高祖王父而下至外王父，咸册登公师，事载之史。皇太后昆弟惟公一人，于是特拜银青光禄大夫、太子少詹事，未三月，因迁大詹事，赐勋上柱国，爵封郡公，国于太原，益掌厩苑之事。公起外戚子弟，秩卑年少，岁余超居上班，官尊职大，朝夕两宫。而能敬让以敏，持以礼法，不挟不矜，宾接士大夫，高下中度，兴官耆事，滋久愈谨，由是朝廷推贤，所处号治。转少府监、太子宾客，别职如初。迁左散骑常侍，兼右金吾大将军，皆以选进，不专为恩。十一年秋，将以八月葬庄宪太后。前一月壬申，以疾告薨，春秋四十有七。上罢朝二日，为位以哭，赠工部尚书。十一月壬申，葬于万年县落女原。夫人河南胡氏，号太原郡夫人。有子六人，女子一人。葬得日，公之姊婿京兆尹李儴谓太子右庶子韩愈曰："子以文常铭贤公卿，今不可以辞。"应曰："诺"。而为铭曰：

有蟜氏国，实出炎轩。蜀涂莘挚，正妃之门。孰丰其川，不羡其源。王氏周胄，官封相继。实生圣女，以母唐帝。公惟后季，天子吾甥。卑躬慎德，不与宠横。方年未老，后哀犹新。如何不惠，而殒其身！刻文兹石，久载攸存。

【译文】王公名叫王用，字师柔，太原人，是庄宪皇太后的弟弟，当今天子的舅舅，太师王子颜的儿子，太尉王难得的孙子，司徒王思敬的曾孙。元和元年（806），皇上去南宫朝拜太后，随后大力册封国戚，从外高祖、祖父到外祖父，都一一册封他们的后人，这件事记载在史书之中。皇太后的兄弟只有王公一人，因此他被特别加封为银青光禄大夫、太子少詹事，不到三个月，又升为大詹事，赐封上柱国的勋位，赐爵为太原郡公，封国在太原，掌管养马场的事务。王公出身于外戚子弟，开始时地位卑微，年纪幼小，但仅仅过了一年多就位列朝班了，官位尊贵，职权很大，早晚都在两宫之间奔忙。而王公仍然能够谦恭待人，勤奋做事，严格地用礼法来要求自己，不自大也不矜持，对待朝中大臣彬彬有礼，礼节适度，在职位上处理政事，时间越久就越加谨慎，因此朝廷认为他是个贤臣，他所在的地方都治理得很好。后来王公转任少府监、太子宾客，但在新的职位上还是和原来一样勤勉。又升任左散骑常侍，兼右金吾大将军，都是经过考核选拔上来的，并不是因为皇恩赏赐。元和十一年（816）秋季，将在八月安葬庄宪太后。然而就在前一个月的壬申这一天，王公因病去世，享年四十七岁。皇上因此罢朝两天，设置王公的神位哭泣悼念，并追赠他为工部尚书。十一月壬申这天，王公安葬在万年县落女原。王公的夫人是河南胡氏，封号为太原郡夫人。他们总共有六个儿子，一个女儿。安排好了安葬的日子以后，王公的女婿京兆尹李傯对太子右庶子韩愈说："您经常为朝中贤德的公卿们撰写墓志铭，如今您也不能推辞为王公撰写墓志铭。"我回答说："遵命。"于是就写了这篇铭文：

远古有蟜氏，是炎帝和黄帝母亲所在的部落。蜀山氏之女、涂山氏之女、莘氏之女、挚任氏之女，都是帝王的正妃。然而，看到壮阔的河川，有谁不会美慕它的渊源呢。王氏是周朝的后裔，世代都有显赫的官爵封号。王氏宗族中出现了一位圣女，她是大唐天子的母亲。王公是王氏后人，天子是他的外甥。但他仍然谦虚谨慎，不依仗皇亲的身份而骄横霸道。王公正值壮年，后代还都很幼小。

上天却如何这样的不仁厚，让他寿终正寝！在墓碑上刻下铭文，希望能够永久留存。

卷二十八　碑志铭

曹成王碑

　　王姓李氏，讳皋，字子兰，谥曰"成"。其先王明，以太宗子国曹，绝复封，传五王至成王。成王嗣封在玄宗世，盖于时年十七八。绍爵三年而河南北兵作，天下震扰，王奉母太妃逃祸民伍，得间走蜀从天子。天子念之，自都水使者拜左领军卫大将军，转贰国子秘书。王生十年而失先王，哭泣哀悲，吊客不忍闻。丧除，痛刮磨豪习，委己于学。稍长重知人情，急世之要，耻一不通。侍太妃从天子于蜀，既孝既忠，持官将身，内外斩斩，由是朝廷滋欲试之于民。上元元年，除温州长史，行刺史事。江东新刳于兵，郡旱饥，民交走死无吊。王及州，不解衣，下令掊锁扩门，悉弃仓实与民，活数十万人。奏报，升秩少府监。与平袁贼，仍徙秘书，兼州别驾，部告无事。迁真于衡，法成令修，治出张施，声生势长。观察使噎媚不能出气，诬以过犯，御史劾之，贬潮州刺史。杨炎起道州相德宗，还王于衡，以直前谖。王之遭诬在治，念太妃老，将惊而戚，出则囚服就辩，入则拥笏垂鱼，坦坦施施。即贬于潮，以迁入贺。及是然后跪谢告实。初，观察使残虐，使将国良戍界，良以武冈叛，戍众万人。敛兵荆、黔、洪、桂伐之。二年尤张，于是以王帅湖南，将五万士，以讨良为事。王至则屏兵，投良以书，中其忌讳。良羞畏乞降，狐鼠进退。王即假为使者，从一骑，踔五百里，抵良壁，鞭其门大呼：“我曹王，来受良降，良今安在？”良不得已，错愕迎拜，尽降其军。太妃薨，王弃部，随丧之河南葬，及荆，被诏责还。会梁崇义反，王遂不敢辞以还。升秩散骑常侍。明年，李希烈反，迁御史大夫，授节帅江西以讨希烈。命至，王出止外舍，禁无以家事关我。哀兵大选江州，群能著职，王亲教之抟力、勾卒、嬴越之法，曹诛五卑。舰步二万人，以与贼遌。嚱锋蔡山，踣之，剡蕲之黄梅，大鞅长平，铍广济，掀蕲春，撇蕲水，掇黄冈，筴汉阳，行跐汉川，还大膊蕲水界中，披安三县，诛其州，斩伪刺史，标光之北山，齰隋光化，揩其州。十抽一摧，救兵州东北属乡，还开军受降。大小之战三十有二，取五州十九县，民老幼妇女不惊，市买不变，田之果谷下无一迹。加银青光禄大夫、工部尚书，改户部，再换节临荆及襄，真食三百。王之在兵，天子西巡于梁，希烈北取汴、郑，东略宋，围陈，西取汝，薄东都，王坐南方北向，落其角距，贼死咋不能入寸尺，将卒十万，尽输其南州。

　　王始政于温，终政于襄，恒平物估，贱敛贵出，民用有经。一吏轨民，使令家听户视，奸冗无宿。府中不闻急步疾呼。治民用兵，各有条次，世传为法。任马彝，将慎、将锷、将潜，偕尽其力能。薨，赠右仆射。元和初，以子道古在朝，更赠太子太师。道古中进士第，迁司门郎。刺利、随、唐、睦，征为少宗正，兼御史中丞，以节督黔中。朝京师，改命观察鄂、岳、蕲、沔、安、黄，提其师以伐蔡。且行泣曰："先王讨蔡，实取沔、蕲、安、黄，寄惠未亡，今余亦受命有事于蔡，而四邑适在吾封，庶其有集。先王薨于今二十五年，吾昆弟在，而墓碑不刻无文，其实有待，子无用辞！"乃序而诗之。辞曰：

　　太支十三，曹于弟季。或亡或微，曹始就事。曹之祖王，畏塞绝迁。零王黎公，不闻仅存。子父易封，三王守名。延延百载，以有成王。成王之作，一自其躬。文被明章，武荐峻功。苏枯弱疆，龈其奸猖。以报于宗，以昭于王。王亦有子，处王之所，唯旧之视，蹶蹶陛陛，实取实似，刻诗其碑，为示无止。

　　【译文】曹成王名叫李皋，字子兰，谥号为"成"。他的祖先曹恭王李明，以太宗儿子的身份被册封在曹州为王，后来封号断绝，而后又重新被赐封，历经五代而传至成王。成王在唐玄宗时继承封号，那时候他大概十七八岁。他刚承继爵位三年，安史之乱爆发，黄河南北战乱四起，天下震动，成王保护着母亲郑太妃，混杂在逃难百姓的队伍中，得以逃到蜀地，跟随在唐玄宗身边。天子感念他的忠义，下诏将他从都水使者升为左领军卫大将军，又转任国子监秘书。成王十岁的时候，他的父亲曹王李戬便去世了，成王痛哭欲绝，前来吊祭的客人们都不忍再听。守丧期满后，成王痛下决心去除豪奢习气，潜心钻研学问。年长以后，更深知人情世故，关心天下大事，以不知为羞耻。他侍奉郑太妃跟随天子到达蜀地，忠孝两全，为官修身，十分严谨，于是朝廷就想让他尝试着治理百姓。上元元年（760），他被任命为温州长史，代行刺史的职责。江东刚刚遭到乱军的掳掠，各郡县又发生大旱饥荒，百姓纷纷逃亡，人死了也没亲属来吊祭。成王到达温州以后，连衣服都来不及换，就下令打开官仓，将里面的粮食全部拿出来赈济饥民，拯救了数十万饥民的性命。成王将此事上奏后，皇上很赞赏他的做法，加升他为少府监。他又参与讨伐袁晁叛军的战事，后任国子监秘书，兼本州别驾，温州地界终于恢复平安。后来，成王被调任衡州刺史，在任期间律法严明，政令畅行，州郡大治，声名增长。湖南观察使辛京杲心生嫉妒，就诬告成王犯错，御史也弹劾他，成王于是被贬为潮州刺史。杨炎从道州司马被起用为唐德宗的宰相，他让成王仍回衡州为刺史，以伸张前次所受冤屈。当初成王遭到诬陷时，他考虑到郑太妃年纪已大，害怕她知道以后会担惊受怕，于是，出门后就身穿囚服前去辩解，回家后就手持笏板，腰挂鱼袋，身穿官服，装作坦然无事的样子。他随后被贬为潮州刺史，以自己调迁为名告知郑太妃。直到这时候他才跪在郑太妃面前谢罪，告诉她实际情况。起初，观察使辛京杲企图强占部将王国良的家产，就强迫将领王国良前去戍守边界，王国良不愿前去就在武冈叛乱，聚集了一万多人。朝廷调集了荆州、黔州、洪州、桂州等地的军队前去讨伐，都不能成功。两年后，王国良更加猖獗，于是朝廷派成王担任湖南观察使，统帅五万将士，征讨王国良。成王到达武冈后，没有马上进攻王国良，而是送给王国良一封书信，说中了他所忌讳的事情。王国良羞愧难当，又畏惧大兵压境，便向成王乞降，但又像狐鼠一样多疑不决。成王就假扮使者，带着一名骑马的侍从，长途跋涉五百里，到了王国良的军营之前，用马鞭敲着营门大声呼喊道："我是曹王，前来受降王国良，王国良何在？"王国良迫不得已，惊愕之余，只好出来迎接成王，率全军投降。郑太妃去世时，成王离开军队，为母亲送丧准备到河南安葬，刚走到荆州，就接到皇上的诏书，命他立即回营。这时正遇上梁崇义反叛，成王不敢推辞，就返回了军队。随后升任散骑常侍。第二年，李希烈造反，成王被任命为御史大夫，又授节统帅江西军队前去讨伐李希烈。命令到达后，成王就从家中搬出外面居住，并禁止家人以家事来打扰他。成王在江州大规模征集士兵，任命有才能的人担任官职，成王亲自教给士兵们抟力、勾卒、赢越等兵法，失败了就连坐，成功了就分赏。成王统帅水军、步兵共两万多人，准备与敌人交锋。两军在蔡山交战，一接战就打败了敌人，又在蕲州黄梅县取得大捷，后在长平得胜，接着攻克广济，夺取蕲春，进击蕲水，拔取黄冈，占领汉阳，行舟汉川，又回师在蕲水县与敌军大战，一举夺取安州三县，攻克了安州，杀死了伪刺史王嘉祥，又占领了光州的北山，夺取了隋县和光化县，占领了它们的州治。成王下令当地二十岁以下的男子中，每十名抽取一人当兵，发兵救援隋州东北所辖地区，然后回师接受敌人的投降。成王经历大小战斗总共三十二次，收复了五个州十九个县，所经地域的老少妇女都不会受到惊吓，集市交易也照常进行，田园中的果实也没有士卒去随意采摘。成王被加封为银青光禄大夫、工部尚书，又改户部尚书，又改任荆南节度使、襄州刺史和山南东道节度使，实受食邑三百户。成王统帅军队的时候，天子西巡到了梁州，而李希烈向北方攻陷了汴州和郑州，向东攻取宋州，围困陈州，向西攻取汝州，兵锋直逼东都，成王率领军队坐镇南方，面对北方，部署精锐部队，贼军拼死进攻也不能侵入分毫，敌军损失将卒十万余人，所占南方各州郡都被成王收复了。

成王最初从温州开始仕途，最后终止于襄州，他注重平衡物价，物价低时便买进，昂贵时再售出，使百姓生计无忧。成王约束官吏、治理百姓，让人视察每家每户，因此奸诈之事就无所立足。成王府中也清闲无事，听不到匆忙的脚步声和高呼声。成王治理百姓，统率部队，都非常有条理，世人沿用为法则。他任用马彝，伊慎、王锷、李伯潜担任大将，都能发挥他们的能力。成王去世后，追赠为右仆射。元和初年，因为儿子李道古在朝中做官，所以又加赠太子太师。李道古是进士出身，任司门郎。曾历任过利州、隋州、唐州、睦州等州的刺史，后拜为少宗正，兼御史中丞，持节充任黔中观察使。回到京城后，又任命他为鄂、岳、蕲、沔、安、黄六个州的团练观察使，率领军队准备讨伐蔡州。临行之前他哭着对我说："先王讨伐蔡州时，实际上已经攻取了沔、蕲、安、黄四个州，而他留下的恩惠还未消失，现在我又受命讨伐蔡州，而这四州又在我的封地之内，我希望能有所成果。先王去世已经二十五年了，我的兄弟们还健在，而墓碑上还没刻有文字，其实是等待合适的人选来撰写碑文，请您不要推辞！"我于是先写了序，又写了一首诗。诗文说：

太宗皇帝总共有十三个儿子封王，曹王李明是年龄最小的儿子。其他王子或死亡，或绝后，曹王有幸受封为王。成王的先祖李明被杀于闭塞之地，封号断绝于贬谪之时。曹王李明的儿子零王和黎国公，都没有幸存下来，遭到武后的杀害。后来父辈李备与子辈李胤互易封号，三位曹王相继承传，保有曹王封号。延续了一百多年，传到了成王。成王的成功，是他自己努力奋斗的结果。他既能写出明丽的文章，又能建立特殊的军功。成王扶持弱小，惩处强暴。以此来报答祖先，光耀先王。成王亦有其子，就在他曾任职的地方为官，当地的百姓仍然像对待成王一样对待其子，陵园高大恢弘，庄严肃穆，与成王的功业相匹配啊，在墓碑上刻下这首诗歌，是为了昭示后人。

息国夫人墓志铭

贞元十五年，灵州节度使御史大夫李公讳栾，守边有劳，诏曰："栾妻何氏可封息国夫人。"元和二年，李公入为户部尚书，薨，夫人遂专家政。公之男五人，女二人，而何氏出者二男一女。夫人教养嫁娶如一，虽门内亲戚不觉有纤毫薄厚。御僮使，治居第生产，皆有条序。居卑尊间，无不顺适。命服在躬，承祀孔时。年若干，元和七年甲子日南至，以疾卒。明年八月庚寅，葬河南河阳。夫人曾祖某，绥州刺史。祖某，潞州别驾。父某，晋州录事参军。二男：戡，左威卫仓曹参军；成，左清道率府录事参军。女子嫁兴元参军郑博古。将葬，戡与成以其事乞铭于其邻韩愈。愈乃为铭曰：

男主外事，治不为易。施于其家，难甚吏治。又况公族，族大而贵。夫人是专，厥声惟懿。昔在贞元，有锡自天。启封备服，以畴时勋。婉婉夫人，有籍宫门。克承其后，以嫁以婚。随葬东上，在河之阳，遥望公坟，而不同藏。

【译文】贞元十五年（799），灵州节度使、御史大夫李栾，因为守卫边疆有功劳，皇上下诏说："李栾的妻子何氏可以封为息国夫人。"元和二年（807），李公入朝担任户部尚书，不幸去世，夫人于是主持家事。李公有五个儿子，两个女儿，而何氏所生有二个儿子，一个女儿。夫人对儿女的教养嫁娶，一视同仁，即使是家人、亲戚，也都不觉得她有丝毫的偏心。夫人使唤僮仆，治家理业，都很有条理。对待尊卑不同的人，也都符合礼仪。她身穿命服，按时祭祀祖先。她享年不详，在元和七年（812）甲子日冬至这天，因病去世。第二年八月庚寅日，安葬在河南河阳县。夫人的曾祖父何某，曾任绥州刺史。祖父何某，曾任潞州别驾。父亲何某，曾任晋州录事参军。夫人有两个儿子：李戡，任左威卫仓曹参军；李成，任左清道率府录事参军。女儿嫁给兴元参军郑博古。准备安葬时，李戡与李成向邻居韩愈请求撰写墓志铭。我于是写下了这篇铭文：

男人主持外事，要处理好也不容易。要是治理家事，就会比处理政事更难。又何况是世家大族，不仅家族很大，而且地位尊贵。夫人主持家事，声名美好。曾在贞元年间，就获得天子的赐封。朝廷的封号和命服，是为了褒奖她的德勋。端庄高贵的夫人，得以记载在宫中的册封记录中。儿女们继承了优良的家风，或嫁或娶。夫人安葬在东部，墓地就在黄河的北岸，与李公的坟墓遥遥相望，而两人没有合葬。

试大理评事王君墓志铭

君讳适，姓王氏，好读书，怀奇负气，不肯随人后举选。见功业有道路可指取，有名节可以戾契致，困于无资地，不能自出，乃以干诸公贵人，借助声势。诸公贵人既志得，皆乐熟软媚耳目者，不喜闻生语，一见辄戒门以绝。上初即位，以四科募天下士。君笑曰："此非吾时邪！"即提所作书，缘道歌吟，趋直言试。既至，对语惊人，不中第，益困。久之，闻金吾李将军年少喜士，可撼，乃蹐门告曰："天下奇男子王适愿见将军白事。"一见语合意，往来门下。卢从史既节度昭义军，张甚，奴视法度士，欲闻无顾忌大语。有以君生平告者，即遣客钩致。君曰："狂子不足以共事。"立谢客。李将军由是待益厚，奏为其卫冑曹参军，充引驾仗判官，尽用其言。将军迁帅凤翔，君随往，改试大理评事，摄监察御史、观察判官。柃垢爬痒，民获苏醒。居岁余，如有所不乐。一旦载妻子入闅乡南山不顾。中书舍人王涯、独孤郁，吏部郎中张惟素，比部郎中韩愈日发书问讯，顾不可强起，不即荐。明年九月，疾病，舆医京师，其月某日卒，年四十四。十一月某日，即葬京城西南长安县界中。曾祖爽，洪州武宁令。祖微，右卫骑曹参军。父嵩，苏州昆山丞。妻，上谷侯氏处士高女。高固奇士，自方阿衡、太师，世莫能用吾言，再试吏，再怒去，发狂投江水。初，处士将嫁其女，惩曰："吾以龃龉穷瘁，一女怜之，必嫁官人，不以与凡子。"君曰："吾求妇氏久矣，唯此公可人意，且闻其女贤，不可以失。"即谩谓媒妪："吾明经及第，且选，即官人。侯翁女幸嫁，若能令翁许我，请进百金为妪谢。"诺许，白翁。翁曰："诚官人邪？取文书来。"君计穷吐实。妪曰："无苦，翁大人，不疑人欺我，得一卷书粗若告身者，我袖以往，翁见未必取际，幸而听我。"行其谋。翁望见文书衔袖，果信不疑，曰："足矣！"以女与王氏。生三子，一男二女。男三岁夭死，长女嫁亳州永城尉姚挺，其季始十岁。铭曰：

> 鼎也不可以柱车，马也不可使守闾。佩玉长裾，不利走趋。只系其逢，不系巧愚。不谐其须，有衔不祛。钻石埋辞，以列幽墟。

【译文】王君名叫王适，性喜读书，胸怀奇才，不愿随世人之后应试科举。他看到功业可以由另外途径来获取，名声也可以曲折迂回来获得，王君苦于没有资财和地位，不能凭自己的力量出人头地，于是便采取拜谒公卿权贵的办法，希望能借助他们的声势来跻身仕途。那些公卿权贵已经得志，都喜欢阿谀奉承之人，不喜欢听耿直的话，他们见过王君一次后，就拒绝再次见他。当今皇上刚刚即位的时候，开四科招揽天下有才之士。王君笑着说："这正是我取得功名的机会呀！"就带着自己所写的书，沿途一边赶路一边吟诵诗作，去参加贤良方正能直言极谏科的考试。考场上，他回答考官的问话时语出惊人，结果没有考中，处境更加困顿。过了很长时间，王君听说金吾卫大将军李惟简年轻喜欢结交士人，就想自己也许可以打动他，就登门造访说："天下奇男子王适，愿拜见李将军言事。"两人见面一谈就非常投机，从此他便经常出入李将军门下。卢从史担任昭义军节度使以后，十分嚣张跋扈，看不起遵守法度的士人，而喜欢听那些无所顾忌的狂言。有人把王君的事迹告诉了卢从史，卢从史就派人招揽王君。王君却说："不想和这种狂妄之人共事。"辞谢了卢从史的使者。李将军因此愈加厚待王君，奏请朝廷任命王君为卫胄曹参军，担任引驾仗判官，对他言听计从。李将军升任凤翔陇州节度使，王君跟随他前去凤翔府，改任大理评事，兼监察御史、观察判官。王君消除了许多百姓的疾苦，当地民生得到恢复。王君在凤翔待了一年多，却渐渐闷闷不乐。有一天，他用车载着妻子和儿女，驶入了阌乡县南山之中，毅然决然地舍弃了官职。中书舍人王涯、独孤郁，吏部郎中张惟素，比部郎中韩愈都曾寄信问候他，但都不能劝说他出来复职，也就不再举荐他。第二年九月王君得了疾病，用车载回京城医治，在那个月某日去世，享年四十四岁。十一月某日，王君被安葬在京城西南的长安县。王君的曾祖父王爽，曾任洪州武南县令。祖父王微，曾任右卫骑曹参军。父亲王嵩，曾任苏州昆山县丞。王君的妻子是上谷县处士侯高的女儿。侯高本是一位奇人，常常把自己比作上古的伊尹、吕望，但他觉得当世没有人能采用他的主张，他曾经两次做官吏，但两次都发怒离去，他后来因发狂而投江自尽。起初，侯高准备要嫁女儿，诚于自己的经历，就说："我因为不能与人相处融洽才导致如此潦倒，我只有一个女儿，我这么疼爱她，一定要把她嫁给做官的人，而不能嫁与普通人。"王君说："我寻找贤妻已经很久了，只有这位老人的性格合乎我的心意，而且听说他的女儿很贤惠，我不能错过这个良缘。"于是就对媒婆撒谎说："我考取了明经科，即将被授予职位，就是为官之人。听说侯高的女儿准备出嫁，你若是能说服侯高将女儿嫁给我，我就送给你一百两银子作为酬谢。"媒婆答应了，把王君的提亲告诉了侯高。侯高说："他真是做官的人吗？把委任文书拿来我看。"王君没有办法，只好告诉媒婆实情。媒婆说："不用担心，侯高从不疑心别人会骗他，你准备一卷大致像委任文书的纸卷，我藏在袖子中见他，他看见后，未必会拿过去检验，希望你听取我的办法。"王君于是按照媒婆的计谋行事。侯高看见媒婆袖筒里揣着委任文书，果然深信不疑，对媒婆说："我同意了！"于是将女儿嫁给了王君。侯氏生了三个孩子，一男两女。男孩三岁时夭折，大女儿嫁给亳州永城县尉姚挺，小女儿才十岁。铭文说：

　　鼎不能用来支撑车，马也不能用来守门。佩戴美玉，长襟飘飘，既不利走，也不便跑。得志只取决于机遇，无关聪明还是愚鲁。不合乎当权者的心意，抱负也没法实现。把这些话刻在石碑上，埋在地里，陈列在坟墓之前。

扶风郡夫人墓志铭

夫人姓卢氏，范阳人，亳州城父丞序之孙，吉州刺史彻之女。嫁扶风马氏，为司徒侍中庄武公之冢妇，少府监西平郡王赠工部尚书之夫人。初，司徒与其配陈国夫人元氏惟宗庙之尊重，继序之不易，贤其子之才，求妇之可与齐者。内外亲咸曰："卢某旧门，承守不失其初，其子女闻教训，有幽闲之德，为公子择妇，宜莫如卢氏。"媒者曰"然。"卜者曰："祥。"夫人适年若干，入门而媪御皆喜，既馈而公姑交贺。克受成福，母有多子。为妇为母，莫不法式。天资仁恕，左右媵侍尝蒙假与颜色，人人莫不自在。杖婢使数未尝过二三，虽有不怿，未尝见声气。元和五年，尚书薨，夫人哭泣成疾，后二年亦薨，年四十有六。九年正月癸酉，祔于其夫之封。长子殿中丞继祖，孝友以类。葬有日，言曰："吾父友惟韩丈人视诸孤，其往乞铭。"以其状来，愈读，曰："尝闻乃公言然，吾宜铭。"铭曰：

阴幽坤从，惟德之恒。出为辨强，乃匪妇能。淑哉夫人，夙有多誉。来嫔大家，不介母父。有事宾祭，酒食祇饬。协于尊章，畏我侍侧。及嗣内事，亦莫有施。齐其躬心，小大顺之。夫先其归，其室有丘。合葬有铭，壶彝是收。

【译文】夫人姓卢,范阳人,是亳州城父县丞卢序的孙女,吉州刺史卢彻的女儿。嫁给扶风县马氏为妻,是司徒侍中庄武公马燧的儿媳妇,少府监西平郡王赠工部尚书马畅的夫人。当初,司徒马燧和他的夫人陈国夫人元氏考虑到祭祀宗庙的重要性,以及延续后嗣的不易,又珍惜自己儿子的贤才,就尽力为他寻找一个各方面都与他般配的妻子。内外的亲戚都建议说:"卢家是名门望族,族人谨守门风如初,他家的女儿受过良好的家教,有娴静优雅的品德,给公子选择妻子,没有比卢氏更合适的人选了。"媒人也说:"确实是这样的。"占卜人也说:"很吉祥。"因此夫人到了适婚的年龄时就嫁了过来,她过门后连家中的仆佣们都喜欢她,成婚以后,公公、婆婆都相互庆贺娶了个好儿媳。夫人福分洪大,生了好几个儿子。不管是做夫人还是当母亲,她都是一个好的典范。她天性仁慈宽容,对待左右的侍女仆人们经常是和颜悦色,每个人都感到很舒心。杖责奴婢最多也不过二三下而已,即使有不高兴的时候,也从未见夫人表露出来。元和五年(810),尚书公马畅去世,夫人因为伤心痛哭过度而病倒,过了两年也去世了,享年四十六岁。元和九年(814)正月癸酉这一天,把夫人合葬在其夫的墓地。他们的长子殿中丞马继祖,为人孝悌。待到安葬后,继祖说:"我父亲的朋友中唯有韩愈老人能照顾遗孤,我将请他撰写铭文。"于是就写了书信来,我读了以后,说道:"我曾经听你的父亲说过这件事,我应当写这篇墓志铭。"铭文说:

沉静安娴,乾主坤从,是永恒的美德。出外逞强,本不是妇女的职责。贤淑的卢夫人啊,一向享有美好的声誉。嫁到马氏这个大家族后,她从没有疏远过父母。有客人来访或进行祭祀时,夫人都会准备好酒食。她和公婆的关系非常协调，对待仆佣也非常和善。她主管家政时，也没有独断专行。她为人处事出于本心，使全府上下的人都敬服。丈夫先她而去世，在墓地立起了高大的坟丘。两人合葬在一起，碑上刻着铭文，请你们享受壶中的美酒吧。

殿中侍御史李君墓志铭

殿中侍御史李君名虚中，字常容。其十一世祖冲，贵显拓拔世。父恽，河南温县尉，娶陈留太守薛江童女，生六子，君最后生，爱于其父母。年少长，喜学，无所不通，最深于五行书。以人之始生年月日所直日辰支干，相生胜衰死相王。斟酌推人寿夭、贵贱、利不利，辄先起其年时，百不失一二。其说汪洋奥美，关节开解，万端千绪，参错重出，学者就传其法，初若可取，卒然失之。星官历翁莫能与其校得失。进士及第，试书判入等，补秘书正字，母丧去官。卒丧，选补太子校书。河南尹奏疏授伊阙尉，佐水陆运事。故宰相郑公余庆继尹河南，以公为运佐如初。宰相武公元衡之出剑南，奏夺为观察推官，授监察御史。未几，御史台疏言行能高，不宜用外府，即诏为真御史。半岁，分部东都台，迁殿中侍御史。元和八年四月，诏征，既至，宰相欲白以为起居舍人。经一月，疽发背，六月乙酉卒，年五十二。其年十月戊申，葬河南洛阳县，距其祖渑池令府君侨墓十里。

君昆弟六人，先君而殁者四人。其一人尝为郑之荥泽尉，信道士长生不死之说，既去官，绝不营人事。故四门之寡妻孤孩，与荥泽之妻子，衣食百须，皆由君出。自初为伊阙尉，佐河南水陆运使，换两使，经七年不去，所以为供给教养者。及由蜀来，辈类御史皆乐在朝廷进取，君独念寡稚，求分司东出。呜呼，其仁哉！君亦好道士说，于蜀得秘方，能以水银为黄金，服之冀果不死。将疾，谓其友卫中行大受、韩愈退之曰："吾梦大山裂，流出赤黄物如金。左人曰，是所谓大还者，今三年矣。"君既殁，愈追占其梦曰："山者艮，艮为背，裂而流赤黄，疽象也。大还者，大归也。其告之矣。"妻范阳卢氏，郑滑节度使兼御史大夫群之女，与君合德，亲戚无退一言。男三人：长曰初，协律；次曰彪；其幼曰还，适三岁，女子九人。铭曰：

不赢其躬，以尚后人。

【译文】殿中侍御史李虚中，字常容。他的十一代先祖李冲，是拓跋朝的显贵。父亲李惲，曾任河南温县县尉，娶了陈留太守薛江童的女儿，生了六个儿子，李公是最年幼的儿子，很受父母的喜爱。年纪稍长，尤其喜欢做学问，各种学问无所不通，他对五行命理之类书籍钻研最深。李公根据人的出生年月日，和当时时辰的天干地支，就能够看出其人的生死或福祸。他推断人的寿命、贵贱以及事情的吉凶时辰，他根据年月日时起卦，一百次也不失误一两次。他的学问博大精深，其中的关键精要之处，千头万绪，交织复杂，跟随他学习的人，刚开始时还能够获得一些成果，但最终仍茫然无所得。执掌天文历法的官员也不能指出他的错误之处。李公进士及第后，考试书判合格后，列入选官，补录秘书省正字，因为母亲去世而辞官守丧。守丧完毕以后，又被补选为太子校书。河南尹张式上书奏请朝廷任命李公为伊阙县尉，辅佐水陆转运的事务。前任宰相郑余庆继任河南尹，仍然任命李公负责辅佐转运事务。宰相武元衡出任西川节度使，上奏李公为观察推官，兼监察御史。没过多久，御史台上疏说李公的品德与才能都很卓越，不宜在外地任职，皇上便下诏任命他为真御史。过了半年，就分掌东都御史台，迁任殿中侍御史。元和八年（813）四月，皇上下诏征他入朝，李公回朝后，宰相想上疏任命他为起居舍人。过了一个月，李公背上的毒疮发作，六月乙酉那天去世，享年五十二岁。当年十月戊申那天，安葬在河南洛阳县，距离他的祖父渑池令府君李侨的坟墓相距十里。

　　李公有兄弟六人，先于李公去世的共有四人。其中一位曾经担任郑州荥泽县县尉，笃信道士长生不死的说法，辞去官职后，不再涉足世事。所以四个家庭的寡妇、孤儿，和荥泽尉的妻子儿女们的日常衣食所需，都由李公负担。李公自从担任伊阙县县尉开始，又担任河南水陆运使，连续两任转运使，整整七年没有离开河南，这全是为了供给这些家人啊。等到李公从蜀地回来，其他御史都乐意在朝廷内任职以求升职，只有李公牵挂着家中的孤儿寡母，要求外出分司东都御史台。唉，真是仁义之人啊！李公也喜好道教学说，在蜀地得到秘方，能将水银炼成黄金，他服食丹药后希望能长生不死。李公生病之前，他对朋友卫中行卫大受和韩愈说："我梦到大山迸裂，流出像黄金般的赤黄之物。占卜的人说，这就是所谓的大还，至今我已梦见了三次。"李公去世以后，我占卜他的梦，说："山，即艮也，艮也代表背，迸裂而流出赤黄色的东西，是疮疽的征兆啊。大还，就是大归、死亡的意思啊。征兆都已经显示出来了。"他的妻子是范阳卢氏，是郑滑节度使兼御史大夫卢群的女儿，和李公品行相合，他们的亲戚朋友们从来没有指摘过她的不是。他们共有三个儿子：长子李初，任协律郎；次子李彪；幼子李还，刚刚才三岁，还有九个女儿。铭文说：

李公寿终此时，那就将福分留待后人继承吧。

卷二十九　碑志

唐故朝散大夫商州刺史除名徙封州董府君墓志铭

公讳溪，字惟深，丞相赠太师陇西恭惠公第二子。十九岁明两经，获第有司。沈厚精敏，未尝有子弟之过。宾接门下，推举人士，侍侧无虚口。退而见其人，淡若与之无情者。太师贤而爱之，父子间自为知己，诸子虽贤，莫敢望之。太师累践大官，臻宰相，致平治，终始以礼，号称名臣。晨昏之助，盖有赖云。太师之平汴州，年考益高，挈持维纲，锄削荒类，纳之太和而已。其囊箧细碎无所遗漏，繄公之功。上介尚书左仆射陆公长源，齿差太师，标望绝人，闻其所为，每称举以戒其子。杨凝、孟叔度以材德显名朝廷，及来佐幕府，诣门请交，屏弃所挟为。太师薨，始以秘书郎选参军京兆府法曹，日伏阶下，与大尹争是非，大尹屡黜已见。岁中奏为司录参军，与一府政。以能拜尚书度支员外郎，迁仓部郎中、万年令。兵诛恒州，改度支郎中，摄御史中丞，为粮料使。兵罢，迁商州刺史。粮料吏有忿争相牵告者，事及于公，因征下御史狱。公不与吏辩，一皆引伏，受垢除名，徙封州，死湘中，年若干。明年，立皇太子，有赦令许归葬，其子居中始奉丧归。元和八年十一月甲寅，葬于河南河南县万安山下太师墓左，夫人郑氏祔。公凡再娶，皆郑氏女，生六子，四男二女。长曰全正，惠而早死。次曰居中，好学善为诗，张籍称之。次曰从直，次曰居敬，尚小。长女嫁吴郡陆畅，其季女，后夫人之子。公之母弟全素孝慈友弟，公坐事，弃同官令归。公殁比葬三年，哭泣如始丧者。大臣高其行，白为太子舍人。将葬，中舍人与其季弟瀄问铭于太史氏韩愈。愈则为之铭。辞曰：

　　物以久弊，或以轹毁。考致要归，孰有彼此。由我者吾，不我者天。斯而以然，其谁使然？

　　【译文】董公名叫董溪，字惟深，是已故丞相赠太师陇西恭惠公董晋的次子。他十九岁时参加明经科考试，便一举及第。他性情稳重朴实而又精明聪敏，从来没有犯过大的过失。接待门人像对待宾客一样，又能够不遗余力地推举人才，陪侍上级左右也从来不说虚假话。平日里观察他的为人，性情恬淡得就像清心寡欲的隐者。太师董晋认为他很贤良，所以很喜欢他，父子之间成为知己，董晋的其他几个儿子虽然也有贤才，但都比不上董溪。太师历任各种高官，又担任过宰相，政绩斐然，始终以礼待人，被世人称为名臣，这也与董公从早到晚的辅助分不开啊。太师在汴州时，因为年纪增大，对于处理政事，消除动乱这类事情，只能够大体上处理一下。至于那些琐碎细小的事情，之所以没有出现什么纰漏，都是董公的功劳。皇上起用尚书左仆射陆长源来辅佐太师，陆长源比太师年龄稍小，却声望卓著，他听说董公的为人以后，常常以称赞董公的品行来训诫他的儿子。杨凝和孟叔度以才能和德行在朝廷中享有名望，他们来太师幕府任职时，就登门请求拜见董公，摒弃了自己的成见。太师去世后，董公才开始以秘书郎身份被任命为京兆法曹参军，每天位列朝班，和大尹一起议论朝政，使大尹经常收回自己的看法。这一年，他被任命为司录参军，参与府郡的政事。后来又以才能被任命为尚书度支员外郎，转任仓部郎中、万年令。军队讨伐恒州时，他改任度支郎中，兼任御史中丞，为东道行营粮料史。罢兵之后，迁任商州刺史。粮料官吏中因私愤相互牵连告发，事情牵涉到董公身上，因而将董公下狱。董公并不和官吏争辩，将一切事情揽到自己身上，因此蒙受污垢，被从朝中除名，贬谪封州，中途死于湘中，享年不详。第二年，皇上册立皇太子，董公家人蒙赦令允许将董公灵柩运回家乡安葬，他的儿子董居中这才将灵柩运回家中。元和八年（813）十一月甲寅这一天，安葬于河南县万安山下太师墓左侧，夫人郑氏也一同合葬。董公总共有过两位夫人，都是郑氏的女子，共有六个孩子，四个儿子两个女儿。长子董全正，非常聪慧却不幸夭折。次子董居中，生性好学，擅长作诗，张籍非常欣赏他。三子董从直，幼子董居敬，都还年幼。长女嫁给吴郡人陆畅，次女是后夫人所生。董公的母弟董全素孝悌、仁慈，董公入狱时，他辞去官职回来料理家事。董公去世后，都已经安葬三年了，他还像刚安葬时那样伤心哭泣。朝中大臣赞许他的品行，上书奏明皇上，任命他为太子舍人。董公安葬前，舍人董全素和他的兄弟董澥请求太史官韩愈为董公撰写墓志铭。我于是就写了这篇铭文。铭词说：

事物要么因为历时长久而衰落，要么因为外来压力而毁灭。从根本上来考虑，总超不出这两种原因。凡是事情，有些我可以自己决定，有些由上天决定。事情本来就是这样，然而，到底是谁让它们这样的呢？

贞曜先生墓志铭

唐元和九年，岁在甲午八月己亥，贞曜先生孟氏卒。无子，其配郑氏以告，愈走位哭，且召张籍会哭。明日使以钱如东都供葬事，诸尝与往来者咸来哭吊韩氏，遂以书告兴元尹故相余庆。闰月，樊宗师来吊，告葬期，征铭于愈。愈哭曰："呜呼，吾尚忍铭吾友也夫！"兴元人以币如孟氏赙，且来商家事。樊子使来速铭，曰："不则无以掩诸幽。"乃序而铭之。

先生讳郊，字东野。父庭玢，娶裴氏女，而选为昆山尉，生先生及二季郢、郜而卒。先生生六七年，端序则见，长而愈骞，涵而揉之，内外完好，色夷气清，可畏而亲。及其为诗，剚目鉥心，物迎镂解，钩章棘句，掏擢胃肾，神施鬼设，间见层出。唯其大玩于辞而与世采掇，人皆劫劫，我独有余。有以后时开先生者，曰："吾既挤而与之矣，其犹足存邪！"年几五十，始以尊夫人之命来集京师，从进士试，既得，即去。间四年，又命来选，为溧阳尉，迎侍溧上。去尉二年，而故相郑公尹河南，奏为水陆运从事，试协律郎，亲拜其母于门内。母卒五年，而郑公以节领兴元军，奏为其军参谋，试大理评事。挈其妻行之兴元，次于阌乡，暴疾卒，年六十四。买棺以敛，以二人舆归。酆、郢皆在江南，十月庚申，樊子合凡赠赙而葬之洛阳东其先人墓左，以余财附其家而供祀。将葬，张籍曰："先生揭德振华，于古有光，贤者故事有易名，况士哉？如曰'贞曜先生'，则姓名字行有载，不从讲说而明。"皆曰："然"。遂用之。初，先生所与俱学同姓简，于世次为叔父，由给事中观察浙东，曰："生吾不能举，死吾知恤其家。"铭曰：

於戏，贞曜！维出不訾，维持不猗，维卒不施，以昌其诗。

【译文】大唐元和九年（814），也就是甲午年八月己亥这天，贞曜先生孟郊去世。他没有儿子，是他的夫人郑氏通知我的，我来到他的灵位前痛哭悼念，而且通知张籍也来吊唁。第二天，我派人带着钱到洛阳以供丧葬事使用，平日里和孟郊有交往的人，都来孟郊的灵前哭吊，于是我写了书信告知兴元尹、曾任过宰相的郑余庆先生。闰月，樊宗师派人来吊唁，并告知孟郊的葬期，请求我写墓志铭。我哭着说："呜呼，我怎么忍心给我的朋友写墓志铭呢！"

兴元尹郑余庆送钱来用做安葬费用，而且还写信来商议孟郊的家事。樊先生派人催促我快些写墓志铭，说："否则就赶不上葬礼了。"于是我就先写了序，再写了铭文。

先生名郊，字东野。父亲是孟庭玢，他的夫人是裴氏女，孟庭玢被任命为昆山县尉，生了孟郊和他的两个弟弟孟酆、孟郢后就去世了。孟公刚刚六七岁时，就举止端庄有礼，年纪愈大志向愈高远，博采各家学问而融会贯通，内在修行和外在行为都十分完美，他面色平和，神气清朗，令人可敬可畏。孟公的诗歌，动人心魄，善于剖析，苦心推敲，掏心挖肺，鬼斧神工，佳句层出。正是因为他醉心于诗词之间，因而被世俗所抛弃，世人为利禄奔忙，孟公却淡泊度日。曾经有人劝说孟公追求名利，他却说："我既然摈弃了这些东西而让给他人，我又怎么会再去争取呢！"孟公快五十岁时，他才奉母亲之命来到京城，参加进士考试，登第之后，就又离去了。过了四年，又奉母命参加吏部铨选，被任命为溧阳县尉，孟公将母亲接来溧阳居住。孟公辞去县尉两年后，故相郑公任河南尹，郑公上奏推荐孟公为水陆运从事，试协律郎，孟公得以朝夕侍奉母亲。母亲去世五年后，郑公持节统领兴元军，又上奏任命孟公为兴元军参谋，试大理评事。孟公带着妻子出发到兴元府去上任，途中在阌乡，忽然得暴病去世，享年六十四岁。家人买了棺材收敛，派两个人用车载回。他的两个兄弟孟酆、孟郢都远在江南，十月庚申这天，用樊宗师赠送的资财将孟公安葬在洛阳东边的祖坟之左，把剩下的财物送到他的家中，用以祭祀。临葬前，张籍说："孟公德行昭彰，才华无双，足以光照古今，按照先例，贤人可以有谥号，何况孟公又是名士呢？不如谥号为'贞曜先生'，那么孟公的姓名和品行都得以记载，他的为人不用多说而明白无遗了。"大家都说："好。"于是就采用"贞曜先生"的谥号。起初，和孟公一同游学的一位同姓之人孟简，论辈分是孟公的叔父，由给事中升任浙东观察使，他说："孟公活着的时候我没能推荐他，他死后我应该抚恤他的家人。"铭文说：

於戲，贞曜先生！一生清贫，无所依靠，以致家贫无法安葬，令人赞叹的只有他那些精美的诗歌了。

唐故秘书少监赠绛州刺史独孤府君墓志铭

君讳郁，字古风，河南人，常州刺史赠礼部侍郎宪公讳及之第二子。宪公躬孝践行，笃实而辨于文，劝饬指诲以进后生，名声垂延，绍德惟克。君生之年，宪公殁世，与其兄朗，畜于伯父氏。始微有知，则好学问，咨禀教饬，不烦提谕，月开日益，卓然早成。年二十四登进士第。时故相太常权公掌出诏文，望临一时，登君于门，归以其子，选授奉礼郎。朋遊益附，华问弥大。元和元年，对诏策，拜右拾遗。二年，兼职史馆。四年，迁右补阙。诏中贵人承璀将兵诛王承宗河北，君奏疏谏，召见问状，有言动听。其后上将有所相，不可于众，君与起居舍人李约交章指摘，事以不行。五年，迁起居郎，为翰林学士，愈被亲信，有所补助。权公既相，君以嫌自列，改尚书考功员外郎，复史馆职。七年，以考功知制诰，入谢，因赐五品服。八年，迁驾部郎中，职如初。权公去相，复入翰林。九年，以疾罢，寻迁秘书少监，即闲居于郊。十年正月病，遂殂。甲午，舆归，卒于其家，年四十。男子二人：长曰某，早死。次曰天官，始十岁，有至性，闻呼父官与闻吊客至，辄号泣以绝。女子一人。夫人天水权氏，赠太子太保贞孝公皋之承孙，故相今太常德舆之女。胤庆配良，是似是宜。四月己酉，其兄右拾遗朗以丧东葬河南寿安之甘泉乡冡茔宪公墓侧。将以五月壬申窆，谓愈曰："子知吾弟久，敢属以铭！"铭曰：

於乎古风！襐顺而里方。不耀其章，其刚不伤。戴美世命，而年再不赢。惟后之成。

【译文】先生名为独孤郁，字古风，河南人，是常州刺史赠礼部侍郎宪公独孤及的二儿子。宪公身体力行仁孝之道，笃厚务实而又善于文章，经常教导并提携后进，名声远播，德行宏大。独孤公刚生下来没几年，宪公就去世了，独孤公与兄长独孤朗，跟随伯父独孤汜生活。稍稍年长之后，就喜欢钻研学问，他天资异禀，刻苦学习，有问题就向别人请教，日积月累，遂年少成名。在二十四岁时他就进士及第。故宰相、太常博士权德舆当时担任中书舍人兼知制诰，名望很大，将独孤郁招到门下，把女儿嫁给他为妻，不久独孤公被任命为奉礼郎。他的交游更加广泛，声望也更加远播。元和元年（806），独孤公通过材识兼茂明于体用科的考试，拜为右拾遗。元和二年（807），兼任史官之职。元和四年（809），迁任右补阙。唐宪宗下诏命宦官吐突承璀率兵讨伐河北的王承宗，独孤公上书言事，皇上召见他，他的回答很符合皇上的心意。此后皇上想任命某人为宰相，不便向众人询问，独孤公和起居舍人李约指出其人的过失，于是皇上放弃了任命。元和五年（810），独孤公迁任起居郎，翰林学士，我也得以和他有来往，互相有所辅助。权德舆任宰相后，独孤公为了避嫌，改任尚书考功员外郎，重新在史馆中任职。元和七年（812），累官至知制诰，独孤公入朝谢恩，皇上赐他穿五品朝服。元和八年（813），独孤公迁驾部郎中，恢复当初的职务。权公辞去宰相后，独孤公又重新入翰林院。元和九年（814），独孤公因病辞职，不久又迁任秘书少监，在京郊闲居。元和十年（815）正月，独孤公病重。甲午那天，乘轿返回家中，不幸在家中去世，享年四十岁。独孤公有两个儿子：长子某，不幸早夭。次子独孤天官，刚刚十岁，性情至纯，听到有人称呼父亲的官职或者有来客吊唁时，就大哭欲绝。独孤公有一个女儿。夫人是天水权氏，她是赠太子太保贞孝公权皋的孙女，故宰相当今太常权德舆的女儿。他们门户相当，正适合结成佳偶。四月己酉日，独孤公的兄长右拾遗独孤朗运送他的灵柩，准备安葬在河南寿安县甘泉乡家族墓地中宪公的墓旁。将在五月壬申那天下葬，他对我说："您与我的兄弟交往很久了，请您给他写墓志铭吧！"铭文说：

於乎，公郁乎古风！外表和顺而内中方正。从不炫耀他的才华，也不会妨碍他的刚直。他继承了祖先的美德，却不幸寿命不长。希望后人会实现他的心愿。

唐故虞部员外郎张府君墓志铭

　　尚书虞部员外郎安定张君讳季友，字孝权，年五十四，病卒东都。明年，兄子涂与其弟庚、掞等，护柩归葬长安县马额原夫人北海唐氏之封。前事，涂进韩氏门，伏哭庭下，曰："叔父且死，几于不能言矣，张目而言曰：'吾不可无告韩君别，藏而不得韩君记，犹不葬也。涂为书致吾意。'已而自署其末与封，敢告以请。"愈既与为礼，发书云云，其末有复语"千万永诀"八字，名日月与封，皆孝权迹。孝权与余同年进士，其上世有嚣者，当宇文时为车骑大将军、鄜城太守，卒葬河北，谥曰忠公，至孝权，间五世矣。孝权大父讳孝先，太子通事舍人。父讳庭光，赠绥州刺史。绥州之卒，孝权盖尚小。母曰太原县君。县君卒，既葬，孝权守墓，树松柏，三年而后归，选为河南文学。去官，徐州使拜章请为判官，授协律郎。孝权始不痛绝，诏下，大悔，即诈称疾不言三年。元和初，徐使死，孝权疾即日已。试判入高等，授鄂县尉。明年，故相赵宗儒镇荆南，以孝权为判官，拜监察御史。经二年，拜真御史。明年，分司东台，转殿中。按皇甫氏子母病不侍，走京师求试职。宰相怒曰："吾故皇甫氏，御史助所善相戏法侮我，皇甫媪何疾！"衔未决，皇甫母病果死，得解，迁留司虞部员外郎。孝权为人孝谨，与人语

恐伤之，而时巍巍有立。与孝权游者极众，而独以其死累余，
可尚也已！是为铭。

【译文】尚书虞部员外郎安定人张季友，字孝权，享年五十四
岁，在东都洛阳因病去世。第二年，他兄长的儿子张涂和他的兄弟
张庚、张揆等人，护送他的灵柩回长安县马额原北海唐氏夫人墓
地进行合葬。在此之前，张涂来到我家中，在庭中拜伏痛哭，他说：
"叔父临死之前，几乎不能说话了，用力睁开眼睛说：'我不能不
和韩君告别，我死后如没有韩君的墓志铭，就不能下葬啊。张涂你
替我写信，向韩君转达我的意思。'然后他在信后亲自署上自己的
名字，并封好信，敢请您满足他的心愿。"我朝信笺恭敬地施礼之
后，打开书信拜读，信中内容若干，信的最后重复写了"千万永诀"
八字，然后是姓名、月日和封志，都是孝权的手迹。孝权和我同一
年考中进士，他有一位祖先叫张嵩，在北周朝任车骑大将军、廊城
太守，死后安葬在河北，谥号忠公，至孝权这一代，中间隔了五世。
孝权的祖父为张孝先，任太子通事舍人。父亲张庭光，追赠绥州
刺史。绥州刺史张庭光去世时，孝权年纪尚小。他的母亲封号为太
原县君。他的母亲去世下葬以后，孝权为母亲守墓，在墓旁种植
松柏，整整三年后才回到家中，后被任命为河南府文学。孝权辞去
官职后，徐州团练使拜他为判官，授职协律郎。孝权开始并没有回
绝，诏书下来后才后悔，就假称有病，三年没有说话。元和初年，
徐州团练使死后，孝权的疾病也立刻痊愈了。经考试列入高等，
他被任命为鄂县尉。第二年，故宰相赵宗儒镇守荆南，以孝权为判
官，拜为监察御史。过了两年，他被正式任命为御史。第二年，他

分司东台，又转任殿中侍御史。这时有一位皇甫氏的儿子不顾母亲卧病在家，跑到京城中求官。宰相大怒，说："我也是皇甫家族的人，御史居然帮助他来戏弄我，皇甫老太太有什么病！"事情还未有结果时，皇甫老太太因病去世了，事情于是得以化解了，后来孝权担任留司虞部员外郎。孝权为人孝悌谨慎，与人交谈唯恐对他人造成伤害，德行卓著。和孝权来往的人很多，而唯独把撰写墓志铭这件事情交给我，是对我的褒奖啊！所以做铭。

唐故检校尚书左仆射右龙武军统军刘公墓志铭

公讳昌裔，字光后，本彭城人。曾大父讳承庆，朔州刺史。大父巨敖，好读老子庄周书，为太原晋阳令。再世官北方，乐其土俗，遂著籍太原之阳曲，曰："自我为此邑人可也，何必彭城？"父讼，赠右散骑常侍。

公少好学问。始为儿童时，重迟不戏，恒若有所思念计画。及壮自试，以《开吐蕃说》于边将，不售。入三蜀，从道士游。久之，蜀人苦杨琳寇掠，公单船往说，琳感欷，虽不即降，约其徒不得为虐。琳降，公常随琳不去，琳死，脱身亡，沉浮河朔之间。建中中，曲环招起之，为环檄李纳，指摘切刻。纳悔恐动心，恒、魏皆疑惑气慑。环封奏其本，德宗称焉。环之会下濮州，战白塔，救宁陵、襄邑，击李希烈陈州城下，公常在军间。环领陈许军，公因为陈许从事，以前后功劳，累迁检校兵部郎中、御史中丞、营田副使。吴少诚乘环丧，引兵叩城，留后上官涚咨公以城守，所以能擒诛叛将，为抗拒，令敌人不得其便。围解，拜陈州刺史。韩全义败，引军走陈州，求入保，公自城上揖谢全义曰："公受命诣蔡，何为来陈？公无恐，贼必不敢至我城下。"明日领骑步十余抵全义营，全义惊喜，迎拜叹息，殊不敢以不见舍望公。改授陈许军司马。上官涚死，拜金紫光禄大夫，检校工部尚书，代涚为节度使。命界上吏不得犯蔡州人，曰："俱天子人，奚为相伤？"少诚吏有来犯者，捕得缚送，曰："妄称彼人，公宜自治之。"少诚惭其军，亦禁界上暴者，两界耕桑交迹，吏不呵问。封彭城郡开国公，就拜尚书右仆射。元和七年，得疾，视政不时。八年五月，涌水出他界，过其地，防穿不补，没邑屋，流杀居人，拜疏请去职即罪，诏还京师。即其日与使者俱西，大热，且暮驰不息，疾大发。左右手挈止之，公不肯，曰："吾恐不得生谢天子。"上益遣使者劳问，救无庢行。至则不得朝矣。天子以为恭，即其家拜检校左仆射、右龙武军统军知军事。十一月某甲子薨，年六十二。上为之一日不视朝，赠潞州大都督，命郎中吊其家。明年九月某日甲子，葬河南某县某乡某原。公不好音声，不大为居宅，于诸帅中独然。夫人，邠国夫人武功苏氏。子四人：嗣子光禄主簿纵，学于樊宗师，士大夫多称之。长子元一，朴直忠厚，便弓马，为淮南军衙门将。次子景阳、景长，皆举进士。葬得日，相与选使者哭拜阶上，使来乞铭。铭曰：

提将之符，尸我一方。配古侯公，维德不爽。我铭不亡，后人之庆。

【译文】刘公名为刘昌裔，字光后，原本是彭城人。曾祖父刘承庆，曾任朔州刺史。祖父刘巨敖，喜欢老子、庄周的书，曾任太原府晋阳令。先祖两代人在北方为官，适应了那里的风俗，于是就把户籍改为太原府阳曲县，并说："从我起就是此邑县的人了，何必非要在彭城不可呢？"父亲刘讼，追赠右散骑常侍。

刘公年少时便喜好学问。还在幼年时期，就稳重、沉静，很少去游戏玩耍，总是一副若有所思的样子。成年后刘公尝试实现自己的抱负，写下《开吐蕃说》来提出应付吐蕃入侵的对策，想以此说服边疆将领，但是却没有被接受。刘公进入蜀地，跟随道士闲游。过了一段时间后，蜀地发生动乱，蜀地百姓遭受杨子琳军队的劫掠，刘公乘一艘小船前去劝说杨子琳，杨子琳被刘公的慷慨陈词所感动，虽然没有立即投降，但也约束部下不再肆意掳掠。杨子琳投降后，刘公一直跟随在杨子琳身边做事，杨子琳死后，他才离开，驻留在河朔一带。建中年间，曲环将刘公招纳到身边并委以职责，刘公为曲环写檄文声讨李纳，言辞切中要害。李纳读了以后，顿感悔惧，心中犹豫不决，就连成德节度使李惟岳、魏博节度使田悦等人也都意志动摇，气焰瓦解。曲环将檄文上奏朝廷，唐德宗看了以后很是赞赏。曲环攻下濮州，大战白塔，救援宁陵、襄邑县，在陈州城下击败李希烈，这期间，刘公一直在军中供事。后来曲环统领陈许军，刘公担任陈许从事，凭借前后立下的功劳，刘公升任检校兵部郎中、御史中丞、营田副使。吴少诚乘着曲环去世之机，率领军队攻打许州城，节度使留后上官涗接受刘公的意见据城防守，刘公又设计擒杀了叛将安国宁，以此打消敌人的图谋，使敌军不能有隙可乘。解围之后，刘公任陈州刺史。韩全义兵败，带领军队逃到陈州，想入城自保，刘公在城上向刘全义作揖并推辞说："您受命到蔡州去讨伐敌军，为何又来到陈州呢？您不用担心，贼军一定不敢到我城下。"第二天，刘公率领骑、步兵十余人来到韩全义营中犒劳军卒，韩全义又惊又喜，出来拜见迎接，连连感叹，丝毫不敢因为不能入城的事而怨恨刘公。后来，刘公改任陈许军司马。上官涗死后，刘公升任金紫光禄大夫，检校工部尚书，代替上官涗任陈许节度使。他命令边界的官吏们不得欺侮蔡州人，说："都是天子的臣民，为什么要相互伤害呢？"吴少诚的官吏前来侵犯，刘公抓捕后都将其捆缚押送回吴少诚处，说："此人冒充您的部下，应该由您来处置他。"吴少诚很惭愧自己部下的行为，也禁止部下在边界上抢掠，于是双方百姓在边界上耕作、来往不断，官吏也从不责问。刘公被封为彭城开国公，任尚书右仆射。元和七年（812），刘公得了疾病，不能按时处理政事。元和八年（813）五月，其他地区发生洪水，流过陈州地界，由于防洪措施不力，洪水淹没了民房，淹死不少百姓，刘公便上疏请求辞去官职并请罪，皇上下诏召他回京城。刘公当天就和使者出发向西回京，当时天气酷热，但刘公仍然从早到晚策马疾驰，终于导致疾病加重。左右随从抓住刘公的马缰请他停下来，刘公却不肯答应，说："我担心不能活着面见天子啊。"皇上又派使者前来慰问他，告诉他不急于赶路。使者到达后，刘公就因病不能去朝见了。天子认为刘公劳苦功高，就让使者去家中拜他为检校左仆射、右龙武军统军知军事。十一月某甲子日刘公去世,享年六十二岁。皇上为他辍朝一日,追赠他为潞州大都督,命中郎到他家中吊唁。第二年九月某甲子日,刘公被安葬在河南某县某乡某原。刘公不喜欢音乐,也不大建官舍,在将帅中只有他一人这么做。他的夫人是被封为邠国夫人的武功苏氏。刘公有四个儿子:嫡长子光禄主簿刘纵,跟随樊宗师学习,朝中大臣们都很称赞他。庶长子刘元一,朴实忠厚,擅长骑马射箭,任淮南军衙门将。次子刘景阳、刘景长,都在举进士科。确定安葬的日期后,他们派使者哭拜于堂前的阶上,请求我撰写铭文。铭文是:

刘公手握令符,镇守一方疆土。行为可媲美古代的王侯公相,而且奉行道德从不违背。希望我的铭文不灭,让后人永远铭记刘公事迹。

卷三十 碑志

唐故监察御史卫府君墓志铭

君讳之玄，字造微，中书舍人、御史中丞讳晏之子，赠太子洗马讳璿之孙。家世习儒，学词章。昆弟三人俱传父祖业，从进士举，君独不与俗为事，乐弛置自便。

父中丞薨，既三年，与其弟中行别曰："若既克自敬勤，及先人存，趾美进士，续闻成宗，唯服任遂功，为孝子在不怠。我恨已不及，假令今得，不足自贵。我闻南方多水银、丹砂，杂他奇药，爁为黄金，可饵以不死。今于若丐我，我即去。"遂逾岭阢，南出。药贵不可得，以干容帅，帅且曰："若能从事于我，可一日具。"许之，得药，试如方，不效。曰："方良是，我治之未至耳。"留三年，药终不能为黄金，而佐帅政成，以功再迁监察御史。帅迁于桂，从之。帅坐事免，君摄其治，历三时，夷人称便。新帅将奏功，君舍去，南海马大夫使谓君曰："幸尚可成，两济其利。"君虽益厌，然不能无万一冀。至南海，未几竟死，年五十三。子曰景微。元和十年十二月某日，归葬河南伊阙县伊乡高都村，祔先茔。时中行为尚书兵部郎中，号名人，而与余善，请铭。铭曰：

嗟惟君，笃所信。要无有，弊精神。以弃余，贾于人。脱外累，自贵珍。讯来世，述墓文。

【译文】先生叫史之玄，字造微，是中书舍人、御史中丞史晏的儿子，赠太子洗马史璿的孙子。史家世代学习儒学以及诗文。兄弟三人都传承了祖先的学业，参加进士科举，只有先生不以俗事为重，随心所欲按照自己的意思行事。

父亲御史中丞去世后，过了三年，先生和他的弟弟史中行告别，说："你一直克制自己、谨慎勤奋，秉承先人的遗风，发扬先人的美德，中了进士，使史氏宗族声名远播，你担负着建功立业的任务，作为孝子不应懈怠。我后悔已经来不及了，如果现在有成就，也不足称道。我听说南方有很多水银、丹砂，加上其他奇特的药物，就能炼成黄金，服食后能长生不死。现在我要去那里寻药，马上就要走了。"于是他向家人辞行，翻越峻岭要塞，到了南方。药物昂贵不能获得，他就去说服管辖当地的统帅，统帅说："你如果能跟着我做事，一天就可以备好药物。"先生答应了，得到药物后，按照药方试验炼制，却没有成功。他说："药方是良方，只是我没有炼成罢了。"他留在当地三年，药物最终也没有炼成黄金，但辅佐统帅的政绩却很突出，凭借功绩再次调任监察御史。统帅调到桂州以后，先生跟着他一起去了。后来统帅因事获罪被免职，先生代为处理政事，过了三年，当地百姓都称赞他。新来的统帅想向朝廷呈奏他的功绩，先生却舍他而去，南海马大夫派人对先生说："您来我这里吧，如果有幸可以炼成，咱们都有好处。"先生虽然更加厌烦他，但仍然抱着万一成功的希望。到了南海，没多久先生就去世了，享年五十三岁。他的儿子叫史景微。元和十年（815）十二月某日，将先生运回河南伊阙县伊乡高都村安葬，附葬在祖先的坟墓旁边。当时史中行担任尚书兵部郎中，负有盛名，和我交好，请我为他哥哥写墓志铭。铭文是：

呜呼先生，深信不疑。追求没有的东西，让自己精神疲劳。放弃了其他事务，寄居在他人门下。终于从身外事物的烦扰中解脱，得到了自己珍视的东西。为了向后人昭示，我写下了此篇墓志铭。

唐故河南令张君墓志铭

君讳署，字某，河间人。大父利贞，有名玄宗世。为御史中丞，举弹无所避，由是出为陈留守，领河南道采访处置使，数岁卒官。皇考讳郇，以儒学进，官至侍御史。君方质有气，形貌魁硕，长于文词。以进士举博学宏词，为校书郎。自京兆武功尉拜监察御史，为幸臣所谗，与同辈韩愈、李方叔三人俱为县令南方。二年，逢恩俱徙掾江陵。半岁，邕管奏君为判官，改殿中侍御史,不行。拜京兆府司录,诸曹白事,不敢平面视;共食公堂,抑首旦旦就哺歠,揖起趋去,无敢间语;县令、丞、尉畏如严京兆,事以幹治。京兆改凤翔尹,以节镇京西,请与君俱,改礼部员外郎,为观察使判官。帅他迁,君不乐久去京师,谢归,用前能拜三原令。岁余,迁尚书刑部员外郎。守法争棘不阿。改虔州刺史。民俗相朋党,不诉杀牛,牛以大耗,又多捕生鸟雀、鱼鳖,可食与不可食相买卖,时节脱放期为福祥事,君一皆禁督立绝。使通经史与诸生之旁大郡,学乡饮酒、丧婚礼,张施讲说,民吏观听从化,大喜。度支符州,折民户租,岁征绵六千屯。比郡承命惶怖,立期日,唯恐不及事被罪。君独疏言:"治迫岭下,民不识蚕桑。"月余,免符下,民相扶携,守州门叫欢为贺。改澧州刺史。民税出杂产物与钱,尚书有经,改观察使牒州征民钱倍经。君曰:"刺史可为法,不可贪官害民。"留噤不肯从,竟以代罢。观察使使剧史案簿书,十日不得毫毛罪。改河南令。而河南尹适君平生所不好者,君年且老,当日日拜走,仰望阶下,不得已就官。数月,大不适,即以病辞免。公卿欲其一至京师,君以再不得意于守令,恨曰:"义不可更辱,又奚为于京师间?"竟闭门死,年六十。

君娶河东柳氏女。二子,升奴、胡师。将以某年某月某日葬某所。其兄将作少监者请铭于右庶子韩愈。愈前与君为御史被谗,俱为县令南方者也,最为知君。铭曰:

谁之不如,而不公卿!奚养之违,以不久生!唯其颀颀,以世厥声。

【译文】先生叫张署，字某，是河间人。他的祖父张利贞，在玄宗时候很有声名。他担任御史中丞，举荐人才、弹劾官吏都没有什么避忌，于是出任陈留太守，做了河南道采访处置使，几年后他在任上去世。父亲张郇，因儒学得中进士，官至侍御史。先生方正质朴，很有气质，外貌魁梧，擅长文章。以博学宏词科得中进士，担任校书郎。他从京兆武功县尉调任监察御史，后来因被幸臣在皇帝面前进了谗言，就和同辈人韩愈、李方叔三人一起去南方做了县令。两年以后，正逢皇恩于是一起调往江陵任职。半年以后，邕管经略使向天子上奏让先生担任判官，改任为殿中侍御史，没有成功。先生做京兆府司录时，各位官员向他报告政事，都不敢抬头直视他；和官员们一起在公堂中吃饭，每天低头吃完后，起身向他人作揖然后离开公堂，没有敢私下交谈的；县令、丞、尉等官员对他像京兆尹一样敬畏，因此处理政事清明无私。京兆尹李廊改任凤翔尹，持节镇守京西，向天子上书请求先生和他一起去，于是先生改任礼部员外郎，担任观察使判官。后来统帅又调到其他地方，先生不愿意长久离开京城，就辞官回来，凭借自己从前的才能被任命为三原县令。一年多以后，调任尚书刑部员外郎。他遵守法令，争论是非，耿直不曲。后来他改任虔州刺史。当地民俗喜欢结成党羽，屠杀耕牛，耕牛因此大为减少，百姓还大量捕杀鸟雀、鱼鳖，能吃与不能吃的都进行买卖，在节日期间放荡不羁视为吉祥之事，先生到任以后颁布法令，将这些事情一律禁止。派通经吏和儒生去附近的大州郡，学习乡饮酒、婚丧嫁娶的礼节，回来以后向百姓讲述解说、大力施行，百姓和官吏都听从这种教化，十分高兴。度支尚书的命令下到虔州，要征收百姓的赋税，一年征收六千屯丝绵。其他州郡接到命令时都十分惶恐,给百姓设定交纳赋税的期限,唯恐自己因不能完成任务而获罪。只有先生上疏说:"本州处于南岭之下,百姓不知道养蚕种桑。"一个多月以后,免除赋税的命令下到虔州,百姓相互搀扶,守在州门附近,欢呼庆贺。后来先生改任澧州刺史。百姓的赋税要交纳本地的物产和钱财,尚书规定了数额,观察使却给州郡下公文向百姓征收数倍的钱财。先生说:"刺史只能依法行事,不能贪图官位残害百姓。"就把公文扣下,不肯听从命令,最终被罢免了官职。观察使派剧吏检查簿书,十天也没有查出丝毫罪过。于是先生改任河南县令。而河南尹正好是先生平生不喜欢的人,先生年纪又大了,每天都要拜见上司,在阶下仰望叩拜,不得已上任。几个月以后,他感到非常不适应,就因病辞去官职。朝中大臣都想让他来一趟京城,先生因为两次不能让守令满意,发恨说:"绝对不可以再被羞辱,又怎么会去京城呢?"最终闭门而死,享年六十岁。

先生娶了河东柳氏的女儿。生了两个儿子,张升奴、张胡师。先生在某年某月某日安葬在某地。他的哥哥将作少监张昔请右庶子韩愈写墓志铭。我从前和先生同为御史,遭受谗言,然后一起被贬去南方做了县令,最了解先生。铭文是:

先生的才能不如谁呢,却不能担任公卿!先生时运不济,因此不能长寿!先生的刚直倔强,使他赢得了世上的名声。

凤翔陇州节度使李公墓志铭

公讳惟简，字某，司空平章事赠太傅之子。太傅初姓张氏，肃宗时，举恒、赵、深、冀、易、定六州战卒五万人、马五千匹以归听命。天子嘉之，赐姓曰"李"，更其名"宝臣"，立其军，号之曰"成德"，由是姓李氏。太傅薨，公兄弟让嗣，公竟弃其家自归京师。及兄死家覆，有司设防守。德宗如奉天，守卒出公，即驰归，与母韩国夫人郑氏拜诀，属家徒随走所幸，道与贼遇，七斗乃至。有功，迁太子谕德，加御史中丞。从幸梁州，天黑失道，识焦中人声，得见德宗于螯屋西。上曰："卿有母，可随我耶？"曰："臣以死从卫。"及幸还，録功，封武安郡王，号"元从功臣"，图其形御阁，而以神威将军居北军卫，久乃加御史大夫。丁韩国忧去官，累迁神威大将军，加工刑二曹尚书、天威统军，又改户部尚书、金吾大将军。有长尚万国俊者，以军势夺兴平人地，吏惮莫敢治。及公为金吾，兴平人曰："久闻李将军为人公平，庶能直吾屈。"即赍县牒来见。公发视，立杖国俊，废之，以地还兴平人。闻者莫不称叹。于是天子以公材果可任用，治人将兵，无所不宜。元和六年，即以公为凤翔陇州节度使、户部尚书、兼凤翔尹。陇州地与吐蕃接，旧常朝夕相伺，更入攻抄，人吏不得息。公以为国家于夷狄当用长算，边将当承上旨，谨条教，蓄财谷，完吏农力以俟。不宜规小利，起事盗恩，禁不得妄入其地。益市耕牛，铸铸、钗、鉏、厲，以给农之不能自具者，丁壮愈励，岁增田数十万亩。连八岁，五种俱熟，公私有余。贩者负入褒、斜，船循渭而下，首尾相继不绝。十三年，公与忠武军节度使司空光颜，邠宁节度使尚书钊俱来朝，上为之燕三殿，张百戏，公卿侍臣咸与。既事敕还，公因进曰："臣幸宿卫四十余年，今年老许外任，不胜慕恋，愿得死辇下。"天子加慰遣焉。还镇告疾，其夏五月戊子薨，年五十五。讣至，上悼怆罢朝，遣郎中临吊，赠尚书左仆射。以其年十一月景申，葬万年县凤栖原。夫人博陵郡崔氏，河阳尉镐之孙，大理评事可观之女，贤有法度。公有四子，长曰元孙，三原尉；次曰元质，彭之濛阳尉；曰元立，兴平尉；曰元本，河南参军，皆愿敏好善。元立、元本皆崔氏出。葬得日，嗣子元立与其昆弟四人，请铭于韩氏，曰："先人尝有托于夫子也。"愈曰："太傅功在史氏，仆射以孤童子囚羁京师，卒能以忠为节自显，取爵位，立名绩，使天下拭目观，父母与荣焉。既忠又孝，法宜铭。"铭曰：

太傅之显，自其躬兴；仆射童羁，孰与之朋。遭国之难，以节自发；致其勤艰，以复考烈。孝由忠立，爵名随之；铭此玄石，维昧之诒。

【译文】先生叫李惟简，字不详，是司空平章、赠太傅李宝臣的儿子。太傅本来姓张，在肃宗的时候，带领恒、赵、深、冀、易、定六个州的士兵五万人、马五千匹归顺听命。天子嘉许他的行为，赐姓"李"，改名"宝臣"，确立他的军队，称为"成德军"，从此就开始姓李。太傅去世以后，先生的兄弟相互嗣让，他最终离开家自己返回京城。等到兄长死了，家里破败以后，官员拘捕了他，看守很严。德宗去奉天后，看守的人将他释放，他马上骑马回到家中，和母亲韩国夫人郑氏拜别，带上家人跟着去了皇上所在的地方，路上遇到贼人，经过七次搏斗才到达。他因有功，调任太子谕德，加封御史中丞。跟着天子到梁州时，天黑迷路，他听出焦中人的乡音，终于在盩厔县西面见到了德宗皇帝。皇上说："你有母亲，可以跟随我吗？"他说："我誓死跟随护卫您。"等到皇上回来的时候，嘉奖他的功劳，封他为武安郡王，赐号"元从功臣"，为他画像并悬挂在御阁之中，他以神威将军的身份居于北军，很久以后又被加封为御史大夫。丁韩国因家中丧事辞去官职，先生又累迁神威大将军，加封为工刑二曹尚书、天威统军，又改任户部尚书、金吾大将军。有个叫万国俊的长尚，倚仗军队力量夺取兴平县百姓的土地，官吏都很忌惮他，没有敢管的。等到先生担任金吾大将军时，兴平县的百姓说："久闻李将军为人公平，或许能帮我们伸张冤屈吧。"就拿着县衙公文前来拜见。先生打开读了以后，立刻杖责了万国俊，废除了他的官职，把土地还给了兴平县的百姓。听说此事的人没有不称赞的。于是天子认为先生确实有才可以任用，他治人带兵，没有什么不合适的。元和六年（811），天子任命他为凤翔、陇州节度使、户部尚书兼凤翔尹。陇州的土地与吐蕃相接，从前早晚经常相互窥视，还相互侵扰掳掠，百姓和官吏都不得安宁。先生认为国家对夷狄应当运用长远之计，守边的将领应当秉承皇上的旨意，遵守法令，蓄积钱粮，整顿吏治，劝勉农耕，以待时机。而不应贪图小利，挑起事端，诈取赏赐，禁止他们随便进入吐蕃地界。先生又买了耕牛，铸造镈、钱、钼、斸等农具，发给那些不能自备农具的农民，青壮年都努力耕作，每年增加几十万亩土地。一连八年，五谷都大获丰收，公私都有余粮。商贩们背着东西进入褒、斜谷口，船只沿着渭河东流而下，首尾相连，绵延不断。元和十三年（818），先生和忠武军节度使司空李光颜、邠宁节度使尚书郭钊一起入朝进见，皇上特意为他们在三殿摆下酒宴，表演百戏，公卿侍臣们都一起参加。在这之后，皇上下令让他回凤翔、陇州，先生于是进言说：“臣有幸保家卫国四十多年，现在年纪大了还在外做官，不胜慕恋，希望可以死在陛下的御辇之下。”天子加倍安抚，送他回去。他返回以后就告病，在当年夏季五月戊子日去世，享年五十五岁。讣告传到朝廷，皇上因为心中悲伤而罢朝，以示悼念，派遣郎中前往吊唁，追赠他为尚书左仆射。在当年十一月丙申日，先生安葬在万年县凤栖原。先生的夫人博陵郡崔氏，是河阳县尉崔镐的孙女，大理评事崔可观的女儿，为人贤淑而有风度。先生共有四个儿子，长子叫李元孙，担任三原县尉；次子叫李元质，担任彭州的濛阳县尉；三子叫李元立，担任兴平县尉；四子叫李元本，担任河南参军，他们都朴实敏悟、乐于为善。元立和元本都是崔氏所生的。确定安葬的日子后，嗣子元立和其他兄弟四人，请我写墓志铭，说：“先父曾经将此事托付给您。”我说：“太傅的功劳由史官记录，仆射幼年时被囚禁在京城，最终却能以忠义为节操而令自身显达，取得了爵位，建立了功名，使天下人拭目以观，连父母也一起荣华显贵。他既忠义又孝顺，符合墓志铭的标准。”铭文是：

太傅的显贵，是源于他自身的奋斗；仆射幼年时就遭受囚禁，谁愿意和他做朋友呢？正逢国家危难，他以节操自强奋发；依靠勤奋努力得以建功立业，以此来报答列祖列宗。孝顺因为忠义而存在，爵位名声随之而来；把这篇铭文刻在墓碑上，以昭示后世之人。

唐故中散大夫少府监胡良公墓神道碑

少府监胡公者，讳珦，字润博，年七十九以官卒。明年七月，葬京兆奉先，夫人天水赵氏祔焉。其子逴、巡、遇、述、迁、造，与公婿广文博士吴郡张籍，以公之族出、处文、行治、历官、寿年为书，使人自京师南走八千里至闽南两越之界上请为公铭刻之墓碑于潮州刺史韩愈，曰：

胡姓本出安定，后徙清河，清河于今为宗城，属贝州。大父讳秀，武后时以文材征为麟台正字。父宰臣，用进士卒官平阳冀氏令，赠潭州大都督。公早孤，能自劝学，立节概，非其身力，不以衣食。凡一试进士，二即吏部选，皆以文章占上第。乐为俭勤，自刻削，不干人，以矫时弊。及为富平尉，一府称其断决。建中四年，侍郎赵赞为度支使，荐公为监察御史，主馈给渭桥以东军，洗手奉职，不以一钱假人。贼平，有司核考群吏，多坐贬死，独公以清苦能检饬，无漏失，迁河南仓曹。魏公贾

耽以节镇郑滑，以公佐观察事、检校尚书工部员外郎。以刚直
龃龉不阿忤权贵，除献陵令。居陵下七年，市置田宅，务种树
为业以自给，教授子弟。贞元十一年，吏部大选，以公考选人
艺学，以劳迁奉先令，以治办迁尚书膳部郎中，改坊州刺史。州
经乱，无孔子庙，公至则命筑宫造祭器，率博士生徒讲读以时，
如法以祠，人吏聚观叹息。迁舒州刺史。州岁大熟，麦一茎数
穗，闾里歌舞之。考功以闻，迁尚书驾部郎中。数以公事犯尚
书李巽，巽时主盐铁事，富矫恃势，以语丞相，由是退公为凤
翔少尹。巽死，迁少大理，改少詹事。元和十二年，朝廷以公年
老能自祗力，事职不懈，可嘉，拜少府监，兼知内中尚。明年，
以病卒。公始以进士孤身旅长安，致官九卿为大家。七子皆有
学守。女嫁名人。年几八十，坚悍不衰，事可传载，可为成德。
铭曰：

揭揭胡公，既果以方；挟艺射科，每发如望。人求于人，我
已为之；自始讫终，不降色辞。因官立事，随有可载；发迹馈
运，遭谗府介。去居陵下，为吏为隐；坊舒之政，于兹有叹。守
官驾部，名升己屈；跻于少府，甚宜秩物。不配其有，君子耻
之；少府古卿，公优止之。刻文碑石，以显公行；维彼后人，无
怠嗣庆。

【译文】少府监胡珦，字润博，享年七十九岁，在任上去世。第
二年七月，他安葬在京兆奉先城，夫人天水赵氏与他合葬。他的儿
子胡逞、胡巡、胡遇、胡述、胡迁、胡造和先生的女婿广文博士、吴

郡张籍，将先生的族出、处文、行治、历官、寿年写在信中，派人从京城向南走八千里到达闽南、西越的边界上，请潮州刺史韩愈为先生写墓志铭，曰：

胡氏一族原本来自安定县，后来迁到清河县，清河县就是现在的宗城县，隶属于贝州。他的祖父胡秀，武后时凭借自己的文才被征召授予麟台正字。父亲胡宰臣，得中进士，在平阳冀氏县令的任上去世，追赠潭州大都督。先生早年丧父，自己能勤奋学习，又有操守气概，不是靠自己得到的，就不接受别人的衣食。他第一次参加进士科举考试，第二次参加吏部的征选，都凭借自己的文章考了第一。先生喜欢勤俭，生活俭朴，从不冒犯他人，矫正当时社会的弊端。等到他担任富平县尉时，一府的官吏都称赞他决断如流。建中四年（783），侍郎赵赞担任度支使，举荐先生担任监察御史，主持渭桥以东军队的供给，他廉洁无私，忠于职守，从不挪用一钱作为他用。贼寇被平定以后，有关部门考核官吏们的作为，大多遭到贬谪或犯死罪，只有先生因为清寒贫苦，能自我约束，没有错漏过失，调任河南仓曹。魏公贾耽持节镇守郑滑一带，任命先生为观察事、检校尚书工部员外郎。因为先生刚正不阿，与权贵意见不合，触怒了他们，就让他做了献陵令。他住在陵下七年，买了田地房屋，以种树为业来供给自己所需，并教授子弟。贞元十一年（795），吏部在全国大选，让先生考选人艺学，凭借功劳调任奉先令，又因政绩调任尚书膳部郎中，改任坊州刺史。坊州经过战乱后，没有孔子庙，先生刚到任就下令修建庙堂、铸造祭器带领博士、儒生按时讲读经书，又依照礼法进行祭祀，百姓官吏都聚集观看，感叹不已。后来他又调任舒州刺史。舒州每年都大获丰收，一棵小麦上面就结了几个麦穗，乡里百姓都载歌载舞进行庆祝。上司考核他的功绩，调任尚书驾部郎中。他几次因公事触犯尚书李巽，李巽当时主持盐铁事务，富有骄横，凭借权势，向丞相进先生的谗言，于是将先生贬为凤翔少尹。李巽死后，先生调任少大理，改任少詹事。元和十二年（817），朝廷因为先生年老还能尽忠职守，对职事毫不懈怠，值得嘉奖，就任命他为少府监，兼任中尚使。第二年，先生因病去世。先生当初以进士身份孤身旅居长安，最终官至九卿，成为大家。他的七个儿子都有学问和节操。女儿也嫁给了名人。他年近八十岁，还像以前那样坚毅刚直，从不改变，他的事迹值得记载流传，可以称为崇高的品德。铭文是：

威武雄壮的胡公啊，终因方正得到善终；他身怀才能猎取科名，每次都能得偿所愿。别人都是央求他人，而他却是依靠自己的力量；从始至终，无不带着谦恭的神色。他在任上建功立业，随时都有可以记载的事迹；先生从运送粮食开始发迹，又在官府中遭受谗言。他辞职住在陵下，既是官吏又是隐士；处理坊州、舒州的政事时，在当地政绩十分突出。他在驾部任职时，名声显赫却受到他人的冤枉；后来跻身于少府任职，更展现出他治理政事的才能。如果能力和职位不相称，君子都会以此为耻辱；少府是古代就有的卿位，先生绝对能够胜任它。把这篇铭文刻在石碑上，来彰显先生的德行；希望先生的后代子孙，不要懈怠继承先生的美德。

唐故相权公墓碑

上之元和六年，其相曰权公，讳德舆，字载之。其本出自殷帝武丁，武丁之子降封于权；权，江汉间国也。周衰，入楚为权氏。楚灭徙秦，而居天水略阳。符秦之王中国，其臣有安丘公翼者，有大臣之言。后六世至平凉公文诞，为唐上庸太守、荆州大都督长史，焯有声烈。平凉曾孙讳倕，赠尚书礼部郎中，以艺学与苏源明相善，卒官羽林军录事参军，于公为王父。郎中生赠太子太保讳皋，以忠孝致大名，去官，累以官征，不起，追谥贞孝，是实生公。

公在相位三年，其后以吏部尚书授节镇山南，年六十以薨。赠尚书左仆射，谥文公。公生三岁，知变四声；四岁能为诗；七岁而贞孝公卒，来吊哭者见其颜色声容，皆相谓“权氏世有其人”。及长，好学，孝敬祥顺。贞元八年，以前江西府监察御史征拜博士，朝士以得人相庆。改左补阙，章奏不绝，讥排奸幸，与阳城为助。转起居舍人，遂知制诰，凡撰命词九年，以类集为五十卷，天下称其能。十八年，以中书舍人典贡士，拜尚书礼部侍郎。荐士于公者，其言可信，不以其人布衣不用；即不可信，虽大官势人交言，一不以缀意。奏广岁所取进士明经，在得人，不以员拘。转户兵吏三曹侍郎、太子宾客，复为兵部，迁太常卿，天下愈推为巨人长德。时天子以宰相宜参用道德人，因拜礼部尚书，同中书门下平章事。公既谢辞，不许。其所设张举措，必本于宽大；以几教化，多所助与；维匡调娱，不失其正；中于和节，不为声章；因善与贤，不务主己。以吏部尚书留守东都，东方诸帅有利病不能自请者，公常与疏陈以露布。复拜太常，转刑部尚书，考定新旧令式为三十编，举可长用。其在山南河南，勤于选付，治以和简，人以宁便。以疾求还，十三年某月甲子，道薨于洋之白草。奏至，天子痛伤，为之不御朝，郎官致赠锡。官居野处，上下吊哭，皆曰："善人死矣！"其年某月日，葬河南北山，在贞孝东五里。公由陪属升列，年除岁迁，以至公宰，人皆喜闻，若己与有，无忌嫉者。于頔坐子杀人，失位自囚，亲戚莫敢过门省顾者，朝莫敢言者。公将留守东都，为上言曰："于頔之罪既贳不竟，宜因赐宽诏。"上曰："然，公为吾行谕之。"頔以不忧死。前后考第进士及庭所策试士踵相蹑为宰相达官，与公相先后，其余布处台阁外府凡百余人。自始学至疾未尝一日去书不观。公既以能为文辞擅声于朝，多铭卿大夫功德，然其为家不视簿书，未尝问有亡，费不待余。公娶清河崔氏女，其父造，尝相德宗，号为名臣。既葬，其子监察御史璪累然服丧有请。乃作铭文曰：

权在商周，世次不存。灭楚徙秦，嬴刘之间。甘泉始侯，以及安丘；诋诃浮屠，皇极之扶。贞孝之生，凤鸟不至；爵位岂多，半涂已税；寿考岂多，四十而逝。惟其不有，以惠厥后；是生相君，为朝德首。行世祖之，文世师之；流连六官，出入屏毗。无党无雠，举世莫疵。人所惮为，公勇为之；人所竞驰，公绝不窥。孰克知之，德将在斯。刻诗墓碑，以永厥垂。

【译文】元和六年（811）时，宰相名为权德舆，字载之。他的宗族原来出自殷朝的帝王武丁，武丁的儿子被封在权；权，是长江、汉水之间的诸侯国。周朝衰落以后，他们进入楚国称为权氏。楚国灭亡以后迁徙到秦国，住在天水郡的略阳县。前秦苻坚称霸中原时，有位大臣安丘公权翼，曾经对苻坚进言劝谏。后来又过了六世到平凉公权文诞时，他担任了大唐上庸太守、荆州大都督长史，名声显赫，政绩突出。平凉公的曾孙叫权倕，追赠尚书礼部郎中，以经学和苏源明交好，在羽林军录事参军的任上去世，他是先生的祖父。郎中生了赠太子太保权皋，以自己的忠义孝悌赢得了很高的名望，他辞去官职以后，朝廷多次征召授官，都没有应命，死后追加谥号贞孝，他就是先生的父亲。

先生做了三年宰相，后来又以吏部尚书的身份持节镇守山南，在六十岁时去世。追赠尚书左仆射，谥号文公。先生出生后刚满三岁时，就知道四声变化；四岁时就能作诗；七岁时贞孝公就去世了，前来吊唁的人看见他的容貌，听见他的声音，都感叹说"权氏真是后继有人啊"。等到他成年以后，勤奋好学，孝顺尊敬，善良温顺。贞元八年（792），由前江西府监察御史征召授予博士，朝中之士都为国家得到人才而相互庆贺。他后来改任左补阙时，不断给天子上奏，打击奸邪得宠之人，与阳城为辅助。又调任起居舍人，于是知制诰，总共撰写了九年天子的命词，分类汇集成五十卷，天下人都称赞他卓越的才能。贞元十八年（802），他以中书舍人典贡士的身份，被任命为尚书礼部侍郎。先生推举的士人，他们的话要诚实可信，不因为他们是平民百姓就不任用；如果他们说的话不可信，即使是达官贵人前来劝谏，先生也不会听从他们。他在奏章中认为朝廷用明经进士取士，是为了得到真正的人才，不应拘泥于人数。后来他又调任户兵吏三曹侍郎、太子宾客，然后又在兵部重新任职，调任太常卿，天下人更认为他是德高望重的人。当时天子认为宰相应该任用那些具备美德的人，就任命先生为礼部尚书，同中书门下平章事。先生上书辞谢，天子没有答应。他所制定的措施，一定以宽大为本；也有助于教化，并从多方面协助它；无论是匡正、调和还是娱乐，都不失其中的方正；总以协调合适为上，从不倚仗声势威风；正是因为他的善良与贤能，从不凭借自己的主观臆断行事。他以吏部尚书的身份留守东都，东方的诸位将帅有利弊不能自己向天子奏请的，先生就经常用公文替他们上疏陈述。他又被任命为太常，调任刑部尚书，考定新旧章程，分为三十编，确定那些可以长久施行的。他在山南、河南任职时，勤于选出贤良之人，委以重任，他治事总以宽和简约为根本，人民也安宁便利。后来先生因为疾病请求返回朝中，元和十三年（818）某月甲子日，途径洋州白草这个地方时去世。奏书到达朝廷后，天子十分悲痛伤心，因为他而不去上朝，并派郎官前去赠送赏赐。无论做不做官，地位高低的人都前来吊唁痛哭，说："善人死了！"当年某月某日，他安葬在河南北山，离贞孝公的坟墓有五里。先生由僚属慢慢升职，经过累年的升迁，终于官至宰相，人们听到这个消息以后都很高兴，就像自己也做了官一样，没有嫉妒他的。于頔因为儿子杀人而获罪，失去官位囚禁自己，亲戚朋友没有敢去他家里看望的，朝中也没有敢替他说话的。先生留守东都临行之前，为他上书说："于頔的罪责既然赦免不究，就应该赐给他宽赦的诏书。"皇上说："是这样，你就替我处理晓谕吧。"于頔因此不再担心会被处死了。前后考中进士以及在庭中经先生策试的士人相继做了宰相高官，和先生互为先后，其余分布在台阁外府的还有一百多人。从开始学习到生病以后，先生没有一天不看书。先生以擅长写文章而在朝中享有很高的声望，给公卿士大夫们写了很多颂扬功德的墓志铭，然而他治家从来不看记录财物出纳的簿书，也从来不问有没有，家中没有多余的钱财。先生娶了清河崔氏的女儿，她的父亲崔造，在德宗时曾经担任宰相，称为名臣。先生安葬以后，他的儿子监察御史权璩身穿重孝，前来请我写墓志铭。于是我写下这篇铭文：

权氏来自商朝和周朝，世代都有名人出现。楚国灭亡以后又迁徙到秦国，位于嬴氏、刘氏之间。到甘泉公时开始称侯，安丘公的声名也很显赫；他排斥异域传来的佛法，大力支持帝王的准则。贞孝先生出生时，正是凤凰不至的时代；他的爵位还没达到尊贵，中途就停止了；他的寿命也不长，年过四十就不幸去世。或许正因为他没有达到，才得以惠及他的后人；他生了这样一位宰相，成为朝廷德行之首。处世之人以他为宗推崇景仰，文章之士也将他看作老师；他在吏、户、礼、兵、刑、工六部中都做过官，经常出入天子的左右守卫辅佐。不与人结党，也没有什么仇敌，世上没有人可以指出他的缺点。平常人害怕去做的事，先生却勇敢去做；他们竞相追逐的功利，先生却不去看一眼。谁又能深入了解他呢，先生本来就有美好的德行。将这篇铭文刻在墓碑上，希望先生的功绩永远流传后世。

平淮西碑 并序

　　天以唐克肖其德。圣子神孙,继继承承,于千万年,敬戒不息;全付所覆,四海九州,罔有内外,悉主悉臣。高祖太宗,既除既治。高宗中睿,休养生息。至于玄宗,受报收功,极炽而丰,物众地大,孽牙其间。肃宗代宗,德祖顺考,以勤以容;大慝适去,稂莠已薅,相臣将臣,文恬武嬉,习熟见闻,以为当然。

　　睿圣文武皇帝既受群臣朝,乃考图数贡,曰:"呜呼!天既全付予有家,今传次在予,予不能事事,其何以见于郊庙?"群臣震慑,奔走率职。明年,平夏;又明年,平蜀;又明年,平江东;又明年,平泽潞;遂定易定,致魏、博、贝、卫、澶、相,无不从志。皇帝曰:"不可究武,予其少息!"

　　【译文】上天让大唐继承前人的德行。大唐的神圣子孙,历代继承下来,直到千年万年,敬畏上天,保持警戒,从不懈怠;上天将自己覆盖的地方全部交给大唐,四海九州之中,没有内外的区别,都是君主与臣子。高祖和太宗皇帝,建立基业,治理政事。高宗、中宗和睿宗皇帝,实行休养生息的政策。到玄宗皇帝时,接受上天回报,建功立业,极其富裕昌盛,地大物博,但其中也有祸端出现。肃宗、代宗,德宗和顺宗,既勤勉又宽容;但安史之乱刚刚过去,奸佞之人已经除掉,宰相和将军中文官贪图安逸,武将吃喝玩乐，都习以为常，熟视无睹，认为理所当然。

睿圣文武皇帝继位接受群臣朝拜之后，就考察版图、历数朝贡，说："呜呼！上天既然将天下交给我家，现在又将天子之位传给我，我如果不能做出一番事业，还有什么脸面去宗庙见列祖列宗？"群臣听完这些话内心受到震慑，都四处奔走，尽职尽责。第二年，平定夏州；又过了一年，平定蜀地；又过了一年，平定江东；又过了一年，平定泽州、潞州；然后平定了易州、定州，还有魏、博、贝、卫、澶、相六州，无不听命。皇帝说："不可以穷兵黩武，我还是稍事休息一阵吧！"

九年，蔡将死，蔡人立其子元济以请，不许。遂烧舞阳，犯叶襄等城，以动东都，放兵四劫。皇帝历问于朝，一二臣外皆曰："蔡帅之不廷授，于今五十年，传三姓四将，其树本坚，兵利卒顽，不与他等。因抚而有，顺且无事。"大官臆决唱声，万口和附，并为一谈，牢不可破。皇帝曰："惟天惟祖宗所以付任予者，庶其在此，予何敢不力！况一二臣同，不为无助。"曰："光颜，汝为陈、许帅，维是河东、魏博、郃阳三军之在行者，汝皆将之！"曰："重胤，汝故有河阳、怀，今益以汝，维是朔方、义成、陕、益、凤翔、延、庆七军之在行者，汝皆将之！"曰："弘，汝以卒万二千属集而子公武往讨之！"曰："文通，汝守寿，维是宣武、淮南、宣歙、浙西四军之在行于寿者，汝皆将之！"曰："道古，汝其观察鄂岳！"曰："愬，汝帅唐、邓、随，各以其兵进战！"曰："度，汝长御史，其往视师！"曰："度，惟汝与予同,汝遂相予,以赏罚用命不用命!"曰:"弘,汝其以节都统讨军!"曰:"守谦,汝出入左右,汝惟近臣,其往抚师!"曰:"度,汝其往,衣食予士,无寒无饥。以既厥事,遂生蔡人。赐汝节斧,通天御带,卫卒三百。凡兹廷臣,汝择自从,惟其贤能,无惮大吏。庚申,予其临门送汝!"曰:"御史,予闵士大夫战甚苦,自今以往,非郊庙祠祀,其无用乐!"颜、胤、武合攻其北,大战十六,得栅、城、县二十三,降人卒四万。道古攻其东南,八战,降卒万三千,再入申,破其外城。文通战其东,十余遇,降万二千。愬入其西,得贼将,辄释不杀,用其策,战比有功。十二年八月,丞相度至师,都统弘责战益急,颜、胤、武合战益用命,元济尽并其众洄曲以备。十月壬申,愬用所得贼将,自文城因天大雪疾驰百二十里,用夜半到蔡,破其门,取元济以献,尽得其属人卒。辛巳,丞相度入蔡,以皇帝命赦其人。淮西平,大飨赉功,师还之日,因以其食赐蔡人。凡蔡卒三万五千,其不乐为兵愿归为农者十九,悉纵之。斩元济于京师。册功:弘加侍中;愬为左仆射,帅山南东道;颜、胤皆加司空;公武以散骑常侍帅鄜、坊、丹、延;道古进大夫;文通加散骑常侍。丞相度朝京师,道封晋国公,进阶金紫光禄大夫,以旧官相,而以其副总为工部尚书,领蔡任。既还奏,群臣请纪圣功,被之金石,皇帝以命臣愈。臣愈再拜稽首而献文曰:

【译文】元和九年(814),蔡州将帅吴少阳去世,蔡州人向朝廷请求立他的儿子吴元济为帅,朝廷没有同意。吴元济于是焚烧舞阳城，侵犯叶州与襄城等城，震动东都，放任士兵四处烧杀抢掠。皇帝在朝上多次询问，除了一两个大臣之外，其他人都说："蔡州将帅不经由朝廷的任命，至今已经有五十年了，传了三个姓氏、四位将帅，他们根基深厚，兵器锋利，士卒顽强，和其他地方绝不相同。因为安抚他们才拥有蔡州，顺着他们就会平安无事。"大官主观决断，首先陈述意见，朝中百官一起附和，混为一谈，牢不可破。皇帝说："上天和祖宗把事情交给我的原因，可能就在于此吧，我怎么敢不尽力呢！何况还有一两个大臣同意，不算是孤立无援。"于是下令："李光颜，你担任陈、许统帅，河东、魏博、郓阳三支军队在行者，都由你率领！"说："乌重胤，你过去拥有河阳、怀州，现在将汝州也交给你，朔方、义成、陕、益、凤翔、延庆七支军队在行者，都由你率领！"说："韩弘，你让你的儿子韩公武带领士卒一万二千人前往讨伐！"说："李文通，你驻守寿州，宣武、淮南、宣歙、浙西四支军队在寿州的，都由你率领！"说："李道古，你担任鄂岳观察使！"说："李愬，你带领唐州、邓州、随州的军队，以各自的兵马进攻蔡州！"说："裴度，你担任长御史，前往督率军队！"说："裴度，只有你赞同我，我就任命你为宰相，对那些听命和不听命的人进行赏罚！"说："韩弘，你持节统率各部讨伐军队！"说："梁守谦，你经常出入我的左右，是我的近臣，你前往抚慰军队！"说："裴度，你前往军队，给我的士兵送上衣服和食物，不要让他们受冻挨饿。等到攻下蔡州以后，就能让蔡州人获得新生。赐给你符节和斧钺，还有通天御带，带领三百名卫兵。凡是那里的朝臣，你都可以自己挑选任用，只要是贤能的人就行，不要畏惧那些大官。庚申日，我去门外亲自送你！"说："御史，我怜悯士大夫战斗十分辛苦，从今以后，除了宗庙祭祀，都不要演奏音乐！"李光颜、乌重胤和韩武一起进攻北部，经过十六次大战，夺得的栅、城、县总计二十三个，投降的士卒共有四万人。李道古进攻东南，经过八次战斗，投降的士卒有一万三千多人，又进入申州，攻破其外城。李文通在东部进行战斗，经过十多次交战，投降的士卒有一万两千多人。李愬攻入西部，抓到贼将后，全部释放并不杀他们，运用他们提出的计策，每次战斗都有功劳。元和十二年（817）八月，丞相裴度到军队，统帅韩弘更加紧急地督责出战，李光颜、乌重胤和韩公武更是遵奉命令，与之交战，吴元济只能将他的全部兵马聚集，驻扎在洄曲河防御。十月壬申日，李愬利用擒获的将领，从文城出发，冒着天上的大雪，连夜飞驰一百二十里，半夜到达蔡州，攻破城门，抓到吴元济献往京城，并将吴元济手下的士卒全部擒获。辛巳日，丞相裴度进入蔡州，以皇帝的命令赦免那些人的罪过。淮西终于被平定，于是举行宴会，赏赐有功之人，军队返回的时候，又把食物赐给蔡州人。蔡州士卒共有三万五千人，其中不愿意当兵而愿意回家务农的占十分之九，都同意了他们的要求。于是在京城斩杀了吴元济。册功：韩弘加封侍中；李愬担任左仆射，统率山南东道；李光颜、乌重胤都加封司空；韩公武担任散骑常侍，统率廊、坊、丹、延四州；李道古进升为大夫；李文通加封散骑常侍。丞相裴度进京朝见，在路上被封为晋国公，官阶进升为金紫光禄大夫，以原来的官职为丞相，而任命他的副官马总为工部尚书，领蔡州职位。回朝上奏以后，群臣都恳请将圣王的功业记载下来，刻在金石之上，皇帝于是命令我来完成。臣韩愈再拜稽首而献上碑文说：

　　唐承天命，遂臣万方；孰居近土，袭盗以狂。往在玄宗，崇极而圮，河北悍骄，河南附起。四圣不宥，屡兴师征；有不能克，益戍以兵。夫耕不食，妇织不裳；输之以车，为卒赐粮。外多失朝，旷不岳狩；百隶怠官，事亡其旧。帝时继位，顾瞻咨嗟；惟汝文武，孰恤予家。既斩吴蜀，旋取山东；魏将首义，六州降从。淮蔡不顺，自以为强；提兵叫欢，欲事故常。始命讨之，遂连奸邻；阴遣刺客，来贼相臣。方战未利，内惊京师；群公上言，莫若惠来。帝为不闻，与神为谋；及相同德，以讫天诛。

　　【译文】大唐顺应天命，让各地称臣；但住在近处的人，却疯狂地侵袭他州，成为贼寇。从前在玄宗之时，至尊之位倾覆下来，河北傲慢专横，河南随之而起。四位圣王不肯宽恕他们，多次出兵前去讨伐；但总是不能攻下，贼寇却增派兵力进行防卫。农夫勤劳耕种却吃不上东西，妇女整天纺织却穿不上衣裳；还要用车运送粮食，供给士兵日常所需。外族大多都不进京朝见，帝王巡狩地方的制度也被废止；各位官员都懈怠政事，全都失去从前的制度。陛下在此时继承帝位，不禁环视感叹；你们这些文武百官，谁曾体恤过我们家。平定吴蜀之地以后，又夺回山东；魏州将帅首先归顺朝廷，其他六州跟着投降。只有淮西、蔡州不肯顺从，自以为很强大；率领军队狂妄叫嚣，想要和以前一样行事。陛下这才下令前去讨伐，贼寇却勾结附近的奸佞；又暗地里派遣刺客，来刺杀宰相。战争开始时对我们不利，在京城中引起震动；群臣上书进言，认为不如优待贼寇。陛下没有听从，和神明一起商讨；与神明同心同德，以完成上天对贼寇的征讨。

乃敕颜胤，恕武古通，咸统于弘，各奏汝功。三方分攻，五万其师；大军北乘，厥数倍之。常兵时曲，军士蠢蠢；既翦陵云，蔡卒大窘。翦之邵陵，郾城来降；自夏及秋，复屯相望。兵顿不励，告功不时；帝哀征夫，命相往釐。士饱而歌，马腾于槽；试之新城，贼遇败逃。尽抽其有，聚以防我；西师跃入，道无留者。额额蔡城，其疆千里；既入而有，莫不顺俟。帝有恩言，相度来宣："诛止其魁，释其下人。"蔡之卒夫，投甲呼舞；蔡之妇女，迎门笑语。蔡人告饥，船粟往哺；蔡人告寒，赐以缯布。始时蔡人，禁不往来；今相从戏，里门夜开。始时蔡人，进战退戮；今旰而起，左餐右粥。为之择人，以收余惫；选吏赐牛，教而不税。蔡人有言，始迷不知；今乃大觉，羞前之为。蔡人有言，天子明圣；不顺族诛，顺保性命。汝不吾信，视此蔡方；孰为不顺，往斧其吭。凡叛有数，声势相倚；吾强不支，汝弱奚恃。其告而长，而父而兄；奔走偕来，同我太平。淮蔡为乱，天子伐之；既伐而饥，天子活之。始议伐蔡，卿士莫随；既伐四年，小大并疑。不赦不疑，由天子明；凡此蔡功，惟断乃成。既定淮蔡，四夷毕来；遂开明堂，坐以治之。

【译文】陛下于是命令李光颜、乌重胤、李愬、韩公武、李道古、李文通，都由韩弘统率，各自上奏功劳。大军从三面分别进攻，俘虏了五万贼军;大军又向北进攻,又俘获了数倍敌人。李光颜率军在时曲大败敌人,贼军将士都骚动不安;等到攻下陵云栅以后,蔡州士兵非常窘迫。后来又夺取郾陵,郾城军队只能归降;从夏季直到秋季,接连将失地收复。然后我军遭受不利,没有获得什么成功;陛下怜悯出征的士兵,命令宰相前往慰劳。士兵吃饱以后唱起了歌,战马也在马厩前不停奔腾;于是在新城与敌人战斗,贼寇丢盔弃甲狼狈而逃。他们只能将残兵败将全部收拢,聚集起来抵御我朝军队;西边军队乘势攻入敌境,路上没有遇到任何阻拦。高高的蔡州城,有千里之广的土地;我朝军队攻入占领蔡州以后,蔡人没有不顺从的。陛下降下加恩的谕旨,丞相裴度前来宣布:"诛杀罪魁祸首,释放所有百姓。"蔡州的士兵,都丢下盔甲欢呼起舞;蔡州的妇女,也当门而立笑语盈盈。蔡州百姓告以饥饿,朝廷就派船只运送粮食前往救济;蔡州百姓告以寒冷,朝廷就赐给他们缯帛布匹。从前的蔡州百姓,都把门关起互不往来;现在却互相嬉戏,乡里之门晚上也打开。从前的蔡州百姓,不是战斗就是杀戮;现在早晨起床,却可以吃到粥饭。朝廷为他们选择贤人,处理剩下的弊端;又选派官吏赐予耕牛,教他们使用但不需交纳赋税。蔡州百姓说,他们当初被人迷惑,不知黑白;现在才恍然大悟,为从前的作为感到羞愧。蔡州百姓又说,仰赖天子圣明;没有将我们全族诛灭,得以保全了自身性命。你如果不相信我的话,就看看蔡州这个地方吧;如果谁不顺从,就前往砍断他的脖颈。凡是叛乱之人都有几个,互相倚仗对方的声势;我们蔡州还算强大,却仍然不能支撑,你们那些弱小的又能倚仗什么呢。请告诉你们的长官,告诉你们的父亲兄长;还是一同奔走前来,和我一起享受太平。淮西、蔡州造反作乱,天子就派兵讨伐他们;平定叛乱以后发生饥荒,天子又派人救济他们。刚开始商讨攻打蔡州时,没有官吏表示同意;讨伐开始四年以后,或多或少都心存疑虑。既不赦免也不疑虑,是由于天子的圣明;这次征讨蔡州的功劳,是凭借天子的决断才成功的。平定淮西、蔡州以后,四方蛮夷都纷纷前来;天子于是大开明堂,坐在中央治理他们。

卷三十一　碑志

南海神庙碑

　　海于天地间为物最巨。自三代圣王莫不祀事，考于传记，而南海神次最贵，在北东西三神、河伯之上，号为祝融。天宝中，天子以为古爵莫贵于公侯，故海岳之祀，牺币之数，放而依之，所以致崇极于大神。今王亦爵也，而礼海岳尚循公侯之事，虚王仪而不用，非致崇极之意也。由是册尊南海神为广利王，祝号祭式，与次俱升。因其故庙，易而新之，在今广州治之东海道八十里，扶胥之口，黄木之湾。常以立夏气至，命广州刺史行事祠下，事讫驿闻。而刺史常节度五岭诸军，仍观察其郡邑，于南方事无所不统，地大以远，故常选用重人。既贵而富，且不习海事，又当祀时海常多大风，将往皆忧戚，既进，观顾怖悸，故常以疾为辞，而委事于其副，其来已久。故明宫斋庐上雨旁风，无所盖障。牲酒瘠酸，取具临时。水陆之品，狼籍笾豆。荐裸兴俯，不中仪式。吏滋不供，神不顾享。盲风怪雨，发作无节，人蒙其害。

元和十二年始诏用前尚书右丞国子祭酒鲁国孔公为广州刺史、兼御史大夫以殿南服。公正直方严，中心乐易，祗慎所职，治人以明，事神以诚，内外单尽，不为表襮。至州之明年，将夏，祝册自京师至，吏以时告，公乃斋被视册，誓群有司曰："册有皇帝名，乃上所自署，具其文曰：'嗣天子某，谨遣某官某敬祭。'其恭且严如是，敢有不承！明日，吾将宿庙下，以供晨事。"明日，吏以风雨白，不听。于是州府文武吏士凡百数，交谒更谏，皆揖而退。公遂升舟，风雨少弛，櫂夫奏功，云阴解驳，日光穿漏，波伏不兴。省牲之夕，载阳载阴，将事之夜，天地开除，月星明概。五鼓既作，牵牛正中，公乃盛服执笏以入即事。文武宾属，俯首听位，各执其职。牲肥酒香，樽爵净洁，降登有数，神具醉饱。海之百灵秘怪，恍惚毕出，蜿蜿蜒蜒，来享饮食。阖庙旋舻，祥飙送颿，旗纛旄麾，飞扬晻蔼，铙鼓嘲轰，高管叫噪，武夫奋棹，工师唱和，穿龟长鱼，踊跃后先，乾端坤倪，轩豁呈露。祀之之岁，风灾熄灭，人厌鱼蟹，五谷胥熟。明年祀归，又广庙宫而大之，治其庭坛，改作东西两序、斋庖之房，百用具修。明年其时，公又固往，不懈益虔，岁仍大和，耋艾歌咏。始公之至，尽除他名之税，罢衣食于官之可去者；四方之使，不以资交；以身为帅，燕享有时，赏与以节；公藏私畜，上下与足。于是免属州负逋之缗钱十有八万，米八万二千斛。赋金之州, 耗金一岁八百, 困不能偿, 皆以正之。加四面守长之俸, 诛其尤无良不听令者, 由是皆自重慎法。人士之落南不能归者与流徙之胄百二十八族, 用其才良, 而廪其无告者。其女子可嫁者, 与之钱财, 令无失时。刑德并流, 方地数千里不识盗贼; 山行海宿, 不择处所; 事神治人, 可谓备至矣。咸愿刻庙石以著厥美, 而系以诗, 乃作诗曰:

南海之墟, 祝融之宅。即祀于旁, 帝命南伯。吏惰不躬, 正自今公。明用享锡, 祐我家邦。惟明天子, 惟慎厥使。我公在官, 神人致喜。海岭之陬, 既足既濡。胡不均弘, 俾执事枢? 公行勿迟, 公无遽归, 匪我私公, 神人具依。

【译文】海是天地之间最为巨大的事物了。从上古夏、商、周三代开始, 历代圣明的帝王均会祭祀海神, 考证传记和典籍, 南海神最为尊贵, 地位在北海、东海、西海三位海神和河伯之上, 南海之神名叫祝融。天宝年间, 天子认为古代的爵位以公侯最为尊贵, 因此对于河海、山岳的祭祀, 所用的牺牲、帛币的数量, 也都依照公侯祭祀的标准, 这是向大神致以最高的崇敬啊。现在王爵也是爵位的一种, 如果祭祀河海、山岳遵循公侯的规格, 而不用王爵的礼仪, 这对于大神就不是最大的敬意了。于是皇上册封南海神为广利王, 祭祀的六祝六号和祭祀的仪式, 也一并随之升级。因为原来的神庙已经破旧了, 就重建了一座新的, 在如今广州治所的东面, 走水路八十里的地方, 南海神庙坐落于黄木湾的扶胥口。通常在立夏这个节气, 广州刺史会在南海神庙进行祭祀, 然后再由驿站通报朝廷。而广州刺史还要负责统率五岭各地的军队，还要巡视各郡县的政事，对整个南方地区的事情都要统管，由于负责管理的区域太大，所以刺史经常选派其他的高官前去祭祀。这样的人物往往地位尊贵而又富有，而且不熟悉海上的事情，再加上祭祀之时海上经常刮起大风，因此这些人临行之前都忧心忡忡，到达以后，又徘徊四顾，所以他们都常常以有病为借口推辞使命，而将这件事委派给自己的副手，这种情况由来已久了。所以南海神的庙宇由于雨淋风吹，破损不堪。供品和祭酒十分匮乏，只是事到临头才准备。来自陆地海上的祭品，散乱地盛放在笾豆之中。祭祀时荐、祼、兴、俯等礼节，也不合乎礼仪。官吏既然不去郑重献供，神灵也就不来享用祭品。因此海上的狂风暴雨就不时地兴起，百姓深受其害。

元和十二年(817)，皇上下诏任用前尚书右丞、国子祭酒、孔子后人孔戣为广州刺史，兼御史大夫镇守南方。孔公为人耿直方正，性情和善，勤勉地对待职事，治理百姓十分清明，侍奉神灵十分虔诚，对待内外事物都竭心尽力，从不沽名钓誉。孔公到达广州的第二年，临近夏季的时候，祭祀用的文书从京城发至广州，有关官吏告知祭祀的时节，孔公于是恭敬地斋戒，打开祭祀用的文书，对那些有司宣读说："祝册上有皇帝的圣名，是皇上亲笔签署的，文中说：'嗣天子某，谨遣官员某人前去恭敬地祭祀。'皇上尚且如此恭敬谨慎，我们怎敢不遵命呢！明天，我要在庙中住宿，以便第二天早晨进行祭祀。"第二天，手下官吏对他说海上有风雨，劝他不要去，孔公却不肯听从。于是，州府的文武官吏、幕僚总共有一百多人，交相前来劝谏，但都没有奏效，只能作揖退下。孔公于是登上海船，这时风雨已经开始减弱，船夫道贺说孔公的诚心已经显效，满天的乌云已经消散，日光也透过云缝照射下来，海面上的波涛平静。审查牺牲供品的时候，红日西坠，明月东升，祭祀的前夜，天地间一片清朗，月亮和星辰明亮闪耀。五鼓过后，牵牛星正位于中天，孔公于是穿起朝服，手执笏板，入庙开始祭祀神灵。各级文武官员，俯首站在各自的位置上，各司其职。牺牲肥美，祭酒清香，酒器洁净，于是神灵们降临来享用祭品，都饭饱酒醉。海中的灵怪，恍惚之中也好像全都出现，蜿蜒盘曲，前来享受饮食。于是，人们关闭庙门，掉转船头开始返航，一路上，祥风吹动着风帆，各种旌旗，随风飞舞，遮掩住了云彩，钟鼓震天动地，笙管高亢激昂，武士们奋力划桨，乐工们随声唱和，巨龟大鱼，争先跃出海面，海天的边际，呈现在眼前，一览无余。举行祭祀的这一年，飓风和灾害消失无踪，百姓捕捉到了难以计数的鱼蟹，五谷庄稼也获得丰收。第二年祭祀回来以后，又重新扩建了神庙，修整了庭院和祭坛，改建了东西两厢和斋庑的用房，还备齐了各种必需的用具。转年又逢祭祀之时，孔公准时前往，毫不懈怠，更加虔诚，这一年仍然风调雨顺，男女老少都载歌载舞。孔公刚到这里的时候，就革除了不必要的赋税，省去了不必要的衣食开支；对于四方的宾客和使臣，不以利益进行交往；孔公以身作则，举办宴会有节有度，赏赐也很有节制；无论是公家还是个人，财货都很富足。于是他免除了下属州县所欠下的缗钱总共十八万，米粮八万二千斛。对于缴纳税金的州县，每年缴纳八百金以下的民户，因贫困不能偿还，孔公都给予减免了。而且还给各地的官员都增加了俸禄，同时诛杀了那些品行恶劣、不听法令的人，于是官吏们都谨慎守法。那些流落南方不能回乡的士人和因罪流放南方的官吏的后代们共一百二十八族，孔公就选用其中的贤良人才，赈济那些贫穷而无所依靠的人。这些人如果有女子将要出嫁，孔公就资助他们钱财，以免错过了年岁。刑罚和教化一起施行，方圆数千里之内没有盗贼的踪迹；无论是山行还是海宿，都不必担心住所的安全；孔公侍奉神灵，治理百姓，真可以说是功德齐备啊。大家都愿意将孔公事迹刻在庙石上，以褒奖孔公，再附上一首诗歌，于是作诗道：

在南海神的旧庙，祝融的宫室。皇帝命令南方的官员，在庙前进行祭祀。但官员们懒惰，从不亲临祭祀，从孔公开始才正式祭祀。给海神恭敬地献上祭品，祈求海神保佑家国和百姓。只有圣明的天子，选派谨慎的官员，才能完成这一使命。我们的孔公在此任职，神灵们也十分欢喜。海岭的角落，也都风调雨顺。孔公治理地方，怎么会不均和呢？孔公行事不会迟疑，孔公回朝不要太早，并不只是我个人挽留您，海神和百姓也希望您能留下来。

处州孔子庙碑

自天子至郡邑守长，通得祀而遍天下者，唯社稷与孔子焉。然而社祭土，稷祭谷，勾龙与弃乃其佐享，非其专主，又其位所不屋而坛，岂如孔子用王者事，巍然当座，以门人为配，自天子而下，北面拜跪荐祭，进退诚敬，礼如亲弟子者？勾龙、弃以功，孔子以德，固自有次第哉！自古多有以功德得其位者，不得常祀。勾龙、弃、孔子皆不得位而得常祀。然其祀事皆无如孔子之盛，所谓生民以来未有如夫子者，其贤过于尧舜远者，此其效与？郡邑皆有孔子庙，或不能修事，虽设博士弟子，或役于有司，名存实亡，失其所业。独处州刺史邺侯李繁至官，能以为先。既新作孔子庙，又命工改为颜回至子夏十人像，其余六十二子，及后大儒公羊高、左丘明、孟轲、荀况、伏生、毛公、韩生、董生、高堂生、扬雄、郑玄等数十人，皆图之壁。选博士弟子必皆其人。设讲堂，教之行礼，肄习其中。又为置本钱廪米，令可继处以守。庙成，躬率吏及博士弟子入学行释奠礼，耆老叹嗟，其子弟皆兴于学。邺侯尚文，其于古记无不贯达，故其为政知所先后，可歌也已！乃作诗曰：

惟此庙学，邺侯所作。厥初庳下，神不以宇。生师所处，亦窘寒暑。乃新斯宫，神降其献。讲读有常，不诫用劝。揭揭元哲，有师之尊。群圣严严，大法以存。像图孔肖，咸在斯堂。以瞻以仪，俾不或忘。后之君子，无废成美。琢词碑石，以赞攸始。

【译文】从天子到郡邑的官员，能够一直享受祭祀而且能被全天下人所祭祀的，只有土谷之神和孔子。社庙用来祭祀土神，稷庙用来祭祀谷神，勾龙和弃只是配享受祭，而不是单独受祭，而且祭祀土神和谷神也不在庙宇中而是在祭坛上举行，哪里比得上孔子享用王爵的礼仪，巍然正坐，以门人弟子为配享，天子以下的朝臣贵戚，都要朝北对孔子跪拜和献祭，进退都虔诚恭敬，礼节就如同亲属弟子的呢？勾龙和弃是凭借功业获得后人的祭祀，而孔子则是凭借德行，原本就是有差别的啊！自古以来有很多以功业或者德行卓著而得到尊位的人，但都不能获得长久的祭祀。勾龙、弃和孔子都没有得到尊位而能获得长久的祭祀。然而勾龙和弃的祭祀都不如孔子的盛大，这就是所谓的自古以来德行没有超过孔子的，孔子的贤良远远超过尧、舜，难道这就是其中的效验吗？每个郡邑都建有孔庙，但有的孔庙不能治馔祭祀，有的虽然设置了博士弟子，但常常被其他衙门调走，实际上是名存实亡，不能履行他们的本职工作。只有处州刺史邺侯李繁到任后，能以尊孔为先。他将孔庙新修一番，又命工匠重塑了颜回和子夏共十个人的雕像，其余的六十二个门人以及后世的名儒公羊高、左丘明、孟轲、荀况、伏胜、毛苌、韩婴、董仲舒、高堂生、扬雄、郑玄等数十人，都将他们的图像画在庙壁上。选拔博士弟子也必定是儒生儒士。此外还设置讲堂、教授各种礼法，让儒生们在其中学习。并且给予儒生们一定的资财和廪米，让他们可以安心学习。孔庙修成以后，李公亲自率领手下官吏和博士弟子入学堂行释奠之礼，老人们都感叹不已，他们的子弟都进入学堂学习。邺侯李繁崇尚文德，他对于古籍没有不精通的，所以他治理政事知道做事情的先后顺序，真是值得歌颂啊！于是作诗道：

这座孔庙学堂，是邺侯李繁所建。孔庙起初低矮狭小，不适合作为神灵的庙宇。儒生和业师处于其中，也饱受寒冷和暑热的煎熬。重新修葺这座孔庙后，神灵才会降临来享用祭品。师生们就可以正常学习，不用劝诫就勤学不辍。伟大的先师孔子，有为人师表的尊严。旁边那些圣贤们也显得端庄威严，正是依靠他们才延续了儒家学说。圣贤们的塑像和图画都惟妙惟肖，都陈列在这座庙堂之中。供人们瞻仰并祭祀，使子孙后代不会遗忘。后世的君子啊，不要放弃了这件好事。将这篇铭文刻在石碑上，以褒扬尊孔风气的兴起。

柳州罗池庙碑

罗池庙者，故刺史柳侯庙也。柳侯为州，不鄙夷其民，动以礼法。三年，民各自矜奋曰：“兹土虽远京师，吾等亦天氓，今天幸惠仁侯，若不化服，我则非人。”于是老少相教语，莫违侯令。凡有所为于其乡闾及于其家，皆曰：“吾侯闻之，得无不可于意否？”莫不忖度而后从事。凡令之期，民劝趋之，无有后先，必以其时。于是民业有经，公无负租，流逋四归，乐生兴事。宅有新屋，步有新船，池园洁修，猪牛鸡鸭，肥大蕃息。子严父诏，妇顺夫指，嫁娶葬送，各有条法，出相弟长，入相慈孝。先时，民贫以男女相质，久不得赎，尽没为隶。我侯之至，案国之故，以佣除本，悉夺归之。大修孔子庙，城郭道巷，皆治使端正，树以名木，柳民既皆悦喜。尝与其部将魏忠、谢宁、欧阳翼饮酒驿亭，谓曰：“吾弃于时，而寄于此，与若等好也。明年吾将死，死而为神，后三年为庙祀我。”及期而死。三年孟秋辛卯，侯降于州之后堂，欧阳翼等见而拜之。其夕，梦翼而告曰：“馆我于罗池。”其月景辰，庙成大祭，过客李仪醉酒慢侮堂上，得疾，扶出庙门即死。明年春，魏忠、欧阳翼使谢宁来京师，请书其事于石。余谓柳侯生能泽其民，死能惊动福祸之以食其土，可谓灵也已。作《迎享送神诗》以遗柳民，俾歌以祀焉，而并刻之。柳侯，河东人，讳宗元，字子厚，贤而有文章，尝位于朝光显矣，已而摈不用。其辞曰：

> 荔子丹兮蕉黄，杂肴蔬兮进侯堂。侯之船兮两旗，度中流兮风泊之，待侯不来兮不知我悲。侯乘驹兮入庙，慰我民兮不嗔以笑。鹅之山兮柳之水，桂树团团兮白石齿齿。侯朝出游兮暮来归，春与猿吟兮秋鹤与飞。北方之人兮为侯是非，千秋万岁兮侯无我违。福我兮寿我，驱厉鬼兮山之左。下无苦湿兮高无干，秔稌充羡兮，蛇蛟结蟠。我民报事兮无怠其始，自今兮钦于世世。

【译文】罗池庙是已故刺史柳侯柳宗元的庙堂。柳侯治理柳州时，从不鄙视当地百姓，而是用礼法感化他们。三年后，当地百姓都高兴地说："我们这里虽然远离京城，但是我们也是天子的臣民，如今承蒙上天垂青，将仁慈的柳侯赐予了我们，我们如果再不服从教化，我们就不配为人了。"于是男女老少都相互告诫，不要违背柳侯的指令。百姓无论在乡间或者在家中做什么事情，都会说："我们的柳侯听到后，会不会满意呢？"人们都要再三考虑，才付诸行动。凡是柳侯规定的事情期限，百姓们都会争先响应，唯恐落后，必定会按时完成。于是百姓操持生计都很轻松，公家也没有亏欠的赋税，流亡的人口也都纷纷返回，乐意从事他们的本业。宅地中也翻建了新屋，埠头中也泊有新船，河道、池塘和田园也洁净整修，猪、牛、鸭、鸡等禽畜，也肥大成群。子女遵从父母的告诫，妻子听从丈夫的指示，婚丧嫁娶，也都各有规矩，出外则是兄友弟恭，在家则是父慈子孝。以前，贫困的百姓把儿女抵押给别人，很长时间也没有能力赎回，结果子女被债主罚为奴隶了。柳侯上任以后，参照以前的惯例，以做佣仆的工钱来偿还债务，就将这些奴仆全部赎回各家。他又大修孔庙，整修城郭和道路，使这些地方焕然一新，又种上名贵树木，柳州百姓都喜悦不已。柳侯曾经和部将魏忠、谢宁、欧阳翼在驿亭中饮酒，对他们说："我被世俗所抛弃，而寄身在这里，和你们几位交好。明年我就要死去了，死后成神，再过三年你们要建庙祭祀我。"柳侯果然如期去世。三年后的孟秋辛卯那天，柳侯降临到柳州府衙的后堂，欧阳翼等人看见并参拜。当天晚上，柳侯又给欧阳翼托梦，对他说："在罗池为我建庙吧。"在那个月的黄道吉日，柳侯的庙堂建成了，举行大祭时，来访的客人李仪因为喝醉了酒而在堂上举止无礼，就立刻得了疾病，刚刚被人扶出庙门就死去了。第二年春季，魏忠、欧阳翼委托谢宁来到京城，让我将柳侯的事迹写成铭文，刻在石碑上。我认为柳侯活着的时候能够惠泽他的百姓，死后还能降福祸使人们震惊得以在柳州被祭祀，真是神灵啊。于是我写了《迎享送神诗》送给柳侯的百姓，以便让人们来歌唱祭祀他，一同刻在石碑上。柳侯河东人，名宗元，字子厚，为人贤良而又擅长文章，曾经在朝中做过显赫的官职，但不久就被摒弃不用了。其诗文说：

荔枝变红啊芭蕉金黄，捧着肴蔬啊进入庙堂。柳侯的船啊两面插旗，横渡中流啊随风飘荡，柳侯不来啊我心伤悲。柳侯乘马啊进入庙堂，抚慰百姓啊不愁而笑。鹅山之旁啊柳水之滨，桂树簇拥啊白石磊磊。柳侯清晨出游而日暮归来，春与猿猴同游而秋与仙鹤同飞。北方朝堂中啊有人搬弄是非，千秋万代之后啊柳侯也不会离开我们。柳侯为我降福啊为我增寿，驱逐厉鬼啊到山左。低处不潮啊高处不旱，稻米充足啊蛇蛟无踪。百姓们祭祀不要懈怠，自今以后世代都要敬仰。

黄陵庙碑

湘旁有庙曰黄陵，自前古立以祠尧之二女、舜二妃者。庭有石碑，断裂分散在地，其文剥缺，考《图记》，言"汉荆州牧刘表景升之立"，题曰"湘夫人碑"。今验其文，乃晋太康九年，又其额曰"虞帝二妃之碑"，非景升立者。秦博士对始皇帝云："湘君者，尧之二女，舜妃者也。"刘向、郑玄亦皆以二妃为湘君，而《离骚》《九歌》既有湘君，又有湘夫人。王逸之解，以湘君者，自其水神，而谓湘夫人乃二妃也，从舜南征三苗不返，道死沅、湘之间。《山海经》曰："洞庭之山，帝之二女居之。"郭璞疑二女者帝舜之后，不当降小水为其夫人，因以二女为天帝之女。以予考之，璞与王逸俱失也。尧之长女娥皇为舜正妃，故曰"君"，其二女女英自宜降曰"夫人"也。故《九歌》辞谓娥皇为"君"，谓女英为"帝子"，各以其盛者推言之也。《礼》有"小君"，明其正自得称君也。《书》曰"舜陟方乃死"，《传》谓"舜升道南方以死"，或又曰"舜死葬苍梧，二妃从之不及，溺死沅、湘之间。"余谓《竹书纪年》帝王之没皆曰"陟"。"陟"，升也，谓升天也。《书》曰"殷礼陟配天"，言以道终，其德协天也。《书》纪舜之没云"陟"者，与《竹书》《周书》同文也。其下言"方乃死"者，所以释"陟"为"死"也。地之势东南下，如言舜南巡而死，宜言"下方"，不得言"陟方"也。以此谓舜死葬苍梧，于时二妃从之不及而溺死者，皆不可信。二妃既曰以谋语舜，脱舜之厄，成舜之圣，尧死而舜有天下为天子，二妃之力，宜常为神，食民之祭。今之渡湖江者，莫敢不进礼庙下。元和十四年春，余以言事得罪，黜为潮州刺史。其地于汉南海之揭阳，厉毒所聚，惧不得脱死，过庙而祷之。其冬，移袁州刺史。明年九月，拜国子祭酒。使以私钱十万抵岳州，愿易庙之圮桷腐瓦于州刺史王堪。长庆元年，刺史张愉自京师往，余与愉故善，谓曰："丐我一碑石，载二妃庙事，且令后世知有子名。"愉曰："诺。"既至州，报曰："碑谨具。"遂篆其事俾刻之。

【译文】湘水岸边有座黄陵庙，从古代就开始祭祀尧帝的两个女儿，也就是舜帝的两个妃子。庭院中有一块石碑，已经破碎断裂，散落在地，上面的文字也剥落缺失，从《图记》考证，注明是"汉荆州牧刘表景升之立"，题记是"湘夫人碑"。如今考证碑文的内容，是晋朝太康九年（288）所写，其碑额又说"虞帝二妃之碑"，因此这块碑不是刘景升所立。秦朝的博士回答秦始皇说：
"湘君本是尧帝的两个女儿，是舜帝的妃子。"刘向和郑玄也都
认为二妃就是湘君，然而《离骚》《九歌》里却既提到湘君，又提
到湘夫人。王逸认为湘君是湘江的神灵，而湘夫人，就是舜帝的
二妃了，她们追随舜帝南征三苗，就没有再返回，中途死在沅水、
湘水之间。《山海经》中说："洞庭湖的君山，是尧帝的两个女儿
居住的地方。"郭璞怀疑说，二女是舜帝的妃子，不应当屈尊降贵
在小河中号称夫人，因此他认为二女应该是天帝的女儿。以我的
考证，郭璞和王逸都错了。尧帝的大女儿娥皇是舜帝的正妃，所以
称为"君"，二女儿女英自然应当降格称为"夫人"。所以《九歌》
中称娥皇为"君"，称女英为"帝子"，这是按照她们的地位来称
呼的。《礼》中有"小君"的说法，表明位居正位的人自然应该称为
"君"。《书》说"舜在出巡途中去世"，《传》说"舜在南方的路上
而死"，有的又说"舜帝死在苍梧山，两位妃子追赶不及，溺死在
沅水、湘水之间。"我认为《竹书纪年》中称帝王的死都为"陟"。
"陟"就是"升"，也就是升天的意思。《书》中说"殷礼陟配天"，
说帝王以道而死，他的德行与上天相齐。《书》中记载舜帝的死称为
"陟"，这和《竹书》《周书》的记载相符。下文的"方乃死"，是解
释"陟"就是"死"的意思啊。天下的地势是东南方低，如果说舜帝
在南巡时死去，应该说"下方"才是，不应该说"陟方"。从这方面
来说，认为舜帝死后安葬在苍梧山，而且二妃追赶不及而溺死的
说法，都不可信。二妃为舜帝出谋划策，帮助舜帝脱出困厄，成就
了舜帝的圣名，尧帝死后，舜帝统治天下成为天子，都是二妃的功劳
啊，所以二妃理应成为神灵，享受百姓的祭祀。现在横渡洞庭湖

和长江的人，不敢不到庙里祭拜。元和十四年（819）春季，我因为上书言事而获罪，被贬官为潮州刺史。这个地方就是汉朝时南海郡的揭阳，那个地方各种瘟疫毒气聚集，我害怕会死在那里，路过黄陵庙时特地去祈祷。那年冬天，我在去往潮州的途中被调任袁州刺史。第二年九月，又任国子监祭酒。我派人带着十万私钱前往岳州交给岳州刺史王堪，请他用这些钱重修庙内的秃椽和烂瓦。长庆元年（821），刺史张愉从京城前往岳州，我和张愉的旧交很好，我对他说："替我准备一块石碑，我来撰写铭文，将二妃的事迹都刻在上边，这样也可以让后世之人知道你的名字。"张愉说："可以。"张愉抵达岳州以后，来信告诉我说："石碑已经准备好了。"于是我就撰写了二妃的事迹，把它刻在碑上。

唐故江南西道观察使中大夫洪州刺史兼御史中丞上柱国赐紫金鱼袋赠左散骑常侍太原王公神道碑铭

王氏皆王者之后，在太原者为姬姓。春秋时，王子成父败狄有功，因赐氏，厥后世居太原。至东汉隐士烈，博士征不就，居祁县，因号所居乡为"君子"乡，公其君子乡人也。魏、晋涉隋，世有名人。国朝大王父玄暕，历御史属三院，止尚书郎。生景肃，守三郡，终傅凉王。生政，襄、邓等州防御使、鄂州采访使、赠吏部尚书。

公，尚书之弟某子，公讳仲舒，字弘中，少孤，奉母夫人家江南。读书著文，其誉蔼郁，当时名公，皆折官位辈行愿为交。贞元初，射策拜左拾遗，与阳城合遏裴延龄不得为相。德宗初怏怏无奈，久嘉之。其后入阁，德宗顾列谓宰相曰："第几人必王某也。"果然。月余，特改补阙，迁礼部、考功、吏部三员外郎。在礼部奏议详雅，省中伏其能；在考功、吏部提约明故，吏无以欺。同列有恃恩自得者，众皆媚承，公嫉其为人，不直视，由此贬连州司户。移夔州司马，又移荆南，因佐其节度为参谋，得五品服。放迹在外积四年。元和初，收拾俊贤，征拜吏部员外郎，未几，为职方郎中、知制诰。友人得罪斥逐后，其家亲知过门缩颈不敢视，公独省问，为计度论议，直其冤，由是出为峡州刺史。转庐州，未至，丁母夫人忧。服除，又为婺州。时疫旱甚，人死亡且尽，公至，多方救活，天遂雨，疫定，比数年里闾完复。制使出巡，人填道迎颂公德。事具闻，就加金紫。转苏州，变其屋居以绝其火延，堤松江路，害绝阻滞。秋夏赋调，自为书与人以期，吏无及门而集，化成为天下守之最。天子曰："王某之文可思，最宜为诰，有古风，岂可久以吏事役之？"复拜中书舍人。既至京师，侪流无在者，视同列皆邈然少年，益自悲，而谓人曰："岂可复治笔砚于其间哉！上若未弃臣，宜用所长。在外久，周知俗之利病，俾治之，当不自愧。"宰相以闻，遂得观察江南西道，奏罢榷酤钱九千万。军息之无已，掌吏坏产犹不释，囚之。公至，脱械不问。人遭水旱，赋窘，公曰："我且减宴乐，绝他用钱，可乎？"遂以代。罢军之息钱，禁浮屠诳诱，坏其舍以葺公宇。三年，法大成，钱余于库，粟余于廪，人享于田庐，歌谣于道途。天子复思，且征以代，虚吏部左丞位以待之。长庆三年十一月十七日薨于洪州，年六十二。上哀恸辍朝，赠左散骑常侍。某日，归葬于某处。既以公之德刻而藏之墓矣，子初又请诗以揭之。词曰：

生人之治，本乎斯文。有事其末，而忘其源，切近昧陋，道由是堙。有志其本，而泥古陈。当用而迕，乖戾不伸。较是二者，其过也均。有美王公，志儒之本，达士之经。秩秩而积，涵涵而停。辇为华英，不矜不盈。孰播其馨，孰发其明。介然而居，士友以倾。敷文帝阶，擢列侍从。以忠远名，有直有讽。辩遏坚恳，巨邪不用。秀出班行，乃动帝目。帝省竭心，恩顾日渥。翔于郎署，骞于禁密。发帝之令，简古而蔚。不比于权，以直友冤。敲撼挫揭，竟遭斥奔。久淹于外，历守大藩。所至极思，必悉利病。萎枯以膏，燠喝以醒。坦之敞之，必绝其径。浚之澄之，使安其泳。帝思其文，复命掌诰。公潜谓人，此职宜少。岂无彤郡？庸以自效。上藉其实，俾统于洪。逋滞攸除，奸讹革风。祛蔽于目，释负于躬。方乎所部，禁绝浮屠。风雨顺易，秔稻盈畴。人得其所，乃恬乃讴。化成有代，思以息劳。虚位而俟，奄忽滔滔。维德维绩，志于斯石，日远弥高。

【译文】王氏都是帝王的后裔，在太原的这一宗支，为姬姓。春秋时期，王子成父击败狄人有功，就赐他以王为氏，此后王氏家族就世代居住在太原。到东汉时期有隐士王烈，朝廷征召他为博士，他却不肯答应，居住在祁县，人们就把他所在的乡间称为"君子乡"，王公就是"君子乡"的人。从魏、晋直到隋朝，王家历代都有名人。王公的本朝祖父王玄暕，先后在御史三院中任过职，官位做到了尚书郎。王玄暕的儿子王景肃，镇守三郡，最后担任凉王的太傅。又生了王政，他曾担任襄、邓等州郡的防御史、鄂州采访使，死后追赠吏部尚书。

王公是尚书王政某个兄弟的儿子，王公叫王仲舒，字弘中，幼年失去父亲，事奉母亲在江南居住。他读书写文章，享有很高的名声，当时的名人贵官，都愿意屈尊降贵和他交往。贞元初年，王公参加科举，被越级提拔为左拾遗，他和阳城一起上书力谏不可任命裴延龄为宰相。唐德宗起初心中怏怏不乐，但时间一长，却非常欣赏王公。此后王公入阁时，唐德宗看着班列中的官员对宰相说："第几个人一定是王仲舒。"果然如此。过了一个月，王公改任为右补阙，升为礼部、考功和吏部三个部门的员外郎。他在礼部的奏议详尽典雅，省中官员都很佩服他的才能；他在考功和吏部提携、推荐有才的士人，手下官吏都不敢欺瞒他。同朝官员中有仰仗皇恩自以为是的人，众人都谄媚他，唯独王公很鄙视他的为人，从不正视他，因此被贬为连州司户。后来又移任夔州司马，又调到荆南为官，因为辅佐节度使治事，得以穿五品朝服。他总共在朝外做了四年官。元和初年，由于朝廷征召天下的贤才，他被任命为吏部员外郎，过了不久，他又任职方郎中、知制诰。有一个朋友获罪被放逐，他们家的亲戚得知后，经过他家门口都缩着脖子不敢正视，只有王公前去问候，并为他上书辩解，替他伸张冤屈，王公因此被外调为峡州刺史。又转到庐州任职，还未到任，母亲丁夫人就去世了。等除掉丧服后，王公又转到了婺州任职。当时婺州发生瘟疫和大旱，百姓死的死，走的走，当地人口稀少，王公到任以后，多方面救济百姓，于是天降大雨，瘟疫也停止了，几年之后，当地又恢复如初。朝廷派出的制使出巡到婺州时，百姓都踊跃颂扬王公的功德。朝廷听说后，便赐王公金印、紫绶。后来王公又转到苏州任职，下令改变房屋的样式，来杜绝火灾蔓延的可能，又修筑松江的堤坝，消除了水害水灾。等征收夏秋的赋税时，王公写明告示和百姓约定期限，官吏们都不用上门去征缴，他的政绩可以说是天下太守中最为突出的了。皇上说："王仲舒的文章发人深思，最合适制定诰文，颇有古人的文风，怎么可以总是让他管理政务呢？"于是又拜王公为中书舍人。等王公到达京城以后，发现过去的同僚都不在了，与他同列的都是年轻人，自己更觉得悲伤，就对他人说："我岂可又在笔墨砚台间消磨时光！皇上如果没有抛弃我，就应该发挥我的长处。我长久在外地任职，很清楚时俗的利害，应该让我去治理地方，这样才不会感到惭愧。"宰相于是上奏皇上，任命王公为江西观察使，王公上疏减免了当地榷酤钱九千万钱。有官吏损失军队的息钱数额巨大，即使变卖产业还是难以偿还，被囚禁狱中。王公到任以后，卸下他们的械具不再过问此事。百姓遭受水涝、旱灾，难以缴纳租赋，王公说："我减少宴乐的费用，再节省其他开支，应该可以凑足税赋了吧？"于是就用省下的这些钱来代缴赋税。王公罢除了军队的息钱，禁止佛教徒们的宣道，拆掉寺庙的屋舍来修茸公家的屋宇。三年后，这些法令的执行取得了巨大成功，官家钱库中有盈余，仓廪中有余粮，百姓在田庐之中悠闲生活，在道路上唱歌谣。皇上又思念他，而让别人去代替他，征召他入朝，留着吏部左丞的位置等待他。长庆三年（823）十一月十七日王公在洪州去世，享年六十二岁。皇上悲痛哀伤，为此罢朝，追赠他为左散骑常侍。于某日，安葬王公的灵柩于某地。我已经将王公的德行刻成文字放在墓中了，他的儿子王初又让我作诗以表彰王公的生平。诗词说：

世人的修养，根本在于修养文德。若是舍本求末，就是忘掉了本源，就会接近愚昧鄙陋了，大道因此而被埋没。如果致力于根本的修养，而拘泥于古人的说法。要么迂回曲折抓不住重点，要么固执己见不懂通达。比较两者，他们的过错也是同样严重。德行美好的王公，有志于儒学的根本，通达士人的经典。经过长时间的积累，最后终于达到了博学的境界。王公就像美好的华英，不骄矜也不自满。传播儒家的学说，弘扬儒家的精神。王公淡然而居，士人朋友们都为之倾倒。王公科举及第，被提拔位列朝班之中。他的忠义名声远近闻名，为人正直，时有进谏。王公诚恳地向皇上进谏，使奸邪之人不得任用。他在同僚中卓越不凡，引起皇帝的注意。皇上对他青睐有加，一天比一天更加恩赐他。他在礼部、吏部任职，参与机密的国事。王公替皇上制定诰书，文风古朴而蔚然动人。他从不依附权贵，极力为朋友伸张冤屈。到处奔走呼喊，最后反遭贬斥。他多年在朝外任职，多次治理大州郡。每到一地就极力考量，必定要去除全部的弊病。凡是枯萎的就施以水肥，昏睡的就警醒它。修整房屋，杜绝火灾。疏浚河道，去除水患。皇上追思他的文采，又将他召回朝中让他担任知制诰。王公私下对别人说：这种职务应当由年轻人来担任。朝外不是还有许多有弊病的州郡吗？请让我前去治理。皇上欣赏他的心意，派他统管洪州。清除那些长期积累的弊病，改变那些不好的风气。祛除遮蔽眼睛的障碍，放下压在背上的重负。王公约束自己统率的军队，禁绝佛教的宣道。从而使州郡风调雨顺，田间长满了稻谷。百姓们各得其所，心中感到喜悦，所以做歌谣称颂。王公最终功业有成，皇上命人前来代替他，不想让他再这样劳累下去。朝中也留着官职等待他，却不料王公去世。现将王公的德行和功绩铭刻在石碑上，时日越远，望之弥高。

卷三十二　碑志

司徒兼侍中中书令赠太尉许国公神道碑铭

韩，姬姓，以国氏。其先有自颍川徙阳夏者，其地于今为陈之太康。太康之韩，其称盖久，然自公始大著。公讳弘。公之父曰海，为人魁伟沉塞，以武勇游仕许、汴之间，寡言自可，不与人校，众推以为巨人长者，官至游击将军，赠太师。娶乡邑刘氏女，生公，是为齐国夫人。夫人之兄曰司徒玄佐，有功建中、贞元之间，为宣武军帅，有汴、宋、亳、颍四州之地，兵士十万人。公少依舅氏，读书习骑射，事亲孝谨，偲偲自将，不纵为子弟华靡遨放事。出入敬恭，军中皆目之。尝一抵京师，就明经试。退曰："此不足发名成业。"复去，从舅氏学，将兵数百人，悉识其材鄙怯勇，指付必堪其事，司徒叹奇之，士卒属心。诸老将自以为不及。司徒卒，去为宋南城将。比六、七岁，汴军连乱不定。贞元十五年刘逸淮死，军中皆曰："此军司徒所树，必择其骨肉而为士卒所慕赖者付之，今见在人，莫如韩甥，且其功最大，而材又俊。"即柄授之，而请命于天子。天子以为然。遂自大理评事拜工部尚书，代逸淮为宣武军节度使，悉有其舅司徒之兵与地。众果大悦便之。当此时，陈、许帅曲环死，而吴少诚反，自将围许，求援于逸淮，啗之以陈归汴，使数辈在馆，公悉驱出斩之。选卒三千人，会诸军击少诚许下，少诚失势以走，河南无事。公曰："自吾舅殁，五乱于汴者，吾苗薅而发栉之几尽，然不揗刈，不足令震骇。"命刘锷以其卒三百人待命于门，数之以数与丁乱，自以为功，并斩之以徇，血流波道。自是讫公之朝京师二十一年，莫敢有谨呶叫号于城郭者。

【译文】韩氏，是周朝的姬姓，以封国作为姓氏。韩氏祖先有从颍川迁徙到阳夏的，地方就是现在陈州的太康。太康的韩氏，由来已久，但从先生才开始名声显赫。先生名叫韩弘。先生的父亲叫韩海，为人魁梧沉静，凭借武艺在许、汴之间求官，他沉默寡言、自我期许，不轻易与人较量，众人都推举他是一个有德行的伟人，后来官至游击将军，死后追赠太师。他娶了同乡刘氏女子为妻，生了先生，她就是齐国夫人。夫人的兄长是司徒刘玄佐，在建中、贞元年间建功立业，做了宣武军帅，镇守汴、宋、亳、颍四州，手下士兵共有十万人。先生年少时跟着舅舅生活，通读诗书，学习骑射，侍奉亲人孝顺恭谨，从容不迫、修养自身，从不放纵自己做那些纨绔子弟所热衷的豪华奢侈、遨游放荡的事情。出入都恭敬有礼，军中都很仰慕他。他曾经到过一次京城，参加明经科目考试。他回来后说："这不足以扬名立业。"于是又离去，跟着舅舅学习，带领士兵数百人，对他们都了如指掌，很清楚他们是有才还是无能，是胆怯还是勇敢，指派事情一定看对方能否胜任，司徒对此感到惊叹，士兵也真心归附。各位老将都自认为比不上他。司徒去世后，他离去做了宋州南城的将领。过了六、七年，汴州军队接连动荡不定。贞元十五年（799）刘逸淮去世，军中将士都说："这支军队是司徒创建的，一定要选择被士兵仰慕信赖的司徒至亲，把军队交给他，看看现在的人，都不如韩氏外甥，而且他的功劳最大，又才能卓越。"就把军权交给他，然后向天子请命。天子同意了此事。先生于是从大理评事调任工部尚书，代替刘逸淮出任宣武军节度使，将他舅舅司徒的兵马和土地都收为己用。众人果然十分高兴，全都归顺了他。正在这时，陈、许军队的统帅曲环去世，吴少诚起兵造反，亲自带领军队包围许州，并向刘逸淮请求援助，诱惑说可以把陈州划给汴州，吴少诚派来的数位使者都在馆舍中，先生把他们都赶了出去并全部杀死。又选出士兵三千人，联合各路军队在许州城下攻打吴少诚，吴少诚失势败走，河南因此平安无事。先生说："自从我舅舅去世后，发生在汴州的五次叛乱，几乎全部被我平定了，但如果不能消灭干净，就不足以震慑他人。"于是下令刘锷带领士兵三百人在营门前待命，先生责备他多次参与叛乱，却自认为有功，就将他斩首示众，鲜血流满了道路。从此直到先生去京城朝见天子前的二十一年，没有人敢在汴州城中喧哗叫闹、造反作乱。

　　李师古诈言起事，屯兵于曹，以吓滑帅，且告假道。公使谓曰："汝能越吾界而为盗邪? 有以相待, 无为空言!"滑帅告急, 公使谓曰："吾在此, 公安无恐!"或告曰："翦棘夷道, 兵且至矣, 请备之!"公曰："兵来不除道也。"不为之应。师古诈穷变索, 迁延旋军。少诚以牛皮、鞋材遗师古, 师古以盐资少诚, 潜过公界, 觉, 皆留输之库。曰："此于法不得以私相馈。"田弘正之开魏博, 李师道使来告曰："我代与田氏约相保援, 今弘正非其族, 又首变两河事, 亦公之所恶, 我将与成德合军讨之, 敢告。"公谓其使曰："我不知利害, 知奉诏行事耳。若兵北过河, 我即东以兵取曹。"师道惧, 不敢动, 弘正以济。诛吴元济也, 命公都统诸军, 曰："无自行以遏北寇!"公请使子公武以兵万三千人会讨蔡下, 归财与粮, 以济诸军, 卒擒蔡奸, 于是以公为侍中, 而以公武为鄜坊、丹延节度使。师道之诛, 公以兵东下, 进围考城, 克之。遂进迫曹, 曹寇乞降。郓部既平, 公曰："吾无事于此。"其朝京师。天子曰："大臣不可以暑行, 其秋之待。"公曰："君为仁, 臣为恭, 可矣。"遂行。既至, 献马三千匹, 绢七千匹, 他锦、纨、绮、缬又三万, 金银器千。而汴之库厩, 钱以贯数者尚余百万, 绢亦合百余万匹, 马七千, 粮三百万斛, 兵械多至不可数。初公有汴, 承五乱之后, 掠赏之余, 且敛且给, 无宿储。至是公私充塞, 至于露积不垣。

【译文】李师古谎称要起兵造反, 在曹州驻扎兵马, 来威胁滑州统帅, 而且想向先生借道。先生派人对他说："你能越过我的地方而做贼吗? 我早就等在这里了, 不要说大话!"滑州统帅告急,先生派人对他说："有我在这里，您不用害怕！"有人报告说："贼人在斩除荆棘、修整道路，军队快要到了，请您做好防备！"先生说："叛军如果要来就顾不上修整道路了。"没有理会他。李师古的花招用尽，只能率军返回。吴少诚送了些牛皮、鞋料给李师古，李师古回赠了些盐资助吴少诚，想悄悄越过先生的地方，被发觉，将东西都截留下来放到仓库中作为军需。并说："这些物资在法令上不允许私自赠送。"田弘正出任魏博节度使后，李师道派人来告诉先生说："我家世代和田氏约定要互相保护援救，现在田弘正不是同族之人，又首先挑起河东、河南的事端，也是您所厌恶的，我将与成德联合军队去讨伐他，特地告知您。"先生对他的使者说："我不知道这里面的利害关系，只知道奉天子的诏命行事罢了。如果你的军队向北渡过黄河，我就向东派兵攻占曹州。"李师道心中畏惧，不敢妄动，田弘正得以平安无事。皇上下诏诛讨吴元济时，命令先生统领各路军队，说："不要自行阻止北方的贼寇！"先生上书请求派儿子韩公武带领士兵三万人在蔡州城下会合讨伐，自己派人送去钱财与粮草，供给各路军队，终于抓到蔡州奸贼，于是任命先生为侍中，任命韩公武为鄜坊、丹延节度使。讨伐李师道时，先生率军东下，派兵包围考城，攻占了它。于是又向前逼近曹州，曹州贼寇乞求投降。郓州平定后，先生说："我在这里已经没什么事了。"就想去京城朝见天子。天子说："大臣不可以在暑天前来，等到秋季以后吧。"先生说："天子仁厚，臣子恭敬，这就可以了。"于是动身前往京城。到京城后，进献骏马三千匹，绢五十万匹，其他锦、纨、绮、縠三万匹，金银器皿一千件。而汴州的仓库之中，还有一百多万贯钱，绢也有一百多万匹，马七千匹，粮食三百万斛，兵器多到数不完。当初先生接管汴州的时候，正是五次叛乱之后，掠夺奖赏之余，物资匮乏，他一边征收一边供给，总是没有积储的物资。而现在公私物资的储备都很充足，以至于在露天堆积，没有遮挡。

册拜司徒兼中书令，进见上殿，拜跪给扶，赞元老经体，不治细微，天子敬之。元和十五年，今天子即位，公为冢宰，又除河中节度使。在镇三年，以疾乞归。复拜司徒中书令，病不能朝。以长庆二年十二月三日薨于永崇里第，年八十。罢朝三日，赠太尉，赐之布粟，其葬物有司官给之，京兆尹监护。明年七月某日，葬于万年县少陵原京城东南三十里，楚国夫人翟氏祔。子男二人：长曰肃元，某官；次曰公武，某官。肃元早殁。公之将薨，公武暴病先卒，公哀伤之，月余遂薨。无子，以公武子孙绍宗为主后。

【译文】他被册拜为司徒兼中书令，上殿进见天子，跪拜时天子让人搀扶着他，他辅佐天子，治理国家，而不追究小事，天子很敬重他。元和十五年（820），当今天子即位，先生做了宰相，又被任命为河中节度使。镇守河中三年后，因病上书请求回朝。于是又被任命为司徒中书令，但因病不能入朝。长庆二年（822）十二月三日他在永崇的宅第中去世，享年八十岁。天子罢朝三天以示悼念，追赠他为太尉，赐给他的家人布匹粮食，他的陪葬品由主管官吏发放，京兆尹负责监护此事。第二年（823）七月某天，将他安葬在万年县少陵原,距离京城东南三十里的地方,楚国夫人翟氏与他合葬。他有两个儿子:长子韩肃元,担任某官;次子韩公武,担任某官。韩肃元早死。先生将死之时,公武暴病身亡,他心中十分哀伤,一个多月后就去世了。因为没有其他儿子,就让公武的儿子,先生的孙子韩绍宗作为继承人。

汴之南则蔡,北则郓,二寇患公居间,为己不利,卑身佞辞,求与公好。荐女请昏,使日月既至。不可得,则飞谋钓谤,以间染我。公先事候情,坏其机牙,奸不得发,王诛以成。最功定次,孰与高下!公子公武,与公一时俱授弓铖,处藩为将,疆土相望。公武以母忧去镇,公母弟充自金吾代将渭北。公以司徒中书令治蒲,于时,弟充自郑滑节度平宣武之乱,以司空居汴。自唐以来,莫与为比。公之为治,严不为烦,止除害本,不多教条。与人必信,吏得其职,赋入无所漏失,人安乐之,在所以富。公与人有畛域,不为戏狎,人得一笑语,重于金帛之赐。其罪杀人,不发声色,问法何如,不自为轻重,故无敢犯者。其铭曰:

【译文】汴州南边就是蔡州,北边就是郓州,两地的贼寇总是担忧先生处于他们中间,对自己不利,就都谦卑地巧言谄媚,企图讨好先生。他们为女儿求婚,不停派来使者。目的没有达到,就散布谣言暗中诬陷先生,让他获罪。先生事先察觉实情,破坏了他们的阴谋,使他们的奸计没有得逞,最终天子成功讨伐贼寇。评定功劳的大小时，谁能与先生相比呢！先生的儿子韩公武，和先生一起被授予军权，成为镇守一方的将领，与父亲的辖境相连。后来韩公武因为母亲去世而辞去官职，先生的弟弟韩充从金吾调任代替韩公武率军镇守渭北。先生以司徒兼中书令的身份治理蒲州，当时，兄弟韩充从郑滑节度使调任平定了宣武的叛乱，以司空的身份镇守汴州。自唐朝建立以来，没有能和他们相比的。先生处理政事，严肃认真，从不烦琐，清除祸患，不用过多的法令。他用忠信对待他人，官吏各司其职，赋税没有差错，百姓安居乐业，所以州郡富足。先生与人交往保持界限，从不玩笑调戏，属吏得到先生一句笑语，就会看得比赏赐的金帛还重。降罪杀人的时候，也不表露声色，只是询问那人依法该怎么办，自己不判定轻重，因此没有人敢触犯法令。铭文是：

在贞元世，汴兵五猘；将得其人，众乃一愒。其人为谁，韩姓许公；磔其枭狼，养以雨风；桑谷奋张，厥壤大丰。贞元元孙，命正我宇；公为臣宗，处得地所。河流两墥，盗连为群；雄唱雌和，首尾一身。公居其间，为帝督奸；察其嚬呻，与其睊眴；左顾失视，右顾而踞。蔡先邹鉏，三年而墟；槁乾四呼，终莫敢濡；常山幽都，孰陪孰扶；天施不留，其讨不逋；许公预焉，其赉何如。悠悠四方，既广既长。无有外事，朝廷之治。许公来朝，车马干戈；相乎将乎，威仪之多。将则是矣，相则三公；释师十万，归居庙堂。上之宅忧，公让太宰；养安蒲坂，万邦绝等。有弟有子，提兵守藩；一时三侯，人莫敢扳。生莫与荣, 殁莫与令。刻文此碑, 以鸿厥庆。

【译文】贞元年间, 汴州军队平定五次叛乱; 商讨统率军队的人时, 众人全都举荐一个人。这个人是谁呢, 就是韩姓许国公; 他杀死了叛乱的贼寇, 又和风细雨般治理州郡; 桑叶和粮食都很充足, 在当地大获丰收。贞元皇帝的长孙宪宗皇帝, 下令整治大唐的疆土; 先生是才能出众的大臣, 镇守着重要的州郡。河流从两岸穿过, 盗贼蜂拥而起; 彼此相互附和, 首尾连成一体。先生处在他们中间, 替天子监督奸人; 视察他们的疾苦, 观察他们的神色; 向左看他们不敢对视, 向右看他们长跪不起。蔡州在郓州前被平定, 这两个地方在三年里就成为废墟; 贼寇处于穷困之中四处呼救, 却没有人敢来援救他们; 常山成德军和幽州, 是谁辅佐扶持的呢; 上天不想将魏博节度使留下, 讨伐蔡州、郓州贼寇更不能懈怠; 许国公参与了这些战事, 皇上因此对他进行赏赐。悠悠四方, 广大辽阔。没有其他的战事, 是因为朝廷的治理。许国公来京朝见, 带着车马和兵器; 这是将还是相, 军容如此整齐。这确实是一位将军啊, 也是位列三公的宰相; 他离开了十万大军, 回到朝廷之中。穆宗皇帝服丧之时, 他被任命为宰相; 他还出任蒲坂的地方长官, 超越全国的同辈之人。他的兄弟和儿子, 都率军驻守自己的封地; 一时之间他家出了三位王侯, 没有人敢和他们相比的。生前没有人享有像他那样的荣耀, 死后也没有人享有像他那样的声望。在这块石碑上刻下铭文, 来记载先生伟大的功业。

柳子厚墓志铭

子厚讳宗元，七世祖庆，为拓跋魏侍中，封济阴公。曾伯祖奭，为唐宰相，与褚遂良、韩瑗俱得罪武后，死高宗时。皇考讳镇，以事母弃太常博士，求为县令江南，其后以不能媚权贵失御史。权贵人死，乃复拜侍御史，号为刚直，所游皆当世名人。柳子厚少精敏，无不通达，逮其父时。虽少年，已自成人，能取进士第，崭然见头角。众谓柳氏有子矣。其后，以博学宏词授校书郎、蓝田尉。隽杰廉悍，议论证据古今，出入经史百子，踔厉风发，率常屈其座人。名声大振，一时皆慕与之交，诸公要人争欲令出我门下，交口荐誉之。贞元十九年，拜监察御史。王叔文、韦执谊用事，拜尚书礼部员外郎，且将大用，遇叔文等败，例出为刺史，未至，又例贬永州司马。居闲，益自刻苦，务记览，为词章泛滥停蓄，为深博无涯涘，而自肆于山林之间。元和中，尝例召至京师，又偕出为刺史，而子厚得柳州。既至，叹曰："是岂不足为政耶？"因其土俗，为设教禁，州人顺赖。其俗以男女质钱，约不时赎，子本相侔，则没为奴婢。子厚与设方计，悉令赎归。其尤贫力不能者，令书其佣，足相当，则使归其质。观察使下其法于他州，比一岁，免而归者且千人。衡、湘以南为进士者，皆以子厚为师，其经承子厚口讲指画为文词者，悉有法度可观。其召至京师而复为刺史也，中山刘梦得禹锡亦在遣中，当诣播州。子厚泣曰："播州非人所居，而梦得亲在堂，吾不忍梦得之穷，无辞以白其大人，且万无母子俱往理。"请于朝，将拜疏，愿以柳易播，虽重得罪，不恨。遇有以梦得事白上者，梦得于是改刺连州。呜呼！士穷乃见节义。今夫平居里巷相慕悦，酒食游戏相征逐，诩诩强笑语以相取下，握手出肺肝相示，指天日涕泣，誓生死不相背负，真若可信，一旦临小利害，仅如毛发比，反眼若不相识；落陷阱，不一引手救，反挤之，又下石焉者，皆是也。此宜禽兽夷狄所不忍为，而其人自视以为得计，闻子厚之风，亦可少愧矣！

子厚前时少年，勇于为人，不自贵重顾藉，谓功业可立就，故坐废退。既退，又无相知有气力得位者推挽，故卒厄于穷裔，材不为世用，道不行于时也。使子厚在台省时，自持其身已能如司马、刺史时，亦自不斥；斥时有人力能举之，且必复用不穷。然子厚斥不久，穷不极，虽有出于人，其文学辞章，必不能自以力传于后如今，无疑也。虽使子厚得所愿，为将相于一时，以彼易此，孰得孰失，必有能辨之者。

子厚以元和十四年十月五日卒，年四十七。以十五年秋七月十日归葬万年先人墓侧。子厚有子男二人：长曰周六，始四岁；季曰周七，子厚卒乃生。女子二人，皆幼。其得归葬也，费皆出观察使河东裴君行立。行立有节概，重然诺，与子厚结交，子厚亦为之尽，竟赖其力。葬子厚于万年之墓者，舅弟卢遵。遵，涿人，性谨顺，学问不厌。自子厚之斥，遵从而家，逮其死不去，既往葬子厚，又将经纪其家，庶几有始终者。铭曰：

> 是惟子厚之室，既固既安，以利其嗣人。

【译文】柳子厚名宗元，他的七世祖柳庆，曾担任过北魏的侍中，被封为济阴公。他的曾伯祖柳奭担任唐朝的宰相，与褚遂良、韩瑗得罪了武后，在高宗当政时被处死。他的父亲叫柳镇，因为要侍奉母亲，放弃了太常博士的职位，请求到江南任县令，那以后因为不肯谄媚权贵失去了御史一职，直到权贵死去，才又担任侍御史，人们都宣称他刚正直爽，他所交往的都是当世名人。柳子厚少年时就聪明敏捷，没有不通达的事，达到他父亲在世时的名望。他虽然年纪轻轻，却已经是德才兼备的人才了，他能在科举考试中考取进士，显示出自己超群的才华，众人都说柳氏有能显扬名声的后人了。后来他又通过博学宏词的科举考试，被授予校书郎、蓝田尉。他才能出众，廉洁不贪，精明强悍，议论时以古今事例为依据，明晓经史与诸子百家的典籍，议论时才华横溢，意气风发，往往使在座的人折服。他名声大振，一时间人们都慕名而来和他结交，众多的公卿大臣争着想让他成为自己的弟子，众口齐声推举赞美他。贞元十九年（803），柳子厚官拜监察御史。那时王叔文、韦执谊当权执政，又任命他为礼部员外郎，并且准备重用他，正赶上王叔文等人获罪，他也按例被贬出京城任刺史，还没到任，又按例被贬为永州司马。他闲居无事自己更加刻苦，专心记诵阅览，他写诗、词等文章，文笔随意漫溢，雄厚深沉，好像深博无涯的海水一样，而他自己则在山林之间随意游玩。元和年间，柳子厚曾经依照条例被召回京师，又一起被遣出担任刺史，在柳州任职。到任以后，他感叹地说："这里难道不值得从政为官吗？"他依循当地的风俗习惯，为柳州制订了教谕与禁令，柳州的百姓都顺从依赖他。柳州的习俗是抵押儿女向人借钱，双方约定如果不能在规定的时间赎回，等到利息和本金相等时，负债人的儿女就沦没为债主的奴婢。柳子厚就替负债人想办法谋划，把他们的儿女全部赎回家。那些特别贫穷无力赎回子女的，柳子厚就命令债主记录佣工的工钱，当工钱足以抵偿债务时，就让债主放归抵押的人质。观察使把这个方法推广到其他州，等到一年以后，免除奴婢身份回归家庭的孩子将近一千人。衡、湘以南准备考进士的人，都拜柳子厚为老师，那些靠他口讲指画写文章的人，都成为极富文学造诣的典范。柳子厚被召回京师又担任刺史时，中山人刘禹锡，字梦得，也在被遣的行列里，应当去播州就职。柳子厚哭着说："播州不是常人能住的地方，况且梦得有母亲健在，我不忍心看着梦得身处困境，他也没有合适的理由向他的老母述说这件事，况且绝对没有母子同去的道理。"柳子厚向朝廷请示，准备呈上奏章，自己愿意用柳州与播州交换，即便获得重罪，也不会遗憾。正碰上有人把刘禹锡的处境告诉了皇上，于是刘禹锡被改任为连州刺史。呜呼！士人到了穷途末路才能让人看到操守与正义。如今的某些人，平日闲居街巷互相仰慕互相取悦，酒食游戏互相追随，夸大其词，强装笑脸，说愿意身居对方之下，互相握手装出挖心掏肝的样子给对方看，指着天空和太阳流泪，发誓生死不相背负，像真的一样可信，一旦面临小小的利害，即使就像毛发一般细小，转眼之间就像不认识对方一样；朋友落入陷阱，也不会伸手援救，反而排挤他落井下石，这样的人比比皆是。这应该是禽兽与夷狄都不忍心干的，而那些人却自认为奸计得逞，他们听到柳子厚的风尚，也应该有些许惭愧吧！

从前柳子厚年少的时候，勇于为别人着想，不重视自我关注，认为功业可以一蹴而就，所以受到牵连被贬斥。被贬斥后，又没有相知有实力有地位的人引荐，所以最终被困死在偏远荒僻的地方，他的才干没能为世所用，学术没能在当时得以施展。如果当初柳子厚在台省做官时，能够自我控制，已经能像司马刺史时那样，自然也就不会被贬斥了；被贬斥的时候如果有人能够大力推举他，就一定会被再次任用，不至于穷困潦倒。如果柳子厚被贬斥的时间没有那么久，还不至于太穷困，即使能够出人头地，但他的文学辞章，必定不能如此狠下功夫，以至于像今天这样流传后世，这是确信无疑的事。即使柳子厚得偿所愿，一时间官至将相，用那个换这个，得到什么失去什么，一定有能赏识他的人。

柳子厚在元和十四年（819）十月五日去世，享年四十七岁。在元和十五年（820）秋季七月十日归葬在万年县他祖先墓地的旁边。柳子厚有两个儿子：长子叫周六，刚刚四岁；次子叫周七，他去世后才出生。两个女儿，都还幼小。他的尸骨能够运回家乡安葬，所有的费用都是观察使河东裴行立支付的。裴行立有操守和气概，重信用，他与柳子厚结交，柳子厚也对他尽心尽力，最后竟然是依赖他的力量。把柳子厚安葬到万年县墓地的，是他的舅弟卢遵。卢遵，涿州人，生性谨慎，对知识永远不满足。自从柳子厚被贬后，卢遵就跟他住在一起，直到去世也没离开，卢遵把柳子厚送回家乡安葬后，又打算替他照料家人，算得上是个有始有终的人了。铭文是：

"这是柳子厚的幽室，既结实又安全，对他的子孙有利。"

唐故昭武校尉守左金吾卫将军李公墓志铭

公讳道古，字某，曹成王子。其先王明，以太宗子王曹，绝辄复封，五世而至成王。成王，讳皋，有功建中、贞元间，以多才能，能行赏诛为名。至今追数当时内外文武大臣，成王必在其间。公以进士举及第，献《文舆》三十卷，拜校书郎、集贤学士，四迁至宗正丞。宪宗即位，选擢宗室，迁尚书司门员外郎，以选为利、随、唐、睦州刺史，迁少宗正。元和九年，以御史中丞持节镇黔中。十一年来朝，迁镇鄂州，以鄂、岳、道兵会平淮西，以功加御史大夫。十三年，征拜宗正，转左金吾上即位，以先朝尝信妄人柳泌能烧水银为不死药荐之，泌以故起间阎珉为刺史，不效，贬循州司马。其年九月三日，以疾卒于贬所，年五十三。长庆元年诏曰："左降而死者，还其官以葬。"遂以其年九月一日葬于东都某县。公三娶，元配韦氏讳修，修生子纮，纮为进士学；女贡，嫁崔氏；夫人隋雍州牧郧公叔裕五世孙，父士佺，蓬山令。次配崔氏讳药，生绰、绍、绾，女会，嫁郑氏季毗；夫人父昭，尝为京兆尹。今夫人韦氏，无子；父光宪，光禄卿。其葬用古今礼，以元配韦氏夫人祔而葬。次配崔氏夫人于其域异墓。公宗室子，生而贵富，能学问以中科取名，善自倾下，以交豪杰，身死卖宅以葬。铭曰：

太支于今，其尚有封；当公弟兄，未续又亡。其迁于南，年及始衰；谁黜不复，而以丧归。海丰弥弥，万里于畿；载其始终，以哀表之。

【译文】先生叫李道古，字不详，是曹成王的儿子。先王李明，以太宗皇帝儿子的身份封在曹州为王，被褫夺封号后又再次封王，历经五世就到了成王。成王叫李皋，在建中、贞元年间建功立业，他才能出众，以赏罚分明而闻名。直到现在如果要追数当时朝廷内外的文武大臣，成王必定会在其中。先生科举考中进士，献给天子《文典》三十卷，被任命为校书郎、集贤学士，四次升迁后官至宗正丞。宪宗皇帝即位后，选拔李姓宗室子弟，他升任尚书司门员外郎，被选为利州、随州、唐州、睦州刺史，升为少宗正。元和九年（814），以御史中丞的身份持节镇守黔中一带，担任黔中观察使。元和十一年（816）他回京朝见天子，改为镇守鄂州，带领鄂、岳、道州的军队与其他军队会合平定淮西的叛军，凭借功劳加封御史大夫。元和十三年（818），他被征召授予宗正，调任左金吾。皇上即位以后，他向皇上推荐前朝时曾经被人相信的方士柳泌，说他能够将水银炼成不死药，柳泌因此从平民成为刺史，后来不死药没有炼成，先生被贬为循州司马。当年九月三日，因病在循州去世，享年五十三岁。长庆元年（821）皇上下诏说："凡是贬官而死的人，都恢复原来的官职进行安葬。"于是先生在当年九月一日安葬在东都某县。先生娶了三位夫人，原配夫人韦修，韦修生了儿子李纮，李纮考中进士；女儿李贡，嫁给崔氏；夫人是隋朝雍州牧郧公韦叔裕的五代孙女，父亲韦士俭，担任蓬山县令。次配夫人崔药，生了儿子李绰、李绍、李绾，女儿李会嫁给郑季眦；夫人的父亲崔昭，曾经担任京兆尹。现在的夫人韦氏，没有儿子；她的父亲韦光宪，担任光禄卿。用古今之礼安葬了他，原配配夫人韦氏与他合葬。次配夫人崔氏安葬在旁边的坟墓里。先生是宗室子弟，生来就很富贵，能专心做学问考中科举，待人谦恭，结交豪杰之士，去世后却要卖掉宅邸来安葬自己。铭文是：

　　太宗一脉到现在，还有封地真是不易；到先生兄弟这一代时，没能继承反而丢失。他被贬到南方时，已经开始衰老；谁说降职后就不能回来呢，他最终被送回东都安葬。海丰县十分偏远，距离京城有万里之遥；我记载先生的一生，表达自己的哀伤。

唐故朝散大夫尚书库部郎中郑君墓志铭

　　公讳群，字弘之，世为荥阳人。其祖于元魏时有假封襄城公者，子孙因称以自别。君其后也。曾祖匡时，晋州霍邑令。祖千寻，彭州九陇丞。父迪，鄂州唐年令，娶河南独孤氏女，生二子，君其季也。

　　以进士选吏部，考功所试判为上等，授正字，自鄠县尉拜监察御史，佐鄂岳使。裴均之为江陵，以殿中待御史佐其军。均之征也，迁虞部员外郎。均镇襄阳，复以君为襄府左司马、刑部员外郎，副其支度使事。均卒，李夷简代之，因以故职留君。岁余，拜复州刺史，方迁祠部郎中。会衢州无刺史，选人愿行者，宰相即以君应诏。治衢五年，复入为库部郎中。行及杨州，遇疾，月余，以长庆元年八月二十四日卒，春秋六十。即以其年十一月二十二日，从葬于郑州广武原先人之墓次。君天性和乐，居家事人与待交游，初持一心，未尝变节，有所缓急、曲直、薄厚、疏数也。不为翕翕热，亦不为崖岸斩绝之行。俸禄入门，与其所过逢吹笙弹筝，饮酒舞歌，诙调醉呼，连日夜不厌，费尽不顾问。或分挈以去，一无所爱惜，不为后日毫发计留也。遇其空无时，客至，清坐相看，竟日不能设食，客主各自引退，亦不为辞谢；与之游者，自少及老，未尝见其言色有若忧叹者，岂列御寇、庄周等所谓"近于道"者邪？其治官守身，又极谨慎，不挂于过差；去官而人民思之，身死而亲故无所怨议，哭之皆哀，又可尚也。初娶吏部侍郎京兆韦肇女，生二女一男。长女嫁京兆韦词，次嫁兰陵萧偘。后娶河南少尹赵郡李则女，生一女二男。其余男二人，女一人，皆幼。嗣子退思，韦氏生也。

铭曰：

再鸣以文进涂辟，佐三府治蔼厥迹。郎官郡守愈著白，洞然浑朴绝瑕谪。甲子一终反玄宅。

【译文】先生叫郑群，字弘之，他家世代都是荥阳人。他的祖先在北魏时被假封为襄城郡公，子孙就因此自称与其他郑氏区别。先生就是他们的后代。先生的曾祖父郑匡时，担任晋州霍邑县令。祖父郑千寻,担任彭州九陇县丞。父亲郑迪,担任鄂州唐年县令,娶了河南独孤氏的女儿,生了两个儿子,先生就是他的次子。

他以进士身份入选吏部,被考功司郎中评为上等,授予正字,从鄂县县尉调任监察御史,辅佐鄂岳使。裴均镇守江陵时,先生以殿中侍御史的身份辅佐他的军队。裴均被征召授官时,先生调任虞部员外郎。裴均镇守襄阳时,又任命先生为襄府左司马、刑部员外郎,辅佐支度使处理政事。裴均去世后,李夷简取代他镇守襄阳,以原来的官职留任先生。一年多以后,又被任命为复州刺史,调任祠部郎中。恰逢衢州没有刺史,挑选愿意前往的人,先生有意,宰相就推举他应诏。治理衢州五年后,又入朝做了库部郎中。路经扬州时,生了病,一个多月以后,在长庆元年(821)八月二十四日去世,享年六十岁。当年十一月二十二日,陪葬在郑州广武原祖先的坟墓旁边。先生天性安和快乐,无论对待家人还是与外人交往,都全心全意,不曾有何改变,也没有缓急、曲直、薄厚、亲疏的区别。他从来不逢迎附和别人,也不做不留余地的事情。领到俸禄以后,就和朋友吹笙弹筝,饮酒歌舞,诙谐调笑,酒醉高呼,接连几天几夜也不厌烦,钱财花光后也不过问。有时还将钱财分给别人,让他们拿去,一点不吝惜,也不为日后的生计考虑留下一些。遇到没有钱时,如果客人来访,两人就坐在那里互相看着,整天不能准备食物,客人和主人各自退下,他也不对客人道歉;和他交往的人,从年轻到年老,不曾见过他有忧虑叹息的言语和脸色,难道他就是列御寇、庄周等所说的"接近大道"的人吗?但他处理政事保守其身,又十分谨慎,没有出过什么过错;他辞官后百姓都很想念他,去世后亲戚朋友也没有什么抱怨非议,都哭得很哀伤,值得别人学习啊。他最初娶了吏部侍郎京兆韦肇的女儿，生了两个女儿和一个儿子。长女嫁给京兆韦词，次女嫁给兰陵萧償。后来又娶了河南少尹赵郡李则的女儿，生了一个女儿和两个儿子。他去世时还有两个儿子，一个女儿，都很年幼。嗣子郑退思，是韦氏夫人生的。铭文是：

先生两次一鸣惊人依靠自己的才华走上仕途，辅佐鄂岳、江陵、襄阳三府，政绩突出。郎官郡守韩愈在这里表白，先生光明磊落，淳朴无华，毫无瑕疵。经过一个甲子后，先生最终身归玄宅。

唐故朝散大夫越州刺史薛公墓志铭

公讳戎，字元夫，其上祖懿为晋安西将军，实始居河东。公之四世祖嗣汾阴公讳德儒，为隋襄城郡书佐以卒。襄城有子二人皆贵，其后皆蕃以大，而其季尤盛，官至邠州刺史。邠州讳宝胤，有子九人，皆有名位，其最季讳缜，为河南令以卒。河南有子四人，其长讳同，卒官湖州长史，赠刑部尚书。尚书娶吴郡陆景融女，有子五人，皆有名迹，其达者四人。公于伦次为中子，仁孝慈爱忠厚而好学，不应征举，沉浮闾巷间，不以事自累为贵。常州刺史李衡迁江西观察使日，曰："州客至多，莫贤元夫，吾得与之俱，足矣。"即署公府中职，公不辞让，年四十余，始脱褐衣为吏。衡迁给事中，齐映自桂州以故相代衡为江西。公因留佐映治。映卒，湖南使李巽、福建使柳冕交表奏公自佐，诏以公与冕。在冕府累迁殿中侍御史。冕使公摄泉州，冕文书所条下，有不可者，公辄正之。冕恶其异于己，怀之未发也。遇马总以郑滑府佐忤中贵人，贬为泉州别驾，冕意欲除总，附上意为事，使公按置其罪，公叹曰："公乃以是待我，我始不愿仕者，正为此耳。"不许。冕遂大怒，囚公于浮屠寺，而致总狱，事闻远近。值冕亦病且死，不得已，俱释之。冕死，后使至，奏公自副，又副使于浙东府，转侍御史。元和四年，征拜尚书刑部员外郎，迁河南令，历衢、湖、常三州刺史，所至以廉贞宽大为称，朝廷嘉之。元和十二年正月二十二日，拜越州刺史，兼御史中丞、浙东观察使。至则悉除去烦弊，俭出薄入，以致和富。部刺史得自为治，无所牵制，四境之内，竟岁无一事。公笃于恩义，尽用其禄以周亲旧之急，有余颁施之内外亲，无疏远皆家归之。疾病去官，长庆元年九月庚申，至于苏州以病卒，春秋七十五。奏至，天子为之罢朝，赠左散骑常侍，使临吊祭之。士大夫多相吊者。以其年十一月庚申，葬于河南偃师先人之兆次，以韦氏夫人祔。公凡再娶，先夫人京兆韦氏，后夫人赵郡李氏，皆先卒。子男二人，曰沂曰洽。长生九岁，而幼七岁矣。女四人，皆已嫁。愈既与公诸昆弟善，又尝代公令河南，公之葬也，故公弟集贤殿学士尚书刑部侍郎放属余以铭。其文曰：

　　薛氏近世，莫盛公门；公伦五人，咸有显闻。公之初志，不累以事；僶俛以随，亦贵于位。无怨无恶，中以自贵；不能百年，曷足谓寿。公宜有后，有二稚子；其祐成之，公食庙祀。

【译文】先生叫薛戎，字元夫，他的祖先薛懿曾担任晋朝的安西将军，从那时开始就居住在河东。先生的四世祖先汾阴公薛德儒，担任隋朝襄城郡书佐时去世。他有两个儿子都很尊贵，后代繁衍众多，而他季子这一脉尤其多，后来官至邠州刺史。邠州刺史叫薛宝胤，有九个儿子，都是名声地位显赫，最小的儿子叫薛缲，担任河南县令时去世。河南县令有四个儿子，长子叫薛同，担任湖州刺史时去世，追赠刑部尚书。尚书娶了吴郡陆景融的女儿，有五个儿子，都有名声业绩，其中显达的有四人。先生在兄弟里排行中子，仁孝慈爱、忠厚老实而又好学，他不应征召举荐，谋求官职，而是生活在里巷之中，不让世事累及自身。常州刺史李衡调任江西观察使时，说："州中幕客很多，但没有比薛元夫更贤能的，我能和他一起去，就够了。"于是委任先生府中职位，先生不能推辞，当时他已经四十多岁了，才开始脱下褐衣担任官吏。李衡调任给事中后，齐映从桂州以故相的身份取代李衡镇守江西。先生就留下来辅佐齐映处理政事。齐映去世后，湖南使李巽、福建使柳冕都上表奏请让先生辅佐自己，皇上下诏说让他跟着柳冕。在柳冕府中他累迁至殿中侍御史。柳冕让先生代为处理泉州的事务，柳冕写的文书里，如果有不合适的地方，先生都给他改正过来。柳冕厌恶他和自己意见不同，心怀怨恨，但没有表露出来。恰逢郑滑府佐马总因为忤逆了贵人，被贬为泉州别驾，柳冕想要除掉马总，迎合上意，就让先生给马总定罪，先生叹息说："您就如此对待我啊，我当初不愿做官，就是因为这点。"没有答应他。柳冕于是勃然大怒，把他囚禁在寺庙里，又把马总关入监牢，远近没有不知道此事的。正值柳冕得了重病快要死了，迫不得已，才把他们释放了。柳冕死后，新的福建使上任，奏请先生担任团练副使，后来又在浙东府担任副使，又调任侍御史。元和四年（809），他被征召任命为尚书刑部员外郎，调任河南县令，历任衢州、湖州、常州三州的刺史，所到之处都以廉洁坚贞、度量宽宏而闻名，朝廷因此嘉许他。元和十二年（817）正月二十二日，他被任命为越州刺史，兼任御史中丞、浙东观察使。到任以后就全力革除弊政，节省开支，减轻赋税，使州郡安定富足。他属下的刺史都能自己处理政事，不会受到任何牵制，因此四境之内，整年都不会发生什么事情。先生看重恩义，将自己的俸禄全都用来周济亲戚朋友的困急，剩下的就送给内外亲戚，无论关系亲疏都送到他们家里。先生晚年患病辞去官职，长庆元年（821）九月庚申日，在苏州因病去世，享年七十五岁。奏书到达朝廷后，天子为他罢朝，追赠他为左散骑常侍，派使者亲临丧礼、哭吊祭奠他。士大夫中也有很多人前去吊唁。当年十一月庚申日，他安葬在河南偃师祖先坟墓的旁边，韦氏夫人与他合葬。先生总共娶了两次，先夫人是京兆韦氏，后夫人是赵郡李氏，都比他先死。有两个儿子，薛沂和薛洽。长子才九岁，幼子只有七岁。有四个女儿，都已经出嫁了。我和先生的众位兄弟交好，又曾经代替先生担任河南县令，因此在先生安葬时，先生的兄弟集贤殿学士、尚书、刑部侍郎薛放嘱咐我为他写墓志铭。铭文是：

近代的薛氏宗族，没有比先生一门更兴盛的；先生兄弟五人，都有显赫的名望。先生早年的志向，是不为世事所累；但为官后十分勤勉, 也身居高位。没有人怨恨憎恶他, 让自己真正获得尊贵; 不能活到百年, 哪能称为长寿。先生应有后人, 有两个年幼的儿子; 希望上天保佑他们顺利成长, 让先生永久享用宗庙祭祀。

卷三十三　碑志

楚国夫人墓志铭

楚国夫人姓翟氏，故检校御史大夫宋州刺史良佐之女，今司徒兼中书令许国公之妻，前鄜坊节度使、散骑常侍兼御史大夫公武之母。夫人在家，以孝友聪明为父母所偏爱，选所宜归，以适韩氏。韩氏族大且贵，父太尉刘公之甥，内外尊显。夫人入门，上下莫不赞贺。事皇姑齐国太夫人，肃恭诚至，奉养不怠。皇姑以夫人能尽妇道，称之六亲。其事夫，义以顺；其教子，爱以公。司徒公曰："我之能守贵富不危溢者，楚国有助焉耳。"大夫领梁偏师，卒就蔡功，受节居藩，为邦家令人，父母之教然也。夫人以元和十四年十一月一日，薨于鄜之公府，春秋若干。大夫委节去位，奉丧以居东都。诏再起之，辞以羸毁不任即命。又加喻勉，固守不变。天子嗟叹之。长庆二年三月某日，葬夫人于洛阳北山。夫人生二子：长曰肃元，为太子司议郎以卒，赠尚书主客郎中；其次大夫公武也。铭曰：

翟氏之先，盖出宗周；璜显于魏，以佐文侯。高陵相汉，义以家酬；迁于南阳，始自郎苗。逮魏晋宋，代不绝史；以至夫人，太守之子，司徒之妻，大夫之母。公居河东，子在鄜畤；为王屏翰，有壤千里。公曰姑止，以承我祀；子曰母兮，莫我抚已。文驷雕轩，往来有炜。莫尊于母，莫荣于妻。从古迄今，孰盛与夷！用昭厥裔，篆此铭诗。

【译文】楚国夫人姓翟，是故检校御史大夫宋州刺史崔良佐的女儿，今司徒兼中书令许国公的夫人，前鄜坊节度使、散骑常侍兼御史大夫韩公武的母亲。夫人未出嫁时，就以孝顺、友爱、聪慧、灵巧被父母偏爱，后来父母为她择取合适的夫家时，选中了韩氏。韩氏一族家族庞大，世代富贵，又是太尉刘玄佐的外甥，无论内外都很尊贵显赫。夫人嫁入韩家，上上下下莫不称赞、庆贺。侍奉祖母齐国太夫人端严恭敬、至诚至信，饮食起居从不懈怠。祖母认为夫人能尽妇道，经常向亲戚们称赞她。对待丈夫，举止合一而柔顺；抚育儿女，爱护有加而公正。司徒公说："我之所以能够得享贵富而不担心太过繁华，就是因为有楚国夫人相助啊。"大夫韩公武统帅梁州偏师，在平定蔡州叛贼时建有功业，持节镇守一方，成为国家重臣，这都是因为父母教导有方啊。夫人于元和十四年（819）十一月一日在鄜州公府中去世，享年不详。大夫韩公武因此委结辞官，扶丧回东都居住。皇上下诏起用，他以身体羸弱有病为由拒绝了，没去上任。天子又下诏劝勉，他还是不改初衷。天子因此感叹不已。长庆二年（822）三月的一天，夫人被安葬在洛阳北山。夫人生了两个儿子：长子叫韩肃元，在太子司仪郎的官任上去世，追赠尚书主客郎中；次子就是大夫韩公武。铭文说：

　　翟氏的祖先，原本出自宗周；翟璜在魏国任职，因此名声显赫，辅佐魏文侯。高陵侯在汉朝任宰相一职，翟义倾家以谢国恩；从中郎翟苗开始，举家迁往南阳居住。等到魏、晋、宋代，翟氏代代相传不绝于史；直到楚国夫人，她是太守之女，司徒许国公的夫人，大夫韩公武的母亲。丈夫镇守河东，儿子统领鄜州；他们都是国家的重臣，治理着千里疆域。许国公说夫人啊，为我承续子嗣之人；儿子说母亲啊，从此再也不会关心我了。她乘着毛色艳丽的骊马，坐着彩绘雕饰的马车，出入都有人持灯照明。没有一位母亲比这位更令人尊敬的了，没有一位妻子比这位更荣耀的了。从古到今，有谁能和她相比呢！为了昭示后代子孙，将这篇铭文和诗歌铭刻在石碑之上。

唐故国子司业窦公墓志铭

　　国子司业窦公，讳牟，字某。六代祖敬远，尝封西河公。大父同昌司马，比四世仍袭爵名。同昌讳胤，生皇考讳叔向，官至左拾遗，溧水令，赠工部尚书。尚书于大历初名，能为诗文。及公为文，亦最长于诗。孝爱谨厚，举进士登第。佐六府五公，八迁至检校郎中。元和五年，真拜尚书虞部郎中，转洛阳令、都官郎中、泽州刺史，以至司业。年七十四，长庆二年二月丙寅，以疾卒。其年八月某日，葬河南偃师先公尚书之兆次。初，公善事继母，家居未出，学问于江东，尚幼也，名声词章行于京师，人迟其至。及公就进士，且试，其辈皆曰："莫先窦生。"于时，公舅袁高为给事中，方有重名，爱且贤公，然实未尝以干有司。公一举成名，而东遇其党，必曰："非我之才，维吾舅之私。"其佐昭义军也，遇其将死，公权代领，以定其危。后将卢从史，重公不遣，奏进官职。公视从史益骄不逊，伪疾，经年，舆归东都。从史卒败死。公不以觉微避去为贤告人。公始佐崔大夫纵留守东都，后佐留守司徒余庆，历六府五公，文武细粗不同，自始及终，于公无所悔望有彼此言。六府从事几且百人，有愿奸易险贤不肖不同，公一接以和与信，卒莫与公有怨嫌者。其为郎官令守，慎法宽惠不刻；教诲于国学也，严以有礼，扶善遏过，益明上下之分，以躬先之，恂恂恺悌，得师之道。公一兄三弟：常、群、庠、巩。常，进士，水部员外郎，郎、夔、江、抚四州刺史；群，以处士征，自吏部郎中拜御史中丞，出帅黔容以卒；庠，三佐大府，自奉先令为登州刺史；巩，亦进士，以御史佐淄青府。皆有材名。公子三人：长曰周余，好善学文，能谨谨致孝，述父之志，曲而不黩；次曰全，少曰成，皆以进士贡。女子三人。愈少公十九岁，以童子得见，于今四十年。始以师视公，而终以兄事焉。公待我一以朋友，不以幼壮先后致异。公可谓笃厚文行君子矣。其铭曰：

后缗窦逃闵腹子，夏以再家窦为氏。圣愕旋河犊引比，相婴拨汉纳孔轨。后去观津，而家平陵；遥遥厥绪，夫子是承。
我敬其人，我怀其德；作诗孔哀，质于幽刻。

【译文】国子司业窦公，名牟，字不详。他的六代祖先窦敬远，曾被封为西河公。祖父同昌司马，过了四代仍然承袭西河公的爵位。同昌司马名叫窦胤，生了窦公的父亲窦叔向，官至左拾遗，溧水令，死后追赠工部尚书。尚书在大历初年（766）时因擅长赋诗作文而闻名于世。等到窦公开始作文之时，最擅长的也是赋诗。他孝顺父母、爱护兄弟、行事恭谨、为人笃厚，考中进士登第。他先后辅佐过六府五公，经过八次升迁至检校虞部郎中。元和五年（810），实授官职尚书虞部郎中，转任洛阳令、都官郎中、泽州刺史，终于国子司业。长庆二年（822）二月丙寅日，因病去世，享年七十四岁。当年八月的一天，安葬于河南偃师县先父尚书窦叔向的墓旁。最初，窦公在家尽心侍奉继母，居家未出，在江东求学之时，尚且年幼，他的名声和诗词文章就已经传播到京城了，人未到而名已至。等到窦公去参加进士考试之时，临近考试之时，同科之人都说："应该没有人能比窦生的名次高。"当时，他的舅舅袁高任给事中，又享有盛名，特别爱惜、器重窦公，然而，他当时却并未向朝廷举荐自己的外甥。窦公在科举中一举成名，回乡遇到他的朋友时，他必定会说："这并不是因为我有才华，而是因为我舅舅的关系才考中了进士。"他辅佐昭义军时，军队将领离世，窦公于是暂代军权，以安定危局。继任昭义军节度使的卢从史，很重视窦公，没有将他外派，上奏朝廷为窦公升官。但窦公认为卢从史越发骄横不逊，就假称有病，过了一年，便驾车回到东都。卢从史最终兵败而亡。窦公从来不因有先见之明能远离祸患就认为自己贤明而告诉别人。窦公开始辅佐大夫崔纵留守东都，后来又辅佐司徒郑余庆留守东都，前后共经过了六府、五公，文武官员的性情粗犷细致各不相同，但从始至终，没有一个人对窦公有怨恨，有不同的意见。六府的从事将近一百人，有的人老实、有的人奸猾、有的人平和、有的人阴险、有的人贤良，什么样的人都有，但先窦公一律以和善、诚信对待他们，最终也没有和窦公生出怨恨、嫌隙的人。他担任郎官时抱令守律，严格遵守法令，宽厚慈惠，从不苛刻、严酷待人；当他在国学任司业时，威严而不失礼仪，帮助良善、防止产生过失，使上下之名更加分明，以身作则，诲人不倦、平易近人，的确是为人师的表率。窦公有一兄三弟：窦常、窦群、窦庠、窦巩。窦常，进士出身，是水部员外郎，任郎、夔、江、抚四州刺史；窦群以处士之身被朝廷征用，从吏部郎中升任御史中丞，出外统帅黔州、容州时去世；窦庠前后三次辅佐大府，从奉先令担任登州刺史；窦巩也是进士出身，以御史身份辅佐淄青府。他们都很有才名。窦公有三个儿子：长子叫窦周余，乐善好施，擅长诗词文章，侍奉双亲勤恳不懈，继承父志，圆滑而不轻浮；次子叫窦全，幼子叫窦成，都是进士出身。另有三个女儿。我比窦公小十九岁，幼年时得以拜见先生，到现在已经四十年了。起初我将窦公视为我的老师，后来就把他当作我的兄长来对待。窦公始终待我如友，并不因为年纪大小、先来后到而区别对待。窦公真可谓是忠实厚道、文章与德行兼具的君子啊。铭文说：

　　夏朝姒相的妻子后缗从城墙的小洞中逃走，生下了遗腹子少康，夏人因为再次定居于窦，而以窦为姓氏。圣人孔子在黄河边听到窦鸣犊的死讯后惊愕地转身回来，西汉丞相窦婴又将汉朝的统治思想确立为孔子的儒家学说。后来窦氏离开观津，而定居在平陵；窦氏一族真是历史悠久啊，窦公就是窦氏一族的后人。我敬重窦公的为人，我仰慕窦公的德行；于是写了这篇诗文用来表达心中的哀伤，并把它铭刻在石碑之上。

唐正议大夫尚书左丞孔公墓志铭

孔子之后三十八世，有孙曰戣，字君严，事唐为尚书左丞。年七十三，三上书去官。天子以为礼部尚书，禄之终身，而不敢烦以政。吏部侍郎韩愈常贤其能，谓曰："公尚壮，上三留，奚去之果？"曰："吾敢要吾君？年至，一宜去。吾为左丞，不能进退郎官，唯相之为，二宜去。"愈又曰："古之老于乡者，将自佚，非自苦。闾井田宅具在，亲戚之不仕与倦而归者，不在东阡在北陌，可杖屦来往也。今异于是，公谁与居？且公虽贵而无留资，何恃而归？"曰："吾负二宜去，尚奚顾子言？"愈面叹曰："公于是乎贤远于人！"明日，奏疏曰："臣与孔戣同在南省，数与相见。戣为人守节清苦，论议正平，年才七十，筋力耳目未觉衰老，忧国忘家，用意至到。如戣辈在朝不过三数人，陛下不宜苟顺其求，不留自助也。"不报。明年，长庆四年正月己未，公年七十四，告薨于家，赠兵部尚书。公始以进士佐三府，官至殿中侍御史。元和元年，以大理正征，累迁江州刺史、谏议大夫。事有害于正者，无所不言。加皇太子侍读，改给事中，言京兆尹阿纵罪人，诏夺京兆尹三月之俸。权知尚书右丞，明年，拜左丞，改华州刺史。明州岁贡海虫、淡菜、蛤蚶可食之属，自海抵京师，道路水陆，递夫积功，岁为四十三万六千人，奏疏罢之。下邽令笞外按小儿，系御史狱，公上疏理之。诏释下邽令，而以华州刺史为大理卿。十二年，自国子祭酒拜御史大夫、岭南节度等使。约以取足。境内诸州负钱至二百万，悉放不收。蕃舶之至泊步，有下碇之税，始至，有阅货之燕，犀珠磊落，贿及仆隶，公皆罢之。绝海之商有死于吾地者，官藏其货，满三月无妻子之请者，尽没有之。公曰："海道以年计往复，何月之拘？苟有验者，悉推与之，无算远近。"厚守宰俸而严其法。岭南以口为货，其荒阻处，父子相传为奴，公一禁之。有随公吏得无名儿，蓄不言官；有讼者，公召杀之。山谷诸黄，世自聚为豪，观吏厚薄缓急，或叛或从。容、桂二管利其虏掠，请合兵讨之，冀一有功，有所指取。当时天子以武定淮西、河南、北，用事者以破诸黄为类，向意助之。公屡言："远人急之，则惜性命相屯聚为寇；缓之，则自相怨恨焉，况此禽兽耳？但可自计利害，不足与论是非。"天子入先言，遂敛兵江西、岳鄂、湖南、岭南，会容、桂之吏以讨之，被雾露毒，相枕藉死，百无一还。安南乘势杀都护李象古。桂将裴行立、容将杨旻皆无功，数月自死。岭南嚣然。祠部岁下广州祭南海庙，庙入海口，为州者皆惮之，不自奉事，常称疾，命从事自代，唯公岁常自行。官吏刻石为词美之。十五年，迁尚书吏部侍郎。公之北归，不载南物，奴婢之籍，不增一人。长庆元年，改右散骑常侍，二年而为尚书左丞。曾祖讳务本，沧州东光令。祖讳如珪，海州司户参军，赠尚书工部郎中。皇考讳岑父，秘书省著作佐郎，赠尚书左仆射。公夫人京兆韦氏，父种，大理评事。有四子：长曰温质，四门博士；遵孺、遵宪、遵裕，皆明经。女子长嫁中书舍人平阳路隋，其季者幼。公之昆弟五人：戡、戣、戢、戳。公于次为第二。公之薨，戡自湖南入为少府监。其年八月甲申，戡与公子葬公于河南河阴广武原先公仆射墓之左。铭曰：

孔世三十八，吾见其孙。白而长身，寡笑与言。其尚类也，莫与之伦。德则多有，请考于文。

【译文】孔子的第三十八代孙，名叫孔戣，字君严，在朝中担任尚书左丞。在他七十三岁那年，曾连续三次上书请求辞官。天子任命他为礼部尚书，给予他终身享受俸禄的待遇，却不敢用朝政来劳烦他。吏部侍郎韩愈平时很钦佩他的才能，对他说："您的身体还很康健，三次辞官都被圣上挽留下来，您为什么还要辞官呢？"孔公说："我哪儿敢向天子提出要求呢？我的年纪已经非常大了，这是我第一个应该辞官的原因。我身为尚书左丞，却不能辞退或提拔郎官，只有宰相才能这么做，这是我第二个应该辞官的原因。"韩愈又问道："古时候那些年老辞官回乡的官员，是为了过安逸、清闲的日子，而不是让自己受苦。他们的水井、田地和房屋都还在，那些不想做官和厌倦官场而归家的亲友，不是住在东阡就是住在北陌，大家可以挂杖漫步互相来往。可如今的情况却与这些都不一样，您又能和谁住在一起呢？况且您虽然身份尊贵却没有留下什么资产，您回家后又该靠什么生活呢？"孔公回答："就凭这两个原因我就应该辞官了，为什么还要顾虑您说的这些呢？"韩愈当着他的面叹息道："您在这方面远比一般人要贤良啊！"第二天，韩愈就向天子上疏说："微臣和孔戣同在南省任职，屡屡和他相见。孔戣为人保持节操，守贫刻苦，论议公允，虽然年纪已过七十，但体力和耳目都没有衰退，还一心忧虑国事而忘记私事，为国家全心全意地付出。像孔戣这样的人在朝廷中不过只有三四人，陛下不应顺从他的请求，而应该让他留下来辅佐陛下。"奏疏递上去没有得到批复。第二年，唐穆宗长庆四年（824）正月己未日，孔公七十四岁，在家中去世，朝廷追赠他兵部尚书。孔公当初以进士身份辅佐三府，官至殿中侍御史。唐宪宗元和元年（806），被拜为大理正，历任江州刺史、谏议大夫。只要是有损正义的事情，孔公就会无所不言。后来加封太子侍读，改任给事中，上书弹劾京兆尹包庇纵容罪犯，皇上下诏削掉京兆尹三个月的俸禄。后来代理尚书右丞，第二年，正式拜为左丞，改任华州刺史。当时明州每年进贡海虫、淡菜、蛤蚶等可以食用的海产品，从海边运到京城，要经过水路和陆路，累计要用的递夫，每年要四十三万六千人，孔公上疏朝廷请求罢免明州的进贡。下邽令裴寰鞭笞惩罚了骄横的"外按"小人，被打入御史狱，孔公上疏为他申辩。皇上于是下诏放了下邽令，而孔公从华州刺史任大理寺卿。元和十二年（817），孔公由国子监祭酒改任御史大夫、岭南节度使。孔公到任后，通过提高俸禄的方法来约束官员贪赃枉法。境内各州拖欠的赋税高达二百万，全都免除了。海外的商船停靠到当地的海港时，按照惯例要交纳下碇税，刚到时，又要举办阅货的宴会，对他人馈赠的名贵的珍珠、犀

角，以及用来贿赂他的奴隶，孔公全部罢免了。渡海而来的商人
有死在当地的，就由当地官府保存他的财货，超过三个月还没有
妻子、儿女前来认领的，就被官府没收充公了。孔公说："海上往
返一次要以年计算，怎么能用月份来限定呢？如果前来认领的人有
凭证，就该全都还给他们，不要计算日期的远近。"孔公提高地方
官员俸禄的同时要求他们严格执法。岭南有把人口当作货物买卖
的风俗，那些荒芜崎岖的地方甚至有父子都是奴隶的情况，孔公
都下令禁止了。有一个孔公的属吏捡到了一名来历不明的幼童，却
留在家中不向官府报告；有人告发他，孔公就按律处死了他。居于
山谷中的黄洞诸蛮夷，世世代代都聚为豪强，常常窥视当地官吏
是厚薄还是缓急，有时反叛有时服从。容管、桂管两位观察使在
掠夺中获利，便上书请求集中兵力讨伐黄洞，希望能够立一大功，
有所斩获。当时，天子发兵平定了淮西、河南、河北的叛乱，好事者
认为黄洞诸蛮夷也是同样的情况，便极力劝说皇上出兵。孔公却
屡次上书说："这些蛮荒之人如果逼迫太急，便会以性命相搏，团
结起来聚为贼寇；而如果徐徐图之进行分化，他们自己就会互相
结怨成为一盘散沙，何况这些本来就像禽兽一般的人呢？只可以
跟他们谈论利害关系，而不能够和他们争论是非对错。"但是天子
已经先入为主，就调集了江西、岳鄂、湖南、岭南的军队，汇合了容
州、桂州的兵力前去征讨，结果士兵被瘴气毒死，死者相互枕卧，
一百人中连一个能够生还的都没有。安南军也趁机杀死了都护李象
古。桂管裴行立、容管杨旻都无功而返，数月后都死了。岭南一片
混乱。祠部每年都要到广州祭祀南海庙，南海庙在海口之外的海
中，历任官员都很害怕，从来不亲自前去祭祀，经常以生病为托词，

命令从事官代替自己前去，只有孔公每年都是自己亲自前去祭祀。下属官吏为孔公刻碑文石碑上铭刻了诗歌来赞扬先生的美行。元和十五年（820），孔公升任尚书吏部侍郎。孔公返回北方之时，没有携带任何南方的特产，家中奴婢的人数，也没有增加一人。长庆元年（821），改任右散骑常侍，两年后又被任为尚书左丞。孔公的曾祖父孔务本，任沧州东光令。祖父孔如圭，任海州司户参军，追赠尚书工部郎中。父亲孔岑父，任秘书省著作佐郎，追赠尚书左仆射。孔公的夫人是京兆韦氏，父亲韦种，任大理评事。孔公有四个儿子：长子孔温质，是四门博士；其余三子孔遵孺、孔遵宪、孔遵裕，都明经登第。长女嫁给中书舍人平阳路隋，其余的女儿都还年幼。孔公有弟兄五人：分别是孔载、孔戡、孔戢、孔戮。孔公排行第二。孔公去世后，孔戢由湖南入朝任少府监。当年八月甲申日，孔戢和孔公的儿子将他葬于河南河阴广武原孔公先父孔仆射坟墓的左边。铭文说：

孔子传到第三十八代，我见到了他的后人。孔戣面容白皙而身材颀长，为人不苟言笑而沉默寡言。简直就是先祖孔子那样的人物啊，无人能和他相比。他是多么贤德，读了这篇铭文就可以知道了。

故江南西道观察使赠左散骑常侍太原王公墓志铭

公讳仲舒，字弘中，少孤，奉其母居江南，游学有名。贞元十年，以贤良方正拜左拾遗，改右补阙，礼部、考功、吏部三员外郎，贬连州司户参军，改夔州司马。佐江陵使，改祠部员外郎，复除吏部员外郎，迁职方郎中、知制诰。出为峡州刺史，迁庐州，未至，丁母忧。服阕，改婺州、苏州刺史。征拜中书舍人，既至，谓人曰："吾老，不乐与少年治文书。得一道，有地六七郡，为之三年，贫可富，乱可治，身安功立，无愧于国家可也。"日日语人，丞相闻问，语验，即除江南西道观察使，兼御史中丞。至则奏罢榷酒钱九千万，以其利丐贫民；又罢军吏官债五千万，悉焚簿文书；又出库钱二千万，以丐贫民遭旱不能供税者。禁浮屠及老子，为僧道士不得于吾界内因出野去浮屠、老子象，以其诳丐渔利，夺经人之产。在官四年，数其蓄积，钱余于库，米余于廪。朝廷选公卿于外，将征以为左丞，吏部已用薛尚书代之矣。长庆三年十一月十七日，未命而薨，年六十二。天子为之罢朝，赠左散骑常侍。远近相吊。以四年二月某日，葬于河南某县先茔之侧。公之为拾遗，朝退，天子谓宰相曰："第几人非王某邪？"是时，公方与阳城更疏论裴延龄诈妄，士大夫重之。为考功吏部郎也，下莫敢有欺犯之者；非其人，虽与同列，未尝比数收拾，故遭谗而贬。及知制诰，尽力直友人之屈，不以权臣为意，又被谗而出。元和初，婺州大旱，人饿死，户口亡十七八。公居五年，完富如初。按劾群吏，奏其赃罪，州部清整，加赐金紫。其在苏州，治称第一。公所至，辄先求人利害废置所宜，闭阁草奏，又具为科条与人吏约。事备悉，一旦张下，民莫不抃叫喜悦。或初若小烦，旬岁皆称其便。

公所为文章，无世俗气，其所树立，殆不可学。曾祖讳玄暕，比部员外郎。祖讳景肃，丹阳太守。考讳某，襄、邓等州防御使、鄂州采访使，赠工部尚书。公先妣渤海李氏，赠渤海郡太君。公娶其舅女，有子男七人：初、哲、贞、弘、泰、复、洄。初，进士及第；哲，文学俱善，其余幼也。长女婿刘仁师，高陵令。次女婿李行修，尚书刑部员外郎。铭曰：

气锐而坚，又刚以严，哲人之常。爱人尽己，不倦以止，乃吏之方。与其友处，顺若妇女，何德之光。墓之有石，我最其迹，万世之藏。

【译文】王公，名仲舒，字弘中，年少时就失去了父亲，事奉母亲居住在江南，当时他外出求学，很有名声。唐德宗贞元十年（794），王公考取贤良方正科被任命为左拾遗，又改任右补阙，升任礼部、考功、吏部三员外郎，后来又被贬为连州司户参军，改任夔州司马。辅佐江陵使，又改任祠部员外郎，再重新被任命为吏部员外郎，升任职方郎中、掌管朝廷诏诰。出任峡州刺史，后来调任庐州刺史，还未到达庐州，就因母亲去世回乡丁忧。服丧期满后，改任婺州、苏州刺史。后来又被征召为中书舍人，抵达京都后，他对别人说："我年纪大了，不喜欢和少年人在一起撰写文书。如果让我治理一道，拥有六七个州郡，只要用三年的时间，我就能让贫穷的地方富足起来，动荡的地方安定下来，如此既可安身立命，也可建立功业，那我也就无愧于国家了。"王公每天都对人这么说，宰相听说后就询问他，后来验证了他的话果然如此，就任命他为江南西道观察使，兼御史中丞。王公上任后就上奏朝廷请求免除酤户及酤肆征收的榷酒钱九千万，将其中利益与百姓共享；又免去军中官吏的官债五千万，将记录欠债的账簿文书全都烧了；还拿出二千万府库钱，用来救济那些因旱灾而交不起赋税的贫民。禁止传播佛教及道教，出家做和尚、道士的，不能在其管辖区域内，利用山野之地建造佛像、老子像，以欺骗百姓，从中渔利，以不正当手段侵夺百姓的财产。他为官四年，官府的积蓄增加了数倍，府库中储存了大量的余钱，粮仓中也储蓄了大量的粮食。朝廷要在地方官中选拔公卿大臣，将征召王公为左丞，吏部已经决定让薛尚书去代替他原来的职务了。唐穆宗长庆三年（823）十一月十七日，还未接到任命就去世了，享年六十二岁。天子为他罢朝，追赠他为左散骑常侍。远近之人都来吊唁。长庆四年（824）二月的一天，葬于河南的某县王公先父的墓旁。王公担任左拾遗之时，有一天退朝后，天子对宰相说："朝班中第几位莫不是王仲舒吗？"当时，王公正与谏议大夫阳城一起上疏论裴延龄的奸诈狂妄，士大夫都非常推崇他们。当他任考功吏部员外郎时，下属没有敢欺骗触犯他的；只要和他不是一类人的，即使和他为同僚，他也不去讨好、依附他们，因此遭受谗言而被贬官。在知制诰期间，他尽力为友人伸张冤屈，并不屈从权贵的心意，所以又再次遭到谗言，不得不外放。元和初年，婺州大旱，百姓饿死，户册上登记的人口减少了十之七八。经过王公五年的治理，恢复了原来完好、富足的景象。王公又弹劾群吏，将他们贪赃枉法的罪行上奏朝廷，从而州衙清明廉洁，天子下诏加赐他金鱼袋和紫绶。他在苏州刺史的任上，政绩可称天下第一。王公每到任上，都先根据当地百姓的利害确定应该废除或设置的条例，然后关起门来写奏章草稿，又和百姓和官吏一起商定具体的法律条例。事情都准备齐全后，一旦张贴出布告，百姓莫不欢欣喜悦。或许有时候他们最初也有不满意的地方，但到年底的时候却都称赞它的好处。王公写的文章，没有世俗之气，文章的立意，都是常人所达不到的。王公的曾祖父王玄暕，任比部员外郎。祖父王景肃，任丹阳太守。父亲王政，任襄、邓等州的防御使、鄂州采访使，死后追赠工部尚书。王公的母亲出自渤海李氏，追赠渤海郡太君。王公的妻子是他舅父的女儿，两人共育有七个儿子：分别是王初、王哲、王贞、王弘、王泰、王复、王洄。王初以进士登第；王哲的学识、文章俱佳；其余的儿子都很年幼。长女婿刘师仁，任高陵令。次女婿李行修，任尚书刑部员外郎。铭文说：

气质锋锐而又坚定，刚正而又严厉，这是哲人的品质。爱护百姓尽力而为，孜孜不倦永不停止，这是为官的原则。与朋友相处之时，就像女子一样和顺，这是多么美好的德行啊。墓前立有石碑，我将王公的事迹铭刻其上，使他可以垂范百世。

殿中少监马君墓志

君讳继祖，司徒赠太师北平庄武王之孙，少府监赠太子少傅讳畅之子。生四岁，以门功拜太子舍人。积三十四年，五转而至殿中少监。年三十七以卒，有男八人，女二人。

始余初冠，应进士举在京师，穷不能自存，以故人稚弟拜北平王于马前。王问而怜之，因得见于安邑里第。王轸其寒饥，赐食与衣，召二子使为之主。其季遇我特厚，少府监赠太子少傅者也。姆抱幼子立侧，眉眼如画，发漆黑，肌肉玉雪可怜，殿中君也。当是时，见王于北亭，犹高山深林，龙虎变化不测，杰魁人也。退见少傅，翠竹碧梧，鸾鹄停峙，能守其业者也。幼子娟好静秀，瑶环瑜珥，兰茁其牙，称其家儿也。后四年，吾成进士，去而东游，哭北平王于客舍。后十五六年，吾为尚书都官郎，分司东都，而少傅卒，哭之。又十余年至今，哭少监焉。呜呼！吾未耄老，自始至今未四十年，而哭其祖子孙三世，于人世何如也！人欲久不死而观居此世者，何也？

【译文】马君，名继祖，是司徒、追赠太师北平庄武王马燧之孙，是马少府、监追赠太子少傅马畅之子。马君四岁时，就因门荫被拜为太子舍人。此后累官三十四年，经过五次升迁，官至殿中少监。去世时年仅三十七岁，共有八个儿子，两个女儿。

当初我刚刚年满二十，就到京城来参加进士考试，当时家境贫寒无法生活，于是就以故人幼弟的名义拜于北平庄武王的马前。庄武王询问了我的境况而对我表示怜悯，因此得到机会可以在安邑里家中拜见他。庄武王怜惜我饥寒交迫，就送给我食物和衣服，又叫来他的两个儿子以主人之礼接待我。他的小儿子，即少府监、追赠太子少傅马畅，待我特别宽厚。奶妈抱着一个幼儿站在一旁，这个幼儿眉目如画，头发乌黑，肌肉丰满皮肤雪白十分可爱，他就是后来的殿中少监马继祖。当时，我在北亭拜见的庄武王，庄武王身如渊淳岳峙，有龙虎之姿，极为机智，高深莫测，是一位杰出的人物啊。告退后见到太子少傅马畅，马畅俊秀而文雅，犹如鸾凤停息在翠竹梧桐之上，是个能够持守家业的人。马畅的幼子马继祖容貌俊秀、性情温和，就像瑶环瑜珥等美玉，又如初生的兰草，资质美好，真是马家的佳儿。四年之后，我考中了进士，离开京城往东都洛阳宦游，在客舍中吊唁去世的庄武王。又过了十五六年，我出任尚书都官员外郎，分管东都洛阳的事务，而太子少傅马畅也去世了，又凭吊一番。又过了十多年到了今天，又在此凭吊他的儿子殿中少监。唉！我还不老，从开始到现在不到四十年，却先后凭吊祭奠了马家祖父、儿子和孙子三代人，在这人世间又怎能不叫人悲伤啊！人人都想永生不死，看看马家这祖孙三代相继去世，又会怎么想呢？

卷三十四　碑志

南阳樊绍述墓志铭

　　樊绍述既卒且葬，愈将铭之。从其家求书，得书号《魁纪公》者三十卷，曰《樊子》者又三十卷，《春秋集传》十五卷，表、笺、状、策、书、序、传、记、纪、志、说、论、今文赞铭凡二百九十一篇，道路所遇及器物门里杂铭二百二十，赋十，诗七百又十九。曰：多矣哉！古未尝有也。然而必出于己，不蹈袭前人一言一句，又何其难也！必出入仁义，其富若生蓄万物，必具海含地负。放恣纵横，无所统纪，然而不烦于绳削而自合。呜呼！绍述于斯术，其可谓至于斯极者矣！生而其家贵富，长而不有其藏一钱，妻子告不足，顾且笑曰："我道盖是也。"皆应曰："然。"无不意满。尝以金部郎中告哀南方，还言某帅不治，罢之，以此出为绵州刺史。一年，征拜左司郎中，又出刺绛州。绵、绛之人至今皆曰："于我有德。"以为谏议大夫，命且下，遂病以卒，年若干。绍述讳宗师，父讳泽，尝帅襄阳、江陵，官至右仆射，赠某官。祖某官，讳泳。自祖及绍述三世，皆以军谋堪将帅策上第以进。绍述无所不学，於辞於声，天得也，在众若无能者。尝与观乐，问曰："何如？"曰："后当然。"已而果然。铭曰：

惟古於词必己出，降而不能乃剽贼。后皆指前公相袭，后汉迄今用一律。寥寥久哉莫觉属，神徂圣伏道绝塞。既极乃通发绍述，文从字顺各识职。有欲求之此其躅。

【译文】在樊绍述去世即将安葬之际，我打算为他撰写墓志铭。我在他的家中寻找他曾经的著作，他的著述中有题为《魁纪公》的文集三十卷，还有题为《樊子》的文集三十卷，以及《春秋集传》十五卷，另外还有一些表、笺、状、策、书、序、传、记、纪、志、说、论、今文赞铭等共计二百九十一篇，还有一些关于旅途中的见闻、器物、门庭、里巷所写的各种铭文二百二十篇，赋十篇，诗七百一十九首。可以说：樊公著述等身啊！真可谓前无古人。而且这些著作还必须原创之作，别具匠心，不能抄袭或借用前人的一字一句，这是多么难以实现的啊！樊绍述的著作不脱离仁义的范畴，内容极其丰富，包罗万象，犹如大海容纳百川，大地承载万物一般博大精深。他的文章文笔洒脱奔放，不受传统成文规矩的拘束，然而却无须进行删改，就能自然随顺地合乎文章的规矩。呜呼！在写作方面，樊绍述真可谓是登峰造极啊！樊绍述出生于富贵人家，但他成年之后却不要家里的一分钱财产，妻子儿女告诉他家中缺钱缺物的情况，他微笑地注视着他们说："我的生活原则大概就是这样的。"于是他的妻子儿女都回答说："好，就照您说的做。"大家都心甘情愿，没有不满意的。樊绍述曾经以金部郎中的身份到南方哀告先皇去世的消息，回朝后，他上书说某位地方官员不称职，应该罢免其官职，没想到樊绍述本人却因为这件事被贬至绵州任刺史。过了一年，朝廷将他召回，任命他担任左司郎中一职，后来又贬斥出朝，担任绛州刺史。绵州、绛州的百姓们至今还说："樊刺史对我们有大恩大德呀。"后来，朝廷又任命樊绍述为谏议大夫，但就在任命书将要下达之时，樊绍述却因病去世了，去世时享年不详。樊绍述名宗师，他的父亲名泽，曾任襄阳、江陵节度使，官至右仆射，死后追封为某官。他的祖父曾担任某官，名泳。樊绍述祖孙三代，都是在军谋将帅科考中因名列前茅而被朝廷封任官职的。樊绍述的学识渊博，爱好广泛，尤其在文学和音乐方面极具天赋，但在众人面前他却深藏不露。我曾和他一起欣赏音乐，我问他说："这音乐怎么样？"他说："这支曲子的尾声部分必定会如何如何。"然后，结尾部分果然是他说的那样。铭文说：

古人写文章必定要出于自己的原创，后世的文人墨客做不到原创就进行抄袭剽窃。后世文人大多靠模仿前人作品，或公然进行抄袭剽窃，这种积习从东汉一直沿袭至今。从而导致当代文坛长期空寥寂寞，无人通晓真正的行文之道，先贤已逝，今圣未出，道统被阻塞终止了。然而物极必反，被闭塞的道统终有畅达之日，樊绍述出现了，他的文章文句通顺，用字妥帖。若有人想要探求行文的正道，便可以遵循樊绍述的正确途径。

中大夫陕府左司马李公墓志铭

公讳郱，字某，雍王会之后。王孙道明，唐初以属封淮阳王，又追王其祖、父，曰雍王、长平王。淮阳生景融，景融亲益疏，不王。生务该，务该生思一，思一生岌。比四世官不过县令州佐，然益读书为行，为士大夫家。岌为蜀州晋原尉，生公，未晬以卒。无家母抱置之姑氏以去，姑怜而食之。至五六岁，自问知本末，因不复与群儿戏，常默默独处，曰："吾独无父母，不力学问自立，不名为人！"年十四五，能暗记《论语》《尚书》《毛诗》《左氏》《文选》凡百余万言，凛然殊异，姑氏子弟莫敢为敌。浸传之闻诸父，诸父泣曰："吾兄尚有子邪！"迎归而坐问之，应对横从无难。诸父悲喜，顾语群子弟曰："为汝得师。"于是纵学无不观。以朝邑员外尉选，鲁公真卿第其所试文为上等，擢为同官正尉，曰："文如李尉，乃可望此。"其后比以书判拔萃，选为万年尉，为华州录事参军。争事于刺史，去官，为陆浑令。河南尹郑余庆荐之朝，拜南郑令。尹家奴以书抵县请事，公走府，出其书投之尹前。尹惭其庭中人，曰："令辱我，令辱我！"且曰："令退！"遂怨之。拾掇三年，无所得。拜宗正丞。宰相以文理白为资州刺史，公喜曰："吾将有为也。"谗宰相者言之上曰："是与其故，故得用。"改拜陕州左司马，公又喜曰："是官无所职，吾其不以吏事受责死矣。"长庆元年某月丙辰，以疾卒，春秋七十三。公内外行完，洁白奋厉，再成有家，士大夫谈之。

夫人博陵崔氏，朝邑令友之之女，其曾伯父玄炜有功中宗时。夫人高明，遇子妇有节法，进见侍侧肃如也。七男三女，邠为澄城主簿；其嫡激，郿城令；放，芮城尉；汉，监察御史；浐、洸、潘皆进士。及公之存，内外孙十有五人。五月庚申，葬华阴县东若干里。汉，韩氏婿也。故予与为铭。其词曰：

愈下而微，既极复飞，其自公始。公多孙子，将复其祀。

【译文】李公名郱，字不详，是雍王李绘的后人。雍王的孙子李道明，唐朝初年因属地被封为淮阳王，同时追封他的祖父、父亲王号，分别为雍王、长平王。淮阳王李道明生子为李景融，因李景融的皇亲关系更为疏远，所以不能封王。李景融生子为李务该，李务该生子为李思一，李思一生子为李岌。连续四代人无非是担任一些县令、州佐之类的官职，然而读书使他们的言谈举止受益匪浅，成为名副其实的士大夫之家。李岌在担任蜀州晋原尉时，生子为李公，可惜在李公还未满周岁时，他的父亲便去世了。无家可归的母亲将李公抱到他的姑母家，然后径自离开了，姑母因怜爱这个孩子，于是便收养了他。到了李公五六岁时，自从他得知了自己的身世之后，便不再和同龄的孩子们嬉戏玩耍了，他常常一个人默默独处，自言自语说："只有我无父无母，如果我不专心学习，以求自立的话，就不配为人了！"到了李公十四五岁时，他已经能熟读并默诵《论语》《尚书》《毛诗》《左氏》《文选》等著作，共计一百多万字，此时的李公气质凛然，不同于其他孩子，姑母家的子弟们没有敢和他相匹敌的。渐渐地，叔父们知道了他的事，都哭泣着说："没想到我们的兄长还留有子嗣啊！"于是叔父们将他迎回家中，落座后开始询问，他都对答如流，没有能难倒他的问题。叔父们悲喜交集，回头对儿子们说："我为你们找到老师啦。"从那时起，李公更加发奋学习，博览群书。后来，他以朝邑员外尉的身份应试，鲁公颜真卿将他应试的文章列为上等，并提拔他做了同官正尉，鲁公说："只有文章写得像李尉这样，才有可能入选。"此后，李公又因书法和文理在同僚中出类拔萃，被选为万年尉，担任华州录事参军一职。后因与刺史产生争议而辞去了官职，最终又担任陆浑令。河南府尹郑余庆向朝廷推荐李公，于是李公被任命为南郑县令。一日，河南府尹的家奴拿着一封书信来到南郑县，想请求李公协办不法之事，于是李公来到河南府，取出那封书信扔到河南府尹的面前。河南府尹当着府中众人的面感到无比惭愧，就说："县令羞辱我！县令羞辱我！"又说："县令退下！"由此对他心生怨恨。三年之中府尹一直想搜集有关李公的罪证，却一无所获。后来李公被朝廷任命为宗正丞。宰相因欣赏他的文辞义理而奏请他为资州刺史，李公高兴地说："我终于可以有所作为了。"然而诬陷诋毁宰相的人，却上书给皇上说："因李公和宰相是故交，所以才得以推荐任用。"于是朝廷将李公改封为陕府左司马。谁知李公又高兴地说："这个职位没什么实质性公务，我终于可以不为刑狱之事受责罚而死了。"长庆元年（821）正月丙辰那天，李公因病去世，享年七十三岁。李公内外兼修，节操清白而奋发图强，自立家业，至今仍然成为士大夫们谈论的焦点。

李公的夫人崔氏是博陵人，她是朝邑令崔友之的女儿，她的曾祖伯父崔玄炜在中宗皇帝时期建有功业。夫人性情高尚、通达，对待儿媳颇有节法，使她们在身旁服侍陪伴时都很恭谨、严肃。李公共有七个儿子、三个女儿，其中李邠任澄城主簿；嫡子李激，任鄜城令；李放，任芮城尉；李汉，任监察御史；李沪、李洸、李潘，都是进士。李公在世时，内孙，外孙共计十五人。五月庚申日，李公被葬于华阴县以东数里处。李汉，是韩氏的女婿。因此请我为李公撰写墓志铭。铭文说：

李氏家族自雍王受封后日逐衰微，但到达极点后再次开始复兴，就是从李公开始的。李公子孙众多，必定将再次光复其宗庙祭祀。

故幽州节度判官赠给事中清河张君墓志铭

张君名彻，字某，以进士累官至范阳府监察御史。长庆二年，今牛宰相为御史中丞，奏君名迹，中御史选，诏即以为御史。其府惜不敢留，遣之，而密奏："幽州将，父子继续，不廷选且久，今新收，臣又始至，孤怯，须强佐乃济。"发半道，有诏以君还之，乃迁殿中侍御史，加赐朱衣银鱼。至数日，军乱，怨其府从事，尽杀之，而囚其帅，且相约："张御史长者，毋侮辱轹蹙我事，无罪，无庸杀，置之帅所。"居月余，闻有中贵人自京师至。君谓其帅："公无负此土人，上使至，可因请见自辩，幸得脱免归。"即推门求出。守者以告其魁，魁与其徒皆骇曰："必张御史。御史忠义，必为其帅告此余人，不如迁之别馆。"即与众出君。君出门，骂众曰："汝何敢反！前日吴元济斩东市，昨日李师道斩于军中，同恶者父母妻子皆屠死，肉喂狗鼠鸥鸦。汝何敢反！汝何敢反！"行且骂。众畏，恶其言，不忍闻，且虞生变，即击君以死。君抵死口不绝骂，众皆曰："义士！义士！"或收瘗之以俟。事闻，天子壮之，赠给事中。其友侯云长佐郓使，请于其帅马仆射，为之选于军中，得故与君相知张恭、李元实者，使以币请之范阳，范阳人义而归之。以闻，诏所在给船舆，传归其家，赐钱物以葬。长庆四年四月某日，其妻子以君之丧，葬于某州某所。君弟复亦进士，佐汴、宋，得疾，变易丧心，惊惑不常。君得间即自视衣褥薄厚，节其饮食，而匕箸进养之，禁其家无敢高语出声。医饵之药，其物多空青、雄黄，诸奇怪物，剂钱至十数万。营治勤剧，皆自君手，不假之人。家贫，妻子常有饥色。祖践，某官。父休，某官。妻韩氏，礼部郎中某之孙，汴州开封尉某之女，于余为叔父孙女。君常从余学，选于诸生而嫁与之。孝顺祇修，群女效其所为。男若干人，曰某。女子曰某。铭曰：

呜呼彻也！世慕顾以行，子揭揭也。噫暗以为生，子独割也。为彼不清，作玉雪也。仁义以为兵，用不折缺也。知死不失名，得猛厉也。自申于暗，明莫之夺也。我铭以贞之，不肖者之咀也。

【译文】张君名彻，字不详，以进士积功升官至范阳府监察御史一职。长庆二年（822），当今的宰相牛僧孺时任御史中丞，他将张君的事迹上奏天子，并认为张君是最为适合的监察御史的人选，于是朝廷下诏任命他为监察御史。幽州节度使张弘靖感到很可惜，但又不敢极力挽留，唯恐违抗圣命，只好送他前往京城，同时却又密奏皇上说："如今幽州的将领们，子承父业，长久以来都不听从朝廷对于官员的选派任命，如今刚刚归附，微臣又是新上任不久，势单力薄，必须有像张彻这样能力极强的官员辅佐才行。"因此张君走在途中，便有朝廷发来的诏书，命张君仍返回幽州任职，仍升为殿中侍御史，并加赐他朱衣银鱼袋。回到幽州数日之后，幽州军队发生叛乱，将士们因怨恨幽州府的从事官员苛刻，而将他们全部杀死，又囚禁了统帅张弘靖，且叛军私下约定说："张御史是位宽厚的长者，他从未侮辱、欺凌过我们，他并没有罪过，不要杀害他，就将他和统帅张弘靖关押在一起吧。"过了一个多月，听说朝中有贵人从京城前来幽州。张君对统帅说："您并没有亏待过幽州的当地人，等皇上派的使臣到了，您可以请求前去拜见并为自己辩解，也许可以幸免于罪，脱险回去。"说罢张君便推搡牢门要求出去。看守连忙将情况报告给他们的叛军首领，叛军首领和他的党徒们都十分惊骇地说："这必定是张御史想出来的计策。张御史为人忠义，他必定会将统帅下落之事告诉这里的其他人，不如事先将他转移到别的地方去。"于是便带领众多手下之人将张君请出来。张君刚出牢门就痛骂众人说："你们胆敢造反！前天吴元济刚在东市被斩首示众，昨天李师道又被斩首于军中，和他一同造反作恶的人，就连他们的父母妻子都被诛杀了，他们的肉被喂了狗鼠和鸱鸦。你们怎么还敢造反？你们怎么还敢叛乱？"张君边走边骂。众叛军心生畏惧，对张君所言极为抵触，他们不想再听下去，而且担心会节外生枝，发生其他变故，于是就将张君打死了。张君直到死仍然骂不绝口，众叛军都说："义士啊！义士啊！"有人将他的尸体收敛，掩埋起来。朝廷听闻此事后，天子对他的忠义行为大为赞赏，追封他为给事中。他的朋友侯云长当时正辅佐郓州节度使，便向他的统帅马仆射请求，从军中挑选合适的人选，于是找到了张君的旧交张恭、李元实，派他们带着钱财前往范阳请求归还张君的尸骨，范阳人认为张君是忠义之臣，便将尸骨归还。朝廷听闻此事后，命令沿途供给船只车辆，将灵柩护送回家中，并赏赐钱物用来安葬张君。长庆四年（824）四月的一天，张君的妻子和儿子将张君的灵柩安葬于某州某地。张君的兄弟张复也考取了进士，在汴州、宋州任职，忽然有一天身染重疾，丧心病狂、性情大变，经常莫名其妙地出现惊恐、迷惑。张君一有空闲就亲自检查兄弟衣物、被褥的厚薄情况，确保他按时进食，而且还亲自用筷子喂给他吃，严禁家人高声喧哗，以免惊吓到他的兄弟。为他兄弟治病的药物，也大多是以空青、雄黄，以及各种奇怪的药物为主，所耗费的钱财高达十几万。在料理兄弟的病情方面，张君总是不辞辛苦地亲自动手，而不让其他人来做。兄弟的病情，导致家中贫困，他的妻子、儿女经常面有菜色。张君的祖父张践，官职不详。张君的父亲张休，官职不详。妻子韩氏，是礼部郎中的孙女，汴州开封尉之女，按辈分论，应是我的叔孙女。张君过去经常跟着我学习，于是我特地从诸生中挑选出他，并将韩氏嫁给了他。韩氏为人孝顺、恭谨，一直以来都是妇女们学习的典范。他们有几个儿子，名号不详；女儿名号

不详。铭文说:

呜呼张彻!世人都仰慕您的言行,您的一生光明磊落。世人都苟且偷生,唯独您舍生取义。与那些混沌不清的人相比,您的节操犹如皓玉、白雪般圣洁。您仁义高尚,最终却惨遭兵乱,为捍卫德行不惜以生命为代价。因不愿丧失名节,而视死如归,的确是英勇、刚毅之士。无论是光明还是黑暗之处,您始终坚持伸张正义,没有人能够玷污、侵夺您的志向。我写这篇铭文既是为了显扬先生的坚贞不屈,也是为了呵责那些不肖之人。

河南府法曹参军卢府君夫人苗氏墓志铭

夫人姓苗氏,讳某,字某,上党人。曾大父袭夔,赠礼部尚书。大父殆庶,赠太子太师。父如兰,仕至太子司议郎、汝州别驾。夫人年若干,嫁法曹卢府君讳贻,有文章德行,其族世所谓甲乙者,卒先夫人。夫人生能配其贤,殁能守其法。男二人:于陵、浑。女三人,皆嫁为士妻。贞元十九年四月四日卒于东都敦化里,年六十有九。其年七月某日,祔于法曹府君墓,在洛阳龙门山。其季女婿昌黎韩愈为其志铭。其词曰:

赫赫苗宗,族茂位尊。或毗于王,或贰于藩。是生夫人,载穆令闻。爰初在家,孝友惠纯。享乃于行,克媲德门。肃其礼容,裕其为仁。法曹之终,诸子实幼,茕茕其哀,介介其守。

循道不违，厥声弥劭。三女有从，二男知教。闾里叹息，母妇思效。岁时之嘉，嫁者来宁。累累外孙，有携有婴。扶床坐膝，嬉戏欢争，既寿而康，既备而成。不歉于约，不矜于盈。伊昔淑哲，或图或书，嗟咨夫人，孰与为俦。刻铭置墓，以赞硕休。

【译文】夫人苗氏，名不详，字不详，上党人。她的曾祖父苗褒曒，被加封为礼部尚书。祖父苗殆庶，被加封为太子太师。父亲苗如兰，官至太子司议郎、汝州刺史。夫人到了适婚年纪，嫁给河南法曹卢贻府君，府君擅长写文章，品德高尚，他的家族在民间也是数一数二的大家族，只可惜府君比夫人先去世。府君在世时，夫人的贤德可以与之相配，府君去世后，夫人又能恪守妇道法度。他们共有两个儿子：名为卢于陵和卢浑。三个女儿，都嫁给士人为妻。贞元十九年（803）四月四日，夫人在东都敦化里去世，享年六十九岁。当年七月的一天，夫妻二人得以合葬在法曹府君的墓中，该墓位于洛阳龙门山。由她的三女婿昌黎韩愈为她作墓志铭。铭文说：

名声显赫的苗氏宗族，家族昌盛，地位尊贵。族人当中，有的辅佐王侯，有的供职于州藩。夫人生于苗氏，自幼便享有温良贤淑的美好名声。她待嫁于家中之时，孝顺父母，友爱兄弟，贤惠纯良。她品行端正，婚配于有德行的夫家。她恪守妇道礼法，又富于仁义之心。她丈夫去世之后，子女们都还很年幼，她心中哀苦，孤独无依，但却孤高耿直，保有节操。她遵循礼道，从不违反，声名愈发美好高尚。三个女儿都嫁给士人，两个儿子也知书达礼、循规蹈矩。左邻右舍赞叹不已，为人母、为人妇者都竞相效仿、学习她。每到逢年过节，出嫁的女儿们都会回家探望她。一大群外孙，有的由大人提携着，有的还是怀抱中的婴儿。外孙们或手扶着床沿，或坐在她的腿上，嬉戏打闹，其乐融融，他们都活泼、健康地成长，最终长大成人。夫人从不辜负、亏欠于他人，也从不因满盈而自夸。从前那些贞静贤淑的妇人，或出现在图画里，或载于史书当中，我感慨苗氏夫人，谁能与她相提并论。将这篇铭文刻于石碑之上，置于墓前，以表赞她德高望重的美德。

故贝州司法参军李君墓志铭

贞元十七年九月丁卯，陇西李翱合葬其皇祖考贝州司法参军楚金、皇祖妣清河崔氏夫人于汴州开封县某里。昌黎韩愈纪其世，著其德行，以识其葬。其词曰：

由凉武昭王六世至司空，司空之后二世为刺史清渊侯，由侯至于贝州凡六世。

其德行曰：事其兄如事其父，其行不敢有出焉。其夫人事其姒如事其姑，其于家不敢自专焉。其在贝州，其刺史不悦于民，将去官，民相率欢哗，手瓦石，胥其出击之。刺史匿不敢出，州县吏由别驾已下不敢禁，司法君奋曰："是何敢尔！"属小吏百余人持兵仗以出，立木而署之，曰："刺史出，民有敢观者，杀之木下！"民闻，皆惊相告，散去。后刺史至，加礼擢任，贝州由是大理。其葬日，翱既迁贝州君之丧于贝州，殡于开封，

遂迁夫人之丧于楚州，八月辛亥，至于开封。圹于丁巳，坎于
九月辛酉，窆于丁卯。人谓李氏世家也，侯之五世仕不遂，蕴必
发，其起而大乎！四十年而其兄之子衡始至户部侍郎。君之子
四人，官又卑。翱其孙也，有道而甚文，固于是乎在。

【译文】贞元十七年（801）九月丁卯日，陇西人李翱，将他的
祖父贝州司法参军李楚金、祖母清河崔氏夫人合葬在汴州开封县
一个不知名的村庄里。昌黎韩愈追记他的家世，显明他的高尚品
德，以此来纪念他的葬礼。铭文说：

从梁武昭王六世之后就是司空，司空之后两世便是刺史清渊
侯，再从清渊侯到贝州司法参军，总共是五世。

先生的德行如下：先生侍奉他的兄长就如同侍奉他的父亲一
般恭顺，谨言慎行，不敢有任何差错。先生的夫人侍奉她的嫂嫂就
如同侍奉她的婆婆一样周到，操持家事绝不敢独断专行。先生在
贝州任职期间，贝州刺史不得民心，刺史离任之际，百姓们成群结
队、欢呼雀跃，他们手持瓦块、石头，准备等刺史出来时攻击他。
刺史躲藏起来不敢出门，州县里的官吏，官职在别驾以下的，都不
敢出面禁止，司法先生愤然而起，说："他们岂敢如此无礼！"说完
便率领一百多名小吏，手持兵器走出门外，立下一根木桩，并对围攻
的百姓们说："刺史出来的时候，若百姓有围观、聚堵的，就在这
根木桩下就地正法！"百姓听闻此言，都害怕的相互告诫，人群逐
渐散去。等到继任的刺史上任之后，便提拔了他的官职，并加以重
用，贝州从此政治清明、社会安定，被治理得很好。在他与夫人合
葬时，李翱将先生的灵柩从贝州迁出后，停放在开封，然后又将夫

人的灵柩从楚州迁出，于八月辛亥日运抵开封。丁巳日开始打造墓坑，九月辛酉日新墓竣工，并于丁卯日正式安葬。人们都说李氏本是大家族，是王侯的后裔，然而却连续五代做不成官，经过五世的厚积薄发，李氏将来必定会出现一位大官！四十年后，他兄长的儿子李衡，官职终于达到了户部侍郎。先生的四个儿子，官职都比较低微。作为先生的孙子，李翱不仅深谙礼道而且颇具文采，这就是后世的应验。

处士卢君墓志铭

处士讳于陵，其先范阳人。父贻为河南法曹参军。河南尹与人有仇，诬仇与贼通，收掠取服。法曹曰："我官司也，我在不可以为是！"廷争之以死。河南怒，命牵捽之。法曹争尤强，遂并收法曹。竟奏杀仇，籍其家，而释法曹。法曹出，径归卧家，念河南势弗可败，气愤弗食，欧血卒。东都人至今犹道之。处士少而孤，母夫人怜之。读书学文，皆不待强教，卒以自立。在母夫人侧，油油翼翼，不忍去时岁。母夫人既终，育幼弟与归宗之妹，经营勤甚，未暇进仕也。年三十有六，元和二年五月壬辰，以疾卒。有男十岁，曰义。女九岁，曰孟，有女生处士卒后，未名。于其年九月乙酉，其弟浑以家有无，葬以车一乘于龙门山先人兆。愈于处士妹婿也，为其志，且铭其后曰：

贵兮富兮如其材,得何数兮。名兮寿兮如其人,岂无有兮。彼皆逢其臧,子独迎其凶。兹命也耶? 兹命也耶?

【译文】处士卢于陵,他的祖辈本来是范阳人。其父卢贻担任河南法曹参军。河南府尹和别人有仇,就诬陷仇人和贼寇私通勾结,将仇人收监入狱,逼他认罪。法曹说:"掌管国家的法令是我的职责所在,只要我在这里一天,你就不能这样为所欲为!"说完便在公堂之上与河南府尹以死相争。河南尹大怒,命令士卒将他拖下去。法曹却与他争执得更加激烈,最终河南府尹将法曹一起关押起来。后来河南府尹还是上奏杀了仇人,并查抄了仇人的家产,然后才将法曹释放。法曹出狱后,径直回到家中,从此卧床不起,一想到无法撼动河南府尹的势力,法曹心中便气愤难平,他拒绝进食,最终吐血身亡。东都人至今还常常提起他。处士卢于陵年少丧父,成为孤儿,所幸他的母亲很疼爱他。处士在读书习文方面非常刻苦,从来不用旁人督促管教,最终取得了一定的成就。他始终侍奉在母亲身边,恭谨孝顺,不忍心长时间离开。母亲去世后,他又肩负起抚育幼弟和归宗妹妹的责任,勤勤恳恳地操持家业,没有时间入仕为官。元和二年(807)五月壬辰日,处士因病去世,享年三十六岁。他有一个十岁的儿子,名叫卢义。还有一个九岁的女儿,名叫卢孟,还有一个女儿是在他去世后出生的,还没起名字。同年九月乙酉日,他的兄弟卢浑因为家境不是很富裕,便用一辆车载着,将他安葬在龙门山先人的坟墓旁边。我是处士的妹婿,为他写了墓志,又在后面写了铭文:

凭借他的才能,一定是非富即贵的,他的富贵必定无法计数。

就身体状况而言，他一定是名望和寿命双收之人，怎会一无所有。别人都是逢迎好运，只有他遭遇凶险。这就是命吗？这就是命吗？

故太学博士李君墓志铭

太学博士顿丘李干，余兄孙婿也，年四十八，长庆三年正月五日卒。其月二十六日，穿其妻墓而合葬之，在某县某地。子三人，皆幼。初，干以进士为鄂岳从事，遇方士柳贲，从受药法，服之往往下血，比四年，病益急，乃死。其法以铅满一鼎，按中为空，实以水银，盖封四际，烧为丹沙云。余不知服食说自何世起，杀人不可计，而世慕向之益至，此其惑也！在文书所记及耳闻传者不说，今直取目见亲与之游而以药败者六七公，以为世诫。工部尚书归登、殿中御史李虚中、刑部尚书李逊、逊弟刑部侍郎建、襄阳节度使工部尚书孟简、东川节度御史大夫卢坦、金吾将军李道古，此其人皆有名位，世所共识。工部既食水银得病，自说若有烧铁杖自颠贯其下者，撾而为火，射窍节以出，狂痛号呼乞绝，其裀席得水银，发且止，唾血十数年以毙。殿中疽发其背死。刑部且死，谓余曰："我为药误！"其季建，一旦无病死。襄阳黜为吉州司马，余自袁州还京师，襄阳乘舸邀我于萧洲，屏人曰："我得秘药，不可独不死，今遗子一器，可用枣肉为丸服之。"别一年而病，其家人至，讯之曰："前所服之药误，方且下之，下则平矣。"病二岁，竟卒。卢大夫死时溺出血肉，痛不可忍，乞死。及金吾以柳贲得罪，食贲药，五十死海上。此可以为诫者也！蕲不死，乃速得死，谓之智，可不可也？五谷三牲、盐醯果蔬，人所常御。人相厚勉，必曰强食。今惑者皆曰："五谷令人夭，不能无食，当务减节。"盐醯以济百味，豚、鱼、鸡三者，古以养老，反曰："是皆杀人，不可食。"一筵之馔，禁忌十常不食二三，不信常道而务鬼怪，临死乃悔。后之好者又曰："彼死者皆不得其道也，我则不然。"始病，曰："药动故病，病去药行，乃不死矣。"及且死，又悔。呜呼，可哀也已！可哀也已！

【译文】太学博士顿丘李干，是我兄长的孙女婿，于长庆三年（823）正月五日去世，享年四十八岁。当月二十六日，打开他妻子的坟墓，将他二人合葬，墓地所在的县地不详。李干有三个儿子，都还年幼。起初，李干以进士的身份担任鄂岳从事，后来结识了方士柳贲，便跟随他学习炼丹方术，服药之后往往出血，这样过了四年，李干终因病情恶化去世。他的药法是用铅将鼎注满，徒手在铅中形成中空，并在中空处灌满水银，再用盖子将鼎的四周密封，然后进行烧制，最终形成丹砂等。我不确定这种关于服食丹药的说法是从何时兴起的，但它所毒害的人，确实已不计其数，然而世人却仍然推崇它到极致，真是难以理解啊！暂且不提文章、史书中所载的和耳闻的此类事件，如今直接列举我所见的，与我有来往的亲戚，因服食丹药丧命的就有六七位，以此来警诫世人。工部尚书归登、殿中御史李虚中、刑部尚书李逊、李逊的兄弟刑部侍郎李建、襄阳节度使工部尚书孟简、东川节度御史大夫卢坦、金吾将军李道古，这些都是富有名望、地位，世人皆知的名士。工部尚书归登在服食水银得病之后，自述说好像有一根烧红的铁杖从头到脚直插入身体似的，在体内灼烧，并从七窍、毛孔、关节处喷射而出，剧烈的疼痛感令他狂乱呼号，奄奄欲绝，在他的茵席上随处可见水银，病情不时发作，这样的吐血持续了十几年，最终毙命。殿中御史李虚中是由于背上生疽而死。刑部尚书李逊临死前对我说："我被丹药所误！"他的兄弟刑部侍郎李建，在一天清晨竟然无疾而终。襄阳节度使工部尚书孟简被废黜为吉州司马后，我从袁州回京城，他从襄阳乘船邀我到河中沙洲会面，见面后他斥退众人对我说："我得了秘药，不能光我一人长寿不死，如今送你一些，可混合枣肉制成丸药服下。"分别一年后，他竟身染重疾，当他的家人到来时，我向他们打听他的病情，对方回答说："他是被之前服的丹药所误，必须将药排出，身体才能恢复如初。"就这样病了两年，最终还是去世了。东川节度御史卢大夫在临死前，竟然尿出血和肉，他疼痛难耐，乞求快些死去。金吾将军因为柳贲而获罪，他服食了柳贲的秘制丹药，年仅五十岁便死于海上。这些真实的案例都可以作为警诫啊！祈求长生不老，却反而死得更快，说它是明智，可以不可以啊？五谷、三牲、盐醋、果品、蔬菜，这些都是人们日常所需的食材。人们相互劝勉时，必定会劝对方尽可能多进食。如今却有人质疑说："五谷会令人短寿，虽不能不吃，但也尽量要减少食量。"盐醋是用来调剂百味的，猪、鱼、鸡这三样食材，自古以来用它们养生，但如今却有人反而说："杀生如同杀人，不可食用。"一桌宴席，其中有十之二、三是被禁食的，不遵循自然规律而迷信于鬼怪神灵，直到临死之前才有所悔悟。后世有同样爱好的人又说："那些死者都是因为没有参透其中的要领，我就不是这样。"生病初期说："因药力发作从而出现症状，等症状消失后，药效才开始运行，到那时就可以长生不死了。"这样一直到临终前，才幡然醒悟。呜呼，可悲啊！可悲啊！

卷三十五　碑志

卢浑墓志铭

前汝父母，右汝弟兄，汝从之居，视汝如生。迁汝于居兮，日月之良。汝居孔固兮，后无有殃。如不信兮，视此铭章。

【译文】前面是你的父母，右面是你的兄弟，你随他们一起居住于此，他们会像你在世时一样看护着你。在一个良辰吉日，我们将你的居室迁到此地。你的居室牢固无比，以后也不会有什么灾殃发生。若不相信，就请看这篇铭文。

虢州司户韩府君墓志铭

　　安定桓王五世孙叡素为桂州刺史，化行南方。有子四人，最季曰绅卿，文而能官，尝为杨州录事参军，事故宰相崔圆。圆狎爱州民丁某，至顾省其家。后大衙会日，司录君趋以前，大言曰："请举公过！公与小民狎，至其家，害于政。"圆惊谢曰："录事言是，圆实过。"乃自署罚五十万钱。由是迁泾阳令，破豪家水碾利民田，顷凡百万。君讳岌，桂州君之孙，司录君之子，亦以能官名。少而奇，壮而强，老而通，以元和元年六月十四日卒，年五十七。娶京兆田氏。男曰家，女曰都，皆幼。初，君乐虢之土田山水，求掾其州，去官犹家之。既卒，因以其年九月某日葬于州北十里崔长史墓西。铭曰：

　　凡兆于兹，唯其家之材，盖归有时。

　　【译文】安定桓王的五世孙韩叡素任桂州刺史，到南方施行教化。他共有四个儿子，最小的叫韩绅卿，文采出众且能胜任官职，曾任扬州录事参军，辅佐过原宰相崔圆。崔圆狎爱州民丁某，经常到他家里探望。后来在大型官衙集会议事时，司录君走上前去，大声说道："请允许我举出您的过失！您和小民私相狎爱，还去到他的家中，这会妨碍您处理政事。"崔圆猛然惊醒，赶紧谢罪说：

"录事言之有理，崔圆确实错了。"于是判罚自己五十万钱。先生因此事迁任泾阳令，上任后便拆除了权势之家的水碾，以便利于百姓，受益农田共达一百多万顷。先生韩发，是桂州刺史的孙子，司录参军的儿子，也以善于为官而闻名。少年时便具奇才，壮年时更加强健，到老年时则无比通达，于元和元年（806）六月十四日去世，享年五十七岁。他娶了京兆田氏之女为妻。先生的儿子叫韩家，女儿叫韩都，都还年幼。起初，先生对虔州的山水土田很是喜欢，便请求到那里去任属员，辞职后依然住在虔州。先生去世后，在当年九月某日安葬在虔州北面十里处的崔长史墓西侧。铭文写道：

凡是坟墓立于此地的，其家必出奇才，待到合适时机定会有所成就。

四门博士周况妻韩氏墓志铭

四门博士周况妻韩氏，讳好好，尚书礼部郎中讳云卿之孙，开封尉讳俞之女。俞娶赵氏，生二女、三男。开封卓越豪纵，不治资业，喜酒色狗马。赵氏卒十一年，而开封亦卒。开封从父弟愈，于时为博士，乞教东都生，以收其孥于开封界中教畜之，而归其长女于周氏况。况，进士，家世儒者。曾祖讳延，潭州长沙令。祖讳晦，常州参军。父讳良甫，左骁卫兵曹参军。况立名行，人士誉之。韩氏嫁九年，生一男一女，年二十七，以疾卒，葬长安城南凤栖原。其从父愈，于时为中书舍人，为铭曰：

　　夫丧少妇，子失壮母，归咎无处。

　　【译文】四门博士周况的妻子韩好好，是尚书礼部郎中韩云卿的孙女，开封尉韩俞的女儿。韩俞娶的是赵氏女子，生了两个女儿、三个儿子。开封尉才华卓越而又豪放不羁，他不治资产，却沉迷于酒色犬马的奢侈生活。赵氏夫人去世十一年后，开封尉也离世了。开封尉的堂弟韩愈，当时为博士，请求到东都教授众生，以便将堂兄的子女接到开封界内养育教导，又将堂兄的长女嫁给了周况。周况，是进士，家中世代都是儒者。曾祖父周延，任潭州长沙令。祖父周晦，任常州参军。父亲周良甫，任左骁卫兵曹参军。周况的名望和德行都很高，士人们对他赞誉有加。韩氏嫁给他九年，生了一儿一女，二十七岁时因病去世，葬在长安城南的凤栖原。她的叔父韩愈，当时任中书舍人，为她作了碑铭，写道：

　　丈夫丧失了年轻的妻子，儿女失去了坚强的母亲，她这短短的一生，没有什么错处可以让人责备。

韩滂墓志铭

　　滂，韩氏子，其先仕魏，号安定桓王。滂父老成，厚谨以文，为韩氏良子弟，未仕而死。有二子，滂其季也。其祖讳介，为人孝友，一命率府军佐以卒。二子：百川、老成。老成为伯父起居舍人后。起居有德行言词，为世轨式。滂既兄弟二人，而率府长子百川死，无嗣，其叔祖愈命滂归后其祖。滂清明逊悌以敏，读书作文，功力兼人。为文词，一旦奇伟骤长，不类旧常。吾曰："尔得无假人耶？"退大喜，谓其兄湘曰："某违翁且逾年，惧无以为见，今翁言乃然，可以为贺！"群辈来见，皆曰："滂之大进，不唯于文词，于为人亦然。"既数月，得疾以卒，年十九矣。吾与妻哭之伤心，三日而敛；既敛七日，权葬宜春郭南里。呜呼！其可惜也已！铭曰：

天固生之耶，偶自生耶？天杀之耶，其偶自死耶？莫不归于死，寿何少多？铭以送汝，其悲奈何！

【译文】韩滂，是韩氏子弟，他的祖先曾任职于魏朝，封号为安定桓王。韩滂的父亲韩老成，为人敦厚谨慎颇有文才，是韩氏宗族的优秀子弟，可惜尚未进入仕途便去世了。他有两个儿子，韩滂是他的小儿子。他的祖父韩介，为人孝顺父母、友爱兄弟，去世前一直任率府军佐。他有两个儿子：韩百川和韩老成。韩老成是伯父起居舍人韩会的后人。韩会素有德行，又善言辞，是世人的典范。韩滂只有兄弟二人，而率府长子韩百川又早逝，没有后嗣，叔祖韩愈便让韩滂归嗣于他们的祖父韩百川。韩滂为人清朗、谦逊、孝悌、聪敏，读书为文，功力胜过他人。写作文章诗词，竟骤然于一夜间变得奇伟无比，与从前大不相同。我说："你有没有假借他人之笔？"他回去后竟无比惊喜，对哥哥韩湘说："我已有一年多没遵照叔祖的话去做了，还担心拿不出什么东西给叔祖看，如今叔祖却这样说，真是值得庆贺啊！"其他人来见我时，都说："韩滂大有进步，不只在文辞方面，在为人上也是如此。"只是才过了几个月，韩滂却因病不幸去世，他才只有十九岁啊。我和妻子都为他伤心哭泣，过了三天将他入殓，入殓七日后，暂且将他葬在宜春城南里。唉！真让人痛惜啊！铭文写道：

原本是上天让你出生的呢，还是你自己要出生的呢？是上天要你死的呢，还是你因不幸而死的呢？人终归一死，但寿命为何有长有短呢？作此铭文送你，我的心中纵然悲痛万分却也是无可奈何！

女挐圹铭

女挐，韩愈退之第四女也，惠而早死。愈之少为秋官，言佛夷鬼，其法乱治，梁武事之，卒有侯景之败，可一扫刮绝去，不宜使烂漫。天子谓其言不祥，斥之潮州，南海揭阳之地。愈既行，有司以罪人家不可留京师，迫遣之。女挐年十二，在病，既惊痛与其父诀，又舆致走道，撼顿失食饮节，死于商南层峰驿，即瘗道南山下。五年，愈为京兆，始令子弟与其姆易棺衾，归女挐之骨于河南之河阳韩氏墓而葬之。女挐死当元和之十四年二月二日，其发而归在长庆三年十月之四日，其葬在十一月之十一日。铭曰：

汝宗葬于是，汝安归之，惟永宁！

【译文】小女韩挐，是韩愈的第四个女儿，颇为聪慧却不幸早逝。我任刑部侍郎时，上书提及佛是夷人的鬼神，推崇佛法将会导致政治大乱，以前梁武帝事佛，最终导致侯景之乱因而亡国，应将佛教铲除干净，不应让它在中国泛滥传播。天子认为我的话不祥，将我贬到潮州，那里本是汉代南海揭阳之地。韩愈启程后，有司认为有罪之人的家属不能留在京城，便逼迫着将他们遣送出京。我的女儿韩挐年仅十二岁，正在病中，与父亲诀别本就无比惊痛，现在又历尽艰辛奔波在路上，由于一路颠簸，加之饮食毫无规律，最终死在商州南部的层峰驿，鉴于当时的情况，只得将其草草埋在南山脚下的路边。五年后，我任京兆尹一职，这才让我的子弟与她的乳母给她换了棺材和衣衾，将女儿韩挐的骨殖运回河南河阳，安葬在韩氏墓地。我的女儿韩挐是元和十四年（819）二月二日死的，将其棺木挖出并运回是在长庆三年（823）十月四日，安葬日期是十一月十一日。铭文写道：

你的祖先都安葬于此，你也平安回到了这里，唯愿你能永远安息！

河南缑氏主簿唐充妻卢氏墓志铭

夫人卢氏讳某，兰陵太守景柔八世孙。父贻，卒河南法曹。法曹娶上党苗氏，太师晋卿兄女，生三女三男，夫人最长。法曹卒，苗夫人嫁之唐氏充。充，明经，宰相休憬曾侄孙，出郗氏。外王父昂，中书舍人。夫人年若干，嫁唐氏，凡生男与女九人。年四十二，元和四年正月二十二日卒。其年四月十五日，葬河南府河南县之大石山下。铭曰：

夫人本宗，世族之后；率其先猷，令德是茂。

爰归得家，九子一母；婉婉有仪，柔静以和。命不侔身，兹其奈何。刻铭墓石，以告观者。

【译文】夫人卢氏，名不详，是兰陵太守卢景柔的第八代孙女。父亲卢贻，在河南法曹任上去世。法曹娶了上党苗氏女子，是太师苗晋卿兄长的女儿，一共生了三个女儿、三个儿子，夫人最为年长。法曹去世后，苗夫人嫁给了唐充。唐充以明经登第，是宰相唐休憬的曾侄孙，为郗氏所生。他的外祖父郗昂，任中书舍人。夫人在适婚年纪嫁给了唐氏，一共生了九个儿女。她于元和四年（809）正月二十二日去世，享年四十二岁。当年四月十五日，葬在河南府河南县大石山下。铭文写道：

夫人家的卢世宗族，原本是世族之后；她秉承祖先的优良家风，自身怀有美好的德行。

她嫁给了门当户对的好人家，一生孕育了九个子女；她美好柔顺而又知礼，温柔宁静而又和善。只是命不等身，又能奈何。将此铭文刻在墓碑上，以昭告看到的世人。

乳母墓铭

乳母李氏，徐州人，号正真，为韩氏家乳其儿愈。愈生未再周月，孤失怙恃，李氏怜，不忍弃去，视保益谨，遂老韩氏。及见其所乳儿愈举进士第，历佐汴、徐军，入朝为御史、国子博士、尚书都官员外郎、河南令；娶妇，生二男五女。时节受庆贺，愈辄率妇孙列拜进寿。年六十四，元和六年三月十八日病卒，三日，葬河南县北十五里。愈率妇孙视窆封，且刻其语于石，纳诸墓为铭。

【译文】乳母李氏，是徐州人，号正真，为韩家哺育乳儿韩愈。我生下来还未满两周岁，就成了无依无靠的孤儿，李氏对我很是怜爱，不忍弃我而去，于是对我更加用心看护照顾，就这样在韩家生活到老年。她一直看着自己的乳儿韩愈进士及第，然后辅佐汴、徐军，入朝任御史、国子博士、尚书都官员外郎、河南令；看着我娶妻，生了两个儿子和五个女儿。每逢佳节庆贺时，我都会带着妻子、儿女恭敬地向她下拜行礼，祝她长寿。乳母在元和六年（811）三月十八日病逝，享年六十四岁，去世三日后，安葬在河南县北十五里处。我率领妻子、儿女亲眼看着墓门被封好，并将这些话刻在石碑上，置于墓前作为碑铭。

卷三十六　杂文

瘗砚铭

陇西李观元宾始从进士贡在京师，或贻之砚，既四年，悲欢穷泰，未尝废其用。凡与之试艺春官，实二年登上第。行于褒谷间，役者刘胤误坠之地，毁焉，乃匦归，埋于京师里中。昌黎韩愈，其友人也，赞且识云：

土乎质，陶乎成器。复其质，非生死类。全斯用，毁不忍弃。埋而识之，仁之义。砚乎砚乎，与瓦砾异。

【译文】陇西人李观，字元宾，他在京城参加进士考试时，有人送给他一方砚台，此后的四年之中，无论处于悲伤或者欢喜的境地，还是遭遇困顿或者通达的经历，李观都没有抛弃它。他带着这方砚台参加了礼部的考试，终于在第二年登科及第。李观路过褒谷的时候，仆人刘胤失手将砚台掉在地上，摔碎了，李观将砚台的碎片装在匣子中埋在京城的里巷中。韩昌黎韩愈，是他的朋友，称赞他的做法并作志记载：

砚台原本来自泥土，经过淘洗琢磨，最终成为供人使用的器物。现在又回归了它的本质，这就是所谓的无生无死啊。完好的时候被人所使用，毁坏以后也不忍心丢弃。妥善埋藏并作文记载，真是仁义之人啊。砚台啊，砚台啊，和瓦砾迥然不同啊。

毛颖传

毛颖者，中山人也。其先明眎，佐禹治东方土，养万物有功，因封于卯地，死为十二神。尝曰："吾子孙神明之后，不可与物同，当吐而生。"已而果然。明眎八世孙䶉，世传当殷时居中山，得神仙之术，能匿光使物，窃姮娥，骑蟾蜍入月，其后代遂隐不仕云。居东郭者，曰䨲，狡而善走，与韩卢争能，卢不及。卢怒，与宋鹊谋而杀之，醢其家。秦始皇时，蒙将军恬南伐楚，次中山，将大猎以惧楚，召左右庶长与军尉以《连山》筮之，得天与人文之兆。筮者贺曰："今日之获，不角不牙，衣褐之徒，缺口而长须，八窍而趺居，独取其髦，简牍是资。天下其同书，秦其遂兼诸侯乎！"遂猎，围毛氏之族，拔其毫，载颖而归，献俘于章台宫，聚其族而加束缚焉。秦皇帝使恬赐之汤沐，而封诸管城，号曰管城子，日见亲宠任事。颖为人强记而便敏，自结绳之代以及秦事，无不纂录。阴阳、卜筮、占相、医方、族氏、山经、地志、字书、图画、九流、百家、天人之书，及至浮屠、老子、外国之说，皆所详悉。又通于当代之务，官府簿书、市井货钱注记，惟上所使。自秦皇帝及太子扶苏、胡亥、丞相斯、中车府令高，下及国人，无不爱重。又善随人意，正直、邪曲、巧拙，一随其人。虽后见废弃，终默不泄。惟不喜武士，然见请亦时往。累拜中书令，与上益狎，上尝呼为"中书君"。上亲决事，以衡石自程，虽宫人不得立左右，独颖与执烛者常侍，上休乃罢。颖与绛人陈玄、弘农陶泓及会稽楮先生友善，相推致，其出处必偕。上召颖，三人者不待诏辄俱往，上未尝怪焉。后因进见，上将有任使，拂拭之，因免冠谢。上见其发秃，又所摹画不能称上意，上嘻笑曰："中书君老而秃，不任吾用。吾尝谓君中书，而今不中书耶！"对曰："臣所谓尽心者。"因不复召，归封邑，终于管城。其子孙甚多，散处中国夷狄，皆冒管城。惟居中山者，能继父祖业。

太史公曰："毛氏有两族：其一姬姓，文王之子，封于毛，所谓鲁、卫、毛、聃者也。战国时有毛公、毛遂。独中山之族不知其本所出，子孙最为蕃昌。《春秋》之成，见绝于孔子，而非其罪。及蒙将军拔中山之豪，始皇封之管城，世遂有名，而姬姓之毛无闻。颖始以俘见，卒见任使，秦之灭诸侯，颖与有功，赏不酬劳，以老见疏，秦真少恩哉！"

【译文】毛颖（拟人手法，指毛笔），中山人氏。据说毛颖的先祖是兔子，曾辅佐夏禹治理东方，因其养育万物有功，所以被分封至卯地，死后成为十二生肖中的神明之一。他曾说："我的后世子孙乃神明的后裔，不同于其他物种，出生时幼仔应从嘴里吐出。"后来果然如此。兔子的第八代孙鵔出生时，正值人间的殷朝，他住在中山国，习得仙术，会隐身，能役使外物，他与嫦娥幽会，骑着蟾蜍进入月宫，于是他的后代都隐居起来，不出仕做官。居住在东城的兔子名为鵔，他生性狡猾、善于奔跑，与韩国的良犬韩卢赛跑时，韩卢追不上他。韩卢大怒，便和宋国的良犬宋鹊合谋将其杀害，并把他的全家都剁成了肉酱。秦始皇时期，蒙恬将军受命南伐楚国，驻扎在中山，想要通过一场规模宏大的狩猎活动来震慑楚国，于是他召集左右庶长和军尉以《连山》卦进行占卜，结果显示出天时、人和的吉兆。占卜者贺喜道："今日将捕获的，是一个没有犄角没有尖牙，外表褐色的动物，豁嘴长须，生有八窍，会像人一样蹲坐，获取他的毛，可以制成书写简牍的材料。如果天下人都以此来书写简牍，那么秦国岂不就可以兼并诸侯了！"于是狩猎开始，军队围捕了毛颖家族，拔下他们的毛并载着毛颖返回，在章台宫将俘虏献给秦始皇，从此毛颖家族被集中看管起来。秦始皇命蒙恬带他们去汤池沐浴，并赐给他们封地管城，还为他们赐名管城子，从此毛颖家族日渐获得秦始皇的恩宠并参与日常事务的管理。毛颖记忆力超强且思维敏捷，自结绳记事起直到秦朝，所有的史事无不纂修载录。其中包括阴阳、卜筮、占相、医方、姓氏、山经、地志、字书、图画、三教九流、诸子百家、天人之书，乃至佛教、道教、外国的各种学说，全都记录得清晰详尽。此外他还精通当代各类事务，包括官府簿文、市井货钱注记，这些才能全都为皇上所用。上至秦始皇，再到太子扶苏、胡亥、丞相李斯、中车府令赵高，下至普通百姓，无人不爱重他。他还特别善解人意，正直、邪曲、巧拙完全符合人意。即使最终被废弃一边，他也始终保持沉默，绝不泄露半点讯息。他唯独不喜欢武士，但是如果对方诚心相邀，他也会时常前往。毛颖积功升官，官拜中书令，与皇上的关系也是异常亲密，皇上总是称他为"中书君"。皇上亲自决断各类事务，勤于国政，每天为自己限额一定数量的公文，就算是宫人也不得站在身旁，唯独毛颖和掌灯的宫人经常在身旁侍奉，直到皇上休息时才可歇息。毛颖与绛县人陈玄（指墨，绛州盛产墨，陈年墨为最佳，色黑而玄）、弘农人陶泓（指砚，弘农盛产砚，陶土烧制，砚中有水曰泓）以及会稽人褚先生（指纸，会稽以褚木制纸）之间亲近和睦，彼此尊敬，他们出入都在一起，形影不离。若皇上要召见毛颖，其余三人不等皇上诏命便一同前往，皇上从未怪罪过他们。后来毛颖进见，皇上打算委以重任，拂拭他，毛颖免冠谢恩。皇上看到他头顶光秃秃的，所书写的笔画也无法满足皇上的心意，便开玩笑说："中书君年老，头也秃了，不能胜任朕的指派了。朕曾经称你为中书，现在变成不中书了！"毛颖回答："臣已尽力。"于是皇上从此不再召见毛颖，他回到封地，于管城终老。毛颖子孙众多，散布于中原各处以及蛮夷之地，都享有管城人的称号。只有居于中山的子孙们能够传承祖辈的事业。

太史公说："毛氏分为两族：其中一支是姬姓，祖先是周文王之子，封于毛地，就是所谓的鲁、卫、毛、聃中的毛国。战国时以毛公和毛遂为代表人物。唯有中山这一支的祖先不知是何许人，然而这一支的子孙却最为兴旺。孔子编撰《春秋》，是在鲁国猎获麒麟那年停笔的，这并非毛颖的罪过。自从蒙恬将军在中山拔取了毛颖之毫，秦始皇赐封管城，使毛颖举世闻名，而毛氏中姬姓的一族却默默无闻。毛颖最初以俘虏的身份出现，后被委以重任，秦始皇兼并六国诸侯，毛颖立下战功，然而却没有得到应有的赏赐与酬劳，最后还因为年老头秃被疏远，真是薄情寡义的秦始皇啊！"

送穷文

元和六年正月乙丑晦，主人使奴星结柳作车，缚草为船，载糗舆粮，牛系轭下，引帆上樯，三揖穷鬼而告之曰："闻子行有日矣，鄙人不敢问所涂，具船与车，备载糗粮，日吉时良，利行四方，子饭一盂，子啜一觞，携朋挈俦，去故就新，驾尘彉风，与电争先。子无底滞之尤，我有资送之恩。子等有意于行乎？"屏息潜听，如闻音声，若啸若啼，砉欻嚘嘤。毛发尽竖，竦肩缩颈，疑有而无，久乃可明。若有言者曰："吾与子居四十年余。子在孩提，吾不子愚；子学子耕，求官与名，惟子是从，不变于初。门神户灵，我叱我呵，苟羞诡随，志不在他。子迁南荒，热烁湿蒸，我非其乡，百鬼欺陵。太学四年，朝齑暮盐，惟我保汝，人皆汝嫌。自初及终，未始背汝，心无异谋，口绝行语。于何听闻，云我当去，是必夫子信谗，有间于予也。我鬼非人，安用船车？鼻嗅臭香，糗粻可捐，单独一身，谁为朋俦？子苟备知，可数已不？子能尽言，可谓圣智，情状既露，敢不回避？"主人应之曰："子以吾为真不知也耶？子之朋俦，非六非四，在十去五，满七除二。各有主张，私立名字，掩手覆羹，转喉触讳。凡所以使吾面目可憎，语言无味者，皆子之志也。其一名曰智穷：矫矫亢亢，恶圆喜方，羞为奸欺，不忍害伤。其次名曰学穷：傲数与名，摘抉杳微，高揖群言，执神之机。又其次曰文穷：不专一能，怪怪奇奇，不可时施，只以自嬉。又其次曰命穷：影与形殊，面丑心妍，利居众后，责在人先。又其次曰交穷：磨肌戛骨，吐出心肝，企足以待，置我仇冤。凡此五鬼，为吾五患。饥我寒我，兴讹造讪。能使我迷，人莫能间。朝悔其行，暮已复然。蝇营狗苟，驱去复还。"言未毕，五鬼相与张眼吐舌，跳踉偃仆，抵掌顿脚，失笑相顾，徐谓主人曰："子知我名，凡我所为，驱我令去，小黠大痴。人生一世，其久几何？吾立子名，百世不磨。小人君子，其心不同，惟乖于时，乃与天通。携持琬琰，易一羊皮，饫于肥甘，慕彼糠麋。天下知子，谁过于予？虽遭斥逐，不忍子疏。谓予不信，请质诗书。"

主人于是垂头丧气，上手称谢，烧车与船，延之上座。

【译文】元和六年（811）正月三十日，主人让名叫星的仆人编结柳条为车，捆扎草束为船，里面装上干粮，接着套好牛车，挂上风帆，主人对着穷鬼三作揖，向穷鬼祷告说："听说您要走了，我不敢询问您的目的地，亲自为您准备了车船，又备上了充足的干粮，现在是个良辰吉日，利于出行，请您再吃一碗饭，再喝一杯酒，然后带着您的朋友和同伴，离开故地前往新居吧，一路上扬尘追风，快如闪电。如此一来您不会因为滞留此地而招来怨恨，而我又获得殷勤送行的情谊。诸位有远行的打算吗？"说完，我屏住呼吸，细心倾听，好像听到了声音，如啸如泣，声音细小而杂乱。我不禁毛发竖起，全身紧缩，那声音若有若无，过了很长时间我才听清楚。好像有人在说话："我和您相居已经四十多年了。您还是孩子时，我不曾愚弄过您；等您长大后读书、种田，求官、求名，这一切事情我也都听从您的安排，从不改变我的初衷。您家的门神呵斥我，我含羞忍辱，委曲求全，从无二心。您被贬流放到南方荒芜的地方，那里的气候闷热潮湿，因为我不是当地的神灵，所以各种鬼怪都来欺负我。您在太学的四年中，穷困潦倒，粗茶淡饭，也只有我守护在您身边，而他人都嫌弃您。自始至终，我都没有背弃过您，心里没有其他的打算，口中没有离开的言语。您从哪里听说我要离去，唉，先生必定是听信了谗言，对我产生了疏远。我是鬼又不是人，哪里用得着车船呢？我从来都是只闻食物的气味，干粮就更不需要了，我历来孤身一人，哪里来的朋友同伴呢？您假如真知道的话，那么可以一一列举出来吗？您如果全都知道的话，那就可以算是智者了，我的真实情况一旦暴露了，我敢不回避您吗？"主人回答说："你以为我真不知道你的情况吗？你的同伴，不是六个，也不是四个，而是十个减去五个，七个去掉两个。你的同伴各有主张，各自给自己起了名字，使我抬手就会打翻羹汤，开口就会触犯忌讳。凡是能让我变得面目可憎，语言无味的结局，都是你们所希望看到的。你的这些同伴，第一个名叫智穷：性情刚强正直，厌恶圆滑，喜欢方正，耻于奸猾，不忍害人。第二个名叫学穷：轻视数术名物的学问，喜欢探索高深精妙的道理，撷取各家学说的精华，穷极天地万物的规律。第三个名叫文穷：没有一技之长，文章奇奇怪怪，有才不能施展于当世，只能自娱自乐。第四个名叫命穷：影子和身形不相统一，面目丑陋而内心美好，有利的事总在人后，而担责的事总在人先。第五个名叫交穷：对朋友推心置腹，肝胆相照，翘首以盼朋友的到来，而别人却把他当作仇敌。你们这五个穷鬼，是我的心腹大患啊。使我饥寒贫困，对我造谣毁谤。让我沉迷于你们的诱惑，别人也无法将我和你们分开。我早上后悔自己的行为，晚上还是依然如故。你们就像嗡嗡乱飞的苍蝇，又像纠缠无耻的野狗，撵走了又回来。"主人的话还没有说完，五个穷鬼就张目吐舌，上蹿下跳，前仰后合，互相对视，失声大笑起来，一起对主人说："您知道我们的名字和我们的所作所为，您驱赶我们离去，这是小聪明而大愚痴啊。人生一世，能存在多长时间呢？我们使您树立了不朽的名声，百世之后也不会泯灭。您要知道，小人和君子的心思是不一样的，不适合于世俗，才能与天意相通。手持美玉去交换一张羊皮，饱食美味却又美慕糠粥。普天下最了解您的人，有谁能超过我们呢？即使遭受到您的斥责驱逐，我们也不忍心与您疏远。如果您认为我们的话不可信，请您从《诗》《书》中寻找答案吧。"

主人听完之后垂头丧气，举手向穷鬼称谢，烧掉先前准备的车船，将穷鬼们请回上座。

鳄鱼文

维元和十四年四月二十四日，潮州刺史韩愈使军事衙推秦济，以羊一猪一，投恶溪之潭水，以与鳄鱼食，而告之曰：

昔先王既有天下，列山泽，罔绳擉刃，以除虫蛇恶物为民害者，驱而出之四海之外。及后王德薄，不能远有，则江、汉之间，尚皆弃之以与蛮夷楚、越，况潮，岭海之间，去京师万里哉？鳄鱼之涵淹卵育于此，亦固其所。今天子嗣唐位，神圣慈武，四海之外，六合之内，皆抚而有之，况禹迹所掩，扬州之近地，刺史县令之所治，出贡赋以供天地宗庙百神之祀之壤者哉？鳄鱼其不可与刺史杂处此土也！

刺史受天子命，守此土，治此民，而鳄鱼睅然不安溪潭，据食民畜、熊豕鹿獐，以肥其身，以种其子孙，与刺史亢拒，争为长雄。刺史虽驽弱，亦安肯为鳄鱼低首下中，伈伈睍睍，为民吏羞，以偷活于此邪？且承天子命以来为吏，固其势不得不与鳄鱼辨。鳄鱼有知，其听刺史言。潮之州，大海在其南，鲸鹏之大，虾蟹之细，无不容归，以生以食。鳄鱼朝发而夕至也。今与鳄鱼约：尽三日，其率丑类南徙于海，以避天子之命吏。三日不能，至五日；五日不能，至七日；七日不能，是终不肯徙也，是不有刺史，听从其言也。不然，则是鳄鱼冥顽不灵，刺史虽有言，不闻不知也。夫傲天子之命吏，不听其言，不徒以避之，与冥顽不灵，为民物害者，皆可杀！刺史则选材技吏民，操强弓毒矢，以与鳄鱼从事，必尽杀乃止。其无悔！

【译文】元和十四年（819）四月二十四日，潮州刺史韩愈派属下军事衙推秦济，将一头羊、一头猪，投入恶溪之中喂鳄鱼，并且祝告说：

从前帝王享有天下之后，封闭山林川泽，布下罗网利刃，以消除那些祸害百姓的虫、蛇等动物，将它们驱逐到四海之外。后世帝王的德行浅薄，不能治理边远之地，而长江、汉水之间的土地，尚且还会放弃给楚越之间的蛮夷，更何况是潮州，处于北倚五岭、南临南海之间的地带，与京城相距万里呢？鳄鱼之所以在此潜藏繁衍，也就在情理之中了。如今天子继承大唐皇位，神圣慈武，四海之外，天地之内，都在他的抚育治理之下，更何况潮州是大禹足迹所到之处，地处扬州境内，是刺史县令所治理的地方，难道不也是交纳贡品赋税来供给天子祭祀天地宗庙百神的地方吗？鳄鱼不可以与刺史同在一方土地上生活！

刺史奉天子之命，镇守这方土地，治理这里的百姓，而鳄鱼竟然不想安安静静地待在溪潭之中，胆敢抢夺吞食百姓的牲畜、熊猪鹿獐，以此来肥硕自身，繁衍后代，与刺史抗衡，争相在一方称雄。刺史即便平庸无能，力量薄弱，又怎能甘心屈于鳄鱼之下，低声下气，使得百姓和官吏蒙羞，以此在这里苟且偷生呢？而且刺史是承奉天子之命来这里为官的，他就不得不与鳄鱼分出高低。鳄鱼若是有知，就应当听从刺史所言。潮州之地，大海在它的南面，大至鲸鱼、鹏鸟,小至虾、蟹,无一不在大海之中归宿栖息,生存觅食。鳄鱼早上从潮州出发,晚上就能到达大海。现在我与鳄鱼约定:最多三天,务必率领那些丑恶的同类南迁回到大海,以此避开天子派来的命官。三天不能离开,就延至五天;五天不能离开,就延至七天;七天若是还不能离开,这说明鳄鱼始终都不肯迁移了,这是不尊重刺史,不愿听从他的话。不然的话,那就是鳄鱼冥顽不灵,即便刺史已经有言在先,但鳄鱼依旧不闻不问。凡是对天子派来的命官傲慢无礼,不听他的话,不愿意迁移避开,以及冥顽不灵,祸害百姓牲畜的动物,都应该杀掉!刺史则要挑选能干有技术的官吏和百姓,操起强弓毒箭,与鳄鱼对抗,一定要将鳄鱼赶尽杀绝才会罢手。你们可不要后悔!

卷三十七 行状 状

故金紫光禄大夫检校尚书左仆射同中书门下平章事兼汴州刺史充宣武军节度副大使知节度事管内支度营田汴宋亳颍等州观察处置等使上柱国陇西郡开国公赠太傅董公行状

曾祖仁琬,皇任梁州博士。祖大礼,皇赠右散骑常侍。父伯良,皇任开州新浦县主簿,皇赠尚书左仆射。

公讳晋,字混成,河中虞乡万岁里人。少以明经上第。宣皇帝居原州,公在原州,宰相以公善为文,任翰林之选,既以闻召见,拜秘书省校书郎,入翰林为学士,三年出入左右,天子以为谨愿,赐绯鱼袋,累升为卫尉寺丞。出翰林,以疾辞,拜汾州司马。崔圆为扬州,诏以公为圆节度判官,摄殿中侍御史。以军事如京师朝,天子识之,拜殿中侍御史内供奉;由殿中为侍御史，入尚书省，为主客员外郎。由主客为祠部郎中。先皇帝时，兵部侍郎李涵如回纥，立可敦，诏公兼侍御史，赐紫金鱼袋，为涵判官。回纥之人来曰："唐之复土疆，假回纥力焉。约我为市马，马既入而归我贿不足，我于使人卒取之。"涵惧，不敢对，视公。公与之言曰："我之复土疆，尔信有力焉。吾非无马，而与尔为市，为尔赐不既多乎？尔之马岁五至，吾数皮而归资。边吏请致诘也，天子念尔有劳，故下诏禁侵犯。诸戎畏我大国之尔与也，莫敢校焉。尔之父子宁而畜马蕃者，非我谁使之！"于是其众皆环公拜，既又相率南面序拜，皆举两手曰："不敢有意大国。"自回纥归，拜司勋郎中。未尝言回纥之事。迁秘书少监，历太府、太常二寺亚卿，为左金吾卫将军。今上即位，以大行皇帝山陵出财赋，拜太府卿；由太府为左散骑常侍，兼御史中丞，知台事。三司使擢才俊有威风，始公为金吾，未尽一月拜太府，九日又为中丞，朝夕入议事，于是宰相请以公为华州刺史；拜华州刺史、潼关防御镇国军使。朱泚之乱，加兼御史大夫，诏至于上所，又拜国子祭酒，兼御史大夫，宣慰恒州。于是朱滔自范阳以回纥之师助乱，人心大恐；公既至恒州，恒州即日奉诏出兵与滔战，大破走之，还至河中，李怀光反，上如梁州。怀光所率皆朔方兵，公知其谋与朱泚合也，患之，造怀光，言曰："公之功，天下无以与敌；公之过，未有闻于人。某至上所，言公之情，上宽明，将无不赦宥焉。乃能为朱泚臣乎？彼为臣而背其君，苟得志，于公何有？且公既为太尉矣，彼虽宠公，何以加此？彼不能事君，能以臣事公乎？公能事彼，而有不能事君乎？彼知天下之怒，朝夕戮死者也，故求其同罪而与之比，公何所利焉？公之敌彼有余力，不如明告之绝，而起兵袭取之，清宫而迎天子，庶人服而请罪有司，虽有大过，犹将掩焉；如公则谁敢议？”语已，怀光拜曰：“天赐公活怀光之命！”喜且泣，公亦泣。则又语其将卒如语怀光者，将卒呼曰：“天赐公活吾三军之命。”拜且泣，公亦泣，故怀光卒不与朱泚。当是时，怀光几不反。公气仁，语若不能出口；及当事，乃更疏亮捷给。其词忠，其容貌温然，故有言于人无不信之。明年，上复京师，拜左金吾卫大将军；由大金吾为尚书左丞，又为太常卿；由太常拜门下侍郎平章事。在宰相位凡五年，所奏于上前者，皆二帝三王之道，由秦、汉以降未尝言。退归，未尝言所言于上者于人。子弟有私问者，公曰：“宰相所职系天下。天下安危，宰相之能与否可见；欲知宰相之能与否，如此视之其可。凡所谋议于上前者，不足道也。”故其事卒不闻。以疾病辞于上前者不已，退以美辞者八，方许之。拜礼部尚书。制曰：“事上尽大臣之节。”又曰：“一心奉公。”于是天下知公之有言于上也。初，公为宰相，时五月朔，会朝，天子在位，公卿百执事在廷，侍中赞百寮贺，中书侍郎平章事窦参摄中书令，当传诏，辞疾作，不能事。凡将大朝会，当事者既受命，皆先日习仪；于时未有诏，公卿相顾，公逡巡进，北面言曰：“摄中书令臣某病不能事，臣请代某事。”于是南面宣致诏词。事已，复位，进退甚详。为礼部四年，拜兵部尚书，入谢，上语移时晏。复有入谢者，上喜曰：“董某疾且损矣！”出语人曰：“董公且复相。"既二日，拜东都留守，判东都尚书省事，充东都畿，汝都防御使、兼御史大夫，仍为兵部尚书。由留守未尽五月，拜检校尚书左仆射同中书门下平章事、汴州刺史、宣武军节度副大使、知节度事，管内支度营田、汴、宋、亳、颍等州观察处置等使。

【译文】董公的曾祖父董仁琬，任梁州博士。祖父董大礼，追赠右散骑常侍。父亲董伯良，任开州新浦县主簿，追赠尚书左仆射。

董公，名晋，字混成，河中虞乡万岁里人。少年时以明经及第。宣皇帝住在原州时，董公当时也在原州，宰相因为董公擅长作文，便向天子推荐他进入翰林院，天子召见他之后，封他为秘书省校书郎，进入翰林院为翰林学士，三年之中，随侍天子左右，天子认为他谨慎诚实，赐他绯鱼袋，累升为卫尉寺丞。离开翰林院后他因病辞职，又被任为汾州司马。崔圆出镇扬州时，下诏任命董公为崔圆的节度判官，代理殿中侍御史。后又因为军事到京城朝拜，天子认出了他，任命他为殿中侍御史内供奉；又由殿中侍御史内供奉升为侍御史，进入尚书省，任主客员外郎。后由主客员外郎改任祠部郎中。先皇帝时，兵部侍郎李涵出使回纥，册立崇徽公主为回纥可敦，下诏任命董公为兼任侍御史，赐紫金鱼袋，委任董公为李涵的判官。回纥人来对李涵说："大唐收复疆土，借助了很多回纥的力量。当时我们约定设立马市，我们的马匹已经给了你们，而你们给我们的财物却不足，我们将会派人前去夺取。"李涵心中畏惧，不敢回答，多次给董公使眼色。董公对他们说："我大唐收复疆土之时，你们确实出了大力。大唐并非没有马匹，却还是和你们设立马市，给你们的赏赐不是已经很多了吗？你们的马匹每年送来五次，我们已经按数给了你们钱财。边境的官吏请求前去质问，但天子感念你们的功劳，因此下诏禁止他们前去侵扰。周边各族都因为我大唐与你们交好而害怕你们，不敢与你们较量。你们现在父安子宁平安无事，六畜兴旺，不是大唐是谁让你们这样的！"于是，回纥众人都围着董公恭敬地跪拜，接着又面朝南依次下拜，都高举双手说道："再也不敢对大国心有不满了。"从回纥出使归来，被任命为司功郎中。但他从来没有提起过出使回纥这件事。后来他升任秘书少监，历任太府寺亚卿、太常寺亚卿，为左金吾卫将军。当今天子即位后，董公为大行皇帝的皇陵出纳财赋，被任命为太府卿；又由太府卿任左散骑常侍，兼御史中丞，知掌台事。三司使选拔姿容矜严的才俊之士，董公起初被任为左金吾卫将军，不到一个月便被拜为太府卿，仅过了九天又升任御史中丞，可以入朝议事，于是宰相请奏任董公为华州刺史；于是他被任命为华州刺史、潼关防御镇国军使。朱泚发动叛乱，加拜董公为御史大夫，下令召他到天子的所在地，又任命他为国子祭酒，兼御史大夫，随即被派往恒州宣旨慰劳将士。当时朱滔正借助回纥军从范阳出发助朱泚谋反，人心惶惶；董公到恒州后，恒州即日奉命出兵讨伐朱滔，大破叛军，叛军仓皇而逃，退到河中时，李怀光谋反，皇上亲自驾临梁州。李怀光率领的都是朔方兵，董公知道他打算与朱泚会合，心中很是担忧，于是亲自拜访李怀光，劝说道："您的功业，普天之下没有人能和您相比；而您的过失，我从未听别人说过。我去圣上面前，替您表明心迹，以圣上的宽厚圣明，没有什么是不可以赦免宽宥的。您怎么能做朱泚的臣子呢？他身为人臣却背叛君主，就算他成功了，对您又有什么好处呢？况且您已高居太尉之职，他就算再信任您，又如何加封您呢？他连天子都不能侍奉，难道能以臣子的身份来侍奉您吗？您既然能侍奉他，又怎么不能侍奉天子呢？他明白天下人对他的怒火，知道自己早晚会被杀掉，所以才要找一个同罪之人和他一起承担，您又能从中得到什么好处呢？您战胜他还是绰绰有余的，不如明白地告诉他要和他绝交，从而发兵趁其不备擒获他，清理皇宫以迎接天子，脱去官服向有司请罪，这样，虽然您犯下了大错，仍然可以将功抵罪；您这样做还有谁敢对您有所非议呢？"话刚说完，李怀光就起身下拜说："您真是上天派来挽救怀光性命之人啊！"他感动得哭了，董公也不禁流下了眼泪。董公于是又把对李怀光说过的话又对他的将领和士卒们说了一遍，那些将领和士卒们都欢呼道："您真是上天派来挽救我三军将士性命的人啊。"都纷纷下拜，感动而哭，先生也跟着哭了，所以李怀光最终也没有帮助朱泚。那时候，李怀光有好几次造反的机会都没有造反。董公为人谦和，话语好像不能出口似的；但每当大事，就更豁达直爽、应对敏捷。他的言辞中肯，他的容貌温和，因此他说的话没有人不相信。第二年，皇上回到京城，任命董公为左金吾卫大将军；又由大金吾升任尚书左丞，又任太常卿；由太常卿升任门下侍郎平章事。他在宰相位上共五年，向天子上奏的，都是二帝三王的治国之道，从秦、汉以来未曾说过的事情。从朝廷引退之后，也从来不把与天子的对话告诉其他人。晚辈中有私下问他的，他就说："宰相一职事关天下。天下是危急还是安定，从宰相是否真有能力就可看出；想知道宰相能力的高下，这样就可以看出来了。凡是与天子的谋划和商议，都不可以对外人说。"因此最终也没人知道董公的这些事情。后来董公因自己有病向天子提出想要告老还乡，天子没有答应，他又连续上了八次辞呈，天子才允许。让他改任礼部尚书。天子下诏表彰他说："事奉天子尽到了大臣的节操。"又说："一心奉公。"于是天下人都知道了董公在天子面前常进忠言。起初，董公任宰相之时，当时五月朔日，举行朝会，天子在位，文武百官都列在庭中，侍中为百官朝贺唱赞，中书侍郎平章事窦参暂代中书令，应当由他传诏，但他因疾病发作，不能传诏。凡是将要举行大朝会之时，当事人接到命令后，都要提前几天就演习礼仪；当时却没有传诏之人，文武百官都面面相觑，董公走上前去，面朝天子说道："暂代中书令的大臣今日因病不能传诏，臣请求代他传诏。"于是董公面朝南站在殿上宣读诏书。事毕，他退回自己的位置上，进退的礼仪都非常熟悉。董公任礼部尚书四年之后，又转任兵部尚书，他入宫谢恩之时，天子关切地询问他的身体。他又入宫谢恩，天子高兴地说："董公的病快要痊愈了！"出来又对别人说："董公就快重回相位了。"过了两天，任命董公为东都留守，主判东都尚书省政务，充任东都畿、汝州都防御使、兼御史大夫，仍为兵部尚书。担任东都留守还不到五个月，又任命为检校尚书左仆射同中书门下平章事、汴州刺史、宣武军节度副大使、知节度事，管内支度营田、汴、宋、亳、颍等州观察处置等使。

汴州自大历来多兵事：刘玄佐益其师至十万，玄佐死，子士宁代之，畋游无度。其将李万荣乘其畋也，逐之。万荣为节度一年，其将韩惟清、张彦林作乱，求杀万荣不剋。三年，万荣病风，昏不知事，其子乃复欲为士宁之故；监军使俱文珍与其将邓惟恭执之归京师，而万荣死。诏未至，惟恭权军事。公既受命，遂行。刘宗经、韦弘景、韩愈实从，不以兵卫。及郑州，逆者不至，郑州人为公惧，或劝公止以待。有自汴州出者，言于公曰："不可入！"公不对，遂行，宿圃田。明日，食中牟，逆者至，宿八角。明日，惟恭与诸将至，遂逆以入郛，三军缘道欢声，庶人壮者呼，老者泣，妇人啼，遂入以告。初，玄佐死，吴凑代之，及巩闻乱归，士宁、万荣皆自为而后命，军士将以为常，故惟恭亦有志。以公之速也，不及谋，遂出逆。既而私其人，观公之所为以告，曰："公无为。"惟恭喜，知公之无害己也，委心焉。进见公者，退皆曰"公仁人也"，闻公言者皆曰"公仁人也"，环以相告，故大和。初，玄佐遇军士厚；士宁惧，复加厚焉；至万荣，如士宁志；及韩、张乱，又加厚以怀之；至于惟恭，每加厚焉。故士宁卒骄不能御，则置腹心之士幕于公庭庑下，挟弓执剑以须。日出而入，前者去；日入而出，后者至。寒暑时至，则加劳赐酒肉。公至之明日，皆罢之。贞元十二年七月也。八月，上命汝州刺史陆长源为御史大夫，行军司马；杨凝自左司郎中为检校吏部郎中，观察判官；杜伦自前殿中侍御史为检校工部员外郎，节度判官；孟叔度自殿中侍御史为检校金部员外郎，支度营田判官。职事修，人民化，嘉禾生，白鹊集，苍乌来巢，嘉瓜同蒂联实。四方至者归以告其帅，小大威怀。有所疑，辄使来问；有交恶者，公与平之。累请朝，不许。及有疾，又请之，且曰："人心易动，军旅多虞，及臣之生，计不先定,至于他日,事或难期。"犹不许。十五年二月三日,薨于位。上三日罢朝,赠太傅,使吏部员外郎杨于陵来祭,吊其子,赠布帛米有加。公之将薨也,命其子三日敛。既敛而行,于行之四日,汴州乱,故君子以公为知人。公之薨也,汴州人歌之曰:"浊流洋洋,有辟其郛;圜道欢呼,公来之初;今公之归,公在丧车。"又歌曰:"公既来止,东人以完;今公殁矣,其谁与安!"始为华州,亦有惠爱,人思之。公居处恭,无妾媵,不饮酒,不谄笑,好恶无所偏,与人交泊如也。未尝言兵,有问者,曰:"吾志于教化。"享年七十六。阶累升为金紫光禄大夫,勋累升为上柱国,爵累升为陇西郡开国公。娶南阳张氏夫人,后娶京兆韦氏夫人,皆先公终。四子:全道、全溪、全素、全澥。全道、全素皆上所赐名。全道为秘书省著作郎,全溪为秘书省秘书郎,全素为大理评事,全澥为太常寺太祝,皆善士,有学行。谨具历官行事状,伏请牒考功,并牒太常议所谥,牒史馆请垂编录。谨状。

贞元十五年五月十八日,故吏前汴、宋、亳、颍等州观察推官、将仕郎、试秘书省校书郎韩愈状。

【译文】汴州自从大历年间以来就多有叛乱:刘玄佐将他的军队扩充到十万,刘玄佐死后,他的儿子刘士宁继承了他的职位,畋猎游乐无度。他手下的将领李万荣乘他外出打猎之时,驱逐了他。李万荣担任节度使一年后,他手下的将领韩惟清、张彦林又发动兵变,想杀死李万荣,但没有成功。三年之后,李万荣因得了中风,昏迷不醒、人事不知，他的儿子又想学习刘士宁那样取代父亲的职位；监军派俱文珍和将领邓惟恭将他抓起来送到了京城，而李万荣也死了。诏书还未到之时，由邓惟恭暂掌军事。董公受命接管军事，于是前往军中。刘宗经、韦弘景、韩愈随他一起前去，没有卫兵随行。等到了郑州，前来迎接的人却没有来，郑州当地人都替董公担心，于是就有人劝董公等人留下来等待。有从汴洲来的人，对董公说："不能进入汴洲！"董公没有同意，继续前行，在圃田过夜。第二天，在中牟吃饭的时候，迎接的人来了，晚上在八角过夜。第二天，邓惟恭和诸位将领都来了，于是将董公迎入汴州城中，三军将士夹道欢迎，当地百姓青年高声欢呼，老人涕泪交垂，妇人啼哭不止，董公于是进入汴州以宣告百姓。起初，刘玄佐死后，命吴凑接管他的位置，但刚到巩州时便听说发生叛乱，于是就回来了，刘士宁、李万荣先后都自立为军帅，军中将士都习以为常，所以邓惟恭也就有了这种想法。但董公来得太快，他还来不及谋划，于是只好前来迎接。邓惟恭收买董公身边的人，让他监视董公，然后把董公的所作所为都告诉自己，那个人说："董公什么也没有做。"邓惟恭心中高兴，知道董公并不想加害自己，就放心了。凡是进见董公的人，出来后都说"董公真是仁士啊"，听到董公话语的人也都说"董公真是仁士啊"，都争相告诉周围的人，自此军中平安无事。起初，刘玄佐对待军队士兵很宽厚；刘士宁心中害怕，又更加宽厚；到李万荣时，对待士兵如刘士宁一样；等到韩惟清、张彦林作乱之时，又更加宽厚以笼络军心；至于邓惟恭时，也时不时就倍加厚待。因此士卒骄横无法驾驭，邓惟恭只好派自己的心腹在住处堂下四周的廊屋下扎下帐篷，持弓佩剑用来保护自己。日出的时候保卫的人就进入廊屋，而前一批人就离开；日落的时候这批人离开，后一批人再进来。每当遇上严寒或酷暑之时，就赐予他们酒肉用来犒劳他们。董公到的第二天，就都停止了这种行为。这是贞元十二年（796）七月的事情。八月，天子任命汝州刺史陆长源为御史大夫，行军司马；杨凝从左司郎中调任检校吏部郎中，观察判官；杜伦从前殿中侍御史调任检校工部员外郎，节度判官；孟叔度由殿中侍御史调任检校金部员外郎，支度营田判官。从此政事修明，百姓受到感化，谷物茁壮生长，瑞乌白鹊飞集，苍乌前来筑巢，就连瓜果也显出瑞气，一个瓜蒂上同时结出几个瓜。从各地来的人回去后都把这些事告诉了他们的统帅，因此远近无不畏服。心中有所疑虑的人，都派人前来询问请教；双方交恶的人，董公就为他们调停。后来，董公数次请求还朝，天子都没有同意。等身患重疾之时，又上书请求，还说："人心易动，军中也多有隐患，趁着臣还活着，如果不提前打算、制定计划，再到日后，事情就难以预料了。"天子还是没有同意。贞元十五年（799）二月三日，董公死于任上。天子因此罢朝三日，追赠董公为太傅，并派吏部员外郎杨于陵前来祭奠，吊慰他的儿子，赏赐了许多布帛、粮米。董公临死前，让他的儿子三日后就入殓。他的儿子依命而行，运送灵柩起行的第四天，汴州就发生了叛乱，至此人们都知道董公有知人之明。董公去世后，汴州人为他编了歌谣："浊流洋洋，有辟其郭；阆道欢呼，公来之初；今公之归，公在丧车。"又有歌谣说："公既来止，东人以完；今公殁矣，其谁与安！"起初董公治理华州时，也是仁爱百姓，至今华州的百姓还在思念他。董公起居谦逊有礼，身边没有侍妾，平日不饮酒，也不奉承讨好上级，喜好和厌恶都不会有所偏颇，和人交往不谋求私利，交情看起来像水一样平淡。他从来不枉谈军事，有询问的人，他就说："我志于教化百姓。"董公享年七十六岁。官位升至金紫光禄大夫，勋位累升为上柱国，爵位累升为陇西郡开国公。董公先娶了南阳张氏为发妻，后来又娶了京兆韦氏为继室，她们都早于董公过世。董公共有四子：分别是董全道，董全溇，董全素、董全澥。董全道、董全素都是天子赐名。董全道任秘书省著作郎，董全溇任秘书省秘书郎，董全素任大理评事，董全澥任太常寺太祝，兄弟四人都是品行端正之士，富有才学而德行兼备。谨将董公先后连任的官职和行事都详细地记述下来，将记录董公功业的牒文，以及太常议所谥的牒文，恭请史馆予以编录成牒状。谨状。

贞元十五年（799）五月十八日，您旧时的属吏前汴、宋、亳、颍等州观察推官、将仕郎、试秘书省校书郎韩愈行状。

与汝州卢郎中论荐侯喜状

进士侯喜。

右其人为文甚古，立志甚坚，行止取舍有士君子之操；家贫亲老，无援于朝，在举场十余年，竟无遇。愈常慕其才而恨其屈。与之还往，岁月已多，尝欲荐之于有司，言之于上位，名卑官贱，其路无由；观其所为文，未尝不掩卷而叹。去年，愈从调选，本欲携持同行，适遇其人自有家难，迍邅坎轲，又废一

年。及春末自京还, 怪其久绝无消息。五月初至此, 自言为阁
下所知, 辞气激扬, 面有矜色, 曰:"侯喜死不恨矣! 喜辞亲入
关, 羁旅道路, 见王公大人数百, 未尝有如卢公之知我也。比
者分将委弃泥涂, 老死草野; 今胸中之气勃勃然, 复有仕进之
路矣!"愈感其言, 贺之以酒, 谓之曰:"卢公天下之贤刺史也!
未闻有所推引, 盖难其人而重其事。今子郁为选首, 其言'死
不恨', 固宜也。古所谓知己者, 正如此耳。身在贫贱, 为天下
所不知, 独见遇于大贤, 乃可贵耳。若自有名声, 又讬形势,
此乃为市道之事, 又何足贵乎? 子之遇知于卢公, 真所谓知己
者也。士之修身立节而竟不遇知己, 前古已来, 不可胜数, 或
日接膝而不相知; 或异世而相慕。以其遭逢之难, 故曰'士为
知己者死', 不其然乎, 不其然乎!"阁下既已知侯生, 而愈复
以侯生言于阁下者, 非为侯生谋也; 感知己之难遇, 大阁下之
德, 而怜侯生之心, 故因其行而献于左右焉。谨状。

【译文】进士侯喜。

　　侯喜这个人文章写得甚为古拙, 立定志愿坚定不移, 行为举
止、取舍得当有古君子的节操; 无奈家境贫困, 父母年迈, 在朝中
也没有助力, 以致连续十多年参加科举, 都没有考中。我十分仰慕
他的才华, 为他的不得志而遗憾。我和他的交往, 已经持续了很多
年, 曾想把他推荐给有司, 想把他介绍给上位者, 但因为我没有名
望, 官职卑微, 因此也没有什么门路; 我看他所写的文章, 未尝不
掩卷长叹。去年, 我应从调选, 本想邀请他一同前去, 但正巧他家

中有难，无法出行，拖延下来，又荒废了一年。等到春末我从京城回来，奇怪他为什么这么久都没有音讯。五月初他来到我这里，自己说阁下您听说了他，言辞和语气都很激奋昂扬，脸上带有矜色，说道："侯喜就算是死也无憾了！我辞别父母进入关中，这么多年寄居他乡，见过数百位王公官员，从未有人像卢公这样了解我。近来我以为自己下半生将会一直陷入困苦之中，老死于荒野之上；而如今我心中又充满豪气，又有了入仕做官的机会了！"我被他的话深深感动了，以酒向他祝贺，对他说："卢公是天下有名的贤明刺史！从来没听说他推荐过谁，大概由于人才难得故而很看重这件事。如今你既然成为州中推举的首选，你说'死而无憾'，本来就是应该的。古人所谓的知己，正是如此啊。身处贫贱，为天下人所不了解，却只被大贤之士所赏识，真是可贵啊。如果自己本身就很有名望，又借助了他人的势力，这就属于双方以利害关系为转移的交情了，又有什么值得重视呢？你受到卢公的赏识，这真是所谓的知己了。士人修身立节却终究也遇不到知己的情况，古往今来，不可胜数，有的熟悉到每天膝盖相接也不了解彼此；有的身处不同的时代却互相倾慕。正因为他遭遇了困难，所以才会说'士为知己者死'，不就是这样吗，不就是这样吗！"阁下您既然已经重用侯生，而我又把侯生的话告诉了您，这并不是为了替侯生谋划；只是觉得知己难遇，感动于阁下的美德，同时怜惜侯生的心意，所以把他的言行写下来敬献于您的面前。谨状。

论今年权停举选状

　　右臣伏见今月十日敕：今年诸色举选宜权停者。道路相传，皆云以岁之旱，陛下怜悯京师之人，虑其乏食，故权停举选，以绝其来者，所以省费而足食也。臣伏思之，窃以谓十口之家益之以二人，于食未有所费。今京师之人，不啻百万；都计举者不过五七千人，并其僮仆畜马，不当京师百万分之一。以十口之家计之，诚未为有所损益。又今年虽旱，去岁大丰，商贾之家，必有储蓄，举选者皆赍持资用，以有易无，未见其弊。今若暂停举选，或恐所害实深：一则远近惊惶；二则人士失业。臣闻古之求雨之词曰："人失职欤！"然则人之失职，足以致旱。今缘旱而停举选，是使人失职而召灾也。臣又闻，君者阳也，臣者阴也，独阳为旱，独阴为水。今者陛下圣明在上，虽尧舜无以加之；而群臣之贤，不及于古，又不能尽心于国，与陛下同心，助陛下为理。有君无臣，是以久旱。以臣之愚，以为宜求纯信之士，骨鲠之臣，忧国如家、忘身奉上者，超其爵位，置在左右，如殷高宗之用傅说，周文王之举太公，齐桓公之拔宁戚，汉武帝之取公孙弘。清闲之余，时赐召问；必能辅宣主化，销殄旱灾。臣虽非朝官，月受俸钱，岁受禄粟，苟有所知，不敢不言。谨诣光顺门，奉状以闻。伏听圣旨。

【译文】右题臣见到的本月十日的敕令：今年各种推举选拔的考试都暂且停止。大家相传，都说这是因为今年遭逢大旱，陛下怜悯京城的百姓，担心他们缺乏食物，所以才暂停了推举选拔，这样就可以阻止那些来参加考试的人，这是为了节省开支以保证充足的食物。臣暗中思量，认为十口之家再加上一二个人，在饮食支出上也不会多出多少费用。如今京城的人口，不少于百万；而前来应举之人加起来不过五千到七千人，再加上他们的书童、仆从、行李和马匹，也不过京城人口的百万分之一。以十口之家来计算，确实不会有所损益。而今年虽然遇上干旱，去年却是个丰收之年，商贾之家，一定有很多积蓄，前来应举之人都带着财物，用他们有的交换他们没有的，也没有什么坏处。如今如果暂停推举选拔考试，恐怕带来的祸害会更加深远：一是远近之人都会惊慌失措；二是士人都会失业而赋闲在家。臣听说古时求雨的言辞说："人失其职啊！"这样说是因为人如果失职就会导致大旱。如今因为干旱而停止推举选拔，是让人失职而招致灾祸啊。臣又听说，君属于阳，臣属于阴，独阳就会招致干旱，独阴就会暴发洪水。如今陛下英明圣哲，高居上位，就算是尧、舜也无法与您相比；而群臣的才能，却不及古人，又不能为国家尽心尽职，与陛下齐心协力，辅佐陛下治国理政。只有君王而没贤臣，所以才会导致长久的干旱。以臣愚见，认为应该寻找忠贞诚信的士子，正直刚健的臣子，像担心自家那样为国家操心、忘记自己一心侍奉皇上的人，提拔他的爵位，安置到陛下的身边，就像殷高宗任用傅说，周文王选用姜太公，齐桓公提拔宁戚，汉武帝录用公孙弘。在陛下清闲之余，可以随时诏命他们前来询问；一定能够辅佐天子、宣传教化，消灭旱灾。臣虽然不是朝中官员，但每个月都领受国家的俸钱，每年都领受国家的禄米，如果臣有什么已经知道的，不敢不说。微臣恭谨地来到光顺门，奉上状文请陛下垂听臣的心声。伏听圣旨。

御史台上论天旱人饥状

右臣伏以今年已来，京畿诸县夏逢亢旱，秋又早霜，田种所收，十不存一。陛下恩逾慈母，仁过春阳，租赋之间，例皆蠲免。所征至少，所放至多；上恩虽弘，下困犹甚。至闻有弃子逐妻，以求口食，坼屋伐树，以纳税钱，寒馁道涂，毙踣沟壑。有者皆已输纳，无者徒被追征。臣愚以为此皆群臣之所未言，陛下之所未知者也。臣窃见陛下怜念黎元，同于赤子，或犯法当戮，犹且宽而宥之，况此无辜之人，岂有知而不救？又京师者，四方之腹心，国家之根本，其百姓实宜倍加忧恤。今瑞雪频降，来年必丰，急之则得少而人伤，缓之则事存而利远。伏乞特敕京兆府：应今年税钱及草粟等在百姓腹内征未得者，并且停征；容至来年，蚕麦庶得少有存立。臣至陋至愚，无所知识；受恩思效，有见辄言，无任恳款，惭惧之至，谨录奏闻。谨奏。

【译文】右题臣以为今年以来，京师周边各县夏季都遇上大旱灾,秋季又遇到了早霜冻,地里庄稼的收成,连原来的十分之一都不到。陛下您的恩德超过慈爱的母亲对待孩子,仁爱之心就连春天的太阳都比不上,拖欠的赋税和田租,按以前的惯例都免除了。虽然陛下您征收的田租少了,但底下官员施加给百姓的压力却更多了;陛下您的恩德虽然宏大,下层的百姓却更加贫困了。我甚至听说有人抛弃儿女赶走妻子,就为了能吃上一口吃的,拆掉房屋砍倒树木,就为了能凑够交税的钱,大街上到处都是挨饿受冻的人,死人的尸体填满了路边的沟壑。有钱人有能力都已经纳了税,一无所有的穷人还在徒然地被追征赋税。臣认为这样的局面都是朝中群臣从未上奏的,所以陛下您有所不知。臣认为陛下您怜悯黎民百姓,就如同爱护婴儿一样,就连有人触犯法律应当处死,陛下您还是饶恕了他,更何况这些无辜的百姓呢,您如果知道了他们的处境又岂能不加以救助呢?而且京城是国家的心脏,是一个国家的根本所在,这里的百姓就应该受到更多的关心。如今瑞雪连续降临,明年必定是个丰收之年,如果急于逼迫百姓强征赋税不但不能多收税,还会使百姓的积极性受损,而如果延缓征税就会给百姓留下余地使国家的利益能够长远。臣恳求陛下您能颁下诏令给京兆府:今年应该征收的钱粮赋税而没有征收的,前去征收百姓还没有缴纳的,都予以停止征收;等到明年,蚕丝上市、麦子收获以后,百姓有了收益,勉强能够度日的时候再征收。臣这个人浅陋愚昧,没什么眼光见识;但蒙受皇恩,想要报答陛下,有了点儿想法就想立刻说出来,言辞恳切,惭愧畏惧之至,微臣在这里恭谨地写下奏状呈递给陛下您。谨奏。

请复国子监生徒状

国子监应三馆学士等，准《六典》：国子馆学生三百人，皆取文武三品以上及国公子孙、从三品以上曾孙补充；太学馆学生五百人，皆取五品以上及郡县公子孙、从三品以上曾孙补充；四门馆学生五百人，皆取七品以上及侯伯子男子补充。右国家典章，崇重庠序；近日趋竞，未复本源。至使公卿子孙，耻游太学；工商凡冗，或处上庠。今圣道大明，儒风复振，恐须革正，以赞鸿猷。今请国子馆并依《六典》；其太学馆量许取常参官八品已上子弟充；其四门馆亦量许取无资荫有才业人充；如有资荫不补学生应举者，请礼部不在收试限；其新补人有冒荫者，请牒送法司科罪。缘今年举期已近，伏请去上都五百里内，特许非时收补；其五百里外，且任乡贡，至来年春一时收补。其厨粮度支，先给二百七十四人，今请准新补人数量加支给。

谨具如前，伏听处分。

【译文】国子监应三馆学士等，遵照《六典》：国子馆学生三百人，都从文武三品以上官员和国公子孙、从三品以上官员曾孙中补充；太学馆学生五百人，都从五品以上官员和郡县公子孙、从三品以上官员曾孙中补充；四门馆学生五百人，都从七品以上官员和侯伯子男之子中补充。上面的都是国家的典章，推崇、重视学校教育；但近日所有人都为了功名利禄竞相奔走钻营，再也回不到最初的样子了。以至于公卿的子孙，都耻于在太学中学习；工商业者和平庸之辈，却有很多人占据上庠。如今圣道大明，儒学之风又重新兴起，所以恐怕还需要进一步纠正，这样才能实现国家的宏图伟业。如今恭请国子馆全部遵照《六典》；太学馆酌量选取常参官八品以上的子弟充任；四门馆也应酌量选取那些家中没有资荫却有才华的人充任；如果有资荫而不去补任学生却去参加科举的人，请礼部不要将他们算在收试的范围之中；新补充的人中如果有冒充庇荫的，请官方颁发牒文把人送到法司论罪。因为今年科举的日期已经临近，所以恳请陛下对于那些距离上都不到五百里的人，特许他们可以不在规定时间内收补；而五百里之外的人，让他们先参加乡贡，等明年春季一起收补。这些人的口粮和开支，先拨发二百七十四人，如今恭谨地恳请陛下按照新补人数酌量拨发开支。

　　谨具如前，伏听处分。

唐故赠绛州刺史马府君行状

　　君讳彙，字某。其先为嬴姓；当周之衰，处晋为赵氏；晋亡而赵氏为诸侯，其后益大，与齐、楚、韩、魏、燕为六国，俱称王。其别子赵奢，当赵时，破秦军阏与，有功，号马服君，子孙由是以马为氏。梁有安州刺史、侍中、赠太尉岫。岫生乔卿，任襄州主簿，国乱去官不仕。乔卿生君才，隋末为蒯令，燕王艺师之，以有幽都之众，武德初，朝京师，拜武侯大将军，封南阳郡公，卒葬大梁新里，赵郡李华刻碑颂之。君才生珉，为玉铃卫仓曹参军事，赠尚书左仆射。生季龙，为岚州刺史，赠司空，清河崔元翰铭其德于碑，在新里。司空生燧，为司徒、侍中、北平王，赠太傅，谥庄武。庄武之勋劳在策书，君其长子也。少举明经，司徒公作藩太原，授河南府参军。建中四年，司徒公使将武人子弟才力之士三百人朝行在扞卫，献御服、用物、弓甲、煮器、幄幕，奔走危难。上喜其勤超，拜太常丞，赐章服，迁少府少监、太仆少卿。司徒公之薨也，刺臂出血，书佛经千余言，期以报德；庐墓侧，植松柏。终丧，又拜太仆少卿。疾病一年，贞元十八年七月二十五日，终于家，凡年四十有五。其弟少府监畅上印绶求追赠。赠绛州刺史，布帛百匹。君在家行孝友，待宾客朋友有信义，其守官恭慎举职，其朝献奉父命不避难，其居丧有过人行。初，司徒公娶河南元氏，封颍川郡夫人，赠许国夫人。许国薨，少府始孩，顾讬以其侄为继室，是为陈国夫人。陈国无子，爱君与少府如己生。其薨也，君与少府丧之犹实生己，亲负土封其墓。夫人荥阳郑氏，王屋县令况之女，有贤行。侍君疾，逾年不下堂；食菜饮水，药物必自择，将进，辄先尝；方书《本草》，恒置左右。子男二人：敫，前左卫仓曹参军；扬，右清道率府胄曹参军。女子二人在室，虽皆幼，侍疾居丧如成人。愈既世通家，详闻其世系事业。今葬有期日，从少府请，掇其大者为行状，讬立言之君子而图其不朽焉。

【译文】马府君，名汇，字不详。他的祖先是嬴姓；周朝衰微的时候，在晋国为赵氏；晋国灭亡后赵氏成为诸侯，后来就渐渐壮大，与齐、楚、韩、魏、燕合起来称为六国，都称王。赵氏别子赵奢，在赵国时，在阏与大破秦军，卓有功绩，被称为马服君，后世子孙因此以马为姓。五代梁朝时有安州刺史、侍中、赠太尉马岫。马岫之子马乔卿，任襄州主簿，因为国家动荡不安，便辞去官职，不再出仕。马乔卿之子马君才，隋朝末年担任蓟州令，燕王罗艺向他学习，所以才有了幽都大军，武德初年，马君才入京师朝见，被封为武侯大将军，封南阳郡公，去世后葬在大梁新里，赵郡李华为他刻写碑文颂扬。马君才之子马珉，任玉铃卫仓曹参军事，追赠尚书左仆射。马珉之子马季龙，任岚州刺史，追赠司空，清河崔元翰把他的德行铭刻于石碑之上，葬在新里。马季龙之子马燧，任司徒、侍中、北平王，追赠太傅，谥号庄武。庄武公的功绩都被记载在策书上，马府君是他的长子。马府君少年时以明经登第，司徒公马燧镇守太原时，马府君被授予河南府参军一职。建中四年（783），司徒公派马府君率领武人子弟、才力之士三百人捍卫防御敌人夜袭，给圣上进献食物、衣服、用物、弓甲、煮器、帷幕，奔走于危难之中。圣上嘉许他的辛劳，破格提拔他为太常丞，赐给他章服，迁任少府少监、太仆少卿。司徒公去世后，马府君在臂上刺出鲜血，用以书写千余字的佛经，希望可以报答司徒公的养育之恩；又在司徒公的墓旁建造了庐舍，种植松树和柏树。服满三年之丧，又被任为太仆少卿。后来得了重病，一年后，于贞元十八年（802）七月二十五日，在家中去世，享年四十五岁。他的兄弟少府监马畅献上印绶为兄长请求追赠。皇上下诏追赠他为绛州刺史，赐下百匹布帛。马府君在家时孝顺父母、友爱兄弟，对宾客、朋友有信有义，为官期间恭谨审慎、恪尽职守，朝献之时谨遵父命不怕艰难，居丧期间也有过人的举动。起初，司徒公娶河南元氏为妻，封河南元氏为颍川郡夫人，追赠许国夫人。许国夫人去世时，少府监马畅还在襁褓之中，便临终嘱托将她的堂妹嫁给司徒公为继室，被封为陈国夫人。陈国夫人没有子女，非常疼爱马府君和少府监，视如己出。她去世后，马府君和少府监就像失去了亲生母亲一样，亲自背土封好她的墓门。马府君的夫人来自荥阳郑氏，是王屋县令郑况之女，贤良淑德。她伺候生病的丈夫，一整年也不离弃；吃饭喝水，所服的药物，一定要亲自动手准备，马府君吃之前一定要自己先尝；药书《本草》，一直放在身边。他们共育有两个儿子：马赦，任前左卫仓曹参军；马扬，任右清道率府胄曹参军。两个女儿还未出嫁，虽然都很年幼，但侍奉生病的父亲、守孝期间却如同成年人一般。我与马氏有通家之好，对马府君的家世和功业都很了解。如今安葬的日子已经定好了，听从少府监的请求，选取他的大事写成行状，是为了把马府君的事迹流传下来，希望他不被人们忘记。

复仇状

元和六年九月，富平县人梁悦，为父报仇杀人，自投县请罪。敕云："复仇杀人，固有彝典，以其申冤请罪，视死如归，自诣公门，发于天性，志在徇节，本无求生。宁失不经，特从减死。宜决杖一百，配流循州。"由是有此议。

右伏奉今月五日敕："复仇，据《礼经》，则义不同天；征法令，则杀人者死。礼法二事，皆王教之大端，有此异同，必资论辩。宜令都省集议闻奏"者。朝议郎行尚书职方员外郎、上骑都尉韩愈议曰：

伏以子复父仇，见于《春秋》，见于《礼记》，又见《周官》，又见诸子史，不可胜数，未有非而罪之者也，最宜详于律，而律无其条，非阙文也；盖以为不许复仇，则伤孝子之心，而乖先王之训；许复仇，则人将倚法专杀，无以禁止其端矣。夫律虽本于圣人，然执而行之者，有司也。经之所明者，制有司者也。丁宁其义，于经而深，没其文于律者，其意将使法吏一断于法，而经术之士得引经而议也。

《周官》曰："凡杀人而义者，令勿仇，仇之则死。"义，宜也。明杀人而不得其宜者，子得复仇也；此百姓之相仇者也。《公羊传》曰："父不受诛，子复仇可也。"不受诛者，罪不当诛也；诛者，上施于下之辞，非百姓之相杀者也。又《周官》曰："凡报仇雠者，书于士，杀之无罪。"言将复仇，必先言于官，则无罪也。今陛下垂意典章，思立定制，惜有司之守，怜孝子之心，示不自专，访议群下。臣愚以为复仇之名虽同，而其事各异；或百姓相仇，如《周官》所称，可议于今者；或为官吏所诛，如《公羊》所称，不可行于今者；又《周官》所称，将复仇，先告于士则无罪者；若孤稚赢弱，抱微志而伺敌人之便，恐不能自言于官，未可以为断于今也。然则杀之与赦，不可一例；宜定其制曰："凡有复父仇者，事发，具其事申下尚书省，尚书省集议奏闻，酌其宜而处之，则经律无失其指矣。"谨议。

【译文】唐宪宗元和六年（811）九月，有富平县人梁悦，为父报仇杀人，去县衙投案请罪。皇帝诏书称："复仇杀人，本来就有常规的法典，但由于这次是申冤请罪，视死如归，自投公门，发于天性，是为了保全节操而死，本无求生之心。宁可偏宽量刑不依常法，特此依从减死之法。判定给予一百杖刑，发配流放到循州。"因此写下这篇《复仇状》。

右题伏奉本月五日的诏书："有关复仇的法规，若根据《礼经》上说的，在道义上与仇人不共戴天；若根据法令条文，那么杀人者又应当处以死刑。礼教和法令这两件事，都是国家政教的首要问题，现在二者之间却出现了矛盾，所以应当让众人讨论辩论清楚。应让尚书都省召集相关人员共同商议，奏报朝廷。"当时任朝议郎行尚书职方员外郎、上骑都尉的韩愈议论说：

微臣以为儿子替父亲报仇，在《春秋》《礼记》《周官》等各种典籍中都有记载，不可胜数，从来没有责怪为父报仇的人而判他死罪的，按理说这些最应该在法律条文中有详细的规定，但现在的法律中没有关于这种情况的条款，这并不是先人疏忽而造成的空缺，而是有别的原因；因为如果不允许为父报仇，就会伤害儿子的孝心，而又违背了先王的训典；但如果允许为父报仇的话，那么人们又会倚仗法律而擅自杀人，从而就无法禁止这类事情的发生了。律法虽然是由圣人制定的，然而执行法律的，却是相关的官吏。作为法律的经书所表明的道理，是由有关官吏掌握的。圣人在经书中反复强调这些含义，而在刑律中又将这类条文深深隐没，圣人的用意是为了使执法的官吏可以运用法律进行判决，而让尊奉经书的士人可以援引经典而加以议论。

《周官》说："凡是杀人而符合道义的人，就不准被杀者的亲属再次寻仇，如果要报仇，则应当判处死罪。"义，就是"宜"。公开杀人却不符合道义的人，死者的儿子就可以向他复仇；这就是百姓之间复仇的原因。《公羊传》说："如果父亲罪不至死却被杀害，儿子就可以替他报仇。"不受诛，就是罪不至死却被杀死了；诛，是指上对下而言的，不同于普通百姓之间的相互仇杀。《周官》又说："凡向仇人报仇的，事先向官吏递交书面报告，杀了仇人也没有罪。"也就是说人们在复仇之前，必须要上书官府，说明情况，这样就算把仇人杀了也没有罪。如今陛下如此关心国家法令制度，希望建立长期稳定的法制，爱惜相关官吏如此遵守法令，怜悯儿子对父母的孝心，以此表明自己不会独断专行，向群臣征求意见，充分讨论。臣以为复仇虽然名义上是相同的，但具体情况却各不相同；有的是百姓之间相互仇杀，正如《周官》所说的这种情况，现在就可以讨论；有的是被官府判罪所杀，正如《公羊传》所说，现在不允许实行；《周官》又说，人们在复仇前，必须先告知官府方能无罪；如果是孤儿、稚子或柔弱无依的百姓，心怀微小的复仇志愿且伺机观察仇敌以便取得机会，恐怕就不能事先亲自去告知官府了，这在如今就不能轻易判定了。这样一来，是处以死刑还是无罪赦免，就不可以一概而论了；应当制定这样的法制："凡是为父亲报仇的人,事情发生以后,当地官府应当将事情的始末申报到尚书省,由尚书省召集相关人员进行讨论,上奏给陛下,商量出一个正确的方案来处理这类事件,那么,经义和法律都不会失去其基本的原则。"谨议。

钱重物轻状

右臣伏准御史台牒:准中书门下帖奉进止,钱重物轻,为弊颇甚,详求适变,可以便人。所货缗货通行,里间宽息。宜令百寮随所见作利害状者。臣愚以为钱重物轻,救之之法有四。一曰在物土贡:夫五谷、布帛,农人之所能出也,工人之所能为也。人不能铸钱,而使之卖布帛、谷米以输钱于官,是以物愈贱,钱愈贵也。今使出布之乡,租赋悉以布;出绵丝、百货之乡,租赋悉以绵丝、百货;去京百里,悉出草;三百里以粟;五百里之内,及河、渭可漕入,愿以草粟租赋,悉以听之,则人益丰,钱益轻,谷米布帛益重。二曰在塞其隙,无使之泄:禁人无得以铜为器皿;禁铸铜为浮屠佛像钟磬者;蓄铜过若干斤者,铸钱以为他物者,皆罪死不赦;禁钱不得出五岭,五岭买卖一以银,盗以钱出岭,及违令以买卖者,皆死!五岭旧钱,听人载出,如此则钱必轻矣。三曰更其文贵之:使一当五,而新旧兼用之。凡铸钱千,其费亦千;今铸一而得五,是费钱千,而得钱五千，可立多也。四曰扶其病，使法必立：凡法始立必有病。今使人各输其土物以为租赋，则州县无见钱；州县无见钱，而谷米、布帛未重，则用不足；而官吏之禄俸，月减其旧三之一；各置铸钱使新钱一当五者以给之，轻重平乃止。四法用，钱必轻，谷米布帛必重，百姓必均矣。谨录奏闻，伏听敕旨。谨奏。

【译文】右题臣谨遵御史台牒：根据中书门下帖奉圣旨，钱重物贱，弊端尤其严重，应该寻求应对变化的办法，以使百姓不再受到损害。用以交易的钱货正常流通，民间就可得到休养生息。应该让百官就自己所见的利弊上奏朝廷。微臣以为现在钱重物贱，改变这种弊端的办法有四个。其一，是土地所产的物品和进贡的土产方面：五谷是农民种地收获上来的，布帛是手工业者做工制作出来的。百姓不能自己铸造钱币，却让他们卖掉布帛、谷米换来钱币再交给官府，这就导致实物越来越贱，钱币越来越贵。如今应该让盛产布帛的地方，都用布帛来交纳租税；出产棉丝、百货的地方，都用棉丝、百货来交纳租税；距离京都百里以内的地方，都盛产草；距离京都三百里以内的地方，都盛产粟米；五百里以内的地方，直到黄河、渭河可以通过漕运进入京都，百姓希望用草、粟交纳租税的，都可以允许他们，这样下去百姓就会越来越富裕，钱币就会贬值，而谷米和布帛就更加值钱。其二，是堵住缝隙、漏洞，不要让铜钱外流：禁止百姓用铜来制作器皿；禁止用铜铸造浮屠、佛像、钟、磬；家中铜的储量超过若干斤的，用铜钱制造其他东西的，都判为死罪，不得赦免；禁止铜钱运出大庾、骑田、都庞、萌渚、越城五岭，五岭以外的买卖一律都以白银交易，将铜钱偷运出五岭的，和违反法令用铜钱进行买卖的，都是死罪！五岭的旧钱，可以任凭百姓运出，如此执行钱币一定会贬值。其三，改变铜钱的币值提高其价值：假使一个原来的铜钱可以当五个铜钱用，而新钱旧钱可以同时使用。原本铸造一千钱，耗费也是一千；如今铸造一钱却得到了五钱，即是耗费一千钱，却得到了五千钱，币值可以再提高。其四，是矫正弊端，必须立法：凡是法律刚刚制定实施的时候一定会出现问题。如今让百姓各自交纳自己的土产作为租税，这样州县就没有了现钱；州县没有现钱，而谷米、布帛又不贵，那么费用就会不足；而官吏的俸禄，每月都减掉原来的三分之一；再分别设置铸钱，使新钱的一铜钱等于五铜钱以供给百姓，直到物价相持为止。如果可以实施以上这四种方法，铜钱一定会贬值，谷米、布帛的价格一定上涨，而百姓也就可以得到休养生息了。谨录奏闻，伏听敕旨。谨奏。

卷三十八　表状

为韦相公让官表

臣某言：

伏奉今日制命，以臣为尚书右丞同中书门下平章事，非常之宠，忽降于上天，不次之恩，遽属于庸品。承命震骇，心神靡宁，顾己惭腼，手足失措。臣某诚惶诚恐，顿首顿首。臣本非长才，又乏敏识，学不能通达经训，文不足缘饰吏事。徒知立志廉谨，绝朋势之交，处官恪恭，免请托之累。因缘资序，骤历台阁，蒙生成于天地，无裨补于涓尘，忝冒以居，涯分遂极。常以盈满自诫，方思退处里闾，何意恩泽益深，猥令超参鼎铉。窃自惟度，实不堪任。臣某诚惶诚恐，顿首顿首。臣闻宰相者，上熙陛下覆焘之恩，下遂群生性命之理，以正百度，以和四时，澄其源而清其流，统于一而应于万。毫厘之差，或致弊于寰海；

晷刻之误，或遗患于历年。固宜旁求隐士，必得能者然后授之；不可轻以付臣，使人失望，上累圣主知人之哲，下乖微臣量己之义。无补于理，有妨于贤。况今俊乂至多，耆硕咸在，苟以登用，皆逾于臣。伏乞特迥所授，以示至公之道，天下幸甚，天下幸甚！

【译文】微臣进言：

伏奉今日制命，任命臣担任尚书右丞同中书门下平章事，如此非同寻常的宠信，忽然从天而降，破格提拔的皇恩，即刻属于才能平庸的微臣。接受皇命，臣内心震惊，心神不宁，自觉惭愧不安，手足无措。微臣诚惶诚恐，顿首顿首。臣本没有优异的才能，又缺乏精明干练的本领，学问不能通达圣人的经典与古训，文才不足以增益官事。只知立志廉洁、谨慎，杜绝朋党势力的交游，在官任上尽职、恭敬，免去人情请托的负累。臣凭借资历，骤然升任台阁，承蒙天恩生长于天地之间，对朝廷却没有丝毫益处，在这个职位上滥竽充数，超出本分到了极点。臣经常告诫自己不可骄傲自满，正考虑辞官引退回乡，怎会料到陛下恩泽愈发深厚，命令臣参与执政。臣暗自忖度，实在是不能胜任。诚惶诚恐，顿首顿首。臣听说宰相一职，在上要发扬陛下施予的圣恩，在下要顺应百姓的生存之道，以矫正各种制度，以顺应四时，正本清源，统一于一体而用来应对万物。毫厘之差，或许就会给天下造成危害；晷刻之误，或许就会造成多年的祸患。因此应该多方寻求隐逸的贤士，一定要任用有才能的人，然后授予他宰相的官职；而不可以轻易交付于微臣，让众人失望，以至于对上辜负了圣主知人的明哲，对下违背了微臣度量自己的原则。这样对国家大道没有什么益处，也妨碍了贤才上进的道路。何况如今才能杰出之人极多，德高望重之人也都健在，如果他们得以任用，都远胜于臣。恳请陛下收回成命，以此显示您治国用人的至公之道，天下幸甚，天下幸甚！

为宰相贺雪表

臣某言：

臣伏以去岁冬间雨雪颇少，今年春首宿麦未滋。陛下深念黎甿，屡形词旨，神监昭达，皇情感通。春云始繁，时雪遂降，实丰穰之嘉瑞，销疠疫于新年，东作可期，南亩有望，此皆陛下与天合德，视人如伤。每发圣言，则获灵贶。见天人之相应，知朝野之同欢。臣等职在燮和，惭无效用，睹斯庆泽，实荷鸿休。

【译文】微臣进言：

臣以为去年冬季，雨雪很少，今年初春，越冬的小麦未得到滋养。陛下心系百姓，屡次表现在言辞旨意上，神灵将皇上的诚意上告于天，感动了上天。于是这个春季的云才渐渐浓密，雪终于及时降下，这实在是预示丰收的吉祥之兆，在新的一年中消除各种瘟疫，耕作之时指日可待，田地丰收也大有希望，这都是因为陛下与上天同心同德，体恤天下百姓疾苦的缘故啊。因此陛下每次发布圣言，就能获得神灵赐福。见到这样的天人感应，便知朝廷内外充满共同欢乐之景。臣等的职责所在就是调和阴阳，很惭愧没有什么效用，如今目睹皇上的圣泽，实在是大善、大美之事。

进顺宗皇帝实录表状

臣愈言：

今之所以知古，后之所以知今，不可口传，必凭诸史。自虽二帝三王之盛，若不存纪录，则名氏年代不闻于兹，功德事业无可称道焉。顺宗皇帝以上圣之姿，早处储副，晨昏进见，必有所陈，二十余年，未尝懈倦，阴功隐德，利及四海。及嗣守大位，行其所闻，顺天从人，传授圣嗣。陛下钦承先志，绍致太平。原本推功，实资撰次。去八年十一月，臣在史职，监修李吉甫授臣以前史官韦处厚所撰《先帝实录》三卷，云未周悉，令臣重修。臣与修撰左拾遗沈传师、直馆京兆府咸阳县尉宇文籍等，共加采访，并寻检诏敕，修成《顺宗皇帝实录》五卷：削去常事，著其系于政者，比之旧录，十益六七。忠良奸佞，莫不备书，苟关于时，无所不录。吉甫慎重其事，欲更研讨，比及身殁，尚未加功。臣于吉甫宅取得旧本，自冬及夏，刊正方毕。文字鄙陋，实惧尘玷，谨随表献上。臣愈诚惶诚恐，顿首顿首。谨言。

右臣去月二十九日进前件《实录》。今月四日，宰臣宣进旨，其间有错误，令臣改毕，却进旧本者。臣当修撰之时，史官沈传师等采事得于传闻，诠次不精，致有差误。圣明所鉴，毫发无遗，恕臣不逮，重令刊正。今并添改讫。其奉天功烈，更加寻访，已据所闻，载于首卷。傥所论著，尚未周详，臣所未知，乞赐宣示，庶获编录，永传无穷。谨录奏闻。谨奏。

【译文】臣韩愈进言：

现代人之所以能知道古代的事，后世之所以能知道现在的情况，不能仅凭口耳相传，一定要凭借史书。否则即使有唐尧、虞舜、夏禹、商汤、周文王那样的盛世，如果没有史书记载，那么他们的名氏、年代，如今就不会有人知晓，他们的功德、业绩，也就无法称道了。顺宗皇帝以上圣的身份，早年就被立为继承人，早晚进见德宗皇帝，必会有所陈述，二十多年来，未曾松懈倦怠，他不为人知的功德，使四海之内都得到益处。等到继承皇位，就施行他的见闻，并把顺天应人之道，传授给陛下您。如今陛下恭敬地继承先皇之志，实现天下太平。臣追溯根本，探究功勋，如实撰写。去年，也就是陛下在位的八年十一月，臣任史官，监修李吉甫把前史官韦处厚所撰写的三卷《先帝实录》交给微臣，说还不够完备，让臣重新修撰。臣和修撰左拾遗沈传师、直馆京兆府咸阳县尉宇文籍等人，一起去采录、寻访，同时又搜寻、检看诏书、敕令，修成五卷《顺宗皇帝实录》：删去日常琐事，侧重记录与政事密切相关之事，与原著相比，增加了十分之六七的内容。忠良和奸佞之人，无不详尽写在书中，与时世相关之事，无不录入。李吉甫对此事很是慎重，想进一步研究讨论，但直到他去世，尚未完成。臣从李吉甫宅中取得旧本，从冬到夏，才校正完毕。臣的文字粗鄙浅陋，实在害怕会玷辱此著，谨随此表一同献上。臣韩愈诚惶诚恐，顿首顿首。谨言。

右边是臣上个月二十九日进献的前件《实录》。这个月四日，宰臣传达命臣进献《实录》的旨意，说中间有错误，让臣修改完毕，不再进献旧本。臣在修撰时发现，史官沈传师等人从传闻中采寻事迹，选择和编排不够精细，以致出现了偏差失误。多亏陛下明鉴，丝毫没有遗漏，又宽恕臣没有体会到圣意之处，命令重新校正。如今一并添加改正完毕。关于先皇巡幸奉天的功绩，臣重新加以寻访，并根据所闻，将其记载在首卷。倘若书中的议论、著文，还有未尽周全而失察之处，乞请陛下明示，希望可以继续编录此著，以求流传后世，以至无穷。谨录奏闻。谨奏。

为裴相公让官表

臣某言：

伏奉今日制书，以臣为朝议大夫守中书侍郎同中书门下平章事。承命惊惶，魂爽飞越，俯仰天地，若无所容。臣某诚惶诚恐，顿首顿首。

臣少涉经史，粗知古今，天与朴忠，性惟愚直。知事君以道，无惮杀身；慕当官而行，不求利己。人以为拙，臣行不疑。

元和之初，始拜御史，旋以论事过切，为宰臣所非，出官府廷，乃佐戎幕。

陛下恕臣之罪，怜臣之心，拔居侍从之中，遂掌丝纶之重。受恩益大，顾己愈轻：苟耳目所闻知，心力所迨及，少关政理，辄以陈闻。于裨补无涓埃之微，而谗谤有丘山之积。陛下知其孤立，赏其微诚，独断不谋，奖待逾量。臣诚见陛下具文武之德，有神圣之姿，启中兴之宏图，当太平之昌历。勤身以俭，与物无私，威怒如雷霆，容覆如天地，实群臣尽节之日，才智效能之时。圣君难逢，重德宜报，苦心焦思，以日继夜。苟利于国，知无不为，徒欲竭愚，未免妄作。陛下不加罪责，更极宠光。既领台纲，又毗邦宪。圣君所厚，凶逆所雠，阙于防虞，几至毙踣。恩私曲被，性命获全，忝累祖先，玷尘班列，未知所措，只自内惭。岂意陛下擢臣于伤残之余，委臣以燮和之任，忘其污陋，使佐圣明。此虽成汤举伊尹于庖厨，高宗登傅说于版筑，周文用吕望于屠钓，齐桓起宁戚于饭牛。雪耻蒙光，去辱居贵，以今准古，拟议非伦。陛下有四君之明，行四君之事；微臣无四子之美，获四子之荣，岂可叨居，以彰非据？方今干戈未尽戢，夷狄未尽宾，麟凤龟龙未尽游郊薮，草木鱼鳖未尽被雍熙，当大有为之时，得非常人之佐，然后能上宣圣德，以代天工。如臣等类，实不克堪。伏望博选周行，旁及岩穴，天生圣主，必有贤臣得而授之，乃可致理。乞迥所授，以叶群情，无任恳款之至。

【译文】微臣进言:

伏奉今日制书,任命臣为朝议大夫守中书侍郎同中书门下平章事。臣接到诏命后,心中惊惶,魂魄飞越,俯仰天地,好似无处容身。臣诚惶诚恐,顿首、顿首。

臣年轻时广泛阅读经史,粗略知道古今之事,上天赐予臣朴素忠厚的资质,生性愚钝、耿直。臣知道用道义侍奉天子,不惧怕杀身之祸;倾慕为官行仁义之理,不追求个人利益。人们都认为这是愚笨,臣却坚持此道,对此从未怀疑。元和初年,臣才开始担任御史的职务,很快就因为议论时事过于急切,被宰臣指责,调任为地方官员,于是在幕府辅佐军队。

陛下宽恕臣的罪过,体谅臣的一片忠心,提拔臣在侍从之中任职,最终命臣担任中书舍人一职。蒙受陛下的恩德愈大,为自己顾念的就愈轻:只要是耳闻目睹,心力所能达到,与政事有关的,就都陈奏陛下知晓。这对朝政或许没有丝毫的功效,而遭受的谗言诽谤却多如山丘。陛下知道臣孤立无助,称赏臣微薄的诚心,因此圣意独断,过格地奖赏、厚待微臣。臣确实见陛下兼具文武之德,有神圣的英姿,开启中兴的宏图大业,正值国运昌盛之时。陛下以勤俭约束自己,对万物没有私心,威怒之时如雷霆万钧,宽容、涵纳之度如同天地,这实在是臣子们尽节、才智之士效力的时候。圣明之君难以遇到,陛下大德应当回报,臣为此忧心苦思,夜以继日。但凡臣知道的有利国家之事,都会去做,只是想竭尽自己愚钝的衷心,却未免失之轻妄。陛下对臣不但不加怪罪,反而更加降下恩宠、荣耀。继担任御史中丞后,臣又被任命为刑部侍郎。臣蒙受圣明天子的厚爱,却被凶恶叛逆之人仇视,因疏于防范,几乎性命不保。臣差点儿辜负圣恩，还好侥幸不死，没有辱没祖先，愧对官职，臣不知所措，内心愧疚。怎会想到陛下在臣身体伤残之余提拔臣，委臣以宰相的重任，而忽略臣的卑污与浅鄙，让臣辅助圣明的陛下。这就好比成汤从厨房之间任用伊尹，高宗从版筑之间提拔傅说，周文王从屠宰、垂钓之中进用吕望，齐桓公在喂牛人中起用宁戚。臣昭雪前耻，承受圣恩，离开原职处于尊位，以古代的标准来衡量现在，似乎不太合理。陛下有以上四位君主的圣明，奉行的也是四位天子举贤之事；只是微臣没有以上四人的美德，却得到四人的荣耀，又怎么可以占据高位，来彰显臣的才能不称职？如今天下战乱还没有完全平息，四方夷狄也没有全部归服，麒麟、凤凰、白龟和青龙，也没有尽数游弋于郊野渊薮，草木和鱼鳖，还没有尽数蒙受恩泽，在这个大有作为的时代，希望有一位出类拔萃的人才来辅佐陛下，这样才能在宰相的位置上弘扬陛下的圣德，为陛下分忧。像臣这等平庸之人，实在是不堪胜任。恳切希望陛下能够广选人才，连居于山野的隐士都要顾及，天生圣明的君主，一定会发现贤能的大臣，然后将宰相的职位授予他，这样才能使国家安宁太平。乞请陛下收回成命，以安群臣之心，臣不胜恳切，忠诚之至。

为宰相贺白龟状

鄂岳观察使所进白龟。

右今日某宣进旨，示臣前件白龟者。伏以祯祥之见，必有从来，物象既呈，可以推究。古者谓龟为蔡。蔡者，龟也。今始入贼地而获龟者，是获蔡也。白者西方之色，刑戮之象也。是必擒其帅而得地也，提挈而来，生致阙下。此象既见，其应不遥。斯皆陛下圣德所施，灵物来效；太平之运，其在于今。臣等谬列台衡，亲睹嘉瑞，无任抃跃之至。

【译文】鄂岳观察使进献白龟。

臣今日被宣晋见，看到进献的白龟。臣以为，凡是吉祥征兆的出现，必有由来，物象既然呈现，就可以对它进行推究。古人将龟称为蔡。蔡，就是龟。如今朝廷军队刚进入贼寇之地便获得白龟，这预示一定会得到蔡州。白，是西方的正色，也是刑罚、诛戮的征象。这预示着一定会生擒叛军将帅而得到其土地，将他们押送而来，献俘于朝堂之下。物象既然已经显现，应验之期将不会遥远。这都是由于陛下圣德所加，神灵之物才会显效；天下太平的运势，就在今朝。臣等谬列台辅，目睹了这一祥瑞之兆，欢欣鼓舞到了极点。

冬荐官殷侑状

前天德军都防御判官、承奉郎、试大理评事兼监察御史殷侑。

右伏准贞元五年六月十一日敕：停郎官御史在城者，委常
参官每年冬季闻荐者。

前件官兼通《三传》，傍习诸经，注疏之外，自有所得；久
从使幕，亮直著名，朴厚端方，少见伦比。以臣所见，堪任御
史、太常博士。臣所谙知，不敢不举。谨录奏闻，伏听敕旨。

【译文】前天德军都防御判官、承奉郎、试大理评事兼监察
御史殷侑。

恭奉陛下贞元五年（789）六月十一日敕令：凡在京城的停使
郎官御史，委托日常参朝的官员每年冬季根据见闻举荐上奏。

前面的这位官员通晓《三传》，又熟习其他各类经典，在注疏
典籍之外，心中也颇有见地；他长期在幕府任职，以诚实正直著
名，为人质朴诚厚、端直方正，少有人能与其相比。以臣所见，他可
以胜任御史、太常博士。因为臣熟知此人，不敢不为朝廷举荐他。
谨此上奏，恭听陛下诏令。

进王用碑文状

故检校左散骑常侍兼右金吾卫大将军、赠工部尚书王用
神道碑文。

右京兆尹李修是王用亲表，传用男沼等意，请臣与亡父用

撰前件碑文者。伏以王用国之元舅，位望颇崇，岂臣短才，所能褒饰？不敢辞让，辄以撰讫。其碑文谨录本随状封进，伏听进旨。其王用男所与臣马一匹并鞍衔、白玉腰带一条，臣并未敢受领。谨奏。

【译文】故检校左散骑常侍兼右金吾卫大将军、赠工部尚书王用神道碑文。

京兆尹李修是王用的表亲，他转达王用之子王沼等人的意思，请臣为他们的亡父王用撰写前件碑文。臣以为王用是皇室的长舅，地位和名望都很高，岂是臣的浅薄之才所能夸饰、赞美的？但因臣不敢辞让，便把碑文写完。碑文谨抄录副本随奏状一同进呈陛下，恭敬地等待陛下的旨意。王用之子送给臣一匹马连同鞍勒，还有一条白玉腰带，臣都没敢领受。谨奏。

谢许受王用男人事物状

某官某乙。

右今日品官唐国珍到臣宅，奉宣进旨。缘臣与王用撰神道碑文，令臣领受用男沼所与臣马一匹并鞍衔及白玉腰带一条者。臣才识浅薄，词艺荒芜，所撰碑文，不能备尽事迹。圣恩弘奖，特令中使宣谕，并令臣受领人事物等。承命震栗，再欣再跃，无任荣抃之至。谨附状陈谢以闻。谨状。

【译文】某官某乙。

今天宦官唐国珍来到臣家中，奉命传达陛下的旨意。因为臣为王用撰写神道碑文，命令臣接受其子王沼赠送的一匹马、鞍勒以及一条白玉腰带。臣才学、见识浅薄，词艺拙劣，所撰写的碑文，不能详尽地记述他的事迹。陛下圣恩大加奖励，特命中使宣示谕旨，并令臣接受馈赠。臣接到圣命，心中震撼，欢欣踊跃，不胜荣耀之至。谨此附上奏表感谢陛下圣恩。谨状。

荐樊宗师状

摄山南西道节度副使、朝议郎、前检校水部员外郎兼殿中侍御史赐绯鱼袋樊宗师。

右件官孝友忠信，称于宗族朋友，可以厚风俗。勤于艺学，多所通解，议论平正有经据，可以备顾问。谨洁和敏，持身甚苦，遇物仁恕，有才有识，可任以事。今左、右史并阙员外郎，侍御史亦未备员。若蒙擢授，必有补益。忝在班列，知贤不敢不论。谨录状上，伏听处分。

【译文】任山南西道节度副使、朝议郎、前检校水部员外郎兼殿中侍御史，赐绯鱼袋樊宗师。

所荐官员孝悌、友爱、忠诚、守信，素来被宗族、朋友所称道，可以教化风俗。他勤勉于经学，能够将其融会贯通，议论公正而有依据，可以经常向他询问。他谨身洁己、谦和慧敏，对自己要求严格，待人接物仁爱、宽恕，有才能，有见识，可以担当具体事务。如今左、右司员外郎都有缺额，侍御史也没有备员。如果承蒙陛下提拔并授予职务，必定对朝廷有益。我忝居朝臣之列，发现贤才不敢不向朝廷举荐。谨此上奏，恭敬地听从陛下决断。

举钱徽自代状

朝散大夫、守太子右庶子、飞骑尉钱徽。

右臣伏准建中元年五月五日敕：常参官授上后三日内，举一人以自代者。前件官器质端方，性怀恬淡，外和内敏，洁静精微；可以专刑宪之司，参轻重之议。况时名年辈，俱在臣前，擢以代臣，必允众望。伏乞天恩，遂臣诚请。谨录奏闻，谨奏。

【译文】朝散大夫、守太子右庶子、飞骑尉钱徽。

臣恭奉陛下建中元年（780）正月五日的敕令：日常参朝的官吏升职后，要在三日内举荐一人代任自己原来的职务。前面提到的这位官员资质端方，性情恬淡，外表和气，心思敏捷，洁静精微；可以主持刑法部门，参与商议朝政。更何况他的名望、年龄与辈分，都比臣要高，提拔他来代替臣，定会符合众人的希望。恳请陛下赐予天恩，应允臣的诚挚请求。恭谨写下奏表，谨奏。

进撰平淮西碑文表

臣某言：

伏奉正月十四日敕牒，以收复淮西，群臣请刻石纪功，明示天下，为将来法式。陛下推劳臣下，允其志愿，使臣撰《平淮西碑》文者。闻命震骇，心识颠倒，非其所任，为愧为恐，经涉旬月，不敢措手。

窃惟自古神圣之君，既立殊功异德卓绝之迹，必有奇能博辩之士，为时而生，持简操笔，从而写之，各有品章条贯，然后帝王之美，巍巍煌煌，充满天地。其载于《书》，则尧、舜二《典》，夏之《禹贡》，殷之《盘庚》，周之五《诰》。于《诗》，则《玄鸟》《长发》，归美殷宗；《清庙》《臣工》，小、大《二雅》，周王是歌。辞事相称，善并美具，号以为经，列之学官，置师弟子，读而讲之，从始至今，莫敢指斥。向使撰次不得其人，文字暧昧，虽有美实，其谁观之？辞迹俱亡，善恶惟一；然则兹事至大，不可轻以属人。

伏以唐至陛下，再登太平，划刮群奸，扫洒疆土，天之所覆，莫不宾顺。然而淮西之功，尤为俊伟，碑石所刻，动流亿年。必得作者，然后可尽能事。今词学之英，所在成列；儒宗文师，磊落相望；外之则宰相公卿郎中博士，内之则翰林禁密游谈侍从之臣，不可一二遽数。召而使之，无有不可。至于臣者，自知最为浅陋，顾贪恩待，趋以就事，业杂乖戾，律吕失次；乾坤之容，日月之光，知其不可绘画，强颜为之，以塞诏旨，罪当诛死。其碑文今已撰成，谨录封进。无任惭羞战怖之至。

【译文】微臣进言：

恭奉陛下正月十四日敕牒，因收复了淮西，大臣们都请求刻石记功，明示天下，作为将来的榜样。陛下将此事交给臣，应允群臣的意愿，命臣撰写《平淮西碑》文。听到陛下的旨意后，臣内心震骇，心智颠倒，臣并不是合适的人选，所以深感惭愧、惊恐，经过月余，还是不敢动笔。

臣暗自思量：自古以来的神圣君主，既然能建立特殊的功业、非凡的德行和卓越的事迹，就一定会有才能奇特而又博学、雄辩之士，应时而出，手持竹简和毛笔，对其加以撰述，他们各有规格章法、条理系统，因此帝王的美德，就会巍峨辉煌，洋溢于天地之间。这些记载于《尚书》中，就是《尧典》和《舜典》，夏朝的《禹贡》，殷商的《盘庚》，周代的五篇《诰》。记载于《诗经》中的，则有《玄鸟》《长发》，是赞美殷代祖先的；《清庙》《臣工》《大雅》和《小雅》，是歌颂周代帝王的。文辞与事迹相称，善良与美好皆备，所以才号称为经，列在学官的事务之中，设置老师、弟子，诵读并讲解，从开始到现在，没有敢对此进行指摘、责备的。如果当初撰述时找不到合适的人选，文字含糊，即使有美好的事实，后世谁又能看得到呢？那就会导致文辞和事迹全部消亡，善恶混为一谈了；这样看来，此事至关重大，不可轻易托付于人。

臣以为，从大唐开国到陛下执政以来，重建太平盛世，铲除奸佞，以武力平定疆土，凡是上天所覆之地，没有不宾服、归顺的。但平定淮西的功业，尤为卓异、壮美，刻在碑石之上，足以流传亿万年。因此一定要找到合适的作者，以胜任此事。如今擅长文辞的英才，比比皆是；精通儒学和文章的宗师，也前后相望；外有宰相、公卿、郎官、博士，内有翰林、文学、游说、侍从之臣，不胜枚举。如果陛下征召他们入朝并委以重任，没有不胜任的。至于臣，自知见识最是浅陋，但顾念陛下的恩待，只能向前领受任务，所以碑文杂乱、乖谬，声韵缺少次序；对于天地日月的仪容与光彩，自知不可描绘，只好勉强为之，来搪塞陛下的诏旨，罪当诛死。碑文现已撰写完毕，恭谨地抄录进呈陛下。不胜惭愧、恐惧之至。

奏韩弘人事物表

奉敕撰《平淮西碑》文，伏缘圣恩，以碑本赐韩弘等。今韩弘寄绢五百匹，与臣充人事物，未敢受领，谨录奏闻，伏听进旨。谨奏。

【译文】臣先前奉陛下的敕令撰写《平淮西碑》文，因为陛下的圣恩，将碑文文本赐给韩弘等人。如今韩弘寄给臣五百匹绢，作为馈赠，臣不敢领受，于是恭谨地记下此事上奏陛下，恭听陛下旨意。谨奏。

谢许受韩弘物状

臣某言：

今日品官第五文嵩至臣宅，奉宣圣旨，令臣受领韩弘等所寄撰碑人事绢者。恩随事至，荣与幸并，惭忭怵惕，罔知所喻中谢。

伏以上赞圣功，臣子之职；下沾群帅，文字所宜。

陛下谦光自居，劝励为事，各赐立功节将碑文一通，使知朝廷备录劳效。

韩弘荣于宠锡，遂寄缣帛与臣，于臣何为，坐受厚贶？恩由上致，利则臣归，惭戴竞惶，举措无地。无任感恩惭恳之至。

【译文】微臣进言：

今天宦官第五文嵩来到臣的家中，奉命宣读圣旨，命臣接受韩弘等人寄送给臣撰写碑文的谢礼。陛下的恩宠随着谢礼一同到来，荣耀和幸运一起降临，臣愧喜交加，又戒慎恐惧，不知该如何致意。

臣以为,对上颂扬陛下的功德,是臣子的职责;对下推及军中的将帅,也该为他们撰写文章。

陛下以谦虚光明之道自居,激励臣子做事,分别赐予立功将领一通碑文,让他们知道朝廷已经详尽地记录他们的功绩。

韩弘以陛下的恩宠和赏赐而觉得荣耀,于是寄送缣帛给臣,臣做了什么呢,坐收这份厚礼?他的恩宠是皇上赐予的,利益却归于臣,臣深感惭愧、惊惶,举止失措。不胜感激、愧怍、恳切之至。

卷三十九 表状

论捕贼行赏表

臣愈言:

臣伏见六月八日敕,以狂贼伤害宰臣,擒捕未获,陛下悲伤震悼,形于寝食,特降诏书,明立条格云:有能捉获贼者,赐钱万贯,仍加超授。今下手贼等,四分之内已得其三,其余两人,盖不足计。根寻踪迹,知自承宗,再降明诏,绝其朝请,又与王士则、士平等官。八日之制,无不行者,独有赏钱尚未赐给,群情疑惑,未测圣心。闻初载钱置市之日,市中观者日数万人,巡绕瞻视,咨嗟叹息,既去复来,以至日暮。百姓小人,重财轻义,不能深达事体,但见不给其赏,便以为朝廷爱惜此钱,不守言信。自近传远,无由辨明。且出赏所以求贼,今贼已诛斩,若无人捉获,国家何因得此贼而正刑法也? 承宗何故而赐诛绝也？士平、士则何故与美官也？三事既因获贼，获贼必有其人，不给赏钱，实亦难晓。假如圣心独有所见，审知不合加赏，其如天下百姓及后代久远之人哉？况今元济、承宗，尚未擒灭；两河之地，太半未收；陇右、河西，皆没戎狄，所宜大明约束，使信在言前，号令旨挥，以图功利。

况自陛下即位已来，继有丕绩：斩杨惠琳，收夏州；斩刘辟，收剑南、东西川；斩李锜，收江东；缚庐从史，收泽、潞等五州；威德所加，兵不污刃，收魏、博等六州；致张茂昭、张愔，收易、定、徐、泗、濠等五州。创业以来，列圣功德未有能高于陛下者，可谓赫赫巍巍，光照前后矣。此由天授陛下神圣英武之德，为巨唐中兴之君，宗庙神灵所共祐助。勉强不已，守之以信，则故地不足收，而太平不难致。如乘快马行平路，迟速进退，自由其心，有所欲往，无不可者。于此之时，特宜示人以信。孔子欲存信去食，人非食不生，尚欲舍生以存信，况可无故而轻弃也！昔秦孝公用商鞅为相，欲富国强兵，行令于国，恐人不信，立三丈之木于市南门，募人有能徙置北门者，与五十金。有一人徙之，辄与五十金。秦人以君言为必信，法令大行，国富兵强，无敌天下。三丈之木，非难徙也；徙之，非有功也，孝公辄与之金者，所以示其言之必信也。昔周成王尚小，与其弟叔虞为戏，削桐叶为珪曰："以晋封汝。"其臣史佚因请择日立叔虞为侯。成王曰："吾与之戏耳！"史佚曰："天子无戏言。言之，则史书之，礼成之，乐歌之。"于是遂封叔虞于晋。昔汉高祖出黄金四万斤与陈平，恣其所为，不问出入，令谋项羽。平用金间楚，数年之间，汉得天下。论者皆言：汉高祖深达于利，能以金四万斤致得天下。以此观之，自古以来，未有不信其言而能有大功者，亦未有不费小财而能收大利者也。

臣于捕贼之人，本无恩义，彼虽获赏，了不关臣。所以区区尽言，不避烦黩者，欲令陛下之信行于天下也。伏望恕臣愚陋僻蠢之罪，而收其恳款诚至之心，天下之幸，非臣之幸也。谨奉表以闻。臣愈诚惶诚恐。

【译文】臣韩愈进言：

臣恭敬地见到陛下六月八日的敕令，因伤害朝廷宰相和大臣的狂贼尚未缉拿归案，陛下心中充满悲伤与震悼之情，以至寝食不安，特地降下诏书，明确立下条文说：有能捕获凶手者，赐钱一万贯，并破格授予官职。如今参与暗杀的贼人，已被擒获四分之三，其余二人，也不足为虑了。追根究底，知道此事是王承宗唆使，于是陛下第二次降下明诏，断绝他入朝觐见的请求，又授予王士则、王士平等人官职。六月八日的敕令，没有不施行的，只有赏钱还没有颁赐，众人心中疑惑，不能推测陛下的心思。臣听说最初用车载着赏钱置于街市时，街市上的围观者每天多达数万人，人们都徘徊、观看，感叹不已，去而又来，直到日暮。百姓们都是普通人，重视财物而看轻道义，不能深明事理，他们只看见没有赐给赏钱，便以为朝廷吝惜钱财，言而无信。从近处传到远处，无法辨别清楚。况且朝廷悬赏是为了捕获凶手，如今贼人已被诛杀，如果当初没有人去捕获贼人，朝廷又如何抓到这些贼人而明正典刑呢？王承宗又如何得以诛灭呢？王士平、王士则又如何得以加官进爵呢？这三件事情都是因为捕获贼人而引起的，捕获贼人必有其人，如果不赐给他们赏钱，确实让人难以理解。如果陛下心中另有见解，认为不应该赏赐，那么天下的百姓和后世以及许多年之后的人又该怎么看待陛下呢？更何况现在吴元济，王承宗尚未被擒灭；两河的土地，大半没有被收复；陇右和河西，都陷落于戎狄之手，所以更应该昭示世人，信守约定，在说话前就建立信用，这样陛下的号令、诏敕才可以施行，然后才能谋求功业。

何况自从陛下即位以来，不断取得伟大功绩：诛灭杨惠琳，收复夏州；诛灭刘辟，收复剑南、东西川；诛灭李锜，收复江东；生擒卢从史，收复泽州、潞州等五州；陛下威德所至，兵不血刃，便收复了魏州、博州等六州；招降了张茂昭、张愔，收复易州、定州、徐州、泗州、濠州等五个州。从大唐创立基业以来，历代圣王的功德没有能够超过陛下的，真可说是显赫高大，光照古今。这是因为上天授予陛下神圣、英武之德，要陛下成为大唐中兴的明君，宗庙神灵都共同护佑、帮助陛下。若陛下能不停勉励自己，恪守信义，那么，沦陷于奸佞手中的故地就不难收复，而太平盛世也就不难达到了。这就像骑着快马驰骋于平坦的道路上，快慢进退，都得心应手，想要到哪里都无所不可。因此，此时此刻，尤其应以信义示人。孔子宁可失去粮食而饿死，也要坚持信义，人如果没有食物就不能生存，圣人尚且能为坚持信义而舍弃生命，现在根本无须舍弃生命，又怎能无缘无故轻易放弃信义呢！从前秦孝公任用商鞅为相国，想要富国强兵，发布命令前，担心百姓不信任，就在国都南门下竖起一根三丈长的木头，招募能把木头扛到北门去的人，许诺给他五十金。有一个人把木头扛到了北门，就立刻给了他五十金。秦国人认为国君言出必行，于是法令得到很好的执行，最终秦国国富兵强，无敌于天下。三丈长的木头，不难扛到；即使扛到，也不是什么功劳，秦孝公之所以赐给他五十金，是要昭示国家言出必行。从前周成王年纪还小时，和弟弟叔虞游戏，将一片梧桐树叶削成玉珪的形状，说："我要把晋地赐封给你。"他的大臣太史佚就请求成王择取良辰吉日册立叔虞为诸侯。成王说："我是和他开玩笑呢！"太史佚说："天子不可戏言。既然说了，史官就要记录下来，要用典礼完成，用音乐歌颂。"于是成王便把晋地封给了叔虞。从前汉高祖拿出四万斤黄金交给陈平，任他支配，也不问他如何使用，让他以谋略战胜项羽。陈平用这四万斤黄金离间楚国君臣，几年之间，就使汉朝得到了天下。议论此事的人都说：汉高祖深知于利，能用四万斤黄金换取天下。由此看来，自古以来，没有人不守信义而能成就大的功业，也没有人不肯花费少的财物就获得大利的。"

臣和那些捕获乱贼的人，本来就没有什么恩义，即使他们获得赏钱，跟臣也没有丝毫关系。臣之所以恳切进言，不厌其烦地打扰陛下，只是想让陛下的信义施行于天下。敬盼陛下宽恕臣愚钝、僻陋之罪，而能体谅、接纳臣恳切而至诚的忠心，这更是天下人的幸运，并非只是臣的幸运。谨此上表给陛下。臣韩愈诚惶诚恐。

论佛骨表

臣某言：

伏以佛者夷狄之一法耳，自后汉时流入中国，上古未尝有也。昔者黄帝在位百年，年一百十岁；少昊在位八十年，年一百岁；颛顼在位七十九年，年九十八岁；帝喾在位七十年，年一百五岁；帝尧在位九十八年，年一百一十八岁；帝舜及禹年皆百岁。此时天下太平，百姓安乐寿考，然而此时，中国未有佛也。其后殷汤亦年百岁，汤孙太戊在位七十五年，武丁在位五十九年，书史不言其年寿所极，盖亦俱不减百岁。周文王年九十七岁，武王年九十三岁，穆王在位百年，此时佛法亦未至中国，非因事佛而致然也。汉明帝时始有佛法，明帝在位才十八年耳，其后乱亡相继，运祚不长。宋、齐、梁、陈、元魏已下，事佛渐谨，年代尤促。惟梁武帝在位四十八年，前后三度舍身施佛，宗庙之祭，不用牲牢，昼日一食，止于菜果，其后竟为侯景所逼，饿死台城，国亦寻灭。事佛求福，反更得祸。由此观之，佛不足信，事亦可知矣。

高祖始受隋禅，则议除之。当时群臣材识不远，不能深知先王之道、古今之宜，推阐明圣，以救斯弊，其事遂止，臣常恨焉。伏惟睿圣文武皇帝陛下，神圣英武，数千百年已来，未有伦比，即位之初，不许度人为僧尼道士，又不许创立寺观，臣常以为高祖之志，必行于陛下之手。今纵未能即行，岂可恣之，转令盛也！今闻陛下令群僧迎佛骨于凤翔，御楼以观，舁入大内，又令诸寺递迎供养。臣虽至愚，必知陛下不惑于佛，作此崇奉，以祈福祥也。直以年丰人乐，狗人之心，为京都士庶诡异之观，戏玩之具耳。安有圣明若此，而肯信此等事哉？然百姓愚冥，易惑难晓，苟见陛下如此，将谓真心事佛，皆云："天子大圣，犹一心敬信，百姓何人，于佛更惜身命？"以故焚顶烧指，百十为群，解衣散钱，自朝至暮，转相仿效，惟恐后时，老少奔波，弃其业次。若不即加禁遏，更历诸寺，必有断臂脔身，以为供养者。伤风败俗，传笑四方，非细事也。夫佛者，本夷狄之人，与中国言语不通，衣服殊制，口不言先王之法言，身不服先王之法服，不知君臣之义、父子之情。假如其身至今尚在，奉其国命，来朝京师，陛下容而接之，不过宣政一见，礼宾一设，赐衣一袭，卫而出境，不令惑众也。况其身死已久，枯朽之骨，凶秽之余，岂可直入宫禁？孔子曰："敬鬼神而远之。"古之诸侯行吊于其国，尚令巫祝先以桃茢祓除不祥，然后进吊。今无故取朽秽之物，亲临观之，巫祝不先，桃茢不用，群臣不言其非，御史不举其失，臣实耻之。乞以此骨付有司投诸水火，永绝根本，断天下之疑，绝后代之惑，使天下之人，知大圣人之所作为，出于寻常万万也，岂不盛哉？岂不快哉？佛如有灵，能作祸福，凡有殃咎，宜加臣身，上天鉴临，臣不怨悔！无任感激恳悃之至。谨奉表以闻，臣某诚惶诚恐。

【译文】微臣进言：

伏以佛教不过是夷狄的一项法术而已，自后汉时期传入中国，上古时代是没有的。从前，黄帝在位百年，活了一百一十岁；少昊在位八十年，活了一百岁；颛顼在位七十九年，活了九十八岁；帝喾在位七十年，活了一百零五岁；帝尧在位九十八年，活了一百一十八岁；虞舜和大禹也都活了一百岁。那时的天下安宁太平，百姓安乐长寿，然而那时中国并没有佛教。其后，殷朝的商汤也活了一百岁，商汤的孙子太戊在位七十五年，武丁在位五十九年，史书没有提及他们活了多少年，大概也都不会少于一百岁。周文王活了九十七岁，周武王活了九十三岁，周穆王在位一百年，此时佛法也没有传入中国，他们并不是因为信奉佛教才长寿的。到了汉明帝时，中国开始有了佛法，明帝在位仅十八年而已，其后战乱不断，皇帝接连夭折，国运并不长久。宋、齐、梁、陈、元魏以来，对佛教的信奉逐渐恭谨起来，然而国家存在的时间及帝王的寿命却更加短促了。只有梁武帝在位四十八年，其间先后三次舍身为僧，祭祀宗庙时，不用牲畜作祭品，他每日只吃一餐，只吃些蔬菜和水果，但后来竟被侯景所逼，饿死在台城，梁朝也便随之灭亡了。信奉佛教祈求福佑，反而却遭遇祸患。由此看来，佛教不足以信奉的道理也就可想而知了。

高祖皇帝刚夺取隋朝天下时，就想废除佛教。当时群臣才识浅薄，不能深刻领会先王的意图以及古今适用的治国方略，不能推阐明君的神圣主张，于是纠正佛教弊端，废除佛教之事就此停止，臣常对此感到遗恨。臣认为睿圣文武的皇帝陛下，神圣英武，千百年来无人能及，即位之初，就不许引度他人为僧尼道士，又不许创建寺观，臣常以为高祖皇帝的意旨，定会在陛下手中得以实现。如今纵然不能马上施行，又怎可纵容佛教恣意发展，转而令它兴盛起来呢？如今听闻陛下命群僧前往凤翔迎接佛骨，还御驾登楼观看，将佛骨抬入宫内，又命各寺院次第迎奉。臣虽愚钝，也知陛下不是被佛法所惑，只是希望通过敬奉之仪祈求福祥。不过是恰逢年丰人乐，为顺应人心，也为京城士庶营造一个奇异的景观，而设置的娱乐活动罢了。哪有如您这般圣明的天子，肯相信此类佛骨事件的呢？然而百姓愚钝无知，容易被迷惑难以分辨是非，若是他们看到陛下如此，将会认为陛下是真心事佛，都会说："天子是何等圣明，尚且一心敬奉佛法，百姓是何等之人，在佛祖面前怎可比天子还爱惜身体和性命呢？于是他们就会虔诚奉佛，顶礼膜拜，百十为群，慷慨解囊，布施钱财，从早到晚，互相仿效，唯恐落后，老少奔波，甚至将他们赖以谋生的行业都置之不顾。若不立即禁止佛骨事件，使它再历经各寺院，定会有人砍掉胳臂，割下身上的肉来奉佛。伤风败俗，令四方传为笑谈，这可不是小事啊！佛教，起源于夷狄，他们与中原人言语不通，服饰有别，口中不念及先王的政令法度，衣着也不遵照先王定制的服饰，不懂君臣之义、父子之情。若他至今尚在，奉其国君之命，来京师朝拜，陛下容留并接待他，也不过是在宣政殿接见一次，让礼宾院设宴招待一次，赐他一套衣服，并护送他离开我国边境，不让他迷惑百姓。况其身死已久，枯朽之骨残存着凶邪污秽，怎可让它进入宫禁之地？孔子说："敬鬼神而远之。"古代的诸侯，在其国内举行祭吊活动，尚且命巫师先用桃杖与扫帚扫除不祥，然后才进行祭吊。如今特意奉迎污秽朽烂之物，陛下还亲自前往观看，巫师没有预先驱邪，也没使用桃杖与扫帚扫除污秽，群臣没有提出异议，御史也没有指出错误，臣实在为此感到羞耻。臣恳请陛下将佛骨交付给主管官吏，投入水火之中，彻底消除其根本，断绝世人的疑惑，使子孙后代不再被其迷惑，使天下人了解圣人的所作所为，远超于寻常百姓，这样岂不是好事？岂不大快人心？若佛法有灵，作威作福，那么就将一切的灾祸都降临到臣身上，上天可鉴，臣绝不怨悔！不胜感激恳切之至。谨奉此表让陛下闻知，臣诚惶诚恐。

潮州刺史谢上表

臣某言：

臣以狂妄戆愚，不识礼度，上表陈佛骨事，言涉不敬，正名定罪，万死犹轻。陛下哀臣愚忠，恕臣狂直，谓臣言虽可罪，心亦无他，特屈刑章，以臣为潮州刺史。既免刑戮，又获禄食，圣恩弘大，天地莫量，破脑刳心，岂足为谢？臣某诚惶诚恐，顿首顿首。臣以今年正月十四日蒙恩除潮州刺史，即日奔驰上道，经涉岭海，水陆万里，以今月二十五日，到州上讫。与官吏百姓等相见，具言朝廷治平，天子神圣，威武慈仁，子养亿兆人庶，无有亲疏远迩，虽在万里之外，岭海之陬，待之一如甸畿之间，辇毂之下。有善必闻，有恶必见，早朝晚罢，兢兢业业，惟恐四海之内，天地之中，一物不得其所。故遣刺史面问百姓疾苦，苟有不便，得以上陈。国家宪章完具，为治日久，守令承奉诏条，违犯者鲜，虽在蛮荒，无不安泰。闻臣所称圣德，惟知鼓舞欢呼，不劳施为，坐以无事。臣某诚惶诚恐，顿首顿首。

臣所领州在广府极东界上，去广府虽云才二千里，然来往动皆经月。过海口，下恶水，涛泷壮猛，难计程期，飓风鳄鱼，患祸不测。州南近界，涨海连天，毒雾瘴氛，日夕发作。臣少多病，年才五十，发白齿落，理不久长，加以罪犯至重，所处又极远恶，忧惶惭悸，死亡无日。单立一身，朝无亲党，居蛮夷之地，与魑魅为群，苟非陛下哀而念之，谁肯为臣言者？臣受性愚陋，人事多所不通，惟酷好学问文章，未尝一日暂废，实为时辈所见推许。臣于当时之文，亦未有过人者。至于论述陛下功德，与诗、书相表里；作为歌诗，荐之郊庙；纪泰山之封，镂白玉之牒；铺张对天之闳休，扬厉无前之伟迹。编之乎诗、书之策而无愧，措之乎天地之间而无亏；虽使古人复生，臣亦未肯多让。

伏以大唐受命有天下，四海之内，莫不臣妾；南北东西，地各万里。自天宝之后，政治少懈，文致未优，武克不刚；嬖臣奸隶，蠹居棋处，摇毒自防，外顺内悖，父死子代，以祖继孙；如古诸侯，自擅其地，不贡不朝，六七十年。四圣传序，以至陛下。即位以来，躬亲听断，旋乾转坤，关机阖开；雷厉风飞，日月清照；天戈所麾，莫不宁顺；大宇之下，生息理极。高祖创制天下，其功大矣，而治未太平也；太宗太平矣，而大功所立，咸在高祖之代；非如陛下，承天宝之后，接因循之余，六七十年之外，赫然兴起，南面指麾，而致此巍巍治功也。宜定乐章，以告神明；东巡泰山，奏功皇天。具著显庸，明示得意，使永永万年，服我成烈。当此之时，所谓千载一时不可逢之嘉会，而臣负罪婴衅，自拘海岛，戚戚嗟嗟，日与死迫，曾不得奏薄伎于从官之内、隶御之间。穷思毕精，以赎罪过，怀痛穷天，死不闭目。瞻望宸极，魂神飞去。伏惟皇帝陛下，天地父母，哀而怜之，无任感恩恋阙惭惶恳迫之至！谨附表陈谢以闻。

【译文】臣韩愈进言：

臣因狂妄、愚直，不知礼度，上表向陛下陈述迎奉佛骨之事，言辞不敬，如果给臣定名定罪，即使处死一万次都是轻的。陛下怜悯臣出于愚直的忠心，宽恕了臣的疏狂率直，认为臣之言辞虽可论罪，但并无其他用心，于是特意减轻刑法，加恩任命臣为潮州刺史。臣既免去刑戮，又得以继续获得俸禄，陛下圣恩宏大，天地都不能度量，臣即使剖心沥血，又何足表达对陛下的谢意呢？臣诚惶诚恐，顿首顿首。臣在今年正月十四日承蒙陛下圣恩被授予潮州刺史，即日出发，途经岭南，水、陆行程足有上万里，于本月二十五日到达潮州任上。臣与当地官吏、百姓相见，详细陈说朝廷太平安定，天子圣明，威武仁慈，爱民如子，对天下人没有亲疏、远近之分，即使在距离京城万里之外的岭南边疆，陛下也如诸侯封地、京城一样对待。有善一定听取，有恶一定看见，勤于政事，兢兢业业，唯恐四海之内，天地之间，有任何事物不能各得其所。所以才派臣来当面询问百姓疾苦，倘有不便之事，得以上报朝廷。朝廷法制完备，长久以来太平安定，官吏奉行天子诏令，触犯法令者微乎其微，因此即使远在蛮荒之地，也无不安宁。官吏、百姓听到臣称述的圣德，都欢呼鼓舞，因此无须臣多加施教，潮州始终平安无事。臣韩愈诚惶诚恐，顿首顿首。

臣所治理的潮州在广府最东边的地界上，距离广府虽说只有两千里之遥，然而往返一次往往都需要一个多月。一路要经过河流通海之处，进入凶险的水面，波涛汹涌，难以预计日期，不时还有飓风、鳄鱼肆虐，祸患难测。潮州南部的边境，海天相接，每天都有毒雾、瘴气随处弥漫。臣年少时体弱多病，如今刚过五十岁，便头发苍白，牙齿脱落，按理说寿命不会长久，又加上臣所犯之罪极重，所处之地又极其荒远、险恶，臣心中忧伤惶恐、羞愧害怕，说不定什么时候就会命归黄泉。臣孑然一身，在朝廷中没什么亲信党羽，身处这蛮夷之地，终日与魑魅为伍，如果不是陛下因怜悯而想到臣，又有谁肯替臣进言呢？臣生性愚钝、浅陋，人情世故方面也不通达，只是酷爱学问和文章，不曾一日荒废，确实也受到当代一些人的推许。臣所写的当下流行的文章，并没有过人之处。但至于论述陛下的功德时，却可与《诗》《书》互为表里；臣写的诗歌，用于郊庙祭祀；臣记录泰山封禅，镂写白玉牒文；铺叙陛下与天德并比的吉祥，歌颂陛下前无古人的功业。臣自认为即使编录在《诗》《书》之中也可以问心无愧，流传于天地之间也不会差到哪里；即使是古人重生，臣也不会逊色多少。

臣以为大唐承受天命拥有天下，四海之内，无不臣服；南北东西，疆域各有万里。但自从天宝之后，政事开始松懈，文治不卓越，武功也不强大；近臣和奸佞，如虫深居，如棋密布，骚扰为害，善于自卫，他们外表顺从而内心悖逆，或是父亲死了，儿子继承父亲的职务，或是孙子继承祖父的职务；就像古代诸侯割据一方，不进贡，不朝见，长达六七十年之久。四位先皇依次相传，已将皇位传给陛下。陛下即位以来，亲自听政、处理国事，扭转乾坤，极具魄力，抓住关键，张弛有度；雷厉风行，如日月照临天下；陛下军队所到之处，无不安定、顺服；在大唐的天空下，百姓繁衍生息，各安天命。高祖皇帝开创天下，功勋可谓盛大，但天下还没有达到太平安定；太宗皇帝时天下可谓太平安定，而他所建立的大功，都是在高祖时代；不如陛下即位于天宝之后，承袭历代先皇事业，在六七十年之后，赫然兴起，居人君之位，取得如此雄伟的文治武功。因而应该明定乐章，以告慰神明；到泰山封禅，来告慰上天。详细记述陛下的功勋，昭示陛下的心意，使千秋万代，都能叹服陛下成就的功业。此时此刻，正是千载难逢的绝好之机，可是臣正得罪陛下，背负罪名，困在这海岛之上，忧虑叹息，随时都可能死去，竟然再也不能在陛下身边，充当随从、奴仆来进献粗浅的技艺。臣愿竭尽所有精力，来将功赎罪，不然臣终此一生，也死不瞑目。臣遥望京城，心驰神往。只愿皇帝陛下，如天地父母，体恤怜悯臣，臣不胜感恩戴德、惶恐恳切之至！谨此附上奏表，陈述谢意，告知陛下。

贺册尊号表

臣某言：

臣伏闻宰相公卿百官，及关辅百姓耆耋等，以陛下功崇德巨，天成地平，宜加号于殊常，以昭示于来载。陈情恳到，于再于三。陛下仰稽乾符，俯顺人志，乃以新秋首序，令月吉辰，发扬鸿休，膺受显册。天人合庆，日月扬光，环海之间，含生之类，欢忭踊跃，以歌以舞。臣某诚欢诚喜，顿首顿首。

臣闻：体仁以长人之谓元，发而中节之谓和，无所不通之谓圣，妙而无方之谓神，经纬天地之谓文，戡定祸乱之谓武，先天不违之谓法天，道济天下之谓应道。伏惟元和圣文神武法天应道皇帝陛下，子育亿兆，视之如伤，可谓体仁以长人矣；喜怒以类，刑赏不差，可谓发而中节矣；明照无私，幽隐毕达，可谓无所不通矣；发号出令，云行雨施，可谓妙而无方矣；三光顺轨，草木遂长，可谓经纬天地矣；除划寇盗，宇县清夷，可谓戡定祸乱矣；风雨以时，祥瑞辐凑，可谓先天而天不违矣；国内无饥寒，四夷皆朝贡，可谓道济天下矣。众美备具，名实相当，赫赫巍巍，超今冠古。方当讲议明堂辟雍之事，撰集泰山梁父之仪，搜三代之逸礼，补百王之漏典，时乘六龙，肆觐东后。微臣幸生圣代，触犯刑章，假息海隅，死亡无日。瞻望震极，心魂飞扬，有永弃之悲，无自新之望，曾不得与鸟兽率舞，蛮夷纵观为比。衔酸抱痛，且耻且惭，无任感恩恋阙恳迫彷徨之至。谨奉表陈贺以闻。

【译文】 微臣进言：

臣听说宰相、公卿、文武百官以及关中父老百姓，因陛下功绩崇高，德行宏大，治理天下斐然成章，应该特别加上尊号，以昭示后代。众人言辞恳切之至，以至于再三请求。陛下上承天意，下顺民心，于是在初秋之始，选择良辰吉日，发扬美德，接受尊贵的称号。普天同庆，日月同辉，四海之内，一切众生，都欢喜雀跃，载歌载舞。臣韩愈也喜不自胜，敬贺陛下，叩首叩首。

臣听说：实行仁道来养育百姓称为元，行为能有所节制称为和，无所不通称为圣，神妙而不拘一格称为神，经天纬地称为文，平定祸乱称为武，不违背天意称为法天，秉承先王之道，济慰天下称为应道。臣以为元和圣文神武法天应道皇帝陛下，如对待自己的孩子般关爱亿万百姓，对待百姓如同对待伤患，唯恐有所惊扰，可称得上是实行仁道来养育百姓了；喜怒皆有原则，刑罚与奖赏分毫不差，可称得上是行为有所节制；心地无私，圣明烛照，可称得上是无所不通了；发号施令，广施恩泽，可称得上是神妙而不拘一格了；日月星辰有序，草木自然生长，可称得上是经天纬地了；扫除匪寇，天下太平，可称得上是平定祸乱了；风调雨顺，祥瑞云集，可称得上是先天而天不违了；国境之内没有饥饿寒冷的人，四方夷狄都来朝见进贡，可称得上是道济天下了。陛下各种美德都具备，名实铢两悉称，功业显赫高大，冠绝古今。此时正应当讨论修建明堂辟雍之事，编纂整理封禅泰山、梁父的仪式，搜罗夏商周三代失传的礼法，补充历代帝王遗漏的制度，应时乘驾着六龙之阳气，礼拜东方青帝。微臣幸运地生在这圣明的时代，却因谏言佛骨之事触犯刑法，苟活于海边一隅，随时可能死去。臣仰望陛下宫阙所在的方向，心驰神往，却只有被永远抛弃的悲哀，没有改过自新的希望，再也不能感受陛下的清明，只能老死在这蛮荒之地。内心酸楚痛惜，既倍感羞耻，又深深惭愧。臣不胜感恩陛下，心念陛下，恳切、彷徨到了极点。谨将此表奉上，恭贺陛下，希望陛下知道。

袁州刺史谢上表

臣某言：

臣以去年正月上疏论佛骨事，先朝恕臣愚直，不加大罪，自刑部侍郎贬授潮州刺史。伏遇其年七月十三日恩赦，至其年十月二十四日，准例量移，改授袁州刺史，以今月八日到上讫。臣某诚欢诚喜，顿首顿首。伏以州小地狭，赋税及时，人安吏循，闾里无事，微臣惟当布陛下惟新之泽，守国家承平之规，劝以耕桑，使无怠惰而已。臣以愚陋无堪，累蒙朝廷奖用，掌诰西掖，司刑南宫，显荣频烦，称效寂蔑。又蒙赦其罪累，授以方州。德重恩弘，身微命贱，无阶答谢，惟积惭惶，无任感恩惭惕之至。谨差军事副将郝泰奉表陈谢以闻。

【译文】微臣进言：

臣因为去年正月上疏议论奉迎佛骨之事，先皇宽恕臣的愚鲁、率直，没有深加大罪，将臣从刑部侍郎贬为潮州刺史。有幸遇到去年七月十三日陛下大赦的敕令，到了去年十月二十四日，按例酌情调整，改任为袁州刺史，于本月八日到任。臣韩愈非常欢喜，顿首顿首。臣以为袁州很小，土地狭窄，赋税能及时收取，百姓生活安定，官吏安守本分，乡间无为而治，微臣只应宣布陛下即位后新加的恩泽，遵守朝廷安定平稳的规章制度，劝勉百姓勤于种田养蚕，使他们不懈怠、懒惰就好。臣生性愚钝、浅薄，不堪重用，多次承蒙朝廷奖掖、任用，先是担任中书舍人，后来又担任刑部侍郎，官职显赫荣耀，功绩却微不足道。又承蒙陛下宽赦臣的罪过，授予臣刺史之职。如此大恩大德，臣这样一个身份卑微、命运低贱之人，没有门径可以报答陛下，只是内心越来越羞愧、惶恐，臣不胜感激，惭愧、惊恐到了极点。谨派军事副将郝泰带着这份表文入朝谢恩，上达陛下。

贺皇帝即位表

臣某言：

伏闻皇帝陛下以闰正月三日，虔奉遗诏，昭升大位。天地神祇，永有依归；华夏蛮貊，永有承事；神人交庆，日月贞明。臣某诚欢诚喜，顿首顿首。

臣闻：王者必为天所相，为人所归，上符天心，下合人志，然后奄有四海，以君万邦。伏惟皇帝陛下，承列圣之丕绩，当中兴之昌运。爰自主鬯春宫，齿胄国家，孝友之美，实形四方；英伟之姿，久动群听。及初嗣位，遐迩莫不欢心；爰降诏书，老幼或至垂涕。举用俊乂，流窜奸邪，虽虞舜之去四凶，举十六相，不能过也。天下翘首以望太平，天下倾心以观至化，臣某诚欢诚喜，顿首顿首。臣闻：昔者尧、舜以吁嗟，君臣相戒以致至治；周文王以忧勤，日中不食，以和万民，故能泽流无穷，名配日月。伏惟皇帝陛下，仪而象之，以永多福。天下幸甚！天下幸甚！微臣往因言事得罪先朝，僻守远方，拘限条制，不获奔走称庆阙廷，无任欣欢踊跃感恩恋阙之至。谨奉表以闻。

【译文】微臣进言：

臣听闻皇帝陛下于闰正月三日，敬奉先皇遗诏，继承大位。天地神明，长有依靠；华夏与蛮夷，也长得治理；神明与人交相欢庆，日月之辉常在常明。臣韩愈非常欢喜，顿首顿首。

臣听说：王者定会得到上天护佑，人心依附，上应天意，下合人心，然后才能拥有四海，君临天下。臣认为，皇帝陛下，继承历代先皇的丰功伟绩，正处于国运中兴之时。陛下自从被立为太子，笃行长幼之礼，孝顺、友爱的美名，便已广布四方；英武伟岸的姿容，早已广为人知。陛下继位之初，远近之人无不欢欣鼓舞；等到陛下颁布诏书，有的老人、孩子竟激动得热泪盈眶。陛下选拔英才，流放、贬斥奸诈邪恶之人，即使上古时期虞舜除去"四凶"，任用"十六相"，也比不过陛下。天下之人，对太平安定翘首以待，百姓一心观察陛下至高的教化，臣韩愈也非常欢喜，顿首顿首。

臣听说：从前尧、舜因为有感于君臣应相互警诫，而达到天下大治；周文王因为忧虑、勤于国事，中午都来不及进食，来团结百姓，所以才能恩泽流传无穷，美名与日月同辉。臣愿陛下以尧、舜和周文王为楷模，以求多福。天下幸甚！天下幸甚！微臣过去因进言佛骨之事得罪先皇，到荒远之地守卫州郡，受条例制度的限制，没有机会在朝廷之中为陛下奔走、庆贺，但仍不禁欢欣鼓舞、感恩陛下、心念陛下到了极点。谨敬奉此表以让陛下闻知。

贺赦表

臣某言：

伏奉二月五日制书，大赦天下。常赦所不原者，咸蒙除罪，与之更始，令得自新，恩浃幽明，庆溢寰海。臣某诚欢诚喜，顿首顿首。臣闻：王者必于嗣位之始，降非常之恩，所以象德乾坤，同明日月。伏惟皇帝陛下，文思聪明，圣神睿哲，发号出令，云行雨施。惧刑政之或差，怜鳏寡之重困，知事久之滋弊，虑法讹之益奸。罪人悉原，坠典咸举。生恩既及于四海，和气遂充于八纮。臣某诚欢诚喜，顿首顿首。微臣往因论事获谴海隅，旋沐朝奖，待罪山郡。未离贬窜之地，忽逢旷荡之恩，踊跃欣欢，实倍常品。限以官守，不获随例称庆阙廷，无任感恩恋阙之至。谨奉表陈贺以闻。

【译文】微臣进言：

伏奉陛下二月五日制书，大赦天下。开恩赦免那些不在一般赦免范围内的罪人，全部免除他们的罪名，让他们重获新生，得以改过自新，陛下的恩泽遍及贤愚，喜庆溢满四海。臣韩愈非常欢喜，顿首顿首。臣听说：王者一定会在继位之初，降下非同寻常的恩宠，用来比德于天地，与日月同辉。臣以为，皇帝陛下文思出众，神圣睿智，发号施令，广施恩泽。陛下担心刑法政令或有偏差，怜悯老弱孤苦者的困苦，深知事情年深日久便会滋生弊端，担心执法错误会生出邪恶。有罪之人全都饶恕，被贬之人全都起用。陛下的好生之德遍及四海，阴阳和谐之气充满八方。臣韩愈非常欢喜，顿首顿首。微臣过去因为议论奉迎佛骨之事被贬到海边一隅，不久便承蒙皇恩，得以在袁州戴罪任职。但此时臣仍未能离开贬逐的荒远之地，如今忽遇陛下浩荡的皇恩，欢乐兴奋之情，实在倍于平常。臣限于职守，不能按例在朝廷之中当面向陛下谢恩，臣不胜感激，心念陛下到了极点。谨此奉上表文向陛下道贺。

贺册皇太后表

臣某言：

伏承闰正月二十七日，皇太后光膺令典，受册宫闱，欢心始自于内朝，孝理遂形于寰海。臣某诚欢诚喜，顿首顿首。皇太后夙赞先皇，弼成至化；诞生明圣，缵继鸿休；华胥实赞于轩图，文母有光于周道。恭惟懿德，克配前芳。皇帝陛下出震承乾，垂衣御极，式展臣子之志，以明教化之源；礼命载崇，华夷同庆。臣待罪外郡，不获随例称贺阙廷，无任踊跃欢欣之至。谨奉表陈贺以闻。

【译文】微臣进言：

敬奉闰正月二十七日，皇太后荣受典礼，在宫闱之中接受册封，欢喜从朝中开始，孝道便在天下传扬。臣韩愈欢欣鼓舞，顿首顿首。皇太后早年辅助先皇，使国家实现完美的教化；又生育圣明的天子，继承大统；太昊的母亲华胥在轩辕的图画中受人赞颂，文王的母亲太姒在周代享有荣光。皇太后美好的德行，足以和华胥、太姒相媲美。皇帝陛下以皇太子的身份继承大统，无为而治，应和臣子的意愿，来明确教化的本源；礼聘和策命尊崇光大，华夏与蛮夷一同庆贺。臣在外郡待罪任职，没有机会按例在朝中称贺，但仍不胜欢喜，兴奋之至。谨此奉上表文向陛下道贺。

贺庆云表

臣某言：

臣所领州，今月十六日申时，有庆云见于西北，至暮方散。臣及举州官吏百姓等无不见者。五采五色，光华不可遍观；非烟非云，容状讵能详述。抱日增丽，浮空不收，既变化而无穷，亦卷舒而莫定，斯为上瑞，实应太平。臣某诚欢诚喜，顿首顿首。谨按：沈约《宋书》云："庆云五色者，太平之应。"又据《孝经援神契》曰："王者德至山陵，则庆云出。"故黄帝因之以纪事，虞舜由之而作歌。又按，季夏六月，土正用事，其日景戌，亦主于土。西北方者，京师所在。土为国家之德，祥见京师之位，既征于古，又验于今。伏惟皇帝陛下，德合覆载，道光轩、虞。嗣位之初，祯祥继至，升平之符既兆，仁寿之域已跻。微臣往在先朝，以论事得罪，身居贬黜之地，目睹殊常之庆，抃跃欢幸，实倍常情。伏乞宣付史官，以彰圣德所致。瞻恋阙廷，心魂飞驰，并图奉进，无任欣抃踊跃之至。谨差某官奉表陈贺以闻。

【译文】微臣进言：

臣所治理的袁州，本月十六日申时，有祥云在西北方出现，到日暮才散去。臣和全袁州的官吏、百姓没有未见到的。祥云五彩缤纷，光华无限；既不是烟也不是普通的云，形貌无法用言语详述。祥云环绕太阳，为太阳增光添彩，飘浮在空中，久久不散，变化无穷，云卷云舒，聚散不定，这是上等的祥瑞，确实预示着天下太平。臣韩愈非常欢喜，顿首顿首。谨按：沈约《宋书》中说："五色祥云，是天下太平的预兆。"又据《孝经援神契》说："王者的美德到了山陵时，祥云就会出现。"因此黄帝用祥云来记事，虞舜见祥云而作歌。又按，农历六月，土正主事，那天正是景戌日，也主于土。西北方是京城所在。土德又是大唐的本德，祥云出现于京城的方位，既有古代的证据，又应验于当今。臣俯身思量，皇帝陛下的德行施于天地，道义可比黄帝和舜帝。陛下继位之初，祥瑞接连而至，四海升平的征兆已经显现，仁德而长寿的境界已经到达。微臣从前在先皇之朝，因为言事获罪，身处被贬斥的边远之地，如今目睹这非同寻常的祥瑞，不禁欢呼雀跃，倍于平常。恭敬地乞求陛下，宣召史官并明令交付他们予以记录，以彰显这由陛下圣德所带来的祥瑞。臣依恋朝廷，心驰神往，连同祥云图一起进献陛下，不胜欢欣雀跃到了极点。谨派某官奉上表文向陛下道贺。

举张惟素自代状 国子监

中散大夫、守左散骑常侍、上柱国、赐紫金鱼袋张惟素。

右伏准建中元年正月五日制：常参官上后三日，举一人自代者。前件官文学治行，众所推与；累历中外，资序已深；和而不同，静而有守；敦厚退让，可以训人。臣所不如，辄举自代。谨录奏闻。

【译文】中散大夫、守左散骑常侍、上柱国、赐紫金鱼袋张惟素。

右臣恭敬地遵奉陛下建中元年（780）正月五日的制令：日常参朝的官吏调任三日之内，要举荐一人代替自己原来的官职。前面这位官员的文学和政绩，都得到众人推许；多年在朝中和地方任职，资历已经足够；他与人相处和睦但不随便附和，性格恬静而有节操；天性敦厚而知道谦让，可以教诲别人。臣不如他，于是举荐他来代替自己。谨以此表来报告陛下。

举韩泰自代状 袁州

使持节漳州诸军事、守漳州刺史韩泰。

右伏准建中元年正月五日制：常参官及刺史授上讫三日内，举一人自代者。前件官词学优长，才器端实，早登科第，亦更台省。往因过犯贬黜，至今十五余年。自领漳州，悉心为治，官吏惩惧，不敢为非；百姓安宁，并得其所。臣在潮州之日，与其州界相接，臣之政事，远所不如。乞以代臣，庶为允当。谨录奏闻。

【译文】使持节漳州诸军事、守漳州刺史韩泰。

右臣恭敬地遵照陛下建中元年（780）正月五日制：日常参朝的官吏和刺史授上讫三日内，要举荐一人代替自己原来的官职。前面这位官员文采和学问都很优异，才气格局正直诚实，很早就考中科举，也在台省任过职。他过去因为过失遭到贬黜，至今已超过十五年了。自从统领漳州，他就悉心治理，官吏们都敬畏他，不敢做非法之事；百姓生活安定，各得其所。臣在潮州时，与他治理的漳州接壤，臣处理政事，远不如他。乞望陛下能让他来担任臣原来的官职，这应该比较公允、恰当。谨以此表上奏陛下。

慰国哀表

臣某言：

伏奉正月二十七日诏书，大行皇帝奄弃万国。承诏哀惶，号踊无地。伏惟圣情，何可堪处？大行皇帝功济寰区，仁沾动植。奉讳之日，率土崩心，凡在臣子，不胜殒裂。伏惟陛下痛贯宸极，圣情难居。臣拘守远郡，不获匍匐奉慰，瞻望阙廷，且悲且恋。谨奉表陈慰以闻。

【译文】微臣进言：

恭奉陛下正月二十七日诏书，大行皇帝忽然舍弃天下，不幸驾崩。臣接到诏书后心中哀痛、惊惶，顿足号哭不止。臣想到陛下的心情，又怎堪忍受？大行皇帝的功德济慰天下，仁义及于万物。发丧之日，百姓心痛如崩，臣子们悲痛欲绝。臣以为，皇帝陛下痛达星辰，哀痛之情难以掩饰。臣拘守在这荒远的边郡，不能当面宽慰陛下，只能在此遥望京城，既悲痛又依恋。谨奉上表文以示慰问。

举荐张籍状

登仕郎、守秘书省校书郎张籍。

右件官学有师法，文多古风；沉默静退，介然自守；声华行实，光映儒林。臣当司见阙国子监博士一员，生徒藉其训导。伏乞天恩，特授此官，以彰圣朝崇儒尚德之道。谨录奏闻，伏听敕旨。

【译文】登仕郎、守秘书省校书郎张籍。

右臣学问有师承和法度，文章有古人之风；为人沉默谦逊，坚贞不移，独守气节；声誉美好而行为朴厚，光照儒林。臣所在的官署正缺少一名国子监博士，而太学生们也需要仰仗博士来训导。恭请陛下降下天恩，特授予张籍这一官职，以彰显朝廷推重儒家、崇尚品德的治国之道。臣谨录奏闻，恭敬地等候陛下诏旨。

请上尊号表

臣某言：

臣得所管国子、太学、广文、四门及书、算、律等七馆学生沈周封等六百人状, 称身虽贱微, 然皆以选择得备学生, 读六艺之文, 修先王之道, 粗有知识, 皆由上恩。今天子整齐乾坤, 出入神圣, 经营乎无为之业, 游息乎混元之宫; 不谋于廷, 不战于野, 坐收冀部, 旋定幽都; 析木天街, 星宿清润; 北岳医闾, 神鬼受职; 地弥天区, 界轶海外。舜之十有二州, 周之千七百国, 章、亥所步, 禹、契所书, 四面辐凑, 各修贡职。西戎之首, 北虏之渠, 怛威愧德, 失据狼狈, 收其种落, 逃遁远去; 来献羊马, 千里不绝。功既如此, 德又如彼, 爰初嗣位, 首去奸嬖, 随所顾指, 应时清宁。哀天下之鳏寡, 释四海之郁结。左右前后, 莫匪俊良; 小大之材, 咸尽其用, 无所诛诘, 一和以仁。由是五谷岁登, 百瑞时见, 六府三事, 惟序惟歌。昔者娲皇杀黑龙以济冀州, 尧诛九婴以定下土, 血兵刉刃, 仅就厥功, 以方吾君, 一何远也。尧之在位七十余载, 戒饬咨嗟, 以致平治; 孔子之圣, 自云三年有成。今自嗣位以来, 岁有余耳, 臻此功德, 其何捷哉! 置邮传命, 未足以谕。以非常之功, 袭寻常之号; 以冠古之美, 屈守文之名。臣子之诚, 阙而不奏; 天号人称, 不满事实, 斯亦缙绅先生之过也。谓臣官居师长, 不言谓何? 考其所陈, 中于义理, 天人合愿, 不谋而同, 非臣之愚所敢隐蔽, 辄冒死以闻。伏乞天恩, 特允诚志, 令公卿大夫得竭思虑, 取正于经, 以定大号; 有司备礼, 择日以颁, 天下幸甚! 天下幸甚! 臣某诚惶诚恐。

【译文】微臣进言:

　　臣所掌管的国子、太学、广文、四门以及书、算、律等七馆学生沈周封等六百多人上表，称自己虽然身份低微，却都凭借选拔得以成为天子门生，诵读六艺经典，修习先王之道，略微掌握了些许学问，这都来自陛下的恩泽。如今陛下整顿乾坤，出神入化，规划无为之治，优游于混元宫；不用在朝堂上谋划，不用在野外作战，就收复了冀州地区，并迅速平定幽州；析木天街，星宿明亮润泽；北岳医闾，神鬼各尽其职；幅员辽阔，疆域直达海外。舜拥有的十二州，周朝拥有的一千七百诸侯，大章和竖亥所至，大禹和契所确立的疆界，从四面八方聚集，都来进贡。西戎的首领，北虏的渠帅，畏服陛下的威严与盛德，进退失据，狼狈不堪，率领自己的残部，逃遁远去；又来进献羊马，绵延千里，络绎不绝。陛下建立如此功业，拥有如此品德，即位之初，就先除去奸佞之人，指挥若定，天下立刻清平、安宁。陛下怜悯天下的鳏寡孤独之人，为天下百姓消除疾苦。陛下的身边，无不是贤能优良之士；无论才能高低，都能各尽其用，无须查问惩办，都以仁德均衡调和。由此天下每年都五谷丰登，各种祥瑞不时显现，六府三事，井然有序，歌舞升平。从前女娲杀黑龙来拯救冀州百姓，尧帝诛杀九婴来平定人间，鲜血浸染兵刃，才成就那样的功勋，他们与陛下相比，差距何其大啊。尧在位七十余年，兢兢业业，才使天下太平；孔子那样的圣人，自己也说治国要三年才能有所建树。如今陛下继位以来，才一年多的时间，就达到这样的功德，何其迅捷啊！即使是设置邮驿传递信件，也不足以形容其快速。陛下凭借非同寻常的功业，却沿袭普通的尊称；拥有冠绝古今的美德，却委屈地采用守成之君的名号。臣子们应尽这样的诚心，却至今没有上奏；陛下的尊号和称呼，不足以与功业相称，这也是官员们的过失啊。如此说来，臣官居师长之职，为什么之前没有进言呢？因为臣考察他们所陈奏的，合乎义理，符合上天与百姓的愿望，与其不谋而合，这不是臣这样愚钝的人所敢隐瞒的，于是冒死上奏陛下。恭敬地乞求陛下降下天恩，特地准允臣子们的诚意，使公卿大夫能够殚精竭虑，从经书上择取正义，来确定陛下的尊号；让主管的官员准备典礼，选择良辰吉日颁布名号，天下幸甚！天下幸甚！臣韩愈诚惶诚恐。

举韦颙自代状 尚书兵部

中散大夫、守大理少卿、骁骑尉韦颙。

右伏准建中元年正月五日制：常参官上后三日，举一人自代者。前件官学识该达，器量弘深，朝推直道，代仰清节，显映班序，十五年余，夷险一致，风猷益茂，屈居少列，未副群情。文昌政本，侍郎官重，尚德之举，颙宜当之。乞迥臣所授，庶弭官谤。谨录奏闻，谨奏。

【译文】中散大夫、守大理少卿、骁骑尉韦颙。

右臣遵照建中元年（780）正月五日制：日常参朝的官吏调任他职，三日内要举荐一人接任自己原来的职务。前面的这位官员学识广博通达，器量宏大深沉，朝廷上下都推许他正直的品行，当代人都仰慕他高洁的节操,他在官员的序列中引人注目,十五年来,无论是处于顺境还是逆境,节操始终如一,风采与品格更加美好,可他却屈居下位,这样不符合众人之心。文运昌盛是为政之本,侍郎的官职很重要,需要举荐有德之人,韦颙适合担任这一职务。乞求陛下收回授予臣的这一官职,希望以此消除因臣居官不称职而受到的责难和非议。谨此上表让陛下闻知,谨奏。

卷四十　表状

论孔戣致仕状

某官某：

右臣与孔戣同在南省为官，数得相见。戣为人守节清苦，议论平正。今年才七十，筋力耳目，未觉衰老。忧国忘家，用意深远。所谓朝之耆德老成人者。臣知戣上疏求致仕，故往看戣。戣为臣言，已蒙圣主允许。伏以陛下优贤尚齿，见戣频上三疏，言词恳到，重违其意，遂即许之。此诚陛下仁德之至，然如戣辈在朝，不过三数人，实可为国爱惜！自古以来及圣朝故事，年虽八九十，但视听心虑苟未昏错，尚可顾问委以事者，虽求退罢，无不殷勤留止，优以禄秩，不听其去，以明人君贪贤敬老之道也。《礼》："大夫七十而致仕，若不得谢，则必赐之几杖、安车。"七十求退，人臣之常礼。若有德及气力尚壮，则君优而留之，不必年过七十尽许致仕也。《诗》曰："虽无老成人，尚有典刑。"此言老成人重于典刑，不可不惜而留也。今戣幸无疾疹，但以年当致仕，据礼求退。陛下若不听许，亦无伤于义，而有贪贤之美。况左丞职事，亦极清简，若戣尚以繁要为辞，自可别授秩崇而务少者。今中外之臣，有年过于戣尚未得退，戣独何人，得遂其愿？然人皆求进，戣独求退，尤可贤重。臣所领官，无事不敢请对。蒙陛下厚恩，苟有所见，不敢不言。伏望圣恩，特垂察纳。谨录奏闻，谨奏。

【译文】某官某：

微臣和孔戣曾经同在南省做官，两人见过数次面。孔戣为人坚守节操，生活过得十分清苦，他所发表的议论总是公正、公允的。孔戣今年才七十岁，他的体力和耳目，都还未觉衰老。他忧国忧民，忽略个人家庭利益，用意深远。他就是那种朝廷中所谓的德高望重、老成持重之人。微臣得知孔戣上疏请求辞官，便前往拜望孔戣。孔戣对微臣说，他已承蒙圣主的允许了。微臣以为陛下优待贤才、尊崇年长者，见孔戣连续三次上疏，言辞恳切，已经两次拒绝他的意愿了，这次便答应了他。这确实是陛下极致仁德的体现，然而朝中像孔戣这样的人，寥寥无几，实在应该受到国家爱惜！自古以来依照圣朝的惯例，即使是年纪八、九十岁的老臣，如果视力、听力和思想尚未昏乱，还可以以顾问的身份，委任其他的职务，即便是他们自己请求退职的，朝廷也是无不极力劝服挽留他们的，并赐以丰厚的俸禄和官职优待，不同意他们离去，以此来彰显天子求贤若渴，尊敬老臣的道义。据《礼记》记载："大夫七十岁时要求退职，如果陛下不同意，则必定要赐给他座位和手杖以及专供德高望重的老臣乘坐的安车。"七十岁请求引退，是作为人臣的常礼。如果大臣有德行，而且仍然年富力强，那么陛下就可以优待、挽留他，不必年过七十就必须全部同意他们退职。据《诗经》记载："即使没有老成持重的人，但还有典刑。"这句话是说老成持重的人比典刑还要重要，不可以不爱惜和挽留他们啊。如今，孔戣所幸没什么疾病，只是自认为到了该退职的年龄，便依照礼制请求引退。陛下即使不同意、不认可他的请辞，对于礼法也不会有什么伤害，而只会落得个求贤若渴的美名。更何况左丞相的职事，也非常清正不苛细，如果孔戣仍以政事繁多为由，自可以另外授予他官位更加尊崇、事务更少的职位。如今，朝廷内外的大臣，有年纪比孔戣还要大的尚未引退，唯独孔戣是何人，可以得偿所愿呢？然而，人们都要求提职，唯独孔戣请求引退，尤其值得褒扬、敬重。微臣所担任的官职，若没什么事情便不敢随便请求奏对。微臣承蒙陛下的洪恩、厚爱，发现问题，就不敢不及时上奏。微臣期望陛下圣恩，特垂查询、纳言。恭谨地记录、上奏，请陛下知晓此事，谨奏。

举马摠自代状 京兆府

银青光禄大夫检校尚书右仆射兼户部尚书马摠。

右伏准建中元年正月五日制，常参官上后三日，举一人自代者。臣伏以近者京尹用人稍轻，所以市井之间，盗贼未断；郊野之外，疲瘵尚多。前件官文武兼资，宽猛得所，累更方镇，皆有功能。若以代臣，实为至当。谨录奏闻，谨奏。

【译文】银青光禄大夫、检校尚书右仆射兼户部尚书马摠。

微臣遵照建中元年（780）正月五日制令，制令要求常参官调任他职，则应在三日之内举荐一人代任自己的职务。微臣以为，近来因为京兆尹用人欠妥当，导致市井之间，盗贼未绝；郊野之外，老弱病残也还很多。前面提到的官员文武兼备，恩威并施，多次更换镇守一方的军事长官，都取得了显著的功绩。如果用他来代替臣的职务，实在是极为适合。恭谨地记录并上奏陛下知晓。谨奏。

贺雨表

臣某言：

臣闻圣人之德，与天地通；诚发于中，事应于外。始闻其语，今见其真。臣诚欢诚喜，顿首顿首。伏以季夏以来，雨泽不降。臣职司京邑，祈祷实频；青天湛然，旱气转甚。陛下悯兹黎庶，有事山川。中使才出于九门，阴云已垂于四野，龙神效职，雷雨应期，嘉谷奋兴，根叶肥润，抽茎展穗，不失时宜，人和年丰，莫大之庆。微臣幸蒙宠任，获睹殊祥，庆抃欢呼，倍于常品，无任踊跃之至，谨奉表陈贺以闻。

【译文】臣进言：

微臣听说圣人的德行，与天地相通；发自内心的诚意，外界就会有祥瑞之事与之相应。微臣从前只是听说这种说法，如今却亲眼所见真实的应验。微臣的的确确是欢喜至极，顿首顿首。微臣以为季夏以来，一直没有降雨。微臣在京邑任职，曾多次祈祷降雨；但青天始终湛然晴朗，旱情变得更加严重。陛下怜悯黎民百姓，便亲自祭祀山川。内廷使者才刚离开皇宫，四野已经阴云密布，龙王前来效命，雷雨如期而至，禾苗兴奋，根叶变得肥润，抽发茎干，谷穗生长，不失时宜，百姓和顺，五谷丰登，真是莫大的祥瑞之兆。微臣有幸承蒙陛下宠信与任命，目睹了这个非同寻常的祥瑞景象，人们拍手鼓掌，实在是超乎寻常的喜乐，百姓无不欢呼雀跃，微臣谨奉此表以向陛下陈贺。

贺太阳不亏状

司天台奏：今月一日太阳不亏。

右司天台奏：今日辰卯间太阳合亏。陛下敬畏天命，克己修身，诚发于中，灾销于上，自卯至巳，当亏不亏。虽隔阴云，转更明朗，比于常日，不觉有殊。天且不违，庆孰为大？臣官忝京尹，亲睹殊祥，欣感之诚，实倍常品。谨奉状陈贺以闻，谨奏。

【译文】据司天台启奏：这个月一日太阳没有亏缺。

司天台上奏说：今日辰时至卯时之间，太阳会出现亏缺。陛下敬畏上天的旨意，克己修身，发自内心的虔诚，灾祸终于被上天消除，从卯时直到巳时，太阳本来应该是亏缺的，却没有出现亏缺。虽然中间有阴云相隔，但转瞬之间便变得更加明朗，比起平常的日子，没发觉有什么异常。上天尚且依从、迁就于我们，还有什么比这更为吉庆的呢？微臣担任京兆尹一职，目睹了这一非同寻常的祥瑞景象，倍感欣慰，实在是超乎寻常。谨奉此状以向陛下庆贺，谨奏。

举张正甫自代状 尚书兵部

通议大夫、守右散骑常侍、上柱国、南阳县开国子、食邑五百户、赐紫金鱼袋张正甫。

右臣蒙恩除尚书兵部侍郎，伏准建中元年正月五日制，常参官上后三日，举一人自代者。前件官禀正直之性，怀刚毅之姿，嫉恶如仇雠，见善若饥渴，备更内外，灼有名声，年齿虽高，气力逾励，甘贫苦节，不愧神明，可谓古之老成，朝之硕德。久处散地，实非所宜。乞以代臣，以副公望。谨录奏闻，谨奏。

【译文】通议大夫、守右散骑常侍、上柱国、南阳县开国子、食邑五百户、赐紫金鱼袋张正甫。

微臣承蒙圣恩担任尚书兵部侍郎一职，遵照建中元年（780）正月五日制令，制令中要求常参官调任他职，三日之内要举荐一人代任自己的职务。前面提到的这位官员，禀性正直，胸怀刚毅正气，他嫉恶如仇，遇到良善又如饥似渴，他内外兼修，卓有名声，他虽然年事已高，但体力尤为强健，生活中甘于清贫，苦守节操，绝不愧对于神明，此人真可谓是自古以来最为老成持重之人，也是朝廷中具有大德之臣。他长期处于闲散不被任用的状况，实在是不太适宜。乞求陛下允许他代任微臣的职务，从而不辜负众人的期望。恭谨地记录上奏此事请陛下知晓，谨奏。

袁州申使状

使司牒州牒：

右自今月三日后，每奉公牒，牒尾“故牒”字皆为“谨牒”字，有异于常。初不敢陈论，以为错误。今既频奉文牒，前后并同，在愈不胜战惧之至。伏乞仁恩，特令改就常式，以安下情。谨奉状陈谢，谨录状上。

【译文】使司牒州牒：

从本月三日之后，每次收到公牒，牒尾的“故牒”二字都写成

"谨牒"二字,和平常不一样。微臣起初不敢妄加陈说、评论,以为是出现了错误。如今频繁地收到公牒,前后都是这样的,对于微臣而言则惶恐至极。微臣乞求陛下仁德恩泽,请下令仍然恢复成寻常的格式,以稳定臣下官吏的情绪。恭谨奉上此状表达谢意,谨录状上。

国子监论新注学官牒

国子监应今新注学官等牒:准今年赦文,委国子祭酒选择有经艺堪训导生徒者,以充学官。近年吏部所注,多循资叙,不考艺能,至令生徒不自劝励。伏请非专通经传,博涉坟史,及进士五经诸色登科人,不以比拟。其新授官上日必加研试,然后放上,以副圣朝崇儒尚学之意,具状牒上吏部,仍牒监者。谨牒。

【译文】国子监应今年新注学官等文牒:一律遵照今年朝廷公布赦罪的文书,委托国子监的主管官员负责挑选那些有经艺学问、易于训导的生徒们,来充实学官的人数。近年来,吏部新注的学官,大多是因循他们的年资逐级晋升,而并非考核他们的学艺才能,以至于生徒们都不肯自我勉励、发奋用功。微臣恳请那些不是专通经传、博览史籍,以及进士五经等各科及第登科之人,不可充任学官。那些新授任的学官,任命时必须要通过才能考核,然后才可以上任，以不辜负朝廷尊崇儒家及儒学的本意，具状牒上奉吏部，再上奉监者。谨牒。

黄家贼事宜状

右臣：

伏以臣去年贬岭外刺史，其州虽与黄家贼不相邻接，然见往来过客，并谙知岭南事人，所说至精至熟。其贼并是夷獠，亦无城郭可居，依山傍险，自称"洞主"，衣服言语，都不似人。寻常亦各营生，急则屯聚相保。比缘邕管经略使，多不得人，德既不能绥怀，威又不能临制，侵欺虏缚，以致怨恨。蛮夷之性，易动难安，遂至攻劫州县，侵暴平人。或复私雠，或贪小利，或聚或散，终亦不能为事。近者征讨，本起于裴行立、阳旻。此两人者，本无远虑深谋，意在邀功求赏，亦缘见贼未屯聚之时，将谓单弱，立可摧破，争献谋计，惟恐后时。朝廷信之，遂允其请。自用兵已来，经二年，前后所奏杀获，计不下一二万人。傥皆非虚，贼已寻尽。至今贼犹依旧，足明欺罔朝廷。邕、容两管内，经此凋弊，杀伤疾疫，十室九空，百姓怨嗟，如出一口。阳旻、行立相继身亡，实由自邀功赏，造作兵端，人神共嫉，以至殃咎。阳旻、行立事既已往，今所用严公素者，亦非抚御之才，不能别立规模，依前还请攻讨。如此不已，臣恐岭南一道，未有宁息之时。

一、昨者併邕、容两管为一道，深合事宜。然邕州与贼逼近，容州则甚悬隔，其经略使若置在邕州，与贼隔江对岸，兵镇所处，物力必全。一则不敢轻有侵犯，一则易为逐便控制。今置在容州，则邕州兵马必少，贼见势弱，易生奸心。伏请移经略使于邕州，其容州但置刺史，实为至便。

一、比者所发诸道南讨兵马，例皆不谙山川，不服水土，远乡羁旅，疾疫杀伤。臣自南来，见说江西所发共四百人，曾未一年，其所存者，数不满百。岳、鄂所发都三百人，其所存者，四分才一。续添续死，每发倍难。若令于邕、容侧近，召募添置千人，便割诸道见供行营人数粮赐，均融充给。所费既不增加，而兵士又皆便习。长有守备，不同客军，守则有威，攻则有利。

一、自南讨已来，贼徒亦甚伤损。察其情理，厌苦必深。大抵岭南人稀地广，贼之所处，又更荒僻。假如尽杀其人，尽得其地，在于国计，不为有益。容贷羁縻，比之禽兽，来则捍御，去则不追，亦未亏损朝廷事势。以臣之愚，若因改元大庆，赦其罪戾，遣一郎官御史，亲往宣谕，必望风降伏，欢呼听命。仍为择选有材用威信、谙岭南事者为经略使，处理得宜，自然永无侵叛之事。

【译文】臣进言：

微臣去年被贬谪到岭外担任潮州刺史，潮州虽然和黄家贼所处的州郡并不相接，然而所见到的来往过客，以及深谙岭南情况的那些人，他们都能非常熟悉、准确地描述那里的事情。黄家贼都是些西南少数民族的蛮夷之人，他们也没有城邑可以居住，只能倚仗山势险要的地形作为屏障，他们自称为"洞主"。他们的着装和言语，都不太像人类。平时他们也各自谋生，一旦遇到紧急情况，则会聚集在一起，相互保护。再加上邕管经略使做事总是不得人心，他既没有可以安抚百姓的仁德，又不具备可以调动民众的威仪，他常常侵夺、欺凌、俘虏和捆缚那些人，以至于那些人对他心生怨恨。蛮夷人的性情，容易冲动且不稳定，于是在他们联合攻打州县时，总是侵略、欺凌当地百姓。有的是为了报私人怨仇，有的是为了贪图小利，他们时聚时散，最终也难成大事。最近这次征讨，缘起于裴行立和阳旻。这两个人本来就没什么深谋远虑，只是想向陛下邀功请赏，而且当他们看到贼人并没有联合聚集在一起，就觉得对方势单力薄，快速就能将其摧毁、攻破，于是才争相献上计谋，唯恐落于人后。朝廷相信了他们，于是便答应了他们的请求。自从用兵以来，已经过去两年时间，他们先后上奏所杀死、俘获的贼人，已经不低于一两万人。如果不是虚报的数字，那么贼人恐怕早已经被镇压殆尽了。然而至今贼人却一如既往的嚣张，足以证明他们这是在欺君罔上。在邕州、容州两地管辖范围之内，百姓生活变得衰败困苦，因为战乱、疾疫，导致十室九空，百姓们怨声载道，如出一口。阳旻和裴行立二人相继死去，真实的死因，实际上是为了自邀功赏，无端发起兵事，惹得人神共愤，这才为自己带来了如此的祸殃。阳旻、裴行立的事已经过去了，如今所任用的严公素这个人，也并非什么善于招抚、统驭贼人的贤才，他根本没有能力另立新规，制定计划与策略，仍然以过去的御敌方式请求再派兵攻打、征讨蛮人。长此以往，臣担心岭南一带，就再也不会有安宁的时候了。

一、从前将邕州和容州这两个地方合并在一起管理，其实是非常合乎情理的。然而眼下，邕州有贼人逼近，可是容州却相隔十分遥远，其经略使如果设置于邕州，他们与贼人隔江相对，作为兵力镇守的大本营，其物力必定齐备。物力齐备的好处，一则是贼人不敢轻易来犯，二则是便于逐步控制他们。如今经略使设置在容州，这样邕州的兵马必定会减少，贼人见到我军实力薄弱，就容易心生奸计。微臣恳请将经略使移设于邕州，只需在容州设置刺史就可以了，这确实是最为便宜之策。

一、近来，朝廷所派遣的各路南征军队，都不熟悉当地的山川地形，官兵又水土不服，长久滞留在遥远的异乡，患有疾疫等，都成为致死的原因。臣从南方回朝时，曾听说，江西所派遣的兵将共四百多人，还不到一年时间，幸存者已不足一百人。岳州、鄂州所派遣的兵将共三百人，如今幸存者仅有四分之一。持续地增添新人，又会有兵将持续死掉，因此每次派遣兵将都倍加困难。如果命令在邕州、容州附近招募、添置兵将千人，便可以削减各路行营人数以及粮草供给数量，不仅补给更加均匀、充足，而且所耗费的运力也无须增加，而兵将们又都非常熟悉情况。这样就能做到长期守备，不同于外地派遣来的各路军队，选用当地兵将作战，他们防守起来更有威势，进攻时又极为便利。

一、自从朝廷南下讨伐蛮夷以来，贼寇也是损伤严重。究其原因，因厌战而带来的痛苦必定很深重。大致而言，岭南一带地广人稀,而贼寇的藏身之处,又是更加荒凉偏僻的地方。即使将那里的人都斩尽杀绝,完全占据那里,就国家利益的角度而言,也未必就会有什么补益。因此还不如对他们采取怀柔羁縻的政策,将他们视为禽兽一般,来犯时就抵御捍卫,若撤退也就不再追赶他们,这样做对朝廷的政局形势也没什么损失。以臣愚见,若趁着改元大庆时,赦免他们的罪过,派遣一位郎官御史,亲自前往宣布诏谕,贼寇必定会望风而降,欢呼雀跃,服从圣命。然后再选拔有才德、有威信、深谙岭南情况的人担任经略使,只要他能将百姓的事宜处理好,南方蛮夷之地自然就永远不会再发生侵犯、叛乱的事了。

应所在典贴良人男女等状

应所在典贴良人男女等。

右准律,不许典贴良人男女作奴婢驱使。臣往任袁州刺史日,检到州界内得七百三十一人,并是良人男女。准律例,计佣折直,一时放免。原其本末,或因水旱不熟,或因公私债负,遂相典贴,渐以成风。名目虽殊,奴婢不别,鞭笞役使,至死乃休。既乖律文,实亏政理。袁州至小,尚有七百余人,天下诸州,其数固当不少。今因大庆,伏乞令有司,重举旧章,一皆放免。仍勒长吏,严加检责,如有隐漏,必重科惩。则四海苍生，孰不感荷圣德？以前件如前，谨具奏闻。伏听敕旨，谨奏。

【译文】应所在典贴良人男女等。

依照法律，不允许典当贤良百姓家的男女人质作为奴婢驱使。微臣前往担任袁州刺史的时候，巡查袁州界内，共发现七百三十一人，都是贤良百姓家的男女。依照法律，将他们受雇于人的工钱折算后用来抵偿债务，然后将他们一律释放回家。究其根源，这些欠债的百姓，有的是因为水灾或旱灾，庄稼没收成，有的是因为欠了公家或私人的债务，于是选择以典当人质的方式还债，这种行为渐渐形成风气。虽然沦为奴婢的原因各不相同，但身份都一样，没什么区别，都是被主人役使、鞭笞，直至死去才算罢休。这样既违背了法律，又会给国政带来不利影响。袁州地界面积很小，尚且有七百多人遭受如此境遇，天下这么多州郡，和他们经历相同的人应该不在少数。如今趁着改元大庆的时机，微臣请求朝廷诏令相关官员，再度启用过去的法令章程，赦免那些奴婢的罪过，将他们一律释放回家。同时还要勒令当地官员严加检查、督责，如果发现有人隐瞒、漏报，必定严惩不贷。这样一来，四海之内的苍生百姓，谁不感念陛下的圣德呢？前面所提到的事情恭谨地上奏给陛下知晓，微臣谨听陛下敕旨，谨奏。

论淮西事宜状

　　右臣伏以淮西三州之地，自少阳疾病，去年春夏以来，图为今日之事。有职位者，劳其计虑抚循；奉所役者，修其器械防守。金帛粮畜，匮于赏给。执兵之卒，四向侵掠，农夫织妇，皆携持幼弱，饷于其后。虽时侵掠，小有所得，力尽筋疲，不偿其费。又闻畜马甚多，自半年以来，皆上槽枥。譬如有人，虽有十夫之力，自朝及夕，常自大呼跳跃，初虽可畏其势，不久必自委顿。乘其力衰，三尺童子可使制其死命，况以三小州残弊困剧之余，而当天下之全力？其破败可立而待也。然所未可知者，在陛下断与不断耳。夫兵不多则不足以取胜，取胜之师，必在速战；兵多而战不速，则所费必广。两界之间，疆场之上，日相攻劫，必有杀伤。近贼州县，征役百端，农夫织妇，不得安业。或时小遇水旱，百姓愁苦。当此之时，则人人异议以惑陛下之听矣。陛下持之不坚，半涂而罢，伤威损费，为弊必深，所以要先决于心，详度本末，事至不惑，然可图功。为统帅者，尽力行之于前，而参谋议者，尽心奉之于后，内外相应，其功乃成。昔者殷高宗，大圣之主也。以天子之威，伐背叛之国，三年乃克，不以为迟。志在立功，不计所费。《传》曰："断而后行，鬼神避之。"迟疑不断，未有能成其事者也。臣谬承恩宠，获掌纶诰, 地亲职重, 不同庶僚, 辄竭愚诚, 以效裨补。谨条次平贼事宜一一如后。

【译文】微臣认为淮西三州地界, 自从淮西节度使吴少阳患病以来, 从去年春夏至今, 一直为今日之事而谋划。那些有职位的人, 一方面忙于琢磨着抚慰吴少阳之子吴元济; 而另一方面又役使士兵, 修理武装器械, 加强防守。大量的金钱、布帛、粮食和牲畜, 都用来犒赏部下。手执兵器的士卒, 在周围肆意抢掠, 农夫和织妇们, 扶老携弱, 还要给他们运送粮饷。三州的士卒虽因不时侵略而有微薄的收获, 但他们大多筋疲力尽, 得不偿失。又听说他们拥有众多的牲畜和马匹, 半年以来, 都拴在槽枥里。这就好比一个人, 虽然他有十个人的勇力, 却从早到晚, 一直独自大声吼叫, 蹦跳不已, 刚开始虽然令人生畏, 但其实过不了多久, 他自己就疲惫不堪了。这时趁着他体力衰竭, 就算是小孩子也可以置他于死地, 面对这种情况, 三个正处于疲弊、困顿之际的小州, 怎能抵挡住朝廷兵力的全面攻击? 他们的破败指日可待。然而所未可知的是陛下决断或不决断的心思。兵力不足则无法确保战争胜利, 必胜的军队, 必定在于速战; 兵力充足却延误了战机, 那么所耗费的人力和财力必定非常巨大。两界之间, 战场之上, 终日交锋激战, 必定会造成人员伤亡。靠近贼寇的州县时, 若征派各种各样的徭役, 那么百姓的生活注定无法安居乐业。或是小遇一场水旱灾害, 百姓们的生活便会愁苦万分。在这种时候, 每个人都会各执己见, 来迷惑陛下的圣听。如果陛下不能坚持原则, 半途而废, 那样将有损陛下的威名, 同时也会带来巨大的经济损失, 必定会造成很深的弊政, 所以要先下定决心，详细考虑事情的本末，等到每个细节都没什么疑惑时，就成功在望了。作为统帅，要尽心竭力地冲在前线，身为参谋，要全心全意地运筹帷幄，内外相互配合，便可成就大功。从前的殷高宗，是最为圣明的君主。他以天子的威仪，征伐背叛的诸侯国，三年才得以成功，但也为时不晚。他的志向在于建立功业，因此不计较财物损耗。据《史记·李斯列传》记载："做事果断而勇敢，就连鬼神都要为之避让。"从未见过犹豫不决能成就大事的。微臣承蒙陛下的恩宠，得以负责起草诏诰，地位特殊，职责也很重要，与那些平常的官员不同，微臣定当竭尽一片赤诚，期望能有所补益。微臣恭谨地列举出平定贼寇的诸多事宜具体如下：

一、诸道发兵，或三二千人，势力单弱，羁旅异乡，与贼不相谙委，望风慑惧，难便前进。所在将帅，以其客兵，亲处指使，先不抚存优恤，待之既薄，使之又苦，或被分割队伍，隶属诸头，士卒本将，一朝相失，心孤意怯，难以有功。又其本军，各须资遣，道路辽远，劳费倍多。士卒有征行之艰，闾里怀离别之思。今闻陈、许、安、唐、汝、寿等州，与贼界连接处，村落百姓，悉有兵器，小小俘劫，皆能自防，习于战斗，识贼深浅。既是土人护惜乡里，比来未有处分，犹愿自备衣粮，共相保聚，以备寇贼。若令召募，立可成军；若要添兵，自可取足；贼平之后，易使归农。伏请诸道先所追到行营者，悉令却归本道，据牒所追人额，器械弓矢，一物已上，悉送行营，充给所召募人。兵数既足，加之教练，三数月后，诸道客军，一切可罢。比之征发远人，利害悬隔。

【译文】一、各路派兵，有的仅有二三千人，势单力薄，滞留在遥远的异乡，也不了解淮西贼寇的习性，听到贼寇的风声便惊慌恐惧，难以前进。负责统率他们的将领，因为他们是外来的兵卒，遇到艰难险阻时便命令他们先上，丝毫没有怜悯体恤之意，对待他们既刻薄又总是令他们吃尽苦头，有的被分派在不同的队伍中，隶属于不同的都将，兵卒和他们本来的将领，一旦分离，就会心生孤独、胆怯，从而难以成功。另外，他们的本军必须各自解决粮资问题，路途遥远，辎重倍增。兵卒们承受着征战、行军的艰苦，又满怀离别后的思乡之情。如今我听说陈州、许州、安州、唐州、汝州和寿州这些与贼寇的州界相毗邻的州郡，附近村落的百姓，都各自备有武器，贼寇小范围的俘劫，他们都能自行防御，他们作战经验丰富，深知贼寇的底细。这些当地居民想要保卫家乡，然而这些人还都没有被有效地利用起来，他们还愿意自己准备衣服和粮食，自发聚合群众、共同守卫，以此来迎击贼寇。如果下令招募这些人，立刻便能组建成军队；如果要增添兵力，也完全可以从他们中挑选；待到平定贼寇，也很容易让他们各自回家务农。微臣请求将各路之前所派遣到行营的兵卒，都发文诏命他们回归本营，并根据行营中所查找到的兵卒的数量、发放的武器弓箭，一件以上的武器，都送到行营中，发放给那些新招募的当地人。兵卒招募完成后，要对他们进行集中训练，经过数月的训练之后，从各路调遣的外来兵卒，便可以一律遣返了。从当地招募比起从远方调遣兵卒而言，利益和损害相差甚远。

一、绕逆贼州县堡栅等，各置兵马，都数虽多，每处则兵至少，又相去阔远，难相应接，所以数被攻劫，致有损伤。今若分为四道，每道各置三万人，择要害地屯聚一处，使有隐然之望，审量事势，乘时逐利。可入，则诸道一时俱发，使其狼狈惊惶，首尾不相救济；若未可入，深壁高垒，以逸待劳，自然不要诸处多置防备。临贼小县，可收百姓，于便地作行县，以主领之，使免失散。

一、蔡州士卒为元济迫协，势不得已，遂与王师交战。原其本根，皆是国家百姓，进退皆死，诚可闵伤。宜明敕诸军，使深知此意。当战斗之际，固当以尽敌为心；若形势已穷，不能为恶者，不须过有杀戮。喻以圣德，放之使归销其凶悖之心，贷以生全之幸，自然相率弃逆归顺。

【译文】一、围绕贼寇的州、县、堡、栅等分别布置的兵马，总数虽然很多，但分派到每处的人数却很少，而且彼此又相隔甚远，难以相互接应，所以屡次遭到敌寇的攻击，造成不同程度的损伤。如今若将他们分成四路，每路大军各布置三万人，选择一处要害地势屯聚、驻扎，彼此之间隐约可见，审时度势，把握有利时机占据上风，谋求利益。如果需要进攻时，诸路大军可同时出动，使贼寇狼狈惊惶，首尾无法相互救济；如果不需要进攻时，诸路人马则可以凭借深壁高垒，以逸待劳，自然无须在各处设置多个据点进行防备。临近贼寇的小县，可以将百姓迁徙到便利的地方，并将那里作为行县，主领百姓生活，使他们不至于流离失所。

一、蔡州的兵卒，受吴元济的胁迫，他们是迫不得已才和朝廷的军队正面交锋的。其实从根本上说，他们都是朝廷的百姓，无论进退都是死路一条，确实让人感到哀伤。陛下应当清楚地告诫各路大军，让他们深知这个意思。在对敌作战时，固然应当以全歼敌人为主；但如果形势已经明了，那么他们就不能再继续作恶，就没有必要再过度杀戮。再明确地向他们传达天子的圣德，遣返他们回家，以此来消除他们凶恶悖逆的本心，让他们感受到保全性命的庆幸，这样自然就会弃恶归顺。

一、《论语》曰："欲速则不达，见小利，则大事不成。"比来征讨无功，皆由欲其速捷。有司计算所费，苟务因循，小不如意，即求休罢。河北、淮西等，见承前事势，知国家必不与之持久，并力苦战，幸其一胜，即希冀恩赦。朝廷无至忠忧国之人，不惜伤损威重，因其有请，便议罢兵。往日之事，患皆然也。臣愚以为淮西三小州之地，元济又甚庸愚，而陛下以圣明英武之姿，用四海九州之力，除此小寇，难易可知。太山压卵，未足为喻。

一、兵之胜负，实在赏罚。赏厚可令廉士动心，罚重可令凶人丧魄，然可集事。不可爱惜所费，惮于行刑。

【译文】一、据《论语》记载："欲速则不达，只注重小利，则大事就无法成功。"此次征讨没有战功，都是因为想速战速决。相关的官员斤斤计较财物耗费，因循拖沓，稍有不如意之处，便要求停止征讨。河北、淮西等地的贼寇见到前面这种形势，就知道朝廷必定不会和他们持久作战，便都通力苦战，有幸取得一次胜利，便希冀朝廷恩赦他们。朝廷又没有非常忠心、忧国忧民的臣子，便不惜伤损自己的威望，因为贼寇上书请求，便打算与贼寇商议罢兵事宜。之前的事都是这样。微臣愚见：淮西三个小州的地界，吴元济又非常平庸、愚蠢，陛下以圣明英武的雄姿，调用四海九州之力，铲除这个小贼寇，难易程度可想而知了。泰山压卵，以绝对优势轻而易举地压倒对方，也不足以用来比喻此次征讨之战。

一、战争的胜负，实际取决于赏罚得当。厚赏可以令廉洁之士动心，重罚可以令凶顽之人丧魂，然后方可成功。因此不可以吝惜所花费的钱财，更不要忌惮施以重刑。

一、淄青、恒冀两道，与蔡州气类略同，今闻讨伐元济，人情必有救助之意。然皆暗弱，自保无暇，虚张声势，则必有之。至于分兵出界，公然为恶，亦必不敢。宜特下诏云："蔡州自吴少诚已来，相承为节度使，亦微有功效。少阳之殁，朕亦本拟与元济，恐其年少未能理事，所以未便处置，待其稍能缉绥，然拟许其承继。今忽自为狂勃侵掠，不受朝命，事不得已，所以有此讨罚。至如淄青、恒州、范阳等道，祖父各有功业，相承节制，年岁已久，朕必不利其土地，轻有改易，各宜自安。如妄自疑惧，敢相扇动，朕即赦元济不问，迴军讨之。"自然破胆，不敢妄有异说。

以前件谨录奏闻。伏乞天恩，特赐裁择。谨奏。

【译文】一、淄青、恒冀两地节度使，与蔡州属于同一类人，如今听说朝廷讨伐吴元济，两地出于人情必定会有救援、相助之意。然而他们都是软弱之军，自身难保，虚张声势的叫嚣必定是会有的。可是真正分派军队出界前往救援，与朝廷公然为恶，他们也必定不敢。因此陛下应特地下诏说："蔡州自从吴少诚以来，相承为节度使，也有些许功劳。自从其部将吴少阳取而代之，并最终去世后，朕本打算将节度使一职授予吴少阳之子吴元济，但又担心他年纪尚小，还不能处理政事，因此暂时未处理、任命，本想等他稍年长之后，再同意让他继承职位。如今他却忽然自行狂妄、侵掠，不服从朝廷的命令，迫不得已，朝廷才出兵对其进行讨伐行动。至于像淄青、恒州、范阳等地，其祖父和父亲都各自建立功业，他们继承祖辈功业也很有分寸，历史悠久，朕必定不会贪图他们的土地，草率地进行改易，因此各地节度使应该各自为安。如果妄自猜疑、惶恐，并敢于相互煽动的，朕便立刻赦免吴元济不再过问他，反而回师征讨敢于叛乱的州郡。"这样一来，他们自然心惊胆战，不敢妄加评论、胡说八道了。

微臣恭谨上奏前面提到的这些事，使陛下知晓。微臣请求陛下的天恩，特赐裁择。谨奏。

论变盐法事宜状

张平叔所奏盐法条件。

右奉敕将变盐法,事贵精详,宜令臣等各陈利害可否闻奏者。平叔所上变法条件,臣终始详度,恐不可施行。各随本条,分析利害如后。

一件:平叔请令州府,差人自粜官盐,收实估匹段,省司准旧例支用,自然获利一倍已上者。臣今通计,所在百姓,贫多富少,除城郭外有见钱籴盐者,十无二三,多用杂物及米谷博易。盐商利归于己,无物不取,或从赊贷升斗,约以时熟填还,用此取济,两得利便。今令州县人吏坐铺自粜,利不关己,罪则加身,不得见钱及头假物,恐失官利,必不敢粜。变法之后,百姓贫者无从得盐而食矣。求利未得,敛怨已多,自然坐失盐利常数。所云"获利一倍",臣所未见。

【译文】张平叔所奏盐法条件。

微臣奉陛下敕令将变革盐法,因为事情贵在精细详明,命臣等人各自陈述其利害可否,上表奏请陛下知晓。张平叔所上奏的盐法变革条例,微臣仔细思考过,认为恐怕不可施行。各随本条例分析其中利弊如下:

一件:张平叔请求朝廷下令各州府自行派人售卖官盐,可以通过收取布匹等物资来交换,省司按照旧例支用,自然会获得一倍以上的利润。如今,微臣通过对所处之地的百姓进行统计得知,百姓中贫穷的多而富足的少,除城市之外,用现钱来买盐的人,十人当中还不到二、三人,他们大多以杂物和米谷来换盐。盐商为了自己能多年取利益,没有什么东西是不可以用来交换的,有的甚至赊贷给百姓升盐或斗盐，并约定待到谷物成熟时再来偿还，盐商通过这种方法获取利益，买卖双方都得到便利。如今如果命州府自行派人在盐铺中售盐，对于这些卖盐的官员而言，得利与否和他没有关系，然而触犯法令却要加罪于他，因此如果没有现钱或布匹之物，恐怕会有损官利，所以他们必定不敢出售。如此变革盐法之后，贫穷的百姓将没法获得可食用的盐了。追求利润却没有得到，由此产生的民愤怨气却必定会多起来，自然就会失掉平常的盐利。他所说的"获得一倍以上的利润"，微臣却看不到。

一件：平叔又请乡村去州县远处，令所由将盐就村粜易，不得令百姓阙盐者。臣以为乡村远处，或三家五家，山谷居住，不可令人吏将盐家至户到。多将则粜货不尽，少将则得钱无多，计其往来，自充粮食不足。比来商人，或自负檐斗石，往与百姓博易，所冀平价之上，利得三钱两钱。不比所由为官所使，到村之后，必索百姓供应，所利至少，为弊则多。此又不可行者也。

一件：平叔云所务至重，须令庙堂宰相充使。臣以为若法可行，不假令宰相充使；令不可行，虽宰相为使无益也。又宰相所以临察百司，考其殿最，若自为使，纵有败阙，遣谁举之？此又不可者也。

一件：平叔又云法行之后，停减盐司所由粮课，年可收钱十万贯。臣以为变法之后，弊随事生，尚恐不登常数，安得更望赢利？

【译文】一件：张平叔又请奏说，因为乡村离州县很远，可以命专人将盐运到乡村进行买卖，以确保百姓生活不缺盐。微臣认为，乡村都地处荒远之地，有的只有三家五家，都在山谷中居住，不可能命专人将盐送到每家每户。所携带的盐过多，则有可能卖不完，若携带的盐量少的话，赚得的钱又不会很多，计算其往来，还不够抵偿专人自带粮食的花费。和盐商相比，他们有的自己背负几斗、几石盐，前去和百姓们进行交易，只是希冀在平价的基础上稍稍提高售价，多赚两钱、三钱的利润。然而如果是官吏派专人前去售盐，到达乡村之后，必定会向百姓勒索食宿，这样一来，获利极少，而弊端则会很多。这是又一个不可行的原因。

一件：张平叔说盐务非常重要，必须由庙堂宰相充任盐使。微臣却以为，如果盐法可行，就不必非要令宰相充任盐使；如果盐法不可行，即使宰相任使臣，也没有什么益处。而且，宰相是监察各个部门，考核百官政绩的，如果他亲自担任盐使，纵使有失误，又有谁能检举他呢？由此看来，这条也不可行。

一件：张平叔又说，实施盐法变革之后，可以停减盐司所消耗的盐税，每年可收取十万贯钱。微臣以为，盐法变革之后，弊端会随之产生，恐怕还达不到如今的常数，又怎能期望它赢利呢？

一件：平叔欲令府县粜盐，每月更加京兆尹料钱百千，司录及两县令每月各加五十千，其余观察及诸州刺史、县令、录事、参军，多至每月五十千，少至五千、三千者。臣今计此用钱已多，其余官典及巡察手力所由等粮课，仍不在此数。通计所给，每岁不下十万贯，未见其利，所费已广。平叔又云停盐司诸色所由粮课，约每岁合减得十万贯钱。今臣计其新法，亦用十万不啻。减得十万，却用十万，所亡所得，一无赢余也。平叔又请以粜盐多少为刺史、县令殿最，多者迁转，不拘常例；如阙课利，依条科责者。刺史、县令，职在分忧，今惟以盐利多少为之升黜，不复考其治行，非唐、虞"三载考绩，黜陟幽明"之义也。

一件：平叔请定盐价每斤三十文，又每二百里每斤价加收二文，以充脚价；量地远近险易，加至六文，脚价不足，官与出。名为每斤三十文，其实已三十六也。今盐价京师每斤四十文，诸州则不登此。变法之后，只校数文，于百姓未有厚利也。脚价用五文者，官与出二文；用十文者，官与出四文。是盐一斤，官粜得钱，名为三十，其实斤多得二十八，少得二十六文，折长补短，每斤收钱不过二十六七；百姓折长补短，每斤用钱三十四。则是公私之间，每斤常失七八文也。下不及百姓，上不归官家，积数至多，不可遽算，以此言之，不为有益。平叔又请，令所在及农隙时，并召车牛，般盐送纳都仓，不得令有阙绝者。倘或州县和雇车牛，百姓必无情愿。事须差配，然付脚钱。百姓将车载盐，所由先皆无检，齐集之后，始得载盐，及至院监请受，又须待其轮次，不用门户，皆被停留。输纳之时，人事又别，凡是和雇，无不皆然。百姓宁为私家载物取钱五文，不为官家载物取十文钱也。不和雇，则无可载盐；和雇，则害及百姓。此又不可也。

【译文】一件：张平叔想让府县派专人售卖盐，每个月可再给京兆尹增加一百千料钱，司录和两个县令每月各加五十千钱，其他观察和各州刺史、县令、录事、参军，多的每月可加五十千钱、少的每月也可加五千钱、三千钱。微臣马上计算了一下，仅这项用钱已经极多，还有需要支付给其他官典和巡察小吏的税费，还不在这个数目之内。总计所有的支出，每年不低于十万贯，未见其盈利时，花费已经如此巨大了。张平叔又说，如果停减盐司各项盐税，每年总计大约可以节省十万贯钱。微臣马上计算了一下他的新法，新法也须花费十万贯不止。停减掉十万贯，又支出十万贯，所支出的和所收入的，总算起来没有一点盈余。张平叔又请求以售卖盐量的多少作为衡量刺史、县令政绩的标准，售卖的盐量多，可以不按常规破格提拔；如果完不成赋税和盈利，便依据条律进行责罚。刺史、县令的职责所在就是替国家排忧解难，如今却仅凭盐利的多少作为升迁或罢免的标准，不再考察他们的政绩，这就违背了唐尧虞舜"每三年考核一次官员，并根据他们的政绩，再确定黜退昏愚的官员，提拔贤明的官员"的本义了。

一件：张平叔请求将盐价定为每斤三十文，又每二百里路途，每斤盐加收二文，以此作为运费；根据地区的远近和险易情况，最高可加至六文，如果运费不足，就由官府出资补贴。这样一来，食盐名义上是每斤三十文，而其实已经是每斤三十六文了。如今的盐价，京城中是每斤四十文，其他各州的盐价却都要低于这个价格。变法之后，只相差几文，对百姓来说并没有什么厚利可言。如果运费是五文，官府补贴二文；运费是十文的话，官府要补贴四文。因此，官府名义上售卖一斤盐，所得的钱是三十文，但其实每斤最多只能得二十八文，少的才得二十六文，取长补短，官府每斤盐平均所得的钱也不过二十六七文；对于百姓而言，取长补短，百姓每斤盐平均却要花三十四文钱。这样一来，于公于私，每斤盐的差价都有七八文。向下没有惠及百姓，向上官家也没有额外收入，将这个差价累积起来，数目庞大得不敢计算，从这方面来说，也算不上是有利可图。张平叔又请求命当地官府，趁农闲时节，集合当地的车和牛，将盐搬运至官府的仓库之中，严令不得有违缺。然而这样一来，州县雇用车和牛，百姓必定不情愿。若朝廷强制差派此事，那就还得支付运费。百姓们赶着车来载盐，巡逻的吏卒之前都无须检验，集合完毕之后，就开始载盐，等到车和牛到达官府，等待官府接收、使用时，又必须按顺序等待，不管什么门户，都要被截留交费。交卸的时候，人事又各有不同，凡是官府出价雇佣的人力，没有不是这样的。百姓宁可只赚五文钱替私人运载东西，也不愿意为了赚十文钱而为官府运载东西。但是不雇佣人力又没办法运盐；雇佣人力又会损害百姓的利益。这是又一个不可行的原因。

一件：平叔称停减盐务所由，收其粮课，一岁得十万贯文。今又称既有巡院，请量闲剧，留官吏于仓场，句当要害，守捉少置人数，优恤粮料，严加把捉，如有漏失私枭等，并准条处分者。平叔所管盐务所由，人数有几？量留之外，收其粮课，一岁尚得十万贯。此又不近理也。比来要害守捉人数至多，尚有漏失私枭之弊，今又减置人数，谓能私盐断绝。此又于理不可也。

一件：平叔云变法之后，岁计必有所余，日用还恐不足，请一年已来，且未责以课利，后必数倍校多者。此又不可。方今国用常言不足，若一岁顿阙课利，为害已深。虽云明年校多，岂可悬保？此又非公私蓄积尚少之时可行者也。

【译文】一件：张平叔声称，停减盐务和差役，节省下来的盐税，一年可以得十万贯钱。而如今又声称既然设有巡院官，那么也可以根据闲忙状况，酌情设置官吏在盐仓、盐场中，严守要害之处，负责把守的人要少设置，给他们丰厚的俸禄，好让他们严加看守，如果出现什么漏失或者有私售官盐等事件发生，就依照法律严厉处分。张平叔所掌管的盐务，其手下官吏总共有多少人？除支付这些酌情留任的官吏之外，节省下来的盐税，一年还能有十万贯之多，这条不符合情理。历来严守要害，负责把守的官吏人数众多，尚且存在漏失、私卖的弊端，如今却还要减少配置人数，还说这样便能断绝私售盐。这条也不符合情理。

一件：张平叔说：变法之后，年收入必定会有盈余，但实际情况是日常支出恐怕都不足，还说一年以来，虽然没有什么定额的赋税，但之后必定会盈利数倍。这也是不符合情理的。如今朝廷的日常支出费用都不足，若一年没有定额赋税收入，仅这一项的危害就已经足够大了。虽然说第二年必定会收入翻倍，但谁能预先做这样的保证？这一条，对于朝廷和个人财富积蓄都不足的现状而言，是不可行的啊。

一件：平叔又云浮寄奸猾者转富，土著守业者日贫。若官自粜盐，不问贵贱贫富，士农工商、道士僧尼并兼游惰，因其所食，尽输官钱。并诸道军诸使家口亲族，递相影占，不曾输税。若官自粜盐，此辈无一人遗漏者。臣以此数色人等，官未自粜盐之时，来籴盐而食，不待官自粜然后食盐也。若官不自粜盐，此色人等，不籴盐而食；官自粜盐，即籴而食之，则信如平叔所言矣。若官自粜与不自粜，皆常籴盐而食，则今官自粜亦无利也。所谓"知其一而不知其二，见其近不见其远"也。国家榷盐粜与商人，商人纳榷粜与百姓，则是天下百姓无贫富贵贱，皆已输钱于官矣，不必与国家交手付钱，然后为输钱于官也。

【译文】一件：张平叔又说，那些浪荡、奸猾的人越来越富，而安土守业的人却日渐贫穷。如果由官府自行售卖官盐，无论贵贱、贫富、士、农、工、商、道士、僧尼以及那些游手好闲的人，因为要食用，都会将钱送到官府买盐。而且各路军队、使臣的亲眷家人，他们相互袒护，从来不纳税。如果是由官府自行售卖官盐，这些人就没有一个能遗漏的。微臣认为，这些人在官府还未自行售盐时，向来就是买盐食用的，而不会等到官府自卖官盐之后才开始吃盐。如果官府不自售官盐，这些人便不买盐吃；非要等到官府自售官盐才开始买盐吃的话，那么才确实会像张平叔所说的那样。如果无论官府自售或不自售官盐，这些人都要买盐吃的话，那么，即使官府自售官盐，针对这些人，官府也是没什么利益可图的。这就是所谓的"只知其一不知其二，只看眼前而缺乏远见"啊。朝廷专卖官盐给商人，商人从朝廷买进再卖给百姓，这样天下的百姓无论贫富贵贱相当于已经向官府交税了，而不必说非要亲手付钱给朝廷，才叫向官府交税。

一件：平叔云初定两税时，绢一匹直钱三千，今绢一匹直钱八百。百姓贫虚，或先取粟麦价，及至收获，悉以还债，又充官税，颗粒不残。若官中粜盐，一家五口所食盐价，不过十钱，随日而输，不劳驱遣，则必无举债逃亡之患者。臣以为百姓困弊，不皆为盐价贵也。今官自粜盐，与依旧令商人粜，其价贵贱，所校无多。通计一家五口所食之盐，平叔所计一日以十钱为率，一月当用钱三百六十，是则三日食盐一斤，一月率当十斤。新法实价，与旧每斤不校三四钱以下。通计五口之家，以平叔所约之法计之，贱于旧价，日校一钱，月校三十；不满五口之家，所校更少。然则改用新法，百姓亦未免穷困流散也。初定税时，一匹绢三千，今秖八百。假如特变盐法，绢价亦未肯贵。五口之家，因变盐法，日得一钱之利，岂能便免作债，收获之时，不被征索，输官税后有赢余也？以臣所见，百姓困弊日久，不以事扰之，自然渐校，不在变盐法也。今绢一匹八百，百姓尚多寒无衣者，若使匹直三千，则无衣者必更众多。况绢之贵贱，皆不缘盐法。以此言之，盐法未要变也。

【译文】一件：张平叔说，刚实行两税法时，一匹绢价值三千钱，如今一匹绢只值八百钱。百姓贫困潦倒，有时只得先以生长中的粟麦作为抵押，等到收获之后，将收成全部都用来还债，又要缴纳官税，到头来自己手中颗粒不剩。如果由官府售盐，一家五口人所食用的盐价，也不过十钱，可以随时缴纳，不用辛苦差使人催缴，这样必定没有负债逃亡的忧患了。但是微臣以为，百姓生活贫困，不全都是因为盐价贵导致的。如今官府专卖官盐，和照例让商人卖盐，盐价的高低，相差并不是很大。总计一家五口人所食用的盐价，按张平叔的方法计算，一天以十钱为计，一个月就是三百文钱，这就是三天吃一斤盐，一个月吃十斤盐。新盐法的实价和旧盐价每斤相差不到三四钱。总计一个五口之家，以张平叔预估的方法计算，新盐价比旧盐价要低，每天低一钱，一个月便低三十文；不满五口的人家，所差的钱数就更少。然而即使改用新盐法，百姓还是难免穷困潦倒、流离失所。当初制定税法的时候，一匹绢值三千钱，如今只值八百钱。假如改变了盐法，绢价也未必就能抬高。五口之家，因为改变盐法每天得到一文钱的利益，就能保证他们不再负债，收获之时，也不再被征派勒索，缴纳官税后生活会有盈余吗？依微臣所见，百姓生活贫困持续已久，如果没什么额外的事去烦忧他们，他们的生活自然会逐渐富裕，而并不在于变革盐法。如今绢价一匹卖八百钱，大多数百姓们尚且贫寒得没有衣服可穿，如果一匹绢价值三千钱，那么因贫寒而没有衣服穿的人势必会更多。更何况绢价的高低，和盐法也没有什么必然关系。由此来看，盐法未必需要改革。

一件：平叔云每州榷盐不少，长吏或有不亲公事，所由浮词云："当界无人榷盐。"臣即请差清强巡官检责所在实户，据口团保，给一年盐，使其四季输纳盐价。口多榷少，及盐价迟违, 请停观察使见任, 改散慢官。其刺史已下, 贬与上佐, 其余官贬远处者。平叔本请官自粜盐, 以宽百姓, 令其苏息, 免更流亡。今令责实户口, 团保给盐, 令其随季输纳盐价, 所谓扰而困之, 前意也。百姓贫家食盐至少, 或有淡食, 动经旬月。若据口给盐, 依时征价, 办与不办, 并须纳钱。迟违及违条件, 观察使已下各加罪遣。苟官吏畏罪, 必用威刑。臣恐因此所在不安, 百姓转致流散, 此又不可之大者也。

【译文】一件: 张平叔说, 每个州郡售盐量不少, 有的地方官不尽忠职守, 他们的借口是: "本地没有人买盐。"微臣即刻就请求派遣清廉强干的巡官前去检查当地的实际人口、户数, 根据实际在册的民户数, 供给他们一年的盐量, 让他们四季都交纳盐税。人口多而盐却卖得少, 等到盐价上涨时, 就请撤销观察使的职务, 改任闲散不称职的官员。从州刺史以下官员, 一律贬为上佐, 其余的官员都贬到荒远之地。张平叔以上的观点, 本意是想让官府通过自卖官盐而使百姓生活变得宽裕, 让百姓休养生息, 免于流亡生活。如今责令各地根据实际在册民户实数供给盐, 让他们随季度交纳盐税, 这就是烦扰到百姓的生活了, 从而违背了初衷。有些贫穷的百姓人家吃的盐非常少, 有的甚至整月饭菜中不加盐。如果根据在册人口供盐, 按时征税, 无论吃不吃盐都必须缴纳盐税。盐价上涨或违反盐法时, 观察使以下官职都要加以罪责。如此一来, 官吏们害怕自己被降罪, 必定会对下属及百姓动用严厉的刑法。微臣担心会因此扰得州郡不安, 百姓流离失所, 这是又一个不可行的原因。

一件：平叔请限商人盐纳官后，不得辄于诸军诸使，觅职掌，把钱捉店，看守庄硙，以求影庇。请令所在官吏严加防察，如有违犯，应有资财并令纳官，仍牒送府县充所由者。臣以为盐商纳榷，为官粜盐，子父相承，坐受厚利，比百姓实则校优。今既夺其业，又禁不得求觅职事，及为人把钱捉店，看守庄硙，不知其罪，一朝穷蹙之也。若必行此，则富商大贾必生怨恨，或收市重宝，逃入反侧之地，以资寇盗。此又不可不虑也。

一件：平叔云行此策后，两市军人、富商大贾，或行财贿，邀截喧诉。请令所由，切加收捉，如获头首，所在决杀。连状聚众人等，各决脊杖二十。检责军司军户，盐如有隐漏，并准府县例科决，并赏所由告人者。此一件若果行之，不惟大失人心，兼亦惊动远近，不知粜盐所获几何？而害人蠹政，其弊实甚！

以前件状，奉今月九日敕，令臣等各陈利害者。谨录奏闻，伏听敕旨。

【译文】一件：张平叔请求限制盐商，在他们将食盐的经营权交还官府后，不得到诸军诸使处求职，而只能找一些替人打理店铺、看守庄园之类的差事，将户籍虚挂在权势人家名下。还请求朝廷命当地官员严加防范，如发现违反者，应将他们的财产全部缴纳充公，并发公文至府县，将他们列入差役之列。微臣以为，自古盐商向官府缴纳盐税，代表官府售盐，子承父业，坐享利润，与一般百姓相比他们的生活相对优渥。如今要夺取他们的事业，还不允许另谋官职，只能为他人打理店铺或看守庄园，盐商们不知所犯何罪，竟一时落得如此局促、窘迫的地步。如果一定要这样施行，则实力雄厚的商贾们必定心生怨恨，有的人也许关门歇业，收拢贵重财宝，逃到策反之地，去资助那些盗寇。这一项也是不可行的。

一件：张平叔说，施行这种新法后，长安城东、西两市的军士、财力雄厚的商贾，有的人可能会用财物贿赂官府，有的人甚至拦路喧哗闹事。请命令当地官府差役严加收捕，如果捉到罪魁祸首，就地正法。那些参与联名告状、非法聚集的人，各判决二十脊杖。还要严查军司、军户，如果查出有隐漏的盐，也一并依照府县法令判决，并且奖赏那些检举揭发的人。这一项条例如果真的施行，不只会大失民心，而且还会震惊天下，不知道通过卖盐能获得多少利润？然而这害人的愚蠢政令，它的弊端实在是太严重了！

前文所述的这篇文状，是承奉本月九日的敕令，命众臣等关于改革盐法各自陈述利害后而写成的。恭谨地记录上奏，使陛下知晓此事，恭候陛下敕旨。

外集　卷一

明水赋

　　古者圣人之制祭祀也，必主忠敬，崇吉蠲。不贵其丰，乃或荐之以水。不可以亵，斯用致之于天。其事信美，其义惟玄。月实水精，故求其本也；明为君德，因取以名焉。于是命烜氏，候清夜。或将祭圆丘于玄冬，或将祀方泽于朱夏。持鉴而精气旁射，照月而阴灵潜下。视而不见，谓合道于希夷；挹之则盈，方同功于造化。应于有，生于无。形象未分，徒骋离娄之目；光华暗至，如还合浦之珠。既齐芳于酒醴，讵比贱于潢污。明德惟馨，玄功不宰；于以表诚洁，于以戒荒怠。苟失其道，杀牛之祭何为？如得其宜，明水之荐斯在。不引而自致，不行而善至。虽辞曲蘖之名，实处罇罍之器。降于圆魄，殊匪金茎之露，出自方诸，乍似鲛人之泪。将以赞于阴德，非独配于阳燧。夜寂天清，烟消气明。桂华吐耀，玉兔胜精。聊设监以取水，伊不注而能盈。霏然垂象，的尔而呈。始漠漠而霜积，渐微微而浪生。岂不以德叶于坎，同类则感。形藏在空，气应则通。鹤鸣在阴之理不谬，武啸于谷之义可崇。足以验圣之无党，知天地之至公。窃比大羹之遗味，幸希荐于庙中。

【译文】古代圣人在制定祭祀相关的礼仪时，必定以忠诚、恭敬为根本，而且崇尚祭祀前选择吉日，斋戒沐浴。他们并不以丰盛的祭品为贵，有时甚至只用水作为祭品。但祭祀时一定不能怀有怠慢、亵渎的心思，只有这样，才能将至诚的心意呈献于上天。祭祀是一件很美好的事情，它的意义玄妙精深。月亮实质上就是由水的精华组成，因此用水祭祀也是返璞归真；明净是君子的品德，因此祭祀用水也是为了取其名。从那个时候开始，就命掌管水火的官员守候在寂静的夜晚。或在冬季祭祀于圆丘，或在夏季祭祀于水泽中央的方坛。手持明镜，精光四射，因受到月光的照射，阴灵便悄然下潜。听而不闻，视而不见，这完全符合希夷大道；用手掬水，水满盈，这是与造化同功的。天下万物生于有，而有生于无。一切皆于无形，即使用视力超强的离娄的眼睛也无法分辨；月的光华悄然而至，犹如合浦珠还。明水既可以与芳香的酒醴媲美，更不是聚积的腐臭之水所能企及的。只有完美的德行才是芳香清醇的，宇宙自然之功不受人力主宰；用明水祭祀可以表达至诚与纯净，用明水祭祀可以戒除荒废和懈怠。如果丧失了大道，即使杀牛作为祭品又有什么用处呢？如果符合大道，即使用纯净的明水祭祀也完全足够了。无须引荐，功德自然可以得到；无须行动，善良自然可以达成。

虽然明水没有曲蘖的名义，但却被盛装在酒器中作为祭品献祭。它从月中降下，并不是承露盘中的普通露水，相传它来自仙人居住的地方，据说是南海人鱼的眼泪。可以用它来助长阴德，明水不仅仅只能与阳火匹配。寂静的夜晚天气清朗，云雾消散而精气明净。月中的桂花树释放出耀眼的光芒，玉兔升腾出精气。预先安放一个承接露水的大盆来获取明水，无须倾注便会盈满。雾气盛密而显现征兆，分明可见明水形成。起初只是雾气密布积聚白霜，逐渐泛起微微的波澜。这必定是因为高尚的德行与坎卦和洽，因此同类之间才会相互感应。有形的物质隐藏在空气之中，而无形的气运却能感应到它们，并与之相通。这与仙鹤在隐蔽之处鸣叫，小鹤听到叫声后便会以鸣声相应是同一个道理，也和猛虎在山谷中呼啸，山谷便会生风相应的义理一样值得尊崇。由此可见，采集明水可以验证圣贤之人有没有私党，并由此可知天地是极为公正的。我暗自揣摩，认为明水可以与最美味的羹汤相媲美，因此，我希望能用明水作为祭品在祠庙中祭祀。

芍药歌

丈人庭中开好花，更无凡木争春华。翠茎红蕊天力与，此恩不属黄钟家。温馨熟美鲜香起，似笑无言习君子。霜刀翦汝天女劳，何事低头学桃李？娇痴婢子无灵性，竟挽春衫来比并。欲将双颊一稀红，绿窗磨遍青铜镜。一樽春酒甘若饴，丈人此乐无人知。花前醉倒歌者谁? 楚狂小子韩退之。

【译文】丈人的庭院中绽放着美丽的花朵,也没有其他凡俗的花草树木来与它争春。翠绿色的花茎和红彤彤的花蕊是上天的恩赐,这种恩赐并非是钟鸣鼎食之家的专属。温馨熟美的花形散发出阵阵鲜香,仿佛笑而不言地在模仿君子之姿。神女辛勤地用雪亮锋利的刀为你修剪,你何故还要低眉俯首地学那桃李的样子呢?娇痴的婢女没有你那般聪慧,穿着艳丽的春装来与你攀比斗艳。她们为了双颊粉饰的胭脂红,在绿窗前反复地摩挲,照着青铜镜。一樽美酒甘如饴,丈人赏花时的乐趣无人能体会。花前醉酒,吟唱歌谣的人是谁呢?是我,楚地年少轻狂的韩退之。

海 水

海水非不广,邓林岂无枝,风浪一荡薄,鱼鸟不可依。海水饶大波,邓林多惊风,岂无鱼与鸟?巨细各不同。海有吞舟鲸,邓有垂天鹏,苟非鳞羽大,荡薄不可能。我鳞不盈寸,我羽不盈尺,一木有余阴,一泉有余泽。我将辞海水,濯鳞清冷池;我将辞邓林,刷羽蒙笼枝。海水非爱广,邓林非爱枝,风波亦常事,鳞羽自不疑。我鳞日已大,我羽日已修,风波无所苦,还作鲸鹏游。

【译文】并非海面不够宽广，也并非邓林中没有草木枝叶，只是风浪澎湃激荡时，鱼和鸟就失去了依靠。海中时常会出现巨浪，邓林中也总是刮起惊骇的狂风，难道就没有鱼和鸟在那里生存吗？只是它们种类各不相同，适应能力也不同。海中有可以吞掉大船的鲸鱼，邓林中有翅翼垂天的大鹏，如果不是鳞甲和羽毛很强大的话，在狂风巨浪肆虐激荡时，它们就不可能存活下来。我就像鳞甲不满一寸的鱼，就像羽毛不满一尺的鸟，一棵树就能给我足够的阴凉，一口泉水就能给我足够的滋养。我打算辞别海水，到小小的清冷池中嬉戏畅游；我将告别邓林，到草树茂盛的枝头去梳理自己的羽毛。并不是我不喜欢海水的宽广，也不是不喜欢邓林的繁枝，其中的狂风巨浪也是寻常之事，只是我的鳞甲和羽毛无法适应那里的环境。等到我的鳞甲日渐强大，我的羽翼日益丰满时，我便不会再受到狂风巨浪的惊扰，到那时，我愿像鲸鱼与大鹏一样在海水中遨游、在邓林中盘旋。

赠崔立之

昔者十日雨，子桑寒且饥。哀歌坐空房，不怨但自悲。其友名子舆，忽然忧且思。褰裳触泥水，裹饭往食之。入门相对语，天命良不疑。好事漆园史，书之存雄辞。千年事已远，二子情可推。我读此篇日，正当雨雪时。吾身固已困，吾友复何为？薄粥不足裹，深泥谅难驰。

【译文】从前，连续十天阴雨不断，有个叫子桑的人饥寒交迫。他坐在空荡荡的屋子里因哀伤而歌，那歌声不是怨恨，只是他对于自己悲惨境遇的感伤而已。他有个朋友名叫子舆，忽然之间想起他并且很替他担心。于是子舆挽着衣裳蹚着泥水，包裹着饭菜去给他吃。进门之后两人相对而语，对于天命再也不作怀疑。有好事的漆园吏庄子，将这件事收录在他的《庄子》中。千年之前的事，距离现在已经很久远了，但子桑、子舆二人之间的友情仍可以推想到。我读这篇故事时，正赶上雨雪交加的日子。我已身陷贫困，我的朋友处境又该如何呢？家中的薄粥不值得包裹相赠，也请体谅深深的泥泞确实行走艰难。

赠河阳李大夫

四海失巢穴，两都困尘埃。感恩未能报，怊怅空一来。破裘竟不暖，羸马鸣且哀。主人情更重，空使剑锋摧。

【译文】四海之内，普天之下没有我的栖身之处，东、西二都又都充斥着尘俗的混沌与污浊。您的恩德我至今也未能报答，如今又惆怅失意地投靠到您的门下。破烂的衣裳无法保暖，羸弱的老马发出悲哀的鸣叫声。它深知主人愁情满腹，犀利的剑锋受挫，无用武之地。

苦寒歌

黄昏苦寒歌，半夜不能休。岂不有阳春？节岁聿其周。君何爱重裘，兼味成大贤？冰食葛制神所怜。填窗塞户慎勿出，暄风暖景明年日。

【译文】黄昏时分，苦于寒冷而放声歌唱，直到半夜仍然没有停止。难道没有温暖的阳春吗？时节气候，周而复始。君不要吝惜，何不把温暖的裘衣和美味佳肴拿出来供养那些贤能的人？冰冷的食物和葛布的衣服连神仙看了都觉得可怜。将门窗填塞起来，轻易不要出门，一直等到明年春暖花开的时候。

请迁玄宗庙议

右礼仪使奏：谨按《周礼》"天子七庙，三昭三穆与太祖之庙而七"。《尚书·咸有一德》亦曰："七世之庙，可以观德。"《荀子》亦曰："有天下者事七世，有一国者事五世。"则知天子上祭七代，典籍通规；祖功宗德，不在其数。国朝九庙之制，法周之文。太祖景皇帝始为唐公，肇基天命，义同周之后稷。高祖神尧皇帝创业经始，化隋为唐，义同周之文王。太宗文皇帝神武应期，造有区夏，义同周之武王也。其下三昭三穆，谓之亲庙，与太祖而七。四时常飨，自如礼文。伏以今年宗庙递迁，玄宗明皇帝在三昭三穆之外，是亲尽之祖，虽有功德，新主入庙，礼合祧迁藏太庙中从第一夹室。每至禘祫之岁，合食如常。谨议。

【译文】右礼仪使启奏皇上陛下：谨根据《周礼》记载："天子宗庙祭祀应保持七庙，即三昭三穆再加上一世太祖，总共七世。"《尚书·咸有一德》也记载说："七世的宗庙祭祀，可以观察出天子的德行。"《荀子》也记载说："统理天下的天子要祭祀七世祖先，一国之君的诸侯要祭祀五世祖先。"由此可知，天子上溯祭祀七世祖先，这是古代典籍中的统一规定；祖功宗德，不在此数之列。国家祭祀九世祖先这是新的礼制，效法于周朝。太祖景皇帝最开始为唐公，最早承应天命，意义相当于周朝的始祖后稷。高祖神尧皇帝李渊最初创立帝业，灭亡隋朝，建立唐朝，意义相当于周朝的文王。太宗文皇帝神武英勇，顺应时势，缔造了华夏大地，扩充了国家版图，意义相当于周朝的武王。其后的三昭三穆祖先，这就是所谓的亲庙祖先的位列构成，再加上太祖，总共是七世。一年四季按时得享祭祀，正如礼文所说的那样。微臣以为，今年天子宗庙顺次提升，玄宗明皇帝应该在三昭三穆之外，是亲祖之外的祖先，虽然也有功德，但新主进入祖庙，根据礼法应该供奉在太庙中的第一夹室。每逢宗庙举行五年一次的大祭时，再将其恭请出来与七世祖先合享祭祀，就像往常一样。谨议。

外集　卷二

上贾滑州书

愈儒服者，不敢用他艺干进。又惟古执贽之礼，窃整顿旧所著文一十五章以为贽，而喻所以然之意于此曰：丰山上有钟焉，人所不可至，霜既降，则铿然鸣，盖气之感，非自鸣也。愈年二十有三，读书学文十五年，言行不敢戾于古人，愚固泯泯不能自计。周流四方，无所适归。伏惟阁下昭融古之典义，含和发英，作唐德臣，简弃诡说，保任皇极。是宜小子刻心悚慕，又焉得不感而鸣哉！徒以献策阙下，方勤行役，且有负薪之疾，不得稽首轩阶，遂拜书家僮，待命于郑之逆旅。伏以小子之文，可见于十五首之内，小子之志，可见于此书。与之进，敢不勉，与之退，敢不从。进退之际，实惟阁下裁之。

【译文】我作为儒生，不敢用其他的才能来谋求仕进。又想着古人会拿礼物作为相见之礼，就自己整理了从前写作的十五篇文章来作为见面礼，而在这里阐述这么做的理由是：丰山上面有口大钟，那是人不能到达的地方，霜降以后，就会发出铿然的声响，大概是因为气流，而不是它自动鸣响。我今年二十三岁，苦读经书学习诗文有十五年了，一言一行都不敢违背古人之道，愚蠢顽固不明事理，不能自己谋划生活道路。在四方漂泊，没有可以回去的地方。我想阁下把古代的典章制度发扬光大，蕴藏祥和之气，阐发典籍之精华，是大唐德高望重的大臣，抛弃虚妄的学说，保护皇室长久不衰。这应该是我铭记于心惶恐仰慕的，又怎么能不有感而发呢！只是把从前的文章进献给阁下，现在我忙于出行，而且身患疾病，不能够在您堂前的台阶下稽首行礼，于是让家中仆人把这封信送给您，我在郑地的客舍等候您的回信。我认为自己的文采，可以从这十五篇文章中看出，我的志向也可以从这封信中看出。如果您打算任用我，我哪敢不勤勉，您不任用我，我哪敢不听从。任用与否，都由阁下来决定。

上考功崔虞部书

　　愈不肖，行能诚无可取。行己颇僻，与时俗异态，抱愚守迷，固不识仕进之门。乃与群士争名竞得失，行人之所甚鄙，求人之所甚利，其为不可，虽童昏实知之。如执事者，不以是为念，援之幽穷之中，推之高显之上。是知其文之或可，而不知其人之莫可也。是知其人之或可，而不知其时之莫可也。既已自咎，又叹执事者所守异于人人，废耳任目，华实不兼，故有所进，故有所退。且执事始考文之明日，浮嚣之徒已相与称曰："某得矣，某得矣。"问其所从来，必言其有自。一日之间，九变其说。凡进士之应此选者，三十有二人，其所不言者，数人而已，而愈在焉。及执事既上名后，三人之中，其二人者，则固所传闻矣。华实兼者也，毕竟得之，而又升焉。其一人者，则莫之闻矣，实与华违，行与时乖，毕竟退之。如是则可见时之所与者，时之所不与者之相远矣。然愚之所守，竟非偶然，故不可变。凡在京师八九年矣，足不迹公卿之门，名不誉大夫之口。始者谬为今相国所第，此时惟念以为得失固有天命，不在趋时，而偃仰一室，啸歌古人。今则复疑矣。又未知天竟如何，命竟如何？由乎人哉，不由乎人哉？欲事干谒，则患不能小书，困于投刺。欲学为佞，则患言讷词直，则事不成。徒使其躬儳焉如不终日。是以劳思长怀，中夜起坐，度时揣己，废然而返，虽欲从之，末由也已。又常念古之人日已进，今之人日已退。夫古之人四十而仕，其行道为学，既已大成，而又之死不倦，故其事业功德，老而益明，死而益光，故《诗》曰："虽无老成人，尚有典刑。"言老成之人可尚也。又曰："乐只君子，德音不忘。"谓死而不忘也。夫今之人务利而违道，其学问，以之取名致官而已。得一名，获一位，则弃其业而役役于持权者之门，故其事业功德日以亡，月以削，老而益昏，死而遂忘。愈今年始二十有六矣，距古人始仕之年尚十四年，夫岂为晚哉？行之以不息，要之以至死，不有得于今，必有得于古。不有得于身，必有得于后。用此自遣，且以为知己者之报，执事以谓如何哉？其信然否也？今所病者在于穷约，无儗屋赁仆之资，无缊袍粝食之给。驱马出门，不知所之，斯道未丧，天命不欺，岂遂殆哉，岂遂困哉？窃惟执事之于愈也，无师友之交，无久故之事，无颜色言语之情。卒然振而发之者，必有以见知耳。故尽暴其所志，不敢默默。又惧执事多在省，非公事不敢以至，是则拜见之不可期也，获侍之无时也，是以进其说如此。庶执事察之也。

【译文】我没什么出息，品行与才能确实没有可取之处。立身行事十分乖僻，与世俗大有不同，怀抱愚昧，信守痴迷，本来就不懂进身为官的门道。于是与众多读书人一起争名夺利，竞争得失，做人们十分鄙视的事情，追求人们十分看重的利益，这样做不可以，即使是懵懂的孩子也知道这个道理。您作为长官，不将这点放在心上，对处于极度贫困之中的我伸出援手，把我推到高贵显赫的位置上。这是因为您觉得我的文章还算可以，却不了解我的为人。即使认为我的为人还算可以，但却不知道时机不成熟。自我责备以后，又感叹您做的事情与一般人不同，您不听流言蜚语，只相信自己眼睛看到的，华丽的文辞与深厚的内容不可兼得，所以有所任用，有所屏退。况且您开始考核文章的第二天，那些浮躁的人就已经共同宣称说："某人的文章选中了，某人考中了进士。"问他是从哪里听来的消息，一定说他的消息自然有其来处。一天当中，多次改变他的说法。这次考试应中的进士，共有三十二人，他没有提及的，不过几个人罢了，而我就在他提到的人当中。等到您公布中选名单以后，三个人当中，说中的有两个，确实是传闻的人。文辞华丽与深厚内容兼备的人，果然得以中选，而且还获得升迁。其中有一个人，没听说有他，深厚内容与文辞华丽背离，行为与世俗违背，果然就遭到屏退。如此就可以知道世俗欣赏的人，与世俗不欣赏的人相差甚远了。但是我坚守的道义，毕竟不是一时心血来潮才坚守的，所以不可以随意改变。我待在京城共有八九年了，脚从来不踏进公卿大臣的家门，名声从来没有经过士大夫之口传扬。开始的时候错误地被当今宰相选中，现在我只认为得与失本来就在于天命，不在于迎合世俗，所以俯仰一室之中，学习古人长啸吟咏。现在我又开始怀疑了。不知道上天究竟是什么，命运究竟是什么？是由人决定，还是不由人决定？想去求见当权的人，又担心不会写名帖，不能投递进去。想学会巧言谄媚，又担心自己说话迟钝，言词朴直，不能成事。只会让自己变得轻浮下贱，没有安宁之日。因此心中经常反思自己，半夜从床上坐起来，揣度时势，衡量自己，失望而回，虽然想遵循世俗，也由不得自己啊。又经常想古代的人每天都在力求上进，而现在的人每天都在往后倒退。古代的人四十岁才开始做官，践行道义，钻研学问，已经获得很大成功，到死的时候还孜孜不倦，所以古人的事业功德，年纪越大就愈发彰显，到死的时候就更加光大，所以《诗经》上说："即使没有老成持重的伊尹，还有常法可依。"意思是老成持重的人值得尊敬崇尚。又说："君子真快乐啊，美好的名声不会消失。"意思是君子虽然死了，但他留下的美名不会被忘记。现在的人追求名利而违背道义，他的学问，只是用来换取名声，获得官职罢了。为了得到一个名声，获取一个官位，就抛弃了自己的学业而奔走钻营于当权者的大门，所以他的事业功德一天天地消失，一月月地削减，年纪越大就越糊涂，到死的时候也就被忘记了。我今年刚刚二十六岁，距离古人开始做官的年纪还有十四年，怎么能算晚呢？践行古人之道而永不停止，坚守它一直到死，不能从当今得到什么，一定会从古人那里有所得。不能亲身得到什么，我死后也一定有所得。用这个来排遣自己心中的烦恼，并且用来作为了解我的人的回报，您认为我的做法怎么样呢？您相不相信我会这样做呢？我现在发愁的是身处穷困潦倒之中，没有租赁房屋和雇佣仆人的钱财，没有粗衣劣食来供给生活所需。策马出门，不知道去往哪里，古人之道还没有消亡，天命也不欺骗我，难道我就这样处于不安之中，难道我就这样处于困顿之中吗？自认为您对于我，没有师生朋友的交往，没有相识已久的经历，没有和颜悦色倾心交谈的情谊。突然之间被您提拔任用，一定有被您了解的地方。所以我将自己的志向完全展露出来，不敢沉默不语。又担心您平时多在衙门里办公，没有公事不敢前往，如此一来想去拜见您而没有时间，想侍奉在您身旁而没有机会，因此我向您述说上面的这些话。希望您能知晓。

与少室李拾遗书

十二月某日，愈顿首。

伏承天恩，诏河南敦谕拾遗公，朝廷之士，引颈东望，若景星凤皇之始见也，争先睹之为快。方今天子仁圣，小大之士，皆出宰相，乐善言，如不得闻。自即大位已来，于今四年，凡所施者，无不得宜。勤俭之声，宽大之政，幽闺妇女，山野小人，皆饱闻而厌道之。愈不通于古，请问先生，世非太平之运欤？加又有非人力而至者，年谷熟衍，符贶委至。若干纪之奸，不战而拘累。强梁之凶，销铄缩栗，迎风而委伏。其有一事未就正，自是若不成人。四海之所环，无一夫甲与兵者。未有若此时也，拾遗公不疾起与天下之士君子乐成而享之，斯无时矣。

昔者孔子知不可为而为之不已，足迹接于诸侯之国。即可为之时，自藏深山，牢关而固距，即与仁义者异守矣。想拾遗公冠带就车，惠然肯来，舒所蓄积，以补缀盛德之有阙遗，利加于时，名垂于将来。踊跃悚企，倾刻以冀。又窃闻朝廷之议，必起拾遗公。使者往若不许，河南必继以行，拾遗征君若不至，必加高秩。如是即辞少就多，伤于廉而害于义，拾遗公必不为也。善人斯进，其类皆有望于拾遗公，拾遗公傥不为起，众善人不与斯人施者。由拾遗公而使天子不尽得良臣，君子不尽得显位，庶人不尽被惠利，其害不为细。必望审察而长远思之，务使合于孔子之道。幸甚！愈再拜。

【译文】十二月某日，韩愈顿首。

伏在地上承蒙天子恩典，让我来晓谕你，朝廷的士大夫，都伸着脖子向东远望，就像景星凤凰刚出现的时候，人们都抢先一睹为快一样。当今天子仁德圣明，大大小小的事情，都由宰相去处理，乐于听到有益之言，唯恐不能听到。自从即位以来，到现在已经四年，实施的一切，没有不恰当的。勤劳俭朴的声望，宽大厚道的政策，即使是深闺中的妇女，山野中的农夫，都常常听见并说起。我对于古道并不通晓，斗胆请问先生，这难道不是太平盛世吗？而且还有不是人力能达到的事情，每年谷物丰收，天赐祥瑞，一齐到来。违反法纪的坏人，不费工夫就被囚禁起来。刚强横暴的凶徒，变得畏缩战栗，迎风而倒，收敛行迹。如果有一件事情还没有回到正位，自己就觉得不是一个尽责的人。国家的四周，没有一个人是穿着铠甲和拿着兵器的。没有像这样的时候，你不马上起来与天下的士大夫、君子乐见其成而分享的话，就没有时间了。

过去孔子明知道事情不可能成功但还要不停地努力去做，足迹遍布于诸侯之国。在现在可以做成事情的时候，却自己藏在深山，牢牢把守，坚决拒绝，你与讲求仁爱礼义的孔子差距太大了。我希望你戴上帽子，系好衣带，乘车出发，心情愉快地前来赴任，施展你积蓄的才华，来添补天子崇高的品德中缺失的地方，对时势也有益处，名声流传后世。我怀着兴奋的心情期盼你的到来，希望你可以马上就来。我又听说朝廷的意思，一定要起用你。并派遣使者前来，如果你不答应，就让我一定请你来赴任，以拾遗的官职征召你，如果你不前来，一定提高你的官阶。如此一来推辞俸禄少的而接受俸禄多的，对你廉洁的名声有损害，对道义也有损害，你一定不会这样做的。贤明善良的人按照这种方式获得任用，与你一样的人都对你抱有很大的希望，如果你还不前来赴任，各位贤明善良的人不会赞同你这种做法。因为你而让天子不能全部得到天下的贤良之臣，君子不能全部得到显贵的职位，百姓不能全部得到恩惠利益，其中的危害也不算小了。希望你一定仔细考虑，作长远的打算，一定要让自己的行为符合孔子之道。殷切期望！韩愈再拜。

答刘秀才论史书

六月九日，韩愈白秀才刘君足下：

辱问见爱，教勉以所宜务，敢不拜赐。愚以谓凡史氏褒贬大法，《春秋》已备之矣。后之作者，在据事迹实录，实录则善恶自见矣，然此尚非浅陋偷惰者所能就，况褒贬邪？孔子圣人，作《春秋》，辱于鲁卫陈宋齐楚，卒不遇而死；齐太史氏兄弟几尽；左丘明纪《春秋》时事以失明；司马迁作《史记》，刑诛；班固瘐死；陈寿起又废，卒亦无所至；王隐谤退死家；习凿齿无一足；崔浩范晔亦族诛；魏收夭绝；宋孝王诛死；足下所称吴兢，亦不闻身贵而后有闻也。夫为史者，不有人祸，则有天刑，岂可不畏惧而轻为之哉？

唐有天下二百年矣，圣君贤相相踵，其余文武之士，立功名跨越前后者，不可胜数，岂一人卒能纪而传之耶？仆年志已衰退，不可自。宰相知其无他才能，不足用，哀其老穷，齟齬无所合，不欲令四海内有戚戚者，猥言之上，苟加一职荣之耳。非必督责迫蹙令就其功役也，贱不敢逆盛指，行且谋引去。且传云闻见不同，善恶随人所见，甚者附党憎爱不同，巧造语言，凿空构立善恶事迹，于今何所承受取信，而可草草作传记令传万世乎？若无鬼神，岂可不自惭愧；若有鬼神，将不福人。仆虽騃，亦粗知自爱，实不敢率尔为也。夫唐巨迹，及贤士大夫事，皆磊磊轩天地，决不沉没。今馆中非无人，将必有作者勤而纂之。后生可畏，安知不在足下？亦宜勉之！愈再拜。

【译文】六月九日，韩愈告秀才刘君足下：

承蒙你来信问候，教导勉励我应做的事情，哪敢不拜谢你的惠赐。我认为凡是史家褒贬的方法，《春秋》已经具备。《春秋》以后写作史书的人，都依据历史事件作真实记录，那么其中的善恶就很分明了，但这尚且不是见识浅薄、苟且怠惰的史家能达到的，何况是将褒贬之意寓于其中呢？圣人孔子，写作《春秋》，在鲁、卫、陈、宋、齐、楚等国受辱，最终没有遇到明君而死去；齐国的史官崔氏兄弟都死了；左丘明记述《春秋》史实时双目失明；司马迁写作《史记》，遭受宫刑；班固病死狱中；陈寿被起用又被革除，最终也没有好下场；王隐受人诽谤失去官职，死在家中；习彦威因为脚疾而住在里巷之中；崔浩、范晔两人也被灭族；魏伯起没有后代；宋孝王被诛杀；足下称赞的吴兢，不也曾听说他在世时地位显贵而死后没留下什么声名。做史官的人，不是有人祸，就是有天灾，难道可以不畏惧这些而轻易去做史官吗？

　　大唐拥有天下已经二百多年了，圣明的君主和贤能的宰相相继出现，其余的文臣武将，建立功名、跨越时代的人，数不过来，难道是一个人仓促之中就能记载下来而使其流传的吗？我的年纪已经大了，身体变得衰老，不可以自我勉励。宰相知道我没有其他的才能，不值得任用，可怜我年老贫穷，凡事都不顺利，没有合心的地方，不想让四海之内心怀悲戚的人，向天子推荐我，苟且给我一个职位，让我得以荣耀。并没有一定要督促责备，逼迫我做出什么功绩来，我虽然贫贱却不敢忤逆盛意，想着辞官离去。而且传闻各有不同，善恶仅凭各人所看到的而断定，更有甚者结党的人因为爱憎不同，假造谣言，凭空捏造善恶事情，现在有什么可以接受并被人相信，而草率地将它记载到史书里，让它流传万代呢？如果没有鬼神，难道自己不会感到惭愧；如果有鬼神存在，也将不会赐福于人。我虽然愚蠢，但也大概知道爱惜自己，确实不敢轻率去做。大唐的重大事情，以及贤明的士大夫的事情，都是光明磊落，昭明于天地之间，决不会埋没。现在史馆中并非没有人，将来一定会有史家努力地纂修下来。年轻人可以积学成德，值得敬畏，怎么就知道这个人不是你呢？应该好好努力！韩愈再拜。

与大颠师书

愈启：孟夏渐热，惟道体安和。愈弊劣无谓，坐事贬官到此，久闻道德，窃思见颜。缘昨到来，未获参谒。已贴县令具人船奉迎，日久伫瞻。愈白。

愈启：海上穷处，无与话言，侧承道高，思获披接。专辄有此咨屈。此旬晴明，不甚热，傥能乘闲一访，实谓幸也，不宣。愈白。

愈启：惠匀至，辱答问，珍悚无已。所示广大深迥，非造次可量。《传》云："书不尽言，言不尽意，然则圣人之意，其终不可得而见耶？"如此而论，读来一百遍，不如亲面对之。愈闻道无疑滞，行止系缚，苟非所恋著，则山林闲寂与城隍无异。大颠师论甚宏博，而必守山林，不至州郭，自激修行，独立空旷、无累之地者，非通道也。劳于一来，安于所识，道故如是。不宣。愈顿首。

【译文】韩愈启：孟夏之时，天气慢慢炎热起来，希望大师贵体安好。我陋鄙顽劣，没有才能，因为受到牵连贬官来到这里，久闻你的无量功德，我想见大师的心情十分迫切。因为昨天来到这里，没能获得拜见的机会。我已经写好请帖，让人派船前往迎接，每日久久伫立，恭候大师的到来。韩愈白。

　　韩愈启：困居于海边，没有人可以交谈，有幸遇到大师这样高妙的人，可以在思想上进行交流。我就专门写下这封信给你。这十多天来天气晴朗，不是很热，如果能趁着空闲拜访一下，实在是荣幸之至，不一一细说。韩愈白。

　　韩愈启：你的回信收到了，承蒙你答复我的来信，心中既十分高兴，又惶恐不已。信中所示的内容广大深远，不是轻易可以晓谕的。《易经》中说："书不会把所有的话都写出来，话也不会把所有的意思都表达出来，那么圣人的意思，就不能完全了解了吗？"如此一来，读上一百遍你的来信，不如亲自面对面交流。我听说大道没有阻碍，行为不受束缚，如果没有什么值得眷恋的，那么山林中的空荡寂静与城邑里的喧哗吵闹没有什么分别。大颠大师的言论十分广博，如果你一定要固守山林之中，坚决不到城邑里来，自我激励，修养德行，独处于空旷、不受世俗牵累的地方，那么你就不是真正通晓大道的人。麻烦你来城中一趟，让相识的人安心，大道原本就是这样。不一一细说。韩愈顿首。

外集　卷三

送汴州监军俱文珍序　并诗

今之天下之镇，陈留为大。屯兵十万，连地四州，左淮右河，抱负齐楚，浊流浩浩，舟车所同。故自天宝已来，当藩垣屏翰之任，有弓矢铁钺之权，皆国之元臣，天子所左右。其监统中贵，必材雄德茂，荣耀宠光，能俯达人情仰喻天意者，然后为之。故我监军俱公，辍侍从之荣，受腹心之寄，奋其武毅，张我皇威，遇变出奇，先事独连，偃息谈笑，危疑以平。天子无东顾之忧，方伯有同和之美。十三年春，将如京师，相国陇西公饮饯于门之外，谓功德皆可歌之也，命其属咸作诗以铺绎之。诗曰：

奉使羌池静，临戎汴水安。冲天鹏翅阔，报国剑铓寒。晓日驱征骑，春风詠采兰。谁言臣子道，忠孝两全难？

【译文】现在天下的藩镇，以陈留为最大。陈留驻扎有十万士

兵，管辖四个州，左边是淮河，右边是黄河，北临齐地，南接楚地，
浑浊的水流浩浩荡荡，岸上的车与水里的船同一方向行驶。所以从
天宝年间以来，担任这个藩屏重镇的节度使，握有专征专杀权力的
人，都是国家的重臣，是天子信赖的人。监督军队的中官，一定才
德杰出，受到荣宠，能够下达人情上喻天意的人，然后才能担任这
个官职。所以我们的监军俱公，享有侍从陇西公的荣耀，身负陇西
公的机要重任，发挥他的勇武刚毅，张扬天子的威势，遇到变故可
以想出应对的奇招，事情发生之前就想好对策，在休息谈笑之间，
就把危险的情势平息下去。使天子不用担心来自东方的忧患，陇西
公有仁厚慈爱的美名。贞元十三年（797）春季，俱公将前往京城，
相国陇西公在城门之外以酒饯行，为他送别，并说功德都可以歌
颂，命令下属都作诗来讲述此事。诗是：

　　你曾奉命出使羌地，与吐蕃结盟，让边境得以平静，你又来
到汴水边的军营中，担任陇西公的监军，使这里获得安宁。你像疾
飞上天的大鹏展翅翱翔，又像报效国家的锋利宝剑寒光闪耀。太
阳刚刚升起的时候，你骑上战马为军中之事奔驰，春风中传扬着你
尽孝养亲的美名。谁说做了臣子以后，忠孝就不能两全了呢？

送浮屠令纵西游序

　　其行异，其情同，君子与其进可也。令纵释氏之秀者，又
善为文，浮游倘佯，迹接天下。藩维大臣，文武豪士，令纵未始

不褰衣而负业，往造其门下。其有尊行美德，建功树业，令纵从而为之歌颂，典而不谀，丽而不淫，其中有古人之遗风与？乘闲致密，促席接膝，讥评文章，商较士人，浩浩乎不穷，滔滔乎深而有归。于是乎吾忘令纵之为释氏之子也。其来也云凝，其去也风休，方欢而已辞，虽义而不求。吾于令纵不知其不可也，盍赋诗以道其行乎？

【译文】即使奉行的大道不相同，只要本性相同，君子是可以与他交往的。令纵是佛门弟子里的佼佼者，又擅长写文章，喜欢在各地畅游，足迹踏遍天下。无论镇守藩镇的朝廷重臣，还是文武豪杰之士，令纵未尝不撩起衣裳，带着所写的诗文，前往他的家门拜访。那人如果有高尚的行为，美好的品德，建树功德，创立基业，令纵就追随他而为他歌颂，典雅而不奉承，华丽而不过分，其中大概有古人的遗风吧？趁着空闲把他叫来，坐在一起，促膝交谈，讥讽评议天下文章，商讨比较天下士人，广阔宏大，没有穷尽，幽暗深远，而有宗旨。因此我忘记了令纵是佛门弟子。他的到来像浮云一样飘忽不定，他的离去像轻风一样不见踪影，刚刚还在一起欢笑畅谈，马上就已经辞别而去，虽然心中想挽留他但并不强求。我对于令纵，不知道他有什么不好的地方，为什么不写诗来说说他的道行呢？

外集　卷四

通　解

今之人以一善为行而耻为之，慕达节而称夫通才者多矣。然而脂韦汩没，以至于老死者相继，亦未见他人之称，其岂非害教贼名之术欤？且五常之教，与天地皆生，然而天下之人不得其师，终不能自知而行之矣。故尧之前千万年，天下之人促促然不知其让之为美。于是许由哀天下之愚，且以争为能，乃脱屣其九州，高揖而辞尧。由是后之人竦然而言曰："虽天下犹有薄而不售者，况其小者焉？"故让之教行于天下，许由之为师也。自桀之前千万年，天下之人循循然不知忠易其死也，故龙逢哀天下之不仁。睹君父百姓入水火而不救，于是进尽其言，退就其割烹。故后之臣竦然而言曰："虽万死犹有忠而不惧者，况其小者焉？"故忠之教行于天下，由龙逢之为师也。自周之前千万年，浑浑然不知义之可以换其生也。故伯夷哀天下之偷，且以强则服，食其葛薇，逃山而死。故后之人竦然而言曰："虽饿死犹有义而不惧者，况且小者焉！"故义之教行于天下，由伯夷之为师也。是三人者俱以一身立教，而为师于千万年间，其身亡而其教存于扶持天地，而功亦厚矣。向令三师耻独行，慕通达，则尧之日，必曰得位而济道，安用让为？夏之日，必曰长进而否退，安用死为？周之日，必曰和光而同尘，安用饿为？若然者，天下之人促促然而争，循循然而佞，浑浑然而偷，其何惧而不为哉！是则三师生于今，必谓偏而不通者矣，其可不谓之大贤人哉？呜呼！今之人其慕通达之为弊也。且古圣人言通者，盖百行众艺备于身而行之者也。今恒人之言通者，盖百行众艺阙于身而求合者也。是则古之人言通者，通于道义；今之人言通者，通于私曲，其亦异矣！将欲齐之者，其犹矜粪丸而拟质隋珠者乎？且令今父兄教其子弟者曰："尔当通于行如仲尼。"虽愚者亦知其不能也。曰："尔尚力一行如古之贤"，虽中人亦希其能矣。岂不由圣可慕而不可齐耶？贤可及而可齐也？今之人行未能及乎贤而欲齐乎圣者，亦见其病矣！夫古人之进修，或几乎圣人。今之人行不出乎中人，而耻乎力一行为独行，且曰："我通同如圣人。"彼其欺心耶？吾不知矣！彼其欺人而贼名耶？吾不知矣！余惧其说之将深，为《通解》。

【译文】现在的人耻于努力修养一种善行，很多人羡慕不拘常规而圆滑通达的人。但是这些圆滑通达的人，最终湮没而相继老死，也并不为人所称道，这难道不是扰乱教化的做法吗？况且三纲五常的教化，是同天地一起产生的，天下人如果没有老师的指导，最终不可能自己明白其中的含义而去奉行。所以在唐尧之前的千万年里，天下人的性情暴躁而不知道谦让是一种美德。于是许由哀叹天下人的愚昧，以争斗为本事，就很轻视九州的帝位，对尧揖礼而辞让天子之位。因此后人肃然起敬地说："即使以天下之大，也还有人轻视而争，又怎么会在那些小的方面斤斤计较呢？故而谦让的教化得以通行于天下，所以许由是天下人的老师。在桀之前的千万年里，天下人拘泥守旧而不知道应该以尽忠去代替一死。于是关龙逢哀叹天下人的不仁爱，看到君父、百姓置身水火而不搭救，就极力进谏君主，不惜事后遭受割烹的酷刑。因此后世的臣子肃然起敬地说："即使万死，也还有尽忠而不畏死的人，又怎么会在那些小的方面不尽忠呢？"故而忠诚的教化得以通行于天下，所以关龙逢就是天下人的老师。在周代以前的千万年里，天下人浑浑噩噩不知道为了大义可以舍弃生命。于是伯夷哀叹天下人的苟且偷生，而且用武力使别人屈服，他就逃到首阳山，以葛薇之草为食，不食周粟而最终饿死。因此后人肃然起敬地说："即使是被饿死，也还有坚守大义而不畏惧的人，又怎么会在那些小的方面违背道义呢！"故而大义的教化得以通行于天下，所以伯夷就是天下人的老师。这三个人都是凭借一己之力而建立教化，千万年来一直是天下人的老师，他们的躯体虽然消亡了，但是他们建立的教化还存在，矗立于天地之间，他们的功德也很巨大了。假使这三位宗师耻于修养一善而独行，而是仰慕圆滑通达，那么在唐尧的时候，许由一定会接受帝位而实施他的主张，哪里会辞让呢？在夏代，关龙逢一定会得到任用而不会遭到斥退，哪里会去死谏呢？在周代，伯夷一定会随和众人，哪里会饿死在首阳山呢？但是这样的话，天下的人们就会急于争名夺利而不知道谦让，拘泥守旧而不知尽忠，浑浑噩噩而苟且偷生，就会无所畏惧而什么事情都敢去做了！假使这三位宗师生活在当今时代，一定会被称为偏重一方面的修养而不能成为通达的人，难道因此就不能称他们为大贤人吗？呜呼！现在的人仰慕圆滑通达已经成为一种弊病。况且古代圣人所说的通，是说各种善行技艺都集于一身，然后再去施展它。现在人所说的通，是说本身不具备各种善行技艺却去追求融合各种知识。这样一来，古人所说的通，是指通于道义；而现在人所说的通，是指通于偏私，其中的差别很大啊！想要将两者等同的人，岂不是把粪球当作宝珠吗？况且现在让父亲、哥哥教导儿子、弟弟说："你应当通晓各种德艺，像古代的孔子那样修身。"即使再愚笨的人也知道那是做不到的。如果说："你努力地去做好一件善行，像古代的贤者那样去努力"，即使是中等智力的人也希望自己能够做到。这不正说明圣人只可仰慕而难于达到同等高度吗？贤者的境界经过努力可以达到而与之等同吗？现在的人还没有达到贤者的境界而妄想与古代的圣人等同，这也是现代人的毛病啊！古代的人修养自身，或许有希望成为圣人。现在的人德行不超过中等境界，却把力行一善当作只精通一项德艺而感到耻辱，并且说："我通达如同圣人。"他在欺骗自己的内心吗？我不知道！他是在欺骗别人，盗取名声吗？我不知道！我只担心这样的说法会流传更广，所以写下《通释》这篇文章。

择言解

　　火泄于密，而为用且大，能不违于道，可燔可炙，可镕可甄，以利乎生物。及其放而不禁，反为灾矣。水发于深，而为用且远，能不违于道，可浮可载，可饮可灌，以济乎生物。及其导而不防，反为患矣。言起于微，而为用且博，能不违于道，可化可令，可告可训，以推于生物。及其纵而不慎，反为祸矣。火既我灾，有水而可伏其焰，能使不焰于灰烬矣。水既我患，有土而可遏其流，能使不仆于波涛矣。言既我祸，即无以掩其辞，能不罹于失者亦鲜矣。所以知理者又焉得不择其言欤？其为慎而甚于水火！

　　【译文】火产生于密实的可燃物，而且它的作用很大，如果合理使用，可以烧煮，可以烤炙，可以熔铸，可以制陶，可以给人们带来益处。如果对它放任不管，火反而会成为灾患。水发源于深渊，它的作用也很长远，如果合理使用，可以浮物，可以载船，可以饮用，可以灌溉，从而给人们带来益处。如果对它不加防范，水也会成为灾患。言语起于细微，它的作用很广，如果合理使用，可以教化，可以为政令，可以告诫，可以训示，从而在人们当中推广。如果言语放纵而不谨慎，言语反而会成为祸患。火成为灾患之后，用水可以扑灭，使我免于身陷大火而被烧为灰烬。水成为灾患之后，用土可以阻塞洪水，使我免于被波涛所吞噬。言语成为灾患之后，就没有办法来掩盖那些惹祸的文辞了，能够不遭受祸患的人就很少了。所以懂得道理的人怎么能不谨慎地选择他要说的话呢？要慎防言祸，胜过对水、火的防范！

鄂人对

鄂有以孝为旌门者，乃本其自于鄂人，曰："彼自剔股以奉母，疾瘳，大夫以闻其令尹，令尹以闻其上，上俾聚土以旌门，使勿输赋，欲为后劝。"鄂大夫常曰："他邑有是人乎？"

愈曰："母疾则于烹粉药石以为是，未闻毁伤支体以为养，在教未闻有如此者。苟不伤于义，则圣贤当先众而为之也。是不幸因而致死，则毁伤灭绝之罪有归矣。其为不孝，得无甚乎？苟有合孝之道，又不当旌门，盖生人之所宜为，曷足为异乎？既以一家为孝，是辨一邑里皆无孝矣。以一身为孝，是辨其祖父皆无孝矣。然或陷于危难，能固其忠孝，而不苟生之逆乱，以是而死者，乃旌表门闾，爵禄其子孙，斯为为劝已，矧非是而希免输者乎？曾不以毁伤为罪，灭绝为忧，不腰于市，而已黜于政，况复旌其门？"

【译文】鄂县有个人因为孝行出众而受到朝廷旌门表彰，我从鄂人那里打听到事情的经过，鄂人说："他割下自己大腿上的肉来为病中的母亲治病，母亲病好之后，县令就把这件事报告给令尹，令尹又把这件事上奏给皇上，皇上让人聚土建旌门，来表彰他，并且免去他家的赋税，来鼓励后世的孝行。"鄂县县令常常说："别的县有这样的孝子吗？"

我说："母亲生病了应该熬煮、研磨药石来医治，没听说过自残身体来奉养双亲的，在圣人的教化中没有听说过这样的事情。假如不妨害于道义，那么圣人贤士早就率先去做了。假如不幸因伤重而死去，那么就会产生毁伤肢体，灭绝后嗣的罪过了。他的不孝，难道不是更严重吗？即使他的行为有合于孝道的地方，也不应当旌表其门，那也是身为人子所应该做的，有什么值得炫耀呢？既然认为这一家人有孝行，那么就等于是说县里的其他人都无孝行。认为这一个人有孝行，那么就等于是说他的祖父、父亲都没有孝行了。但是，如果陷身于危难之中，还能够固守他的忠诚与孝道，不苟且偷生于叛逆动乱之中，因此而牺牲生命的人，就应该旌表其门，对他的子孙后代封官赐爵，这是真正地劝勉世人，现在却不是这样的情况，而只是为了免除徭役赋税吗？不把毁伤肢体当作罪过，不把灭绝后嗣当作忧虑，不把他腰斩于市集，当地官员就已经是犯了渎职罪，更何况又旌表其门呢？"

河南府同官记

永贞元年，愈自阳山移江陵法曹参军，获事河东公。公尝与其从事言："建中初，天子始纪年更元，命官司举贞观、开元之烈。群臣惕栗奉职，命材登良，不敢私违。当时自齿朝之士而上，以及下百吏执事，官阙一人，将补，必取其良。"然而河南于天下称多，独得将相五人。故于府之参军则得我公；于河南主簿则得故相国范阳卢公迈；于汜水主簿，则得故相国、今太子宾客荥阳郑公余庆；于陆浑主簿则得相国、今吏部侍郎天水赵公宗儒；于登封主簿则得故吏部尚书、东都留守吴郡顾公少连。卢公去河南为右补阙，其后由尚书左丞至宰相；郑公去汜水为监察御史，佐山南军，其后由工部侍郎至宰相，罢而又为；赵公去陆浑为右拾遗，其后由给事中为宰相；顾公去登封为监察御史，其后由京兆尹至吏部尚书、东都留守；我公去府为长水尉，其后由膳部郎中为荆南节度行军司马，遂为节度使，自工部尚书至吏部尚书。三相国之劳布在史册。顾吏部慎职小心，于时有声。我公愿洁而沈密，开亮而卓伟，行茂于宗，事修于官，嗣绍家烈，不违其先。作帅南荆，厥闻休显，武志既扬，文教既熙，登槐赞元，其庆且至。故好语故事者，以为五公之始迹也同，其后进而偕大也亦同，其称名臣也又同，官职虽分,功德有巨细,其忠劳于国家也亦同,有若将同其后而先其初也。有闻而问者,于是焉书。既五年,始立石,刻其语河南府参军舍庭中。于时河东公为左仆射宰相,出藩大邦,开府汉南。郑公以工部尚书留守东都。赵公以吏部尚书镇江陵。汉南地连七州,戎士十万,其官宰相也。留守之官,居禁省中,岁时出旌旗,叙留司文武百官于宫城门外而衙之。江陵,故楚都也,戎士五万。三公同时,千里相望,可谓盛矣。河东公名均,姓裴氏。

【译文】永贞元年(805),我由阳山县令调任江陵府担任法曹参军,得以侍奉河东公裴均。河东公曾经对他的下属们说:"建中初年,天子改元,诏命有关部门推举贞观、开元年间的英烈。群臣小心谨慎,敬奉守职,挑选良才,不敢有偏私。那个时候,上至朝廷的达官重臣,下到百吏执事,如果有官位空缺,准备补员,一定挑选最贤良的人担任。"但是河南府在那个时候称雄天下,独有五位官员位至将相。前河南府参军裴公裴均曾经拜相;前河南府主簿范阳人卢公卢迈曾经拜相;前汜水主簿、现太子宾客荥阳人郑公郑余庆曾经拜相;前陆浑主簿、现任吏部侍郎天水人赵公赵宗儒曾经拜相;前登封主簿、前吏部尚书、东都留守吴郡人顾公顾少连曾经拜相。卢公离开河南后改任右补阙,后来由尚书左丞升为宰相;郑公离开汜水后担任监察御史,后来担任山南节度使严震的幕僚,之后由工部侍郎升为宰相,罢相之后又做过一任宰相;赵公离开陆浑后担任右拾遗,之后由给事中升为宰相;顾公离开登封后担任监察御史,之后由京兆尹升为吏部尚书、东都留守;裴公离开河南府后任长水县尉，后来由膳部郎中改任荆南节度府行军司马，又升为荆南节度使，之后由工部尚书改任吏部尚书。三位宰相的功劳记载在史册之中。吏部尚书顾公为官谨慎尽职，在当时声望卓著。裴公高洁沉稳，开明而卓越，德行高出同宗，做官治理有方，继承家族的优良家风，不违背祖先训诫。担任荆南节度使时，他的名声显赫，教化和武功都很兴盛，后来位列三公、辅佐皇上，这样的喜庆之事随即到来。所以喜欢谈论旧事的人，认为这五个人的最初情况相同，稍后都得进用为宰相的结果也相同，他们又同样被称为名臣，官职虽然有所区分，功德也有大有小，但他们效忠国家，为国操劳却是相同的，要获得与他们相同的成就，就要先找出与他们相同的初心。有人听说他们的事迹之后有所疑问，所以我把这件事论述一下。元和五年（810），才在河南府参军的庭院中立碑记载其事。当时，河东公为左仆射，加宰相之职，又出京师任山南东道节度使，在汉南设立节度幕府。郑公以工部尚书之职出任东都留守。赵公以检校吏部尚书之职，任荆南节度使镇守江陵。汉南连接七个州郡，驻扎有十万军队，节度长官是当朝的宰相。留守这一官职，负责管理东都禁宫，每年出行都有旌旗开道，留守司的文武官员都排列在宫门之外来参见他。江陵从前是楚国都城，驻扎有五万士兵。这三公同处一个时代，隔千里而相望，可以说是一大盛事。河东公姓裴，名均。

记宜城驿

　　此驿置在古宜城内，宜城驿东北有井，传是昭王井，有灵异，至今人莫汲。驿前水，传是白起堰西山下涧，灌此城坏，楚人多死，流城东陂，臭闻远近，因号其陂曰"臭陂"，有蛟害人，渔者避之。井东北数十步有楚昭王庙，有旧时高木万株，多不得其名，历代莫敢剪伐，尤多古松大竹。于太傅帅襄阳，迁宜城县，并改造南境数驿，材木取足此林。旧庙屋极宏盛，今惟草屋一区，然问左侧人，尚云："每岁十月，民相率聚祭其前。"庙后小城，盖王居也。其内处偏高，广员八九十亩，号"殿城"，当是王朝内之所也，多砖可为书砚。自小城内地今皆属甄氏。甄氏于小城北立墅以居。甄氏有节行，其子逢以学行为助教。元和十四年二月二日题。

　　【译文】这座驿站位于古宜城内，驿站的东北角有一口水井，相传是楚昭王井，经常发生灵异之事，到现在人们都不敢去那里打水。驿站前面有条河，相传当年秦将白起筑坝把西山下的涧水拦住，引水灌城，城中的楚国人大多被淹死，尸体流到古城东面的池塘里，腐臭的气味远远就可闻到，所以把这个池塘命名为"臭陂"，池塘中有蛟龙伤人，打鱼的人都避开这个地方。从楚昭王井往东北走数十步有一座楚昭王庙,有以前种下的许多参天大树,大多数不知道树名,历代没人敢去砍伐,其中有很多古松大竹。于太傅于頔镇守襄阳时,迁移宜城县,并改造南部地区的数座驿站,所需木材都是从这里获取的。以前的楚昭王庙屋宇宏大,现在仅剩下草屋一间,但是我询问旁边的人,却说:"每年十月的时候,百姓会聚集在草屋前举行祭祀活动。"庙后面有小城,大概以前是楚昭王的居所。小城内部地势稍高,占地方圆八九十亩,称为"殿城",当时应该是楚王的内宫,此处的城砖可以磨制砚台。小城里面的土地现在都属于姓甄的一户人家。甄家在小城的北面另建别墅居住。甄家历代有操行,甄家子甄逢因学问有成而被任命为国子助教。元和十四年(819)二月二日题记。

题李生壁

余始得李生于河中,今相遇于下邳,自始及今,十四年矣。始相见,吾与之皆未冠,未通人事,追思多有可笑者,与生皆然也。今者相遇,皆有妻子,昔时无度量之心,宁复可有?是生之为交,何其近古人也!是来也,余黜于徐州,将西居于洛阳。泛舟于清泠池,泊于文雅台下。西望商州,东望修竹园,入微子庙,求邹阳、枚叔、司马相如之故文。久立于庙陛间,悲《那颂》之不作于是者已久。

陇西李翱、太原王涯、上谷侯喜实同与焉。贞元十六年五月十四日昌黎韩愈书。

【译文】我最早是在河中府与李生相识，现在又在下邳同李生相遇，从最初相识到现在，已经十四年了。最初同他相识的时候，我和他都未成年，还不懂人情世故，有许多事情现在回想起来还很可笑，想必李生也有同样的感受。现在再次相逢，彼此都已经有了妻子儿女，昔日无拘无束的情怀，现在还会再有吗？李生同我的友情，与古人多么相似啊！这次来下邳，是因为我辞去徐州的职务，准备西行前往洛阳。我们在清泠池泛舟游览，泊船在文雅台下。向西可以遥望商丘，向东可以看到修竹园，我进入微子庙，去找寻邹阳、枚叔、司马相如的旧文。我久久站立在庙前台阶上，悲叹很久没有人能写出《那颂》这样的诗篇。

陇西人李翱、太原人王涯、上谷人侯喜同我一道出游。贞元十六年（800）五月十四日昌黎人韩愈记。

外集　卷五

除崔群户部侍郎制

敕：

地官之职，邦教是先，必选国华，以从人望。具官崔群，体道履仁，内和外敏；清而容物，善不近名；从容礼乐之间，特达圭璋之表。比参密命，弘益既多；及贰仪曹，升擢惟允；迈此令德，蔼然休声。选贤与能，于今惟重；择才经赋，自古尤难。往慎乃司，以服嘉命。

可。

【译文】敕命：

户部的职责是将国家的教化放在首位，所以一定要挑选国家的精英担任，来满足大众的期望。现有官员崔群，躬行正道和仁道，内心平和，外表敏捷；清廉而能容人，善良而不好名；从容不迫，行于礼乐之间，有特别突出的高尚品德。等到他参与制定密令，又助益良多；等到他兼任仪曹的时候，提拔官员只以公允为准则；高尚的品德超出了这些事情，美好的名声由此而来。选拔贤能之士，在今天非常重要；但选择人才管理国家常规的赋税，自古以来尤其困难。责成前往户部任职，希望能尽忠职守，来服从这个敕命。

同意执行这个敕命。

祭董相公文

维贞元十五年岁次己卯二月乙亥朔某日，节度行军司马检校右散骑常侍兼御史大夫知使事吴郡男陆长源、度支营田判官检校金部员外郎侍御史孟叔度、观察支使监察御史里行丘颖、观察推官守秘书省校书郎韩愈等，谨以少牢之奠，敬祭于故尚书右仆射平章事陇西公之灵。

呜呼！天高而明，地厚而平。五气叙行，万汇顺成。交感旁畅，圣贤以生。雨水于云，淏水于神。蕃昌生物，有假有因。天睠唐邦，锡之元臣。盹盹元臣，其德孔硕；不谄不威，不赫不求；其用不致其敌不雠。爰立作相，讦谟实勤；出若无辞，畴德之闻。帝念东土，公其来抚。乃守洛都，乃藩浚郊；乃去厥疾，乃施厥膏。不知其劳，鳏寡以饶。维昔浚郊，维乱旧政；有狡有狂，其群孔丑。公其来矣，公为父母；父诲其义，母仁其愚。既变既从，亲去其初；自迩徂远，混然一区。公来自中，天子所倚；公今不归，谁佐天子？既来至止，东人以完；公既殁矣，人谁与安？浊流浑浑，有辟其郛；填道欢呼，公来之初；今公之归，公在丧车。旨酒既盈，嘉肴在盛；呜呼我公，庶享其诚。尚飨！

【译文】贞元十五年（799），岁在己卯年二月乙亥朔某日，节度行军司马，检校右散骑常侍兼御史大夫知使事吴郡男陆长源、度支营田判官检校金部员外郎侍御史孟叔度、观察支使监察御史里行丘颖、观察推官守秘书省校书郎韩愈等人，谨以少牢为祭品，在故尚书右仆射平章事陇西公的灵前恭敬地祭祀。

呜呼！天空高远而明朗，大地厚实而平坦。五气依照顺序而行，万物顺应形势而生。相互感应，通达四方，圣贤之人由此而产生。雨水来自于云彩，渠水来自于神明。万物的繁衍昌盛，是有理由有原因的。上天眷顾大唐，赐予董公这样的重臣。诚恳的重臣，您的德行高尚；您不谄媚不发威，不贪图荣华富贵；不给自己树立仇敌。刚刚就任宰相的职位，您就致力于宏图大计；您从不推辞，经常听到对您的颂德之声。天子挂念东边的国土，您就来安抚当地的百姓。又担任东都留守，又在浚州郊外镇守；废除各种弊政，施行对百姓有利的政策。您不知辛劳地治理，使得鳏寡之人生活富足。过去在浚州郊外，从前的军队犯上作乱；有狡诈之人，有狂暴之徒，都是一群可恶的人。您来到浚州以后，做他们的地方官；像父亲一样教导他们道义，像母亲一样用仁慈去除他们的愚昧。民风军纪得到改变，人们顺从听命，和当初完全不一样；无论住得远近，人们就像一家人一样。您是从朝廷中来的，是天子倚重的人；您现在不回去的话，谁来辅佐天子呢？您来到这里以后，东边的人们得以保全；您去世以后，谁来给他们安宁的生活？浑浊的流水浩浩荡荡，有外城将它阻挡；想您刚刚到来的时候，百姓前来欢迎您，将道路围得水泄不通；您现在要回去了，却只能躺在灵车上。美酒已经斟满杯中，佳肴也已盛在碗里；唉，我们的董公啊，请您接受我们诚挚地哀悼吧。请您来享用这些祭品吧！

祭石君文

维元和七年岁次壬辰七月二十七日，右补阙宋景、国子博士韩愈，谨以清酌庶羞之奠，祭于石三学士之灵。

惟君学成于身，名彰于人；知道之可行，见人之不幸。不事顾让，以图就功；如何奄忽，永丧其躬？曰景与愈，与游为久；自君之逝，相遇辄哀。傍无强亲，子孩妻姬；敢忘分济，念力未任。客葬秦原，孤魂谁附？奠以送诀，悲何可穷。尚飨！

【译文】元和七年（812），岁在壬辰年七月二十七日，右补阙宋景、国子博士韩愈，谨以美酒美食为祭品，在石三学士的灵前恭敬地祭祀。

你自身学有所成,名声彰显于人前;知晓道义可以推行,能够看见人的不幸。不做顾惜谦让的事情,来谋求成功;怎么忽然之间,就永远地消失了呢? 宋景和我,与你交往已久;自从你去世以后,我们遇见了就感到悲伤。你没有其他亲近的族人,儿子还小,妻子也还年轻;我们不敢忘记拿出财物去救济他们,只是考虑到我们的力量不能胜任此事。只能将你埋葬在秦原,你孤单的灵魂可以依附谁呢? 摆下祭品来与你诀别,心中的悲伤又怎么会停止。请你来享用这些祭品吧!

祭房君文

年月,愈谨遣旧吏皇甫悦以酒肉之馈,展祭于五官蜀客之柩前。

呜呼! 君乃至于此,吾复何言? 若有鬼神,吾未死,无以妻子为念! 呜呼,房君能闻吾此言否? 尚飨!

【译文】某年某月,韩愈谨派过去的属吏皇甫悦带上酒肉作为祭品,在五官蜀客的灵柩前面进行祭祀。

唉! 你已经到了如此地步,我还有什么话可说呢? 如果真的有鬼神存在,我发誓只要我不死,你就不需要为你的妻子孩子担忧! 唉,你能听到我的这些话吗? 请你来享用这些祭品吧!

高君仙砚铭并序

儒生高常，与予下天坛中路，获砚石，似马蹄状，外稜孤耸，内发墨色，幽奇天然，疑神仙遗物。宝而用之，请予铭底：

仙马有灵，迹在予石；稜而宛中，有点墨迹。文字之祥，君家其昌。

【译文】儒生高常，与我一起沿着天坛中路而下，获得一块砚石，好像马蹄的形状，外面的稜角突出，里面呈现出墨色，非常奇特，天然生成，让人怀疑是神仙留下来的宝物。他把这个砚石当作宝贝，请我在砚石底部写一段铭文：

神仙的宝马很有灵气，在这块石头上留下足迹；四角尖尖而中间凹入，有点墨色的痕迹。写下这些吉祥的文字，你家一定会兴旺昌盛。

高君画赞

君子温闲，骨气委和。迹不拒物，心不扬波。澄源卷璞，含白瑳瑳。遗纸一张，德音不忘。

【译文】你像有德行的君子一样温和典雅，刚毅不屈，待人随和。行事不拒绝与外界事物接触，心中掀不起半点波澜。如清澈的水源，似雕琢的璞玉，你含英咀华，鲜明洁白。你留下这张美丽的画作，人们不会忘记你美好的名声。

潮州请置乡校牒

孔子曰："道之以政，齐之以刑，民免而无耻，不如以德礼为先，而辅以政刑也。"夫欲用德礼，未有不由学校师弟子者。此州学废日久，进士明经，百十年间，不闻有业成贡于王庭，试于有司者。人吏目不识乡饮酒之礼，耳未尝闻《鹿鸣》之歌。忠孝之行不劝，亦县之耻也。夫十室之邑，必有忠信，今此州户万有余，岂无庶几者耶？刺史县令不躬为之师，里闾后生无所从学耳。赵德秀才，沉雅专静，颇通经，有文章，能知先王之道，论说且排异端而宗孔氏，可以为师矣。请摄海阳县尉，为衙推，专勾当州学，以督生徒，兴恺悌之风。刺史出己俸百千以为举本，收其赢余，以给学生厨馔。

【译文】孔子说："用政令来治理百姓，用刑罚来整顿百姓，百姓只求可以免受刑罚之苦，却没有羞耻之心，不如用道德和礼教作为引导，再用政令和刑罚作为辅佐。"而想要施行道德和礼教，没有不需要学校、老师和学生的。这个州的州学已经废弃很长时间了，进士明经科举考试，在百十年间，没有听说过谁学业有成而被举荐到朝廷，被主考官测试的。百姓乡吏没见识过乡饮酒礼，不曾领略过《鹿鸣》之歌。忠诚与孝顺的行为不被鼓励推行，也是州县的耻辱。古代十户人家的小城，一定有忠诚守信的人，现在这个州有一万多户人家，难道没有几个这样的人吗？是刺史县令不亲自做百姓乡吏的模范榜样，里巷乡间的后生小子无从学起的原因啊。赵德秀才，深沉雅正，纯朴敦厚，对于经书十分精通，善于写文章，懂得先王之道，与人讨论就排斥异端邪说而以孔子为宗师，凭借这个就可以做老师了。请你暂时代理海阳县尉一职，担任府衙推官，专门管理州学，督促学生弟子，让友爱孝悌的风气兴盛起来。刺史拿出自己的俸禄百千钱来作为举办州学的资本，剩余的部分收起来，留给学生作伙食补贴。

外集　卷六

顺宗实录卷第一　起藩邸，尽贞元二十一年二月

　　顺宗至德大圣大安孝皇帝，讳诵，德宗长子，母曰昭德皇后王氏。上元二年正月十二日生。大历十四年，封为宣王。建中元年，立为皇太子。慈孝宽大，仁而善断，留心艺学。亦微信尚浮屠法，礼重师傅，引见辄先拜。善隶书，德宗之为诗并他文赐大臣者，率皆令上书之。德宗之幸奉天，仓卒间，上常亲执弓矢，率军后先导卫，备尝辛苦。上之为太子，于父子间，慈孝交洽无嫌，每以天下为忧。德宗在位久，稍不假宰相权，而左右得因缘用事。外则裴延龄、李齐运、韦渠牟等以奸佞相次进用。延龄尤狡险，判度支，务刻剥聚敛以自为功，天下皆怨怒。上每进见，候颜色，辄言其不可。至陆贽、张滂、李充等以毁遣，朝臣慑惧，谏议大夫阳城等伏阁极论，德宗怒甚，将加

城等罪，内外无敢救者，上独开解之，城等赖以免。德宗卒不相延龄、渠牟，上有力焉。贞元二十一年癸巳，德宗崩。景申，上即位太极殿，册曰："维贞元二十一年岁次乙酉正月辛未朔二十三日癸巳，皇帝若曰：於戲！天下之大，实惟重器。祖宗之业，允属元良。咨尔皇太子诵，睿哲温恭，宽仁慈惠。文武之道，秉自生知，孝友之诚，发于天性。自膺上嗣，毓德春闱，恪慎于厥躬，祗勤于大训，必能诞敷至化，安劝庶邦。朕寝疾弥留，弗兴弗瘳。是用命尔继统，俾绍前烈，宜陟元后，永绥兆人。其令中书侍郎、平章事高郢，奉册即皇帝位。尔惟奉若天道，以康四海，懋建皇极，以熙庶功，无忝我高祖、太宗之休命！"上自二十年九月得风疾，因不能言，使四面求医药，天下皆闻知。德宗忧戚，形于颜色，数自临视。二十一年正月朔，含元殿受朝，还至别殿，诸王亲属进贺，独皇太子疾不能朝，德宗为之涕泣，悲伤叹息，因感疾，恍惚日益甚。二十余日，中外不通两宫安否，朝臣咸忧惧莫知所为，虽翰林内臣亦无知者。二十三日，上知内外忧疑，紫衣麻鞋，不俟正冠，出九仙门召见诸军使，京师稍安。二十四日宣遗诏，上缞服见百寮。二十六日即位。

【译文】顺宗至德大圣大安孝皇帝，名诵，是德宗皇帝的长子，母亲是昭德皇后王氏。顺宗皇帝于上元二年（761）正月十二日出生。大历十四年（779）被册封为宣王。建中元年（780），被立为皇太子。他为人慈善孝顺，宽厚大度，仁爱而善于决断，对于各种技艺和学问都有研究。也比较信奉和崇尚佛法，对自己的师傅也非常有礼貌，每次引见都先拜谢对方。顺宗皇帝擅长隶书，德宗皇帝撰写诗句或者其他文章赐给大臣的时候，大都会让顺宗书写内容。德宗皇帝避难奉天的时候，兵荒马乱之中，顺宗经常亲自拿着弓箭，率领军队或者开道，或者殿后，辛苦奔波。顺宗做太子时，与德宗皇帝之间是父慈子孝，彼此没有任何隔阂，他经常以天下事为忧。德宗皇帝在位时间长了，渐渐地收回了宰相的权力，在内则有左右宦官乘机参与政事。在外则有裴延龄、李齐运、韦渠牟等人以奸佞的手段相继获得进用。裴延龄为人尤其狡猾阴险，担任度支司判官时，以刻薄敛财作为自己的功劳，引起天下人的怨恨。顺宗每次觐见德宗皇帝的时候，总是等德宗心情顺畅时，进言裴延龄的不可取。后来陆贽、张滂、李充等人因为被诽谤而受到谴责时，朝中大臣都纷纷畏惧不敢进谏，只有谏议大夫阳城等人伏在延英门外直言进谏，引起德宗大怒，想要治罪阳城等人，朝廷内外没人敢去相救，只有顺宗去开导皇上解救了他们，阳城等人才得以幸免。德宗皇帝最终也没有任命裴延龄、韦渠牟担任宰相，这是顺宗从中出力的结果。贞元二十一年（805）癸巳那一天，德宗皇帝驾崩。景（原文为丙申，避唐世祖李昞讳而改为景，下同。）申日，顺宗皇帝在太极殿即位，当时的册书写道："贞元二十一年（805）岁次乙酉正月辛未朔二十三日癸巳，皇帝留下遗言：於戲！天下之大，最重要事情在于帝位的承传。祖宗留下的基业，现在应该传承给皇太子了。皇太子李诵，为人圣明睿智而温和恭敬，宽容仁义而慈爱惠民。文武之道，生而知之，孝悌友爱，出自天性。自从做了皇太子，便在东宫修养自己的品德，为人廉敬谨慎，对于祖训勤奋认真地执行，所以一定能够传播教化，安定国家。朕因病处于弥留之际，难以起床也难以清醒。因此传命于你继承帝统，延续先帝的基业，登基为皇帝，永远安抚好百姓。命中书侍郎平章事高郢奉册宣布即位。你一定要敬奉天道，使四海安康，勉力建立皇统，展现辉煌功业，不要辱没了高祖和太宗的美好意旨！"顺宗皇帝从贞元二十年（804）九月得了中风，因而不能说话，曾派人在全国范围内寻医问药，但无济于事，天下人都知道这件事。德宗皇帝为此也面露忧色，多次亲自去看望。贞元二十一年（805）正月朔日，德宗在含元殿接受朝拜，回到别殿后，诸王和亲属都来拜年，只有皇太子因病不能来觐见，德宗皇帝为此难过流泪，悲伤叹息，因而也得了疾病，病情恍惚，一天比一天严重。二十多天的时间，朝廷内外都不知道德宗父子的健康消息，大臣们也都忧心忡忡，不知如何是好，即使是翰林院的内臣也没人知道实情。正月二十三日，顺宗知道朝廷内外都在担忧皇帝和太子的健康，就穿着紫衣麻鞋，来不及戴正帽子，便走出九仙门召见诸军节度使，这样京城的人心才稍微安定下来。二十四日宣读德宗的遗诏，顺宗又穿着丧服接见了文武百官。于二十六日，正式即皇位。

上学书于王伾，伾颇有宠。王叔文以棋进，俱待诏翰林，数侍太子棋。叔文诡谲多计，上在东宫，尝与诸侍读并叔文论政。至宫市事，上曰："寡人方欲极言之。"众皆称赞，独叔文无言。既退，上独留叔文，谓曰："向者君奚独无言，岂有意邪？"叔文曰："叔文蒙幸太子，有所见，敢不以闻。太子职当侍膳问安，不宜言外事。陛下在位久，如疑太子收人心，何以自解?"上大惊,因泣曰:"非先生,寡人无以知此。"遂大爱幸。与王伾两人相依附,俱出入东宫。闻德宗大渐,上疾不能言,伾即入,以诏叔文,坐翰林中使事。伾以叔文意,入言于宦者李忠言,称诏行下,外初无知者。以检校司空平章事杜佑摄冢宰兼山陵使,中丞武元衡为副使,宗正卿李纾为按行山陵地使,刑部侍郎郑云逵为卤簿使。又命中书侍郎平章事高郢撰哀册文,礼部侍郎权德舆撰谥册文,太常卿孟容撰议文。

【译文】顺宗曾跟随王伾学习书法,王伾很受顺宗的宠幸。王叔文因棋艺出众而进入宫中,两人都任翰林待诏,经常陪太子下棋。王叔文为人诡诈而工于心计,顺宗在东宫做太子时,曾经与各侍读以及王叔文谈论政事。谈到有关宫市扰民的问题时,顺宗说:"我正打算去极力进谏这件事。"大家都赞同顺宗的做法,只有王叔文不说话。众人告退后,顺宗特意留下王叔文,问他说:"刚才唯独你不说话,难道有什么用意吗?"王叔文说:"臣承蒙太子的宠幸,有什么看法,哪敢不告诉太子。太子目前的要务应当是侍奉皇上的饮食起居和问候皇上的身体安康,除此之外不应该谈论朝政。皇上在位时间很久了,如果皇上怀疑太子收买人心,太子该如何替自己辩解呢?"顺宗听完大惊,哭泣着说:"如果不是先生的话,我怎么会知道这个道理呢?"因此对他特别地宠幸。王叔文与王伾两个人互相依附,都在太子东宫出入。听说德宗病危,顺宗又因病不能说话,王伾就立刻赶到东宫,以太子名义下诏让王叔文进宫,坐镇翰林院执掌大事。王伾把王叔文的意思告诉宦官李忠言,让李忠言转告太子下诏,再传达给朝臣去执行,起初朝廷没人知道事情的内幕。德宗驾崩后，任命检校司空平章事杜佑为冢宰和山陵使，中丞武元衡担任副使，宗正卿李纾担任按行山陵地使，刑部侍郎郑云逵担任卤簿使。又命中书侍郎平章事高郢撰写哀册文，礼部侍郎权德舆撰写谥册文，太常卿许孟容撰写议文。

庚子，百寮请听政，曰："自汉以来，丧期之数，以日易月，而皆三日而听政。我国家列圣亦克修奉，罔或有违。况大行皇帝酌于故实，重下遗诏，今日至期，而陛下未亲政事，群臣不敢安。宜存大孝，以宁万国，天下之幸。"不许。是月，升泗州为上州。

二月辛丑朔，中书侍郎平章事臣郢、门下侍郎平章事臣珣瑜、检校司空平章事臣佑奉疏曰："大行皇帝知陛下仁孝，虑陛下悲哀，不即人心听政事，故发遗诏，令一行汉氏之制。今陛下安得守曾、闵匹夫之小行，忘皇王继亲之大孝，以亏臣子承顺之义？"犹不许。

【译文】庚子日，百官请顺宗上朝听政，说："从汉朝以来，服丧的时间，是以日计来代替以月计，都是服丧三日之后便上朝听政。我大唐历代圣君也都奉行这个原则而没人违背。何况已故的德宗皇帝斟酌过去的实际情况，颁布遗诏，今天服丧已到期，可是陛下至今没有亲临朝政，群臣心中不安。希望陛下以执行先帝遗愿为大孝，以安定天下万国，那将是天下的大幸了。"但没有得到许可。这个月，将泗州升级为上等州。

二月辛丑朔日，中书侍郎平章事高郢、门下侍郎平章事郑珣瑜、检校司空平章事杜佑上奏说："已故的德宗皇帝知道陛下为人仁孝，考虑到陛下过于悲哀，不能顺应百姓的心愿来处理政事，因此发有遗诏，下令执行汉朝的丧礼制度。如今陛下怎么能固守曾参、闵子骞那样的匹夫小节，而忘记了继承皇位的大孝，也有负众臣维护君臣之义的心意呢？"但仍然没有得到顺宗的许可。

壬寅，宰臣又上言曰："陛下以圣德至孝，继受宝命，宜奉先帝约束，以时听断。不可以久。"从之。

癸卯，朝百寮于紫宸门。杜佑前跪进曰："陛下居忧过礼，群臣惧焉。愿一睹圣颜。"因再拜而起。左右乃为皇帝举帽，百寮皆再拜。佑复奏曰："陛下至性殊常，哀毁之甚，臣等不胜惶灼。伏望为宗庙社稷割哀强食。"

【译文】壬寅那一天，宰相又上书说："陛下圣德大孝，既然继承了帝位，就应该听从先帝的训诫，按时临朝决断国家大事。不应该长期不上朝。"顺宗这才接受了建议。

癸卯那一天，皇上在紫宸门接见了百官。杜佑上前跪着进言说："陛下服丧的礼节太过隆重，群臣都感到忧惧。希望陛下能让微臣们瞻仰圣容。"再次叩拜而起。左右的侍臣就为皇帝举起帽子露出面容，文武百官都再次叩拜。杜佑再次上奏说："陛下至孝超过了常人，悲哀过度已经严重毁伤了身体，臣深感惶恐。希望陛下能为宗庙社稷着想，节哀顺变并努力增加饮食。"

景午，罢翰林阴阳、星卜、医相、覆棋诸待诏三十二人。初，王叔文以棋待诏，既用事，恶其与己侪类相乱，罢之。

己酉，易定节度张茂昭可同中书门下平章事，余如故。河北节度自至德以来不常朝觐，前年冬，茂昭来朝未还，故宠之。

辛亥，诏吏部侍郎韦执谊守左丞，同中书门下平章事，赐紫。初，执谊为翰林学士，知叔文幸于东宫，倾心附之。叔文亦欲自广朋党，密与交好。至是，遂特用为相。

【译文】景（丙）午那天，罢免了翰林院阴阳、星卜、医相、覆棋等各类待诏共三十二人。当初，王叔文凭借棋艺出任翰林院待诏，等到他掌权，便讨厌这一类人与自己为伍，便罢免了他们。

己酉日，易定节度使张茂昭被任命为同中书门下平章事，其余的人员安排都与以前一样。河北的节度使从至德年间开始，就不来觐见皇上，前年冬天，张茂昭来朝后一直没有返回，所以对他特别宠幸。

辛亥日，任命吏部侍郎韦执谊为尚书左丞，同中书门下平章事，并赐紫金鱼袋。当初韦执谊任翰林学士的时候，知道王叔文被东宫太子宠幸，便竭力与他交往。王叔文当时也想广结朋党，就私下里与韦执谊交情深厚。这时候，就特意提拔他为宰相。

乙卯，太常奏："《礼》云：'丧，三年不祭，惟祭天地社稷。'《周礼》：'圆钟之均六变，天神皆降；林钟之均八变，地示咸出。'不废天地之祭，不敢以卑废尊也。乐者，所以降神也，不以乐则祭不成。今遵遗诏，行易月之制，请制内遇祭辍

乐，终制用乐。"从之。又奏："《礼》：'三年祭宗庙'，今请俟
祔庙毕复常。"从之。

【译文】乙卯日，太常寺卿上奏说："《礼》上说：'如果有丧
事，可以三年内不进行祭祀，只要祭祀天地社稷就行了。'《周礼》
上说：'以圆钟为宫调，演奏六段乐曲，天神就会降临；以林钟为宫
调，演奏八段乐曲，地神就会出现。'不荒废对天地的祭祀，是因
为不敢因卑微的事情而荒废了尊贵的事情。音乐是用来召唤神灵降
临的，没有祭乐那么就无法完成祭祀。现在既然遵奉先帝的遗诏，
实行以日代月的制度，那么请在守制期间的祭祀暂时不用祭乐，守
制结束后再使用祭乐。"皇上接受了这个建议。太常寺又上奏说：
"《礼》上说：'三年一祭宗庙'，现在我们请求等祔庙结束后便恢
复正常的祭祀。"皇上也同意了。

辛酉，贬京兆尹李实为通州长史。诏曰："实素以宗属，累
更任使，骤升班列，遂极宠荣，而政乖惠和，务在苛厉。比年
旱歉，先圣忧人，特诏逋租悉皆蠲免。而实敢肆诬罔，复令征
剥。颇紊朝廷之法，实惟聚敛之臣。自国哀已来，增毒弥甚，无
辜毙踣，深所兴嗟。朕嗣守洪业，敷弘理道，宁容蠹政，以害齐
人！宜加贬黜，用申邦宪。尚从优贷，俾佐远藩。"实谄事李齐
运，骤迁至京兆尹，恃宠强愎，不顾乃法。是时，春夏旱，京畿
乏食。实一不以介意，方务聚敛征求，以给进奉。每奏对，辄曰：
"今年虽旱，而谷甚好。"由是租税皆不免，人穷至坏屋卖瓦木

贷麦苗，以应官。优人成辅端为谣嘲之，实闻之，奏辅端诽谤朝政，杖杀之。实遇侍御史王播于道，故事尹与御史相遇，尹下道避，实不肯避，导骑如故。播诘让导骑者，实怒。遂奏播为三原令，廷诟之。陵轹公卿已下，随喜怒诬奏迁黜，朝廷畏忌之。尝有诏免畿内逋租，实不行用诏书，征之如初。勇于杀害，人吏不聊生。至谴，市里欢呼，皆袖瓦砾遮道伺之。实由间道获免。

壬戌，制殿中丞、皇太子侍书、翰林待诏王伾，可守左常侍，依前翰林待诏。苏州司功王叔文，可起居舍人、翰林学士。又以司勋员外郎、翰林学士、知制诰郑细为中书舍人，学士如故。又以给事中冯伉为兵部侍郎。以兵部员外郎、史馆修撰归登为给事中，修撰如故。登、伉皆上在东宫时侍读，以师傅恩拜。

【译文】辛酉日，将京兆尹李实贬为通州长史。诏书上说："李实平素以宗亲的身份，多次升迁，骤然位列朝班，受到极大的宠幸和殊荣，但他为政却不体恤百姓，以严苛为手段。近年大旱歉收，先帝为百姓担忧，特别下诏对拖欠的赋税一律免除征收。而李实竟然敢置若罔闻，仍然强迫百姓缴纳赋税。扰乱了朝廷的法令，实在是一个聚敛民财的贼臣。自从国衰以来，为害更大，导致无辜的百姓倒毙路边，令人可叹。朕继承祖先洪业，弘扬天道，岂能容忍弊政，来危害百姓！应该将他贬官罢黜，以申明国家的法令。但还是可以对他有所优待，让他到远处任官。"李实谄媚李齐运，因此能升到京兆尹的官位，他倚仗宠幸而刚愎自用，不顾国家的明文法令。那时候，春夏大旱，京城周围的百姓缺粮。李实对此毫不介意，到处聚敛征税来进奉朝廷。每次奏对皇上，都说："今年虽然干旱，但粮食收成还好。"因此百姓的赋税都不能被免除，百姓穷困只能拆除自己的房屋，卖掉屋瓦和木料来买麦苗以应付官家。有个优人叫成辅端，编了歌谣来嘲笑他，李实听到后，便上奏称辅端诽谤朝政，把他杖杀了。李实在路上遇到了侍御史王播，按照规定，京兆尹与御史相遇，京兆尹必须离开大路回避，但李实不肯回避，导骑的人也一如平常地往前走。王播就责备导骑的人，结果李实大怒。便上奏将王播降为三原县令，并且在朝廷上当众谩骂他。李实对于公卿以下的官员任意欺凌，随自己的喜怒来诬陷迁黜官员，朝廷上下对他都很忌惮。皇上曾经下诏免除畿内的欠租，但李实不执行诏书的命令，仍然征收租税。又杀害无辜，使百姓和小吏都没法生活。李实被罢黜的那一天，集市上众人纷纷欢呼，都在袖子里藏了瓦砾石块，拦在路边等他经过。李实从小路走脱，才得以免除被百姓痛打。

壬戌日，下制诏，任命殿中丞、皇太子侍书、翰林待诏王伾为左常侍，并保留翰林待诏官职。任命苏州司功王叔文为起居舍人翰林学士。又任命司勋员外郎、翰林学士、知制诰郑絪为中书舍人，并保留翰林学士官职。又任命给事中冯伉为兵部侍郎。任命兵部员外郎、史馆修撰归登为给事中，并保留史馆修撰的职位。归登、冯伉都是皇上在东宫时的侍读，这是皇上回报师恩而拜官。

外集　卷七

顺宗实录卷第二　起二月，尽三月

　　二月甲子，上御丹凤门，大赦天下。自贞元二十一年二月二十四日昧爽已前，大辟已下罪无轻重，常赦所不原者，咸赦原之。诸色人中，有才行兼茂，明于理体者，经术精深，可为师法者，达于吏理，可使从政者，宜委常参官各举所知。其在外者，长吏精加访择，具名闻奏，仍优礼发遣。

　　旧事：宫中有要市外间物，令官吏主之，与人为市，随给其直。贞元末，以宦者为使，抑买人物，稍不如本估。末年不复行文书，置"白望"数百人于两市并要闹坊，阅人所卖物，但称"宫市"，即敛手付与，真伪不复可辨，无敢问所从来，其论价之高下者。率用百钱物买人直数千钱物，索进奉门户并脚价钱。将物诣市，至有空手而归者。名为"宫市"而实夺之。尝有农夫以驴负柴至城卖，遇宦者称"宫市"取之，才与绢数尺，又就索门户，仍邀以驴送至内。农夫涕泣，以所得绢付之，不肯受，曰："须汝驴送柴至内。"农夫曰："我有父母妻子，待此然后食。今以柴与汝，不取直而归，汝尚不肯，我有死而已！"遂殴宦者。街吏擒以闻，诏黜此宦者，而赐农夫绢十匹；然"宫市"亦不为之改易。谏官御史数奏疏谏，不听。上初登位，禁之；至大赦，又明禁。又贞元中，要乳母皆令选寺观婢以充之，而给与其直。例多不中选。寺观次当出者，卖产业割与地买之，贵有姿貌者以进，其徒苦之。至是亦禁焉。

【译文】二月甲子日，顺宗驾临丹凤门，宣布大赦天下。截止贞元二十一年（805）二月二十四日天亮之前，凡是被判处死刑以下的罪犯，不论轻重，即使是平常不在被赦免之列的罪犯，这次都一律给予赦免。在被赦免的各色人等当中，凡是德才兼备、通晓治政体要的，精通治国方略的，可以为人师表、传道授业的，具有官吏理事才能的，可以从政的，诸如此类的人才，可以委托常参官各自推举他们所知道的这方面的人才。若是身处京城之外的，则由地位较高的长吏精心加以寻访和选拔，并列出名单上奏给皇上，朝廷将给予他们优厚的礼遇。

旧事：从前，宫中需要外出采买东西时，就会派专职的官吏去办，他们与别人进行交易，随行就市，等价交易。到了贞元末年，转由宦官来办理采买之事，宦官采买时，总是刻意压价，后来逐渐演变为连货物的成本都达不到了。再后来索性连文书也不用了，朝廷直接设置了几百个称为"白望"的人，在东西二市和繁华地段看到有人卖东西，只要说是"宫市"，商贩便只得拱手将东西奉上，是真是假无从分辨，也没人敢问对方的由来，更不用说争执一下价格的高低了。这些"白望"一般都是用一百钱买去人家价值几千钱的东西，有时还要向商贩索取摊位费和运费。商贩们拿着东西到集市上去卖，有时甚至会空手而归。这种行为名义上被称为"宫市"，事实上就是抢夺。曾经有个农夫用驴驮着柴薪到城里去卖，碰到宦官自称是"宫市"，不由分说拿走了他的柴，只给了他几尺绢，同时又向他索要摊位费，并要求他用驴车将柴薪送往宫中。农夫哭了起来，将所得的绢还给宦官，宦官拒不肯收，还说："必须是你的驴把柴送往宫里去。"农夫说："我家里有父母、妻儿，都指望我卖柴的钱来供养他们。如今柴薪送给了你，我分文不取打算回去，你还不同意，那我只有一死了！"于是便殴打了宦官。街吏抓住了农夫并把此事上奏朝廷，朝廷下诏罢黜了那个宦官的职务，另外还赏赐了十匹绢给那个农夫；然而"宫市"的陋习却并没有因此而改变。谏官与御史多次上奏疏进谏，都未被采纳。顺宗即位之初，便禁止了"宫市"；直到颁布大赦天下的诏令时，又明令禁止所谓的"宫市"行为。又，贞元年间，宫中需要奶妈，于是朝廷下令从寺庙和道观的婢女中挑选充任，然后给予她们一定的钱。但按照宫规这些婢女大都不合格。当轮到那些寺庙和道观要提供奶妈时，他们只得变卖产业、田地，去购买那些姿色美丽的女子进贡，主事之人为此事深受其苦。直到大赦天下时，这条政令也才终于被禁止了。

贞元末，五坊小儿张捕鸟雀于闾里，皆为暴横以取钱物。

至有张罗网于门，不许出入者。或有张井上者，使不得汲水，近之辄曰："汝惊供奉鸟雀"，痛殴之。出钱物求谢，乃去。或相聚饮食于肆，醉饱而去，卖者或不知，就索其直，多被殴骂。或时留蛇一囊为质，曰："此蛇所以致鸟雀而捕之者，今留付汝，幸善饲之，勿令饥渴。"卖者愧谢求哀，乃携而去。上在东宫时则知其弊，常欲奏禁之。至即位，遂推而行之。人情大悦。

乙丑，停盐铁使进献。旧盐铁钱物悉入正库，一助经费。其后主此务者，稍以时市珍玩时新物充进献，以求恩泽。其后益甚，岁进钱物，谓之"羡余"，经入益少。至贞元末，逐月有献焉，谓之"月进"。至是乃罢。命右金吾将军兼中丞田景度持节告哀于吐蕃，以库部员外熊执易为副。兵部郎中兼中丞元季方告哀于新罗，且册立新罗嗣王，主客员外郎兼殿中监马于为副。

【译文】贞元末年，五坊附近的地痞流氓故意在街巷里张网捕捉鸟雀，他们大都采取蛮横凶暴的手段索取钱物。甚至故意将罗网铺设在人家的门口，不许人们进出。有的故意将网张开在井上，让人们没法汲水，稍走近一点，他们便说："你惊动了供奉朝廷的鸟雀"，然后将那人痛打一顿。只有当那人拿出钱物来赔礼谢罪时，他们才肯离开。有的地痞在饭店里相聚饮酒，酒足饭饱之后扬长而去，店家不了解情况，急忙上前讨要饭钱，大多数情况下也会被殴打和辱骂。有时候痞子们会留下一袋蛇作为抵押，说："这蛇是用来招引、捕捉鸟雀的诱饵，如今留在你店里，一定要好生饲养，不要让它们忍饥受渴。"遇到这种情况，店家无奈只得千恩万谢、苦苦哀求，痞子们才肯将蛇带走。这些弊政，在顺宗还是太子时就早有耳闻，他时常想上奏朝廷禁止此事。直到他即位做了皇帝，才得以推行法令严禁此事。百姓因此欢欣雀跃。

乙丑日，朝廷诏令停止了盐铁使对宫中的进献。之前所有盐铁行业的钱物收入都进入正库，用来充盈国家的经费。后来负责盐铁事务的官员，逐渐不时地买一些珍玩和时新的东西作为进献，来博取恩泽。到后来越来越过分，每年进贡的钱物，被称为"美余"，但国家的经济收入却日益减少。到了贞元末年，变成了每个月都要进献，称为"月进"。直到顺帝即位大赦天下时，连这条也一起罢免了。朝廷命右金吾将军兼中丞田景度持符节到吐蕃去告哀，以库部员外熊执易为副使。命兵部郎中兼中丞元季方到新罗去告哀，并册立新罗国的继位国王，以主客员外郎兼殿中监马于为副使。

三月庚午朔，出后宫三百人。

辛未，以翰林待诏王伾为翰林学士。

壬申，以故相抚州别驾姜公辅为吉州刺史。前户部侍郎判度支汀州别驾苏弁为忠州刺史。追故相忠州刺史陆贽、郴州别驾郑余庆、前京兆尹杭州刺史韩皋、前谏议大夫道州刺史阳城赴京师。德宗自贞元十年已后，不复有赦令。左降官虽有名德才望，以微过忤旨遣逐者，一去皆不复叙用。至是人情大悦。而陆贽阳城皆未闻于追诏而卒于迁所，士君子惜之。

癸酉，出后宫并教坊女妓六百人，听其亲戚迎于九仙门。百姓相聚，欢呼大喜。

【译文】三月庚午朔日，皇帝的后宫释放了三百名女子重返民间。

辛未日，以翰林待诏王伾为翰林学士。

壬申日，前任宰相抚州别驾姜公辅担任吉州刺史。前户部侍郎判度支汀州别驾苏弁担任忠州刺史。追封前宰相忠州刺史陆贽、郴州别驾郑余庆、前京兆尹杭州刺史韩皋、前谏议大夫道州刺史阳城回京师。德宗皇帝从贞元十年（794）之后，再没有下达过宽赦的诏令。左降官员虽然有名德才望，但曾因小小的过失违背了圣旨而遭到谴责贬黜，从那之后永不叙用。直到这日，众臣恢复官职，被召回京师，至此，民心大悦。唯独令人觉得惋惜的是陆贽和阳城，他们都没能见到追封的诏令，已经在被贬谪的地方去世了。

癸酉日，宫中又释放了后宫和教坊的宫女、歌妓共计六百人，让她们重返民间，由她们的亲戚到九仙门去迎接。百姓相聚在一起，纷纷欢呼雀跃。

景戌，诏曰："检校司空平章事杜佑可检校司徒平章事，充度支并盐铁使。以浙西观察李锜为浙西节度检校刑部尚书。"赐徐州军额曰"武宁"，制曰："朕新委元臣，综厘重务，爰求贰职，固在能臣。起居舍人王叔文，精识环材，寡徒少欲，质直无隐，沉深有谋。其忠也，尽致君之大方；其言也，达为政之要道。凡所询访，皆合大猷。宜继前劳，仡光新命。可度支盐铁副使，依前翰林学士本官余如故。"初，叔文既专内外之政，与其党谋曰："判度支则国赋在手，可以厚结诸用事人，取兵士心，以固其权。"又惧骤使重职，人心不服。藉杜佑雅有会计之名，位重而务自全，易可制；故先令佑主其名，而除之为副以专之。以户部尚书判度支王绍为兵部尚书；以吏部郎中李鄘为御史中丞；武元衡为左庶子。初，叔文党数人，贞元末，已为御史在台。至元衡为中丞，薄其人，待之卤莽，皆有所憾。而叔文又以元衡在风宪，欲使附己，使其党诱以权利。元衡不为之动。叔文怒，故有所授。

【译文】景（丙）戌日，朝廷下诏说："检校司空平章事杜佑可任检校司徒平章事，充任度支并盐铁使。以浙西观察李锜为浙西节度检校刑部尚书。"赐徐州军题额为"武宁"，下制书说："朕新近委任的大臣，都肩负重任，身兼数职，必须得是能干的大臣。起居舍人王叔文，见解独到，才识渊博，但他平素门徒很少，为人清心寡欲，质朴直爽，磊落坦荡，深思沈虑，足智多谋。他的忠诚足以助力君王大展宏图；他的言论足以通达为政的要道。向他咨询国家大事，都与宏伟的治国大道相吻合。应该让他在继续之前的辛劳的同时，领受新的使命，挖掘新的潜能。可以担任度支盐铁副使，并继续担任翰林学士。"起初，王叔文总揽了朝廷内外大政之后，他和同党们算计说："管理度支的话，则国家的财政大权就掌握在我们手中了，可以通过这个结交到那些有权有势的大臣，并获取兵士的信任，从而巩固我们的权力。"但他又担心一下子得此重任，人心不服。因此假借杜佑平素具有善于监督和管理财务工作的名声，且位高权重又特别在乎保全自身的特点，声称该人比较容易被制约；所以先让杜佑担任度支之名，自己担任副职来专断其实。以原来的户部尚书判度支王绍担任兵部尚书；以吏部郎中李鄘担任御史中丞；武元衡担任左庶子。起初，王叔文结党营私的几个人，到了贞元末年时都在御史台担任了御史。当武元衡任御史中丞之后，很看不起这些人，对待他们很不客气，因此他们心中都很悔恨不该提拔武元衡。而王叔文又因武元衡身为风宪御史台，想让他依附于自己，便让自己的同党对他以权利作为诱惑。武元衡丝毫不为所动。这引起了王叔文的恼怒，所以才有了如今这样的授职。

庚寅，制：门下侍郎守吏部尚书平章事贾耽可检校司空，兼左仆射；守门下侍郎平章事郑珣瑜可守吏部尚书；守中书侍郎平章事高郢可守刑部尚书；守尚书左丞平章事韦执谊可守中书侍郎，并依前平章事。

癸巳，诏曰："万国之本，属在元良；主器之重，归于长子，所以基社稷而固邦统，古之制也。广陵王某，孝友温恭，慈仁忠恕；博厚以容物，宽明而爱人；祇服训词，言皆合雅；讲求典学，礼必从师；居有令闻，动无违德。朕获缵丕绪，祇若大猷，惟怀永图，用建储贰；以承宗庙，以奉粢盛，爰举旧章，俾膺茂典。宜册为皇太子，改名某，仍令所司择日备礼册命。"初，广陵王名从水傍享，至册为皇太子，始改从今名。

【译文】庚寅日，下制书说：门下侍郎守吏部尚书平章事贾耽可担任检校司空，兼左仆射；守门下侍郎平章事郑珣瑜担任吏部尚书；守中书侍郎平章事高郢任刑部尚书；守尚书左丞平章事韦执谊任中书侍郎，都依前官继续担任平章事。

　　癸巳日，朝廷下诏说："万国的根本，在于元良之材；太子的尊贵，应归属于长子，所以以社稷为基础来稳固国家的道统，是自古以来就立下的制度。广陵王李淳，为人孝友恭亲，慈善仁德，忠诚宽厚；博厚的胸怀可以包容万物，行事宽明而热爱百姓；敬重前辈的训诫，言语都儒雅合洽；他注重典学，专门从师学习礼仪；他平时就拥有美好的名声，行为举止都从未违背道德。朕自从继承皇位以来，将国家的后代继统人选问题当作一项重大的计划来对待，要做长远、永久的打算，因此要建储宫；并下令由太子来主持宗庙祭祀之事，由太子亲自敬奉盛满谷物的祭器，并要求太子学习旧制典章，掌握治国方略。适宜将广陵王李淳册封为皇太子，改名为纯，并命令管理此事的官员挑选吉日，筹备册封大礼。"起初，广陵王的名是"水"字旁加一个"享"字，到册封皇太子时，才改为今天的"纯"字。

　　丁酉，吏部尚书平章事郑珣瑜称疾去位。其日，珣瑜方与诸相会食于中书。故事丞相方食，百僚无敢谒见者。叔文是日至中书，欲与执谊计事，令直省通执谊。直省以旧事告，叔文叱直省，直省惧，入白执谊。执谊逡巡慙赧，竟起迎叔文，就其阁语良久。宰相杜佑、高郢、郑珣瑜皆停箸以待。有报者云："叔文索饭，韦相已与之同餐阁中矣。"佑、郢等心知其不可，畏惧叔文、执谊，莫敢出言。珣瑜独叹曰："吾岂可复居此位！"顾左右取马径归，遂不起。前是，左仆射贾耽以疾归第，未起；珣瑜又继去。二相皆天下重望，相次归卧，叔文、执谊等益无所顾忌，远近大惧焉。

【译文】丁酉日，吏部尚书平章事郑珣瑜以患病为由辞官回家。那天，郑珣瑜正与诸位丞相在中书省相聚吃饭。依照惯例，丞相正吃饭的时候，文武百官是不得前去谒见打扰的。王叔文正好在那天到中书省去，打算和韦执谊商议大事，于是他命令中书省的值日官进去通报韦执谊。值日官便以惯例相告，谁知王叔文怒斥值日官，值日官很害怕，于是就进去向韦执谊通报。韦执谊徘徊不定，惭愧得面红耳赤，最后还是起身迎接王叔文，并到他的阁中聊了很久。丞相杜佑、高郢、郑珣瑜都停下筷子来等候。这时，有人来通报说："王叔文讨取食物，韦丞相已与他在阁中一起用过餐了。"杜佑、高郢等人虽然心里清楚这样不合规矩，但因为害怕王叔文、韦执谊，便都不敢言语。唯独郑珣瑜一个人叹息说："我怎么还能安坐在这个位置上！"说完，他看了看周围的人，独自牵着马回家去了，从此便不再入朝。在这件事情发生之前，左仆射贾耽也因病归家，没有再去朝中；如今郑珣瑜也相继辞去相位。这两位丞相都是天下众望所归的人才，如今相继归卧家中，王叔文和韦执谊等人就更加无所顾忌了，远近之人都感到深深的恐惧。

外集　卷八

顺宗实录卷第三　起四月，尽五月

　　夏四月乙巳，上御宣政殿，册皇太子。册曰："建储贰者，必归于冢嗣；固邦本者，允属于元良。咨尔元子广陵王某，幼挺岐嶷，长标洵淑；佩《诗》《礼》之明训，宣忠孝之弘规；居惟保和，动必循道；识达刑政，器合温文；爱敬奉于君亲，仁德闻于士庶；神祇龟筮，罔不协从。是用命尔为皇太子。於戲！维我烈祖之有天下也，功格上帝，祚流无穷，光缵洪业，逮予十叶。虔恭寅畏，日慎一日。付尔以承祧之重，励尔以主鬯之勤，以贞万国之心，以扬三善之德。尔其尊师重傅，亲贤远佞，非礼勿践，非义勿行，对越天地之耿光，丕承祖宗之休烈，可不慎欤！"时上即位已久，而臣下未有亲奏对者。内外盛言王伾王叔文专行断决，日有异说。又属频雨，皆以为群小用事之应。至将册礼之夕, 雨乃止; 逮行事之时, 天气清朗, 有庆云见。识者以为天意所归。及睹皇太子仪表班行, 既退, 无不相贺, 至有感泣者。

【译文】夏四月乙巳日, 顺宗驾临宣政殿, 册立皇太子。册文说:"立皇太子, 一定要立嫡长子; 想要巩固国家的根本, 就应立太子。嫡长子广陵王某, 从小便才智出众, 长大后更是仪表堂堂; 身怀《诗经》《礼记》的明训, 宣扬忠孝的弘规; 平常时日, 一定保持和顺, 行动起来, 一定遵循道义; 有见识, 通晓刑法政令, 有气度, 温文尔雅; 亲爱恭敬之心奉献给了君王父母, 仁德的名声在士人百姓中流传; 卜问神明, 没有不同意的。因此命你做皇太子。呜呼! 我们的祖先得以拥有天下, 功绩可以与天帝相比, 福祚流传没有穷尽, 大业相继, 到我的手里已经过了十代。虔诚恭敬而心怀畏惧, 一天比一天慎重。现在将承继奉祀祖先宗庙的重担交给你, 用主掌宗庙祭祀的辛勤来磨炼你, 以此来坚定万国的心性, 来弘扬三种道德规范。你一定要尊重自己的老师, 亲近有才能的贤人而疏远阿谀奉承的小人, 违背礼法的事情不要去做, 不合道义的事情不要实行, 祭祀天地之间英明的神灵, 继承祖宗创立的彪炳功业, 不能不谨慎啊!"当时顺宗即位已经很长时间, 但臣下还没有人亲自与顺宗奏对过。宫廷内外都广泛流传王伾、王叔文两人的独断专行, 每天都有不同的说法。恰逢上天频频降雨, 都认为是对这些小人执掌朝政的回应。到要举行册立太子之礼的那天晚上, 雨忽然停止了; 到了举行仪式的时候, 天气清净明朗, 天空中还出现了祥瑞的云气。懂得天象的人认为这是天意所归。等到看见皇太子的仪表和风度，退朝以后，大家互相道贺，甚至有人感动得哭了起来。

戊申，诏曰："惟先王光有天下，必正我邦本，以立人极。建储贰以承宗祧，所以启迪大猷，安固洪业，斯前代之令典也。皇太子某，体仁秉哲，恭敬温文，德协元良，礼当上嗣。朕奉若丕训，宪章前式，惟承社稷之重，载考《春秋》之义，授之匕鬯，以奉粢盛，爰以令辰，俾膺茂典。今册礼云毕，感庆交怀，思与万方，同其惠泽。自贞元二十一年二月二十四日已后，至四月九日昧爽已前，天下应犯死罪者，特降从流，流已下递降一等。文武常参并州府县官子为父后者，赐勋两转。古之所以教太子，必茂选师傅以翼辅之。法于训词，而行其典礼，左右前后，罔非正人，是以教谕而成德也。给事中陆质、中书舍人崔枢，积学懿文，守经据古，夙夜讲习，庶协于中，并充皇太子侍读。天下孝子顺孙先旌表门闾者，委所管州县各加存恤。"

【译文】戊申日，顺宗下诏说："自从先王拥有天下以来，一定首先扶正国家的根本，然后建立纲纪。设立太子之位来继承宗庙社稷，是为了启迪大道，稳固大业，这是前朝流传下来好的典章法度。皇太子某，躬行仁道又有聪明才智，为人恭敬而温文尔雅，品德符合太子的要求，礼节符合嫡长子的规范。我奉行伟大的训导，按照从前的法度典章，承受社稷的重任，并考证《春秋》的大义，授予太子匕鬯，让他负责粢盛的大任，在一个良辰吉日，为他举行了册立之礼。现在册立的仪式已经结束，感庆交集于心中，想与各地百姓，同享这一恩泽。从贞元二十一年（805）二月二十四日以后，到四月九日黎明以前，天下应犯有死罪的人，特地降为流放罪，流放罪以下的也都递降一等。那些文武常参官和州府县官的儿子是父亲的继承人的，都赏赐勋爵二等。古代教导太子，一定要择优选取老师来辅佐他。效法训词，按照典礼行事，左右前后的人，无不是正人君子，这样才能通过教导训诫而成就品德。给事中陆质、中书舍人崔枢，都学识渊博而文章华美，固守常法而遵循古道，早晚讲习，表里如一，一起担任皇太子的侍读。天下已经被表彰过门庭的孝子顺孙，委托隶属的州县各自加以慰问和抚恤。"

庚戌，封皇太子长子宁等六人为郡王。

癸酉，赠吐蕃吊祭使工部侍郎兼御史大夫史馆修撰张荐礼部尚书。荐字孝举，代居深州之陆泽。祖文成，博学工文词，性好诙谐，七登文学科。荐聪明强记，历代史传，无不贯通，为太师颜真卿所称赏，遂知名。大历中，江东观察表荐之，授左司御率府兵曹参军，史馆修撰。贞元初，为太常博士。四年，回纥求和亲，使送咸安公主入回纥，以荐为判官，改授殿中侍御史，累迁谏议大夫。十一年册回纥子，荐以秘书少监持节为使。还久之，迁秘书监。二十年，吐蕃赞普死，以荐为工部侍郎，兼御史大夫，持节吊赠，卒于赤岭东回纥辟。吐蕃传归其枢。前后三使异国，自始命至卒，常兼史职。在史馆二十年，著《宰辅传略》《五服图记》《寓居录》《灵怪集》等。

【译文】庚戌日，封皇太子的长子李宁等六人为郡王。

癸酉日，追赠吐蕃吊祭使工部侍郎兼御史大夫史馆修撰张荐为礼部尚书。张荐，字孝举，世代居住在深州的陆泽。祖父张文成，学识渊博而善于文辞，性格诙谐，曾七次登上文学的科举考试之榜。张荐为人聪明而记忆力强，历代的史书，无不通晓，因此被太师颜真卿赏识，于是声名为世人所知。大历年间，江东观察上表举荐他，授予左司御率府兵曹参军一职，兼任史馆修撰。贞元初年，张荐担任太常博士。贞元四年（788），回纥前来请求和亲，派张荐送咸安公主去回纥，任命他为判官，改授殿中侍御史，多次升迁后担任谏议大夫。贞元十一年（795）册立回纥之子，张荐以秘书少监的身份手持符节担任使者。回来很久以后，改任秘书监。贞元二十年（804），吐蕃的赞普去世，又任命张荐为工部侍郎，兼御史大夫，手持符节前往吊唁并赠送财物，结果在赤岭东边的回纥辟去世。吐蕃用驿车将他的灵柩送回中原。张荐前后三次出使异国，从开始奉命直到去世，经常还兼任史官。在史馆的二十年里，著有《宰辅传略》《五服图记》《寓居录》《灵怪集》等。

景寅，罢闽中万安监。先是福建观察柳冕久不迁，欲立事迹，以求恩宠，乃奏云："闽中，南朝放牧之地，畜羊马可使孳息。请置监。"许之。收境中畜产，令吏牧其中。羊大者不过十斤，马之良者，估不过数千。不经时辄死，又敛，百姓苦之，远近以为笑。至是观察阎济美奏罢之。

丁卯，命焚容州所进毒药可杀人者。

五月己巳，以杭州刺史韩皋为尚书左丞。

辛未,以右金吾大将军范希朝为检校右仆射,兼右神策京西诸城镇行营兵马节度使。叔文欲专兵柄,藉希朝年老旧将,故用为将帅,使主其名,而寻以其党韩泰为行军司马专其事。

甲戌,以度支郎中韩泰守兵部郎中,兼中丞,充左右神策京西都栅行营兵马节度行军司马,赐紫。乙亥,追改为检校兵部郎中,职如故。

【译文】景(丙)寅日,废除了闽中的万安监。在此之前福建的观察使柳冕很久没有升迁,想要建功立业,来求得恩宠,于是上奏说:"闽中,是南朝放牧的地方,饲养羊马的话可以使它们繁衍生息。希望能在这里设置监所管理。"顺宗答应了他的请求。于是广收福建境内的牲畜,让官吏在其中放牧。结果大的羊不过十斤,好的马,估计之后也不过几千匹。没过多久全都死了,又再征收牲畜,百姓深受其苦,无论远近都将这事作为笑谈。到了这个地步观察使阎济美上奏废除了万安监。

丁卯日,下令焚烧了容州所进献的可以杀人的毒药。

五月己巳日,任命杭州刺史韩皋为尚书左丞。

辛未日,任命右金吾大将军范希朝为检校右仆射,兼右神策京西诸城镇行营兵马节度使。王叔文想独揽兵权,就假托范希朝是年迈的老将,所以任命为将帅,名义上让他担任节度使,然后又安排自己的党羽韩泰担任行军司马来负责具体事务。

甲戌日,任命度支郎中韩泰为兵部郎中,兼任中丞,并担任左右神策京西都栅行营兵马节度行军司马,赐予紫衣。乙亥日,又改任韩泰为检校兵部郎中,其他的职位与以前一样。

甲申，以万年令房启为容州刺史，兼御史中丞。初，启善于叔文之党，相推致，遂获宠于叔文，求进用。叔文以为容管经略使，使行，约至荆南授之。云："脱不得荆南，即与湖南。"故启宿留于江陵久之方行。至湖南，又久之，而叔文与执谊争权数有异同，故不果。寻闻皇太子监国，启惶骇，奔驰而往。是日，以郴州员外司马郑余庆为尚书左丞。

乙酉，以尚书左丞韩皋为鄂岳观察、武昌军节度使。初，皋自以前辈旧人，累更重任，颇以简倨自高，嫉叔文之党。谓人曰："吾不能事新贵人。"皋从弟晔幸于叔文，以告，叔文故出之。

辛卯，以王叔文为户部侍郎，职如故，赐紫。初，叔文欲依前带翰林学士，宦者俱文珍等恶其专权，削去翰林之职。叔文见制书大惊，谓人曰："叔文日时至此商量公事，若不得此院职事，即无因而至矣。"王伾曰："诺。"即疏请，不从，再疏，乃许三五日一入翰林，去学士名。又与归登同日赐紫。内出衫笏赐登，而叔文不霑。文珍等所恶，独不得赐，由此始惧。

【译文】甲申日，任命万年县令房启为容州刺史，兼任御史中丞。当初，房启与王叔文的同党关系密切，互相推荐延请，于是受到王叔文的宠幸，而谋求升官。王叔文就任命他为容管经略使，让他前往，并约定到荆南后将那里交给他。说："如果得不到荆南，就把湖南交给你。"所以房启就在江陵停留，很久以后才离开。到了湖南，又停留了很久，但这时候王叔文和韦执谊争夺权力，两人之间多有异议，所以当时约定的事情也没能实现。不久听说皇太子开始监国，房启十分害怕，就迅速前往任职的地方。当日，又任命郴州员外司马郑余庆为尚书左丞。

乙酉日，任命尚书左丞韩皋为鄂岳观察使，武昌军节度使。当初，韩皋自认为是前辈旧臣，多次担任重要职位，所以十分高傲而妄自尊大，讨厌王叔文的同党。对人说："我不能侍奉那些新贵人。"韩皋的堂弟韩晔被王叔文宠幸，就将他说的话告诉了王叔文，王叔文因此就让韩皋出任外官。

辛卯日，任命王叔文为户部侍郎，其他的职位与以前一样，赐予紫衣。刚开始，王叔文还想跟原来一样兼任翰林学士，但宦官俱文珍等人厌恶他独揽大权，削去了他翰林学士的职位。王叔文看见制书后非常惊讶，对人说："我时常要到翰林院来商量公事，如果不能得到翰林院的职位，就没有理由到这里来了。"王伾说："好吧。"就上疏为他求情，顺宗没有同意，再上疏，才同意他三五天可以去一次翰林院，但去掉了翰林学士的名号。又和归登在同一天被赐紫衣。宫内拿出了衫笏赐予归登，而王叔文没有得到顺宗的恩惠。俱文珍等人厌恶他，只有他得不到赏赐，王叔文因此开始感到害怕。

以衢州别驾令狐峘为秘书少监。峘，国子祭酒德棻玄孙，进士登第。司徒杨绾未达时，遇之以为贤。为礼部修史，引峘入史馆，自华原尉拜拾遗，累迁起居舍人。大历八年，刘晏为吏部尚书，奏峘为刑部员外，判南曹。累迁至礼部侍郎。峘之判南曹，晏为尚书，杨炎为侍郎。峘德晏之举，分阙必择其善者与晏，而以恶者与炎。炎固已不平。至峘为礼部，而炎为相。

有杜封者,故相鸿渐之子,求补弘文生。炎尝出杜氏门下,托峘以封。峘谓使者曰:"相公欲封成其名,乞署封名下一字,峘因得以记焉。"炎不意峘卖之,署名属峘。峘明日疏言宰相炎迫臣以威,臣从之则负陛下,不从即炎当害臣。德宗以问炎,炎具道所以,德宗怒曰:"此奸人,不可奈。"欲杖而流之。炎救解,乃黜为衡州别驾。贞元初,李泌为相,以左庶子史馆修撰征,至则与同职孔述睿争竞细碎,数侵述睿。述睿长告以让,不欲争。泌卒,窦参为相,恶其为人,贬吉州别驾,改吉州刺史。齐映除江西观察,过吉州,峘自以前辈,怀怏怏,不以刺史礼见。入谒,从容步进,不首属戎器,映以为恨。去至府,奏峘举前刺史过失,鞫不得真,无政事,不宜临郡,贬衡州别驾。上即位,以秘书少监征,未至卒。峘在史馆,修《玄宗实录》一百卷,撰《代宗实录》三十卷。虽颇勤苦,然多遗漏,不称良史。初,德宗将厚奉元陵事,峘时为中书舍人兼史职,奏疏谏,请薄其葬。有答诏优奖。元和三年,以修实录功追赠工部尚书。是月,以襄州为襄府,徙临汉县于古城,曰邓城县。

【译文】又任命衢州别驾令狐峘为秘书少监。令狐峘,是国子祭酒令狐德棻的玄孙,考中进士。司徒杨绾还没有发达的时候,遇到令狐峘后认为他很有才。杨绾为礼部编纂史书的时候,推荐令狐峘来史馆,于是他从华原尉被任命为拾遗,经过多次升迁后担任起居舍人。大历八年(773),刘晏担任吏部尚书,上奏代宗让令狐峘担任刑部员外,兼任判南曹。后来经过多次升迁官至礼部侍

郎。令狐峘担任判南曹时，刘晏担任尚书，杨炎担任侍郎。令狐峘
因为得到刘晏的推荐，所以遇到官位空缺的情况，一定选好的留给
刘晏，而将不好的留给杨炎。杨炎本来对此就愤愤不平。到令狐峘
担任礼部侍郎时，杨炎也做了宰相。有一个叫杜封的人，是以前的
宰相杜鸿渐的儿子，请求补官为弘文生。杨炎因为曾经出自杜鸿渐
的门下，就把杜封拜托给令狐峘。令狐峘对送信的使者说："如果
相公想让杜封成名，请他在杜封的名下署上自己的名字，我就可以
记住这件事。"杨炎没想到令狐峘会出卖他，就署上自己的名字交
给了令狐峘。令狐峘第二天就上疏说宰相杨炎用威势逼迫我，我
要听从了他就对不起陛下，不听从又担心杨炎要害我。德宗就向杨
炎询问此事，杨炎就详细述说了事情的经过，德宗大怒说："这个
奸诈之人，简直拿他没有办法。"想要杖打以后将他流放。杨炎为
他说情开脱，于是将令狐峘贬为衡州别驾。贞元初年，李泌担任宰
相，以左庶子史馆修撰的官职征召令狐峘回京，他到史馆后就与同
僚孔述睿因为一些细小零碎的事情发生争执，多次欺凌孔述睿。
孔述睿于是请长假来避让他，不想与他相争。李泌去世后，窦参
做了宰相，厌恶令狐峘的为人，就将他贬为吉州别驾，又改任吉州
刺史。齐映被任命为江西观察史后，经过吉州，令狐峘自认为是前
辈，心怀不满，不以刺史的礼节去拜见齐映。进见的时候，从容地
走了进去，也不低头，也不解下兵器，齐映因此对他怀恨在心。离
开吉州到府中后，就上奏德宗令狐峘曾经揭发前任刺史的过失，经
过审理后发现没有确凿的证据，他又没有任何政绩，不应该担任
州郡长官，贬为衡州别驾。顺宗皇帝即位后，以秘书少监的官职征
召令狐峘，但他还没回京就去世了。令狐峘在史馆时，修订《玄宗

实录》一百卷，撰写《代宗实录》三十卷。虽然非常勤奋努力，但有很多遗漏的地方，不能称为良史。当初，德宗想对代宗进行厚葬，令狐峘当时担任中书舍人兼任史官，上奏进言规劝，希望代宗的葬礼能从简。德宗下诏对他进行嘉奖。元和三年（808），令狐峘因为修订实录的功劳被追赠为工部尚书。当月，又把襄州改为襄阳府，把临汉县迁到古城，称为邓城县。

外集　卷九

顺宗实录卷第四　起六月，尽七月

　　六月己亥，贬宣州巡官羊士谔为汀州宁化县尉。士谔性倾躁，时以公事至京，遇叔文用事，朋党相煽，颇不能平，公言其非。叔文闻之，怒，欲下诏斩之，执谊不可，则令杖杀之，执谊又以为不可，遂贬焉。由是叔文始大恶执谊，往来二人门下者皆惧。先时，刘辟以剑南节度副使，将韦皋之意于叔文，求都领剑南三川，谓叔文曰："太尉使某致微诚于公，若与某三川，当以死相助。若不用，某亦当有以相酬。"叔文怒，亦将斩之，而执谊固执不可。辟尚以游京师未去，至闻士谔，遂逃归。

　　【译文】六月己亥日，皇上下旨贬宣州巡官羊士谔为汀州宁化县尉。羊士谔性情偏激急躁，他当时因为公事来到京师，正值王叔文主持朝政，朝内朋党结私，乌烟瘴气，羊士谔气愤不平，公开斥责王叔文的弊病。王叔文听说后，非常恼怒，准备下令处斩他，韦执谊不同意这么处理，随后王叔文又准备杖杀他，韦执谊又不同意，于是将羊士谔贬为宁化县尉。由此王叔文开始忌恨韦执谊，在他们两人门下做事的人都很害怕。早先时候，刘辟任剑南节度副使，入朝向王叔文转达节度使韦皋的请求，希望让韦皋统领剑南三川之地，刘辟对王叔文说："韦太尉让我来向您致以微薄的敬意，如果您能帮助韦太尉统领三川之地，他当用性命来回报您。即使事情不成功，韦太尉也会对您有所酬谢。"王叔文听后大怒，打算要斩杀刘辟，而韦执谊坚决表示反对。刘辟当时还在京师逗留，并没有离去，听说羊士谔的事情之后，马上逃回剑南。

左散骑常侍致仕张万福卒。万福，魏州元城人也。自曾祖至父皆明经，官止县令州佐。万福以祖父业儒皆不达，不喜书，学骑射。年十七八，从军辽东，有功，为将而还。累迁至寿州刺史。州送租赋诣京师，至颍川界，为盗所夺，万福使轻兵驰入颍州界讨之。贼不意万福至，忙迫不得战，万福悉聚而诛之，尽得其所亡物，并得前后所掠人妻子财物牛马万计，悉还其家。为淮南节度崔圆所忌，失刺史，改鸿胪卿，以节度副使将兵千人镇寿州，万福不以为恨。许杲以平卢行军司马将卒三千人驻濠州不去，有窥淮南意。圆令万福摄濠州刺史，杲闻即提卒去，止当涂陈庄。贼陷舒州，圆又以万福为舒州刺史，督淮南岸盗贼，连破其党。大历三年，召赴京师。代宗谓曰："闻卿名久，欲一识卿，且将累卿以许杲。"万福拜谢，因前曰："陛下以许杲召臣，如河北贼诸将叛，以属何人？"代宗笑曰："且欲议许杲事，方当大用卿。"即以为和州刺史，行营防御使，督淮南岸盗贼。至州，杲惧，移军上元。杲至楚州大掠，节度使韦元甫命万福讨之。未至淮阴，杲为其将康自勤所逐。自勤拥兵继掠，循淮而东，万福倍道追而杀之，免者十二三，尽得其所虏掠金银妇女等，皆获致其家。代宗诏以本州兵千五百人防秋京西，遂带和州刺史镇咸阳，因留宿卫。李正己反，将断江淮路，令兵守埇桥涡口。江淮进奉船千余只，泊涡口不敢进。德宗以万福为濠州刺史。万福驰至涡口，立马岸上，发进奉船，淄青将士停岸睥睨不敢动，诸道继进。改泗州刺史。为杜亚所忌，征拜左金吾卫将军。召见，德宗惊曰："杜亚言卿昏耄，卿乃如是健耶！"图形凌烟阁，数赐酒馔衣服，并敕度支籍口畜给其费。至贺阳城等于延英门外，天下益重其名。二十一年以左散骑常侍致仕。元和元年卒，年九十。万福自始从军至卒，禄食七十年，未尝病一日。典九郡，皆有惠爱。

【译文】以左散骑常侍一职而致仕的张万福逝世。张万福是魏州元城人。他的曾祖父和他的父亲都曾考中明经科，官至县令州佐。张万福认为他的祖父、父亲研究儒学都没有显达，所以不喜欢读书，而是学习骑马射箭。张万福十七八岁的时候，因从军出征辽东，立下战功，晋升为将军而还朝。张万福累官至寿州刺史。州里押送赋税前往京师，走到颍川地界时，被盗贼抢去，张万福率轻骑驰入颍川地界讨伐盗贼。盗贼们没有料到张万福会来，匆忙之中难以抵抗，张万福把盗贼包围起来全部诛杀，夺回了所有被抢的东西，并缴获盗贼以前抢掠的百姓妻儿，以及数以万计的财物牛马，都送还给了失主。张万福被淮南节度使崔圆所忌恨，失去了刺史的官职，改任鸿胪卿，以节度副使之职率领一千士兵镇守寿州，张万福并不把这件事放在心上。许杲以平卢行军司马之职率领三千士卒驻扎在濠州不肯离去，有窥视淮南的企图。崔圆让张万福代理濠州刺史职务，许杲听说后马上率军离去，驻扎在当涂县陈庄。后来叛贼攻陷舒州，崔圆又任命张万福为舒州刺史，负责率兵围剿淮河南岸一带的盗贼，他接连攻破叛贼的匪巢。大历三年（768），张万福奉诏赶赴京师。唐代宗对他说："朕早就听说你的名字，很想见你一面，并且准备派你去讨伐叛贼许杲。"张万福跪拜谢恩，上前说道："陛下因为许杲叛乱的事情而召见微臣，如果河北的诸将叛乱，又将交给谁去处理呢？"唐代宗大笑道："先商议如何处理许杲的事情，正要对你委以重任。"当即任命张万福为和州刺史，行营防御使，负责清剿淮河南岸地区的盗贼。张万福到了和州，许杲非常惧怕张万福，就移师到上元。许杲在楚州一带大肆掠夺，节度使韦元甫命令张万福率军讨伐。张万福还没有抵达淮阴，许杲就被他的部将康自勤所驱逐。康自勤率领叛军继续劫掠，顺着淮河向东而去，张万福加快行军速度，追上康自勤叛军，叛军大部分被杀，只有十分之二三幸免，缴获叛军所抢掠的全部金银、妇女等，把这些人与钱财都送归各自家中。唐代宗下诏让他率领本州士卒一千五百人到京城西面驻防，于是张万福以和州刺史的身份镇守咸阳，便留在那里担任防卫任务。当时李正已经谋反，准备要截断江淮的通路,派军队把守埇桥、涡口一带。江淮地区一千多只进贡船只,停在涡口不敢前进。唐德宗任命张万福为濠州刺史,张万福策马来到涡口,立马岸边,命令贡船出发,淄青叛军在对岸眼睁睁地看着却不敢有所行动,其余各道的贡船也相继进发。张万福又改任泗州刺史。遭到淮南节度观察使杜亚的忌恨,改任左金吾卫将军。张万福被皇上召见,唐德宗惊讶地对他说:"杜亚说你年迈昏聩,哪知你却这样健壮!"把他的画像挂在陵烟阁,并多次赏赐他酒食衣服,并敕命度支司登记他家的人口、牲畜数目,拨给日常支出所需的费用。后来谏议大夫阳城率众于延英门外冒死进谏,张万福前去拜谢阳城等人,并庆贺朝廷有忠臣直谏之士,天下更加敬重他的声名。贞元二十一年(805)张万福以左散骑常侍之职退休。元和元年(806)去世,享年九十岁。从张万福从军到最终去世,为官七十年,没有病过一天。他做过九个州的长官,各州都蒙受过他的恩惠。

癸丑,韦皋上表请皇太子监国,又上皇太子笺。寻而裴垍、严绶表继至,悉与皋同。赠故忠州别驾陆贽兵部尚书,故道州刺史阳城左常侍。

贽,字敬舆,吴郡人也。年十八进士及第。又以博学宏词授郑县尉,书判拔萃,授渭南尉,迁监察御史。未几,选为翰林学士,迁祠部员外郎。德宗幸奉天,贽随行在,天下搔扰,远近征发,书诏日百数十下,皆出于贽。贽操笔持纸,成于须臾,不复起草,同职皆拱手嗟叹,不能有所助。常启德宗言:"方今书诏，宜痛自引过罪己，以感人心。昔成汤以罪己致兴，后代推以为圣人。楚王失国亡走，一言善而复其国，至今称为贤者。陛下诚能不吝改过，以言谢天下，臣虽愚陋，为诏词无所忌讳，庶能令天下叛逆者回心喻旨。"德宗从之。故行在制诏始下，闻者虽武人悍卒，无不挥涕感激。议者咸以为德宗克平寇难，旋复天位，不惟神武成功，爪牙宣力，盖以文德广被，腹心有助焉。累迁考功郎中、谏议大夫、中书舍人兼翰林学士。丁母忧，免丧，权知兵部侍郎，复入翰林。中外属意，旦夕俟其为相。窦参深忌之，贽亦短参之所为，且言其黩货，于是与参不能平。寻真拜兵部侍郎，知礼部贡举，于进士中得人为多。八年春，迁中书侍郎平章事，始令吏部每年集选人。旧事：吏部每年集人，其后遂三年一置选。选人猥至，文书多不了寻勘，真伪纷杂，吏因得大为奸巧。选士一蹉跌，或至十年不得官，而官之阙者，或累岁无人。贽令吏部分内外官员为三分，计阙集人以为常，其弊十去七八，天下称之。

【译文】癸丑这天，韦皋上表请求让皇太子监国，后来又给皇太子上笺表。不久，裴均、严绶相继上表奏，内容与韦皋相同。追赠已故忠州别驾陆贽为兵部尚书，已故道州刺史阳城为左常侍。

陆贽，字敬舆，吴郡人。他十八岁的时候就考中了进士。又通过博学宏词科的考试，被任命为郑县县尉，因为文书和文理出众，被任命为渭南县尉，随后升任监察御史。不久，被选为翰林学士，任祠部员外郎。唐德宗避难奉天时，陆贽随行护驾，当时天下骚动，远近各地物资人员的征调，每天都需要下达百十份诏书命令，全部出自于陆贽之手。陆贽执笔如飞，片刻就能写成一道诏令，而不需要事先打草稿，同僚都对他拱手叹服，却帮不上什么忙。陆贽常常启奏唐德宗说："现在臣准备拟写诏书，陛下应该痛切地自我反省，以感动人心。从前成汤下诏责己而使商朝兴旺，后人推崇他为圣人。楚昭王失去国家而逃亡在外，因为一句善言而恢复了国家，到现在人们还称赞他为贤人。陛下如果能不吝改过，出言以谢天下，那么微臣虽然愚钝，写诏书的时候就没有什么顾忌，大概能让天下叛乱犯上的人回心转意吧。"唐德宗听从了他的建议。因此罪己诏刚刚颁布，即使是骄兵悍将听到，也没有不感动落泪的。评论此事的人都认为唐德宗能够平定叛乱，迅速恢复帝位，不只是依靠武力讨伐和将帅效命，还因为文德广泛地施行于天下，心腹之人辅佐得力有关。陆贽累官至考功郎中、谏议大夫、中书舍人兼翰林学士。后来陆贽母亲去世，归家丁忧，服丧期满后，代理兵部侍郎，又重入翰林院为学士。朝廷内外的人都认为陆贽早晚会成为宰相。宰相窦参非常忌恨陆贽，陆贽也揭露窦参的过失，并说他贪污受贿，因此陆贽与窦参不能和睦相处。不久陆贽被正式任命为兵部侍郎，知礼部贡举，在进士考试中选拔了很多人才。贞元八年（792）春季，陆贽升任中书侍郎平章事，开始让吏部每年集中选拔官员。以前旧例是：吏部每年集中选拔官员，后来每三年选拔一次。选拔的时候，候选人蜂拥而至，吏部人手有限，各种文书档案大多不能一一查勘，真假混乱，官吏因此可以舞弊作假。候选人一旦落选，有的竟然苦等十年得不到官职，而空缺的官职，有的多年没有人任职。陆贽让吏部把朝廷内外的官员分为三部分，把统计缺员、集中挑选官员当作每年的常例，因此将选官的弊病革除了十分之七八，天下人无不称道。

初，窦参出李巽为常州刺史，且迫其行，巽常衔之。至参贬为郴州别驾，巽适迁湖南观察。德宗常与参言故相姜公辅罪，参漏其语。参败，公辅因上疏自陈其事非臣之过。德宗诘之，知参泄其语，怒，未有所发。会巽奏汴州节度刘士宁遗参金帛若干。士宁得汴州，参处其议，士宁常德之，故致厚赆。德宗以参得罪而以武将交结，发怒，竟致参于死。而议者多言参死由贽焉。

裴延龄判度支，天下皆嫉怨，而独幸于天子，朝廷无敢言其短者，贽独身当之，日陈其不可用。延龄固欲去贽而代之，又知贽之不与己，多阻其奏请也，谤毁百端。翰林学士吴通玄故与贽同职，奸巧佻薄，与贽不相能。知贽与延龄相持有间，因盛言贽短。宰相赵璟本贽所引同对，嫉贽之权，密以贽所戢弹延龄事告延龄。延龄益得以为计。由是天子益信延龄而不直贽，竟罢贽相，以为太子宾客，而黜张滂、李充等权。言事者皆言其屈。贽固畏惧，至为宾客，拒门不纳交亲士友。

【译文】起初，窦参把李巽排挤出朝廷，让他出任常州刺史，并且逼他前去赴任，李巽一直怀恨在心。后来窦参被贬为郴州别驾从事史，李巽正好升任湖南观察使。唐德宗曾向窦参说过前宰相姜公辅的罪过，窦参把这件事泄露出去。窦参失势后，姜公辅趁机上奏陈述那件事情并不是他的过错。唐德宗质询他，知道是窦参泄露了事情，很是恼怒，但是没有发作出来。恰逢李巽上奏状告汴州节度使刘士宁私下送给窦参金帛若干。因为刘士宁能够担任汴州节度使，是窦参提议和批准的，刘士宁非常感激他，所以送给他厚重的礼物。唐德宗因为窦参先前的罪过，再加上同武将结交，因而大发雷霆，竟然将窦参赐死。而众人议论都说窦参的死是因为陆贽的缘故。

　　裴延龄担任度支司判官，天下人都很怨恨他，但他却被唐德宗所宠幸，朝廷中没人敢指出他的过失，唯独陆贽敢直言其过，每天都向皇帝上奏裴延龄不可以掌管天下财富。裴延龄本就想除去陆贽而取代他，现在又知道陆贽不赞同自己，于是多次地阻拦陆贽所上奏的事项，对陆贽百般诋毁。翰林学士吴通玄以前与陆贽是同僚，为人奸邪狡诈，同陆贽也不和睦。知道陆贽与裴延龄彼此有嫌隙，就极力说陆贽的坏话。宰相赵憬本来是由陆贽推荐才成为宰相的，但他妒忌陆贽的权力，暗地里把陆贽所搜集到的准备弹劾裴延龄的事情，都告诉了裴延龄。裴延龄就能够做出相应的对策。因此皇帝更加信任裴延龄而不再认为陆贽忠直，最终罢免了陆贽的相位，任命他为太子宾客，也罢免了张滂、李充等人的官职。谏官都认为陆贽受了冤屈。陆贽也畏惧惶恐，担任太子宾客后，便将来访者拒之门外，不结交亲友。

　　春旱，德宗数猎苑中，延龄疏言："贽等失权怨望，言于众曰：'天下旱，百姓且流亡，度支爱惜，不肯给诸军。军中人无所食，其事奈何？'以摇动群心，其意非止欲中伤臣而已。"后数日，又猎苑中，会神策军人跪马前云："度支不给马草。"德宗意延龄前言，即回马而归，由是贬赞为忠州别驾，滂、充皆斥逐。德宗怒未解，赞不可测，赖阳城等救乃止。赞之为相，常以少年入翰林，得幸于天子，长养成就之。不敢自爱，事之不可者皆争之。德宗在位久，益自揽持机柄，亲治细事，失君人大体，宰相益不得行其事职，而议者乃云由赞而然。

赞居忠州十余年，常闭门不出入，人无识面者。避谤不著书，习医方，集古今名方为《陆氏集验方》五十卷，卒于忠州，年五十二。上初即位，与郑余庆、阳城同征，诏始下，而城、赞皆卒。

【译文】这年春季发生旱情，唐德宗多次去猎场狩猎，裴延龄上疏说："陆赞等人失去权势后，怀恨在心，对众人说：'天下发生旱情，百姓食不果腹，将要外出流亡了，度支司也很吝啬，不肯供给军队粮草。军中将士没有饭吃，这件事情该怎么办？'以此来动摇人心，他们的意图并不仅仅为了中伤臣一人而已。"之后又过了几天，唐德宗又在猎场打猎，恰好有神策军的士兵跪在马前说："度支司不拨给我们马草军粮。"唐德宗想起先前裴延龄说过的话，立即策马回到宫中，贬谪陆赞为忠州别驾，张滂、李充等人也都遭到斥逐。唐德宗仍然余怒未消，陆赞的生死未测，幸亏阳城等人的力谏才制止了事态的恶化。陆赞为宰相时，常常让年轻人进入翰林院，使他们有机会得到皇上的宠幸，长期加以培养使他们终有所成。他从不顾惜自身，明知不可为的事情也要奋力去争取。唐德宗在位时间很久，日益亲理朝政，亲自去处理琐细之事，有失做君主的体格，宰相也越来越不能够行使自己的职权，而众人议论都说是因为陆贽才出现这样的情况。

陆贽在忠州居住了十多年，常年闭门不出，人们很少能见到他。为了避免诽谤上身，陆贽不著书立说，而是研究医药方术，搜集古今各种名方，写成《陆氏集验方》一书，共五十卷，陆贽最后逝世于忠州，享年五十二岁。唐顺宗刚刚即位，就同时征召他与郑余庆、阳城三人，诏书刚刚下达，而阳城、陆贽都去世了。

城，字亢宗，北平人，代为官族。好学，贫不能得书，乃求入集贤为书写吏，窃官书读之，昼夜不出。经六年，遂无所不通，乃去沧州中条山下。远近慕其德行，来学者相继于道。闾里有争者，不诣官府，诣城以决之。李泌为相，举为谏议大夫，拜官不辞。未至京师，人皆想望风采，云"城，山人，能自苦刻，不乐名利，必谏诤死职下"，咸畏惮之。既至，诸谏官纷纷言事，细碎无不闻达，天子益厌苦之，而城方与其二弟牟、容连夜痛饮，人莫能窥其意。有怀刺讥之者，将造城而问者，城揣知其意，辄强与酒。客或时先醉仆席上，或时先醉卧客怀中，不能听客语。约其二弟云："吾所得月俸，汝可度吾家有几口，月食米当几何，买薪菜盐米凡用几钱，先具之，其余悉以送酒媪，无留也。"未尝有所贮积。虽其所服用切急不可阙者，客称其物可爱，城辄喜，举而授之。陈苌者，候其始请月俸，常往称其钱帛之美，月有获焉。

【译文】阳城字亢宗，是定州北平人，世代都是官宦之家。他爱好读书，家贫无法得到书籍，他就请求进入集贤院做抄写小吏，偷偷地阅读官府藏书，夜以继日留在里面不出去。六年之后，他对于各家学问就无所不晓，于是就去沧州中条山隐居。远近的人们都仰慕他的德行，来向他求教学问的人络绎不绝。乡里的人们发生争执，不去找官府决断，而是找阳城评说。李泌做宰相时，推荐他为谏议大夫，他接受了任命而没有推辞。阳城还未到达京师，人们就已经盼望着一睹他的风采，说"阳城山人能勤奋自励，不贪图名利，一定会以死力谏，尽忠职守"，众人都很敬畏他。阳城到京师之后，各位谏官纷纷进言奏事，细小琐碎的事情也都报告上去，天子也非常厌烦，而阳城同他的两个弟弟阳年、阳容成天饮酒，人们都不能窥知他的用意。有人想要劝诫他，准备拜访并当面质问阳城，阳城揣摩到他的意图，就强行劝酒。有时客人先醉倒在酒席上，有时他先醉倒在客人怀中，因此无法与客人交谈。他与两个弟弟约定说："我每个月所得的俸禄，你们根据我们家的人数，计算每个月所需的粮米数量，以及买薪柴、蔬菜、油盐所需的费用，把这些钱预留出来，剩下的钱全部送给卖酒的老妇，不要留下余钱。"所以他一向没有任何积蓄。即使是他家中正在使用的不可或缺的东西，只要客人喜欢，阳城就很高兴地拿过来送给客人。有一个人叫陈苌，专门等阳城每个月领取官俸后，就到他家中称赞他家的钱帛美好，因此每个月都会有所收获。

至裴延龄谗毁陆贽等坐贬黜，德宗怒不解，在朝无救者，城闻而起曰："吾谏官也，不可令天子杀无罪之人，而信用奸臣。"即率拾遗王仲舒数人,守延英门上疏,论延龄奸佞,贽等无罪状。德宗大怒,召宰相入语,将加城等罪。良久乃解,令宰相谕遣之。于是金吾将军张万福闻谏官伏阁谏,趋往,至延英门,大言贺曰:"朝廷有直臣,天下必太平矣?"遂遍拜城与仲舒等曰:"诸谏议能如此言事,天下安得不太平!"已而连呼:"太平万岁,太平万岁!"万福武人,时年八十余,自此名重天下。

时朝夕相延龄,城曰:"脱以延龄为相,当取白麻坏之,恸哭于庭。"竟坐延龄事改国子司业。至,引诸生告之曰:"凡学者,所以学为忠与孝也。诸生宁有久不省其亲乎?"明日谒城归养者二十余人。有薛约者,尝学于城,狂躁,以言事得罪,将徙连州。客寄有根蒂,吏纵求得城家。坐吏于门,与约饮决别,涕泣送之郊外。德宗闻之,以城为党罪人,出为道州刺史。太学王鲁卿、李傥等二百七十人诣阙乞留。住数日,吏遮止之,疏不得上。

【译文】后来,裴延龄进谗言诋毁陆贽等人,使陆贽等人坐罪被贬,唐德宗仍然余怒未消,朝中无人敢为他们求情,阳城听说后,就挺身而出说道:"我是谏官,不可以任由天子枉杀无罪之人,而信任重用奸臣。"当即率领拾遗王仲舒等人守候在延英门外给皇帝上疏,力陈裴延龄奸猾狡诈,陆贽等人并没有过错。唐德宗非常恼怒,召宰相进宫商议,准备要治阳城等人的罪。过了很久这件事才缓和下来,皇帝让宰相宣谕遣散他们。这时候金吾将军张万福听说谏官伏在延英门外进谏，马上赶到延英门，高声祝贺道："朝廷有你们这样的直谏忠臣，天下一定会太平无事了！"于是逐一拜谢阳城与王仲舒等人，说："众位谏官能像这样议论朝政，天下怎么会不得太平呢？"进而又连声高呼："太平万岁，太平万岁！"张万福是一位武将，当时已经八十多岁了，从此之后天下闻名。

当时相传裴延龄很快就要做宰相了，阳城说："如果任命裴延龄为宰相，我就白麻披身前去羞辱他，并在朝堂之上痛哭哀悼。"阳城终因此事而改任国子司业。阳城到国子监后，召集各位太学生告诫他们说："做学问，就是学习如何尽忠尽孝。你们当中是否有人长期没有回家省亲？"第二天就有二十多个太学生去拜见阳城，请求归家奉养双亲。有个叫薛约的人，曾经师从阳城求学，他性情狂躁，因为言事而获罪，将要被发配连州。薛约客居京城，通过疏通关系，让押解的小吏宽限时间，来到阳城家中。小吏就坐在门口等候，阳城与薛约把酒话别，并流着眼泪把他送到郊外。唐德宗听说后，认为阳城与罪人结党，贬谪他出京，任道州刺史。太学生王鲁卿、李偡等二百七十人到皇宫外上疏乞求留任阳城。经数日，有关官员隐瞒不报，太学生的奏疏也不能上奏给皇帝。

在州，以家人礼待吏人，宜罚者罚之，宜赏者赏之，一不以簿书介意，赋税不登，观察使数诮让。上考功第，城自署第曰："抚字心劳，征科政拙，考下下。"观察使尝使判官督其赋，至州，怪城不出迎，以问州吏，吏曰："刺史闻判官来，以为己有罪，自囚于狱，不敢出。"判官大惊，驰入，谒城于狱，曰："使君何罪？某奉命来候安否耳。"留一两日未去，城固不复归馆。门外有故门扇横地，城昼夜坐卧其上，判官不自安，辞去。其后又遣他判官崔某往按之，崔承命不辞，载妻子一行，中道而逃。

城孝友，不忍与其弟异处，皆不娶，给侍终身。有寡妹依城以居，有生年四十余，痴不能如人，常与弟负之以游。初，城之妹夫亡在他处，家贫不能葬，城亲与其弟异尸以归，葬于其居之侧，往返千余里。卒时年六十余。

【译文】在道州，他对待手下官吏就像对待家人一样，该惩处就惩处，该奖励就奖励，不把处理公文当回事，也不登记州里的赋税，观察使多次查问责备他。上司考察官员的政绩，阳城评价自己等级说："抚爱百姓，操心劳累，征税的成果很差，考察政绩为下下等。"观察使曾经派判官督促他征收赋税，判官到了州里，很奇怪阳城不出来迎接他，便询问州里的官吏，官吏回答说："刺史听说您来，自以为有罪，就把自己关在狱中，不敢出来。"判官听完大惊，赶忙驰马入城，到狱中拜谒阳城，说："您有什么过错呢？我是奉观察使的命令前来问候您平安的。"判官停留了一两天还没离开的意思，阳城也坚决不回州衙。驿馆门外有扇旧门板横倒在地上，阳城就成天坐卧在上面，判官心中很是不安，只好告辞离去。后来，上司又派另一名判官崔某前来考察。崔判官接受命令后不敢推辞，带上妻子儿女，中途逃走了。

阳城对父母孝顺，对兄弟友爱，不忍心与两个弟弟异地而居，兄弟约好都不娶妻，相互服侍终身。阳城有一个守寡的妹妹依附阳城而生活，她享年四十多岁，患有痴呆不能像正常人一样，阳城时常同弟弟一起背着她游玩。当初，阳城的妹夫客死他乡，妹夫家贫不能归葬，阳城亲自同弟弟一起去把妹夫的尸体抬回来，埋葬在居所的旁边，其间往返有一千多里。阳城去世的时候六十多岁。

戊午，以户部侍郎潘孟阳为度支盐铁转运副使。其日，王伾诈称疾自免。自叔文归第，伾日诣中人并杜佑请起叔文为相，且总北军。既不得，请以威远军使平章事，又不得。其党皆忧悸不自保。伾至其日，坐翰林中，疏三上，不报，知事不济。行且卧，至夜忽叫曰："伾中风矣！"明日，遂舆归不出。

戊子，以礼部侍郎权德舆为户部侍郎，以仓部郎中判度支陈谏为河中少尹。伾、叔文之党于是始去。

【译文】戊午这天，任命户部侍郎潘孟阳为度支盐铁转运副使。同一天，王伾诈称有病，自己请求免去职位。自从王叔文归家丁母忧后，王伾每日都去拜访宦官，和杜佑一起请求起用王叔文为宰相，并且总领禁军的北军。结果没有得到同意，又请求任命王叔文为威远军使平章事，又没有得到同意。他们的同党都忧愁害怕，担心不能自保。王伾在戊午日，坐在翰林院中，三次上疏，都没有得到回复，就知道事情难以成功。王伾卧床休息后，到了半夜里忽然大叫："我中风了！"第二天，车载回家后不再出门。

戊子这天，礼部侍郎权德舆被任命为户部侍郎，仓部郎中判度支陈谏被任命为河中府少尹。王伾、王叔文的同党从此开始离开京城。

　　乙未，诏："军国政事，宜权令皇太子某勾当。百辟群后，中外庶僚，悉心辅翼，以底于理。宣布朕意，咸使知闻！"上自初即位，则疾患不能言。至四月，益甚。时扶坐殿，群臣望拜而已，未尝有进见者。天下事皆专断于叔文，而李忠言、王伾为之内主，执谊行之于外，朋党喧哗，荣辱进退，生于造次，惟其所欲，不拘程度。既知内外厌毒，虑见摧败，即谋兵权，欲以自固，而人情益疑惧，不测其所为，朝夕伺候。会其与执谊交恶，心腹内离，外有韦皋、裴垍、严绶等笺表，而中官刘光奇、俱文珍、薛盈珍、尚解玉等皆先朝任使旧人，同心怨猜，屡以启上。上固已厌倦万机，恶叔文等，至是遂召翰林学士郑絪、卫次公、王涯等入至德殿，撰制诰而发命焉。又下制以太常卿杜黄裳为门下侍郎，左金吾卫大将军袁滋为中书侍郎，并平章事。又下制，吏部尚书平章事郑珣瑜、刑部尚书平章事高郢并守本官，罢相。皇太子见百寮于东朝，百寮拜贺，皇太子涕泣，不答拜。

　　景申，诏宰臣告天地社稷，皇太子见四方使于麟德殿西亭。

　　【译文】乙未这天，皇帝下诏说："国家的军国大事，应该暂时让皇太子来负责。诸位皇亲国戚，朝廷内外的文武百官，要尽心辅佐皇太子，来符合天理伦常。现在宣布朕的旨意，使天下人都知道！"唐顺宗从即位起，就有病在身，不能说话。到了四月份，病情日益严重。当时是被扶着坐在大殿之上即位的，文武百官也只是遥拜而已,不曾有人被召见。天下大事都由王叔文独断专行,李忠言、王伾替他在皇宫做内应,韦执宜在外面执掌朝政,他们一派的人在朝中喧嚣张狂,百官的荣辱进退,都是随意决定,只按照他们的喜好,而不考虑其人的才能。王叔文等人也知道朝廷内外的人都厌恶他们,担心将来失败,就图谋兵权,想用来自保,这更加引起了众人的猜疑和恐惧,不知道他们将要做什么,就日夜监视他们。恰好这时王叔文同韦执谊关系恶化,内部起了分歧,朝廷外面有韦皋、裴均、严绶等人上笺表,请求太子监国,而宦官刘光奇、俱文珍、薛盈珍、尚解玉等人都是前朝旧人,都对王叔文有怨恨,多次在皇帝面前非议他。皇帝本来就厌烦日理万机,厌恶王叔文等人,此时就召唤翰林学士郑细、卫次公、王涯等人来到至德殿,撰写制定诏书,发布诏命。下诏书任命太常卿杜黄裳为门下侍郎,任命左金吾卫大将军袁滋为中书侍郎并平章事。又颁布制诰,下令吏部尚书平章事郑珣瑜和刑部尚书平章事高郢各自担任本部尚书之职,免去宰相职务。皇太子在东宫接见百官,百官跪拜祝贺,皇太子痛哭流涕,不肯接受百官的跪拜祝贺。

景(丙)申日,下诏书命宰相祭告天地社稷,皇太子在麟德殿西亭召见各方使者。

外集　卷十

顺宗实录卷第五　起八月，尽至山陵

八月庚子，诏曰："惟皇天祐命烈祖，诞受方国，九圣储祉，万方咸休，肆予一人，获缵丕业，严恭守位，不遑暇给。而天祐匪降，疾恙弗瘳，将何以奉宗庙之灵，展郊禋之礼？畴咨庶尹，对越上玄，内愧于朕心，上畏于天命，夙夜祗栗，惟怀永图。一日万机，不可以久旷；天工人代，不可以久违。皇太子某，睿哲温文，宽和慈惠，孝友之德，仁爱之诚，通于神明，格于上下。是用推皇王至公之道，遵父子传归之制，付之重器，以抚兆人。必能宣祖宗之重光，荷天地之休命，奉若成宪，永绥四方。宜令皇太子即皇帝位，朕称太上皇，居兴庆宫，制敕称诰。所司择日行册礼。"

【译文】八月庚子日，顺宗下诏说："上天保佑祖先，让他们拥有天下，九位先帝聚积福运，各地都十分安宁，所以朕一个人，得以继承大业，庄严恭敬地守护着皇位，不敢有任何的空闲。但是上天并不保佑朕，朕的疾病没有痊愈，这样怎么能侍奉宗庙的神灵，施行郊禋的礼仪呢？询问百官后，又祭祀上天，朕心中实在有愧，对天命感到畏惧，从早到晚都敬慎恐惧，经常要考虑长久之计。一天之间要处理万事，不可以长久荒废时间；上天的职责由人代替执行，也不可以长久不去处理。皇太子某，英明睿智，温文尔雅，宽厚谦和，仁厚慈爱，孝友的品德，仁爱的诚心，与神明相通，与上下相齐。因此朕按照圣王至公之道，遵守父子传归之制，将天下交给他，让他来安抚百姓。他一定能弘扬祖宗的德行，背负天地的旨意，遵循原有的法令，永远地让四方安定。应该让皇太子即皇帝位，朕称为太上皇，居住在兴庆宫，诏令称诰。命负责此事的官员选择吉日举行册封之礼。"

永贞元年八月辛丑，太上皇居兴庆宫，诰曰："有天下者，传归于子，前王之制也。钦若大典，斯为至公；式扬耿光，用体文德。朕获奉宗庙，临御万方，降疾不瘳，庶政多阙。乃命元子，代予守邦，爰以令辰，光膺册礼。宜以今月九日册皇帝于宣政殿，仍命检校司徒杜佑充册使，门下侍郎杜黄裳充副使。国有大命，恩俾惟新，宜因纪元之庆，用覃在宥之泽。宜改贞元二十一年为永贞元年。自贞元二十一年八月五日昧爽已前，天下应犯死罪，特降从流，流已下递减一等。"又下诰曰："人伦之本，王化之先，爰举令图，允资内辅。式表后妃之德，俾形邦国之风，兹礼经之大典也。良娣王氏，家承茂族，德冠中宫，雅修彤管之规，克佩姆师之训。自服勤苹藻，祗奉宗祧，令范益彰，母仪斯著。宜正长秋之位，以明继体之尊。良媛董氏，备位后庭，素称淑慎，进升号位，礼亦宜之。良娣可册为'太上皇后'，良媛宜册为'太上皇德妃'，仍令所司备礼，择日册命，宣示中外，咸使知闻。"

壬寅，制：王伾开州司马，王叔文渝州司户，并员外置，驰驿发遣。

【译文】 永贞元年（805）八月辛丑日，太上皇居住在兴庆宫，下诰命说："拥有天下的人，把皇位传给儿子，是先王留下的制度。敬慎大典，这才是至公；弘扬光辉，用来体会文德。朕侍奉宗庙以来，君临天下，治理国政，生了病后一直不能痊愈，政事上面有很多缺失。所以任命朕的嫡长子，代朕守护这个国家，希望可以在良辰吉日里，为他举行册封的典礼。应于本月九日在宣政殿册封皇帝，仍命检校司徒杜佑担任册使，门下侍郎杜黄裳担任副使。国家有大事的话，应给予百姓新的恩惠，趁着纪元的庆典，遍施宽宥的恩泽。应该把贞元二十一年（805改为永贞元年。从贞元二十一年八月五日天亮以前，天下本应处以死刑的人，特别降为流放罪，流放罪以下的再递减一等。"另外又下诰令说："人伦的根本，以天子的教化为先，想要进行远大的谋划，就一定要有贤内助。表彰后妃的品德，使国家的风气得以确立，这是礼仪的大典。良娣王氏，是世家大族出身，德行在中宫居首，修行女史的规范，遵循女师的训诫。自从勤劳服务于祭祀，侍奉宗庙以来，美好的品德越来越彰显，人母的仪范也越来越具备。应该扶正皇后之位，从而彰显继承的尊重。良媛董氏，居于后宫，一向贤良谨慎，被人称道，进升她的号位，按照礼法也是适合的。良娣可以册封为'太上皇后'，良媛可以册封为'太上皇德妃'，仍命负责此事的官员准备礼仪，选择吉日进行册封，向中外宣布，让天下都知道这件事。"

壬寅日，下制诰：任命王伾为开州司马，任命王叔文为渝州司户，都是员外置，通过乘坐驿站的车马派遣到任所。

叔文，越州人，以棋入东宫。颇自言读书知理道，乘间常言人间疾苦。上将大论宫市事，叔文说中上意，遂有宠。因为上言："某可为将，某可为相，幸异日用之。"密结韦执谊，并有当时名欲侥幸而速进者陆质、吕温、李景俭、韩晔、韩泰、陈谏、刘禹锡、柳宗元等十数人，定为死交；而凌准、程异等又因其党而进，交游踪迹诡秘，莫有知其端者。贞元十九年，补阙张正买疏谏他事，得召见。正买与王仲舒、刘伯刍、裴茝、常仲孺、吕洞相善，数游止。正买得召见，诸往来者皆往贺之。有与之不善者，告叔文、执谊云："正买疏似论君朋党事，宜少诫！"执谊、叔文信之。执谊尝为翰林学士，父死罢官，此时虽为散郎，以恩时时召入问外事。执谊因言成季等朋宴聚游无度，皆遣斥之，人莫知其由。叔文既得志，与王伾李忠言等专断外事，遂首用韦执谊为相，其常所交结，相次拔擢，至一日除数人，日夜群聚。伾以侍书幸，寝陋，吴语，上所褒狎。而叔文颇任事自许，微知文义，好言事，上以故稍敬之，不得如伾出入无阻。叔文入至翰林，而伾入至柿林院，见李忠言、牛昭容等，故各有所主。伾主往来传授，刘禹锡、陈谏、韩晔、韩泰、柳宗元、房启、凌准等主谋议唱和，采听外事。上疾久不瘳，内外皆欲上早定太子位，叔文默不发议。已立太子，天下喜，而叔文独有忧色。常吟杜甫《题诸葛亮庙》诗末句云："出师未用身先死，长使英雄泪满襟。"因歔欷流涕，闻者咸窃笑之。虽判两使事，未尝以簿书为意，日引其党，屏人切切细语，谋夺宦者兵，以制四海之命。既令范希朝、韩泰总统京西诸城镇行营兵马，中人尚未悟。会边上诸将各以状辞中尉，且言"方属希朝"，中人始悟兵柄为叔文所夺。乃大怒曰："从其谋，吾属必死其手。"密令其使归告诸将曰："无以兵属人！"希朝至奉天，诸将无至者。韩泰白叔文，计无所出，唯曰："奈何，奈何！"无几而母死，执谊益不用其语。叔文怒，与其党日夜谋起复，起复必先斩执谊，而尽诛不附己者。闻者皆恟惧。皇太子既监国，遂逐之，明年乃杀之。伾，杭州人，病死迁所。其党皆斥逐。叔文最所贤重者李景俭，而最所谓奇才者吕温。叔文用事时，景俭持母丧在东都，而吕温使吐蕃半岁，至叔文败方归，故二人皆不得用。叔文败后数月，乃贬执谊为崖州司马，后二年，病死海上。执谊，杜黄裳子婿，与黄裳同在相位，故最在后贬。

【译文】王叔文，是越州人，凭借棋艺被召进东宫。自认为读过很多书而知晓道理，经常趁机向顺宗谈起民间的疾苦。顺宗打算废除宫市这一弊政，让大臣进行广泛的讨论，王叔文的意见很合顺宗的心意，于是获得了宠幸。因而经常对顺宗说："某人可以做将军，某人可以做宰相，希望他日能够任用他们。"他秘密地结交韦执谊，以及在当时有名望又想侥幸很快获得进用机会的陆质、吕温、李景俭、韩晔、韩泰、陈谏、刘禹锡、柳宗元等十几个人，结为生死之交；而凌准、程异等人又通过他们的同党而得到进用，他们之间交往的踪迹十分诡秘，没有人知道其中的端倪。贞元十九年（803），补阙张正买因为上疏进谏其他的事情，得到德宗的召见。张正买与王仲舒、刘伯刍、裴茝、常仲孺、吕洞等人关系密切，经常一起出去游玩。张正买得到召见后，那些与他来往的人都前去道贺。有人与张正买关系不好，就将此事告诉王叔文、韦执谊说："张正买的奏疏好像是关于你们朋党的事，你们应该稍微注意一下！"韦执谊和王叔文相信了他的话。韦执谊曾经担任翰林学士，父亲去世后辞退官职，这时虽然是散郎，但因为受到德宗的恩宠所以经常被召入宫中询问宫外的事情。韦执谊因此就说起成季等人聚朋宴饮，一起游玩，没有节制，他们都受到谴责，人们都不知道其中的原因。王叔文得志以后，和王伾、李忠言等人擅自决定宫外的事情，首先让韦执谊出任宰相，他平常结交的人，也都相继得到提拔，以至于有时一天任命几个人为官，日夜相聚在一起。王伾以太子侍书的身份获得宠幸，他容貌丑陋，讲吴地方言，顺宗很是亲近宠幸他。而王叔文觉得自己很能担当大事，略微懂得一些文义，喜欢谈论时事，顺宗因此较为尊敬他，但他不能像王伾那样出入不受阻碍。王叔文进入翰林院，王伾也到了柿林院，经常见到李忠言、牛昭容等人，所以各有自己掌管的事情。王伾负责往来传递消息，刘禹锡、陈谏、韩晔、韩泰、柳宗元、房启、凌准等人负责出谋划策，互相应和，打听宫外的事情。顺宗久病不愈，内外的大臣都想让顺宗早日确立太子之位，只有王叔文沉默不语，从不发表议论。太子确立后，天下大喜，只有王叔文面露忧虑的神色。经常吟诵杜甫《题诸葛亮庙》诗的最后两句说："出师未用身先死，长使英雄泪满襟。"因而悲叹抽泣，不停流泪，听到的人都暗中讥笑他。虽然他掌管两使的事务，但不曾留意过簿书，每天都召集他的同党，屏退下人，窃窃细语，谋划夺取宦官手中的兵权，来控制国家的命运。王叔文让范希朝、韩泰总领京西各城镇行营的兵马后，宦官还没有醒悟。等到边关上的众将各自将情况报告给中尉，并说"希望归属范希朝"，宦官才醒悟过来兵权被王叔文夺走了。于是大怒说："如果听从了他的计谋，我们一定会死在他的手中。"便密令使者回去告诉众将说："不要把兵权交给别人！"范希朝到奉天后，众将没有一个去拜见他。韩泰把这件事告诉了王叔文，他们想不出一点办法，只是说："怎么办，怎么办！"没有多久，王叔文的母亲去世，韦执谊更加不相信他的话。王叔文大怒，日夜与自己的同党谋划着再度被起用，而要得到起用就必须先杀了韦执谊，杀了所有不顺从自己的人。听到这个消息的人都感到惊慌恐惧。皇太子监国后，就把王叔文逐出京城，第二年又杀了他。王伾，是杭州人，后来因病死在降职的地方。他们的同党也都被驱逐。王叔文最敬重的人是李景俭，最是所谓奇才的人是吕温。王叔文当权的时候，李景俭在洛阳为母亲服丧，而吕温出使吐蕃已经半年，到王叔文事败后才回来，所以两人都没有被任用。王叔文事败后几个月，宪宗就将韦执谊贬为崖州司马，两年后，病死在海上。韦执谊，是杜黄裳的女婿，与杜黄裳同在宰相的官位上，所以最后才遭到贬谪。

执谊，进士对策高第，骤迁拾遗，年二十余入翰林，巧惠便辟，媚幸于德宗，而性贪婪诡贼。其从祖兄夏卿为吏部侍郎，执谊为翰林学士，受财为人求科第，夏卿不应，乃探出怀中金以内夏卿袖，夏卿惊曰："吾与卿赖先人德致名位，幸各已达，岂可如此自毁坏！"摆袖引身而去。执谊大惭恨。既而为叔文所引用，初不敢负叔文；迫公议，时时有异同，辄令人谢叔文云："非敢负约为异同，盖欲曲成兄弟尔。"叔文不之信，遂成仇怨。然叔文败，执谊亦自失形势，知祸且至，虽尚为相，常不自得；长奄奄无气，闻人行声，辄惶悸失色，以至败死，时才四十余。执谊自卑，尝讳不言岭南州县名。为郎官时，尝与同舍郎诣职方观图，每至岭南图，执谊皆命去之，闭目不视。至拜相还，所坐堂北壁有图，不就省七八日。试就观之，乃崖州图也。以为不祥，甚恶之，惮不能出口。至贬，果得崖州焉。

【译文】韦执谊，凭借对答策问得以高中进士，迅速晋升为拾遗，二十多岁就进入了翰林院，为了谋取私利，善于谄媚逢迎，得到德宗的宠幸，性情贪婪诡诈。他的从祖兄韦夏卿担任吏部侍郎，韦执谊担任翰林学士，曾接受贿赂为别人求取科第，韦夏卿没有答应，于是韦执谊拿出怀中的金子放进韦夏卿的袖子里，韦夏卿吃惊地说："我与你仰赖先人的德行获得了官位，侥幸各自都显达了，怎么能这样自我毁坏名声呢！"说完起身拂袖而去。韦执谊十分羞愧愤恨。他被王叔文引荐任用之初还不敢违背王叔文；但迫于众人的议论，经常有异议，就派人告诉王叔文说："我不敢违背约定有意制造异议，是想曲意助你成就事业。"王叔文不相信，两人于是结下了仇怨。但等到王叔文事败，韦执谊也失去了势力，知道大祸将至，虽然还担任宰相，却经常感到不自在；总是死气沉沉，听到别人的脚步声，就惊慌失色，一直到事败去世的时候，才四十多岁。韦执谊很自卑，经常回避不说岭南的州县名。他担任郎官的时候，曾经与同舍郎去职方那里观看地图，每次看到岭南的地图，韦执谊都下令拿走，闭上眼睛不去看。到担任宰相后，所坐厅堂北面的墙壁上有地图，七八天没去看一下。有一天去看了一眼，发现崖州的地图。他认为很不吉祥，心里非常厌恶，感到害怕又不能说出口。到被贬官的时候，果然就是崖州。

永贞二年正月景戌朔，太上皇于兴庆宫受朝贺，皇帝率百僚奉上尊号，曰"应乾圣寿太上皇"，册文曰："维永贞二年，岁次景戌，正月景戌朔，皇帝臣某稽首再拜奉册言：臣闻上圣玄邈，独超乎希夷，强名之极，犹存乎罔象，岂足以表无为之德，光不宰之功？然称谓所施，简册攸著，涵泳道德，感于精诚，仰奉洪徽，有以自竭。伏惟太上皇帝陛下，道继玄元，业缵皇极，膺千载之休历，承九圣之耿光，昭宣化源，发扬大号。政有敦本示俭，庆裕格天，恩翔春风，仁育群品。而功成不处，褰裳去之,付神器于冲人,想汾阳以高蹈,体尧之德,与神同符。其动也天,其静也地,巍巍事表,无得而言。顾兹寡昧,属膺大宝,惧忝传归之业,莫申继述之志,夙夜兢畏,惟怀永图。今天下幸安,皆睿训所被,而未极徽号,孰报君亲?是以台臣庶官文武之列,抗疏于内,方伯藩守亿兆之众,同词于外。请因寿历,以播鸿名,臣不胜大愿。谨上尊号应乾圣寿太上皇,当三朝献寿之辰,应五纪启元之始,光膺徽称,允协神休,斯天下之庆也。"

【译文】永贞二年(806)正月初一景(丙)戌日,太上皇在兴庆宫接受朝贺,皇帝率领百官奉上尊号,叫"应乾圣寿太上皇",册文说:"永贞二年,岁在景(丙)戌,正月初一景(丙)戌日,皇帝臣某稽首再拜奉上册文道:臣听说前代的帝王清高超逸,独超于虚寂玄妙的境界,极高的名望,仍然存在于虚无之中,怎么能够表现无为的品德,光耀不宰的功业?然后施加称谓,写在史书,领会道德,感于精诚,仰奉洪大的徽号,可让自己竭诚帝业。太上皇帝陛下,道继玄元,业承皇极,荣膺千年的太平盛世,继承九位圣王的光辉,明宣教化的本源,发扬帝王的号令。政绩方面注重农事,表现示俭,庆裕感通上天,恩德如沐春风,仁德化育万物。并且功业成就不处其位,掀起衣裳然后离开,把印玺托付给年幼的帝王,想隐居在汾阳,体会唐尧的品德,与神明相合。动如上天,静如大地,巍巍的功德,简直不能言说。回头看我自己浅陋无知,担当皇帝之位,担心有辱传承的大业,不能申述继位的志向,早晚都恭敬谨慎,思考着长久之计。所幸现在天下安定，都是因为您睿智的教诲，但却没有加上徽号，我用什么来报答君亲呢？因此朝中的文武百官和谏官，在内上书直言，朝外的地方长官和百姓，在外异口同词。希望趁着寿历的时候，传播您的盛名，这是臣最大的心愿。谨上尊号应乾圣寿太上皇，当此三朝献寿的良辰，应此五纪启元的开端，荣受这样美好的称号，与神明赐予的福祥相符合，这是天下的大庆啊。"

元和元年正月甲申，太上皇崩于兴庆宫咸宁殿，年四十六。遗诰曰："朕闻死生者，物之大归；修短者，人之常分。古先哲王，明于至道，莫不知其终以存义，顺其变以节哀。故存者不至于伤生，逝者不至于甚痛，谓之达理，以贯通丧。朕自弱龄，即敦清静，逮乎近岁，又婴沉痼。尝亦亲政，益倦于勤。以皇帝天资仁孝，日跻圣敬，爰释重负，委之康济。而能内睦于九族，外勤于万机，问寝益严，侍膳无旷。推此至德，以安庶邦，朕之知子，无愧天下。今厥疾大渐，不瘳不兴，付托得人，顾复何恨？四海兆庶，亦奚所哀？但圣人大孝，在乎善继，枢务之重，军国之殷，缵而承之，不可暂阙。以日易月，抑惟旧章。皇帝宜三日而听政，十三日小祥，二十五日大祥，二十七日释服。方镇岳牧不用离任赴哀。天下吏人，诰至后，出临三日皆释服。无禁婚嫁祠祀饮酒食肉。宫中当临者，朝晡各十五举音，非朝晡临时禁无得哭。释服之后，勿禁乐。他不在诰中者，皆以类从事。伏以崇陵仙寝，复土才终，甸邑疲人，休功未几。今又重劳营奉，朕所哀矜。况汉、魏二文，皆著遗令，永言景行,常志凤心。其山陵制度,务从俭约,并不用以金银锦綵为饰。百辟卿士,同力尽忠,克申送往之哀,宜展事居之礼。布告天下,明知朕怀!"

七月壬申,葬丰陵,谥曰至德大圣大安孝皇帝,庙曰顺宗。

【译文】元和元年(806)正月甲申日,太上皇在兴庆宫咸宁殿驾崩,享年四十六岁。遗诰说:"朕听说生死是事物最大的归宿;长短是人生的定数。古代贤明的君王,明白大道,没有不知结束而保全道义,顺应变化而节制悲哀的。因此活着的人不至于过分哀伤,死去的人不至于太过悲痛,这就是通情达理,可以贯通丧事。朕从年少的时候,就喜欢清静,将近一年,又顽疾缠身。也曾经亲自处理政务,对于勤政更加感到倦怠。因为皇帝天性仁爱孝顺,逐渐圣明庄敬,才让朕如释重负,而将安民济世的重任托付给他。而能够对内与九族和睦,对外勤于各种政事,问候朕的起居也十分认真,侍奉膳食没有一点懈怠。推断他这样的盛德,可以安定国家万民,朕了解自己的儿子,是无愧于天下的。现在朕的病情越来越严重,不能时刻清醒,起不了床,但国家的重任托付给得当的人,还有什么遗憾的呢?天下百姓,又有什么可悲哀的呢?只是圣人的大孝,在于继承大业,重大的中枢政务,重要的军务国政,一定认真处理,不能有一点缺失。以日易月,这是过去的制度。皇帝应该三天后就处理政务,十三天后就举行小祥的祭祀,二十五天后就举行大祥的祭祀,二十七天后脱去丧服。在外镇守的长官不用离开职位来京奔丧。天下的官吏,在诰命到达后,吊唁三天后就都脱去丧服。不要禁止婚嫁祭祀和饮酒吃肉。宫中应当吊唁的人,在辰时与申时各放声痛哭十五次，不到辰时与申时不能哭。脱去丧服之后，不要禁止音乐。其他没有写入遗诰的，类似的情况都按照这个宗旨处理。又因为崇陵是先皇的陵墓，刚刚修建完毕，附近的百姓十分疲倦，休息的时间还不多。现在又要劳动他们营造朕的陵墓，这让朕深感哀怜。何况汉文帝和魏文帝，临终前都留下告诫，他们崇高的德行，朕经常铭记心中。因此为朕建造陵墓的制度，一定要遵循俭省节约的原则，不要用金银锦彩作为装饰。诸侯官吏，一定要同心协力，竭尽忠诚，克制送别逝者的悲痛，应展现侍奉新君的礼仪。将朕的遗言向天下宣布，让人们清楚知道朕的心意！"

七月壬申日，将太上皇安葬在丰陵，谥号至德大圣大安孝皇帝，庙号顺宗。